KB202429

THE
Golden
Bough

THE Golden Bough

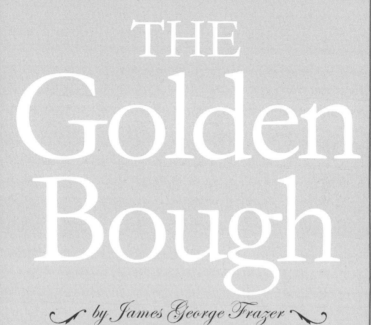

by James George Frazer

황금가지

제임스 조지 프레이저 지음

로버트 프레이저 서문·엮음 | 이용대 옮김

한겨레출판

Contents

■ 옥스퍼드판 서문 ●9

■ 원본에 관한 주석 ●48

■ 제임스 조지 프레이저 경 연대기 ●53

제1권　숲의 왕 ······································· 61

　　1장　숲의 왕 ●63

　　2장　사제의 왕 ●79

　　3장　주술과 종교 ●83

　　4장　인간신 ●120

　　5장　자연의 부분왕들 ●138

　　6장　나무 숭배 ●143

　　7장　신성한 결혼 ●160

　　8장　로마 왕들 ●177

　　9장　왕국의 계승 ●185

　　10장　왕위의 부담 ●198

　　11장　영혼의 위기 ●218

　　12장　터부 ●233

THE GOLDEN BOUGH

제**2**권 신의 살해 ································· 289

1장 신들의 유한성 ●291

2장 신성한 왕의 살해 ●296

3장 임시왕들 ●323

4장 왕자의 희생 ●330

5장 나무정령의 살해 ●343

6장 아도니스 ●370

7장 신성한 매춘 ●392

8장 아도니스의 의식 ●404

9장 아티스 ●420

10장 목매달린 신 ●427

11장 오시리스 ●440

12장 위령의 날 ●449

13장 이시스 ●461

Contents

14장 모계근친제와 모신들 ●465

15장 디오니소스 ●471

16장 데메테르와 페르세포네 ●481

17장 원시농업에서 여성의 역할 ●488

18장 곡물의 어머니와 곡물의 아가씨 ●494

19장 리티에르세스 ●512

20장 동물로서의 곡물정령 ●533

21장 신을 먹는 풍습 ●578

22장 육식 ●592

23장 신성한 동물의 살해 ●602

THE GOLDEN BOUGH

제3권 속죄양 ··· 639

  1장 재앙 옮기기 ●641

  2장 고대의 속죄양 ●675

  3장 멕시코의 신의 살해 ●691

  4장 농신제 ●714

  5장 그리스도의 십자가형 ●752

제4권 황금가지 ··· 765

  1장 하늘과 땅 사이 ●767

  2장 소녀들의 격리 ●774

  3장 발데르의 불 ●795

  4장 외재적 영혼 ●840

  5장 죽음과 부활 ●877

  6장 황금가지 ●886

■ 찾아보기 ●903

옥스퍼드판 서문

1

『황금가지』만큼이나 많이 읽힌 책도 드물다. 그처럼 피상적으로 읽히고, 그처럼 경솔하게 오해받은 책도 드물다. 이 책은 세계에서 손꼽히는 고전 가운데 하나이자 근대적 감성의 초석 중 하나지만, 우리는 이 책을 알지 못한다. 우리는 이 위대한 책들을 읽고 싶어하지 않는다. 하지만 우리 생애의 모든 날마다 그 책들은 우리를 읽는다. 우리가 20세기의 저작들을 만든 것이 아니다. 그 저작들이 우리를 만든 것이다. 우리 자신을 더 잘 알고자 한다면, 우리는 그 저작들에 눈길을 돌려야 할 것이다.

어떤 면에서 우리보다 더 부지런한 독자였던 우리 조부모들은 다른 문제점을 안고 있었다. 프레이저(James George Frazer)의 책은 그들에게 애초부터 평판이 나빴다.

"그 책을 찾는 거라면…… 그건 여기 두기에 안전하지도 적합하지도 않은 책이란다."

더블린에서 사춘기 호기심으로 그 책을 신청한 젊은 숀 오케이시에게 도서관 수석 사서는 그렇게 말했다. 당대에 『황금가지』는 침대보를 덮어쓰고 회중전등 불빛을 비춰가며 읽어야 하는 책이었다. 1890년에 초판이 나오자 문학계에 조그만 '전율'이 인 듯하다. 사람들은 긴박한 귓속말을 담은 편지를 주고받았다. 그처럼 신속하고 극단적인 반응은 오늘날에도 놀라운 일은 아니다. 그만큼 『황금가지』는 불화를 일으킬 능력을 지닌 위험한 책이었다.

그때나 지금이나 이 책의 본질은 기성 문화적 태도에 대한 도전이다. 그러한 도전을 제기하는 저자들은 어떤 독자층에서든 무비판적인 애호를 받을 가망이 거의 없다. 기성 독자층이 보수적이라면 그들은 자유주의라고 지탄받을 것이며, 기성 독자층이 자신을 자유주의적이라고 생각한다면 반동적이라고 지탄받을 것이다. 그런데 이런 근거 없는 딱지붙이기의 결과, 종종 독자들은 그 금지된 문서를 선뜻 읽지 못하도록 유도당하고 만다.

프레이저가 이 책에서 다루는 주제 중 하나는 빅토리아 시대에 유명했던, 그러나 잘 알려지지 않은 통가(Tonga)의 관습을 따서 터부라고 이름 붙인 기이한 현상에 관한 것이다. 프레이저가 이 주제에 흥미를 느낀 것은 무엇보다도 언어나 사상이 간혹 그렇듯 책들도 종종 터부가 된다는 사실을 깨닫고 있었기 때문이다. 또, 프레이저는 어떤 집단 속에서는 자신이 믿는 종교를 당연시하는 사람이든 그것을 지나치게 경시하는 사람이든 상관없이 종교가 터부의 주제라는 사실을 잘 알고 있었다. 프레이저는 그 어느쪽도 아니었다. 대신 그는 종교에 깊이 매료되었으되, 어떤 교조적 신앙에도 동의할 수 없는 그런 사람이었다. 19세기 말에는 그런 사람들을 종종 자유사상가라고 불렀다. 프레이저에게 그러한 딜레마에 대한 최선의 대응은 어둠으로 가려진 곳에 빛을 비추는 것, 다시 말해서 종교의 근원을 조사하여 터부의 근본 원인을 밝혀내는 것이었다.

터부는 문화를 둘러싼 울타리이자 지방색의 표지이며, 소유물과 영토에 대한 규정이다. 그러한 터부는 수용을 통해서든 배제를 통해서든 우리에게 우리가 누구인지 알려주기 때문에 우리는 모두 그것을 귀중하게 여긴다. 따라서 우리가 남과 다르다는 것을 보증해 주는 터부만큼 신성불가침한 터부는 없으며, 다른 터부를 지닌 사람들과의 근친성이라는 평준화 개념만큼 통렬한 사상은 없다. 프레이저는 이 사실을 알았으며, 범칙행위의 위력도 알았다.

빅토리아 시대 사회는 구성원들에게 자신들이 누구인지 알려주는 터부로 가득 차 있었다. 기독교 사회도 신봉자들에게 자신들에게만 특유한 계시적 신앙을 지니고 있다고 확신시켜 주는 터부로 가득 차 있었다. 빅토리아인들은 자신들만큼 뿌리 깊은 터부를 지닌 다른 사회가 있다거나, 그러한 터부 형성 능력이 모든 인간에게 존재할 뿐 아니라 차이를 주장하기 위해 고안한 바로 그 장치를 통해 모든 인간이 유사하게 된다는 이야기를 듣고 싶어하지 않았다. 빅토리아 시대 기독교인들은 다른 민족에게도 종교가 있으며, 그 종교의 대다수가 희생제례라는 이야기를 듣고 싶어하지 않았다. 또, 그들은 희생제례를 때로는 단순한 주술로 설명할 수 있다거나, 자신들이 귀중하게 여기는 많은 것의 주된 뿌리에 주술이 자리잡고 있다는 가르침을 달갑게 여기지 않았다.

프레이저는 이런 내용을 모두 암시했다. 외견상 아주 다른 것들을 이처럼 동격으로 세울 수 있게 한 것은 터부였다. 그것을 찾기 위해 1890년이나 그 무렵에 여러분은 『황금가지』를 읽었다.

20세기 말에 이르러 인류학과 비평은 '차별성(l'autre)'이라는 개념에 크게 집착하게 되었다. 그러나 그것은 프레이저에게는 너무나 명백해서 거의 실질적인 관심을 끌지 못하는 문제였다. 20세기 말에 우리는 우리의 동일성을 당연시하고 은밀하게 차별성을 탐구하지만, 이와 대조적으로 후기 빅토리아인들은 자신들의 차별성을 당연시하고 금지된 동일성의 영역을 탐구했다. 그래서 프레이저는 차별성보다 동일성에 더 관심을 기울인 것이다.

이러한 선입관은 프레이저를 곤란에 빠뜨렸다. 빅토리아인들이 대부분 자신들만의 차별성을 확신했을 뿐 아니라, 심지어 자랑스럽게까지 여겼기 때문이다. 프레이저 자신이 정식화한, 모든 인간이 '본질적 유사성'을 지닌다는 개념은 일면 빅토리아 시대의 정신을 크게 위협하는 것이었다. 그래서 1890년 프레이저가 문화와 신앙에 관한 비교연구를 처음 출판하자 악평이 쏟아진 것이다. 숀 오케이시의 열정적인 요청에 수석 사서가 그렇게 반응한 것도 이 때문이다.

2

프레이저의 주제는 비교문화 연구인데, 그는 자기만의 깊은 문화적 뿌리를 지닌데다 다른 사람들의 문화적 배경을 광범위하게 조사했기 때문에 이 주제에 정통했다. 그래서 그는 경험과 조사, 생활과 독서를 동일한 추론의 영역으로 모아내는 데 흥미를 느꼈다. 이런 일이 어떻게 가능했는지 알기 위해서는 그라는 사람에 관해 알 필요가 있다.

1854년 벽두에 제임스 조지 프레이저는 글래스고 브랜던 플레이스에 있는 작은 아파트에서 태어났다. 그는 이 도시에 항상 깊은 애정을 느꼈으며, 그곳에서 몇 블럭 지난 곳에서 아버지가 약국을 운영했다. 설날은 그의 생일이었다. 이 사실은 나중에 그가 스코틀랜드를 비롯한 여러 지역의 신년 제례를 면밀하게 고찰하는 데 영향을 미쳤을 수도 있고 아닐 수도 있다. 스코틀랜드에서는 원래 켈트족의 설날인 11월 1일에 제전을 벌였다. 따라서 프레이저는 핼러윈이 원래 설날 전야제로서 그날 유령과 귀신을 몰아내어 이후 몇 달 동안의 안녕을 보장하는 의식이었다고 생각했다.

그러나 프레이저 가문의 안락하고 경건한 가정생활로 인해 그런 원시적인 의식은 분명 아주 생소하게 느껴졌을 것이다. 아버지는 근면하고 꼼꼼하고 검소했다(그는 펜에 관한 짧은 논문을 쓰기도 했다). 어머니인 캐서린 프레이저는 보글(Bogle) 가문 출신으로 낭만적이고 분방했으며, 자기 가문의 역사에 관한 방대한 논문을 쓰는 데 몰두했다.

그녀의 주장에 따르면, 보글가는 스튜어트 왕가와 관련이 있었다. 보글이라는 성은 또 카리브 지역의 역사에도 규칙적으로 등장한다. 18세기에 로빈 보글은 서인도 제도로 이주해서 사탕수수 농장을 시작했다. 또, 모제스 보글이라는 인물이 1865년 자메이카의 모랑 만(Morant Bay) 봉기 때 주모자로 등장하는데, 그 이름은 카리브 역사에 등장하는 또다른 이름인 '루베르튀르(L'Ouverture)'와 결합하여 최근까지 런던에서 가장 번창한 흑인 신문 제호(題號)의 일부분으로 존속했다.

보글가에는 여행가가 많았다. 로빈의 형제인 조지 보글은 인도로 간 뒤 워런 헤이스팅스의 총애를 얻어 히말라야 산맥 너머 테수 라마를 방문함으로써 티베트 땅을 밟은 최초의 영국인 중 한 사람이 되었다. 이 일화를 담은 그의 여행기는 프레이저 가문의 요청으로 프레이저 생전에 재발행되었으며, 프레이저의 운반자 또는 속죄양 이론의 한 전거가 되었다. 그리고 테수 라마가 프레이저의 18세기 선조에게 선물한 화려한 목걸이는 수많은 보글가 이모들 중 한 사람이 가보로 보관하고 있다.

프레이저의 어린 시절, 집안에는 이와 같이 먼 시대와 장소에 관한 풍문이 좀더 최근에 그 집안이 스코틀랜드 교회사에 공헌한 일에 관한 회고담과 함께 떠돌아다녔다. 프레이저의 외가 쪽 아저씨인 니니언 배너타인(Ninian Bannatyne)은 1843년 토머스 찰머스(Thomas Chalmers)가 에든버러에서 스코틀랜드 교회평의회를 박차고 나와 이른바 스코틀랜드 자유교회를 세웠을 때 그 대열의 2인자로 그의 뒤를 좇았다. 그들은 보수와 지위를 버리고 광야로 나아갔으며, 이는 프레이저가 늘 소중하게 여겨온 도덕적 용기와 독립심의 모범이었다. 배너타인 목사는 줄곧 올드 커목에서 살았는데, 프레이저는 소년 시절에 이따금 그를 방문했다. 프레이저는 배너타인 목사를 부드럽고 상냥하고 자상한 인물로 기억했다. 비록 어리기는 했지만, 신앙과 신앙의 결과에 대한 이러한 근접 관찰은 프레이저가 소년 시절에 익히고 간직한 종교에 공감하지 않게 된 말년에도 줄곧 견지되었다.

자유교회의 가르침에 따라 프레이저의 가족은 검소하게 생활했으며, 종교 의례를 부지런히 행했으나 결코 병적이지는 않았다. 매일 저녁 가족기도를 드리고 주일이면 반드시 교회에 갔으며 안식일을 엄격하게 지켰다. 오늘날의 편견과 달리 그러한 교육은 전혀 억압적이지 않았다. 오히려 다소 소란스러운 듯하면서도 항상 즐거움이 샘솟는 분위기였다. 아커만(Ackerman)의 전기에 나오는, 어린 프레이저의 모습이 담긴 사진 중 가장 기억에 남는 것은 글래스고 위쪽에 자리한 게얼록 호반의 가족 휴양지에서 찍은 것인데, 그가 마치 짓궂은 장난을 하다 들킨 것처럼 담쟁이로 테두리를 두른 구멍에서 기어나오는 모습을 담고 있다. 또, 노년에 케임브리지에서 찍은 사진은 셜록 홈스처럼 보이는 프레이저가 실험실에서 빨대로 식초를 마시는 시늉을 하는, 왓슨 같아 보이는 과학자 친구와 함께 있는 모습을 담고 있다.

생애 말년에 영예를 누릴 때 프레이저의 얼굴은 다소 엄숙한 기미를 띠었지만, 그의 책 속에는 항상 유머가 있었다. 드물게 그것은 사회생활에서도 나타났다. 프레이저에게는 잘난 체하는 사람들을 제압하는 놀랍고도 거의 눈에 띄지 않는 능력이 있었다. 대화할 때 나타나는 그러한 불손함과 기지는 종종 좀더 고지식한 성향을 지닌 사람들의 오해를 샀다. 그러나 프레이저는 결코 고지식하지 않았으며, 널리 퍼진 정반대의 인상과 달리 퉁명스럽지도 않았다.

아버지 다니엘 프레이저의 사업이 번창한 덕에 제임스는 당시 스코틀랜드에 널리 퍼진 관례에 따라 글래스고의 대학에 들어가기 전에 몇 군데 사립학교에 다닐 수 있었다. 이들 학교에서 그는 라틴어와 그리스어의 기초를 철저히 다졌는데, 이는 그가 학문생활을 시작할 때 큰 도움이 되었다. 또, 프레이저는 대학에서 스코틀랜드 이남이라면 받기 어려웠을 폭넓은 교육을 받았다. 존 베이치(John Veitch) 밑에서 철학을, 조지 길버트 램지(George Gilbert Ramsay) 밑에서 라틴어를, 윌리엄 톰슨(William Thomson)과 켈빈 경(Lord Kelvin) 밑에서 물리학을 배웠다. 이러한 공부는 그가 평생 이루어낸 저작의 기초가 되었다.

철학강좌를 통해 그는 회의론적 경향이 뚜렷한, 스코틀랜드의 인식론적 전통에 속하는 위대한 사상가들을 잇따라 접했다. 특히 데이비드 흄(David Hume)이 주목할 만한데, 인간이 지닌 신념의 원천을 고찰한 『인간본성론 *Treatise of Human Nature*』은 프레이저가 장차 『황금가지』에서 인간의 신앙을 다루는 데 밑그림이 되었다. 또, 라틴어와 그리스어 덕분에 프레이저는 광범위한 고전적 전거를 접할 수 있었으며, 이는 나중에 그의 논증에 역사적 깊이를 더해주는 역할을 했다(실제로 『황금가지』 자체가 고전적 문제제기에서 출발한다). 과학은 그에게 방법론과 명료성, 나중에 매우 요긴하게 활용하는 귀납적 논리의 기초를 제공해 주었다. 프레이저의 담당교수 켈빈이 가르친 19세기 말 물리학은 미래에 대해 눈에 띄게 비관론적인 견해를 취했고, 프레이저도 그런 견해를 흡수했다. 모종의 철학적 비관론, 곧 지는 해를 둘러싼 채 어두워져가는 구름의 영상이 『황금가지』의 사라져가는 장면들 속에 배어 있다. 이 또한 프레이저가 켈빈에게서, 글래스고에서 배운 것이었다.

가족은 사업을 하기를 바랐지만, 프레이저는 학자가 되기를 원했다. 그러나 그 시절 스코틀랜드 지방대학의 학위는 모든 사람에게 인정받는 수준이 아니었다. 그런 이유 때문에 프레이저는 잉글랜드에 있는 유서 깊은 대학에 다니는 것이 바람직하다고 여겨 남쪽으로 유학을 떠나게 되었다. 프레이저는 옥스퍼드를 선택했으며, 미래의 인류학자로서 그는 그곳에서 많은 것을 배웠을 것이다.

옥스퍼드에는 퀘이커 교도인 우상 파괴자 에드워드 버넷 타일러(Edward Burnett Tylor)가 있었으며, 그가 쓴 『원시문화론 *Primitive Culture*』은 프레이저를 인종학의 영역으로 이끌었다. 또, 프리드리히 막스 뮐러(Friedrich Max Müller)도 있었다. 물론 많은 부분에서 프레이저가 견해를 달리하게 되기는 하지만, 언어의 기원에 관한 그의 이론은 나중에 프레이저가 문화의 기원에 대해 제기한 이론과 명백히 닮은꼴이었다. 얼마 지나지 않아 앤드루 랭(Andrew Lang)도 옥스퍼드에 합류한다. 그는 민속학에 관심이 많은 스코틀랜드 출신으로 말년에 이르러 프레이저에 대해 '찬양하는 문하생'과 '성급하고 지겨운 불평자' 사이를 왔다갔다했다(프레이저는 자신의 비판자들에게 항상 그랬듯이 그를 용서했다).

그러나 옥스퍼드에는 옥스퍼드 운동의 지지자들과 그 후예들―가톨릭이나 심지어 성공회 교인들―도 있었는데, 캘빈 교도인 다니엘 프레이저는 그들을 좋아하지 않았다. 그래서 프레이저는 케임브리지의 트리니티 칼리지로 옮겨 고전 연구―헤로도토스의 그리스어 전집과 베르길리우스(Vergilius)의 라틴어 전집―에 몰두했다. 그리하여 3년 반 후에 그는 수석졸업 예정자로 두각을 나타냈으며, 마음만 먹으면 누구나 인정하는 학위를 가지고 살아갈 수 있게 되었다.

그러나 프레이저는 초기 행보가 인습의 틀 안에 머문 것으로 보이기는 해도 결코 쉬운 길을 택하지는 않았다. 학문적 경력을 쌓기 위해서는 대학 특별연구원을 거쳐야 했다. 프레이저는 본격적으로 작업에 착수하여 플라톤의 대화편에 관한, 깔끔하고 재기 넘치는 논문을 썼다. 그러는 한편 일주일에 며칠씩 런던행 기차를 타고 가서 변호사 시험에도 응시했다. 이는 아마도 아들이 학문만 해서는 생계를 꾸려갈 수 없을까봐 걱정하던 아버지를 안심시키기 위해서였을 것이다. 그러나 프레이저는 특별연구원직을 따냈고, 그 길에 계속 머물렀다. 그의 정신은 학식의 곳간이었고, 그의 서가는 무수한 책들로 삐걱거렸다. (몇 년 후에 프레이저는 축적된 학식의 무게가 문자 그대로 그의 방바닥을 짓눌러 아래층으로 무너져내릴 지경이었기 때문에, 어쩔 수 없이 케임브리지의 그레이트 코트 건물에서 이사해야 했다. 프레이저 부인에 따르면, 방바닥이 바람을 안은 돛처럼 안쪽으로 휘었다고 한다.)

이처럼 온화하고 전통적인 사회에서 프레이저는 20년 간 상임 특별연구원으로 생활하다가 결혼과 더불어 자리를 옮겼다. 그는 관례를 존중하는 사람이었으며, 인습이나 우리가 감상적으로 전통이라고 부르는 것에 대한 이러한 편향성 덕분에 다른 사회의 인습을 이해할 수 있는 소양을 갖추게 된 듯하다. 그는 관례가 제의(祭儀)에 기초를 두고 있으며, 제의는 거꾸로 주술적 신념을 담고 있다는 것을 알았다. 관례를 신성시하는 것은 사람들이 고루하기 때문이 아니라, 거기에 담겨 있는 신념이 한 사회의 인간관과 세계관, 세계에서 인간이 차지하는 지위에 대한 견해에 필수적인 것이기 때문이다.

프레이저는 일면 아주 열정적으로 행위는 결과를 수반한다고 믿었으며, 그가 궁구한 주제는 그에게 그것을 확신시켜 주었다. 중부 오스트레일리아의 언덕에서 한 원주민이 촛불을 들고 서서 일출을 맞이한다면, 그것은 그 원주민이 그런 행위의 결과 태양이 더 효과적으로 떠오를 것으로 확신하기 때문이다. 우리는 그 원주민의 행동을 미련하거나 어리석다고 생각하겠지만, 그에 못지않게 그와 같이 열렬한 다른 관습에 대한 애착으로 인해 최소한 그 원주민을 이해해야 할 의무를 지닌다. 세계는 인과율에 기초를 두고 있다. 어떤 일정한 원인이 발생하면 그 순간에는 아무도 결과를 분간할 수 없다. 그러나 이러한 근시안성에도 불구하고 우리는 가장 낙천적인 형태의 결정론에 기초를 둔 가정에 따라 행동하는 데 거리낌이 없다. 그러므로 타산에 따른 모든 행동은 신념에 따른 행동인 것이다.

프레이저는 이 모든 것을 본능적으로 깨달을, 말로 표현할 틀거리가 필요했다. 처음에는 자신의 미발표 학위논문의 연장선상에서 전문적인 철학자로 변신할 생각이었던 것 같다. 여러 메모장 속에서 철학적인 메모가 발견될 뿐 아니라, 중간중간에 헨리 메인(Henry Maine)과 존 퍼거슨 믈레넌(John Ferguson M' Lennan)의 저작을 통해 입문한 고대 법률에 관한 성찰이 눈에 띈다. 또, 언어의 기원에 관한 사색도 들어 있다. 심지어 한 지점에서 그는 기호학적 언어학의 기본 형태를 포착하기도 한 것 같다. (그는 '읽을 책'이라고 표제를 붙인, 대강 정리한 참고문헌 목록 뒷면에 연필로 이렇게 끄적거렸다. "언어는 기호의 체계다.")

그런데 1883년 부활절에 프레이저는 휴가 중에 할 일을 포기하고 심리학자

제임스 워드(James Ward)의 초청을 받아들여 그와 함께 스페인 도보여행에 나섰다. 그 여행 중에 워드는 타일러의 『원시문화론』 사본을 프레이저에게 빌려주었다. 그 효과는 바로 나타났다. 전세계 미신에 대한 주제 설명, 현대 인의 행동 중 많은 것이 지나간 시대의 유물이라는 믿음, 미사의 신학을 일종 의 후기적 주술로 바라보는 명료하고도 회의론적인 주장들은 첫출발부터 프 레이저를 사로잡았다. 케임브리지로 돌아오자마자 프레이저는 이 주제를 붙 들고 좀더 체계적인 독서에 착수했다.

그 해 가을에 또다른 중요한 만남이 있었다. 윌리엄 로버트슨 스미스 (William Robertson Smith)를 만난 것인데, 그는 로즈 아머너(Lord's Almoner)의 아랍어 강사로서 성서에 대한 비판적 연구방법론을 옹호하다가 애버딘의 자 유교회 아카데미 구약강좌 강사직에서 쫓겨나 소속 대학 없이 다른 데 특별 연구원 자리가 날 때까지 트리니티에서 체류하던 중이었다. 그 무렵 『브리태 니커 백과사전』 편집인으로 임명된 스미스는 프레이저에게 사전에 실을, 고 전에 관한 몇 가지 기고와 아울러 '토템' 및 '터부'에 관한 맹아적인 논문 두 편을 부탁했다. 두 논문 모두 결국에는 독립적인 책으로 발전했다. '토템'은 1887년에 소책자 『토테미즘 *Totemism*』이 되었다가 1910년에 『토테미즘과 족외혼 *Totemism and Exogamy*』이라는 방대한 저작으로 발전했다. '터부'는 『황금가지』로 발전했다.

3

프레이저는 1889년에 이러한 책들 중 두번째 책을 쓰기 시작했다. 그러나 작업에 착수하기 전에 많은 준비가 필요했다. 프레이저는 이미 고전에 심취 해 있었고 법률에 관한 기초 자료를 두루 섭렵했으나 그것으로는 부족했다. 처음부터 그는 주제별로 서술한 타일러와 달리 서술체 형식으로 인간의 고대 문화와 신앙 전체를 포괄하는 단일한 연구서를 염두에 둔 듯하다. 그래서 두 가지, 곧 여러 문화의 폭넓은 준거틀과 그것을 달아맬 연결고리가 필요했다. 프레이저는 첫번째를 염두에 두고 비서양 사회에 대한 무수한 기록, 인종학

계통 서지(書誌)와 식민지 행정관들의 회고록, 선교사들의 관찰문 따위를 가능한 많이 읽었다. 그리고 1887년에는 아이디어를 내 현장에 있는 일꾼들에게 결혼풍습, 상속규칙, 신화와 제례 등 특정 문제에 관한 정보를 요청하는 질문지를 보내 이 작업을 더 확대했다. 답장은 유익했으며, 이러한 방법으로 프레이저는 많은 현장 일꾼과 긴밀한 직업적인 교제를 맺었다. 그중에서도 우간다의 로스코(Roscoe) 수사(修士)와 오스트레일리아의 볼드윈 스펜서(Baldwin Spencer) 같은 사람은 그의 사색에 상당히 중대한 영향을 미쳤다.

그러나 여전히 연결고리가 빠져 있었다. 어느 단계에서는 각양각색의 혼인이나 성적 결합에 관한 터부들이 그럴듯한 공통의 줄기인 듯이 보이다가 이내 그러한 고찰이 소멸하고 다른 더 유망한 것으로 대체되기 일쑤였다. 그러다가 1889년 3월에 마침내 『황금가지』의 요체가 그의 사색 속에 뚜렷이 자리 잡는 전율적인 영감의 순간이 다가왔다.

이 저작의 맹아를 이루는 요소는 다양했다. 베르길리우스의 『아이네이드 *Aeneid*』 제6편을 보면, 아이네이아스가 트로이에서 피신한 뒤 이탈리아로 돌아가 로마를 다스릴 왕조를 창건하는 대목이 나온다. 그러나 중도에 아버지 안키세스가 죽자 아이네이아스는 쿠마이에 있는 무녀(巫女)의 동굴(오늘날의 나폴리 만에 면해 있다)로 찾아가, 저승세계로 들어가 아버지를 만날 수 있게 해달라고 부탁한다. 무녀는 회의 어린 태도로 그 길로 갔다가 살아남아서 이야기를 전한 사람이 거의 없지만, 만약 아이네이아스의 결심이 확고하다면 모종의 보호수단을 취해야 할 것이라고 말한다. 여기서 1743년에 윌리엄 피트(William Pitt)가 번역한 다음과 같은 구절이 이어진다.

> 그러나 저승의 땅, 그 무서운 어둠과 죽음의 영토를
> 끔찍한 지옥의 강을 두 번 건너
> 검은 지옥의 심연을 두 번 헤쳐서
> 그대가 지나가고자 한다면
> 먼저 내 충고를 듣고 나서 안전하게 가도록 하라.
> 황금가지가 달린 거대한 나무 하나가
> 지옥의 강을 다스리는 조브 신의 왕비에게 바친

숲으로 둘러싸인 계곡에서 자라고 있다.
그 나무줄기에서 꽃핀 황금가지를 잘라내기까지는
어떤 유한한 존재도 그녀의 저승세계를 엿볼 수 없도다.

이 구절이 터너(Turner)의 관심을 끌었고, 터너는 1834년에 그것을 소재로 프레이저 책의 표지화가 되는 그림을 그렸다. 그림은 저승 입구에 있다는 전설 속의 아베르누스 호수를 묘사하고 있다. 중앙부에서는 신비한 죽음의 유령들이 원무를 춘다. 그 너머로는 소나무를 이고 있는, 아득한 태곳적의 이탈리아식 풍경이 펼쳐져 있다. 마지막 순간에 터너는 무녀 자신이 황금가지를 들고 있는 모습을 전경에 덧붙였다. 무녀의 모습은 나중에 보충한 것인 듯하다. 그림을 입수하고 몇 년 지났을 때 소장자는 놀랍게도 무녀가 화폭에서 떨어져나온 것을 발견했는데, 그것은 종이에 대충 그려 화면에 붙여놓은 형상에 지나지 않았기 때문이다. 터너가 이 소식을 듣고 급히 달려와서 무녀를 다시 오른손에 낫을 들고 왼손에 가지를 든 모습으로 현재 위치에 그려놓았다고 한다.

베르길리우스의 나뭇가지가 어떤 종류인지 우리는 결코 확언할 수 없다. 프레이저는 베르길리우스가 비유의 대상으로 삼은 겨우살이가 그것이라고 생각했으나, 그렇게 되면 순환적인 비유가 되고 만다. 그러나 그 그림과 그림의 바탕이 되는 베르길리우스의 시구에 대한 프레이저의 해석은 궁극적으로 식물학적 동일성보다는 터너가 모르는 고전문학의 또다른 구절에서 빌려온 것이다. 서기 4세기에 베르길리우스의 시구를 논평하면서 학자 세르비우스(Servius)는 이렇게 썼다.

프로세르피나(페르세포네) 신화에 관해 글을 쓰는 작가들은 이 나뭇가지가 신비한 것이라고 주장하지만, 세간의 소문은 다르다. 타우리스의 왕 토아스를 죽인 후에 오레스테스가…… 그 누이 이피게니아와 함께 달아나 아리키아 부근에 디아나의 신상을 다시 세웠으며, 그 신전에서 의식이 변형되었다는 것이다. 한 나무가 있었는데, 그 가지는 아무도 건드리지 못했다. 오직 도망친 노예에게만 그 가지를 꺾고, 또다른 도망자로서 그 지위

에 오른 사제에게 일 대 일 결투를 신청하여 자신의 도피를 기념하는 사제
가 될 특권이 부여되었다.

그런데 이 구절은 훨씬 더 이상했다. 추정컨대, 이피게니아는 그녀의 아버지 아가멤논이 트로이 원정을 떠나기 전에 순조로운 항해를 보장받으려고 그녀를 제물로 삼았으며, 이후 타우리스(오늘날의 크리미아)로 운반되었다. 그리고 나중에 그녀의 오빠 오레스테스는 이피게니아의 죽음에 대한 보복으로 아버지 아가멤논을 죽인 어머니 클리템네스트라를 살해하고 그곳으로 피신했다. 이 모든 사실은 잘 알려진 것이다. 그런데 피신처가 로마에서 19킬로미터 가량 떨어진 소읍 아리키아였다는 것, 그들이 거기에 디아나의 신상을 세웠다는 것(이피게니아는 타우리스에서 디아나의 여사제가 되었다), 신설된 숭배의식을 관장하는 사제직의 계승규칙이 앞에서 설명한 방식으로 진행되었다는 것은 지극히 기이할 뿐 아니라, 그만큼 시사적인 언급이었다.

프레이저는 1889년에 바로 이 구절에 매달렸다. 그 무렵에 아리키아가 뉴스에 오른 적이 있었기 때문에 그의 관심은 더욱 열렬했다. 1885년에 열성적인 아마추어 고고학자인 로마 주재 영국 대사가 네미의 작은 마을 아래 있는 단층절벽 발치에서, 곧 아리키아 동남쪽 약 8킬로미터 지점에서 유적을 발굴한 것이다. 그 유적은 디아나와 관련이 있는 것으로 확인되었으며, 그녀의 작은 신상이 다양하게 발견되었다. 그러나 세르비우스가 언급한 사제나 다소 소름 끼치는 계승의식의 자취는 발견되지 않았다. 여러 가지 다른 요소도 그 점에 관해 불신을 고취하는 작용을 했다. 일찍이 노예와 도망자만 계승할 수 있는 왕위에 관해 들어본 적이 있는가? 나무 한 그루를 중심으로 삼는 왕국이란 대체 어떤 종류의 것인가?

그러나 프레이저는 그러한 숭배의식이 존재했다는 것을 확신했다. 1889년에 그는 파우사니아스(Pausanias)의 여행기 1권을 검토하고 있었다. 소아시아 출신 의사인 파우사니아스는 고대 그리스 유적에 관한 우리의 주요 제보자 중 한 사람인데, 프레이저는 파우사니아스의 저작을 번역·편집할 생각이었다. 한 지점에서 파우사니아스는 펠로폰네소스 해협의 에피다우로스에 있는 그리스 의술의 신 아이스쿨라피오스의 신전을 방문한다. 신전에는 여러 기넘물이 서 있었는데, 그중 하나가 특히 관심을 끌었다.

> 다른 것들과 떨어져서 아주 오래된 비석 하나가 서 있고, 거기에는 히폴리투스가 이 신에게 말 20마리를 봉헌했다는 명문이 새겨져 있다. 아리키아 사람들은 이 비석의 명문과 일치하는 전설을 이야기한다. 그에 따르면, 히폴리투스는 테세우스의 저주 때문에 살해당했다가 아이스쿨라피오스의 도움으로 되살아났는데, 다시 소생하자 아버지를 용서하지 않고 아버지의 간청을 무시한 채 아리키아로 갔다. 그곳을 통치하면서 그는 한 구역을 아르테미스에게 바쳤는데, 그곳에서는 당대에 이르기까지 일 대 일 결투의 승자에게 여신의 사제직을 상품으로 수여하고 있다. 그 결투는 자유인들에게는 기회가 없으며, 달아난 노예들에게만 허용된다.

이것은 말하자면 그 의식의 존재를 확인시켜 주는 증거지만, 프레이저의 관심을 끈 것은 '당대에 이르기까지'라는 구절이었다. 파우사니아스의 글은 서기 2세기에 쓴 것이다. 그가 말한 것이 사실이라면, 그것은 위 구절의 초점인 히폴리투스가 신화적 존재에 지나지 않는다 하더라도 그 숭배의식 자체는 결코 단순한 신화가 아니었음을 말해주는 놀라운 증거가 될 것이다. 히폴리투스가 중요한 까닭은 그 숭배의식 자체가 말과 연관을 지닌 것으로 보이기 때문이다. 말은 히폴리투스라는 이름의 주요 부분이며(그리스어 hippos), 그를 갈기갈기 찢어 죽인 장본인이었다. 네미 사원의 기묘한 특색 중 하나는 어떤 이유에선가 말의 출입을 금지했다는 점이다. 그러나 어쨌든 그 신전이 존재했다는 사실을 프레이저는 확신할 수 있었다. 프레이저는 파우사니아스의 도움을 얻어 그것이 단순히 격세유전(隔世遺傳)의 추억물이 아니라, 고전시대를 지나 그곳에서 말에게 물을 먹인 율리우스 카이사르와 칼리굴라의 치세에 이르는 제국의 전성기에 그곳에 떼지어 몰려와 네미 호수 기슭에서 흥겹게 놀던 고상한 귀족계급의 별장과 가까운 거리에서 번영을 누렸다는 것을 확신할 수 있었다.

이 모든 사실은 고전문헌에 대한 하나의 주석, 그것도 지극히 사소한 것에 불과해 보이지만, 프레이저가 그 사실을 중시한 것은 그런 이유 때문이 아니었다. 1889년 3월에 프레이저는 존 핑커턴(John Pinkerton)의 『가장 훌륭하고 재미있는 관광여행 총람 *General Collection of the Best and Most Interesting Voyages and Travels*』(1808~1814)이라는 두꺼운 책들을 뒤지다가 남부 인도의 말라바르 왕국에 대한 언급을 발견했다. 18세기에 말라바르를 방문한 알렉산더 해밀턴(Alexander Hamilton)에 따르면, 그곳의 라자(왕)는 예전에는 12년마다 왕위에서 내려와야 했으나 그 계승의식이 변해 경호병들의 보호 아래 왕이 가상적으로 모든 지망자를 물리치고 왕위를 지키는 무장결투 의식으로 바뀌었다고 한다. 이는 아리키아의 의식과 유사하지만 훨씬 더 최근의 것이었다. 아리키아의 의식과 말라바르의 의식은 유사한 사고 습관에서 연유했을까? 만약 그렇다면 이는 프레이저가 고대 사회에 관해, 곧 고대 사회에서 일을 처리하는 방식과 그것들을 지탱하는 인생철학에 관해 자신의 구상을 세울 수 있는 발판이 될 것이다.

그러나 프레이저의 주제가 남부 인도도 고대 로마도 아니었음을 깨닫는 것이 중요하다. 이 두 가지는 그에게 단지 훨씬 더 광범위하고 심오한 어떤 것, 곧 고대인들이 집단생활을 수행해 나가는 지적인 원리를 보여주는 범례로 존재할 뿐이다. 프레이저의 저작은 제의와 관습에 관한 개론서로 보일지도 모른다. 그러나 실상 그것은 인간 정신과 그것에 따라 관습적으로 형성되는 관계성에 관한 책이다. 프레이저가 철학자로 자신의 연구생활을 시작했다 하더라도 1883년에 그가 인류학으로 이행한 것은 오늘날 생각하는 것만큼 급격한 변신은 아니었다. 인간 사상의 본질을 연구하는 데서 출발하여 단순하게 그 역사를 연구하는 데로 비껴갔을 뿐이다. 인간 정신은 문화와 시대의 다양성을 넘어서, 특히 종교와 주술에 숙련되었을 때 일정한 불변성을 나타내기 때문에 프레이저를 매료시킨 그런 종류의 일반화가 가능했다. 그러한 보편적인 사고과정의 정수(精粹), 다양한 장소와 다양한 시대 속에서 나타나는 그것들의 상이한 자기표현 방식을 고찰하기 위해 그는 책을 쓴 것이다.

4

오래지 않아 프레이저는 출판인에게 접근할 만큼 충분한 자신이 섰다. 1889년 11월 8일, 그는 조지 맥밀런(G. Macmillan)에게 이런 편지를 보냈다.

> 나는 곧 원시종교의 역사에 대한 연구를 마칠 것입니다……. 미개인의 관습과 사상은 기독교의 근본 교리와 놀라우리만치 유사합니다. 그러나 나는 이런 유사성에 대해 어떤 언급도 하지 않고 독자들이 이러저러하게 자기 스스로 결론을 끌어내도록 내버려둘 것입니다.

맥밀런은 제의를 받아들였고, 두꺼운 책 두 권 분량은 족히 될 본문 원고를 이내 인쇄소에 맡겼다. 어느 정도 대중적 호소력을 갖춘 책을 만들 생각으로 프레이저는 맥밀런에게 부지런히 문의 편지를 써보냈다. 프레이저는 그 책의 어떤 측면도 우연에 맡기려 하지 않았다. 표지는 녹색이어야 하고, 겨우살이를 소재로 한 우아한 아르 누보식 디자인을 담아야 했다. 활자체는 굵고 선명해야 했다. 권두화로는 터너 그림의 복사판이 들어가야 했다. 프레이저는 서둘렀다. 그는 파우사니아스에 관한 연구를 계속하기 위해 그리스로 떠날 생각이었다. 그래서 3월에 교정본을 검토하자마자 발송하고는 걷고 쓰고 관찰하는 여정에 올랐다. 맥밀런은 그에게 보내는 필자 증정본을 아테네로 우송해야 했다. 프레이저는 잉글랜드에 돌아와서야 자기가 참으로 놀랍게도 학술적인 베스트셀러를 써냈다는 사실을 알았다.

그 성공은 준비 없이 이루어진 것이 아니었다. 프레이저는 일반인들이 읽을 수 있는 책을 원했다. 그는 절실한 주제가 있었고, 자기를 잘 표현했으며, 먼저 흥분하는 일 없이 광범위하게 문제를 제기했다. 그는 시대의 분위기와 호기심을 사로잡았다. 게다가 『황금가지』는 어느 정도 대중소설 또는 탐정소설처럼 쓰여졌다. 코난 도일처럼 그는 마지막까지 해답을 유보했다. 그것은 일종의 추리극이었다. 맥밀런에게 그는 이렇게 썼다.

> 플롯이라고 할 수 있는 것을 드러내지 않고 책의 요점을 정리해 낸다는

것은 참 어려운 일이더군요.

그 플롯은 두 가지 수준에서 진행되었다. 그것은 첫째로 네미의 의식을 둘러싼 매듭의 실타래를 푸는 일이었다. 그러나 그 일은 그것을 훨씬 넘어서 서로 다른 역사시대의 수많은 문화 속에서 관찰 가능한, 깊이 뿌리박은 신앙의 원형을 밝혀내는 작업이었다. 이러한 고대적 우주론 또는 형이상학은 다음과 같이 요약할 수 있을 것이다.

해마다 자연은 죽는다. 사람들 또한 쇠약해져서 생을 마감한다. 이 사건들은 연관이 있으며, 그것들을 연계시키는 힘이 주술이다. 주술사들은 이러한 과정에 정통한 사람들이다. 그들의 유용성은 그 과정에 개입한다는 것이다. 때로는 주술사들 자신이 왕이지만, 어쨌든 왕은 부족의 생명력을 대부분 부여받은 자로서 그 과정을 주관해 나갈 능력을 지닌다. 그러나 왕 또한 병들고 죽으며, 그렇게 되면 전체가 위험에 처한다. 왕의 내부에는 병이나 죽음으로 인해 쇠퇴할 경우 그와 더불어 모든 사람을 쇠퇴하게 하는 생명의 원기가 존재하는 것이다. 그러나 그 원기는 사람을 초월하여 개인에게서 개인으로 전달 가능하다. 만약 쇠퇴의 시기가 닥쳤을 때 왕이 자기 힘을 양도하게 강제할 수 있다면, 그것을 다른 인간 용기(容器)에 담아서 지속적으로 보전할 수 있을 것이다.

프레이저는 일정한 임기가 끝나면 자신들의 권한을 양도하거나 모종의 체력 시험을 통해 권력을 지켜야 했던 왕의 사례를 찾기 위해 역사를 샅샅이 훑어보았다. 프레이저가 자기 서술의 출발점으로 삼은 네미의 사제는 후자의 한 예인데, 이 사제는 모든 도전자를 상대로 자기 직위를 방어해야 했다. 그러나 다른 예도 있었으며, 그중 더 유력한 몇몇 예는 인도나 아프리카에서 나온 것들이었다. 프레이저가 보기에 왕들은 대체로 조용히 물러났으나, 또다른 경우에는 당연한 일이지만 물러나기 싫어 다른 사람을 일종의 대리희생으로 삼아 자기 대신 죽게 하기도 했다. 때로는(이 지점에서 기독교와의 불안한 유사성이 생겨난다) 그 대리인이 왕의 아들인 경우도 있었다. 그밖에 어릿광대나 노예를 선발하여 임시로 왕의 특권을 누리게 하다가 즉결 처형으로 목숨을 끊기도 했다. 이런 때에는 종종 편의에 따라 그 개인이 속죄양의 역할을 겸했다(프레이저가 보기에 이는 마치 그리스도가 속죄양이었던 것과 같았다).

나중에 그 의식의 원래 목적은 완전히 잊혀지고, 남녀가 나서서 그 의미를 거의 의식하지 못한 채 희생적인 남신과 여신의 역할을 연기하게 되었다. 이는 1900년의 제2판 이래로 프레이저가 주술과 대비하여 종교라고 부른 단계였다. 더 나중에 죽음은 의례적인 모욕으로 바뀌었고, 그러다가 한때 아주 끔찍했던 그 과정은 마침내 일련의 양식화하고 무의미한 무언극으로, 현대 산업사회의 민속으로 완화되었다. 그 모든 것의 뿌리에는 아직 희미하게 분간할 수 있는 형태로, 자연을 통제하여 자연의 힘을 지배함으로써 생명력이 여러 군주, 여러 세대에 걸쳐 면면히 흘러가게 보장하려는 욕망이 자리잡고 있었다.

이렇게 요약할 때, 프레이저의 줄거리 구상에서 두 가지 사실이 명백해진다. 그것은 뭐랄까, 우주를 채워주고 한데 묶어주는, 전기와 같이 내재적 힘으로 작용하는 에너지라는 다소 추상적인 개념에 강하게 의존하고 있다. 그러므로 그것은 전체적인 인간 유기체를, 말하자면 패러데이류(類)의 과학의 견지에서 바라보는 것이다. 또, 그것은 그 사실과 무관하게 자체가 다소 신비한 성격을 띠며, 어렴풋이 기억되고 되살아나는 사물들의 암시에 종종 휩쓸리는 독자들에게 거꾸로 강한 신비감을 불러일으킬 수 있다. 프레이저가 어느 만큼이나 그런 것을 의도했는지는 단언하기 어렵다. 그의 이야기가 첫 시작 이래 100년 동안이나 지속적인 성공을 누리는 것이 잔존하는 신비주의에서 연유하는 반(半)잠재적인 암시성 때문이라고 지적한다면 그가 기뻐할 것인지는 분명하지 않다.

오해의 가능성은 처음부터 존재했기 때문에 프레이저는 그것을 예방하기 위해, 또 자기 의도를 분명히 할 생각으로 진화적 발달의 3단계 도식을 제2판에 끼워넣었다. 모든 것이 문화적 단계의 문제라고 주장한 것이다. 예컨대 사람들이 비를 원한다고 하자. 사람들은 처음에는 비를 기원하는 춤을 추는데, 이는 보통 잘 듣지 않는다. 이것이 주술의 시대다. 그리하여 성공을 거두지 못하면 사람들은 다음 단계 조치로 무릎을 꿇고 기도를 올린다. 이것이 종교의 시대다. 기도가 듣지 않으면 사람들은 자연계의 정확한 원인을 조사하기 시작하며, 새로 얻은 이해를 바탕으로 사태를 개선하려고 한다. 이것이 과학의 시대이며, 우리는 오늘날 이 시대에 살고 있다고 프레이저는 주장했다. 주술과 과학은 개입의 수단이라는 공통성을 지니며, 반면에 종교는 모든 책임을 신에게 떠넘기는 것이다. 그러나 주술과 과학이 공유하는 의도의 근접성 때문에, 후자는 개명(開明)된 것이며 전자는 그렇지 않다는 사실을 간과해서는 안 된다. 후대에 이르러 주술에 의존하는 것은 모두 퇴보다. 명백하게 발생하는 그러한 퇴보에 직면하여 과학이 취해야 할 올바른 태도는 그것을 응당 검토해 보아야 할 현상 그 자체로 간주하는 것말고는 달리 없다. 당대의 신비주의자들이 흔히 그랬듯이, 고찰해야 할 현상을 무조건적으로 수용하여 그 과정을 혼란에 빠뜨리는 것은, 프레이저의 주장에 따르면 과학적 방법의 훼손인 동시에 시대착오다. 그가 카알라일의 『프랑스 혁명』에서 빌려온 비유를 사용하면, 그것은 살얼음을 밟고 걷다가 금방 얼음이 깨져서 발 아래 캄캄한 심연으로 곤두박질치는 것과 같은 형국이다.

이러한 구별을 분명하게 염두에 둘 때, 우리는 프레이저의 논증을 알기 쉽게 부연 설명할 수 있다. 네미의 신전과, 그것과 연관된 의식에 관해 간단하게 설명한 뒤에 프레이저는 모든 주술적(그리고 나중에는 종교적) 원리의 바탕이 되는 대원리들을 명시하고 있다. 그리고 그러한 원리들을 예시한 다음, 그는 가장 인상적이고 결정적인 주술적 조작 능력을 지닌 사람들의 우위성으로 왕의 직분을 설명할 수 있음을 보여준다. 이로부터 그는 왕위 일반에 관한 토론으로 나아가고, 이어서 왕의 권력과 위신을 유지하는 수단에 관해 논한다. 그 가운데 가장 중요한 것은 마치 교류 전류처럼 작용하는, 왕의 인격을 둘러싼 독특한 신비적 전하(電荷)다. 이것을 프레이저는 '터부'라고 부른다. 이 단어가 프레이저에게 갖는 의미는 우리가 통상적으로 쓰는 것보다 좀더 복잡하다. 프레이저에게 터부란 특정한 사람과 활동을 해로운 사회적 접촉에서 격리해 주는 수단이었다. 그 같은 사람과 활동 중 어떤 것은 신성시되고 어떤 것은 혐오의 대상이 되는데, 프레이저가 강조하는 초점은 고대인의 정신에서 이 두 가지 상태가 엄밀하게 구별되지 않는다는 것이다. 그래서 일본 천황이 세상에서 격리된 것과 마찬가지로 살인범들도 그랬다. 그러므로 '터부'는 프레이저가 개념적 동의어로 간주한 라틴어의 '사케르(sacer)'와 마찬가지로 성스러운 것과 속된 것을 동시에 의미했다. 그 개념의 애매성과 그것으로 인해 생겨난 태도는 뒤따르는 많은 내용을 설명해 주는 역할을 한다.

프레이저의 서술은 왕과 인간신들의 도덕성에 관한 긴 논술로 이어진다. 프레이저는 『황금가지』 초기판에서 이 부분을 길게 늘여 독립된 장으로 다루었다. 그리고 신들의 도덕성에 관해 고찰한 뒤에 그는 왕이라고 불리는 특별한 종류의 인간신에게 관심을 돌려, 그들이 그냥 죽는 것이 아니라 때로는 자기 후계자들에게 전승되는, 그들 속의 신성한 충동을 보전하기 위해 강제로 살해당하기도 한다는 것을 예증하고 있다. 그러한 관행은 엄격하게 말하면 주술의 한 형태지만, 프레이저는 그러한 관행이 종교제도 속에 남긴 퇴적물에 관심을 기울인다. 프레이저는 주로 두 가지 예를 길게 제시하는데, 고대 근동—페니키아, 프리지아, 이집트—의 종교적 숭배의식과 고대 그리스의 종교적 신화가 그것이다. 그리고 나서 그는 속죄양으로 알려진 특이한 종류의 반신(半神)에게 시선을 돌려, 고대 사회에서 일정 기간마다 백성들의 죄를 짊어져야 했던 개인들이 종종 이미 감지한 바와 같은 신성한 요소를 내포하고 있다는 것을 보여준다. 그러한 정화의식은 프레이저가 생각하기에 고대 비서양권의 정례적인 특징이었다. 기록된 유적 중에서 한때 기독교의 사순절에 앞선 것으로 보이는 연례적인 농신제(農神祭)는 그런 특징을 구현하고 있었다.

기독교 의식의 주술적 토대에 관한 언급을 매개로 프레이저는 기독교 신학의 영역에 접근한다. 이 단계에 이르러 프레이저는 1900년에 발행한 2판에서 예수 그리스도를 최후의 속죄양으로 보는, 자신의 결정적인 논의를 예비하는 긴 단락을 끼워넣었다. 이 논의는 나중에 부록으로 격하되었다가 결국 삭제되었다. 어쨌거나 모든 판본에서 프레이저는 죽어가는 특정한 신, 곧 북구의 신 발데르에 관한 논술을 이어가고 있다. 아이슬란드의 전설에 따르면, 발데르는 겨우살이 가지에 목숨을 잃고 불타는 배 위에서 화장되었다. 그래서 프레이저는 발데르를 실마리로 삼아 주기적인 불의 제전과 '황금가지', 곧 겨우살이 자체의 본질을 검토해 나가며, 이 논의를 끝으로 책을 마감한다.

5

  이렇게 정리할 때 프레이저의 논문은 상당한 자기 완결성을 지닌 것으로 보이지만, 그 내면에는 의문점과 모호한 점도 있다. 예컨대 프레이저는 첫출발부터 종교문제 때문에 진정으로 번민한 듯하다. 1885년 이후에 작성한 것으로 보이는 초기 학습장에서 우리는 그가 종교와 도덕의 관계라는 해묵은 주제에 관해 고민하는 것을 발견한다. 한 시대의 풍속은 어째서 그처럼 자주 그 시대의 공인된 신앙과 갈등을 일으키는 것인가? 프레이저는 이 질문에 대한 답을 전성기가 지나고 나서 종교제도에 생겨나는 일종의 경직화 현상에서 찾았다. 어떤 사회의 신학은 사회 발전의 과거 시기를 대표한다. 인간이 진보할수록 신앙과 관습이 일치하지 않게 되며, 그러면 개혁가들이 출현하여 당대의 관습에 맞게 신앙을 수정함으로써 그것들을 조화시키려고 하는 것이다. 종교가 입말로 전승될 때는(문자가 없는 사회는 물론, 심지어 그리스와 로마에서도 대체로 그랬듯이) 기록된 선례의 압력이 존재하지 않기 때문에 그러기가 쉽다. 하지만 인도나 아랍권, 기독교권에서처럼 종교가 책 속에 담겨 있으면 언제든 반대자들이 자신들의 보수주의를 뒷받침하는 장절(章節)을 들고 나올 수 있기 때문에 그러기가 훨씬 더 어렵다. 프레이저는 자기 당대에 서양 사회가 바로 이 지점, 곧 '사상과 종교의 갈등이…… 뚜렷한 특색을 이루는' 지점에 도달했다고 믿었다.

  우리 시대에 지식은 엄청나게 진보했으며, 이에 따라 종교와 과학의 균열이 확대되고 있다. 그래서 수많은 사람이 이 균열을 메우기 위해 분주하게 노력하는 것이 보인다. 사람들이 균열을 의식하기 시작하는 것은 종교와 과학의 관계에서만이 아니다. 종교(물론 문서종교)와 도덕 사이에서도 사람들은 간격의 발생을 보기 시작한다. 이 간격이 더 작은 것은, 다시 말해서 둘 사이의 차이가 종교와 과학의 차이만큼 크지 않은 것은 도덕의 진보가 필연적으로 지식의 진보를 뒤따라온다는 사실에 기인한다……. 여기서 우리는 문서종교의 단점을 본다.

그러므로 어느 시대에나 한편으로는 종교를 개혁하거나 심지어 폐지하려는 반란자들이 있었고, 다른 한편으로는 조금 덜 과격한 방법으로 신앙과 관습을 조화시키려는 통합론자 또는 합병론자들이 있었다. 프레이저는 자신이 전자의 혁명적인 범주에 속한다고 생각했다. 모든 종교는 반종교를 낳으며, 문서종교는 반문서를 낳는다. 고대 그리스의 화석화한 종교는 소크라테스에게서, 플라톤의 저작 속에서 대답을 찾았다. 고대 헤브라이의 화석화한 종교, 서기관과 바리새인들의 현학은 그리스도에게서, 신약 속에서 대답을 찾았다. 프레이저 당대의 문서종교, 곧 다양한 형태를 지닌 빅토리아 시대 기독교 또한 반문서를 요구했다. 의식적이든 아니든 『황금가지』가 그 문서였다고 말하는 것은 강력한 타당성이 있다.

프레이저는 처음에는 다소 소심하게 그러한 가능성을 모색해 나간 것 같다. 그리고 노년에 이르자 그 소심함에 거의 압도된다. 『황금가지』 1890년판은, 프레이저가 출판사에 보내는 편지에서 시인하고 있듯이, 조심스럽지만 이미 불온성을 지닌 책이었다. 그러나 프레이저는 용기를 내어 1900년에 실제로 또 구성상으로 일종의 반(反)성서에 해당하는 책을 만들어냈다. 그래서 제2판은 성서와 똑같은 지점, 곧 유혹자가 돌아다니는 에덴 동산에서 시작하여 커다란 상승 곡선을 그리며 전개되다가 제2권의 절정에서 '그리스도의 십자가형'에 도달한다. 그리스도가 행한 대속행위의 바탕을 이루는 정통 신학을 박살낸 다음(또는 같은 말이겠지만 그것이 다른 '모든' 가상적 대속행위와 동일하다는 것을 밝힌 다음) 프레이저는 그 논지를 더욱 발전시켜 저작의 마지막 단락에서 일종의 회의론적인 계시에 도달한다. 1906~1915년의 제3판에서 이러한 반성서적 형태는 훨씬 더 정교해진다. 그래서 유월절 장면, 동정수태 장면, 예수 탄생 장면, 세례 장면, 부활 장면으로 이어지는 불의 제전 장면 등이 등장한다. 이 모든 장면이 본문 속에 숨어 있다. 그것을 찾아내는 것은 독서의 재미 중 하나다.

그러나 강한 일격을 가한 후에 프레이저는 두려움에 사로잡혔다. 너무 지나친 것은 아니었을까? 기독교 계시의 독특함에 대한 비판이 어쩌면 너무 대담한 것은 아니었을까? 이러한 성가신 의문은 앤드루 랭이 『격주간평론 Fortnightly Review』의 지면을 통해 자신이 주장한 십자가형 이론을 공격하

고 나서면서 더 커졌다. 프레이저는 다급하게 자신의 위치를 재고하여 1913
년에 자기 저작 중 대속과 관련된 항목을 다시 쓰면서 '그리스도의 십자가
형'을 변명투의 부록으로 옮겨 싣고, 그것이 '고도로 사변적이고 불확실한 내
용'이라는 설명을 덧붙였다. 그리고 1922년에 자신의 부인이 더 폭넓은 독자
층을 위해 저작의 축약본을 만드는 것을 도울 때, 프레이저는 그것을 완전히
삭제하고 1900년판의 논증을 무해하게 손질하여 거의 흔적을 알아볼 수 없
게 만들었다. 다른 반성서적 장면들도 대부분 마찬가지 과정을 거친다. 『백
의의 여신 *The White Goddess*』(1956)에서 로버트 그레이브스(Robert Graves)
는 그러한 장난질이 비판적 학문정신에 걸맞지 않으며, 비겁함의 표시라고
비난했다.

> 제임스 프레이저 경은 마치 금지된 섬이 존재한다고 실제로 언급하지
> 않으면서 그 섬의 해안선을 그리는 격으로 자신의 위험한 주제를 용의주
> 도하게 우회함으로써 케임브리지의 트리니티 칼리지에 있는 자신의 아름
> 다운 방들을 죽을 때까지 지킬 수 있었다. 그가 언급하지 않음으로써 말한
> 것은 기독교의 전설과 교리, 의식이 한 무리의 원시적이고 심지어 야만적
> 이기까지 한 신앙을 세련화한 것에 불과하며, 기독교에서 볼 수 있는 거의
> 유일하게 독창적인 요소는 예수라는 인물뿐이라는 것이었다.

이러한 비난은 프레이저의 삶에서 대학이 차지하는 비중을 지나치게 후하
게 본 것이다. 프레이저가 말년에 대학에서 누린 유일한 이득은 서고(書庫)로
사용한 커다란 방 하나뿐이었다. 그러나 그레이브스는 '예수라는 인물'을 기
독교의 유일한 핵심으로 견지한다는 데 관해서는 좀더 정확했다. 프레이저
의 초기 학습장에 끊임없이 인용되는 문헌 중 하나가 르낭(Renan)의 『예수의
생애 *Vie de Jésus*』(1869)다. 이 책은 프레이저와 동세대 사람들에게는 슈트
라우스(Strauss)의 『예수전 *Das Leben Jesu*』(1835~1836)이 그 책을 번역한 조
지 엘리엇(George Eliot) 같은 이전 세대의 자유사상가들에게 그랬듯이 유력
한 반(反)복음서였다. 그러나 그러한 반복음서가 완전한 반성서의 지위를 갖
추려면 구약과 사도행전, 계시록 등의 살이 더 붙어야 한다. 『황금가지』가 정

말로 그런 것이라면, 프레이저는 1922년의 축약본에서 골격을 유지하되 복음서를 빼버린 셈이었다. 지금 이 축약본은 그것을 포함하고 있다.

6

그러므로 우리는 조용한 우상 파괴자 프레이저에게서 후기 빅토리아 시대에 아주 흔한 광경, 곧 프로테스탄트적 영감에 고취된 성경 해석상의 정직성이 자기 모순에 빠지는 것을 발견하게 된다. 특히 독일에서는 19세기의 더 이른 시기에 성서에 대한 면밀한 검토가 종종 두 가지 결과, 곧 원문이 불안정하다는 인식과, 유대 기독교적 전통과 이교적 전통의 근본적 유사성에 대한 인식으로 귀결되었다. 프레이저의 저작 속에서 이러한 모험은 논리적 극단까지 진행된다. 기독교적 초점이 결국 소멸하고, 그것의 확실성을 너무 진지하게 받아들이는 사람들에게 혼란을 안겨주는 문화적·도덕적 상대주의가 득세한다. 그러한 상대주의가 위험을 수반한다는 사실을 프레이저는 깨닫지 않을 수 없었다. 때로는 지나치게 많은 예증이 주제를 삼켜버릴 지경에 이르기도 하는데, 그러면 프레이저는 뒤로 물러나 증거를 추스르고 진행과정을 면밀히 검토한다. 저작 속에 드러나는 소용돌이치는 예증의 원심력과 압도적인 사례를 논증하려는 구심력 사이의 긴장은 『황금가지』에서 결코 해소되지 않는다.

후대의 인류학자들은 주술과 종교를 사회의 다른 측면들과 분리하는 것은 잘못이라고 여겼다. 그것은 마치 특정한 종족의 신화와 제의를 그들의 어로 기술이나 교환방법과 분리할 수 있다고 하는 것과 같기 때문이다. 프레이저의 제자인 브로니스와프 말리노브스키(Bronisław Malinowski)를 필두로 하는 이 세대 학자들이 보기에 프레이저는 인류가 아니라 개별적·지방적 문화에 대해서 전체론적으로 이해하지 못하고 있었다. 프레이저 사후 전문 학계에서 그에 대한 평판이 악화된 것은 이런 특정한 반론과 많은 관련이 있다. 그러나 사회인류의 기능주의 학파 자체가 퇴조함에 따라 우리는 그런 비난이 아마도 자체적인 타당성을 지니고 있기는 하지만 『황금가지』 같은 책이 누려온 민감한 수용성 분위기를 무시한 것임을 알 수 있을 것이다. 프레이저의 독자들은 특정 사회의 제의와 풍습, 경제에 대한 인종학적 목록보다는 광범위한 초(超)문화적 시각에 더 흥미를 느꼈다. 왜냐하면 우리가 어떻게 생각하든 후기 빅토리아 시대 독자들은 진정한 이론적 욕구를 지니고 있었기 때문이다. 당대의 역사주의를 비롯하여 과학을 대중적으로 보급하려 한 허버트 스펜서(Herbert Spencer)와 조지 헨리 루이스(George Henry Lewes) 같은 사람들이 이미 제기한, 인간의 사회정신적 발달을 해명하려는 포괄적인 시도를 접한 그들은 자신을 진행 중인 설계도의 일부로 인식할 수 있게 해주는 원대한 전망을 갈구했다. 프레이저가 세부 내용에 예민하게 신경을 썼다 하더라도 그의 독자 중에 그런 것을 까다롭게 따지는 사람은 거의 없었을 것이다. 자신의 첫번째 독자들을 위해 프레이저는 야전 캠프라기보다는 폭넓고 안정적인 통신망을 갖춘 사령부에 해당하는 설비를 제공했다. 프레이저는 직접적인 관찰자는 아니었으며, 그렇게 주장한 일도 없었다. 대신 그가 제공한 것은 역사적 호기심을 자극하면서 (나침반 측정을 거쳐야겠지만) 안개에 싸인 지평선을 향해 원대한 시야를 열어주는, 인류의 정신적 발달을 보여주는 파노라마였다.

프레이저가 일정한 간격으로 점검한, 그 자신의 나침반은 오늘날 생각하는 것보다 훨씬 복잡했다. 『황금가지』 밑바탕에 놓인 가정은 예컨대 유물론적인 동시에 관념론적인 것이었다. 유물론적이라는 것은 '주술적'이든 '종교적'이든 모든 의식의 배후에 작용하는 동기를 물질적 생존을 위한 투쟁으로 해석하기 때문이다. 또, 프레이저의 인식론에 비추어볼 때 관념론적이라는 것―스코틀랜드에서 학문적으로 성장한 배경에서 연유하는―은 사상이 반드시 실천에 선행하고, 교리가 반드시 제의에 선행하는 것으로 간주되기 때문이다. 이와 같이 평탄치 않은 노력 끝에 프레이저는 인생을 적자생존의 투쟁으로 보는(네미 호반의 신전에서 벌어지는 일 대 일 결투가 바로 그것이 아닌가?) 다원주의적 신념과, 이성적이든 아니든 모든 신앙이 정신 속에서 추상해 낸 관념의 연상물에서 생겨난다고 보는 흄주의적 신념을 조화시키는 데 성공한다. 프레이저가 생각하기에 네미의 결투와 그가 기록한 유사한 사례들은 추상적인 개념이 아니라 역사적인 사건이었다. 그러나 궁극적으로 그가 주장한 요체는, 그러한 사건의 필연성이 아무리 혼란스럽더라도 사후 분석이 가능한 철학적 교리가 참가자들의 정신 속에 존재한다는 데 바탕을 두고 있다는 것이다.

거의 서두 가까이에서 드러나는 그의 핵심적 논지는 인간의 행동이 관념의 연상에 바탕을 두고 있다는 것이다. 관념의 연상이라는 현상은 데이비드 하틀리(David Hartley)가 최초로 밝힌 것인데, 나중에 데이비드 흄이 세 가지 범주, 곧 근접성에 따른 연상(이것이 저것과 가깝다)과 유사성에 따른 연상(이것이 저것과 비슷하다), 인과율에 따른 연상(이것이 저것을 생성한다)으로 분류했다. 19세기에는 이러한 계몽주의적 견해를 지닌 분파들이 광범위하게 퍼져 있었다. 흄으로 거슬러 올라가는, 일관된 철학적 전통이 이어져온 스코틀랜드에서 이러한 분석틀을 배운 프레이저에게 그 같은 구분은 모든 주술을 감염주술(나는 너와 관련된 것, 예컨대 너의 머리카락이나 손톱에 주문을 건다)이나 동종주술(나는 너를 닮은 것, 예컨대 밀랍인형이나 제웅에 주문을 건다)로 대별하는 밑바탕이 되었다. 프레이저는 우리에게 절대적인 것으로 보이는 이러한 유형들을 정립하는 데 일정한 시간을 소비했다. 그런데 더 최근에 언어학자 로만 야콥슨(Roman Jakobson, 그는 『황금가지』 독일어판을 읽었다)은 프레이저에 대한 명시적인 감사와 더불어, 그러나 그 배경에 놓인 인식론적 전통은 거의 알지 못한 채 우리의 언어 사용을 똑같이 환유(換喩, 근접성의 연관관계를 환기시키는 것) 기능과 비유(유사성의 연관관계를 표현하는 것) 기능으로 대별했다. 그러한 견해가 현대 기호학 영역까지 진출했다는 사실은 그 활력성의 증거다.

이와 같이 프레이저의 저작은 선명하게 각인되고 잘 입증된 전제들을 깔고 있다. 방대한 제3판의 두 권 분량을 몽땅 차지하는 초기 부분은 대부분 그것들의 윤곽을 그리는 데 바쳐지며, 그 기초 위에 나머지 구조물이 자리잡는다. 결과물로 생겨난 피라미드는 보충적이라기보다는 수사적이다. 때로는 프레이저가 한때 되고자 했던 변호사가 연상되기도 한다. 법정에서 프레이저는 꼭 맞는 가발에 다소 초라한 법복을 걸치고 서서 증거를 모아 나간다. 비뚤어지고 사악한 역사적 종(種)인 인류는 피고석에 있고, 독자들은 부인할 수 없는 그의 변론에 감동받으면서도 증거물의 무게에 다소 기가 죽은 채 엄격하면서도 미묘하게 반짝이는 눈빛에 사로잡혀 앉아 있는 것이다.

프레이저에게는 그의 독자들과 마찬가지로 '안트로포스(*anthropos*)' 종, 곧 인간의 일반적 본성에 대해 가르쳐주지 않는 인류학은 무의미한 것이었다. 그것을 이해하는 열쇠는 일찍이 19세기 초에 언어와 법률의 연구에 활용된 비교연구라는 방법이었다. 1921년 11월 4일에 트리니티 칼리지에서 행한 '정신인류학의 범위와 방법'이라는 서론적 강의를 위해 프레이저가 정리한 개요는 그 방법이 인류학에서 얼마나 중요한지 시사하는 대목이다.

> 인류학은 근대과학. 물질인류학과 정신인류학. 우리가 아는 한 절대적으로 원시적인 종족은 없다. 저급한 종족의 연구에 비교연구법을 응용하는 것. 비교해부학과의 유사성. 정신인류학 또는 사회인류학은 기원(起源)의 과학……. 인간 사상의 초기 진화에 대해 미개종족 연구가 갖는 중요성. 그 방법은 귀납적이다. 현존하는 미개인에 대한 정확한 관찰의 필요성. 관찰과 비교를 엄격히 분리하되, 상이한 부류의 작업자들을 통해 동시에 수행할 것.

먼저 인류학을 과학적인 것으로 정의하고 있다는 데 주목하자. 과학적인 것은 프랜시스 베이컨의 저작이 명확히 정의한 바와 같이 무관심적 관찰의 투사(投射)를 인간사회에 대한 정확한 기술(記述)을 통해 수행해 내는 것을 말한다. 다음에 (우리한테 훨씬 익숙한) 사회인류학이라는 용어를 지극히 시사적인 정신인류학이라는 용어로 대체한 것에 주목하자. 프레이저에게 인류학은 사상에 대한 연구다. 그것도 인간이 지금 생각하는 것에 대한 연구라기보다는(그것도 상관이 없지는 않지만) 인간이 생각해 온 것, 사고과정이 거쳐 온 여러 단계를 연구하는 것이다. 마치 물질인류학에서 인간 유형의 각기 다른 진화과정을 살피는 것이 결정적으로 중요한 것과 마찬가지로, 마치 고고학에서 발굴한 퇴적물을 석기시대·철기시대·청동기시대에 속하는 것으로 분류하는 것이 필수적인 것과 마찬가지로, 마치 선사시대 역사학에서 모든 고대 사회가 수렵·목축·농경 단계를 거치는 것으로 보는 것이 편리한 것과 마찬가지로, '정신인류학'은 인간의 사상사에서 똑같은 단계를 찾아내는 것이 할 일이었던 것이다. 1890년대 이래로 고대사회 연구자들 사이에는 그러한 단계가 무엇이며 어떤 순서로 발생했느냐를 놓고 매우 활발한 토론이 벌어졌다. 1900년에 이르러 프레이저는 그 순서가 주술, 종교, 과학으로 이어지는 것을 확인했다고 스스로 생각했다. 그러한 인간의 사고발달 단계가 특정한 사회의 진화과정에서 나타나는 연속적인 시대 구분과 대응한다는 것을 당시에는 아무도 의심하지 않은 것 같다. 그러나 지질학적·고고학적 지층이 중첩되는 것과 마찬가지로 그러한 시대의 중첩은—타일러가 주장했듯이—공존을 내포했다. 어디를 파들어가든지 어떤 지점에선가 주술의 시대가 여러분을 기다리고 있을 것이다. 고대기의 특성이 그처럼 후대에까지 존속하는 것을 타일러는 '생존'이라고 불렀는데, 프레이저는 『황금가지』에서 바로 그처럼 고대기에 특유한 현상이 고전기 내지 근대까지 생존하는 것에 특별히 관심을 기울였다.

그러한 생존물을 찾아내기 위해서는 멀리 폭넓게 여행하는 것이 가끔은 필요했을 것이다. 그러나 프레이저의 계획안에서도 뚜렷이 나타나듯이 관찰과 대조는 별개의 활동이었다. 그래서 '기술(記述)인종학자'와 '비교인종학자'가 구분되었으며, 전자의 임무는 후자에게 해석이나 유의미한 유형화의 대상이 될 만한 정보를 공급하는 것이었다. 이러한 활동 각각의 범위에 대한 시사는 프레이저가 가장 부지런한 답신자 중 한 사람이던 볼드윈 스펜서가 죽은 후에 쓴 부고장에서 찾아볼 수 있을 것이다. 스펜서는 20년 동안이나 프레이저에게 오스트레일리아 원주민에 관한 정보를 공급해 준 사람이었다. 프레이저가 보기에 스펜서가 자신의 협력자인 프랜시스 질렌(Francis Gillen)과 함께 쓴 책들은 바로 그 문체의 꾸밈없는 사실성 때문에 귀중한 것이었다.

스펜서의 형식적 특징 가운데 하나인, 선입관과 외래적 결론으로 인해 왜곡됨이 없는 정신의 개방성은 그의 모든 저작에서 두드러지게 나타나는 미덕으로, 그 저작들의 과학적 가치에 크게 기여하고 있다. 원시부족에 관한 적지 않은 과학적 기술이 다른 시대와 다른 지역의 풍습과 신앙을 비교함으로써 일정 정도 가치를 손상받고 있는데, 그 비교는 종종 지나치게 피상성을 드러내는 저자의 독서 범위를 보여주는 구실을 하기도 한다. 어쨌

거나 그러한 비교는 기술인종학자와 상이하게 보완적인 역할을 하는 비교 인종학자에게 맡기는 것이 최선이다. 낯선 분야에 대한 그 모든 잘못 판단된 관행으로부터 스펜서의 글은 절대적으로 자유롭다.

오늘날 독자에게 이 구절은 특정한 형태의 주관적 소망을 담고 있는 것으로 비칠지도 모른다. 스펜서를 '백지(tabula rasa)', 공백의 눈, 받아들이기만 하고 모든 선입관을 배제한 망막처럼 묘사하고 있다. 마치 한 사람이 느끼는 인상을 정말로 그 사람의 선유관념과 구분할 수 있다고 보는 듯이 말이다. 여기까지 스펜서를 위한 프레이저의 소망은 양자가 모두 물려받은 로크의 경험주의와 정면으로 대립한다. 그러나 실상 프레이저는 스펜서가 투명하기를 바라는 것이며, 그가 중립적인 눈이 되어 멀리 움직이는 물체에서 방사되는 빛을 있는 그대로 프레이저 자신에게, 그레이트 코트 'E'층에 있는 자신에게 되비춰주기를 바라는 것이다. 그리하여 스펜서가 피한 악이 프레이저의 선이 될 수 있었다. 스펜서의 글은 다행스럽게도 '다른 시대와 다른 지역의 풍습과 신앙에 대해 행하는 비교'에 오염되지 않았으며, 바로 그렇기 때문에 프레이저 자신의 글이 바로 그런 비교를 담을 수 있는 것이다.

비교연구법과, 그것과 결부된 정보수집 기술은 오늘날 인류학의 역사적 단면들이지만, 그 학과의 뒤이은 역사는 교훈적이다. 1차 세계대전 직후에 관찰자와 해석자의 구분이 무너졌으며, 말리노브스키를 선두로 한 새세대 사회인류학자들은 그 이름에 값하는 인류학자라면 모두 현장조사를 다니며 신발을 더럽혀야 한다고 주장했다. 그 세대는 관찰하는 눈과 해석하는 눈이 마침내 하나로 융합하였으며, 그것이 과학에 영속적인 혜택을 줄 것이라고 여겼다.

그 같은 개선책, 몸소 현장을 조사해야 한다는 혈기왕성한 의식은 우리에게 두 가지 연관된 이유로 고지식해 보인다. 첫째, 아무리 거리를 두고 바라보더라도, 프레이저가 자기 제보자들에게 요구했고 그의 후계자들이 몸소 실천하고자 애쓴, 완전무결하게 객관성을 지닌 눈은 있을 수가 없다. 둘째, 모든 형태의 관찰 중에서 개인적 부하에 가장 영향받기 쉬운 때는 눈이 관찰의 현장에 머물러 있을 때다. 왜냐하면 어떤 사회적 공간에서든 질문을 퍼붓는 관찰자는 필연적으로 그 공간 속에 자신이 있다는 사실과 끈질긴 질문으로 인해 동요를 일으키게 마련이기 때문이다.

그래서 우리는 모든 종류의 인류학적 서술을 다양한 개인적 증언의 성격을 띠는 것으로 여기기에 이르렀다. 인류학적 지성의 작업에서 그런 완화적 요소를 인정하는 것은, 최근에 그 학과에 관해 일종의 문필업에 상응하는 측면들을 극도로 부각시키는 효과를 낳았다. 인류학은 과학의 지위를 지향할 수 있다. 그러나 좋든 싫든 그것은 불가피하게 문학의 한 갈래다. 그러한 추론이 함축하는 의미를 있는 그대로 흡수하고 나면, 그 결과 우리는 프레이저 같은 그 학과의 창시자들에게로 돌아가게 된다. 그들에게는 모든 담론이 문학의 한 형태였으며, 문학 자체는 심지어(아마도 특히) 자칭 경험론자들에게도 수치의 상징은 아니었다. 이러한 일련의 결론을 설명하면서 내가 월터 페이터(Walter Pater)의 문장을 하나 수정해서 인용하는 것은 우연이 아니다. 월터 페이터는 『황금가지』초판 발행 직전에 몇 년 동안 학문간의 경계선과 중간 영역에 일정한 관심을 쏟았다. 1888년에 『감식안 *Appreciations*』이라는 저서에 수록한, ‘문체’에 관한 논문에서 그는 자신이 일컫는 ‘사실의 문학’과 ‘사실감의 문학’을 구별하며 이런 말을 했다.

  사실과, 어떤 외면적 사실과는 전혀 다른 그 무엇 사이에 선을 긋기는 실상 어렵다. 예컨대 파스칼이나 일반적으로 설득력 있는 작가들의 경우에 논증이 유의미한 것이 되려면 그것이 사실들이나 사실들의 집합으로 이루어져야 하는데, 그것이 때때로 어느 지점에서 변론으로─더 이상 정리(定理)가 아니라 본질적으로 독자로 하여금 그가 그럴 수 있거나 그럴 의사가 있을 때 작가의 정신을 포착하고 그와 더불어 사고하게 하는 호소로─화하는지 규정하기가 어렵다. 그것은 더 이상 사실의 표현이 아니라, 그의 사실감과 불완전한 현재상태에서 식별하거나 예견할 수 있는 세계에 대한 독특한 직관의 표현이며, 어느 경우든 현실세계에서 다소 변화된 것이다. 반면에 과학에서, 또 과학적 기준에 부합하는 한 역사에서도 우리는 상상력을 상시적인 침입자로 여길 수 있는 문학적 영역을 지닌다. 그리고 모든 과학에서 문학의 기능이 결국 사실을 베껴쓰는 것으로 환원되듯이, 과학

에 대한 문학적 형식의 모든 탁월성도 다양한 종류의 노고로 환원할 수 있다. 이러한 양질의 특성은 모든 '숙련노동' 속에, 이를테면 바느질과 마찬가지로 의회 법령을 기초하는 데도 포함되어 있는 것이다. 하지만 여기서 또다시 작가의 사실감은 특히 역사와, 과학의 경계에 놓이는 모든 복잡한 학문분야의 경우 여전히 다양한 정도로 사실을 대체할 것이다. 예컨대 여러분의 역사가는 아무리 절대적으로 진실한 의도를 지니고 있더라도 그 앞에 놓인 수많은 사실 가운데서 선택을 해야 하며, 선택하는 중에 자신의 유머에 맞는 어떤 것, 세계로부터가 아니라 내면의 통찰에서 비롯되는 어떤 것을 주장하게 된다. 그래서 기번(Gibbon)은 다루기 힘든 방대한 재료를 하나의 선입견에 맞추어 형상화하고 있다. 리비우스, 타키투스, 미슐레는 예리한 감수성에 충만하여 과거의 기록 속을 돌아다니면서 각기 자신의 감각에 따라 변형을 가하며 — 어디서, 어느 정도로 그러는지 누가 알 것인가 — 필사자와는 다른 역할을 하게 된다……

페이터의 논문은 『황금가지』 초판과 같은해에 같은 출판사에서 책으로 발행되었다. 참으로 기이하게도 그는 프레이저의 존재 형성에 큰 역할을 한 작가들, 곧 파스칼·리비우스·타키투스·미슐레 등을 꼭집어 지목하고 있다. 인간의 역사 전체를 심안(心眼)으로 포착하고, 인간의 문화적 경험의 스펙트럼을 풍부하게 채색한 단일한 유리창을 통해 투과시키는 것, 이것이야말로 프레이저가 고전적·신고전적 역사 기술의 대가들에게서 배운 것이며, 이것이야말로 독자인 우리에게 그가 자기 저작물 전체와 각 부분 모두에 대해 견지하도록 요청하는 시각인 것이다.

프레이저가 그와 같이 사실을 감성으로 굴절시킬 때 의거한 방법이 바로 문체인데, 이는 종종 오해의 대상이었다. 그의 전기작가인 아커만은 그것을 다소 경멸적인 투로 '문학적'이라고 지칭하면서 그 문학성이야말로 중요한 부분이라는 사실을 간과하고 있다. 프레이저의 연구방법과 진화론적 신념, 경험론적 예리함이 비록 19세기에 속하는 것이라 하더라도, 그의 문체는 전혀 다른 배경에서 나오는 것이다. 애디슨(Addison)의 「로저 드 코벌리 Roger de Coverley」를 정중하게 모방한, 그의 비판적 논문들이 단서를 제공한다. 그가 원하는 것은 18세기적인 균형과 명찰(明察)이었다. 예를 들어 그의 기지는 명확히 기번류의 문체에 속하는 것으로서, 경멸 어린 문투를 거의 내비치지 않는 초연함을 흉내낸 단락들로 인간의 믿음이 얼마나 어리석은지 폭로한다. 기독교인들과 아티스 추종자들이 봄의 부활제전을 어느쪽이 먼저 고안해 낸 것인지를 놓고 벌이는 경쟁에 관해 그는 이렇게 쓰고 있다.

> 실제로 서기 4세기에 한 익명의 기독교인이 증언한 바에 따르면, 기독교인들과 이교도들은 두 신의 죽음과 부활 사이에 놀랄 만한 일치성이 있음을 보고 똑같이 충격을 받았으며, 그 일치성은 경쟁하는 두 종교의 신봉자들 사이에서 격렬한 논쟁의 주제가 되었다고 한다. 이교도들은 그리스도의 부활이 아티스의 부활을 본뜬 사이비 모조품이라고 주장했고, 기독교인들도 똑같이 격앙되어 아티스의 부활은 그리스도의 부활을 악마적으로 모조한 것이라고 주장했다. 이러한 꼴사나운 언쟁 중에, 이교도들은 피상적인 관찰자라면 강력한 근거로 여길 법한 주장을 제시했다. 그들이 주장한 내용은 자기네 신이 더 오래되었으며, 일반적으로 원본이 복사본보다 더 오래된 것이므로 자기네 신을 모조품이 아니라 원본으로 보아야 한다는 것이었다. 이 허약한 논거를 기독교인들은 쉽게 반박했다. 그들은 시기상으로 그리스도가 더 어린 신이라는 것을 사실상 인정했으나, 사탄의 음흉함을 근거로 삼아 그가 진정 더 어른이라는 것을 의기양양하게 증명했다. 사탄이 교활하게도 그처럼 중요한 시기에 자연의 일상적인 질서를 전도함으로써 더 앞질러 등장했다는 것이다.

이 구절의 전체적인 효과는 태도의 진지함, 곧 그 이면에 미묘하게 반짝이는 비꼬는 듯한 눈빛이 느껴질 때까지 진지함을 잃지 않는 데 있다. 예를 들어 '놀랄 만한(remarkable)'이라는 형용사는 '주목을 끄는' 어떤 것이라는 평이한 의미를 지니지만, 결국에는 그 놀라운 일치성이 온갖 주장의 궤변성을 드러내는 명백한 증거로 작용하게 되는 것이다. 아티스 추종자들이 제기하는 주장의 타당성을 '피상적'이라는 형용사가 손상하는 듯이 보이지만, 구문의 논리를 따라가다 보면 그 특정한 피상성이 의심할 나위 없이 명백한 동어

40

반복의 효력을 지닌다는 것을 깨닫게 된다. 이어서 그 동어반복은 '허약한' 것으로 간주되는데, 논리적인 의미에서는 결코 그럴 수가 없다. 동어반복은 설사 진부한 것일지라도, 아니 진부할수록 언제나 더 옳은 것이기 때문이다. 이렇게 파악할 때, '의기양양하게'라는 부사나 단호해 보이는 '진정'이라는 수식어는 설사 사탄이 신자와 무관심한 방관자를 똑같이 속여넘기는 능력이 있다고 인정한다 하더라도 기독교인의 주장이 멍청하게도 모순에 빠진다는 인상을 강화할 뿐이다. 그러고 나서 동어반복으로 되돌아간다. 자연의 '일상적'인 질서는 바로 그같이 '일상적'인 것일 뿐이다. 이렇게 해서 우리는 마침내 고대적 궤변의 모래언덕을 넘어 제 정신에 도달하는데, 그 결과는 아티스 숭배나 그리스도 숭배의 문제가 아니라 모든 곳의 종교 신봉자들이 특히 18세기에 '광신'이라고 즐겨 부르던 것과 같은 열광에 사로잡힐 때 빠지는 어리석음을 확인하는 것으로 귀착된다.

그러나 기지는 프레이저 문체의 한 측면일 뿐이다. 더 중요한 것은 페이터가 말하는 '유머'다. 유머는 '세계에 대한 독특한 직관'이며, 설사 가장 비통한 것이라 하더라도 모든 것을 망라하여 융화시키는 감성을 의미한다. 한 가지 뚜렷한 예로, 우리는 식민지 이전 시대 멕시코의 톡스카틀 제전의 클라이맥스에 관한 프레이저의 설명을 들 수 있을 것이다. 그 제전은 그가 천진하게 언급하듯이 '시기상으로나 성격상으로나 기독교 구세주의 죽음과 부활을 기리는 축제와 일치'하는 것이었다. 그는 20일 동안 '신 중의 신' 테스카틀리포카의 특권을 누리던 소년 제물이 마지막에 이르러 칼에 맞아 죽는 순간을 묘사하고 있다.

마지막 날에 이 젊은 남자는 부인들과 시동들을 데리고 화려한 차양을 덮은 카누를 타고 호수를 건너 물가에 작은 언덕이 솟아 있는 곳으로 갔다. 그곳은 '이별의 산'이라고 불렸는데, 이곳에서 그의 부인들이 그에게 마지막 작별을 고했기 때문이다. 그러고 나서 그는 시동들만 데리고 길가에 있는 작고 외딴 신전으로 갔다. 일반적인 멕시코 신전들처럼 그 신전은 피라미드 양식으로 건축된 것이었다. 층계를 올라가면서 젊은 남자는 매 계단마다 자기가 영광의 시절에 불던 피리를 하나씩 부러뜨렸다. 그렇게

*꼭대기에 도달하면 사제들이 그를 붙잡아서 돌덩어리 위에 눕혔다. 그리
고 사제 중 한 사람이 그의 가슴을 가르고 상처 속에 손을 집어넣어 심장을
끄집어낸 뒤 태양을 향해 치켜들고 제물로 바쳤다. 죽은 신의 시체는 일반
희생자처럼 신전의 층계 아래로 굴리지 않고 신전 발치까지 운반한 다음,
그곳에서 머리를 잘라 창에 꿰었다. 이것이 바로 멕시코 만신전(萬神殿)의
최고신 역할을 했던 인물의 정례적인 최후였다.*

이 일화를 바라보는 이론적 입각점은 에우헤메리즘(Euhemerism), 곧 신성
(神性)은 이런저런 시기에 신의 역할을 하는 유한한 존재에 씌워진 영감이라
는 이론이다. 이를테면 위엄 있으나 겁에 질린—겁에 질렸기 때문에 위엄 있
는, 또는 위엄의 이면에서 겁에 질린—젊은이는 자기가 신이기 때문에 그 역
할을 한다기보다 그 역할을 함으로써 신으로 성장해 가는 것이다. 그러므로
신자들과 사제들이 보기에 그는 죽기 전이나 죽을 때나 심지어 죽고 나서도
신성한 존재이며 반드시 신성시되어야만 한다. 그가 제단을 향해 가파른 층
계를 올라갈 때(느리고 약에 취했지만 경건한 걸음걸이, 고요한 아침 공기 속에
망설임 반 즐거움 반으로 한 걸음씩 내딛는, 돌이킬 수 없는 행진의 광경이 거의 눈
에 보이는 듯하다) 그것은 자기 인성(人性)의 연약함을 애석해 하는 신으로서,
또 자기 신성의 연약함을 애석해 하는 인간으로서 그러는 것이다. 어느 경우
든 층계마다 피리를 부러뜨리는 단순하고 가차없는 동작은 생을 포기하는 행
위의 단순성과 불가피성을 완벽하게 전해준다. 그 포기는 동시에 신격화의
한 형태이기도 하다. 그가 꼭대기에 도달해서 기다리고 있던 사제들의 품에
쓰러지는 장면에서는 급속한 상승과 하강의 움직임이 전개된다. 그것은 정
신적 가능성과 한계의 신속한 합일이며, 보좌역들의 섬광처럼 빠른 반사행동
이다. 그 중 하나가 아직 뛰고 있는 소년의 심장을 휘둘러 보이는 것은 존경
과 동시에 승리의 뜻을 담은 행동이다. 그러나 항상 그렇듯이 거의 알아채기
어려운 프레이저의 개입은 마지막 문장까지 유보된다. 마지막에 그는 그 의
식의 바탕이 되는 신앙의 일시정지를 공표하는 한편 기리고 있다. 그 희생은
낭비다(여기서 프레이저가 쓰는 '정례적'이란 표현은 기술적인 동시에 반어적인
것이다). 하지만 그 모든 문제에도 불구하고 그는 자신의 역할을 한 것이 아

니라 '신 역할'을 해냈다. 그의 최후는 적절하고도 고귀한 것인 셈이다.

쭉 살펴보면, 이 글이 그 사람과 신, 또 사제들과 관련하여 독자의 위치를 끊임없이 도전적으로 재배치해 나가는 기법에 크게 의존하고 있음을 알 수 있다. 우리는 그 의식의 목격자다. 일순간 우리는 사제이기도 하며, 전반적으로는 미묘하고도 깊이 스며드는, 절제된 감정의 분출과 더불어 우리 스스로 희생자가 된다. 이 구절을 D. H. 로렌스(D. H. Lawrence)의 『말을 타고 떠난 여인 *The Woman Who Rode Away*』이란 소설의 절정부에 나오는 뉴멕시코의 희생제와 대조해 보는 것은 뜻깊은 실습이 될 것이다. 이 작품은 그의 소설 『깃털 달린 뱀 *The Plumed Serpent*』과 마찬가지로 부분적으로 위의 글과 똑같은 장에 나오는 일화를 읽은 데 바탕을 둔 것이었다. 로렌스는 자신의 인간 제물이 사제들의 눈을 똑바로 응시하게 하는데, 사제들 중 가장 원로는 작가가 무어라 이름지을 수도 인식할 수도 없는 특이한 능력을 지닌 존재인 것으로 보인다.

> 가장 나이먹은 노인의 눈만이 불안하지 않았다. 검고 고정된 그 두 눈은 마치 시력이 없는 듯이 태양을 응시하며 태양 너머를 바라보았다. 그 검고 공허한 응시 속에는 어떤 힘, 고도로 추상적이고 멀고 깊은 대지의 심장, 태양의 심장까지 깊이 닿는 어떤 힘이 있었다. 절대적인 정지 속에서 그는 붉은 태양이 얼음기둥에 햇살을 통과시킬 때까지 바라보았다. 그리고 나면 그 노인은 제물의 급소에 일격을 가해 희생제를 완수하고 힘을 획득할 것이다.

여기서 종족적(?) 힘과 태양의 힘을 혼동하게 하는 것은 로렌스 자신의 혼잡한 신비주의 외에는 모든 것을 둔화시키는, 쓸데없는 지적 혼탁함의 한 단면을 보여주는 것일 뿐이다. 이와 대조적으로 프레이저의 미덕은 완벽한 명료성에 있다. 그 명료성은 작가 자신의 공인된 편견까지도 깡그리 태워 없애기 때문에 훨씬 더 인상적이다. 그는 로렌스가 시도하다가 실패한 모든 것을 해낸다. 자기가 의도하는 것을 말하려 하지 않음으로써 그는 모든 것을 말한다. 논평이나 감정의 노출을 삼감으로써 그는 그 일화에 우리의 관심을 집중시켜 그의 저작 전체가 의존하고 있는 가변적인 태도와 수용자적 반응의 장 (場)에서 그것이 초점이 되게 한다.

그러한 초점화는 그의 이론을 누더기 속에 방치하는 결과를 초래한다. 신이든 인간이든, 겁에 질렸든 고귀하든, 이 끔찍하면서도 엄숙한 의식의 인간 주체는 프레이저의 도식 어디에도 들어맞지 않는다. 그는 사냥꾼도 유목민도 아니고, 석기시대 인간도 청동기시대 인간도 아니며, 주술사도 사제도 아니고, 과학자는 더욱 아니다. 그는 단순히 그 자신이다. 5월 어느 날 아침에 층계를 올라가는 젊은이일 뿐이다. 모든 곳에 있으며 어디에도 없고, 모든 것인가 하면 아무것도 아니다. 그런 결과는 부분적으로 프랑스어에서 말하는 반복적 반과거와 역사적 과거 사이에서 변조되는 시제의 조작을 통해서 성취된다. 살펴보았듯이, 그 사건은 일정한 시간적 계기에 종속되어 있으면서도 반복적이기 때문에 특이하다. 그것은 우리가 저쪽 끝을 볼 수도 없고 보고 싶지도 않은 한 전통의 '정례적'인 종말이다. 모든 진화의 도식을 뒤섞어놓는 그 행위는 시간을 초월한 것이며, 원시적인 동시에 근대적인 것이다.

7

그가 이룬 업적의 이런 측면들을 고려하여 프레이저를 빈번히 모더니즘의 선구자로 간주하기도 한다. 이는 일정한 타당성이 있다. 하지만 로렌스의 산문이 지니는 불확실성은 프레이저가 금세기 문학에 미친 영향이 어떤 것이었는지에 관해 우리에게 많은 것을 이야기해 준다. 1차 세계대전 직후의 작가들에게 그는 종교적이거나 주술적인 종류의 암시로 되돌아가는 길을 제시해 주는 것 같았다. 예컨대 W. B. 예이츠(W. B. Yeats)는 농촌민속에 관심을 갖고 자신의 아일랜드 동포들이 지닌 신앙에 문맥과 깊이를 부여해 줄 수 있는 렌즈 삼아 그를 읽었다. 1920년대에 T. S. 엘리엇(T. S. Eliot)은 아도니스·아티스·오시리스에 관한 부분을 읽고 이교의 세례의식에 관한 아이디어를 자신의 『황무지』에, 특히 「수장(水葬)」편에서 간단하게 차용했다. 윈덤 루이스(Wyndham Lewis)의 『아기의 날 *The Childer-mass*』은 명백히 3판 중의 「속죄양」편에 신세를 진 것이다. 이러한 여러 시도 중 어떤 것에도 프레이저는 거의 관심을 갖지 않았다. 말년에 비서인 로버트 앵거스 다우니가 『황무지』의 발췌문을 읽어주자 그는 잠이 들어버렸다.

또, 노년에 들어서 프레이저는 종종 입을 꽉 다물고 웃음기 없는 표정을 짓는데, 그것은 보는 사람으로 하여금 자기도 모르는 사이에 프로이트를 연상하게 한다. 프로이트는 종교의 기원에 관해 프레이저가 암시한 것 중 가장 대담한 것을 몇 가지 채택하여 『토템과 터부』라는 책에서 아마도 프레이저가 졸도 아니면 소화불량에 걸렸을 법한 방향으로 발전시킨 인물이었다. 왜냐하면 프로이트는 감염주술에 대한 광범위한 믿음을 신경증에 따른 망상의 흔적으로 치부했기 때문이다. 그러나 프레이저가 그의 의견을 알고 있었는지는 확실치 않다. 아마도 프레이저는 자기가 언급한 것과 같거나 비슷한 제의와 신화를 해당 문화권 출신 예술가들이 폭넓게 차용하는 것에 더 흥미가 있었을 것이다. 1913년에 이고르 스트라빈스키(Igor Stravinsky)가 러시아 신 야릴로에게 바치는 여성 제물을 묘사한 『봄의 제전』이라는 발레곡을 작곡한 것은 프레이저의 영향은 아니더라도 그가 묘사한 의식의 힘을 보여주는 주목할 만한 증거다. 최근 아프리카 작가들이 요루바 또는 이그보 의식을 빈번하게 구조적 장치로 이용하는 것에 대해서도 같은 말을 할 수 있을 것이다.

그러므로 프레이저를 최초의 모더니스트로 부르는 것은 정당하면서도 많이 잘못된 것이다. 그를 근대적 운동과 궁극적으로 분리하는 요소는 그 무엇에도 굽히지 않으며 모든 형태의 신비화에 반대하는 유머의 엄격성이다. 다른 종교문화의 반향을 접목시키는 것은 예컨대 『황무지』에서 엘리엇이 사용한 기법의 근본이지만, 이러한 문제들에 대한 프레이저의 양면가치(ambivalence)는 엘리엇과는 종류가 다르다. 또, 그는 엘리엇처럼 신앙이냐 미래에 대한 절망이냐를 놓고 고민하지도 않는다. 그의 저작을 일관되게 지탱해 주는 요소는 섬세하고 아주 살짝 냉소적인 균형상태와 회의론적인 명상, 지혜롭고 통렬한 소극성이다. 회의주의조차도 극단으로 흐르지 않는다. 예컨대 마지막 장들에서 그는 외견상 자신의 주장과 다르게 종교적인 것의 호소력을 긍정하는 의향을 피력하기도 한다. 그는 2판과 3판에서 모두 자신의 종교 해체작업을 '아베 마리아'라는 경배로 끝맺고 있다. 그러나 성베드로 성당의 종소리가 그의 마무리 단락에 울려퍼지더라도 그가 그것을 따라갈 생각이 없다는 것은 확실하다. 프레이저는 온화한 인간이며, 우리가 아무리 그를 모종의 이성주의적인 도깨비로 둔갑시키고자 해도 웃음기 없는 표정 뒤에는 쾌활한 기지가 움직였고, 심지어 초기 사진 속에 분명하게 나타나며 그의 산문의 고요한 수면 아래에서 항상 부글거리는 장난기까지 살아 있었다. 그의 책이 지닌 매력의 많은 부분은 학문적인 신중함과 파괴적인 유머 사이의 모순에 기인한다. 그 매력은 가장 놀라운 지점에서, 곧 죽음의 추방을 위한 제전을 최고의 관심사로 다루는 주석이나 단락에서 영속적으로 솟구쳐 나오고 있다. 우리가 보기에 그의 문학적 개성을 특징짓는 모순성은 거의 고의적이다 싶을 정도로 극단적인 것처럼 여겨질 수 있다. 너무 극단적이기 때문에 매우 조심하지 않으면 방정식의 절반을 간과하고 그를 완전히 잘못 이해할 수도 있는 것이다.

　블랙 유머, 학문정신, 종교적 향수, 회의……. 이 모든 짐승들을 동일한 정신의 우리 속에 가두면 대체 어떤 일이 벌어질까? 그러나 그들은 다 함께 번영을 누린다. 때때로 상대를 점잖게 압박하면서 몰아내고 갈라내는 일이 벌어지기도 하지만, 전반적인 결과는 예절 바른 동반자 관계를 유지한다. 19세기 말의 모든 과학적 문필가 중에서 프레이저는 가장 유창한 부류에 속한다. 그러나 그의 유창한 흐름은 때때로 이상한 구석으로, 위험하고 울퉁불퉁한 물구비로 빠져들기도 한다. 그의 책을 읽다보면, 그는 인정하기 싫겠지만, 페이터나 심지어 와일드하고도 유사한 점을 느낄 수 있다. 그러나 '세기말'의 유창한 흐름 밑바탕에는 그것을 고정하고 지탱해 주는 다른 어떤 것, 어떤 강인함이 존재한다. 그 강인함은 17세기와 18세기에 속하는 토머스 브라운 경(특히 『옹관매장 Urne-Buriall』), 밀턴(청년기에 프레이저는 명백히 감동적인 문투에 반해서 그의 작품에 심취했다), 기번, 스위프트, 흄 등에 대한 그의 독서 경험에서 비롯된 것이다. 페이터처럼 그는 겉으로 드러난 모순을 향해 예민하게 자기 길을 더듬어나가며, 그 다음에 흄처럼 비틀리고 매혹적인 논리로 인내심 있게 끝까지 그것을 논증해 내는 것이다.

　그의 모순성을 가장 분명하게 보여주는 예로는 그의 주제이며 글의 대상인 수많은 종족에 대한 그의 태도를 들 수 있다. 출처 불명의 일화에 따르면, 언젠가 로마에서 윌리엄 제임스와 저녁식사를 같이하다가 그가 무척 장황하게 설명한 부족들 중 하나라도 직접 대면한 적이 있느냐는 질문을 받자 그는 비아냥거리는 투로 "어쩌나, 그런 일 없네!"라고 대꾸했다고 한다. 이 이야기에는 전혀 진실성이 없다. 또다른 널리 퍼진 소문에 따르면, 그는 자기가 정신적으로 피라미드 꼭대기에 있고, 인류는 거기서 쭉 내려가서 전설적인 원시인에 이르기까지 그 피라미드의 경사면을 이룬다고 생각했다고 한다. 단지 명예를 훼손하기 위한 수많은 언행이 그렇듯이 이 이야기는 진실인 동시에 완전한 거짓이다. 프레이저는 말하자면 그가 살던 시대의 산물이다(반론을 제기하는 사람들이 그들 시대의 산물인 것과 같다). 그 시대는 애국적 호전주의가 판을 치고 인도 통치가 전성기에 달했으며, 그가 집필을 시작할 무렵 아프리카가 새롭게 분할되던 시대였다. 러가드 경(Lord Lugard)이 나이지리아라는 식민지를 만들었을 때 프레이저는 47세였다. 그 나이면 사고가 냉정해질 때다.

그러나 어떤 사람도 자기 시대에 모든 것을 돌리지는 않는다. 프레이저의 회의주의가 한 방향으로 용인된다면, 그것은 다른 방향으로도 용인되어야 한다. 그가 암묵적으로 거대한 독신자(篤信者들)의 군대(이들은 치명적으로 약화되기는 했지만, 1890년대만 해도 여전히 주류였다. 그 어디보다도 케임브리지에서 더 그랬다)와 맞설 수 있었다면, 그는 또한 동시대인 대부분의 생각 속에 깊이 자리잡은 가정들과도 맞설 수 있었을 것이다. 그가 보여준 기지의 파괴력이 감동적(그 상황 속에서 더욱 감동적)인 만큼 그가 지닌 상상력의 파괴력 또한 감동적이다. 프레이저는 물론 인종학자였지만, 공식적으로 좀더 자유주의적인 그의 몇몇 제자(예컨대 트로브리앙 제도에서 현장조사를 할 때, 콘래드의 『어둠의 중심』을 뒷주머니에 꽂고 다닌 말리노브스키)를 포함한 대다수와 달리 가죽을 덮어쓴 원주민이기도 했다. 어느 먼 오월 아침에 겁에 질려 있던 멕시코 소년의 가죽도 그 중 하나인 것이다.

프레이저는 19세기의 산물이었기 때문에 우리는 혼란스럽게도 그를 제국주의자이며 낭만가라고 생각한다. 밑바탕에서 그는 어느쪽도 아니었다. 그는 문화를 초월하는 지성의 근친성, 무엇보다도 사상의 우위성을 확고하게 믿었다. 주술이 바로 그것, 즉 도식화된 사상이었으며, 제의는 사상의 실천이

었다. 그에게 원주민들은 그가 생각하는 로마인들과 마찬가지로 잘못될 수
는 있어도 완전하게 정립된 인식론과 존재론의 체계, 심지어 기술체계까지
가지고 등장한다. 그들은 견해를 지녔으며, 우리도 그렇다. 그들은 사물을 잘
못 이해했다. 그러나 결국에 어느쪽이 더 지혜로운 것인가? 터부에 관한 장
들 중 하나에서 프레이저는 알려지지 않은 한 선교사와 오스트레일리아 부족
민들 사이의 대화를 소개하고 있다. 선교사는 원주민들에게 기독교가 가르
치는 영혼의 교리가 우월하다고 설득하려 애쓰는 중이다. 다음과 같은 요지
의 대화가 이어진다.

> 선교사 : 나는 여러분이 생각하듯이 한 사람이 아니라 두 사람이다.
> (웃음)
> 선교사 : 여러분은 마음껏 웃어도 좋다. 내 말은 한 사람 속에 두 사람이
> 있다는 것이다. 여러분이 보는 이 커다란 몸뚱아리가 한 사람이다. 이 속
> 에는 눈에 보이지 않는 또다른 작은 사람이 있다. 커다란 몸뚱아리는 죽어
> 서 묻히지만, 작은 몸뚱아리는 큰 몸뚱아리가 죽을 때 날아가 버린다.
> 원주민들 : 그래 그래. 우리도 두 사람이다. 우리도 가슴 안에 작은 몸뚱
> 아리가 있다.

이 대화에 주석을 붙여 프레이저는 현명한 논평을 가한다. "이 교훈적인
교리문답에서 백인의 미개성과 흑인의 미개성은 거의 막상막하다." 이러한
언급의 의도는 전인류를 하나의 상상적인 물웅덩이에 함께 담아내려는 것일
뿐 아니라, '미개성'의 개념 자체에 대해, 또 그런 미개성이란 것이 있다고 할
때 우리에게는 그것이 없다고 믿는 데 대해 문제를 제기하려는 것이기도 하
다. 『황금가지』는 호기심에 넘쳐서, 그리고 조심스럽게 그러한 독자들의 허
세에 정면으로 도전하는 책이다.

원본에 관한 주석

『황금가지』는 빅토리아 시대라는 온실에서 자란 한 그루 나무다. 시인이자 고전학자인 프레이저의 친구 하우스먼은 이 책을 인도산 반얀나무에 비유하기도 했다. 어쨌든 이 나무는 끝없이 자라고 또 자랐다. 1890년에 나온 초판은 두 권짜리였는데 1900년에 나온 재판은 세 권이었다. 1906년과 1915년 사이에 쓴 세 번째 판은 웬만한 크기의 선반 하나를 차지할 분량으로, 색인을 포함하면 12권에 달한다. 여기에다가 프레이저는 생애 말년인 1936년에 보충판을 덧붙여 전체 분량을 불길한 숫자인 13권으로 만들었다.

애초에 대상으로 삼은 일반 독자들이 방대한 분량의 참고서적으로 변한 그 책을 모두 읽으리라고 기대하는 것은 명백히 얼토당토않은 일이었다. 책이 폭넓은 호소력을 지니려면 조만간에 과감한 잘라내기 작업이 필요한 상황이었다. 그래서 1922년 4월에 프레이저 부인은 메이페어의 알버말 클럽에 앉아서 한 권짜리 축약본을 만들었다. 그 달 2일에 그녀는 맥밀런 사에 편지를 보냈다.

> 황금가지 인쇄지 전체를 보내주어 감사합니다. 그날 밤 오후 시간에 종종 머무는 클럽에서 작업을 시작했답니다. '지금까지는' 작업이 손쉽고 제1권을 거의 마쳤습니다. 대체로 훌륭한 책이 되어서 제임스 조지의 학설을 명료하게 정리해 줄 것 같습니다. 물론(지난 번 뵈었을 때 말씀드리는 것을 잊었는데) 제임스 조지는 '완전히' 새로운 서문을 써야 할 것인데, 나는 분량을 30페이지 정도로 잡고 있습니다. 작업이 끝날 시점이 가까워

*지면 서문을 빨리 쓰도록 불쌍한(!) 그 이를 들볶아달라고 부탁드릴 참이
랍니다. 그때 봐서 재촉이 필요하다면 말이지요. 지금 그이는 폴리네시아
사람들한테 푹 빠져 있으니까요.*

그녀의 축약 기법은 간단했다. 커다란 풀통과 가위로 무장하고서 그녀는
전체 원문 가운데 일부분을 작은 조각으로 잘라낸 다음 새로운 백짓장 위에
펼쳐놓고 가지런히 붙였다. 이렇게 하면 이미 선택한 구절의 뒷면에 나오는
내용을 전부 희생할 수밖에 없다는 사실을 깨닫고서 그녀는 방법을 약간 수
정하여 아마추어 우표수집가 같은 방식으로 발췌문 한쪽에 풀종이를 붙이면
서 작업을 계속했다. 그렇게 해도 너무나 성가신 작업이어서 그녀는 프레이
저에게 도움을 요청했다.

그러나 프레이저는 체질적으로 축약하는 데 어려움을 느꼈다. 1903년 제3
판을 준비 중일 때 그는 자신을 어미 코끼리에, 새 판본을 어미 코끼리의 새
끼에 비유한 바 있었다. 이제 목표는 이 코끼리 새끼를 아기 돼지만한 크기로
줄이는 것이었다. 대신 또다시 코끼리병이 도졌다. 그런 우여곡절 끝에, 어느
지점부터인지는 분명하지 않지만, 프레이저 부부는 공동 작업을 한 것 같다.
이렇게 해서 3주 안에 작업을 끝낸 뒤 프레이저 부인은 4월 22일 맥밀런 사에
이렇게 써보냈다. "오늘 『황금가지』 축소판 ─ 그러니까 출판하려고 준비해
온 그것 ─ 의 마지막 권을 클라크네로 보낸다는 것을 알려드립니다." 나중에
는 프레이저 자신이 몸소 작업에 전력을 쏟은 듯하다. 그는 교정쇄를 직접 검
토한 것이 분명하다. 교정쇄는 현대 출판업자들이 무색할 만큼 신속하게, 그
러니까 정확히 한 달 만에 준비되었다. 5월 22일자 편지에 그는 이렇게 썼다.
"매끄럽게 읽힌다. 너무 많은 사례와 탈선에서 벗어나니까 논증에 명료함과
힘이 더해진 것 같다."

이처럼 조급하게 작업한 1922년판 축약본에 그가 어느 정도나 참여했는지
는 분명하지 않다. 그 결과물은 확실히 몇 가지 점에서 부족함이 엿보인다.
그것은 프레이저의 명성이 확산되던 시기, 곧 그의 학술적 결론이 많은 분야
에 먹히기 시작하고, 일반 독자들 사이에서 가능하면 간명하게 그가 내놓
은 주장의 본질을 알고 싶어하는 호기심이 촉발되던 때에 만든 것이다. 그러

나 그가 해낸 가장 훌륭한 작업은 이미 오래 전에 이루어진 것이고, 그는 더 이상 싸울 의욕이 없었다. 그래서 1922년판 축약본은 조심성이라는 장점을 살리고 있다. 그것은 설득력 있고 유창하며, 원리들에 관해 명료하고 능란하게 예증을 제시한다. 그러나 그것은 때때로 너무 지나치게 기분을 다치지 않는 방향으로 흐른다. 그리스도의 십자가형에 관한 위험한 단락들이 사라지고, 여가장제에 관한 고찰, 신성한 매춘에 관한 감미롭고 불경스러운 구절들이 모두 빠졌다. 대신 프레이저는 터부의 원리를 애써 길게 설명하는 한편 북유럽의 나무 숭배에 관한 장황한 논술로 우리를 달래려고 하는데, 이는 어느 때나 안전하기 짝이 없는 주제인 것이다.

그러나 70년이 지난 지금 우리에게는 더 이상 보호막이 필요없다. 저작에서 우리의 흥미를 끄는 내용들은 정확히 프레이저가 다른 사람들의 기분을 상하게 할 것으로 느꼈던 바로 그 지점들이다. 새 축약본을 만들면서 내가 세운 계획은 다음과 같다. 12권 전질에서 출발하여 나는 원저작의 제1권에서 주술의 유형에 관한 예비적 논술을 상당 부분 줄였다. 이 부분은 프레이저 부인이 혼자서 축약한 부분에 해당하는데, 일단 원리만 자세히 밝혀놓으면 책의 나머지 부분에서 충분한 예증이 가능하다고 보았기 때문이다. 대신 나는 고대 세계의 성에 관한 구절들, 십자가형에 관한 논술로 이어지는 구절들을 1900년의 재판에 실린 위치로, 곧 농신제와 대속(代贖)의식 전반에 관한 논의의 정점으로 복원시켰다. 나무 숭배를 논하는 항목들은 다소 잘라냈다. 그러나 제3판의 제5부, 곧 '아도니스, 아티스, 오시리스: 동양 종교사 연구'에 포함된 중동의 이교 숭배의식에 관한 매혹적인 묘사는 프레이저 부부가 할 수 있다고 느꼈던 것보다 더 충실하게 살려냈다. 이 부분은 원래 1905년에 별책으로 출판한 것으로, 프레이저의 문장 가운데 가장 생생한 묘사를 담고 있는데, 1922년 축약본에서는 그 부분들이 일정 정도 누락되어 있다. 나는 상대주의적 논증의 도발적인 힘을 가장 날카롭게 드러내는 구절들과 아울러 그 생생한 필치를 복원해 내고자 했다. 프레이저는 상당한 문학적 소양을 지닌 다재다능한 문필가다. 그를 비방하는 사람들은―심지어 그를 옹호하는 사람들조차도―이 사실을 잘 인식하지 못했다. 독자들에게 이 사실을 납득시키고자 하는 것이 나의 의도였다. 자기 저작에 대한 프레이저의 선의의 감수과정에서 종종 이 사실이 가려지고 있기 때문이다.

내가 가한 마지막 변경은 복원의 성격을 지닌 것으로, 원문의 장절 구분에 관한 것이다. 1890년의 초판은 크게 네 장으로 배열되어 각기 논증이라는 쐐기돌을 떠받치는 아치 역할을 했다. 1900년의 재판은 이 배열을 유지하되 빽빽한 세 권 분량에 맞추어 꽉 채워넣었다. 그러나 세기 초에 방대한 제3판을 계획할 때 프레이저는 전체를 완전히 분해하여 7부작으로 배열하고, 그중 일부는 두 권 분량으로 길게 늘여서 총 12권으로 만들었다. 1922년에 프레이저 부부는 그것을 전부 도가니 그릇에 한데 집어넣고 섞어서 축약한 원문을 서로 물고 물리는 69개의 짤막한 장으로 분할했다. 그 결과 개개의 짤막한 장들을 각기 분리해서 참조할 수 있다는 장점은 있지만, 전체 형태를 잃고 말았다. 그래서 나는 프레이저가 원래 구상한 네 가지 큰 구분을 복원했다. 여기에서는 이 구분을 장이나 절이 아니라 '권'이라고 호칭한다. 그래서 1권(숲의 왕)은 제3판의 1부와 2부의 자료를 담고 있다. 2권(신의 살해)은 3, 4, 5부의 자료를 담고 있다. 3권(속죄양)은 6부의 자료를, 4권(황금가지)은 7부의 자료를 담고 있다. 그 결과물은 반드시 개선된 것은 아닐지라도 하나의 대안은 될 것이다. 프레이저가 제공한 것말고는 다른 어떤 단어도 사용하지 않았다. 그가 붙인 각주와 단락별 표제는 생략했다. 그러나 그의 난외주석은 그대로 살렸다. 전반적으로는 줄거리의 박진감을 높이는 것을 첫째가는 목적으로 삼았다. 프레이저가 논증의 다음 단계로 넘어가기 위한 예비 작업으로 이론적 원리(이를테면 주술, 터부, 추방의식의 원리 등)에 대해 밝히고 있는 지점에서는 내용은 그대로 살리되 방대한 사례와 종속적 유형에 관한 증거 자료들은 줄이고 넘어가는 방식을 취했다.

『황금가지』는 인류 지성사 가운데 가장 위험하고 요동치는 시대의 산물이며, 그 시대가 바로 오늘의 우리 시대를 낳았다. 이 판본은 시대감정을 되살려서 이 저작이 구상된, 그리고 그 정신을 담아 쓴 19세기 세기말의 최첨단을 점하는 여러 측면을 부각시키고자 했다. 그러므로 이 축약본을 참고자료로서보다는 문학적 고전의 축소판으로서 독자들에게 바치는 바이다. 내용을 더 깊이 탐구하고자 하는 사람들에게는 항상 12권 전질이 대기하고 있다는 사실을 강조해야 할 것이다. 인류학적 담론의 내재적인 문학적 가치가

더 분명하게 드러날수록 독자들의 관심은 그 방면으로 더욱 쏠릴 것이라고
믿는다.

제임스 조지 프레이저 경 연대기(1854~1941)

1843년 스코틀랜드 교회의 대분열. 프레이저의 종조부 니니언 배너타인은 스코틀랜드 자유교회 건설에 합류한 종교적 망명대열의 2인자로 대열을 이끌고 에든버러 의사당을 뛰쳐나온다. 프레이저는 이후 고맙게도 그 자유교회의 엄격한 교리 속에서 양육된다.

1854년 글래스고 주 브랜던 플레이스에서 제임스 조지 프레이저 출생. 부모는 약사인 대니얼 프레이저와 보글 가문 출신의 캐서린 프레이저. 어머니 쪽 선조 가운데는 1774년에 워런 헤이스팅스의 사절로 티베트에 파견되었던 달도위 사람 조지 보글이 있었다.

1860년대 중엽 대니얼 프레이저가 게얼록 호반 근처 헬렌스버그에 땅을 마련한다. 어린 제임스는 중년이 될 때까지 휴일을 대부분 그곳에서 보낸다. 헬렌스버그의 래치필드 아카데미에서 그는 교장인 알렉산더 매킨지 밑에서 라틴어와 그리스어의 기초를 습득한다. 일요일마다 그는 호수 건너에서 메아리치듯 들려오는 교회 종소리를 듣는데, 이 소리는 나중에 '네미의 종소리'를 그에게 상기시켜 준다.

1869년 글래스고 대학에 입학. 그곳에서 그는 조지 길버트 램지 밑에서 라틴어를, 존 베이치 밑에서 수사학을, 열역학 제2법칙의 창시자인 위대한 켈빈 경(윌리엄 톰슨 경) 밑에서 물리학을 공부한다.

1874년 케임브리지에 있는 트리니티 칼리지에 입학. 1878년에 고전 부문 우등시험에서 수석의 영예를 차지하며 그곳을 졸업.

1878년 미들 템플에 입학. 거기에서 1882년 1월에 변호사 자격을 획득하지만 개업한 적은 없다.

1879년 플라톤에 관한 학위 논문으로 10월 10일 트리니티에서 알파급(Title Alpha) 특별연구원에 선출. 그의 특별연구원직은 1885년과 1890년, 1895년 세 차례에 걸쳐 갱신된다.

1886년 파우사니아스의 『그리스 묘사』에 대한 권위 있는 번역 및 편집 작업에 착수.

1887년 대영제국 전역에 걸쳐 선교사와 박사, 행정 관리들에게 질문지를 보내 토착민들의 관습과 신앙에 관한 정보를 요청함. 그의 첫 종족민속학 논문인 『토테미즘』을 애덤 앤 찰스 블랙이 에든버러에서에 출판. 파우사니아스의 책 1권에 나오는 암시적인 문단과 남부 인도에 관한 몇몇 18세기 여행자들의 기술을 바탕으로 궤도를 바꾸어 『황금가지』에 관한 작업에 착수.

1890년 『황금가지』 제1판을 맥밀런 출판사에서 두 권으로 출판. 프레이저는 그 직후 그리스로 출항하여 다시 시작한 파우사니아스 작업을 준비하기 위해 그리스 각지를 폭넓게 여행하며 아테네, 스파르타, 코린트, 이토메, 올림피아, 헬리콘, 테베, 에기온, 델피 등지를 방문한다.

1895년 도보와 말을 이용하여 또다시 그리스를 여행. 스틱스 계곡을 방문하여 "마치 지옥의 번견들이 감히 지옥물에 접근하는 이방인들을 향해 짖어대는 것 같은" 소리를 듣는다.

1896~1897년 무용민속학에 관한 조언을 얻기 위해 케임브리지로 찾아온 프랑스 미망인 릴리 그로브와 결혼. 이때부터 프레이저는 그녀 및 성장기의 그녀의 두 딸과 함께 생활한다. 명백히 시끄러운 소음에 기인하는 불평을 제기하다. 『파우사니아스의 그리스 묘사』를 여섯 권으로 출판하다. 한 권은 번역이고, 다섯 권은 주석으로 이루어졌다.

1900년 『황금가지』 제2판을 세 권으로 출간. '그리스도의 십자가형'에 관한 장이 〈격주간평론〉지에서 앤드류 랭의 거센 공격을 받는다. 로마에서 성탄절을 보내며 윌리엄 제임스를 만난다.

1904~1905년　로버트 H. 케네트의 지도 아래 헤브라이어 공부를 시작한다. 동료 학생은 제인 엘런 해리슨, 프랜시스 콘퍼드, A. B. 쿡 등이었다. '왕위의 역사에 관한 강의'를 진행한다. 이는『황금가지』제3판 제1부의 최종적인 제2권('주술과 왕들의 진화')의 토대가 된다.

1909년　「영혼의 과제 Psyche's Task」 발표. 미신의 사회적 유용성을 옹호하는 글이다.

1910년　리버풀 대학 사회인류학과 학과장에 임명된다. 보수가 적은 데 대한 불만과 대공업도시에 대한 실망이 겹쳐 케임브리지로 다시 달아난다. 세계 전역의 왕위제도를 일람표로 정리한『토테미즘과 족외혼』을 네 권으로 출판.

1906~1915년　『황금가지』제3판을 전 12권으로 출간. 하지절 불놀이에 관한 엄청나게 광범위한 사례와 수정된 이론을 담았다. '그리스도의 십자가형'은 얌전하게 부록으로 배치했다. 대륙으로 떠난다.

1913년　『영혼불멸성 신앙과 사자 숭배』중 오스트랄라시아와 멜라네시아를 포괄하는 제1권 출간. 폴리네시아를 포괄하는 제2권과 미크로네시아를 포괄하는 제3권은 각기 1922년과 1924년에 출간.

1914년　훈작위를 받다.

1914~1918년　런던의 미들 템플에 있는 작은 아파트에서 제1차 세계대전 시기를 보낸다. 명목상의 변호사 자격 덕분에 그 아파트에 입주할 수 있었다.

1918년　『구약성서의 민속학』을 세 권으로 출간.『황금가지』의 회의적 방법론과 프레이저가 새로 얻은 헤브라이어 학위를 성서 본문에 응용한 저작이다.

1921년　로엡 도서관을 위해『아폴로도루스: 도서관』을 두 권으로 출간.

1926년　『자연 숭배』

1927년　『고르곤의 머리와 그밖의 문학적 소품: 인간, 신, 그리고 불멸성』.

1929년　오비디우스의『파스티』편집 번역본을 6권으로 작업. 이는 로엡 도서관을 위해 의뢰받은 작업이지만, 그 한계를 넘어 확대되었다. 나중에(1931) 프레이저는 로엡 도서관이 요구하는 정도만큼 분량을 줄였고, 도서관측은 그 이후에야 출판을 했다.

1930년 『불의 기원에 관한 신화』. 그의 트리니티 특별연구원직 논문은 최 종적으로 『플라톤의 이데아론의 성장』으로 발표되었다. 왕립 문학 기금의 연례 만찬회에서 강연 도중 두 눈에 '피가 가득 고여' 실명 이 닥친다. 이때부터 여러 비서들, 특히 글래스고 동기생인 로버트 앵거스 다우니의 도움에 의지한다.

1931년 『논문 모음집 *Garnered Sheaves*』 출간.

1933년 『인간 정신의 진보에 관한 콩도르세』. 『원시종교에서 사자에 대한 두려움』 1권. 이후의 권들은 1934년과 1936년에 발간되었다.

1935년 『원시적 우주 기원론에서의 창조와 진화 및 그밖의 소품들』

1936년 『그루갈이: 황금가지 보충편』

1937년 『토테미카: 토테미즘과 족외혼 보충편』

1938년 『인류학 논총』. 다우니가 편집한 프레이저의 연구 노트 발췌. 그 다 음해에 제2권 발행.

1941년 5월 7일 사망. 몇 시간 뒤에 프레이저 부인도 사망. 두 사람은 케임 브리지의 세인트 질스 공동묘지에 나란히 묻혔다.

THE GOLDEN BOUGH

황금
가지

개들과 독수리들에게 미리 점지된
라티움의 이름을 뽐내는
모든 호전적인 도시에서
저 용맹한 군대가 몰려왔다.
세티아의 자줏빛 포도원에서
노르바의 유서 깊은 성벽에서
가장 자랑에 넘친
투스쿨룸의 새하얀 가로에서
검푸른 바다 위에 걸쳐 있는
여자 마법사의 요새에서
아리키아의 나무 아래 잠자는
조용하고 거울 같은 호수에서……
그 나무 아래 섬뜩한 그늘 속에
살해자를 살해하고
장차 자신도 살해당할 사제,
음산한 사제가 군림한다……

ㅡ토머스 배빙턴 매콜리, 「레길루스 호수의 전투」

• 제 *1* 권 •

숲의 왕

1장
숲의 왕

1

터너의 그림 〈황금가지〉를 모르는 사람이 있을까? 아름답기 그지없는 풍경에 화가 터너의 거룩한 정신이 배어들어 변용된, 상상의 황금빛 광채로 뒤덮인 이 그림 속 장면은 네미(Nemi)라고 하는 숲지대의 작은 호수를 꿈같은 환상의 분위기로 그린 것이다. 옛사람들은 이 호수를 '디아나(Diana) 여신의 거울'이라고 불렀다. 알바 구릉의 녹색 분지에 둘러싸인 이 고요한 호수는 한번 본 사람이면 결코 잊지 못할 것이다. 호반에 잠들어 있는 이탈리아 특유의 두 군데 마을이라든지, 호수면으로 가파르게 내리뻗은 계단식 정원이 있는 이탈리아식 궁전도 그 장면의 고요함과 적막함을 깨뜨리지 못한다. 디아나 여신은 지금도 이 고독한 물가를 배회하며 이곳 숲지대 황무지에 출몰하고 있을지 모른다.*

그 옛날 이 숲의 풍경은 기묘하게 거듭되는 비극의 무대였다. 그 비극을 똑바로 이해하자면 그 일이 일어난 장소를 정확한 형상으로 떠올리기 위해 애

---

*1890년 프레이저가 이 구절의 초고를 썼을 때, 그는 터너의 그림도 네미 호반의 풍경도 본 적이 없었다. 그가 네미를 처음 탐방한 것은 『황금가지』 2판을 완성한 직후인 1900년 겨울이었다. 당시 터너의 그림은 런던 국립박물관이 대여하여 더블린 국립박물관에서 보관하고 있었다. 그러나 프레이저는 그 그림을 복사판으로 보았고, 본의 아니게 한 가지 실수를 저질렀다. 터너가 묘사한 것은 로마 동남쪽 약 19킬로미터 지점에 있는 네미 호수가 아니라 전설에 나오는 아베르누스 호수였다. 그 그림은 현재 런던 테이트 미술관 클로어 부설관에 걸려 있다.

써야 한다. 나중에 살펴보겠지만, 그 장소의 자연미와 그곳에서 종교의 가면 아래 흔히 자행된 음산한 범죄 사이에는 미묘한 연관이 존재하기 때문이다. 무수한 세월이 지난 오늘날까지도 그 범죄는 마치 '단 하나의 나뭇잎도 변색되지 않은 것 같은' 9월의 환한 대낮에 문득 느껴지는 가을 찬바람같이 그 조용한 숲과 호수에 일말의 침울한 그림자를 드리우고 있다.

알바 구릉은 로마에서 훤히 보이는 캄파냐 평야에서 가파르게 솟아오른 멋있고 험준한 화산 산맥으로, 바다를 향해 뻗은 아펜니노 산맥의 마지막 지맥을 이룬다. 이 구릉에 있는 불 꺼진 분화구 두 곳은 오늘날 물이 들어차 아름다운 호수가 되었다. 알바 호수와 그 작은 누이동생 격인 네미 호수가 바로 그것이다. 이 능선 정상에 있는 두 호수는 수도원이 들어선 몬테 카보 산 꼭대기보다는 훨씬 낮지만, 평야 위로 솟아오른 꽤나 높은 지대에 자리잡고 있다. 그래서 교황의 여름 별장이 있는 카스텔 간돌포의 더 큰 분화구 옆에 서서 보면 한쪽으로 알바 호수가 내려다보이고, 다른 한쪽으로 멀리 캄파냐 평야를 가로질러 서쪽 지평선 너머에서 바다가 햇빛 속에 넓게 펼쳐놓은 황금 종잇장처럼 번쩍이는 것을 볼 수 있다.

네미 호수는 그 옛날처럼 지금도 여전히 숲에 둘러싸여 있으며, 2천 년 전 봄날에 그랬듯이 지금도 봄이면 야생화들이 싱싱하게 피어난다. 이 호수는 옛 분화구 속에 깊숙이 들어앉아 있기 때문에 바람이 불어도 고요하고 맑은 수면에 거의 주름이 지지 않는다. 또, 한 곳을 제외하고는 울창한 초목이 빽빽이 뒤덮인 호안(湖岸)이 물가 쪽으로 가파르게 경사져 있다. 단지 북쪽 호안에만 호수와 구릉 발치 사이에 길게 뻗은 평지가 가로놓여 있다.

이곳이 비극의 현장이었다. 숲이 우거진 구릉 한복판에 자리잡은 이곳에, 오늘날 네미 마을을 이고 있는 깎아지른 듯한 경사면 아래에 유서 깊고 유명한 숲의 여신 디아나의 성소가 있었다. 그 성소는 라티움 방방곡곡에서 온 순례자들의 집결지였다. 이곳은 '디아나 네모렌시스(Diana Nemorensis)', 그러니까 '숲의 디아나', 더 정확하게 표현하면 '숲 사이 공터의 디아나'를 기리는 성스러운 수풀로 알려졌다. 때때로 이 호수와 수풀은 가장 가까운 성읍의 이름을 따서 아리키아 호수와 아리키아 수풀이라고도 불렀다. 그러나 오늘날 아리키아라고 하는 성읍은 산기슭에서 5킬로미터나 떨어져 있으며, 기다랗고 가파른 급경사로 인해 호수와 격리되어 있다.

성소는 널찍한 계단 모양의 단구(段丘) 안에 자리잡고 있었다.* 성소의 북쪽과 동쪽은 언덕 비탈을 깎아 만든 커다란 옹벽으로 둘러싸여 있었으며, 성벽 안에는 움푹 들어간 반원형 감실(龕室)이 예배당을 이루고 있는 일련의 기둥들을 마주보고 있었다. 사람들은 오늘날까지도 이곳에 풍성한 공물을 바친다. 호수 쪽 단구는 흔히 강물에 떠다니는 얼음을 깨기 위해 교각 정면에 붙이는 것과 같은 삼각형 버팀벽을 대서 지은 길이 213미터, 높이 9미터에 이르는 견고한 성벽에 기대어 있다. 오늘날 이 계단 성벽은 호수에서 91미터 가량 뒤로 물러나 있지만, 한때는 그 버팀벽이 물에 닿았을 것이다.

그 옛날 이 성소가 누린 부와 인기는 현대에 발굴한 유적과 아울러 고대 문필가들이 입증한다. 오비디우스(Ovidius)는 장식끈과 기념 서판들을 달아놓은 성벽을 묘사했다. 오늘날에도 그 장소에서 생산하는 풍부하고 값싼 공물과 구리 주화는 숭배자들의 신심과 숫자에 관해─풍요로움과 넉넉함은 아니더라도─많은 것을 이야기해 준다.

아리키아의 빈민굴에서 한떼의 거지들이 날마다 몰려와, 수고하는 말들이 부유한 순례자들을 신전으로 끌고 올라가는 기다란 비탈길에 진을 치곤 했다. 자신들의 애원과 끈덕진 구걸에 순례자들이 어떻게 반응하느냐에 따라 그들은 말수레가 언덕길을 급하게 내려갈 때 입맞춤을 보내기도 하고 저주를 퍼붓기도 했다. 율리우스 카이사르는 이곳에 친히 호화로운 별장을 지었다가 마음에 안 든다고 헐어버렸다. 칼리굴라 황제는 차라리 떠다니는 궁전이라고 할 만한 웅장한 유람선을 두 척이나 건조하여 자신을 위해 호수에 띄웠다.** 베스파시아누스 황제 때에는 아리키아 원로원과 인민들이 황제의 영광

---

*성소 부지는 1885년에 당시 로마 주재 영국 대사였던 존 세이빌 러믈리 경이 발굴했다. 프레이저는 고고학 잡지 『아테나이움 Athenaeum』에서 그곳에 관한 발굴 기사를 읽고 디아나 숭배에 관심을 기울이기 시작해 이 책에 대한 영감을 얻었다. 그 신전의 성격과 기능에 관한 세이빌과 프레이저의 해석은 끊임없이 공박을 받아왔다. 『황금가지의 형성 The Making of the Golden Bough』 2~12쪽을 보라. 그 부지는 탐사 직후에 매립되어 지금은 딸기 농장 아래 묻혀 있다.

**칼리굴라의 유람선은 후대에 발견하여 전시하고 있었으나, 1944년에 퇴각하던 독일군이 분풀이로 폭파하고 말았다. 남은 잔해는 현재 네미 호반에 있는 길쭉한 창고 건물 두 채에 보관하고 있다.

을 위해 그 숲 속에 기념비를 세워 바쳤으며, 트라야누스 황제는 자신을 낮추어 몸소 아리키아 시의 최고집정관 직책을 맡았다. 하드리아누스 황제는 파르티아 왕실의 한 왕자가 신전 경내에 세운 건축물을 복원하여 자신의 건축 취미를 만족시키기도 했다.

나무숲 사이로 여기저기 보이는 몇몇 별장에도 불구하고, 네미는 어떤 의미에서 이탈리아가 먼 옛날에 그랬던 모습을 그대로 간직하고 있는 것 같다. 그 시절 이탈리아에는 아직 미개한 수렵부족이나 방랑하는 유목부족이 드문드문 살고 있었을 것이다. 가을에 단풍이 들고 겨울에 헐벗는, 잎이 무성한 너도밤나무와 참나무는 그 시절만 해도 아직 월계수·올리브·사이프러스·협죽도 같은 남방산 상록수에 자리를 내주지 않았을 것이며, 오늘날 우리가 이탈리아 특산물로 생각하기 쉬운 레몬과 오렌지 같은 후대의 침입자들에 대해서는 더더욱 그러했을 것이다.

그러나 숲의 여신을 기리는 이 고대 신전이 과거의 원형이나 축소판으로 여겨지는 것은 단지 자연경관에서만 그런 것이 아니다. 로마가 멸망할 때까지 그곳에서는 한순간에 우리를 문명에서 야만으로 옮겨놓을 것만 같은 관습을 지키고 있었다.

그 성스러운 수풀에 나무 한 그루가 있었다. 그런데 음산한 사람의 형상이 그 나무 둘레를 하루 종일, 아니 어쩌면 밤늦게까지 돌아다니는 것이 눈에 띄었다. 그는 손에 항상 칼을 빼들고 마치 언제 어느때 적의 습격을 받을지 모른다는 듯이 줄곧 방심하지 않고 주변을 경계했다. 그는 사제이며 동시에 살인자였다. 그가 경계하는 상대방은 조만간에 그를 죽이고, 그를 대신하여 사제직을 맡게 될 것이다. 그것이 성소의 규칙이었다. 사제직 후보는 사제를 죽여야만 직책을 계승할 수 있었다. 일단 사제를 죽이고 나면 그는 자신보다 더 강한 자나 더 영리한 자에게 살해당할 때까지 그 직책을 보유했다.

이 불안정한 수권방식에 따라 획득한 사제의 직책은 왕의 칭호를 동반하는 것이었다. 그러나 일찍이 그 어느 왕도 그 인물보다 더 불안한 잠자리와 악몽에 시달리지는 않았을 것이다. 해가 가고 올 때마다, 여름이나 겨울이나, 갠 날이나 궂은 날이나 그는 줄곧 외롭게 경비를 서야 했다. 어쩌다가 불편한 선잠이라도 든다면, 조금이라도 경계심이 풀리거나 조금이라도 사지의 힘이나 검술이 약해진다면, 그것은 곧 자신을 사지로 밀어넣는 것과 같았다. 머리에 난 백발은 사형집행장에 도장을 찍는 것일 수도 있었다. 꿈결같이 푸른 이탈리아의 하늘과 그늘이 드리운 무성한 여름 숲, 햇빛에 반짝이는 파도의 물거품은 표정이 딱딱하게 굳은 이 불길한 인물과 전혀 걸맞지 않았다. 차라리 우리는 한 줄기 바람에 낙엽이 우수수 떨어지는, 저물어가는 한 해의 만가(輓歌)를 노래하는 듯한 을씨년스러운 가을 밤에 갈 길 늦은 나그네가 목격하는 정경 같은 것을 떠올리게 된다. 그것은 폭풍우가 몰아칠 듯 낮게 드리운 하늘과 삐죽삐죽 솟은 검게 보이는 숲을 배경으로, 나뭇가지에 바람이 살랑거리고 발밑에는 시든 낙엽이 바스락거리며 차가운 물이 호수 기슭을 찰싹이는 가운데, 앞에는 검은 그림자 하나가 때로는 어스름 속에서 때로는 어둠 속에서 이리저리 돌아다니고 조각구름을 벗어난 창백한 달이 빽빽한 나뭇가지 사이로 비칠 때마다 그의 어깨에서 쇠붙이가 번뜩이는, 우울한 음악에 맞춘 어두운 그림이다.

사제직의 계승을 둘러싼 이 기묘한 규칙은 고대 그리스와 로마에서도 그 유례를 찾을 수 없으며, 그것으로는 설명할 수도 없다. 설명을 찾자면 훨씬 먼 옛날로 거슬러 올라가야 한다. 그러한 관습이 야만시대의 경향을 풍긴다는 것은 아마 아무도 부정하지 못할 것이다. 그것은 로마 제국 시대까지 잔존하여 마치 깨끗이 손질한 잔디밭에 불쑥 솟은 원시적인 바위같이 당대의 세련된 이탈리아 사회와 뚜렷이 격리된 채 돌출해 있는 것이다. 그 관습에 내재한 바로 이러한 조잡성과 야만성 덕분에 우리는 그것을 설명할 실마리를 찾을 수 있다.

초기 인류역사에 대한 최근 연구들은, 인간의 정신이 많은 피상적인 차이점에도 불구하고 본질적인 유사성을 기초로 최초의 소박한 생명철학을 다듬어냈다는 사실을 밝혀냈다. 따라서 만약 우리가 네미의 사제직 같은 어떤 야만적인 관습이 다른 곳에도 존재했음을 보여줄 수 있다면, 그 관습을 제정하게 한 동기를 가려낼 수 있다면, 그러한 동기가 인간사회에 폭넓게, 어쩌면 보편적으로 작용하여 각양각색의 환경 속에서 구체적으로는 다르지만 일반적으로 유사한 갖가지 제도를 만들어낸 것을 입증할 수 있다면, 끝으로 바로 그러한 동기가 그것에서 파생한 몇몇 제도와 더불어 고대 그리스·로마 시대에 실제로 작용했음을 보여줄 수 있다면, 그제서야 우리는 비로소 그와 같은 동기가 어느 먼 옛시대에 네미의 사제직을 탄생시켰다고 정당하게 추론할 수 있을 것이다. 물론 그와 같은 추론은 그 사제직이 실제로 어떻게 생겨났는지 보여주는 직접적인 증거가 없기 때문에 결코 증명에는 도달할 수 없다. 그러나 그것은 내가 시사한 조건들을 얼마나 완벽하게 충족시켰느냐에 따라 다소 개연성은 지닐 것이다. 이 책의 목적은 그러한 여러 조건을 충족시킴으로써 네미의 사제직에 대한, 상당히 개연적인 설명을 제시하려는 것이다.

나는 이 주제와 관련하여 우리가 알고 있는 몇 가지 사실과 전설을 제시하려 한다. 한 설화에 따르면, 네미의 디아나 숭배는 오레스테스(Orestes)가 제도화하였다고 한다. 오레스테스는 타우리스의 케르소네소스(크리미아 반도)를 다스리던 토아스 왕을 살해한 후, 누이동생을 데리고 이탈리아로 도망치면서 타우리스의 디아나 여신상을 나뭇단 속에 감추어 가지고 갔다. 오레스테스가 죽은 후에 사람들은 그의 유골을 아리키아에서 로마로 옮겨, 카피톨리누스 언덕에 있는 콩코드 신전 옆 사투르누스 신전 앞에 매장하였다. 전설이 타우리스의 디아나에게서 유래했다고 전하는 피의 의식은 고전 독자들이라면 익히 알고 있는 내용이다. 전설에 따르면, 타우리스 해안에 상륙한 이방인을 모두 그 여신의 제단에 희생물로 바쳤다고 한다. 그러나 이탈리아로 옮겨오면서 이 의식은 좀더 부드러운 형태로 변했다. 네미의 성소 안에는 가지를 꺾으면 안 되는 나무가 자라고 있었다. 오직 도망친 노예에게만 그 가지를 하나 꺾는 것 ― 꺾을 수 있으면 ― 이 허용되었다. 가지를 꺾는 데 성공하면 그 노예는 사제와 단 한 번 결전을 벌일 수 있는 자격을 얻었다. 만약 사제를 죽이면, 그는 죽은 사제 대신 '숲의 왕(*Rex Nemorensis*)'이라는 칭호를 얻고 군림했다. 고대인들의 공통된 견해에 따르면, 이 운명의 가지야말로 아이네이아스(Aeneias)가 저승세계로 위험한 여행을 시도하기 전에 시빌(무당)의 명령에 따라 꺾은 '황금가지'였다. 도망친 노예는 이탈리아로 도망친 오레스테스를 나타내며, 그가 사제와 싸우는 것은 타우리스의 디아나에게 산 인간을 제물로 바치는 의식을 상기시키는 것이었다. 칼로 직위를 계승하는 이 규칙은 로마 제국 시대까지 계속되었다. 칼리굴라 황제가, 네미의 사제가 너무 오래 직책을 차지하고 있다고 생각하고 좀더 강력한 악당을 고용하여 그 사제를 죽인 것이나, 안토니누스 시대에 이탈리아를 방문한 그리스 여행자가 그 당시까지도 네미의 사제직이 한판 결전의 승자에게 돌아가는 상이었다고 말한 것만 보아도 이를 알 수 있다.*

네미의 디아나 숭배에 관해서는 그밖에도 몇 가지 주요한 특징을 꼽을 수 있다. 디아나는 무엇보다도 사냥의 여신, 나아가서 남녀에게 자손을 내려주고 임신한 여인에게 순산의 축복을 주는 존재로 여겨졌다. 또, 그 의식 때에는 불이 가장 중요한 역할을 했던 것 같다. 한 해 중 가장 더운 날인 8월 13일에 열리는 연제(年祭) 기간에는 수많은 햇불이 그녀의 성스러운 숲을 밝혀, 불그스름한 불빛이 호수면에 반사되었다. 아울러 디아나 여신이 베스타(Vesta) 칭호를 지녔다는 사실은 그녀의 성소에 꺼지지 않는 성화(聖火)를 보존하고 있었음을 명백히 알려준다. 이곳의 성화는 베스타의 처녀들이 돌본 것으로 보인다. 왜냐하면 테라코타로 된 베스타 처녀의 두상(頭像)이 그 자리에서 발견되었을 뿐 아니라, 성스러운 처녀들이 돌보는 성화 숭배 의식이 가

---

*오레스테스는 어머니인 클리템네스트라가 아버지 아가멤논을 살해한 데 대한 복수로 어머니를 살해하는 신성모독적인 범죄를 저지른 후 타우리스의 성소를 찾았다. 클리템네스트라는 아가멤논이 앞서 트로이 원정을 위해 순풍을 빌 목적으로 아울리스에서 그들의 딸 이피게니아를 희생제물로 바쳐 죽였다고 변명했으나, 타우리스에 도착한 오레스테스는 그 누이가 디아나 신전의 여자 대사제로 임명된 것을 알았다. 두 사람은 함께 크리미아 반도에서 이탈리아로 도망쳤다.
한 전설에 따르면, 이탈리아에 도착한 그들이 아리키아의 숭배의식을 제정했다고 한다. 아가멤논의 살해에 관한 전거는 아이스킬로스(Aeschylos)의 비극 『아가멤논 Agamemnon』이다. 오레스테스의 복수에 관한 내용은 아이스킬로스의 『코이포로이 Choephoroe』와, 소포클레스(Sophocles)와 에우리피데스(Euripides)의 『엘렉트라 Electra』에 나온다. 이피게니아가 희생제단에서 기적적으로 살아나 타우리스로 간 것은 에우리피데스의 논란 많은 『아울리스의 이피게니아 Iphigenia in Aulis』 종결부를 보라. 그러나 이러한 그리스 전거들 중 어느 것도 그 남매의 이탈리아 피난에 대해서는 언급이 없다. 그 전거로는 베르길리우스(Vergilius)의 『아이네이드 Aeneid』 6장 136절에 관해 세르비우스(Servius)가 4세기에 논평한 주석 하나뿐이다. 베르길리우스는 세르비우스가 주석을 통해 논평한 시행에서 황금 가지를 묘사하고 있지만, 그 가지를 네미의 사제와 결부시킨 사람은 세르비우스뿐이다. 뒤에 살펴보겠지만, 세르비우스는 또 성스러운 숲 안에서 신성한 결혼이 이루어졌을 가능성을 언급한 유일한 인물이다.
한 그리스 여행자는 파우사니아스(Pausanias)를 말한다. 그가 쓴 『그리스 묘사 Description of Greece』를 프레이저가 1898년에 번역·편집했다. 히폴리투스와 아리키아 숭배의 연관성을 언급한 파우사니아스의 글에 관해 프레이저 단 주석은 간명하다. "나는 『황금가지』에서 이 관습에 관해 설명했다."

장 먼 옛날부터 가장 최근까지 라티움 지방에 널리 퍼져 있었던 것으로 보이기 때문이다. 이탈리아 전역에서 열리는 디아나 여신의 연제 때, 청년들은 그녀를 기리는 정화의식을 치렀다. 포도주를 비롯하여 새끼 산양과 나뭇잎 접시에 담은, 갓 구어낸 뜨거운 과자, 가지에 주렁주렁 달린 사과 등을 가득 차려놓고 연회를 벌였다. 기독교회는 이 처녀 여신의 대축제를 곧바로 8월 15일의 성모 몽소승천 축일로 전환하여 그 의식을 기린 것으로 보인다.*

그러나 디아나는 네미의 성스러운 숲에서 혼자 군림하지 않았다. 더 작은 신 둘과 함께 숲 속 성소를 공유하고 있었다. 하나는 맑은 물의 요정인 에게리아(Egeria)였다. 그 물은 현무암 바위에서 흰 거품을 일으키며 솟구쳐 아름답고 작은 폭포를 이룬 뒤, 레 몰레(Le Mole)라고 하는 곳에 있는 호수로 떨어져내렸다. 이 지명은 그곳에 오늘날 네미 마을에서 쓰는 물레방앗간을 세웠기 때문에 붙은 것이다. 오비디우스는 자갈 위를 졸졸 흐르는 그 시냇물의 소용돌이에 관해 언급하고 있다. 그는 종종 그 물을 마셔보았다고 이야기한다. 아이를 가진 임부들은 에게리아에게 제물을 바치곤 했는데, 그녀에게도 디아나처럼 순산의 축복을 주는 능력이 있다고 믿었기 때문이다. 전설에 따르면, 이 요정은 지혜로운 누마(Numa) 왕의 부인이거나 애인이었다고 하는데, 누마 왕은 성스러운 숲 속 은밀한 곳에서 그녀와 밀회를 즐겼으며, 그가 로마인들에게 반포한 율법도 에게리아의 신성과 영적으로 교합(交合)하면서 얻은 영감에 바탕을 둔 것이라고 한다.

네미에 거처하는 또다른 작은 신은 비르비우스(Virbius)다. 전설에 따르면, 비르비우스는 순결하고 아름다운 그리스의 청년 영웅 히폴리투스(Hippolytus)였다고 한다. 히폴리투스는 자신의 유일한 동무인 사냥꾼 처녀 아르테미스(Artemis, 디아나에 해당하는 그리스 여신)와 함께 푸른 숲 속에서 들짐승을 쫓으며 소일했다. 그는 자신과 아르테미스의 신성한 교제를 자랑하

---

*이 구절은 프레이저가 무척 세심하게 신경을 써서 배치한 것으로, 기독교회의 축일을 이교도 축제와 연관짓는 파격적인 내용을 담은 첫 구절이다. 그의 의도는 이른바 혼합주의(syncretism), 곧 한 종교체계와 그 이전의 다른 종교체계 사이의 공생관계라고 할 수 있는 어떤 것의 존재를 밝히려는 것이다. 결과적으로 프레이저의 확인 작업은 기독교 교회력을 거의 대부분 포괄하게 되었다. 이 책 2권 10장을 보라.

며 뭇 여인들의 사랑을 거절했다.* 이것이 화근이었다. 그에게 멸시당해 마음
이 상한 아프로디테(Aphrodite)는 히폴리투스의 계모 파이드라를 부추겨 그
를 사랑하게 만들었다. 자신의 사런(邪戀)을 히폴리투스가 경멸하는 태도로
대하자, 파이드라는 히폴리투스의 아버지 테세우스에게 거짓으로 일러바쳤
다. 테세우스는 그 거짓말을 믿고 자신의 아버지인 해신(海神) 포세이돈에게
파이드라가 꾸며낸 대로 히폴리투스의 잘못을 고하고 앙갚음해 달라고 빌었
다. 그러자 포세이돈은 히폴리투스가 이륜마차를 타고 사로니코스 해변을
달리고 있을 때 파도 속에서 사나운 황소를 내보냈다. 이에 놀란 말들이 뛰어
달아나는 바람에 히폴리투스는 마차에서 떨어져 말발굽에 깔려 죽었다. 그
러나 디아나는 히폴리투스를 향한 사랑 때문에 의사인 아이스쿨라피오스
(Aesculapios)를 설득하여 그에게서 얻은 약초로 젊고 아름다운 자신의 사냥
꾼 애인을 살려냈다. 주피터는 유한한 목숨을 지닌 인간이 죽음의 문턱에서
되살아난 것에 진노하여 중간에 끼어든 의사를 지옥에 밀어넣었다. 그러나
디아나는 먹구름을 일으켜 자기 애인을 진노한 주피터의 시야에서 감추고,
그의 모습을 몇 살 더 먹은 모습으로 변장시켜 멀리 떨어진 네미의 골짜기로
데려갔다. 디아나는 요정 에게리아에게 그를 맡겨, 그가 비르비우스라는 이
름으로 이탈리아의 깊은 숲 속에서 아무도 모르게 혼자 살도록 했다. 그곳에
서 그는 왕으로 군림하며 디아나에게 신전을 지어 바쳤다. 그는 비르비우스
라고 하는 잘생긴 아들을 낳았는데, 그 아들은 아버지의 운명에 굴하지 않고
용맹한 한떼의 기마대를 이끌고 라틴군에 가담하여 아이네이아스와 트로이
인들을 상대로 싸웠다. 말이 히폴리투스를 죽였기 때문에 아리키아의 숲과
성소에는 말이 출입할 수 없었다. 또, 그의 신상에 손을 대는 것도 위법이었
다. 어떤 사람들은 그가 태양신을 나타낸다고 생각했다.

네미의 디아나 숭배를 설명하기 위해 이야기한 설화가 역사적 사실과 무관

---

* 히폴리투스가 여인들의 사랑을 거절한 이야기를 뒷받침하는 가장 유명한 전거는 에우리
피데스의 『히폴리투스 *Hippolytus*』다. 프레이저의 육감에 따르면, 고대 이탈리아의 숲 속
신 비르비우스는 바로 히폴리투스가 변장한 모습이거나, 좀더 개연성을 가지고 보자면 그
리스 신들이 이탈리아에 와서 자리잡을 때 히폴리투스가 기존의 숲 속 신과 결합한 모습이
라고 한다. 따라서 로마 종교는 그리스 종교를 바탕으로 형성된 혼합물이었다.

하다는 것은 굳이 증명할 필요가 없는 일이다. 명백히 그것은 종교의식의 기원을 설명하기 위해 지어낸, 폭넓은 신화의 부류에 속한다. 그 신화들은 어떤 외래의식과 연관지어 추정해 볼 수 있는 현실적이거나 가상적인 유사성말고는 다른 어떤 근거도 없는 것이다.* 네미 신화의 부조화성은 설명의 대상이 되는 종교의식의 이런저런 특성에 따라 숭배의 근거가 오레스테스에게 소급되기도 하고, 히폴리투스에게 소급되기도 하는 것만 보아도 사실상 명백하다. 그 설화들의 참다운 가치는 숭배의식의 비교 기준을 제공함으로써 그 숭배의식의 성격을 밝히는 데 기여한다는 점이다. 나아가서 그것들은 그 진실한 기원이 고대의 안개에 파묻혀 실종되었음을 보여줌으로써 그 고색창연한 시대를 간접적으로 증언하기도 한다. 우리는 아리키아의 사제직 같은, 참으로 야만적인 규칙을 라틴 도시 같은 문명사회의 동맹체가 의식적으로 제도화하였다고는 도저히 생각할 수 없다. 그것은 인간의 기억을 벗어나서, 이탈리아가 우리에게 알려진 그 어느 시대보다 훨씬 미개한 상태에 있던 먼 옛날부터 전해 내려온 것이 틀림없다. 성소의 창건 기원을 마니우스 에게리우스(Manius Egerius)에게 돌리는 또 다른 설화는 전설의 신빙성을 입증하기보다는 오히려 더 불확실하게 만든다. "아리키아에는 마니이(Manii)가 많다"는 속담은 이 설화에서 유래한 것이다.

2

아리키아의 오레스테스와 히폴리투스 전설이 역사로는 가치가 없지만, 네미의 숭배의식을 다른 성소의 의식이나 신화와 비교하여 더 잘 이해할 수 있게 도와주는 점에서 어느 정도 가치가 있다는 것은 앞에서 말했다. 이제 우리

---

*이 구절은 『황금가지』, 특히 3판의 배경에 놓인 사상의 기본원리를 처음으로 언급한 것이다. 종교의식이 신화를 구현한 것이라는 일반적인 생각과 달리, 프레이저의 이론은 종교의식을 설명하고 정당화하기 위한 수단으로 신화가 발전했으며, 그것이 거꾸로 인간정신 속에 깊이 내재하는 철학적 가정들에 작용을 미쳤다고 본다. 이러한 발전단계에 관한 프레이저의 견해는, 쉽게 동요하기도 했지만, 본질적으로는 철학-의식-신화라는 관점을 고수했다.

는 자기 자신에게 물어보아야 한다. 그 전설을 지은 이들이 어째서 비르비우스와 숲의 왕을 설명하기 위해 오레스테스와 히폴리투스를 골랐을까? 오레스테스를 놓고 보면 그 답은 분명하다. 그와 인간의 피로써만 달랠 수 있는 타우리스의 디아나 여신상은 아리키아 사제직 계승의 살인규칙을 이해 가능한 것으로 만들기 위해 도입한 것이다. 그러나 히폴리투스로 눈을 돌리면 문제가 그렇게 단순하지만은 않다. 그가 죽음에 이르는 양상은 성스러운 숲에서 말을 배척하는 이유를 손쉽게 밝혀준다. 그러나 그것만으로 신분의 동일성을 설명하기는 어렵다. 여기서 우리는 더 깊이 파고 들어가 히폴리투스의 전설 또는 신화와 아울러 그 숭배의식도 검토해 볼 필요가 있다.

히폴리투스의 성소는 선조의 고향인 트로이젠(Troezen)에 있는, 거의 육지로 둘러싸인 아름다운 만(灣)에 자리잡고 있었다. 그곳에는 오늘날 헤스페리데스 동산 위로 검은 첨탑같이 솟아오른 키 큰 사이프러스 나무들과 함께, 오렌지와 레몬 나무 숲이 험준한 산기슭의 비옥한 해안지대를 덮고 있다. 바다를 가로막은 고요한 만의 푸른 물 저편에 포세이돈의 성스러운 섬이 떠 있고, 섬 꼭대기는 짙은 초록색 소나무숲으로 덮여 있다. 이 아름다운 해안에서 히폴리투스가 숭배를 받았다.

성소 안에는 고대 신상을 안치한 신전이 서 있었다. 예배는 종신직 사제가 수행하였고, 해마다 그를 기리는 희생제가 열렸다. 그리고 해마다 결혼하지 않은 처녀들의 곡성과 비가가 그의 때이른 죽음을 애도하였다. 그녀들은 또한 결혼 전에 그의 신전에 머리카락 타래를 잘라 바쳤다. 그의 무덤은 트로이젠에 있었으나 그곳 사람들은 무덤을 보여주려 하지 않았다. 아르테미스의 사랑을 받고, 가장 꽃다운 청춘의 절정기에 죽었으며, 해마다 처녀들의 애도를 받는 미남자 히폴리투스에게서 고대종교에 자주 등장하는, 죽음의 숙명을 타고난 여신의 애인상 가운데 하나를 발견한다는 지적은 상당히 타당성이 있다. 가장 가까운 유형이 바로 아도니스(Adonis)다.* 히폴리투스의 사랑을 구하는 아르테미스와 파이드라의 경쟁은, 말하자면 이름은 다르지만 아도니

*아도니스는 셈족의 신 타무즈의 그리스 명칭이다. 이슈타르 여신은 타무즈가 죽은 가을에 해마다 그를 애도했다. 이슈타르는 그리스 신화에서 아프로디테가 되었고, 로마 신화에서 비너스가 되었다. 이 숭배의식에 관한 프레이저의 설명은 이 책 2권 6장과 8장을 보라.

스의 사랑을 구하는 아프로디테와 프로세르피나의 경쟁을 재현한 것이라고 한다. 파이드라는 아프로디테의 대역에 지나지 않는다. 에우리피데스의『히폴리투스』에서는 확실히 자신의 권능을 경멸하는 주인공을 향한 아프로디테의 분노가 주인공의 죽음이라는 비극의 직접적인 원인으로 제시된다. 또, 트로이젠의 히폴리투스 성소 경내에는 '훔쳐보는 아프로디테'의 신전이 있었는데, 그 명칭은 사랑에 빠진 파이드라가 그 장소에서 사나이답게 운동을 하는 히폴리투스를 훔쳐본 데서 유래했다고 한다.* 하지만 그 명칭대로라면 훔쳐본 사람이 아프로디테 자신이라야 훨씬 걸맞을 것이다.

히폴리투스 신화에서 관심을 기울일 만한 또다른 점은, 그 이야기 속에서 말이 반복해서 자주 등장한다는 사실이다. 히폴리투스라는 이름은 '말을 놓아주다', '말을 놓아준 사람'이라는 의미다. 히폴리투스는 에피다우로스에서 말 20마리를 아이스쿨라피오스에게 바쳤다. 그는 말발굽에 밟혀 죽었는데, 그 말은 그의 조부 포세이돈—만 건너편에 자리잡은, 숲으로 덮인 섬에 성소가 있다—에게 바친 짐승이었다. 이처럼 히폴리투스는 여러 측면에서 말과 연관된다. 이러한 연관성은 단순히 성스러운 숲에서 말을 배척하였다는 사실을 넘어서, 더 많은 아리키아 의식의 특징을 설명하는 데 활용할 수 있을지도 모른다. 이 점에 관해서는 뒤에서 다시 살펴볼 것이다.

트로이젠의 처녀들이 결혼 전에 히폴리투스에게 머리카락을 바치는 관습으로 인해 그를 결혼과 연관짓는데, 이 점은 언뜻 보기에 공인된 독신자로 알려진 그의 평판과는 어울리지 않는 듯하다. 그러나 우리가 어떻게 설명하든 이런 종류의 관습이 그리스와 동방에서 폭넓게 행해졌다. 아르고스(Argos)의 처녀들은 성숙한 여인으로 자라 결혼하기 전에 자신의 머리다발을 아테나 여신에게 바쳤다. 델로스의 아르테미스 신전 입구에는 올리브 나무 아래 두 처녀의 무덤이 있었다. 이들은 먼 옛날 아폴로에게 바치는 예물을 가지고, 멀리 북쪽 나라에서 순례차 왔다가 그 신성한 섬에서 죽어 그곳에 묻혔다고 한다.

---

*에우리피데스의 희곡에서 히폴리투스는 사냥과 정절의 여신 아르테미스와 육체적 사랑의 여신 아프로디테의 신전 사이에 갇힌 모습으로 나온다. '훔쳐보는 아프로디테'의 전거는 역시 파우사니아스의 글에 나온다.

결혼을 앞둔 델로스의 처녀들은 자신의 머리카락을 자른 뒤 물레가락에 감아 그 처녀들의 무덤 위에 놓아두곤 했다. 비블로스(Byblos)*에 있는 위대한 페니키아 여신 아스타르테(Astarte)의 성소에서는 관습이 좀 달랐다. 그곳에서는 해마다 죽은 아도니스를 애도할 때, 여자들의 머리를 아예 빡빡 밀었다. 그것을 거부하는 여자들은 이방인에게 몸을 팔아 그 치욕의 대가를 여신에게 바쳐야 했다. 그 관습을 전한 루키아누스는 그런 말을 하지 않았지만, 문제의 여자들이 대개 처녀였으며, 그러한 봉헌행위를 결혼의 예비절차로 요구했다고 보는 것은 어느 정도 근거가 있는 생각이다.

어쨌든 분명한 것은 그 여신이 정절의 제물을 머리카락으로 대체해서 받았다는 사실이다. 왜 그랬을까? 나중에 살펴보겠지만 많은 사람이 머리카락을 특별한 의미에서 힘의 원천으로 간주한다. 게다가 사춘기 때의 그것은 다른 때보다 곱절의 생명력을 간직하는 것으로 여겨졌을 법하다. 왜냐하면 그 시기의 그것은 새로 획득한 종족번식 능력의 외적 표현이자 상징이기 때문이다. 이렇게 볼 때, 비블로스에서 대체물을 허용한 이유는 분명하다. 여자들은 머리카락이든 정절이든 간에 자신들이 지닌 생식력을 여신에게 제물로 바쳤던 것이다.

그러나 그 모든 것이 히폴리투스와 무슨 관계가 있느냐는 의문을 제기할 수 있다. 어째서 불모의 처녀에게 정성을 다한 독신자의 무덤에 생식력을 주려는 것인가? 돌처럼 굳은 그 땅에 어떤 씨앗이 뿌리를 내려 싹틀 수 있는가? 이 물음은 디아나 또는 아르테미스를 허리띠를 꼭 맨 채 사냥에만 몰두하는 처녀라고 보는, 오늘날의 일반적인 생각을 전제로 한 것이다. 이것처럼 진실과 거리가 먼 생각도 없을 것이다. 오히려 거꾸로 고대인들에게 그녀는 온갖 왕성한 생산성과 풍요성을 지닌, 야성적인 자연의 생명력―식물과 짐승, 인간의 생명력―이 이상화되고 체현된 존재였다.

진상은 이렇다. 아르테미스에게 적용하는 '파르테노스(parthenos)'라는 단어는 보통 '처녀'라고 번역하지만 실제로는 단순히 결혼하지 않은 여자를 가리키는 것일 뿐이며, 옛날에는 이 두 가지가 결코 같은 뜻이 아니었다. 사람들 사이에 좀더 순수한 도덕의식이 자라나면서 그 신들에게도 더 엄격한 윤리규범을 부여하여 신들의 잔혹과 기만, 욕정에 관한 설화를 가볍게 윤색하거나 신성모독으로 간주하여 삭제하였으며, 옛 무뢰한들은 이전에 자신들이 깨뜨린 율법을 지키러 나섰다. 아르테미스를 놓고 보자면 '파르테노스'라는 애매한 호칭도 단지 널리 쓰이는 별명이었을 뿐, 공식 호칭은 아니었던 것 같다. 그녀의 숭배지 가운데 가장 유명한 장소인 에페소스(Ephesos)*에서는 그녀의 신상에 그녀의 보편적 모성(母性)이 뚜렷하게 표현되어 있었다. 오늘날 우리가 볼 수 있는 그 신상의 복제품들은 세부적인 데서는 각기 다르지만, 주요한 특징들은 일치하고 있다. 그것들은 불룩한 젖가슴이 무수히 달린 여신의 형상을 표현한다. 즉, 야생동물과 가축을 망라한, 수많은 종류의 동물 머리가 그녀의 신체 정면에 불쑥불쑥 솟아나와 젖가슴에서 발까지 일련의 띠 모양을 이루고 있으며, 꿀벌과 장미, 때로는 나비 같은 것들로 양쪽 엉덩이 아래를 장식하고 있다. 왕성한 생식력, 풍요로운 모성의 상징으로 이 주목할 만한 신상보다 더 인상적인 것은 아마 생각하기 어려울 것이다.

　이제 트로이젠으로 되돌아가서, 만약 우리가 히폴리투스와 아르테미스의 관계를 한때는 고전문헌에 나오는 것보다 더 애정어린 것이었다고 상정하더라도 결코 그 둘한테 부당한 일은 아닐 것이다. 히폴리투스가 여인들의 사랑을 거절한 것은 여신의 사랑을 누렸기 때문이라고 추측할 수 있다. 고대종교의 원리에 따르면, 자연의 생산성을 높이는 여신은 그녀 자신이 생산적이어야 하고, 그러기 위해서는 반드시 남자 배우자가 있어야 한다. 만약 내 생각이 옳다면, 히폴리투스는 트로이젠에 있는 아르테미스의 배우자였으며, 트로이젠의 젊은이와 처녀들이 결혼 전에 잘라 바친 머리다발은 그와 여신의 결합을 강화하여 대지와 가축, 인간의 생산성을 촉진하려는 의도를 담은 것이

---

*에페소스인들이 섬긴 디아나는 그녀의 신전에 장신구 소품들을 공급해 온 은세공 장인들의 소요를 불러일으킨 성 바울의 유명한 비난연설의 대상이었다. 「사도행전」 19장 24~28절을 보라. 신전 안에 있는 여신의 토르소는 무수한 돌기물로 덮여 있었다. 그것들은 대부분 젖가슴을 나타낸 것으로 해석되지만, 알이나 심지어 황소의 불알을 표현한 것이라는 해석도 있다.

었다. 젊은 히폴리투스의 비극적인 죽음을 담은 설화 속에서 우리는 불사의
여신과 짧은 사랑의 기쁨을 나누기 위해 자기 목숨을 버리는, 아름답지만 죽
을 수밖에 없었던 다른 젊은이들에 관한 비슷한 설화와 유사성을 발견할 수
있다. 이 불행한 연인들은 어쩌면 항상 단순한 신화만은 아니었을 것이다. 오
랑캐꽃의 보랏빛 꽃송이나 아네모네의 주홍색 얼룩, 장미꽃의 검붉은 빛깔에
서 그들이 흘린 피를 찾아내는 전설들은, 금방 시들어버리는 여름꽃같이 무
상한 젊음과 아름다움을 한가한 시적 상징으로 표현한 것이 결코 아니었다.
그런 설화들은 인간의 생명과 자연의 생명이 맺고 있는 관계에 대한 좀더 깊
이 있는 철학 ─ 비극적인 관습을 낳은 슬픈 철학 ─ 을 담고 있다.

3

아마도 우리는 이제 어째서 고대인들이 아르테미스의 배우자인 히폴리투
스와 비르비우스를 동일시했는지 이해할 수 있을 것이다.(세르비우스에 따르
면, 비르비우스와 디아나의 관계는 아도니스와 비너스 또는 아티스와 신들의 어머
니의 관계와 같았다고 한다.) 디아나는 아르테미스와 마찬가지로 생식 일반,
특수하게는 출산을 관장하는 여신이었다. 그렇기 때문에 그녀는 그리스 신
화의 아르테미스처럼 남성 배우자가 필요했다. 세르비우스의 말이 옳다면,
그 배우자는 바로 비르비우스였다. 성스러운 숲의 창시자이며 네미의 초대
왕이라는 특성으로 보아, 비르비우스는 숲의 왕이라는 칭호를 얻고 디아나를
섬기다가 그와 비슷하게 최후를 마친 사제들의 신화적 전임자 또는 원형이
분명하다. 따라서 그 사제들이 숲의 여신에 대해 비르비우스와 동일한 관계
에 있었다고 추측하는 것은 자연스러운 일이다. 간단히 말해서, 유한한 존재
인 숲의 왕은 숲의 디아나 자신을 왕비로 삼은 셈이다. 만일 그가 생명을 걸
고 지킨 그 신성한 나무를, 그럴 것이라는 짐작처럼 디아나의 특별한 현신(現
身)으로 생각하였다면, 사제는 그 나무를 자기 여신으로 섬겼을 뿐 아니라 자
기 아내로서 포용하기도 했을 것이다. 그런 추측은 결코 터무니없는 것이 아
니다. 심지어 플리니우스(Plinius) 시대에도 로마의 한 귀족은 알바 언덕에 있

는, 디아나의 또다른 성스러운 숲에서 아름다운 너도밤나무 한 그루를 그런 식으로 대했다. 그는 나무를 포옹하고, 나무에 입맞추고, 나무 그늘 아래 눕기도 하고, 줄기에 포도주를 붓기도 했다. 분명히 그는 나무를 여신으로 간주한 것이다. 남녀가 육체적으로 나무와 결혼하는 관습은 오늘날까지도 인도와 동양의 다른 지방에서 계속되고 있다. 고대 라티움에서 그 관습을 체득해서는 안 될 이유가 없는 것이다.

전체 증거를 다시 검토해 볼 때 우리는 다음과 같이 결론지을 수 있다. 곧, 네미의 성스러운 숲에서 행해진 디아나 숭배는 매우 중요한 일이며, 까마득한 고대의 일이었다. 그녀는 숲지대의 여신이자 들짐승의 여신으로 숭배되었고, 아마도 가축과 대지의 결실을 관장하는 여신이기도 했던 것 같다. 사람들은 그녀가 남녀에게 자손의 축복을 내려주며 해산하는 산모를 돕는다고 믿었다. 순결한 처녀들이 돌보는 디아나의 성화는 성소 경내의 둥근 신전에서 꺼지지 않고 영구히 타올랐다. 또, 물의 요정 에게리아는 출산하는 산모를 도와줌으로써 디아나의 일을 한 가지 덜어주었으며, 성스러운 숲에서 옛 로마 왕과 짝을 맺은 것으로 널리 알려졌다. 아울러 디아나 자신에게는 비르비우스라는 남자 배우자가 있었고, 그와 디아나의 관계는 아도니스와 비너스, 아티스(Attis)와 키벨레(Cybele)의 관계와 같았다. 끝으로 이 신화 속의 비르비우스는 역사시대에 숲의 왕이라고 알려진 한 계통의 사제들을 대표하는데, 그 사제들은 정규적으로 후계자의 칼에 살해되었다. 어떻게 보면 그들의 생명은 숲 속의 특정한 나무 한 그루에 결박되어 있었다. 왜냐하면 그 나무가 무사한 동안에는 그들도 습격받을 위험이 없었기 때문이다.

이러한 결론만으로는 네미의 특이한 사제직 계승 규칙을 설명하기 어렵다. 그러나 아마도 더 넓은 분야로 조사 · 연구를 확대한다면, 우리는 그 결론들이 문제 해결의 맹아를 내포하고 있다고 생각하게 될 것이다. 이제 우리는 한층 더 폭넓은 조사 · 연구에 착수해야 한다. 그 작업은 무척 오래 걸리고 수고스럽겠지만 발견의 항해가 주는 흥미와 매력을 지닐 것이며, 그 항해 속에서 우리는 이국의 낯선 땅과 낯선 사람들, 그리고 한층 더 낯설고 기이한 관습들을 무수히 만날 것이다. 바람은 순풍이다. 자, 돛을 활짝 펴고 잠시 이탈리아 해안을 등지고 떠나보기로 하자.

2장
사제의 왕

  우리가 해답을 찾는 문제는 크게 보아 두 가지다. 첫째, 숲의 왕인 네미의 디아나 사제는 왜 자신의 전임자를 살해해야 했는가? 둘째, 그는 왜 그러한 살인행동을 하기에 앞서 고대인들이 일반적으로 베르길리우스의 황금가지와 동일시하던 어떤 나뭇가지를 꺾어야 했는가? 우리가 집중하는 첫번째 지점은 그 사제의 칭호다. 왜 그를 숲의 왕이라고 불렀는가? 왜 그의 직책을 왕국을 다스리는 것처럼 이야기했는가?

  고대 이탈리아와 그리스에서 왕의 칭호와 사제의 직책이 결합되는 것은 흔한 일이었다. 로마와 라티움의 다른 도시에는 '제사왕(祭祀王)' 또는 '신성한 의식의 왕'이라고 부르던 사제가 있었으며, 그의 부인에게도 '신성한 의식의 여왕'이라는 칭호를 부여했다. 아테네 공화정부에서는 1년 임기의 제2집정관을 왕, 그 부인을 여왕이라고 불렀는데, 그 두 사람의 역할은 종교적인 것이었다. 다른 그리스 민주정부에도 명목상의 왕이 있었다. 사제로 보이는 그들의 주된 직무는 알려진 한도 내에서 추측해 볼 때, 국가의 공공 화로(公共火爐)를 돌보는 일이었던 것 같다. 예컨대, 코스(Cos)에서는 왕이 이탈리아의 베스타 여신과 동격인 화로의 여신 헤스티아(Hestia)에게 희생제사를 올렸다. 그리고 희생제물의 가죽과 다리 한 짝이 그에게 부수입으로 돌아갔다. 키오스(Chios) 섬에서는 가축을 기르는 목자가 소나 양, 돼지를 신성한 숲에서 방목하면, 그 위반행위를 처음 목격한 사람은 위반자를 왕들에게 고발하여 신의 진노를 입는 형벌이나, 더 심하면 분노한 신에게 벌금을 내는 형벌을 받게 할 의무가 있었다. 같은 섬에서 왕은 고대인들이 많이 사용한 정신적 무기인 저주를 공식적으로 선포하는 책무를 지녔다. 어떤 그리스 국가들은 이런 명목상의 왕을 여러 명 두고 동시에 직책을 수행하게 했다. 전승에 따르면, 로마에서는 군주제 폐지 이후에 왕이 집전하던 제사를 주관할 사람으로 제사왕을 임명했다고 한다.

사제왕의 기원에 관한 비슷한 견해는 그리스에서도 널리 퍼져 있었던 것으로 나타난다. 자체로 개연성이 있는 그 견해는, 역사시대까지 왕정 형태를 그대로 보존한, 거의 유일한 순수 그리스 국가인 스파르타의 예가 입증한다. 스파르타에서는 국가의 모든 제사를 신의 후손인 왕들이 집전했다. 두 명의 스파르타 왕 가운데 한 사람은 '스파르타의 신 제우스(제우스 라케다이몬)'의 사제직을, 다른 한 사람은 '천상의 신 제우스'의 사제직을 보유했다. 때때로 옛날 왕의 후손들에게 실제적인 권력이 사라진, 그 공허한 왕권을 보유할 수 있도록 허용하기도 했다. 그래서 에페소스에서는 아테네의 코드로스(Codros)를 시조로 삼는 이오니아 왕들의 후손이 왕의 칭호와 약간의 특권을 보유했다. 그 특권이란 이를테면 경기장에서 명예석을 차지한다든지, 자주색 의상을 입고 왕홀(王笏) 대신 지팡이를 들고 다닌다든지, 엘레우시스(Eleusis)의 데메테르 제전을 집전한다든지 하는 권리를 말한다. 그래서 키레네(Cyrene)에서는 왕정의 폐지와 더불어 폐위된 바투스 왕이 약간의 영지를 할당받고 일정하게 사제 역할을 보유할 수 있도록 허용하였다.

이러한 사제 역할과 왕권의 결합은 누구나 아는 일이다. 예컨대 소아시아에는 신성한 노예들을 수천 명씩 거느리고 중세 로마의 교황처럼 세속적 권력과 정신적 권력을 동시에 휘두르던 고위 사제들의 통치를 받는 몇몇 종교적 큰 도읍(都邑)이 있었다. 이처럼 사제가 통치하는 도시로는 젤라(Zela)와 페시누스(Pessinus)를 들 수 있다.* 또, 튜턴족의 왕들도 옛 이교시대에 대사제의 직책을 맡고 그 같은 권한을 행사한 듯하다. 중국의 황제는 예법서(禮法書)에 규정된 세부 내용에 따라 공적인 제사를 올렸다. 마다가스카르의 왕은

---

*젤라는 소아시아 북부에 있던 신정(神政)국가 또는 사제국가로, 아나이티스 신전에 딸린 성전 노예들이 고된 농업노동을 수행했다. 페시누스는 프리지아(Phrygia) 지방의 모신(母神)인 키벨레의 숭배 중심지로, 오늘날의 터키 남부에 있었다.

왕국의 대사제였다. 새해 큰잔치에서 왕국의 복리를 위해 황소를 희생할 때, 왕은 시종들이 황소를 잡는 동안 그 제물 위쪽에 서서 기도와 감사를 올렸다. 아직까지 독립을 유지하고 있는 동아프리카 갈라(Galla)족*의 군주국가에서는 왕이 산꼭대기에 올라 살아 있는 인간을 제물로 바치는 희생제를 주관한다. 마타벨레(Matabele)족**의 왕은 대사제다. 해마다 그는 크고 작은 무도회와, 무도회의 마지막 행사인 새열매 잔치에서 희생제를 올린다. 이때 그는 조상들의 영을 향해, 또 자신의 영을 향해 기도를 드린다. 더 높은 힘들이 모든 축복을 내려주신다고 믿기 때문이다.

　그러나 고대의 왕들이 보통 사제를 겸했다고 말하더라도, 결코 그것만으로 그 직책의 종교적 측면을 완전하게 밝혔다고 할 수는 없다. 그 시대에 왕을 둘러싼 신성(神性)은 공허한 말의 형식이 아니라 엄연한 믿음의 표현이었다. 왕들은 대개 단순히 사람과 신의 중개자인 사제로서만이 아니라, 그들 자신이 신으로서 유한한 인간의 능력을 넘어, 눈에 보이지 않는 초인간적 존재에게 기도와 제사를 올려야만 얻을 수 있는 축복을 신민들과 숭배자들에게 베풀 능력을 지닌 존재로 숭배를 받았다. 그렇기 때문에 왕들은 흔히 적절한 계절에 비와 햇빛을 주어 농작물을 자라게 해줄 것이라는 따위의 기대를 받는다. 우리에게는 이러한 기대가 이상해 보이지만 고대인의 사고방식에는 꼭 들어맞는 것이다. 미개인은 더 진화한 인류가 보통 생각하는, 자연적인 것과 초자연적인 것의 구별을 거의 인식하지 못한다. 그가 생각하는 세계는 대부분 초자연적인 동인(動因)들, 다시 말해서 자신과 같이 충동과 동기에 따라 행동하며, 자신과 같이 연민과 희망, 공포로 호소하면 감동할 수 있는 인격적 존재들이 움직이는 것이다. 세계를 그렇게 생각하기 때문에, 미개인은 자기 이익을 위해 자연의 운행에 영향을 미치는 자기 능력의 한계를 알지 못한다. 기도나 언약, 협박을 통해야만 신들은 좋은 날씨와 풍성한 수확을 자신에게 보장해 주었다. 그리고 자신이 때때로 믿듯이, 신이 자신의 인격으로 화신(化身)한다면 자신은 더 높은 존재에게 호소할 필요가 없어진다. 그 미개인은 자

---

*에티오피아의 한 부족.
**남아프리카의 한 부족으로, 오늘날 짐바브웨 땅의 많은 부분을 차지하고 있다.

기 자신과 동료들의 번영을 촉진하는 데 필요한 모든 권능을 자신 속에 지니게 되는 것이다.

이것은 인간신의 관념이 형성되는 경로 가운데 하나다. 그러나 또다른 경로도 있다. 세계가 정신적인 힘으로 가득 차 있다는 세계관과 나란히 미개인은 그것과 다른, 어쩌면 훨씬 더 오래된 세계관을 지니고 있었다. 그 세계관 속에서 우리는 근대 자연법 사상, 또는 자연이 인간적인 작용의 개입 없이 불변의 질서 속에서 발생하는 일련의 사건들로 구성되어 있다고 보는 자연관의 맹아를 찾아낼 수 있다. 내가 말하는 그 맹아는 대부분의 미신체계에서 큰 역할을 하는 이른바 공감주술(sympathetic magic)에 내포되어 있다. 고대사회에서 왕은 흔히 사제이면서 동시에 주술사이기도 했다. 실제로 그는 종종 사술(邪術)이나 법술(法術)에 능란해 보인 덕택에 왕권을 획득한 것으로 나타난다. 그러므로 왕권의 발달과정과 미개인이나 야만인이 일반적으로 생각하는, 그 직책의 신성한 성격을 이해하자면 주술의 원리에 대한 어느 정도의 지식이 반드시 필요하며, 또 고대의 미신체계가 모든 시대 모든 나라에서 인간 정신에 미친 비상한 지배력에 대해서도 어느 정도 알아야 한다. 따라서 나는 그 주제를 약간 상세하게 검토해 보고자 한다.

3장
주술과 종교

1

주술의 기초가 되는 사고의 원리를 분석해 보면 다음 두 가지로 귀결될 것이다. 첫째는 유사(類似)는 유사를 낳는다, 또는 결과는 원인을 닮는다는 것이며, 둘째는 한 번 접촉한 사물은 물리적 접촉이 끊어진 후에도 계속 서로 작용을 미친다는 것이다. 전자의 원리는 '유사법칙', 뒤의 것은 '접촉법칙' 또는 '감염법칙'이라고 부를 수 있다. 첫번째 원리, 곧 유사법칙에 따라 주술사는 단지 바라는 어떤 것을 모방함으로써 그 결과를 이끌어낼 수 있다고 추론한다. 그리고 두번째 원리에 따라 주술사는 한 번 어떤 사람과 접촉한 물체에 대해서 그가 행하는 모든 행위는 그 물체가 그 사람 신체의 일부든 아니든 간에 그 사람에게 똑같은 영향을 끼칠 것이라고 추론한다. 유사법칙에 근거를 둔 주술은 '동종주술(同種呪術, Homoeopathic Magic)' 또는 '모방주술(模倣呪術, Imitative Magic)', 접촉법칙에 근거를 둔 주술은 '감염주술(感染呪術, Contagious Magic)'이라고 부를 수 있다. 첫번째 계통의 주술은 아마도 동종주술이라는 명칭이 더 적합할 것이다. 왜냐하면 모방주술이라는 대체 명칭은, 꼭 그런 뜻은 아니더라도, 모방하는 의식적 행위자의 존재를 암시하는 탓에 주술의 범위를 너무 협소하게 한정할 우려가 있기 때문이다.

주술사는 자기가 주술을 행할 때 응용하는 것과 똑같은 원리가 생명 없는 자연의 운행까지도 규제한다고 속으로 믿는다. 다시 말해서, 그는 유사법칙과 접촉법칙이 인간 행동에만 한정된 것이 아니라, 보편적으로 적용할 수 있는 것이라고 암암리에 상정한다. 한마디로 주술은 그릇된 행동의 지침일 뿐 아니라, 날조된 자연법칙의 체계이기도 하다. 결국 주술은 덜 떨어진 기술인 동시에 거짓과학인 셈이다.

자연법칙의 체계, 곧 세계 전반의 질서를 결정하는 규칙의 표현이라고 간 주되는 주술은 '이론주술'이라고 부를 수 있다. 또, 인간이 목적을 달성하기 위해 지키는 일련의 계율로 간주되는 주술은 '실천주술'이라고 부를 수 있을 것이다. 이와 함께 유의할 점은, 원시적인 주술사는 주술을 단지 실천적인 면 에서만 알고 있다는 사실이다. 그는 자기 실천의 근거가 되는 심리적 과정을 분석하지도 않고, 자기 행동에 내포된 추상적 원리를 성찰하지도 않는다. 한 마디로 그에게 주술은 언제나 기술일 뿐, 과학이 아니다. 그의 미개한 정신에 는 과학이라는 개념이 들어 있지 않다. 주술사의 행위에 내재하는 사고의 절 차를 추적하는 일, 엉킨 실뭉치에서 몇 가닥의 명백한 실마리를 끌어내는 일, 추상적 원칙을 구체적 적용에서 분리하는 일, 간단히 말해서 덜 떨어진 기술 의 배후에서 날조된 과학을 가려내는 일이 바로 철학도의 몫인 것이다.

주술사의 논리에 대한 나의 분석이 옳다면, 그 두 가지 큰 원리는 단지 관 념들의 결합을 잘못 적용한 두 가지 다른 사례에 지나지 않는다.* 동종주술은 유사성에 따른 관념들의 결합에 근거를 둔 것이며, 감염주술은 근접성에 따 른 관념들의 결합에 근거를 둔 것이다. 그래서 동종주술은 서로 유사한 사물 을 동일하다고 상정하는 오류를, 감염주술은 한 번 접촉한 사물을 항상 접촉 하고 있는 것으로 상정하는 오류를 범하고 있다.

그러나 실제로는 그 두 가지 계통의 주술이 종종 결합되어 나타난다. 더 정 확히 말하자면, 동종주술 또는 모방주술은 그 자체만으로 실행되는 반면, 감 염주술은 대개 동종주술 또는 모방주술의 응용을 내포하는 것으로 나타난

---

* '관념들의 결합(association of ideas).' 이 말은 존 로크가 『인간오성론』(1689)에서 처음 사용했다. 그러나 종교적 신앙을 비롯하여 믿음의 문제를 다루는 인식론에 이 용어를 체계 적으로 응용한 것은 데이비드 흄의 『인성론』(1739~1740)이 처음이었다. 흄의 눈에는 사 건들 사이에 '필연적인' 연관이 존재하지 않았다. 인과율에 대한 믿음은 근접성(곧, 시간 이나 공간의 가까움)이나 유사성을 통해 사람의 정신 속에서 사후에 연관을 맺게 된 사건 들의 빈번한 동시 발생에 따른 것으로 설명할 수 있다. 동시 발생이 빈번하면 할수록 그 믿 음은 더 확고히 자리잡는다.

다. 그 두 가지 사고의 절차는 사실상 지극히 간단하고 초보적이다. 그럴 수밖에 없는 것이, 그것들은 추상적인 측면에서는 아니더라도 구체적인 측면에서는 미개인뿐만 아니라 어디든 있는 무지하고 우둔한 사람들의 미숙한 지능에 친숙하게 다가가는 것이기 때문이다.

동종주술과 감염주술이라는 두 가지 계통의 주술은 공감주술(共感呪術, Sympathetic Magic)이라는 포괄적인 명칭으로 이해하는 것이 편리할 것이다. 왜냐하면 그 두 가지 모두 어떤 비밀스러운 공감작용을 통해, 곧 일종의 보이지 않는 영기(靈氣, ether) 같은 것으로 상호 전달되는 충동을 통해 멀리 떨어진 사물과 상호 작용한다고 가정하기 때문이다. 이는 근대과학에서 아주 비슷한 목적으로, 곧 사물이 텅 빈 것처럼 보이는 공간을 통해 어떻게 물리적으로 상호 영향을 미칠 수 있는지 해명하기 위해 정식화하는 가정과 다를 것이 없다.

주술의 계통은 그 바탕이 되는 사고의 법칙에 따라 다음과 같이 도해해 보면 이해하기 쉬울 것이다.

이제 나는 동종주술부터 시작해서 공감주술의 두 가지 큰 계통을 예를 들어 설명하고자 한다.

---

*이런 구분은 흄이 제시한 유사성과 근접성의 법칙(앞의 주 참조)을 주술에 응용한 것에 불과하다. 『황금가지』 1판에서는 이런 공감주술의 두 측면을 구분하지 않았다. 1900년에 이 구분을 도입한 것이 『황금가지』 2판의 두드러진 특징 가운데 하나다.

2

유사는 유사를 낳는다는 원리를 응용한 가장 익숙한 사례로는 아마도 많은 시대에 많은 사람이 적대자를 해치거나 파멸시키기 위한 시도로 적대자의 초상에 위해를 가한 것을 들 수 있을 것이다. 사람들은 그 초상이 고통받으면 본인도 고통받고, 초상이 소멸하면 본인도 죽는다고 믿었다. 많은 사례 중 몇 가지만 꼽아보더라도 이런 관행이 전세계에 널리 퍼져 있었으며, 수세기 동안 놀라울 만큼 끈질기게 존속해 왔다는 것을 당장 입증할 수 있을 것이다. 수천 년 전에도 그것은 그리스와 로마는 물론 고대 인도와 바빌로니아, 이집트의 마법사들 사이에 퍼져 있었고, 오늘날에도 오스트레일리아와 아프리카, 스코틀랜드 등지에 사는 영리하고 악의적인 미개인들이 여전히 그것에 의존하고 있다. 그래서 북아메리카 인디언들은 모래나 재, 진흙 따위에 인물상을 그리거나, 어떤 물체를 그 인물의 신체 일부로 간주하여 뾰족한 막대기로 그것을 찌른다든지 위해를 가함으로써 표현된 인물 본인에게 그에 상응하는 피해를 끼칠 수 있다고 믿는다고 한다. 이를테면 오지브와(Ojibwa) 인디언은 누군가를 해코지하고자 할 때, 그 사람을 본뜬 작은 나무인형을 만들어 그 인형의 머리나 심장에 바늘을 찌르기도 하고 화살을 쏘기도 한다. 그러면 바로 그 순간 그가 노리는 사람은 인형이 바늘에 찔리거나 화살에 맞은 곳에 대응하는 신체 부위에 예리한 통증을 느낀다고 믿기 때문이다. 그러나 만약 그 인물을 죽일 생각이라면 마법의 주문을 외우면서 인형을 불태우거나 땅에 파묻는다.* 페루 인디언들은 곡식을 섞은 지방 덩어리로 자신들이 싫어하거나 두려

---

*이와 같이 형상을 이용한 악의적인 동종주술의 사례는 『황금가지』보다 12년 가량 앞서 출간된 토머스 하디의 소설 『귀향』(1878)에 나온다. 이 소설 속에서 유스타샤 바이는 자신을 본뜬 꼭두각시 인형을 녹여버리자 곧이어 물에 빠져죽는다. 1890년에 프레이저는 『황금가지』 1판에서 이미 이렇게 지적했다. "만일 어떤 사람을 죽이고 싶다면, 그 사람의 형상을 가져다가 파괴한다. 그러면 그 사람과 형상 사이에 존재하는 어떤 물질적 공감작용을 통해 그 사람은 형상에 가한 타격을 자기 몸에 가해진 것처럼 느낄 것이고, 사람들은 형상이 파괴되면 그 사람이 당장 죽을 것이라고 믿는다." 이 책이 출판된 해에 하디는 이 구절을 읽고 기쁘게 인정하는 마음이 들어 자기 일기장에 '오지의 아시아인과 도싯 주에 사는 한 노동자' 사이의 미신과 관습이 놀라우리만치 일치하는 것에 관해 적어놓았다. 『제임스 프레이저 경과 문학적 상상력』을 보라.

위하는 인물의 형상을 만들어, 의도하는 그 희생자가 지나갈 길 위에서 그 인형을 태웠다. 이것을 그들은 그의 영혼을 태우는 의식이라고 일컫는다.

형상을 매개로 작용하는 동종주술 또는 모방주술은 보통 미운 사람을 세상에서 제거하려는 악의에 찬 목적으로 행했지만, 아주 드물게 다른 사람이 이 세상에 오도록 돕기 위해 활용하기도 했다. 다시 말해서 출산을 촉진하고 불임여성의 임신을 돕기 위해 사용하였다. 그래서 수마트라의 바타크(Batak)족은 어머니가 되고 싶은 불임여성이 나무로 만든 어린아이 인형을 무릎에 껴안고 있으면 소원을 성취할 수 있다고 믿는다. 보르네오의 다야크(Dyak)족 일부는 여자가 난산일 때, 마법사를 불러들여 고통받는 여자를 돌보는 합리적인 방법으로 해산을 촉진한다. 그와 함께 산실 밖에서는 다른 마법사가 전혀 불합리해 보이는 방법으로 같은 목적을 달성하기 위해 애를 쓴다. 임산부의 모습을 똑같이 흉내내는 것이다. 그 마법사의 배에 올려놓은, 둘레를 헝겊으로 싸맨 커다란 돌은 자궁 속의 아기를 나타낸다. 출산 현장에서 동료 마법사가 큰소리로 불러주는 방향에 따라, 진짜 아기의 움직임을 정확하게 본떠서 아기가 태어날 때까지 가짜 태아를 자기 몸 아래쪽으로 움직이는 것이다.

질병을 치료하거나 예방하기 위해서도 동종주술을 선의로 사용하였다. 고대 힌두족은 황달을 치료하기 위해 동종주술에 근거를 둔, 세련된 의식을 거행했다. 그 의식의 주된 취지는 그 병의 황색을 본래 황색인 동물과 물체, 이를테면 태양 같은 것에 넘겨주고, 환자를 위해 살아 있는 활력의 원천으로 여기던 붉은 수소에게서 건강한 붉은 혈색을 얻어오려는 것이었다. 이런 의도에서 사제는 다음과 같은 주문을 암송했다.

"그대의 가슴병과 황달은 태양을 향해 올라가라! 붉은 수소의 빛깔로 우리는 그대를 감싸노라! 붉은색으로 그대를 감싸 장수하게 하리라. 원컨대 이 사람이 상한 데 없이 황색에서 벗어나기를! 로히니(Rohini) 신을 섬기며 스스로 붉은색(rohinih)인 저 소들, 저들의 모든 형상과 모든 힘으로 우리는 그대를 감싸노라. 앵무새에게, 개똥지빠귀에게 그대의 황달을 넘겨주노라. 아울러 노랑할미새에게 그대의 황달을 넘겨주노라."

이런 주문을 외우면서 사제는 건강한 장밋빛을 창백한 환자에게 주입하기 위해 붉은 수소의 털을 섞은 물을 환자에게 주어 한 모금 마시게 한다. 그런 다음 그 물을 소의 등에 붓고 나서 다시 환자에게 주어 마시게 한다. 그리고 환자를 붉은 소가죽 위에 앉힌 뒤, 남은 가죽 쪼가리로 환자를 묶는다. 그러고 나서 노란빛을 완전히 없애 환자의 안색을 좋게 만들기 위해 다음과 같이 해나갔다. 먼저 황색 식물인 심황이나 강황(薑黃)으로 만든 노란색 죽(粥)을 환자의 머리끝부터 발끝까지 바른 다음, 환자를 침상에 눕히고 세 마리 노란 새, 곧 앵무새·개똥지빠귀·할미새를 노란 끈으로 침상 다리에 붙잡아맨다. 그런 다음 환자에게 물을 쏟아부어 노란 죽을 씻어낸다. 황달을 환자에게서 새들에게로 씻어 보내는 것이다. 사제는 마지막으로 환자의 얼굴에 화색이 돌게 할 목적으로 붉은 수소의 털을 조금 뽑아 황금색 나뭇잎에 싸서 환자의 살갗에 붙인다.

동종주술의 커다란 장점 한 가지는 환자 대신 의사에게 치료술을 행할 수 있다는 것이다. 환자는 주술사가 눈앞에서 고통에 사로잡혀 몸을 뒤트는 것을 보면서 모든 고통과 불편이 해소되는 것을 느낀다. 예를 들어, 프랑스 페르슈(Perche) 지방의 농민들은 환자의 위(胃)가 자신들 표현대로 고리가 풀리면(unhooked), 그것이 내려앉아 지속적인 구토와 발작을 일으킨다고 생각한다. 따라서 그럴 때 위장을 본래 위치로 되돌리기 위해 시술자가 불려온다. 시술자는 증세를 들은 후에 즉각 자신의 몸을 극도로 고통스럽게 뒤틀어 자기 위의 고리를 푼다. 그것에 성공하면 시술자는 한 차례 더 몸을 뒤틀고 얼굴을 찡그리며 다시 자기 위의 고리를 건다. 그것을 보면서 환자는 시술자의 행동에 대응하여 고통이 가시는 것을 느낀다. 비용은 5프랑이다. 이와 비슷하게, 다야크족의 주술사는 환자 집에 불려가서 드러누워 죽은 체한다. 그러면 사람들은 주술사를 시체로 취급하고 거적에 싸서 집 밖으로 들고 나가 땅 위에 내려놓는다. 약 한 시간쯤 지난 후에 다른 주술사가 그 가짜 시체를 거적에서 꺼내 소생시켜 주는데, 그러면 그가 회복되는 데 따라 환자도 회복되는 것으로 여기는 것이다.

아울러 동종주술과 전반적인 공감주술은 미개한 사냥꾼이나 어부들이 풍부한 식량을 확보하기 위해 어떠한 조치를 취할 때 커다란 역할을 한다. 유사는 유사를 낳는다는 원리를 근거로, 그와 그의 친구들은 획득하고자 하는 결과를 세심하게 모방하여 여러 가지 행동을 한다. 반면에 실제로 해를 주는 어떤 것과 다소 유사하다는 이유로 많은 행동을 세심하게 회피하기도 한다.

중앙 오스트레일리아의 불모지대만큼, 식량을 확보하기 위해 공감주술 이론을 체계적으로 실행에 옮기는 곳은 없을 것이다.* 이곳 부족들은 수많은 토템 씨족으로 나뉘어 살고 있는데, 그 씨족은 각기 부족공동체의 이익을 위해 주술적 의식으로 자신들의 토템을 늘릴 의무를 지닌다. 토템은 대부분 먹을 수 있는 동식물이며, 따라서 그러한 의식을 통해 달성하려는 일반적인 결과는 부족의 식량과 다른 필수품들을 공급하는 일이다. 그 의식은 종종 사람들이 바라는 결과를 모방하는 내용으로 나타난다. 다시 말해서 그들의 주술은 동종주술 또는 모방주술이다. 그래서 와라뭉가(Warramunga)족의 하얀앵무새 토템족 추장은 그 새의 인형을 들고 거친 울음소리를 흉내냄으로써 하얀 앵무새를 증식시키려고 한다. 또, 아룬타(Arunta)족의 나무굼벵이 토템족 사람들은 다른 부족 성원들이 식량으로 삼는 나무굼벵이를 증식시키기 위해 의식을 거행한다. 그 의식 가운데 하나가 고치에서 빠져나오는 성숙한 벌레를 나타내는 무언극이다. 사람들은 굼벵이의 고치집을 모방하여 길고 좁다란 나뭇가지 구조물을 세운다. 이 구조물 속에 굼벵이를 토템으로 삼는 많은 사람이 들어앉아 그 생물체의 성장단계를 나타내는 내용을 노래한 다음, 웅크린 자세로 발을 질질 끌며 거기서 빠져나온다. 그러면서 그들은 고치에서 나오는 그 벌레에 관해 노래한다. 이렇게 하면 굼벵이의 숫자가 늘어난다고 생각하는 것이다. 또, 에뮤 토템족 사람들은 주요 식량원인 에뮤의 숫자를 늘리기 위해 땅 위에 그 토템의 신성한 형상, 특히 가장 즐겨 먹는 지방질과 알의 모양을 그려놓고 그림 주위에 둘러앉아 노래를 부른다. 그런 다음에 연희자

---

*이 문단에서 인용한 예는 스펜서와 질렌이 함께 쓴 『중앙 오스트레일리아 토착부족 *Native Tribes of Central Australia*』(1899)에서 따온 것이다. 이 책에서 저자들은 오지의 자연생활을 풍요롭게 하기 위해 행하던 이른바 '인티쿠마(*intichuma*)'라는 일련의 의식에 관해 묘사했다. 스펜서와 질렌의 연구가 프레이저에게 미친 주된 영향은 토템 숭배에 관한 그의 생각을 급격하게 수정하도록 한 것이다. 이전에 그는 개인의 토템을 그의 '외적 영혼'이라고 생각했다(이 책 1권 2장과 4권 4장 및 5장을 보라). 그러던 그가 토템을 음식물을 확보하기 위해 벌이던 연례 제사의 중심이라는 집단적인 측면에서 바라보게 된 것이다. 또, 이차적인 영향은 감염주술과 구별되는 동종주술의 특정한 위력을 그가 명료하게 이해하게 된 것이다.

들은 에뮤의 기다란 목과 조그만 머리를 나타내는 머리장식을 쓰고, 그 새가 나타나 아무 생각 없이 사방을 둘러보며 서 있는 모양을 흉내낸다.

주목할 것은, 공감주술의 체계가 단지 적극적인 계율로만 이루어지는 것은 아니라는 사실이다. 그것은 수많은 소극적 계율, 곧 금제(禁制)를 포함한다. 그것은 무엇을 하라고 알려줄 뿐 아니라, 하지 말아야 할 것도 알려준다. 적극적인 계율이 술법(charm)이고, 소극적인 계율이 터부(taboo, 금기)다. 사실상 터부의 전반적인 원리, 또는 그 원리의 대부분은 유사와 접촉이라는 양대 법칙으로 이루어진 공감주술의 특수한 응용에 지나지 않는 것으로 보인다. 미개인들은 분명히 이 법칙들을 많은 말로 정식화하지도 않고 추상적인 개념으로 사고하지도 않지만, 그것들이 인간의 의지와 전혀 무관하게 자연의 운행을 조절한다고 암암리에 믿고 있다. 만약 자신이 어떤 행동을 하면, 그 법칙의 효험으로 어떤 결과가 불가피하게 따른다고 그들은 생각한다. 그래서 특정한 행동의 결과가 자신에게 불쾌하거나 위험한 것으로 나타날 것 같으면, 그들은 당연히 그 결과가 일어나지 않도록 그런 행동을 하지 않기 위해 조심한다. 다시 말해서, 그들은 잘못된 인과개념에 따라 자신에게 해를 끼칠 것으로 스스로 오해하는 행동을 삼가게 된다. 한마디로, 자진해서 터부에 복종하는 것이다. 그러므로 이런 점에서 터부는 실천주술의 소극적 응용이다. 적극적 주술 또는 술법은 '이러저러한 일을 일으키기 위해 이런 일을 하라'고 말한다. 소극적 주술 또는 터부는 '이러저러한 일이 일어나지 않게 이런 일을 하지 말라'고 말한다. 적극적 주술 또는 술법의 목적은 바라는 결과를 낳는 것이며, 소극적 주술 또는 터부의 목적은 바람직하지 않은 결과를 피하는 것이다.

그러나 그 두 가지 결과는 어느쪽이든 모두 유사와 접촉의 법칙에 따라 발생하는 것으로 상정된다. 그리고 주술적 의식을 거행하더라도 바람직한 결과가 실제로 일어나지 않는 것과 똑같이, 터부를 위반하더라도 두려운 결과가 실제로 일어나지는 않는다. 터부를 어길 때마다 반드시 정해진 해악이 따른다면, 그것은 터부가 아니라 도덕이나 상식적 계율일 것이다. '불에 손을 넣지 말라'고 하는 것은 터부가 아니다. 그 행동이 가상이 아닌, 실제의 해악을 수반하기 때문이다. 그것은 상식의 규칙이다. 한마디로, 우리가 터부라고 부르는 소극적 계율은, 우리가 술법이라고 부르는 적극적 계율과 마찬가지로 허황하고 무익한 것이다. 그 두 가지는 터무니없는 한 가지 커다란 오류, 곧 여러 관념을 결합한, 잘못된 한 가지 개념의 상반된 양측면 또는 양극에 지나지 않는다. 그 오류의 적극적인 측면이 술법이고, 소극적인 측면이 터부다. 이론적인 것과 실천적인 것을 망라하여 그릇된 사고체계 전체에 주술이라는 일반명칭을 붙인다면, 터부는 실천주술의 소극적 측면으로 정의할 수 있을 것이다. 그림으로 표현하면 다음과 같다.

지금까지 터부와 주술의 관계에 대해 길게 이야기한 것은, 이제부터 사냥꾼과 어부 같은 사람들이 지키는 터부의 몇 가지 사례를 제시하고 그것이 모두 공감주술이라는 제목 아래 묶을 수 있는 일반이론의 특수한 응용에 지나지 않는다는 사실을 보여주고자 하기 때문이다. 이를테면 에스키모인들은 소년들이 실뜨기놀이 하는 것을 금지하는데, 그것을 하면 나중에 작살줄에 손가락이 감기는 재난을 당하기 때문이라고 한다. 이때의 터부는 명백히 동종주술의 근거를 이루는 유사법칙의 응용이다. 실뜨기놀이를 할 때 아이들의 손가락이 실에 감기는 것과 마찬가지로, 어른이 되어 고래잡이를 할 때 손가락이 작살줄에 감기게 될 것이라고 생각하는 것이다. 또, 카르파티아 산맥에 사는 후줄(Huzul)족은 사냥꾼 남편이 식사하는 동안에는 아내가 물레질을 하지 못하게 한다. 그것을 어기면 사냥감이 물레가락처럼 빙빙 돌아 사냥꾼이 그것을 맞추지 못한다는 것이다. 이때의 터부도 유사법칙에서 파생한 것이 명백하다. 마찬가지로 고대 이탈리아의 대부분 지방에서도 여자들이 길을 가면서 실을 잣거나, 심지어 물레가락을 눈에 띄게 들고 다니는 것조차 법으로 금지했다. 왜냐하면 그런 행동이 농작물을 해친다고 믿었기 때문이다. 아마도 그것은 물레가락을 빙빙 돌리면 곡식줄기도 빙빙 돌아 똑바로 자라지 못한다는 식의 생각이었던 것 같다. 비슷한 이유로 인도의 빌라스포르 지방에서는 마을 원로들이 회의를 할 때 참석자들에게 물레가락을 돌리지 못하게 한다. 만약 그런 짓을 하면, 논의가 물레가락처럼 빙빙 돌아 결론이 나지 않는다고 생각하기 때문이다. 동인도 제도(말레이 제도의 별칭)의 몇몇 지방에도 비슷한 터부가 존재한다. 사냥꾼의 집을 방문하는 사람은 반드시 곧장 걸어 들어가야지 문간에서 머뭇거리거나 하면 안 된다. 만약 그렇게 하면, 사냥감도 사냥꾼의 덫 앞에서 멈추어 덫에 걸리지 않고 방향을 바꾸어 달아난다는 것이다. 비슷한 이유로, 인도네시아의 셀레베스 섬 중부지방에 사는 토라자(Toradja)족은 임신한 여자가 있는 집의 사다리 계단에서 서 있거나 꾸물거리는 것을 금한다. 그렇게 지체하는 행동이 아이의 출산을 늦춘다고 믿는 것이다. 또, 수마트라 여러 지방에서는 아이를 밴 여자 자신이 문가나 집에 오르는 사다리 상단에 서 있는 것을 금한다. 그것을 어기면, 그처럼 아주 초보적인 주의사항조차 소홀히 하는 경솔함의 대가로 난산을 겪게 된다는 것이다. 말레이족은 장뇌(樟腦)를 채집하러 다닐 때 마른 음식을 먹으며, 소금을 잘게 빻지 않도록 주의한다. 그 까닭은 장뇌가 녹나무 줄기의 갈라진 틈 사이에서 작은 곡식알이 쌓인 모양으로 나오기 때문이다. 그렇기 때문에 말레이족은 장뇌를 채집할 때, 소금을 잘게 빻아서 먹으면 장뇌도 분명히 자잘한 알맹이로 나올 것이고, 거꾸로 덩어리진 굵은 소금을 그냥 먹으면 장뇌 알맹이도 분명히 크게 나올 것이라고 여기는 것이다. 보르네오의 장뇌채집꾼들은 가죽처럼 질긴, 페낭 야자나무의 나뭇잎 줄기 껍질을 음식접시로 이용하는데, 만약 접시를 씻으면 나무 틈 사이의 장뇌가 녹아서 사라질까봐 그 접시를 채집기간 내내 씻지 않는다. 접시 씻는 것을 나무에 박힌 장뇌 알맹이를 씻는 것과 동일하게 생각하는 것이다. 시암(Siam)에 속하는 몇몇 라오스 지방에서는 락(lac)이 주산물이다. 락이란 빨간 곤충이 어린 나뭇가지에 분비해 놓은 수지질(樹脂質) 고무를 말하는데, 락을 생산하기 위해서는 그 곤충을 손으로 나무에 붙여놓아야 한다. 그래서 고무 채집에 종사하는 사람은 모두 몸을 씻는 것, 특히 머리 씻는 것을 삼간다. 머리 속에 기생하는 벌레를 씻어내면 나뭇가지에 있는 벌레가 떨어져나간다고 생각하는 것이다. 또, 블랙풋 (Blackfoot) 인디언은 독수리 덫을 놓고 감시하는 동안에는 무슨 일이 있어도 장미꽃 봉오리를 먹지 않는다. 만약 그것을 먹으면, 독수리가 덫 가까이 내려 앉았을 때 감시자의 뱃속에 들어 있는 장미 봉오리가 독수리를 간지럽게 만들어, 독수리가 미끼를 먹지 않고 앉아서 몸뚱이만 긁게 된다는 것이다. 이러한 사고의 맥락에 따라 독수리 사냥꾼은 덫을 살필 때 송곳도 사용하지 않는다. 송곳이 사냥꾼의 몸에 상처를 내는 것처럼 독수리에게 상처를 입을 수 있기 때문이다. 그가 밖에서 독수리를 추적하는 동안 집에 있는 부인과 아이들이 송곳을 사용해도 똑같은 재난이 일어난다고 한다. 따라서 사냥꾼이 없는 동안에도 그에게 신체적 위험이 미치지 않도록 가족들은 그 도구를 만지지 않는다.

독자들은 앞에 든 터부의 몇몇 예에서, 주술적 영향이 상당히 먼 거리까지 미친다는 점에 주목할 필요가 있다. 이처럼 공감작용이 멀리 떨어진 사람이나 사물 상호간에 영향을 미친다는 믿음이야말로 주술의 본질에 속한다. 원격작용의 가능성에 관해 과학이 어떤 의문을 제기하더라도 주술은 결코 의심하지 않는다. 텔레파시에 대한 믿음이야말로 그 제일 원리의 하나다. 오늘날 원거리 정신감응을 옹호하는 사람들은 미개인에게 그 사실을 납득시키는 데 아무런 곤란도 겪지 않을 것이다.* 미개인들은 오래 전부터 그것을 믿었을 뿐만 아니라, 같은 믿음을 지닌 문명인 동료―내가 아는 한―들이 아직까지 자기 행동으로 보여주지 못한 논리적 일관성까지 지니고 자기 믿음에 따라 행동했다. 미개인들은 주술의식이 멀리 떨어진 사람과 사물에 영향을 미칠 뿐 아니라, 일상생활의 사소한 행위도 그렇다고 확신한다. 그래서 중요한 일이 있을 때에는 멀리 있는 친구와 친인척의 행동까지도 다소 세밀하게 만든 규범에 따라 규제하는 것이 보통이다. 어느 한 곳에서 그 규범을 무시하면, 그 자리에 없는 당사자에게 불행이나 심지어 죽음까지 닥친다고 믿기 때문이

---

*이 구절은 1890년대에 정신감응술(텔레파시)을 과학적 기초 위에 세우려고 시도한 심리 연구학회(Society of Psychical Research)를 겨냥한 것이다. 그들과 반대로, 프레이저는 정신감응술이 인류 발전의 과학적 단계보다는 주술적 단계에 속한다고 보았다. 역사에서 벗어난 것은 바로 '오늘날의 옹호자들'이다.

다. 특히 한 무리의 남자들이 사냥이나 전투에 나갔을 때, 집에 있는 친족들은 멀리 가 있는 사냥꾼이나 전사들의 안전과 성공을 위해 종종 어떤 행동을 하라거나 하지 말라는 요구를 받는다.

사라와크(Sarawak)의 토착 부족 대다수는 남편이 밀림에서 장뇌를 채집하는 동안 아내가 간음을 하면 남편이 채집한 장뇌가 증발해 버린다고 굳게 믿는다. 남편들은 심지어 나무의 특정한 마디를 보면 자기 아내가 부정을 저지르는 때를 알아낼 수 있다고 한다. 그래서 옛날에는 겨우 이런 나무 마디를 유일한 증거로 삼아 질투심 많은 남편들이 아내를 살해하는 일이 많았다. 또, 남편이 장뇌를 채집하러 떠나 있는 동안 아내는 함부로 빗을 만지면 안 된다. 만약 빗을 만지면 나무 섬유질의 틈새가 귀중한 알맹이로 꽉 차지 않고 빗살 사이 틈같이 텅 비게 된다는 것이다.

뉴기니 서남쪽 케이(Kei) 군도에서는 먼 항구로 가는 선박이 출항하자마자 그 배가 있던 자리를 가능한 빨리 종려나무 가지로 덮어 신성하게 보호한다. 이후로는 배가 돌아올 때까지 아무도 그 장소를 건너가지 못한다. 그 전에 그곳을 건너가면 배가 난파된다는 것이다. 아울러 항해기간 내내 특별한 임무를 수행하기 위해 처녀 서너 명이 선발된다. 그들은 뱃사람들과 공감작용으로 연결되어, 자신의 행동이 항해의 안전과 성공에 공헌한다고 여긴다. 그들은 꼭 필요한 목적이 아니라면 어떤 경우에도 그들에게 배당된 방을 떠나지 못한다. 더 나아가서 선박이 바다에 있다고 생각되는 동안에는 두 손을 무릎 사이에 깍지끼고 매트 위에 웅크리고 앉아 미동도 없이 가만히 있어야 한다. 머리를 왼쪽, 오른쪽으로 돌리는 것은 물론이고, 다른 어떤 동작도 일체 허용되지 않는다. 만약 그들이 움직이면 배가 전후좌우로 흔들리게 된다는 것이다. 그들은 또한 야자유로 지은 쌀밥같이 끈적거리는 음식을 먹으면 안 된다. 음식의 끈적거리는 성질이 배의 항해를 방해한다는 것이다. 선원들이 예정지에 도착했다고 여겨질 때는 규칙의 엄격함이 다소 완화된다. 그러나 항해가 진행되는 전기간 동안 처녀들은 날카로운 뼈나 가시가 있는 가오리 같은 생선을 먹지 못한다. 안 그러면 바다에 있는 친구들이 날카롭게 찌르는 것 같은 통증을 겪게 된다는 것이다.

황금해안의 치(Tshi) 어족(語族)*에게는 남편이 전쟁터에 나가면 아내가 하얀 칠을 하고 염주와 부적으로 몸을 치장하는 풍습이 있다. 특히 전투가 벌어질 것 같은 날에는 총이나 총 모양으로 깎은 막대기를 들고 뛰어다니며, 초록색 파우파우(멜론 비슷하게 생긴 과일)를 따서 마치 적의 머리를 베듯이 칼로 자른다. 이 무언극은 분명히 여자들이 파우파우를 자르듯이 남편이 적의 목을 자를 수 있게 하려는 모방주술이다. 수년 전 아샨티(Ashantee) 전쟁이 벌어졌을 때, 서아프리카의 프라민 읍에서 남편들을 짐꾼으로 전쟁터에 보낸 여자들이 춤을 추는 것을 피츠제럴드 마리엇 씨가 목격했다. 몸에 하얀 칠을 한 여자들은 짧은 속치마 외에는 아무것도 입지 않았다. 그 여자들의 선두에는 주름살투성이의 늙은 여자 마법사가 있었는데, 그 여자는 아주 짧은 하얀 속치마를 입고 검은 머리카락을 길게 솟은 뿔같이 묶었으며, 검은 얼굴과 가슴, 팔다리에 하얀 원형과 초승달 모양의 장식을 잔뜩 달았다. 모두들 물소 꼬리나 말총으로 만든, 기다랗고 하얀 솔을 들고 춤을 추며 이렇게 노래불렀다.

"우리 남편들은 아샨티 땅에 갔다네. 이 땅에서 적들을 소탕하기를!"

3

지금까지 우리는 동종주술 또는 모방주술이라고 부를 수 있는 공감주술의 한 계통을 주로 살펴보았다. 그 중심 원리는 이미 보았듯이 '유사는 유사를 낳는다', 또는 말을 바꾸어 '결과는 원인을 닮는다'는 것이다. 내가 감염주술이라고 부른 공감주술의 다른 한 가지 큰 계통은, 한 번 접촉한 사물들이 이후 서로 단절되더라도 하나에 대해 행한 것이 다른 하나에 비슷하게 작용하는 공감관계에 줄곧 머물게 된다는 생각에 근거를 두고 실행되는 것이다. 그러므로 감염주술의 논리적 근거는 동종주술과 마찬가지로 여러 관념의 잘못된 결합이다. 그리고 그 물질적 근거—그런 말을 쓸 수 있다면—는 동종주

---

*치(또는 퇴) 어족은 통칭 아칸(Akan)이라고 알려진 언어·인종 집단의 대부분을 차지한다. 아칸족은 오늘날의 가나 서쪽 끝에서 아콰핌 산맥을 가로질러 수도 아크라의 북쪽까지 거주하고 있다. 프레이저가 살던 시대에 아칸족 중 가장 강력한 부족은 오늘날과 똑같이 쿠마시 주변 밀림지대에 거주하는 아샨티족이었다.

술의 물질적 근거와 마찬가지로 근대 물리학의 에테르(ether)같이 멀리 떨어
진 물체들을 연결시켜 서로 영향을 끼치게 한다고 가정되는 모종의 물질적
매체다. 가장 친숙한 감염주술의 사례는 머리카락이나 손톱같이 신체에서
떨어져나간 부분과 그 사람 본인 사이에 주술적 공감이 존재한다고 생각하는
경우다. 그래서 사람의 머리카락이나 손톱을 획득하면 아무리 먼 곳에서도
그 원래 주인에게 자신의 의지를 전달할 수 있다고 믿는 것이다. 이런 미신은
전세계적으로 널리 퍼져 있다. 머리카락이나 손톱과 관련된 예는 나중에 살
펴볼 것이다.

　오스트레일리아 부족들 사이에서는 성인의 권리와 특전을 누리기에 앞서
모든 남성이 반드시 거쳐야 하는 성인식에서 당사자인 소년의 앞니를 하나
이상 두드려 뽑는 것이 일반적인 관례였다. 그 이유는 분명치 않다. 여기서
우리의 전적인 관심사는, 이빨이 잇몸에서 뽑혀나간 후에도 그 소년과 이빨
사이에 공감관계가 계속 존재한다고 그들이 믿었다는 점이다. 그래서 뉴사
우스웨일스의 달링 강 주변에 사는 몇몇 부족은 뽑은 이빨을 강이나 샘물 근
처에 있는 나무껍질 밑에 넣어두었다. 나무껍질이 자라 이빨을 덮거나 물에
떨어지면 모든 것이 길하지만, 이빨이 밖으로 드러나고 개미떼가 기어다니면
소년이 입병을 앓게 된다고 토인들은 믿었다. 뉴사우스웨일스의 무링
(Murring)족과 기타 부족들은 뽑은 이빨을 한 노인에게 맡겨두었다가 한 추장
에게서 다른 추장에게로 전해 부족사회 전체를 한 바퀴 돌아 소년의 부친에
게, 그리고 마지막으로 소년 자신에게 되돌아올 때까지 돌렸다. 그러나 아무
리 그것이 손에서 손으로 건네지더라도 주물(呪物)을 담은 자루에는 절대 넣
지 말아야 했다. 만약 그렇게 하면 이빨 주인이 커다란 위험에 빠진다고 그들
은 믿었다. 고(故) 호위트(A. W. Howitt) 박사*는 언젠가 성인식 때 몇몇 신참

---

*A. W. 호위트 박사(1830~1908)는 일찍이 오스트레일리아 원주민의 관습과 의례를 프
레이저에게 제보해 준 사람 중 하나였다. 이 사실에 감사하여 프레이저는 그에게 바치는
감동적인 조사(弔辭)를 썼다. 이 글은 나중에『고르곤의 머리 Gorgon's Head』(1927)에 실
렸다. 여기에 언급한 사례는『영국 인류학 회지 Journal of the Anthropological Institute』
13호(1884)에 실린 호위트의 논문「오스트레일리아인의 몇 가지 믿음에 관해」에 나오는
것이다.

에게서 뽑은 이빨의 보호자 노릇을 한 적이 있었다. 노인들은 그에게 수정을 담은 가방이 있는 것을 알고, 이빨을 그 가방 속에 넣어두지 말라고 간곡하게 당부했다. 노인들은 만약 그 가방에 이빨을 넣으면 수정의 마력이 이빨에 전해져 소년들에게 해를 입힌다고 단언했다. 호위트 박사가 그 성인식에서 돌아온 지 거의 1년 만에 무링족의 유지 한 사람이 그를 방문했다. 이빨을 찾아가기 위해 자기 고향에서 약 400킬로미터 거리를 여행해 온 것이다. 이 유지는 한 소년이 심한 병에 걸렸기 때문에 자기가 파견되었으며, 사람들이 이빨이 어떤 해를 입었기 때문에 소년이 병에 걸린 것으로 믿는다고 설명했다. 그는 수정같이 이빨에 영향을 미칠 수 있는 물체와 완전히 격리된 상자 속에 이빨을 보관하고 있는 것을 확인하고 마음을 놓았다. 그는 이빨을 조심스럽게 싸서 품에 간직하고 고향으로 돌아갔다.

바수토(Basuto)족*은 무덤에 출몰하는 귀신이나 이빨에 주술을 가하여 이빨 주인에게 해를 입힐 수 있는 어떤 신비한 존재의 손에 뽑힌 이빨이 들어가지 않도록 조심스럽게 이빨을 숨긴다. 약 50년 전에 서식스(Sussex) 주에서 한 하녀가 어린아이의 젖니를 내던져버리는 것을 강력하게 말린 일이 있었다. 그녀는 어떤 짐승이 그 헌 이빨을 발견하고 깨물면 아이의 새 이빨이 그 짐승의 이빨을 그대로 닮게 된다고 주장했다. 그 증거로 그녀는 시몬스라는 옛날 주인 이야기를 했다. 시몬스는 위턱에 아주 커다란 돼지 이빨이 하나 났는데, 그는 어머니가 자신의 젖니 하나를 우연히 돼지 구유 속에 던져버렸기 때문에 그런 결점이 생겼다고 항상 말하곤 했다는 것이다. 비슷한 믿음으로부터, 동종주술 원리에 따라 헌 이빨을 더 나은 새 이빨로 바꾸기 위한 관행들이 생겨났다. 그래서 뽑은 이빨을 쥐가 발견할 수 있는 장소에 놓아두는 관습이 세계 곳곳에서 생겨났다. 이는 이빨과 그 옛 주인 사이에 지속되는 공감작용을 통해, 그의 다른 이빨이 그 설치류 동물의 이빨같이 튼튼하고 훌륭한 것이 되기를 바라는 마음에서 그러는 것이다. 이를테면 독일에서는 "이빨이 빠지면 쥐구멍에 넣어두라"는 격언이 사람들 사이에 보편화하다시피 했다. 어린아

*바수토족은 남아프리카공화국 오렌지 자유주(自由州)와 나탈 사이에 있는, 케이프 주 북부에 자리잡은 험준한 산악지대에 거주한다.

이의 젖니를 뺀 뒤 그렇게 하면 치통을 예방할 수 있다는 것이다. 또, 난로 뒤에 가서 이빨을 등뒤로 던지면서 이렇게 말한다. "생쥐야, 너한테 내 뼈이빨을 줄게, 네 쇠이빨을 다오." 그러면 남은 이빨이 계속 튼튼하다는 것이다. 유럽에서 멀리 떨어진 태평양의 라라통가(Raratonga)에서는 어린아이의 이빨이 빠졌을 때, 다음과 같이 기도하곤 했다.

큰 쥐야! 작은 쥐야!
헌 이빨이 여기 있다.
새 이빨을 내게 주렴.

그런 다음에 이빨을 초가지붕 위에 던졌다. 쥐들이 썩은 짚단 속에 둥지를 틀고 살았기 때문이다. 이때 쥐한테 비는 까닭은, 토인들이 쥐의 이빨을 가장 강한 이빨로 믿었기 때문이다.

신체적 연결이 끊어진 후에도 사람의 몸과 공감적 결합을 유지한다고 흔히 믿는 다른 신체 부위로는 태반을 포함한 탯줄과 태가 있다. 그 결합은 실로 긴밀한 것으로 간주되어 개인의 일생 동안 선악의 운세가 그 부위의 이러저러한 상태에 달려 있다고 흔히 생각할 정도다. 그러므로 만약 탯줄이나 태를 보존하여 올바르게 처리하면 영화를 누릴 것이고, 훼손하거나 잃어버리면 고난을 겪는다고 한다. 이를테면 서부 오스트레일리아의 어떤 부족들은 어머니가 아기의 탯줄을 물 속에 던지느냐 던지지 않느냐에 따라 그 아이가 헤엄을 잘 치게도 되고 못 치게도 된다고 믿는다. 퀸즐랜드(Queensland)의 펜파더 강변에 사는 토인들은 태에 어린아이의 영혼(*cho-i*)이 일부분 머문다고 믿는다. 그래서 아이의 할머니는 태를 멀리 가져가서 모래 속에 파묻고는 그 자리에 작은 나뭇가지를 둥그렇게 꽂아 표시를 한 다음, 나뭇가지 꼭대기를 한데 묶어 원뿔을 닮은 구조로 만든다. 그러면 진흙 아기를 여자의 자궁에 집어넣어 임신하게 만드는 존재인 안제아(Anjea)가 그 장소를 발견하고는 영혼을 꺼내 나무라든지 바위 구멍, 석호(潟湖) 같은 자기 거처에 데려가 몇 년 동안 그곳에 머물게 한다. 그러나 안제아는 언젠가 그 영혼을 다시 아기에게 집어넣어 세상에 태어나게 만들 것이다.

캐롤라인(Caroline) 군도*의 포나페(Ponape) 섬에서는 탯줄을 조개껍질 속에 넣어, 부모가 선택한 아이의 장래에 가장 적합한 방식으로 처리한다. 예컨대 아이가 나무타기 명수가 되기를 바라면 부모는 탯줄을 나무에 걸어놓는다. 케이(Kei) 섬**의 주민들은 아이의 성별에 따라 탯줄을 아이의 형제나 자매로 간주한다. 그들은 항아리에 재와 함께 탯줄을 담아 나뭇가지 사이에 놓아두고, 그것이 형제자매의 운세를 늘 지켜볼 수 있게 한다. 인도제도의 다른 많은 부족과 마찬가지로, 수마트라의 바타크족은 태반을 아기의 성별에 따라 아기의 남동생이나 여동생으로 간주하며, 집 밑에 그것을 묻는다. 바타크족 사람들에 따르면, 그것은 아기의 복지(福祉)와 직결되어 있으며, 사실상 옮겨다니는 영혼의 보금자리다. 그 영혼에 관해서는 나중에 살펴볼 것이다. 카로 바타크족은 심지어 인간의 두 가지 영혼 가운데 진실한 영혼이 집 밑의 태반과 함께 산다고 주장하기도 한다. 그들의 말에 따르면, 바로 그 영혼이 아이를 낳아주는 영혼이라는 것이다.

유럽에서도 아직까지 사람의 운명이 자신의 탯줄이나 태의 운명과 크든 작든 결부되어 있다고 믿는 사람이 많다. 그래서 라인 지방의 바이에른에서는 탯줄을 낡은 아마천으로 한동안 싸두었다가, 아이의 성별에 따라 남자아이면 칼로 잘게 자르고 여자아이면 바늘로 찢어 그 아이가 나중에 숙련된 기술자나 능숙한 재봉사가 되기를 바란다. 베를린에서도 산파가 말린 탯줄을 아이 아버지한테 건네주며 그것을 잘 보관하라고 엄중하게 당부하는 일이 많다. 그것을 잘 보관하면 아이가 훌륭하게 될 뿐 아니라 병에 걸리지 않는다는 것이다. 프랑스의 보스(Beauce)와 페르슈 지방에서는 사람들이 탯줄을 물이나 불 속에 던지지 않도록 조심한다. 만약 그렇게 하면 아이가 물에 빠지거나 불에 타 죽는다고 믿는다.

감염주술의 원리를 특이하게 응용한 사례는 피해자와 가해자 사이에 어떤 관계가 존재한다고 흔히 믿는 데서 찾아볼 수 있다. 가해자가 나중에 하거나 당하는 행동은 선악을 불문하고 그것에 상응하는 영향을 피해자에게 미친다

*파푸아뉴기니 정북쪽에 있는 태평양의 섬지방.
**파푸아뉴기니 서남쪽에 있다.

는 것이다. 그래서 플리니우스는 만일 사람을 상해하고 미안하게 느끼면 상해를 입힌 손에 침을 뱉으면 된다, 그러면 부상자의 고통이 즉시 사라질 것이라고 말한다. 멜라네시아에서는 사람을 상해한 화살을 친구들이 손에 넣으면, 그것을 축축한 장소나 서늘한 나뭇잎 속에 놓아둔다. 그러면 상처에 난 염증이 가벼워져서 이내 가라앉는다고 한다. 반면에 화살을 쏜 적대자는 가능한 모든 수단을 써서 그 상처를 악화시키려고 애쓴다. 그런 목적으로 그와 그 친구들은 불타는 듯이 뜨거운 액즙을 마시고 자극성이 있는 나뭇잎을 씹는다. 그러면 상처에 염증과 자극이 더해진다는 것이다. 또, 그들은 활을 불가까이 두어 그 활로 입힌 상처에 열이 오르도록 한다. 똑같은 이유로, 그들은 화살촉을 되찾으면 그것을 불 속에 집어넣는다. 아울러 그들은 의식적으로 활시위를 팽팽하게 유지하여 이따금 그것을 튕긴다. 그러면 부상자는 신경이 긴장하고 경련하여 고통을 겪게 된다는 것이다.

베이컨(Bacon)은 말한다. "사람들은 상처를 입힌 무기에 기름을 바르면 상처 자체가 낫는다고 끊임없이 생각하고 주장한다. 그 말을 믿는 사람들의 말에 따르면(나 자신은 아직 충분한 믿음이 생기지 않는다), 이 실험에서 주의할 점은 다음과 같다. 첫째로, 이때 쓰는 고약은 여러 가지 성분을 배합해서 만드는데, 그중에서도 가장 기묘하고 입수하기 어려운 것이 매장하지 않은 시체의 두개골을 기어다니는 불개미와, 출산중에 살해된 멧돼지와 곰의 기름이다." 이것들과 그밖의 성분을 배합하여 만든 귀중한 고약은 이 철학자의 설명대로 상처가 아니라 무기에 발랐으며, 멀리 떨어져 있는 부상자는 아무것도 모르는 상태에서 그런 일이 행해졌다고 한다. 그의 말에 따르면, 다친 사람이 알지 못하게 무기에서 고약을 닦아내는 실험을 해본 결과, 부상자는 다시 고약을 무기에 바를 때까지 엄청나게 심한 고통을 겪었다고 한다. 그는 또 말한다. "사람들은 만약 무기를 구하지 못하면 그 무기와 비슷한 쇠나 나무 도구를 상처에 쑤셔넣어 피를 흘리게 한 뒤, 그 도구에 고약을 발라도 같은 결과가 나타난다고 확언한다." 베이컨이 관심을 보인 이런 식의 치료법은 지금도 잉글랜드 동부 지방에서 널리 쓰인다.

가령 서퍽(Suffolk) 주 사람들은 낫에 베이면 상처가 곪지 않게 하려고 낫을 잘 닦아 광을 낸 다음 기름을 바른다. 그들의 표현대로 가시나 덤불에 손이 찔리면 그들은 뽑아낸 가시에 기름을 바른다. 한 사람이 울타리를 만들다가 가시에 찔려 손에 염증이 생기자 의사를 찾아왔다. 손이 곪는다고 의사가 일러주자 그는 이렇게 대꾸했다. "그럴 리가 없어요. 가시를 뺀 뒤에 거기다 기름을 잘 발라뒀는데요?" 말이 못을 밟아 발에 상처가 나면 서퍽 주의 마부는 말의 발이 곪는 것을 막기 위해 틀림없이 그 못을 깨끗하게 닦고 매일 기름을 칠할 것이다. 그와 비슷하게 케임브리지셔의 노무자들은 말이 못에 발을 찔리면 그 못에 라드나 기름을 발라 안전한 곳에 간수해야 하며, 그렇게 하지 않으면 말의 상처가 낫지 않는다고 생각한다. 몇 년 전에 한 수의사가 농장 문기둥의 경첩에 걸려 옆구리가 찢어진 말을 치료하기 위해 왕진을 간 일이 있었다. 그가 농장에 도착해 보니, 다친 말에 대해서는 아무런 응급조치도 하지 않은 채 말주인이 문기둥의 경첩을 뽑느라고 진땀을 빼고 있었다. 그것을 뽑아서 기름을 칠해 두면 케임브리지의 유식쟁이들이 말하는 대로 말의 상처가 낫는 데 도움이 될 것이라고 생각한 것이다. 이와 비슷하게, 에식스(Essex) 주의 촌사람들도 칼에 찔리면 상처 치료를 위해 반드시 칼에 기름을 바르고, 그것을 부상자가 누워 자는 침대에 가로로 놓아두어야 한다고 생각한다. 그래서 바이에른에서는 도끼에 다치면 도끼를 날이 위로 향하게 놓고, 아마포 헝겊에 기름을 적셔 그것으로 도끼날을 묶어두라고 가르친다. 도끼의 기름이 마르면 상처도 낫는다는 것이다. 그와 비슷하게, 하르츠(Harz) 산맥에 사는 사람들은 칼이나 가위에 다치면 거기다 기름을 바르고 성부와 성자와 성신의 이름을 외운 뒤, 그것을 건조한 장소에 놓아둔다. 칼이 마르면 상처가 낫는다고 한다. 그러나 같은 독일에서도 다른 사람들은 칼을 축축한 땅에 꽂아두어야 칼이 녹슬면서 상처가 낫는다고 한다. 바이에른의 또다른 사람들은 도끼든 그 무엇이든 피를 발라서 처마 밑에 두라고 권하기도 한다.

이처럼 멜라네시아와 아메리카의 미개인뿐만 아니라 영국과 독일의 시골 사람들도 신봉하는 추론방식은, 중앙 오스트레일리아 원주민들에 이르면 점입가경 한걸음 더 나아간다. 이들은 상황에 따라서는 부상자의 회복을 위해 가까운 친족까지 기름을 바르고 음식물을 제한하며, 행동을 전과 다르게 규제해야 한다고 생각한다. 그래서 사내아이가 할례를 받고 나서 상처가 아물지 않으면, 그 어머니는 주머니쥐나 특정한 도마뱀 종류, 얼룩뱀을 포함한 어떤 종류의 기름기도 먹지 말아야 한다. 그렇게 하지 않으면 사내아이의 회복이 늦어진다는 것이다. 그 어머니는 날마다 부지깽이에 기름을 바르고는 눈에 띄는 곳에 간수하며, 밤에는 그것을 머리맡에 놓고 잔다. 아무도 그것을 만지면 안 된다. 또, 그녀는 날마다 온 몸에 기름을 바르는데, 그러는 것이 아이의 회복에 어떻게든 도움이 된다고 믿기 때문이다.

동일한 원리가 독일 농민들의 독창성 덕분에 더욱 세련된 형태를 취하기도 한다. 라인 지역 바이에른이나 헤세(Hesse)의 농부는 자기 집 돼지나 양이 다리가 부러지면 의자 다리에 적당히 붕대와 부목을 감는다고 한다. 그 이후 며칠은 아무도 의자에 앉거나 충격을 주거나 움직여서는 안 된다. 그렇게 하면 다친 돼지나 양이 고통을 당하고 치료에 지장이 생긴다는 것이다. 이 마지막 예는 분명히 감염주술의 영역을 완전히 벗어나 동종주술 또는 모방주술의 영역으로 넘어간 것이다. 짐승 다리의 대용품으로 취급하는 의자 다리는 그 짐승과 어떤 연관도 없다. 거기다 붕대를 감는 것은 좀더 합리적인 의사라면 실제 환자에게 베풀었을 치료술을 단순히 모방한 것일 뿐이다.

또, 주술은 그 사람의 옷이나 떨어져 나간 신체부위만이 아니라, 모래나 땅에 신체가 남긴 자국을 통해서도 공감작용을 미칠 수 있다. 특히 발자국에 위해를 가함으로써 그 발자국을 남긴 발을 해코지할 수 있다는 미신은 전 세계적으로 널리 퍼져 있다. 그래서 동남 오스트레일리아의 토인들은 뾰족한 석영이나 유리, 뼛조각, 숯덩이 따위를 어떤 사람의 발자국에 놓아두면 그 사람이 다리를 절게 할 수 있다고 생각한다. 그들은 때때로 류머티스 통증을 이런 이유 탓으로 돌린다. 타퉁올룽(Tatungolung)족 사람 하나가 다리를 심하게 절뚝거리는 것을 보고 호위트 씨가 어찌된 일이냐고 물었다. 그는 이렇게 대답했다. "어떤 작자가 내 발자국에 '병조각'을 갖다놨나 봐요." 그는 류머티스를 앓고 있었는데, 엉뚱하게도 어떤 적대자가 자기 발자국을 발견하고 거기다 깨진 병조각을 묻었기 때문에 그 주술적 영향이 발에 미쳤다고 믿은 것이다.

비슷한 관행이 유럽 각지에서도 유행하고 있다. 메클렌부르크(Mecklenburg)에서는 어떤 사람의 발자국에 못을 박으면 그 사람이 절름발이가 된다고 생각한다. 때로는 그 못이 관에서 뽑은 것이라야 한다는 요구가 따르기도 한다. 적을 해치는 비슷한 방식이 프랑스 일부 지방에도 남아 있다. 전하는 말에 따르면, 서퍽 주 스토우에 자주 드나드는 한 노파가 있었는데, 마법사인 노파가 걸어갈 때 누가 뒤쫓아가서 못이나 칼로 흙에 난 발자국을 찌르면 노파는 그것을 뺄 때까지 한 발도 움직이지 못했다고 한다. 남방 슬라브족의 처녀는 좋아하는 남자의 발자국에서 흙을 파내 화분에 담는다. 그런 다음 그 화분에다 결코 시들지 않는 꽃으로 알려진 금잔화를 심는다. 시들지 않는 금잔화의 황금빛 꽃송이처럼, 그녀와 연인의 사랑도 결코 시들지 않을 것이란 믿음 때문이다. 이러한 사랑의 주문이 그 남자가 밟은 흙을 통해 그에게 작용한다는 것이다. 옛날 덴마크에서 조약을 체결하는 방식도 사람과 그 발자국 사이에 공감관계가 존재한다고 보는, 똑같은 생각에 근거를 둔 것이었다. 그래서 조약 당사자들은 각기 상대방의 발자국에 자기 피를 뿌려 신의를 지킬 것을 맹세했다. 고대 그리스에서도 똑같은 종류의 미신이 통용되었던 것 같다. 말을 타고 갈 때, 늑대의 발자국을 밟으면 말이 꼼짝을 않는다고 생각했던 것이다. 또, 피타고라스가 말했다는 격언에도 사람의 발자국을 못이나 칼로 찌르는 것을 금지하는 내용이 있었다.

　세계 각지의 사냥꾼들이 사냥감을 쫓을 목적으로 똑같은 미신을 이용한다. 이를테면 독일의 사냥꾼은 관에서 뽑은 못을 새로 난 사냥감의 발자국에 박아놓으면 짐승이 더는 달아나지 못할 것이라고 믿는다. 오스트레일리아의 빅토리아 주 원주민들은 추적하는 짐승의 발자국 위에 불붙은 숯을 놓아둔다. 호텐토트(Hottentot)족의 사냥꾼들은 사냥감의 발자국에서 집어낸 모래 한줌을 공중에 뿌리면 그 짐승의 기력이 떨어질 것이라고 믿는다. 톰프슨(Thompson) 인디언은 부상당한 사슴의 발자국에 부적을 붙여둔다. 그렇게 하면 사슴이 멀리 못 가고 금방 죽는다고 믿어, 그날은 더 추적할 필요가 없다고 생각했다. 이와 비슷하게, 오지브와 인디언은 맨 처음 마주치는 사슴이나 곰 발자국에 '주물(呪物)'을 놓아두었다. 그렇게 하면 주물의 효능으로 며칠 걸릴 여정을 몇 시간으로 단축할 수 있기 때문에, 비록 그 발자국이 2, 3일 전에 찍힌 것이더라도 금방 짐승을 발견하게 될 것이라고 생각한 것이다.

4

공감주술이 원형 그대로 나타나는 모든 경우에는, 자연 속에서는 어떤 정신적이거나 인격적인 작용의 개입 없이도 하나의 사건이 반드시 그리고 불가피하게 다른 사건을 수반한다는 가정이 깔려 있다. 그러므로 공감주술의 기초를 이루는 개념은 근대과학의 그것과 일치한다. 그 전반적 체계의 바탕을 이루는 것은 자연의 질서와 통일성에 대한 묵시적이지만 진실하고 확고한 믿음이다. 주술사는 동일한 원인이 언제나 동일한 결과를 낳는다는 것을 의심하지 않는다. 다른 마법사가 더 강력한 주술로 자신의 마법을 방해하여 무산시키지 않는 한, 적절한 주문과 더불어 적절한 의식을 거행하면 반드시 바라는 결과가 나온다는 것을 주술사는 믿는다. 그는 더 높은 권능에 기대지 않으며, 변덕스럽고 제멋대로 구는 존재의 호의를 애걸하지 않고, 어떤 두려운 신 앞에 굴복하지도 않는다. 하지만 그 자신이 위대하다고 인정하는 그 힘은 결코 자의적이고 무제한적이지 않다. 그는 자기 주술의 규칙, 또는 스스로 자연법칙이라고 생각하는 것을 엄격하게 지킬 때에만 힘을 구사할 수 있다. 그 규칙을 무시하거나 조금이라도 법칙을 위반하면 실패를 초래할 것이며, 심하면 미숙한 주술사 자신을 최악의 위험에 빠뜨릴 것이다. 만일 그가 자연을 넘어서는 지상권(至上權)을 주장하더라도, 그것은 범위가 엄격히 제한될 뿐 아니라 오래 전부터 해온 방식과 꼭 들어맞게 행사할 때에만 힘을 발휘할 수 있는 합법칙적인 지상권이다.

그러므로 주술적 세계관과 과학적 세계관은 긴밀한 유사성을 지닌다. 두 가지 다 사건들의 연속이 완벽하게 규칙적이고 확실하며, 불변하는 법칙에 따라 결정된다. 그 법칙의 작용은 정확하게 예측할 수 있고 계산할 수 있다. 변덕과 우연, 우발성 따위의 요소는 자연의 운행경로에서 배제된다. 사물의 원인을 아는 사람, 방대하고 정교한 세계의 메커니즘을 움직이는 비밀의 원천을 감촉할 수 있는 사람에게 그 두 가지는 모두 외견상 무한한 가능성을 열어준다. 그런 까닭에 주술과 과학은 똑같이 인간정신에 강력한 매력을 발휘했고, 지식의 추구에 강력한 자극을 주었다.

주술의 치명적 결함은 법칙이 결정하는 사건들의 계기성을 일반적으로 가정한 데 있는 것이 아니라, 그 계기성을 지배하는 특수한 법칙들의 성격을 전적으로 잘못 인식한 데 있다. 공감주술의 다양한 사례를 분석해 보면 그것들은 모두 사고의 양대 근본법칙, 곧 유사성에 따른 관념들의 결합과 시공(時空)의 근접성에 따른 관념들의 결합 중 어느 한쪽을 잘못 적용한 것임을 알게될 것이다. 유사한 관념들의 잘못된 결합은 동종주술 또는 모방주술을 낳고, 근접한 관념들의 잘못된 결합은 감염주술을 낳는다. 결합의 원리는 그 자체가 탁월한 것이며, 실로 인간정신이 작용하는 데 반드시 필요한 것이다. 그것을 합당하게 응용하면 과학이 생겨나고, 부당하게 응용하면 과학의 이복동생인 주술이 생겨난다. 따라서 모든 주술이 필연적으로 거짓이고 무익하다고 말하는 것은 동어반복에 가까운 자명한 사실이다. 주술이 진실하고 유익한 것이라면 그것은 주술이 아니라 과학일 것이다. 태초부터 인간은 자연현상의 질서를 자신에게 유리하게 전용(轉用)할 수 있는 일반법칙을 모색해 왔고, 오랜 모색을 통해 그런 법칙을 아주 많이 긁어모았다. 그중에는 금덩어리도 있고, 쓰레기에 불과한 것도 있다. 참된 법칙 또는 황금의 법칙은 우리가 기술이라고 부르는 응용과학의 몸체를 이루는 것이며, 거짓된 법칙은 바로 주술이다.

주술이 이처럼 과학의 가장 가까운 친척이라고 하더라도, 우리는 또 그것이 종교와는 어떤 관계를 맺고 있는지 살펴보아야 한다. 그러나 그 관계에 대한 우리의 견해는 종교의 본성에 관해 우리가 어떻게 생각하느냐에 따라 필연적으로 윤색될 것이다. 따라서 어떤 저자든 종교와 주술의 관계를 탐구해나가기에 앞서 자신의 종교관을 명확히 규정하는 것이 당연히 필요하다. 그런데 세상에는 종교의 본성에 관한 문제만큼 의견이 구구한 주제도 아마 없을 것이다. 따라서 모든 사람이 만족할 만큼 종교를 정의하는 것은 불가능하다. 저자가 할 수 있는 것은 우선 자신이 생각하는 종교의 의미를 명확히 밝히고, 다음에 저작 전반에 걸쳐 일관되게 그 의미로 어휘를 사용하는 것이 전부일 것이다.

나는 자연의 운행과 사람의 인생을 지시하고 통제한다고 믿는, 인간보다 우월한 힘에 대한 회유 내지 비위맞추기로 종교를 이해한다. 이렇게 정의할 때, 종교는 이론과 실천의 두 가지 요소, 곧 인간보다 우월한 힘에 대한 믿음과 그 힘을 달래거나 기쁘게 하려는 시도로 구성된다. 두 가지 중에서는 믿음이 분명 우선한다. 어떤 신적인 존재가 있다는 것을 먼저 믿어야 그것을 기쁘게 하려는 시도도 할 수 있기 때문이다. 그러나 믿음이 그에 상응하는 실천으로 이어지지 않는다면, 그것은 종교가 아니라 신학일 뿐이다. 다시 말해서, 하느님에 대한 두려움이나 사랑에 따라 자신의 행동을 일정하게 다스리지 않는 사람은 결코 종교적이라고 할 수 없다. 다른 한편으로 종교적 믿음이 없는 단순한 실천도 종교가 아니다. 두 사람이 똑같이 행동하더라도 한 사람은 종교적이고 다른 사람은 아닐 수 있다. 하느님에 대한 사랑이나 두려움 때문에 행동한다면, 그 사람은 종교적이다. 사람에 대한 두려움이나 사랑 때문에 행동한다면, 그 사람은 자기 행동이 공동선(共同善)과 일치하느냐 어긋나느냐에 따라 도덕적일 수도 있고 비도덕적일 수도 있다. 따라서 믿음과 실천, 또는 신학용어로 신앙과 사역은 똑같이 종교에 필수적이다. 그 두 가지가 함께 있지 않으면 종교는 존재할 수 없다. 그러나 종교적 실천이 항상 의식의 형태를 취할 필요는 없다. 다시 말해서, 반드시 제물의 봉헌이나 기도의 낭송 같은 외면적인 의식일 필요는 없다. 종교적 실천의 목표는 신을 기쁘게 하는 것이다. 만일 그 신이 피의 제물과 찬송과 향 냄새보다도 자선과 자비와 순결을 더 기뻐하는 존재라면, 예배자들은 그 앞에 엎드려 찬송을 부르고 신전을 값비싼 선물로 채우는 것보다 사람에 대해 순결하고 자비롭고 후덕하게 행동하는 것으로 신을 기쁘게 할 수 있을 것이다. 그렇게 할 때에만 그들은 인간의 불완전성이 허락하는 최대한까지 신적인 완전성을 모방하게 되는 것이다.

그러나 만약 종교가 세계를 지배하는 초자연적인 존재에 대한 믿음과 그 존재의 호감을 사려는 시도를 내포한다면, 그것은 명백히 자연의 운행이 어느 정도 탄력적이거나 가변적이라는 것, 그것을 통제하는 힘있는 존재를 우리가 설득하거나 유도하여 다른 경로로 진행될 사건의 흐름을 우리에게 유리하게 변화시킬 수 있다는 것을 가정하고 있는 셈이다. 그런데 이처럼 자연의 탄력성과 가변성을 가정하는 것은, 과학은 물론 주술의 원리와도 어긋난다. 과학이나 주술은 모두 자연의 과정이 엄밀하게 불변적으로 움직인다는 것, 위협과 강박에 따른 것이든 설득과 간청에 따른 것이든 경로가 달라질 수 없다는 것을 전제로 하는 것이다. 이처럼 상반된 두 가지 우주관을 가르는 경계선은, 세계를 지배하는 힘이 의식적·인격적이냐, 아니면 무의식적·비인격적이냐 하는 중심 문제에 대한 해답에 있다. 종교는 초인간적인 힘에 대한 회유이므로 선택적인 두 가지 해답 가운데 전자를 가정한다. 왜냐하면 모든 회유는 회유당하는 존재가 의식적·인격적인 행위주체라는 것, 그 주체의 행동이 어느 정도 불확실하다는 것, 또 그 주체가 자신의 관심이나 기호, 감정에 맞는 분별 있는 호소에 따라 바라는 방향으로 행동을 바꾸도록 설복될 수 있다는 것을 의미하기 때문이다. 생명이 없다고 간주되는 사물이나, 특정한 상황에서 절대적인 확신에 따라 결정하고 행동한다고 알려진 사람들을 회유하려고 하지는 않는 법이다. 그러므로 설득으로 자신의 의도를 바꿀 수 있는 의식적인 행위자가 세계를 통제한다고 가정하는 한, 종교는 과학이나 주술과 근본적으로 대립한다. 과학이나 주술은 모두 인격적인 존재의 감정이나 변덕이 아니라, 기계적으로 이루어지는 불변적 법칙의 작용에 따라 자연의 운행이 결정된다는 사실을 전제로 삼기 때문이다. 주술은 이 전제가 사실상 암묵적인 것에 그치지만 과학은 명시적이다.

주술이 종종 종교에서 가정하는 것과 같은 종류의 인격적 주체인 정령(精靈)을 다루는 것은 사실이다. 그러나 주술이 본래 형식대로 정령을 다룰 때에는 언제나 생명 없는 동인(動因)을 취급하는 것과 똑같은 방식으로 다룬다. 곧, 종교에서 하듯이 달래거나 회유하는 것이 아니라 제어하거나 강박하는 것이다. 그러므로 주술은 인간이든 신이든, 모든 인격적 존재가 결국에는 만물을 통제하는 비인격적인 힘에 복종한다고 전제한다. 그런데 그 힘은 적절한 의식과 주문에 따라 그것을 조종할 줄 아는 사람이면 아무나 활용할 수 있는 것이다. 예를 들어, 고대 이집트의 주술사들은 심지어 최고 신들마저도 자기 명령에 따르도록 강요하는 권능을 지녔으며, 따르지 않을 때는 신들을 부숴버리겠다고 실제로 협박하기도 했다. 그 정도까지 가지는 않더라도, 때때로 오시리스(Osiris) 신*이 명령에 따르지 않는 것으로 드러나면 마법사는 그 신의 뼈를 흩뿌리거나 그의 숨은 전설을 폭로하겠다고 공언했다. 마찬가지

*오시리스는 이집트의 사자(死者)의 신으로, 프레이저의 해석에 따르면 곡물의 정령이다. 이 책 2권 10장을 보라.

로, 오늘날 인도에서는 브라마(Brahma), 비슈누(Vishnu), 시바(Siva) 등 힌두교의 위대한 삼위일체 신이 마법사들에게 복종한다. 마법사는 주문을 수단으로 삼아 가장 전능하다는 이 신들에게 지배권을 행사하기 때문에, 신들은 지상에서든 천상에서든 그 주인인 마법사들이 내리는 모든 명령을 공손히 집행하게 되어 있다. 인도에서는 어디를 가나 이런 속담이 돌아다닌다. "전우주는 신들에게 복종하고, 신들은 주문(mantras)에 복종하며, 주문은 브라만 계급에 복종한다. 고로 브라만 계급이 우리 신이다."

　주술과 종교의, 이러한 원리상의 근본적 갈등은 과거에 사제가 주술사를 잡으러 다닐 때 종종 보여준 무자비한 적개심의 원인을 충분히 해명해 준다. 주술사의 고고한 자부심, 우월한 힘에 대한 오만한 태도, 신과 같은 지배권을 내세우는 염치없는 주장은 사제들의 반발을 살 수밖에 없었다. 신의 위엄을 두려워하고 신 앞에 공손하게 부복하는 사제가 보기에 그런 주장과 태도는 하느님한테만 속하는 절대권을 찬탈하는 불손이며 신성모독이 틀림없었다. 또, 때로는 좀더 저급한 동기가 사제의 적개심을 부채질하기도 한 것 같다. 사제는 하느님과 사람을 잇는 합당한 매개자이자 참된 중개자로 자처했다. 그런데 신의 은총을 구하는 험난하고 미끄러운 길보다 더 확실하고 평탄한 행운의 길을 설교하는 라이벌 주술사로 인해 사제는 틀림없이 감정은 물론 이해관계에도 종종 손상을 입었을 것이다.

　하지만 우리에게 익숙한 이런 대립은 종교사에서 비교적 최근에야 나타난 것 같다. 좀더 앞선 단계에서 사제와 마법사의 역할은 종종 하나로 결합되어 있거나, 더 정확하게 표현하자면 아직 서로 분화하지 않은 상태였다. 자신의 목적을 이루기 위해 인간은 기도와 제물로 신과 정령의 호감을 구하는 한편, 그와 동시에 신이나 악마의 도움 없이도 바라는 결과를 저절로 이룰 수 있게 해준다는 의식과 언어 형식에 의지했다. 한마디로 인간은 종교의식과 주술의식을 동시에 행했다. 곧 낚시바늘이든 갈고리든 원하는 것을 얻기만 하면 된다는 식으로 기도와 주문을 거의 동시에 외우면서도 자기 행동의 이론적 모순에 대해서는 잘 모르거나 개의치 않았다. 코드링턴(R. H. Codrington) 박사의 글은 멜라네시아인들에게서 나타나는, 그와 같은 일반적 혼동의 사례를 잘 묘사하고 있다.

"토인들은 그런 보이지 않는 힘이야말로 자신들이 생각하는 자연의 정상적 운행을 초월하는 모든 결과의 원인이며, 자기 자신은 물론 자신에게 속하는 여러 사물, 이를테면 돌이나 뱀을 비롯하여 실로 모든 종류의 물체에 할당된 영적인 존재―그것이 살아 있는 인간의 영혼이든 죽은 사람의 유령이든 간에―를 주재하는 힘이라고 믿는다. 그것은 '마나(mana)'*라고 하는 힘인데, 이것에 대해 어느 정도 이해하지 않고는 멜라네시아인들의 종교적 믿음과 관습을 이해할 수 없다. 또, 이것은 법술이든 사술이든 주술 속에서 그들이 행하며, 또 행해진다고 믿는 모든 것에 작용하는 능동적인 힘이다. 이것을 통해 사람들은 자연의 힘을 통제 또는 지휘하여 비와 햇빛, 바람과 고요를 불러오고, 병을 일으키거나 퇴치하며, 멀리 떨어진 시공 속의 사물을 알아내고, 행운과 번영을 가져오거나 저주를 입힐 수 있다."

"어떤 이름으로 부르든, 이러한 초자연적인 힘에 대한 믿음, 정령과 유령들이 인간의 이익을 위해 그 힘을 행사하도록 유도하는 다양한 수단의 효율성에 대한 믿음이야말로 종교적이라고 일컬을 수 있는 여러 의식과 관행의 토대다. 또, 바로 그러한 믿음을 토대로 하여 주술과 마법이라고 일컬을 수 있는 것이 생겨난다. 마법사·치료사·풍우사(風雨士)·예언가·점술가·환상가 같은, 이 섬지방 어디에나 있는 온갖 종류의 사람이 모두 이 힘에 의거하여 술법을 행한다. 그 가운데에는 직업 삼아 술법을 행한다고 할 수 있는 사람도 많이 있다. 그들은 그런 방식으로 재산과 영향력을 획득한다. 중요한 마을이나 주거지마다 기후와 파도를 다스릴 줄 아는 사람, 병을 치료할 줄 아는 사람, 각양각색의 부적으로 재난을 물리칠 수 있는 사람이 반드시 있다. 이 모든 분야에 능통한 사람도 있겠지만, 보통 한 사람이 한두 가지 재주를

---

*마오리족이 생각하는 '마나'의 개념은 프레이저에게는 살에 박힌 가시 같은 것이었다. 왜냐하면 그것은 초자연적이면서 동시에 인간행위의 매개체로 개별 정신 속에 구현되는 에너지의 원천으로 간주되었기 때문이다. 그래서 그것은 주술적인 동시에 종교적이라고 논란할 수 있었다. 그런 성격 때문에 이 문제는 프레이저의 일반적 견해를 따르면서도 세부에서 첨예하게 대립하는 후기 의식주의자(儀式主義者)들의 사고에 중요한 작용을 했다. 특히 제인 앨런 해리슨(Jane Ellen Harrison)이 쓴 『테미스 *Themis*』(Cambridge, 1912) 67~68쪽, 74~76쪽, 84~89쪽, 137~138쪽, 154~155쪽, 156~157쪽, 160~165쪽을 보라. 코드링턴의 언급은 『멜라네시아인들 *Melanesians*』(Oxford, 1891) 191쪽 이하에 나온다.

할 줄 아는 데 그친다. 이런 다양한 지식은 제사와 기도의 절차와 방법에 관한 지식처럼 아버지가 아들에게, 외삼촌이 조카에게 전수해 주는 것이다. 보통 제사를 올릴 줄 아는 사람이 기후를 조절하는 법이나 여러 목적으로 부적을 만드는 법도 안다. 그러나 사제직이 없는 것처럼 공식적인 주술사나 마법사라는 직책도 없다. 중요한 지위에 있는 사람이면 거의 모두 유령이나 정령에게 접근하는 방법을 알고 있으며, 신비한 의식의 비결을 간직하고 있다."

주술과 종교를 혼동하는 관행은 좀더 수준 높은 문화를 이룩한 민족에게도 똑같이 남아 있다. 고대 인도와 고대 이집트만 해도 그런 예가 수두룩했다. 오늘날 유럽 농민들 사이에도 그러한 관행이 여전히 남아 있다. 저명한 산스크리트 학자 한 사람은 고대 인도에 관해서 이런 말을 했다. "우리가 상세히 알고 있는, 아득한 고대의 희생의식은 아주 원시적인 주술의 정신을 담은 관행들로 가득 차 있다." 아울러 그는 "운문체 기도문을 지어서 거행하는 그 희생의식은, 다른 베다 원전에서 묘사한 내용을 보면, 처음부터 끝까지 주술적 관행으로 점철되어 있으며, 희생제 사제들이 그것을 집행하게 되어 있었다"고 지적했다.

어떤 믿을 만한 전거(典據)에 따르면, 브라만이라는 명칭 자체가 '마술 주문'을 뜻하는 '브라만(brahman)'에서 유래했다고 한다. 만약 그 말이 옳다면, 브라만은 사제이기 전에 주술사였을지도 모른다. 프랑스에서는 "대다수 농민이 아직까지도 사제가 여러 원소(元素)를 지배하는, 신비하고 거역할 수 없는 힘을 지닌 것으로 믿는다. 사제에게는 자기 혼자만 알 수 있고 혼자만 말할 수 있는 권리―하지만 말할 경우에는 나중에 반드시 죄 사함을 받아야 하는―가 있으며, 이 권리에 따라 기도함으로써 절박한 위험이 닥쳤을 때 물질세계의 영원한 법칙을 한순간 정지시키거나 역전시킬 수 있다. 바람과 폭풍우, 우박, 비 따위가 그의 명령을 듣고 그의 의지를 따른다. 불도 그에게 복종하며, 큰 화재의 불길도 그의 말 한마디면 꺼진다"고 믿었다. 예컨대 프랑스 농민들은, 어쩌면 지금까지도 그렇겠지만, 사제들이 어떤 특별한 의식을 통해 '성령의 미사'를 올릴 수 있다고 믿었다. 그 미사는 참으로 기적이라고 할 만한 영험을 지녔기 때문에 하느님의 의지를 조금도 거스르지 않을 뿐 아니라, 이 미사의 형식을 통해 간청하는 내용은 아무리 무분별하고 성가신 것이라 하더라도 하느님이 모두 들어줄 수밖에 없다는 것이다.

또, 가스코뉴(Gascogne) 지방의 농민들은 악인들이 때때로 원수 갚음을 하기 위해 사제를 꾀어 '성세케르의 미사(Mass of Saint Sécaire)'라는 것을 올리게 한다고 믿는다. 이 미사를 아는 사제는 아주 드물다. 그리고 그것을 아는 사제의 넷 중 셋은 애인이나 돈을 위해 그것을 행하려 하지 않는다. 사악한 사제들 외에는 아무도 그 소름끼치는 의식을 거행할 엄두를 못 낸다. 사악한 사제들은 최후의 심판일에 반드시 그 일로 하여 엄중한 대가를 치르게 될 것이다. 어떤 신부나 주교도, 심지어 오슈(Auch)의 대주교라 하더라도 그들을 사면해 줄 수 없다. 그럴 권한은 로마 교황에게만 있다. 성세케르의 미사는 허물어지거나 버려진 교회에서만 집행된다. 그곳에는 올빼미가 음산하게 울고, 땅거미 속에 박쥐떼가 날아다니며, 집시들이 밤을 지내고, 더러워진 제단 아래 두꺼비가 웅크리고 있다. 밤을 틈타 사악한 사제가 정부(情婦)를 데리고 그곳에 나타난다. 11시를 알리는 첫 종이 울리면, 사제는 소리 죽여 미사를 시작해서 시계가 자정을 알릴 때 끝낸다. 정부는 집사 노릇을 한다. 그가 축복을 내리는 성체는 검은색이며 세모꼴이다. 그는 포도주를 올리지 않으며, 대신 영세받지 않은 아기의 시체를 버린 우물 물을 마신다. 그도 성호를 긋는데, 왼발로 땅에다 한다. 그밖에 그가 하는 많은 행동은 선량한 기독교인이 보면 충격을 받아 소경에 귀머거리에 벙어리가 될 정도다. 한편 이 미사의 대상이 된 사람은 차츰차츰 몸이 야위어가는데, 그 원인은 아무도 모른다. 심지어 의사조차 손쓸 수가 없다고 한다. 성세케르의 미사 때문에 그가 서서히 죽어간다는 것을 아무도 알지 못하는 것이다.

하지만 이처럼 여러 시대 여러 나라에서 주술이 종교와 섞여 나타나기는 해도, 그런 혼합이 원초적인 것은 아니라고 생각할 만한 근거가 있다. 한때 인간은 직접적이고 동물적인 요구를 넘어서는 욕구를 충족시키기 위해 주술에만 의존한 적이 있었던 것으로 보인다. 우선 주술과 종교의 근본 개념을 고찰해 보면, 인류 역사에서 주술이 종교보다 더 오래된 듯하다. 앞에서 살펴보았듯이 주술은 가장 단순하고 초보적인 사고과정, 곧 유사성이나 근접성에 따른 관념들의 결합을 잘못 적용한 것에 지나지 않는다. 반면에 종교는 인간보다 우월한, 자연의 가시적인 화면 배후에 숨어 있는 의식적이거나 인격적인 행위주체의 작용을 가정하는 것이다. 인격적인 행위주체 개념은 관념들의 유사성이나 근접성에 대한 단순 인식보다 명백히 더 복잡하다. 또, 자연의 운행을 의식적인 행위주체가 결정한다고 보는 이론은 사물이 단지 근접성이나 유사성을 바탕으로 관련을 맺고 있다는 견해보다 더 어렵고 심오하며, 훨씬 고도한 지력(知力)과 성찰이 있어야 이해할 수 있다. 그러므로 만일 주술이 초보적인 추리과정에서 곧바로 연역된다면, 인류의 진화과정에서 주술이 종교보다 먼저 생겨났을 가능성이 크다. 인간은 기도와 제물을 은근히 암시함으로써 꽁하고 변덕스럽고 성질 사나운 신을 달래고 회유하려고 하기 전에 순전히 주문과 마법의 힘만으로 자연을 자기 뜻에 맞추려고 시도했을 법하다.

이와 같이 종교와 주술의 근본관계를 고찰함으로써 우리가 연역적으로 도달한 결론은 비교적 정확한 정보를 확보하고 있는, 가장 무지한 미개인인 오스트레일리아 원주민 사이에서 주술이 보편적으로 행해지는 반면에 더 우월한 힘들을 달래고 회유한다는 의미의 종교는 거의 알려져 있지 않은 듯하다는 관찰을 통해 귀납적으로 확인할 수 있다.* 대충 단정하자면, 모든 오스트레일리아 원주민은 주술사지만 사제는 한 사람도 없다. 모든 사람이 공감주술로 자기 동료나 자연의 운행에 영향을 미칠 수 있다고 생각하지만, 아무도 기도와 제물로 신들을 기쁘게 할 수 있다고는 상상하지 않는 것이다.

그러나 만일 오늘날 우리에게 알려진 가장 후진적인 인간사회에서 이와 같이 주술이 뚜렷하게 존재하고 종교가 확실히 존재하지 않는다면, 우리는 이 치상으로 당연히 다음과 같이 추리할 수 있지 않을까? 곧, 다른 문화민족들도 역사상 특정한 시기에 비슷한 지적 발달 단계를 거쳤다는 것, 다시 말해서 제물과 기도를 통해 자연을 지배하는 위대한 힘들의 환심을 사려고 하기에 앞서 자기 기분에 맞게 강제하려고 했다는 것, 요컨대 인류문화의 물질적 측면에서 석기시대가 보편적으로 존재했듯이 지적 측면에서는 주술의 시대가 보

*프레이저의 『토테미즘과 족외혼』을 보라. 세계에서 가장 오래 살아온 종족인 오스트레일리아 원주민이 주술에 종교가 섞여들기 이전의 문화 발달 단계를 보여준다는 견해는, 프레이저 세대의 인종학자들에게는 당연한 것으로 받아들여졌으나 그 이후로는 무시되었다.

편적으로 존재했다는 것을 짐작할 수 있지 않을까? 이 물음에 긍정적으로 답할 만한 근거가 있다. 그린란드에서 티에라델푸에고(Tierra del Fuego)까지, 또 스코틀랜드에서 싱가포르까지 현존하는 인종들을 조사해 보면, 우리는 그들을 다양한 종교에 따라 구별할 수 있다는 사실을 발견한다. 가령 이런 구별은 단순히 폭넓은 인종 구분의 연장이 아니라, 더 자세한 하위 구분으로 내려가 국가와 공동체, 도시와 촌락, 심지어 가족 단위에 이르기까지 세분할 수 있다. 그래서 세계 전역에 걸쳐 사회의 표층은 서로 다른 종교의 분해작용에 따라 생겨난 틈과 균열로 금이 가서 깨지고 갈라져 있는 것이다. 하지만 공동체의 지적이고 생각 있는 부분에 주로 영향을 미치는 이런 차이를 파고들어가 보면, 그 바탕에는 불행하게도 인류의 대다수를 이루는 우둔하고 나약하고 무지하고 미신에 집착하는 사람들이 지적 일치를 이루는 공고한 지층이 존재한다는 것을 알게 될 것이다.

19세기의 위대한 업적 가운데 하나는, 세계 많은 지역에서 그와 같은 정신적 지층을 파헤쳐 모든 곳에서 그것이 실질적으로 동일하다는 사실을 발견해낸 것이다. 그 지층은 여기 우리 발 아래─그다지 깊지 않은 아래─에, 즉 오늘날의 유럽은 물론이고 오스트레일리아 황무지의 심장부라든지 고도 문명의 등장에 눌려 그것이 땅 밑에 깔리지 않은 모든 곳에서 지상에 노출되어 있다. 이 보편적인 신앙, 참으로 가톨릭적인 이 신념은 바로 주술의 효능에 대한 믿음이다. 종교적 체계는 나라마다 다르고 같은 나라에서도 시대마다 다른 데 반해, 공감주술의 체계는 그 원리와 실천이 모든 시대, 모든 장소에서 사실상 똑같다. 근대 유럽의 무지하고 미신적인 계층에서 통용되던 주술은 수천 년 전 이집트와 인도에서, 오늘날 궁벽한 오지에 생존하는 가장 몽매한 미개인에게서 통용되는 것과 별반 다르지 않다. 진리의 기준이 손을 들거나 머릿수를 세는 데 있다면, 주술의 체계는 가톨릭 교회보다도 훨씬 더 확고한 근거에 따라 "언제나, 어디서나, 모두 다(*Quod semper, quod ubique, quod ab omnibus*)"라는 자랑스러운 구호를 자신의 무오류성(無誤謬性)에 대한 확고한 신임장으로 삼을 수 있을 것이다.

인류사회의 표층 밑에 종교와 문화의 피상적인 변화에 영향받지 않는 미개의 지층이 영구히 존재한다는 사실이 인류의 장래와 어떤 관계가 있느냐 하는 것은 여기서 논할 문제가 아니다. 자신의 연구를 통해 그 깊이를 측량해 본 냉철한 관찰자라면 그것을 문명에 대한 항구적인 위협으로밖에 달리 생각할 수가 없을 것이다. 우리는 마치 밑에서 잠자던 지하의 힘이 깨어나면 언제라도 부서질 수 있는 얇은 껍질 위를 돌아다니는 것과 같다. 때때로 땅 밑에서 들리는 공허한 울림소리나 갑자기 공중으로 치솟는 불길은 우리 발 밑에서 어떤 일이 일어나고 있는지 말해준다. 이따금 신문에 나는 기사 한 줄이 점잖은 세계를 깜짝 놀라게 하는 일이 있다. 이를테면 미운 지주나 목사를 죽이기 위해 바늘을 잔뜩 꽂은 인형이 스코틀랜드에서 발견되었다든지, 아일랜드에서 한 여자가 마녀로 몰려 불에 타 죽었다든지,* 러시아에서 도둑들이 밤에 들키지 않기 위해 쓴다는, 사람 기름으로 된 초를 만들기 위해 한 소녀를 토막내어 살해했다든지 하는 그런 기사들 말이다. 그러나 진보를 촉진하는 힘과 기존 업적을 파괴하려고 하는 힘 가운데 결국 어느쪽이 이길 것인가, 또 우리를 높은 곳으로 밀어올리는 소수 인류의 추진력과 밑바닥으로 끌어내리는 대다수 인류의 관성적 무게 가운데 어느쪽이 더 강한가 하는 문제는 현재와 과거를 탐구하는 소박한 연구자의 몫이라기보다는 오히려 독수리같이 예리한 안목으로 미래를 통찰하는 현자와 도덕가, 정치가의 몫이다. 여기서 우리가 관심을 쏟는 문제는, 종교적 신념의 끝없는 다양성이나 변하기 쉬운 특성과 비교할 때 주술적 신념의 특징으로 볼 수 있는 통일성과 보편성, 영구성이란 것이 어느 정도까지 인간 정신의 더 조잡하고 원초적인 발달단계를 나타내며, 모든 종족이 그 단계를 거쳐 종교와 과학으로 나아갔거나 나아가는 중이라는 전제를 어느 정도까지 뒷받침하느냐 하는 물음에 답하는 것이다.

그러므로 내가 감히 추측하듯이, 만일 모든 곳에서 '종교의 시대'에 앞서 '주술의 시대'가 있었다고 한다면, 우리는 어떤 원인으로 인류가, 또는 인류의 일부분이 믿음과 실천의 원리로서 주술을 버리고 종교로 옮겨갔는지 당연히 물어야 할 것이다. 그러나 우리가 해명해야 할 사실이 무수히 많고 다양하

---

*프레이저가 이 문장을 썼을 때, 실제로 몇 해 전에 아일랜드 서부 클론멜에서 한 젊은 여자를 남편이 산 채로 불에 태워 죽인 일이 있었다. 그 남편은 그녀가 마법이 들렸다고 생각했다고 한다. 『민속 Folklore』(1895)에 나오는 '클론멜의 마녀 화형 사건'을 보라.

며 복잡한 반면에 그것에 관한 우리의 정보가 몹시 빈약하다는 점을 감안할 때, 그처럼 심오한 문제에 충분하고도 만족스러운 해답을 제시한다는 것은 거의 기대할 수 없는 일이다. 현재의 지식으로 우리가 할 수 있는 최선은 다소 그럴듯해 보이는 추론을 시도해 보는 것이다.

그런 견지에서 다분히 조심스럽게 나는 이런 답변을 제기한다. 곧 인류 가운데 좀더 생각이 깊은 일부 사람이 주술 본연의 허위성과 무익성을 뒤늦게 인식하고, 자연에 관한 더 진실한 이론과 자연자원을 활용하는 더 성과 있는 방법을 궁리하게 된 것이다. 좀더 지력이 예민한 사람이라면 오래지 않아 단순한 대다수 동료가 여전히 믿고 있는 것과 달리, 주술의 의식과 주문이 의도한 결과를 실제로 가져오지 않는다는 사실을 틀림없이 깨달았을 것이다. 이런 대발견―주술이 효능이 없다는―은 그것을 깨달을 만큼 영리한 사람들의 마음속에 아마도 서서히 근본적인 혁명을 불러일으켰을 것이다. 이 발견의 의의는 지금까지 인간이 전적으로 통제할 수 있다고 믿어온 특정한 자연의 힘을 인간이 마음대로 조종할 수 없다는 사실을 처음으로 인식했다는 것이다. 그것은 인간의 무지와 연약성에 관한 고백이었다. 인간은 자기가 원인이 아닌 것을 원인이라고 생각했고, 따라서 그런 공상적인 원인에 의거해서 벌인 모든 노력이 헛된 것이었음을 알았다. 사람들의 피눈물 나는 수고는 낭비였고, 신기한 재주는 아무 소용이 없었다. 인간은 아무것도 달리지 않은 끈을 잡아당기고 있었다. 자신은 목표를 향해 곧장 나아간다고 생각했지만, 실제로는 좁은 원을 맴돌았을 뿐이다.* 애써 노력을 기울여 얻고자 한 결과가 계속 나타나지 않은 것은 아니었다. 그것들은 여전히 나타났지만 자기 힘으로 그렇게 한 것이 아니었다. 비는 여전히 목마른 대지에 내렸고, 해와 달은 여전히 하늘을 가로질러 낮과 밤의 여행을 계속했다. 실로 모든 사물이 전과 같이 움직였다. 하지만 눈을 가린 낡은 꺼풀이 벗겨진 그에게는 모든 것이 다르게 보였다. 땅과 하늘의 운행을 이끄는 것이 자기 자신이며, 자신의 연약한 손을 수레바퀴에서 떼면 그 위대한 회전이 멈출 것이라는 즐거운 환상을 그

---

*사람이 주술의 부조리성을 발견하고, 그에 따라 신적인 힘에 의존하게 된 것을, 나중에 마렛(R. S. Marret)은 '겸양의 탄생'이라고 일컬었다.

는 더 이상 간직할 수 없었다. 적과 친구들의 죽음을 보면서도 그는 더 이상 자기 자신이나 적대측의 마법이 지니는, 거역할 수 없는 효력의 증거를 발견할 수 없었다. 친구든 적이든 똑같이 자신이 행사할 수 있는 것보다 더 큰 힘에 굴복하고, 자신이 통제할 수 없는 어떤 운명에 복종한다는 것을 그는 비로소 깨달았다.

이리하여 오랜 정박지에서 걸어나와 의혹과 불확실성의 바다에 내던져진 원시인 철학자는, 자신과 자신의 힘에 대한 예전의 행복한 확신이 여지없이 흔들리게 되면서 몹시 착잡하고 불안한 상태에 빠졌다가, 결국에는 폭풍우 속을 항해한 뒤에 아늑한 항구를 찾듯 새로운 믿음과 실천의 체계에 의존하게 되었을 것이다. 이 새로운 체계는 그를 괴롭히던 의문에 해답을 주고, 비록 불확실한 것이기는 하지만 그가 마지못해 포기했던 자연에 대한 지배권을 대신하는 대안 같았다. 자신이나 동료들의 도움 없이도 거대한 세상이 계속 돌아간다면, 그것은 틀림없이 자신과 비슷하면서도 훨씬 더 강력한 다른 존재들이 눈에 안 띄게 세상의 운행을 인도하여 지금까지 자신이 주술의 힘이라고 믿어온 온갖 사건을 일으키기 때문일 것이다. 이제 그는 폭풍우를 몰아오고 천둥과 번개를 치게 하는 것이 자기 자신이 아니라 바로 그들이라고 믿었다. 온갖 화려하고 변화무쌍한 자연의 숨결 속에서 그 손길을 찾아낸, 이 위대한 존재들에게 인간은 이제 자신을 내맡기고 자신이 그들의 보이지 않는 힘에 의지한다는 것을 공손하게 고백했다. 그리고 이 보이지 않는 힘에게 온갖 좋은 것을 베풀어 달라고, 사방에서 위협받는 인간의 유한한 생명을 재난과 위험에서 지켜달라고, 또 육체의 굴레에서 벗어난 인간의 영혼을 고통과 슬픔을 초월한 세계로 데려가 그들과 함께, 또 선인(善人)들의 영혼과 함께 기쁨과 행복 속에서 영원히 안식할 수 있게 해달라고 간청했다.

이런 과정이나 이와 비슷한 어떤 과정을 통해 좀더 생각 깊은 사람들이 주술에서 종교로 대전환을 이루었을 것이라고 상상할 수 있다. 그러나 그 사람들에게도 변화가 갑작스럽게 닥친 것은 아니었을 것이다. 그 변화는 아마도 매우 서서히 진행되어, 어느 정도 완전한 모습에 도달하기까지 오랜 세월이 걸렸을 것이다. 인간이 거대한 자연의 운행에 영향을 미칠 힘이 없다는 인식은 틀림없이 점진적으로 형성되었을 것이다. 인간은 스스로 상상해 온 지배

영역을 단번에 포기할 수 없었다. 한 걸음씩 자랑스러운 위치에서 물러나, 한 때 자기 것으로 생각했던 땅을 한숨 지으며 한 발자국씩 내주었을 것이다. 이 번에는 바람, 이번에는 비, 이번에는 햇빛, 이번에는 천둥 하는 식으로 인간 은 자기 뜻대로 통제할 수 없는 것을 하나하나 고백해 나갔다. 자연의 영지 (領地)가 손아귀에서 연이어 떨어져나가 한때 자기 왕국이라고 생각했던 것 이 감옥으로 축소될 지경에 이르자, 인간은 자신의 무력함과 자기를 둘러싼 보이지 않는 존재의 위력을 점점 더 깊이 느끼게 되었다. 그리하여 종교는 인 간보다 우월한 힘들에 대한 미미하고 부분적인 인지(認知)에서 출발하여, 지 식의 진보와 더불어 신적인 존재에 대한 인간의 전면적이고 절대적인 의존을 고백하는 경지로 심화되어 간다. 옛날의 자유롭던 태도는 보이지 않는 존재 의 신비스러운 힘 앞에 가장 공손하게 부복하는 자세로 바뀌고, 자신의 의지 를 그 존재에 복종시키는 것이 최고의 미덕이 되었다. "그분의 의지 속에 우 리의 평화가 있다(In la sua volontade è nostra pace)."*

그러나 이처럼 깊어지는 종교의식, 모든 일에서 이처럼 완전하게 신의 의 지에 복종하는 자세는 우주의 광대함과 인간의 왜소함을 충분히 이해할 만큼 폭넓은 사고력을 지닌, 지적 능력이 더 뛰어난 사람들에게만 영향을 미친다. 왜소한 정신으로는 위대한 사상을 파악할 수 없다. 협소한 이해력과 몽매한 시야로는 자기 자신 이외에 진정 위대하고 중요한 것을 알지 못한다. 그런 정 신은 결코 종교에 도달할 수 없다. 물론 그들도 더 뛰어난 사람들에게 영향을 받아 실제로 겉으로는 종교의 계율에 순응하고 신앙고백을 하기도 한다. 그 러나 마음속에서 그들은 낡은 주술적 미신을 고수한다. 주술은 대다수 인류 의 정신적 구조와 기질 속에 깊이 뿌리내리고 있기 때문에, 종교가 그것을 반 대하고 금지할 수는 있어도 근절할 수는 없다.

주술이 종교로 전환한 흔적은, 아마도 많은 사람이 신들을 능통한 주술사 로 착각하여 신들이 부적으로 신자를 지켜주고 주문으로 의지를 실현한다고 믿는 데서 찾아볼 수 있을 것이다. 이를테면 이집트의 신들은 사람과 마찬가 지로 주술의 도움 없이는 거의 지낼 수가 없었다고 한다. 사람과 마찬가지로

---

*단테, 『천국편』, iii. 85.

그들은 자기 자신을 보호하는 부적을 지녔으며, 상대를 제압하기 위해 주문을 사용했다. 그중에서도 이시스(Isis)는 마법이 가장 뛰어나, 주문으로 이름을 날렸다. 바빌로니아의 위대한 신 에아(Ea)는 주술의 창안자로 알려졌으며, 바빌론의 주신(主神)인 아들 마르두크(Marduk)는 아버지에게서 그 기술을 물려받았다. 베다교(敎)의 신들은 때때로 주술적 수단으로 목적을 달성하는 것으로 묘사된다. 특히 '모든 기도의 창시자'인 브라스파티(Brhaspati)는 "하늘 나라 사제의 화신이다. 사제는 기도와 주문으로 사물의 운행에 영향을 미칠 권한과 책임을 지닌다"고 한다. 한마디로, 그는 '신성한 법어(法語)의 주술력을 보유한 존재'인 것이다. 마찬가지로 북유럽 신화에서도 오딘(Odin)은 신비한 룬(rune) 문자, 또는 주술적 명칭을 아는 덕택에 자연을 지배하는 힘을 지녔다고 한다.

독자는 묻고 싶을 것이다. 지적 능력이 발달한 사람들이 어째서 좀더 일찍 주술의 오류를 간파하지 못했는가? 어째서 그들은 틀림없이 어긋나게 마련인 기대를 계속 품었는가? 어떤 생각으로 아무 성과 없는 케케묵은 푸닥거리를 계속 벌이고, 아무 효력 없는 엄숙한 헛소리를 계속 중얼거렸는가? 어째서 명백히 경험과 모순하는 믿음을 고집했는가? 어째서 번번이 실패만 거듭하는 실험을 굳이 반복했는가?

그 대답은 아마 이럴 것이다. 그 오류는 쉽게 간파할 수 있는 것이 아니었고, 그 실패는 결코 명백한 것이 아니었다. 많은 경우, 어쩌면 대부분의 경우에 계획된 의식을 거행하면 길거나 짧은 간격은 있더라도 바라는 결과가 실제로 뒤따라 일어났던 것이다. 그런 때조차 그 의식이 반드시 사태의 원인은 아니라는 것을 깨닫자면 보통 이상으로 영민한 정신능력이 필요했다. 바람이나 비를 부르고 적의 죽음을 기원하는 의식을 치르고 나면 항상 의도한 결과가 조만간에 뒤따라 발생했다. 원시인들이 그런 사태를 의식의 직접적인 결과로, 그 영험의 가장 훌륭한 증거로 간주하는 것은 충분히 있을 수 있는 일이다. 그와 비슷하게, 아침에 해가 뜨게 만든다거나 봄에 대지의 겨울잠을 깨우기 위해 치르는 의식도 최소한 온대지방에서는 틀림없이 성공을 거두는 것으로 보일 것이다. 온대지방에서는 아침마다 해가 동쪽에서 황금빛 등불을 밝히고, 해마다 봄의 대지가 풍성한 녹색 외투를 새로 갈아입기 때문이다.

그러므로 보수 본능을 지닌 미개인은 철학적 급진성을 지닌 이론적 회의론자가 제기하는 주장, 곧 해가 뜨고 봄이 오는 것은 그날, 그해의 의식을 정해진 때에 거행한 직접적인 결과가 결코 아니며, 어쩌다 의식을 빼먹거나 아예 전혀 치르지 않더라도 해는 뜨고 나무는 꽃을 피울 것이라는 미묘한 주장에 별로 귀기울이지 않았을 것이다. 그런 회의 어린 주장은 믿음을 파괴할 뿐 아니라 경험과도 명백히 어긋나는 공허한 망상으로 간주되어 다른 사람들의 경멸과 노여움을 받았을 것이다. 사람들은 아마 이렇게 말했을 법하다.

"내가 땅 위에 촛불을 켜니까 그 다음에 해가 하늘에 큰 불을 밝혔다. 이보다 명백한 사실이 있는가? 내가 봄에 녹색 옷을 입으면 나무들이 나중에 따라 하지 않는가? 안 그런 경우가 있으면 어디 한번 보자. 모두 그 사실을 잘 알고 있고, 나도 그렇다. 나는 평범하고 실제적인 사람이고, 너희같이 논리를 가지고 꼬치꼬치 따지는 이론가가 아니다. 이론도 사색도 좋고, 너희가 그것에 골몰해도 나는 전혀 반대하지 않는다. 다만 당연한 요구지만, 실천에 옮기지는 마라. 내가 사실을 따를 수 있게 내버려두라. 그래야 내 정신이 또렷할 테니까."

이 추리가 지닌 오류는 분명하다. 그것은 우리가 오래 전에 이미 결론을 내린 사실을 다루고 있기 때문이다. 그러나 아직까지 논란 중인 문제에 똑같은 취지의 논쟁을 적용해 보자. 그런 추리가 우리한테 통할 수 있다면, 그래도 우리는 미개인들이 왜 그것을 오래도록 간파하지 못했는지 의아해 할 수 있을까?

4장

인간신

　우리가 초자연적인 힘이라고 부르는 능력을 많든 적든 누구나 지니고 있다고 생각하는 사회에서는 신과 인간의 구별이 다소 모호하거나 거의 나타나지 않는 것이 당연하다. 신을 그 정도와 종류에서 인간이 지닌 것과는 비교도 안 되는 힘을 지닌 초자연적인 존재라고 보는 개념은 역사의 진행과 더불어 서서히 발전해 온 것이다. 원시인들은 초자연적인 행위자라는 것을 인간보다 크게 우월한 존재로 간주하지 않는다. 인간은 신들을 겁주거나 강제하여 인간의 뜻에 따르게 할 수도 있다. 이런 사고단계에서 보자면, 세계는 하나의 커다란 민주주의 체제와도 같다. 그 속에 있는 모든 존재는 자연적이든 초자연적이든 상당한 평등을 누리는 것으로 상정된다.

　그러나 인간은 지식이 진보함에 따라 자연의 거대함과 아울러 그 앞에 서 있는 자신의 왜소함과 연약함을 더욱 분명하게 깨닫는다. 그렇지만 자신의 무력함을 인식한다 하더라도, 그에 대응하여 곧바로 우주에 가득 차 있다고 여기던 초자연적인 존재의 무력함에 대한 믿음이 따라오는 것은 아니다. 오히려 그것은 초자연적 존재의 힘에 대한 믿음을 강화한다. 고정된 불변법칙에 따라 비인격적인 힘들이 작용하는 체계로 세상을 이해하는 세계관은, 아직 인간의 머릿속에 완전하게 떠오르거나 자리잡지 않았다. 그런 생각의 맹아는 확실히 인간 안에 있었고, 인간은 주술만이 아니라 일상생활에서도 그것에 따라 행동했다. 그러나 그 생각은 아직 미숙한 상태에 머물러 있었기 때문에 자기가 살고 있는 세계를 설명하고자 할 때, 인간은 그것을 의식적인 의지와 인격적 작용의 표현으로 상상하는 것이다. 그러므로 만일 인간이 자신을 아주 연약하고 미미한 존재로 느낀다면, 상대적으로 그 거대한 자연의 기관을 지배하는 존재는 얼마나 크고 강력하게 보이겠는가!

그리하여 자신이 신들과 평등하다는 낡은 의식이 서서히 사라지는 것과 동시에, 인간은 자연의 운행을 외부의 도움 없이 자력으로, 곧 주술로 통제하려던 생각을 버리고, 가면 갈수록 자신이 한때 신들과 나누어 가졌다고 생각했던 초자연적인 힘의 유일한 소유자로 신들을 바라보게 된다. 따라서 지식의 진보와 더불어 기도와 제사가 종교의식에서 으뜸가는 자리를 차지하게 되고, 한때 그것들과 동등한 것으로 꼽히던 주술은 차츰 뒷전으로 물러나 사술(邪術)의 수준으로 전락하고 만다. 이제 주술은 신들의 영역을 침해하는, 허황하고 불경스러운 것으로 간주되며, 그렇기 때문에 명예나 영향력의 상승과 하락이 자기가 모시는 신들의 그것에 달려 있는 사제들은 주술을 완강하게 반대했다. 그리하여 후대에 이르러 종교와 주술의 구별이 생겨났을 때, 제사와 기도는 종교적이고 개화된 사회성원들이 의존하는 수단으로, 주술은 미신에 집착하는 무지한 성원들의 피난처로 자리잡게 된 것이다. 그러나 훨씬 후대에 자연의 힘을 인격적 행위자로 보는 개념이 자연법칙에 대한 인식으로 대체되어 갈 무렵, 인격적 의지에서 독립한 원인과 결과의 필연적·불변적 계기성에 암묵적으로 바탕을 둔 주술은, 지난 시기의 천대와 불명예를 딛고 다시 등장하여 자연의 인과적 계기를 탐구함으로써 곧바로 과학으로 나아가는 길을 예비한다. 연금술이 화학으로 발전하는 것이다.

인간신, 또는 신적이거나 초자연적인 힘을 지닌 인간적 존재의 개념은 본질적으로 신과 인간이 아직 같은 등급으로 생각되던, 나중에 둘 사이에 넘을 수 없는 간격이 생겨나기 이전인 종교사의 초기 시대에 속하는 개념이다. 따라서 신이 인간의 모습으로 화신한다는 것은, 우리한테는 이상하지만 옛날 그 시대 사람한테는 별로 놀라울 것이 없었다. 그 시대 사람들은 인간신(man-god) 또는 신인(神人, god-man)이란 단지 자신도 지니고 있다고 진정으로 믿는, 똑같은 초자연적 힘의 좀더 높은 수준에 지나지 않는다고 본다. 또, 그 시대 사람들은 신과 강력한 주술사 사이에도 뚜렷한 차별을 두지 않는다. 그들이 믿는 신은 종종 인간 주술사가 사람들 사이에서 구체적으로 눈에 보이게 행하는 것과 똑같은 술법과 주문을 자연의 장막 뒤에서 행하는, 보이지 않는 주술사에 지나지 않을 때가 많다. 신들이 사람의 형상으로 숭배자들에게 나타난다고 믿던 때이므로 사람들이 기적의 힘을 소유한 것으로 여기던 주술사는 쉽게 신의 화신이란 평판을 얻는다. 그래서 주술사 또는 마법사는 처음에 그저 단순한 요술쟁이 정도로 출발했다가 나중에 신과 왕이 하나로 합일된 최고의 존재로 발돋움하기도 한다.

설명과 주의점은 이 정도로 그치고, 나는 이제 남자든 여자든 살아 있는 인간의 모습으로 화신했다고 숭배자들이 믿고 있는 신들의 예를 몇 가지 들 것이다. 신이 반드시 왕이나 왕의 후손으로 현신하는 것은 아니다. 가장 하층에 속하는 사람들에게도 그런 현신이 일어날 수 있다. 예컨대 인도의 한 인간신은 목화솜 표백장이로, 다른 신은 목수의 아들로 인생을 시작했다. 따라서 나는 왕가의 인물들로만 예를 삼지는 않겠다. 내가 바라는 것은 살아 있는 인간의 신격화, 다시 말해서 신이 인간의 모습으로 화신하는 현상의 일반원리를 예증하는 것이기 때문이다.

일시적인 화신(incarnation) 또는 신내림(inspiration)에 대한 믿음은 전세계에 널리 퍼져 있다. 어떤 사람들은 때때로 정령이나 신에 사로잡힌다고 여겨진다. 사로잡힘이 계속되는 동안 그들 본연의 인성(人性)은 정지하고, 정령의 현신이 전신의 극심한 경련과 전율, 거친 몸짓과 흥분된 표정으로 자신을 표현한다. 사람들은 이 모든 현상을 신내림 받은 사람 본인이 아니라 그 사람 속에 들어온 정령의 작용으로 설명한다. 신내림 받은 사람이 이런 비정상적인 상태에서 중얼거리는 모든 말은, 그 사람 속에 자리잡고 그 사람을 통해 말하는 신이나 정령의 목소리로 여겨진다. 이를테면 샌드위치(Sandwich) 제도*에서는 왕이 신으로 분장하고, 버들가지로 만든 은신처에서 신탁을 주었다. 그러나 태평양 남방 제도의 신은 조금 다른 모습이다. "(신은) 빈번히 사제 속에 들어갔다. 그러면 사제는 신들린 흥분상태가 되어 더 이상 자발적인 행위자로서 행동하거나 말하지 않고, 전적으로 초자연적인 힘의 영향 아래 움직이고 말을 했다. 이 점에서 폴리네시아인들의 조잡한 신탁과 고대 그리스의 유명한 민족에게서 나타나는 신탁 사이에는 현저한 유사성이 있다. 신

---

*하와이 제도의 또다른 명칭.

이 사제 속에 들어갔다고 생각되는 순간, 사제는 격하게 흥분하면서 광란상
태로 빠져들어 사지의 근육이 경련을 일으키고, 신체가 부풀어오르고, 안색
이 무섭게 변하고, 얼굴이 뒤틀리고, 눈이 사납게 돌아갔다. 사제는 이런 상
태에서 마치 자신에게 내린 신 때문에 고통스럽다는 듯이 종종 입에 거품을
물고 땅바닥을 구르면서 날카로운 외침과 난폭하고 알아듣기 어려운 목소리
로 신의 뜻을 계시했다. 그 자리에 참석한, 신비의식에 정통한 사제들은 이렇
게 해서 받아낸 신의 포고를 접수하여 사람들에게 알렸다. 사제가 신탁을 전
하기 시작하면 그 격렬한 발작은 차츰 가라앉아 비교적 평온한 상태가 뒤따
른다. 그러나 교감이 되었다 하더라도 언제나 신이 곧바로 떠나는 것은 아니
다. 때로는 같은 타우라(*taura*), 곧 사제가 2, 3일 동안 계속해서 정령이나 신
에 사로잡혀 있기도 했다. 한쪽 팔에 특이한 토산품 천조각을 두르는 것은 사
제의 신내림 또는 신들림을 나타내는 표시였다. 그 기간 중에 그 사제가 하는
행동은 신의 행동으로 간주되었으며, 따라서 사람들은 그 사제의 표현이나
행동 전반에 최대한 관심을 기울였다……. 우루히아(*uruhia*, 신내림을 받은 상
태) 중에 사람들은 그 사제를 항상 신과 같이 거룩하게 생각하였으며, 이 기
간 동안 그 사제를 아투아(*atua*), 곧 신이라고 불렀다. 하지만 다른 때에는 단
지 타우라라고 불렀을 뿐이다."

그러나 그처럼 일시적으로 신이 내리는 사례는 세계 도처에 흔할 뿐 아니
라 인종학 서적을 통해 잘 알려졌기 때문에, 일반원리를 더 예증할 필요는 없
을 것이다. 그렇더라도 일시적으로 신내림을 일으키는 두 가지 특수한 방식
은 언급하는 것이 좋겠다. 왜냐하면 그것들이 다른 것보다 덜 알려지기도 했
고, 뒤에서도 언급되기 때문이다.

신내림을 일으키는 방식 중 하나는 희생제물의 생피를 빨아먹는 것이다.
아르고스에 있는 아폴론 디라디오테스 신전에서는 매달 한 번씩 밤중에 어린
양을 제물로 바쳤다. 그러면 정결의 규칙을 지키는 여사제가 어린 양의 피를
맛보고 신에게서 영감을 받아 예언을 하거나 점을 쳤다. 아카이아(Achaia)의
아이기라(Aegira)에서는 대지의 신을 받드는 여사제가 수소의 생피를 마시고
동굴로 내려와 예언을 했다. 이와 비슷하게, 인도 남부에서 새사냥과 구걸을
주로 하는 쿠루비카란(Kuruvikkaran)족은 칼리(Kali) 여신이 사제에게 내려온

다고 믿는다. 사제는 칼로 벤 염소의 목에서 흐르는 피를 마시고 신탁을 전해준다. 북부 셀레베스(Celebes) 미나하사(Minahassa)의 알푸르(Alfoor)족 축제에서는 돼지를 잡은 뒤에 사제가 난폭하게 돼지의 사체에 달려들어 머리를 처박고 피를 마신다. 사람들이 사제를 강제로 끌어내서 의자에 앉히면, 사제는 곧이어 그 해 쌀 수확이 어떨지 예언하기 시작한다. 이어서 사제가 다시 사체에 달려들어 피를 마시면, 사람들은 앞서 한 것과 똑같이 사제를 강제로 의자에 앉히고, 사제는 예언을 계속한다. 그 사제 속에 예언능력을 지닌 정령이 들어와 있다고 생각하는 것이다.

일시적 신내림을 일으키는 또다른 방식은 이제 다루게 될 내용인데, 신성한 나무나 식물을 이용하는 것이다. 예컨대 힌두쿠시에서는 신성한 히말라야 삼나무의 잔가지로 불을 붙인다. 그러면 다이니알(Dainyal), 그러니까 여자 무당이 머리에 두건을 쓰고 코를 찌르는 짙은 연기를 계속 들이마시다가 경련을 일으키며 의식을 잃고 땅바닥에 쓰러진다. 그런 다음에 그녀가 곧바로 일어나 날카로운 목소리로 영창(詠唱)을 하면, 청중들이 그 소리를 듣고 큰소리로 따라 한다. 그와 비슷하게, 아폴론의 여사제는 신성한 월계수를 먹고 그것으로 향을 피운 뒤에 예언을 했다. 디오니소스 신도들은 담쟁이 잎을 먹었는데, 어떤 사람들은 그들의 신들린 광기를 그 식물에 들어 있는, 흥분을 일으키거나 환각에 빠지게 하는 성분에 기인하는 것으로 믿는다. 우간다의 사제는 자기 신의 영감을 받기 위해 환각상태에 빠질 때까지 맹렬하게 파이프 담배를 피운다. 환각상태에 빠진 사제가 흥분하여 내는 커다란 목소리는 사제를 통해 말하는 신의 소리로 인식된다. 자바 북쪽 해안에 인접한 마두라(Madura) 섬에는 정령들마다 각기 정해진 영매(靈媒)가 있는데, 보통 남자보다 여자일 때가 더 많다. 영매는 신내림을 받기 위해 불을 붙인 향로 위에 머리를 숙이고 앉아 향 냄새를 들이마신다. 영매는 차츰 비명과 찡그림, 심한 경련을 동반하는 모종의 황홀경에 빠져든다. 정령이 영매 속으로 들어가는 순간이다. 격렬하게 계속되던 경련이 차츰 잦아들면서 영매의 입을 통해 흘러나오는 말은, 그녀 자신의 영혼이 일시 자리를 비운 사이에 속에 들어앉은 정령이 말하는 신탁으로 간주된다.

사람들은 일시적으로 신내림을 받는 사람이 신적인 지혜와 아울러 때로는 신적인 능력까지 얻는 것으로 믿었다. 캄보디아에서는 전염병이 발생하면 몇몇 마을의 주민들이 모여서 악대를 앞세우고, 그 지방 신이 일시적으로 화신할 대상으로 선택한 사람을 찾아나선다. 그런 사람을 발견하면, 그 사람을 신단으로 이끌고 가서 화신을 위한 신비의식을 거행한다. 그러면 그 사람은 동료들의 경배를 받으며 전염병으로부터 마을을 지켜달라는 간청을 받는다. 마그네시아(Magnesia) 부근에 있는 힐라이(Hylae)의 신성한 동굴에 서 있던 아폴론 상은 초자연적인 힘을 지닌 것으로 여겨졌다. 아폴론 상의 신내림을 받은 사람들은 절벽에서 뛰어내려 큰 나무를 뿌리째 뽑아 등에 지고 비좁은 길로 운반했다고 한다. 신내림을 받은 이슬람교 탁발승이 행하는 이적도 같은 부류에 속한다.

지금까지 우리는 미개인이 자연을 통제하는 자기 능력의 한계를 깨닫지 못하고, 자신을 포함하여 모든 인간에게 오늘날 우리가 말하는 초자연적인 능력이 있다고 생각하는 것을 살펴보았다. 아울러 우리는 미개인들이 이러한 일반적인 초자연주의를 넘어서, 어떤 사람들이 짧은 시간 동안 신령의 내림을 받아 신의 지혜와 능력을 발휘한다고 생각하는 것도 보았다. 이런 믿음에서 한 걸음만 더 나아가면, 특정한 사람들이 영구적으로 신에 사로잡히거나, 아니면 어떤 알 수 없는 방식으로 신들과 견줄 만큼, 또 기도와 제사로 경배를 받을 만큼 뛰어난 초자연적 능력을 부여받을 수도 있다는 확신에 쉽게 도달한다. 이런 인간신은 순전히 초자연적·영적 역할만 하기도 하고, 최고의 정치권력까지 아울러 행사하기도 한다. 후자의 경우에 그들은 신과 왕을 겸하며, 신정정치(神政政治)를 베푼다.

가령 마키저스(Marquesas) 제도*나 워싱턴 제도에는 평생 신격화되는 계급이 있었다. 그들은 자연의 원소에 초자연적인 힘을 행사한다고 여겨졌다. 그들은 풍년이 들게 하거나 대지를 황폐하게 만들 수 있었으며, 질병이나 죽음을 불러올 수 있었다. 사람들은 그들의 진노를 가라앉히기 위해 인간제물을 공양하였다. 그들은 수가 많지 않아서 각 섬에 기껏해야 한두 명 있을 뿐인데, 세속과 격리되어 신비한 생활을 했다. 항상 그런 것은 아니지만, 때때로

---

*북부 폴리네시아에 있는 프랑스령 제도.

그들의 능력은 세습되었다. 한 선교사가 이런 인간신 한 사람을 직접 만나보고 묘사했다. 그 신은 아주 늙은 노인으로, 담장을 둘러친 커다란 집에서 살았다. 집 안에는 제단 같은 것이 하나 있고, 대들보와 주변의 나무에는 사람 해골이 거꾸로 매달려 있었다. 신을 섬기는 일에 종사하는 사람들말고는 아무도 담장 안에 들어가지 못했다. 단지 인간제물을 공양하는 날에만 일반 사람들도 그 성역 안으로 들어갈 수 있었다. 이 인간신은 다른 모든 신보다 많은 제물을 받았다. 때때로 그는 집 앞에 있는 야외무대 같은 곳에 앉아 인간제물을 한꺼번에 두세 명씩 요구하기도 했다. 그는 엄청난 공포를 불러일으키는 존재였으므로 요구는 늘상 관철되었다. 그는 섬 전체에서 숭배받았고, 사방에서 공물을 받았다. 더욱이 남양 군도 전역에는 각 섬마다 신을 대신하거나 인격화한 인물이 하나씩 있었다고 한다. 사람들은 그 인물들을 신이라고 불렀으며, 그 실체를 신과 혼동할 정도였다. 이런 인간신은 때로 왕 자신이기도 했지만, 사제나 하위 추장일 때가 더 많았다.

고대 이집트인들은 그 숭배 대상을 고양이·개·작은 사슴 따위에 한정하지 않고 아주 폭넓게 사람에게까지 확대했다. 그런 인간신 가운데 하나가 아나비스라는 마을에 살았는데, 그에게는 구운 제물을 올렸다. 포르피리오스(Porphyrios)에 따르면, 이 인간신은 의식이 끝난 뒤에 보통 사람과 다름없이 저녁을 먹었다고 한다. 고대 게르만인들은 여인들에게 무언가 거룩한 요소가 있다고 믿고 그들에게 예언을 의뢰했다. 거룩한 여인들은 소용돌이치는 강물을 바라보며, 잔잔하거나 거친 물소리에 귀기울인 채 그 모양과 소리를 근거로 장차 일어날 일을 예언했다고 한다. 그런데 이러한 숭배는 종종 훨씬 더 나아가 거룩한 여성을 살아 있는 여신으로 숭배하기까지 했다. 예를 들면, 로마 황제 베스파시아누스 시대에 브루크테리(Bructeri) 부족의 벨레다(Veleda)라는 여자는 사람들에게 신으로 추앙받고, 신의 자격으로 백성들을 다스려 그 권세가 먼 곳에까지 미쳤다. 그녀는 라인 강 지류인 리페 강변의 탑루(塔樓)에 살았다. 쾰른 사람들이 그녀와 조약을 맺기 위해 사절을 파견했으나, 사절은 그녀 앞에까지 가지도 못한 채 여신의 대변인 노릇을 하며 신탁을 전하는 대신(大臣)과 교섭을 해야 했다. 이 사례는 미개한 우리 선조들이 신성(神性)과 왕권이라는 관념을 얼마나 쉽게 합일시켰는지 보여준다. 게타이(Getae) 부족에는 우리 시대 초엽에 이르기까지 신을 인격화한, 사람들이 하느님이라고 부르는 인물이 부족 안에 계속 존재했다고 한다. 그는 성스러운 산에 거주하면서 왕의 자문역을 했다.

옛 포르투갈 역사가인 도스 산토스(Dos Santos)은 동남아프리카의 짐바(Zimba)족 또는 무짐바(Muzimba)족을 예로 들어 이렇게 말했다. "(짐바족은) 우상을 찬양하지 않고 어떤 신도 인정하지 않지만, 그 대신 자신들의 왕을 존경하고 기리며 신처럼 간주하여 왕이야말로 이 세상에서 가장 위대하고 가장 훌륭한 존재라고 말한다. 그리고 왕 본인은 자신만이 세상의 신이라고 말하며, 그렇기 때문에 자기가 원치 않는데 비가 내리거나 너무 덥거나 하면 자신한테 복종하지 않는다고 하늘에다 활을 쏘아댄다." 남아프리카의 마쇼나(Mashona)족이 자신들의 주교한테 알려준 이야기에 따르면, 그들에게도 한때 신이 있었으나 마타벨레족이 그 신을 쫓아버렸다고 한다.* "이 마지막 말은 어떤 마을에서 한 사람을 세워 자신들의 신이라고 부르는, 기묘한 관습과 연관된 것이다. 그 신은 사람들의 자문에 응하고 선물을 받았던 것 같다. 옛날 마곤디 추장이 다스리던 마을에도 한 신이 있었다. 그들은 우리에게 마을 부근에서 총을 쏘지 말아 달라고 요청했다. 안 그러면 우리 때문에 신이 겁먹고 달아난다는 것이었다." 이 마쇼나족의 신은 예전에 마타벨레 왕에게 검은 황소 네 마리와 한 판의 춤을 해마다 조공으로 바쳐야 했다. 이 신이 왕의 오두막 앞에서 후자의 의무를 이행하는 것을 한 선교사가 보고 묘사했다. 꼬박 세 시간 동안 잠시도 쉬지 않고 탬버린과 캐스터네츠, 단조로운 노랫소리에 맞춰 그 거무스레한 신은 재단사같이 웅크린 자세로 돼지처럼 땀흘리며 미친 듯이 춤을 추면서, 신성한 자기 다리의 힘과 유연성을 증명이라도 하듯이 민첩하게 사방으로 뛰어다녔다.

중앙아프리카의 바간다(Baganda)족**은 니안자 호수의 신을 믿는다. 그 신

* 마쇼나족과 마타벨레족은 오늘날 짐바브웨에 사는 인접 부족이다.
** 고대부터 왕국을 이루었던 우간다의 한 종족. 프레이저에게 이들에 관한 정보를 준 주요 인물은 선교사 존 로스코 신부였다. 1897년 8월 6일, 프레이저는 케임브리지에서 신부를 면담하고, 신부가 죽을 때까지 계속 서신을 주고받았다. 바간다 왕국은 1966년에 정복당했다가 1993년에 복원되었다.

은 때때로 한 남자나 여자 속에 들어와 거주하는데, 이렇게 화신한 그 신은
왕과 추장을 비롯하여 모든 사람에게 커다란 두려움의 대상이었다. 일단 신
비한 화신의식이 일어나면 그 사람, 아니 그 신은 호수 경계에서 2.5킬로미터
쯤 떨어진 곳에 격리된 채 신성한 직무를 수행하기에 앞서 초승달이 뜰 때를
기다렸다. 초승달이 희미하게 하늘에 나타나면 그때부터 왕과 모든 신하가
그 인간신, 이른바 루바레(Lubare, 신)의 명령에 따랐다. 그는 신앙과 의식의
문제뿐만 아니라 전쟁과 국가정책에 관한 일에서도 지상권(至上權)을 행사했
다. 그는 신탁의 예언자로서 사람들에게 자문을 주었으며, 말만으로 병이 들
거나 낫게 하고, 비를 그치게 하는가 하면 흉년이 들게 할 수도 있었다. 사람
들은 그에게 자문을 구할 때 많은 선물을 바쳤다. 탕가니카 호수 서쪽에 있는
우루아라고 하는 지방의 추장은 "신의 영예와 권능을 사칭하며, 며칠간 음식
을 금해도 배고픈 줄 모른다고 장담한다. 실제로 자신은 신이기 때문에 음식
이 전혀 필요없지만, 자기가 먹고 마시고 피우는 것은 그것이 주는 즐거움 때
문이라고 단언한다." 갈라족의 여인은 집안일에 싫증이 나면 조리 없이 말을
하고 엉뚱한 행동을 하기 시작한다. 이것은 칼로(Callo)의 신령이 그녀에게
내린 징후다. 그러면 남편은 즉시 땅에 엎드려 그녀를 찬미한다. 이제 그녀는
아내라는 보잘것없는 호칭을 버리고 '주님'이라고 불린다. 이제 그녀는 가사
노동에 매달릴 필요가 없으며, 그녀의 뜻은 곧 신의 율법이 된다.

로앙고(Loango)족*의 왕도 "마치 신처럼 숭배된다. 그를 부르는 호칭은 삼
비(Sambee)와 팡고(Pango)인데, 그것은 신을 뜻한다. 사람들은 그가 마음만
먹으면 비를 내려줄 수 있다고 믿는다. 1년에 한 번씩, 사람들은 비가 필요한
12월에 왕에게 가서 비를 내려달라고 청한다." 그러면 왕은 옥좌 위에 서서
공중에 활을 쏘는데, 이렇게 하면 비가 내린다고 사람들은 생각한다. 몸바사
(Mombasa)** 왕에 대해서도 거의 비슷하게 이야기할 수 있다. 베냉(Benin)의
왕은 불과 몇 년 전에 영국 해병과 해군의 세속적인 무기 때문에 지상에서의
영적 지배가 갑작스럽게 종말을 고하기 전까지만 해도 자기 영토에서 으뜸가

*오늘날 자이레에 사는 종족.
**케냐의 해안지방.

는 숭배 대상이었다. "그는 가톨릭을 믿는 유럽에서 교황이 차지하는 것보다 더 높은 지위를 이곳에서 누린다. 그는 지상에서 신의 대리자일 뿐 아니라 바로 신 자신이기 때문이다. 신하들은 그를 신으로 대하며 복종하고 찬미한다. 하지만 그들의 찬미는 사랑보다는 두려움에서 나오는 것으로 보인다." 이다(Iddah)의 왕은 니제르 강 탐험대의 일원인 한 영국 장교들에게 이렇게 말했다. "신이 자기 모습을 본떠 나를 만들었다. 나는 신과 똑같은 자며, 신이 나를 왕으로 임명했다."

이름이 바돈사첸인, 유별나게 피에 굶주린 한 미얀마 군주는 타고난 잔인성이 얼굴에 그대로 나타난 인물로, 자신의 치세 때 사형집행인에게 죽은 희생자가 적에게 죽은 것보다 훨씬 많았는데도 자신은 유한한 인간의 운명을 넘어선 존재고, 그런 우월성은 자신이 행한 무수한 선행에 대한 보상이라는 생각을 품기에 이르렀다. 이에 따라 그는 왕이라는 칭호를 내버리고 스스로 신이 되려고 했다. 또, 신의 반열에 들기 전에 왕궁을 버리고 세속을 떠난 부처의 행적을 본떠서 궁궐을 나와 제국에서 가장 웅장한 탑으로 거처를 옮겼다. 이 탑은 그가 오랜 세월 공사를 벌여 완성한 것이었다. 그곳에서 바돈사첸은 박식한 승려들을 모아 회의를 열고 그들을 설득하고자 했다. 그는 부처의 법을 지키는 데 배정된 5천 년의 시기가 이제 지났으며, 자신은 바로 그 후대에 등장하여 자신의 새로운 법으로 낡은 법을 폐지하도록 예정된 신이라고 주장했다. 그러나 창피스럽게도 많은 승려가 반대의 뜻을 표명했다. 이 일로 실망한데다 권력욕과 절제된 금욕생활에 대한 짜증이 겹쳐, 그는 이내 공상적인 신의 지위를 벗어던지고 자기 왕실과 후궁에게 되돌아갔다. 시암(Siam) 왕도 "똑같이 신으로 숭배된다. 신하들은 그를 정면으로 쳐다보지 못한다. 왕이 지나갈 때에는 그 앞에 엎드리고, 왕 앞에 나아갈 때에는 무릎을 꿇고 팔꿈치를 땅에 대고 기어야 한다." 왕의 신성한 옥체와 징표를 나타내는 특별한 용어가 있어 왕에게 말하거나 왕에 관해 말하는 사람은 모두 그 용어를 써야 하는데, 토착민들조차도 이 독특한 용어에 익숙해지는 데 어려움을 겪는다고 한다. 또, 왕의 머리카락과 발바닥, 호흡은 물론이고 실로 몸 안팎의 세세한 부분까지 전부 특수한 명칭이 있으며, 왕이 먹거나 마시거나 잠자거나 걷는, 그 모든 것을 지존자(至尊者)의 행동을 나타내는 특수한 어휘로 표현하는 것이다. 이 어휘는 그밖에 다른 어떤 사람의 행동에도 사용할 수 없다. 시암어에는 군주보다 더 높은 등급이나 더 큰 위엄을 지닌 존재를 표시할 수 있는 말이 없다. 그래서 선교사들은 하느님을 이야기할 때 부득이 왕을 표시하는 토착어를 쓰게 된다.

그러나 인도만큼 인간신이 넘쳐나는 나라도 세상에 없을 것이다. 위로는 왕에서부터 아래로는 젖 짜는 사람에 이르기까지, 이보다 폭넓게 신의 은총이 사회 모든 계급에 베풀어진 곳은 어디에도 없다. 이를테면 인도 남부 네일게리 산맥에 거주하는 목축부족인 토다(Toda)족에게는 목축지가 성소고, 젖을 짜는 사람이 곧 신이다. 토다족이 태양을 섬기느냐는 질문을 받자, 그 거룩한 젖짜기 중 한 사람이 자기 가슴을 두드리며 이렇게 대꾸했다. "비천한 자들은 그럴 테지만 나는 내가 신이야! 내가 왜 태양을 섬기겠는가?" 이 젖짜기 앞에서는 모든 사람이, 심지어는 아버지까지 엎드려 경배한다. 그가 어떤 요구를 하든 아무도 감히 거절하지 못한다. 다른 젖짜기말고는 어떤 사람도 그를 건드릴 수 없다. 그는 자문을 구하는 모든 사람에게 신의 음성으로 신탁을 내린다.

또, 인도에서는 모든 왕을 현신한 신으로 간주한다. 힌두교의 마누법전*은 더 나아가서 이렇게 말한다. "어린아기 왕일지라도 그가 죽어 없어질 인간에 불과하다는 생각으로 무시해서는 안 된다. 그는 인간의 모습을 한 위대한 신이기 때문이다." 수년 전 오리사(Orissa)라는 곳에는 생전의 빅토리아 여왕을 주신(主神)으로 숭배하던 종파가 있었다고 한다. 베나레스(Benares)에서는 몇 해 전에 어떤 유명한 신이 한 힌두교 신사(紳士)로 화신한 일이 있었다. 그 신사는 스와미 바스카라난다지 사라스와티라는 듣기 좋은 이름을 지녔고, 특이하게도 죽은 매닝(Manning) 추기경**을 꼭 닮았다. 다른 것이 있다면, 단지 좀 더 꾸밈없는 모습이라는 것뿐이었다. 그의 두 눈은 온유한 인간적 관심으로

---

*마누의 율법은 현존하는 가장 오래된 브라만 법전 가운데 하나다. 이 법전은 헨리 섬너 메인 경이 『고대 법률 Ancient Law』(1861)이란 저서에서 언급하면서부터 유럽 사람들의 관심을 끌기 시작했다.
**매닝 추기경(1808~1892)은 영국의 로마가톨릭교 수장이었다. 매부리코에 거만해 보이는, 잘생긴 용모로 유명했다.

빛났으며, 독실한 숭배자들이 거룩한 경배를 바칠 때 순진무구한 기쁨을 표현했다고 한다.

뭄바이(Mumbai)와 인도 중부에 많은 대변자를 거느린 한 힌두교 종파는 그 영적인 우두머리, 곧 그들이 말하는 마하라자(Maharaja)가 크리슈나 신의 지상의 대변자, 심지어 실제 화신이라고 주장한다. 또, 크리슈나 신은 지상의 자기 후계자와 대리자를 섬기는 사람들에게 가장 큰 호감을 보이며 하늘에서 굽어보기 때문에, 그로부터 '자기 헌신(Self-devotion)'이라고 부르는 독특한 의식이 생겨났다. 그에 따라 독실한 숭배자들은 자기 육신과 영혼, 그리고 아마도 훨씬 더 중요한 것으로서 자신의 세속적 재물까지 찬미할 만한 화신들에게 바친다. 그뿐만 아니라 여자들은 그들의 포옹에 몸을 맡기는 것이 자신과 가족을 위한 최고의 행복이라고 믿도록 교육받는다. 그들 속에는 신비스럽게도 신성(神性)과 아울러 진정한 인간성의 형태와 성욕까지 공존하는 것이다.

기독교 자체도 이런 불행한 미망의 얼룩에서 말끔히 벗어나지 못했다. 실제로 기독교는 그 위대한 창시자와 동등하거나, 심지어 그를 능가하는 신성을 지녔다고 허황되이 자칭하는 사람들의 그릇된 언행 탓에 종종 더럽혀졌다. 2세기에 프리지아(Phrygia) 사람 몬타누스(Montanus)는 자신이 성부, 성자, 성신을 한 몸에 구현한 삼위일체의 화신이라고 주장했다. 이것은 정신이 비뚤어진 사람의 터무니없는 사칭에 그치는, 외떨어진 사례가 아니다. 초기 시대부터 오늘날에 이르기까지 많은 종파가 모든 기독교인 속에 그리스도가, 아니 하느님 자신이 화신한다고 믿었다. 그들은 이런 믿음을 논리적인 결론으로 끌고 가 서로 찬미하기까지 했다. 테르툴리아누스(Tertullianus)의 기록에 따르면, 2세기에 카르타고의 동료 기독교인들이 그랬다고 한다. 성콜룸바(St. Columba)의 제자들은 그를 그리스도의 화신으로 숭배했다. 8세기에 톨레도(Toledo) 사람 엘리판두스(Elipandus)는 그리스도를 '신 중의 신'이라고 일컬었는데, 이는 모든 신자가 예수 자신과 마찬가지로 진정한 신이라는 의미였다. 서로 신으로 찬미하는 행태는 알비파(Albigenses)*의 관례였으며, 14세

---

*중세 초 프랑스 남부에서 번창한 기독교의 이단 종파.

기 초 툴루즈(Toulouse)의 종교재판 기록에 수백 차례나 등장한다.

13세기에 '자유로운 영의 형제자매 교단'이라고 하는 종파가 생겨났다. 그들이 내건 주장은, 오랫동안 꾸준히 명상을 하면 누구든지 어떤 형언할 수 없는 방식으로 신과 일치하고, 만물의 근원과 합일을 이룰 수 있다는 것이었다. 또, 그와 같이 하느님에게 상승하여 하느님의 복된 본질 속에 흡수되는 사람은 실제로 하느님의 일부분을 이루고, 그리스도 자신과 똑같은 의미, 똑같은 방식으로 하느님의 아들이 되며, 그에 따라 신과 인간의 모든 율법의 굴레에서 면제되는 영광을 누린다는 것이었다. 이 종파의 신도들은 속으로는 그런 행복한 믿음에 도취해 있으면서도, 겉으로는 표정과 행동에 충격적인 광기와 정신착란의 기색을 보였다. 그들은 아주 괴상한 옷차림으로 이곳저곳 떠돌아다니며 거친 고함과 시끄러운 소리로 빵을 구걸하고, 모든 종류의 정직한 노동과 근면을 분연히 배격했다. 그런 것들은 거룩한 명상의 장애물이며, 영혼이 아버지 영(Father of spirits)에게 상승하는 데 장애물이 된다는 것이다. 편력과정에서 그들은 뒤따르는 여자들과 함께 가장 친밀한 관계를 맺고 살았다. 더 높은 영적 생활에 완전히 통달했다고 스스로 생각하는 사람들은 체면과 예절을 내면적인 타락의 증표로, 아직도 육신의 지배에 매여 그 중심이며 근원인 신령과의 교제로 승화되지 못한 영혼의 특성으로 보고 자신들의 집회에서 전혀 옷을 입지 않고 지냈다. 그들이 신비한 영적 교제를 향해 나아가는 과정은 때때로 종교재판으로 인해 더욱 가속화되었다. 그들은 추호도 두려움 없이, 침착하고 명랑하고 즐거운 승리감에 넘쳐 불길 속에서 생을 마감했다.

1830년경에는 켄터키 주와 접한 미국의 한 주에 웬 사기꾼이 나타나서 자기가 인류의 구세주인 하느님의 아들이라고 선포했다. 불경자와 불신자, 죄인들에게 본분을 일깨워주기 위해 세상에 재림했다는 것이었다. 그는 만일 그들이 일정한 시간 안에 자신들의 행실을 고치지 않으면, 자기가 신호를 보내서 한순간에 세상을 괴멸시킬 것이라고 경고했다. 이런 터무니없는 주장이 사회 부유층과 유력층 인사들에게 호의적으로 받아들여졌다. 마지막에 한 독일인이 그 새로운 메시아에게 영어를 알지 못하는 자기 동포를 위해 독일어로 그 끔찍한 종말을 알려달라고 공손하게 간청했다. 단지 영어를 모른다는 이유로 저주를 받는다는 것은 가엾은 일이 아니냐는 것이었다. 그러자 자칭 구세주는 자기가 독일어를 모른다고 아주 솔직하게 고백했다. 그 독일인이 반문했다. "뭐라고요? 하느님의 아들인 당신이 모든 언어를 알지 못한다고요? 심지어 독일어도 모른다고요? 가만있자, 이런 악당, 사기꾼, 미치광이 같으니. 당신은 정신병원에나 가야겠군." 구경꾼들은 웃음을 터뜨리고 자신들의 경솔을 부끄러워하며 떠나갔다.

　때로는 인간신이 죽으면서 그 신령이 다른 사람에게 옮겨가기도 한다. 불교신자인 타타르족은 수많은 생불(生佛)을 믿는데, 그들은 대라마(Grand Lama)로서 아주 중요한 사원의 수장 노릇을 한다. 대라마 중 한 사람이 죽어도 제자들은 슬퍼하지 않는다. 그가 아기의 형상으로 태어나 금방 다시 나타날 것이라고 생각하기 때문이다. 그들이 유일하게 걱정하는 문제는 그의 탄생지를 찾아내는 것이다. 이때 무지개가 뜨면, 그들은 그것을 떠나간 대라마가 자기 요람으로 사람들을 인도하기 위해 보낸 신호라고 생각한다. 때때로 그 거룩한 아기가 스스로 신분을 알리기도 한다. 아기는 이렇게 말한다. "나는 대라마다. 이러저러한 사원의 생불이다. 나를 옛 사원에 데려가라. 나는 그곳의 영원한 수장이다." 부처 자신의 고백을 통해서든 하늘의 신호를 통해서든 부처의 탄생지가 드러나면, 장막을 치고 종종 왕이나 왕가의 유력인사가 이끄는 기쁨에 찬 순례단이 아기신을 찾아 데려오기 위해 떠난다. 대개 아기신은 성지인 티베트에서 태어난다. 순례단은 그 아기에게 가기 위해 보통 끔찍하기 짝이 없는 사막을 가로질러야 한다. 마침내 그 아기를 발견하면 그들은 땅에 엎드려 경배를 올린다. 그러나 그 아기가 바로 그들이 찾는 대라마라는 것이 인정되려면, 아기가 자기 신분에 관해 그들을 납득시켜야 한다. 그 아기는 자기가 수장이라고 주장하는 사원의 이름과 위치, 그 안에 사는 승려 숫자를 질문받으며, 죽은 대라마의 생전 습관과 죽음의 방식에 관해서도 설명해야 한다. 그런 뒤에 기도책과 차주전자, 찻잔 같은 물건이 자기 앞에 놓이면, 아기는 전생에 자기가 쓰던 물건을 가리켜야 한다. 다행히도 정확하게 지적하면, 아기는 의기양양하게 사원으로 인도된다. 모든 라마의 수장은 티베트의 로마라고 할 수 있는 라사(Lhasa)의 달라이 라마다. 그는 살아 있는 신으로 간주되고, 죽으면 거룩한 불멸의 영혼이 아기 속에 들어가 다시 태어난다. 어떤 설(說)에 따르면, 달라이 라마를 찾아내는 방식은 앞에 설명한 대라마를 찾는 방식과 비슷하다고 한다. 다른 설은 황금 항아리에서 제비뽑기로 선출하는 방식을 이야기한다. 그가 태어나는 곳은 어디든지 나무와 풀이 무성하다고 한다. 그의 명령에 따라 꽃이 피고 샘물이 솟으며, 그가 있는 곳에서 하늘의 축복이 퍼져나가기 때문이다.

그러나 그는 결코 이 지방에서 신으로 행세하는 유일한 인간이 아니다. 중화제국 안에 존재하는 화신한 신을 모두 기록한 등록부가 베이징의 이번원(理藩院) 또는 식민성(植民省)에 보존되어 있다. 이와 같이 인가를 얻은 신의 숫자는 160명에 달한다. 티베트가 그중에 30명, 북몽고가 19명, 남몽고가 57명 이상을 차지한다. 중국 정부는 신민에 대한 어버이 같은 배려로 등록부의 신들이 티베트 이외의 땅에서 재탄생하는 것을 금하고 있다. 그들은 몽고에서 신이 탄생하면 몽고인들의 잠자는 애국심과 호전성을 자극하여 심각한 정치적 영향을 미칠까봐 우려하는 것이다. 곧 몽고인들이 왕가의 혈통을 지닌 야심만만한 토착신을 중심으로 결집하여 그 신을 위해 영적인 왕국과 아울러 세속적인 왕국까지 무력으로 전취하려 들 수도 있기 때문이다. 그러나 이처럼 공인된 신들 외에도 방방곡곡에서 기적을 행하고 사람들에게 축복을 내리는 소소한 사적인 신들, 또는 허가 없는 점술사들이 무수히 많다. 그리고 최근에 중국 정부는 티베트 바깥에서 이런 협잡꾼 신들이 되살아나는 것을 묵과해 주었다. 그러나 일단 그런 신들이 생겨나면 정부는 공인된 점술사들과 함께 그들을 계속 감시하여, 누구라도 어긋난 행동을 하면 신속하게 직책을 박탈하고 궁벽한 절간으로 추방함으로써 다시 인간의 몸으로 태어나는 것을 영원히 금하고 있다.

미개사회에서 왕이 차지하는 종교적 지위에 관한 조사·연구를 통해 우리는 이집트와 멕시코, 페루 같은 대제국의 군주가 신성하고 초자연적인 권능을 내세운 것이 단순히 과장된 허영이나 비굴한 아첨의 결과가 아니라는 것을 알 수 있다. 그것은 단지 살아 있는 왕을 신격화하는, 고대의 미개한 관습이 남았거나 연장된 것일 뿐이다. 이를테면 페루의 잉카족은 태양의 자식들로서 신과 같이 존경받았다. 그들은 잘못을 저지르는 법이 없었고, 왕이나 왕족의 인격과 명예, 재산에 해를 끼치는 것은 상상도 할 수 없는 일이었다. 또,

잉카족은 대부분의 사람들처럼 질병이 나쁘다고 생각하지 않았다. 그들은
질병을 아버지인 태양이 자신들을 데려가 천국에서 그와 함께 쉬도록 하기
위해 보낸 사자라고 생각했다. 따라서 임종이 가까웠음을 알리는 잉카족의
일상언어는 이런 것이었다. "내 아버지가 와서 쉬라고 부르신다." 그들은 병
을 고치기 위해 제물을 바침으로써 아버지의 뜻을 거스르지 않고, 아버지가
자신들을 쉬게 하려고 부른다고 거리낌없이 선언하는 것이다. 무더운 계곡
을 출발하여 콜롬비아 쪽 안데스 산맥의 높다란 고원 위로 올라온 스페인 정
복자들은 아래쪽의 찌는 듯한 밀림에 남겨두고 온 미개한 유목민들과 대조적
으로 상당히 수준 높은 문명을 누리는 한 민족을 발견하고는 깜짝 놀랐다. 그
들은 농사를 지으며, 훔볼트(Humboldt)가 티베트와 일본의 신정(神政)에 비
견한 정부형태 아래서 살고 있었다. 그들은 치브차(Chibcha)족과 무이스카
(Muysca)족 또는 모스카(Mozca)족의 두 왕국으로 나뉘어 각기 보고타(Bogota)
와 툰하(Tunja)에 도읍을 두었으나, 소가모소(Sogamozo) 또는 이라카(Iraca)라
는 대사제에게 영적인 충성을 바치는 점에서는 같았다. 이 영적인 지배자는
오랜 금욕생활을 통해 물과 비를 복종시키고 날씨를 마음대로 조절하는 신통
력을 얻었다고 알려졌다. 멕시코 왕들은 즉위식에서 태양이 빛을 내게 하고,
구름이 비를 내리게 하며, 강물이 흐르게 하고, 대지가 많은 열매를 맺게 하
겠다고 맹세했다. 멕시코의 마지막 왕 몬테수마는 백성들한테 신으로 숭배
받았다.

　사르곤(Sargon) 1세부터 우르(Ur) 제4왕조, 또는 그 이후에 이르기까지 고
대 바빌로니아의 왕들은 살아생전에 자신들이 신이라고 주장했다. 특히 우
르 제4왕조의 왕들은 자신들을 기리는 신전을 짓기까지 했다. 그들은 여러
곳의 신전에 자신들의 신상을 세워놓고 백성들에게 희생제물을 바치도록 명
했다. 여덟번째 달은 특별히 왕에게 바쳐졌고, 매달 초승과 보름에는 희생제
물을 올렸다. 또, 파르티아(Parthia)의 아르사시드(Arsacid) 왕조의 왕들은 스
스로 해와 달의 형제라고 칭하고 신처럼 숭배받았다. 아르사시드 왕가의 사
사로운 식구와 말다툼을 벌이는 것조차 신성모독으로 간주할 정도였다.

　이집트 왕들도 생시에 신격화되어 제물을 봉헌받았고, 특별한 신전에서 특
별한 사제가 그들에게 예배를 올렸다. 실제로 왕에게 바치는 예배는 때때로

신들께 바치는 예배를 무색케 할 정도였다. 그래서 메렌라(Merenra) 왕의 재위 중에 한 고관은 왕의 영혼, 곧 영생하는 메렌라가 '모든 신보다 더 많이' 경배받도록 하기 위해 자기가 많은 성소를 지었다고 말했다. "아무도 이 왕이 실제로 신성을 지녔다는 것을 의심하지 않았다. 그는 '위대한 신', '황금의 호루스(Horus)'이며 라(Ra)의 아들이었다. 그의 권위는 이집트만이 아니라 '모든 땅과 모든 나라', '길이와 너비로 이어지는 온 세상, 동과 서', '태양이 대회전하는 범위 전체', '하늘과 그 안에 든 것, 땅과 그 위에 있는 모든 것', '두 발이나 네 발로 걷는 모든 동물, 날아다니는 모든 것, 그에게 생산물을 바치는 온 세상'에 전부 미쳤다. 실제로 태양신에 관한 주장은 모두 이집트 왕에게 교조적으로 귀속시킬 수 있었다. 왕의 칭호는 태양신의 칭호에서 곧바로 끌어낸 것이었다." "살아생전에 이집트 왕은 이집트인들이 스스로 지어낸 모든 신적 개념을 남김없이 활용했다. 태어날 때나 재임기간이나 줄곧 초인간적인 신이었던 그는, 사후에는 신격화된 인간이 되었다. 그리하여 신에 관해 알려진 모든 것이 왕 속에 집약되었다."

이제 우리는 페루와 이집트의 왕들을 통해, 가장 절대적인 표현을 이룬 신성한 왕권의 발달과정에 대한 스케치를 끝냈다(스케치에 지나지 않는다). 역사적으로 이 제도는 공적인 마법사나 주술사의 직분에서 유래하며, 논리적으로는 관념들의 결합에 따른 잘못된 연역에 의거한다. 사람들은 관념의 질서를 자연의 질서로 오인하고, 그 때문에 사고(思考)에 대해 자신들이 지니거나 지녔다고 여기는 지배력에 의거하여 사물에 대해서도 상응하는 지배력을 행사할 수 있다고 상상했다. 이런저런 이유로, 이를테면 자연적 능력의 강약에 따라 최고 수준의 주술능력을 지니게 된 사람들은 차츰 동료들과 구별되어 별개의 계급을 이루고, 장차 인류의 정치적 · 종교적 · 지적 발달에 가장 광범위한 영향을 미치게 되었다. 알다시피 사회적 진보는 주로 기능의 연속적인 분화, 간단히 말해서 분업에 의거한다. 원시사회에서 거의 모든 사람, 서툴기 그지없는 사람들이 행하던 작업이 차츰 서로 다른 근로계급에 배분되어 갈수록 완벽하게 다듬어졌다. 물질이든 비물질이든, 이렇게 세분화한 노동의 산물을 모두 공유하는 한 전체 공동체는 분업의 증가로 이익을 본다. 이제 마법사 또는 주술사는 사회의 진화과정에서 가장 오래된 기술계층 혹은 전문직업

계층을 이루게 된 것으로 보인다. 알려진 미개부족에는 어디에나 주술사가 있다. 오스트레일리아 원주민 같은, 최하 수준의 미개인 사이에서도 그들은 유일하게 존재하는 전문직업 계층이다. 시간이 지나고 분업화 과정이 계속 진행되면서 주술사의 직분 자체도 병 고치는 자, 비 내리는 자와 같이 여러 계급으로 세분된다. 그리고 그 분야에서 가장 강력한 성원은 자기 힘으로 우두머리의 지위를 차지하고 차츰 신성한 왕으로 발전해 간다. 한편, 주술이 서서히 종교에 밀려나는 데 비례하여 그가 지닌 예전의 주술적 역할은 갈수록 뒷전으로 물러나고, 사제나 심지어 신의 직분으로 교체된다. 더 나아가 왕권의 세속적인 면과 종교적인 면이 분화하면서 세속적 권력과 정신적 권력이 각기 다른 사람에게 위임되기에 이른다. 하지만 주술사는 종교에 억압당하면서도 근절되지 않은 채 여전히 새로 생긴 제사와 기도 의식보다는 옛 비술에 몰두한다. 머지않아 그들 가운데 좀더 총명한 사람들이 주술의 오류를 깨닫고, 인간의 이익을 위해 더 효과적인 자연력의 조절방법을 발견한다. 한마디로, 그들은 주술을 버리고 과학을 취한다.

나는 이런 발전과정이 모든 곳에서 엄밀하게 진행되었다고 주장할 생각은 없다. 그 양상은 틀림없이 사회마다 크게 달랐을 것이다. 단지 내가 의도하는 것은 일반 경향이라고 생각되는 것을 아주 포괄적인 윤곽으로 밝히려는 것이다. 산업의 관점에서 보면, 그 발전은 기능의 획일성에서 다양성으로 옮겨가는 과정이었다. 정치적 관점에서는 민주주의에서 전제주의로 옮겨가는 과정이었다. 좀더 최근에 전개된 군주제의 역사, 특히 전제주의의 몰락과 인간의 발전된 요구에 더 잘 부합하는 정부 형태의 등장에 관해서는 이 책에서 다룰 일이 없다. 우리의 주제는 당시에는 유익했던 한 위대한 제도의 성장을 밝히는 것이지, 몰락을 다루는 것이 아니다.

5장
자연의 부분왕들

앞서 연구한 내용을 통해 우리는 네미 숲의 왕이나 로마의 제사왕, 아테네 왕 같은 집정관에게 나타나는, 신성한 기능과 왕의 칭호가 결합하는 현상이 고대 그리스·로마의 경계선 밖에서도 자주 나타나며, 야만에서 문명까지 모든 사회단계에 공통하는 특징이라는 사실을 증명할 수 있었다. 더욱이 사제왕은 종종 이름만이 아니라 실제로 왕이었으며, 홀장(笏杖)과 함께 왕홀(王笏)까지 휘두른 것으로 나타난다. 이 모든 사실은 고대 그리스와 이탈리아 공화정 시대에 존재했던 명목뿐인 사제왕의 기원에 대한 전통적 견해와 부합한다. 최소한 그리스와 이탈리아의 전승 속에 기억되고 있는 정신적 권력과 세속적 권력의 결합이 많은 곳에서 실제로 존재했다는 사실을 보여줌으로써, 우리는 그 전승이 사실 같지 않다는 의혹을 말끔히 씻어냈다.

따라서 우리는 이제 당연히 이렇게 물을 수 있다. 숲의 왕은 그럴듯한 전승에서 말하는 로마의 제사왕이나 아테네의 명목뿐인 왕과 비슷한 유래를 지닌 것이 아닐까? 다시 말해서, 그 선임자들은 공화정 혁명으로 정치권력을 빼앗기고, 단지 종교적 기능과 왕관의 그림자만 남은 왕들과 한 계열에 속하는 것이 아닐까? 이 질문에는 부정적으로 답할 만한 근거가 적어도 두 가지는 있다. 한 가지 이유는 네미 사제의 거처에서, 다른 이유는 숲의 왕이라는 칭호에서 비롯된다. 그 선임자가 일반적으로 말하는 의미에서 왕이었다면, 그는 분명 로마나 아테네의 몰락한 왕들과 마찬가지로 자신이 왕홀을 휘두르던 도시에서 거처했을 것이다. 그 도시는 아리키아라야 한다. 부근에 달리 더 가까운 곳이 없기 때문이다. 그러나 아리키아는 호숫가에 있는, 그의 숲 속 성소에서 5킬로미터나 떨어져 있었다. 만일 그가 군림했다면 도시가 아니라 숲 속에서 그랬다는 것이 된다. 더욱이 숲의 왕이라는 칭호는 그가 일반적으로 말하는 의미에서 왕이었다고 상상하기 어렵게 만든다. 오히려 그는 자연의 왕, 나아가서 자연의 특정한 일부분(곧 그의 칭호가 유래된 숲)만 다스리는 왕 이었을 가능성이 더 크다. 만일 우리가 자연의 부분왕이라고 부를 수 있는 사 람들, 다시 말해서 자연의 특수한 원소나 양상을 지배한다고 여기던 사람들 의 예를 찾아낼 수 있다면, 그것은 아마도 우리가 지금까지 고찰해 온 거룩한 왕들, 곧 특정한 자연보다 자연 일반을 지배한다고 할 수 있는 존재들보다 숲 의 왕에 더 가까운 유사성을 보여줄 것이다. 그런 부분적인 왕들의 예는 적잖 게 있다.

콩고 강 어귀에 인접한 봄마 언덕에는 '비와 폭풍의 왕'이라고 하는 남불루 부무(Nambulu Vumu)가 산다. 나일 강 상류지방의 몇몇 부족은 흔히 말하는 의미의 왕이 없다고 한다. 그들이 유일하게 왕으로 인정하는 사람들은 마타 코두(Mata Kodou), 곧 '비의 왕'이다. 사람들은 비의 왕에게 적절한 시기에, 곧 우기에 비를 내리는 능력이 있다고 믿어왔다. 강우가 시작되기 전인 3월 말까지 이 지역은 메마른 불모의 사막이며, 그 때문에 사람들의 주요 재산목 록인 가축들이 풀이 없어 죽는다. 그래서 3월 말이 다가오면 집집마다 가장 들이 비의 왕에게 가서 암소를 한 마리씩 바치고, 사람들의 눈썹과 메마른 풀 밭에 하늘의 복된 물이 떨어져내리게 해달라고 빈다. 그래도 비가 오지 않으 면 사람들은 한데 모여서 왕에게 비를 내려달라고 요구한다. 계속해서 하늘 에 구름이 없으면 사람들은 왕의 배를 가른다. 비의 왕이 뱃속에 폭풍을 숨겨 둔다고 믿었기 때문이다. 바리(Bari)족의 경우, 그런 비의 왕 가운데 한 사람 이 요령(搖鈴)에 물을 담아 땅에 뿌림으로써 비가 내리게 한 일도 있었다.

아비시니아(Abyssinia) 근교에 사는 부족들에게도 비슷한 직책이 있다. 한 관찰자는 이렇게 설명했다. "바레아(Barea)족과 쿠나마(Kunama)족이 알파이 (Alfai)라고 부르는 사제직은 주목할 만한 존재다. 사람들은 그에게 비를 내릴 능력이 있다고 믿는다. 이 직책은 옛날에 알게드(Alged)족에게도 있었으며, 아직까지 누바(Nuba)의 흑인 부족들 사이에 뿌리를 내리고 있다. 북부 쿠나 마족도 바레아족의 알파이 사제를 숭배하는데, 그는 템바데레 부근 산에서 가족을 데리고 혼자 산다. 사람들은 옷과 과일을 공물로 바치고, 그가 소유한 넓은 밭을 갈아준다. 그는 일종의 왕이며, 자신의 직책을 남동생이나 누이의 아들에게 세습한다. 그는 주술로 비를 내리게 하고 메뚜기떼를 쫓아버릴 수 있다고 한다. 그러나 만일 알파이가 사람들이 기대한 대로 하지 못해 땅에 큰 가뭄이 들면, 그는 돌에 맞아 죽는다. 알파이와 가장 가까운 인척이 제일 먼저 돌을 던져야 한다. 우리가 그 땅을 지나올 때에 한 노인이 그때까지 알파이 직책을 맡고 있었는데, 비를 내리는 일이 너무나 위험한 것으로 드러나자 그 노인이 자기 직책을 포기했다는 이야기를 들었다."

캄보디아의 외딴 밀림 속에는 '불의 왕'과 '물의 왕'이라고 알려진, 두 사람의 신비스러운 왕이 산다. 이들의 명성은 광대한 인도차이나 반도 남부 전역에 퍼져 있으나, 서양에는 아주 희미하게밖에 알려지지 않았다. 불과 몇 년 전만 해도 유럽인 가운데 그들을 본 사람이 아무도 없었다. 최근까지 캄보디아 왕과 이 신비스러운 왕들 사이에 정기적인 교류가 이어지지 않았다면, 그들의 존재는 한갓 우화로 간주되고 말았을 것이다. 캄보디아 왕은 해마다 그들과 선물을 교환했는데, 여러 부족이 손에서 손으로 전달하여 선물을 예정지까지 보냈다. 하지만 이 여정은 아무도 감히 나서려고 하지 않을 만큼 길고 위험했다고 한다.

이 신비스러운 왕들은 순전히 신비롭고 정신적인 역할만 할 뿐, 정치적 권한이 전혀 없었다. 그들은 소박한 농사꾼으로, 땀 흘려 일해 얻은 곡물과 신자들의 공물로 살아간다. 한 이야기에 따르면, 그들은 철저히 고독하게 살며 서로 만나거나 사람의 얼굴을 보는 일이 전혀 없다고 한다. 그들은 일곱 산 위에 세운 일곱 기의 탑에서 거주하며, 해마다 탑을 옮긴다. 사람들은 조용히 탑으로 다가가서 그들의 생계에 필요한 물품을 손닿는 곳에 던져둔다. 왕위는 모든 탑을 한 번 도는 데 걸리는 7년 동안 유지된다. 그러나 많은 사람이 만기일 전에 죽는다. 이 직책은 (다른 이야기에 따르면) 한두 왕가에 세습되는데, 그 가문은 큰 존경을 받으며, 일정한 수입이 있을 뿐 아니라 땅을 경작하는 의무도 면제받는다. 그러나 당연하게도 이 직책은 인기가 없다. 그래서 공석이 생기면 자격—튼튼하고 자식이 있는—을 갖춘 남자들은 모두 달아나서 숨는다. 또다른 이야기로는, 세습 후보자들이 왕위를 넘겨받기 싫어하는 것은 사실이지만, 이 신비스러운 왕들이 일곱 기의 탑에서 은둔생활을 한다는 것은 사실이 아니라고 한다. 신비한 왕들이 대중 앞에 나타나면 모든 사람이 그들 앞에 꿇어엎드린다. 그런 존경의 표시를 빠뜨리면 무서운 태풍이 온 나라를 덮친다고 믿기 때문이다. 그러나 아마도 이런 이야기들은 흔히 미지의 먼 나라에 낭만의 빛깔을 덧씌우는 그런 종류의 우화에 지나지 않을 것이다.

1891년 2월에 한 프랑스인 장교가 그 외경스러운 불의 왕을 접견한 일이 있었다. 그때 불의 왕은 대나무 침대에 드러누워 구리로 만든 기다란 장죽을 부지런히 빨아댔으며, 그를 둘러싼 사람들도 그에게 별로 존경을 표시하지 않았다고 한다. 신비스러운 직분에도 불구하고 그 주술사는 주변에 전혀 부적이나 주물 따위를 지니지 않았고, 키가 크다는 것말고는 여느 사람들과 다른 점이 전혀 없었다. 또다른 필자의 기록에 따르면, 사람들이 그 두 왕을 몹시 두려워했다고 한다. 그 까닭은 그들에게 사악한 눈이 있다고 믿었기 때문이다. 그래서 모든 사람이 그들을 피했다. 이 왕들은 사람에게 다가갈 때, 의식적으로 기침을 하여 사람들이 알고 피하게 했다. 그들은 유례없는 특권과 면책권을 누리지만, 인접한 몇 개 마을 너머로는 권한이 미치지 않았다. 뒤에서 살펴보게 될 다른 많은 신성한 왕과 마찬가지로, 불의 왕과 물의 왕은 자연의 명(命)대로 죽지 못한다. 그렇게 죽으면 평판이 떨어지기 때문이다. 따라서 그들 중 하나가 심한 병이 들면 원로들이 모여 회의를 열고, 만일 회복할 가망이 없다고 판단되면 칼로 찔러 죽인다. 시체는 화장을 한 뒤, 경건하게 유해를 거두어 사람들이 기리도록 5년 동안 보관한다. 유해의 일부는 미망인에게 준다. 미망인은 유해를 단지 속에 넣어두었다가 남편의 무덤에 성묘 갈 때 그것을 등에 지고 가야 한다.

둘 가운데 더 중요한 직책인 불의 왕은 그 초자연적 능력을 전혀 의심받지 않으며, 관혼상제나 얀(Yan)이라고 하는 귀신에게 올리는 제사를 집전한다. 이때는 그를 위해 특별석이 마련되며, 그가 오는 길에는 하얀 무명천을 펼쳐놓는다. 왕위를 같은 가문에 국한하는 한 가지 이유는, 그 가문에 있는 영험한 주물이 가문 밖으로 나가면 영험을 잃기 때문이다. 그런 주물에는 세 가지가 있다. 첫째가 쿠이(Cui)라고 하는 덩굴나무 열매인데, 아주 옛날 마지막

대홍수 때 채집한 것으로 아직도 싱싱하고 푸릇푸릇하다. 또 하나는 등나무로, 역시 아주 오래 묵었지만 결코 시들지 않는 꽃을 피운다. 마지막이 얀이라고 하는 귀신이 들어 있는 검(劍)인데, 그 귀신이 항상 검을 지키며 검으로 기적을 일으킨다. 그 귀신은 검을 만들 때 우연히 칼날에 핏방울을 떨어뜨리는 잘못을 범해, 이 뜻하지 않은 죄를 갚기 위해 자살한 어떤 노예의 영혼이라고 한다. 물의 왕은 앞의 두 가지 주물로 온 세상을 뒤덮는 홍수를 일으킬 수 있다. 또, 불의 왕이 마법의 검을 칼집에서 몇 치만 뽑으면, 해가 숨어버리고 사람과 짐승이 모두 깊은 잠에 빠진다. 칼을 다 뽑아버리면 세상은 종말을 맞이할 것이다. 비를 내리기 위해서는 이 놀라운 검에 물소와 돼지, 닭, 오리 따위를 제물로 바쳐야 한다. 한편, 검은 무명과 비단으로 싸서 보관한다. 그 때문에 캄보디아 왕이 해마다 보내는 선물 가운데에는 신성한 검을 싸두는 데 쓸 호화로운 피륙이 많았다.

죽은 사람을 매장하는 이 나라의 일반적인 관례와 달리 이 신비스러운 두 왕은 화장을 하며, 손톱과 이빨, 뼈 같은 것은 부적으로 경건하게 보관한다. 시체를 장작더미에 태우는 동안 죽은 주술사의 인척들은 이제 막 공석이 된, 싫은 직책에 오르게 될까봐 숲으로 달아나 숨는다. 사람들이 가서 그들을 찾는데, 은신처를 제일 먼저 들키는 사람이 다음 차례로 불의 왕이나 물의 왕이 된다.

지금까지 본 것들이 내가 자연의 부분왕이라고 지칭하는 직책의 예다. 그러나 캄보디아의 밀림이나 나일 강 수원지에서 이탈리아까지는 아직 너무나 멀다. 비의 왕, 물의 왕, 불의 왕이 발견되었다 해도 우리는 여전히 아리키아 사제의 칭호와 부합하는 숲의 왕을 찾아야 한다. 어쩌면 우리는 더 가까이에서 그들을 찾게 될 것이다.

6장

나무 숭배

1

유럽 아리안족의 종교사에서 나무 숭배는 중요한 역할을 했다. 이보다 자연스러운 일은 없었다. 역사의 여명기에 유럽은 방대한 원시림으로 덮여 있었으며, 드문드문 흩어진 공지는 푸른 바다에 떠 있는 작은 섬같이 보였을 것이다. 기원전 1세기까지 헤르키니아 숲은 라인 강 동쪽으로 끝을 모를 만큼 넓게 펼쳐져 있었다. 카이사르의 질문을 받은 게르만인들이 두 달 동안 그 숲을 헤맸으나 끝에 닿지 못했다. 4세기 후에 율리아누스 황제가 그곳을 방문했을 때, 적막하고 음울하고 고요한 삼림의 풍경이 그의 예민한 감수성에 깊은 인상을 남겼다. 율리아누스 황제는 로마제국에서 그곳에 비길 만한 곳을 본 적이 없다고 단언했다.

헨리 2세 치세 때에도 런던 시민들은 햄스테드 숲에서 들소와 멧돼지를 사냥했다. 플랜태저넷 왕조 말기에도 왕실의 삼림이 예순아홉 군데나 되었다. 아든 숲에서는 근대에 이르기까지 다람쥐가 나무를 타고 거의 워릭셔 전체 길이에 달하는 거리를 갈 수 있다고 했다. 포 계곡에서 발굴된 고대 퇴적층 마을은 로마의 등장, 어쩌면 건국 훨씬 이전에 이탈리아 북부가 느릅나무와 밤나무, 특히 참나무로 덮여 있었음을 보여주었다. 적어도 기원전 4세기까지 로마는 리비우스(Livius)가 게르마니아의 대삼림에 비견한, 웅장한 키미니아 숲을 경계로 중부 에트루리아와 분리되어 있었다. 그 로마사가의 말대로라면, 어떤 상인도 그 인적 없는 외딴 숲 속을 통과해 본 적이 없었다.

한 로마 장군이 척후병 두 사람을 보내 그 복잡한 숲 속을 탐색하게 한 뒤, 군대를 이끌고 진입하여 숲으로 뒤덮인 산능선에 올라 발 아래 펼쳐진 비옥한 에트루리아 평원을 내려다본 일이 있었는데, 그것은 무척 용감한 공적으로 여겨졌다.

독일의 언어학자 그림(Grimm)은 '신전'을 뜻하는 튜턴어 낱말들을 검토한 뒤, 독일에서 가장 오래된 성소는 자연림이었다고 추정했다.* 어쨌든 나무 숭배는 아리안 어계(語系)에 속한 모든 유럽 어족에게서 분명하게 나타난다. 켈트족의 드루이드(Druid) 교단에서 참나무를 숭배하는 것은 너무나도 유명하다. 성소를 나타내는 그들의 고어는 어원과 의미에서 '작은 숲' 또는 '숲 속의 빈터'를 뜻하는 라틴어의 '네무스(nemus)'와 동일한 것으로 보인다. 이 단어의 흔적은 네미라는 명칭에 아직까지 남아 있다. 성스러운 숲은 고대 게르만족 사이에서는 흔한 일이었고, 오늘날 그 후손들 사이에서도 나무 숭배로 명맥을 잇고 있다. 그 옛날, 그들의 나무 숭배가 얼마나 진지했는지는 나무의 껍질을 벗기는 사람에게 잔인한 형벌을 내리도록 명시해 놓은 옛 게르만 율법만 보아도 미루어 짐작할 수 있다. 율법에 따르면, 범인의 배꼽을 도려내서 나무껍질을 벗긴 자리에 못박아놓고, 범인의 창자가 나무줄기에 전부 감길 때까지 범인을 나무 둘레로 빙빙 돌렸다는 것이다. 이 형벌의 의도는 명백히 죽은 나무껍질 대신 범인의 살아 있는 내장을 나무에 감자는 것이었다. 그야말로 목숨에는 목숨, 곧 사람의 목숨으로 나무의 목숨을 벌충하는 식이었다.

고대 그리스와 이탈리아에서 나무 숭배가 성행한 증거는 넉넉하다. 예를 들면, 코스 섬에 있는 아이스쿨라피오스 성소에서는 삼나무를 베는 행위를 금지하고, 어길 때에는 벌금으로 1000드라크마(그리스의 옛 화폐단위)를 부과했다. 그러나 고대세계에서 이 유서 깊은 종교형식을 대도시 로마의 중심부보다 더 잘 보존한 곳은 아마 없을 것이다. 로마인의 생활 중심지였던 포룸 광장에서는 제국시대에 이르기까지 로물루스의 신성한 무화과나무를 숭배했다. 그 줄기가 시들기라도 하면 온 도시가 야단법석을 떨 정도였다. 또, 팔

---

*J. Grimm, *Deutsche Mythologie*, i. 53쪽 이하. 또, 그는 이 책에서 고딕 양식의 교회건축이 궁극적으로 발전해 온 연원을 고대의 나무 숭배에서 찾았다.

라틴 언덕 비탈에는 로마에서 가장 신성한 물건의 하나로 꼽히던 꽃층층나무 (cornel-tree) 한 그루가 자라고 있었다. 길을 가던 사람이 이 나무가 시들어가는 것을 보게 되면 곧 고함을 질러 거리의 사람들에게 알렸다. 그러면 사람들은 (플루타르코스의 말에 따르면) 마치 불이라도 난 듯이 사방에서 물동이를 들고 허둥지둥 떼지어 달려왔다고 한다.

피노 우그리아 어계의 유럽 부족들은 늘 울타리를 둘러친 신성한 숲에서 이교 예배의식을 거행했다. 보통 그런 숲은 나무 몇 그루가 드문드문 서 있는 공터나 개간지에 지나지 않았는데, 옛날에는 그 나무들 위에 희생제물의 가죽을 걸어놓았다고 한다. 최소한 볼가 강 유역에 자리잡은 여러 부족에게는 숲의 중심점이 한 그루 성수(聖樹)였고, 다른 것은 모두 별로 중요하지 않았다. 그 나무 앞에 예배자들이 모여 뿌리에 희생제물을 바치고, 사제가 기도를 올렸다. 그 가지가 때때로 설교단 구실을 하기도 했다. 이 성림(聖林)에서는 나무를 베거나 가지를 꺾을 수 없었고, 대개 여자의 출입을 금하였다.

그런데 여기서 나무와 식물 숭배의 바탕이 되는 관념을 조금 상세히 검토할 필요가 있다. 미개인에게는 세계 전체가 살아 움직이는 존재였다. 나무와 식물도 예외가 아니다. 미개인들은 그것들도 자신과 마찬가지로 영혼을 지닌다고 생각하고 그것들을 대했다. 고대의 채식주의자 포르피리오스 (Porphyrios)는 이렇게 적고 있다. "사람들은 원시인들이 동물에 그치지 않고 식물에까지 미신을 연장했기 때문에 불행한 생활을 했다고 말한다. 나무에게도 영혼이 있다고 생각한다면, 소나 양을 잡는 것이 전나무나 참나무를 베는 것보다 더 잘못이라고 할 근거가 어디 있겠는가?" 이와 비슷하게, 북아메리카의 히다차(Hidatsa) 인디언은 모든 자연물이 영(靈), 더 정확히 말하면 그림자를 갖는다고 믿는다. 히다차 인디언들은 이 그림자를 존중하고 존경했는데, 같은 그림자라고 해서 모두 그런 것은 아니었다. 예를 들면, 미주리 강 상류 유역에 사는 인디언들은 가장 큰 나무인 사시나무(cottonwood)의 그림자에게는 지능이 있기 때문에, 올바르게 접근하면 일에 따라서는 자신들에게 큰 도움이 될 수 있다고 믿는다. 그러나 작은 관목이나 풀의 그림자는 별로 중요하지 않다. 미주리 강이 봄에 홍수로 물이 불어나 강둑 일부를 무너뜨리고 큰 나무를 휩쓸어갈 때, 그 나무의 영은 뿌리와 함께 땅에 붙어 있다가 나무가 강물에 휩쓸려 쓰러질 때까지 슬프게 운다고 한다. 예로부터 인디언들은 그런 거목을 베는 것을 잘못으로 여겼으며, 큰 통나무가 필요할 때에는 저절로 쓰러진 나무들만 가져다 썼다. 최근까지도 조심성 많은 몇몇 노인네들은 자기 부족에게 불행이 닥치면, 이를 대부분 근래 들어 살아 있는 사시나무의 권리를 무시했기 때문이라고 단정한다. 이로쿼이(Iroquoi)족은 나무와 관목, 식물, 풀 따위가 종류마다 각기 영을 지닌다고 믿었으며, 그 영에 감사드리는 관습이 있었다.

나무와 식물을 살아 움직이는 존재로 보는 관념은 그것들을 단지 비유적이거나 시적인 의미에서가 아니라, 말 그대로 실제로 혼인할 수 있는 존재로 바라보는 것이다. 이런 생각은 결코 상상의 산물이 아니었다. 식물도 동물과 마찬가지로 성별이 있으며, 암수의 결합을 통해 종을 번식하기 때문이다. 그러나 고등동물은 모두 이 두 가지 성기관이 개체별로 뚜렷하게 분리되어 있는 반면, 식물은 대부분 개체 속에 양성이 공존한다. 하지만 이런 규칙도 보편적인 것은 아니며, 암수가 따로 있는 종도 많이 있다. 이런 구별이 일부 미개인의 주목을 끈 것으로 보인다. 이를테면 마오리(Maori)족은 "나무의 성별 따위를 잘 알며, 암수에 따라 각기 다른 이름을 붙인다"고 한다. 고대인들은 대추야자나무의 암수를 알고서 봄에 수나무의 꽃가루를 암나무의 꽃 위에 떨어뜨려 인공적으로 수정을 시켰다. 하란(Harran)의 이교도들은 야자나무를 수정시키는 달을 '대추야자의 달'이라고 이름짓고, 이때 모든 남신과 여신의 혼인 잔치를 벌였다.

한편, 이처럼 야자나무의 결실을 보장하기 위한 진짜 결혼과 달리, 힌두인의 미신에서 일정한 역할을 하는 결실 없는 가짜 결혼도 있다. 예컨대 힌두인은 과수원에 망고 나무를 심으면 그 나무를 신랑으로 삼고, 근처 숲에서 자라는 다른 종류의 나무 한 그루─보통 타마린드 나무─를 신부로 삼아 혼인시키는데, 그 둘이 정식으로 혼인하기 전에는 자기 자신이든 아내든 나무열매를 입에 대지 못한다. 신부 노릇을 할 타마린드 나무가 없으면 재스민 나무로 대신하기도 했다. 종종 혼인 비용이 상당히 들 때도 많은데, 왜냐하면 브라만들을 더 많이 초대하여 대접할수록 과수원 주인의 명예도 그만큼 높아지기 때문이다. 망고 나무와 재스민의 혼인식을 모양을 갖춰 그럴듯하게 치르기 위해 금은 장식품을 팔고 여기저기서 돈을 빌리는 가족도 있었다고 한다.

앞의 예를 통해서 알 수 있는 것은, 전부는 아니지만 거의 모든 나무 안에 영이 합일되어 있는 것으로 본다는 점이다. 그러나 아마도 뒤에 생겨난 듯한 또다른 견해에 따르면, 나무는 나무정령의 육신이 아니라 단지 거처에 불과하다고 한다. 나무정령은 마음대로 나무를 떠날 수도, 되돌아올 수도 있었다. 동인도 제도의 상기에(Sangihe) 군도에 속하는 시아우(Siaoo) 섬 주민들은 숲 속이나 외딴 거목 속에 거주하는 숲의 정령을 믿는다. 보름달이 뜨면 그 정령이 은신처에서 나와 돌아다니는데, 그는 머리가 크고 팔다리가 아주 길며 몸체가 육중하다. 사람들은 이 숲의 정령을 달래기 위해 음식과 가금류, 염소 따위 공물을 정령들이 출몰하는 장소에 갖다 바친다. 니아스(Nias) 섬* 사람들은 나무가 죽으면 거기서 빠져나온 정령이 귀신이 된다고 생각한다. 이 귀신은 야자나무 가지에 그냥 올라타기만 해도 나무를 죽일 수 있으며, 집을 떠받치는 기둥 한 군데에 깃들여 집안의 모든 아이를 죽게 할 수도 있다고 한다. 또, 어떤 나무에는 떠돌이귀신이 항상 거주하고 있어서, 그 나무가 상하게 되면 귀신이 빠져나와 재앙을 일으키러 다닌다고 생각한다. 그래서 사람들은 그런 나무를 경외하여 잘라내지 않도록 조심한다. 동아프리카의 탕가(Tanga) 해안 지방에서는 거대한 나무, 특히 괴상하게 생긴 바오밥 나무 속에 악령이 거주한다고 믿는다. 때때로 악령들은 까맣고 못생긴 형체로 나타나기도 하지만, 대개 보이지 않게 사람 몸 속에 들어가 질병과 재난을 일으키기 때문에 주술사에 의지하여 쫓아내야 한다.

나무를 나무정령의 육신이 아니라 마음대로 출입할 수 있는 거처에 불과하다고 보게 된 것은 종교사상 중요한 진일보였다. 애니미즘(animism)에서 다신론(polytheism)으로 옮겨가고 있었던 것이다. 다시 말해서, 이제 각각의 나무를 의식을 지니고 살아 움직이는 존재라고 보는 대신, 생명도 없고 활동도 하지 않는 덩어리에 지나지 않는 것으로 보기 시작한 것이다. 초자연적인 존재가 일정한 기간 동안 그것을 빌려 쓸 뿐이다. 초자연적인 존재는 나무에서 나무로 자유롭게 이동할 수 있기 때문에 나무에 대해 일정한 점유권 또는 영

＊인도네시아 수마트라 섬 북서 해안 가까이에 있는 섬.

유권을 지니며, 더 이상 나무의 영에 머물지 않고 숲의 신으로 화한다. 이와 같이 특정한 개별 나무에서 어느 정도 분리되어 나오자마자 나무정령은 곧장 모습을 바꾸어 사람의 형상을 취한다. 이런 과정은 추상적인 영적 존재에 모두 구체적인 인간의 형상을 부여하는, 고대인의 일반적 사고경향에 따른 것이다. 그래서 고전미술에서는 숲의 신들을 사람 모양으로 묘사하고, 나뭇가지같이 외견상 비슷한 어떤 상징물을 덧붙여 숲지대의 신이라는 특성을 나타낸다.

그러나 이런 형태 변화가 나무정령의 본질적 특성에 영향을 미치는 것은 아니다. 나무와 일체를 이룬 정령일 때 지닌 능력은 나무의 신이 되었을 때에도 그대로 유지된다. 프라하(Praque)의 선교사 제롬(Jerome)이 리투아니아 이교도들에게 성림(聖林)을 베어버리라고 설득하자, 한 무리의 여자들이 리투아니아 대공에게 몰려가 그를 제지해 달라고 간청했다. 그가 숲과, 그들이 비와 햇빛을 구해온 신전을 파괴하려 한다는 것이었다. 아삼(Assam) 지방의 문다리(Mundari)족은 성림의 나무를 잘라내면 숲의 신들이 가뭄이 들게 해 불쾌감을 표현한다고 생각한다. 또, 캄보디아에는 마을마다 정령이 거처하는 신성한 나무가 있어 비가 늦어지면 사람들이 그 나무에 제사를 올린다. 동아프리카의 와캄바(Wakamba)족은 가뭄이 들면 원로들이 모여 호리병에 든 사과술과 염소 한 마리를 바오밥 나무로 가져가, 그곳에서 염소를 잡고 제사를 올린다. 이때 염소는 잡기만 하고 먹지 않는다. 오밤보(Ovambo)족 여자들은 밀씨를 뿌리러 갈 때, 씨바구니에 특정한 나무(*Peltophorum africanum Sond*)의 푸릇푸릇한 생가지 두 개를 함께 담아 가서, 그 중 하나를 처음 씨뿌린 밭에 같이 심는다. 이 나뭇가지에 비를 끌어오는 힘이 있다고 믿는 것이다. 그래서 이 나무를 지칭하는 토착방언 중에 '비의 덤불'이란 뜻을 지닌 것이 있다. 나무정령에게서 비를 이끌어내기 위해 때때로 나뭇가지를 물에 담그기도 한다. 이때 정령은 분명히 나뭇가지에 내재하는 것으로 상정되며, 그 정령을 적신 물이 일종의 공감주술을 통해 비를 불러오는 것이다.

나무정령은 또한 농작물을 자라게 한다. 문다리족은 마을마다 성스러운 숲이 있고 "숲의 신들은 농작물을 관장하며 커다란 농경잔치가 있을 때마다 특별한 경배를 받는다." 동아프리카의 와본데이(Wabondëi)족은 추수하기 전에 바오밥 나무에 사는 정령에게 염소를 제물로 바치는데, 이때 염소피를 나무 뿌리에 난 구멍에 붓는다. 이 제물을 빠뜨리면 정령이 사람들에게 질병과 죽음을 보낸다고 한다. 갈라족은 신성한 나무를 돌며 쌍쌍이 춤을 추며 풍작을 기원한다. 남녀가 한 쌍을 이루며, 각기 막대기 한쪽 끝을 잡아 서로 연결한다. 겨드랑이에는 푸른 밀이나 풀을 낀다. 스웨덴 농민들은 밀밭 고랑마다 잎이 달린 나뭇가지를 꽂아놓고, 그 가지가 풍작을 보장해 줄 것으로 믿는다.

또, 나무정령은 가축 떼를 번식시키고 여자들한테 아이를 내려준다. 마오리족 중 투호에 부족은 "나무가 여자에게 아이를 낳을 수 있는 능력을 준다고 생각한다. 그런 나무는 신화적인 특정 조상의 탯줄과 연관된다. 그래서 아주 최근까지도 모든 아이의 탯줄을 거기다 걸어놓는 것이 관례였다. 아이를 못 낳는 여자는 두 팔로 그 나무를 껴안아야 한다. 껴안는 쪽이 동쪽이냐 서쪽이냐에 따라 아들을 얻거나 딸을 얻는다." 유럽에서 흔히 5월절에 사랑하는 처녀의 집 앞이나 지붕 위에 싱싱한 초록색 나무떨기를 놓아두는 풍습은 아마도 나무정령의 생식력에 대한 믿음에서 유래했을 것이다. 바이에른 일부 지방에서는 신혼부부의 집에도 그런 나무떨기를 놓아둔다. 부인이 해산을 앞두고 있을 때에는 그런 관행을 생략하는데, 그때는 남편이 "혼자서 5월절 나무를 세운다"고 이야기한다. 남방 슬라보니아인(Slavonia)에게도 아이갖기를 바라는 여자가 성조지 축일 전야에 열매 잘 맺는 나무에다 새 속치마를 걸어놓는 풍습이 있다. 다음날 아침 해뜨기 전에 그 옷을 검사해서 옷에 어떤 생물체가 기어들어간 것이 확인되면 그 해 안에 소망을 이룰 수 있다고 생각하기 때문이다. 그래서 밤새 속옷을 걸어둔 나무처럼 자신도 풍성한 열매를 맺을 것이라고 믿으며 그 속치마를 입는다. 카라키르기스(Kara-Kirghiz)족의 불임녀는 아이를 얻기 위해 외따로 떨어진 사과나무 아래에서 뒹군다. 인도의 몇몇 산악부족은 신랑 신부를 서로 결혼시키기 전에 각기 두 그루 나무와 먼저 결혼시키는 풍습이 있다. 예를 들어, 문다(Munda)족의 신부는 연단(鉛丹, red lead)을 가지고 마후아(mahwá) 나무를 건드린 다음, 그 나무를 양팔로 껴안고 몸을 묶는다. 또, 신랑도 망고 나무를 가지고 비슷한 의식을 치른다. 이 풍습의 의도는 아마도 신혼부부에게 나무의 왕성한 생식력을 전해주는 데 있는 것 같다.

2

지금까지 살펴본 대로 나무정령에는 보통 이로운 성질이 귀속되었다. 5월절 나무(May-tree)나 5월절 기둥(May-pole) 같은 풍습이 유럽 농민들의 민속축제 속에서 왜 그토록 널리 유행하고 유달리 중시되었는지 쉽게 이해할 수 있게 해주는 대목이다. 봄이나 초여름, 심지어 하지날에도 유럽 곳곳에서는 숲에 가서 나무 한 그루를 잘라 마을로 가져온 뒤 마을사람들의 환호 속에 나무를 세우거나, 숲 속의 나뭇가지를 잘라 집집마다 달아놓는 것이 관례였고, 지금도 그렇다. 이 풍습의 의도는 나무정령이 내려주는 축복을 마을과 각 가정에 돌리려는 것이다. 모든 집 앞마다 5월절 나무를 심거나 마을의 5월절 나무를 집집마다 돌려 심는, 일부 지방의 풍습도 그런 것이다. 그렇게 함으로써 각 가정마다 제 몫의 축복을 받을 수 있게 하려는 것이다. 이 주제에 관한 증거는 무수히 많지만 몇 가지 예만 꼽아보기로 하자.

1682년에 쓴 『웨스트미드 묘사 *Description of Westmeath*』라는 책에서 헨리 피어스 경은 이렇게 말하고 있다. "5월절 전야가 되면 집집마다 집 앞에 푸른 관목을 세우고, 풀밭에서 지천으로 나는 노란 꽃을 그 위에 뿌려놓는다. 재목이 풍부한 지방에서는 키가 크고 가느다란 나무를 높이 세워놓고, 거의 일년 내내 그대로 둔다. 그래서 사정을 모르는 외지인들은 흔히 그것을 맥주가게 표시로 착각하고, 모든 집이 다 맥주도가라고 생각하기 쉽다." 노샘프턴셔(Northamptonshire)에서는 5월절에 보통 3미터에서 3.6미터쯤 되는 어린 나무를 집 앞에 심고, 나무 위와 집 주변에 꽃을 뿌려둔다. "콘월(Cornwall) 지방 사람들 사이에 아직 남아 있는 오랜 풍습 가운데 5월 첫째날에 대문과 현관을 이집트 무화과나무와 산사나무의 푸른 가지로 장식하고, 나무나 나무 그루터기를 집 앞에 심는 풍습이 있다." 잉글랜드 북부지방의 옛 풍습에 따르면, 젊은이들은 자정을 조금 넘긴 5월 첫째날에 새벽같이 밖으로 나와서 음악을 연주하거나 뿔피리를 불면서 숲 속으로 들어가, 나뭇가지를 꺾어 꽃다발과 화관을 만들어 장식한다. 그런 다음, 해 뜰 무렵이 되면 꽃장식 나뭇가지를 들고 돌아와 자기 집 문과 창 위에 달아놓았다. 옛날에 버크셔(Berkshire) 아빙던(Abingdon)에서는 젊은이들이 5월 아침에 무리지어 돌아다니며 찬가를 불렀다. 다음은 그 중 두 연이다.

> *우린 밤새 거닐었네,*
> *오늘 이 순간까지.*
> *우린 다시 돌아오네,*
> *멋진 꽃다발을 손에 들고.*
>
> *멋진 꽃다발을 여기 가져와*
> *그대 문 앞에 우리 서 있네.*
> *새싹이 잘 돋아난 어린 나무는*
> *주님의 솜씨로 빚은 걸작이라네.*

보주(Vosges) 산맥에 있는 한 마을에서는 5월 첫째 일요일에 젊은 처녀들이 집집마다 떼지어 다니며 5월을 찬양하는 노래를 부른다. 노래 속에는 '5월에 생기는 빵과 음식'을 언급하는 구절이 들어 있다. 만일 집주인이 돈을 주면 그녀들은 푸른 나뭇가지를 문에 달아주고, 돈을 주지 않으면 그 집에 아이가 많이 생기되 먹을 빵은 생기지 말라고 빈다. 마엔(Mayenne)의 프랑스 행정구역에서는 5월 1일이 되면 '마요탱(*Maillotins*)'이라고 부르는 소년들이 농장마다 돌아다니며 찬가를 불러주고 그 답례로 돈이나 마실 것을 얻었으며, 또 작은 나무나 나뭇가지를 갖다 심었다. 모라비아(Moravia) 지방의 독일인들은 '레타레(*Laetare*) 주일'이란 이름으로 알려진, 부활절 전 셋째 일요일에 젊은 처녀들이 작은 전나무를 들고 집집마다 다니며 노래를 불러주고 선물을 받는 것이 관례다. 전나무는 형형색색의 리본과 꽃, 물들인 계란껍질로 장식하며, 가지를 함께 엮어 이른바 왕관 모양을 만든다. 코르푸(Corfu)에서는 5월 1일에 아이들이 5월 노래를 부르며 돌아다닌다. 남자아이들이 리본과 꽃, 제철과일로 장식한 작은 삼나무를 들고 다니면, 집집마다 그들에게 포도주를 한 잔씩 주며 답례한다. 여자아이들은 꽃다발을 들고 다니는데, 그들 중 한 아이는 천사처럼 금빛 날개가 달린 옷을 차려 입고 꽃을 뿌리며 다닌다.

잉글랜드, 프랑스, 독일 등 유럽 각지에서 성행하는, 5월절에 5월절 나무나

5월절 기둥을 세우는 풍습은 굳이 길게 예를 늘어놓을 필요가 없다. 몇 가지 예로 족할 것이다. 청교도적 저술가인 필립 스터브스(Phillip Stubbes)는 1583 년에 런던에서 처음 출판된 『악습의 해부 Anatomie of Abuses』라는 저서에서 베스 여왕 재위 중에 사람들이 5월절 기둥을 들여오는 광경을 혐오감이 잔뜩 배인 시선으로 묘사했다. 그의 묘사는 즐거운 옛 잉글랜드의 생생한 풍속도 한 자락을 우리에게 얼핏 보여준다. "5월절이나 성령강림제(Whitsunday) 같 은 날이 되면 남녀노소 가릴 것 없이 모든 사람이 숲과 동산, 언덕과 산을 뛰 어 돌아다니며 즐거운 여흥으로 밤을 지샌다. 아침이 되면 사람들은 자작나 무와 나뭇가지 따위를 들고 돌아와서 그것으로 집회장을 장식한다. 그리고 놀라지 말라. 그들 중에는 그들의 여흥과 오락을 지배하고 주재하는 위대한 군주가 함께 있으니, 바로 지옥의 왕 사탄이다. 거기서 그들이 가져오는 보물 가운데 으뜸가는 것이 5월절 기둥이다. 사람들은 그 기둥을 아주 정중하게 운반한다. 20~40마리쯤 되는 황소에 고삐를 매고 황소마다 뿔 끝에 향기로 운 꽃다발을 건 뒤, 그 황소들로 하여금 이 5월절 기둥—이 냄새 나는 우상 같은 것—을 끌고 오게 한다. 기둥에는 온통 꽃과 풀잎을 덮고, 꼭대기부터 밑바닥까지 끈을 둘둘 감았으며, 때로는 갖은 색칠을 해놓기도 한다. 그 기둥 뒤로 200~300명에 달하는 무리가 아주 경건한 태도로 따라온다. 그리하여 기둥이 세워지고 손수건과 깃발이 꼭대기에 나부끼면, 사람들은 기둥 둘레에 짚을 깔고 푸른 나뭇가지를 기둥에 묶은 뒤, 기둥 가까이에 원두막과 휴게소, 정자 따위를 세운다. 그런 다음 모두 달려들어 춤판을 벌인다. 이는 마치 우 상을 봉헌하는 이교도들의 의식 같다. 이교의식의 완벽한 모범, 아니 영락없 는 이교의식 그 자체다. 상당한 비중과 평판을 지닌 사람들의 믿을 만한 보 고—입에서 입으로 전하는—에 따르면, 숲에서 밤을 보내는 40~60명, 심지 어 100명 가까이 되는 처녀들 가운데 순결을 지킨 채 집으로 돌아오는 비율 은 1/3 정도가 고작이라고 한다."

바이에른 북부 몇몇 마을에서는 3년이나 4년, 또는 5년마다 한 번씩 5월절 기둥을 새로 바꾼다. 그 기둥은 숲에서 가져온 전나무로 만드는데, 온갖 화환 과 기치, 명정(銘旌) 따위 장식물 가운데 가장 요긴한 부분은 "죽은 기둥이 아 니라 푸른 숲의, 살아 있는 나무임을 나타내는 표징으로서" 꼭대기에 남겨놓는 짙푸른 나뭇잎 다발이다. 애초의 풍습은 거의 의심할 나위 없이 해마다 5월절 나무를 새로 세우는 것이 관례였을 것이다. 봄이 되어 새로 깨어난, 초목의 결실을 가져오는 정령을 맞아들이는 것이 이 풍습의 목적이므로, 푸르고 싱싱한 살아 있는 나무 대신 늙고 시든 나무를 해마다 세우거나 계속 세워둔다면 목적에 어긋나는 일이 될 것이다. 하지만 그런 풍습의 의미가 잊혀지고 5월절 나무를 단순히 명절놀이의 중심으로만 간주하게 되면서, 싱싱한 나무를 해마다 잘라야 할 이유도 없어져버렸다. 그래서 똑같은 나무를 항상 세워두고, 5월절에 싱싱한 꽃으로 장식하는 정도에 그치게 된 것이다.

그러나 5월절 기둥이 이와 같이 고정물이 되어버린 후에도, 그것을 죽은 기둥이 아니라 싱싱한 나무같이 보이게 할 필요가 이따금 생겼다. 그래서 체셔(Cheshire)의 웨버럼(Weverham)에는 "두 개의 5월절 기둥이 있는데, 이 날(5월절)이 되면 온갖 정성을 기울여 유서 깊은 장엄함이 살아나도록 기둥을 치장한다. 기둥 옆에는 꽃다발을 달고, 꼭대기는 잎이 달린 자작나무나 종류가 다른 길고 가는 나무로 마무리한다. 나무껍질은 벗겨내고 줄기는 기둥에 이어붙여서, 마치 꼭대기부터 한 나무인 듯이 보이게 만든다." 그러므로 5월절 나무를 새롭게 만드는 것은 5월추수제(Harvest-May)를 새롭게 벌이는 것과 비슷하다. 두 가지 모두 초목을 번성케 하는 정령의 새로운 기운을 흡수하여 일년 내내 보존하는 것이 목적이다. 그러나 5월추수제의 효험은 농작물의 성장을 촉진하는 데 그치는 반면, 5월절 나무나 5월절 가지의 효험은 이미 살펴보았듯이 여자와 가축에게도 미친다.

마지막으로, 때때로 한 해를 마감할 때 묵은 5월절 나무를 불사르는 풍습도 있다는 사실에 주목할 필요가 있다. 그래서 프라하 지방에서는 젊은이들이 공식적인 5월절 나무를 일부 꺾어 방안에 걸린 성화(聖畵) 뒤에 놔두었다가, 다음 5월절이 되면 난롯불에 태운다. 뷔르템베르크에서는 종려주일(Palm Sunday, 부활절 직전 일요일)에 집에 세워놓은 나무떨기를 그냥 놔두었다가 1년 뒤에 불태운다.

지금까지 나무에 합일되어 있거나 내재하는 나무정령에 대해 살펴보았다. 이제 우리는 나무정령이 종종 나무에서 분리되어 사람의 형상으로 표현되며, 심지어 살아 있는 남녀의 모습으로 화신하기도 한다는 것을 보여줄 필요가 있다. 나무정령을 인격적 형태로 표현하는 사례는 주로 유럽 농민들의 대중적인 풍습에서 찾아볼 수 있다. 알자스(Alsace) 지방의 탄(Thann)에서는 '귀여운 5월의 장미'라고 부르는 한 소녀가 하얀 옷을 차려 입고 꽃다발과 리본으로 치장한 작은 5월절 나무를 들고 다닌다. 그녀와 일행은 집집마다 선물을 거두러 다니며 이런 노래를 부른다.

> 귀여운 5월 장미는 세 번을 빙빙 돈다네.
> 빙빙 도는 모습을 보여다오.
> 5월의 장미여, 푸른 숲에 오너라.
> 우리 모두 즐거우리.
> 5월을 지나 장미한테로 우린 간다네.

　노래를 부르는데도 아무것도 주지 않는 집이 있으면, 이들은 담비가 닭을 잡아먹고, 포도가 열리지 않고, 밤나무에 열매가 달리지 않고, 밭에서 밀이 나지 않게 해달라고 빈다. 그래서 사람들은 한 해의 소출이 이 5월의 노래패한테 바치는 선물에 따라 결정된다고 여긴다. 이것과 위에서 언급한 사례들을 살펴볼 때, 아이들이 5월절에 푸른 나뭇가지나 화환을 들고 돌아다니며 노래를 부르고 돈을 걷는 것은, 아이들이 집집마다 식물의 정령과 함께 풍성한 행운을 가져다주므로 수고한 답례를 받는다는 의미다. 러시아령(領) 리투아니아(Lithuania)에서는 5월 1일에 마을 앞에 푸른 나무를 한 그루 세워놓는다. 그리고 시골 젊은이들이 제일 예쁜 처녀를 뽑아 관을 씌우고 자작나무 가지로 감싸서 5월절 나무 옆에 두고, 춤추고 노래하며 "오월이여! 오월이여!" 하고 외친다. 브리(Brie, 프랑스 섬)에서는 5월절 나무를 마을 한가운데 세우는데, 꼭대기는 꽃으로 덮고, 아래쪽은 잎사귀와 잔가지로 엮으며, 더 아래쪽은 커다랗고 푸른 생가지로 엮는다. 처녀들이 나무 둘레에서 춤추기 시작하면 나뭇잎으로 감싼, '5월 아비(Father May)'라고 부르는 젊은이가 사람들에게 이끌려 나온다. 북부 바이에른 프랑켄발트 산맥에 있는 소읍들에서는 5월 둘째날에 술집 앞에 '발버(Walber)' 나무를 세워놓고, 한 남자가 그 둘레를 돌며 춤을 춘다. 그 남자는 머리부터 발끝까지 밀짚으로 감싸고 밀이삭을 머리 위에 왕관 모양으로 묶는다. 그를 일컬어 '발버'라고 하는데, 그는 어린 자작나무 가지로 장식한 거리를 행진대열에 끼여 함께 걷는다.

지금까지 우리는 나무정령 또는 식물의 정령이 일반적으로 나무나 나뭇가지, 꽃 같은 식물의 형상만을 취하거나, 아니면 인형이나 살아 있는 사람과 결합하여 식물과 인간의 형상을 동시에 취하는 것을 살펴보았다. 아직 더 살펴볼 것은 나무나 나뭇가지, 꽃 같은 것을 통한 표현을 완전히 생략하고 살아 있는 사람으로만 표현하는 경우다. 이때 그 사람의 대표성은 대개 그 사람을 나뭇잎이나 꽃으로 치장하는 것에서 나타나는데, 때로는 단지 명칭만으로 그것을 나타내기도 한다.

그래서 러시아 일부 지방에서는 성조지 축일(4월 23일)에 한 젊은이가 마치 영국의 '푸른 옷의 잭(Jack-in-the-Green)'처럼 나뭇잎과 꽃으로 치장을 한다. 슬로베니아인(Slovene)은 그를 '푸른 조지'라고 부른다. 그가 한 손에 불붙인 횃불, 다른 손에 파이 하나를 들고 밀밭으로 나가면, 처녀들이 알맞은 노래를 부르며 뒤따른다. 그런 다음 둥그렇게 원 모양으로 쌓아둔 작은 나무더미에 불을 붙이고 한가운데 파이를 놓는다. 그러고는 의식에 참가한 사람들이 모두 불 주변에 둘러앉아 파이를 나누어 먹는다. 이 풍습에서 나뭇잎과 꽃으로 치장한 푸른 조지는 같은날 카린티아(Carinthia)와 트란실바니아(Transylvania), 루마니아 등지에서 행하는 의식에 등장하는, 나무와 관련이 있어 보이는 비슷한 분장의 푸른 조지와 명백히 일치한다. 또, 우리는 이미 러시아에서도 성령강림절(Whitsuntide)에 자작나무를 여자 옷으로 치장하고 집 안에 세워놓는 것을 본 바 있는데, 러시아의 핀스크(Pinsk) 지방에서도 성령강림절 월요일(Whitmonday)에 이와 동일한 관습을 마을 처녀들이 행한다. 그들은 무리 중에서 가장 아름다운 여자를 뽑아, 자작나무와 단풍나무에서 뜯은 잎사귀로 감싼 뒤에 온 마을에 데리고 다닌다. 소러시아 지방에서는 머리에 환한 꽃을 꽂은 한 소녀를 '포플러'의 상징으로 삼아 데리고 다닌다. 네덜란드에서는 성령강림절에 가난한 여자들이 '성령강림절 꽃(*Pinxterbloem*, 붓꽃의 일종인 듯)'이라고 부르는 어린 소녀를 꽃으로 치장하여 수레에 태운 뒤에 데리고 다니면서 구걸을 했다. 북부 브라반트(Brabant) 지방에서는 소녀의 호칭을 따온 꽃으로 그 소녀를 장식하고 이런 노래를 부른다.

> *성령강림절 꽃이여,*
> *한 차례 빙 돌아보아라.*

프로방스(Provence) 전역에서는 5월 1일에 예쁘장한 어린 소녀들에게 하얀
옷을 입히고 장미 화관과 화환을 씌운 뒤, 길거리로 데리고 나가 꽃을 뿌린
좌석이나 단 위에 올려놓는다. 그러면 일행이 돌아다니며 '마요(Mayos)' 또
는 '마예(Mayes)'라고 부르는 그 소녀들을 위해 지나가는 사람들한테서 헌금
을 모은다. 아르덴(Ardennes) 일부 지방에서는 5월절에 흰옷을 입고 머리에
화관을 쓴 작은 소녀가 동료들과 함께 집집마다 다니며 헌금을 모으고 이런
노래를 불렀다.

> *5월, 아름다운 5월이 왔네.*
> *밀은 높이 자라고*
> *산사나무는 꽃이 피네.*
> *종다리도 창공에서 노래한다네.*

식물의 정령을 상징하는, 나뭇잎 옷차림을 한 인물은 종종 왕이나 여왕으
로 불린다. 이를테면 5월의 왕, 성령강림절의 왕, 5월의 여왕 따위다. 만하르
트(Mannhardt)가 지적하듯이, 이런 칭호는 식물 속에 들어 있는 정령이 먼 곳
까지 폭넓게 창조력을 미치는 통치자라는 것을 의미한다.

하노버(Hanover)의 힐데스하임(Hildesheim)에서는 성령강림절 월요일 오후
에 젊은이 대여섯 명이 기다란 회초리를 일정한 간격으로 두드리며 집집마다
계란을 거두러 다닌다. 그 무리의 우두머리를 '나뭇잎 왕'이라고 하는데, 이
젊은이는 자작나무 가지로 몸을 완전히 감싸서 보이는 것이라고는 발뿐이
다. 자작나무 가지로 만든 커다란 머리싸개가 그의 키를 더 커보이게 한다.
그는 손에 기다란 갈고리 지팡이를 들고 대열을 벗어나는 개와 아이들을 붙
잡으려고 애쓴다. 랑겐잘차(Langensalza) 부근에 있는 그로스파르굴라
(Grossvargula)에서는 18세기에 성령강림절 행렬에 '풀의 왕'을 이끌고 다녔
다. 이 왕에게는 포플러 가지로 만든 피라미드를 둘러씌우고, 나뭇가지와 꽃

으로 만든 왕관을 피라미드 꼭대기에 장식했다. 왕이 말 등에 올라탄 뒤 나뭇 잎 피라미드를 위에 씌우면, 피라미드 밑바닥이 땅에 닿고 구멍을 통해 얼굴 만 보였다. 젊은이들의 기마행렬에 둘러싸여 왕은 시청, 사제관 등지로 행진 해 갔다. 거기에서 사람들은 모두 맥주를 한 잔씩 들이켰다. 그런 다음 인접 한 조머베르크(Sommerberg)에 있는 일곱 그루 보리수 나무 아래에서 풀의 왕 은 초록색 껍데기를 벗겨내고 왕관을 시장(市長)에게 넘겼으며, 나뭇가지는 아마가 잘 자라라고 아마밭에 꽂아놓았다.

봄철 식물의 정령은 종종 왕 대신 여왕으로 나타난다. 리브코빅(Libchowic, 보헤미아) 인근 지방에서는 사순절 넷째 주일에 하얀 옷을 입고 오랑캐꽃이 나 데이지 꽃 같은, 갓 피어난 봄꽃을 머리에 꽂은 처녀들이 여왕이라고 부르 는, 화관을 쓴 한 처녀를 이끌고 마을을 돌아다닌다. 아주 엄숙하게 거행되는 이 행진 중에 처녀들은 가만히 서 있으면 안 된다. 끊임없이 빙빙 돌면서 노 래를 불러야 한다. 여왕은 집집마다 봄이 온 것을 알리고 식구들에게 행운과 축복을 기원해 주며, 답례로 선물을 받는다. 독일령 헝가리에서는 처녀들이 자기들 중에서 가장 예쁜 처녀를 뽑아 성령강림절 여왕으로 삼고, 높다란 화 환을 이마에 묶은 다음 노래를 부르며 길거리로 데리고 나간다. 그들은 집집 마다 멈춰서 옛 민요를 불러주고 선물을 받는다. 아일랜드 동남부 지방에서 는 5월절에 가장 예쁜 소녀를 뽑아 12개월 동안 그 지방의 여왕으로 삼았다. 그러면 여왕은 야생화로 왕관을 만들어 대관식을 했고, 잔치와 무용, 시골 운 동경기가 뒤따랐으며, 저녁에 마무리로 대행진을 벌였다. 재위기간 동안 여 왕은 시골 젊은이들의 무도회와 오락행사 따위를 주관했다. 여왕이 다음 5월 절 전에 결혼하면 그녀의 권한이 종료되지만, 후임자는 그날이 돌아올 때까 지 뽑지 않았다.

또, 식물의 정령은 때때로 한 쌍의 왕과 여왕, 또는 신사와 숙녀, 신랑과 신 부로 나타나기도 한다. 여기서도 나무정령의 인격적 표현과 식물적 표현 사 이에 유사성이 나타난다. 앞에서 보았듯이, 나무들도 때때로 서로 짝을 짓는 일이 있는 것이다. 워릭셔(Warwickshire) 남부 할퍼드(Halford)에서는 아이들 이 5월절이 되면 왕과 여왕을 맨 앞에 세우고 둘씩 행렬을 지어 집집마다 돌 아다니는데, 두 소년이 꽃과 푸른 잎사귀로 덮인, 높이가 2미터쯤 되는 5월절 기둥을 들고 간다. 그 꼭대기 부근에는 가로막대 두 개가 서로 직각이 되게 붙어 있다. 가로막대는 꽃으로 장식하며, 막대 양끝에는 비슷하게 장식한 굴렁쇠들이 걸려 있다. 아이들은 집집마다 돌아다니며 5월 노래를 부르고 돈을 받으며, 그 돈으로 차를 마련해서 오후에 학교 교실에서 다과회를 연다. 쾨니히그레츠(Königgrätz) 부근에 있는 한 보헤미안 마을에서는 성령강림절 월요일에 아이들이 왕놀이를 한다. 그 놀이는 왕과 여왕이 차양을 이고 행진하는 것인데, 화관을 쓴 여왕을 가장 나이 어린 소녀가 화환 두 개를 얹은 쟁반을 들고 뒤따른다. 그리고 신랑 신부 들러리라고 부르는 소년 소녀들이 이들을 수행하며, 이들은 집집마다 다니며 선물을 걷는다. 덴마크의 한 교구마을에서는 성령강림절에 어린 소녀를 '성령강림절 신부(pinse-bruden)'로, 또 어린 소년을 그 신랑으로 삼아 단장하는 관습이 있었다. 소녀는 성숙한 신부와 똑같이 공들여 치장하고, 갓 핀 봄꽃으로 만든 관을 머리에 쓴다. 신랑도 꽃과 리본과 나비 넥타이로 한껏 멋을 내며, 다른 아이들도 노란 트롤리우스와 칼타 꽃으로 최대한 치장한다. 그런 다음 위풍당당하게 농장을 돌아다니는데, 어린 소녀 둘이 신부측 들러리로 행렬 맨 앞에서 걸어가고, 6명에서 8명쯤 되는 기마 시종이 목마를 타고 앞에서 달리며 행렬이 오는 것을 알린다. 그러면서 사람들이 가져오는 계란, 버터, 빵, 크림, 커피, 설탕, 양초 같은 것을 공물로 받는다. 농장들을 한 바퀴 다 돌고 나면 몇몇 농부 부인이 결혼잔치 여는 것을 돕고, 아이들은 해가 뜨고 새가 일어나 지저귈 때까지 나막신을 신고 다진 흙바닥 위에서 즐겁게 춤추며 논다. 이 모든 것은 이제 과거의 일이다. 단지 노인네들만 성령강림절의 그 꼬마신부와 깜찍한 흉내화장을 기억할 뿐이다. 스웨덴에서는 다른 지방에서 5월절이나 성령강림절에 행하는 의식을 보통 하지절에 거행한다. 따라서 스웨덴의 블레킹에(Blekinge) 주 일부 지방에서는 아직도 '하지절 신부'를 뽑아 이따금씩 '교회 화관(花冠)'을 대여해 주는 풍습이 눈에 띈다. 이 신부는 자기 손으로 신랑을 고르며, 사람들은 헌금을 모아주는 등 두 사람을 한동안 진짜 부부같이 대한다. 다른 젊은이들도 각자 자기 신부를 고른다.

　봄에 식물의 정령을 결혼시키는 풍습은, 직접 표현지는 않더라도, 종종 그 정령의 상징인물을 '신부'라고 부르고 결혼예복을 입히는 것에서 쉽게 드러난다. 알트마르크(Altmark)의 몇몇 마을에서는 성령강림절에 남자아이들이 5월절 나무를 들거나 나뭇잎과 꽃으로 감싼 소년을 끌고 돌아다닐 때, 여자아이들은 머리에 커다란 꽃다발을 두르고 신부처럼 차려 입은 '5월 신부'를 앞세우고 돌아다닌다. 5월 신부는 아이들과 함께 집집마다 다니면서 노래를 부르며 선물을 청하는데, 이때 만일 집안 식구들이 무언가 선물을 주면 일년 내내 풍년이 들 것이라며 축복을 하고, 만일 주지 않으면 신이 돌보지 않을 것이라고 이야기한다. 베스트팔렌(Westfalen)의 몇몇 지방에서는 두 소녀가 '성령강림절 신부'라고 부르는, 화관을 쓴 소녀를 이끌고 집집마다 가서 노래를 부르며 계란을 달라고 요청한다. 브룬스비크(Brunswick)의 바굼(Waggum)에서는 성령강림주일의 예배가 끝나면 마을 처녀들이 꽃으로 장식한 희고 밝은 옷차림에 봄꽃 화관을 머리에 쓰고 모여든다. 그들 중 한 사람은 5월 신부를 상징하며, 신분의 표시로 화관을 씌운 지팡이를 든다. 늘 그렇듯이, 아이들은 집집마다 다니며 노래를 부르고 계란이나 소시지, 과자, 돈 따위를 청한다. 브룬스비크의 다른 지방에서는 남자아이가 온통 자작나무 잎사귀로 감싼 옷차림으로 5월 신부를 의인화한다. 브레스(Bresse)에서는 5월에 '결혼한 여자(la Mariée)'라고 부르는 한 소녀가 리본과 꽃다발로 치장을 하고 씩씩한 남자에게 이끌려 다닌다. 그 앞에는 한 남자아이가 푸른 5월절 나무를 들고 가면서 노래를 부른다.

7장
신성한 결혼

1

우리는 봄과 여름의 축제에 대해 앞서 검토한 내용을 통해 다음과 같이 추리할 수 있다. 곧 우리 미개한 선조들은 식물이 지닌 힘을 남성과 여성으로 인격화하고, 동종주술 또는 모방주술의 원리에 따라 숲의 신들의 결혼을 오월절의 왕과 여왕, 또는 성령강림절의 신랑과 신부 따위로 의인화하여 표현함으로써 나무와 식물의 성장을 촉진하려고 시도했다. 따라서 그런 표현들은 단순히 시골사람들을 즐겁게 해주거나 가르치기 위해 만든 상징적이고 비유적인 드라마나 목가적 연극이 아니었다. 그것은 숲이 푸르게 자라게 하고, 싱싱한 풀이 돋게 하고, 밀이 싹트게 하고, 꽃이 피어나게 하기 위한 주술이었다. 그러므로 나뭇잎으로 감싸거나 꽃으로 장식한 배우들의 흉내결혼이 숲의 정령들의 실제 결혼과 흡사하면 할수록 주술의 효험도 당연히 더 커진다고 여겼을 것이다. 따라서 그런 의식에 수반하는 방탕한 행동이 우발적인 과잉행동이 아니라 한때 그 의식에 꼭 필요한 부분이었다는 것을, 우리는 고도의 개연성을 근거로 추정할 수 있다. 그 의식을 거행한 사람들은 나무와 식물의 결혼이 인간 남녀의 실제 결합 없이는 생산적일 수 없다고 생각했음이 틀림없다. 오늘날 문명화된 유럽에서 식물의 성장을 촉진한다는 명시적인 목적으로 이런 풍습을 지키는 예는 아마도 찾아볼 수 없을 것이다. 그러나 세계 다른 지역에 사는 미개종족들은 대지의 생산성을 보장하는 수단으로 성적 교섭을 의식적으로 활용했다. 지금까지, 또는 최근까지 유럽에 남아 있는 몇몇 이러한 의식도 비슷한 풍습이 더 발전하지 못한 흔적으로 이해하면 합리적으로 설명할 수 있다. 다음 사실들은 이 점을 명백하게 밝혀줄 것이다.

중앙아메리카의 피필(Pipile)족은 대지에 씨뿌리기 전에 40일 동안 아내와 별거하다가 "씨뿌리기 전날 밤에 쌓인 격정을 한꺼번에 쏟아붓는다. 심지어 첫번째 씨앗을 땅에 묻는 순간에 성행위를 하도록 특정한 인물을 미리 정해두기도 했다고 한다." 이처럼 씨뿌릴 때 자신의 아내와 성교를 하는 것은 사제들이 강요하는 종교적인 의무였으며, 그 의무를 소홀히 하고 씨를 뿌리는 것은 율법에 어긋나는 일이었다. 이 풍습에 관해 유일하게 가능한 해명은, 그 인디언들이 인간이 종을 번식하는 과정과 식물이 번식하는 과정을 혼동했다는 것, 그래서 전자의 과정에 의존하면 후자를 동시에 촉진할 수 있다고 상상했다는 것에서 찾아야 할 것이다. 자바의 어떤 지방에서는 벼가 한창 자랄 철이 되면 농부와 그 아내가 밤에 밭에 가서 벼의 성장을 촉진할 목적으로 성교를 한다.

뉴기니 서쪽 끝과 오스트레일리아 북부 사이에 있는 레티(Leti)와 사르마타(Sarmata), 그밖의 다른 몇몇 섬에 사는 이교도 주민들은 태양을 남성의 정기(精氣)로 보고, 여성의 정기인 대지가 그것 때문에 생산성이 높아진다고 생각한다. 그래서 그들은 태양을 우푸레라(Upu-lera), 즉 '미스터 태양'이라고 부르며, 야자나무 잎사귀를 등불 모양으로 만들어 집 안 곳곳에, 그리고 신성한 무화과나무에 걸어놓는다. 무화과나무 아래에는 제사용 탁자로 쓰는, 크고 평평한 돌을 하나 놓는다. 그 돌 위에 살해한 적의 머리를 올려놓기도 하는데, 섬 어떤 곳에서는 지금도 올려놓는다. 일 년에 한 번씩 우기가 시작될 무렵, 미스터 태양은 신성한 무화과나무로 내려와 대지를 비옥하게 하며, 사람들은 그의 강림을 돕기 위해 일곱 단짜리 사다리를 사려 깊게 놓아둔다. 사다리는 나무 아래 설치하며, 시끄러운 울음소리로 동녘에서 해가 뜨는 것을 알리는 새의 조각상으로 장식한다. 이때 개와 돼지를 아낌없이 제물로 바치고 남녀가 함께 어울려 질탕하게 주연을 벌인다. 태양과 대지의 신비한 교합을 노래와 춤이 요란한 가운데 나무 아래에서 남녀가 실제로 성교를 벌이는 것으로 공개리에 극적으로 표현하는 셈이다. 이 잔치의 목적은 비와 풍부한 음식물, 많은 가축과 아이들과 재산을 '태양 할아버지'한테서 얻어내는 것이다.

사람들은 암염소가 모두 두세 마리씩 새끼를 낳고, 종족이 번성하고, 죽은 돼지가 산 돼지로 바뀌고, 빈 쌀통이 채워지게 해달라는 따위의 기원을 올린다. 그리고 태양이 그 요청을 들어주도록 하기 위해 사람들은 돼지고기와 쌀과 술을 제물로 차려놓고 어서 내려와서 드시라고 청한다.

마니푸르(Manipur)*의 탕쿨(Tangkhul)족은 볍씨를 뿌리기 전과 추수하기 전에 남자아이들과 여자아이들이 덩굴을 꼬아서 만든 단단한 밧줄로 줄다리기 경기를 한다. 커다란 맥주항아리가 준비되고, 하룻밤 동안 일상도덕의 엄격함을 벗어나 자유로운 방종이 허용된다. 이런 향연을 단지 제어할 수 없는 열정의 분출이라고만 보는 것은 부당한 일일 것이다. 그것은 대지의 풍요와 인간의 복지를 위해 행하는 필수적인 행사로서, 의도적으로 진지하게 준비한 것이 분명하다.

중앙아프리카의 바간다족은 성교와 대지의 풍요 사이에 긴밀한 관련이 있다고 강하게 믿은 나머지, 아이를 못 낳는 아내를 남편의 밭에 열매가 열리는 것을 방해한다는 이유로 쫓아낸다. 반대로 쌍둥이를 낳아서 뛰어난 생산력을 과시한 부부에게는 그들의 주식원(主食源)인 바나나 나무의 결실을 늘려줄 능력이 있다고 믿는다. 그래서 쌍둥이가 태어나면 출산한 지 얼마 지나서 않아서 의식을 거행하는데, 그 목적은 분명히 부모의 생식력을 바나나 나무에 옮기는 데 있다. 쌍둥이 엄마가 집 부근 풀밭에 등을 대고 누운 뒤 바나나 꽃을 다리 사이에 놓으면, 남편이 와서 생식기로 꽃을 쳐내는 것이다.

진리를 추구하는 인간정신의 우회로를 더듬어보려는 연구자에게는 다음 사실이 약간 흥미를 끌 것이다. 곧 성(性)이 식물에 미치는 공감적 영향에 대한 똑같은 이론적 믿음이, 어떤 사람들에게는 대지를 비옥하게 하는 수단으로서 열정에 탐닉하도록 작용하는 반면, 또다른 사람들에게는 정반대의 수단으로 같은 목적을 추구하게 한다는 것이다. 니카라과 인디언들은 옥수수 씨를 뿌리고 추수할 때까지 아내와 잠자리를 따로 하는 등 정숙한 생활을 했다. 그들은 소금은 물론, 코코아나 옥수수를 발효시켜 만든 치차(chicha) 술을 마시지 않았다. 한마디로, 그 기간은 스페인 역사가들이 관찰한 대로 금욕의 시

* 인도 동쪽 끝 아삼 주에 있다. 미얀마 국경과 아주 가깝다.

기였다. 오늘날까지도 중앙아메리카의 몇몇 인디언 부족은 농작물의 성장을 촉진할 목적으로 금욕생활을 한다. 그래서 켁치(Kekchi) 인디언은 옥수수 씨를 뿌리기 전에 닷새 동안 아내와 떨어져 자며 육식을 하지 않는다. 란키네로(Lanquinero)족과 카하보네로(Cajabonero)족은 육체적 향락을 금하는 기간이 13일에 달한다.

또, 성교와 대지의 생산성 사이에 존재한다고 생각되는 공감적 관계는, 부정한 사랑이 직간접적으로 생산성을 해치고 농작물을 망친다고 믿는 데서도 드러난다. 예를 들어, 미얀마의 카렌(Karen)족에게는 그런 믿음이 보편적이다. 그들은 간통이나 간음이 농작물 수확에 엄청난 피해를 미친다고 생각한다. 따라서 만일 한두 해 동안 흉년이 들고 비가 오지 않으면, 마을사람들은 그런 종류의 은밀한 죄악을 그 사태의 원인으로 돌리고 천지신명이 그 일로 노했다고 이야기한다. 그래서 그들은 힘을 모아 천지신명을 달래기 위한 제물을 마련한다. 또, 간통이나 간음이 적발될 때마다 원로들은 죄인들에게 돼지 한 마리를 사서 도살하라고 명령한다. 그러면 여자와 남자는 각기 도살한 돼지의 발을 하나씩 들고 땅에 고랑을 파서 돼지피를 고랑에 채운 뒤, 양손으로 땅을 긁으며 기도를 올린다. "천지신명이시여, 산신령이시여. 저는 이 땅의 생산력을 파괴했습니다. 노하지 마시고 미워하지 마소서. 자비를 베푸시고 긍휼히 여기소서. 이제 산과 언덕과 개천과 들판을 고쳐놓겠습니다. 곡식이 영글지 못하는 일이 없게 하소서. 결실 없는 수고나 불운한 노고가 이 땅에 없게 하소서. 그런 것들이 지평선 너머로 사라지게 하소서. 당신의 논이 결실을 얻게 하고, 당신의 벼가 풍년들게 하소서. 채소가 잘 자라게 하소서. 조금만 경작하더라도 약간은 거두게 하소서." 각자 이런 기도를 올리고 나서 그들은 집으로 돌아가 땅을 고쳤다고 말한다.

수마트라의 바타(Batta)족은 결혼하지 않은 여자가 아이를 가져 배가 부르면 신분이 비천한 사람한테라도 얼른 결혼시켜야 한다고 생각한다. 그러지 않으면 사람들이 호환(虎患)을 당하고 흉년이 든다는 것이다. 또, 근친상간의 범죄는 빨리 속죄하지 않으면 농사 전체가 결딴난다고 생각한다. 모든 사람에게 피해를 미치는 전염병 같은 재난의 원인도 거의 항상 근친상간 탓으로 돌린다. 그뿐만 아니라 자기네 풍속에 어긋나는 결혼은 모두 근친상간으로 여긴다.

아프리카 일부 지방에서도 성도덕의 문란이 자연의 운행을 어지럽히며, 특히 대지의 결실을 망친다고 믿는다. 그래서 로앙고 흑인부족은 남자가 덜 자란 여자아이하고 성교를 하면 신의 벌을 받아 가뭄과 기근이 든다고 생각한다. 그것을 막기 위한 속죄의식으로 죄인들은 왕과 군중들 앞에서 벌거벗고 춤을 추며, 사람들은 뜨거운 자갈과 유리조각을 그 두 사람에게 던진다. 예컨대 1898년에 세 소녀가 부정한 행위를 한 탓에 오랜 가뭄이 든 사실이 밝혀졌다. 세 소녀가 이른바 '색칠집(paint-house)'이라고 하는 것을 통과하기 이전에, 다시 말해서 성년에 도달한 표시로 붉은 칠을 하고 일정 기간 격리생활을 하기 전에 아이를 가진 것이다. 사람들은 몹시 화가 나서 그 소녀들을 벌주었으며, 심지어 죽이려고까지 들었다. 로앙고의 바빌리(Bavili)족은 남자가 혼인 율법을 어기고 모계 친족 여자와 결혼하면 신이 벌을 내려, 때가 되어도 비가 오지 않는다고 믿는다. 동아프리카의 난디(Nandi)족도 성범죄의 폐해에 대해 비슷한 생각을 지닌 것으로 나타난다. 그들은 전사(戰士)와 성교하여 아이를 밴 처녀는 곡식을 망친다고 믿어, 절대로 곡식창고를 들여다보지 못하게 한다. 바수토족도 그와 비슷하게 "곡식이 눈에 띄는 곳에 부정한 사람들이 다가가지 못하게 주의한다. 추수한 곡식을 집에 나르기 위해 그런 사람의 도움이 필요할 때에는 곡식을 자루에 담는 동안 그 사람을 멀리 떼놓았다가 짐 나르는 황소에 자루를 실을 때에만 가까이 오게 한다. 집에 가서 짐을 내려놓으면 그 사람은 즉시 물러나야 한다. 또, 어떤 일이 있어도 그는 곡식을 보관하는 바구니에 곡식을 붓는 것을 돕지 못한다." 곡식을 취급할 자격이 박탈되는 부정행위의 성격은 언급되어 있지 않지만, 아마도 음행(淫行)이 거기 포함될 것이다.

중부 셀레베스의 토라자족은 비를 부르는 주술에 동물의 근친상간을 교묘하게 이용한다. 그들은 신들이 근친상간이나 수간에 대한 분노를 심한 폭풍이나 폭우, 오랜 가뭄 따위로 표현한다고 믿는다. 따라서 그들은 근친상간을 저질러 신들을 분노하게 함으로써 필요할 때 비를 얻는 것이 언제든 가능하다고 생각한다. 그러나 그들은 자기들끼리 그런 범죄를 저지르는 일은 삼간다. 그 이유는 범죄자를 반드시 죽여야 하기 때문이고, 그렇게 해서 일으킨 폭풍우는 너무 격렬해서 득보다 해가 많기 때문이다. 그러나 동물의 근친상간을 실제로 행하거나 시늉만 하는 것은 훨씬 가벼운 죄에 속한다고 믿는다. 따라서 그것은 우월한 힘들을 격노시키지 않고 조금 불쾌하게 만들어, 날씨를 개선하기에 족할 정도로만 자연의 균형을 흔들리게 할 뿐이라는 것이다. 한 선교사가 이런 종류의 의식을 목격했다. 비가 필요했고, 마을의 추장이 비를 내리게 해야 했다. 그래서 추장은 조치를 취했다. 추장은 짐승들을 도살해서 서로 접붙이는 모양으로 나란히 놓고 무명천으로 단단하게 싸맨 다음 기도를 올렸다. "오, 하늘의 신들이시여, 땅의 신들이시여. 우리를 긍휼히 여기시고 올해 우리에게 음식을 주시려거든 비를 내려주소서. 비를 주지 않으시면 우리는 이 수탉과 암돼지를 접붙여 파묻을 것입니다." 이 말의 의미는 이런 것이다. '우리가 저지른 이 추행을 보고 진노하시어 폭풍우로 분노를 나타내소서.'

고대 그리스와 로마 사람들도 근친상간의 소모적 폐해에 대해 비슷한 생각을 지녔던 것 같다. 그래서 소포클레스(Sophocles)가 보기에, 테베(Thebe) 땅은 부지중에 아버지를 죽이고 어머니와 결혼한 오이디푸스 치하에서 병충해와 전염병, 여자와 가축의 수간 따위로 고통을 겪었다. 델피 신탁은 나라의 번영을 되찾는 유일한 길은 죄인을 추방하는 것이라고 선언했다. 단지 오이디푸스가 나라 안에 있는 것만으로도 식물과 짐승, 여자들이 시들어간다는 것이다.* 비극시인 소포클레스와 청중들이 이런 공공 재난의 원인을 대부분 오이디푸스가 저지른 부친살해죄 탓으로 돌린 것은 분명하지만, 근친상간도 결코 해악이 적다고 보지 않는다. 또, 고대 이탈리아에서는 클라우디우스 황제 치하에서 한 로마 귀족이 누이와 통정했다 하여 고발당한 일이 있었다. 그 사람은 자살하고 누이는 추방당했으며, 황제는 영을 내려 세르비우스 툴리우스(Servius Tullius) 왕의 율법에 따라 구전으로 내려온 어떤 고대 의식을 거행하고 사제들이 디아나의 성림(聖林)에서 속죄를 하도록 했다(디아나의 성림은

---

*크레온은 델피 신탁의 판결을 보고하면서, 땅을 오염시킨 무서운 독기(毒氣) 때문에 농작물과 가축류, 가금류, 임산부가 모두 피해를 입었는데, 오염의 원인 가운데 하나가 오이디푸스와 그 어머니 요카스타가 서로 모르고 동거한 것이라고 지적했다.

아마도 이 책의 출발점이 된 유명한 아리키아 숲일 것이다). 디아나는 일반적으로 생산의 여신이며, 특히 여성의 출산을 관장하는 것으로 나타나기 때문에, 디아나의 성소에서 근친상간을 속죄하려 했다는 사실은 로마인들도 성적 부도덕이 대지와 자궁의 결실을 모두 망치는 요인이라고 생각했음을 보여주는 증거라고 볼 수 있다.

이와 같이 근친상간이나 성범죄 일반이 대지의 결실을 망치는 힘을 지닌다는 믿음은 널리 퍼져 있었으며, 아주 먼 고대까지 거슬러 올라간다. 아마도 농경생활을 하기 훨씬 전까지 소급할 수 있을 것이다. 추측컨대 그 믿음은 원래 종교적인 것이라기보다는 주술적인 것이었다고 생각된다. 다시 말해서, 처음에는 신이나 정령이 범죄자에게 내리는 벌이라기보다 행위 자체의 직접적인 결과로 재난이 닥친다고 상상했던 것이다. 근친상간을 부자연스러운 성적 결합으로 여겼으므로, 그것이 정상적인 생식과정을 파괴해 대지의 결실을 방해하고, 짐승과 인간의 번식을 제약한다고 생각했을 법하다. 그러다가 나중에는 과거의 터부에 종교적 제재(制裁)를 가미하기 위해 영적인 존재의 분노가 자연스럽게 대두되었을 것이다. 만약 그렇다면, 근친상간이 대다수(전부가 아닌) 인류에게 불러일으키는 공포심의 상당 부분은 이런 고대의 미신에서 생겨나 그 가상적 근거를 망각해 버린 오늘날까지 많은 종족에게 본능처럼 전해 내려온 것일 수 있다. 전반적인 음식 공급을 위태롭게 하거나 파탄시켜 종족 전체의 생존에 타격을 주는 일련의 행동은 미개인의 상상 속에서 당연히 최악의 범죄로, 공공 복지에 가장 치명적인 해악을 끼치는 것으로 다가올 수밖에 없었을 것이다. 그런 미신이 처음에 어느 정도까지 근친간의 결합을 가로막는 작용을 했느냐, 다시 말해서 미개인과 문명인을 막론하고 대다수 인류에게 아직까지 통용되는 금제(禁制)를 제도화하는 데 영향을 미쳤느냐 하는 것은 결혼사(結婚史) 연구자들이 고찰할 문제다.

원시인의 사고체계에 주목한다면, 비슷한 믿음이 종족에 따라 엄격한 금욕과 다소 공공연한 방종이라는 정반대 행동양식으로 귀결되는 이유를 찾는 것이 그리 어렵지만은 않을 것이다. 만일 미개인이 어떤 식으로든 자신을 자연과 동일시한다면, 식물과 동물의 번식을 보장하기 위해 자연이 채택하는 방법을 자신 속의 충동이나 심리작용과 구별하지 못한다면, 그는 두 가지 결론

중 한 가지로 비약할 수 있다. 그는 자신의 욕망에 복종함으로써 식물과 동물의 번식을 돕는다고 추리할 수도 있고, 아니면 자기 종족의 번식을 위해 지출하지 않고 아껴둔 기력이 비축된 에너지로써 다른 생물─식물이든 동물이든─의 번식에 무언가 도움을 줄 것이라고 상상할 수도 있다.

동양의 금욕적 이상주의에 토대를 둔 종교의 영향을 받으며 자라난 독자들은, 미개인들이 특정한 환경에서 지키는 금욕 규칙에 대해 내가 설명하는 내용을 엉뚱하고 터무니없다고 여길지도 모른다. 그들은 그런 규칙을 지키는 이유를 그것과 긴밀하게 결부되어 있는 도덕적 순결성만으로도 충분히 설명할 수 있기 때문이다. 밀턴(Milton)*과 더불어 그들은 정결 그 자체가 고귀한 미덕이라고 주장할 것이다. 그래서 그들은 인간의 동물적 본성 가운데 가장 강한 충동인 성욕을 억제할 수 있는 사람들이야말로 보통사람의 무리보다 뛰어나 하느님에게 인정받을 만한 사람이라고 말할 것이다. 하지만 이런 사고방식이 우리에게 아무리 당연해 보이더라도, 미개인에게는 전혀 낯설고 이해할 수 없는 것일 뿐이다. 미개인이 때때로 성적 본능을 억제하는 것은 높은 이상주의나 도덕적 순결에 대한 고상한 갈망 때문이 아니라, 저변에 깔린 명확하고 구체적인 목적을 위한 것이며, 그 목적을 이루기 위해 감각기관의 직접적인 만족을 기꺼이 희생하는 것이다. 그리고 이것은 지금까지 든 예만으

---

*프레이저가 인용한 밀턴의 정조예찬론의 전거는 밀턴 전집인 *Historical, Political, and Miscellaneous Works of John Milton*(London, 1738)에 나오는 「스멕팀누스를 위한 변명」이다. 하지만 『코무스 *Comus*』, 420~427을 인용했을 수도 있다.

> 그건 정조라네, 내 형제여. 정조라네.
> 그 여자는 그것을 가지고 있네. 완전한 강철 옷을 두르고
> 화살통을 멘 요정같이 날카로운 화살을 가지고
> 거대한 삼림이든, 인적 없는 황무지든
> 알려지지 않은 언덕이든, 모래 덮인 죽음의 사막이든 찾아간다네.
> 거룩한 정조의 빛을 통해
> 거친 야만인도 도적떼도 산사람들도
> 감히 동정녀의 순결을 더럽히지 못할 곳으로……

여기 나오는 첫째 형의 말은 가면극에서 유혹자 코무스의 교활한 간계에 걸려드는 숙녀를 암암리에 디아나에 비유하고 있다. 하지만 이 책 1장에서 프레이저는 이미 디아나가 생식의 여신이라고 주장한 바 있다.

로도 충분히 입증된다. 그 예들에 따르면, 먹을 것을 구하는 것에서 주로 드러나는 자기보존의 본능이 종족번식에 기여하는 본능과 충돌하거나 충돌하는 것처럼 보일 때에는 원초적이고 좀더 기본적인 전자의 본능이 후자의 본능을 제압할 수 있는 것으로 나타난다. 한마디로, 미개인은 먹을 것을 위해 성적인 욕망을 기꺼이 억제한다. 미개인이 그것을 위해 똑같은 자제력을 발휘하는 데 동의하는 또다른 목적은 전쟁에서 이기는 것이다. 싸움터로 간 전사뿐만 아니라 집에 있는 동료들도 종종 관능적 욕망을 억제하면 더 쉽게 적을 이긴다고 생각하고 그렇게 한다. 그런 믿음이 오류라는 것은 씨뿌리는 자의 순결이 씨앗의 성장에 도움을 준다는 믿음과 마찬가지로 아주 분명하다. 하지만 아무리 허황되고 잘못된 것일지라도, 이런 종류의 믿음이 인류에게 강제하는 절제력은 종의 번식을 유지하고 강화하는 데 무용한 것이 아니었다. 개체의 경우처럼 종족에게서도 자질의 우수성은 주로 미래를 위해 현재를 희생하는 능력, 더 멀고 지속적인 만족의 원천을 위해 일시적인 쾌락의 직접적인 유혹을 무시하는 능력으로 나타나기 때문이다. 그 능력을 더 많이 발휘할수록 종족의 자질은 더 우수해지고 더 강해진다. 그래서 사람은 다른 사람을 지키거나 획득하기 위해, 아마도 먼 미래에는 자유와 진리의 축복을 얻기 위해 인생의 쾌락이나 심지어 인생 자체를 내버리는, 고상한 영웅주의에 도달하기도 하는 것이다.*

2

지금까지 우리는 미개인들이 사실 근거가 없잖아 있는, 널리 퍼진 믿음에 따라 식물이 남성적 요소와 여성적 요소의 성적 결합을 통해 종을 번식하며, 동종주술 또는 모방주술의 원리에 입각하여 이런 번식과정을 식물의 정령으

---

*여기서 프레이저의 논증이 얼마나 미묘한 매력을 지니는지 주목하라. 그는 빅토리아 시대 사람들이 높이 평가하고자 했던 성적인 인내심을 암암리에 그것과 반대되는 것으로 보이는 방종과 동격으로 놓고 있다. 프레이저가 나중에 삭제한 매춘부와 수녀의 생활방식에 대한 부분은 2권 6장 이하를 보라.

로 가장한 남녀의 실제 또는 흉내 결혼을 통해 촉진할 수 있다고 생각해 왔음을 살펴보았다. 그런 주술적 연극은 유럽의 민속축제에서 큰 역할을 했다. 그것들은 자연법칙에 대한 매우 조잡한 관념에 바탕을 둔 것이기는 하지만 먼 고대부터 이어져 내려온 것임이 분명하다. 따라서 아직 야만 상태에서 벗어나지 못한 유럽 문명민족의 조상들이 그 당시 지중해부터 북극해까지 유럽 대륙을 대부분 덮고 있던 광대한 삼림지대 속 몇몇 개활지에서 가축을 기르고 밀밭을 경작하던 때를 그 연원으로 추정하더라도 큰 잘못은 없을 것이다. 그러나 만약 잎사귀와 꽃, 풀과 화초와 과일 따위를 자라게 하는 당시의 주술과 마법이 목가적인 연극이나 대중적인 연희의 형태로 우리 시대까지 전해온다면, 약 2000년 전 고대의 문명인들 사이에서는 그것이 덜 희석된 형태로 존속했으리라고 생각하는 것이 합당하지 않을까? 달리 말해서, 고대인들의 어떤 축제에서 우리는 오늘날의 5월절과 성령강림절, 하지절 의식들과 동등한 것을 찾아낼 수 있지 않을까? 비록 그 당시 의식이 아직 단순한 구경거리로 전락하지 않고, 배우들이 의식적으로 숭고한 신과 여신 역할을 하는 종교적이거나 주술적인 의식이었다는 차이가 있더라도 말이다. 그런데 이 책 1장에서 우리는 숲의 왕이라는 칭호를 지닌 네미의 사제가 숲의 여신 디아나 본인을 배우자로 삼았다고 믿는 것이 근거가 있다는 것을 밝혔다. 따라서 숲의 왕과 여왕인 그들이 근대 유럽에서 5월의 왕과 여왕, 성령강림절의 신랑과 신부 역할을 하는 어릿광대들의 본격적인 원형이 아니었을까? 그래서 그들의 결합을 해마다 신혼(神婚), 곧 신들의 결혼으로 기리는 것이 아닐까? 이 장에서 살펴보겠지만, 신과 여신의 그런 극적인 결혼은 고대세계의 많은 곳에서 엄숙한 종교의식으로 거행되었다. 따라서 네미의 성스러운 숲이 그런 종류의 연례행사를 벌이던 무대였다고 추정하더라도 근본적인 무리는 없을 것이다. 그랬다고 하는 직접적인 증거는 아무것도 없지만, 이제 살펴볼 것처럼 유추할 수 있는 근거는 많다.

케레스(Ceres)가 곡식의 여신이고 바쿠스(Bacchus)가 포도나무의 신이듯이, 디아나는 본디 숲의 여신이었다. 그녀의 성소는 보통 숲 속에 있었다. 사실상 모든 숲이 그녀의 영지였으며, 그녀는 종종 숲의 신 실바누스(Silvanus)와 함께 공물을 받았다. 그러나 디아나가 항상 나무의 여신으로만 머무른 것은 아니다. 자매격인 그리스 여신 아르테미스같이 그녀는 동식물, 즉 자연의 풍요로움을 상징하는 생명의 화신으로 발전해 갔다. 사람들은 숲을 배회하며 어둡고 으슥한 곳에서 먹이를 기다리거나, 나뭇가지 사이에서 신선한 잎과 어린 싹을 따먹거나, 열린 공터와 골짜기에서 풀을 뜯는, 야생 혹은 길들인 모든 짐승을 당연히 숲의 주인인 디아나가 소유하는 것으로 여겼을 것이다. 그래서 실바누스가 숲의 신이면서 가축의 신인 것과 같이, 그녀는 사냥꾼과 목동의 수호여신이 되기에 이르렀을 것이다.

이와 비슷하게, 핀란드에서도 숲에 사는 모든 야생동물을 숲의 신 타피오(Tapio)와 훌륭하고 아름다운 그의 아내가 소유하는 것으로 간주했다. 그 거룩한 소유주의 은혜로운 허락 없이는 어떤 사람도 그 짐승들을 죽일 수 없었다. 따라서 사냥꾼은 숲의 신들에게 기도를 올리고, 신들이 사냥감을 몰아주면 많은 공물을 바치겠다고 서약했다. 또, 가축들은 우리에 있을 때든 숲에서 배회할 때든, 숲의 정령들의 보호를 받았다. 러시아 농민들 역시 레시(Leschiy)라는 정령이 숲과 숲 속의 모든 생물을 지배한다고 믿는다. 곰과 그 정령의 관계는 개와 사람의 관계와 같다. 다람쥐나 들쥐처럼 숲 속에 서식하는 동물들이 이동하는 것은 그 정령의 명령에 따른 것이다. 따라서 사냥에 성공하려면 그 정령의 호의에 매달릴 수밖에 없었으므로, 사냥꾼들은 그 정령의 도움을 얻기 위해 숲 속 특정한 나무줄기에 빵과 소금을 공물로 바쳤다. 백러시아에서는 모든 목동이 여름에 레시에게 암소를 한 마리 바쳤다. 아칸젤(Archangel) 주의 어떤 목동들은 그의 호감을 사서, 그가 가축 떼를 대신 먹여주고 돌봐주기까지 한다고 한다. 라프(Lapp)족의 숲의 신도 숲의 모든 짐승을 지배했다. 숲의 짐승들은 그의 소유였으며, 사냥의 성공 여부도 그의 의지에 달려 있었다.

그러나 디아나는 들짐승의 수호여신, 숲과 언덕과 외딴 공터와 흐르는 강물의 여주인만이 아니었다. 사람들은 그녀를 달, 특히 중추절의 노란 보름달로 여겼으며, 농부의 창고를 훌륭한 결실로 채워주고 해산하는 여인의 기도를 들어준다고 믿었다. 앞서 살펴보았듯이, 그녀는 네미의 성스러운 숲에서 특히 남녀에게 자식을 주는 출산의 여신으로 숭배되었다.

그런데 생산의 여신은 그 자신이 생산적이어야 한다는 원리에 따를 때, 디아나에게도 당연히 남자 배우자가 있어야 했다. 세르비우스(Servius)의 증언을 믿을 수 있다면, 그녀의 배우자는 네미 숲의 왕을 대리하는, 아니 차라리 그의 화신이었을 비르비우스였다. 그들이 결합하는 목적은 대지와 동물, 인간의 생산성을 촉진하는 것이었다. 그리고 그 목적을 더 확실하게 달성하기 위해 신성한 혼례를 해마다 기리고, 그 형상이나 산 사람들로 신성한 신랑 신부의 역할을 하게 하는 것이 자연스럽게 생각되었을 것이다. 네미 숲에서 이런 일이 행해졌다고 말하는 고대 기록은 전혀 없다. 그러나 아리키아의 의식에 관해 우리가 아는 것이 거의 없기 때문에 이 문제에 관해 정보가 부족하다는 것이 치명적인 반론이 되지는 않는다. 직접적인 증거가 없는만큼 이 이론은 다른 곳에서 행하던 비슷한 풍습에 근거를 두고 유추할 수밖에 없다.

바빌론에는 벨(Bel) 신전이 탑 위에 탑을 연이어 쌓아올린 8층탑 형상으로 피라미드같이 도시 위로 우뚝 솟아 있었다. 아래 탑들을 전부 끼고 도는 비탈길을 따라 올라가면 가장 높은 탑 위에 널찍한 신전이 서 있고, 신전 안에는 화려한 휘장에 푹신한 받침을 댄 커다란 침대와 그 옆에 황금 탁자가 하나 있었다. 신전 안에는 신상이 보이지 않았고, 어떤 사람도 그곳에서 밤을 보내지 않았다. 칼데아(Chaldea)의 사제들에 따르면 다만 한 여자, 신이 바빌론의 모든 여자 중에서 선택한 한 여자만이 예외였다. 신은 밤에 몸소 신전에 들어와 큰 침대에서 잠을 잤으며, 신의 배우자인 그 여자는 유한한 인간과는 교류할 수 없었다.

이집트 테베에서도 한 여자가 신의 배우자로 암몬(Ammon) 신전에서 잠을 잤다. 바빌론의 벨의 아내처럼 그녀도 사람과는 교류하지 말라는 이야기를 들었다. 이집트 문헌에서는 그녀를 종종 '거룩한 배우자'로 언급하기도 하는데, 그녀의 신분은 이집트 왕비 못지않았다. 이집트인들에 따르면, 그들의 왕은 사실상 암몬 신의 자손이 한동안 왕의 모습으로 군림하는 것이며, 또 그 모습으로 왕비와 통정하는 것에 지나지 않기 때문이다. 그들은 신의 생식 장면을 이집트에서 가장 오래된 신전인 데이르 엘 바하리 신전과 룩소르 신전 벽에 아주 상세하게 새기고 채색하여 놓았다. 벽화에 새겨넣은 명문(銘文)이 그 장면의 의미를 의문의 여지 없이 밝혀준다.

아테네에서는 포도나무의 신 디오니소스(Dionysos)가 해마다 왕비와 혼인식을 올렸으며, 그 의식은 실제 혼인식을 방불케 했던 것으로 보인다. 그러나 신의 역할을 사람이 했는지 신상이 했는지는 알 수 없다. 아리스토텔레스의 기록을 통해 그 의식이 풀밭의 성소가 아니라 아크로폴리스 동북쪽 능선에 있던 프리타니움이나 시청 부근에 있던 '외양간'이라고 알려진 옛 왕궁에서 거행하였다는 것을 알 수 있을 뿐이다. 그러나 결혼시기가 언제든 간에 디오니소스가 관장하는 포도나무와 다른 과실수의 생산성을 보장하는 것말고 그 목적을 달리 짐작하기가 어렵다. 그러므로 이 의식은 형식과 의미 양면에서 5월의 왕과 여왕의 결혼과 부합한다.

만일 아테네와 그밖의 곳에서 포도나무에 포도송이가 열리도록 하기 위해 포도나무의 신을 왕비와 혼인시켰다면, 들판에 노란 곡식이 물결치게 하기 위한 다른 종류의 결혼식이 아테네 평야의 서쪽 경계를 이루는 낮은 구릉지대 너머 몇 킬로미터 떨어지지 않은 곳에서 해마다 열렸으리라고 생각하는 것도 일리가 있다. 9월에 엘레우시스에서 엄숙하게 거행하던 신비의식에서는 하늘의 신 제우스(Zeus)와 곡식의 여신 데메테르(Demeter)의 결합을 나타내기 위해 각기 신과 여신의 역할을 하는 남자 사제와 데메테르의 여사제를 결합시킨 듯하다. 그러나 둘의 결합은 상징적인 연극에 지나지 않았다. 남자 사제가 독초(hemlock)를 복용하여 자신의 생식력을 임시로 없애고 의식에 임했기 때문이다.* 햇불이 꺼지면 둘은 어두운 곳으로 내려가고, 숭배자들은 자신들의 구원이 달려 있다고 믿는 그 비밀회합의 결과를 초조하게 기다린다. 그러면 한참 뒤에 남자 사제가 다시 나타나 번쩍이는 불빛 속에서 아무 말 없이 회중들에게 거룩한 결혼의 결실인 곡식 이삭을 보여주면서 커다란 목소리로 이렇게 선포한다. "브리모 여왕이 신성한 왕자 브리모스를 낳았도다." 이 말은 '힘있는 자가 힘있는 자를 낳았다'는 뜻이다. 즉, 곡식의 어머니가 자식인 곡식을 낳는 과정과 해산의 진통을 숭배자들이 신성한 연극으로 표현한 것이다. 이와 같이 수확한 곡식을 보여주는 행위가 신비의식의 절정을 이루

---

*잘 알려진 프레이저의 가련한 각주 가운데 있는 하나의 단서. "고대에는 생식기에 미나리폴(헴록)을 문지르거나 발라놓으면 제 기능을 못하게 된다고 믿었다. 케임브리지 대학 의학부의 다우닝좌(座) 교수인 브래드베리(J. B. Bradbury) 박사는 그 믿음이 옳다고 내게 알려주었다." (『황금가지』 3판, ii. 139쪽)

었던 것으로 보인다. 그리하여 메마른 땅을 은혜로운 비로 적시는 하늘의 신에게 곡식의 여신을 시집보내서 드넓은 엘레우시스 평야를 풍성한 수확으로 덮기 위해 꾸며낸 소박한 시골 축제의 모습을 통해서 우리는, 후세의 시와 철학이 들려주는 매혹적인 묘사에 따라 햇빛 어린 안개 속에서 먼 풍경을 보듯이, 아직도 우리 눈에 희미하게 들어오는 정경을 볼 수 있다.

그러나 제우스는 항상 하늘의 신이 아니었고, 항상 곡식의 여신과 결혼한 것도 아니었다. 만일 고대의 한 여행자가 엘레우시스를 떠나 올리브 숲과 밀밭을 몇 킬로미터 지나서 소나무가 덮인 키타이론 산맥에 오른 뒤 북쪽 산비탈 숲 속을 지나 플라타이아이(Plataiai)로 내려갔다면, 그는 보이오티아(Boeotia)라는 소도시 사람들이 위대한 신 제우스와 다른 여신의 또다른 결혼식을 벌이는 것을 발견할 수 있었을 것이다. 이 의식은 그리스의 한 고고학자가 기록했는데, 그의 수첩은 다행스럽게도 그것이 아니면 알지 못했을 고대 그리스의 적지 않은 농촌 풍습을 우리에게 전해준다.*

플라타이아이 사람들은 몇 년에 한 번씩 '작은 다이달로스(Daedalos)'라고 부르는 축제를 벌였다. 축제날에 그들은 거대한 아름드리 나무가 빽빽이 자란 오래된 참나무 숲으로 갔다. 거기서 그들은 삶은 고기를 조금 땅에 내려놓고 새들이 모여드는 것을 관찰하다가 까마귀가 고깃덩어리를 물고 가서 참나무에 앉는 것이 보이면 곧바로 쫓아가서 그 나무를 잘랐다. 그러고는 그 목재로 인형을 조각하고 신부옷을 입혀 신부 들러리와 함께 달구지에 실었다. 그 인형은 이어서 피리를 불며 춤을 추는 군중들에게 이끌려 아소푸스(Asopus) 강둑까지 갔다가 다시 마을로 돌아왔던 것 같다. 축제가 끝나고 나면 사람들은 그 인형을 따로 보관했다가 60년마다 한 번씩 보이오티아 전주민이 참가해서 여는 '큰 다이달로스' 의식에 사용했다. 이때는 작은 다이달로스 의식 때 모아둔 인형 열네 개를 모두 짐마차에 싣고 아소푸스 강까지 행진해 갔다가 키타이론 산 꼭대기로 올라갔다. 그러고는 그곳에다 사각형 나무토막을 짜맞춘 제단을 세우고 나뭇가지를 쌓아올렸다. 이때 짐승을 잡아 제단 위에서 불태워 제물로 올렸는데, 제단 자체도 인형들과 함께 불길 속으로 사라졌

* '골동품 연구가'는 또다시 파우사니아스다.

다. 그 불길은 엄청나게 높이 치솟아 몇 킬로미터 밖에서도 보였다고 한다.

이 축제의 기원을 이야기하는 설화는 이렇다. 옛날에 헤라(Hera)가 제우스와 싸우고 몹시 성이 나서 가버렸다. 그녀를 다시 꾀어오기 위해 제우스는 자기가 아소푸스 강의 딸인 요정 플라타이아(Plataea)와 결혼할 것이라는 소문을 흘렸다. 제우스는 훌륭한 참나무를 잘라 모양을 만들고 신부옷을 입혀 달구지에 실었다. 분노와 질투에 사로잡힌 헤라는 달구지로 날아가 가짜 신부의 면사포를 찢다가 자기가 속은 것을 알았다. 분노가 웃음으로 바뀌었고, 그녀는 남편인 제우스와 화해했다고 한다.

이와 같이 신들을 인형이나 사람과 결혼시키는 풍습은 고대 민족 사이에 널리 퍼져 있었다. 그런 풍습의 바탕을 이루는 관념은 너무나 조잡해 바빌로니아인과 이집트인, 그리스인 같은 고대 문명인들이 그것을 야만시대나 미개시대의 선조에게서 물려받은 것이 아닌가 하는 의심이 든다. 비슷한 종류의 의식이 더 저급한 종족 사이에서 성행하는 것을 볼 때, 이런 추측은 신빙성을 더한다. 예컨대 러시아 말미스(Malmyz) 지방의 워탸크(Wotyak)족은 옛날에 연거푸 흉년에 시달린 적이 있었다. 어쩔 줄 몰라 허둥대던 그들은, 마침내 강력하지만 심술궂은 케레메트(Keremet) 신이 장가를 못 가서 화가 난 것이 틀림없다고 단정지었다. 그래서 장로들로 구성된 대표단이 쿠라(Cura)의 워탸크족을 방문해서 그 문제를 상의했다. 의견을 나누고 집으로 돌아온 그들은 브랜디를 대량으로 마련하고 멋지게 치장한 마차와 말을 준비한 다음, 신부를 데려올 때 하듯이 종을 울리며 행렬을 지어 쿠라의 신성한 숲으로 말을 몰고 갔다. 거기서 사람들은 밤새워 즐겁게 먹고 마시다가 다음날 아침에 숲의 잔디를 네모꼴로 떠서 집에 가져왔다. 그 후에 말미스 사람들은 일이 잘 풀렸지만, 쿠라 사람들은 그렇지 못했다. 말미스에서는 빵이 넉넉했지만 쿠라는 빵이 부족했던 것이다. 그래서 결혼에 동의했던 쿠라 사람들은 성난 이웃들한테 욕을 먹고 행패를 당했다. 이 일을 전하는 필자는 이렇게 말한다. "이 결혼식이 무엇을 의도하는지는 쉽게 상상이 가지 않는다. 아마도 베치테레우(Bechterew)가 생각하듯이, 케레메트를 상냥하고 풍요로운 대지의 여신 무킬친(Mukylcin)과 결혼시켜 그녀한테서 좋은 영향을 받게 하려는 것인지도 모른다." 신성한 숲에서 잔디를 떠내어 신부처럼 마차에 싣고 돌아오는 것은 오래된 참나무 숲에서 베어낸 참나무 토막을 신부 삼아 수레에 싣는 플라타이아이의 풍습과 비슷하다. 플라타이아이의 의식이 워탸크의 의식과 마찬가지로 생산성을 보장하기 위한 주술로 행해졌다고 보는 것은, 이미 살펴보았듯이 일리가 있는 생각이다. 벵골에서는 우물을 팔 때, 나무로 신상을 만들어 물의 여신과 결혼시키는 풍습이 있다.

　신의 배우자로 예정된 신부가 종종 통나무나 흙덩이가 아니라 피와 살을 지닌 살아 있는 여자일 때도 있었다. 페루 어느 마을의 인디언들은 열네 살 가량 된 아름다운 소녀를 자신들이 신(huaca)으로 모시는, 사람 형상의 바윗돌과 결혼시키는 것으로 알려졌다. 사흘 동안 계속되는 그 결혼식에는 온 마을사람이 빠짐없이 참가하며, 풍성한 주연이 베풀어진다. 그날 이후로 소녀는 순결한 처녀로 남아 사람들을 위해 우상에게 몸을 바치는데, 사람들은 소녀에게 최대의 경의를 보이며 신성한 존재로 여겼다. 북아메리카의 블랙풋 인디언은 태양을 주신(主神)으로 섬겼으며, 해마다 그를 기리는 축제를 벌였다. 8월의 초승달이 뜨기 4일 전에 이 부족은 이동을 멈추고 사냥을 중단했다. 여러 패의 기마대가 밤낮으로 태양신의 대사제가 내린 명령을 수행하기 위해 당번을 서는데, 대사제가 사람들에게 초승달이 뜨기 전에 나흘 동안 금식하고 한증욕을 하라고 요구했기 때문이다. 또, 대사제는 평의회의 도움을 받아 축제 때 태양신과 결혼시킬, 달을 나타내는 여사제를 뽑았다. 여사제는 처녀가 아니면 남편이 하나였던 여자라도 무방했다. 그러나 어떤 여자든 정해진 조건을 갖추지 못한 채 성스러운 의무를 떠맡은 것이 알려지면 사형에 처했다. 축제 준비 사흘째 되는 날, 마지막 정결의식을 행한 뒤에 사람들은 둥근 태양신의 신전을 지었다. 땅에 원형으로 기둥을 박고 가로대로 엮은 뒤에 전체를 나뭇잎으로 덮는데, 가운데에는 지붕을 떠받치는 신성한 기둥을 세웠다. 그리고 신성한 나무의 작은 나뭇가지 다발을 멋진 들소가죽으로 싸서 신전 꼭대기에 왕관처럼 씌웠다. 입구는 동쪽에 있었고, 신전 안에는 들소 머리를 놓아둔 제단이 있었으며, 제단 옆에는 여사제를 위해 마련해 둔 자리가 있었다. 이 자리에 준비한 침대 위에서 그녀는 이른바 '전쟁 잠(sleep of war)'이라고 부르는 잠을 잤다. 그녀의 다른 임무는 향초(香草)로 태우는 성화(聖火)를 꺼지지 않게 돌보고, 남편인 태양신에게 불붙인 담뱃대를 건네주며,

'전쟁 잠' 중에 꾸는 꿈을 대사제에게 알려주는 것 따위였다. 꿈이야기를 들으면 대사제는 북소리 장단에 맞춰 그것을 전부족에 공표했다. 해마다 3월 중순쯤 그물로 고기잡이를 하는 철이 시작되면 알공킨(Algonquin)족과 휴런(Huron)족은 예닐곱 살 된 여자아이를 두 명 골라 그물에게 시집보낸다. 혼인 잔치 때 사람들은 그물을 두 소녀 사이에 놓고, 그물에게 기운을 내서 고기를 많이 잡아달라고 빈다. 그렇게 어린 신부를 선택하는 까닭은 확실히 처녀여야 하기 때문이다.

벵골의 오라온(Oraon)족은 대지를 여신으로 숭배하며, 해마다 살(sāl) 나무의 꽃이 필 때 태양신 다르메(Dharmē)와 대지의 여신을 결혼시킨다. 그 의식은 다음과 같다. 모두 목욕재계한 뒤, 남자들은 신성한 숲(sarnā)으로 가고 여자들은 마을 사제의 집에 모인다. 닭 몇 마리를 태양신과 숲의 귀신에게 제물로 바친 뒤에 남자들은 먹고 마신다. "그런 다음 사제가 기운 센 남자의 어깨에 실려 마을로 돌아오면, 마을 부근에서 여자들이 남자들을 기다렸다가 발을 씻어준다. 그러면 모두 북치고 노래하고 춤추고 뜀을 뛰며 나뭇잎과 꽃으로 치장한 사제의 집으로 나아간다. 그곳에서 태양과 대지의 결합을 상징하는, 사제와 그 부인의 결혼식을 치르기 때문이다. 결혼식이 끝나면 모든 사람이 다시 먹고 마시며 즐겁게 노는데, 점점 음탕한 노래를 부르며 춤을 추다가 마침내 방자한 향연으로 이어진다. 그 목적은 어머니 대지를 감동시켜 결실을 풍부하게 하려는 것이다."

8장

로마 왕들

1

풍습과 전설에 관해 지금까지 살펴본 것을 통해 우리는 다음과 같이 추론할 수 있다. 곧, 많은 종족이 짐승과 인간의 생명을 궁극적으로 좌우하는 대지의 생산성을 촉진하기 위해 식물의 정령과 물의 정령의 신성한 결혼을 거행해 왔고, 그런 의식에서 신성한 신랑 신부의 역할을 종종 살아 있는 남녀가 떠맡았다는 것이다. 이 사실은, 식물의 정령과 물의 정령이 울창한 숲, 곤두박질치는 폭포, 거울 같은 호수 따위 멋진 모습으로 자신을 드러내는 네미의 성스러운 숲에서 5월절 왕과 여왕의 결혼을 본뜬, 유한한 존재인 숲의 왕과 불사의 존재인 숲의 여왕 디아나의 결혼식이 해마다 열렸다는 가설을 어느 정도 뒷받침해 준다.

이런 맥락에서 물의 요정 에게리아가 숲 속의 중요 인물로 부각되었다. 그녀는 디아나처럼 순산하게 해주는 능력을 지녔기 때문에 임신한 여자들에게 숭배를 받았다. 이 사실을 근거로 사람들이 에게리아의 샘물에 출산과 아울러 수태를 촉진하는 영험—다른 많은 샘물이 그렇듯이—이 있다고 믿었다고 결론지어도 큰 무리가 없을 것이다. 그 장소에서 발견되는, 분명히 어린아이의 임신과 관련이 있는 기원제물은 디아나가 아니라 에게리아에게 바친 것일 수 있다. 아니, 어쩌면 물의 정령 에게리아야말로 울창한 숲과 아울러 소리내며 흐르는 강물의 여주인이기도 한, 위대한 자연의 여신 디아나 자신의 또다른 모습이라고 우리는 말해야 할 것이다. 디아나는 호숫가를 집으로 삼고 잔잔한 수면을 거울로 삼았으며, 동격의 그리스 여신 아르테미스도 연못과 샘터에 다니는 것을 즐겼다.

에게리아와 디아나의 동일성은 플루타르코스(Plutarchos)의 진술로도 확인할 수 있다. 그에 따르면, 에게리아는 로마인들이 싱싱한 참나무 숲을 모두 관할한다고 믿은 참나무 요정 가운데 하나라고 한다. 그런데 디아나는 일반적으로 숲지대 전체의 여신이지만 특수하게, 특히 네미의 성스러운 숲에서는 참나무와 긴밀한 연관이 있는 것으로 나타난다. 그러므로 에게리아는 아마도 신성한 참나무 뿌리에서 흘러나오는 샘물의 요정이었을 것이다. 전설에 따르면, 그런 샘물은 도도나(Dodona)에 있는 거대한 참나무 발치에서 솟구쳐 나온다고 하며, 그 지절대는 물소리를 듣고 여사제는 신탁을 끌어냈다. 그리스인들은 신성한 샘물이나 우물물을 한 모금 마시면 예언능력이 생긴다고 생각했다. 이는 에게리아가 남편 또는 정부인 누마(Numa)에게 인간을 능가하는 지혜를 불어넣었다고 하는 전설을 설명해 준다.

고대사회의 왕이 흔히 비내리는 일과 대지의 결실까지 책임졌다는 사실을 상기할 때, 누마와 에게리아의 결혼전설에서 고대 로마 왕들이 행한 신성한 결혼의 흔적을 발견할 수 있다고 단정하더라도 경솔한 억측은 아닐 것이다. 고대 로마 왕들은 그 신성한 주술적 기능을 수행할 수 있도록 식물 및 물의 여신과 정례적으로 혼인을 맺었다. 그런 의식에서 여신의 역할은 인형이나 여자가 맡았으며, 여자가 맡을 때는 여왕이 그 역할을 했다. 이런 추측에 일말의 진실이 있다면, 로마의 왕과 여왕은 이집트의 왕과 여왕이 그랬던 것과 똑같이 자신들의 결혼식에서 신과 여신으로 분장했다고 짐작할 수 있다.

누마와 에게리아의 전설은 집이 아니라 성스러운 숲을 결혼의 무대로 설정한다. 그 결혼은 5월의 왕과 여왕의 결혼이나 아테네의 포도나무의 신과 여왕의 결혼과 마찬가지로, 대지를 비롯하여 인간과 짐승의 생산성을 보장하기 위한 주술의식으로서 해마다 거행되었을 것이다. 그런데 몇 가지 설화에 따를 때, 그 결혼의 무대는 다름아닌 네미의 성스러운 숲이었다. 또, 우리는 전혀 독립적인 근거에 따라 똑같은 숲에서 숲의 왕이 디아나와 결혼했다고 추정하기에 이르렀다. 이 두 가지 연구 방향이 하나로 모아진다는 사실은, 로마 왕과 에게리아의 전설적인 결합이 숲의 왕과 에게리아, 또는 그 복사판인 디

아나의 결합을 반영한 것이거나 중복 표현한 것이라는 사실을 암시한다. 그
렇더라도 로마 왕들이 아리키아 숲에서 숲의 왕 노릇을 했다는 의미는 아니
다. 다만 그들은 원래부터 그와 똑같은 일반적인 종류의 신성한 성격을 부여
받았을 것이며, 비슷한 방식으로 직책을 맡았으리라는 것이다. 더 분명히 말
하자면, 그들은 출생의 권리 때문이 아니라 신의 대변자 또는 화신으로서 신
성을 지닌다고 여겨진 덕분에 왕으로 군림한 것이다. 그렇기 때문에 그들은
여신과 짝을 맺었고, 자신에게 신성한 역할을 수행할 능력이 있음을 때때로
입증해야 했다. 그래서 그들은 격렬한 몸싸움에 뛰어들어 종종 치명상을 입
고, 승리한 적에게 왕관을 넘겨주기도 했던 것이다. 로마의 왕위에 관한 우리
지식은 너무 부족해서 이런 가설 중 어느 하나도 자신있게 단언할 수 없다.
그러나 최소한 네미의 사제와 로마 왕 사이에, 아니 차라리 전설이 생겨나기
전인 암흑시대의 그 까마득한 선임자들 사이에 그 모든 점에서 유사성을 암
시하는 증거가 분산적으로나마 존재하는 것이 사실이다.

2

  먼저, 로마 왕은 유피테르(Jupiter) 자신에 결코 뒤지지 않는 신의 화신이었
던 것으로 보인다. 제국시대에 이르기까지, 개선행사를 벌이는 장군들과 원
형 경기장에서 경기를 주재하는 집정관들은 카피톨리누스 언덕에 있는 유피
테르 대신전에서 임시로 빌려온 유피테르의 의상을 입었다. 고대인과 근대
인이 모두 상당한 개연성을 근거로 주장하는 바에 따르면, 그러는 것은 로마
왕들의 전통적인 의상과 휘장을 본뜬 것이라고 한다. 그들은 월계관을 쓴 네
마리 말이 끄는 전차를 타고, 다른 모든 사람이 걸어다니는 시가지를 행진했
다. 그들은 황금으로 수놓거나 금박 장식을 한 자주색 겉옷을 걸치고 오른손
에 월계수 가지, 왼손에는 독수리상이 꼭대기에 달린, 상아로 만든 홀(笏)을
들었다. 그뿐만 아니라 이마 위에 월계관을 쓰고, 얼굴에는 주홍색 칠을 했으
며, 머리 위에는 노예 한 명이 참나무 잎사귀 모양으로 만든 육중한 황금 왕
관을 받쳐들고 있었다. 이 복장에서 인간과 신을 동격화하는 표시는 무엇보

다도 독수리상이 달린 홀과 참나무 잎사귀 모양의 왕관, 붉게 칠한 얼굴 따위에서 나타난다. 독수리는 유피테르 신의 새이고, 참나무는 그의 성수(聖樹)이며, 4두마차를 타고 카피톨리누스 신전에 서 있는 유피테르 신상은 축제 때마다 정기적으로 얼굴에 붉은 칠을 했다. 실상 신의 얼굴에 적절한 붉은 칠을 유지하는 것은 아주 중요한 일로 여겨졌으며, 감찰관들의 으뜸가는 임무 중하나가 그 일을 처리하는 것이었다. 그리스인들은 때때로 술의 신 디오니소스의 얼굴이나 전신을 붉게 칠했다. 이런 풍습은 신상의 얼굴, 특히 입술에 희생제물의 피를 발라 신을 공양하던 옛 관습 대신에 생겨난 것인 듯하다. 그런 관습의 예는 야만민족들의 종교의식에서 무수히 찾아볼 수 있다. 개선행진은 항상 카피톨리누스 언덕에 자리잡은 유피테르 신전에서 끝났기 때문에, 승리자의 머리에 참나무잎 관을 씌우는 것은 특히 걸맞은 일이었다. 모든 참나무가 유피테르에게 바쳐진 것일 뿐 아니라, 카피톨리누스 신전 자체도 로물루스(Romulus)가 신성한 참나무 옆에 지었다고 알려지고 있기 때문이다. 그 참나무는 목동들의 숭배를 받았으며, 왕은 적장에게서 빼앗은 전리품을 그 나무에 걸어놓았다고 한다. 우리는 참나무 왕관을 카피톨리누스 신전의 유피테르에게 바쳤다는 이야기를 분명히 들었다. 오비디우스에 따르면, 사람들이 그것을 유피테르 신의 특별한 상징으로 여겼음을 알 수 있다.

달리 거부할 이유가 없는 한 전설에 따르면, 로마는 알바 롱가(Alba Longa) 출신 정착민들이 건설하였다고 한다. 그 도시는 호수와 캄파냐 평원이 내려다보이는 알바 언덕 비탈에 자리잡고 있었다. 따라서 만일 로마 왕들이 하늘의 신, 천둥의 신, 참나무의 신인 유피테르의 대리자 또는 화신이라고 자처했다면, 로마 창건자의 선조가 되는 알바의 왕들도 그 이전에 똑같은 주장을 했으리라고 추정하는 것이 당연하다. 그런데 알바 왕조는 숲을 뜻하는 '실비(Silvii)'라는 명칭을 지녔다. 시인이며 고고학자이기도 한 베르길리우스(Vergilius)가, 아이네이아스가 하계(下界)에 계시한 로마의 역사적 영광에 대한 환상 속에서 실비 왕가의 모든 왕이 참나무 관을 쓴 것으로 묘사한 것은 중요한 의미가 있다. 즉, 참나무 잎사귀로 만든 화관은 후계자인 로마 왕들만이 아니라 알바 롱가의 옛 왕들이 사용한 휘장이기도 했던 것 같다. 둘 모두 왕을 참나무신의 인격적 대변자로 나타내는 표시였다. 알바 왕조의 첫번째 왕인 실비우스(Silvius)의 이름은 그가 숲에서 태어났거나 자랐기 때문에 생긴 것이라고 한다. 성년이 되었을 때 그는 친척인 율루스(Julus)와 왕국을 놓고 다투었다. 율루스라는 이름은 몇몇 고대인들도 지적하듯이 '작은 유피테르'를 의미한다. 사람들은 실비우스를 지지하기로 결정했다. 경쟁자인 율루스는 왕권을 잃은 데 대한 보상으로 종교적 권위를 부여받고 대사제로 임명되었다. 대사제라는 직책은 정확히 말하면 플라멘 디알리스(Flamen Dialis)라는 직책으로, 왕 다음가는 고위직이었다. 이 율루스, 또는 작은 유피테르에게서 귀족가문인 율리(Julii) 가문이 생겨났다. 로마의 초대 황제들은 자신들이 이 가문 출신이라고 믿었다.

비록 사제직을 경쟁 가문에 양보했지만, 실비 왕조는 자신들이 참나무와 천둥의 신의 화신이라는 주장을 결코 포기하지 않았다. 로마 연대기의 기록에 따르면, 로물루스나 레물루스, 또는 아물리우스 실비우스라고 하는 실비 왕가의 한 왕이 자신을 신격화하여 유피테르와 동등하거나 더 우월한 신으로 자처했다고 한다. 그는 자기 주장을 뒷받침하고 신하들에게 외경심을 일으키기 위해 기계를 만들어 천둥소리와 번개 치는 모습을 흉내냈다. 디오도로스(Diodoros)에 따르면, 결실의 계절이 되어 천둥이 잦아지자 왕이 병사들을 시켜 검을 방패에 두드려 하늘의 대포소리를 제압하도록 했다고 한다. 그러나 그는 불경죄의 대가를 치르고 말았다. 무서운 폭풍우가 칠 때 그와 그의 집안 전체가 벼락을 맞아 멸망하고 만 것이다. 더욱이 폭우로 불어난 알바 호수가 범람하여 그의 궁전을 삼켜버렸다. 호수의 물이 줄고 수면이 바람에 흔들리지 않을 때면 투명한 호수 밑바닥에서 무너진 궁전의 폐허를 아직도 볼 수 있다고 옛 역사가들은 말한다. 이 전설은 엘리스(Elis)의 왕 살모네우스(Salmoneus)의 비슷한 설화와 더불어 그리스와 이탈리아의 초기 왕들이 지키던 실제 관습을 보여준다. 근대에 이르기까지 이 왕들은 아프리카의 동료들과 마찬가지로, 농작물을 위해 비와 천둥을 내려주는 존재로 추앙받았을 것이다. 사제왕 누마는 하늘에서 번개를 일으키는 데 명수로 통했다. 오늘날에도 다양한 종족이 비를 내리는 주술로 천둥소리를 흉내내곤 한다. 고대의 왕들이 그러지 않았을 이유가 어디 있겠는가?

그래서 만일 알바와 로마의 왕들이 참나무잎 관을 머리에 씀으로써 참나무

신 유피테르를 모방했다면, 그들은 천둥과 번개를 일으키는 시늉을 함으로써 기후신(氣候神)의 성격도 모방했을 것으로 보인다. 만일 그랬다면, 하늘의 유피테르와 지상의 다른 많은 왕처럼 그들은 또한 메마른 대지가 신선한 물을 원할 때는 언제나 주술을 써서 어두운 하늘에서 비를 끌어오는 공식적인 강우사의 역할도 한 셈이다. 로마에서는 신성한 돌을 이용하여 하늘의 수문을 열었는데, 그 의식은 구름으로부터 번쩍이는 번개와 떨어지는 빗방울을 이끌어내는 신인 유피테르 엘리키우스(Jupiter Elicius) 의식의 일부를 이룬 것으로 보인다. 그런데 천신의 살아 있는 대변자인 왕보다 그 의식을 거행하는 데 더 적합한 사람이 달리 누가 있었겠는가?

로마와 알바의 왕들에 관해 우리가 도달한 결론은 아마도 모든 고대 라티움의 왕에게 적용할 수 있을 것이다. 우리는 그들이 각기 지역적인 유피테르를 대변하거나 구현한 것으로 생각할 수 있다. 라티움의 모든 성읍이나 부락에는 각각 고유한 유피테르가 있었던 것이 분명하다. 이는 마치 현대 이탈리아의 모든 도시와 거의 모든 교회에 각기 고유한 마돈나가 있는 것과 같다. 셈족의 바알(Baal) 신과 같이, 지역적인 유피테르는 보통 높은 장소에서 숭배를 받았다. 비구름이 모여드는 숲지대 언덕바지는 실로 하늘과 비와 참나무의 신을 위한 천연의 성소였다. 로마에서 그는 카피톨리누스 언덕의 한 봉우리를 차지했고, 다른 봉우리는 그 부인 유노(Juno)에게 할당되었다. 기다란 층계를 통해 올라가는 유노 신전은 오랜 세월을 거치는 동안 적절하게도 '천국 제단의(in Araceli)' 성마리아 교회로 교체되었다.*

카피톨리누스 언덕에서 유피테르와 유노에게 참나무 왕관을 바쳤다면, 카피톨리누스 신앙의 발원지인 알바 산에서도 그랬을 것이라고 우리는 짐작할 수 있다. 참나무신은 그와 같이 참나무 여신을 거느리고 신성한 참나무숲에서 지냈을 것이다. 그래서 도도나에서는 참나무신 제우스를 디오네(Dione)와 짝지었다. 디오네란 이름은 유노의 방언이다. 또, 키타이론 산 꼭

---

*카피톨리누스 언덕에는 고대에 유피테르와 유노의 신전이 자리잡고 있었다. 유노의 신전 부지에는 오늘날 성마리아 다라코엘리 성당이 올라앉아 있다. 기번(Gibbon)이 『로마제국 쇠망사』의 착상을 얻은 것은 1764년 10월 15일에 그 성당의 복도를 돌아다니고 있을 때였다.

대기에서 제우스는 참나무로 만든 헤라의 신상과 정기적으로 혼인식을 올렸다. 적극적으로 증명할 수는 없지만, 모든 라틴계 종족이 유피테르와 유노의 신성한 결혼의식을 유노 여신의 이름을 딴 6월 한여름에 해마다 치렀던 것으로 보인다.

그런데 6월 1일에 로마의 사제들은 티베르 강 옆의 헬레르누스(Helernus) 숲에서 어떤 의식을 치렀고, 같은날 아마도 같은 장소에서 카르나(Carna)라고 하는 숲의 요정은 라드 기름과 콩죽을 공물로 받았다. 그녀는 정숙하고 수줍음 타는 사냥꾼 처녀로, 숲 속 으슥한 곳에서 구애자들을 따돌리고 지내다가 야누스(Janus)한테 사로잡혔다고 한다. 어떤 이는 그녀가 디아나 여신 본인이라고 여겼다. 그녀가 실제로 그 여신의 한 형상이라면 그녀가 야누스, 곧 디아누스(Dianus)와 결합하는 것은 적절한 일일 것이다. 또, 한때 참나무숲으로 덮였던 카일리아 언덕에 그녀의 예배소가 있는 것으로 보아, 그녀는 에게리아 같은 참나무 요정이었을지도 모른다. 게다가 야누스 또는 디아누스와 디아나는 원래 유피테르와 유노의 복사판으로, 명칭뿐만 아니라 역할까지 어느 정도 그들과 일치했다. 따라서 6월 1일에 헬레르누스의 성림에서 사제들이 벌인 의식이 야누스와 디아나의 형상을 한 유피테르와 유노의 결혼식이었을 가능성도 없지 않은 것으로 보인다.

그리스인들이 흔히 제우스와 헤라의 결혼식을 올렸듯이 로마인들이 한 해 중 어느 때든 유피테르와 유노의 신성한 결혼식을 올렸다면, 공화정 아래서 그 의식은 한 쌍의 신상을 놓고 치르거나 플라멘 디알리스와 그의 부인인 플라미니카(Flaminica)가 연기(演技)하였을 것이다. 왜냐하면 플라멘 디알리스는 유피테르의 사제였기 때문이다. 실제로 고대와 근대의 문필가들은 아주 그럴듯하게 그를 유피테르의 살아 있는 형상으로, 천신(天神)의 인격적 화신으로 여겼다. 더 앞선 시대에는 유피테르의 대변자인 로마 왕이 자연스럽게 신성한 결혼식에서 거룩한 신랑의 역할을 하고, 그 왕비가 거룩한 신부 노릇을 했을 것이다. 마치 이집트의 왕과 왕비가 신의 모습으로 분장하고, 아테네의 왕비가 해마다 포도나무신 디오니소스와 혼인했듯이 말이다. 로마 왕과 왕비가 유피테르와 유노의 역할을 하는 것은 이 신들 자신이 왕과 왕비라는 칭호를 지녔기 때문에 훨씬 더 자연스러워 보였을 것이다. 플라멘 디알리스

의 직책이 왕 아래 존재하기는 했지만, 왕과 플라멘이 이중으로 유피테르를
대변하는 것은 당대 로마인들에게 전혀 이상하게 비치지 않았을 것이다. 이
미 살펴보았듯이, 똑같은 이중성이 알바에서도 나타났다. 율리 가문은 작은
유피테르의 자격으로 최고신을 대변하는 것이 허락되었고, 반면에 실비 왕가
는 신성한 천둥과 번개를 계속 장악하고 있었다. 그 이후 오랜 세월이 지나
역사가 반복되면서 율리 가문의 또다른 구성원인 초대 로마 황제는 생애 중
에 신격화되어 유피테르의 칭호를 부여받았고, 플라멘 디알리스가 거룩한 유
피테르 신을 위해 하던 일을 황제를 위해 하도록 플라멘 한 사람이 임명되었
다. 전형적인 사제왕 누마는 처음에 자신이 직접 플라멘 디알리스의 역할을
맡았으나, 나중에는 같은 칭호의 유피테르 사제를 별도로 임명한 것으로 전
해진다. 그것은 왕들이 사제직에 따르는 수고스러운 종교적 의무에서 벗어
나 자유롭게 군대를 이끌고 전쟁에 나설 수 있게 하기 위한 조치였다고 한다.
이 전설은 상당히 정확할 것이다. 유추해서 살펴보건대 사제왕의 역할은 동
일한 인물이 영속적으로 겸임하기에는 너무나 성가시고 너무나 어울리지 않
았기 때문에, 그 직책을 보유한 사람은 조만간에 그 성격이나 취향에 따라 행
정적 직무와 종교적 직무 중 어느 하나를 다른 사람에게 위임함으로써 짐을
벗으려고 했을 것이 틀림없다. 따라서 호전적인 로마 왕들이 유피테르처럼
꾸미고 그 신의 자격에 수반하는 온갖 세세한 의식이나 온갖 지루한 제약 따
위를 이행하는 데 싫증이 나서 그 경건한 광대 노릇을 기꺼이 대리인에게 양
도하고 직접 해외에 나가서 날카로운 로마 검을 휘두르는 동안 국내의 왕홀
을 그 대리인의 손에 맡겼을 것으로 추정할 수 있다. 그렇다면 툴루스 호스틸
리우스(Tullus Hostilius) 이래로 후대 왕들의 전설에서 그 직책에 따르는 신성
한 사제의 역할을 한 흔적이 거의 보이지 않는 이유도 설명할 수 있을 것이
다. 그 이래로 로마 왕들이 대리인을 세워 거행한 의식 가운데는 신성한 결혼
의식도 포함되어 있었을 것이다.

9장

왕국의 계승

그러나 우리는 여전히 물어보아야 한다. 고대 라틴 부족은 어떤 규칙에 따라 왕위를 계승했을까? 전설에 따르면, 로마 왕은 모두 여덟 명이 있었다고 한다. 그 중 마지막 다섯 명에 대해서는 어쨌든 그들이 실제로 왕위에 올랐으며, 그들의 통치에 관해 전설로 내려오는 역사적 사실이 큰 윤곽에서 정확하다는 데 의문의 여지가 없다. 그런데 주목할 만한 사실은, 로마의 초대 왕인 로물루스가 알바 왕가의 후손이며 알바 왕가에서는 왕위를 부계로 세습했다고 알려져 있는데도 로마 왕 중 아무도 자기 아들에게 직접 왕위를 물려준 사람이 없다는 점이다. 몇몇 왕은 아들이나 손자가 있었는데도 말이다. 반면에 그들 중 한 왕은 부계가 아니라 모계에 따라 전왕(前王)을 계승했고, 타티우스(Tatius)와 큰 타르퀴니우스(Tarquinius), 세르비우스 툴리우스는 모두 외국인 아니면 외국인의 후손인 사위들에게 왕위를 물려주었다.

이 사실은 왕권이 모계에 따라 전승되었고, 사실상 왕가의 공주와 결혼한 외국인이 계승하였다는 것을 시사한다. 전문용어로 표현하면, 로마를 비롯하여 어쩌면 라티움 전반의 왕위 계승은 세계 많은 지방에서 고대사회를 형성했던 어떤 규칙들, 곧 족외혼(族外婚)과 '비나혼(beena marriage)'으로 대표되는 모계 친권에 따라 결정되었던 것 같다. 족외혼은 한 남자가 반드시 다른 씨족의 여자와 결혼해야 한다는 규칙이며, 비나혼은 남자가 자기 출신지를 떠나 부인이 속한 종족과 살아야 한다는 규칙이다. 모계 친권은 남자 대신 여자를 통해 인척관계를 따지고 가문의 명칭을 물려주는 제도다.* 이런 규칙들이 고대 라틴인들의 왕위 계승을 규제했다면, 사태의 실상은 대체로 다음과 같았을 것이다. 각 공동체의 정치적·종교적 중심은 왕족 혈통의 베스타 (Vesta) 처녀사제들이 관리하는, 왕의 화로에서 꺼지지 않고 타오르던 성화 (聖火)였을 것이다. 왕은 아마도 다른 도시나 다른 종족에 속하는 다른 씨족 의 남자로, 전임자의 딸과 결혼하여 그 딸과 함께 왕국을 넘겨받았을 것이다. 그리고 그와 전임자의 딸 사이에서 낳은 아이들은 아버지가 아니라 어머니의 이름을 물려받았을 것이다. 아이가 딸이면 집에 남지만, 만일 아들이면 다 자 랐을 때 세상으로 나가 결혼하여 왕이 됐든 평민이 됐든 그 부인의 나라에 정 착할 것이다. 집에 남아 있는 딸 중에서 일부 또는 전부는 일정 기간 베스타 처녀사제가 되어 화로의 성화를 돌보는 데 헌신할 것이며, 그들 중 하나는 머 지않아 아버지를 이어 후계자가 될 사람의 배우자가 될 것이다.

이런 가설은 라틴 왕위에 관해 전설로 내려오는, 역사에서 몇 가지 모호한 점들을 간단하고 자연스럽게 설명해 주는 장점이 있다. 그리하여 라틴 왕들 이 동정녀인 어머니와 신성한 아버지에게서 태어났다는 전설들이 최소한 좀 더 이해할 수 있는 내용으로 다가온다. 그런 종류의 설화는 우화적인 요소를 벗겨내면, 한 여자가 모르는 남자의 아이를 가졌다는 이야기에 지나지 않기 때문이다. 아버지가 누군지 모른다는 것은 부계 혈통을 중시하는 친족제도 보다는 그것을 무시하는 제도라야 더 쉽게 용납될 것이다. 라틴 왕들의 아버 지가 정말로 누군지 모른다면, 그 사실이 가리키는 것은 왕족의 생활이 전반 적으로 방탕했거나, 아니면 도덕률이 특별히 해이해지는 어떤 때, 곧 남녀가 한순간 초기 시대의 방종으로 돌아가는 때가 있었다는 것이다. 그런 방종은 사회 발전의 어떤 단계에서 드물지 않게 나타난다. 우리 나라에서도 오월절

---

* '비나혼'은 프레이저의 동료인 스콧 믈레넌(Scot J. F. M'Lennan)의 연구주제였다. 그는 그것이 고대세계에서 일처다부제가 시행되었음을 증명하는 주요 증거라고 생각했다. *Primitive Marriage*(1865)에서 그는 실론(Ceylon)에서 행해지던 일처다부제의 두 가지 상 이한 유형을 구분했다. '디가(*deega*)' 일처다부제는 부인이 남편(들) 집에서 동숙(同宿)하 는 것이고, '비나' 일처다부제는 남편(들)이 부인 집에서 동숙하는 것이었다. 따라서 '비나 혼'은 족외혼의 성격을 띤 처가살이 혼인의 일종이었다. 또, 일처다부제였으므로 자식의 아버지를 확실히 판단할 수가 없었다. 따라서 혈통은 모계를 따라 계승되었다. 모계근친제 또는 모계제는 1861년에 스위스 법률학자 야콥 바흐오펜(Jacob Bachofen)이 저술한 *Das Mutterecht*라는 저술을 통해 세상에 알려졌다. 그러나 프레이저 자신의 연구는 법학도 시 절에 읽은 믈레넌의 저술에서 벗어나 독자적인 원숙함을 보이고 있다.

과 성령강림절 풍습―성탄절은 빼더라도―에 그 흔적이 오랫동안 남아 있었다. 이런 종류의 축제일에 흔히 일어나는, 다소 문란한 교제를 계기로 태어난 아이들은 자연스럽게 그 특정한 축제를 봉헌받는 신의 자식이라고 판단되었을 것이다.

이런 맥락에서 볼 때, 로마의 평민과 노예들이 하지절에 환락과 술주정의 축제를 벌인 것은 중요한 의미를 지닌다. 그 축제는 불에서 태어난 세르비우스 툴리우스 왕과 특별한 관련이 있었다. 곧 에게리아가 누마를 사랑했듯이, 세르비우스를 사랑한 포르투나(Fortuna) 여신을 기리기 위해 그 축제를 열었던 것이다. 당시 사람들은 여름철에 육상경주와 보트 경주를 즐겼다. 그래서 하지절이 되면 티베르 강은 꽃다발로 치장한 보트로 흥청거렸고, 젊은이들은 보트 안에 앉아 포도주를 마음껏 마셨다. 이 축제는 동지절에 벌어지는 진짜 농신제와 대응하는, 일종의 하지절 농신제였던 것으로 보인다.

뒤이어 살펴보겠지만, 근대 유럽의 하지절 대축제는 무엇보다도 연인들과 불의 축제였다. 그 주요 특색 가운데 하나는 연인들이 짝을 지어 서로 손을 잡고 모닥불을 뛰어넘거나 불길 너머로 서로 꽃을 던지는 것이다. 또, 이들은 이 신비한 계절에 피는 꽃으로 사랑과 결혼의 점을 친다. 바로 장미와 사랑의 계절이었던 셈이다. 하지만 오늘날 그런 축제들이 지니는 순수성과 아름다움 때문에 옛날에 아마도 그 의식의 정수를 이루었을, 더 난잡한 특색들을 간과해서는 안 된다. 실제로 무지몽매한 에스토니아(Estonia) 농민들 사이에서는 이런 특색들이 오늘날은 아니더라도 우리 세대까지 전해 내려왔던 것 같다. 로마의 하지절 축제에는 특별히 주목을 요하는 한 가지 특색이 있다. 이날 강물에서 꽃으로 치장한 보트를 타는 풍습이 있었다는 것은, 그것이 어느 정도 물의 축제라는 특징을 지니고 있었음을 증명한다. 뒤이어 살펴보겠지만, 오늘날에 이르기까지 하지절 축제에서 물은 항상 두드러진 역할을 했다. 이러한 사실은 기독교회가 이 오래된 이교도 축제에 자기 옷을 입혀 세례자 요한에게 바치기로 한 이유를 밝혀준다.

라틴 왕들이 해마다 열리는 사랑의 축제에서 잉태되었을 것이라는 가설은 어쩔 수 없이 한갓 추측일 수밖에 없다. 하지만 연인들이 하지절 모닥불을 뛰어넘었듯이, 목동들이 봄의 모닥불을 뛰어넘던 파릴리아(Parilia) 축제와 관련된 누마 왕의 출생전설은 어쩌면 그 가설에 희미한 개연성을 부여해 주는 것일지도 모른다. 그러나 아버지가 누구인지 모른다는 문제는, 왕들이 죽고 오랜 세월이 흘러 그들이 지상에서 천국으로 옮겨가고 그들의 모습이 우화의 구름나라로 녹아 들어가 환상적인 형태와 현란한 색채를 띠기 전까지는 제기되지 않았을 것이다. 만일 그들이 외국에서 온 이주자라서 자기가 다스리던 땅에서는 이방인이고 순례자였다면, 사람들이 그들의 계보를 잊어버리고, 잊어버린 만큼 실제로는 없었던 광휘를 가미해서 다른 계보를 만드는 것은 충분히 그럴 법한 일일 것이다. 최종적으로, 왕을 단지 신의 후예일 뿐 아니라 화신한 신이라고 신격화하는 것은, 왕들이 생애 중에 실제로 신을 자처했다면—우리가 근거를 가지고 생각하듯이—훨씬 용이했을 것이다.

라틴족의 왕녀들이 항상 고향에 남아서 다른 혈통, 종종 다른 나라 출신 남자를 배우자로 받아들였고, 그 배우자는 토착민의 왕녀와 결혼한 덕분에 왕으로 군림했다면, 어째서 외국인이 로마에서 왕관을 썼으며, 어째서 알바 왕가의 명단에 외국인의 이름이 나타나는지 이해할 수 있다. 귀족 신분이 여자 쪽을 통해서만 인정되는, 다시 말해서 모계 혈통이 전부고 부계는 아무것도 아닌 사회에서라면 최고위층 처녀들이 하층 출신 남자들과 결혼하는 것은 그 남자 자신이 걸맞은 짝으로 보이는 한, 상대가 심지어 외국인이나 노예라 하더라도 반감을 사지 않을 것이다. 정말로 중요한 것은 종족의 번영과 심지어 생존까지 좌우하는 문제로 여기던 왕가의 혈통을 건강하고 효과적인 형태로 이어가는 것이며, 그 목적을 위해 왕가의 여자들은 고대사회의 기준에 따라 신체적으로나 정신적으로 중요한 생식의 의무를 이행하는 데 적합한 남자를 받아들여서 아이를 낳아야 했다는 점이다. 그래서 사회발전의 이런 단계에서는 왕의 개인적 자질이 가장 중요한 문제로 떠오른다. 만일 그들이 배우자처럼 신성한 왕족 혈통이라면 금상첨화겠지만, 꼭 그래야만 할 필요는 없는 것이다.

만일 우리가 다른 곳에서도 모계 친족제도 아래에서는 왕의 부계가 대수롭지 않은 문제라는 것, 아니 노예 출신의 남자도 세르비우스 툴리우스처럼 왕녀와 결혼하여 왕위에 오를 수 있다는 것을 보여줄 수 있다면, 라틴 왕위의 계승규칙에 관해 우리가 도달한 가설을 유추를 통해 증명할 수 있을 것이다.

그런데 서아프리카 황금해안의 치 어족이 바로 그렇다.* 아샨티에서도 왕국이 모계를 따라 왕의 형제에게, 나중에는 자기 아들에 우선해서 누이의 아들에게 전승되는데, 왕의 누이들은 마음에 드는 남자면 아무하고나 자유롭게 결혼하고 통정할 수 있다. 다만 그 남편이나 연인은 신하들보다 풍채가 훨씬 훌륭한 왕을 낳을 수 있게끔 아주 힘세고 잘생긴 남자라야 한다. 왕의 아버지는 신분과 지위가 아무리 낮더라도 상관이 없다. 그러나 왕의 누이에게 아들이 없으면 왕위는 왕의 아들에게 넘어가며, 왕에게도 아들이 없으면 가신이나 노예의 우두머리에게 돌아간다. 그러나 판티(Fantee) 지방에서는 노예의 우두머리가 왕자를 제치고 왕위를 계승한다. 이들 종족은 왕의 혈통, 특히 부계 혈통을 거의 존중하지 않는다. 그런데 아샨티족이 이룩한 야만문명의 수준은 여느 흑인국가 못지않게 높을 뿐 아니라, 아마도 역사 여명기의 라틴 소왕국들에 비해서도 결코 뒤떨어지지 않을 것이다.

로마와 마찬가지로 아테네에서도 왕녀와 결혼함으로써 왕위를 계승한 흔적을 발견할 수 있다. 가장 오래된 아테네 왕 가운데 두 사람인 케크롭스(Kekrops)와 암피트리온(Amphitryon)이 전임자들의 딸과 결혼했다고 전해지는 것이다. 이 전설은 내가 지금 예시하려고 하는바, 아테네에서는 여계 친족이 남계 친족보다 선행했음을 보여주는 증거다.

또, 만일 고대 라티움에서 왕족의 딸들은 집에 남기고 아들들은 밖으로 내보내 왕녀들과 혼인시켜 처가 쪽 백성들을 다스리게 했다는 가정이 옳다면, 남계 후손들이 대를 이어 각기 다른 왕국을 다스렸을 것이라는 결론이 나온다. 이런 일이 고대 그리스와 고대 스웨덴에서 똑같이 일어난 듯하다. 이 사실로부터 우리는 유럽 아리안계 종족 가운데 한 종족 이상에 그런 풍습이 있었다고 추리할 수 있다. 이를테면 아킬레우스(Achilleus)와 아이아스(Aeas)의 할아버지인 아이아코스(Aiakos)의 대가문을 예로 들어보자. 아이아코스 자신은 아이기나(Aigina)를 다스렸지만, 그 자손들은 "처음부터 다른 땅으로 나아갔다." 그 아들 텔라몬(Telamon)은 살라미스(Salamis) 섬으로 이주하여 왕녀

---

*치 어족의 아샨티 왕국은 지금 가나의 내륙 밀림지대를 차지하고 있다. 아샨티족 사이에서는 아칸 어군(語群)의 다른 부족들처럼 모계 사회조직의 흔적이 지금까지도 발견된다.

와 결혼하고 그 나라를 다스렸다. 또, 텔라몬의 아들 테우케르(Teucer)는 키프로스(Kypros)로 이주하여 왕의 딸과 혼인하고 장인의 왕위를 계승했다. 아이아코스의 또다른 아들인 펠레우스(Peleus)도 자기 고향을 떠나 테살리아(Thessalia)의 프티아로 가서 왕의 딸과 혼인을 맺고, 그녀와 함께 왕국의 1/3을 얻었다.

고대 저술가들은 왕자들이 이렇게 이주한 사실을 여러 가지 이유를 붙여 설명했다. 한 가지 흔한 이유는 왕자가 살인죄를 저질러 추방당했다는 것이다. 이것은 왕자들이 왜 자기 고향에서 도망쳤는지는 충분히 설명해 주지만, 왜 다른 나라의 왕이 되었는지는 전혀 밝혀주지 못한다. 이런 이유는 저술가들이 후세에 고안해 낸 보족(補足)이 아닌가 하는 의심이 든다. 저술가들은 아들이 으레 아버지의 재산과 왕국을 계승하는 규칙에 익숙했기 때문에, 출생지를 떠나 이방인의 왕국을 다스린 왕자들에 관한, 무수한 전설을 설명하는 데 심히 곤란을 겪었을 것이다. 스칸디나비아 전설에서 우리는 비슷한 풍습의 흔적과 마주친다. 곧, 장인에게 친아들이 있는데도 장인의 왕국을 물려받은 사위들의 이야기가 나오는 것이다. 특히 『노르웨이 왕가 전설 *Heimskringla*』에는 금발왕(金髮王) 하롤드 이전에 5대 동안, 스웨덴 출신으로 알려진 잉글링가르 가(家)의 남자들이 지방의 왕녀들과 결혼하여 최소한 노르웨이의 6개 주(州)를 얻었다는 이야기가 전한다.

이와 같이 일부 아리안계 민족은 사회 발전의 일정 단계에서 왕가의 혈통이 이어져 내려가는 경로를 남자가 아니라 여자로 보고, 각 세대마다 왕녀 중하나와 결혼하여 부인의 백성을 다스리게 된 다른 가문, 때로는 다른 나라의 남자에게 왕국을 맡기는 것이 관례였던 것 같다. 한 모험가가 낯선 땅에 가서 왕녀와 결혼하고, 왕국의 절반이나 전체를 넘겨받는다는, 흔한 민간설화의 유형은 실제로 있었던 풍습을 회상하는 내용이었을 것이다.

이런 종류의 관습과 생각이 지배적인 곳에서는 왕권이란 것이 단지 왕족의 여자와 결혼하는 데 따른 부수적인 소득에 지나지 않을 것이다. 옛날 덴마크의 역사가 삭소 그라마티쿠스(Saxo Grammaticus)는 스코틀랜드의 전설적인 왕비 헤르무트루드(Hermutrude)의 입을 빌려 왕권에 관한 이런 견해를 분명하게 밝히고 있다. 그녀의 말이 더욱 중요한 의미를 지니는 것은, 여기서 우리가 살펴보듯이 그 말이 픽트(Pict) 왕가의 실제 관습을 반영하기 때문이다.
헤르무트루드는 말한다. "물론 그 여자는 왕비였다. 그러나 성별만 아니라면
그녀는 왕으로 인정받았을 것이다. 아니, (더욱 진실에 가까운 것은) 그녀가 자
기 침대에 걸맞다고 생각하는 사람이면 누구든 당장에 왕이 되었고, 그녀는
자기 자신과 함께 자기 왕국까지 넘겨주었다. 이를테면 그녀의 왕홀과 혼약
은 함께 갔던 셈이다." 이런 종류의 풍습이 지켜지는 곳이라면, 남자는 분명
히 전임자의 딸인 미망인과 결혼함으로써도 왕국을 얻을 수 있을 것이다. 미
케네(Mycenae)에서 아이기스토스(Aegisthos)가 그랬던 것이나, 덴마크에서 햄
릿의 삼촌인 펭과 햄릿의 후계자 위글렛이 그랬던 것은 모두 이런 경우다. 그
세 사람은 모두 전임자를 살해하고 그 미망인과 결혼했으며, 그러고 나서 평
화롭게 왕위를 차지했던 것이다.*

베데(Bede)의 증언에 따르면, 그가 살던 18세기 초에 이르기까지 픽트족
은 왕위 승계를 둘러싸고 논란이 벌어질 때마다 남계보다는 여계에서 왕을
선정했다고 한다. 이 이야기는 역사적 증거를 통해 폭넓게 확인된다. 10세기
말경 스코트(Scot)족의 왕 케나이드가 재위 중에 작성한, 픽트족 왕들과 그 아
버지들의 명단이 우리한테 있다. 또, 583년부터 840년에 이르는 기간의 명부
를 타이거낙과 얼스터의 아일랜드 연대기를 통해 확인할 수 있다. 그런데 중
요한 사실은 이 명단에 나오는 왕들의 아버지가 모두 왕이 아니라는 것이다.
다시 말해서, 어느 왕도 자기 아들에게 왕위를 물려주지 않았다는 것이다. 게
다가 그 이름으로 미루어본다면 픽트족 왕들의 아버지는 픽트족이 아니라 아
일랜드나 키므릭, 잉글랜드 같은 다른 종족에 속하는 외국인이었던 것으로
판단된다. 이런 사실을 근거로 추리해 볼 때, 픽트족 왕가는 이족혼(異族婚)
을 했으며, 여계를 따라 왕위를 승계한 것 같다. 다시 말해서, 왕녀들은 다른
씨족이나 심지어 다른 종족 남자들과 혼인했으며, 그 이방인들에게서 얻은
아들이 왕위에 앉은 것이다. 그들이 출생 순서에 따라 승계를 했든, 아니면
베데의 증언이 암시하듯이 왕녀들의 아들 가운데에서 선출했든, 그것은 상관

---

*그라마티쿠스도 햄릿 전설의 가장 오래된 전거 중 하나다. 클리템네스트라와 아이기스
토스의 결합에 대해서는 아이스킬로스의 『아가멤논』을 보라.

없는 일이다.

때때로 왕녀와 혼인하여 왕위를 차지하는 권리를 경주(競走)로 결정할 때도 있었다. 알리템니아의 리비아인은 가장 빨리 달리는 자에게 왕국을 넘겨주었다. 고대 프로이센에서는 귀족 후보자에게 말을 타고 왕에게 달려가게 해서 가장 먼저 도착하는 자에게 귀족 칭호를 주었다. 전설에 따르면, 올림피아에서 열린 최초의 경기는 엔디미온(Endymion)이 왕국을 놓고 자기 아들들에게 달리기 시합을 시킨 것이었다. 그의 무덤은 경주자들이 출발했던 경주로 한 지점에 있었다고 한다. 펠롭스(Pelops)와 히포다메이아(Hippodameia)에 관한 유명한 이야기는, 아마도 올림피아 최초의 경기가 왕국을 상으로 건 달리기 경주였다는 전설의 또다른 판본에 지나지 않을 것이다.

이런 전설은 신부를 얻기 위해 달리기를 했던 실제 관습을 반영하는 것일 수 있다. 그런 관습은 실상 단순한 겉치레나 시늉으로 전락하기는 했어도, 여러 종족 사이에서 성행한 것으로 나타난다. 이를테면 "키르기스(Kirghiz)족에게는 결혼의식의 일부분이라고 볼 수 있는, '사랑의 추적'이라는 경주 풍습이 있다.* 이 의식에서 신부는 무서운 채찍으로 무장하고 빠른 말에 올라타 그녀에게 청혼하는 젊은이들의 추적을 받는다. 그녀를 잡는 사람이 그녀를 차지하는 것이다. 그러나 그녀는 자기가 싫어하는 구혼자를 떼버리기 위해 말을 최대한 빨리 몰고 채찍을 휘두를 권리가 있다. 그래서 그녀는 아마도 이미 마음에 정해둔 상대방에게 호의를 베풀 것이다. 키르기스 풍습에 따르면, 처녀에게 구혼하는 사람은 일정 액의 '칼림(kalym)', 곧 추적비를 내야 하고, 아버지가 딸에게 주는 지참금 액수에 대해 협약을 맺기 때문에 '사랑의 추적'이란 순전히 형식에 불과하다." 이와 비슷하게 "칼무크(Calmuck)족은 결혼의식을 말등에서 치른다. 여자가 먼저 말에 올라 전속력으로 말을 달리고, 구혼자가

---

*키르기스족은 투르키스탄에서 목축을 주로 하는 민족이다. 플레넌의 주요한 주장 중 하나는 여자 영아 살해 때문에 소녀가 드물던 고대의 전기(前期) 이슬람 사회에서는 종종 이웃 씨족을 급습하여 신부를 붙잡아왔다는 것이었다. 그러나 그는 『고대사 연구 Studies in Ancient History』(1886)에서 신부 경주(競走) 개념을 제기하며, 그 근거로 여기 인용한 키르기스족과 코랴크족, 말레이족의 사례를 들고 있다. 코랴크족은 러시아 극동지역에 거주하는 비슬라브계 민족이다.

뒤쫓는다. 그가 여자를 따라잡으면 여자는 그의 아내가 되고, 그 자리에서 결혼이 끝난다. 그러면 여자는 그와 함께 천막으로 돌아온다. 그러나 이따금 여자가 뒤쫓아오는 사람과 결혼하고 싶어하지 않을 때가 있다. 이럴 때 여자는 있는 힘껏 달려 그가 따라잡지 못하게 한다. 칼무크 처녀가 추적자를 특별히 좋아하지 않는데도 붙잡히는 일은 전혀 없는 것이 확실하다. 만약 상대방이 싫으면 여자는 영국 운동선수들 속어처럼 '모가지를 걸고' 달려서 완전히 추적을 벗어나거나, 추적자의 말이 지쳐서 그녀가 마음대로 돌아와 나중에 좀더 마음에 드는 구혼자의 추적을 받도록 내버려두게 만든다."

신부를 얻기 위한 경주는 동북아시아의 코랴크(Koryak)족한테서도 발견된다. 둘레에 '폴로그(polog)'라고 부르는 칸막이방을 여러 개 연이어 배치한 큰 천막 속에서 경주가 벌어지는데, 처녀가 먼저 출발해서 그 칸막이방을 신랑한테 붙잡히지 않고 모두 통과하면 결혼은 취소된다. 천막 안의 여자는 남자 앞에 온갖 장애물을 놓고 넘어뜨리거나 회초리로 때리는 등 온갖 수단으로 방해를 한다. 그래서 처녀가 일부러 붙잡히려고 기다리지 않는 한 남자는 성공할 가능성이 거의 없다. 말레이 반도의 몇몇 토착 미개부족은 "결혼에 앞서 독특한 의식을 치른다. 한 노인이 모여 있는 손님들에게 미래의 짝을 구경시키고, 가족들이 뒤따르는 가운데 그들을 커다란 원(圓)으로 안내한다. 그러면 처녀가 그 원 둘레를 최대한 빨리 달리기 시작한다. 젊은 남자가 처녀를 따라잡는 데 성공하면 처녀는 그의 배우자가 되지만, 그렇지 않으면 남자는 모든 권리를 상실한다. 운 나쁘게도 남자가 신부의 환심을 사지 못했을 때에는 왕왕 그런 일이 생긴다." 또다른 저자의 증언에 따르면, 이 미개족들은 가까이에 강이 있을 때에는 강물 위에서 경주를 벌인다고 한다. 신부가 카누를 타고 노를 저으며 달아나면 신랑이 다른 카누를 타고 뒤쫓는다. 카피르(Kaffir)족의 신부는 신랑의 오두막으로 가는 결혼행진 직전에 마지막으로 한 번 자유를 달라고 요구할 수 있다. 여자를 붙잡는 일은 젊은 신랑의 몫이다. 만약 신랑이 붙잡지 못하면 여자는 자기 아버지에게 되돌아갈 수 있으며, 모든 의식을 다시 치러야 한다. 그러나 신부가 달아나는 것은 대개 시늉에 그친다.

이와 같이 처녀, 특히 왕녀와 결혼할 권리는 종종 운동경기에서 이긴 승자에게 주는 상과도 같은 것이었던 듯하다. 따라서 로마 왕들이 딸을 혼인시키기 전에 장래 사위 겸 후계자의 개인적 자질을 시험하기 위해 그런 고대의 방식에 의존했다 하더라도 놀랄 이유는 없을 것이다. 내 이론이 옳다면, 로마왕과 왕비는 유피테르와 그 신적인 배우자의 인격적 표현이었으며, 농작물을성장시키고 사람과 가축을 번식시키기 위해 그 신들의 모습으로 분장하고 해마다 신성한 결혼의식을 치렀다. 다시 말해서 그들은 먼 옛날 좀더 북쪽 땅에서 치르던 '5월의 왕과 여왕'의 의식을 그대로 답습했던 것이다.

그런데 '5월의 왕' 역할을 맡아 '5월의 여왕'과 결혼할 권리는 때때로 운동경기, 특히 경주로 결정하였다. 이는 우리가 살펴본 것과 같은 종류의 결혼풍습, 곧 신랑 후보자의 자격을 시험하기 위해 고안된 고대 풍습의 흔적일 수도있다. 그런 시험은 당연히 왕에게 특히 엄격하게 적용되었을 것이다. 행정·군사적 의무의 수행보다도 공동체의 안녕과 번영을 훨씬 더 크게 좌우하는문제로 여기던 신성한 제사와 의식을 왕이 어떤 개인적 결함으로 인해 이행하지 못하는 일이 있어서는 안 되기 때문이다. 또, 왕이 여전히 고귀한 사명을 수행할 자격이 있다는 것을 공개적으로 증명하기 위해, 때때로 똑같은 시험을 새롭게 거치도록 왕에게 요구하는 일도 있었을 법하다. 그 시험의 흔적은 제국시대에 이르기까지 로마에서 해마다 거행하던 '왕의 도주(regifugium)'라는 의식 속에도 남아 있었을 것이다. 해마다 2월 24일에 코미티움에서 제사를 올리고 난 뒤, '신성한 의식의 왕'은 포룸 광장에서 달아났다.* 왕의 도주는 원래 가장 빠른 자에게 왕위를 상으로 주던 연례적인 경주였을 것으로 짐작된다. 연말이면 왕은 새로운 임기를 위해 다시 달리기를 했을 것이며, 결국 그가 패배하여 쫓겨나거나 살해되거나 하기 전까지 이런 일이 계속되었을 것이다. 이렇게 해서 한때는 경주였던 것이 도주와 추적이라

---

*이 관습은 프레이저의 어법에서 인지할 수 있듯이, '직책에 입후보한다(to run for office)'는 미국식 표현에 전혀 새로운 의미를 부여해 준다. '왕의 도주'에 대한 프레이저의 전거는 오비디우스의 『연대기 Fasti』와 플루타르코스의 Quaestiones Romanae이다. 『연대기』는 오비디우스가 흑해 연안의 토미스에 귀양가 있을 때, 집정관의 총애를 다시 얻어 로마에 돌아가고자 하는 헛된 기대를 품고 쓴 것으로, 로마력의 주요 제전들에 관한 시적 연감(年鑑)이라고 할 수 있다. 1929년에 프레이저가 몇 권의 책으로 번역·편집했는데, 그 동안 그것은 로마의 풍습에 대한 프레이저의 주된 전거였다.

는 성격을 띠게 된 것 같다. 왕이 우선권을 가지고 먼저 달리면 경쟁자들이 뒤쫓아 달렸다. 그래서 따라잡히면 왕은 왕관과, 어쩌면 자기 목숨까지 가장 발빠른 주자에게 넘겨주어야 했다. 그러다가 머지않아 가장 자질이 뛰어난 사나이가 영구히 왕좌를 차지하는 데 성공하면서 연례적인 경주 또는 도주 행사는, 역사시대에 늘 그랬던 것처럼, 겉치레 형식으로 바뀌었을 것이다.

이 의식을 때때로 로마에서 왕들이 추방된 것을 기념하는 행사로 해석하기도 한다. 그러나 이것은 단지 옛 의미를 잃어버린 의식에 새로 의미를 부여하기 위해 나중에 끌어다 붙인 해석에 지나지 않는 것으로 보인다. '신성한 의식의 왕들'이 그렇게 행동한 것은 단지 왕조시대에 그의 전임자들이 연례적으로 지키던 고대 풍습을 이어가는 것일 뿐이라고 보는 것이 훨씬 그럴듯하다. 그 의식의 본래 의도를 밝히는 일은 아마도 어느 정도는 추측에 의존할 수밖에 없을 것이다. 지금의 설명은 이 주제에 내포된 난해함과 모호함을 충분히 생각하고 제기하는 것이다. 그렇게 볼 때, 만일 내 이론이 정확하다면 로마 왕의 연례적인 도주행사는 해마다 승리한 운동선수나 검투사에게 왕녀와의 혼약과 아울러 왕위를 상으로 주던 시대의 유풍(遺風)이었다. 그 후에 승리자는 신부와 나란히 신과 여신으로 분장하고, 동종주술로써 대지의 생산성을 보장하기 위해 고안된 신성한 결혼을 거행했던 것이다.

아주 오래 전에 옛 라틴 왕들이 신을 자처했으며 정례적으로 살해당했다는 가정이 옳다면, 우리는 많은 왕이 맞이했다고 전하는 불가사의하거나 난폭한 최후를 더 잘 이해할 수 있다. 그러나 그런 전설을 지나치게 중시해서는 안된다. 혼란한 사회에서는 평민들과 마찬가지로 왕들도 신성(神性)의 권리 주장보다 훨씬 더 타당한 이유로 머리를 얻어맞을 수 있는 것이다. 하지만 로물루스가 아이네이아스처럼 불가사의하게 실종되었다거나, 그 때문에 성난 귀족들에게 능지처참을 당했다는 전설은 주목할 만한 가치가 있다. 그리고 그가 사멸한 날인 7월 7일은 농신제와 다소 비슷한 축제일이었다. 그날은 여자 노예들에게 상당한 자유가 허용되었다. 그들은 자유민 여성처럼 치장하고 도시를 빠져나가 마주치는 사람마다 희롱하고 야유했으며, 자기들끼리 싸움을 벌여 서로 때리고 돌팔매질을 했다.

폭력으로 살해당한 또다른 로마 왕으로는 로물루스의 동료였던 사비니

(Sabini) 사람 타티우스가 있다. 전설에 따르면, 그가 라비니움에서 조상신들에게 공식 제사를 올리고 있을 때, 그에게 불만을 품은 몇몇 사내가 제단에서 탈취한 제사용 칼과 쇠꼬챙이로 순식간에 그를 해치웠다고 한다. 하지만 죽음의 시기와 정황으로 미루어볼 때, 그 살해사건은 암살이 아니라 희생제사였을 수도 있다. 또, 누마의 후계자 툴루스 호스틸리우스도 벼락에 맞아 죽었다고 하지만, 많은 사람이 뒤이어 왕이 된 안쿠스 마르키우스의 사주로 살해당했다고 주장한다. 사제왕의 원형으로 다소 신화적인 존재인 누마에 관해 이야기하면서 플루타르코스는 이렇게 말한다. "그의 명성은 후대 왕들의 운명으로 인해 더욱 높아졌다. 그를 이어 통치한 다섯 왕 중에서 마지막 왕은 폐위당해 유배지에서 생을 마쳤으며, 나머지 넷 중 단 한 사람도 자연사하지 못했다. 세 명은 암살당했으며, 툴루스 호스틸리우스는 벼락에 맞아 사라졌다." 이 말의 의미는 큰 타르퀴니우스와 세르비우스 툴리우스는 물론, 안쿠스 마르키우스 왕도 자객의 손에 죽었다는 것이다. 내가 아는 한, 다른 고대사가는 안쿠스 마르키우스에 관해 이렇게 말하는 사람이 없다. 한 사람 정도가 그 왕에 대해 "때아닌 죽음이 그를 앗아갔다"고 기록하고 있을 뿐이다. 큰 타르퀴니우스는 전임자인 안쿠스 마르키우스의 아들들이 고용한 두 명의 살인자에게 살해당했다. 마지막으로, 세르비우스 툴리우스는 네미의 디아나 사제직을 겨냥한 혈투를 연상시키는 정황 속에서 최후를 맞이했다. 그는 후계자에게 습격을 받아, 직접은 아니지만 그 후계자의 명령에 따라 살해당했다.

로마 왕들의 난폭한 최후에 관한 이런 전설들이 시사하는 것은, 그들이 왕위를 차지하기 위해 벌인 경기가 때로는 경주가 아니라 생명을 건 투쟁이었을 수도 있다는 것이다. 만약 그렇다면, 우리가 더듬어본 로마와 네미 사이의 유사성은 한층 더 긴밀해질 것이다. 이 두 곳에서 신의 산 대변자인 신성한 왕들은 강한 팔뚝과 날카로운 검으로 성직에 대한 신성한 권리를 증명할 수 있는, 결심에 찬 사나이의 손에 폐위당하거나 살해당하기 쉬웠을 것이다.

내가 생각하는 고대 라틴 왕위의 계승규칙과 유사한 사례가 오늘날 서아프리카 풍습에 남아 있다. 하느님의 대변자로 여겨지는 말루앙고(Maluango), 곧 로앙고의 왕을 선출할 때, 현직 왕은 자기 성지(聖地)의 입구 부근에 있는 '은

쿰비(*Nkumbi*)'라는 거대한 나무 곁에 자리잡고 선다. 여기에서 그는 신하들 중 한 사람의 응원을 받으며, 왕권에 도전하기 위해 나선 경쟁자들을 싸워서 물리쳐야 한다. 이는 현대 아프리카의 관습을 통해 고대 이탈리아의 의식과 전설을 예증하는 많은 사례 중 하나다. 이와 비슷하게, 중앙아프리카의 반요로(Banyoro)족*은 왕의 기력이 쇠퇴하기 시작하면 왕이 자기 손으로 목숨을 끊어야 하는데, 왕위 계승은 신청자들의 생명을 건 투쟁으로 결정했다. 그들은 마지막에 단 한 사람이 살아남을 때까지 계속 싸웠다. 심지어 잉글랜드에서도 비슷한 풍습의 흔적이 최근까지 대관식에 남아 있었다. 이 의식에서는 왕권에 도전하는 모든 사람에게 한 전사(戰士)가 나서서 장갑을 땅에 던지고 생명을 건 결투를 신청하곤 했다. 이 행사는 페피스(Pepys)가 찰스 2세의 대관식에서 목격한 것이다.**

---

*때때로 '분요로족'이라고도 한다. 우간다 바간다족의 이웃 부족이자 오랜 경쟁자였다. 바간다족에 대해서는 4장의 주석을 보라. 시간이 지나면서, 프레이저는 왕위에 관한 자신의 주요 주장을 입증하기 위해 아프리카의 사례를 증거로 삼는 일이 현저하게 늘었다.

**1661년 4월 23일자 페피스의 일기. "그리고 세 차례에 걸쳐 문장원(紋章院) 장관이 단위의 세 군데 넓은 장소로 가서 찰스 스튜어트가 잉글랜드 왕이 되어서는 안 될 이유를 제시할 사람은 말하라고 선포했다." 그러나 페피스는 도전에 대해서는 언급이 없다. 그는 결과를 들을 때까지 기다리지도 않았다. 왜냐하면 "소변이 너무나 마려웠기 때문이다." *The Diary of Samuel Pepys*(London: G. Bell and Sons Ltd., 1970), ii. 84쪽.

10장
왕위의 부담

1

고대사회의 어떤 단계에서는 왕이나 사제를 종종 초자연적 능력을 지닌 자나 신의 화신으로 여긴다. 그리고 이런 믿음에 따라 자연의 운행도 어느 정도 그의 지배를 받는 것으로 생각했을 뿐 아니라, 그에게 악천후와 흉작, 그밖의 비슷한 재난에 대한 책임이 있다고 여겼다. 또, 자연에 대한 왕의 지배력을 신하와 노예들에 대한 지배력과 마찬가지로 어느 정도 명확한 의지의 작용을 통해 발휘되는 것으로 가정했다. 따라서 만일 가뭄이나 기근, 역병, 폭풍우 따위가 일어나면 사람들은 그 재난을 왕의 무관심이나 잘못 탓으로 돌려 왕을 밧줄로 묶고 채찍질을 가했으며, 그래도 왕이 계속 고집을 부릴 때에는 왕위를 박탈하고 사형에 처했다. 그러나 자연의 운행을 왕에게 달린 것으로 간주하기는 했어도, 때로는 부분적으로 그의 의지와는 독립된 것으로 여기기도 했다.

이런 표현이 가능하다면, 왕의 인격은 우주의 역학적 중심이고, 거기에서부터 천체의 모든 방면으로 동력선(動力線)을 방사하는 주체였다. 그러므로 그의 모든 동작—고개를 돌리거나 손을 치켜드는 사소한 것까지—이 곧바로 자연의 어떤 부분에 영향을 미쳐 심각한 혼란을 일으킬 수 있다. 그는 세계의 균형을 지탱하는 받침점이며, 그에게 사소한 문제라도 발생하면 미묘한 평형상태가 무너질 수도 있다. 따라서 그는 가장 세심하게 주의를 기울여야 하고, 사람들도 그에게 주의를 기울여야 한다. 자발적이든 아니든, 그의 행위 때문에 자연의 기존 질서가 흐트러지거나 뒤집히는 일이 없도록 생활 전반을 가장 세밀한 지점까지 규제해야 하는 것이다.

이런 부류의 왕 중에 일본의 정신적 황제인 미카도(御門)* 또는 다이리(內裏)가 있다. 그는 신과 인간을 망라한 전우주를 지배하는 태양 여신의 화신으로, 일 년에 한 번씩 모든 신이 그를 모시고 그의 궁정에서 한 달 동안 지낸다. '신이 없는 달'이라는 명칭을 지닌 그 달에는 신들이 떠나고 없다고 믿기 때문에 아무도 절에 출입하지 않는다. 미카도는 백성들로부터 '현인신(現人神)'이라는 칭호를 받고, 공식 포고령에도 그 칭호를 사용하며, 일본의 모든 신에게 전반적인 권위를 행사한다. 예컨대 646년에 공포한 한 공식 포고령은 황제를 '우주를 다스리는 현인신'이라고 묘사하고 있다. 미카도의 생활양식에 관한 다음 설명은 약 200년 전에 기록된 것이다.

"심지어 오늘날까지 이 가문의 후예인 왕족들, 특히 왕위에 앉아 있는 사람은 그 자체로 가장 거룩한 사람이자 타고난 교황으로 간주된다. 그리고 신하들의 마음속에 이런 생각을 지속시키기 위해 그들은 자신의 신성한 몸을 특별하게 돌볼 뿐 아니라, 다른 민족의 풍습에 비추어보면 터무니없고 주제넘게 여겨질 일을 해야 한다. 그 예를 몇 가지 들어보는 것도 쓸데없는 일은 아닐 것이다. 그는 땅에 발을 대는 것이 자신의 위엄과 신성함에 해가 된다고 생각한다. 그래서 어디로 가고자 할 때, 그는 사람들의 어깨에 올라앉아 목적지까지 가야 한다. 미카도가 자신의 신성한 몸을 바깥에 드러내는 것은 더욱 못 견딜 일로, 햇빛이 머리에 내리쬐는 것조차 걸맞지 않은 일로 여긴다. 또, 모든 신체부위를 신성시하기 때문에, 머리든 수염이든 손톱이든 깎으려 하지 않는다. 하지만 그가 지나치게 지저분해지지 않도록, 사람들은 그가 잠든 밤에 그를 깨끗이 단장해 줄 수 있다. 왜냐하면 그 시간에 그의 몸에서 빼앗은 것은 도둑맞은 것이고, 그런 도둑질은 그의 신성함이나 위엄을 해치지 않는다고 믿기 때문이다. 옛날에 그는 매일 아침 몇 시간 동안 왕관을 머리에 쓴

---

* '미카도'라는 칭호는 일본어의 '미(숭고하다)'와 '카도(문)'를 합성한 것이다. 이 칭호는 일본인들이 유럽인들 앞에서 자기네 황제를 가리킬 때 썼으며, 투르크 제국의 '숭고한 문(Sublime Porte)'에 빗댄 표현이 분명하다.

채 손·발·머리·눈 등 몸의 어느 부분도 까딱하지 않고 동상처럼 가만히 옥좌에 앉아 있어야 했다. 이렇게 함으로써 자기 제국의 평화와 안녕을 보전할 수 있다고 여긴 것이다. 만일 불행하게도 그가 이쪽저쪽으로 움직이거나 자기 영토의 한 곳을 오랫동안 응시하게 되면, 사람들은 그것을 나라를 황폐화할 전쟁이나 기근, 화재 같은 큰 재난이 임박했다는 표시로 여겼다. 그러나 왕관이 수호물로서 그 부동성(不動性)으로 제국의 평화를 지켜줄 수 있다는 사실이 나중에 발견되면서, 황제의 몸을 성가신 의무에서 해방시켜 오직 태만과 쾌락에만 봉사하게 하는 것이 편리하다고 여기게 되었다. 그래서 지금은 매일 아침 몇 시간 동안 왕관만 옥좌에 놓아둔다. 그가 먹는 음식은 매번 새로운 냄비에 조리하여, 새로운 접시에 담아 식탁에 올려야 한다. 냄비와 그릇은 모두 깨끗하고 정갈하지만, 평범한 진흙으로 만든 것뿐이다. 그래서 한번 쓰고 나서 버리거나 깨뜨려도 큰 비용이 들지 않는다. 그것들은 보통 깨뜨려 없애는데, 이는 그것들이 일반인의 손에 들어갈까봐 우려하기 때문이다. 만일 일반인이 감히 그 신성한 접시로 음식을 먹으면, 입과 목구멍이 부르트고 염증이 생긴다고 사람들은 믿는다. 다이리의 신성한 의복도 그와 비슷한 나쁜 결과를 초래할 수 있다. 만일 일반인이 황제의 명시적인 허락이나 명령 없이 그 옷을 입으면, 온몸에 부스럼과 통증이 생긴다고 사람들은 믿는다."

미카도에 관한 더 오랜 기록에도 똑같은 취지의 이야기가 나온다.

"그는 발로 땅을 디디는 것조차 수치스러운 타락으로 여겼다. 햇빛과 달빛이 그의 머리에 비치는 것조차 허용되지 않았다. 신체의 어떤 잉여물도 버리지 않았으며, 머리카락도 수염도 손톱도 깎지 않았다. 그가 먹는 음식은 모두 새로운 그릇으로 조리했다."*

이와 비슷한 사제왕 또는 신성왕이 아프리카 서해안 지방의 좀더 미개한

---

*미카도의 경이로운 유폐생활에 관한 두 가지 설명은 모두 존 핑커턴(John Pinkerton)의 『관광여행 총람 *General Collection of Voyages and Travels*』(London, 1808~1814)에 나오는 것이다. 이 책은 세계 도처에 산재해 있는, 신성한 왕위에 대한 프레이저의 초기 전거 중 하나이며, 1888년 이래로 그의 연구 노트에 나타나듯이 그가 세밀하게 관심을 기울이던 저작이다(앞으로 Pinkerton이라고 지칭한다). 여기 인용한 두 가지 설명은 켐퍼(Kaempfer)의 「일본해설」(Pinkerton, ii. 716쪽 이하)과 코론(Coron)의 「일본해설」(Pinkerton, vii. 613쪽)이다.

야만사회에서도 발견된다. 남부 기니의 파드론 곶(Cape Padron)* 부근 샤크 포인트(Shark Point)에는 사제왕 쿨룰루(Kululu)가 혼자서 숲 속에 산다. 그는 여자의 몸에 손을 댈 수 없으며, 집을 떠나지도 못한다. 사실상 그는 앉아 있는 의자에서조차 벗어나지 못하고 앉은 채로 잠을 자야 한다. 만일 그가 드러누우면 바람이 일지 않아 항해가 중단된다고 한다. 그는 폭풍우를 규제하며, 전반적으로 평온하고 조화로운 기후상태를 유지시킨다. 서아프리카의 독일령인 토고(Togo)**의 아구(Agu) 산에는 주변 지방 전역에서 크게 중요하게 여기는, 바그바(Bagba)라고 하는 물신(物神) 또는 정령이 산다. 그에게는 비를 내리거나 그치게 하는 능력이 있다고 하며, 내륙에서 부는 건조한 열풍인 하르마탄(Harmattan)을 비롯하여 모든 바람이 그의 지배를 받는다. 그 물신의 사제는 가장 높은 산꼭대기에 있는 집에 거주하는데, 커다란 항아리에 봉해놓은 바람을 관리한다. 비를 내리게 해달라는 청원도 그가 받는다. 그는 표범의 이빨과 발톱으로 만든 부적을 팔아 톡톡히 재미를 보기도 한다. 하지만 비록 권력이 크고 그 땅의 실제 추장이라고는 해도, 그는 물신의 규정에 따라 산에서 떠나지 못하고 평생 산꼭대기에서 살아야 한다. 오직 일 년에 한 번만 물건을 구입하러 시장에 내려갈 수 있지만, 그때에도 유한한 인간의 거처에 발을 들여놓을 수 없을 뿐 아니라 당일로 자신의 유배지에 돌아와야 한다. 마을을 다스리는 일은 그가 임명한 부추장이 맡아서 한다.

　서아프리카 콩고 왕국에는 치토메(Chitomé) 또는 치톰베(Chitombé)라고 부르는 대법왕이 있었다. 흑인들은 그를 지상의 신이자 천상의 전능자로 여겼다. 그래서 사람들은 햇곡식을 먹기 전에 그에게 첫 수확을 바쳤으며, 이 규칙을 어기면 온갖 재난이 닥친다고 두려워했다. 그가 거처를 떠나 자기 관할 구역 내에 있는 다른 장소를 방문할 때에는 결혼한 사람들이 모두 그 기간 내내 금욕생활을 해야 했다. 사소한 음행이라도 저지르면 그에게 치명적인 해가 미친다고 생각했기 때문이다. 그리고 그가 자연사하게 되면 세상이 멸망하고, 그 한 사람의 권능과 덕으로 지탱하던 대지가 즉각 소멸한다고 사람들

＊오늘날의 앙골라에 있다.
＊＊토고는 (동쪽으로 오늘날의 가나까지 합쳐서) 1918년까지는 독일의 영유지였다.

은 생각했다. 이와 비슷하게, 앙골라의 한 왕국인 홈베(Humbe)에서는 사춘기가 되지 않은 청소년들이 음행을 저지르면 극형에 처했다. 왜냐하면 그런 음행이 해를 넘기기 전에 왕의 죽음을 초래한다고 믿었기 때문이다. 최근에 와서는 사형 대신 범죄자에게 각각 황소 10마리의 벌금형을 매기는 것으로 형을 경감했다. 이런 경감조치가 있자, 옛 형벌을 아직 엄격하게 지키는 이웃 부족에서 방탕한 젊은이 수천 명이 홈베로 몰려왔다.

스페인 정복기 신세계의 반(半)야만 민족들에게도 일본과 같은 성직정치 또는 신정정치가 있었다. 특히 멕시코 남부 사포텍(Zapotec)족의 대사제는 미카도와 몹시 비슷했던 것으로 보인다. 왕의 강력한 경쟁자인 이 정신적 군주는 절대적 권한을 가지고 왕국의 주요 도읍 가운데 하나인 요파(Yopaa)를 다스렸다. 그가 누린 존경은 상상을 불허할 정도였다고 한다. 그는 대지도 감히 떠받칠 수 없고, 태양도 감히 내리비칠 수 없는 신으로 추앙받았다. 심지어 그가 발로 땅을 건드리기만 해도 그의 신성함에 금이 간다고 사람들은 생각했다. 그의 가마를 어깨에 메는 관리들은 최고위층 가문의 자제들이었다. 그는 자기 주위에 있는 어떤 것에도 거의 눈길을 주는 일이 없었다. 그와 마주치는 사람은 모두 그의 그림자라도 보면 죽음이 덮칠까봐 얼굴을 땅에 대고 엎드렸다. 사포텍 사제들, 특히 대사제에게는 금욕 규정이 일정하게 부과되었다. 그러나 "해마다 며칠에 한해 주연과 가무의 향연을 열어 대사제가 술에 취하는 관례가 있었다. 하늘에도 땅에도 속하지 않는 것 같은 그런 상태에서, 신들에게 봉헌한 처녀들 중 가장 아름다운 여자를 그에게 바쳤다." 그 여자가 아들을 낳으면 왕자로 양육하고, 장남이 아버지의 대사제직을 계승했다. 이 대사제가 지녔다고 하는 초자연적인 힘은 명시적으로 밝혀져 있지 않지만, 아마도 미카도나 치토메와 비슷할 것이다.

일본과 서아프리카처럼 사람들이 자연의 질서, 심지어 세상의 존재 자체가 왕이나 사제의 생명과 밀접히 결부되어 있다고 생각하는 곳에서는 왕이나 사제를 그 신하들에게 무한한 축복과 무한한 위험을 주는 원천으로 여길 수밖에 없다. 한편, 사람들은 대지의 열매를 키워주는 비와 햇빛, 배를 해안으로 운행할 수 있도록 도와주는 바람, 심지어 발을 디디고 선 단단한 땅에 대해서도 그에게 감사해야 한다. 그러나 그는 베푸는 것을 거부할 수도 있다. 또, 자연이 그의 인격에 너무나 긴밀하게 의존하고 그를 중심으로 하는 힘들의 체계가 너무나 미묘한 균형을 이루기 때문에, 그에게서 나타나는 아주 사소한 불규칙성조차도 대지를 밑바닥까지 뒤흔드는 동요를 일으킬 수 있다. 만일 왕이 본의 아니게 행하는 사소한 행동이 자연을 혼란시킬 정도라면, 그의 죽음이 어떤 격변을 일으킬지 쉽게 상상이 갈 것이다. 앞서 보았듯이, 사람들은 치토메의 자연사가 모든 사물의 파멸을 수반한다고 생각했다. 따라서 사람들은 왕의 경솔한 행동이나 죽음 때문에 위태로워질 수 있는 자신들의 안전을 위해 왕이나 사제에게 그런 규칙들을 엄격히 준수하도록 요구할 것이 분명하다. 그리고 왕이나 사제도 그 규칙을 지키는 것이 그 자신의 유지를 위해서도, 결과적으로 백성들과 세상의 유지를 위해서도 필요하다고 여겼다.

고대왕국을 인민이 오직 군주를 위해서만 존재하는 전제정치라고 보는 생각은, 우리가 살펴보는 왕국들에는 전혀 적용되지 않는다. 반대로, 그 왕국들의 군주는 오직 인민을 위해서만 존재하며, 그의 생명은 오직 인민의 이익을 위해 자연의 운행을 규제하는 소임을 다할 때에만 가치가 있다. 그러므로 그가 소임을 다하지 못하면, 사람들이 지금까지 아낌없이 보여주던 배려와 헌신, 종교적 경의는 이내 증오와 경멸로 바뀐다. 불명예스럽게 쫓겨나는 것은 물론, 생명을 부지하는 것만도 다행일 것이다. 신으로 숭배하던 군주를 어느 날 갑자기 범죄자로 처단하는 것이다. 그러나 인민들의 이런 행동 변화는 변덕스러운 것도, 앞뒤가 틀린 것도 아니다. 반대로 그들의 행동은 아주 일관된 것이다. 왕이 그들의 신이라면 왕은 또한 그들의 보호자이기도 한 것이다. 만일 왕이 그들을 보호하지 않는다면, 왕은 그들을 보호해 줄 다른 사람에게 자리를 내주는 것이 마땅하다. 그러나 왕이 기대에 부응하는 한 그들은 왕을 한없이 배려하며, 또 왕도 인민들에게 자신을 배려하라고 요구한다. 이런 종류의 왕은 의례적인 예법, 곧 무수한 금제와 의례의 그물망에 갇혀서 산다. 이러한 금제와 의례의 의도는 왕의 위엄을 보태거나 안락을 더하기 위한 것이 아니라, 왕으로 하여금 자연의 조화를 깨뜨려 자신과 인민과 전우주를 공통의 파국에 몰아넣을 수도 있는 행동을 삼가게 하려는 것이다. 이런 규정들은 왕에게 안락을 주기는커녕 행동 전체를 속박하고 자유를 말살함으로써, 종종 삶 자체가 그에게 무거운 짐이 되고 슬픔이 되게 만든다.

초자연적 지위를 부여받은 로앙고 왕들은 권한이 크면 클수록 지켜야 할 금기도 더 많아진다고 한다. 그 금기들은 걸어가고 서 있는 것, 먹고 마시는 것, 잠자고 깨어나는 것 따위를 비롯하여 왕의 모든 행동을 규제한다. 왕위 상속자는 유아기부터 그런 규제에 복종한다. 그런데 나이가 들면 들수록 왕이 지켜야 할 금제와 의례의 숫자도 늘어난다. "그래서 즉위할 때가 되면 왕은 의례와 금기의 바다 속에 빠져든다." 풀이 무성한 비탈로 사방이 둘러싸인 한 사화산의 분화구 속에는 페르난도포(Fernando Po) 섬의 토인 왕이 거처하는 리아바(Riabba)가 있는데, 거기엔 오두막집과 감자밭이 점점이 흩어져 있다. 전하는 말로는, 이 신비스러운 존재는 분화구 안 가장 깊은 골짜기에서 옛날 은화를 온 몸에 걸친 채 후궁 40명에 둘러싸여 살아간다고 한다. 그는 비록 벌거벗은 미개인이지만, 산타이사벨(Santa Isabel)에 있는 스페인 총독보다 섬에 훨씬 더 큰 영향력을 미친다. 이를테면 그는 섬의 원주민인 부비(Boobie)족의 보수적 정신의 화신이다. 그는 한 번도 백인을 본 적이 없다. 부비족의 확고한 신념에 따르면, 그는 창백한 얼굴을 보기만 해도 즉시 죽는다고 한다. 그는 차마 바다를 쳐다보지 못한다. 실제로 그는 먼 거리에서조차 바다를 보아서는 안 된다고 한다. 그래서 그는 두 다리에 족쇄를 차고 어두컴컴한 오두막집에서 일생을 보낸다. 그가 한 번도 해변에 발을 디딘 적이 없는 것은 확실하다. 그는 머스켓 총과 칼 이외에는 백인의 물건을 일체 쓰지 않는다. 유럽산 옷감을 몸에 대지 않는 것은 물론, 담배와 럼주, 심지어 소금까지 멸시한다.

서아프리카 노예해안(Slave Coast)*의 에웨(Ewe) 어족들은 "왕이 대사제를 겸한다. 그 때문에 특히 옛날에는 아무도 그에게 접근할 수 없었다. 그조차도 단지 밤중에만 거처를 떠나 목욕이나 그밖의 일을 할 수 있었다. 그의 대변자인 이른바 '보이는 왕'과 선택된 원로 세 사람 이외에는 아무도 그와 대화를 나눌 수 없었다. 심지어 그들조차도 쇠가죽을 깔고 앉아 그에게 등을 돌린 자세로 이야기를 해야 했다. 그는 유럽인이나 말을 보아서는 안 되고, 바다도

---

*더 엄밀하게 말하면 황금해안. 에웨족(Ewes, 정확한 발음은 이베이족)은 볼타 강 너머 토고 내륙으로 뻗어 들어가는 오늘날의 가나 동남부를 차지하고 있다.

처다볼 수 없었기 때문에 잠시도 도읍을 떠나지 못했다. 하지만 최근에는 이런 규칙들을 무시하기도 한다." 다호메이(Dahomey)의 왕은 바다를 보지 못하게 하는 금지규정에 복종한다. 로앙고 왕과 기니의 대(大)아르드라(Great Ardra) 왕도 그렇다. 바다는 다호메이 서북쪽에 사는 아이오(Eyeo)족의 주물이다. 그들과 그들의 왕은 감히 바다를 바라보려고 하지 않는다. 그러면 사제들에게 생명의 위협을 받기 때문이다. 세네갈의 카요르(Cayor) 왕은 강이나 바다의 지류를 건너가면 그 해 안에 틀림없이 죽는다고 믿는다. 마쇼날랜드(Mashonaland)에서는 최근에 이르기까지 추장들이 특정한 강, 특히 루리크위 강과 니아디리 강을 건너지 않으려 했다. 최근 몇 년 동안에도 최소한 추장 가운데 한 사람은 여전히 그 풍습을 엄격하게 지켰다. "어떤 일이 있더라도 추장은 강을 건너려 하지 않는다. 만일 그래야 할 절대적인 필요가 있을 때에는 눈을 가린 채 고함치고 노래하며 다른 사람들 손에 들려 강을 건넌다. 그가 걸어서 건너면 눈이 멀거나 죽거나 하며, 반드시 추장직을 잃게 된다고 한다." 마다가스카르 남부의 마하팔리(Mahafaly)족과 사칼라바(Sakalava)족에서도 그와 같이 몇몇 왕이 바다를 항해하거나 강을 건너지 않는다. 바다에 대한 공포는 왕들한테만 특별하게 있는 것이 아니다. 바수토족은 인도양에서 수백 킬로미터 떨어진 내륙에 살기 때문에 한 번도 짠물을 본 적이 없는데도 본능적으로 그런 공포를 느낀다고 한다. 이집트의 사제들은 바다라면 질색했으며, 그것을 티폰(Typhon)의 거품이라고 불렀다. 그들은 식탁에 소금을 놓지 못했고, 바다에서 살아가는 수로 안내인에게 말을 걸지 않았다. 생선도 먹지 않았다. 생선은 증오를 나타내는 상형문자 기호로 쓰였다. 페루의 안데스 산맥 인디언들은 스페인 사람들이 뜨거운 해안 계곡에 가서 일하도록 시키자, 코르디예라(Cordillera)에서 내려와 드넓은 대양을 목격하고는 그것이 질병의 원인이라고 생각하고 두려움에 사로잡혔다. 그래서 그들은 병들지 않게 해달라고 바다를 향해 기도를 올렸다. 모든 사람이, 심지어 어린아이까지 그렇게 했다. 이와 비슷하게, 수마트라 내륙의 람퐁(Lampong)족은 바다를 향해 일종의 찬미의식을 거행한다고 한다. 바다를 처음 보았을 때, 그들은 케이크와 사탕과자를 제물로 바쳐 재난을 초래하는 바다의 영험에서 벗어나고자 한다.

마다가스카르 남부의 사칼라바족은 추장을 신성한 존재로 여기지만, "그는 중국 황제와 마찬가지로 무수한 금지규정에 따라 행동에 제약을 받는다. 주술사가 길조(吉兆)를 선언하지 않는 한 그는 어떤 일도 실행할 수 없다. 뜨거운 음식을 먹어서도 안 되고, 특정한 날에는 자기 오두막을 떠나지도 못한다." 아삼의 몇몇 산악부족에서는 추장과 그 아내가 음식물에 관해 많은 터부를 지켜야 한다. 그들은 들소·돼지·개·닭·토마토 따위를 먹지 못한다. 추장은 순결해야 하고, 한 아내의 남편이어야 하며, 일반적·공식적인 터부 의식의 전야에는 아내를 멀리해야 한다. 한 부족집단에서는 추장이 낯선 마을에 가서 식사하는 것을 금지하며, 추장은 어떤 모욕을 당하더라도 욕설을 못한다. 추장이 이런 금기를 위반하면 틀림없이 온 마을이 재난을 당한다고 사람들은 생각한다.

레인스터와 문스터, 콘노트, 얼스터 4개주의 왕들을 비롯하여 아일랜드의 고대 왕들은 어떤 기묘한 금제 또는 터부에 복종했다. 그들 자신을 비롯하여 나라와 백성의 번영이 그것을 잘 지키는 데 달렸다고 생각한 것이다. 그래서 이를테면 에린(Erin)의 옛 수도 타라에서는 침상에 누운 왕의 머리 위로 해가 떠올라서는 안 되었다. 또, 왕이 마그 브리그에서 수요일에 불을 켜는 것, 해진 다음에 마그 쿠일람을 건너가는 것, 판 코마이르에서 자신의 말을 자극하는 것, 5월절(Bealltaine) 이후 월요일에 배를 타는 것, 만성절(萬聖節) 이후 화요일에 아트 마인에서 군대가 이동한 자취를 남기는 것 따위가 금지되었다. 레인스터 왕은 수요일에 왼쪽 방향으로 투아트 라이언을 돌거나, 도타이르와 두이블린 사이에서 머리를 한쪽으로 기울이고 자거나, 쿠알람 평원에서 9일 동안 진을 치거나, 월요일에 두이블린의 도로로 이동하거나, 발굽이 검고 지저분한 말을 타고 마그 마이스티언을 가로지르는 것이 금지되었다. 문스터 왕은 월요일부터 다음 월요일까지 로크 레인의 향연을 즐기거나, 레이트리카에서 가임(Geim) 전 첫 수확기에 야간연회를 열거나, 시우이르 강가에서 9일간 진을 치거나, 가브란에서 국경회담을 여는 것이 금지되었다. 콘노트 왕은 만성절에 강화조약을 맺은 다음 크루아칸에 있는 자기 고성(古城)에 관한 조약을 맺는 것과, 얼룩덜룩한 옷을 입거나 반점이 있는 회색 말을 타고 달 카이스의 광야로 가는 것, 시가이스에서 부녀자들의 집회에 가는 것, 가을에 마이네의 아내 묘 위에 앉는 것, 아트 갈타에서 외눈박이 회색 말을 탄 기수와 두 기둥 사이를 달리는 시합을 하는 것이 금지되었다. 얼스터 왕은 달 아라이데의 젊은이들과 어울려 라트 라인의 말시장에 가는 것, 해진 후에 린 사일리크의 새떼들이 지저귀는 소리를 듣는 것, 다이레 믹 다이레의 황소 축제를 기념하는 것, 3월 초에 마그 코바에 들어가는 것, 두 밤 사이에 보 네이미드의 물을 마시는 것 따위가 금지되었다. 만일 아일랜드 왕들이 까마득한 옛날부터 내려온 관례에 따라 금지된 이런 종류의 풍습들을 엄격하게 지킨다면, 그들은 불행이나 재난을 당하지 않을 것이며, 노년의 쇠퇴를 겪는 일 없이 90년 동안 살 것이라고 사람들은 믿었다. 또, 그들이 재위하는 동안에는 전염병이나 대형참사도 일어나지 않을 것이며, 계절은 순조롭고 대지는 풍부한 결실을 낼 것이다. 반면에 만일 그들이 고래의 관습을 무시한다면 나라에는 역병과 기근, 악천후가 닥칠 것이다.

이집트 왕들은 신으로 숭배되었으며, 그들의 일과는 자세하고 불변적인 규칙에 따라 세세하게 규제받았다. 디오도로스는 이렇게 말한다. "이집트 왕들의 생활은 책임 없이 마음대로 행동해도 무방한, 다른 왕들과는 달랐다. 반대로 그들은 공적인 직무는 물론 일상생활의 세세한 면까지 만사가 율법으로 정해져 있었다……. 자기가 하고 싶은 일이 아니라 강제로 부과된 일을 해야 하는 시간이 밤낮으로 정해져 있었다. 국정을 처리하거나 재판을 하는 시간뿐만 아니라 산책하고 목욕하고 부인과 취침하는 시간, 한마디로 일상생활을 하는 모든 시간이 미리 정해져 있었다. 관례의 규정에 따라 식사도 간소했다. 왕이 먹을 수 있는 육식은 송아지 고기와 거위 고기뿐이었고, 술은 정해진 양만큼만 마실 수 있었다." 그러나 이런 규칙들은 고대 파라오들이 아니라, 제20왕조 말기에 테베와 에티오피아에서 군림한 사제왕들이 지키던 것으로 보는 것이 합당하다. 미얀마 북부의 카렌족 추장은 세습적 권리가 아니라 쌀과 술을 금하는 관습에 의거하여 추장의 지위에 오른다. 추장 후보자의 어머니도 아이와 함께 지내는 동안은 쌀과 술을 금하고 참마와 감자만 먹고 살아야 한다. 그 기간 동안 그녀는 고기도 먹지 못하고 공동 우물의 물도 마시지 못한다. 심지어 아들이 추장직을 맡을 자격을 획득하게 되면, 그녀는 계속해서 그런 관습을 지켜야 한다.

사제들에게 부과되는 터부의 두드러진 사례는 살아 있는 유피테르의 형상, 또는 천신(天神)의 인간적 화신으로 해석되는 로마의 플라멘 디알리스가 지켜야 하는 생활규칙에서 찾아볼 수 있다. 그 규칙들은 다음과 같다. 플라멘 디알리스는 말을 타거나 만져서도 안 되었고, 무장한 군대를 쳐다보아서도, 깨지지 않는 반지를 껴도, 매듭이 있는 옷을 입어서도 안 되었다. 성화(聖火) 이외에는 어떤 불도 그의 집에서 가지고 나올 수 없었으며, 밀가루나 발효시킨 빵을 만져서도 안 되었다. 염소·개·생고기·콩·담쟁이 따위를 만지거나 이름을 부를 수 없었고, 포도나무 밑을 걸어갈 수 없었으며, 침대 다리에는 진흙을 발라두어야 했다. 또, 그의 머리카락은 반드시 자유민이 청동 칼로 깎아야 했는데, 깎은 머리카락과 손톱은 행운의 나무 아래에 묻어야 했다. 그는 시체를 만지거나 화장터에 들어갈 수 없었으며, 성스러운 날에는 일하는 것을 보아서도, 집 바깥에 몸을 드러내서도 안 되었다. 또, 포승에 묶인 사람이 그의 집에 끌려오면 묶은 것을 풀어주고, 그 끈을 지붕의 구멍으로 끌어올려 거리로 떨어뜨려야 했다. 그의 아내인 플라미니카도 거의 똑같은 규칙과 아울러, 그녀만의 규칙을 별도로 지켜야 했다. 그녀는 그리스 양식의 층계를 세 계단 이상 올라갈 수 없었다. 특정한 축제일에는 머리를 빗을 수 없었으며, 신발 가죽으로 자연사한 짐승의 가죽을 쓸 수 없었다. 반드시 도살하거나 희생제물로 잡은 짐승의 가죽만 써야 했다. 만일 그녀가 천둥소리를 들으면, 속죄의 제물을 올릴 때까지 아무도 그녀에게 접근할 수 없었다.

시에라리온의 그레보(Grebo)족에는 보디아(Bodia)라는 칭호를 지닌, 다소 근거가 박약하지만 유대인의 대사제에 비견할 만한 대사제가 있는데, 신탁에 따라 임명된다. 그는 공들여 준비한 임명식에서 향유를 몸에 붓고, 직책을 표시하는 가락지를 발목에 끼며, 그의 집 문기둥에 희생양의 피를 뿌린다. 그는 공식적인 부적과 우상들을 관장하며, 매달 초승에 쌀과 기름을 우상에게 바친다. 또, 주민을 대표하여 사자(死者)와 귀신들에게 제사를 올린다. 그의 권한은 명목상으로는 매우 크지만, 실제로는 아주 제한적이다. 그는 여론을 거스르지 못하며, 나라에 닥치는 온갖 재난에 대해 심지어 목숨까지 걸고 책임을 져야 한다. 사람들은 그가 대지로 하여금 풍부한 결실을 거두게 하고, 자신들을 건강하게 하고, 전란이 멀리 물러가게 하고, 마법을 정지시킬 것으로 기대한다. 하지만 각종 규제와 터부가 그의 생활을 속박하고 있다. 그는 임명식 때 기름을 붓는 의식과 관련하여 '기름 부은 집'이라고 부르는, 자신의 공식적 주거 이외에 다른 집에서 잠을 자지 못한다. 그는 대로변에서 물을 마시지도 못하며, 마을에 시체가 있을 때에는 음식을 먹지 못할 뿐 아니라, 죽은 자를 위해 곡을 하지도 못한다. 또, 그가 재직 중에 죽으면 매장하는 기척을 아무도 못 듣도록 고요한 한밤중에 매장한다. 그리고 그의 죽음이 알려지더라도 아무도 곡을 해서는 안 된다. 한편, 그가 독초 달인 즙을 마시는 독약 시험의 제물로서 죽게 되면 흐르는 강물에 수장해야 한다.

신성한 목장의 사제로 행세하는, 인도 남부 토다족의 젖짜는 사람은 몇 년씩 계속되기도 하는 재직 기간 내내 갖가지 성가시고 까다로운 제약을 받는다. 그는 신성한 목장에서 줄곧 살아야 하며, 자기 고향이나 다른 마을을 방문하지 못한다. 게다가 독신을 지켜야 하며, 결혼했으면 부인을 떠나야 한다. 그뿐만 아니라 보통 사람은 어떤 일이 있어도 신성한 젖짜는 사람이나 신성한 젖소와 접촉하면 안 된다. 그런 접촉이 젖짜는 사람의 신성함을 훼손한다고 믿어 그의 직책을 박탈하기 때문이다. 일반인이 젖짜는 사람에게 접근할 수 있는 날은 일주일에 두 번, 월요일과 목요일뿐이다. 만약 다른 날에 젖짜는 사람에게 볼일이 있으면, 멀리(일설에 따르면 400미터 가량) 떨어져서 허공에 대고 전할 말을 소리쳐 알려야 한다. 또, 신성한 젖짜는 사람은 재직 중에 머리나 손톱을 깎지 않으며, 강을 건널 때도 결코 다리로 건너지 않고 몇 군데 지정된 얕은 여울로 건넌다. 씨족 중에 사망자가 있어도 장례식에 참석하지 못한다. 참석하려면 먼저 직책을 사임하고, 젖짜는 사람이라는 높은 신분에서 단순한 일반인의 신분으로 내려와야 한다. 실제로 옛날부터 그는 씨족 성원이 이승을 떠날 때마다 자기 직책의 상징인 들통을 내려놓아야 했던 것으로 보인다. 그러나 이렇게 무거운 제약은 가장 높은 계급의 젖짜는 사람에게만 부과되었다. 토다족에는 젖짜는 사람들이 많이 있다. 그 중 일부는 낮은 신분을 고려하여 훨씬 더 가볍게 처신하기도 한다. 하지만 그런 사람들도 자신들이 누리는 위엄을 제하면 결코 행복한 운명이 못 된다. 이를테면 카노드르라고 부르는 장소에 있는, 원뿔 모양의 목장 신전을 관장하는 젖짜는 사람은 재직 기간 중에 독신으로 지내야 한다. 그는 송아지 우리에서 잠을 자는 데, 그곳은 입구가 트인데다 미지근한 난로만 덩그러니 놓여 있는, 아주 허술한 구조물이다. 게다가 그는 아주 얇은 옷 한 벌만 걸칠 수 있다. 음식도 목장을 둘러싼 바깥 담장에 앉아서 먹어야 한다. 또, 음식을 먹을 때에도 손이 입술에 닿으면 안 되기 때문에, 음식을 입 속에 던져넣어야 한다. 음료를 마실 때도 컵 구실을 하는 나뭇잎이 입술에 닿으면 안 된다. 그래서 머리를 뒤로 젖히고 위에서 음료를 입 속에 쏟아부어야 한다. 일반인은 단 한 사람만 젖짜는 사람과 함께 지낼 수 있다. 그 사람 역시 독신이어야 하며, 송아지 우리에 마련된 침대에서 잔다. 그밖에 다른 사람은 어떤 일이 있어도 이 신성한 목장에 접근할 수 없다. 몇 년 전에 그 목장이 비고, 젖짜는 사람의 직책이 공석이 된 것은 결코 이상한 일이 아니다. 리버스 박사(Dr. Rivers)는 이렇게 말한다. "지금은 일 년에 한 번씩 젖짜는 사람을 임명하지만, 고작 30일 내지 40일 동안 재직하는 데 그친다. 내가 아는 한, 목장에 젖짜는 사람이 지속적으로 거주하지 못하는 것은 그 직책의 보유자가 견뎌내야 하는 엄청난 고생과 제약 때문이다. 아마도 그리 머지않아 토다족의 가장 중요한 성소에 속하는 이 목장은 완전히 사용이 중단될 것이다."

2

왕이나 사제직에 수반되는, 이러한 부담스러운 관습으로 인해 당연한 결과가 생겨났다. 사람들이 그 직책 맡기를 거절하여 직무의 수행이 중단되거나, 아니면 그 직책을 맡더라도 갖가지 부담에 억눌려 무기력한 존재나 틀어박힌 은둔자로 전락하고 마는 것이다. 그리하여 정권은 그들의 마비된 손가락을 벗어나, 명예는 없지만 실제 주권을 휘두르는 데 만족하는 사람들의 손 안에 더욱 확고하게 장악되었다. 몇몇 나라에서는 이런 지상권의 분열이 심화하여 정신적 권력과 세속적 권력의 총체적이고 영구적인 분리로 이어졌다. 옛 왕가는 순수한 종교적 기능만을 보유하고, 반면에 정치적 기능은 더 젊고 더 강력한 가문에 넘어갔다.

예를 들어보자. 이 책 앞부분에서 우리는 캄보디아에서 종종 내키지 않하는 후계자에게 불과 물의 왕 자리를 떠맡겨야 했음을 보았다. 서아프리카 몇몇 지방에서는 왕이 죽으면 후계자를 정하기 위해 비밀리에 가문회의를 연다. 이때 왕으로 선정된 사람은 갑자기 체포되어 결박당한 채 주물을 모신 사당에 갇히며, 그곳에서 왕관을 수락할 때까지 계속 감금생활을 한다. 때때로 후계자는 사람들이 자기에게 떠맡기려고 획책하는 영예를 회피할 수단을 찾기도 한다. 한 사나운 추장은 자신을 왕위에 앉히려는 어떤 기도든 무력으로 저지할 태세로 항상 무장을 하고 다녔다고 한다. 시에라리온의 미개민족인 티메(Timme)족은 왕을 선출로 뽑는데, 대관식 전야에 자신들이 왕을 때릴 권리를 예비해 두고 있다. 그들은 이런 합법적 특권을 진심으로 마음껏 행사하기 때문에 때때로 불행한 왕은 왕위에 오르지도 못하고 죽는 일도 있다. 그래서 유력한 추장들은 어떤 사람에게 원한을 품고 없애버리려고 할 때, 그를 왕으로 선출한다. 예전에는 어떤 사람을 시에라리온의 왕으로 선포하기에 앞서 그를 쇠사슬로 묶고 때리는 풍습이 있었다. 그리하여 쇠사슬이 부서지면 왕의 도포를 입히고, 왕권의 상징물을 그의 손에 건네주었다. 그것은 곧 사형 집행인의 도끼에 다름 아니었다.

따라서 그런 풍습이 성행한 시에라리온에서 "만딩고(Mandingo)족과 수지(Suze)족을 빼면 토박이 출신 왕이 거의 없다. 그들의 생각은 우리와 판이하여 왕위의 영예를 애써 추구하는 사람이 거의 없고, 왕위 경쟁도 거의 알려진 바가 없다"고 하는 기록이 보이는 것도 놀라운 일은 아니다. 또다른 기록자는 시에라리온에 관해 "유럽에서 사람들이 몹시 탐하는 왕위의 영예를 아프리카에서는 번번이 거부한다. 그 까닭은 거기에 따르는 대가 때문인데, 그것은 때때로 왕위의 소득을 훨씬 넘어선다"고 쓰고 있다.

에티오피아의 깅기로(Gingiro) 왕국에서는 왕권을 받아들이고 싶어하지 않는 감정을 실제 상황이 아니라 모의 상황으로 나타냈다. 예수회 선교사들의 증언을 통해 우리는 그것을 알 수 있다. "사람들은 죽은 왕의 시신을 값비싼 옷으로 감싸고, 암소 한 마리를 잡아 은닉처에 숨긴다. 그러면 왕위를 계승하고자 하는 전왕의 아들들이나 왕족들은 모두 자신들이 바라는 영예를 피해 도망가서 숲 속에 숨는다. 그리고 나면 모두 위대한 마법사들인 선거인들은 자신들끼리 의논하여 누가 왕이 될지 합의하고, 그 사람을 찾으러 나선다. 그들이 마법에 의지하여 숲에 들어가면 '리베르(*liber*)'라고 하는, 독수리만큼 큰 새가 힘차게 울부짖으며 왕위를 물려받을 사람이 숨어 있는 장소에 내려 앉는다고 한다. 이때 마법으로 불러모은 사자와 호랑이, 뱀 따위 짐승들이 그 사람을 둘러싸는데, 왕으로 선출된 그 사람은 붙잡히지 않으려고 자기를 찾으러 온 사람들에게 사납게 달려들어 몇 사람에게 부상을 입히고 심지어 죽이기까지 한다. 하지만 추적자들은 그 모든 일을 선의로 받아들이며, 그 사람을 붙잡을 때까지 최선을 다해 자기를 방어한다. 이렇게 해서 추적자들은 강제로 그 사람을 데려간다. 그 사람은 여전히 저항하며 왕위의 부담을 거부하는 듯이 행동하지만, 그 모든 행동은 단지 속임수이며 가장일 뿐이다."

　일본의 미카도는 일찍이 최고 권력의 영예와 부담을 어린 자식들에게 넘겨주는 편법에 의존한 듯하다. 오랫동안 이 나라의 세속적 군주로 군림한 다이쿤(大君)*의 등장은 어떤 미카도가 세 살짜리 아들에게 왕위를 물려준 일에서 비롯된다. 그때 한 찬탈자가 나타나 어린 왕자에게서 주권을 빼앗았는데, 요리토모(賴朝)라는 용기 있는 실력자가 미카도 편을 들어 찬탈자를 타도하고 미카도에게 명예의 허울을 되찾아주는 한편, 알맹이인 실권은 자신이 차지했다. 그는 자기가 획득한 권위를 자손들에게 양도하여 다이쿤 가계(家系)의 시조가 되었다. 16세기 후반에 이르기까지 다이쿤은 실질적인 통치자로 군림했다. 그러나 그들한테도 미카도가 겪은 것과 똑같은 운명이 닥쳤다. 똑같이 복잡한 풍습과 율법의 거미줄에 뒤엉켜 급기야 궁성에서 옴짝달싹도 못한 채 끊임없이 공허한 의식의 쳇바퀴에 매달려 살아가는 허수아비로 전락하고, 실질적인 정사(政事)는 국무회의에서 주관하게 된 것이다.

　통킨(Tonquin)**에서도 비슷한 경로로 왕정이 변천을 겪었다. 전임자들같이 안일과 나태 속에 살던 왕을 막(Mack)이라고 하는 야심적인 모험가가 왕좌에서 쫓아낸 것이다. 막은 어부 출신으로 대관(大官)의 직책까지 오른 사람이었다. 그런데 왕의 형제인 트링(Tring)이 찬탈자를 넘어뜨리고 왕을 복위시

---

* '다이쿤'은 쇼군(將軍)을 외국인에게 소개할 때 사용한 호칭이었다. 거물 사업가를 뜻하는 의미로 이 호칭을 사용한 기록은 1861년에 처음 발견된다.
** 오늘날의 베트남 통킹.

키면서, 전군(全軍)의 통수권은 자신과 자기 자손들이 차지하게 만들었다. 그이래로 왕, 즉 '도바(dova)'는 군주의 칭호와 위엄은 그대로 유지했지만, 통치에서는 손을 뗀 채 궁성에서 격리된 생활을 했다. 반면에 모든 정치적 실권은 세습직 장군인 '초바(chova)'가 휘둘렀다. 현재의 시킴(Sikhim) 왕은 "대부분의 전임자들과 마찬가지로 교활한 사제들 손에 놀아나는 꼭두각시에 지나지 않는다. 사제들은 그를 일종의 사제왕으로 만들어놓았다. 사제들은 가능한 모든 수단으로 그를 부추겨 정치를 자신들에게 맡기게 하고, 그는 천박한 악마숭배 의식과 무의미한 주문을 끊임없이 외우는 일에 매달려 시간을 보내게 만들었다. 의식의 내용은 티베트식 불교의식이 대부분이다. 사제들은 그를 타고난 성인으로 선포하고, 가장 위대한 티베트 왕으로 꼽히는 스롱찬 감포 (Srongtsan Gampo)의 직계 후손이라고 이야기한다. 성인 칭호를 받은 감포는 마호메트와 동시대인으로, 티베트에 처음으로 불교를 들여온 왕이었다." "이런 성인의 혈통 덕택에 왕 자신은 숭배에 가까운 대중적인 존경을 받지만, 그것은 아마도 사제들이 자신들의 추잡한 목적을 위해 꼭두각시 왕을 영광되게 하려고 꾸며낸 거짓말에 지나지 않을 것이다. 동방에서는 이런 책략을 흔히 발견할 수 있다."

타히티(Tahiti)의 왕들은 아들을 낳으면 왕위를 양도하는 관습을 정례적으로 지켰다. 아들은 곧바로 군주로 선포되고, 아버지의 경배를 받았다. 이런 관습은 아마도 일본의 미카도가 가끔 실행했던 관습과 마찬가지로, 성가신 왕위의 부담을 일찌감치 다른 사람에게 넘겨주려는 바람에서 생겨났을 것이다. 타히티 왕도 다른 곳에서처럼 까다로운 제한 규정에 매인 채 살았던 것이다. 폴리네시아의 또다른 섬인 망가이아(Mangaia)에서는 종교적 권위와 정치적 권위를 각기 다른 사람이 장악하였다. 영적인 기능은 세습적인 왕가에서 담당했고, 세속적인 통치권은 전쟁에서 승리한 추장에게 그때그때 위임했다. 하지만 통치권자의 임명은 궁극적으로 왕의 승인을 받아야 했다. 왕에게는 가장 좋은 땅을 배당하고, 날마다 가장 훌륭한 음식을 제공했다. 피지(Fiji)에는 일본의 미카도와 다이쿤에 상응하는 직책으로 로코 투이(Roko Tui)와 부니발루(Vunivalu)가 있었다. 로코 투이는 거룩한 왕 또는 신성왕, 부니발루는 전쟁의 시조 또는 전쟁왕이었다. 한 왕국에서는 타콤바우라고 하는 전쟁

왕이 모든 권력을 장악했지만, 이웃 왕국에서는 신성왕이 실질적인 통치자였다. 이와 비슷하게, 통가(Tonga)에는 '하우(How)'라고 하는 세속왕과 별도로 '투이통가(Tooitonga)', 곧 '통가의 추장'이라고 하는 신성한 대추장이 있었다. 세속왕의 왕권은 세습하는 것이 보통이지만, 다른 한편으로는 전쟁에서 쌓은 무공과 휘하 전투병력의 숫자에 따라 결정되기도 하였다. 투이통가는 우두머리 신 가운데 한 신의 후손이라고 하여 왕과 다른 추장들보다 신분이 높았다. 사람들은 일 년에 한 번씩 대지의 첫 결실을 엄숙한 의식을 통해 그에게 바쳤다. 제물을 바치지 않으면 신들의 보복이 반드시 백성들에게 떨어진다고 믿었다. 그에게 말을 할 때에는 다른 사람에게는 쓰지 않는 독특한 어법을 사용하였고, 그의 손이 닿은 모든 것은 신성시되거나 금기시되었다. 왕조차도 그와 마주치면 그가 지나갈 때까지 존경의 표시로 땅에 앉아 있어야 했다. 하지만 이 거룩한 인물은 신성한 혈통 때문에 최고의 존경을 누리기는 해도 정치적 권한은 전혀 지니지 못했다. 만일 그가 정사(政事)에 간섭하려고 들면 왕에게 반격을 당할 위험이 있었다. 왕은 정신적 라이벌의 간섭에서 벗어나는 데 궁극적으로 성공하여 실권을 장악하고 있었다. 한편 게타이(Getae)* 왕은 신하들이 신으로 호칭하는 사제와 권력을 일정하게 공유했다. 이 신성한 사제는 성스러운 산에 있는 동굴 속에서 고독한 생활을 하며, 왕과 그 시종들 이외에는 사람을 거의 만나지 않았다. 그의 조언은 신하들에 대한 왕의 영향력에 크게 보탬이 되었다. 신하들은 왕이 그 덕택에 자신들한테 신들의 명령과 훈계를 전해줄 수 있다고 믿었다. 또, 아테네에서는 왕들이 신성한 성직자로 전락한 채 갈수록 연약해지자 폴레마르크(Polemarch), 곧 전쟁왕이라는 새로운 직책을 만들었다고 한다.

　서아프리카 한 지방에서는 주술왕 또는 종교적인 왕과 세속적인 왕 두 사람이 나란히 군림하는데, 주술왕이 실질적인 최고 통치자다. 그는 기후와 그밖의 것들을 관장하며, 모든 것을 중지시킬 수 있다. 그가 자신의 붉은 지팡이를 땅에 놓아두면 아무도 그 길로 지나가서는 안 된다. 신성한 통치자와 세속적

---

*북부 그리스의 트라키아 출신 부족. 기원전 4세기에 북방으로 이주하여 루마니아에 있는 카르파티아 산맥 인근 지역에 정착했다. 때때로 고트족과 혼동하기도 했다.

인 통치자 사이의 이런 권력 분립은 진정한 흑인문화가 손상되지 않은 채 남아 있는 곳에서는 어딜 가나 볼 수 있다. 그러나 다호메이와 아샨티같이 흑인 고유의 사회형태가 파괴된 곳에서는 두 가지 권력이 한 사람의 왕에게 통합되는 경향이 나타난다.* 그래서 이를테면 뉴칼라바르(New Calabar)에는 종교적이든 세속적이든 모든 내정 문제에서 왕보다 우위에 서는 주술왕이 있었다. 그는 공공행사 때 항상 왕 앞에서 걸었으며, 노예 하나가 그의 머리 위에 우산을 받쳐주었다. 그의 견해는 커다란 무게를 지녔다. 그 직책이 소멸한 원인에 관해 칼라바르에서 몇 년 간 지낸 한 선교사는 이렇게 설명한다. "사람들은 이제 자신들의 다양한 '이뎀(idem)'에 특별한 숭배를 바친다. 그 중 하나인 '은뎀 에픽(Ndem Efik)'은 이 나라를 지키는 수호신의 일종이다. 한 사람이 임명을 받아 이 숭배물을 돌보는 역할을 맡았으며, 그는 칼라바르 왕이라는 명칭을 지녔다. 지난 시절에 그는 그 칭호가 시사하듯이, 왕과 사제를 겸임하는 권한을 지닌 듯하다. 그는 사냥한 모든 표범가죽을 공물로 받았으며, 노예가 그의 신전에 피신을 하면 그 노예는 은뎀 에픽의 소유물이 되었다. 하지만 그 직책을 보유한 사람은 일정한 제한 규정을 지켜야 했다. 이를테면 그는 사람들이 보는 앞에서 음식을 먹을 수 없었고, 상거래를 할 수 없었다. 이런 불리함 때문에 이 직책을 마지막으로 보유하고 있던, 코범 가문의 불운한 노인이 죽자 후계자를 찾지 못해 그 사제직이 소멸하게 되었다." 그런 직책의 실제적인 불리함 중 하나는, 주술왕의 집이 성역으로 존중되기 때문에 악인들의 피신처로 전락하는 경향이 있다는 것이다. 이를테면 서아프리카 곡물해안에서는 주술왕, 곧 보디아(Bodia)가 "대사제의 역할을 수행하며, 전부족의 수호자로 여겨진다. 그는 사람들이 마련해 준 집에서 살며 부족의 주물들을 돌본다. 그 직책 덕분에 그는 일정한 면책권을 누리지만, 그런 특권을 상쇄하고도 남는 제한 규정에 매인다. 그의 집은 범죄자들이 피신하는 성소다. 범죄자들은 보디아 자신을 빼고는 누구한테도 쫓겨날 위험이 없는 것이다." 보디

*이 무의미한 뒤범벅(대체 '진정한 흑인문화'가 무엇이냐고 사람들이 물을 법하다)의 출처는 메리 킹슬리였다. 프레이저는 1897년 6월 1일에 그녀와 함께 왕위의 구분 문제를 토론했다(그 대화는 브리티시 도서관에 소장된 프레이저의 학습장에 기록되어 있다). 그녀는 나중에 *The Journal of the Anthropological Institute*에서 자기 생각을 더 확대했다.

아 가운데 한 사람은 그에게 의탁하는 사람들과 그들을 먹이는 비용, 그들끼리 벌이는 다툼질 따위를 감당하지 못해 직책을 사임하기도 했다. 3년 동안 그는 그런 사람들을 상대로 아웅다웅하며 살았다. 그러다가 간질 발작이 일어나면 살인광으로 변하는 사람이 그곳에 들어왔다. 그후 오래지 않아 그 영적인 목자는 공직에서 물러났다. 그 직전에 그는 바로 그 검은 양(살인광)과 드잡이질을 벌이다가 귀 하나를 잃고 다른 데도 상처를 입었던 것이다.

포르토노보(Porto Novo)*에는 평상시의 왕 이외에 '밤의 왕'이 있었다. 그는 일몰에서 일출까지, 곧 밤시간에 군림하는 왕이었다. 해가 뜨면 그는 거리에 모습을 보일 수 없었다. 그의 임무는 수행원들을 거느리고 거리를 순찰하면서 정해진 시간을 넘어서 돌아다니는 사람들을 모두 잡아들이는 것이었다. 그 휘하의 각 부대는 머리부터 발끝까지 원뿔 모양의 밀짚 포장을 덮어쓴 사람이 지휘했다. 그는 조개껍질을 불어 피리소리를 내며 다니는데, 그 소리는 듣는 사람들을 벌벌 떨게 만들었다. 밤의 왕과 평상시의 왕은 각자 재위기간의 첫날과 마지막 날을 제외하고는 서로 만나는 일이 없었다. 두 사람은 서로 직책을 부여하고, 죽을 때 최후의 예를 표했던 것이다. 포르토노보의 밤의 왕은 하와이의 어떤 왕과 비교할 수 있다. 그 왕은 너무나 신성해서 낮에는 아무도 그를 볼 수 없었다. 설사 우연하게라도 낮에 그를 보는 사람은 죽음을 당했다. 그는 밤에만 자신의 모습을 드러냈다.

동인도 제도 티모르(Timor) 섬의 한 지방에서도 서아프리카의 세속왕과 주술왕 사이에서 나타나는 것과 비슷한 권력 분립을 볼 수 있다. 티모르 부족 중 일부는 두 사람의 라자(rajah, 왕)를 인정한다. 한 사람은 세속적인 라자로서 백성을 다스리고, 다른 한 사람은 주술의 라자 또는 터부의 라자(radja pomali)로서 대지와, 그 생산물과 관련된 모든 것을 다스리는 책임을 맡는다. 주술의 라자는 어떤 것을 터부로 선언하는 권리를 지닌다. 새로운 땅을 경작하려면 그의 허락을 받아야 하며, 경작이 시작되면 그는 몇 가지 필수적인 의식을 거행해야 한다. 가뭄이나 해충 때문에 농작물이 위협을 받으면 사람들은 농작물을 구하기 위해 그의 도움을 요청한다. 그는 세속적인 라자보다 지

---

*사실상 나이지리아 접경지역인 다호메이 동남쪽 모퉁이 끝에 자리잡고 있다.

10장 왕위의 부담

217

위는 낮지만, 모든 중요한 일에서 세속적인 라자가 그의 자문을 구해야 하기 때문에 일의 진행에 중대한 영향력을 행사한다. 로티(Rotti)와 동부 플로레스(Flores) 같은, 몇몇 인접한 이웃 섬들에서도 그와 똑같은 종류의 영적인 통치자가 '땅의 주인'을 뜻하는 다양한 토착 명칭으로 불리며 군림한다.

이와 비슷하게, 영국령 뉴기니의 메케오(Mekeo) 지방에는 이중적인 추장직이 존재한다. 사람들은 가문에 따라 두 집단으로 나뉘는데, 집단마다 각기 추장이 따로 있다. 하나는 전쟁의 추장이며, 다른 하나는 터부(afu)의 추장이다. 후자는 세습직으로, 임무는 코코넛이나 빈랑나무 열매 같은 농작물을 사용하지 못하도록 하는 것이 바람직하다고 생각될 때에는 언제든지 그것들에 터부를 부과하는 것이다. 그 직책에서 우리는 사제왕 계보의 맹아를 발견할 수도 있다. 하지만 그 직책은 더 높은 권능을 달래는 일보다는 수확을 통제하는 일과 관련되어 있기 때문에, 종교적이기보다는 주술적인 것으로 보인다. 다른 가문의 성원들은 추장이 부과한 터부가 엄격하게 지켜지도록 감독할 의무가 있다. 그런 목적을 위해 가문의 남자 14~15인쯤으로 일종의 경찰대를 구성한다. 저녁마다 그들은 곤봉을 들고 가면이나 나뭇잎으로 위장한 채 마을을 순찰한다. 그들은 근무기간 내내 부인과 생활해서도, 심지어 여자를 쳐다보아서도 안 된다. 따라서 남자들이 순찰을 돌 때 여자들은 집 밖에 나가면 안 된다. 아울러 근무 중인 경찰대는 빈랑나무 열매를 씹거나 코코넛 과즙을 마시지 못한다. 빈랑과 코코넛이 자라는 데 방해가 된다는 것이다. 나무열매가 많이 열렸다고 판단되면, 터부의 추장은 어느날을 기해 금제가 끝날 것이라고 선포한다.

캐롤라인 제도의 포나페 섬에서는 모계를 따르는 왕족 혈통 중에서 왕을 선출한다. 그래서 부계를 인정하는 우리가 보기에는 특이한 모습으로 왕권이 가문 사이를 왔다갔다한다. 선출된 왕은 몇 가지 비밀을 수중에 지녀야 한다. 그리고 신성한 돌들을 보관하는 장소를 알아내어 그 장소에 가서 앉아야 한다. 그는 기도서의 거룩한 말씀과 기도를 이해해야 하며, 왕으로 선출된 뒤에 신성한 돌들이 있는 장소에 가서 기도를 외워야 한다. 그러나 그의 직책은 단지 명예만 누리는 것일 뿐이다. 통치의 실권은 총리나 대신의 수중에 있다.

11장
영혼의 위기

1

앞에 나온 사례들에서 우리는 신성한 왕이나 사제의 직책이 종종 일련의 번거로운 제약이나 터부에 얽매여 있다는 것을 알았다. 그런 제약이나 터부의 주된 목적은 백성의 이익을 위해 신성한 인물의 생명을 보존하는 데 있는 것으로 보인다. 그러나 터부의 목적이 신성한 인물의 생명을 구하기 위한 것이라면, 터부를 지키는 것만으로 어떻게 그런 목적을 이룰 수 있는지 의문이 생긴다. 이 점을 이해하자면 우리는 왕의 생명을 위협하는, 그리고 그 기묘한 제약들로 막아내고자 하는 위험의 성격을 알아야 한다. 따라서 우리는 다음과 같이 물어야 한다. 원시시대의 인간은 죽음을 어떻게 이해하는가? 죽음의 원인을 무엇이라고 생각하는가? 그리고 어떻게 죽음을 막아낼 수 있다고 생각하는가?

미개인은 흔히 무생물계의 작용을 현상 속이나 배후에서 작용하는 생명체 때문에 생기는 것으로 설명한다. 이것과 마찬가지로, 그들은 생명현상 자체도 똑같이 설명한다. 그들은 한 동물이 살아서 움직이는 것은 그 안에 틀림없이 그 동물을 움직이게 하는 작은 동물이 있기 때문이라고 생각한다. 한 사람이 살아서 움직이는 것도 그 사람 속에 그를 움직이게 하는 작은 사람이나 동물이 있기 때문이다. 그와 같은 동물 속의 동물, 사람 속의 사람이 곧 영혼이다. 한 동물이나 사람의 활동을 영혼의 존재로 설명하듯이, 수면이나 죽음은 영혼의 부재로 설명한다. 수면이나 혼수상태는 일시적이지만, 죽음은 영혼의 영구적인 부재상태다. 그러므로 죽음이 영혼의 영구적인 부재상태라면, 그것을 막는 길은 영혼이 육체를 떠나지 못하게 하거나, 설사 떠나더라도 다시 돌아오게 하는 것이다. 이런 목적을 달성하기 위해 미개인들이 채택하는 예방조치가 특정한 제약이나 터부인 셈이다. 그것들은 영혼의 지속적인 존재나 귀환을 보장하기 위한 규칙에 다름아니다. 간단히 말해서, 그것들은 생명의 보호자인 셈이다. 이제 이 같은 일반적 진술을 예를 들어 증명하겠다.

한 유럽인 선교사*가 오스트레일리아 흑인들과 대화를 나누던 중에 이렇게 말했다. "나는 여러분이 생각하듯이 한 사람이 아니라 두 사람이다." 이 말에 그들은 웃었다. "여러분은 마음껏 웃어도 좋다." 선교사가 계속 말했다. "내 말은 한 사람 속에 두 사람이 있다는 것이다. 여러분이 보는 이 커다란 몸뚱이가 한 사람이다. 이 속에는 눈에 보이지 않는, 또다른 작은 사람이 있다. 커다란 몸뚱이는 죽어서 묻히지만, 작은 몸뚱이는 큰 몸뚱이가 죽을 때 날아가 버린다." 이 말에 몇몇 흑인이 맞장구를 쳤다. "그래, 그래. 우리도 역시 두 사람이다. 우리도 가슴 안에 작은 몸뚱이가 있다." 큰 몸뚱이가 죽을 때 작은 몸뚱이는 어디로 가느냐고 묻자, 숲 속으로 간다거나 바닷속으로 들어간다고 말하는 사람도 있고, 모르겠다고 하는 사람도 있었다. 휴런족**은 영혼이 머리와 몸통, 팔다리를 지닌다고 생각했다. 곧 영혼을 사람의 완벽한 축소판으로 본 것이다. 에스키모인들은 "영혼은 그것이 속해 있는 육체와 똑같은 형상을 보이지만, 더욱 섬세하고 경묘한 성질을 지닌다"고 믿는다. 이 소인(小人)과 사람, 다시 말해서 영혼과 육체는 너무나 외양이 비슷하기 때문에, 살찐 육체와 야윈 육체가 있듯이 살찐 영혼과 야윈 영혼이 있다. 또, 무거운 육체와 가벼운 육체, 기다란 육체와 짧은 육체가 있듯이 무거운 영혼과 가벼운 영혼, 기다란 영혼과 짧은 영혼이 있다. 니아스(Nias)*** 사람들의 생각에 따르

---

*R. Salvado, *Mémoires historiques sur l'Australie*, Paris, 1854, p. 162. 선교사의 이름은 알 수 없다. 프레이저가 붙인 주석은 다음과 같다. "이 교훈적인 교리문답에서 백인의 미개성과 흑인의 미개성은 막상막하다."

**휴런 호 북안에 면한, 오늘날의 퀘벡 주 남부에 거주하던 콜럼버스 시대 이전의 원주민 부족.

***수마트라 동쪽에 있는 섬.

면, 사람은 모두 태어나기 전에 얼마만한 길이나 무게의 영혼을 원하는지 질
문받고 자기가 바라는 무게나 길이만큼 영혼을 분배받는데, 지금까지 분배된
것 중 가장 무거운 영혼은 무게가 10그램쯤 나간다고 한다. 인간의 수명은 영
혼의 길이에 비례한다. 어려서 죽는 아이들은 짧은 영혼을 지니고 있다.

2

사람들은 영혼이 보통 육체에 난 자연적인 구멍, 특히 입과 콧구멍으로 빠
져나간다고 여긴다. 그래서 셀레베스 사람들은 때때로 병자의 코나 배꼽, 발
등에 낚싯바늘을 매서, 병자의 영혼이 빠져나갈 때 걸려 붙잡히게 해놓는다.
하이다(Haida)족* 주술사가 사용하는 기구 가운데 속이 빈 뼈가 있는데, 주술
사는 떠나가는 영혼을 그 안에 담아 주인에게 되돌려준다. 힌두인들은 누가
자기들 앞에서 하품을 하면 엄지손가락을 꺾어 소리를 낸다. 그렇게 하면 벌
린 입으로 영혼이 빠져나가는 것을 막을 수 있다는 것이다. 남아메리카의 이
토나마(Itonama)족은 죽어가는 사람의 영혼이 빠져나와 다른 사람의 영혼까
지 채가지 않도록 죽어가는 사람의 눈·코·입을 봉한다. 남부 셀레베스에
서는 출산할 때 여자의 영혼이 빠져나가는 것을 막기 위해 산파가 임산부의
몸뚱이를 띠로 한껏 단단히 동여맨다. 또, 셀레베스의 알푸르족은 갓난아이
의 영혼이 태어나자마자 사라져 없어지는 것을 막기 위해 출산할 때에는 집
안의 모든 구멍—심지어 열쇠구멍까지—을 봉해 버린다. 벽에 있는 갈라진
금이나 틈새도 전부 메우며, 집 안팎의 짐승들이 어린아이의 영혼을 삼키지
못하도록 짐승들의 입도 전부 묶어놓는다. 비슷한 이유로 집 안의 모든 사람
은, 심지어 산모 자신까지도 출산이 진행되는 동안 입을 꽉 다물고 있어야 한
다. 그러면 왜 콧구멍까지 막아서 어린아이의 영혼이 콧구멍에 들어가지 못
하게 하지 않느냐고 누가 물었더니, 그들은 이렇게 답변했다. 콧구멍으로는
숨이 들락날락하기 때문에 영혼이 들어가더라도 자리를 잡기 전에 밀려나온

---

*영국령 콜롬비아 근해 퀸샬럿 제도에 사는 부족.

다고…….

사람들은 영혼을 이따금 막 날아오르려는 새로 비유하기도 한다. 이런 상상은 대부분의 언어에 흔적을 남긴 것으로 보이며, 시 속의 은유로 이어지고 있다. 말레이인들은 '새 영혼'의 관념을 여러 가지 기묘한 방식으로 실행에 옮긴다. 영혼이 만약 날아다니는 새라면 쌀로 유인할 수 있을 것이며, 따라서 날아가지 못하게 하거나 위험스럽게 날아가더라도 유인해서 다시 되돌아오게 할 수 있다고 믿는다. 그래서 자바에서는 어린아이를 처음으로 땅 위에 내려놓을 때(이때가 미개인들이 특히 위험스럽게 여기는 순간인 듯하다), 아이를 닭 둥우리에 넣고 아이 엄마가 마치 암탉을 부르듯이 구구거리는 소리를 낸다. 또, 보르네오 신탕(Sintang) 지방에서는 남녀노소 누구든 가옥이나 나무에서 떨어져 집으로 운반되어 오면, 그 부인이나 다른 친족 여자가 최대한 빨리 사고가 일어난 장소로 가서 노란색 물을 들인 쌀을 뿌리며 이렇게 중얼거린다. "구구구! 영혼아! 아무개는 집에 돌아왔단다. 구구구! 영혼아!" 그런 다음에 그 여자는 쌀을 광주리에 주워담아 부상자에게 가져와서는 손으로 집어 부상자의 머리에 떨어뜨리며 다시 말한다. "구구구! 영혼아!" 이런 행동의 의도는 명백하다. 떠돌아다니는 새의 영혼을 다시 유인해서 그 주인의 머리로 되돌아가게 하려는 것이다.

잠자는 사람의 영혼은 그 사람의 몸을 떠나 돌아다니면서 실제로 그 사람이 꿈꾸는 장소를 방문하고, 꿈에서 보는 사람을 만나고, 꿈에서 하는 행동을 한다고 한다. 그런데 잠잘 때 영혼이 빠져나가는 것은 위험한 일이다. 왜냐하면 만약 어떤 일이 있어서 영혼이 몸을 영구히 떠나 있게 되면, 그 사람은 생명력을 잃고 죽을 수밖에 없기 때문이다. 어떤 독일인들은 영혼이 흰쥐나 작은 새 모양을 하고 잠자는 사람의 입에서 빠져나간다고 믿는다. 그래서 그 새나 쥐가 돌아오지 못하게 하면 잠자는 사람이 목숨을 잃는다고 여긴다. 그 영혼은 방금 죽은 사람의 영혼과 마주쳐 덩달아 이끌려갈 수도 있다. 그래서 아루(Aru) 제도*에서는 집안 사람이 죽으면 식구들이 밤잠을 자지 않는다. 죽은

*아루 제도는 서남부 뉴기니와 오스트레일리아 북부 준주(準州) 사이의 아루푸라 해에 있다.

사람의 영혼이 여전히 집 안에 있다고 생각하기 때문에, 꿈속에 그 영혼을 만날까봐 우려하는 것이다. 또, 잠자는 사람의 영혼은 어떤 사고나 물리적인 힘 때문에 몸으로 돌아오지 못할 수도 있다. 다야크족은 물에 빠지는 꿈을 꾸면, 실제로 영혼이 그런 사고를 당한 것으로 생각하고 마법사를 불러온다. 마법사는 손그물을 물웅덩이 속에 넣고 저어 영혼을 붙잡아서 주인에게 돌려준다. 다음은 산탈(Santal)족 사람들이 한 이야기다. 어떤 사람이 잠자다가 몹시 목이 말랐다. 그래서 그의 영혼이 도마뱀 모양을 하고 몸에서 빠져나와 물을 마시러 물주전자 속에 들어갔다. 바로 그때, 물주전자 주인이 모르고 주전자 뚜껑을 덮었다. 그 때문에 영혼이 몸으로 돌아오지 못해 그 사람이 죽었다. 친구들이 시체를 화장할 준비를 하고 있을 때, 한 사람이 물을 마시려고 주전자 뚜껑을 열었다. 그러자 도마뱀이 물주전자에서 빠져나와 몸으로 돌아가 그 사람이 살아났다. 그는 일어나서 친구들에게 왜 우느냐고 물었다. 사람들은 그가 죽은 줄 알고 화장하려던 참이라고 이야기해 주었다. 그는 자기가 물을 마시러 우물에 내려갔다가 빠져나오기가 어려워 이제 막 돌아왔노라고 말했다. 그러자 모두들 고개를 끄덕거렸다.

잠자는 사람을 깨우지 않는 것은 원시인들의 공통된 규칙이다. 영혼이 밖에 나가 있어서, 중간에 깨우면 영혼이 돌아올 수 없기 때문이다. 만약 영혼이 돌아오지 않은 상태에서 잠이 깨면 그 사람은 병이 든다고 한다. 그래서 잠자는 사람을 꼭 깨워야 할 때에는 아주 천천히 깨워서 영혼이 돌아올 여유를 주어야 한다. 마투쿠(Matuku)의 한 피지인은 낮잠을 자다가 누가 발을 밟는 바람에 갑자기 깨서는, 큰소리로 영혼을 부르면서 다시 돌아오라고 애걸했다. 그는 자기가 멀리 통가에 있는 꿈을 꾸었는데, 갑자기 깨보니 자기 몸이 마투쿠에 있는 것을 알고서 크게 놀란 것이다. 그의 영혼이 당장 바다를 건너 신속하게 몸뚱이에 깃들지 못하면 죽음이 곧장 그를 덮칠 것이다. 만약 마침 선교사가 곁에 있어서 그의 공포를 달래주지 않았더라면, 그 사람은 아마도 겁에 질려 죽었을 것이다. 뭄바이에서는 잠자는 사람의 용모를 바꾸어 놓는 행동을 살인과 똑같이 여긴다. 이를테면 잠자는 사람의 얼굴에 울긋불긋 색칠을 하거나, 잠자는 여자에게 콧수염을 그려넣는 것 같은 행동이다. 그렇게 하면 영혼이 돌아올 때 자기 몸을 알아보지 못해 사람이 죽게 된다는 것이다.

그러나 잠잘 때에만 영혼이 몸을 빠져나가는 것은 아니다. 깨어 있을 때에도 영혼이 몸을 떠날 수 있으며, 그 결과로 질병·발광·죽음이 생긴다. 그래서 오스트레일리아 우룬제리(Wurunjeri) 부족의 한 남자는 영혼이 떠나는 바람에 숨을 거두게 되었다. 주술사가 영혼을 뒤쫓아가서 막 저녁놀 속으로 들어가려는 영혼을 중간에 붙잡았다. 저녁놀은 죽은 사람의 영혼이 태양이 쉬러 가는 저세상을 들락거릴 때 나는 빛이다. 주술사는 떠도는 영혼을 붙잡아 주머니쥐의 모피에 싸가지고 돌아와서, 죽어가는 남자 위에 누워 영혼을 그에게 다시 넣어주었다. 그러자 잠시 후 그 남자가 되살아났다.

콩고의 몇몇 부족은 사람이 병들면 그의 영혼이 몸을 떠나 제멋대로 돌아다닌다고 믿는다. 그래서 그들은 떠돌아다니는 영혼을 붙잡아 환자에게 되돌려주기 위해 주술사에게 도움을 청한다. 주술사는 보통 자기가 영혼을 어떤 나무의 가지 속에 몰아넣는 데 성공했다고 선언한다. 그러면 온 마을사람이 몰려나와 주술사와 함께 나무 있는 곳으로 간다. 그 자리에 가면 가장 힘센 사람이 나와, 병자의 영혼이 깃들여 있다는 나뭇가지를 꺾는다. 그러면 사람들은 나뭇가지를 메고는 몹시 무거워서 들기 힘들다는 시늉을 하며 마을로 돌아온다. 나뭇가지를 병자의 오두막까지 운반하고 나면 병자를 그 옆에 똑바른 자세로 일으켜 세워놓은 뒤, 주술사가 영혼을 주인에게 되돌아가게 하는 마법을 실행한다.

영혼이 육체를 떠나는 일이 늘 자발적인 것은 아니다. 유령이나 귀신, 주술사 등이 영혼을 육체에서 억지로 끄집어낼 수도 있다. 그래서 카렌족*은 장례 행렬이 집 앞을 지나갈 때, 어린아이들을 특별한 끈으로 집 안의 특정한 장소에 묶어놓음으로써 아이들의 영혼이 몸뚱이에서 빠져나가 지나가는 시체 속으로 들어가는 일이 없도록 한다. 아이들은 시체가 보이지 않을 때까지 이렇게 묶여 있다. 시체를 무덤에 안치하고 나면 문상객과 친구들은 흙을 메우기 전에 각기 한 손에는 세로로 쪼갠 대나무를, 다른 손에는 작은 막대기를 들고 무덤 주위를 둘러싼다. 사람들은 각기 대나무를 무덤에 밀어넣었다가

---

* '붉은 카렌족'은 보르네오 출신 부족으로, 때때로 '카레니스'라고도 부른다.

대나무의 홈을 따라 막대기를 끌어당겨, 그의 영혼이 손쉽게 무덤 밖으로 올라올 수 있게 인도한다. 무덤에 흙을 메우는 동안에는 대나무를 치워놓는다. 영혼이 대나무 속에 머물러 있다가 실수로 흙에 파묻히는 일을 피하기 위해서다. 그리고 그 자리를 떠날 때, 사람들은 자기 영혼더러 따라오라고 간청하면서 대나무를 가지고 간다. 또, 카렌족 사람들은 무덤에서 돌아올 때 나뭇가지로 만든 작은 갈고리를 각자 세 개씩 준비하여, 돌아오는 길에 자기 영혼더러 따라오라고 짧은 간격으로 외치며 갈고리로 끌어당기는 시늉을 하고는 갈고리를 땅 속에 찔러넣는다. 이것은 살아 있는 사람의 영혼이 죽은 사람의 영혼과 함께 뒤에 남는 것을 방지하기 위한 것이다. 카로바타크(Karo-Batak)족*은 누군가를 매장하고 무덤에 흙을 메울 때 여자 주술사가 막대기를 허공에 휘두르며 사방을 뛰어다닌다. 이 행동은 산 사람들의 영혼을 쫓아내기 위한 것이다. 만약 산 사람의 영혼이 어쩌다가 무덤 속에 빠져 흙에 덮히기라도 하면, 그 영혼의 주인이 죽는다고 한다.

영혼의 이탈은 종종 귀신들 탓으로 간주된다. 그래서 중국인들은 보통 발작이나 경기가 일어나는 원인을 사람 몸에서 영혼 빼가기를 좋아하는 사악한 유령들의 소행으로 돌린다. 아모이(Amoy, 廈門)**에서는 갓난아기와 어린이에게 그런 작용을 일으키는 유령들한테 '질주하는 말을 탄 천상의 신', '하늘 중간에 사는 문학가' 같은 거창한 칭호를 붙인다. 아기가 경기를 일으키면 겁먹은 어머니는 급히 지붕에 올라가, 아기 옷을 매단 대나무 막대기를 흔들며 "우리 아기 아무개야, 돌아와라. 집으로 돌아와!" 하고 몇 번 외친다. 한편, 그 동안 집 안에 있는 다른 식구는 떠돌아다니는 영혼의 주의를 끌기 위해 징을 두드린다. 그러면 영혼이 눈에 익은 옷을 알아보고 그 속에 들어간다는 것이다. 영혼이 들어 있는 옷은 가져다가 아기 몸 위나 옆에 놓는다. 만약 아기가 죽지 않는다면 조만간 틀림없이 회복될 것이다. 이와 비슷하게, 어떤 인디언들은 장화로 잃어버린 영혼을 붙잡아 그 주인의 발에 신겨줌으로써 영혼을 되살려낸다.

---

*때로로 바타족이라고도 부르는 수마트라 출신 부족.
**또는 '제밍'. 중국 동부 푸젠(福建)성 해안에 있는 식민지 부락.

몰루카 제도(Molucca Is.) 사람들은 누가 몸이 불편하면 어떤 악마가 그의 영혼을 자기가 사는 나무나 산, 언덕 등지로 데려간 것이라고 생각한다. 주술사가 악마의 거처를 가르쳐주면 환자의 친구들이 밥·과일·생선·날계란·암탉·닭고기·비단옷·황금·팔찌 따위를 그곳에 가져간다. 음식을 차려놓은 다음, 그들은 이렇게 기도를 드린다. "오, 악마여. 이 음식과 옷과 황금을 그대에게 바치러 왔노라. 이 제물을 받고 우리가 기도하는 환자의 영혼을 풀어다오. 영혼을 그의 몸에 돌려다오. 그러면 지금 병들어 있는 그 사람이 온전하게 될 것이로다." 그러고 나서 사람들은 음식을 조금씩 먹고, 환자의 영혼을 돌려받는 대가로 암탉을 풀어놓는다. 날계란도 놓아둔다. 하지만 비단옷과 황금과 팔찌는 집으로 가져간다. 집에 오자마자 사람들은 되가져온 제물을 담은 납작한 사발을 병자의 머리맡에 놓고 병자에게 이렇게 말한다. "그대의 영혼이 이제 풀려났으니, 그대는 별탈없이 잘 지내며 백발이 될 때까지 살 것이다."

또, 유령과 귀신만 영혼이 몸에서 빠져나가 떠돌아다니게 하는 것은 아니다. 사람, 특히 주술사도 영혼을 사람 몸에서 끄집어내 떠돌아다니게 할 수 있다. 피지에서는 범죄자가 자백을 거부하면 추장이 '악인의 영혼을 붙잡기 위해' 스카프를 가져오라고 명한다. 스카프를 보거나 심지어 그 이야기만 듣고도 범죄자는 대개 모든 것을 털어놓는다. 만약 그러지 않으면, 스카프를 그의 머리 위에서 흔들어 그의 영혼을 스카프 안에 붙잡은 다음, 조심스럽게 접어서 추장의 카누 선미에 못으로 박아놓는다. 그러면 영혼을 잃은 범죄자는 야위어서 죽게 된다. 데인저(Danger) 섬*의 주술사들은 영혼을 잡기 위해 덫을 놓았다. 덫은 길이가 4미터 50센티미터에서 9미터쯤 되는 튼튼한 그물로 만드는데, 영혼의 크기에 맞게 각기 크기가 다른 올가미를 양옆에 달았다. 뚱뚱한 영혼을 위해서는 커다란 올가미를 달고, 빼빼 마른 영혼을 위해서는 자그마한 올가미를 단다. 주술사가 원한을 품은 사람이 병에 걸리면, 주술사는 그 집 근처에 이런 영혼덫을 놓고 영혼이 도망쳐 나오기를 기다린다. 만약 새나 벌레 모양을 한 영혼이 덫에 걸리면, 그 사람은 틀림없이 죽는다. 서아프

*남태평양에 있는 쿡 제도(Cook Is.)의 한 섬. 통가와 타히티 중간쯤에 있다.

리카 몇몇 지방에서는 실제로 마법사들이 끊임없이 덫을 놓아 잠잘 때 육신을 떠나 방황하는 영혼들을 잡는다. 영혼을 잡으면 마법사는 그것을 불 위에 매달아놓는다. 불기운에 영혼이 오그라들면 그 주인은 병에 걸린다. 이런 일은 병자에게 원한이 있어서가 아니라 순전히 사무적인 절차일 뿐이다. 마법사는 자기가 붙잡은 영혼이 누구 것이든 상관하지 않으며, 대가만 받으면 즉각 그것을 주인에게 되돌려준다. 어떤 마법사들은 길잃은 영혼을 수용하는 정식 보호소를 운영한다. 영혼을 잃어버린 사람은 일정한 요금만 지불하면 언제든지 보호소에서 다른 영혼을 구할 수 있다. 아무도 유랑하는 영혼을 위해 이런 사설 보호소를 운영하거나 덫을 놓는 사람들을 비난하지 않는다. 그것은 그들의 직업이고, 그 직업을 수행하는 데 아무런 악감정도 개재하지 않기 때문이다. 그러나 순전히 원한이나 욕심에 사로잡혀서 특정인의 영혼을 잡으려는, 계획적인 의도로 미끼를 달아 덫을 놓는 악인들도 있다. 미끼로 가린 단지 밑바닥에는 칼과 날카로운 갈고리가 들어 있어서 불쌍한 영혼을 갈갈이 찢어놓는다. 그렇기 때문에 미끼에 걸려든 영혼은 그 자리에서 죽거나 큰 상처를 입는다. 영혼이 설사 덫을 피해 주인에게 돌아가더라도 그 주인은 건강을 해치게 된다.

3

미개인을 괴롭히는 영혼의 위기는 지금까지 열거한 것에 국한되지 않는다. 미개인은 종종 자기 그림자나 영상을 자신의 영혼으로, 또는 자신의 생명이 걸린 일부분으로 생각하기 때문에, 필연적으로 자기 그림자나 영상을 자신의 안전을 위협하는 원천으로 여긴다. 만약 그림자가 밟히거나 얻어맞거나 칼에 찔리면, 미개인은 마치 자기 몸이 고통을 당하는 듯이 느낀다. 만약 그림자를 미개인에게서 아주 떼어내면(그럴 수 있다고 미개인 믿는다) 그는 죽을 것이다. 웨타르(Wetar) 섬*에 사는 주술사들은 사람의 그림자를 창으로 찌르

---

*티모르 동북부 해안 근해에 있는 인도네시아의 섬으로, '웨타'라고도 한다.

거나 칼로 베어서 그 사람을 병들게 할 수 있다고 믿는다. 상카라(Sankara)는 인도의 불교도들을 멸망시킨 뒤에 네팔로 여행을 갔다가, 그곳에서 대라마와 견해 차이가 생겼다고 한다. 자신의 초자연적 능력을 보여주기 위해 상카라는 공중으로 날아올랐다. 그러나 그가 날아오를 때, 대라마는 그의 그림자가 땅 위에서 흔들거리는 것을 보고 칼로 그것을 찔렀다. 그러자 상카라는 떨어져서 목이 부러졌다.

뱅크스 제도(Banks Is.)*에는 '잡아먹는 귀신'이라고 부르는, 아주 기다란 돌이 몇 개 있다. 강력하고 위험한 귀신이 그 속에 산다고 믿은 데서 유래한 명칭이다. 만약 어떤 사람의 그림자가 그 돌에 걸리면, 귀신이 그의 영혼을 빼가서 그 사람이 죽게 된다고 한다. 그래서 이런 돌은 집 안에 두고 집을 지키는 데 쓴다. 그 때문에 부재중인 집주인의 심부름으로 그 집에 가는 사람은 주인의 이름을 큰소리로 외친다. 그것은 돌 속에 있는, 집을 지키는 귀신이 자기를 나쁜 의도를 품은 사람으로 오해하여 자기한테 해를 미치지 않도록 하기 위한 것이다. 중국에서는 장례를 치를 때, 관에 뚜껑을 덮어야 할 때가 되면 가장 가까운 친족이 아닌 사람은 몇 걸음 뒤로 물러서거나 심지어 딴 방으로 옮겨간다. 왜냐하면 사람의 그림자가 관 속에 들어가면 그 사람의 건강에 해롭다고 생각하기 때문이다. 또, 하관(下棺)할 때도 구경꾼들은 대부분 뒤로 약간 물러나 자기 그림자가 무덤에 떨어져 몸을 상하는 일이 없도록 주의한다. 또, 흙점쟁이와 그의 조수들은 무덤 앞에 설 때 햇빛을 받지 않는 쪽에 서며, 무덤 파는 사람들과 관을 메는 사람들은 허리에 천을 단단히 묶어 그림자가 몸에 꼭 붙어 있게 한다.

반대로, 만일 그림자가 사람이나 짐승의 생명이 걸린 일부분이라면, 어떤 상황에서는 그 그림자에 닿는 것이 마치 사람이나 짐승 자체에 접촉하는 것만큼이나 위험한 일일 수 있다. 그래서 미개인은 여러 가지 이유로 위험한 영향을 미친다고 여기는 특정한 사람들의 그림자를 기피하는 것이 관례다. 미개인이 보통 위험한 부류로 여기는 사람들로는 문상객과 여성 일반, 그중에서도 특히 장모를 꼽는다. 슈스와프(Shuswap) 인디언들은 문상객의 그림자

---

*오스트레일리아와 피지 중간쯤에 있는 뉴헤브리디스 군도(New Hebrides Is.)에 속한다.

가 어떤 사람에게 닿으면 그 사람이 병에 걸린다고 생각한다. 빅토리아 주의 쿠루나이(Kurunai)족은 성인식을 하는 신참들에게 여자 그림자에 닿지 않도록 주의를 주었다. 그런 일이 생기면 그들이 연약하고 게으르고 우둔하게 된다는 것이다. 오스트레일리아의 한 토착민은 어느날 나무 그늘 아래서 잠을 자다가 장모의 그림자가 자기 다리에 닿은 것을 알고 두려워서 거의 죽을 뻔했다고 한다. 소박한 미개인이 장모를 대할 때 느끼는 외경과 두려움은, 흔히 발견되는 인류학적 사실 중 하나다. 뉴사우스웨일스(New South Wales)의 유인(Yuin) 부족은 장모와 교류해서는 안 된다는 규칙을 아주 엄격하게 지켰다. 사위는 장모를 쳐다보아서도, 심지어 장모가 있는 쪽으로 눈길을 주어서도 안 된다. 만약 사위의 그림자가 어쩌다가 장모한테 닿기라도 하면, 그것만으로도 충분한 이혼 사유가 되었다. 그렇게 되면 그는 아내를 떠나야 하며, 부인은 부모에게 돌아가야 한다. 뉴브리튼(New Britain)*의 토착민들은 어떤 사람이 우연히 장모에게 말을 건넸을 때 닥치게 될 재앙의 범위와 성격을 상상조차 하지 못할 정도였다. 한쪽이나 양쪽 다 자살하는 것만이 그들이 선택할 수 있는 유일한 길이었다. 뉴브리튼 사람은 가장 엄숙하게 맹세해야 할 때 이렇게 말한다. "내가 만일 진실을 말하지 않는다면, 내 장모와 악수라도 하겠습니다."

  그림자를 생명이나 영혼과 동일시하는 사고가 오늘날의 동남유럽만큼 분명하게 나타나는 곳은 아마 어디에도 없을 것이다. 현대 그리스에서는 새 건물의 기초를 놓을 때 수탉이나 숫양 또는 새끼 양 한 마리를 잡아 그 피를 주춧돌에 흘린 다음, 주춧돌 밑에 짐승을 파묻는 관례가 있다. 이 희생제의 목적은 건물에 힘과 안정성을 주는 것이다. 그러나 이따금 건축자는 짐승 대신 어떤 사람을 주춧돌 있는 곳으로 유인해서, 은밀하게 그의 신체나 신체 일부 또는 그림자의 치수를 잰 후에 그것을 주춧돌 아래 파묻거나, 그 사람의 그림자 위에 주춧돌을 놓기도 한다. 그렇게 하면 그 사람은 그 해 안에 죽는다고 한다. 트란실바니아(Transylvania)의 루마니아인들은 이런 식으로 그림자를

---

*뉴기니 북부 해안에 자리잡은 비스마르크 제도(Bismarck Is.)에 있다. 프레이저는 구(舊) 브리튼에서 벌어지는 일에 대해서는 언급하지 않았다.

감금당한 사람은 40일 안에 죽는다고 생각한다. 그래서 건축 중인 건물 옆을 지나가는 사람들은 "그림자를 빼앗기지 않게 조심하라"는 경고를 듣기도 한다. 얼마 전까지만 해도 벽을 튼튼하게 세우는 데 필요한 그림자를 건축가에게 공급하는 그림자 장수가 있었다. 이때 그림자의 치수는 그림자 자체와 똑같은 것으로 간주된다. 따라서 그것을 파묻는 것은 사람의 생명이나 영혼을 파묻는 것이고, 그것을 빼앗긴 사람은 틀림없이 죽는다. 실상 이런 관습은 산 사람을 벽 속에 가두거나 새 건물의 주춧돌 밑에 생매장하던 옛 관습의 대용물로서, 그 목적은 건물에 힘과 내구성을 주는 것, 더 분명하게 말하면 성난 유령이 그 장소에 출몰하여 적들의 침입을 막아내도록 하기 위한 것이다.

사람의 영혼이 그림자 속에 있다고 믿는 사람들이 있듯이, 물이나 거울에 비친 영상 속에 영혼이 있다고 믿는 사람들도 있다. 그래서 "안다만 제도(Andaman Is.)* 주민들은 그림자가 아니라 (어떤 거울이든) 거울에 비친 영상을 자신들의 영혼으로 여긴다." 뉴기니(New Guinea)의 모투모투(Motumotu)족은 거울 속에 있는, 자기를 닮은 형상을 처음 보고는 그것을 자기의 영혼이라고 생각했다. 뉴칼레도니아(New Caledonia)의 노인들도 물이나 거울에 비친 사람의 영상을 그 사람의 영혼이라고 이야기한다. 그러나 가톨릭 사제들에게 교육받은 젊은이들은 그것이 종려나무가 물에 비치는 것과 마찬가지로 반사된 영상에 지나지 않는다고 주장한다. 영상 영혼은 사람의 외부에 존재하기 때문에 그림자 영혼과 마찬가지로 위험에 노출되기 쉽다. 그래서 줄루(Zulu)족은 어두운 연못 속을 들여다보지 않으려고 한다. 그 속에 있는 어떤 짐승이 물에 비친 영상을 빼앗아가면 자신들이 죽게 된다고 생각하기 때문이다. 바수토족은 악어들이 그런 식으로 사람의 영상을 물 속으로 끌고 들어가 사람을 죽일 수 있다고 말한다. 그들 중 한 사람이 분명한 원인 없이 갑자기 죽는 일이 생기면, 친족들은 언젠가 그가 개울을 건널 때 악어가 그의 그림자를 빼앗아갔기 때문이라고 추측한다. 멜라네시아의 새들(Saddle) 섬에는 "누구든 그곳을 들여다보면 악령이 물에 비친 영상을 통해 그의 생명을 앗아가

*오늘날 인도 영토인 안다만 제도는 벵골 만과 안다만 해 사이에 있으며, 남부 미얀마 해안을 마주보고 있다.

기 때문에 죽는다"고 전하는 연못이 하나 있다.

이제 우리는 고대 인도와 고대 그리스에서 어째서 물 속의 사람 그림자를 쳐다보지 말라고 가르쳤는지, 또 어째서 그리스인들이 물에 비친 자기 모습이 꿈에 보이는 것을 죽음의 징조로 여겼는지 이해할 수 있다. 그들은 물의 정령이 사람의 영상이나 영혼을 물 속으로 끌고 들어가 사람이 영혼을 잃고 죽게 될까봐 두려워한 것이다. 미소년 나르키소스가 물에 비친 자기 그림자를 보고 번민하다 죽었다는 고전설화도 아마 이런 사고방식에서 유래했을 것이다.

아울러 이제 우리는 집 안에서 사람이 죽으면 거울을 가리거나 벽 쪽으로 돌려놓는, 널리 퍼진 풍습도 설명할 수 있다. 매장을 마칠 때까지 집 안을 떠돌아다닌다는 죽은 자의 유령이 거울에 비친 영상의 형태로 빠져나온 산 사람의 영혼을 끌고갈까봐 우려했던 것이다. 이 풍습은 꿈속에서 몸을 빠져나온 영혼이 유령을 만나 끌려갈까봐 상을 당했을 때 집 안에서 자지 않는 아루제도의 풍습과 아주 흡사하다. 병자들이 거울을 들여다보지 않는 이유, 그래서 병실의 거울을 가려놓는 이유도 자명하다. 병이 들었을 때에는 영혼이 쉽게 달아날 수 있으므로, 거울에 영상을 비추어 몸 밖으로 영혼이 빠져나가게 하는 것은 매우 위험천만한 일이기 때문이다. 그런 관례는 병자들을 잠재우지 않는 몇몇 종족의 관례와 아주 흡사하다. 잠자는 중에는 영혼이 몸에서 빠져나가기 때문에 영혼이 돌아오지 않을 위험이 늘 있다는 것이다.

초상화도 그렇다. 사람들은 흔히 초상화에, 묘사한 사람의 영혼이 담겨 있다고 여긴다. 이런 생각을 지닌 사람들은 당연히 자기 초상 그리는 것을 싫어한다. 초상이 영혼이거나 최소한 그 사람의 중요한 일부분이라면, 그 초상을 소유한 사람은 누구든 그 원주인에게 치명적인 영향력을 행사할 수 있을 것이기 때문이다. 그래서 베링 해협의 에스키모인들은 요술을 부리는 사람에게는 사람의 그림자를 훔쳐가는 능력이 있으며, 그림자를 잃은 사람은 야위어 죽게 된다고 믿는다. 한번은 탐험가 한 사람이 동네를 왔다갔다하는 사람들을 사진 찍기 위해 유콘 강 하류에 자리잡은 마을에 카메라를 설치했다. 그가 카메라 초점을 맞추고 있으려니까 추장이 다가와서 보자기 아래를 들여다보자고 했다. 그렇게 하도록 했더니, 추장은 렌즈를 통해 움직이는 형상을 한 동안 주의 깊게 들여다보다가 갑자기 머리를 움츠리며 사람들을 향해 목청껏 외쳤다. "이 사람이 당신들 그림자를 모두 이 상자 속에 집어넣었소." 마을 사람들은 크게 겁을 먹고 순식간에 집 안으로 들어가 모습을 숨겼다. 멕시코의 테페와네(Tepehuane)족은 카메라 앞에서 죽음의 공포에 사로잡혔다. 그래서 카메라 앞에서 포즈를 취하도록 그들을 설득하는 데 무려 닷새나 걸렸다. 마침내 동의했을 때도 그들은 마치 막 처형당하기 직전의 죄인 같은 표정을 지었다. 사진사가 사진에 찍힌 영혼을 가져가, 틈날 때 먹어치울지도 모른다고 믿었기 때문이다. 사진사의 나라에 사진이 도착할 즈음이면 자신들은 죽거나 어떤 다른 재앙을 만날 것이라고 그들은 말했다. 카타트(Catat) 박사와 그 일행은 마다가스카르 서해안에 자리잡은 바라(Bara) 지방을 탐험하던 중에 갑자기 그 지방 사람들의 적대적인 태도에 부딪혀야 했다. 그 전날 탐험자들이 천신만고 끝에 왕실 가족의 사진을 찍었는데, 그 일로 인해 자신들이 프랑스에 가서 팔아치울 목적으로 토착민들의 영혼을 빼앗아간다는 비난을 듣게 된 것이다. 부인해도 아무 소용이 없었다. 그래서 그들은 어쩔 수 없이 그 지방 풍습에 따라 영혼들을 붙잡아서 바구니에 담은 다음, 주인들에게 영혼을 되돌려주어야 했다.

시킴 지방 주민들은 자신들이 '사악한 상자의 눈'이라고 부르는 카메라 렌즈가 자기를 향할 때마다 생생한 공포를 드러내며 몸을 숨겼다. 그러면 사진을 찍은 사람이 사진과 함께 자신들의 영혼을 빼앗아 자기들에게 마음대로 주술을 걸 수 있게 된다고 믿기 때문이다. 또, 풍경사진을 찍으면 자연의 경치가 시들어버린다고 주장했다. 시암에서는 선왕의 치세 때까지 어떤 주화에도 왕의 얼굴을 넣지 않았다. "당시에는 초상을 인각하는 것―그것이 무엇이든―에 강한 편견이 있었다. 심지어 현재까지도 밀림지대를 여행하는 유럽인들이 카메라를 겨누기만 해도 사람들은 순식간에 뿔뿔이 흩어져버린다. 어떤 사람의 얼굴을 복사해서 가져가면 그 사람의 목숨 일부분이 초상에 딸려간다는 것이다. 성경에 나오는 메투살레(Methusaleh)같이 장수한 왕이 아니라면, 아무도 왕국의 주화 속에 자기 목숨을 조금씩 잘라넣어 배포할 엄두를 내지 못할 것이다."

같은 종류의 믿음이 유럽 각지에도 여전히 남아 있다. 불과 몇 해 전에 그

리스의 카르파토스(Karpathos) 섬에 살던 어떤 할머니들은 자신들의 얼굴을
누가 그린 것을 알고, 자신들이 결국 야위어 죽게 될 거라며 몹시 화를 냈다.
스코틀랜드 서부지방에 사는 어떤 사람들은 "불행을 당할까봐 자기 모습을
사진 찍지 못하게 한다. 그들은 사진을 찍고 나서 하루도 채 안 돼 병에 걸린
몇몇 친구의 예를 들었다."

12장
터부

1

영혼과 그것에 미치는 위험에 관한 원시적 사고방식은 이 정도로 그치자. 이런 사고방식은 한 부족이나 지방에 국한된 것이 아니다. 그것은 세계 전역에서 다양한 모습으로 발견되며, 앞서 살펴보았듯이 현대 유럽에도 잔존하고 있다. 그처럼 뿌리 깊고 폭넓게 자리잡은 믿음이라면, 그것은 틀림없이 고대 왕권의 틀을 만드는 데 기여했을 것이다. 사방에서 닥쳐오는 재난으로부터 자기 영혼을 구하기 위해 모든 사람이 그토록 애를 썼다면, 전체 백성의 안녕과 심지어 생존까지 달려 있는 존재이자, 그를 보호하는 것이 모든 사람의 공통 관심사인 '왕'은 얼마나 더 세심하게 경호를 했겠는가. 그러므로 우리는 원시사회에서 자기 영혼의 안전을 위해 모든 사람이 채택하는 방식보다 훨씬 더 많고 세밀한 예방수단과 경호수단이 왕의 생명을 보호하기 위해 존재했을 것이라고 예상해야 한다.

그런데 우리가 앞서 살펴보았듯이, 그리고 지금부터 더욱 상세하게 살펴볼 것처럼, 실제로 고대 왕들의 생명은 아주 엄격한 규칙에 따라 통제되었다. 그렇다면 실상 이런 규칙이야말로 왕의 생명을 보호하기 위해 채택한 경호수단이라고 추측할 수 있지 않을까? 규칙 자체를 검토해 보면 이런 추측의 타당성을 확인할 수 있다. 왕이 지키던 규칙 중 어떤 것들은 일반인이 자기 영혼의 안전을 위해 지킨 규칙과 동일한 것으로 나타난다. 심지어 왕에게만 보이는 규칙들도 대다수 — 전부는 아니더라도 — 는 왕을 위한 안전장치이자 경호수단이라는 가설에 따르면 쉽게 이해할 수 있다.

　왕실에 강요하는 터부의 목적은 왕을 모든 위험의 원천에서 격리하는 것이기 때문에, 그 전반적인 결과는 왕이 지키는 규칙의 수와 엄격성에 따라 다소 차이는 있지만, 왕이 완전한 고립상태에서 살도록 강제하는 것이 되게 마련이다. 그런데 모든 위험의 원천 중에서 미개인이 가장 두려워하는 것이 주술과 마법이며, 이방인은 모두 그런 주술을 쓰는 자로 의심받는다. 그러므로 이방인들이 의식적으로든 무의식적으로든 유해한 영향을 미치는 것을 막아내는 것은, 원시적 분별력의 기본 요구다. 따라서 이방인들이 들어오기 전이나 최소한 그들이 주민들과 마음대로 어울리기 전에 그 지방 토착민들은 종종 이방인들의 주술력을 해소하고 그들이 방출한다고 믿는 유해한 영향력을 상쇄하기 위한, 또는 이방인들을 둘러싸고 있다고 믿는 오염된 공기를 소독하기 위한 어떤 의식을 거행한다.

　남태평양의 나누메아(Nanumea) 섬에서는 배를 타고 온 이방인이나 다른 섬에서 온 이방인들은 전부 또는 몇몇 대표가 그 섬에 있는 네 군데 신전에 끌려다니며 그들을 따라 들어왔을지도 모르는 질병과 음모를 말끔히 없애달라고 신에게 기도를 올리기 전까지는 주민들과 어울리는 것이 금지된다. 이때에는 짐승고기 제물을 제단에 올리고 신을 기리는 노래를 부르며 춤을 추었는데, 이 의식을 치르는 동안에는 사제와 시종을 제외하고는 아무도 모습을 나타내지 않았다. 보르네오의 오트다놈(Ot Danom)족은 그 영토에 들어오는 이방인들로 하여금 토착민들에게 일정한 액수의 돈을 내게 하고, 그것으로 물소나 돼지를 제물로 마련하여 땅과 물의 귀신에게 바치는 것이 관례다. 귀신들을 달래서 이방인의 존재를 관용하도록 하는 한편, 지방민들에 대한 호의를 저버리지 않고 풍작 따위의 복을 내려주도록 하려는 것이 목적이다. 보르네오의 몇몇 지방 남자들은 유럽인 여행자를 쳐다보면 병에 걸릴까봐 자기 부인과 자식들더러 가까이 가지 말라고 주의를 주었다. 도저히 호기심을 억누를 수 없는 사람들은 닭을 잡아 악귀를 달래고, 닭의 피를 몸에 발랐다. 중부 보르네오를 여행하던 한 여행자는 이렇게 말한다. "사람들은 인근의 악귀보다 먼 곳에서 여행자를 따라온 악귀를 더 무서워한다. 마하캄 강 중류지방에서 온 여행단이 1897년에 블루우카얀(Blu-u-Kayan)족과 함께 지내던 나를 방문했을 때, 여자들은 악귀를 쫓는 매운 연기를 내는, 불붙인 '플레히딩 (plehiding)' 나무껍질 묶음이 없이는 집 밖에 나오지 않았다."

크레보(Crevaux)가 남아메리카를 여행하다가 아팔라이(Apalai) 인디언 마을에 들어간 적이 있었다. 그가 도착한 지 얼마 지나지 않아 인디언 몇 명이 물리면 몹시 아픈, 커다란 검정개미 여러 마리를 종려나무 잎에 싸서 그에게 가지고 왔다. 이어서 남녀노소 할 것 없이 온 마을 사람이 그 앞에 대령했다. 그는 개미를 들고 개미가 그들의 얼굴과 넓적다리, 그밖의 부분을 깨물게 해야 했다. 때때로 개미가 지나치게 살짝 문다 싶으면 그들은 "좀더! 좀더!" 하고 소리치면서 쐐기풀에 쏘인 것 같은 작은 두드러기가 온몸을 덮을 때까지 물리지 않으면 만족하지 않았다. 암보이나(Amboina)와 울리아제(Uliase) 섬*에 잘게 썹은 생강과 정향(丁香) 같은 자극성 향신료를 병든 사람에게 뿌리는 풍습이 있다는 사실에 비추어볼 때, 이 의식의 목적은 분명하다. 얼얼하게 쑤시는 감각을 통해 병자들의 몸에 붙어 있을 병마를 쫓아버리려는 것이다.

이방인을 맞이할 때 때때로 거행하는 의식들은, 그 의도를 직접 표명한 바는 없지만, 아마도 경의를 표하는 것이라기보다는 이방인에 대한 두려움이 동기일 가능성이 있다. 아프가니스탄과 페르시아 일부 지방에서는 여행자들이 마을에 들어가기 전에 종종 동물이나 음식물, 또는 불과 향 같은 제물로 영접을 받는다. 아프간 변경 선교단도 아프가니스탄 마을들을 지나다닐 때에 종종 불과 향으로 영접을 받았다. 때로는 잿불을 담은 접시 하나를 여행자가 탄 말발굽 아래 던지면서 어서 오시라고 인사하기도 한다. 에민 파샤(Emin Pasha)는 중앙아프리카의 한 마을에 들어갈 때, 염소 두 마리를 제물로 하여 영접받았다. 염소 피를 길 위에 뿌리고, 추장이 피를 밟으며 걸어와 에민을 맞이했다. 때로는 이방인과 그들이 지닌 주술에 대한 두려움이 지나치게 커서, 어떤 조건을 내세우더라도 그들을 맞아들이지 않는 일도 있다. 가령 스피크(Speke)가 한 마을에 도착했을 때, 주민들이 문을 닫아걸고 그를 받아들이지 않은 일이 있었다. "왜냐하면 백인이나 인부들이 들고 다니는 양철통을 본 적이 없었기 때문이다. 그들은 이렇게 말했다. '약탈자 와투타(Watuta)

---

* 셀레베스 북쪽 몰루카 해의 적도선상에 있는 두 섬.

가 그 통 모양으로 변해서 우리를 죽이러 온 것인지 누가 아는가? 당신들은 절대로 들어올 수 없다.' 어떤 설득도 소용이 없었다. 그래서 일행은 다음 마을로 옮겨가야 했다."

낯선 방문객에 대한 이러한 공포는 종종 상호적인 것이다. 미개인들은 낯선 땅에 들어서면 자신이 마법의 땅을 밟는다고 느끼고, 그곳에 출몰하는 귀신들과 토착민들의 주술로부터 자신을 지키기 위한 조치를 취한다. 예컨대 마오리족은 낯선 지역에 가면, 그 땅이 이전에 '신성한 곳'이었을지 걱정하여 그곳을 '평범한 곳'으로 만드는 의식을 거행한다. 미클루초 매클레이(Miklucho-Maclay) 남작이 뉴기니의 매클레이 해안에 있는 한 마을에 다가가고 있을 때였다. 그와 함께 가던 토인 한 사람이 나뭇가지를 꺾더니 옆길로 비켜나서 나뭇가지에 대고 한동안 무어라고 속삭였다. 그런 다음 일행에게 다가가 한 사람 한 사람의 등에다 무언가를 뱉고 나뭇가지로 몇 차례 때리더니, 숲 속에 들어가 가장 빽빽한 밀림 속 낙엽더미 밑에 나뭇가지를 파묻었다. 사람들은 이 의식이, 일행이 가고 있는 마을에서 일어날지도 모르는 모든 배신행위와 위험에서 일행을 지켜줄 것으로 믿었다. 아마도 사악한 힘을 사람들에게서 나뭇가지로 빨아들여 깊은 숲 속에 파묻는다는 의미인 듯하다. 오스트레일리아에서는 다른 부족의 초청을 받아 그 부족이 거주하는 마을에 들어갈 때에는 "불붙인 나무껍질이나 나무막대를 들고 들어가는데, 그 목적은 공기를 정화하기 위한 것이라고 한다."

또, 여행을 하는 사람은 여행 중에 만나는 이방인들에게서 어떤 주술적인 해악에 감염될 수도 있다고 믿었다. 그래서 여행에서 돌아오면 일정한 정결 의식을 거쳐야만 부족과 사회에서 다시 받아들였다. 예컨대 베추아나(Bechuana)족은 "여행에서 돌아오면 머리를 삭발하는 등 갖가지 방법으로 자신을 정결하게 하는데, 이는 이방인들의 마법이나 주술로 인해 어떤 해악에 감염되었을지도 모른다는 우려 때문이다." 한 토착군주의 명으로 영국에 파견되었다가 인도로 돌아온 두 힌두족 사절은 너무 심하게 오염되어 다시 태어나는 것말고는 순결함을 되찾을 방법이 없는 것으로 판명되었다. "이 사절들을 재생하는 의식에 쓰기 위해 군주가 자연의 여성적 능력을 나타내는, 여자나 암소 형상을 한 순금상을 만들라고 지시했다. 이 금상 안에 재생할 사람을 가두어놓았다가 통상적인 통로를 따라 끄집어내는 것이다. 순금으로 적절한 크기의 형상을 만드는 것은 지나치게 비용이 많이 들기 때문에, 신성한 '요니(Yoni)'의 상을 만들어 재생할 사람이 그것을 통과하도록 하는 방법으로도 충분하다." 군주의 명으로 그와 같은 순금상이 제작되었고, 사절들은 그것을 통과함으로써 다시 태어났다.

이방인들이 끼칠지도 모르는 해로운 영향을 막기 위해 일반 사람들에게 이러한 예방조치를 취한다고 할 때, 똑같이 해로운 위험으로부터 왕을 보호하기 위해 특별조치를 취하는 것은 당연한 일이다. 중세 때 타타르족의 칸(Khan)을 방문한 사절들은 칸을 알현하기에 앞서 불 사이를 통과해야 했고, 지참한 선물도 불 사이로 운반했다. 이런 풍습을 행하는 이유는, 이방인들이 칸에게 어떤 주술적인 영향을 미치고자 하더라도 불이 그것을 쫓아준다고 믿기 때문이다. 칼람바〔Kalamba, 콩고 분지에 있는 바실랑지(Bashilange)족의 추장 중 가장 강력한 추장〕에게 예속된 추장들은 처음으로 그를 알현할 때나 반란을 일으켰다가 진압당한 후에 수행원을 데리고 그를 알현할 때, 남녀가 함께 이틀간 계속해서 두 군데 개울에서 목욕한 뒤에 장터 노천에서 밤을 보내야 한다. 두번째 목욕을 마치고 그들이 알몸으로 칼람바의 저택을 향해 행진하면, 칼람바는 그들의 가슴과 이마에 각각 기다란 흰색 표시를 찍어준다. 그러고 나서 장터로 되돌아와 옷을 입으면, 이어서 후추시련을 받는다. 눈에 후추를 집어넣는 의식인데, 이 의식을 치르는 동안 고통을 겪는 사람은 자기가 저지른 죄를 전부 고백하고, 모든 질문에 대답하며, 몇 가지 맹세를 해야 한다. 이것으로 의식이 마무리되면, 이방인들은 읍내에 자유롭게 숙소를 정하고 원하는 만큼 얼마든지 머물 수 있다.

미개인들이 생각하기에, 먹고 마시는 행동은 특별한 위험을 수반한다. 왜냐하면 그럴 때 영혼이 입에서 빠져나오거나, 주변에 있는 적이 주술로 영혼을 끄집어낼 수 있기 때문이다. 그래서 바타크족은 "영혼이 육체를 떠날 수 있기 때문에, 가장 필요할 때 영혼이 실종되는 일이 없도록 항상 주의를 기울인다. 그러나 영혼이 실종되지 않도록 예방하는 것은 사람이 집 안에 있을 때에만 가능하다. 잔칫날이면 집 전체를 봉쇄하는 광경을 볼 수 있는데, 이는 영혼을 집 안에 머물게 해 앞에 놓인 맛있는 음식을 맛보게 하려는 것이다."

마다가스카르의 자피마넬로(Zafimanelo)족은 식사할 때 문을 잠그며, 어떤 사람에게도 식사하는 모습을 보이지 않는다. 와루아(Warua)족도 다른 사람에게 자신이 먹고 마시는 모습을 보이지 않으려 하며, 특히 이성에게 그런 모습을 보이지 않도록 갑절로 신경을 쓴다. "나는 어떤 남자가 술 마시는 모습을 내게 보여주도록 하기 위해 돈을 지불해야 했다. 하지만 여자에게 그 모습을 보여주도록 하는 것은 불가능했다." 마실 것을 권하면, 그들은 흔히 술 마시는 동안 천으로 모습을 가려달라고 요구한다.

　이런 것이 일반 사람들이 취하는 예방조치라면, 왕들이 취하는 예방조치는 유별나다. 로앙고 왕이 먹거나 마시는 모습은 아무도 볼 수 없다. 사람이든 짐승이든, 만약 그것을 보게 되면 즉시 죽음의 고통을 내린다. 한번은 애견 한 마리가 왕이 만찬을 하는 방에 들어왔다. 왕은 그 자리에서 그 개를 죽이도록 명령했다. 또, 열두 살 난 왕의 아들이 우연히 왕이 술 마시는 모습을 보았다. 왕은 즉시 아들에게 좋은 옷을 입히고 맛있는 음식을 먹인 뒤에 그를 네 토막으로 잘라 성 주변으로 끌고 다니며, 그가 왕이 술 마시는 것을 본 죄로 처형당했다는 것을 알리도록 명령했다. "왕이 술을 마시고 싶을 때에는 술을 한 잔 가져오도록 시킨다. 술잔을 나르는 신하는 손에 방울을 들고 있다가 왕에게 잔을 건네주자마자 왕에게서 얼굴을 돌리고 방울을 울린다. 그러면 그 자리에 있는 신하는 모두 얼굴을 땅에 처박고 엎드려 왕이 술을 다 마실 때까지 기다린다……. 왕이 식사하는 방식도 비슷하다. 왕의 식사만을 위해 특별히 마련한 집이 있는데, 집 안의 식탁에 왕이 먹을 음식물이 진열되어 있다. 왕은 그 집에 가서 문을 닫고 식사를 하며, 식사가 끝나면 문을 두드리고 밖으로 나온다. 그래서 어떤 사람도 왕이 먹거나 마시는 것을 본 적이 없다. 누군가 그것을 보면 왕이 즉시 죽게 된다고 믿기 때문이다." 다호메이 왕이 식사하는 것을 보는 행위는 극형에 처할 범죄다. 그래서 왕이 어쩌다 특별히 대중 앞에서 술을 마셔야 할 때에는 장막 뒤에 숨거나 손수건으로 얼굴 주위를 가리게 하며, 백성들은 모두 얼굴을 땅에 대고 엎드린다.

　또, 주술적 재앙은 어떤 사람이 먹다 남긴 음식물 찌꺼기나 음식접시를 통해 다른 사람에게 영향을 미칠 수도 있다. 공감주술의 원리에 따르면, 한 사람의 뱃속에 든 음식물과 손대지 않고 남긴 음식물 사이에는 현실적인 연관이 존재한다. 따라서 남은 음식물에 위해를 가함으로써 그 음식을 먹은 사람에게 동시에 해를 입힐 수 있는 것이다. 남부 오스트레일리아에 사는 나린예리(Narrinyeri)족의 어른들은 누군가가 살을 발라먹고 버린 짐승이나 새, 물고기의 뼈를 눈에 불을 켜고 찾는데, 이는 그것으로 치명적인 주술을 걸 수 있기 때문이다. 그래서 사람들은 자기가 먹은 짐승의 뼈를 조심스럽게 불태워 없애 마법사의 손에 들어가는 일이 없도록 한다. 뉴헤브리디스 제도(New Hebrides Is.)의 한 섬인 타나(Tana)에서는 사람들이 음식물 찌꺼기를 땅에 묻거나 바다에 버림으로써 질병을 퍼뜨리는 마법사들의 손에 들어가지 않게 한다. 마법사가 남은 음식물, 이를테면 바나나 껍질 같은 것을 발견하면 그는 그것을 집어서 천천히 불에 태운다. 껍질이 불에 타기 시작하면 바나나를 먹은 사람은 병에 걸리게 되고, 그러면 그 사람은 마법사에게 사람을 보내 바나나 껍질 태우는 것을 중단하면 선물을 바치겠다고 제안한다. 뉴기니의 토인들은 자기가 먹은 음식물 껍질과 찌꺼기를 적이 발견하여 자기를 해치는 데 쓸까봐, 그것들을 없애거나 숨겨놓는 등 극도로 조심한다. 그래서 그들은 남은 음식물을 아예 불태우거나 바다에 버린다. 마법에 대한, 그와 비슷한 두려움 때문에 아무도 로앙고 왕이 접시에 남긴 음식에 손을 대지 않는다. 찌꺼기는 땅에 구멍을 파고 묻는다. 또, 아무도 왕이 쓰던 술잔으로 술을 마시지 않는다. 고대 로마인들은 자신이 먹은 달걀과 달팽이 껍질로 적이 주술을 부리는 것을 막기 위해 그 자리에서 그것들을 깨버렸다. 아직까지 우리가 그러듯이, 달걀을 먹고 난 뒤 껍질을 부수는 일반적인 관습은 똑같은 미신에서 유래한 것일 가능성이 크다.

음식물 찌꺼기를 통해 사람에게 가하는 주술에 대한 공포는 많은 미개인으로 하여금 그냥 내버려두면 부패해서, 상상이 아니라 진짜로 질병과 죽음의 원인이 될 수도 있는 음식 찌꺼기를 치워 없애도록 하는 유익한 작용을 했다. 그 같은 미신 때문에 부족의 위생상태가 좋아졌을 뿐 아니라, 신기하게도 근거 없는 두려움과 잘못된 인과관계에 관한 믿음이 그것을 똑같이 받아들이는 사람들 사이에서 친절과 존경, 호의 따위의 도덕적 유대감을 간접적으로 강화하는 작용을 했다. 이를테면 음식물 찌꺼기에 주술을 걸어 누군가를 해치려고 하는 사람은 결코 그 음식을 먹으려 하지 않을 것이다. 그랬다가는 공감주술의 원리에 따라 음식물 찌꺼기에 입힌 해악을 자신도 똑같이 겪을 것이기 때문이다. 바로 이런 생각이 원시사회에서 함께 음식을 먹음으로써 생겨나는 유대감에 신성한 의미를 부여한다.* 음식을 나누어 먹는 것을 통해 두 사람은, 말하자면 자신들의 호의적인 행동에 대한 담보를 제공하는 것이다. 뱃속에 똑같은 음식물이 들어가 신체적으로 일치점을 갖게 되면, 어느 한쪽이 상대방에게 해를 입히더라도 그것이 상대방의 머리에 미치는 것과 똑같은 힘으로 자신의 머리에 되돌아올 것이므로, 각자 상대방에게 악한 짓을 하지 않겠다는 것을 보증하는 셈이 되는 것이다. 그러나 엄밀하게 따지면, 공감적 유대는 음식물이 각자의 뱃속에 있는 동안에만 지속한다. 따라서 함께 음식을 먹음으로써 이루어지는 계약은, 계약 당사자들의 피를 각기 다른 상대방의 핏줄에 주입함으로써 이루어지는 계약보다 엄숙함과 지속성이 떨어진다. 피를 주입하는 것은 당사자들을 평생 하나로 묶어주는 행위로 여겨졌다.

2

우리는 앞서 미카도가 먹을 음식을 매일 새로운 냄비에 요리해서 새로운 접시에 담아 내는 것을 보았다. 냄비와 접시는 평범한 진흙으로 만들어, 일단 쓰고 난 뒤에 부수거나 내버리기 쉽도록 했다. 보통은 그것들을 부수었는데, 다른 사람이 이 신성한 그릇들로 음식을 먹으면 입과 목구멍이 부어오르고 염증이 생긴다고 믿었기 때문이다. 미카도의 허락 없이 그의 옷을 입는 사람도 똑같은 일을 당해, 전신에 종기가 나고 고통을 겪는다고 여겼다. 피지에서는 추장의 접시로 음식을 먹거나, 추장의 옷을 입어서 생기는 질병을 '카나라마(Kana lama)'라는 특별한 이름으로 부른다. "그 불경죄를 저지른 사람은 목구멍과 전신이 부어올라 죽는다. 나는 어떤 사람에게서 좋은 돗자리를 하나 얻었는데, 그 사람은 추장의 큰아들이 깔고 앉은 적이 있기 때문에 감히

---

*이 주장은 『프시케의 과제 *Pysche's Task*』(1909)에 나오는 주장과 같은 종류다. 거기서 프레이저는 문명화한 인습의 바탕을 이루는 미신의 장점을 강조하고 있다.

그것을 사용하지 못했다고 한다. 평민들 중에는 이런 위험성을 면제받은 가족이나 씨족이 늘 있다. 나는 언젠가 추장에게 그 이야기를 꺼냈다. '물론이지.' 추장이 말했다. '어이, 아무개! 여기 와서 내 등 좀 긁게.' 호명된 남자가 추장의 등을 긁어주었다. 그는 아무 벌도 받지 않고 그런 일을 할 수 있는 사람들 중 하나였다." 이런 특권을 지닌 사람들을 '나 은두카 니(Na nduka ni)'라고 부르는데, 그것은 '추장의 때'라는 뜻이다.

이와 같이 미카도와 피지족 추장의 그릇이나 옷을 사용할 때 당한다고 여기는 악효과를 통해, 우리는 앞서 관심을 기울였던 신인(神人)이 지니는 특성의 다른 면을 발견한다. 신적인 인물은 축복의 원천일 뿐 아니라 위험의 원인이기도 하다. 그는 보호해야 할 대상일 뿐 아니라 경계의 대상이기도 하다. 신성한 유기체인 그의 육신은 너무나 섬세해서 건드리기만 해도 무질서하게 흐트러질 수 있지만, 강력한 주술적 혹은 영적인 힘으로 충전되어 있어서 접촉하는 모든 상대방에게 치명적인 영향을 미칠 수도 있는 것이다. 따라서 인간신을 고립시키는 것은 그 자신뿐 아니라 다른 사람들의 안전을 위해서도 꼭 필요한 일이다. 그의 주술적인 능력은 말 그대로 감염되는 것이다. 그의 신성은 불과 같아서 적절히 통제하면 무한한 축복을 주지만, 경솔하게 다루거나 경계선을 넘으면 접촉하는 대상을 불태우고 파괴한다. 터부를 어길 때 뒤따른다고 여기는 재앙은 그런 것이다. 범법자는 그의 손을 신성한 불 속에 밀어넣은 것이며, 불은 그 자리에서 그를 오그라들게 만들어 태워 없앤다.

예를 들어, 고귀하고 신성한 뉴질랜드의 한 추장이 어느날 자기가 먹다 남긴 음식을 길가에 내버려둔 일이 있었다. 추장이 가고 난 뒤에 굶주림에 지친 건장한 노예가 나타나서 먹다 남은 음식을 보고는 물어보지도 않고 먹어치웠다. 그가 음식을 다 먹었을 때, 그 광경을 본 어떤 사람이 공포에 질려 그 음식이 추장 것이라고 알려주었다. "나는 그 불행한 범법자를 잘 알고 있었다. 그는 용기가 뛰어나 그 부족이 치른 여러 전쟁에서 두각을 나타낸 인물이었다." 그러나 "그 치명적인 소식을 듣자마자 그는 심상치 않은 경련과 복통을 일으켰다. 그 증세는 같은날 해질녘에 그가 죽을 때까지 계속되었다. 그는 튼튼한 사람이고 생의 절정기에 있었다. 만약 유럽의 어떤 자유사상가가 그가 접촉을 통해 음식에 전염된 추장의 '터부' 때문에 죽은 것이 아니라고 말한다면, 그는 명백하고도 직접적인 증거조차 이해할 능력이 없는 무지한 사람이라고 경멸당할 것이다." 이는 유일한 사례가 아니다. 마오리족의 한 여자는 과일을 먹고 나서 나중에 그 과일이 터부가 씌워진 장소에서 따온 것이라는 말을 듣고는, 그로 인해 신성을 모독당한 추장의 영혼이 자신을 죽일 것이라고 절규했다. 이것이 오후의 일이었는데, 다음날 정오에 그 여자는 죽었다. 마오리족 추장의 부시통이 한때 여러 사람을 죽음으로 몰고 간 일도 있었다. 어떤 사람들이 추장이 잃어버린 부시통을 주워서 담뱃대에 불붙이는 데 사용했는데, 나중에 그것이 누구 것인지 알고는 모두 겁에 질려 죽어버렸다. 이와 마찬가지로 뉴질랜드 대추장의 의복을 입는 사람은 모두 죽게 된다. 한 추장이 너무 무거워 보이는 담요를 가파른 절벽 아래로 떨어뜨리는 광경을 어떤 선교사가 목격했다. 선교사가 왜 그것을 나무에 걸어두고 앞으로 찾아올 여행객들이 이용하게 하지 않느냐고 묻자, 추장은 이렇게 대답했다. "바로 다른 사람들이 가져가서 사용할까봐 거기에다 버린 것이다. 누가 그것을 사용하면 나의 터부(즉, 접촉을 통해 담요에 전염되고, 담요를 통해 사람에게 전염되는 그의 영력)로 인해 그 사람이 죽음을 당할 것이다." 비슷한 이유로, 마오리족의 한 추장은 자기 입으로 불을 불지 않으려고 했다. 그의 신성한 숨결이 그 신성함을 불에 옮기고, 불은 그 위에 놓인 솥단지에, 솥단지는 그 안의 고기에 옮겨, 결국에는 그 고기를 먹는 사람에게까지 전해질 것이기 때문이다. 그렇게 되면, 추장이 입으로 분 불로 끓인 고기를 먹은 사람은 이러한 매개물들을 통해 전해진 추장의 숨결을 쐬게 되어 죽고 말 것이다.

특정인의 그릇과 의복 따위를 사용하지 못하게 하는 금기와, 금기를 어길 때 뒤따르는 결과는 일반적으로 그 물건들의 소유자가 신성한 존재든 부정하고 오염된 존재든 상관없이 똑같다. 신성한 추장의 손길이 닿은 옷가지가 그것을 만지는 사람을 죽이듯이, 월경 중인 여자가 손댄 물건들도 그런 작용을 한다. 오스트레일리아의 한 원주민은 자기 부인이 월경기간에 자기 담요에 누워 있는 것을 발견하고는 부인을 죽이고 자신도 2주일이 못 돼 공포에 질려 죽었다. 그래서 오스트레일리아의 여자들은 그 기간이면 남자들이 사용하는 물건을 만지지 못하는 것은 물론, 남자들이 자주 다니는 길을 걷지도 못한다. 위반하면 곧바로 죽음의 형벌이 뒤따른다. 또, 출산할 시기가 가까우오면 여자를 격리하는데, 격리기간 동안 사용한 그릇은 모두 불태워 없앤다. 우간다에서는 출산이나 월경 등 부정한 기간에 여자가 만진 솥단지는 모두 부쉬버린다. 다만, 그 여자의 손길이 닿아 더럽혀진 창과 방패는 부수지 않고 깨끗이 하여 다시 쓴다.

많은 민족이 출산한 여성에 대해 외견상 비슷한 이유로 비슷한 제약을 가한다. 그 기간에 여성들은 손길이 닿은 사람이나 물건을 전염시킬 수 있는, 어떤 위험스러운 상태에 있는 것으로 상정된다. 그래서 그들은 건강과 체력을 회복하여 가상적인 위험이 사라질 때까지 격리된 장소에 머문다. 예컨대 타히티에서는 성스러운 땅에 임시로 초막을 짓고, 그곳에 산모를 2~3주간 격리한다. 격리기간 동안 산모가 음식물에 손대는 것을 금지하므로 다른 사람이 음식을 먹여주어야 한다. 아울러 이 기간에 다른 사람이 어린아이를 만지면, 그 사람도 산모의 정결의식이 끝날 때까지 산모와 똑같은 제약을 받았다. 이와 비슷하게, 알래스카 근해의 카디아크(Kadiak) 섬에서는 출산이 임박한 여성을 갈대로 지은 초라하고 야트막한 헛간으로 보내, 계절에 상관없이 분만 후 20일 동안 그곳에서 머물게 한다. 산모를 너무나 부정한 존재로 여기기 때문인데, 그래서 아무도 그녀를 건드리지 않으며 음식도 막대기에 얹어 전해준다. 브리브리(Bribri) 인디언들은 출산을 월경보다 훨씬 더 위험한 것으로 간주한다. 출산이 임박하면 여자는 남편에게 그 사실을 알리고, 남편은 서둘러서 고립된 장소에 여자가 머물 오두막을 짓는다. 여자는 거기서 혼자 살아야 하며, 자기 어머니나 가까운 여자친구 이외에는 누구하고도 대화를 나누어서는 안 된다. 분만이 끝나면 주술사가 여자에게 입김을 내뿜고는 아무 짐승이든 한 마리를 여자 위에 올려놓고 여자를 정화한다. 그러나 이러한 의식은 단지 그녀의 부정함을 월경하는 여자와 동등한 상태로 경감해 줄 뿐이다. 그 뒤에도 여자는 한 달 동안 식구들과 떨어져 살아야 하며, 먹고 마시는 것에 대해 월경 때와 똑같은 규칙을 지켜야 한다. 만약 여자가 유산을 하거나 사산을 하게 되면 상태는 더 심각해지고, 부정함은 훨씬 더 치명적인 것으로 된다. 이때 여자는 살아 있는 사람 근처에도 가서는 안 된다. 심지어 사람들은 단지 여자가 사용한 물건과 접촉하기만 해도 심각한 위험이 따른다고 여겨, 여자가 먹을 음식도 기다란 막대기 끝에 매달아 건넨다. 이런 상태는 보통 3주간 계속되는데, 그 이후에는 집으로 돌아가 일반적인 구금에 따르는 제약만 지키면 된다.

또, 미개인들은 전사들도 영적으로 위험한 분위기를 띤다고 생각하며, 그로 인해 전사들에게 피와 살을 지닌 적에 대비해 응당 취하는 합리적인 예방 조치와는 성격이 전혀 다른, 다양한 미신적 관례를 지키도록 요구한다. 이러한 관례들의 일반적인 결과는, 원시인이 자신의 안전을 위해 인간신과 다른 위험한 인물들에 대해 하는 것과 똑같이 승리 전후에 전사들을 일정한 격리 상태 또는 영적 유폐상태에 두는 것이다. 그래서 마오리족은 전사들이 원정에 나서기 전에 그들을 극도로 신성시하고 터부시하였으며, 그들 자신과 집에 남은 친구들은 일상생활에서 지켜야 하는 수많은 터부 이상으로 많은 기이한 관습을 엄격하게 지켜야 했다. 과거 전쟁시기에 이들을 안 유럽인들의 다소 엉뚱한 표현을 빌리면, 그들은 "1인치 두께의 터부를 뒤집어쓰고 있었다." 원정대 대장에게는 접근조차 할 수 없었다. 이와 비슷하게, 이스라엘인들은 전쟁에 나갈 때 마오리족과 오스트레일리아 원주민들이 원정 때 지키는 규칙과 동일한 정결의식의 규칙을 지켜야 했다. 그들이 사용하는 그릇을 신성시하는 것은 물론이고, 신체적 청결을 위해 금욕을 요구하는 갖가지 관습을 지켜야 했던 것이다. 동일한 관습을 행하는 미개인들의 이야기를 근거로 판단할 때, 그렇게 하는 것은 적이 그들 신체의 폐기물을 취해 주술로 그들을 파멸시킬지도 모른다는 두려움 때문이었다. 몇몇 북아메리카 인디언 부족의 젊은 전사는 첫 전투에 나갈 때 일정한 관습을 지켜야 했는데, 그 중 두 가지는 같은 인디언 부족이 초경을 맞은 소녀에게 부과하는 규칙과 똑같았다. 그가 음식을 먹고 마시는 데 사용한 그릇은 다른 사람이 손댈 수 없었으며, 손가락으로 머리나 신체의 다른 부분을 긁을 수 없었다. 어쩔 수 없이 몸을 긁어야 할 때에는 막대기를 사용해야 했다. 후자의 규칙은 터부시되는 인물이 자기 손으로 음식 먹는 것을 금하는 규칙과 마찬가지로, 터부시되는 손의 가상적인 신성함 또는 부정함(그 어느쪽이든)에 근거를 둔 것으로 보인다. 또, 원정에 나선 이들 인디언 부족 남자들은 밤에 잠을 잘 때, 항상 얼굴을 고향쪽으로 돌리고 자야 했다. 아무리 불편하더라도 그 자세를 바꿀 수 없었다. 그들은 맨땅에 앉거나 발을 적시지 않아야 했고, 가능하다면 다른 사람이 밟은 길을 걷지 말아야 했다. 그 길로 걸을 수밖에 없을 때에는, 그럴 때를 대비해 지니고 다니는 약물이나 주물로 발에 조치를 하여 그로 인한 악영향에 대비했다. 원정대의 어떤 대원도 땅에 앉거나 누워 있는 다른 대원의 팔다리나 몸통을 넘어가지 못한다. 그의 모포나 총, 도끼, 또는 다른 어떤 소유물을 넘어가는 것도 마찬가지로 금지되었다. 뜻하지 않게 이 금기가 깨졌을 때에는 자기 몸이나 물건 위로 다른 사람이 넘어가는 일을 당한 대원은 상대방을 때려눕힐 의무가 있었으며, 상대방은 저항 없이 맞아줄 의무가 있었다.

네덜란드령 뉴기니의 윈데시(Windessi)에서는 머리사냥을 나간 원정대가 일을 마치고 마을 가까이에 도착하면 소라고둥을 불어 자기들의 접근과 개선을 알린다. 카누는 나뭇가지로 장식하며, 머리를 획득한 대원들은 숯으로 얼굴을 검게 칠한다. 한 사람을 여러 명이 함께 죽였을 때에는 그 머리를 여럿이 나누어 갖는다. 그들은 항상 이른 아침에 집에 닿도록 도착시간을 맞춘다. 그들이 시끄러운 소리를 내며 마을을 향해 노를 저어가면, 여자들은 베란다에 서서 춤출 준비를 하고 기다린다. 카누가 '룸 스람(room sram)', 곧 젊은이들이 사는 집을 지나갈 때에는, 카누에 탄 살해자들은 그 집의 벽과 지붕을 향해 뾰족한 지팡이나 대나무를 살해한 적의 숫자만큼 던진다. 이따금 북을 치거나 소라고둥을 불기도 하고, 피살자의 유령을 쫓아버리기 위해 고함을 지르며 집의 벽들을 두들기기도 하지만, 그날은 아주 조용하게 보낸다. 마찬가지로 뉴기니의 야빔(Yabim)족은 피살자의 유령이 살해자를 추적하여 해를 끼치려고 한다고 믿는다. 그래서 그들은 고함소리와 북 치는 소리로 유령을 몰아낸다. 피지인들은 종종 사람을 산 채로 매장할 때 해질녘에 대나무와 나팔고둥 따위로 요란한 소리를 내는데, 그 목적은 그 사람의 유령을 겁주어 쫓아냄으로써 그가 옛집에 다시 돌아오지 못하게 하려는 것이다. 또, 그의 집이 유령에게 불쾌하게 보이도록 하기 위해 지붕을 떼어내고, 자신들이 생각하기에 가장 역겨운 온갖 물건으로 집을 덮어씌운다. 아메리카 인디언들은 죄수를 고문해서 죽인 날 저녁이면 소름끼치는 비명소리를 내면서 마을을 가로질러 달리다가 막대기로 오두막집의 가구와 벽, 지붕을 두들겨서 희생자의 유령이 거기에 깃들여 자기가 당한 고문을 앙갚음하는 것을 막았다. 한 여행자는 이렇게 적고 있다. "언젠가 밤에 오타와(Ottawa)족 마을에 다가갔더니, 주민들이 모두 나와서 소동을 벌이고 있었다. 모두 가장 커다랗고 시끄러운 소리를 내느라고 분주해 보였다. 무슨 일이냐고 물어보았더니, 최근에 오타와족과 키카푸(Kickapoo)족 사이에 전투가 있었는데, 그때 죽은 전사들의 유령이 마을에 들어오는 것을 막기 위해서라는 것이었다."

북아메리카 나체즈(Natchez) 인디언의 젊은 전사들은 처음으로 적의 머리가죽을 획득하고 나면 6개월 간 일정한 금욕 규칙을 지켜야 했다. 그들은 부인과 동침하거나 짐승고기를 먹을 수 없었다. 생선과 속성 푸딩이 그들이 먹을 수 있는 유일한 음식이었다. 이 규칙을 어기면 죽은 사람의 영혼이 마법으로 그들의 죽음을 조장하여, 그들은 두 번 다시 적과의 싸움에서 이기지 못하고 아주 작은 상처만 입어도 목숨을 잃게 된다고 그들은 믿었다. 촉토(Choctaw) 인디언은 적을 죽이고 머리가죽을 취하고 나면 한 달 동안 초상을 치르는데, 그 동안에는 머리도 빗지 못한다. 참을 수 없을 만큼 머리가 가려우면, 그럴 때를 대비해 손목에 매달아둔 작은 막대기로 긁어야 했다. 자기가 죽인 적을 위해 이처럼 형식적인 초상을 치르는 일은 북아메리카 인디언 사이에서는 드물지 않은 풍습이었다.

미개사회의 사냥꾼과 어부도 종종 금욕 규칙을 지켜야 하며, 전사와 살인자들이 의무적으로 행하는 것과 똑같은 종류의 정결의식을 치러야 한다. 이러한 규칙과 의식이 정확히 어떤 목적에 이바지하는지 다 알 수는 없지만, 약간의 개연성을 가지고 가정해 보면 적들의 영혼에 대한 두려움이 그들이 죽이려고 하거나 이미 죽인 전사들을 격리·정화하는 주요 동기이듯이, 사냥꾼이나 어부가 비슷한 관습을 따르는 것은 그들이 죽였거나 죽이고자 하는 짐승과 새, 물고기의 영혼에 대한 두려움이 주된 원인일 것이다.

미개인은 모든 짐승의 영을 어느 정도 존경하지만, 자신에게 유용하거나 크기나 힘, 사나움 따위에서 두려움을 느끼는 짐승의 영을 특히 외경스럽게 대한다. 이를테면 누트카(Nootka) 해협에 사는 인디언들은 고래잡이를 나가기 전에 일주일 간 금식하는데, 이 기간 동안 하루에도 몇 번씩 물로 몸을 씻으며 노래를 부르고, 몸통과 팔다리, 얼굴을 조개껍질과 덤불로 문질러 찔레가시에 심하게 긁힌 것 같은 상처를 만든다. 아울러 그들은 같은 기간 동안 부인들과 일체 성교를 해서는 안 되는데, 이 마지막 조건은 고래잡이의 성공에 필수적인 것으로 간주된다. 고래잡이에 실패한 한 추장은 실패의 원인을 부하들이 금욕하지 않은 탓으로 돌렸다고 한다. 말라가시(Malagasy)의 고래사냥꾼들도 같은 종류의 규칙을 지금까지 지키고 있다. 고래사냥꾼들은 바다로 나가기 전에 8일 동안 금식하고, 여자와 술을 멀리하며, 자신들의 가장 은밀한 과실을 서로 고백한다. 어떤 사람이 심각한 죄를 범한 것으로 드러나면 원정에 참가하는 것이 금지된다. 마부이아그(Mabuiag) 섬에서는 듀공(dugong, 인도양에 서식하는 포유동물)을 잡으러 가기 전과, 바다거북들이 짝짓기를 하는 기간에는 금욕생활을 한다. 바다거북은 10월과 11월에 걸쳐 집중적으로 잡는데, 이 시기에 미혼 남녀가 성교를 하면 카누가 물 위에 떠 있는 거북이 떼에게 접근할 때 수컷이 암컷과 떨어져 서로 다른 방향으로 달아난다고 믿기 때문이다. 그래서 뉴기니의 모와트(Mowat)에서는 비록 다른 때는 도덕적으로 상당히 문란하더라도 바다거북이 짝짓기를 하는 철에는 일체 여자와 성교를 하지 않는다. 미르자푸르(Mirzapur)*에서는 누에 종자를 집 안에 들일 때, 콜(Kol)이나 부이야르(Bhuiyar)가 행운을 가져오도록 신성한 쇠똥을 조심스럽게 발라놓은 장소에 그것을 놓아둔다. 그때부터 집주인은 의식적 부정을 저지르지 않도록 몸가짐을 조심해야 한다. 그는 부인과 동침하지 않아야 하며, 침대에서 자거나 면도를 하거나 손톱을 깎거나 기름을 바르지 않아야 하며, 버터로 요리한 음식을 먹거나 거짓말을 하거나 그릇되다고 여기는 어떤 일도 하지 말아야 한다. 만일 누에가 제대로 부화하면, 그는 싱가르마티 데비(Singarmati Devi) 여신에게 제물을 바칠 것을 맹세한다. 고치가 열리고 누에가 나오면 그는 집안 여자들을 불러모아 아기가 태어날 때 부르는 것과 똑같은 노래를 부르며, 인근에 사는 모든 기혼녀의 머리 가르마에 연단(鉛丹)을 칠한다. 또, 누에가 짝짓기를 할 때에는 마치 사람이 결혼할 때처럼 잔치를 벌인다. 이와 같이 누에는 거의 사람과 같은 대접을 받는다. 그렇기 때문에 누에가 부화할 때 성교를 금하는 관습은, 사람의 임신과 수유 기간에 남편이 부인과 동침하지 못하게 하는 수많은 종족의 관습을 연장한 것에 지나지 않는다고 유추할 수 있다.

---

*네팔 남쪽과 맞닿은, 동북부 인도의 우타르프라데시(Uttar Pradesh) 주에 있다.

3

이와 같이 원시사회에서 신성한 왕과 추장, 사제들이 지키는 의식적 정결의 규칙은 여러 면에서 살인자, 산모, 사춘기 소녀, 사냥꾼과 어부 등이 지키는 규칙과 일치한다. 우리가 보기에 이 다양한 부류의 사람들은 성격과 조건이 전혀 다르다. 그 중 일부는 신성하다고 해야 할 것이며, 그밖의 부류는 부정하고 타락했다고 할 수 있다. 그러나 미개인은 그들을 그런 도덕적 잣대로 구별하지 않는다. 신성과 타락의 개념은 아직 그들의 정신 속에서 분화하지 않았다. 미개인이 보기에 이 모든 사람의 공통된 특징은, 그들이 위험을 수반하며 동시에 위험에 처해 있다는 것이다. 그들이 처해 있고 다른 사람들에게 드러내는 위험이란 것은 말하자면 정신적이고 영적인 것으로, 상상의 산물이다. 그러나 그 위험이 상상의 산물이기 때문에 덜 현실적인 것은 아니다. 상상은 중력과 마찬가지로 사람에게 현실적으로 작용하며, 청산가리처럼 확실하게 사람을 죽일 수 있다. 그러한 사람들을 세상의 다른 부분과 격리해, 무서운 영적 위험이 그들에게 미치거나 그들로부터 확산되지 않게 하는 것이 그들이 지켜야 하는 터부의 목적이다. 이러한 터부는 그런 사람들에게 부여된 정신적인 힘이 외부세계와 접촉함으로써 해를 입거나 해를 끼치는 것을 막아주는, 이를테면 절연체 같은 역할을 한다.

우선 우리는 왕들의 엄숙한 신성함이 자연스럽게 그들의 신성한 신체에 대한 접촉의 금지로 귀결되는 것을 볼 수 있다. 예컨대 스파르타 왕의 몸에 손을 대는 것은 불법이었다. 타히티의 왕이나 여왕의 몸 역시 만질 수 없었으며, 시암 왕의 신체에 손을 대면 죽음의 형벌을 내렸다. 또, 캄보디아 왕은 그의 명시적인 명령 없이는 어떤 목적으로도 그 몸에 손을 대지 못했다. 1874년 7월에 캄보디아 왕이 마차에서 떨어져 의식을 잃고 땅에 드러누운 일이 있었다. 그러나 수행원 중 아무도 감히 그에게 손을 대지 못했다. 그곳을 지나던 한 유럽인이 부상당한 왕을 궁궐까지 데려다주었다. 옛날 조선에서도 아무도 왕의 몸에 손을 대지 못했다. 만약 왕이 황송하게도 신하의 몸에 손을 대면 손을 댄 자리를 신성시하였고, 그 같은 영광을 입은 신하는 평생 눈에 띄는 표지(보통 붉은 명주실)를 착용해야 했다. 무엇보다도 왕의 몸에는 쇠가 닿지 않아야 했다. 조선의 정조대왕은 1800년에 등에 난 종양 때문에 죽었다. 침을 쓰면 목숨을 구할 수 있었겠지만, 아무도 그럴 생각을 하지 못했다. 또, 어떤 왕이 입술에 종기가 나서 엄청나게 고통스러워하자, 왕실의 어의가 어릿광대를 데려와 왕을 크게 웃겨 종기를 터뜨렸다는 이야기도 있다. 로마와 사비니의 사제들은 쇠로 만든 면도칼로 면도를 해서는 안 되고, 오직 청동으로 만든 면도칼이나 가위로만 면도를 해야 했다. 또, 비문을 새기기 위해 철제 조각도구를 가지고 로마에 있는 아르발 형제의 신성한 숲에 들어갈 때에는 항상 어린 양과 돼지로 속죄의 제물을 바쳐야 했는데, 이는 조각도구를 숲에서 철수할 때까지 반복되었다. 그리스의 신전에는 일반적으로 쇠를 반입할 수 없었다. 크레타(Creta)에서는 메네데무스(Menedemus)에게 제사를 올릴 때 철제 그릇을 사용하지 않는데, 이는 메네데무스가 트로이 전쟁에서 철제 무기로 살해당했다는 전설 때문이다. 플라타이아이의 집정관은 쇠를 만지면 안 되었다. 그러나 일 년에 한 번 플라타이아이 전투에서 죽은 사람들을 기리는 연례 추모의식에서는 제물인 황소를 잡는 데 쓸 칼을 들 수 있었다. 오늘날까지 호텐토트족의 사제는 쇠칼을 쓰지 않고 예리한 석영 파편을 사용하여 제물로 쓸 짐승을 잡거나 젊은이에게 할례를 해준다. 유대인들은 예루살렘 성전을 짓거나 제단을 만들 때 철제 도구를 절대 쓰지 않았다. 신성한 것으로 간주하던 로마의 옛 나무다리(*Pons Sublicius*)는 쇠나 청동을 쓰지 않고 만들었으며, 수리할 때에도 일체 그런 것을 쓰지 못했다. 푸르포(Furfo)에 있는 유피테르 리베르 신전은 철제 도구로 수리해서는 안 된다고 법으로 명시하고 있었다. 키지쿠스(Cyzicus)에 있던 의사당 건물도 목조인데, 쇠못을 전혀 쓰지 않고 대들보를 떼내고 교체할 수 있게 배열하여 지었다.

쇠에 대한 이러한 미신적 거부는 아마도 쇠가 아직 진기하여 많은 사람이 불신과 혐오의 대상으로 보던 사회사 초기부터 시작되었을 것이다. 모든 새로운 것은 미개인에게 외경과 두려움을 불러일으키기 쉬운 법이다. "그것은 기묘한 미신이다." 보르네오의 한 개척자는 말한다. "두순(Dusun)족은 자신들에게 일어나는 모든 일―선악과 행불행을 가리지 않고―을 자기네 땅에 들어온 새로운 어떤 것의 탓으로 돌린다. 예를 들어, 내가 킨드람에 사는 탓에 최근 들어 지독한 무더위를 겪게 되었다는 식이다." 쇠로 만든 보습이 도입되고 난 뒤부터 흉작이 계속되자, 폴란드 농부들은 흉작을 쇠보습 탓으로 돌리고 쇠보습 대신 구식 나무보습을 다시 사용했다. 자바(Java)의 원시부족인 바두위(Baduwi)족은 주로 농사를 짓는데, 오늘날까지도 밭을 갈 때 철제 도구를 사용하지 않으려고 한다.

미얀마의 쟁위(Zengwih) 북부에 거주하는 한 사제왕은 소티(Sotih)족에게 최고의 영적·세속적 권위자로 존경받는데, 그의 집에는 어떤 무기나 칼 종류도 가지고 들어갈 수 없다. 이 규칙은, 여러 민족이 사람이 죽은 뒤에 지키는 관습에 비추어 해명할 수 있을 것이다. 죽은 사람의 유령이 근처에 있는 동안에는 유령을 다치게 할까봐 날카로운 도구의 사용을 삼가는 것이다. 트란실바니아의 루마니아인들은 시체가 집 안에 있는 동안에는 칼날이 위쪽으로 놓이지 않도록 조심한다. "그러지 않으면 영혼이 본의 아니게 칼날 위에 올라타게 될 것이다." 사람이 죽은 후에 시체를 집 안에 두는 일주일 동안 중국인들은 칼과 바늘, 심지어 젓가락의 사용까지 금하기 때문에 손가락으로 음식을 먹는다. 옛 프로이센인과 리투아니아인은 장례식 이후 3일째, 6일째, 9일째, 40일째 되는 날에 음식을 준비해 놓고, 문 옆에 서서 죽은 자의 영혼을 불러들이는 관습이 있었다. 이때 사람들은 아무 말 없이 식탁에 둘러앉아 식사를 했는데, 칼을 일체 사용하지 않았다. 음식 시중을 드는 여자들도 칼을 쓰지 않았다. 음식 부스러기가 식탁에서 떨어져도 음식을 마련해 줄 친척이나 친구가 없는 외로운 영혼들을 위해 그냥 내버려두었다. 식사가 끝나면 사제가 빗자루를 들고 영혼을 문 밖으로 쓸어내며 이렇게 말했다. "친애하는 영혼들이여, 이제 다 먹고 마셨으니 떠나가시오, 떠나가시오." 미얀마 종정(宗正)의 저택에 날이 선 도구를 가지고 들어갈 수 없는 까닭을 우리는 이제 알 수 있다. 많은 사제왕처럼 그는 아마도 신적인 존재로 간주되었을 것이며, 따라서 그의 성스러운 영혼이 몸에서 빠져나와 눈에 보이지 않게 공중에 떠다니거나, 먼 곳에 볼일이 있어 날아가다가 날카로운 것에 베이거나 다칠 위험이 없도록 하는 것이 당연할 것이다.

우리는 앞서 플라멘 디알리스가 짐승의 날고기를 만지거나, 심지어 그 이름을 입에 올리는 것조차 금지되어 있었음을 보았다. 팔라우(Palau) 군도에서는 마을이 습격당하여 누군가 머리를 잘리면, 살해당한 남자의 친족들은 터부가 되며, 죽은 자의 유령이 진노하는 것을 피하기 위해 일정한 규칙에 복종해야 한다. 그들은 날고기를 만지지 못하며, 집 안에 감금당한 채 귀신 쫓는 무당이 주문을 걸어놓은 후추잎을 씹어야 한다. 이렇게 하고 나면 피살자의 유령은 살인자를 쫓아서 적국으로 떠나간다. 이 터부는 짐승의 영혼이 피 속에 존재한다는 믿음에 근거를 둔 것으로 보인다. 흔히 터부가 된 사람들은 위태로운 상태에 놓인 것으로 여겨지는데 — 예컨대 피살자의 친족들은 분노한 피살자의 유령에게 공격을 받기 쉽다 — 그 때문에 그들이 영혼과 접촉하지 못하도록 격리하는 것이 특히 긴요하다. 날고기를 만지지 못하게 하는 것은 그런 연유에서다. 그러나 늘 그렇듯이, 터부는 일반적 계율의 특수한 적용일 뿐이다. 다시 말해서, 터부는 그 적용이 절박하게 필요하다고 생각되는 상황에서 특별히 요구되지만, 그런 상황을 떠나더라도 (덜 엄격하기는 하지만) 일상적인 생활규칙으로서 여전히 지켜지는 것이다. 이를테면 일부 에스토니아인은 짐승의 피를 먹지 않으려고 하는데, 그것은 피 속에 담긴 짐승의 영혼이 피를 먹는 사람의 몸 속에 들어간다고 믿기 때문이다. 북아메리카의 일부 인디언 부족은 "강한 종교적 원칙에 따라 짐승의 피를 먹는 것을 엄격하게 금지하는데, 그 피가 짐승의 생명과 영혼을 담고 있다고 생각하기 때문이다." 유대인 사냥꾼들은 자신들이 잡은 사냥감의 피를 땅바닥에 쏟아붓고 흙으로 덮었다. 그들은 짐승의 영혼이나 생명이 피 속에 있거나, 실제로 피 자체라고 믿기 때문에 피를 먹지 않으려고 한다.

왕족의 피가 땅바닥에 흐르지 않게 하는 것은 일반적인 규칙이다. 그래서 왕이나 그 가족을 처형할 때에는 피가 땅 위에 흘러내리지 않도록 특별히 고안한 처형방법을 사용했다. 1688년에 시암의 대장군이 반역을 일으키고 왕을 처형하였는데, "왕족 범죄자들을 처리하던 관례에 따라, 또는 극형이 불가피한 범죄를 저지른 왕가의 왕자들을 처형할 때와 같이 커다란 쇠솥에 집어넣고 나무공이로 찧어서 으깨는 방법을 사용했다. 그것은 왕족의 피가 땅에 흐르지 않아야 하기 때문이었다. 그들이 신봉하던 종교에서 신성한 피를 흙에 섞어 더럽히는 것을 커다란 불경죄로 여긴 것이다." 쿠빌라이 칸이 반역을 일으킨 숙부 나얀을 붙잡았을 때, 그는 나얀을 융단에 감싸서 죽을 때까지 이리저리 던지게 했다. "그것은 황족의 피가 땅에 떨어지거나, 하늘의 눈과

태양 앞에 노출되는 것을 바라지 않았기 때문이었다." 수도사 리콜드(Ricold)
는 타타르족의 격언에 관해 이렇게 언급하고 있다. "한 사람의 칸이 왕좌를
차지하기 위해 다른 칸을 죽이더라도, 그는 희생자의 피가 땅에 떨어지지 않
게 조심한다. 위대한 칸의 피가 땅에 떨어지는 것을 아주 잘못된 일이라고 생
각하기 때문이다. 그래서 그들은 희생자를 이런저런 방법으로 질식시켜 죽
인다." 이것과 비슷한 생각이 미얀마 궁정에서도 나타나는데, 거기에서는 왕
족들을 위해 피를 흘리지 않는 독특한 처형방법을 마련해 두고 있다.

왕족의 피를 흘리지 않으려는 것은 피를 흘리지 않거나 최소한 땅에 떨어
지지 않게 하려는, 일반적인 거부감의 특이한 표현에 지나지 않는 것으로 보
인다. 마르코 폴로는 당시 베이징 거리에서 부적절한 시간에 통행하다 걸린
사람이 체포되어 비행을 저지른 것이 발각되면 몽둥이로 얻어맞았다는 이야
기를 전한다. "이런 벌을 받다가 때때로 사람이 죽기도 하지만, 그들은 유혈
을 피하기 위해 그 방법을 택한다. 왜냐하면 사람의 피를 흘리는 것은 나쁜
일이라고 배우기 때문이다." 웨스트서식스 사람들은 사람의 피가 흐른 땅은
저주를 받아 영원히 불모지가 된다고 믿는다. 일부 원시부족은 부족 사람이
피를 흘려야 할 때에는 그 피가 땅에 떨어지지 않도록 동료들의 몸으로 피를
받는다. 예컨대 오스트레일리아의 몇몇 부족은 살아 있는 부족 사람의 몸으
로 받침대를 만들어 그 위에 할례를 받을 소년들을 눕힌다. 그리고 성인식에
서 소년의 이빨을 두드려 뽑을 때, 소년을 한 남자의 어깨 위에 앉혀 그 남자
의 가슴에 피가 흘러내리게 하고, 그 피를 닦아내지 못하게 한다. "또, 골
(Gaul)족은 적들의 피를 마시고, 그것을 자기 몸에 칠하는 관습이 있었다. 고
대 아일랜드인도 그런 풍습이 있었다는 기록이 있다. 나는 일부 아일랜드인
들이 그러는 것을 보았는데, 그것은 적의 피가 아니라 동료의 피였다. 리머릭
(Limerick)에서 머로 오브라이언이라는 유명한 반역자가 처형당할 때, 나는
그의 양모인 한 노파가 사지가 찢긴 채 죽어 있는 아들의 머리를 붙잡고 거기
서 흘러나오는 피를 남김없이 빨아먹으면서, 대지는 그 피를 마실 자격이 없
다고 말하는 것을 보았다. 노파는 그 피로 얼굴과 가슴을 적시고, 머리를 쥐
어뜯으며 비통하게 울면서 소름끼치는 비명을 질렀다."

땅에 피를 흘리지 않으려는 태도는 아마도 피 속에 영혼이 있다는 믿음에

서 비롯된 듯하다. 그런 믿음 때문에 피가 떨어진 땅은 필연적으로 터부가 되거나 신성한 것이 된다. 뉴질랜드에서는 대추장의 피가 우연히 한 방울이라도 떨어진 것은 모두 터부가 되거나 신성한 것이 되었다. 예를 들어 토인 한 무리가 새로 만든 좋은 카누를 타고 추장을 방문했는데 추장이 카누에 올라타다 발이 가시에 긁혀 카누에 핏방울이 떨어지면 카누는 즉시 신성한 것이 된다. 그러면 카누 주인은 카누에서 뛰어내려 추장이 사는 집 맞은편 기슭으로 카누를 끌고 가서 놓아둔다. 또, 한 추장이 선교사의 집에 들어가다가 문설주에 머리를 부딪혀 피를 흘렸다. 옛날 같으면 그 집은 추장의 것이 되었을 것이라고 토인들은 말했다. 보편적으로 적용되는 터부가 늘 그렇듯이, 부족 사람의 피를 땅에 흘리지 않아야 한다는 금기는 추장과 왕에게 특히 엄격하게 적용되며, 다른 사람들이 더 이상 지키지 않게 된 후에도 그들은 오랫동안 이 금기를 지켜야 했다.

많은 민족이 머리를 특별히 신성한 것으로 간주한다. 머리에 특별히 신성함을 부여하는 것은, 위해나 무례한 행동에 아주 민감한 영혼이 머리에 들어있다는 신앙으로 어느 정도 해명할 수 있다. 예컨대 요루바(Yoruba)족은 모든 사람에게 영적 동거인이 세 명 있다고 주장한다. '올로리(Olori)'라고 하는 첫 번째 동거인은 머릿속에 거주하며, 그 사람의 보호자이자 후견자 겸 인도자다. 이 영혼에게는 주로 가금류(家禽類)를 제물로 바치며, 그 피의 일부분을 야자기름에 섞어 앞이마에 바른다. 카렌족은 '초(tso)'라고 부르는 존재가 머리 윗부분에 거주한다고 상상한다. 그것이 제자리에 있는 동안에는 일곱 가지 '켈라(kelah)', 곧 의인화된 칠정(七情)의 작용으로 그 사람이 해를 입는 일이 일어나지 않는다. "그러나 '초'가 부주의해지거나 약해지면 그 사람에게 어떤 해악이 닥친다. 그래서 사람들은 머리를 조심스럽게 간수하며, '초'를 기쁘게 할 만한 옷이나 장식을 제공하기 위해 온갖 노력을 다 한다." 시암족은 '쿠안(khuan)' 또는 '쿤(kwun)'이라고 하는 정령이 사람의 머릿속에 거주하며, 사람의 머리를 수호하는 정령 역할을 한다고 생각한다. 이 정령은 갖가지 위해로부터 조심스럽게 보호받아야 한다. 그래서 면도를 하거나 머리를 깎는 행위에는 무수한 의식이 따른다. '쿤'은 명예에 매우 민감하며, 자기가 거주하는 머리에 낯선 사람의 손이 닿으면 심한 모욕을 느낀다. 캄보디아인들은 머리 건드리는 것을 중대한 모욕으로 여긴다. 어떤 이들은 머리 위에 뭐라도 걸려 있는 장소에는 들어가려고 하지 않는다. 또, 아무리 비천한 사람이라도 다른 사람이 살고 있는 방 밑에서는 결코 살려고 하지 않는다. 그래서 집은 단층으로만 짓는다. 심지어 정부 당국도 이런 편견을 존중하여, 집을 땅위에 높이 올려 지었더라도 그 집 마루 밑 창고에 죄수를 집어넣지 않는다. 똑같은 미신이 말레이인에게도 존재한다. 초기 여행자들의 보고에 따르면, 자바에서는 사람들이 "머리에 아무것도 쓰지 않으며, 어떤 것도 머리 위에 놓으면 안 된다고 말한다……. 만약 누가 자기들 머리 위에 손을 얹으면 그들은 그 사람을 죽일 것이다. 그들은 서로 머리 위를 걸어다니는 일이 없도록 하기 위해 집을 지을 때에도 여러 층으로 짓지 않는다."

아무도 통가 왕의 머리 위에 있거나 지나칠 수 없었다. 타히티에서는 왕이나 여왕의 머리 위로 올라서거나 지나가는 사람은 죽음을 당할 수도 있었다. 타히티의 갓난아기는 머리 위에서 몇 가지 일정한 의식을 치르기 전까지는 특별히 터부시되었다. 아기가 터부 상태에 있을 때 아기의 머리를 건드린 것은 모두 신성시하여, 아기의 집에 특별히 마련해 둔 성스러운 장소에 보관하였다. 나뭇가지가 아이의 머리를 건드리면 나무를 베어냈다. 그 나무가 쓰러지다가 다른 나무에 상처를 입혀 나무껍질이 벗겨지면, 그 나무도 부정하고 쓸모없는 것으로 여겨 베어냈다. 의식을 치르고 나서야 이 특별한 터부는 소멸한다. 그러나 타히티인은 머리를 항상 신성한 것으로 여겨 머리 위에 아무것도 얹지 않았고, 머리 건드리는 것을 가장 심한 모욕으로 생각했다. 마오리족 추장의 머리는 너무나 신성해서 "자기 손가락으로 그것을 건드리기만 해도, 곧바로 손가락을 코로 가져가서 머리와 접촉하여 묻은 신성함을 들이마셔 원래 있던 자리로 되돌려놓아야 했다." 자기 머리의 신성함 때문에 마오리족 추장은 "자기 입으로 불을 불 수 없었다. 왜냐하면 그의 입김은 신성하기 때문에 그 신성함이 불로 옮겨지면, 불이 붙었던 나무를 노예나 다른 부족 사람이 가져간다든지, 요리 같은 다른 목적에 불을 사용한다든지 하여 그의 죽음을 초래할 수 있기 때문이다."

머리가 매우 신성하여 그것을 건드리기만 해도 중대한 죄악이 된다고 할때, 머리를 깎는 일이 매우 미묘하면서도 어려운 작업이 될 수밖에 없음은 명백하다. 원시인이 보기에, 그 작업에 따르는 어려움과 위험은 두 가지다. 첫째, 머릿속의 영혼을 불안하게 할 위험이 있다는 점이다. 영혼은 작업과정에서 기분이 상해 자기를 괴롭히는 사람에게 보복을 할 수도 있다. 둘째, 잘라낸 머리카락을 처리하는 데 어려움이 있다는 점이다. 왜냐하면 미개인은 자신과 신체의 모든 부분 사이에 존재하는 공감적 연계가 신체와 연결이 끊어진 뒤에도 계속 존재한다고 믿어 머리카락이나 손톱 같은, 잘라낸 신체 부위에 어떤 위해가 가해지면 자신도 고통을 당할 것이라고 생각하기 때문이다. 따라서 그는 자기 몸에서 잘라낸 부위가 뜻하지 않은 위험에 노출되거나, 그것에 주술을 걸어서 자신을 해코지하거나 죽이려고 하는 사람의 손에 들어가지 않도록 조심해서 버린다. 그러한 위험은 모든 사람에게 해당하는 것이지만, 신성한 인물은 일반인보다 더욱더 경계해야 할 점이 많다. 그래서 그들이 취하는 예방조치도 상대적으로 훨씬 엄격하다. 재앙을 피하는 가장 간단한 길은 아예 머리를 깎지 않는 것이다. 위험이 보통 이상으로 크다고 판단될 때 이 방법을 채택한다.

프랑크족의 왕들은 머리 깎는 것이 전혀 허용되지 않았다. 그들은 어릴 때부터 머리를 한 번도 깎지 않고 길러야 했다. 어깨 위로 흘러내린 긴 머리카락을 잘라내는 것은 자신의 왕권을 포기하는 것이었다. 사악한 클로테르와 킬데베르트 형제가 죽은 형 클로도미르의 왕국을 탐냈을 때, 그들은 어린 조카들인 클로도미르의 두 아들을 자신들의 세력권 안으로 유인해 들였다. 그런 뒤에 그들은 가위와 칼집 없는 칼을 지닌 사자를 파리에 있는, 아이들의 할머니 클로틸드 여왕에게 보냈다. 사자는 가위와 칼을 클로틸드에게 내보이며 아이들의 머리를 자르고 살릴 것인지, 머리를 안 자르고 죽일 것인지 선택하도록 요구했다. 오만한 여왕은 손자들이 왕위에 오르지 못하고 머리 깎인 모습을 보느니 차라리 죽은 모습을 보겠다고 대답했다. 그래서 그들은 무자비한 숙부 클로테르의 손에 죽음을 당했다. 캐롤라인 군도에 있는 포나페(Ponape) 섬*의 왕은 머리를 길게 길러야 했고, 신하들도 마찬가지였다.

그러나 어쩔 수 없이 머리를 깎아야 할 때에는 그 작업에 반드시 수반되는,

---

*서태평양의 미크로네시아에 속하는 캐롤라인 군도 북동부 구석에 있다.

위험을 줄이는 조치를 취했다. 피지의 나모시(Namosi)족 추장은 머리를 깎아야 할 때에는 항상 예방조치 삼아 한 사람을 먹어치웠다. "그럴 때 희생자를 도맡아 제공하는 특정한 씨족이 있었는데, 그들은 자기들끼리 엄숙한 회의를 열어 희생자를 선발했다. 그것은 추장에게 닥칠 수도 있는 재앙을 피하기 위한 희생의식이었다." 마오리족은 머리를 깎을 때 여러 가지 주문을 외운다. 이를테면 머리 깎는 데 쓰는 흑요석 칼을 신성하게 기리는 주문, 또는 머리 깎는 것 때문에 일어난다고 믿던 천둥과 번개를 피하는 주문 따위다. "머리를 깎인 사람은 즉각 아투아(Atua, 정령)가 지핀다. 때문에 그는 자기 가족이나 부족과 접촉·교제할 수 없으며, 음식도 자기 손으로 먹을 수 없어 다른 사람이 그의 입에 떠넣어 주어야 한다. 또, 일정 기간 동안 일상적인 일을 재개하거나 동족들과 어울릴 수 없다." 머리를 깎아주는 사람도 터부시된다. 손으로 신성한 머리를 만졌기 때문에, 음식을 만지는 것은 물론이고 다른 어떤 일도 해서는 안 된다. 음식도 다른 사람이 신성한 불로 요리하여 먹여주어야 한다. 그는 이튿날 신성한 불로 요리한 감자나 고사리 뿌리로 자기 손을 문지르기 전에는 터부에서 벗어날 수 없다. 그리고 이 음식을 가족 중 모계의 최고 어른에게 보내서 먹게 한다. 그러면 그의 손은 터부에서 벗어난다. 뉴질랜드 일부 지방에서는 일 년 중 가장 신성한 날이 미리 정한 머리 깎는 날이었다. 그날이 되면 이웃 지방에서 수많은 군중이 모여들었다.

그러나 머리와 손톱을 안전하게 깎았다 하더라도, 그것들을 처리하는 일이 문제로 남는다. 그것들에 해가 미치면 그것들의 원래 주인도 고통을 겪을 수 있다고 믿기 때문이다. 잘라낸 머리카락이나 손톱, 또는 신체의 다른 부분들로 마법을 걸 수 있다는 생각은 거의 전세계적으로 퍼져 있다. 그것을 입증하는 증거는 너무나 방대하고 너무나 잘 알려져 있으며, 지루할 만큼 천편일률적이어서 여기에서 길게 열거할 필요는 없을 것이다. 그 미신의 근거를 이루는 일반 개념은, 한때 어떤 사람의 신체 일부였거나 어떤 식으로든 그와 긴밀한 관계가 있었던 모든 것과 그 사람 사이에는 공감적 연계가 지속적으로 존재한다는 것이다. 몇 가지 예만으로도 충분할 것이다. 그것들은 감염주술이라고 부를 수 있는 공감주술의 한 갈래에 속한다. 마법에 대한 두려움은 옛날 마키저스 섬 사람들의 가장 두드러진 특징이었다고 한다. 마법사는 자기가 해치고자 하는 사람의 머리카락이나 침 같은 신체 폐기물을 입수하여 나뭇잎으로 싼 뒤, 정교하게 매듭지은 실이나 섬유로 짠 바구니에 집어넣는다. 그러고는 일정한 의식과 더불어 그것들을 전부 땅에 파묻는다. 그렇게 하면 희생자는 쇠약증에 걸려 20일 동안 앓다가 기력이 고갈된다. 그러나 파묻어놓은 머리카락이나 침 따위를 찾아서 파내면 생명을 구할 수 있었다. 그렇게 하자마자 마법의 효력이 사라지기 때문이다. 마오리족의 한 마법사는 누군가에게 마법을 걸 생각으로 그 사람의 머리카락 다발이나 손톱 자른 것, 침, 옷조각 따위를 구하고자 했다. 그중 어떤 것이 손에 들어오자, 그는 가성(假聲)으로 거기에다가 주문과 저주를 외우고는 땅에 묻었다. 그 물건이 썩어 들어감에 따라 원래 주인도 말라 죽어갈 것이라고 그는 생각했다. 오스트레일리아 원주민은 자기 부인을 제거하고 싶으면, 부인이 잠잘 때 머리카락을 잘라 자신의 투창(投槍)에 묶은 다음 이웃 부족으로 가져가서 그것을 친구에게 준다. 그 친구는 밤마다 모닥불 앞에 투창을 꽂아놓는데, 그것이 쓰러지면 그 부인이 죽었다는 표시로 간주한다. 위라주리(Wirajuri)족의 한 사람은 마법이 작용하는 경로를 호위트(Howitt) 박사에게 이렇게 설명했다. "자, 보세요. 원주민 주술사가 어떤 사람의 물건을 입수해서 다른 물건들과 함께 불에 굽고 거기에다가 노래를 불러주면 불이 그 사람의 냄새를 맡게 되고, 그러면 그 불쌍한 친구는 끝장이 난답니다."

이따금 잘라낸 머리와 손톱을 비밀장소에 보관하기도 하는데, 그곳이 반드시 앞에서 언급한 신전이나 묘지, 나무 같은 곳일 필요는 없다. 예컨대 슈바벤(Schwaben)*에서는 잘라낸 머리를 해나 달이 비치지 않는 곳, 이를테면 땅속이나 바위 밑 같은 곳에 묻는다. 단치히에서는 그것을 주머니에 담아 문지방 밑에 묻는다.

때로는 잘라낸 머리와 손톱을 보존하는 것이 마법사의 손에 들어가는 것을 막기 위해서가 아니라, 일부 종족이 믿듯이 육체가 부활할 때 원주인이 그것

---

* 영어로는 스와비아(Swabia)라고 한다. 독일 남서부의 지방으로 1세기경에 이 지방에 살던 수에비족의 이름을 따서 슈바벤이라고 부르지만, 이 명칭이 일반화한 것은 11세기 이후다.

을 지닐 수 있도록 하기 위해서인 경우도 있다. 예컨대 페루의 잉카족은 "잘라낸 손톱이나 빗질하다 빠진 머리카락을 벽에 난 구멍이나 우묵한 곳에 넣어 지극히 조심스럽게 보관한다. 만약 그것들이 바닥에 떨어지면, 누구든 그것을 발견한 사람이 도로 주워서 제자리에 다시 넣어둔다. 나는 종종 여러 인디언을 상대로, 그들이 각기 어떻게 말하는지 알아보기 위해 각각 다른 시간에 왜 그런 일을 하는지 물어보았다. 대답은 언제나 이구동성으로 똑같았다. '이 세상에 태어난 사람은 모두 생명으로 되돌아가야 한다(그들의 언어에는 부활을 표현하는 단어가 없다). 영혼은 자기 육신에 속한 것을 모두 가지고 무덤에서 일어나야 한다. 따라서 우리는 커다란 소동과 혼란이 예상되는 때에 머리카락과 손톱을 찾느라고 부산을 떨지 않도록 그것들을 한 장소에 놓아두어 좀더 간편하게 모을 수 있게 하려는 것이다. 그래서 우리는 침도 한 장소에 뱉으려고 애쓴다.'" 이와 비슷하게, 터키인은 손톱 자른 것을 결코 버리는 일이 없다. 부활할 때에 그것이 필요하다는 믿음에 따라 벽이나 마루 틈새에 조심스럽게 넣어둔다. 아르메니아인들은 잘라낸 머리와 손톱, 뽑아낸 이빨을 버리지 않고 교회당 벽의 틈새나 집의 기둥, 텅 빈 나무같이 신성하게 여기는 장소에 숨겨놓는다. 그들은 그와 같이 자신들에게서 떨어져나간 것들이 모두 부활할 때 필요하다고 생각한다. 미리 안전한 장소에 그것들을 보관해 두지 않은 사람은, 저 위대한 날에 그것들을 찾아 돌아다녀야 하는 신세가 된다는 것이다. 아일랜드의 드럼콘라드 마을에는 전능하신 하느님이 머리카락 숫자까지 모두 센다는 것을 성서에서 확인하고, 심판의 날에 그 셈을 치르려고 고대하는 할머니들이 늘 있었다. 그러기 위해서 그들은 잘라낸 머리카락을 초가집 이엉 속에 꾹꾹 눌러 보관했다.

앞서 살펴본 대로 로마의 플라멘 디알리스가 지켜야 했던 수많은 터부 중에는 매듭 있는 옷을 입지 못하게 하는 터부와 깨진 반지 이외에는 끼지 못한다는 터부가 있었다. 이와 비슷하게, 메카를 향해 떠나는 회교 순례자들도 신성함 또는 터부 상태에 놓인 것으로 여겨, 매듭이나 반지를 몸에 지닐 수 없었다. 이러한 규칙들은 아마도 유사한 의미를 지닌 것으로 보이므로 함께 고찰하는 것이 편리할 것이다. 매듭부터 살펴보면, 세계 각지의 많은 사람이 출산과 결혼, 죽음 같은 중요한 시기에는 몸에 매듭을 걸치는 것에 강한 반감을 느낀다. 예컨대 트란실바니아의 색슨족은 여자가 출산할 때 산모가 입는 옷의 매듭을 모두 풀어놓는다. 이렇게 하면 수월하게 아기를 낳을 수 있다는 것이다. 똑같은 취지에서 문이든 상자든 집 안에 있는 자물쇠도 모두 열어놓는다. 라프(Lapp)족은 해산 중인 여자가 매듭이 있는 옷을 입어서는 안 된다고 생각한다. 매듭이 해산을 어렵고 고통스럽게 만든다고 여기기 때문이다. 동인도제도에서는 이러한 미신을 임신기간 전반에 확대 적용한다. 임신한 여자가 매듭이나 노끈을 묶거나 어떤 것을 단단하게 조이면, 아기가 그로 인해 압박당하거나 산모 자신이 해산일에 '꽉 묶이게' 된다고 사람들은 믿는다. 아니, 그들 중 일부는 태어나지 않은 아기의 어머니뿐 아니라 아버지에게도 그 규칙을 지킬 것을 요구한다. 보르네오의 한 종족인 바다 다야크족은 임신기간에는 부모 중 어느쪽도 어떤 것을 끈으로 묶거나 단단하게 조이지 않는다. 북부 셀레베스의 툼불루(Toumbuluh)족은 여자가 임신한 지 4개월이나 5개월째 되는 달에 의식을 거행하며, 그후에 남편은 다른 많은 금기와 더불어 단단한 매듭을 묶거나 다리를 꼬고 앉는 것이 금지된다.

이 모든 사례에 공통된 생각은, 동인도제도에서 말하듯, 매듭을 묶는 행위가 여자를 '묶이게' 만든다는 것이다. 다시 말해서 출산을 방해하거나 가로막고, 산후 회복을 지체시킨다는 것이다. 동종주술 또는 모방주술의 원리에 따르면, 끈으로 묶은 매듭이라는 물리적 장애물은 여자의 몸에 그에 상응하는 장애물을 만들어낼 것이다. 이러한 해명이 사실이라는 것은, 난산이 닥쳤을 때 서아프리카의 호(Ho)족*이 지키는 관습에서 나타난다. 산모가 난산으로 출산할 수 없게 되면, 그들은 주술사를 불러 도움을 청한다. 주술사는 산모를 살펴보고는 이렇게 말한다. "아이가 태중에 묶여 있어서 산모가 아이를 낳지 못한다." 그러면 산모의 여자 친족들이 주술사에게 애원을 하고, 주술사는 묶인 것을 풀고 순산할 수 있게 해주겠다고 약속한다. 주술사는 이를 위해 숲에서 질긴 덩굴을 가져오게 하여, 그것으로 고통받는 산모의 손발을 등뒤로 묶는다. 그리고 나서 주술사는 칼을 꺼내 들고 산모의 이름을 큰소리로

---

* 실제로는 당시의 황금해안, 곧 오늘날의 가나. 호족은 그 지방 동쪽의 볼타 강 동부에 살며, 에웨족의 한 갈래라고 할 수 있다.

부르는데, 산모가 대답하면 칼로 덩굴을 자르며 말한다. "나는 오늘 그대의 매듭과 그대 아이의 매듭을 자르노라." 그런 다음 주술사는 덩굴을 다시 잘 게 썰어 물그릇에 담고, 그 물로 산모를 목욕시킨다. 여기서 산모의 손발을 묶은 덩굴을 자르는 것은 동종주술 또는 모방주술의 간단한 실례다. 주술사 는 산모의 손발을 결박한 뒤 풀어줌으로써, 동시에 태아의 출산을 방해하는 속박에서 태아를 풀어줄 수 있다고 생각하는 것이다.

똑같은 사고의 흐름이, 집에서 출산할 때 자물쇠와 문 따위를 모두 열어놓 는 관습의 배경에도 자리잡고 있다. 트란실바니아의 게르만족은 출산할 때 자물쇠를 모두 열어놓으며, 포이그틀란트(Voigtland)와 메클렌부르크에서도 똑같이 한다. 아르질셔(Argyllshire) 서북부 지방에서도 미신을 믿는 사람들이 출산할 때 집 안의 자물쇠를 모두 열어놓곤 한다. 뭄바이 부근 살세테 (Salsette) 섬에서는 산모가 난산을 겪을 때, 해산을 촉진하기 위해 문이나 서 랍의 자물쇠를 모두 열쇠로 열어놓는다. 수마트라의 만델링(Mandeling)족은 장롱 문과 상자, 냄비 따위의 뚜껑을 모두 열어놓는다. 이렇게 해도 바라는 결과가 나오지 않으면, 안달이 난 남편은 지붕의 서까래를 헐겁게 만들기 위 해 서까래 모서리를 몇 군데 두들긴다. '해산을 돕자면 모든 것이 열리고 헐 거워져야 한다'고 생각하는 것이다. 치타공(Chittagong)에서는 산모가 난산을 겪으면 산파가 나와서 문과 창문을 모두 활짝 열고, 병마개를 모두 따고, 통 의 뚜껑을 모두 열고, 외양간의 마소와 개집의 개를 비롯하여 양·닭·오리 따위를 전부 풀어주라고 명을 내린다. 그 부족에 따르면, 짐승들과 심지어 생 명 없는 물체에까지 보편적 자유를 내리는 것은 산모의 해산을 보장하고 아 기를 탄생시키는 틀림없는 수단이라는 것이다. 사할린 섬에서는 부인이 임 신 중인 남편은 풀어놓을 수 있는 것이면 무엇이든 전부 풀어놓는다. 먼저 땋 은 머리와 신발끈을 풀고, 이어서 집 안과 집 주변에서 묶여 있는 것을 전부 푼다. 마당에서는 장작에 박혀 있는 도끼를 빼낸다. 배가 나무에 묶여 있으면 그것을 풀어놓고, 총에서 탄창을 빼내며, 석궁에서 화살을 빼놓는다.

툼불루족의 남자는 매듭을 매는 것뿐만 아니라, 부인의 임신기간에 다리를 꼬고 앉는 것도 금지당한다. 두 가지 모두 사고의 흐름은 동일하다. 동종주술 의 원리에 따르면, 매듭을 묶기 위해 실을 꼬든 편하게 앉으려고 다리를 꼬든 간에 똑같이 사물의 자유로운 흐름을 꼬거나 방해하는 것이며, 그 행동은 주변에서 진행 중인 모든 일을 저해할 수밖에 없는 것이다. 이렇듯 중요한 진리를 로마인들은 잘 알고 있었다. 플리니우스는 임산부나 치료 중인 환자 옆에 양손을 깍지 끼고 앉는 것은 그 사람에게 악의적인 주문을 가하는 것이라고 엄숙하게 말한다. 깍지 낀 손으로 다리를 싸안거나 다리를 포개는 것은 더욱 나쁜 일이다. 고대 로마인들은 그런 자세를 모든 종류의 사업을 저해하는 방해물로 여겼기 때문에, 아무도 작전회의나 집정관회의, 기도와 제사 같은 자리에서 다리를 꼬거나 손을 깍지 끼고 있을 수 없었다. 알크메네의 이야기는 그런 행동을 할 때 어떤 무서운 결과가 따르는지 잘 보여준다. 그녀는 헤라클레스를 낳기 위해 7일 밤낮으로 진통을 겪었는데, 이는 루키나(Lucina) 여신이 양손을 깍지 끼고 다리를 꼰 자세로 그 집 앞에 앉아 있었기 때문이다. 여신을 속여서 자세를 바꾸게 할 때까지 아기는 태어날 수 없었다. 불가리아의 미신에 따르면, 임산부가 다리를 꼬고 앉는 습관이 있으면 출산할 때 심한 고통을 겪는다고 한다. 바이에른의 몇몇 지방에서는 대화가 끊기고 침묵이 이어질 때 흔히 "누가 다리를 꼰 것이 틀림없다"고 말한다.

　인간의 행동을 속박하고 방해하는 매듭의 주술적 효과는 출산 때 못지않게 결혼 때에도 나타난다고 믿어졌다. 중세시대부터 18세기에 이르기까지, 유럽에서는 일반적으로 결혼식을 진행할 때 누군가가 자물쇠를 잠그거나 끈으로 매듭을 묶어 물 속에 내다버리면 결혼의 완성을 방해할 수 있다고 생각한 듯하다. 그것을 찾아서 열거나 풀기 전에는 결혼한 남녀의 참다운 결합은 불가능했다. 그렇기 때문에 그런 주문을 거는 것뿐만 아니라, 자물쇠든 매듭진 끈이든 주문의 도구를 훔치거나 빼가는 것까지도 중대한 범죄로 간주하였다. 1718년에 보르도 의회는 매듭진 끈으로 가족에게 고통을 안겨준 죄로 어떤 사람에게 산 채로 불태워 죽이는 형벌을 선고했다. 1705년 스코틀랜드에서는 어떤 여자가 만든, 마법 걸린 매듭을 훔쳐 아신틸리 가문의 스팔딩이라는 사람의 행복한 결혼을 망치려 했다는 죄로 두 사람이 사형을 선고받았다. 이러한 마법의 효능에 대한 믿음이 퍼스셔(Perthshire) 고원지방에서는 18세기 말까지 남아 있었던 것 같다. 그 당시 투멜 강과 테이 강 사이에 있는, 아름다운 로지어레이트 교구에서는 결혼식을 치르기 전에 신랑 신부의 옷에 있는 매듭을 모두 꼼꼼하게 풀어놓는 관습이 여전히 남아 있었다. 오늘날 시리아에서 우리는 똑같은 미신, 똑같은 관습과 마주친다. 시리아에서는 신랑의 예복 입는 것을 도와주는 사람이 신랑 옷에 매듭이 묶여 있거나 단추가 채워져 있지 않은지 살펴본다. 단추가 채워지거나 매듭이 묶여 있으면, 신랑의 적들이 마법적 수단으로 신랑의 혼례권을 박탈할 수 있다고 믿기 때문이다. 그러한 마법에 대한 두려움은 오늘날까지도 북아프리카 전역에 퍼져 있다. 그들은 신랑이 신부를 데려오기 위해 말에 올라탔을 때, 은밀하게 신랑의 몸 속에 넣어두었던 손수건으로 매듭을 묶기만 하면 신랑을 불구로 만들 수 있다고 믿는다. 손수건의 매듭이 묶여 있는 한 신랑은 계속 무능력한 상태에 머물러, 결혼을 완성시킬 수 없게 된다는 것이다.

매듭의 해로운 효능은 질병이나 온갖 종류의 재앙을 가하는 데도 이용할 수 있다. 예컨대 서아프리카 호족의 마법사는 적을 저주할 때 풀잎 줄기로 매듭을 묶어놓고 이렇게 말한다. "나는 아무개를 이 매듭에 묶어놓았다. 모든 사악한 빛이 그에게 떨어지게 하라! 그가 들에 나갈 때 뱀이 그를 물게 하라! 사냥을 할 때 먹이를 찾는 맹수가 그를 덮치게 하라! 강에 들어갈 때 물이 그를 쓸어버리게 하라! 비가 올 때 벼락이 그를 때리게 하라! 악몽의 밤이 그에게 닥치게 하라!" 마법사는 그 매듭 속에 적의 생명을 묶어놓았다고 믿는다. 코란을 보면 '매듭에 입김을 불어넣는 자'의 재앙에 관한 언급이 나온다. 한 아랍인 주석가는 그 말이 끈으로 매듭을 묶어 입김을 불거나 침을 뱉음으로써 주술을 행하는 여자들을 가리키는 것이라고 설명한다. 나아가서 그는 옛날에 한 사악한 유대인이 노끈으로 아홉 개의 매듭을 묶어 우물에 숨겨둠으로써 예언자 마호메트에게 주술을 건 이야기를 들려준다. 그 때문에 예언자가 병에 걸렸는데, 다행히도 대천사 가브리엘이 매듭 묶은 노끈을 숨긴 장소를 알려주기 전에는 아무도 어떤 일이 일어났는지 모르고 있었다고 한다. 신뢰받는 제자 알리가 곧장 그리로 가서 그 해로운 물건을 우물에서 꺼내오자, 예언자는 그것에 대고 그럴 때를 위해 특별히 계시받은 주문을 외웠다. 주문을 한 절씩 외울 때마다 매듭이 저절로 풀리고, 예언자는 병이 낫는 것을 느꼈다고 한다.

매듭에는 죽이는 역할도 있지만 치료하는 효능도 있다. 이는 병을 유발하는 매듭을 풀면 환자가 낫는다는 믿음에서 연유하는 것이다. 그러나 유해한 매듭의 부정적인 능력과는 별도로 긍정적인 치료능력을 지닌 것으로 알려진 유익한 매듭도 있다. 플리니우스에 따르면, 어떤 부족은 거미줄로 매듭을 일곱 개에서 아홉 개 만들어 환자의 사타구니에 묶음으로써 사타구니의 병을 치료했다고 한다. 그런데 그러한 치료방법이 효험을 지니자면 매듭을 하나씩 묶을 때마다 과부의 이름을 불러야 했다. 오도노번(O'Donovan)은 투르코만(Turcoman)족이 사용하는 열병 치료법에 관해 이야기하고 있다. 마법사가 낙타털을 가져와서 주문을 웅얼거리며 단단하게 실을 꼰다. 그는 그 실로 매듭을 일곱 개 묶는데, 각 매듭마다 단단하게 조이기 전에 입김을 불어넣는다. 그런 다음 이 매듭실을 팔찌처럼 환자의 손목에 감는다. 날마다 매듭을 하나씩 풀고 입김 불기를 반복하여 일곱번째 매듭까지 다 풀고 나면, 실을 전부 공처럼 둘둘 말아 강에 던진다. 그러면 그것이 열병을 가져간다(고 그들은 상상한다).

또, 여자 마법사가 애인을 구해서 자신에게 단단히 붙들어두는 데 매듭을 이용할 수도 있다. 예컨대 베르길리우스의 작품에 나오는 상사병 걸린 처녀는 다프니스(Daphnis)를 마을에서 자기 쪽으로 끌어오기 위해 주문을 외우고, 각기 색깔이 다른 세 개의 끈으로 세 개의 매듭을 묶는다. 마찬가지로 아랍 처녀들은 어떤 남자에게 마음을 빼앗기면, 그의 사랑을 얻고 그를 붙들기 위해 그의 채찍에 매듭을 묶어놓았다. 반대로, 그녀를 질투하는 연적은 그 매듭을 풀어놓았다. 똑같은 원리로, 마법의 매듭은 도망자를 가로막는 데 이용할 수도 있다. 스와질랜드에서는 길가에 풀로 매듭을 지어놓은 것을 종종 볼 수 있다. 이 매듭 하나하나에는 가정의 비극이 담겨 있다. 부인이 남편에게서 달아나면 남편과 그 친구들이 추적에 나서서 이런 식으로 길을 묶어놓는데(사람들 표현을 빌리면), 이는 도망자가 옆길로 빠져서 달아나는 것을 막으려는 것이다. 러시아에서는 숱하게 많은 매듭이 달린 그물을 마법사들에 대적하는 효과적인 수단으로 간주하였다. 그래서 몇몇 지방에서는 신부가 혼례복을 입을 때 아무 탈이 없도록 고기잡이 그물을 그 위에 씌운다. 비슷한 취지에서, 신랑과 들러리들도 때때로 그물 조각을 허리에 두르거나, 최소한 단단하게 조인 허리띠를 착용한다. 이렇게 하면 마법사가 그들에게 해를 입히고자 해도, 먼저 그물의 매듭을 모두 풀거나 허리띠를 벗겨내야만 하기 때문이다. 그러나 러시아인이 흔히 쓰는 부적은 단순히 매듭을 지은 실에 지나지 않는다. 빨간 털실 한 타래를 팔과 다리에 감으면 오한과 열을 쫓아주는 효능이 있으며, 털실 아홉 타래를 어린아이의 목 주위에 감아놓으면 성홍열을 예방해 준다고 한다. 트베르(Tver) 국(國)에서는 늑대를 쫓기 위해, 무리 맨 앞에서 가는 소의 목에 특수한 종류의 자루를 매어둔다. 그 자루는 굶주린 짐승의 밥통을 가두어놓는 효험이 있다고 한다. 똑같은 원리에 의거하여 봄에 말들을 들판으로 몰고 가기 전에 한 사람이 맹꽁이자물쇠를 들고 말 떼 주위를 세 차례 돌며 자물쇠를 잠갔다 열었다 하면서 이렇게 말한다. "나는 이 강철 자물쇠로 우리 말들을 노리는 회색 늑대들의 아가리를 잠그노라."

매듭과 자물쇠는 마법사와 늑대만이 아니라 죽음 그 자체를 막는 수단으로도 쓸 수 있다. 1572년에 세인트 앤드루스(St Andrews)에서 한 여자를 마녀로 몰아 산 채로 화형시키려던, 사람들이 그 여자가 매듭진 끈들이 달린, 목도리 같은 흰 천을 걸치고 있는 것을 발견했다. 사람들은 여자의 완강한 저항을 무릅쓰고 그것을 빼앗았다. 여자는 매듭진 끈이 달린 그 천만 두르고 있으면 불속에서도 죽지 않는다고 생각하는 듯했다. 그것을 빼앗기자 여자는 이렇게 말했다. "이제 나는 가망이 없다." 잉글랜드 여러 지방에서는 집 안에 자물쇠를 채워놓거나 빗장을 잠가놓으면 사람이 죽을 수가 없다고 생각한다. 그래서 환자의 죽음이 임박했을 때에는 그의 고통이 지나치게 길어지지 않도록 자물쇠와 빗장을 모두 열어놓는 것이 풍습이다. 예를 들면, 1863년에 톤턴(Tounton)에서 한 아이가 성홍열에 걸려 살아날 가망이 없어 보였다. 그러자 "주부들이 대책회의 같은 것을 소집하여 아이가 '고생스럽게 죽는 것'을 막기 위해 집 안의 문과 서랍, 상자와 찬장 따위를 모두 활짝 열고 열쇠를 빼놓는 한편, 아이가 확실하고 편안하게 영원의 나라로 옮겨갈 수 있도록 아이의 몸을 들보 밑에 놓아두었다." 하지만 묘하게도 아이는 톤턴의 영국 주부들이 지혜와 경험을 모아 친절하게 마련해 준, 죽음으로 인도하는 편의시설들을 사양하고, 영혼을 버리는 것보다는 사는 쪽을 택했다고 한다.

어떤 주술의식이나 종교의식에서 머리를 풀고 맨발 차림을 하도록 하는 규칙은, 아마도 행위자의 머리나 발에 어떤 매듭이나 제약이 존재함으로써 진행 중인 어떤 행동이 방해받는 것을 두려워하는, 앞에서 언급한 관념과 같은 것에 근거를 둔 것으로 보인다. 어떤 사람들은 신체활동은 물론 영적 활동까지 방해하는, 그와 비슷한 효능이 반지에 있다고 생각한다. 예컨대 카르파토스 섬 사람들은 죽은 사람에게 입히는 수의에 단추를 채우지 않으며, 죽은 사람이 끼고 있는 가락지를 모두 빼낸다. "영혼이 작은 손가락 안에 갇혀서 안식하지 못할 수도 있다고 생각하는 것이다." 이 경우 명백한 것은, 사람이 죽을 때 영혼이 손가락 끝에서 빠져나온다고 생각하는 것은 아니더라도 불멸의 영혼이 진흙의 집(육체)에서 벗어나고자 노력할 때 반지가 그것을 억류하고 감금해 놓는 구속력을 지닌다고 여긴다는 점이다. 간단히 말해서, 반지는 매듭과 마찬가지로 영적인 족쇄 구실을 하는 것이다. 사람들에게 반지를 끼지 말라고 한, 피타고라스가 말했다는 고대 그리스 격언은 그런 근거에서 연유한 것일 수 있다. 고대 아르카디아(Arcadia)의 리코수라(Lycosura) 성소에는 손가락에 반지를 낀 사람은 들어가지 못했다. 파우누스(Faunus)의 신탁을 듣는 사람은 순결해야 하고, 육식을 하지 않으며, 반지를 끼지 않아야 했다.

다른 한편, 영혼의 진출을 가로막는 구속력은 악령의 진입을 막는 힘이 될 수도 있다. 그래서 알다시피 반지를 마귀, 마녀, 유령 따위를 물리치는 부적으로 쓰기도 한다. 티롤(Tyrol) 사람들은 여자가 출산할 때 결혼반지를 빼놓으면 정령과 마녀의 지배를 받기 때문에, 절대로 그래서는 안 된다고 말한다. 라프족의 경우, 관에 시체를 안치하려는 사람은 고인의 남편이나 아내, 자녀들로부터 구리반지를 얻어서 시체를 무덤에 안전하게 매장할 때까지 오른팔에 단단히 매고 있어야 한다. 이 반지가 죽은 자의 유령이 그에게 어떤 해코지를 하더라도 막아주는 부적 구실을 한다고 믿기 때문이다. 손가락에 반지를 끼는 풍습이 영혼을 몸 안에 머물게 하거나 귀신을 막아주는 부적으로서 반지가 지니는 효능에 대한 믿음에 어느만큼이나 영향을 받았는지, 또는 어느만큼이나 그 믿음에서 연유했는지는 따로 고찰해 볼 만한 가치가 있는 문제일 것이다. 여기에서 우리가 그 믿음에 관심을 기울이는 것은, 단지 플라멘 디알리스로 하여금 깨진 반지 이외에는 착용하지 못하게 금지하는 규칙을 해명하는 데 그것이 일정한 단서를 제공하기 때문이다. 의복의 매듭을 금하는 규칙과 결부해서 살펴볼 때, 그러한 규칙은 반지와 매듭 같은 육체적 · 정신적 속박으로 인해 그의 내면에 존재하는 강력한 영혼이 출입을 방해받고 제약당하는 데 대한 두려움을 나타내는 것이다.

<h1 style="text-align:center">4</h1>

말과 사물을 명확히 구별할 능력이 없는 미개인은 흔히 어떤 명칭과 그것이 가리키는 사람이나 사물이 임의적이고 관념적인 연관이 아니라 현실적이고 실체적인 관계를 맺고 있다고 생각한다. 곧 머리카락이나 손톱, 그밖의 신체 일부분과 마찬가지로 이름을 통해서도 쉽게 어떤 사람에게 주술을 걸 수 있다고 상상한다. 실제로 원시인은 자기 이름을 자기 자신의 사활이 달린 일부분으로 간주하여 응당한 배려를 한다. 예컨대 북아메리카 인디언은 "자기 이름을 단순히 표시로 보지 않고 눈이나 이빨처럼 자기 몸의 뚜렷한 일부분으로 간주하며, 자기 이름을 악의적으로 취급하는 것은 자기 신체기관에 상처를 입히는 것과 마찬가지로 확실한 피해를 초래한다고 믿는다. 대서양에서 태평양에 이르기까지 다양한 부족에게서 나타나는 이런 믿음은 이름을 숨기고 바꾸는 것과 관련하여 기묘한 규칙을 숱하게 만들어냈다." 일부 에스키모들은 나이를 먹으면 새 이름을 짓는데, 이는 그렇게 함으로써 수명이 늘기를 바라는 것이다. 셀레베스의 톨람푸(Tolampoo)족은 어떤 사람의 이름을 적어놓으면, 그것으로 그의 영혼을 가져올 수 있다고 믿는다. 오늘날에도 수많은 미개인 부족이 자기 이름을 자기 자신의 사활이 달린 일부분으로 간주하며, 따라서 자신의 진짜 이름이 악인에게 알려져 피해를 입는 일이 생기지 않도록 본명을 숨기기 위해 무척 애를 쓴다.

예컨대 오스트레일리아 원주민이 흔히 이름을 일반에게 공개하지 않고 숨기는 것은, "적에게 이름이 알려지면 적이 그 이름을 가지고 주술을 부려 해를 끼칠 수 있다는 믿음에 상당 부분 기인한다"고 한다. 중앙 오스트레일리아 부족들은 남녀노소를 막론하고 일상적으로 쓰는 개인 이름 이외에 신성한 비밀 이름을 지니고 있다. 이 비밀 이름은 출생 직후에 원로들이 부여하는 것으로서, 그 집단의 완전한 성원 이외에는 아무도 알지 못한다. 이 비밀 이름은 가장 엄숙한 행사를 치를 때 외에는 전혀 언급하지 않으며, 다른 집단 사람이 듣는 데서 그 이름을 말하는 것은 그 사회에서는 가장 사악한 신성모독에 해당하는, 부족의 관습을 깨뜨리는 가장 심각한 범죄행위다. 또, 그 이름을 말할 때라도 속삭이는 소리로만 말해야 하며, 그것도 집단의 구성원 이외에는 아무도 듣지 못하도록 치밀한 예방조치를 취한 뒤에라야 말할 수 있다. "이방인이 그 비밀 이름을 알게 되면 주술로 그 이름의 주인에게 해를 미칠 수 있는 특별한 능력을 지니게 된다고 토인들은 생각하는 것이다."

비교적 높은 문명 수준과 가장 저급한 야만의 잔재가 기묘하게 뒤섞여 있던 고대 이집트인들 사이에서도 똑같은 두려움이 똑같은 종류의 관습을 낳은 것 같다. 이집트인은 모두 진짜 이름과 좋은 이름, 또는 큰 이름과 작은 이름이라고 하는 두 가지 이름을 가지고 있었다. 좋은 이름 또는 작은 이름은 공개했으나, 진짜 이름 또는 큰 이름은 주의 깊게 은폐한 것으로 보인다. 브라만의 아이도 이름이 둘인데, 하나는 일상적으로 쓰는 것이고, 다른 하나는 부모 이외에는 알리지 않는 비밀 이름이다. 비밀 이름은 결혼식 같은 의식에서만 사용한다. 이 관습은 당사자를 주술로부터 보호하기 위한 것이다. 주술은 진짜 이름과 결합할 때에만 효력을 발휘하기 때문이다. 이와 비슷하게, 니아스 섬의 토인들은 악마가 어떤 사람의 이름을 들으면 그 사람에게 해가 미칠 수 있다고 믿는다. 그래서 특히 악령의 공격을 받기 쉬운 갓난아이의 이름은 절대로 말하는 법이 없다. 또, 어두운 숲 속이나 강둑, 물거품이 솟는 샘가와 같이 귀신이 잘 나오는 장소에서도 종종 같은 이유로 서로 이름 부르는 것을 삼간다.

칠로에(Chiloe) 섬의* 인디언들은 자신들의 이름을 숨기며, 큰소리로 이름 부르는 것을 좋아하지 않는다. 그것은 본토와 인접한 섬에 사는 요정이나 꼬마 도깨비가 사람의 이름을 알면, 그 사람에게 해를 끼친다고 생각하기 때문이다. 그러나 사람들의 이름을 알지 못하면 이 해로운 요정들도 힘을 쓰지 못한다. 아라우칸(Araucan)족**은 낯선 사람에게 자기 이름을 이야기하지 않는

＊칠레 남부 로스라고스 주에 있는 섬.
＊＊아라우칸족은 콜럼버스 시대 이전의 칠레 부족이다.

다. 그렇게 하면 낯선 사람이 자신들에 대해 어떤 초자연적인 힘을 갖게 될까 봐 두려워하기 때문이다. 그 미신을 잘 모르는 이방인이 이름을 물으면, 아라우칸족 사람은 이렇게 대답할 것이다. "나는 이름이 없소." 오지브와 인디언에게 이름을 물으면, 그는 옆사람을 쳐다보며 그 사람더러 대답하라고 할 것이다. "이처럼 이름 밝히기를 꺼리는 태도는 어렸을 때 형성된 생각에서 연유한다. 그것은 자기 입으로 이름을 반복해서 말하면, 그 때문에 성장이 정체되어 키가 크지 않는다는 생각이다. 자기 이름을 말하기 꺼리는 이러한 태도 때문에 많은 외지인이 그들이 이름이 없거나 이름을 까먹은 모양이라고 생각했다."

이 마지막 사례에서는 자기 이름을 이방인에게 알리는 데는 아무런 망설임이 없는 것 같다. 또, 이름을 누설한 결과로 어떤 악영향이 생길까 우려하는 기색도 없어 보인다. 단지 이름의 주인이 직접 그 이름을 말할 때에만 피해가 미치는 것이다. 그것은 왜일까? 왜 자기 입으로 자기 이름을 말하면 성장을 방해받는다고 생각하는 것일까? 추측컨대 그와 같이 행동하고 생각하는 미개인들의 경우, 한 사람의 이름은 그 사람 자신의 입으로 말할 때에만 자기 자신의 일부분이 되며, 다른 사람의 입으로 말하면 그 자신과는 아무런 사활적 연관이 없기 때문에 그로 인해 어떤 해도 미칠 수 없다고 여기는 것 같다. 그러므로 원시인 철학자들은 아마도 이렇게 논증했을 것이다. 곧, 어떤 사람이 자기 입으로 자기 이름을 말할 때에 그는 살아 있는 자기 자신의 일부분을 떼내는 것이며, 따라서 그와 같이 무모한 행동을 계속한다면 결국 기력이 고갈되고 신체가 손상될 게 틀림없다고. 이 단순한 도학자들은 외경심에 사로잡힌 제자들을 앞에 놓고, 방탕한 생활로 몸이 쇠약해진 숱한 사람과 병으로 건강을 해친 숱한 허약체질이, 자기 이름을 말하는 매혹적인 습관에 무절제하게 빠져드는 방탕아들이 조만간에 겪게 될 운명의 끔찍스러운 사례라고 떠벌였을지도 모른다.

어떻게 설명하든지 간에, 분명한 사실은 많은 미개인이 자기 자신의 이름을 말하는 것에 강한 거부감을 보인다는 것이며, 반면에 다른 사람이 그 이름을 말하는 것에는 전혀 반감이 없을뿐더러, 오히려 궁금해하는 이방인의 호기심을 채워주기 위해 다른 사람들에게 자기 이름을 말하도록 권유하기도 한다는 것이다. 그래서 마다가스카르 일부 지방에서는 자기 이름을 직접 말하는 것은 터부시하지만, 노예나 시종이 그 대신 답변하는 것은 허용한다. 우리에게는 기묘한 불일치로 느껴지는, 똑같은 관습이 몇몇 아메리카 인디언 부족에게서도 나타나는 것으로 기록되어 있다. 이를테면 우리는 이런 이야기를 듣는다. "아메리카 인디언의 이름은 신성하기 때문에 그 소유자는 충분한 고려 없이 이름을 누설해서는 안 된다. 어떤 부족의 전사에게든 이름이 뭐냐고 물을 수는 있지만, 돌아오는 대답은 퉁명스러운 거절이거나, 아니면 대체 무엇을 원하는지 이해할 수 없다는 식의 외교적 회피일 것이다. 그때 한 친구가 다가오면 처음에 질문받은 전사가 속삭이는 소리로 용건을 말하고, 그러면 그 친구가 이름을 말해주고 상대방에게서 친절의 보답을 받을 수도 있다." 이러한 일반적 진술은 브리티시 컬럼비아의 인디언 부족에게도 해당된다. 다음은 그들에 관한 기록이다. "모든 부족에게 똑같이 유포되어 있는 것으로 보이는, 기묘하기 짝이 없는 편견 가운데 하나는 이름 말하기를 싫어하는 것이다. 그래서 어떤 사람의 이름을 본인에게서는 결코 알아낼 수 없다. 그러나 그들은 다른 사람의 이름은 서슴없이 이야기한다." 동인도제도 전역에서도 동일한 에티켓이 존재한다. 일반적으로 사람들은 아무도 자기 이름을 말하려 하지 않는다. "이름이 뭡니까?"라고 묻는 것은 토착민 사회에서는 아주 무례한 질문이다. 행정이나 사법상의 일을 처리하는 과정에서 이름을 질문받으면 토착민은 자기 동료를 쳐다보며 자기 대신 대답해 달라는 암시를 보내거나, 아니면 직설적으로 "저 사람한테 물어보라"고 말한다. 이러한 미신은 동인도제도 전역에서 예외 없이 통용되며, 북부 뉴기니 핀시(Finsch) 항(港)의 파푸아(Papua)족, 모투(Motu)족과 모투모투(Motumotu)족, 네덜란드령 뉴기니의 누푸르(Nufoor)족, 비스마르크 제도(Bismarck Is.)의 멜라네시아인 사이에서도 발견된다. 남아프리카의 수많은 부족은 다른 사람의 도움을 받을 수 있는 한 이름을 부르지 않지만, 불가피할 때에는 이름 부르는 것을 굳이 마다하지 않는다.

때때로 인명에 대한 금제는 영구적이지 않다. 그것은 상황에 달려 있으며, 상황이 변하면 더 이상 적용하지 않는다. 예컨대 난디족 남자가 약탈을 위해 집을 떠나 있을 때, 집에 남은 사람들은 아무도 부재중인 전사들의 이름을 말할 수 없으며, 대신 새들의 이름으로 지칭해야 한다. 어린아이가 그 사실을 깜박 잊고 멀리 떠난 사람의 이름을 언급하면 그 어머니는 이런 말로 꾸짖는다. "하늘에 있는 새들을 입에 올리지 말거라." 콩고 북부의 방갈라(Bangala)족은 고기잡이를 하거나 잡은 것을 들고 돌아오는 사람의 본명을 언급해서는 안 된다. 그 고기잡이의 본명이 무엇이든, 사람들은 그를 아무 구별 없이 그냥 '므웰레(mwele)'라고 부른다. 그 이유는 강에 정령이 많이 사는데, 그들이 고기잡이의 본명을 들으면 그에게 수작을 부려 고기를 거의, 또는 전혀 잡지 못하게 만들 수도 있기 때문이다. 그가 고기를 잡아 뭍에 올라왔을 때에도 아직 고기를 사는 사람이 그의 본명을 불러서는 안 되며, '므웰레'라고만 불러야 한다. 그때에도 정령들이 그의 본명을 들으면 그것을 기억했다가 다른 날 그에게 앙갚음을 하거나, 그가 잡은 고기를 상하게 만들어 소득이 별로 없게 만들 수도 있기 때문이다. 따라서 고기잡이는 누가 자기 이름을 부르면 그 사람에게서 상당한 배상을 받아내거나, 그 분별없는 발언자가 비싼 값에 고기를 떠맡도록 강요하여 자기 행운을 되찾을 수 있다. 뉴브리튼의 술카(Sulka)족은 자신들의 적인 가크테이(Gaktei)족의 영토 부근에 이르게 되면, 그 부족 명칭을 부르는 일이 없도록 조심한다. 만일 적대 부족의 명칭을 부르면, 적들이 쳐들어와서 자기들을 죽일 것이라고 믿기 때문이다. 그래서 그런 상황에서 가크테이족에 관해 이야기해야 할 일이 생기면, 그들은 '올라프시에크(olapsiek)', 곧 '썩은 나무줄기'라고 부른다. 그렇게 부르면 적들의 사지가 통나무처럼 무겁고 둔해진다고 그들은 상상한다. 이 사례는 미개인들이 언어의 성격에 대해 극단적인 유물론적 견해를 취하고 있음을 예증해 준다. 둔한 것을 나타내는 표현을 단지 입에 올리기만 해도 동종 요법(同種療法)과도 같은 작용을 통해, 멀리 있는 적의 사지가 둔해지는 영향을 받는다고 그들은 상상하는 것이다.

앞서 살펴보았듯이, 본명을 은밀하게 숨기는 것이 필요하다고 여길 때에는 종종 가명이나 별명으로 부르는 것이 관례다. 진짜 이름이나 첫번째 이름과 달리 이 두번째 이름은 그 사람 자신의 일부분이 아닌 것으로 여겨지며, 따라서 그 사람의 안전을 해칠 우려가 없이 모든 사람에게 자유롭게 사용하고 알려줘도 무방하다. 때로는 어떤 사람의 본명을 사용하지 않기 위해 그의 자식

이름을 따서 그 사람을 부르기도 한다. 이를테면 "집슬랜드(Gippsland)*의 흑인들은 같은 부족이 아니면 어떤 사람에게도 자기 이름을 알리는 것에 강한 거부감을 지니고 있었다. 적들이 자기 이름을 알면 그것을 주술의 도구로 삼아 자신의 목숨을 빼앗아 갈까봐 우려하는 것이다. 아이들은 적이 없다고 여겼기 때문에, 그들은 어떤 사람을 가리킬 때 아이의 이름을 따서 '아무개의 아버지나 삼촌, 또는 사촌'이라고 불렀다. 대신 어른의 이름을 부르는 것은 삼갔다." 셀레베스의 포소(Poso)에 거주하는 알푸르족은 자기 이름을 부르지 않으려고 한다. 그래서 그들 사이에서 어떤 사람의 이름을 확인하고 싶을 때에는 본인에게 물어서는 안 되고 다른 사람에게 물어보아야 한다. 그러나 주변에 다른 사람이 아무도 없어서 그것이 불가능할 때에는 그 사람에게 자식의 이름을 물어보고 '아무개 아버지' 하는 식으로 불러야 한다. 그런데 이 알푸르족은 자식들 이름조차 말하기를 꺼린다. 그래서 조카나 조카딸이 있으면 '아무개 삼촌'이나 '아무개 숙모'라고 부른다. 순수한 말레이족 사회에서는 누구에게도 결코 이름을 묻는 법이 없으며, 다만 부모의 이름을 부르지 않기 위해 자식의 이름을 따서 부모를 부르는 풍습이 있다고 한다. 육지 다야크족의 아이들은 성장하면서 성별에 따라 자기 아버지나 어머니의 동생, 즉 숙부나 숙모가 낳은 자식들의 아버지 또는 어머니로 불린다. 다시 말해서, 우리 같으면 사촌이라고 부를 아이들의 아버지 또는 어머니로 불리는 것이다. 아삼 지방의 쿠키(Kuki)족과 제미(Zemi)족 또는 카차나가(Kacha Naga)족은 아이가 태어나면 자기 이름을 버리고 아무개의 아버지와 어머니로 불린다. 아이 없는 부부는 '아이 없는 아버지', '아이 없는 어머니', '존재하지 않는 아이의 아버지', '존재하지 않는 아이의 어머니' 등으로 통한다.

자식 이름을 따서 아버지를 부르는, 널리 퍼진 풍습은 간혹 외견상 과거 모계사회에서 어머니가 소유했던 자식에 대한 권리를 확보하기 위해 부권을 내세우려는 아버지 쪽의 욕망에 기인하는 것으로 추정하기도 한다. 그러나 이러한 설명은 자식 이름을 따서 어머니를 지칭하는 유사한 풍습은 해명해 주지 못한다. 그런 풍습은 보통 자식 이름을 따서 아버지를 지칭하는 풍습과 공

---

*오스트레일리아 빅토리아 주에 있다.

존하고 있다. 더구나 그 설명은 자식 없는 부부를 존재하지 않는 아이의 아버지와 어머니로 부르는 풍습이라든지 동생 이름을 따서 사람을 지칭하는 풍습, 아이들을 사촌인 아무개의 삼촌이나 숙모, 또는 아버지와 어머니로 표현하는 풍습에는 적용조차 하기 어렵다. 그러나 그것이 직접 상대하는 당사자의 본명을 부르는 데 대한 거부감에서 유래한 것이라고 가정한다면, 그 모든 관습을 간단하고 자연스럽게 해명할 수 있다. 그러한 거부감의 근저에는 아마도 악령의 주의를 끄는 것에 대한 두려움도 일부 있을 것이고, 마법사들이 그로 인해 이름의 소유자에게 해를 끼칠 수단을 얻게 될까 우려하여 마법사들에게 이름을 알리지 않으려는 생각도 일부 있을 것이다.

이처럼 널리 퍼진, 개인의 이름을 숨기는 관행이 친족과 친구 사이에서는 적용되지 않거나 최소한 완화되리라고 보는 것은 자연스러운 기대일 것이다. 그러나 보통은 그 반대다. 그 규칙은 오히려 혈연관계에 있는 사람들에게, 특히 혼인을 통해 가장 긴밀한 관계를 맺은 사람들에게 가장 엄격하게 적용된다. 그러한 사람들은 때때로 서로 이름을 부르는 것뿐만 아니라, 이름과 비슷하거나 한 음절이라도 똑같은 일상어를 말하는 것조차 금지된다. 이처럼 서로 상대방의 이름을 부르는 것이 금지된 사람들로는 특히 남편과 부인, 남편과 처가 쪽 부모, 부인과 시아버지 등이 있다. 키르기스 여인은 남편의 손위 친족 이름을 감히 부르지 못하며, 발음이 비슷한 단어도 사용하지 못한다. 예를 들어 그 친족 중 한 사람의 이름이 '양치기'라면, 그 여자는 '양'이란 단어를 입에 올릴 수 없고 '매애 하고 우는 것'이라고 불러야 한다. 만약 그의 이름이 '새끼양'이라면, 그 여자는 새끼양을 가리켜 '매애 하고 우는 어린 것'이라고 불러야 한다. 인도 남부의 부인네들은 남편 이름을 말하거나 꿈속에서라도 그 이름을 입에 올리면, 남편의 때이른 죽음을 초래한다고 믿는다. 바다 다야크족의 남자는 자기 장인이나 장모의 이름을 입에 올려서는 안 되며, 만일 그렇게 하면 정령들의 분노를 산다고 한다. 그런데 그는 자기 부인의 부모만이 아니라 형제 부인의 부모와 누이 남편의 부모, 나아가서 모든 사촌의 부모까지 장인 장모의 범주에 넣기 때문에, 터부시해야 할 이름이 무수히 많고, 그런 만큼 실수를 범할 기회도 잦다. 설상가상으로 사태를 더욱 혼란스럽게 만드는 것은 문제가 되는 사람의 이름으로 흔히 달이나 다리, 보리,

코브라, 표범같이 주변에서 흔히 볼 수 있는 사물의 명칭을 쓴다는 점이다. 그래서 한 남자의 무수한 장인과 장모 중 한 사람이 그런 이름을 쓰면, 이 보통명사는 그의 입에 올라서는 안 되는 말이 되는 것이다. 셀레베스 미나하사의 알푸르족은 한 걸음 더 나아가 사람 이름과 발음이 비슷한 단어를 쓰는 것조차 금지한다. 특히 장인의 이름에 강한 금제를 가한다. 예컨대 장인의 이름이 '칼랄라'라면, 그 사위는 말을 가리키는 '카왈로(Kawalo)'란 단어를 쓰지 못하고, 말을 '타는 짐승(sasakajan)'이라고 불러야 한다. 그와 비슷하게, 부루(Buru) 섬*의 알푸르족은 부모와 처가 부모의 이름을 말하거나, 그 이름과 발음이 비슷한 사물의 명칭을 말하는 것을 터부로 삼는다. 그래서 만약 장모의 이름이 '후추'를 의미하는 '달루(Dalu)'라면, 후추를 달라고 할 때 '빨간 입'을 달라고 해야 한다. 후추잎(dalu 'mun)을 달라고 할 때에는 후추잎이라고 하지 않고 '카론 페나(karon fenna)'를 달라고 해야 한다. 같은 섬에서는 손위 형제의 이름을 면전에서 부르는 것도 금기시한다. 이런 규칙을 위반하면 벌금을 물게 된다. 순다(Sunda)**에서는 어떤 사람이 자기 부모 이름을 말하면 특정한 농작물을 망치게 된다고 생각한다.

토러스(Torres) 해협*** 서쪽 섬지방 남자는 장인·장모·처남·처제의 이름을 입에 올리지 않았으며, 여자도 똑같은 규칙을 지켰다. 처남을 부를 때에는 규칙을 어기는 일 없이 이름을 언급할 수 있는 어떤 사람의 남편 또는 형제로 불러야 했다. 그와 비슷하게, 처제는 아무개의 부인이라는 식으로 불러야 했다. 어떤 사람이 우연히 자기 처남의 이름을 말하게 되면 그 사람은 창피스러워 고개를 떨구었다. 그는 자기가 공연히 이름을 거론한 사람에게 보상으로 선물을 바치고 나서야 창피를 씻을 수 있었다. 처제와 장인, 장모에 대해서도 우연히 이름을 말하는 실수를 저질렀을 때에는 똑같이 보상을 해야 했다. 뉴브리튼의 가젤(Gazelle) 반도 해안가에 사는 토인들에게는 처남의 이

＊인도네시아의 셀레베스 동쪽 480킬로미터 지점에 있다.
＊＊순다 해협은 수마트라와 자바 사이에 있다.
＊＊＊토러스 해협은 오스트레일리아의 꼭대기인 퀸즐랜드 주 케이프 요크 반도 끄트머리 너머에 있다. 그곳은 1898년에 조사에 나선 유명한 인종조사 원정대의 목적지였으며, 프레이저도 그 원정에 동행하도록 초대받았다. 그는 제안을 진지하게 고려했으나 거절하고, 국내에서 '비교인류학자' 역할을 계속하고자 했다.

름을 말하는 것이 처남에게 가할 수 있는 최대의 모욕이며, 죽음의 형벌을 받을 수 있는 범죄행위다. 멜라네시아의 뱅크스 제도에서는 혼인으로 맺어진 인척들의 이름에 대한 금기가 아주 엄격하다. 남자는 장인의 이름은 물론, 장모와 처남의 이름을 말하는 것이 금지된다. 그러나 처제의 이름은 말해도 무방하다. 처제는 그에게 별로 중요하지 않기 때문이다. 여자는 어떤 경우에도 시아버지와 사위의 이름을 불러서는 안 된다. 자식들을 통혼시킨 사돈도 서로 이름을 부르는 것이 금지된다. 이 사람들은 모두 상대방의 이름을 부르는 것이 금지될 뿐 아니라, 그 이름과 우연히 같거나 같은 음절을 지닌 일상어도 말해서는 안 된다. 이를테면 이 섬의 한 토인은 '돼지'와 '죽다' 같은 평범한 단어가 사위의 긴 이름에 들어 있기 때문에 그 단어들을 쓰지 못한다고 한다. 또다른 불운한 사람은 자기 처남의 이름 때문에 '손'과 '뜨겁다'는 일상적인 단어를 말하지 못하며, 심지어 '1'이란 숫자가 처사촌의 이름에 들어 있기 때문에 그 숫자를 언급하는 것이 금지되었다고 한다.

혼인으로 화자(話者)와 인척관계를 맺은 사람의 이름과 이름 속의 음절까지 언급하기를 꺼리는 태도는 무수한 종족에게서 나타나는, 자기 이름이나 죽은 사람 또는 추장과 왕의 이름을 말하기 꺼리는 태도와 별개의 것이라고 보기 어렵다. 후자에서 나타나는 이름에 관한 침묵이 주로 미신에서 연유한다면, 전자에도 그 이상의 이유가 없다고 추정할 수 있다. 미개인이 자기 이름을 말하기 꺼리는 것이 적어도 부분적으로는 사람이든 유령이든 적들이 그것을 악용할지 모른다는 미신적 공포에 근거를 두고 있다는 사실은 이미 살펴보았다. 남은 문제는 죽은 사람과 왕족의 이름에 대한, 비슷한 관습을 검토해 보는 것이다.

죽은 사람의 이름을 일체 언급하지 않는 풍습은 고대 코카서스의 알바니아인들에게서 보이며, 오늘날에도 많은 미개부족 사이에서 통용된다. 빅토리아 주 원주민들은 죽은 사람에 관해 거의 언급하지 않으며, 언급하더라도 그 이름을 말하는 일이 전혀 없다. 그들을 지칭할 때에는 목소리를 죽여서 '사라진 사람'이나 '더 이상 존재하지 않는 불쌍한 이'라고 표현한다. 사람들은 죽은 자의 이름을 말하는 행동이 석양을 향해 영원히 떠나가기 전에 한동안 지상을 떠돌아다니는 죽은 자의 유령인 쿠이트길(Couit-gil)의 적개심을 불러

일으킨다고 상상했다. 머리(Murray) 강 하류의 부족들은 사람이 죽으면 "그의 이름을 언급하지 않으려고 조심하지만, 어쩔 수 없이 언급해야 할 때에는 나지막하게 속삭이는 소리로, 귀신이 알아듣지 못할 것이라고 여겨질 만큼 희미하게 말한다." 중앙 오스트레일리아의 부족들은 꼭 필요할 때가 아닌 한 아무도 장례기간에 죽은 자의 이름을 말하지 않는다. 그러는 것이 필요한 때에도 유령이 되어 돌아다니는 죽은 사람의 영혼을 성가시게 하지 않기 위해 속삭이는 소리로만 말한다. 유령이 자기 이름을 말하는 것을 들으면, 유족들이 자기를 위해 진심으로 애도하지 않는다고 생각한다는 것이다. 유족들이 진심으로 슬퍼한다면, 자기 이름이 사람들 입에 오르내리는 것을 견딜 수 없을 것이기 때문이다. 유족들의 비정함에 아픈 곳을 찔려 분노한 유령은 꿈에 나타나 유족들을 괴롭힐 것이다.

죽은 자의 이름을 말하기 꺼리는, 똑같은 태도는 허드슨 만 준주(準州)에서 파타고니아(Patagonia)에 이르기까지 모든 아메리카 인디언 부족 사이에도 널리 퍼져 있는 것으로 보인다. 콜롬비아의 고아히로(Goajirro)족은 유족 앞에서 죽은 사람의 이름을 말하는 것을 무서운 범죄로 보고, 때때로 죽음의 형벌로 다룬다. 만약 죽은 자의 영토 안에 그의 조카나 삼촌이 있을 때에 그런 일이 벌어지면, 그들은 가능한 틀림없이 위반자를 그 자리에서 죽여버릴 것이다. 그러나 그가 달아나면 무거운 벌금을 내야 하는데, 보통 두 마리 이상의 황소를 바쳐야 한다.

죽은 자의 이름을 말하려고 하지 않는 태도는 시베리아의 사모예드(Samoyed)족과 인도 남부의 토다족, 타타르의 몽골족과 사하라 사막의 투아레그(Tuareg)족, 일본의 아이누족과 동아프리카의 아캄바(Akamba)족 및 난디족, 필리핀의 팅귀안(Tinguian)족과 니코바르 제도 · 보르네오 · 마다가스카르 · 태즈메이니아 등지의 주민들처럼 서로 멀리 떨어져 있는 종족들에게서도 비슷하게 나타나는 것으로 보고되고 있다. 명시적으로 그런 말을 않더라도, 모든 사례에서 나타나는 태도의 근본 이유는 아마도 유령에 대한 공포감인 듯하다. 투아레그족만 보아도 그것이 진정한 동기라는 사실은 확실하게 입증된다. 그들은 죽은 자의 영혼이 되돌아오는 것을 두려워하여 사람이 죽고 난 후에 야영지를 옮기고, 죽은 자의 이름을 영원히 입에 올리지 않으며,

그의 영혼을 불러오거나 떠올리게 한다고 여겨지는 모든 것을 기피하는 등 가능한 모든 조치를 취한다. 따라서 그들은 아랍인들이 하듯이, 개개인의 이름에 그 아버지의 이름을 붙여서 아무개의 아들 아무개라고 부르는 법이 없다. 그들은 모든 사람에게 그 사람과 더불어 존재하다가 사라지는 이름을 부여한다. 마찬가지로, 오스트레일리아의 일부 빅토리아 원주민들도 개인의 이름을 거의 전승하지 않는다. 왜냐하면 죽은 사람의 이름을 사용하는 사람은 오래 살지 못한다고 믿기 때문이다. 아마도 이름이 똑같은 유령이 와서 그 사람을 영혼의 나라로 데려간다고 상상한 것 같다.

다른 사람이 생전의 자기 이름을 사용하는 것을 불쾌하게 여기는 유령에 대한 공포 때문에, 죽은 자와 이름이 비슷한 사람들은 자연히 이름을 바꾸게 된다. 이는 유령이라는 존재가 이름이 같아도 사람이 다를 수 있다는 점을 분간하리라고 기대할 수 없으므로, 같은 이름을 말하여 유령의 주의를 끌지 않으려는 것이다. 그래서 이를테면 남부 오스트레일리아의 애들레이드(Adelaide)와 엔카운터 만(Encounter Bay)에 사는 부족들은 최근에 죽은 사람의 이름을 말하는 것에 대한 거부감이 지나치게 심해서, 죽은 자와 이름이 똑같은 사람은 그 이름을 버리고 임시로 이름을 쓰거나 우연히 정한 다른 이름으로 자신을 알린다. 이와 비슷한 풍습이 퀸즐랜드에 사는 몇몇 부족 사이에도 퍼져 있다. 그러나 그곳에서는 죽은 자의 이름을 사용하는 것에 대한 금제가 몇 년 동안 지속될 때도 있지만 영속적이지는 않다. 오스트레일리아의 일부 부족은 그런 이유로 변경한 이름을 영구히 사용한다. 그 사람은 옛 이름을 영원히 폐기하고 남은 생애 동안, 또는 최소한 같은 이유로 다시 이름을 바꿀 때까지 새 이름으로 살아간다. 북아메리카 인디언들도 죽은 사람과 이름이 같은 사람들은 남녀를 막론하고 의무적으로 그 이름을 버리고 다른 이름을 사용해야 했다. 이 일은 죽은 자를 위한 첫 장례식 때 정식으로 처리되었다. 로키 산맥 동부에 거주하는 몇몇 부족은 이렇게 바꾼 이름을 장례기간에만 사용했으나, 북아메리카 태평양 연안의 다른 부족들은 죽을 때까지 사용했던 것 같다.

때로는 똑같은 논리의 연장선상에서 죽은 자와 가까운 친족이 모두 이름을 바꾸기도 한다(어떤 이름이든 상관없이). 이는 의심할 나위 없이 똑같은 가족 이름을 부르는 소리가 떠도는 영혼을 옛집에 불러들일지도 모른다는 두려움 때문이다. 그래서 빅토리아 부족 일부는 장례기간에 가장 가까운 친척의 평상시 이름을 폐기하고, 관습이 정한 일반 호칭을 대신 사용했다. 상주를 본명으로 부르는 것은 죽은 사람에 대한 모독으로 간주되어, 종종 싸움과 유혈사태의 원인이 되었다. 서북부 아메리카 인디언 부족들도 "가족의 이름을 자주 들으면 영혼이 다시 지상으로 이끌려오게 된다는 생각에서" 종종 죽은 자와 가까운 친족이 이름을 바꾼다. 카이오와(Kiowa) 인디언은 친인척 앞에서 죽은 자의 이름을 말하지 않으며, 가족구성원 한 사람이 죽으면 남은 가족이 모두 새 이름을 짓는다. 이런 풍습을 3세기 전에 로어노크(Roanoke) 섬에 갔던 롤리(Raleigh) 경의 식민지 개척단이 목격했다. 렝과(Lengua) 인디언은 죽은 사람의 이름을 전혀 언급하지 않을 뿐 아니라, 아울러 모든 생존자가 이름을 바꾼다. 그들은 죽음의 신이 그들에게 내려와 생존자 명부를 몽땅 가져갔기 때문에 더 많은 희생자를 찾아서 금방 되돌아올 것이므로, 그의 무서운 의도를 좌절시키기 위해 이름을 바꾼다고 말한다. 죽음의 신이 돌아와도 명부에 있는 사람들을 새 이름 때문에 알아볼 수가 없어서 그들을 찾아 다른 곳으로 떠날 것이라고 믿는 것이다. 니코바르(Nicobare)*의 상주들도 달갑지 않은 유령의 관심을 피하기 위해 새 이름을 사용한다. 또, 똑같은 목적으로 머리를 박박 밀어 유령이 알아보지 못하게 변장한다.

나아가서, 죽은 사람의 이름이 우연히 동물이나 식물, 불이나 물 같은 일상적인 사물의 명칭과 일치하면, 때때로 그 단어를 일상언어에서 빼고 다른 말로 대체하는 것이 필요하다고 간주하기도 한다. 이런 종류의 풍습은 명백히 언어 변화의 잠재적인 요인으로 작용하기 쉽다. 그런 풍습이 상당한 범위로 통용되는 곳에서는 늘상 무수한 단어가 폐기되고 새 단어가 생겨날 것이기 때문이다. 오스트레일리아와 아메리카 등지에서 그 풍습을 기록한 관찰자들이 이러한 경향을 재확인하고 있다.** 예컨대 오스트레일리아 원주민에 관한,

---

*니코바르 제도는 벵골 만과 안다만 해 사이에 있는 인도 영토로, 말레이지아 서쪽 약 480킬로미터 지점에 있다.

**이러한 관찰은 1930년대에 클로드 레비스트로스가 콜럼버스 이전의 브라질 부족들에게서 그러한 언어 변동을 조사했을 때 유용한 것으로 입증되었다. 1960년대에 레비스트로스가 『미개인의 사고 *La Pensée sauvage*』 같은 저작에서 그러한 언어 변형에 관해 설명한 내용은 프랑스의 구조인류학에 깊은 영향을 미쳤다.

이런 기록이 있다. "방언은 거의 모든 부족마다 다르다. 어떤 부족은 자기 아이들을 자연물의 이름을 따서 부른다. 따라서 그런 이름을 가진 사람이 죽으면 그 단어를 다시는 사용하지 않으므로, 그 사람의 이름과 같은 자연물에 다른 이름을 지어야 하는 것이다." 기록자는 '불'을 뜻하는 '카를라'를 이름으로 쓰던 사람을 예로 들고 있다. 카를라가 죽자 사람들은 불을 가리키는 새로운 단어를 창조해야 했다. 기록자는 이렇게 덧붙인다. "그래서 언어는 항상 변하는 것이다." 또, 남부 오스트레일리아 엔카운터 만에 사는 부족은 '물'을 뜻하는 '응엔케'라는 이름을 가진 사람이 죽자, 그의 사후 상당 기간 동안 전 부족이 물을 표현하기 위해 다른 말을 사용해야 했다. 이 풍습의 기록자는 이 부족의 언어에 동의어가 무수히 많은 것은 그 때문일 수 있다고 추측한다.

이런 추측은 일부 빅토리아 부족에 관해 우리가 알고 있는 사실로도 확증할 수 있다. 그들의 언어는 장례기간에 전 부족이 공통 명칭 대신 사용하는 일련의 규범화된 동의어들을 포함하고 있었다. 이를테면 '와아(까마귀)'라고 하는 사람이 이승을 떠나면, 장례기간 내내 아무도 까마귀를 '와아'라고 부르지 못하고 '나라파르트'라고 불러야 했다. '위아른(주머니쥐)'이라는 호칭을 사용하던 사람이 세상을 떠나면, 슬픔에 잠긴 그의 친족과 전체 부족은 당분간 주머니쥐를 '마눙쿠르트'라는 더 낭랑한 이름으로 불러야 했다. '독수리'라는 영예로운 이름을 지닌, 존경받는 여성의 죽음으로 전체 부족사회가 슬픔에 잠기는 일이 생기면, 독수리를 가리키는 본래 명칭인 '바림 바림'이 사라지고 '틸리트 틸리치'가 새로 등장했다. 검정앵무새, 재오리, 큰두루미, 캥거루, 독수리, 들개 따위도 이런 식으로 '필요에 따라' 이름이 변했다.

이와 비슷한 관습 때문에 파라과이의 아비폰(Abipone)족의 언어도 계속 변했다. 그러나 그들은 한 번 폐지한 언어를 다시 쓰는 일은 없었던 것 같다. 선교사 도브리츠호퍼(Dobrizhoffer)에 따르면, 죽은 사람들의 이름과 비슷한 단어를 포고령으로 모두 폐지하고 다른 단어를 대신 만들어내는 바람에, 밤 사이 버섯이 자라듯이 해마다 새로운 언어가 무수히 생겨났다고 한다. 언어를 만드는 일은 부족의 노파들 손에 달려 있었다. 어떤 명칭이든 노파들이 일단 승인하고 유포하면 위아래를 막론하고 아무 불평 없이 즉각 수용하였고, 부족의 모든 야영지와 정착지 전역으로 들불처럼 퍼져나갔다. 같은 선교사의 말에 따르면, 전 부족이 얼마나 온순하게 힘없는 노파의 결정에 순종하는지, 얼마나 철저하게 익숙한 옛 단어를 일순간에 폐기하고 습관 때문이든 망각 때문이든 다시는 반복하지 않는지를 보면 모두 놀랄 것이라고 한다. 도브리츠호퍼가 이들 인디언 속에서 7년 세월을 보내는 동안 표범을 가리키는 토착어가 세 번 바뀌었고, 악어와 가시, 가축의 도살을 가리키는 단어도 그보다는 덜하지만 비슷한 변천을 겪었다. 이런 관습 때문에 선교사들이 쓰는 단어장도 낡은 단어를 계속 폐기하고 새 단어를 계속 삽입하는 바람에 지운 곳투성이가 되었다.

영국령 뉴기니의 많은 부족에게는 사람 이름이 곧 일상 사물의 이름이기도 하다. 이들은 죽은 사람의 이름을 말하면 그의 영혼이 되돌아온다고 믿는데, 그러는 것을 보고 싶은 생각이 없기 때문에 죽은 사람의 이름에 대한 언급을 터부로 삼으며, 그의 이름이 부족의 일상언어와 같을 때에는 언제나 새로운 이름을 대신 만들어낸다. 결과적으로 수많은 단어가 끊임없이 사라지거나 새롭게 바뀐 의미로 부활한다. 니코바르 제도에서도 비슷한 관습이 토인들의 언어에 비슷한 영향을 미쳤다. 드 로엡스토르프(De Roepstorff) 씨는 이렇게 말한다. "누가 들으면 '역사의 형성', 또는 어쨌든 역사적 설화의 전달을 가장 효과적으로 방해하는 조치라고 할 만한, 아주 특이한 관습이 그들 사이에 통용되고 있다. 니코바르의 미신을 전반적으로 규제하는 엄격한 규칙에 따라 아무도 죽은 사람의 이름을 그의 사후에 언급해서는 안 된다! 사람들은 이 규칙을 철저하게 지켰다. 예컨대 빈번히 그러듯이, 그 사람이 니코바르 언어로 '닭', '모자', '불', '길' 따위를 가리키는 단어를 이름으로 사용했다면, 향후 그 단어들은 죽은 사람의 개인적 호칭만이 아니라 그것이 나타내는 일상 사물의 명칭으로도 쓸 수 없다. 그 단어들은 언어영역에서 소멸하고 새로운 어휘를 만들어 의도하는 사물을 표현하거나, 아니면 다른 니코바르 방언이나 외국어에서 대체어를 찾아서 쓴다. 이 특이한 관습은 언어의 불안정성을 가중시킬 뿐 아니라 정치생활의 연속성을 파괴하며, 과거의 기록을 불가능하게 하지는 않더라도 변덕스럽고 모호하게 하는 요인이 된다."

　죽은 사람의 이름을 은폐하는 미신이 역사적 전통의 단절을 초래한다는 사실은, 이 분야의 다른 작업자들을 통해서도 재확인할 수 있다. 가체트(A. S. Gatschet) 씨의 관찰에 따르면, "클라마스(Klamath)* 부족은 1세기 이상 거슬러 올라가는 역사적 전통이 부재하다. 그것은 죽은 사람의 이름을 사용하여 고인의 인품이나 행적에 관해 언급하는 것을 금지하는 엄격한 율법이 존재한다는 단순한 원인에서 비롯된 것이다. 이 율법은 오리건의 부족들뿐만 아니라 캘리포니아의 부족들도 엄격하게 지켰으며, 위반자에게는 죽음의 형벌을 가할 수 있었다. 이는 분명히 한 부족 안의 역사적 지식을 억압하는 요인이 되기에 충분하다. 이름 없이 어떻게 역사를 쓸 수 있겠는가?"

　그러나 많은 부족에게서 나타나는, 과거의 기억을 지워버리는 이 같은 미신의 영향력은 인간정신의 자연스러운 경향성으로 인해 일정 정도 약화되고 감소된다. 아무리 깊이 새겨진 인상이라도 흐려지게 하는 시간의 작용이 죽음의 신비와 공포 때문에 미개인의 정신에 새겨진 자국을 완전히 지워 없애지는 않더라도 필연적으로 둔화시키는 것은 사실이다. 조만간에 사랑하던 사람들의 기억이 서서히 흐려져감에 따라, 사람들은 갈수록 기껍게 죽은 사람들에 관해 이야기하고자 하게 되고, 거슬리던 죽은 이들의 이름도 가을 낙엽이나 겨울 눈처럼 막막하고 혼란스러운 과거의 나락으로 떨어져 소멸하기 전에 간혹 현명한 탐구자의 구원을 받을 수도 있을 것이다. 일부 빅토리아 원주민들 사이에서는 죽은 사람의 이름을 언급하는 것에 대한 금제가 장례기간에만 효력을 발휘한다. 남부 오스트레일리아 포트 링컨(Port Lincoln)의 원주민들에게는 그것이 몇 년간 지속되었다. 북아메리카의 치누크(Chinook) 인디언들은 "사별 후 적어도 여러 해가 지나기 전에는 고인의 이름을 언급하는 것을 관습상 금지하고 있다." 푸얄룹(Puyallup) 인디언들은 몇 년이 흘러 상주들이 슬픔을 잊을 때쯤이면 터부를 느슨하게 적용한다. 만약 고인이 유명한 전사였다면 그의 후손 중 한 사람, 예컨대 증손자가 그의 이름을 쓸 수도 있다. 이 부족은 고인의 친족을 제외하고는 터부를 그다지 잘 지키지 않는다. 이와 비슷하게 예수회 선교사 라피토(Lafitau)의 이야기에 따르면, 죽은 자의

---

*오늘날의 오리건 주에 살던 콜럼버스 시대 이전의 부족.

이름과 비슷한 생존자들의 이름은 슬픔의 고통이 가라앉고 친족들이 '나무를 뽑아내고 죽은 자를 일으켜 세우고 싶은' 마음이 들 때까지, 말하자면 시체와 함께 매장되는 셈이었다. 죽은 자를 일으켜 세운다는 것은 죽은 자의 이름을 다른 누군가에게 부여하는 것을 의미했다. 그 사람은 그렇게 함으로써 어느 면에서 보든 영락없이 죽은 사람의 화신이 되는 것이다. 왜냐하면 미개인의 철학원리에 따르면, 이름이란 사람의 영혼까지는 아니더라도 사람의 사활적인 일부분에 해당하기 때문이다.

라프족 사람들은 여자가 아이를 가져서 해산할 때가 다가오면 죽은 조상이나 친척이 여자의 꿈에 나타나 어떤 죽은 이가 아이에게 환생할 것인지, 누구의 이름을 아이에게 붙일 것인지 일러준다고 한다. 여자가 그런 꿈을 꾸지 않으면, 아버지나 친척이 점을 치거나 마법사에게 문의하여 이름을 정했다. 콘드(Khond)족*은 아이가 태어난 지 7일째 되는 날에 사제와 전체 마을사람을 상대로 잔치를 열어 아이의 탄생을 기념한다. 아이의 이름을 정하기 위해 사제는 물그릇에 벼알갱이를 떨어뜨리며, 벼알갱이 하나마다 죽은 조상의 이름을 부른다. 물 속에서 종자가 움직이는 모습과 아이 자신에 대한 관찰을 근거로 사제는 어느 선조가 아이에게 환생했는지 선언하며, 아이는 일반적으로, 최소한 북방 부족들 사이에서는 그 조상의 이름을 부여받게 된다. 요르바(Yorba)족은 아이가 태어난 직후 점술의 신인 이파(Ifa)의 사제가 그 자리에 나타나, 어떤 조상의 영혼이 아이에게 환생했는지 판정한다. 판정이 내려지자마자 부모는 아이가 모든 면에서 그에게 생명력을 넣어준 조상의 생활방식을 따라야 한다는 주의를 듣는다. 그리고 흔히 일어나는 일이지만, 부모가 그 사람을 모른다고 고백하면 사제가 필요한 정보를 제공해 준다. 아이는 보통 자신에게 환생한 조상의 이름을 부여받는다.

산 사람이든 죽은 사람이든, 원시사회에서 평범한 보통사람의 이름을 그토록 조심스럽게 배려했다고 할 때, 신성한 왕과 사제들의 이름에 해가 끼치는 것을 막기 위해 굉장한 예방조처를 취했다고 해도 놀랄 필요는 없다. 그래서 다호메이 왕의 이름은 어떤 악의를 품은 사람이 그것을 알고 해코지를 하지

* 인도 뱅골 지방에 사는 종족.

못하도록 항상 비밀에 부친다. 유럽인들에게 알려진 다호메이 왕들의 여러 호칭은 진짜 이름이 아니라 단순한 칭호 내지는 토인들이 말하는 '튼튼한 이름'에 지나지 않는다. 토인들은 그런 칭호가 출생명과 달리 그 소유자와 사활적인 연관을 맺고 있지 않기 때문에 알려져도 해를 입지 않는다고 생각하는 것 같다. 게라(Ghera)의 갈라(Galla) 왕국에서는 신하들이 왕의 출생명을 입에 올리는 것을 죽음의 형벌로 다루며, 그것과 발음이 비슷한 일상어까지 다른 것으로 바꾼다. 중앙아프리카의 바히마(Bahima)족은 왕이 죽으면 왕의 이름을 언어영역에서 폐기하며, 그 이름이 동물의 이름과 같으면 즉시 그 동물에게 다른 호칭을 찾아주어야 한다. 예를 들어 왕은 종종 사자라고 일컬어지는데, 사자라고 부르는 왕이 죽으면 사자 전체를 가리키는 새 이름을 지어내야 한다. 시암에서는 마법에 대한 공포로 인해 왕의 진짜 이름을 조심스럽게 숨기기 때문에 그 이름을 알아내기 어렵다. 그 이름을 언급하는 사람은 모두 감옥에 갇혔다. 왕은 예컨대 '존엄한 분', '완전한 분', '지고한 이', '대황제', '천사의 후예' 등 고귀하게 들리는 칭호로만 지칭할 수 있었다. 미얀마에서는 현직에 있는 왕의 이름을 말하는 것을 가장 극악한 불경죄로 여겼다. 미얀마의 신하들은 나라에서 멀리 떨어져 있을 때라도 왕의 이름을 알려달라는 설득에 넘어가지 않았다. 즉위하면 왕은 항상 왕호로만 불렸다.

줄루족은 자기 부족 추장의 이름이나 기억에 남아 있는 추장의 선조 이름을 아무도 입에 올리지 않으려고 한다. 또, 그들은 터부시하는 이름과 일치하거나 단지 발음만 비슷한 일상언어도 말하지 않으려고 한다. 드완드웨스(Dwandwes) 부족에는 태양을 뜻하는 '랑가'라는 단어를 이름으로 쓴 추장이 있었는데, 그 때문에 태양의 명칭이 '랑가'에서 '갈라'로 바뀌었고, 랑가가 죽은 지 백 년도 더 지난 지금까지도 그 명칭을 그대로 쓰고 있다. 또, 크누마요(Xnumayo) 부족에서는 '소 떼를 돌보다'를 뜻하는 단어가 '알루사' 또는 '아유사'에서 '카게사'로 바뀌었는데, 이는 추장의 이름이 '우마유시'였기 때문이다. 각 부족이 따로따로 지키는, 이러한 터부 이외에도 모든 줄루 부족은 한결같이 전국을 다스리는 왕의 이름을 공통의 터부로 삼았다. 그래서 판다가 줄룰란드의 왕이 되자 '나무뿌리'를 뜻하는 '임판도'라는 단어가 '은사보'로 바뀌었다. 또, '거짓말' 또는 '비방'을 뜻하는 단어가 '아마세보'에서

'아마크와타'로 바뀌었는데, 이는 '아마세보'라는 단어가 유명한 왕 세치와요의 이름과 동일한 음절 하나를 포함하고 있기 때문이었다.

그러나 이러한 일은 남자들보다 여자들이 더 철저하게 지켰다. 여자들은 터부시하는 이름과 발음이 조금이라도 비슷하게 들리는 소리는 전부 빼버린다. 실제로 왕실 부락에서는 간혹 왕비들이 하는 말을 이해하기 곤란할 때가 있는데, 이는 그들이 왕과 선왕들의 이름뿐 아니라 몇 세대에 걸친, 그 주변 형제들의 이름까지 이런 식으로 취급하기 때문이다. 이러한 부족적·민족적 터부에다가 이미 설명한, 혼인으로 한 가족이 된 인척들의 이름에 대한 가족적 터부를 덧붙이면 우리는 어떻게 해서 줄룰란드의 모든 부족이 각기 독특한 언어를 지니게 되었는지, 여자들이 어떻게 해서 자신들만 사용하는 어휘를 상당수 지니고 있는지 쉽게 이해할 수 있다. 한 가문의 구성원들에게 다른 가문 사람들이 쓰는 어휘를 사용하지 못하게 하는 일도 있다. 예를 들어 어떤 부락의 여자들은 하이에나를 일상 명칭으로 부르는데, 인접한 다른 부락에서는 통상적인 대체어를 쓰고, 다른 제3의 부락에서는 그 대체어를 쓰는 것조차 금지되어 새로운 명칭을 만들어내야 할 수도 있다. 그래서 오늘날 줄루어는 거의 이중언어의 양상을 띠고 있다. 실제로 무수한 사물에 각각 서너 개의 동의어가 존재하며, 그것은 부족들의 융합을 통해 줄룰란드 전역에 전파된다.

마다가스카르에서도 그와 비슷한 풍습이 도처에 널리 퍼져, 줄루족처럼 여러 부족의 언어에 방언상의 차이를 만들어냈다. 마다가스카르에서는 성(姓)을 쓰지 않으며, 거의 모든 인명을 일상언어에서 뽑아 쓴다. 이를테면 새·짐승·나무·식물·색깔 따위와 같은 통상적인 물체나 행위나 성질을 지칭하는 단어를 이름으로 쓰는 것이다. 그런데 이런 일상어 중 하나가 부족 추장의 이름이 되거나 이름의 일부가 되면, 그 단어를 신성시하여 나무나 곤충 따위를 가리키는 일상적 의미로는 더 이상 사용하지 못한다. 따라서 폐기한 이름을 대체하기 위해 새 이름을 만들어내야 한다. 그렇게 되면 각기 신성한 이름을 지닌 소추장들이 다스리는, 무수한 지방 소부족이 사용하는 언어에 어떤 혼란과 불확실성이 초래될지 쉽게 상상할 수 있다. 하지만 까마득한 옛날부터 선조들이 해왔듯이, 그러한 언어의 횡포에 묵묵히 복종하는 부족과 종족이 있는 것이다. 이러한 풍습의 불편한 귀결은 특히 이 섬 서해안 지방에서 두드러진다. 그곳에는 수많은 독립 추장이 존재했기 때문에 사물과 장소, 강 따위의 명칭이 무수한 변화를 겪었고, 이에 따른 혼동이 자주 일어났다. 추장들 때문에 일상어를 일단 폐기하고 나면, 토인들은 옛날에 그런 의미로 그런 단어를 사용했다는 사실조차 인정하지 않는 것이다.

그러나 마다가스카르에서는 살아 있는 왕과 추장의 이름만 터부가 되는 것이 아니다. 최소한 섬의 몇몇 지방에서는 죽은 왕들의 이름도 똑같이 금기가 된다. 그래서 사칼라바족은 왕이 죽으면 귀족과 평민들이 시체를 빙 둘러싼 채 의논을 벌여, 앞으로 죽은 왕을 지칭하는 데 쓸 새 이름을 엄숙하게 선정한다. 새 이름이 정해지면 왕이 생전에 쓰던 옛 이름은 신성시되어, 그 이름을 말하는 것이 죽음의 형벌로써 금지된다. 나아가서 금지된 이름과 조금이라도 유사한 일상어휘 또한 신성시하여 다른 것으로 대체한다. 이렇게 금지된 단어를 말하는 사람은 단순한 무뢰한이 아니라 극형의 범죄를 저지른 중죄인으로 간주하였다. 그러나 이러한 어휘의 변화는 죽은 왕이 다스리던 구역에 한한다. 인접한 구역에서는 옛 단어를 옛 의미 그대로 계속 쓴다.

폴리네시아 추장의 몸에 부여된 신성함은 자연스럽게 이름에까지 연장되었다. 원시적 관점에서 볼 때, 이름은 그 소유자의 신체와 분리할 수 없기 때문이다. 따라서 줄루 왕국과 마다가스카르에서 이미 본 것과 똑같이 폴리네시아에서도 우리는 추장의 이름이나 그와 유사한 일상어를 말하는 데 대한 체계적 금제를 발견한다. 이를테면 뉴질랜드에서는 추장의 이름이 일상적 단어와 우연히 일치하면, 그 단어를 언어영역에서 폐기하고 다른 단어로 대체할 정도로 그 이름을 신성시한다. 예컨대 이스트케이프(East Cape) 남부지방의 한 추장이 칼을 의미하는 '마리피'라는 이름을 지녔기 때문에, 칼을 나타내는 새 단어(*nekra*)가 생겨나고 옛 단어는 폐기되었다. 다른 곳에서는 물을 나타내는 단어(*wai*)가 우연히 추장의 이름과 일치하는 바람에, 범속한 액체와 신성한 인물에 똑같은 이름을 쓰면 그 이름이 더럽혀진다고 하여 다른 것으로 바꾸어야 했다. 이러한 터부는 마오리어에 자연스럽게 무수한 동의어를 만들어냈으며, 그로 인해 이 지방에 새로 온 여행자들은 인접한 부족들이 똑같은 물건을 전혀 다른 이름으로 부르는 것을 보고 간혹 혼란을 겪기도

했다. 타히티의 왕이 즉위할 때에는 왕의 이름과 발음이 비슷한 모든 단어를 다른 것으로 바꿔야 한다. 옛날에는 어떤 사람이 경솔하게 이 풍습을 무시하고 금지된 단어를 사용하는 일이 생기면 즉각 그 자신뿐만 아니라 친족까지 모두 사형에 처했다. 그러나 이렇게 해서 일어난 변화는 일시적인 현상일 뿐이었다. 왕이 죽으면 즉시 새 단어를 폐기하고 원래 단어를 사용했기 때문이다.

5

왕과 사제들의 터부에 관해 더 많은 것을 열거하기는 쉬운 일이지만, 앞에서 수집한 사례만으로도 충분한 예증이 될 것이다. 이 장의 주제를 마무리짓기 위해서 남은 문제는 지금까지 모색해 온 일반적인 결론을 요약해서 정리하는 것뿐이다. 우리가 보았듯이, 미개사회나 야만사회에는 그 사회 사람들이 전반적인 자연의 운행에 지배적인 영향력을 미치는 것으로 간주하는 인물들이 흔히 존재한다. 따라서 그런 인물들은 신처럼 찬양과 우대를 받는다. 이러한 인간신들이 숭배자들의 생명과 재산에 대해 세속적인 지배권까지 지니는지 아니면 순전히 영적이고 초자연적인 역할에 그치는지, 다시 말해서 그들이 왕과 신을 겸하는지 아니면 후자에 그치는지를 구별하는 것은 우리의 관심사가 아니다. 그들이 지닌다고 하는 신성(神性)이야말로 우리가 다루어야 할 본질적인 문제다. 그 신성 덕분에 그들은 자기를 숭배하는 자들에게 인류가 생존을 위해 의존하는 물질적 현상들의 일관성과 질서정연한 연속성의 증표이자 담보가 되는 것이다. 따라서 당연히 그러한 신인(神人)의 생명과 건강은 거기에다 자신들의 복지와, 심지어 생존까지 걸고 있는 사람들의 최대 관심사가 된다. 따라서 사람들은 당연히 그 신인에게 최후의 재앙인 죽음을 포함하여 육신에 닥치는 재앙들을 피할 수 있도록 고대인의 지혜로 고안해낸 규칙들을 따르라고 강제한다. 그러한 규칙들은 지금까지 검토해 본 바와 같이, 보통의 사리분별을 지닌 사람이 지상에서 오래 살자면 누구나 따라야 한다고 원시인들이 생각하는 처세훈에 지나지 않는다. 그러나 일반인에게는 그 규칙의 준수가 개개인의 선택에 맡겨지는 반면, 신인에게는 지위 박탈이나 심지어 죽음의 형벌로써 강제된다. 왜냐하면 그 신인의 숭배자들은 그의 삶에 너무나 큰 이해관계가 걸려 있기 때문에, 신인이 그 규칙들에 대해 이랬다저랬다 하도록 내버려둘 수가 없는 것이다. 따라서 먼 옛날 미개인 철학자들의 독창성의 산물이며, 지금까지도 겨울 밤에 할머니들이 굴뚝 모서리에 앉아 화롯가에 옹기종기 모인 손자들에게 무슨 대단한 보물인 양 들려주는 온갖 기묘한 미신과 태곳적 격언, 케케묵은 속담을 비롯한 고대의 환상들, 이 모든 머릿속의 거미줄들이 고대의 왕, 곧 인간신이 가는 길에 빽빽하게 드리워 인간신은 거미줄에 걸린 파리처럼 관습의 실에 묶여서 손가락 하나 까딱할 수가 없었다. '공기처럼 가볍고 쇠사슬처럼 질긴' 그 실은 끝없는 미로 속에 서로 얽히고설켜서 죽음이나 지위 박탈을 통해서만 벗어날 수 있는 규칙의 그물로 인간신을 꽁꽁 묶어놓았다.

그래서 과거를 연구하는 이들에게 고대 왕과 사제들의 생활은 교훈으로 가득하다. 그 속에는 세계가 아직 어렸을 때 지혜로 여기던 모든 것이 집약되어 있었다. 그것은 모든 사람이 자기 삶의 본보기로 삼고자 노력했던, 원시적 철학이 정해놓은 설계에 따라 정확하게 구축한 완전무결한 모범이었다. 우리가 보기에 그 철학이 조잡하고 허위적인 것일지라도, 그것이 논리적 일관성이라는 장점을 지니고 있다는 사실을 부인하는 것은 부당한 일일 것이다. 생명체 속에 존재하지만 그것에서 따로 분리해 낼 수 있는 작은 존재 또는 영혼을 생명력이라고 바라보는 관념에서 출발하여, 그것은 생활의 실천적 지침으로서 대체로 앞뒤가 잘 맞고, 상당히 완결적이며, 조화로운 전체를 이루는 규칙들의 체계를 연역해 내고 있다. 그 체계의 결함─치명적인 것으로서─은 추론과정이 아니라 그 전제에 있다. 다시 말해서 생명의 본질에 대한 관념이 문제지, 그 관념에서 끌어낸 결론의 부적합성이 문제는 아니다. 그러나 그러한 전제의 허위성을 우리가 쉽게 간파해 낼 수 있다고 해서 그 전제를 우스꽝스러운 것으로 매도한다면, 그것은 비철학적일 뿐 아니라 배은망덕한 태도가 될 것이다.

우리는 지나간 세대들이 세워놓은 토대 위에 서 있다. 지금 우리가 도달한, 그다지 높지 않은 지점까지 오기 위해 인류가 얼마나 고통스럽고 장구한 노력을 바쳤는지 우리는 단지 희미하게밖에 알지 못한다. 우리는 이름없이 잊혀져간, 수고한 사람들에게 감사해야 마땅하다. 그들의 인내성 있는 사고와 능동적인 노력이 오늘의 우리를 만든 것이다. 한 시대, 한 인간이 인류 공통의 저장고에 보탤 수 있는 새로운 지식의 양은 지극히 미미하다. 따라서 거기에 우리가 보탤 권리가 있는 몇 알의 곡식을 뽐내느라고 높이 쌓인 곡식더미를 무시하는 것은, 배은망덕 이전에 우매함이나 기만이라고 해야 할 것이다. 오늘날에는 근대나 심지어 고전적 고대에 대해서까지 그 시대가 인류의 전반적 진보에 기여한 공로를 낮게 평가할 위험성이 사실상 거의 없다. 그러나 그 범위를 벗어나면 사정이 다르다. 미개인과 그의 생활양식에 대해서는 경멸과 조소, 혐오와 비난이 유일한 평가였다.

하지만 우리가 고맙게 기려야 할 은인들 중에 상당수, 어쩌면 대부분은 미개인일 것이다. 왜냐하면 모든 말과 행동으로 볼 때, 아직도 우리와 미개인은 닮은 점이 차이점보다 훨씬 더 많기 때문이다. 우리가 미개인과 공통으로 지닌 것, 진실하고 유용한 것으로 애써 간직하고 있는 것은 우리 미개인 선조들에게서 비롯된 것이다. 우리가 독창적이고 직관적이라고 간주할 만한 기본적인 사상들을 그들은 경험을 통해 서서히 획득하여 우리에게 유산으로 전해준 것이다. 우리는 이 막대한 재산을 물려받은 상속자와 같다. 그 재산은 그것을 창시한 사람들에 대한 기억이 잊혀질 만큼 많은 세대를 거치며 계승되어 왔고, 그것을 일시 소유한 사람들은 그것이 태초부터 그들 민족의 독창적이고 불변하는 재산이었다고 생각한다.

그러나 반성과 연구의 결과, 우리는 대부분 우리 것이라고 여겨온 많은 것이 우리 선조들에게 빚진 것이며, 그들의 오류는 고의적인 방종이나 정신착란의 표현이 아니라 단지 가설일 뿐이라는 것을 납득하게 되었다. 그 가설은, 제기된 당시에는 그런 식으로 정당화할 수 있었지만, 더 충분한 경험이 쌓이면서 타당치 않은 것으로 판명된 것들이다. 오직 가설의 연속적인 실험과 허위의 배제를 통해서만 궁극적으로 진리를 도출할 수 있는 것이다. 결국 우리가 진리라고 부르는 것도 단지 가장 잘 들어맞는 가설에 지나지 않는다. 따라서 더 미개한 시대, 더 미개한 인류의 견해와 관습을 검토할 때, 우리는 그들의 오류를 진리 추구의 길에서 불가피하게 저지른 실수로 관대하게 바라보

고, 우리 자신에게도 언젠가는 필요하게 될 사면의 은전을 베풀어주는 것이
좋을 것이다. '선조들이 들어 마땅한 변호의 입장으로(*cum excusatione itaque
veteres audiendi sunt*).'

● 제 2 권 ●

신의 살해

1장
신들의 유한성

　지적 발달의 초기 단계에서 인간은 자신을 원래 불멸하는 존재로 여기며, 생명의 실을 때이르게 잘라버리는 마법사들의 악랄한 주술만 아니라면 자신이 영원히 살 것처럼 상상한다. 사람의 소망과 기대에 부합하는 이러한 환상은 오늘날에도 수많은 미개부족 사이에서 여전히 통용된다. 모든 곳에서 종교의 시대에 선행한 것으로 나타나는 주술의 시대에는 그런 생각이 보편적으로 통했을 것이다. 그러나 오래지 않아 인간은 반드시 죽는다는 슬픈 진실이 어떤 편견으로도 반박할 수 없고, 어떤 궤변으로도 은폐할 수 없는 증명력을 지닌 채 우리 원시인 철학자에게 확신으로 다가왔다. 원시인 철학자들이 마지못해 죽음의 필연성에 동의하도록 만든 다양한 영향 가운데 점점 커져가던 종교의 영향을 빼놓을 수 없다. 종교는 주술과 그것에 근거를 둔 온갖 터무니없는 주장의 허황함을 폭로하여 차츰 인간의 오만과 자연에 대한 불손한 태도를 누그러뜨리고, 우주에는 인간의 허약한 지력으로는 도저히 헤아릴 수 없는 신비와 인간의 연약한 손으로는 도저히 제어할 수 없는 힘들이 존재한다는 것을 믿도록 가르쳤다. 이렇게 해서 인간은 가면 갈수록 불가피한 것에 복종하며, 짧고 고통스러운 이승의 삶 대신 내세의 축복받은 영생에 대한 희망에서 위안을 얻는 법을 배우게 되었다.

　그러나 인간은 초인간적이며 동시에 초자연적인 존재가 실재한다는 것을 마지못해 인정하기는 했지만, 아직 자신과 그들 사이에 대단히 큰 심연이 가로놓여 있다고는 생각지 않았다. 그들의 상상력이 미지의 어둠 속으로 데려다놓은 신들은 지식과 능력 면에서, 또 삶의 휘황한 즐거움과 지속성 면에서 인간보다 우월했다. 그러나 인간이 깨닫지는 못했지만, 이렇듯 영광스럽고 외경스러운 존재들은 단지 브로켄(Brocken) 산의 요괴*처럼 인간 자신의 왜소한 모습이 원거리에서 무지의 안개와 구름에 반사되어 거대한 형상으로 확대되어 보이는 것에 지나지 않는다. 실제로 인간은 자신의 형상을 본떠서 신들을 창조했으며, 자신이 유한하기 때문에 자신의 피조물도 필연적으로 똑같이 서글픈 운명을 타고난 것으로 상상했다. 그래서 그린란드인들은 바람이 자기네 가장 힘센 신을 죽일 수 있으며, 신도 개를 건드리면 죽는다고 믿었다. 그들은 기독교의 신에 관해 듣자 줄곧 그 신이 죽지 않느냐고 물었고, 그렇지 않다는 것을 알고는 크게 놀라서 그 신이야말로 정말로 위대한 신이 틀림없다고 말했다. 한 북아메리카 인디언은 도지(A. I. Dodge) 대령의 질문에 답하여, 세상은 위대한 정령이 만들었다고 말했다. 그 위대한 정령이 선한 정령인지 악한 정령인지 묻자 그는 이렇게 응답했다. "어느쪽도 아니다. 세상을 만든 위대한 정령은 오래 전에 죽었다. 이렇게 오랫동안 살아 있을 리 없으니까." 필리핀 제도의 한 부족은 창조주의 무덤이 카부니안(Cabunian) 산 정상에 있다고 스페인 정복자들에게 말했다. 호텐토트족의 신이자 신적 영웅인 헤이치에이빕(Heitsi-eibib)은 여러 차례 죽었다가 다시 살아났다. 그의 무덤들은 보통 산악 사이의 좁은 협곡에 있는데, 호텐토트족 사람들은 그 무덤을 지날 때 행운을 빌며 이따금 "가축이 늘어나게 해주소서"라고 중얼거리면서 무덤 위로 돌을 하나 던진다. 크레타에 있는, 그리스의 주신 제우스의 무덤은 금세기 초엽까지 관광 명소였다. 디오니소스의 시체는 델피 신전의 아폴로 황금상 옆에 묻혔으며, 그 무덤에는 '세멜레(Semele)의 아들 디오니소스, 여기 묻히다'라는 비문을 새겼다. 아폴로 자신이 델피에 묻혔다는 설도 있다. 피타고라스가 그 무덤의 비문을 새겨, 아폴로 신이 큰 뱀한테 물려 죽어서 제단 아래에 묻힌 일을 설명해 놓았다고 전한다. 고대의 신 크로노스

---

*높은 산에 오를 때 이따금 경험하는 현상으로, 관찰자의 그림자가 맞은편 봉우리 주변에서 소용돌이치는 안개 위에 환상적으로 왜곡되고 확대된 영상으로 나타나는 것을 말한다. 작센 주 하르츠 산맥에 있는, 높이 1,140미터의 브로켄 산에서 처음 관찰되었으며, 제임스 호그(James Hogg)가 *The Private Memoirs and Confession of a Justified Sinner*(1824)에서 생생하게 묘사하였다. 이 책에서 조지 콜완은 에든버러의 아서스싯 산 봉우리를 둘러싼 이른 아침의 운무 위에 거대한 유령의 형상이 떠오르는 것을 본다.

(Cronos)는 시실리에 묻혔고, 헤르메스(Hermes)·아프로디테·아레스(Ares)
의 무덤은 각기 헤르모폴리스(Hermopolis)·키프로스·트라키아(Thracia)에
있었다.

이집트의 위대한 신들도 똑같은 운명에서 벗어나지 못했다. 그들도 늙고
죽어갔다. 인간과 마찬가지로 그들도 육체와 영혼으로 이루어졌으며, 인간
과 마찬가지로 그들도 육체의 온갖 열정과 결함에 종속되었던 것이다. 그들
의 육체는 실상 사람보다 더 영묘한 형상을 지녔으며 더 오래 존속했지만, 시
간의 손길을 벗어나 영원히 지탱할 수는 없었다. 세월이 가면 그들의 뼈는 은
색, 살은 금색, 하늘색 머리카락은 군청색으로 변했다. 때가 되면 그들은 산
자들의 명랑한 세계를 떠나 무덤 너머 음울한 세계에서 죽은 자들을 다스리
는 죽은 신으로 군림했다. 그들의 영혼조차도 인간의 영혼처럼 사후에 육신
이 온전하게 남아 있는 동안만 지탱할 수 있었으며, 신의 육체와 더불어 신의
영혼이 종말을 맞이하지 않도록 하기 위해서는 신의 사체도 평범한 인간의
시체처럼 보존할 필요가 있었다. 처음에는 그들의 유해를 산악지대의 모래
사막 아래 파묻어 메마른 토양과 청결한 공기가 부패를 막아주도록 했다. 그
래서 이집트 신들의 가장 오래된 호칭 중에는 '모래 아래 있는 이들'이라는
표현이 있다.

그러나 이후 미라 보존 기술을 발견하여 사자들의 시신을 무한정 썩지 않
게 보존할 수 있게 되면서 사자들의 영혼은 수명이 늘어났다. 사람은 물론 신
들도 합리적인 영생의 희망을 제시해 주는 발명의 혜택을 공유한 것이다. 당
시 모든 지방에는 그 지방에서 죽은 신의 무덤과 미라가 있었다. 오시리스의
미라는 멘데스(Mendes)에 있었고, 티니스(Thinis)에서는 안호우리(Anhouri)의
미라가 자랑거리였다. 헬리오폴리스(Heliopolis)에서는 토모(Toumou)의 미라
를 기쁘게 보존했다. 그러나 신들의 육신이 지상의 무덤 속에서 붕대에 싸여
있는 동안 그들의 영혼은, 이집트 사제들의 말을 그대로 믿는다면, 하늘에서
밝은 별이 되어 빛났다. 이시스의 영혼은 시리우스자리에서, 호루스의 영혼
은 오리온자리에서, 티폰의 영혼은 큰곰자리에서 빛났다. 그러나 신의 죽음
이 신성한 혈통의 소멸을 수반하는 것은 아니었다. 신은 보통 그 부인에게서
아들 겸 후계자를 얻었으며, 그 아들은 아버지인 신이 죽고 나면 그의 신적

지위와 권능과 영예를 모두 계승했다. 바빌론의 위대한 신들은 꿈과 환상 속에서만 그 숭배자들에게 나타나는 존재였지만, 그들도 인간적인 신체 형상과 인간적인 감정, 인간적인 운명을 지녔다. 인간과 마찬가지로 그들도 세상에 태어나 사랑하고 싸우고 죽어갔던 것이다.

신의 죽음에 관한 가장 유명한 이야기 중 하나는 플루타르코스가 전하는 것이다. 그 이야기는 다음과 같다. 티베리우스 황제 시대에 에피테르세스라고 하는 한 학교 선생이 그리스에서 이탈리아로 항해 중이었다. 그가 탄 배는 상선이었으며, 다른 많은 여행객이 동승하고 있었다. 저녁 무렵 그들이 에키나디아(Echinadia) 제도 근해를 지날 때 바람이 잦아드는 바람에 배가 팍소스(Paxos) 섬 가까이 떠내려갔다. 여행객들은 대부분 깨어 있었고, 많은 사람이 저녁식사를 마치고 술을 마시고 있었다. 그때 섬에서 배를 향해 외치는 목소리가 들리며 타무스를 찾았다. 선원과 승객들은 깜짝 놀랐다. 타무스라고 하는 이집트인 항해사가 배에 타고 있기는 했지만 그의 이름을 아는 사람이 거의 없었던 것이다. 부르는 소리가 두 차례 반복되었지만, 타무스는 침묵을 지켰다. 그러나 세번째 부름에 그가 대답하자, 해안에서 들리던 목소리가 더 커지며 이런 말을 했다. "그대가 팔로데스(Palodes)에 가거든 위대한 판(Pan)신이 죽었다고 일러다오." 경악이 모든 사람을 사로잡았다. 그들은 목소리의 분부대로 따르는 것이 좋은지 아닌지 상의했다. 결국 타무스는 만약 바람이 계속 불면 소리 없이 그 장소를 지나가고, 만약 팔로데스 근해에서 바람이 잦아들면 그 소식을 전하기로 결심했다. 그런데 배가 팔로데스에 이르자 바람이 아주 잠잠해졌다. 그래서 타무스는 고물에 서서 뭍을 바라보며 부탁받은 대로 외쳤다. "위대한 판신이 죽었다." 그의 입술에서 그 말이 떨어지자마자 마치 수많은 군중이 곡을 하는 것 같은 커다란 애도소리가 사람들의 귀에 들렸다. 이 기이한 일화가 배에 같이 탄 많은 사람의 증언을 통해 금세 로마에 소문이 나자 티베리우스 황제가 타무스를 불러 친히 심문했다. 그리고 황제는 죽은 신에 관해 조사해 보도록 명령을 내렸다.*

---

*추정컨대 이 이야기의 요점은 선원들이 신의 이름을 자기네 동료 중 한 사람의 이름과 혼동했다는 데 있는 것 같다.

위대한 판신의 죽음을 알린 일화는 오늘날까지도 논란의 대상이 되었고, 이에 따라 다양한 설명이 제시되었다. 대체로 가장 간단하고 자연스러워 보이는 설명은, 그 슬픈 종말을 그처럼 신비하게 선포하고 애도한 문제의 신이 시리아의 신 타무즈(Tammuz) 또는 아도니스라는 것이다. 그리스와 출신지인 시리아에서 해마다 추종자들이 그 신의 죽음을 애도한 것으로 알려져 있다. 아테네에서는 그 의식이 한여름에 벌어졌다. 그리스의 한 섬에서 한 떼의 타무즈 숭배자들이 관례에 따라 열정적인 애도의 표현으로 자기네 신의 죽음을 기리고 있을 때 배 한 척이 해안 부근에서 발이 묶이게 되었는데, 여름밤의 고요 속에 애도의 목소리가 놀랍도록 뚜렷하게 바다 건너로 울려퍼져 그 소리를 듣는 여행객들의 마음에 깊고 지속적인 감동을 주었으리라는 견해는 아주 그럴듯하다.

사실이 어떻든, 같은 종류의 설화들이 중세 때까지 서아시아 지방에서 통용되었다. 한 아랍인 문필가의 기록에 따르면, 칼리프 카이엠(Caiem)이 재위 중이던 서기 1063년이나 1064년에 한 소문이 바그다드를 통해 외부로 전해져 이내 이라크 속주 전역에 퍼졌다. 그에 따르면 사막에서 사냥을 하던 몇몇 투르크인이 검은 천막을 발견했는데, 천막 안에는 많은 남녀가 모여 동양에서 누군가 죽었을 때 하는 관습대로 자기 얼굴을 때리며 커다란 소리로 곡을 하고 있었다. 그 소리 중에 그들은 이런 말을 알아들었다. "진(Jinn)족의 위대한 왕이 죽었으니 온 나라의 불행이로다!" 이 이야기에 뒤이어 진족의 죽은 왕을 애도하지 않는 성읍은 모두 멸망할 것이라는 불가사의한 협박이 아르메니아(Armenia)에서 추지스탄(Chuzistan)에 이르기까지 도처에 유포되었다. 또, 1203년 내지 1204년에 목구멍에 감염되는 치명적인 질병이 모술(Mosul)과 이라크 지방에서 창궐했을 때, 소문에 따르면 움 운쿠드(Umm 'Uncūd), 곧 '포도송이의 어머니'라고 부르는 진족의 한 여인이 아들을 잃었는데, 그를 위해 애도하지 않는 사람은 모두 그 전염병에 걸릴 것이라고 했다. 그래서 많은 남녀가 죽음을 면하기 위해 한데 모여서, 자기 얼굴을 때리며 애처로운 목소리로 이렇게 곡을 했다고 한다. "포도송이의 어머니여, 우리를 용서하소서. 포도송이가 죽었는데도 우리는 모르고 있었나이다."

2장
신성한 왕의 살해

이승의 번뇌와 열망에서 멀리 벗어난 채 산다는 높은 신들도 마침내 죽는 것으로 믿었다면, 연약한 육신의 장막에 거주하는 신이 그 같은 운명을 피한다는 것은 기대할 수도 없는 일일 것이다. 마법의 힘으로 자신들이 죽지 않는다고 상상한 아프리카 왕들이 있었다는 이야기도 있지만 말이다. 그런데 앞서 살펴보았듯이, 원시부족들은 때때로 자신들의 안전과, 나아가 세상의 안전까지 그러한 신인(神人) 또는 인간으로 화신한 신적 존재의 생명과 결부되어 있다고 믿었다. 따라서 그들은 자신들의 생명을 위해 신인의 생명을 극진히 돌보게 된다. 그러나 아무리 배려하고 조심해도 인간신이 나이를 먹고 허약해져서 마침내 죽는 것을 막지는 못할 것이다. 그의 숭배자들은 이처럼 서글픈 필연성을 고려하여 최선의 대비를 해야 했다. 그 위험은 참으로 끔찍스러운 것이다. 자연의 운행이 인간신의 생명에 달려 있다면, 그의 능력이 점점 쇠퇴하여 마침내 죽음 속에 소멸하는 사태로부터 어떤 파국인들 예상하지 못할 것인가?

이러한 위험을 피하는 길은 오직 하나뿐이다. 인간신은 그 능력이 쇠약해지는 징후가 보이는 즉시 살해되어야 하며, 그의 영혼은 사체의 부패로 심각한 손상을 입기 전에 원기왕성한 후계자에게 이전되어야 한다. 인간신이 노령과 질병으로 죽도록 내버려두는 대신, 이처럼 미리 죽일 때의 이점은 미개인들이 보기에 명백하다. 인간신이 이른바 자연사한다면, 그것은 미개인들에게는 인간신의 영혼이 자발적으로 육체를 떠나서 돌아오지 않거나, 아니면 더 흔하게는 방황하다가 악마나 마법사에게 사로잡히는 것을 의미한다. 어떤 경우든 숭배자들은 인간신의 영혼을 잃어버리는 것이며, 그와 더불어 그들의 번영도 사라지고 생존 자체가 위험에 처하는 것이다. 설사 죽어가는 신의 영혼이 자기 입술이나 콧구멍을 빠져나갈 때 붙잡아서 후계자에게 옮겨줄 수 있게 대비한다 하더라도, 이는 실효성이 없다. 왜냐하면 병으로 죽는다면 인간신의 영혼은 필시 가장 허약하고 가장 기력이 고갈된 최후 단계에 자신의 육체를 떠날 것이며, 그처럼 쇠약해서는 어떤 육체에 옮겨가더라도 늘어지고 무기력한 상태로 연명할 것이기 때문이다. 반면에 인간신을 살해함으로써 숭배자들은 인간신의 영혼이 빠져나갈 때 확실하게 붙잡아서 적당한 후계자에게 옮겨줄 수 있고, 인간신의 자연적인 힘이 줄어들기 전에 그를 죽임으로써 인간신의 쇠퇴와 더불어 세상이 쇠퇴하는 것을 확실히 막을 수 있다. 다시 말해서, 그처럼 인간신을 살해하면 그의 영혼이 아직 절정기에 있을 때 원기왕성한 후계자에게 이전할 수 있으므로 모든 목적이 충족되고, 모든 위험이 비껴가는 것이다.

　노령이나 질병으로 서서히 죽는 죽음보다 폭력적인 죽음을 선호하는 이유 몇 가지는 인간신만이 아니라 일반인에게도 적용 가능한 것이다. 이를테면 망가이아(Mangaia)족*은 "자연사하는 사람들의 영혼은 그 육체가 붕괴상태에 있기 때문에 지나치게 약하고 무력한 반면, 전투에서 죽은 사람들의 영혼은 그 육체가 질병으로 쇠퇴하지 않았기 때문에 강하고 활기차다"고 생각한다. 바롱고(Barongo)족은 무덤 너머 저세상에서 죽은 조상들의 영혼이 죽을 당시의 육신과 똑같은 모습으로 나타난다고 믿는다. 영혼은 육신이 죽을 때 젊었느냐 늙었느냐에 따라 젊거나 늙어 보인다. 사지로 기어다니는 어린아이의 영혼도 있다. 그란차코(Gran Chaco)**의 렝과 인디언은 죽은 사람의 영혼이 죽을 당시에 떠나온 육체의 형태와 특징을 똑같이 닮는다고 확신한다. 그래서 이승에서 키가 컸던 사람은 영혼의 세계에서도 키가 크고, 키가 작았던 사람은 키가 작으며, 불구자였던 사람은 불구자다. 어린이의 육체를 떠난 영혼은 계속 어린이로 남으며, 결코 어른이 되지 않는다. 그들은 살인자의 육

---

*남태평양 쿡 제도의 주민들.
**이 강은 아르헨티나 북부와 파라과이 남부 사이를 흐른다.

신을 불태우고 남은 재를 바람에 뿌리는데, 이렇게 하면 그의 영혼이 저세상에서 인간의 형상을 얻지 못할 것이라고 생각하기 때문이다. 또, 마니푸르의 나가(Naga) 부족도 죽은 사람의 유령이 죽을 당시의 모습과 똑같이 상처자국과 문신, 불구 따위의 특징을 그대로 지닌다고 주장한다. 바간다족은 생시에 수족이 잘린 사람의 영혼은 사후에도 똑같이 수족이 잘려 있다고 생각한다. 그래서 그 같은 수치를 피하기 위해 그들은 수족 하나가 잘리고 살기보다는 사지가 모두 멀쩡한 상태로 죽기를 바란다.

이와 같이 사람들은 영혼이 육신을 떠날 때 노령과 질병으로 허약해지지 않고 내세에서 싱싱하고 활기차게 출발할 수 있도록 하기 위해 때때로 쇠약해지기 전에 자살하거나 살해당하는 것을 선호하기도 한다. 이를테면 피지에서는 "자기 희생이 결코 드문 일이 아니다. 사람들은 자신들이 이승을 떠날 때와 같은 상태로 계속 남을 것이라고 믿는다. 이는 노쇠상태나 불구상태를 피해 자발적인 죽음을 맞이하는 강력한 동기를 이룬다." 또, 피지인들을 관찰한 또다른 사람이 좀더 상세히 설명하는 바에 따르면, "노인들의 자발적인 자살 풍습은 지극히 특이한 관습 중 하나인데, 이 풍습도 내세에 대한 미신과 관련이 있다. 그들은 사람이 죽음의 순간에 지닌 것과 똑같은 정신적·신체적 능력을 가지고 극락의 기쁨을 누린다고 믿는다. 즉, 육체적 생존이 끝나는 지점에서 영적 생활이 시작된다는 것이다. 이런 견해를 지니고 있기 때문에, 그들은 노령으로 정신적·신체적 능력이 극도로 쇠약해져서 극락의 기쁨을 맛볼 능력을 잃어버리기 전에 자연스럽게 그러한 변화를 겪기를 바라는 것이다. 이러한 동기에 더하여, 전사들의 부족에서는 신체적 허약함을 경멸한다는 사실, 더 이상 자기를 지킬 수 없게 된 사람들 앞에는 박대와 모욕만이 기다린다는 사실을 추가해야 한다. 따라서 어떤 사람이 나이를 먹어 자기힘이 쇠약해지는 것을 깨닫고 머지않아 자신이 이승의 직분을 감당하지도 못하고 장차 즐거움을 나누어 가질 수도 없을 것이라는 생각이 들면, 그는 친척들을 한 자리에 불러모아 자기는 이제 늙고 쓸모없게 되었으며 사람들이 자기를 창피하게 여길 것을 알기 때문에 땅에 묻히기로 결심했다는 이야기를 한다." 그리하여 미리 정한 어느날 사람들이 만나서 그를 산 채로 매장한다. 뉴헤브리디스 제도의 바테(Vaté) 섬에서는 노인들이 자청해서 생매장을 당했다. 늙은 추장의 가족은 그가 생매장되지 않는 것을 불명예라고 여겼다. 아비시니아의 유대계 부족인 카만트(Kamant)족에 관한 보고 가운데 이런 보고가 있다. "그들은 어떤 사람이 자연사하도록 내버려두지 않는다. 친척 중 누가 거의 죽을 것 같으면, 그들은 마을의 사제를 불러 그의 목을 베어달라고 부탁한다. 이 절차를 빠뜨리면 육체를 떠난 영혼이 천국에 들어가지 못한다고 그들은 믿는다." 고대 그리스의 철학자 헤라클레이토스(Heracleitos)는 전쟁에서 죽은 사람들의 영혼이 질병으로 죽은 사람들의 영혼보다 더 순수하다고 생각했다.

필코마요(Pilcomayo) 강*변에 사는 남아메리카 인디언 부족인 치리과노(Chiriguano)족에는 어떤 사람이 죽기 직전에 가장 가까운 친척이 도끼로 그의 등뼈를 부러뜨려 죽이는 관례가 있었다. 그들은 사람이 자연사하는 것을 최대의 불행이라고 생각했다. 파라과이의 파야과(Payagua) 인디언이나 동남부 브라질의 과야나(Guayana) 인디언은 어떤 사람이 삶에 싫증을 느끼게 되면, 잔치를 벌여 주흥과 춤이 한창일 때 그 사람에게 고무를 칠하고 알록달록한 새의 깃털을 붙였다. 그리고 그 사람을 위해 커다란 항아리를 미리 준비해서 땅에 묻어놓고는, 항아리 안에 그 사람을 집어넣고 아가리에 구운 진흙으로 만든 무거운 뚜껑을 씌웠다. 그런 다음 그 위에 흙을 덮는데, 그러면 "그는 첫 혼례식보다 더 기쁘고 즐겁게 자기 운명을 맞이했다." 동북아시아의 코랴크족은 마지막 순간이 임박했다고 느껴지면 악귀를 피해 선신(善神)에게 귀의하기 위해 자살을 하거나 친구의 손에 죽음을 당하는 것이 관례였다. 이와 비슷하게, 같은 지역의 축치(Chukchee)족은 어떤 사람이 기력이 쇠하고 삶에 지쳤을 때, 아들이나 가까운 친척에게 자기가 원하는 죽음의 방식을 지시해주고 자신을 죽여달라고 부탁했다. 그래서 지정한 날에 그의 친구와 이웃들이 모이면, 그는 그들이 보는 앞에서 자신의 지시에 따라 칼에 찔리거나 목을 졸리거나, 또는 어떤 다른 방식으로 죽음을 당했다. 사나운 안가미(Angami)족은 브라마푸트라(Brahmapootra) 계곡의 머리사냥 부족들 중에서 가장 호전적이고 가장 피에 굶주린 부족이다. 그들에게는 전사가 자연사하면 가장 가

*볼리비아 서부 안데스 산맥에서 발원하여 파라과이 강으로 흘러들어간다.

까운 남자 친척이 창으로 시체의 머리를 가격하여 상처를 입히는 풍습이 있다. 이는 그 사람이 저세상에서 전투 중에 죽은 사람으로 영예롭게 대접받도록 하기 위한 것이다. 이교도 바이킹족들은 싸우다 죽은 사람만이 발할라(Valhalla)의 오딘 신에게 영접을 받는다고 믿었다. 그래서 죽어가는 사람이 행복의 땅에 확실하게 들어가도록 하기 위해 창으로 찔러 상처를 입히는 것이 관례였던 것으로 보인다. 이 풍습은 병자를 살해하는 훨씬 오래된 풍습이 완화된 것일 수 있다. 프로코피오스(Prokopios)의 기록에 나오듯이, 튜턴계 부족인 헤룰리(Heruli)족은 병자와 노인을 그들 자신의 요청에 따라 정식으로 살해하고 장작불에 화장했다. 벤드(Wend)족*에게는 부모와 다른 친척이 나이를 먹으면 그들을 죽이고, 그 시체를 삶아서 먹는 관습이 있었다. 그런데 나이든 친족들은 연약하고 노쇠한 몸으로 지루하게 연명하기보다 이런 식으로 죽는 것을 더 좋아했다고 한다.

2

그러나 우리가 특히 관심을 기울이는 문제는 신인(神人) — 신성한 왕이나 사제 — 의 죽음이다. 캄보디아의 신비한 불과 물의 왕들은 자연사가 허용되지 않는다. 따라서 그들 중 한 사람이 심한 병이 들어 회복할 가망이 없다고 생각되면, 장로들이 그를 칼로 찔러 죽인다. 이미 살펴보았듯이, 콩고 사람들은 자신들의 대사제인 치토메가 자연사하면 세상이 멸망하고, 오직 그의 능력과 공덕의 힘으로 지탱되던 대지도 즉각 붕괴할 것이라고 믿었다. 따라서 치토메가 병이 들어 죽을 것 같으면, 후계자로 내정된 사람이 밧줄이나 곤봉을 들고 이 대사제의 저택에 들어가 그를 목조르거나 때려서 죽였다. 한 이탈리아인 기록자는 이러한 풍습을 다음과 같이 상세하게 설명하고 있다. "종종 폭력적으로 살해당하는 주술사들의 죽음에 관해 살펴보자. 그 죽음은 대부분 자발적이다. 나는 추종자들의 본보기가 되는, 이 무리의 우두머리에 대해

---

*벤드족은 또다른 고대 튜턴 부족이다.

서만 이야기하겠다. 그는 강가 치토메(Ganga Chitomé)라고 부르며, 대지의 신으로 추앙받았다. 모든 농작물의 첫 결실은 당연한 그의 몫으로 그에게 헌납한다. 왜냐하면 그것들을 지고한 하느님의 분부를 따르는 자연의 산물이 아니라, 그의 능력의 소산으로 여기기 때문이다. 그가 자랑하는 이런 능력은 그가 원하는 때에 원하는 사람에게 마음대로 전수해 줄 수 있다. 그는 자기 몸이 자연사해서는 안 된다고 주장한다. 그래서 병이나 노령 때문이든 마귀에게 현혹당해서든 자기 삶의 종말이 가까웠다고 생각될 때, 그는 제자 중에서 자기 능력을 전수해 주어 후계자로 삼고 싶은 사람을 부른다. 그리고 그에게 분부를 내려 자기 목에 올가미를 걸고 목을 조르거나, 아니면 커다란 곤봉으로 자기 머리를 때려 죽여달라고 명한다. 제자는 그의 말에 복종하여 그를 악마의 희생자로 바쳐 루시퍼(Lucifer)와 함께 영원히 불 속에서 고통을 겪게 만든다. 이러한 비극은 공개적으로 집행하는데, 이는 그의 후계자를 대중 앞에 명시적으로 드러내기 위한 것이다. 후계자는 대지를 비옥하게 하는 능력을 지니며, 그 능력은 죽은 자가 그에게 전수한 것이다. 그렇게 하지 않으면 대지는 불모지가 되고, 세상은 멸망할 것이라고 사람들은 말한다. 아, 얼마나 어리석고 눈먼 이교도들인가! 이들의 마음의 눈을 깨우쳐주자면 장님으로 태어난 자의 육신의 눈을 열어준 그리스도의 손길이 필요할 것이다. 내가 알기로, 우리 당대에 그러한 주술사들 중 한 사람은 바다에 던져지고, 또 한 사람은 강에 던져졌으며, 한 어머니가 아들과 함께 처형당했고, 더 많은 사람이 우리 명령에 따라 체포되어 추방당했다.” 에티오피아 메로에(Meroe)*의 왕들은 신으로 숭배되었으나, 사제들이 언제든 왕에게 사자를 보내 신탁을 근거로 죽음을 명령할 수 있었다. 이집트 왕 프톨레마이오스 2세와 동시대 인물인 에르가메네스(Ergamenes)가 왕위에 오를 때까지 왕들은 항상 그 명령에 복종했다. 그러나 그리스식 교육을 받고 자기 동족의 미신에서 벗어난 에르가메네스는 사제들의 명령을 무시하는 모험을 감행하여 군대를 이끌고 황금 사원에 들어가 사제들을 칼로 쳐죽였다.

---

*메로에는 오늘날 수단 북부의 메로웨와 아트바라 사이에 있던 나일 유역의 고대왕국 나파타의 수도였다.

같은 종류의 풍습이 이 지역에서 근대에 이르기까지 성행한 것으로 보인다. 이를테면 아비시니아 서쪽 청나일강 계곡에 자리잡은 파조클(Fazoql)에서는 더 이상 존경받지 못하는 왕을 목매달아 죽이는 관례가 19세기 중엽까지도 있었다고 한다. 왕의 친척과 대신들이 모여서 왕을 에워싼 채 그가 더 이상 그 나라의 남자·여자·나귀·황소·가금류 따위에게 기쁨을 주지 못하므로 죽는 것이 낫겠다고 통고했다. 언젠가 한 번은 왕이 그런 지적을 받아들이려 하지 않자, 부인과 모친이 나서서 관습을 어기는 불명예를 저지르지 말라고 강하게 촉구하는 바람에, 왕이 결국 운명에 순순히 복종하여 관례대로 목매달려 죽었다. 파조클의 몇몇 부족에서는 왕이 날마다 어떤 나무 아래에서 송사를 관장하는데, 만약 병이라든지 어떤 다른 이유로 왕이 꼬박 3일 동안 그 직무를 수행하지 못하면 올가미를 씌워 나무에 매달았다. 올가미에는 면도(面刀)를 두 개 달아, 왕의 몸무게 때문에 올가미가 단단하게 조여지면 자연스럽게 목을 베도록 해놓았다. 파졸글루(Fazolglou)에서는 로마의 농신제와 성격이 비슷한 연례제전을 치른 뒤에 왕의 집 앞에서 왕에 대한 정식 재판을 열었다. 재판관은 그 나라의 추장들이었다. 왕은 재판이 진행되는 동안 용상에 앉아 있는데, 언제라도 사형을 집행할 준비를 갖춘 무장병들이 왕을 에워싸고 있었다. 조금 떨어진 곳에는 재칼이나 개 한 마리를 기둥에 묶어놓는다. 그러고 나서 재임 1년간의 왕의 행적을 거론하고 불평을 제기한다. 판결이 불리하게 나면, 왕을 처형하고 그의 가문 중에서 다른 후계자를 선정하였다. 그러나 왕이 무죄 판결을 받으면 사람들은 즉시 그에게 새롭게 경배를 올렸고, 개나 재칼을 대신 살해했다. 이 풍습은 1837년 혹은 1838년에 야신(Yassin) 왕이 그런 식으로 유죄 판결을 받고 처형당할 때까지 이어져 내려왔다. 그의 조카 아수사(Assusa)가 죽음의 위협을 받으며 왕위를 계승하도록 강요당했다. 이후에는 개의 죽음을 왕의 죽음을 대체하는 것으로 정식으로 인정한 것 같다. 이 사실은 파조클의 풍습에 관한 최근 기록을 통해 추리할 수 있다. 기록은 다음과 같다. "그들의 또다른 풍습은 의미가 지극히 모호하다. 연중 일정한 시기에 그들은 일종의 축제를 여는데, 그때는 모든 사람이 자기가 가장 좋아하는 일을 한다. 축제에 뒤이어 왕의 대신 네 사람이 왕을 가마에 싣고 집 밖의 광장으로 나온다. 가마 다리 하나에는 긴 노끈으로 개를 한 마리 매놓는다. 전 주민이 도처에서 몰려들어 그 장소를 둥글게 둘러싼다. 그리고 나서 사람들은 표창과 돌을 던져 개를 죽인다. 그런 연후에 왕을 다시 집 안으로 운반한다."

질병이나 노령의 초기 징후만 나타나도 신성한 왕을 죽여버리는 풍습은 백나일강의 실루크(Shilluk)족 사이에서, 지금은 완전히 소멸한 것으로 보이지만, 최근까지도 성행했다. 최근에 셀리그먼(C. G. Seligmann) 박사가 그것에 관해 세밀하게 조사한 적이 있었다. 그 주제에 관해 다음에 제시하는 상세한 정보는 그의 연구에서 빌려온 것이다.* 실루크족은 북으로 카카(Kaka)에서 남으로 노(No) 호수에 이르는 백나일 강 서안의 좁고 기다란 주변 지역과, 강 동안의 파쇼다(Fashoda)에서 타우피키아(Toufikia)까지, 그리고 소바트(Sobat) 강 상류 쪽 56킬로미터 지점까지 뻗어 있는 길쭉한 영토에 거주하는 부족이다. 실루크족의 영토는 거의 대부분 초원지대여서 가축류와 가금류가 사람들의 주요한 재산이지만, '두라(durra)'라고 하는 수수 종류의 곡식도 꽤 재배한다. 그러나 목축을 주로 하면서도 실루크족은 유목생활을 하지 않고 마을에서 정착생활을 한다. 이 부족은 현재 인구가 약 4만 명이며, 파쇼다에 도읍을 둔 단일한 왕 레트(ret)의 통치를 받는다. 왕의 신하들은 매우 세심하게 그를 돌보며 그를 대단히 공경한다. 옛날에는 그의 말이 곧 법이었고, 그가 전쟁터에 나가는 것을 허용하지 않았다. 오늘날에도 그는 여전히 상당한 위엄을 지닌 채 많은 권한을 행사한다. 그에게 제출되는 모든 문제에 관해 그가 내리는 결정은 신속하게 집행된다. 또, 그는 움직일 때마다 경호원을 12~20명 가량 대동한다. 실루크족이 왕에게 바치는 존경은 그를 니아캉(Nyakang)의 화신이라고 보는 믿음에서 주로 생겨나는 것으로 보인다. 니아

---

*1911년에 찰스 셀리그먼(그는 나중에 런던 경제학 스쿨의 떠오르는 샛별 말리노프스키 주변에 모인 한 무리의 인류학자들에 합류했다)은 백나일강의 실루크족과 딩카족 속에서 조사활동을 벌였다. 그는 프레이저에게 「실루크족의 신성한 왕들」이라는 미발표 논문의 타자 원고를 보냈다. 프레이저는 사전 양해를 얻어 그 논문의 많은 부분을 자기 원고에 끼워넣었다. 문제의 구절은 네미의 사제직에 관한 이론을 확증하는 증거를 제시한 것으로 보이지만, 공정하게 평가하자면 셀리그먼이 사전에 『황금가지』를 읽었으며, 불행한 왕 '레트'가 달빛 아래서 자기 왕위를 방어하는 데 관한 이야기에는 프레이저의 서정적 운율이 듬뿍 배어 있다는 사실을 덧붙여야 할 것이다.

캉은 실루크 왕조를 창건하고, 부족을 현재의 영토에 정착시킨 반신적(半神的) 영웅이다. 전설은 그가 부족을 서방 또는 남방에서 데려왔다고 엇갈리게 이야기한다.

신 또는 반신으로 간주되는 니아캉의 영혼이 재위 중인 왕에게 화신하기 때문에 왕 자신도 어느 정도 신성을 지니게 된다고 믿는 것이 실루크족의 기본 신앙이다. 실루크족은 종교적인 경외심으로 가득 차 왕을 떠받들며, 왕의 우연한 죽음을 막기 위해 온갖 예방조치를 취한다. 그러나 그들은 "왕의 기력이 쇠퇴하는 것과 더불어 소들이 병들고, 새끼를 번식하지 못하고, 농작물이 밭에서 썩어가고, 사람이 병들어 날이 갈수록 많이 죽는 일이 벌어지지 않도록 왕이 병들거나 노쇠해지는 것을 허용해서는 안 된다는 확신"을 지니고 있다. 그 같은 재앙을 예방하기 위해 실루크족은 언제든 왕이 병이나 체력 손상의 징후를 보이면 왕을 죽이는 것이 관례였다. 치명적인 쇠약의 징후로 여기는 것 중 하나가 부인들의 성적 욕망을 만족시켜 주지 못하는 것이었다. 왕은 아주 많은 부인을 파쇼다의 수많은 집에 분산시켜 살게 했는데, 그 같은 끔찍한 쇠약의 증상이 나타나면 부인들이 그 사실을 추장들에게 알렸다. 그러면 추장들은 어느 무더운 날 오후에 왕이 누워서 낮잠을 잘 때 하얀 천을 그의 얼굴과 무릎에 펼쳐놓음으로써 왕에게 자기 운명을 알려주었다고 한다. 처형은 사형선고를 내리고 나면 바로 시행했다. 그 일을 위해 특별히 오두막 한 채를 짓는데, 오두막이 완성되면 왕은 그 안에 들어가 나이 찬 처녀의 무릎에 머리를 베고 눕는다. 그러면 오두막 문이 닫히고, 그 한쌍은 음식이나 물, 불 따위를 일체 공급받지 못한 채 기아와 질식으로 죽어갔다. 이것이 옛날 관습이었으나, 그런 식으로 죽은 왕 중 한 사람이 극심한 고통을 겪는 사건이 발생한 것을 계기로 약 다섯 세대 전에 폐지하였다. 그 왕은 자기 동반자보다 며칠 더 살아남았는데, 썩어가는 여자 시체의 악취 때문에 너무나 고통스러워 사람들을 향해 다시는 왕이 이런 식으로 오랫동안 지독한 고통을 겪으며 죽는 일이 없도록 하라고 마구 고함을 질러댔다. 한동안 시간이 흐르자 고함소리가 침묵 속에 잦아들었다. 죽음이 그를 고통에서 해방시켜 준 것이다.

셀리그먼 박사의 조사에 따르면, 실루크족의 왕은 쇠약의 징후가 처음 나타날 때 적당한 의식을 거쳐 살해당할 수 있었을 뿐만 아니라, 심지어 아직 건강과 체력이 전성기에 있을 때에도 언제든 경쟁자의 공격을 받을 수 있었고, 따라서 생명을 건 전투 속에서 왕관을 지켜야 했던 것으로 보인다. 실루크족의 일반적 전통에 따르면, 왕의 아들에게는 현직 왕과 싸워 왕을 죽이는 데 성공하면 대신 왕위에 오를 권리가 있었다. 모든 왕이 무수한 후궁과 수많은 아들을 거느리기 때문에 왕위 후보자의 숫자는 어느 때든 결코 적지 않았을 것이므로 왕은 목숨을 늘 수중에 가지고 다녀야 했을 것이다. 그러나 그에 대한 공격은 밤에 해야만 조금이라도 성공할 가망이 있었다. 낮에는 왕이 친구들과 경호원들로 둘러싸여 지내기 때문에, 왕위를 노리는 자가 그들을 제치고 다가가 왕에게 치명타를 가하기란 난망한 일이었다. 그러나 밤에는 달랐다. 그때는 경호원들이 해산하고 왕 혼자서 총애하는 부인들을 데리고 자기 처소에서 지냈으며, 주변에서 왕을 보호해 줄 사람이라고는 조금 떨어진 오두막에 거주하는 몇몇 목동뿐이었다. 따라서 밤은 왕에게는 위난의 시기였다. 사람들이 하는 이야기에 따르면, 왕은 완전무장을 하고 자기 오두막 주변을 배회하며 칠흑같은 어둠 속을 쏘아보거나, 아니면 근무 중인 보초처럼 어둠 속 한구석에서 말없이 망을 보면서 경계상태로 밤을 보냈다. 그러다가 마침내 경쟁자가 나타나면 변함없는 정적 속에서 싸움이 벌어지고, 창과 방패가 부딪치는 소리만 들렸다. 목동들에게 지원을 청하지 않는 것을 명예로운 일로 여겼기 때문이다.

실루크족의 왕이 즉위할 때 행하는 의식 중 주요 부분은 왕조의 창건자부터 후대의 모든 왕에게 전해 내려온 니아캉의 신성한 영혼을 새 왕에게 양도해 주기 위해 고안된 것으로 보인다. 그 목적을 위해 신성한 네 발 걸상과, 니아캉 자신의 이름을 새긴 신비한 물건을 아쿠르와(Akurwa)에 있는 니아캉 사당에서 새로 선출된 왕과 추장들이 기다리고 있는 파쇼다 부근의 작은 마을 크웜으로 아주 엄숙하게 운반한다. 그곳에서 니아캉의 영정을 걸상 위에 놓고 새로 선출된 왕이 걸상 다리 하나를, 중요한 추장 한 사람이 다른 하나를 잡는다. 왕은 한 무리의 왕자들과 귀족들에 둘러싸이며, 왕 가까이에는 그의 고모 두 사람과 누이 두 사람이 시립한다. 그런 후에 황소 한 마리를 잡아서 실루크족 제3대 왕의 후손으로 알려진 '오로로(ororo)'라는 가문의 남자들이 그 고기를 먹는다. 그러고 나서 아쿠르와 사람들은 니아캉의 영정을 사당으로 운반하며, '오로로' 사람들은 새로 선출한 왕을 신성한 걸상 위에 앉힌다. 왕은 그 자리에 일정한 시간 동안, 겉으로 보기에는 해질 때까지 계속 앉아 있는다. 왕이 일어나면 아쿠르와 사람들이 걸상을 사당으로 다시 가져가고, 왕은 새로 지은 세 채의 오두막으로 호송되어 그곳에서 사흘 동안 격리생활을 한다. 넷째날 밤에 그는 조용히, 거의 비밀리에 파쇼다의 왕실 저택으로 인도되어 다음날부터 신하들 앞에 공개적으로 모습을 드러낸다.

전반적으로 실루크족의 신성한 왕과 관련한 이론 및 실천은 숲의 왕 네미의 사제와 관련한 이론 및 실천과 매우 유사하다. 후자에 대한 나의 견해가 정확하다면 말이다. 우리는 두 경우에서 모두 사람과 가축과 식물의 번식을 좌우한다고 믿던 일련의 신성한 왕들을 발견한다. 그 왕들은 모두 그들의 신성한 영혼이 질병이나 노령으로 인해 쇠약해지지 않은 원기왕성한 상태로 후계자에게 전승될 수 있도록 하기 위해 일 대 일 싸움이나 다른 방식으로 살해당한다. 왜냐하면 숭배자들이 생각하기에 왕의 쇠퇴는 필연적으로 사람과 가축, 농작물의 쇠퇴를 수반할 것이기 때문이다.

딩카(Dinka)족*은 백나일 강 계곡에 사는 독립 부족들의 집합체로, 영토는 주로 강의 동안 북위 6~12도 지점에 걸쳐 있고, 면적은 1만 5,000헥타르에서 1만 8,000헥타르에 달하는 것으로 추정된다. 이 민족은 무수한 독립 부족을 포함하며, 각 부족은 주로 가축 떼의 소유주들로 구성된다. 딩카족은 본질적으로 목축민족으로, 양과 염소도 키우지만 주로 소 떼를 돌보는 데 열성을 쏟는다. 여자들은 '두라'라고 부르는 수수와 깨를 경작한다. 부족들은 정치적 동맹을 맺고 있지 않다. 각 마을은 별개의 공동체를 이룬 채 같은 목초지에서 함께 가축 떼를 방목한다. 계절이 바뀌면 이들은 가축 떼를 이끌고 나일 강 강둑을 따라 이리저리 이동한다. 딩카족은 여름 우기에 가장 행복하고 부유한 생활을 누린다. 그때가 되면 소들에게는 맛있는 풀과 풍부한 물, 숲 속의 시원한 그늘이 생기며, 사람들은 가축의 젖과 아울러 밭에서 거두어들인 수

---

*딩카족에 관한 더 최근의, 전혀 다른 설명은 E. E. Evans-Pritchard, *The Dinka* (Oxford, 1940)를 보라. 그런데 에번스프리처드는 셀리그먼이나 프레이저의 이론을 거의 믿지 않았다.

수, 숲에서 채취한 야생 과일로 편안하게 먹고산다. 또, 토속주를 빚으며, 밤이면 고요한 열대 하늘의 밝은 달 아래에서 혼인을 하고 춤을 춘다. 그러나 가을에는 공동체의 생활에 커다란 변화가 닥친다. 10월이 되면 비가 그치고, 목초지의 풀은 다 뜯어먹히거나 시들며, 물웅덩이가 말라버린다. 갈증이 온 마을을 덮쳐, 울어대는 소 떼와 양 떼를 몰고 강 인근 지역으로 마을을 옮기도록 강요한다. 이제 결핍과 고통의 시기가 시작되는 것이다. 몇 군데 습지를 빼면 소 떼에게 먹일 풀이 없어서, 목동들은 굶주리는 짐승들을 위해 보잘것없는 꼴을 서로 차지하기 위해 경쟁자와 싸움을 벌여야 한다. 사람들이 먹을 소젖과 과일도 떨어지고 쓰디쓴 도토리 열매밖에 남지 않기 때문에, 사람들은 그것으로 빈약하나마 가루를 내어 허기를 달랜다. 또, 야위고 굶주린 토인들은 강에 나가 수련 줄기를 따고, 땅에서 나무뿌리를 캐고, 나뭇잎을 삶아먹고, 마지막 수단으로 불쌍한 가축들의 목에서 뽑아낸 피를 마시는 처지로 내몰린다. 이 계절에 볼 수 있는, 사람들의 음산한 외모는 목격자에게 공포감을 안겨준다. 기근으로 소 떼가 감소할 뿐 아니라, 훨씬 더 많은 짐승이 첫 비로 싱싱한 풀이 싹틀 때 발병하는 이질과 기타 질병으로 죽어간다.

이처럼 딩카족에게는 비가 생존을 좌우할 만큼 소중하기 때문에, 그들의 종교와 미신에서 비가 큰 역할을 하는 것은 전혀 이상한 일이 아니다. 그들은 '뎅디트(Dengdit)'라는 이름의 지고한 존재를 숭배하는데, 그 이름은 직역하면 '큰비'라는 뜻이다. 그는 세상을 창조하고 현재와 같은 사물의 질서를 세운 존재이며, 공중 높은 곳에 있는 '비의 장소'라는 처소에서 비를 내리는 존재다. 그런데 니엘 딩카(Niel Dinka)족에 따르면, 이 위대한 존재는 한때 사람의 형상으로 화신한 적이 있었다. 하늘에서 내려온 한 여자에게서 태어난 그는 비를 토템으로 삼는 씨족의 조상이 되었다. 아마도 딩카족에게 비를 내려주는, 그들의 위대한 신은 실제로는 전설에 나오는 대로 사람 중의 사람, 곧 강우사(降雨師)였는데, 그가 죽을 때 동료들의 미신 때문에 구름 위에서 사는 신의 지위로 승격된 것이라고 추정해도 지나치게 경솔한 일은 아닐 것이다. 그렇기 때문에 딩카족 사람들은 강우사를 오늘날까지 매우 중요한 인물로 여긴다. 실제로 여행자들이 추장이나 족장이라고 부르는 권력자들은 현실적으로든 잠재적으로든 사실상 그 부족이나 공동체의 강우사들이다. 그들은 각각 강우사들에게 대를 이어 전해 내려오는, 한 위대한 강우사의 영혼을 내림 받았다고 한다. 이러한 신내림에 힘입어 성공적인 강우사는 매우 큰 권력을 누리며, 모든 중요한 문제에 관해 상담을 받는다.

딩카족의 강우사는 그가 누리는 높은 명예에도 불구하고, 또는 오히려 그 때문에 병환이나 노령으로 자연사하는 것이 허용되지 않는다. 그런 바람직하지 못한 일이 일어나면 부족은 질병과 기근에 시달리고, 가축 떼는 새끼를 낳지 못한다고 믿기 때문이다. 그래서 강우사가 늙고 쇠약해지는 기미를 느끼면, 그는 자식들에게 죽고 싶다고 이야기한다. 아가르 딩카(Agar Dinka)족은 그럴 때 강우사를 묻을 커다란 무덤을 판다. 강우사가 그 안에 들어가 짐승가죽을 머리에 깔고 오른쪽으로 누우면 친구와 친척들, 어린 자식들이 그를 빙 둘러싼다. 그러나 나이 든 자식들은 비탄과 절망감 때문에 자해를 할 우려가 있으므로 무덤에 접근하지 못한다. 여러 시간 동안, 보통 하루 이상 강우사는 먹지도 마시지도 않고 누워 있다. 때때로 그는 사람들에게 이야기를 걸어 부족의 과거 역사를 회상하고, 자기가 그들을 어떻게 다스리고 어떻게 권고했는지 일깨워주며, 장차 그들이 어떻게 행동해야 할지 가르쳐준다. 설교를 마치고 나면 그는 사람들한테 이제 끝났으니 자기를 덮어달라고 명령한다. 그러면 그가 누워 있는 무덤에 흙이 퍼부어지고, 그는 이내 질식해서 죽는다. 약간씩 편차는 있지만, 대체로 모든 딩카 부족 강우사의 존경받는 생애는 이런 식으로 마무리된다.

줄루족에게는 왕에게 주름살이나 흰머리가 생기면 곧바로 죽여버리는 풍습이 있었던 것 같다. 19세기 초에 악명 높은 줄루족의 폭군 샤카(Chaka)의 궁정에 한동안 거주한 적이 있는 사람이 기록한, 다음과 같은 구절은 최소한 그런 암시를 내포하고 있는 것 같다. "왕이 내게 유례없이 사납게 격노한 것은, 페어웰 씨가 왕에게 마치 늙지 않게 하는 특효약인 것처럼 느끼게 한 엉터리 만병통치약, 즉 머릿기름이 주원인이었다. 그러한 조제약을 구할 수 있다는 말을 듣는 순간부터 그는 그것을 얻고자 하는 간절한 열망을 드러냈으며, 기회 있을 때마다 잊지 않고 그것에 대한 관심을 우리에게 상기시켰다. 특히 우리가 사명을 안고 떠날 때, 왕은 그 물건에 특별히 집중하여 지시를 내렸다. 이미 알고 있겠지만, 줄루족은 왕을 선택하거나 선출할 때 왕에게 주름살이나 흰머리가 없어야 한다는 것을 관례로 삼았다. 그것들은 호전적인 민족의 왕이 되기에는 걸맞지 않음을 보여주는, 뚜렷한 부적격 표시인 셈이다. 마찬가지로 왕은 통치자로서 부적합하고 무능력하다는 증거를 결코 내보이지 않는 것이 필수적이다. 따라서 가능한 그런 징후를 숨기는 것이 그들에게는 중요하다. 샤카는 흰머리가 생기는 것을 몹시 걱정했다. 그것은 곧 이지상세계에서 퇴장할 준비를 하라는 신호이며, 그것은 항상 죽음을 동반했다." 머릿기름에 관한 이 시사적인 일화를 우리에게 전해준 기록자는, 흰머리와 주름살이 생긴 줄루족 추장이 어떤 방식으로 '이 지상세계에서 퇴장'하는지는 언급하지 않았다. 그러나 유추해 보면 그는 머리를 가격당하는 간단하고도 확실한 과정을 통해 '이 지상세계에서 퇴장'당했을 것이다.

왕에게 신체적 결함이 생기는 즉시 왕을 죽여버리는 풍습은 2세기 전에 지금의 줄룰란드(Zululand) 북쪽에 있던 소팔라(Sofala)의 카피르(Kaffir) 왕국에서 성행했다. 백성들은 각기 '퀴테베(Quiteve)'라는 공식 칭호를 지닌 소팔라의 왕들을 신으로 여겼으며, 퀴테베들은 그때그때 필요에 따라 비나 햇빛을 내려달라고 간청을 받는 존재였다. 그런데도 이빨이 빠지는 것 같은 사소한 신체적 결함조차도 그 같은 신인을 죽여야 하는 충분한 근거로 간주되었다. 한 포르투갈 역사가가 기록한 다음과 같은 구절에서 그 사실을 알 수 있다. "예전에 이 나라 왕들은 어떤 재난이나 자연적인 원인으로 신체를 손상당했을 때, 이를테면 성불능이나 전염병, 앞니의 손실 등으로 외모가 손상되거나 어떤 다른 기형이나 통증이 생겼을 때에는 독약을 먹고 자살하는 것이 관례였다. 그러한 결함을 종식시키기 위해 자살하는 그들의 변은 이러했다. 왕은 어떤 결함도 없어야 하며, 결함이 있다면 명예를 위해 죽어서 또다른 생을 찾아가는 것이 더 낫다. 그렇게 하면 거기서는 모든 것이 완전하기 때문에 그도 완전해질 것이다. 그러나 내가 그 지방에 있을 때 왕국을 다스리던 퀴테베는 신중하고 두려움이 많아서 그 점에 관해서는 선임자들을 따르려고 하지 않았다. 그래서 앞니 하나를 잃자 전국에 포고령을 내려 자기가 이빨을 하나 잃었다고 알리고 사람들이 이빨 없는 자기를 보더라도 알아보도록 하라고 요구하는 한편, 선임자들이 그런 일로 자살을 한 것은 매우 어리석은 짓이며 자기는 그러지 않겠노라고 선언했다. 오히려 반대로 자기 생명은 왕국을 보존하고

적으로부터 지키는 데 꼭 필요한 것인만큼 자기가 자연사할 때가 오더라도 그것은 매우 유감스러운 일일 것이라고 말하고, 후임자들한테도 자기 본을 따르도록 권고했다."

『아카일의 서 *Book of Acaill*』와 다른 수많은 전거에 따르면, 신체적인 결함을 지닌 왕은 타라(Tara)에서 아일랜드를 통치할 수 없었다고 한다. 그래서 코르막 맥아르트(Cormac MacArt) 대왕이 사고로 한쪽 눈을 잃자 즉시 폐위당했다. 따라서 에티오피아 왕의 몸에 나타나는 신체적 결함이나 노령의 징후가 처형의 신호였다고 추정하는 것은 다른 아프리카 나라의 예로 보더라도 지극히 자연스러운 일이다. 후대의 기록에 따르면, 에티오피아 왕의 신체 일부분이 불구가 되면 신하들도 똑같이 불구자가 되어야 했다고 한다. 그러나 이 규칙은 아마도 신체적 결함을 이유로 왕을 살해하는 관습을 폐지할 때 제정했을 것이다. 예컨대 이빨 하나를 잃었다고 해서 왕에게 죽음을 강요하는 대신에, 모든 신하가 똑같이 이빨을 하나씩 빼도록 의무화했을 것이다. 그렇게 하면 괘씸하게도 신하들이 왕보다 우월한 지점이 없어질 것이다. 이런 종류의 규칙은 다르푸르(Darfur)* 술탄(Sultan)의 궁정에서 아직까지도 지키고 있다. 술탄이 기침을 하면 모든 사람이 윗니 뿌리에 혀를 부딪쳐 "쯔쯔" 소리를 낸다. 술탄이 재채기를 하면 한 자리에 있던 사람이 모두 원숭이 울음 같은 소리를 낸다. 술탄이 말에서 떨어지면 모든 수행원이 똑같은 방식으로 떨어진다. 누구든 안장에 그냥 앉아 있으면 지위가 아무리 높은 사람이라도 땅으로 끌어내려 두들겨 팼다. 중앙아프리카 우간다 왕의 궁정에서는 왕이 웃을 때 모든 사람이 웃고, 왕이 재채기할 때 모든 사람이 재채기를 하며, 왕이 감기에 걸렸을 때 모든 사람이 감기에 걸린 시늉을 하고, 왕이 머리를 깎으면 모든 사람이 머리를 깎았다. 셀레베스에 있는 보니(Boni)의 궁정에서는 모든 신하가 왕이 하는 일은 무엇이든 따라하는 것이 관례이다. 왕이 일어나면 그들도 일어나고, 왕이 앉으면 그들도 앉는다. 왕이 말에서 떨어지면 그들도 말에서 떨어진다. 왕이 목욕을 하면 그들도 목욕을 하며, 지나가던 행인들도 좋은 옷이든 나쁜 옷이든 입은 옷 그대로 물 속에 들어가야 한다. 중국의 황제가

---

*다르푸르는 수단 동부에 있다. 주요 도시는 엘 파셔다.

웃으면 수행하는 관리들도 웃는다. 황제가 웃음을 그치면 그들도 그친다. 황제가 슬퍼하면 그들의 표정은 슬픔에 잠긴다. "이를테면 얼굴에 용수철이 달려 있어서 황제가 그것을 건드리기만 해도 기쁨에 넘쳐 움직이는 형국이다." 어쨌거나 신성한 왕의 죽음에 관한 주제로 다시 돌아가자.

다호메이 왕국의 옛 수도 아보메이(Abomey)의 동북쪽으로 여러 날 가면 에이에오(Eyeo) 왕국이 나온다. "에이에오족을 다스리는 왕은 다호메이 왕 못지않게 절대적이지만, 그럼에도 불구하고 굴욕적이고 상례를 벗어난 신분상의 규정에 복종해야 한다. 왕의 통치가 잘못되었다는 생각이 들 때—이는 간혹 불만을 품은 대신들이 술책을 부려 악의적으로 주입한 생각일 수도 있는데—백성들은 앵무새 알 선물을 신원증명으로 지닌 대표를 왕에게 보내, 지금까지 통치의 부담을 지느라고 수고했는데 이제는 걱정에서 물러나 잠시 잠을 잘 때가 된 것 같다는 이야기를 전한다. 그러면 왕은 신하들이 자기 안녕을 배려해 주는 데 감사하고, 마치 잠을 자려는 듯이 자기 거처로 물러나 그곳에서 부인들에게 자기를 목졸라 죽여달라고 지시한다. 이 지시는 즉각 집행되며, 그의 아들이 조용히 왕위에 올라 백성이 지지를 보내는 동안에만 지속되는, 통상적인 임기 동안 통치권을 장악한다." 1774년경에 에이에오의 한 왕은 신하들이 관례적인 방식으로 자기를 제거하려고 하자, 그들이 내미는 앵무새 알을 단호하게 거절하고 자기는 잠을 잘 생각이 없으며 반대로 백성들의 안녕을 돌볼 결심이라고 말했다. 대신들은 그의 완강한 저항에 놀라고 분개하여 반란을 일으켰으나 참패하여 대학살을 당했다. 이와 같이 용기 있는 행동을 통해 왕은 대신들의 전횡에서 벗어나 후임자들을 위한 새로운 전례를 만들어냈다. 그러나 낡은 관습은 다시 부활하여 19세기 말까지 존속한 것 같다. 1884년에 글을 쓴 한 가톨릭 선교사는 그 관습이 당시에도 여전히 통용되는 듯이 보고하고 있다. 1881년에 글을 쓴 또다른 선교사도 서아프리카의 에그바(Egba)족과 요루바(Yoruba)족*의 관습에 관해 이렇게 설명한

---

*에그바족은 실상 서남부 나이지리아 대부분 지역에 거주하는 다수민족인 요루바족의 하위 부족이다. 에그바족은 라고스 북쪽 약 130킬로미터, 이바단 동남쪽 130킬로미터 지점에 있는 소읍 아베오쿠타를 중심으로 거주한다. 또다른 요루바족 소읍인 오요는 이바단 동북쪽으로 대략 96킬로미터 지점에 있다.

다. "이 나라에서 볼 수 있는 기묘한 관습 중 하나는, 말할 것도 없이 왕을 재판하고 처벌하는 관습일 것이다. 왕이 월권행위를 하여 백성의 미움을 사게 되면 대신 중 한 사람이 중책을 떠맡고 나서서 왕에게 '잠자러 갈 것'을 요구하는데, 그것은 곧 '독약을 마시고 죽는 것'을 의미한다. 최후의 순간에 왕이 용기가 나지 않아 결행을 못하면 친구 한 사람이 그에게 마지막 봉사를 해준다. 그러면 대신들은 비밀을 누설하지 않고 조용히 왕의 죽음을 백성들에게 알릴 준비를 한다. 요루바에서는 조금 다른 방식으로 일을 처리한다. 오요(Oyo)의 왕에게 아들이 태어나면, 사람들은 진흙으로 갓난아기의 오른발 모형을 만들어 장로들(ogboni)의 저택에 보관한다. 왕이 나라의 관례를 지키지 못하면 사자가 가서 아무 말 없이 그 아들의 발 모형을 보여준다. 왕은 그 의미가 무엇인지 안다. 그는 독약을 마시고 잠을 자러 간다." 옛날 프로이센 사람들은 신들의 이름으로 다스리는, '신의 입(Kirwaido)'이라고 알려진 통치자를 최고 군주로 인정했다. 그 왕은 자신이 쇠약해지고 병든 것을 느끼면 후세에 좋은 이름을 남기기 위해 가시덤불과 밀짚을 높이 쌓게 하고 그 위에 올라가 백성들에게 긴 설교를 했다. 설교의 내용은 백성들더러 신들을 섬기라고 권유하고, 자기가 신들에게 가서 백성들을 대변해 주겠다고 약속하는 것이었다. 그러고 나서 그는 신성한 참나무 앞에서 영원히 타오르는 불을 붙여 와서 나무더미에 불을 지르고 자기 몸을 불살라 죽었다.

이 마지막 전설의 진실성은 의심할 여지가 없다. 광신이나 단순한 명예욕 때문에 다른 시대 다른 나라의 여러 사람이 분신자살을 추구해 왔다. 고대에는 협잡꾼 페레그리누스(Peregrinus)가 기독교 순교자, 파렴치한 냉소가, 로마에 대한 반역자 등 다양한 모습으로 명예를 추구하던 끝에, 올림픽 제전 때 한 무리의 찬양자들과 비웃는 자들이 보는 앞에서 공개적으로 분신함으로써 수치와 허욕으로 가득 찬 생애를 끝마쳤다. 풍자작가 루키아누스(Lucianus)도 그때 구경꾼 가운데 한 사람이었다. 중국의 승려들도 때때로 같은 방법으로 열반에 이르고자 한다. 그들의 종교적 열정은 그 죽음의 공덕이 전체 중생의 이익에 기여할 것이라는 믿음으로 부채질되며, 살았을 때 그들에게 퍼부어지는 찬양과 사후에 뒤따르는 명예 및 숭배의 전망이 자살의 부가적인 유인(誘因)으로 작용한다.

그러나 중국 승려들과 에스키모 주술사들의 자살은 기독교 광신도들의 열광에는 훨씬 못 미치는 것이었다. 17세기에 러시아 사람들 사이에는 내분에 시달리는 그 나라의 불행한 현실과 비관적인 예언의 영향으로 세상의 종말이 임박했으며 적그리스도의 통치가 시작될 것이라는 광범위한 믿음이 유포되었다. 성서를 보면 악마의 화신인 늙은 뱀이 천년 동안 감금당할 것이며, 짐승의 숫자는 666이라고 하는 구절이 나온다. 그 명백한 자료에 근거를 둔 단순한 수치 계산의 결과, 1666년이 바로 모든 사물이 멸망하고 문제의 짐승이 도래하는 해가 확실하다는 결론이 도출되었다. 그런데 그 해가 오고 가도록 놀랍게도 짐승이 나타나지 않자, 사람들은 계산을 수정하여 계산에 오류가 끼어들었다는 사실을 발견하였으며, 세상의 종말을 향후 33년이 더 지난 시기로 유예하였다. 그러나 독실한 신자들은 종말의 정확한 시기에 대해서는 견해가 달라도 종말이 임박했다는 확신에서는 일치했다. 그리하여 그들 중 몇몇 사람은 자신의 감각기관이 심판일의 무서운 광경에 압도당하는 일이 없도록 하기 위해 밭갈기를 중단하고 집을 버리고 나와, 그 해 어느 밤에 관 속에서 종말을 예고하는 최후의 나팔소리를 기다렸다. 그들의 착란된 지성이 빚어낸 망상이 여기에서 그쳤다면 그나마 다행이었을 것이다. 불행하게도 많은 경우에 사태는 한층 더 심각하게 진행되었다. 광신적인 전도사들은 만인의 자살이야말로 적그리스도의 덫을 피하고, 이 덧없는 세상의 죄악과 고통에서 벗어나 천국의 영원한 기쁨을 누리기 위한 유일한 수단이라고 설교했다. 온 동네 사람들이 죽음의 복음을 열광적으로 받아들이고 그 가르침을 서둘러 실행에 옮겼다. 러시아 북부와 동북부 지방 전역에 자살이 열병처럼 번졌다.

기독교인들이 1666년에 적그리스도의 도래를 예상했듯이, 똑같은 운명의 해에 유대인들은 오랫동안 지체되어 온 메시아의 강림을 기꺼운 마음으로 고대했다. 사바테이세비(Sabatei-Sevi)라고 하는, 스미르나(Smyrna)의 한 유대인은 그러한 일반의 기대를 이용하여 자신이 메시아의 화신이라고 자처했다. 그는 열광적인 영접을 받았다. 유럽 도처에서 몰려온 유대인들이 장차 자기네 나라를 구원할 구세주에게 경의를 표하고, 금상첨화 격으로 돈까지 바쳤다. 그 대가로 구세주는 자기 것도 아닌 성지의 땅을 사람들에게 아주 인심

좋게 분배해 주었다. 그러나 술탄이 말뚝에 찔려 처형당할 것인지 이슬람교로 개종할 것인지 양자택일하라고 요구하자, 그는 자신의 신학적 견해를 수정했으며, 더 깊이 생각해 본 결과 유대교를 완전히 폐지하고 이슬람교로 대체하라고 설교하는 것이 자기 인생의 진정한 사명이라는 사실을 깨달았다고 말했다.

3

지금까지 설명한 여러 사례에서 신성한 왕이나 사제는 어떤 외부적인 결함, 곧 건강이 안 좋아지거나 늙어가는 가시적인 징후가 나타나서 백성들이 그가 더 이상 신성한 직무를 수행할 수 없다고 생각하기 전까지는 자기 직책을 유지할 수 있었다. 그런 징후가 나타나기 전에는 살해당하지 않는 것이다. 그러나 어떤 민족들은 사소한 쇠약의 징후가 나타나기를 기다리는 것은 불안하다고 여기고, 왕이 아직 원기왕성할 때 죽이는 것을 더 선호했다. 그래서 그들은 왕이 통치할 수 있는 기간을 정해놓고 그 기간이 끝나면 왕을 죽였으며, 중간에 왕이 신체적으로 쇠약해지는 일이 일어나지 않게끔 기간을 충분히 짧게 정했다. 인도 남부의 일부 지방에서는 그 기간이 12년이었다. 예컨대 한 여행자에 따르면, 코모린 곶(Cape Comorin)에서 북동쪽으로 약 95킬로미터 지점에 있는 퀼라케어(Quilacare) 주에는 "이교도의 기도원이 있는데, 그 안에는 사람들이 아주 중요하게 떠받드는 우상이 하나 있다. 사람들은 12년마다 그것을 향해 큰 잔치를 올리며, 모든 이교도가 마치 희년제(禧年祭)에 가듯이 그 잔치에 참석한다. 이 사원은 땅이 많고 수입이 커 아주 성대하게 잔치를 벌인다. 이 지방은 한 왕이 다스리는데, 왕의 통치기간은 희년에서 희년으로 이어지는 12년을 넘지 않는다. 그의 생활방식은 이런 식이다. 12년이 지나면 이 잔칫날에 많은 사람이 모여들어 브라만들에게 음식을 접대하기 위해 많은 돈을 지출한다. 왕은 나무발판을 만들어 거기에 비단장막을 씌우게 한다. 왕은 그날이 되면 장중한 의식과 음악을 곁들여 저수지에서 목욕재계하고 우상에게 가서 기도를 드린다. 그러고 나서 발판 위에 올라가 모든 백성이 보는 앞에서 아주 예리한 칼로 자기 코·귀·입술·손발을 베어내는데, 스스로 베어낼 수 있을 때까지 가능한 많은 살을 잘라낸다. 왕은 피가 많이 흘러 정신이 희미해질 때까지 서둘러 그 일을 행하고, 이어서 자기 목을 벤다. 이렇게 해서 왕은 우상에게 자기 몸을 희생으로 바치는데, 이후 12년간 왕이 되어 통치하고 그와 같이 우상을 위해 순교하기를 바라는 사람은 반드시 그 자리에서 그 광경을 목도해야 한다. 그러면 그 자리에서 사람들이 그를 왕으로 추대하는 것이다."

말라바르(Malabar) 해안에 있는 캘리컷(Calicut)의 왕은 '사모린(Samorin)' 또는 '사모리(Samory)'라는 칭호를 쓰는데, 그 말은 토착어로 '지상의 신'을 의미한다고 한다. 그는 "브라만보다 더 높은 계층에 속하며, 오직 보이지 않는 신들의 아래에 있을 뿐이라고 자처한다. 이러한 주장을 그의 신하들은 인정하지만, 브라만들은 언어도단이고 역겨운 것으로 치부할 뿐 아니라 왕을 수드라에 지나지 않는다고 간주한다." 옛날에 사모린은 통치기간 12년이 끝나면 대중이 보는 앞에서 자기 목을 베어야 했다. 그러나 17세기 말경에 그 규칙은 다음과 같이 수정되었다. "옛날에 이 나라에서는 이상한 관습이 많이 행해졌으며, 몇 가지 아주 기묘한 관습은 지금까지도 존속하고 있다. 고대의 관습은 사모린이 12년만 통치하도록 규정하고 있었다. 왕이 임기를 마치기 전에 죽으면, 그는 그 목적을 위해 세운 광장의 나무발판 위에서 자기 목을 베는 성가신 의식을 면제받는 셈이었다. 처음에 왕은 무수히 많은 귀족과 호족을 위해 잔치를 베풀었다. 잔치가 끝난 뒤, 왕은 손님들에게 절을 하고 발판 위로 올라가 회중이 보는 앞에서 아주 점잖게 자기 목을 베었으며, 잠시 후 왕의 시체를 화려한 의식과 더불어 화장하고 나면 고관대작들이 새로운 사모린을 선출했다. 그 관습이 종교적인 것이었는지 세속적인 것이었는지는 모르겠지만 어쨌든 지금은 사라졌다. 그 대신 현대의 사모린들은 새로운 관습을 따른다. 12년이 끝날 때면 왕의 영토 전역에 희년을 선포하고, 널따란 평야에 왕을 위한 천막을 세운다. 그리고 10일에서 12일 동안 환락과 주연을 동반한 큰 잔치를 벌이며 밤낮으로 축포를 쏘아댄다. 그러다가 잔치가 끝날 무렵이 되면 손님들 중에서 필사적인 전투를 거쳐 왕관을 차지할 의사가 있는 네 사람이 나서서 30명 내지 4만 명에 달하는 호위병을 헤치고 천막 속의 사모린을 죽이는데, 그를 죽이는 사람이 제국을 계승한다. 1695년에 그러한 희년이 닥쳐서 캘리컷 남쪽 약 72킬로미터 지점에 있는 페나니 항구 부근에 왕의 천막을 세웠다. 필사적인 전투를 자청하고 나선 사람은 세 명뿐이었다. 그들은 검과 과녁판을 들고 호위병들 속으로 뛰어들어 많은 병사를 살상한 끝에 살해당했다. 이 필사의 모험가들 중 한 사람에게 열댓 살쯤 된 조카가 하나 있었는데, 그는 삼촌이 호위병들을 공격할 때 줄곧 가까이 붙어 있다가 그가 쓰러지는 것을 보자 호위병들을 제치고 천막에 뛰어들어 왕의 머리에 일격을 가했다. 만약 왕의 머리 위에 걸려 있던 커다란 청동램프가 그 일격을 가로막지 않았더라면, 그는 틀림없이 왕을 보내버렸을 것이다. 그러나 또다른 공격을 시도하기 전에 그는 호위병들에게 살해당했다. 그리하여 내 생각에는 같은 사모린이 아직까지 통치하고 있는 것 같다. 그 당시 나는 우연히 해안을 따라가다가 2, 3일 동안 밤낮없이 계속되는, 축포 터뜨리는 소리를 들었다."

내가 기록을 인용한 영국인 여행자*는 자기가 묘사한 잔치를 직접 목격하지는 못했고 멀리서 축포 소리를 들었을 뿐이다. 다행히도 이런 잔치와, 그 잔치에서 죽어간 많은 사람에 관한 정확한 기록이 캘리컷 왕실 서고에 보존되어 있었다. 19세기 후반에 윌리엄 로건(W. Rogan) 씨**가 재위 중인 왕의 조력을 얻어 그 기록을 검토하는 작업을 했는데, 그의 작업 덕택에 우리는 1743년을 마지막으로 주기적으로 열리던 그 비극적 의식의 실상을 정확히 파악할 수 있다.

캘리컷 왕이 자기 왕관과 생명을 걸고 벌이던 잔치를 사람들은 '마하 마캄(Maha Makham)', 곧 '위대한 희생제'라고 불렀다. 그것은 목성이 게자리 성좌에서 역행운동을 하는 12년마다 열렸으며, 28일 동안 계속되었고, 마카람(Makaram) 달 여덟번째 달이 뜰 때 절정에 달했다. 잔치의 시기를 목성의 위

---

*이 사람은 실제로 알렉산더 해밀턴이라고 하는 스코틀랜드 출신 방문객이다. 그는 몇 년 후 극동지방을 돌아다니다가 돌아와서 New Account of the East Indies라는 책을 써서 자기 영주에게 바쳤다. 프레이저는 핑커턴의 책에 나오는 말라바르의 왕권 경쟁에 관한 해밀턴의 해설을 읽고서 『황금가지』의 추적에 착수하게 되었다.
**로건은 말라바르의 지방행정관이었다.

치를 보고 결정하였고, 잔치의 간격이 목성의 공전주기와 거의 일치하는 12
년이었다는 사실로 미루어, 우리는 그 장엄한 혹성이 특별한 의미를 지닌 왕
의 별로서 왕의 운명을 지배하며, 목성이 하늘에서 공전하는 기간이 왕이 지
상을 통치하는 기간과 일치한다고 여겼을 것으로 추정할 수 있다. 그것이 어
떻든, 의식은 포나니(Ponnani) 강 북안에 있는 티루나바이 사원에서 아주 화
려하게 열렸다. 사원의 서쪽 문에서 주변 논밭과 거의 비슷한 높이로 잘 자란
가로수가 길게 드리운, 곧게 뻗은 길을 약 800미터 가량 곧장 따라가면 가파
른 등성이에 닿는데, 거기에 서너 층짜리 계단형 언덕의 흔적이 지금도 남아
있다. 행사일에 왕은 그 언덕 맨 꼭대기에 자리잡았다. 언덕에서 보면 훌륭한
경관이 한눈에 들어온다. 평평하게 펼쳐진 논밭과 그 사이로 조용하게 구비
쳐 흐르는 넓은 강물을 가로질러 동쪽으로 숲이 우거진 비탈면 위로 높이 솟
은 고원이 눈에 들어오고, 저 멀리 서고츠(western Ghauts) 산맥의 거대한 능
선이 어렴풋이 보이며, 더 멀리에는 푸른 하늘빛과 거의 분간이 안 되는 네일
게리(Neilgherry), 곧 '푸른 산맥'이 자리하고 있다.

그러나 운명의 고비가 될 이 날, 왕의 눈길은 당연히 그런 먼 경치에 쏠리
지 않았다. 그의 관심은 더 가까이에서 벌어지는 광경에 쏠린다. 발 아래 펼
쳐진 평야는 온통 병사들로 넘쳤으며, 군기가 햇살에 휘날리고, 무수한 병영
의 하얀 천막이 논밭의 초록색, 황금색과 선명한 대조를 이루었다. 4만 명이
넘는 병사가 왕을 보호하기 위해 그곳에 모여 있었다. 그런데 평야는 병사들
로 가득 찼으나 평야를 가로지르는, 사원에서 왕이 있는 곳을 잇는 길은 텅
비어 있었다. 한 사람도 그 길에 얼씬거리지 않았다. 길 양쪽은 말뚝 울타리
로 막아놓았고, 억센 팔이 움켜쥔 긴 창들이 양쪽 울타리에서부터 텅 빈 길로
일렬로 삐죽 솟아나와 창날끼리 길 가운데에서 만나며 번쩍이는 강철 아치를
이루었다. 이제 모든 것이 준비되었다. 왕이 자기 검을 흔들었다. 같은 순간
에 부조 장식을 한 육중한 황금 사슬이 왕 옆에 있는 코끼리 등 위에 놓였다.
그것이 신호였다. 그 즉시 48킬로미터 밖에 있는 사원 입구에서 소동이 일었
다. 꽃장식을 하고 재를 바른 검사(劍士)의 무리가 군중들 속에서 걸어나왔
다. 그들은 방금 지상에서 하는 마지막 식사를 마쳤고, 이제 친구들한테서 마
지막 축복과 작별인사를 받는다. 조금 있으면 그들은 창이 늘어선 길에 뛰어

들어 좌우로 창병(槍兵)들을 베고 찌르면서, 마치 뼈가 없는 사람처럼 창날 사이로 이리저리 몸을 비틀고 돌리며 나아갈 것이다. 그러나 모두 소용없는 일이다. 왕에게 좀더 가깝거나 먼 차이가 있을 뿐, 그들은 차례로 쓰러져 기꺼이 죽어간다. 이는 왕관의 그림자라도 붙잡기 위한 것이 아니라, 단지 자신들의 대담한 용기와 꺾이지 않는 검사의 정신을 세상에 인정받기 위한 것일 뿐이다. 그리고 똑같이 장엄한 용기를 과시하는 의식과, 똑같이 무익한 생명의 희생이 잔치 마지막 날까지 거듭 반복되었다. 하지만 명예를 생명보다 중시하는 사람들이 있음을 입증하는 희생이 전혀 무익하다고는 말할 수 없을 것이다.

왕이 정해진 임기를 모두 채우고 자기 손으로든 다른 사람의 손으로든 죽음을 당해야 할 때, 그 고통스러운 의무를 왕의 특권 일부분과 더불어 자기 대신 대행해 줄 대리인에게 위임하려고 드는 것은 자연스러운 일이다. 말라바르의 몇몇 토후도 이런 편법에 의존한 것으로 나타난다. "어떤 곳에서는 왕이 행정과 사법상의 전권을 일정 기간 동안 토인들에게 위임했다. 이러한 제도를 '탈라베티파로티암(*Thalavettiparothiam*)', 즉 참수(斬首)로 얻은 권위라고 일컬었다. '파로티암'이란 그 당시의 최고 권위를 지칭한다. 그 직책명은 코친(Cochin) 주에 아직까지 남아 있는데, 그곳에서는 촌장을 '파라티아카란(*Parathiakaran*)'이라고 부른다. 이러한 '탈라베티파로티암'은 끔찍하면서도 흥미로운 제도였다. 이 직책은 5년간 보유할 수 있고, 그 동안 그 보유자에게는 자기 관할권 내에서 절대적인 전제권이 부여되었다. 그러나 5년 기한이 끝나면 그의 머리는 참수되어 마을사람들이 대거 모인 가운데 공중에 던져졌다. 그러면 사람들은 그 머리가 떨어져내릴 때 서로 붙잡으려고 경쟁을 벌였다. 머리를 받는 사람이 다음 5년간 그 직책에 임명되었다." 자바의 술탄들도 자기 나라를 위해 죽을 의무를 아마도 비슷한 방식으로 위임한 것 같다. 그런 관습은 최소한 탕헤르(Tánger) 태생으로 14세기 초반에 동인도제도를 방문한, 유명한 여행가 이븐 바투타(Ibn Batuta)가 그 술탄들 중 한 사람의 궁정에서 목격한 기묘한 광경을 통해 해명해 줄 것이다. "술탄을 알현하는 동안 나는 포도 채취자들이 사용하는 것과 비슷하게 생긴 칼을 손에 든 남자를 보았다. 그는 칼을 자기 목에 대고 내가 알아듣지 못하는 말로 장시간 이야기했다. 그런 후에 그는 양손으로 동시에 칼을 움켜잡고 자기 목을 베었다. 아주 잘 드는 칼이었는지, 아니면 세게 힘을 주었는지 그의 머리가 바닥에 떨어졌다. 나는 그의 행동에 어안이 벙벙해서 말문이 막혔는데, 술탄이 내게 이렇게 말했다. '당신네 나라에도 이렇게 하는 사람이 있는가?' 내가 대답했다. '이런 일은 본 적이 없습니다.' 그는 미소지으며 대꾸했다. '이 사람들은 우리 노예인데, 우리를 위하여 자살하는 거라네.' 그러고 나서 그는 자살한 사람의 시체를 들고 가서 화장하라고 명령했다. 술탄의 관리들과 고관대작들, 병사들, 일반인들이 그 화장에 참석했다."

이제까지 임기 말년에 폭력적으로 살해당할 수밖에 없었던 왕들이 일단 다른 사람을 대신 죽게 한다는 행복한 구상을 품게 되면, 그들은 아주 자연스럽게 그것을 실행에 옮겼을 것이다. 따라서 많은 나라에서 이러한 편법이나 편법의 잔재를 아주 흔하게 발견하게 되더라도 놀랄 필요는 없다. 이를테면 부이야(Bhuiya)족은 동북부 인도의 원주민으로 케온주르(Keonjhur)에 도읍 중 하나가 있는데, 케온주르에서는 라자(Raja, 왕) 취임식 때 한 영국인 장교가 목격한, 다음과 같은 의식을 행한다. "이어서 아주 낡고 녹슨 검이 라자의 양손에 쥐어지며, 아난드 코파트라는 이름의 부이야족 사람이 그 앞에 나아가 옆으로 무릎을 꿇고 앉는다. 라자는 마치 그의 머리를 자르는 듯한 시늉을 하며 그의 목에 검을 대는데, 옛날에는 이 부분의 의식이 전혀 허구가 아니었다고 한다. 코파트의 가족은 필요할 때 희생자를 제공한다는 조건으로 토지를 보유한다. 그런데 아난드는 그 의식을 행한 뒤에 서둘러 일어나 사라졌다. 그는 사흘간 모습을 보이지 않아야 하며, 사흘 후에 기적적으로 소생한 것처럼 꾸미고 다시 라자 앞에 현신한다." 여기서는 왕을 대신해 죽을 사람을 정하는 풍습이, 아마도 영국의 영향인 듯 단순한 시늉 차원으로 축소되었다. 그러나 다른 곳에서는 그 풍습이 최근까지 온전하게 존속했다. 앙골라 오지에 있는 토인국 카상주(Cassange)는 '자가(Jaga)'라는 칭호를 지닌 왕이 통치한다. 이윽고 왕의 취임식이 다가오면 몇몇 추장이 혈연이나 혼인으로 새 왕과 관련을 맺지 않은 인간 제물을 찾아나서며, 그 희생자를 왕의 막사에 데리고 오면 그 희생자가 요구하는 모든 것을 제공하고 그가 내리는 모든 명령을 왕의 명령과 마찬가지로 신속하게 집행한다. 의식이 거행되는 날 왕은 구멍 뚫린

쇠걸상에 자리를 잡고, 휘하 추장들과 각료들, 나머지 백성들은 큰 원을 이루며 왕 주위에 둥글게 포진한다. 왕의 뒤에는 정실 부인과 첩실들이 앉는다. 그리고 나서 작은 종이 두 개 달린 쇠징을 한 관리가 울린다. 그 관리는 행사 중에 계속 종을 울리는 역할을 한다. 이어서 희생자가 왕 앞에 인도되어 와서 자리를 잡는다. 그러나 그의 등은 왕을 향한다. 왕은 초승달 모양의 언월도를 들고 그 사람의 등을 갈라 심장을 꺼내서 한입 깨물고 뱉어낸 다음, 그것을 불에 태우게 한다. 각료들은 그 동안 희생자의 몸을 붙들고 상처에서 나오는 피가 왕의 가슴과 배에 뿜어지는 한편, 쇠걸상의 구멍을 통해 흘러내리게 한다. 추장들은 양손으로 그 피를 받아서 가슴과 턱수염에 문지르며 이렇게 외친다. "국왕과 국가의 의식은 위대하도다!" 그런 후에 시체는 껍질을 벗기고 토막내어 소나 개, 닭이나 그 밖의 짐승고기와 함께 요리한다. 이렇게 만든 음식을 처음에 왕이 먹고, 다음에 추장들과 각료들이 먹으며, 마지막으로 그 자리에 모인 모든 백성이 먹는다. 이 음식을 나누어 먹지 않는 사람은 누구든 일가족과 함께 노예로 팔려갈 것이다. 여기서 인간 제물이 처형당하기 전에 받는 특별대우는 그가 왕의 대리인이라는 것을 암시한다.

4

몇 가지 근거로 미루어볼 때, 고대 그리스 왕들은 통치기간이 8년으로 국한되거나, 최소한 8년마다 세속적 · 종교적 직무를 계속 수행할 수 있도록 하기 위해서는 새로운 신성화(神聖化), 곧 신적인 은총의 새로운 용솟음이 필요하다고 간주되었던 것으로 보인다. 그래서 이를테면 스파르타에서는 집정관들이 8년마다 청명하고 달 없는 밤을 골라 조용히 자리에 앉아 하늘을 관찰하도록 규정하고 있었다. 만약 집정관들이 밤샘 중에 유성이나 운석을 목격하면, 그들은 왕이 신들에게 죄를 지었다고 추정하고 델포이나 올림포스의 신탁으로 복권될 때까지 왕의 직무를 정지시켰다.

역사시대 바빌론에서 왕직의 보유기간은 실제로는 평생이었으나, 이론상으로는 단지 한 해에 그친 듯하다. 왜냐하면 왕은 해마다 자그무크(Zagmuk)

제전이 되면 바빌론에 있는 에사길(Esagil)의 마르두크(Marduk) 대신전에서 마르두크 신상의 손을 잡음으로써 자기 힘을 갱신해야 했기 때문이다. 바빌론이 아시리아(Assyria)의 지배 아래 들어가 멸망했을 때에도 아시리아 군주들은 해마다 바빌론에 와서 신년제 때 고대 의식을 수행함으로써 그들의 왕권을 합법화하도록 요청받았으며, 그들 중 몇몇은 그 의무를 너무 부담스럽게 여겨서 그것을 이행하기보다는 왕의 칭호를 포기하고 한 단계 낮은 총독의 칭호로 만족하기도 했다. 나아가서 역사시대는 아니더라도 더 먼 옛날에 바빌론의 왕들이나 그들의 야만시대 선임자들은 1년의 재직기간이 끝날 때 왕관만이 아니라 목숨까지도 박탈당한 것으로 보인다. 다음과 같은 증거는 최소한 그런 결론을 시사하고 있다.

바빌론의 사제로서 방대한 지식을 자랑하던 역사가 베로수스(Berosus)에 따르면, 바빌론에서는 해마다 사카에아(Sacaea)라는 제전을 거행했다. 그것은 로우스(Lous) 달 16일에 시작하여 닷새 동안 이어졌는데, 이 기간에는 주인과 하인이 자리를 바꾸어 하인이 명령을 내리고 주인이 거기에 복종했다. 특히 사형선고를 받은 죄수 한 사람은 왕의 용포를 입고 왕좌에 앉아 자기 마음대로 명령을 내리고 맘껏 먹고 마시고 즐기는 것은 물론, 왕의 첩실과 동침까지 하였다. 그러나 5일이 지나면, 그는 용포를 빼앗기고 매질을 당한 뒤 교살되거나 척살되었다. 그 짧은 재임기간 동안 그에게는 조가네스(Zoganes)라는 칭호가 주어졌다. 이러한 풍습은 아마도 향연의 계절에 불운한 범죄자를 노리개 삼아 벌이는, 끔찍한 장난에 지나지 않는 것으로 설명할 수도 있을 것이다. 그러나 한 가지 상황—가짜 왕에게 왕의 첩실을 향유하도록 허락했다는 사실—이 그 같은 해석을 결정적으로 가로막는다. 동양 전제군주의 후궁들이 시기에 찬 격리생활을 했다는 점을 고려할 때, 거기에 침입하도록 허용한다는 것은 지극히 중대한 이유 때문이 아니라면 결코 있을 수 없는 일이며, 더구나 유죄가 확정된 범죄자에게 그럴 가능성은 전혀 없다고 확신할 수 있을 것이다. 문제의 죄인이 왕을 대신해서 죽을 예정일 때, 그러한 대행을 완벽하게 하기 위해 짧은 재위기간 동안 왕의 모든 권리를 누리는 것이 필요했다는 것말고는 그럴 만한 이유를 달리 생각하기 어렵다.

이러한 대행은 놀라운 일이 아니다. 왕이 신체적으로 쇠약해지거나 일정

기간이 지나면 살해당해야 한다는 규칙은 조만간 왕들이 폐지하거나 변경하고 싶어할 내용임이 분명하기 때문이다. 이미 살펴보았듯이, 에티오피아와 소팔라, 에이에오 등지에서는 계몽된 군주들이 그 규칙을 과감하게 파기하였고, 캘리컷에서는 12년 임기가 끝나면 왕을 죽이던 낡은 풍습이 12년마다 누구에게든 왕을 공격할 권리를 주고, 만일 왕을 죽이면 그 대신 왕위에 오르도록 허가해 주는 것으로 변했다. 하지만 그때 왕은 의식적으로 호위병들에 둘러싸여 지낼 것이기 때문에, 그 같은 허가는 겉치레에 지나지 않는 것이었다. 가혹한 낡은 관례를 바꾸는 또다른 방식은 방금 이야기한 바빌론의 풍습에서 찾아볼 수 있다. 왕이 죽어야 할 시기가 다가오면(바빌론에서는 이 시기가 1년간의 통치를 마감하는 때였던 것으로 보인다) 왕이 며칠 동안 퇴위하고, 그 동안 임시왕이 군림하다가 그 대신 살해당했다. 처음에는 죄없는 사람, 어쩌면 왕의 가족 중 한 사람이 임시왕이 되었을 것이다. 그러나 문명의 발전과 더불어 죄없는 사람의 희생이 대중적 정서에 반감을 불러일으키게 되면서 유죄가 확정된 범죄자에게 짧고도 치명적인 통치권을 부여했을 것이다.

다음 장에서 우리는 죽어가는 신을 대표하여 죽어가는 범죄자의 또다른 사례들을 살펴볼 것이다. 우리가 잊지 말아야 할 것은, 실루크 왕의 사례에서 명백히 나타나듯이, 왕은 신 또는 반신의 성격을 지니고 살해당하는 것이며, 그의 죽음과 부활은 신성한 생명을 흠 없이 영속시키는 유일한 수단으로서 그의 백성들과 세상의 구원을 위해 꼭 필요한 것으로 여겨졌다는 사실이다.

3장
임시왕들

몇몇 지역에서는 바빌론에서 성행한 것으로 보이는, 국왕 살해라는 낡은 관습의 변형된 형태가 한층 더 완화되었다. 왕은 여전히 해마다 짧은 기간 동안 퇴위하고 명목상의 왕이 그 자리를 채우지만, 짧은 임기가 끝난 후에도 더 이상 명목상의 왕을 살해하지 않는 것이다. 물론 명목상의 왕이 실제로 죽음을 당하던 시대의 유물로서, 간혹 여전히 가짜 처형을 집행하는 경우가 있기는 하다.

예를 들어보자. 해마다 메아크(Méac) 달(2월)이 되면 캄보디아 왕은 사흘간 왕위에서 물러났다. 그 동안 그는 아무런 권한도 행사하지 않으며, 옥새에 손대거나 심지어 기한이 된 세금도 받지 않았다. 그 대신에 '스다크 메아크(Sdach Méac)', 곧 '2월의 왕'이라고 하는 임시왕이 그 기간 동안 군림했다. 임시왕의 직책은 왕가와 먼 인척관계에 있는 한 가문에 세습되어, 진짜 왕위를 계승하듯이 아들이 아버지를 계승하고 동생이 형을 계승했다. 점성사들이 지정한 길일에 임시왕은 관리들의 인도를 받으며 개선행진을 벌였다. 그는 왕실 코끼리 위에 놓인 1인승 가마에 올라타고 시암, 안남, 라오스 등 인접한 민족을 나타내는 의상을 적당히 걸친 병사들의 호위를 받았다. 그는 황금 왕관 대신 뾰족한 흰 모자를 썼고, 다이아몬드를 박은 황금 왕홀 대신 나무로 만든 투박한 왕홀을 들었다. 그는 사흘간의 왕권과 아울러 그 기간 동안 생기는 모든 수입을 자신에게 넘겨준(후자의 관례는 한동안 생략되기도 했다) 진짜 왕에게 경의를 표하고 나서 왕궁과 도읍의 거리를 돌며 행진했다. 사흘째 되는 날, 임시왕은 일상적인 행진을 마친 뒤에 코끼리들에게 '벼의 산'을 발로 짧게 하라고 명령을 내린다. 벼의 산이란 볏단으로 둘러싼 대나무 구조물을 말한다. 사람들은 쌀을 주워모으고, 풍작을 보장받기 위해 각자 그 쌀을 조금씩 집에 가져간다. 그 쌀의 일부를 왕에게 바치기도 하는데, 왕은 그것으로 밥을 지어 수도승들을 대접했다.

시암에서는 제6월의 6일(4월 말)에 임시왕을 지명하는데, 그는 사흘간 왕의 특권을 누리며, 진짜 왕은 왕궁에 틀어박혀 지낸다. 이 임시왕은 사방에 수많은 심부름꾼을 파견하여 시장과 가게에서 눈에 띄는 것은 뭐든지 압류하고 몰수한다. 심지어 그 사흘 동안 항구에 들어오는 배와 정크 선까지 몰수당해 보상을 치르고 되찾기도 한다. 그가 성 가운데 있는 밭에 나가면, 사람들이 화려하게 장식한 황소들에 도금한 쟁기를 매서 끌고 온다. 쟁기에 향유를 바르고 황소에게 향료를 칠한 뒤에 가짜 왕이 쟁기로 아홉 이랑을 갈면, 왕궁의 나이 든 귀부인들이 뒤따르며 계절의 첫 씨앗을 뿌린다. 아홉 이랑을 다 갈고 나면 그 즉시 구경하던 군중이 몰려들어 방금 뿌린 씨앗을 서로 차지하려고 다툰다. 그 씨앗을 종자벼와 섞으면 풍작을 보장해 준다고 믿기 때문이다. 그런 뒤 황소들의 멍에를 벗기고 쌀·옥수수·깨·사고야자·바나나·사탕수수·참외 따위를 그 앞에 놓아준다. 뭐든지 소들이 먼저 먹는 것이 다음해에 값이 나갈 것이라고 하는데, 사람에 따라서는 그 의미를 반대로 해석하기도 한다. 그 동안에 임시왕은 오른발을 왼쪽 무릎에 걸친 자세로 나무에 기댄 채서 있다. 이렇게 외발로 서 있는 모습 때문에 그를 흔히 '뜀뛰기 왕'이라고 부른다. 그러나 공식 호칭은 파야 폴라텝(Phaya Phollathep), 곧 '일월성신(日月星辰)의 왕'이다. 일종의 농업 담당 장관 같은 직책이다. 그래서 사람들은 밭과 벼 따위에 관한 분쟁을 모두 그에게 의뢰한다.

아울러 그가 왕의 역할을 하는 또다른 의식이 있다. 그것은 (추운 계절인) 제2월에 거행하며 사흘간 계속된다. 행진대열이 일월성신의 왕을 에워싼 채 브라만 사원 맞은편 광장으로 인도한다. 광장에는 5월제 기둥같이 치장한 수많은 기둥이 있고, 거기서 브라만들이 그네를 탄다. 브라만들이 그네에 매달려 흔들고 춤추는 동안, 일월성신의 왕은 회반죽을 칠한 벽돌을 쌓아서 하얀 천을 씌우고 색무늬 주단을 걸어놓은 좌석에 외발로 서 있어야 한다. 그는 금박 차양을 단 나무 구조물에 몸을 의지하며, 브라만 두 명이 양쪽에 시립한다. 춤추는 브라만들은 물소 뿔로 커다란 구리솥에서 물을 떠서 구경꾼들에게 뿌린다. 이렇게 하면 행운이 몰려와 사람들이 평화와 안정, 건강과 번영을 누리며 살게 된다고 한다. 일월성신의 왕이 외발로 서 있어야 하는 시간은 대략 3시간 정도다. 이는 "데바타스(Devattas)와 정령들의 성미를 시험해 보기 위한 것"이라고 한다. 만약 그가 한 발을 내리면, "그는 재산을 몰수당하고 가족들은 왕의 노예가 될 수도 있다. 그것은 나쁜 징조로서 국가의 멸망과 왕위의 불안정함을 예고하는 것으로 간주되기 때문이다. 그러나 만약 그가 확고하게 서 있으면, 그가 악한 정령들에게 승리를 거둔 것으로 간주하여 최소한 표면상으로는 그 사흘 동안 항구에 들어오는 모든 배를 압류하여 내용물을 차지하고, 성내의 어떤 가게든 들어가서 마음대로 물건을 집어갈 수 있는 특권을 누리게 된다."

시암의 뜀뛰기 왕은 19세기 중엽이나 그 이후에도 이러한 의무와 특권을 보유했다. 그러나 후대의 계몽된 군주 치하에서 이 기묘한 인물은 명예를 일정 정도 박탈당하는 대신 직책의 부담을 줄일 수 있었다. 옛날과 마찬가지로, 그는 여전히 브라만들이 각기 2미터 70센티미터에 달하는, 높다란 두 기둥 사이에서 그네를 타고 공중을 가르는 광경을 구경한다. 그러나 그는 앉을 수 있게 되었으며, 비록 대중의 여론은 여전히 그가 행사 중에 계속해서 오른발을 왼무릎에 올리고 있기를 바라지만, 사람들한테 분통스럽게도 그가 지친 발을 땅에 내린다 하더라도 아무런 법적 처벌도 받지 않는다. 다른 지점에서도 서양의 사상과 문명이 동양을 침략한 흔적이 나타난다. 행사장으로 이어지는 큰길은 마차들로 막히고, 열성적인 구경꾼들이 원숭이처럼 달라붙어 있는 가로등과 전신주들이 밀집한 군중 위로 솟아 있다. 또, 주홍색과 노랑색이 뒤섞인 야하고 촌스러운 누더기옷 차림의 구식 악대가 고풍스러운 북과 나팔을 두드리고 불어대는 동안, 한편에서는 '조지아 행진곡'을 연주하는 근대식 군악대의 활발한 선율에 맞춰 화려한 제복을 걸친 맨발의 병사들이 기운차게 행진을 한다.

한 해를 시작하는 6월 1일에 사마르칸드(Samarcand)의 왕과 백성들은 새옷을 입고 머리와 수염을 깎는 관습이 있었다. 그리고 나서 그들은 도읍 부근 숲으로 가서 이레 동안 말을 타고 활을 쏘았다. 마지막 날의 과녁은 금화였으며, 그것을 적중시키는 사람은 하루 동안 왕이 될 권리를 획득했다. 북부 이집트에서는 콥트(Copt)식 계산법에 따른 태양력의 첫째 날인 9월 10일, 곧 나일 강이 대체로 최고 수위에 다다르는 때에 정규적인 통치를 사흘 동안 중지하고 모든 마을이 각기 통치자를 선정한다. 이 임시왕들은 길쭉한 광대모자 같은 것을 머리에 쓰고, 기다란 아마 수염을 달며, 이상하게 생긴 외투를 걸친다. 그는 왕의 직책을 나타내는 지팡이를 들고 서기관, 사형집행인 따위로 분장한 사람들을 대동한 채 총독 관저로 간다. 그러면 총독은 자진해서 폐위당하고, 가짜 왕이 왕좌에 올라 법정을 연다. 그 법정에서 내린 결정은 총독과 그 휘하 관리들이라 하더라도 복종해야 한다. 사흘 후에 가짜 왕에게 사형을 선고하고 그가 걸치던 외피 또는 껍데기를 불에 던지는데, 불에 탄 재에서 펠라(Fellah)가 기어나온다. 이 관습은 아마도 진짜 왕을 정말로 불태워 죽이던 옛 관습을 암시하는 것일 터이다. 우간다에서는 왕의 피를 흘리는 것은 불법이었기 때문에 왕의 형제들을 불태우는 것이 관례였다.

　모로코 페즈(Fez)의 이슬람교 학생들에게는 자체 술탄을 지명하는 것이 허용된다. 그는 몇 주 동안 통치하며 '술탄 트툴바(Sulṭan t-tulba)', 곧 '학생 술탄'이라고 부른다. 이 짧은 직책은 입찰 방식으로 결정하며, 최고 가격을 부른 사람에게 낙찰된다. 이 직책에는 몇 가지 실질적인 특권이 따른다. 이 직책의 보유자는 이후로 세금이 면제되고, 진짜 술탄에게 은전(恩典)을 청원할 권리를 지닌다. 그러한 청원은 거절당하는 법이 거의 없으며, 보통 죄수의 석방 같은 내용을 담고 있다. 아울러 학생 술탄의 대리인들은 상점주와 세대주들에게 벌금을 매기는데, 각양각색의 장난스러운 세금을 지어내서 그들에게 부과한다. 이 임시 술탄은 진짜 궁정의 화려한 행렬에 둘러싸여, 머리 위에 왕의 차일(遮日)을 쓰고 풍악과 환호성을 울리며 위풍당당하게 거리를 행진한다. 이른바 벌금과 자진 헌납금에다 술탄이 후하게 하사한 식량으로 학생들은 성대한 연회를 벌인다. 그들은 한데 어울려 마음껏 즐기며 온갖 경기와 오락에 몰두한다. 처음 일주일 동안 가짜 술탄은 학교 안에 머문다. 그러고 나서 마을에서 1.6킬로미터 정도 떨어진 강둑에 막사를 짓고 학생들과 적지 않은 시민들의 시중을 받으며 생활한다. 마을 밖에서 거주한 지 7일째 되는 날에 진짜 술탄이 그를 방문하여 그의 청원을 들어주고 통치기간을 일주일 더 연장해 준다. 그러므로 학생 술탄의 통치기간은 명목상으로 3주인 셈이다. 그러나 마지막 주 6일째 되는 날이 지나면 가짜 술탄은 야음을 타서 마을로 뛰어 돌아간다. 이 임시 술탄의 통치는 항상 4월 초순인 봄철에 시행한다. 그 기원은 다음과 같다고 한다.

1664년인가 1965년에 물라이 라시드(Mulai Rasheed) 2세가 왕위다툼을 벌이고 있을 때, 한 유대인이 타자(Taza)에서 왕권을 찬탈하는 사태가 벌어졌다. 그러나 학생들의 충성심과 헌신성에 힘입어 반란은 이내 진압되었다. 자기들의 목적을 달성하기 위해 학생들은 교묘한 책략을 썼다. 학생 40명이 궤짝 속에 몸을 숨기고, 그 궤짝들을 찬탈자에게 선물로 보냈다. 한밤중에 아무 눈치를 못 챈 유대인이 궤짝들 사이에서 편안하게 잠들어 있을 때, 용감한 학생들이 은밀하게 궤짝 뚜껑을 열고 기어나와 찬탈자를 살해하고 진짜 술탄의 이름으로 성을 장악했다. 진짜 술탄은 요긴할 때 자신이 도움받은 데 대한 감사의 표시로 학생들에게 해마다 자체 술탄을 지명할 권리를 부여했다고 한다. 그러나 이 이야기는 그 진정한 의미와 유래가 이미 잊혀진, 오래된 관습을 설명하기 위해 지어낸 허구의 기미가 짙다.

해마다 하루 동안 가짜 왕을 지명하는 풍습은 콘월 주의 로스트위티엘(Lostwithiel)에서도 16세기까지 행해졌다. '작은 부활절 일요일'에 도시와 장원의 지주들이 친히, 또는 대리인을 내세워 함께 모인다. 그중에서 순번에 따라 차례가 된 한 사람이 머리에 왕관을 쓰고, 손에 왕홀을 들고, 앞선 사람에게 검을 들린 뒤, 화려한 옷차림으로 위풍당당하게 말에 올라 큰길을 따라 교회로 행진한다. 나머지 사람들도 말에 올라 충성스럽게 그를 수행한다. 그러면 가장 좋은 예복을 갖추어 입은 사제가 교회 마당 입구에서 그를 영접하여 신성한 예배에 참석토록 인도한다. 교회를 나온 다음에는 성대한 행렬을 그대로 거느리고 환영연회를 위해 마련한 집으로 간다. 그곳에는 그와 수행원들을 위한 잔치가 준비되어 있으며, 그는 상석에 앉아 군주의 지위에 합당한 온갖 의례와 더불어 무릎꿇고 올리는 최상의 시중을 받는다. 만찬과 더불어 의식이 모두 끝나면 사람들은 각자 집으로 돌아 간다.

간혹 임시왕은 해마다가 아니라 통치의 시초에 단 한 번만 왕위를 차지하기도 한다. 이를테면 수마트라의 잠비(Jambi) 왕국에서는 새로운 치세가 시작될 때 백성들 중 한 사람이 단 하루 동안 왕위를 차지하고 왕권을 행사하는 것이 관례였다. 이 풍습의 유래를 설명해 주는 전설에 따르면, 옛날에 다섯 왕자가 있었는데 위로 네 왕자가 여러 가지 신체적 결함을 이유로 왕위를 사양하고 막내에게 그 자리를 넘겨주었다. 그런데 장남은 하루만 왕위를 차지하고 모든 치세의 초기에 그와 같이 할 특권을 자기 후손들에게 남겨주었다고 한다. 그리하여 임시왕의 직책은 왕가의 인척인 한 가문에 세습되고 있다.

다음 갈래의 증거로 넘어가기 전에, 이러한 임시왕들에 관한 몇 가지 사실에 특별히 주목할 필요가 있다. 첫째로, 캄보디아와 시암의 사례가 명백히 보여주는 것은 왕의 역할 중에서, 특히 종교적이거나 주술적인 역할을 임시 대리인에게 이양한다는 사실이다. 이 점은 시암의 임시왕이 자기 발을 계속 들고 있음으로써 악한 정령을 제압하고, 반면에 발을 내림으로써 국가의 존속을 위태롭게 한다고 믿는 데서 드러난다. 또, '벼의 산'을 발로 찧는 캄보디아의 의식과, 쟁기질과 파종을 개시하는 시암의 의식은 발로 찧은 쌀이나 뿌린 씨앗 일부를 집에 가져가면 풍작을 보장받는다고 믿는 데서 드러나듯이 풍작을 이루기 위한 주술이다. 게다가 시암의 대리왕이 쟁기를 끌 때 사람들이 주의 깊게 보는 것은, 그가 이랑을 똑바로 파는지가 아니라 그의 비단옷 자락이 정확히 그의 다리 어느 지점에 오는지 확인하기 위해서였다. 왜냐하면 그 지점에 따라 뒤따르는 계절의 기상과 작황이 좌우된다고 생각했기 때문이다. 일월성신의 왕이 자기 옷을 무릎 위로 끌어올리면 날씨가 습하고 많은 비가 내려 수확을 망칠 것이다. 만약 그가 옷을 발목에 끌리게 하면 그 결과로 가뭄이 닥칠 것이다. 그러나 옷자락이 정확히 장딴지 중간에 걸리면 좋은 날씨와 풍성한 수확이 뒤따를 것이다. 이와 같이 자연의 운행이, 그와 더불어 사람들의 희비(喜悲)가 대리왕의 지극히 하찮은 행동이나 몸짓에 달려 있는 것이다. 그러나 이와 같이 임시왕에게 위임한, 농작물을 생장케 하는 임무는 원시사회에서 왕이라면 으레 수행하는 것으로 여기던 주술적 역할 중 하나다. 가짜 왕이 벼밭에 높이 세워놓은 단 위에서 외발로 서 있도록 하는 관례는 아마도 원래 농작물이 높다랗게 자라도록 하기 위한 주술로서 제정되었을 것이다. 그것은 최소한 옛 프로이센 사람들이 거행하던 비슷한 의식의 목적이었다. 가장 키 큰 처녀가 치마 앞자락에 과자를 가득 넣고, 오른손에 브랜디 잔, 왼손에 느릅나무 껍질이나 보리수나무 껍질을 든 채 단상에 외발로 서서 바이츠간토스(Waizganthos) 신에게 아마(亞麻)를 자기가 서 있는 키만큼 높이 자라게 해달라고 기도를 올렸던 것이다. 이어서 처녀는 술잔을 비웠다가 다시 채운 다음, 바이츠간토스에게 바치는 공물로 브랜디를 땅에 쏟아붓고 그 신을 수행하는 요정들을 위해 과자를 던져주었다. 의식 중에 그녀가 줄곧 외발로 서 있으면 아마가 풍작을 이룰 것이라며 좋아했으나, 그녀가 발을 내리면 수확을 망칠 것이라는 걱정이 일었다. 앞에서 일월성신의 왕이 외발로 서서 구경해야 했던 브라만들의 그네타기에도 아마 같은 의미를 부여할 수 있을 것이다. 동종주술 또는 모방주술의 원리에 따라 사제들이 그네를 높이 흔들면 흔들수록 벼가 더 높이 자란다고 사람들은 생각했을 것이다.

앞에 나오는 사례에서 임시왕은 정규적인 관례에 따라 해마다 임명되었다. 그러나 다른 곳에서는 단지 특별한 긴급사태에 대응하기 위해서만 임시왕을 임명했다. 이를테면 진짜 왕이 어떤 현실적이거나 잠정적인 위험에서 벗어나도록 하기 위해 단기간 동안 그를 대신하는 대리인을 세워 그에게 위험을 떠넘기는 것이다. 페르시아 역사에는 그와 같은 샤(Shah, 황제)의 임시 대리인에 관한 사례가 나온다. 예컨대 페르시아의 가장 탁월한 왕으로서 서기 1586년부터 1628년까지 통치한 아바스(Abbas) 대왕은 1591년에 점성사들에게서 심각한 위험이 자신에게 닥칠 것이라는 경고를 듣고는 왕위에서 물러나 아마도 기독교인인 듯한, 유수피라는 이교도를 자기 대신 통치하도록 임명함으로써 그 예언을 피하고자 했다. 이에 따라 그 대리인이 왕위에 올랐으며, 페르시아 역사가들의 말을 그대로 믿는다면 그는 사흘 동안 단지 왕의 명호와 지위만이 아니라 실질적인 권력까지 행사했다. 짧은 통치가 끝나고 나서 그는 처형당했다. 이 희생으로 별들이 예정한 운명의 섭리는 실현되었다. 그리고 가장 상서로운 시각에 다시 왕위에 오른 아바스는 점성사들로부터 길고도 영광된 치세를 약속받았다.

4장
왕자의 희생

앞장에서 설명한 임시왕과 관련하여 한 가지 주목할 점은 캄보디아와 잠비에서는 임시왕이 왕가와 인척관계에 있는 가문 출신이라는 것이다. 그러한 임시왕의 유래에 관해 여기서 취하는 견해가 정확하다면, 우리는 어째서 왕의 대리인이 때때로 왕과 같은 혈통에서 나오는 것인지 쉽게 이해할 수 있다. 왕이 처음에 다른 사람의 생명을 자기 대신 희생으로 삼는 데 성공했을 때, 그는 다른 사람의 죽음이 자신의 죽음만큼이나 목적에 잘 부합한다는 사실을 입증해야 했을 것이다. 그런데 왕은 신이나 반신의 자격으로 죽어야 했다. 따라서 그를 대신해서 죽는 대리인은 최소한 임시로라도 왕의 신적인 속성을 부여받아야 했다. 우리가 방금 살펴보았듯이, 이는 시암과 캄보디아의 임시왕들에게는 확실히 부합한다. 그들은 사회의 좀더 초기 단계에서는 왕의 특별한 속성이던 초자연적 역할을 부여받았다. 그러나 아버지의 신성한 영기를 나누어 갖는다고 여기던 아들만큼 왕의 신적인 특성을 잘 대변할 수 있는 사람은 아무도 없다. 다시 말해 왕의 아들만큼 적절하게 왕을 위해, 전체 백성들을 위해 죽을 수 있는 사람은 아무도 없다.

전설에 따르면, 스웨덴 왕이던 아운(Aun) 또는 온(On)은 자기 목숨을 아끼기 위해 웁살라(Uppsala)에서 자기 아들 아홉 명을 오딘에게 희생으로 바쳤다. 둘째 아들을 희생시킨 뒤, 그는 오딘에게서 9년마다 아들을 하나씩 바치면 오래 살 것이라는 답변을 들었다. 일곱째 아들을 희생시켰을 때 그는 여전히 살아 있었지만, 너무 쇠약해져서 걷지도 못하고 의자에 실려 다녀야 했다. 그러고도 그는 여덟째 아들을 바치고 침대에 누워 9년을 더 살았다. 그후에 아홉째 아들까지 희생시키고 또 9년을 더 살았으나, 젖을 갓 뗀 아기처럼 뿔 그릇으로 음식물을 마셔야 했다. 이어서 그는 유일하게 남은 아들을 오딘에게 바치고자 했다. 그러나 스웨덴 사람들이 용납하지 않았다. 그래서 그는 죽어서 움살라의 무덤에 묻혔다. 시인 티오돌프(Thiodolf)는 그 왕의 이야기를 운율에 담았다.

> 움살 성읍에서는 잔인한 왕이
> 자기 아들을 오딘의 사원에서 살해했다네…….
> 아들을 잔인한 칼로 살해하고
> 오딘에게 수명을 얻어
> 이빨 없는 입으로 사슴 뿔을 빨 때까지
> 그는 살았다네.
> 자식들의 피를 흘리게 한 그는
> 황소 뿔로 음식을 빨아마셨다네.
> 마침내 무시무시한 죽음이 그를 사로잡았네.
> 느리지만 확실하게, 움살 성읍에서.

고대 그리스에는 항상 왕을 대신하여 장남을 희생시키던, 유서 깊은 왕족 가문이 최소한 하나는 있었던 것 같다. 크세르크세스(Xerxes)가 테르모필라이(Thermopylae)의 스파르타인들을 공격하기 위해 자신의 강력한 군대를 이끌고 테살리아를 가로질러 행군하다가 알루스(Alus)라는 도시에 당도했다. 여기서 그는 라피스티아의 제우스(Laphystian Zeus) 신전을 구경하며 그것에 관해 안내인들에게서 기묘한 이야기를 들었다. 그 이야기는 대체로 다음과 같다.

옛날에 아타마스(Athamas)라고 하는 이 나라의 왕이 네펠레(Nephele)라고 하는 부인과 결혼하여 프릭소스(Phrixos)라는 아들과 헬레(Helle)라는 딸을 낳았다. 나중에 그는 이노(Ino)라고 하는 두번째 부인을 얻어 레아르코스(Learchos)와 멜리케르테스(Melicertes)라고 하는 두 아들을 낳았다. 그러나 두번째 부인은 전처의 자식인 프릭소스와 헬레를 질투하여 두 사람을 죽일 음모를 꾸몄다. 그 여자는 자신의 사악한 목적을 달성하기 위해 아주 교활하게 일을 진행시켰다. 먼저 그 여자는 그 나라의 여인들을 설득하여 옥수수 씨앗을 땅에 뿌리기 전에 몰래 볶도록 시켰다. 그래서 다음해에는 농작물이 자라지 않아 사람들이 기근으로 죽었다. 그러자 왕은 기근의 원인을 알아보기 위해 델포이에 사자를 보내 신탁을 들어 오도록 했다. 그러나 사악한 계모는 사자를 매수하여 아타마스가 첫째 부인에게서 얻은 자식들을 제우스에게 제물로 바칠 때까지 기근이 그치지 않을 것이라는 내용을 신의 답변으로 제시하게 했다. 아타마스는 그 말을 듣고 양떼를 돌보고 있던 아이들을 찾으러 사람을 보냈다.

그런데 황금양털을 지닌 숫양 한 마리가 입을 열어 사내의 목소리로 아이들에게 위험을 경고했다. 그래서 아이들은 숫양을 타고 육지와 바다를 건너 달아났다. 그들이 바다 위를 날고 있을 때, 헬레가 숫양의 등에서 미끄러져 물 속에 빠져죽었다. 그러나 오빠인 프릭소스는 태양의 아들이 다스리는 콜키스(Colchis)라는 땅에 안전하게 당도했다. 프릭소스는 왕의 딸과 결혼하여 키티소로스(Cytisoros)라는 아들을 낳았다. 그리고 거기서 그는 황금양털을 지닌 숫양을 비상(飛翔)의 신 제우스에게 제물로 바쳤다. 그러나 일설에는 라피스티아의 제우스에게 바쳤다고도 한다. 황금양털은 그의 장인에게 바쳤다. 장인은 그것을 아레스(Ares)의 성스러운 숲에 있는 참나무에 못박아 걸어놓고 잠들지 않는 용으로 하여금 지키게 했다.

한편 고국에서는 아타마스 왕 자신이 나라 전체를 위해 속죄제물로 희생되어야 한다는 신탁이 떨어졌다. 그래서 백성들은 희생제물처럼 그를 화환으로 장식하고 제단으로 데려갔다. 사람들이 그를 막 희생시키려고 할 때 콜키스에서 아슬아슬하게 당도한 그의 손자 키티소로스가 그를 구해냈다. 일설에는 왕자 프릭소스가 아직 살아 있다는 기별을 전하러 온 헤라클레스가 그를 구했다고도 한다. 이렇게 해서 아타마스는 구조받았으나 그 뒤 정신이 돌아서 자기 아들 레아르코스를 들짐승으로 오인하고 쏘아죽였다. 이어서 그는 남은 아들 멜리케르테스의 생명마저 빼앗으려고 했으나 어머니인 이노가 아들을 구해냈다. 이노는 도망치다가 아들과 함께 높은 바위절벽에서 몸을 던져 바다로 뛰어들었다. 모자는 바다의 신으로 변했으며, 아들 신은 테네도스(Tenedos) 섬에서 특별한 존경을 받아 섬 사람들이 갓난아기들을 그에게 제물로 바쳤다.

이렇게 해서 부인과 자식을 잃은 불행한 아타마스는 자기 나라를 떠났다. 어디서 살 것인지 신탁에 문의한 결과, 어디든 들짐승들이 그를 환대해 주는 곳에 거처를 정하라는 대답을 들었다. 그는 양을 잡아먹는 늑대의 무리와 마주쳤는데, 늑대들은 그를 보자 피가 흐르는 남은 먹이를 내버려두고 달아났다. 이렇게 해서 신탁이 실현되었다. 그러나 아타마스 왕이 나라 전체를 위한 속죄제물로 희생되지 않았기 때문에, 매 세대마다 아타마스 가문의 장남은 공회당에 발을 들여놓게 되면 어김없이 제물이 되어야 한다는 신의 명령이 떨어졌다. 공회당은 아타마스 가문 사람이 라피스티아의 제우스에게 제물을 바치던 장소였다. 크세르크세스가 들은 이야기에 따르면, 그 가문 사람 중 상당수가 그러한 운명에서 벗어나기 위해 외국으로 달아났다. 그러나 그들 중 몇몇은 오랜 세월이 흐른 뒤에 귀향했다가 공회당에 들어가는 현장에서 보초병들에게 체포당해 희생제물의 화환을 쓰고 행진에 이끌려 다닌 뒤에 제물로 바쳐졌다고 한다.

이러한 야만적인 관습이 후대에도 결코 폐지되지 않은 것 같다는 의혹은 플루타르코스 시대에 오르코메노스(Orchomenos)에서 일어난 인간제물 사건으로 더욱 굳어진다. 오르코메노스는 매우 유서 깊은 보이오티아의 고도(古都)로서, 그 역사가의 출생지에서 평야를 건너 몇 킬로미터 거리밖에 떨어지지 않았다. 거기에 한 가문이 살았는데, 그 가문의 남자들은 프솔로에이스(Psoloeis), 곧 '그을음쟁이'라는 이름으로 통하고 여자들은 올레아이(Oleae), 곧 '파괴자'라는 이름으로 통했다. 해마다 아그리오니아(Agrionia) 제전이 열리면 디오니소스의 사제가 칼을 빼들고 이 여자들을 뒤쫓았다. 만약 한 여자를 붙잡으면 그 여자를 죽일 권리를 얻었다. 플루타르코스의 생전에 조일로스라는 사제가 그 권리를 실제로 행사했다.

그런데 이와 같이 인간제물을 해마다 최소한 한 사람 제공해야 했던 가문은 왕족의 후손이었다. 그들은 혈통의 연원을 오르코메노스의 유명한 옛 왕이며 전설적인 부자 미니아스(Minyas)에게서 찾았다. 오르코메노스의 길게 뻗은 바위산이 광활한 코파익(Copaic) 평야로 잠겨드는 지점에 있는 유적지에는 그의 웅장한 보물창고가 아직까지 남아 있다. 전설에 따르면, 왕의 세 딸은 나라의 다른 여자들이 디오니소스제(祭)의 광란에 몸을 맡기는 것을 오래도록 경멸했다고 한다. 그래서 그 딸들은 다른 여자들이 화환을 두른 채 풀어헤친 머리카락을 바람에 날리며 황홀경에 빠져 오르코메노스 주변에 솟은 야산을 배회하고, 심벌즈와 탬버린의 거친 음악이 고요한 산악에 메아리치는 동안에도 왕궁에 가만히 앉아서 냉소적인 태도로 물레질을 하고 베틀을 돌렸다. 그러나 머지않아 그 신성한 광란은 조용히 방구석에 머물러 있던 왕궁의 처녀들에게까지 전염되었다. 그들은 사람 고기를 먹고 싶다는 강한 욕망에 사로잡혔다. 그래서 그들은 자기들끼리 제비를 뽑아 누가 자기 아이를 인육의 향연에 제물로 바칠 것인지 결정했다. 제비는 레우키페(Leucippe)에게 떨어졌다. 그녀는 자기 아들 히파소스를 내놓았고, 히파소스(Hippasos)의 사지를 세 여자가 차례차례 찢었다. 이처럼 정신착란에 빠진 여자들로부터 '파괴자'와 '그을음쟁이'가 생겨났는데, 후자의 명칭은 그들이 애도와 슬픔의 표시로 어두운 색깔의 의상을 입었기 때문에 그렇게 불렀다고 한다.

그런데 이처럼 왕족 가문에서 인간제물을 취하는 오르코메노스의 풍습은 아타마스 자신이 미니아스보다도 앞선 시대에 오르코메노스 땅을 다스렸다고 전하는 이야기라든지, 이 도시에 면해 솟아 있는 라피스티오스 산에 테살리아의 알루스에 있는 것 같은 라피스티아의 제우스 신전이 있었으며, 전설에 따르면 아타마스가 거기에서 프릭소스와 헬레를 제물로 바칠 작정이었다고 하는 사실로 인해 훨씬 더 의미심장하게 다가온다. 아타마스의 전설과 역사시대에 그 후손들이 행한 풍습을 비교해 볼 때, 대체로 우리는 다음과 같이 추리해도 무방할 것이다. 곧, 옛날옛적에 테살리아와 보이오티아에는 나라의 이익을 위해 라피스티아의 제우스라고 하는 신에게 왕을 제물로 바치던 왕조가 있었는데, 왕들이 어찌어찌해서 그 치명적인 책무를 자기 자식들에게 전가하는 바람에 장남이 정식으로 제단에 바쳐지는 운명을 지게 되었던 것이다. 그러다가 시간이 가면서 그 잔인한 풍습이 많이 완화되어 숫양을 왕자 대신 제물로 쓰게 되었다. 다만 왕자는 라피스티아의 제우스에게 제물을 바치는 공회당에 발을 들여놓을 수 없었다. 만약 왕자가 경솔하게 그 운명의 장소에 들어가서, 말하자면 숫양의 대리제물을 너그럽게 눈감아주던 신의 눈에 띄는 일이 생기면, 중지된 옛 의무가 온전하게 되살아나서 그가 죽음을 당하는 것말고는 어찌해 볼 도리가 없기 때문이다.

왕이나 왕자의 희생을 대기근과 결부시키는 전설은 원시부족 사이에 통상 존재하는 믿음, 곧 왕은 기후와 농작물을 책임지는 존재이며, 기후의 불순이나 농작물의 실패에 대해 왕은 응당 자기 목숨으로 보상해야 한다는 믿음을 분명하게 시사해 준다. 간단히 말해서 아타마스와 그 가계는 종교적·주술적인 역할과 국왕의 역할을 겸비했던 것으로 보인다. 이러한 견해는 아타마스의 동생 살모네우스(Salmoneus)가 신성(神性)의 보유자로 자처했다는 이야기가 강력하게 뒷받침한다. 이미 살펴보았듯이, 이 주제넘은 인간은 자신이 바로 제우스 신이라고 공언하며 천둥과 번개를 휘두른답시고 쟁그랑거리는 솥과 번쩍이는 횃불의 도움을 빌려 시답잖은 흉내를 냈던 것이다. 유추해 보면, 그의 가짜 천둥번개는 단순히 구경꾼을 속여서 거짓 감동을 주기 위해 고안한, 극적인 전시효과에 지나지 않는 것이 아니었다. 그것은 미약하나마 그것이 모방하고 있는 기상현상을 불러일으키기 위해 마법사 왕이 행하는 주술이었다.

서아시아의 셈족 사이에서는 국가에 위기가 닥쳤을 때 왕이 간혹 자기 친아들을 백성들을 위한 희생제물로 바치기도 했다. 이를테면 비블로스 사람 필론(Philon)은 유대인에 관한 저술에서 이렇게 말하고 있다. "커다란 위기의 순간에 도시나 국가의 통치자는 전체 백성을 위해 앙갚음하는 귀신들에게 바치는 몸값으로 사랑하는 아들을 내놓는 것이 고대의 관습이었다. 이렇게 바쳐진 아이는 신비한 의식과 더불어 살해되었다. 그래서 페니키아인들이 이스라엘 사람이라고 부르는, 그 나라 왕 크로노스에게는 제우드(Jeoud)라는 외아들이 있었는데(페니키아 말로 제우드는 '독자'를 의미한다), 전쟁이 벌어져서 나라가 적에게 위협받자 크로노스는 자기 아들에게 왕의 예복을 입혀 제단에 제물로 바쳤다." 모아브(Moab) 왕은 이스라엘군에 포위당해 심한 곤경에 처했을 때 자기 대신 왕이 될 장남을 붙잡아 성벽 위에서 번제(燔祭)의 제물로 바쳤다.*

그러나 셈족에게서 볼 수 있는, 자식을 희생시키는 관습은 왕에게만 국한

---

* 「열왕기」(하) 3: 27.

된 것이 아니었다. 질병이나 가뭄, 패전 같은 큰 재난이 닥쳤을 때 페니키아 인들은 가장 아끼는 자식 중 하나를 바알(Baal) 신에게 제물로 바치는 관습이 있었다. "페니키아 역사는 그러한 희생으로 가득 차 있다"고 한 고대 문필가는 말하고 있다. 플라톤으로 알려진 대화편의 작가가 관찰한 바에 따르면, 카르타고인들은 인간을 제물로 바치면서 그러는 것이 마치 옳고 합당하다는 듯이 여겼으며, 그들 중 몇몇은 심지어 자기 아들까지 바알 신에게 바쳤다*고 한다. 이스라엘 침략자들이 정복은 했지만 전멸시키지는 못한 가나안족, 곧 팔레스타인 원주민들도 바알이나 몰록(Moloch)을 위해 자기 자식들을 불태워 죽이는 끔찍한 관습을 정례적으로 행한 것 같다. 헤브라이인들의 가장 훌륭한 대변자인, 그들의 고상한 문헌을 쓴 작가들이 보기에 그러한 의식은 혐오스러운 것이었다. 그들은 자기 동포들더러 그 일에 가담하지 말라고 경고했다. "주 하느님이 그대들에게 주신 땅에 들어갈 때, 그대들은 저 족속들의 가증스러운 행위를 따라하지 말 것이다. 그대들 중에 자기 아들이나 딸을 불에 태우는 자, 점괘를 보는 자, 점술을 행하는 자, 주술사나 마법사, 귀신에게 묻는 자, 요술쟁이와 무당이 있어서는 아니 될 것이다. 이런 짓을 하는 자는 누구를 막론하고 주께 가증스러운 자가 되는 까닭이다. 그런 가증스러움 때문에 주 하느님은 그대들 앞에서 그들을 몰아내신 것이다." "또한 그대들은 그대들의 종자 중 어느 것도 불에 태워 몰렉(Molech)에게 바치지 말 것이다."** 이스라엘족 역사의 초기 시절에 이런 경고가 어떤 효력이 있었든 간에, 후대에 이르러 헤브라이인들이 그들을 구원하려는 민족 선각자들의 노력─종종 헛수고로 그친─에도 불구하고 그러한 미신의 친숙한 수렁에 빠져들었다는(아마도 더 정확히는 되돌아갔다는) 사실을 보여주는 증거가 많이 있다. 「시편」의 작가는 잘못을 저지르는 자기 동포가 "이민족과 어울려 그들의 행실을 배우고 그들의 우상을 숭배하니, 그 우상들이 그들의 올가미가 되었도다. 그리하여 그들은 자기 아들딸들을 귀신들에게 제물로 바치고 무고한 피, 가나안의 우상들에게 제물로 바친 아들딸들의 피까지 흘리게 하여, 땅

---

* 이 대화편은 오늘날 분명한 위작(僞作)으로 간주된다.
** 「신명기」 18 : 9~12 및 「레위기」 18 : 21. 둘 다 개역판에서 인용.

은 피로 더럽혀졌도다"라고 개탄하고 있다.*

　이스라엘 사람들이 단지 옛 원주민들과 접촉했기 때문에 그런 음산한 미신을 배웠다고 하는 헤브라이 예언자들과 시편 작가들의 견해, 곧 그들이 사막의 자유로운 공기 속에서 지녀온 신앙과 도덕의 원초적 순결성이 비옥한 가나안 땅에서 이교도들의 조잡성과 타락성을 만나 때묻고 오염되었다는 견해가 얼마나 옳은 것인지 질문해 보는 것은, 소득은 없더라도 흥미로운 일일 것이다. 그런데 이스라엘 사람들은 그들이 정복하고 경멸하던 민족과 똑같은 셈족 계열에 속하며, 인간제물의 풍습이 수많은 셈족 계열 민족에게서 확인된다는 사실을 상기할 때, 우리는 선택받은 민족이 애초부터 팔레스타인에 가지고 들어온 씨앗이 나중에 힌놈(Hinnom) 계곡에서 싹터서 그처럼 끔찍한 열매를 맺게 되었으리라고 추측할 수 있을 것이다.

　아직 우리는 셈족이 자식들 중에 누구를 제물로 선택했는지 살펴보아야 한다. 선택이 이루어졌고, 그것이 일정한 원칙을 따랐다는 것은 기정사실로 간주해도 무방할 것이다. 모든 자식을 무차별적으로 태워 죽이는 민족은 이내 멸망할 것이므로 그처럼 과도한 신앙심은 알려진 바로 미루어 아마도 거의 없을 것이다. 실제로 적어도 헤브라이인들은 첫번째 태어난 자식만 불의 제물로 정한 것 같다. 예언자 미가(Micah)는 잘 알려진 성경 구절에서 이렇게 묻고 있다. "대체 나는 무엇을 가지고 주님 앞에 갈 것인가? 무엇을 가지고 높으신 하느님 앞에 경배드릴 것인가? 번제의 제물로 일년생 송아지를 가지고 갈 것인가? 수천 마리 양이나 수천 갈래의 기름 강물을 바치면 주님이 기뻐하시겠는가? 내 죄를 위해 내 첫아들을 바칠 것인가? 영혼의 죄를 위해 육신의 열매를?"** 이런 질문들은 예언자의 시대에 믿으면서 회의하는 마음을 지닌 사람들이 자기 자신에게 던지던 것이었다. 예언자 자신의 대답은 회의적이지 않다. "오, 사람이여. 무엇이 선한지 그분께서 그대에게 보여주셨노라. 단지 의를 행하고 긍휼을 사랑하며 하느님과 더불어 소박하게 살아가는 것말고, 주님께서 그대에게 무엇을 요구한단 말인가?"** 이런 고상한 대답은 오직 그

* 「시편」106 : 35~38.
** 「미가서」6 : 6~8.

시대의, 또는 아마도 모든 시대의 선택된 사람들만이 할 법한 대답이다.

그러나 도덕은 예언자의 편을 들더라도, 역사와 선례는 그 반대자의 편을 드는 것이 아닌지 물어보아야 할 것이다. 사람과 가축의 처음 난 새끼를 똑같이 하느님에게 제물로 바치는데, 가축의 처음 난 새끼는 규정대로 희생시키고 사람의 처음 난 자식은 돈으로 몸값을 치렀다면, 이 후자의 조치는 옛날의 더 가혹한 관습, 곧 처음 난 자식을 처음 난 새끼양·송아지·새끼염소와 마찬가지로 제단이나 불길에 바치던 관습이 후대에 완화된 것으로 보이지 않는가? 이러한 의문은 첫아이의 신성함을 설명하기 위해 이야기되는, 주목할 만한 전설로 인해 한층 강화된다. 그 전설은 다음과 같다.

이스라엘이 이집트에 속박되어 있을 때, 하느님은 그들을 노예상태에서 구원하여 약속의 땅으로 인도하기로 결심했다. 하느님은 한밤중에 이집트 땅을 지나가면서 사람이든 짐승이든 가리지 않고 이집트인의 처음 난 새끼들을 모두 죽일 작정이었다. 아침이면 그들 중 단 하나도 살아남지 못할 것이다. 그러나 이스라엘 사람들은 어떤 일이 일어날 것인지 사전에 경고를 들었으며, 그날 밤 집 안에 머물러 있되 집에다 표시를 해놓도록 언질을 받았다. 그렇게 하면 하느님이 학살하러 거리를 지나갈 때, 그들의 집과 이집트인의 집을 눈으로 구별하여 아이들과 짐승들을 오인해서 죽이는 일이 없으리라는 것이었다. 그 모든 일이 이루어졌다. 이집트인의 아이들과 짐승들에 대한 학살은 성공적으로 끝났으며, 바라던 효과를 거두었다. 이 위대한 승리를 기념하기 위해 하느님은 이후로 이스라엘 사람들의 처음 난 자식과 짐승을 모두 자신에게 바치되, 먹을 수 있는 짐승은 죽여서 바치고, 먹을 수 없는 것 특히 사람과 나귀는 대체물이나 머릿수에 해당하는 금전으로 보상하도록 규칙을 정했다. 그리고 매년 봄마다 대학살의 밤에 한 것과 똑같은 방식으로 축제를 열도록 했다. 하느님의 명령은 이행되었고, 이렇게 해서 유월절(逾越節)이라는 명절이 생겨났다.*

이것이 바로 첫아이의 신성함과 유월절이라는 명절의 유래라고 우리는 듣고 있다. 그러나 나아가서 그때 첫아이를 살해당한 민족이 헤브라이인이 아

---

* 「출애굽기」 11~13 : 16. 「민수기」 3 : 13 ; 8 : 17.

니라 그 적들이라는 이야기를 들을 때, 우리는 즉시 심각한 난관에 부딪힌다. 하느님이 한때 이집트인들의 첫아이를 죽였다고 해서 이스라엘인들이 자기네 가축이 처음 낳은 새끼를 영원히 죽여야 하는 이유가 무엇인가? 여기서 독자는 첫아이의 희생을 훨씬 더 분명하게 시사하는 또다른 헤브라이 전설을 상기할 수 있다. 알고 있다시피 아브라함이 첫아들인 이삭을 번제의 제물로 바치라는 하느님의 명령을 받고 그 명령을 막 이행하려고 할 때, 하느님은 그의 신앙과 복종의 증거에 만족하여 인간제물을 숫양으로 대체했고, 아브라함은 그에 따라 숫양을 자기 아들 대신 제물로 바쳤다.* 두 가지 전설을 종합해보면, 그것들이 아주 정확하게 서로 부합하며 실제로 첫아이를 바알이나 몰록에게 번제 제물로 바치던 후대의 헤브라이 풍습**과도 꼭 들어맞는 것을 알 수 있다. 이로부터 우리는 대속(代贖)이라는 관습을 도입하기 전에 헤브라이인들이 정례적으로 자기 첫아이를 희생시켰다는 결론을 물리칠 수 없다.

아비시니아 남부 변경지방에 사는 보란(Boran)족은 왁(Wak)이라고 하는 하늘의 정령의 비위를 맞추기 위해 자기 자식과 가축들을 제물로 바쳤다. 보란족 남자는 지위에 상관없이 일단 결혼하면 이른바 라바(Raba)가 되며, 결혼 후 일정 기간 동안, 아마도 4년 내지 8년 동안 자신이 낳은 아이를 모두 숲에 내다버려 죽도록 해야 한다. 보란족 사람들은 누군가 이 의무를 이행하지 않을 때 왁이 어떤 무서운 재앙을 가져올지 생각하고 싶어하지 않는다. 라바 기간이 지나면 남자는 할례를 받고 구다(Gudda)가 된다. 하늘의 정령은 아버지가 할례한 뒤에 태어나는 아이들에 대해서는 아무런 요구도 하지 않지만, 아이들은 아주 이른 나이에 비천한 사냥꾼 계급인 와타(Wata)족에게 보내 성인이 될 때까지 이 사람들과 함께 지내다가 돌아오게 한다. 이 주목할 만한 풍습에서 아버지의 할례는 나머지 아이들을 정령에게 귀속되지 않도록 구제하는 속죄 희생처럼 보인다. 이스라엘인들이 할례의 기원을 설명하기 위해 이야기하는 모호한 설화도 그 풍습을 신에게 아이의 대체물을 바침으로써 아이

---

*「창세기」 22 : 1~13.
**냉혹한 신에 대한 프레이저의 꾸밈없는 인상 표명과 결론이 유대인과 기독교인에게 불러일으킬 극도의 분노를 고려할 때, 이 구절이 1922년판 축약본에 전혀 나오지 않는 것은 놀라운 일이 아니다.

의 생명을 구하는 것으로 여겼음을 말해주는 것 같다.* 또, 아비시니아 남쪽 오모(Omo) 강 계곡에 거주하는 세 부족인 케레(Kerre)족과 바나(Banna)족, 바샤다(Bashada)족은 첫아이를 목졸라 죽이고 시체를 버리는 관습이 있다. 케레족은 시체를 오모 강에 던지는데, 그러면 악어 떼가 그것을 먹어치운다. 다른 두 부족은 그것을 숲에 내버려 하이에나의 먹이가 되게 한다. 우간다에서는 추장이나 어떤 중요한 인물의 첫아이가 아들이면 산파가 아이를 목졸라 죽이고 아기가 사산했다고 보고한다. "이는 아버지의 목숨을 보장해주기 위한 것이다. 만약 첫아이가 아들이면 그 사람은 곧 죽게 되고, 그가 가진 모든 것을 아들이 상속받는다는 것이다." 이교도 러시아인들은 종종 첫아이를 페룬(Perun) 신에게 제물로 바쳤다. 지금의 카반(Cavan) 주 발리마가우란 마을 부근에 있는 마그 슬라히트(Mag Slacht) 곧 '부복(俯伏)의 평야'에는 크롬 크루아치(Cromm Cruach)라고 하는 황금을 씌운 거대한 우상이 서 있었는데, 고대 아일랜드인들은 옥수수와 꿀, 우유를 많이 수확하게 해달라며 거기에다 "모든 자손의 첫아이와 모든 씨족의 장손"을 제물로 바쳤다. 플로리다 인디언들도 아들을 희생시켰다. 페루 정복 시기의 한 스페인 역사가는 산 미구엘(San-Miguel)과 카사말카(Caxamalca) 사이의 페루 계곡에 사는 인디언들을 묘사하면서 이렇게 기록하고 있다. "그들은 구역질 나는 제사와 우상들의 신전을 경외심으로 가득 차 떠받든다. 그들은 자기가 소유한 것 중 가장 귀중한 것을 우상들에게 바친다. 달마다 그들은 자기 자식들을 제물로 바치고 희생물의 피를 우상들의 얼굴과 신전의 문에 바른다." 키토(Quito)의 한 주인 푸루하(Puruha)에서는 첫아이를 신들에게 제물로 바치는 것이 관례였다. 그들의 유체는 건조시켜 금속이나 돌로 만든 그릇에 담아 집 안에 보관했다. 아마존 상류 계곡의 두 인디언 부족인 시마나스(Ximanas)족과 카우사나스(Cauxanas)족은 첫아이를 전부 죽인다. 렝과 인디언은 첫아이가 딸이면 어김없이 죽여버린다.

이와 같이 첫아이를 죽이는 풍습은 세계 각지에서 성행했던 것으로 보인다. 우리가 보기에 참으로 잔인하고 어리석은 그 같은 관습을 사람들이 행하

---

* 「출애굽기」 4 : 24~26.

는 동기는 무엇일까? 식량 공급에 맞춰 부족의 숫자를 조정하는 신중한 배려
는 동기가 될 수 없다. 왜냐하면 미개인들은 내일을 생각하지 않으며, 설사
그런다 하더라도 그때는 첫아이보다는 나중에 태어난 아이를 죽일 것이기 때
문이다. 앞에 서술한 증거가 시사하는 바에 따르면, 부족들마다 서로 다른 동
기로 그런 관습을 행하는 듯하다. 어떤 경우에는 아이의 죽음을 명확히 아버
지의 죽음을 대체하는 것으로 간주하는 것처럼 보인다. 아버지는 자식의 희
생으로 수명이 더 늘어나는 것이다. 그러나 또 어떤 경우에는 아이가 아버지
의 대체물로 죽는 것이 아니라, 아이가 아버지의 영기나 생명력을 흡수함으
로써 아버지의 생명을 위태롭게 하는 것으로 여겨지기 때문에 살해당하는 것
으로 보인다. 실제로 영혼의 이동이나 부활에 대한 믿음은 정례적인 영아살
해 관습, 그중에서도 특히 첫아이를 죽이는 관습을 만들어내는 작용을 했다.
영혼재생의 원리를 확고히 신봉하는 서아프리카 노예해안의 휘다(Whydah)
에서 한 아기를 죽여버린 사건이 있었는데, 그 까닭은 주술사들이 아기를 부
왕의 환생이라고 단언했기 때문이다. 왕은 당연히 그런 식으로 나타난 선임
자 때문에 왕좌에서 밀려나는 것을 받아들일 수 없었으므로 자기 아버지의
환생이라는 아기를, 그가 때맞지 않게 탈출해 온 사자의 세계로 강제로 되돌
려보낸 것이다. 힌두족은 사람이 문자 그대로 자기 아들로 화신한다고 생각
한다. 그래서 마누법전을 보면 이런 구절이 나온다. "남편은 아내가 임신하
면 태아가 되어 그녀에게서 다시 태어난다. 남편을 다시 태어나게 하는 것,
그것이 바로 아내의 본분이다." 따라서 아들이 태어나면 아버지는 아주 미묘
한 처지에 놓이게 된다. 자신이 자기 아들이라면, 자기 자신이 자기 아들과
별도로 존재한다고 할 수 있는가? 자신이 자기 아들의 몸에서 다시 태어나는
즉시 자신은 자기 몸에서 죽는 것이 아닌가?

그런데 아버지와 아들의 관계를 이런 식으로 생각하는 사람들에게는 분명
히 아버지의 신분이란 것이 아주 애매한 특권일 것이다. 아들의 출생이 자신
의 죽음이라면, 다시 태어난다는 것을 확신할 수 있을까? 아들의 존재는 기껏
해야 자기 존재에 위협이 될 뿐이며, 더 심하게는 자신의 소멸을 의미하는 것
일 수 있다. 그 위험은 특히 첫아들의 출생에 내재하는 것으로 보인다. 만약
그 위험을 넘길 수 있다면, 자신은 인력으로 할 수 있는 한은 안전할 것이다.

사실상 이 문제는 자신이 살 것이냐, 아들이 살 것이냐 하는 문제로 귀결된다. 그것은 고통스러운 딜레마다. 부정(父情)에 따르자면 자기가 죽고 아들이 살아야 한다. 그러나 이기심은 이렇게 속삭인다. "네가 살고 아이를 죽여라. 너는 한창 나이가 아니냐. 너는 네가 활동하는 집단을 빛내준다. 너는 사회에 유용하다. 아니, 꼭 필요하다. 아들은 단지 아기일 뿐이다. 그가 없다고 해서 섭섭할 일은 없을 것이다." 그와 같이 터무니없어 보이는 사고의 흐름이 쉽게 첫아이를 죽이는 관습으로 귀결될 수도 있다.

앞서 살펴본 증거에 따라 우리는, 왕이 자신의 대리인 또는 대리 희생물로 아들을 죽이도록 허용하는 관습이 최소한 셈족 세계에서는 결코 특이하거나 놀라운 일이 아니라고 추리해도 무방할 것이다. 실제로 그곳에서는 한때 모든 남자가 자기 신에 대한 의무로서 자기 장남의 목숨을 취하도록 권고 내지 명령을 받은 것으로 보인다. 또, 야만적 관습이 다른 사람들에게서 사라지고 난 후에도 왕들이 계속 그것을 지켜왔다고 본다면 그것은 유추와 전적으로 부합할 것이다. 왕들은 많은 점에서 사라진 세계의 대변자이며, 과거를 파묻고 있는 넘쳐오르는 폐수 위에서 위태롭게 흔들리는 외로운 첨탑으로 남아 있다. 우리가 살펴보았듯이, 그리스에서는 두 왕족 가문이 여전히 자기 구성원들 중에서 인간제물을 제공할 책임을 맡고 있었다. 오늘날 골목길을 지나가던 행인이 성바울 성당에 이끌려 들어가 제단 위에서 희생당할 생각이 전혀 없듯이, 동시대의 나머지 동포 가운데 아무도 더 이상 희생당하는 위험을 감수하지 않을 때까지 이 풍습은 계속되었던 것이다. 그 관습이 완화된 최종 형태는 무고한 희생자를 유죄가 확정된 범죄자로 대체하는 방식일 것이다. 그러한 대체방식은 로도스(Rodos) 섬에서 해마다 바알 신에게 인간제물을 바치던 사례에서 쉽게 찾아볼 수 있으며, 또 바빌론에서 며칠 동안 왕의 예복을 입고 왕으로 행세하다가 십자가나 교수대에서 죽어간 범죄자도 왕을 대신해서 죽은 것이라고 믿을 만한 충분한 근거가 있음을 우리는 이미 살펴보았다.

5장
나무정령의 살해

1

남은 문제는 신성한 왕이나 사제를 살해하는 관습이 우리의 특수한 연구주제에 어떤 실마리를 던져주는지 규명하는 것이다. 이 책 앞부분에서 우리는 네미의 숲의 왕을 나무정령 또는 식물정령의 화신으로 간주하는 이유와, 숭배자들이 그를 나무가 열매를 맺게 하고 농작물이 자라게 하는 따위의 주술적 능력을 부여받은 존재로 여기는 근거를 살펴보았다. 따라서 숭배자들은 그의 생명을 매우 귀중하게 떠받들었으며, 아마도 수많은 지역에서 악령과 마법사의 사악한 영향력으로부터 인간신의 생명을 지키는 데 이용한 것과 같은, 정교하고 체계적인 예방조치나 터부로 그를 둘러쌌을 것이다. 그러나 앞서 우리는 인간신의 생명에 부여되는 바로 그 가치로 인해, 불가피한 노쇠를 막기 위한 유일한 수단으로서 그를 폭력적으로 살해했음을 살펴보았다. 숲의 왕에게도 같은 추리를 적용할 수 있다. 그 역시 그에게 화신해 있는 신성한 영혼이 온전하게 후계자에게 이전될 수 있도록 하기 위해서 살해당해야 했던 것이다. 더 강한 자가 자신을 죽일 때까지 직책을 보유하는 규칙은, 그의 신성한 생명을 활기차게 보존함과 동시에 그 활기가 손상되기 시작하는 즉시 적합한 후계자에게 이전되도록 하기 위한 것이라고 볼 수 있다. 그가 강한 손으로 자기 자리를 지킬 수 있는 한 그의 자연적인 힘이 감소하지 않았다고 추리할 수 있기 때문이다. 반면에 그가 다른 사람의 손에 패해서 죽으면 그것은 그의 힘이 약화하기 시작한 것이며, 따라서 신성한 생명을 덜 낡은 집에 옮겨놓을 때가 되었음을 증명하는 것이다. 숲의 왕이 후계자에게 살해당해야 했던 규칙을 이렇게 해명하는 것은 최소한 그 규칙을 완벽하게 이해할 수 있게 해준다. 그것은 실루크족의 이론과 실천이 강력하게 뒷받침한다. 실루크족은 신성한 왕이 노쇠해지는 징후가 나타나면 그의 쇠약함이 옥수수와 소떼, 사람에게 미치는 활력의 상실로 이어지지 않도록 왕을 죽여버렸다. 그것은 치토메에 관한 유추를 통해서도 뒷받침된다. 사람들은 치토메의 생명에 세상의 존재가 걸려 있다고 여겼으며, 따라서 그는 쇠약의 징후가 보이는 즉시 후계자에게 살해당했다. 또, 후대에 캘리컷 왕이 직책을 보유하는 조건은 숲의 왕이라는 직책에 부여된 조건과 일치한다. 다만 후자는 언제든 왕위 후보자의 공격을 받은 반면, 캘리컷 왕은 12년마다 한 번씩 공격받을 뿐이었다. 그러나 캘리컷 왕이 모든 신참자를 상대로 자기를 방어할 수 있는 한 계속 통치할 수 있게 된 것은, 그의 생명에 일정한 기간을 설정하던 옛 관례를 완화한 결과였다. 따라서 숲의 왕에게 비슷한 권리를 허용한 것도 일정 기간이 지나면 그를 죽이던 옛 관습을 완화한 결과라고 추측할 수 있다. 두 경우 모두 새로운 관례는 신인(神人)에게 옛 관례에는 없던 삶의 기회를 최소한 한 번 이상 주는 것이었다. 아마도 사람들은 신인이 검으로 모든 공격을 막아낼 수 있는 한 치명적인 노화를 우려할 이유가 없다는 생각에서 그러한 변화에 타협했을 것이다.

숲의 왕이 예전에는 일정 기간이 지나면 삶의 기회를 전혀 얻지 못하고 살해당했으리라는 추측은, 북유럽에서 그의 닮은꼴인 나무정령의 대리인을 정기적으로 살해하는 관습이 있었음을 예증할 수 있다면 사실로 확인될 것이다. 실제로 그러한 관습은 농민계급의 농촌축제에 자신의 흔적을 뚜렷하게 남겨놓았다. 예를 들어보자.

바이에른 남부 니더푀링(Niederpöring)에서는 성령강림절(Whitsuntide) 때 나무정령의 대리인―이른바 '핑스틀(pfingstl)'―에게 머리부터 발끝까지 나뭇잎과 꽃을 뒤집어쓰게 한다. 머리에는 모자 끝이 어깨까지 덮는 뾰족한 모자를 쓰는데, 눈구멍 두 개만 남겨놓는다. 모자는 수초꽃들로 덮고 꼭대기에 모란꽃 화환을 얹는다. 그의 외투 옷소매도 수초로 만드는데, 신체 나머지 부분은 오리나무와 개암나무 잎사귀로 감싼다. 그의 양옆에는 핑스틀의 양팔을 떠받치는 두 소년이 동행한다. 이 두 소년은 검을 빼들었으며, 행렬의 나머지 사람들도 대부분 검을 들었다. 그들은 집집마다 발길을 멈추고 사람들이 선물 주기를 기다린다. 사람들은 몸을 숨기고 나뭇잎 옷을 입은 소년에게 물을 끼얹는데, 그가 물에 흠뻑 젖으면 모두들 기뻐했다. 마지막으로 그는 허리까지 차는 개울 속으로 걸어 들어간다. 그러면 소년들 중 하나가 다리 위에 서 있다가 그의 머리를 자르는 시늉을 했다. 슈바벤의 부름링겐(Wurmlingen)에서는 젊은이 수십 명이 성령강림절 월요일(Whit-Monday)에 하얀 셔츠와 하얀 바지를 차려입고, 허리에 붉은 스카프를 두르고는 스카프에 검을 찬다. 그들은 트럼펫을 부는 나팔수 두 명을 선두로 하여 말을 타고 숲 속에 들어간다. 숲에서 그들은 나뭇잎이 무성한 참나무 가지를 잘라서 그것으로 자신들 가운데 마지막으로 마을에서 온 사람을 머리부터 발끝까지 감싼다. 그러나 그의 양다리는 따로따로 포장하여 그가 다시 말에 올라탈 수 있게 한다. 나아가서 그들은 가짜 머리와 가짜 얼굴이 달린 기다란 가짜 목을 그에게 붙인다. 그런 다음 오월제 나무를 베는데, 보통 길이가 30센티미터쯤 되는 미루나무나 너도밤나무 한 그루를 고른다. 그 나무는 색색가지 손수건과 리본으로 장식하여 특별히 지정한 '오월제 사자'에게 맡긴다. 그리고 나서 기마대는 음악과 노랫소리에 맞춰 마을로 돌아온다. 행렬에 등장하는 인물 가운데는 시커먼 얼굴에 왕관을 쓴 무어인 왕과 철수염 박사(Dr. Iron-Beard), 상병(上兵), 사형집행인 등이 있다. 행렬이 마을 풀밭에서 걸음을 멈추면 등장인물들이 각각 운율에 맞춰 연설을 한다. 사형집행인은 나뭇잎 옷을 입은 사람이 사형을 선고받았음을 선포하고, 그의 가짜 머리를 자른다. 이어서 말을 탄 기수들이 좀 떨어진 장소에 세워놓은 오월제 나무를 향해 경주를 벌인다. 빠르게 달려 제일 먼저 그 나무를 땅에서 비틀어 뽑는 데 성공하는 사람이 모든 장식과 더불어 그 나무를 차지한다. 이 의식은 2년 내지 3년마다 열린다.

작센(Sachsen)과 튀링겐(Thüringen)에는 '야생인을 숲에서 추적하기' 또는 '야생인을 숲에서 쫓아내기'라고 부르는 성령강림절 의식이 있다. 한 젊은이가 나뭇잎이나 이끼로 몸을 감싸고 야생인 역할을 한다. 그가 숲 속에 몸을 숨기면 마을의 다른 젊은이들이 그를 찾아나선다. 그를 찾아내면 생포하여 숲에서 끌고 나와 총알 없는 머스켓 총으로 그를 총살한다. 그는 죽은 듯이

땅에 넘어지지만, 의사 옷을 입은 젊은이가 그의 피를 뽑아내면 다시 살아난
다. 그러면 모두들 기뻐하며 수레에 그를 단단히 묶어 마을로 데려간다. 거기
서 그들은 야생인을 어떻게 잡았는지 모든 사람에게 알린다. 다니는 집마다
그들은 선물을 받는다. 에르츠게비르게(Erzgebirge)에서는 17세기 초에 해마
다 재의 수요일(Ash Wednesday) 바로 전 사흘 동안 다음과 같은 행사를 치렀
다. 두 남자가 야생인으로 분장하는데, 한 사람은 덤불과 이끼를 쓰고, 다른
한 사람은 밀짚을 쓴다. 두 사람은 거리로 끌려나와 장터 광장에 다다른다.
거기서 두 사람은 이리저리 사람들에게 쫓기고 총을 맞고 칼에 찔린다. 쓰러
지기 전에 둘은 기묘한 몸짓으로 비틀거리며 들고 다니던 물주머니로 사람들
을 향해 피를 뿜어댄다. 두 사람이 쓰러지면 사냥꾼들이 그들을 널판에 얹어
선술집으로 운반하고, 광부들이 마치 값진 광맥이라도 찾은 듯이 채광 도구
로 경적을 불어대며 옆에서 따라간다. 이와 매우 비슷한 관습이 재의 수요일
전 사흘 동안 보헤미아(Bohemia)의 실루케나우(Schluckenau) 부근에서 아직
까지 행해지고 있다. 야생인처럼 차려입은 사람이 길거리를 이리저리 쫓겨
다니다가 노끈을 팽팽하게 걸어놓은 좁은 골목길로 달아난다. 그러다가 야
생인이 노끈에 발이 걸려 넘어지면서 추적자들에게 사로잡히면 사형집행인
이 달려와서 야생인이 몸에 감고 있는, 피가 가득 찬 물주머니를 검으로 찌른
다. 그러면 야생인은 죽고 흘러내리는 피가 땅을 붉게 적신다. 다음날 야생인
처럼 분장한 밀짚인형을 들것에 태워 무수한 군중을 대동하고 연못으로 운반
하면 사형집행인이 연못 속으로 던진다. 이 의식을 '사육제를 매장하는 의
식'이라고 부른다.

세믹(Semic, 보헤미아)에서는 왕의 머리를 자르는 행사를 성령강림절 월요
일에 치른다. 한 떼의 젊은이들이 모여 각기 나무껍질로 만든 허리띠를 두르
고 목검과 버들나팔을 손에 드는 등 분장을 한다. 왕은 꽃으로 장식한 나무껍
질 의상을 걸치고, 머리에는 꽃과 나뭇가지로 장식한 나무껍질 왕관을 쓰며,
발에는 고사리를 감고, 가면으로 얼굴을 가리며, 손에는 왕홀 대신 산사나무
가지를 든다. 한 젊은이가 왕의 발에 밧줄을 묶어 마을 안으로 끌고 다니면,
나머지 사람들은 주변에서 춤을 추고 나팔을 불며 휘파람을 분다. 모든 농가
에서 왕은 방을 빙빙 돌며 쫓겨다니는데, 사람들의 고함소리로 시끌시끌한

가운데 무리 중 한 사람이 검으로 왕의 나무껍질 의상에 일격을 가한다. 그러고 나서 사례금을 요구한다. 여기서 다소 불분명하게 처리하고 있는 목베기 의식을 보헤미아 다른 지방에서는 훨씬 더 실감나게 행한다. 예컨대 쾨니히그레츠 지방의 몇몇 마을에서는 성령강림절 월요일에 처녀들과 젊은 남자들이 가장 좋은 옷에 리본을 달고 두 군데 보리수나무 아래로 남녀가 각기 따로 모여든다. 젊은 남자들은 여왕을 위한 화관을 엮고, 처녀들은 왕을 위한 또다른 화관을 엮는다. 왕과 여왕을 선발하고 나면 모두 둘씩 짝을 지어 선술집으로 행진하며, 선술집 발코니에서 정리(廷吏)가 왕과 여왕의 이름을 선포한다. 그러면 음악이 연주되는 동안 그 두 사람에게 직위를 표시하는 휘장을 수여하고 머리에 화관을 씌운다. 그런 다음에 한 사람이 의자에 올라가 가축을 학대했다든지 하는 따위의, 왕이 저지른 여러 가지 죄행을 고발한다. 그러면 왕은 증인들에게 호소하고, 재판은 계속 이어진다. 이윽고 재판이 끝나갈 무렵에 하얀 지팡이를 직책의 상징으로 들고 있는 재판관이 '유죄' 또는 '무죄' 평결을 내린다. 평결이 '유죄'라면 재판관은 자기 지팡이를 부러뜨리고, 왕은 하얀 천 위에 꿇어앉는다. 그리고 모든 사람이 모자를 벗고, 한 병사가 모자를 서너 개 차곡차곡 얹어서 왕의 머리에 씌운다. 그러면 재판관은 '유죄'라는 말을 큰소리로 세 차례 외치고 정리더러 왕을 참수하라고 명령한다. 정리는 목검으로 왕의 모자를 쳐서 떨어뜨리는 것으로 명령을 집행한다.

그러나 아마도 우리 목적에 비추어 가장 시사적인 모의처형 사례는 다음과 같은 보헤미아의 사례일 것이다. 필젠(Pilsen) 지방 몇몇 곳에서는 성령강림절 월요일에 왕이 나무껍질 옷을 입고 꽃과 리본으로 장식한다. 그가 금박지로 만든 왕관을 쓰고, 역시 꽃으로 장식한 말 위에 올라타면 재판관과 사형집행인, 기타 인물들이 수행하며, 그는 병사들이 모두 말을 타고 대열을 지어 뒤따르는 가운데 마을 광장으로 행진한다. 광장에는 오월제 나무 아래 푸른 나뭇가지로 지은 오두막집 또는 정자가 세워져 있다. 오월제 나무는 전나무를 새로 잘라서 꼭대기까지 껍질을 벗기고 꽃과 리본을 입힌 것이다. 기마행렬은 마을 아주머니와 처녀들에게 비난을 퍼붓고 개구리의 목을 자른 후, 넓고 곧게 뻗은 거리를 따라 미리 정해둔 장소로 간다. 여기서 그들은 두 줄로 늘어서는데, 이때 왕이 도망을 친다. 조금 먼저 출발한 왕이 전속력으로 내달리면 병사들이 모두 그를 뒤쫓는다. 그를 붙잡지 못하면 그는 일 년 더 왕위에 머물며, 그의 동료들이 저녁에 술집에서 그가 먹은 술값을 내야 한다. 그러나 만약 그를 따라가서 붙잡으면 그를 개암나무 막대기나 목검으로 잔뜩 두들겨 팬 다음 강제로 말에서 끌어내린다. 그런 뒤에 사형집행인이 묻는다. "이 왕의 목을 칠까요?" 사람들이 대답한다. "목을 쳐라." 사형집행인은 자기 도끼를 휘두르며 이렇게 말한다. "하나, 둘, 셋! 왕의 목이 떨어지거라!" 그와 동시에 그는 왕관을 쳐서 떨어뜨린다. 구경꾼들의 커다란 환호성 속에 왕이 땅에 쓰러지면 그를 들것에 실어 가장 가까운 농가로 운반한다.

이처럼 모의처형을 당하는 인물들을 보면, 그들이 대부분 봄철에 모습을 나타낸다고 하는 나무정령이나 식물정령의 대리인이라는 사실을 인정하지 않을 수 없다. 연희자들이 걸치는 나무껍질·나뭇잎·꽃 따위와 그들이 등장하는 계절에서 나타나듯이, 그들은 우리가 이 책 앞부분에서 살펴본 '풀의 왕', '오월의 왕', '푸른 옷의 잭', 기타 봄철 식물정령의 대리인들과 같은 부류에 속한다. 우리는 마치 이런 결론에 대한 의문을 일소해 주는 듯한 두 가지 사례에서 살해당하는 사람들이 비인격적인 오월제 나무와 직접적인 연관 속에 놓인다는 사실을 발견한다. 이는 오월의 왕, 풀의 왕 따위가 나무정령의 인격적 대리인이 되는 것과 같다. 따라서 '핑스틀'에게 물을 끼얹고 그가 허리까지 차는 개울에 들어가는 것은, 앞에서 이미 살펴본 것과 같은, 비를 내리는 주술이 분명하다.

그러나 만약 이러한 인물들이 봄철의 식물정령을 대표한다면, 왜 그들을 죽이는가 하는 의문이 생긴다. 특히 식물정령의 봉사가 가장 필요한 봄철에 그를 죽이는 목적이 무엇인가? 이 질문에 대한, 유일하게 그럴듯한 답변은 신성한 왕이나 사제를 살해하는 관습에 관해 이미 제시한 설명에서 찾을 수 있을 것 같다. 물질적이고 유한한 육체에 구현되어 있는 신성한 생명은 그것을 잠시 담고 있는 연약한 매개체의 약점 때문에 오염되고 퇴화되기 쉽다. 그래서 그것의 화신인 인간이 나이를 먹음에 따라 필연적으로 나타나는 육체적 쇠약에서 벗어나자면 쇠약의 징후가 나타나기 전에, 또는 최소한 나타나는 즉시 그 사람에게서 그것을 분리해 원기왕성한 후계자에게 이전할 수 있어야 한다. 이는 신의 낡은 대리인을 살해하고 신성한 영혼을 새로운 화신에게 옮겨줌으로써 성취된다. 따라서 신의 살해, 곧 그 인간적 화신의 살해는 단지 더 훌륭한 모습으로 그를 부활시키기 위해 필요한 조치에 지나지 않는다. 그 것은 신성한 영혼의 사멸이 아니라, 단지 더 순결하고 더 강력한 형상화의 시 작일 뿐이다. 이러한 설명이 신성한 왕과 사제를 살해하는 관습에 대해 일반 적으로 타당하다면, 이것을 해마다 봄철에 나무정령이나 식물정령의 대리인 을 살해하는 관습에 한층 더 분명하게 적용하는 것도 가능할 것이다. 왜냐하 면 원시인은 겨울철에 식물의 생명이 쇠퇴하는 현상을 쉽게 식물정령이 쇠약 해지는 것으로 해석할 것이기 때문이다. 원시인은 틀림없이 식물정령이 늙 어서 허약해졌으므로 죽이고 더 젊고 싱싱한 모습으로 소생시켜 원기를 회복 하도록 해주어야 한다고 생각할 것이다. 그러므로 봄철에 나무정령의 대리 인을 죽이는 것은 식물의 성장을 장려하고 촉진하는 수단으로 간주된다. 나 무정령의 살해는 암묵적으로, 때로는 명시적으로 더 젊고 원기왕성한 모습을 한 그의 부활과 (추정컨대) 항상 결부되기 때문이다. 그래서 작센과 튀링겐의 관습에서 야생인은 총에 맞은 후 의사의 힘을 빌려 다시 소생하며, 부름링겐의 의식에서도 아마도 한때 비슷한 역할을 한 것으로 보이는 철수염 박사라는 인 물이 등장한다. 이러한 신의 부활에 관해서는 뒤에서 좀더 살펴볼 것이다.

이러한 북유럽의 인물들과 우리 연구주제—네미의 사제 또는 숲의 왕— 사이의 유사점은 뚜렷하다. 이 북방의 가면극 배우 중에 왕이 나오는데, 나무 껍질과 나뭇잎으로 만든 그들의 의상과 아울러 재판이 열리는, 푸른 가지와 전나무로 지은 오두막을 보면 그들이 영락없이 이탈리아의 숲의 왕과 닮은꼴 임을 알 수 있다. 이탈리아의 숲의 왕과 마찬가지로 그들도 폭력적으로 살해 당하지만, 그와 마찬가지로 그들에게도 자신들의 힘과 기민성으로 죽음을 피 할 수 있는 기회가 한 번 있다. 몇몇 북방의 관습에서 왕의 도망과 추적은 의 식의 주요 부분을 차지하며, 최소한 한 가지 사례에서는 왕이 추적자들을 따 돌리면 생명과 직책을 한 해 더 연장할 수 있었다. 이 마지막 사례에서 왕은 사실상 일 년에 한 번씩 목숨을 걸고 달리기를 하는 조건으로 직책을 보유하 는 셈이다. 이는 캘리컷 왕이 후대에 이르러 12년마다 신참자들을 상대로 자 기 목숨을 지키는 조건으로 직책을 맡은 것이라든지, 네미의 사제가 불시의 습격에 대비해 자신을 지키는 조건으로 직책을 맡은 것과 아주 비슷하다. 이 모든 사례에서 신인(神人)의 생명은 결투나 도주 같은 격렬한 경기에서 자신의 체력이 쇠퇴하지 않았음을 보여주어 조만간에 닥칠 폭력적인 죽음을 당분간 연기해도 무방함을 입증해야만 연장된다. 또, 숲의 왕에 관한 전설과 관습에서 도주경기를 떠올릴 만한 내용이 두드러지게 등장한다는 사실에 주목할 필요가 있다. 숲의 왕은 그 숭배신앙의 전설적 창시자인 오레스테스의 도주를 기념하는 도망노예라야 했다. 그래서 고대 문필가들은 숲의 왕을 '힘센 손과 빠른 발을 지닌 자'라고 묘사하고 있다. 아마도 우리가 아리키아 숲의 의식을 상세히 안다면, 우리는 그가 보헤미아의 닮은꼴 형제처럼 도망쳐서 생명을 건질 기회를 부여받았다는 사실을 발견할지도 모른다. 나는 이미 로마 사제왕의 연례적인 도주행사(레기푸기움)가 처음에는 같은 종류의 행사였으리라고 짐작한 바 있다. 다시 말해서 그는 원래 일정 기간이 지난 뒤에 살해당하거나, 아니면 힘센 손이나 빠른 발로 자신들의 신성(神性)이 힘차고 손상되지 않았음을 입증할 기회를 부여받던 신성한 왕들 중 하나였던 것이다.

이탈리아의 숲의 왕과 북방의 닮은꼴 사이에는 또 한 가지 유사점이 있다. 작센과 튀링겐에서는 나무정령의 대리인을 살해한 뒤 의사가 다시 소생시킨다. 이는 네미 숲의 첫 왕인 히폴리투스 또는 비르비우스에게 일어났다고 하는 전설상의 일과 정확히 일치한다. 그는 자기 말들에게 살해당한 뒤 의사 아이스쿨라피오스의 치료를 받고 되살아났다. 그러한 전설은 숲의 왕을 살해하는 것이 단지 그의 후계자 속에서 부활을 이루기 위한 조치에 지나지 않는다는 이론과 잘 부합한다.

2

지금까지 나는 네미의 사제가 그 후계자에게 살해당해야 한다는 규칙에 대한 설명을 제시했다. 그러한 설명은 개연적인 것에 지나지 않는다. 그 관습과 역사에 대해 우리가 알고 있는 것이 극히 적기 때문이다. 그러나 그 설명이 가정하는 사고 동기와 사고방식이 원시사회에서 작용했음을 입증할 수 있다면 그만큼 개연성이 커질 것이다. 지금까지 우리가 그 죽음과 부활에 주로 관심을 기울여온 신은 나무의 신이었다. 그런데 신을 살해하는 관습과 그의 부활에 대한 믿음이 수렵목축 단계의 사회에서 유래했거나 최소한 그 사회에서 존재했고 그때는 살해당한 신이 동물이었다는 것, 그리고 그것이 농업 단계의 사회로 이어졌고 그때는 살해당한 신이 곡식이나 곡식을 대표하는 인간이었다는 사실을 보여줄 수 있다면, 내 설명의 개연성은 상당히 커질 것이다. 다음에서 나는 그런 시도를 할 것이며, 논의과정에서 아직 남아 있는 모호한 부분들을 분명히 하고 독자들이 제기할 수 있는 몇 가지 반론에 답변하고자 한다.

우리는 앞서 중단한 지점, 곧 유럽 농민계급의 봄철 풍습에서 출발할 것이다. 이미 설명한 의식 외에도 신성한 존재나 초자연적인 존재의 모의 죽음이 두드러진 특징을 이루는, 비슷한 관습이 두 가지 존재한다. 그중 하나에서 그 죽음이 극적으로 재현되는 존재는 의인화한 사육제며, 다른 하나에서는 죽음 그 자체다. 전자의 의식은 반드시 사육제 마지막 날인 참회 화요일(Shrove Tuesday)이나 사순절 첫날인 재의 수요일(Ash Wednesday)에 치른다. 다른 의식—흔히 부르는 명칭으로는 '죽음의 추방' 또는 '죽음 몰아내기'—은 시기를 일률적으로 정하고 있지 않지만, 일반적으로 사순절 넷째 일요일에 치른다. 그래서 그날은 죽음의 일요일이라는 명칭으로 통한다. 그러나 어떤 곳에서는 그 의식을 일주일 일찍 거행하고, 다른 곳 이를테면 보헤미아의 체크인들은 일주일 늦게 거행한다. 반면에 모라비아의 일부 게르만족 마을에서는 부활절 이후 첫째 일요일에 의식을 치른다. 앞의 내용이 시사하는 바와 같이, 그 시기는 아마도 원래 첫번째 제비나 어떤 다른 봄소식의 출현에 따라 변할 수 있는 것이었던 것 같다. 어떤 작가들은 그 의식이 슬라브족에게서 유래했다고 본다. 그림(Grimm)은 그것이 3월에 한 해를 시작하는 옛 슬라브족의 신년축제였다고 생각했다. 우리는 먼저 달력상으로 다른 것보다 항상 앞서 벌어지는 사육제의 모의 죽음 사례를 살펴볼 것이다.

로마와 나폴리 중간쯤에 있는 프로시노네(Frosinone)에서는 사육제 마지막 날에 '라디카(Radica)'라고 알려진 유서 깊은 제전이 벌어져 이탈리아 지방도시의 단조로운 생활을 즐겁게 깨뜨린다. 오후 4시경에 시립악단이 활기찬 선율을 연주하며 대군중을 이끌고 군청과 다른 관청 건물들이 늘어서 있는 피아차 델 플레비스키토 광장으로 행진한다. 그 광장 한가운데에서 기대에 찬 군중들의 눈길을 영접하는 것은 형형색색의 꽃줄로 장식한, 네 마리 말이 끄는 거대한 마차의 모습이다. 마차 위에는 커다란 의자가 놓여 있고, 그 위에 사육제를 상징하는 위엄 있는 인물상이 앉아 있다. 그것은 치장 벽토로 만든 남자상으로, 약 2미터 80센티미터쯤 되는 높이에 혈색 좋고 미소 띤 표정을 하고 있다. 거대한 장화와 이탈리아 해병대 장교들이 머리에 쓰는 것과 비슷한 양철 투구, 이상한 무늬로 장식한 색동 외투가 이 위풍당당한 인물의 외모를 장식하고 있다. 그의 왼손은 의자 팔걸이에 얹혀 있고, 오른손은 군중을 향해 멋있게 경례를 한다. 이런 정중한 행동은 사람들의 눈길을 피해 보좌 아래 조심스럽게 몸을 숨기고 있는 한 남자가 끈으로 조종하는 것이다. 이제 군중들은 흥분에 들떠서 마차 주위에 모여들어 환희의 소리를 지르며 감정을 분출한다. 사람들은 귀족과 평민 구별 없이 모두 한데 어울려 미친 듯이 '살타렐로(Saltarello)' 춤을 춘다. 이 제전의 한 가지 특징은 모든 사람이 '라디카(뿌리)'라고 하는 것을 손에 들어야 한다는 것이다. 알로에나 용설란의 커다란 잎을 말하는데, 실제로는 그것이 없으면 대용품으로 긴 막대기 끝에 꽂은 커다란 양배추 잎이나 특이하게 엮은 풀잎다발이라도 들어야 한다. 그런 잎을 들지 않고 감히 군중 속에 들어오는 사람은 모두 사정없이 쫓아낸다. 군중들은 잠시 광장을 한 바퀴 돈 후 느리게 움직이는 마차를 호위하여 군청 대문 앞으로 간다. 사람들은 거기서 멈추고, 마차는 울퉁불퉁한 땅 위를 덜컹거리며 군청 마당으로 들어간다. 그 순간 침묵이 군중들을 사로잡는다. 그들이 소근거리는 목소리는, 직접 들어본 사람의 묘사에 따르면, 일렁이는 파도소리처럼 들린다. 모든 눈이 기대에 차서 문으로 쏠린다. 거기에서 군수 자신과 법적 권위를 지닌 대리인들이 친히 나와서 그날의 주인공에게 경의를 표하기로 되어 있기 때문이다. 잠시 긴장의 순간이 흐른 뒤, 우레 같은 환호성과 박수소리가 고관들의 출현을 알린다. 고관들은 줄지어 계단을 내려와 행렬 속에 자리잡는다. 그러면 곧바로 사육제 찬가가 울려퍼지는데, 그것이 끝나면 귀가 멍멍한 함성과 더불어 알로에 잎과 양배추 잎이 공중에 휘날리며 의인과 악인을 가리지 않고 모든 사람의 머리 위에 공평하게 떨어져 내린다. 사람들은 아무하고나 뒤엉켜 한바탕 격투를 벌임으로써 행렬에 새로운 흥을 돋운

다. 이런 예비행사가 모든 참가자의 만족 속에 끝나면 행렬이 움직이기 시작
한다. 행렬 꽁무니에는 술통과 경찰을 태운 수레가 따른다. 경찰은 술을 청하
는 모든 사람에게 술을 나누어주는, 아주 마음에 드는 임무를 담당한다. 한편
수레 꽁무니에서는 공공 비용으로 마음껏 취할 수 있는 멋진 기회를 놓치지
않기 위해 안달이 난 군중들이 마구 몰려들어 고함과 휘파람 소리, 욕설이 난
무하는 가운데 극심한 격투가 벌어진다. 이와 같이 행렬이 위풍당당하게 중
심가를 한바탕 누비고 난 후에 마지막으로 사육제 인형을 광장 한가운데로
운반한다. 사람들은 인형의 화려한 장식을 벗기고 장작더미 위에 올려놓은
뒤, 군중들의 함성 속에 불사른다. 그러면 사람들은 다시 한 번 사육제 노래
를 우렁차게 부르며 손에 든 이른바 '뿌리'를 장작더미에 던져버리고 마음놓
고 춤의 환락에 빠져든다.

　같은 종류의 의식을 프로방스 지방에서는 재의 수요일에 치른다. 카라망트
란(Caramantran)이라고 부르는, 묘하게 장식한 인형을 꽃마차나 가마로 운반
하는데, 이 마차를 괴상한 복장을 한 군중이 따라간다. 사람들은 술을 가득
담은 호리병을 들고 진짜든 가장이든 만취한 거동으로 술병을 비운다. 행렬
의 선두에는 재판관과 변호사로 분장한 사람을 비롯하여 사순절로 분장한,
키 크고 깡마른 인물이 선다. 그 뒤에는 비루먹은 말을 탄 젊은이들이 조객
차림을 하고 카라망트란에게 닥쳐올 운명을 슬퍼하는 시늉을 하며 따라온
다. 대광장에 이르러 행렬이 멈추고 재판정을 설치하면, 카라망트란을 피고
석에 놓는다. 형식적인 재판을 거쳐 그는 군중의 불평 속에 사형선고를 받는
다. 그를 변호하던 변호사가 마지막으로 자기 의뢰인을 포옹하면 정리(廷吏)
들이 임무를 수행한다. 죄인은 벽에 등을 기대고 선 채 소나기 같은 돌세례를
받고 서둘러 영원 속으로 쫓겨간다. 갈기갈기 찢긴 유해는 강이나 바다에 던
진다.

　아르덴 지방 거의 전역에서는 예나 지금이나 재의 수요일에 사육제를 나타
내는 인형을 불태우고, 불타는 인형 주위에서 노래를 부르는 관습이 있다. 종
종 그 인형을 마을 사람 중에서 자기 부인에게 가장 불성실하다고 소문 난 남
편의 모습을 본떠서 만들기도 한다. 예상할 수 있듯이, 그런 내키지 않는 상
황에서 초상화로 선택되는 영예를 얻는 사람은 다소 가정불화가 심할 때가

많다. 특히 그 인형이 초상을 본뜬, 방탕한 배신자의 집 앞에서 인형을 불사르고, 아옹다옹 다투는 소리와 불평소리, 다른 음악소리가 뒤범벅된 상황에서 그의 개인적인 행실에 관해 친구와 이웃들이 품고 있던 생각을 공개적으로 증명할 때에는 더욱 그럴 것이다. 아르덴 지방 몇몇 마을에서는 실제로 살아 있는 젊은 남자가 건초와 밀짚으로 분장하고 '참회 화요일(Mardi Gras)' 역을 맡는 것이 과거의 관습이었다. 프랑스에서는 사육제 기간이 지나면 종종 의인화한 사육제를 그런 명칭으로 불렀다. 그는 모의법정에 끌려나와 사형선고를 받고, 군대에서 처형되는 병사처럼 등을 벽에 기대고 서서 빈 총으로 총살당했다. 브리노부아(Vrigneaux-Bois)에서 이러한 무고한 연희자 중 티에리라는 사람이 사격대의 머스켓 총 안에 들어 있던 탄약덩어리를 맞고 우발적으로 살해당하는 사고가 있었다. 불쌍한 '참회 화요일'이 사격을 받고 쓰러지자 커다란 환호성이 오랫동안 계속되었다. 그만큼 그의 연기는 자연스러웠다. 그러나 그가 다시 일어나지 않아 사람들이 달려가 보니 그는 시체가 되어 있었다. 그 이래로 아르덴 지방에서는 이러한 모의처형을 더는 행하지 않는다.

노르망디에서는 재의 수요일 저녁에 '참회 화요일의 장례'라고 하는 의식을 거행하는 관습이 있었다. 누더기를 입고, 찌그러진 낡은 모자를 더러운 얼굴에 눌러쓰고, 불룩 나온 커다란 배에 밀짚을 가득 채운 지저분한 인형은, 오랜 방탕 끝에 이제 막 자기 죄값을 치르게 될 혐오스럽고 늙은 탕자를 나타냈다. 이 유명한 사육제의 화신은 그것을 지고 비틀거리는 시늉을 하는 건장한 장정의 어깨에 얹혀 개선행진과 정반대 방식으로 마지막 거리행진을 했다. 북치는 사람이 앞에 서고, 대거 몰려든 마을의 개구쟁이들과 어중이떠중이, 부랑자들로 이루어진 군중이 놀려대며 동행하는 가운데 이 인물은 삽과 부젓가락, 솥과 냄비, 뿔과 주전자를 두들겨대는 시끄러운 소음에다 야유와 욕설, 비난의 소리가 뒤섞인 불협화음에 맞춰 깜박이는 횃불에 의지하여 이리저리 끌려다녔다. 이따금 행렬이 멈추면 도덕성의 수호자가 나서서 이 몰락한 늙은 죄인이 저지른 무절제한 행실을 낱낱이 고발했다. 그 죄로 인해 그는 이제 막 산 채로 화장을 당할 예정인 것이다. 자기 변호를 위해 할말이 전혀 없는 피고인을 밀짚더미 위에 던져놓고 횃불로 불을 붙이자 커다란 불길이 솟아올랐다. 그러면 아이들이 열광해서 그 주위를 뛰어다니며 사육제의 죽음에 관한 옛 민요들을 소리 높이 불러댔다. 때로는 인형을 불태우기 전에 산비탈에서 굴리기도 했다. 생로(Saint-Lô)에서는 누더기를 걸친 참회 화요일의 인형 뒤를 부인네 차림을 한 억세고 덩치 큰, 인형의 미망인이 검은 상포(喪布)를 쓰고 뒤따르면서 커다란 목소리로 통곡을 했다. 이 인형은 가면을 쓴 군중을 대동하고 가마에 실려 이리저리 끌려다닌 후 비르 강에 던져졌다. 약 60년 전 어릴 적에 그것을 목격한 옥타브 푀이에(Octave Feuillet) 부인이 그 마지막 장면을 생생하게 묘사했다. "부모님은 친구들을 초청해서 잔 쿠이야르 성탑 꼭대기에 올라가서 장례행렬이 지나가는 것을 구경했다. 황혼녘에 바로 그곳에서 우리는 레몬주스―금식기간에 유일하게 허용된 음식물―를 마시며, 내가 언제나 생생하게 기억하는 그 광경을 구경했다. 우리 발치에는 낡은 돌다리 아래로 비르 강이 흘렀다. 다리 중간에는 나뭇잎 가마에 실린 참회 화요일 인형이 놓여 있었고, 가면을 쓴 사람 수십 명이 그 주변에서 횃불을 들고 춤추며 노래했다. 그중 얼룩덜룩한 의상을 입은 몇 사람이 귀신처럼 난간을 따라 달렸다. 술잔치에 지쳐 떨어진 나머지 사람들은 기둥에 앉아서 졸고 있었다. 춤은 이내 멈추었고, 무리 중 몇 사람이 횃불을 들고 인형에 불을 질렀다. 그러고 나서 사람들은 커다란 환호성과 고함을 지르며 그것을 강물에 던졌다. 송진을 흠뻑 적신 밀짚으로 만든 인형은 불이 붙은 채 비르 강을 따라 떠내려가면서 그 장례의 불길로 루이 11세와 프랑수아 1세가 잠을 자던 고성의 성벽과 강둑의 숲을 밝게 비추었다. 불타는 허깨비의 마지막 미광(微光)이 계곡 끝에서 유성처럼 사라지자 구경꾼도 가면 쓴 배우도 모두 사라지고, 우리도 손님들과 함께 성벽을 떠났다."

3

'죽음의 추방' 의식은 '사육제의 장례' 의식과 흡사한 양상을 보여준다. 다만 다른 점은 일반적으로 죽음의 추방에 뒤이어 여름과 봄, 또는 생명을 불러들이는 의식이나 선언이 따른다는 것이다. 이를테면 바이에른의 한 주인 중부 프랑켄(Franken)에서는 사순절 넷째 일요일에 마을의 개구쟁이들이 밀짚으로 죽음의 인형을 만들어 익살스러운 거동을 하며 끌고 다니다가 마을 경계선 너머에서 커다란 함성을 지르며 불살랐다. 16세기의 한 문필가는 프랑켄 사람들의 관습을 이렇게 묘사하고 있다. "교회가 우리더러 즐길 것을 명하는 절기인 사순절 중간에 우리 고국의 청년들은 밀짚으로 죽음의 인형을 만들어 장대에 매달고 함성을 지르며 이웃 마을로 운반해 간다. 어떤 마을에서는 이들을 친절하게 영접하여 우유와 완두콩, 말린 배, 기타 그 절기 음식을 대접한 후 집으로 돌려보낸다. 그러나 다른 마을에서는 이들을 결코 환대하지 않는다. 그 사람들은 이들을 불행, 곧 죽음을 불러오는 선발대로 간주하여 마을 경계선에서 무기를 들고 모욕을 가하며 이들을 몰아내는 것이다." 에를랑겐(Erlangen) 부근 마을에서는 사순절 넷째 일요일이 닥쳐오면 농촌처녀들이 가장 아름다운 옷을 차려입고 머리에 꽃을 꽂았다. 이렇게 하고 그들은 나뭇잎 장식에 흰 천을 씌운 꼭두각시 인형들을 들고 인접한 도회지로 간다. 그러고는 짝을 지어 인형을 들고 집집마다 다니면서 무언가 줄 법한 집 문 앞에서 발을 멈추고 노래를 몇 소절 부르는데, 노래가사는 사순절 넷째 일요일이 왔다는 것과 자신들이 죽음을 강물에 던질 예정임을 알리는 내용이었다. 약간의 사례를 거두고 나면 그들은 레그니츠 강에 가서 죽음을 나타내는 인형을 강물 속으로 던졌다. 이러한 행동은 그 해의 결실과 풍년을 보장하는 데 목적이 있었다. 아울러 그것은 질병과 돌연사를 막아주는 안전장치이기도 했다. 누렘베르크(Nuremberg)에서는 일곱 살부터 열여덟 살까지의 소녀들이 인형을 수의에 싸서 넣은, 뚜껑 없는 작은 관을 들고 거리를 행진한다. 다른 사람들은 사과를 머리 삼아 매단 너도밤나무 가지를 뚜껑 없는 상자에 넣어 들고 간다. 그들은 이렇게 노래한다. "우리는 죽음을 물 속에 집어넣는다네. 만사가 잘된다네." 또는 "우리는 죽음을 물 속에 집어넣는다네. 가지고 와서 다시 가져간다네." 1780년까지 바이에른 일부 지방에서는 만약 '죽음의 추방' 의식을 거행하지 않으면 치명적인 전염병이 번질 것이라고 믿었다.

슐레지엔(Schlesien, 영어로는 실레지아(Silesia)라고도 한다)에서도 같은 종류의 의식을 사순절 중간에 거행했다. 거기에서는 다 자란 처녀들이 곳곳에서 청년들의 도움을 받아 밀짚인형에 여자 옷을 입히고, 그것을 황혼녘에 지는 해를 향해 마을 밖으로 운반한다. 마을 경계에서 그들은 인형의 옷을 벗기고 인형을 갈기갈기 찢어서 밭 주위에 그 부스러기를 뿌린다. 이 의식은 '죽음의 장례'라고 부른다. 인형을 메고 나갈 때, 그들은 죽음을 참나무 아래 장사 지낼 것이며 죽음이 사람들한테서 떠날 것이라고 노래한다. 때로는 죽음이 다시 돌아오지 못하게 언덕과 골짜기 너머로 보낸다는 내용을 노래하기도 한다. 그로스슈트렐리츠(Gross-Strehlitz) 부근 폴란드 마을에서는 그 꼭두각시 인형을 '고이크(Goik)'라고 부르는데, 말로 운반하여 가장 가까운 강물에 던진다. 사람들은 그 의식이 다가오는 해에 온갖 질병을 막아준다고 생각한다. 볼라우(Wohlau) 지방과 구라우(Guhrau) 지방에서는 죽음의 인형을 이웃마을의 경계선에 갖다버리는 것이 관례였다. 그러나 이웃마을 사람들은 그 불길한 인형을 꺼렸기 때문에 그것을 쫓아내기 위해 경계를 섰으며, 양쪽 사람들 사이에 종종 심한 충돌이 벌어졌다. 북부 슐레지엔의 일부 폴란드령에서는 노파 모습을 한 그 인형을 죽음의 여신(Marzana)이라고 부른다. 그것은 가장 최근에 상을 당한 집에서 만들어, 장대에 매달아 마을 경계로 가져가서 연못에 던지거나 불태워버렸다. 폴크비츠(Polkwitz)에서는 '죽음의 추방' 관습이 일시 중단된 적이 있었으나, 그 기간에 치명적인 질병이 발생하여 사람들이 그 의식을 재개하게 되었다.

앞서 든 예에 따르면, 사람들은 죽음의 인형을 종종 두렵게 여겼으며 적개심과 혐오감을 일으키는 것으로 취급했다. 이를테면 마을사람들이 그 인형을 자기네 땅에서 이웃마을에다 옮겨놓으려고 애쓴 것이나 이웃마을에서 그 불길한 손님을 받지 않으려 한 것만 보아도, 그것이 불러일으키는 두려움이 어느 정도였는지 쉽게 알 수 있다. 나아가서 루자티아(Lusatia)와 슐레지엔에서는 종종 인형을 조종하여 어떤 집의 창문을 들여다보게 하는 일이 있다. 사람들은 그때 보상금을 내고 목숨을 구하지 않으면 집 안에 있던 누군가가 1년 안에 죽게 된다고 믿는다. 또, 그것을 운반한 사람들은 간혹 인형을 던져버린 뒤에 죽음이 못 쫓아오게 달리기를 하면서 돌아온다. 달리기에서 뒤처지는 사람은 그 해 안에 죽을 것이라고 사람들은 믿는다. 보헤미아의 크루딤(Chrudim)에서는 십자가 꼭대기에 머리와 가면을 붙이고 셔츠를 그 위에 걸쳐서 죽음의 인형을 만든다. 사순절 다섯째 일요일에 소년들이 이 인형을 가까운 개울이나 연못에 가져가 한 줄로 나란히 서서 물 속에 던져넣는다. 그러고 나서 전부 다 인형을 쫓아 물 속에 뛰어든다. 그러나 누군가 인형을 붙잡으면 그때부터 아무도 물 속으로 들어가지 못한다. 물에 들어가지 않았거나 마지막에 들어간 소년은 그 해 안에 죽는다고 한다. 그는 죽음의 인형을 마을로 다시 가져와 불살라야 한다. 반면에 사람들은 죽음의 인형을 가지고 나온 집에서는 아무도 그 해 안에 죽지 않는다고 믿는다. 또, 때때로 죽음을 쫓아낸 마을에는 질병과 역병이 침범하지 못한다고 믿는다. 오스트리아령 슐레지엔의 몇몇 마을에서는 마을 밖으로 죽음을 몰아내기 위해 죽음의 일요일 전 토요일에 낡은 옷과 건초, 밀짚으로 인형을 만드는데, 일요일이 되면 사람들은 막대기와 채찍으로 무장하고 그 인형을 보관해 놓은 집 앞에 모여든다. 이어서 젊은이 넷이 노끈으로 인형을 묶어 의기양양하게 소리지르며 마을로 끌고다니면, 다른 사람들이 모두 달려들어 막대기와 채찍으로 그것을 두들겨 팬다. 이윽고 이웃마을 밭에 당도하면 사람들은 인형을 내려놓고 곧장으로 호되게 두들긴 다음 그 부스러기를 밭에 뿌린다. 이렇게 해서 죽음을 몰아낸 마을에는 일년 내내 전염병이 돌지 않는다고 사람들은 믿는다.

4

앞서 살펴본 의식에서는 죽음을 추방한 결과로 봄과 여름 또는 생명의 회복이 이루어진다는 것을 단지 암묵적으로 시사하거나, 기껏해야 말로 표현하는 데 그친다. 그러나 다음에 설명할 의식들은 그것을 명백히 실연하고 있다. 예컨대 보헤미아 일부 지방에서는 죽음의 인형을 황혼녘에 물 속에 던져 익사시키고 나면, 뒤이어 소녀들이 숲에 가서 푸른 잎이 왕관처럼 달린 어린 나무를 잘라, 여자 옷을 입힌 인형을 그 위에 얹고 초록색·빨간색·하얀색 리본으로 전신을 장식한다. 그리고 그들은 그 '여름(Lito)' 인형을 들고 열지어 마을로 행진하면서 선물을 거두며 이렇게 노래한다.

죽음은 물 속에서 수영하고

봄이 우리를 찾아오네,
빨간 달걀과
노란 팬케이크를 가지고.
우리는 죽음을 마을에서 쫓아냈다네.
우리는 여름을 마을로 가져간다네.

슐레지엔 곳곳에서는 죽음의 인형을 정중하게 대접한 다음, 옷을 벗기고 욕설을 하며 물에 던지거나 갈갈이 찢어 밭에 뿌린다. 그런 다음 젊은이들이 숲에 가서 작은 전나무를 잘라 줄기를 벗겨내고는 상록수 꽃줄과 종이장미, 색칠한 달걀껍질, 알록달록한 천조각 따위로 장식한다. 이렇게 장식한 나무는 여름이나 오월이라고 부른다. 소년들은 집집마다 그것을 들고 다니며 알맞은 노래를 부르고 선물을 청한다. 그들이 부르는 노래 중에 다음과 같은 것이 있다.

우리는 죽음을 몰아냈다네.
우리는 귀중한 여름을 되찾아왔다네.
여름과 오월을
그리고 온갖 화려한 꽃들을.

때때로 그들은 여름이나 오월, 신부라는 명칭으로 통하는, 예쁘게 장식한 인형을 숲에서 가져오기도 한다. 폴란드령에서는 그것을 '봄의 여신(Dziewanna)'이라고 부른다.

아이제나흐(Eisenach)에서는 젊은이들이 사순절 넷째 일요일에 죽음을 나타내는 밀짚인형을 수레바퀴에 매달아 언덕 꼭대기로 운반한 뒤, 인형에 불을 붙여 인형과 수레바퀴를 비탈 아래로 굴렸다. 그리고는 키 큰 전나무를 잘라 리본으로 장식하여 들판에 세워놓는데, 그러면 사람들이 그 나무에 올라가서 리본을 떼가지고 내려왔다. 북부 루자티아에서는 밀짚과 누더기로 만든 죽음의 인형에 가장 최근에 혼인한 신부에게서 얻은 면사포를 씌우고, 가장 최근에 상을 치른 집에서 얻은 셔츠를 입힌다. 이렇게 꾸민 뒤에 인형을 기다란 장대 끝에 매달아 가장 키 크고 힘센 소녀가 전속력으로 그것을 들고 달려가면, 나머지 사람들이 막대기와 돌로 인형을 때린다. 누구든 그것을 맞히는 사람은 그 해에 확실하게 생존한다고 믿었다. 이런 식으로 죽음은 마을에서 추방되어 물 속이나 옆마을의 경계선에 버려진다. 집으로 돌아오는 길에 사람들은 각기 푸른 나뭇가지를 꺾어서 마을에 닿을 때까지 쾌활하게 들고 오다가 마을에 와서 버린다. 때로는 인형을 버린 옆마을 젊은이들이 자기 마을에 죽음이 들어오는 것을 피하기 위해 그들을 뒤쫓아와서 인형을 도로 내던지기도 한다. 그래서 이따금 충돌이 벌어지기도 한다. 이때 버린 인형은 죽음을 나타내며, 돌아올 때 들고 오는 나뭇가지는 여름 또는 생명을 나타낸다. 그러나 때로는 죽음의 인형 자체에 새로운 생명력을 부여하기도 하는데, 그것은 일종의 부활을 통해 만물을 소생시키는 수단이 된다. 그래서 루자티아 일부 지방에서는 죽음을 쫓아내는 일에 여성들만 가담한다. 여자들은 그날 하루 종일 상복을 차려입고 밀짚인형을 만들어, 거기에 하얀색 셔츠를 입히고 한 손에 빗자루, 다른 손에 큰 낫을 들린다. 개구쟁이들이 돌을 던지며 뒤쫓아오는 가운데, 그들은 노래를 부르며 인형을 들고 마을 경계선으로 가서 인형을 갈기갈기 찢어놓는다. 그리고 나서 그들은 가느다란 나무를 잘라 그 위에 셔츠를 걸고 노래부르며 집으로 가져온다.

위에서 설명한 루자티아의 관습에서 죽음의 인형을 파괴한 뒤 집으로 가져오는 나무는, 앞에 나온 여러 관습에서 죽음을 내다버리거나 파괴한 후에 여름 또는 생명의 상징물로 가져오는 나무나 나뭇가지와 명백히 동일한 것이다. 그러나 죽음의 인형이 입었던 셔츠를 나무에 옮겨 입히는 것은, 나무가 파괴된 인형이 새로운 모습으로 소생한 것임을 나타낸다. 따라서 이러한 사례는 이 의식들에서 타파되는 것으로 표현된 죽음이 우리가 이해하는 것처럼 순수하게 파괴적인 힘으로만 간주할 수 없는 것임을 시사한다. 봄에 소생하는 식물의 화신으로 가지고 돌아오는 나무에 방금 파멸시킨 죽음이 걸쳤던 셔츠를 입힌다면, 그 목적은 분명 식물의 부활을 억제하고 가로막기 위한 것은 아닐 것이다. 그 목적은 오히려 그것을 장려하고 촉진하기 위한 것일 수밖에 없다. 따라서 방금 파멸시킨 이른바 죽음이라고 하는 존재는 생기를 주고 성장을 촉진하는 힘을 지니고 있으며, 식물계와 심지어 동물계에까지 그 힘을 전달할 수 있는 것으로 상정되어야 한다.

그러므로 사육제·죽음·여름 따위의 명칭을 우리가 다루는 관습들 속에서 인격화·구체화된 존재들을 지칭하는 비교적 후대의 부적합한 표현으로 추측해도 무방할 것이다. 명칭의 추상성 자체가 그 기원의 근대성을 말해준다. 왜냐하면 사육제나 여름 같은 시기와 계절, 죽음 같은 추상개념의 인격화는 원시적인 것이 아니기 때문이다. 그러나 관습 자체는 시기를 알 수 없는 까마득한 고대의 흔적을 지니고 있다. 따라서 그것들이 구현하는 개념은 애초에 좀더 단순하고 구체적인 종류였으리라고 생각하지 않을 수 없다. 나무의 개념은 아마도 어떤 특수한 종류의 나무, 심지어 개별적인 나무 한 그루를 가리킬 수도 있는데(왜냐하면 어떤 미개인들에게는 나무 일반을 가리키는 단어가 없다), 그것은 점진적인 일반화 과정을 거쳐 식물정령이라는 더 폭넓은 개념에 도달하는 토대로 될 수 있을 만큼 충분히 구체적이다. 그러나 그러한 일반적인 식물 개념은 그것이 등장하는 계절과 혼동하기 쉬울 것이다. 그래서 봄이나 여름, 오월이 나무정령이나 식물정령을 대체하는 것은 용이하고도 자연스러운 일이다. 또, 죽어가는 나무나 죽어가는 식물이라는 구체적인 개념은 비슷한 일반화 과정을 통해 죽음 일반의 개념 속에 미끄러져 들어갈 것이다. 그리하여 봄철에 식물의 소생을 위해 죽었거나 죽어가는 식물을 솎아내던 풍습이 오래지 않아 죽음 일반을 마을이나 지방에서 추방하는 시도로 확대되었을 것이다.

때때로 농촌 민속에서는 겨울철에 잠자는 식물의 힘과 봄철에 깨어나는 식물의 생명력을 대비해 표현하기 위해 각기 겨울과 여름 역할을 맡은 연희자들끼리 극적인 대결을 벌이기도 한다. 예컨대 스웨덴의 여러 마을에는 오월절에 두 패로 나뉜 젊은이들이 말을 타고 생사를 건 전투를 벌이는 시늉을 하는 관습이 있었다. 그중 한 패는 추운 날씨를 연장하기 위해 털옷을 입고 눈덩어리와 얼음을 던지는 겨울의 대리인이 통솔하고, 다른 한 패는 싱싱한 나뭇잎과 꽃으로 감싼 여름의 대리인이 지휘하는데, 뒤이은 모의전투에서 여름편이 승리를 거두면 잔치와 더불어 의식이 끝난다. 또, 라인 강 중부지방에서는 담쟁이 옷을 입은 여름의 대리인이 밀짚이나 이끼 옷을 입은 겨울의 대리인과 대결을 벌여 마지막에 승리를 거둔다. 그러면 패배한 적을 땅에 쓰러뜨리고 밀짚 옷을 벗긴 뒤 갈갈이 찢어 사방에 뿌리는데, 그 동안 두 전사의 동료 젊은이들은 여름이 겨울을 무찌른 것을 기념하는 노래를 부른다. 그후에 그들은 여름을 상징하는 화관이나 나뭇가지를 들고 집집마다 다니며 달걀과 베이컨 같은 선물을 거둔다. 여름 역을 하는 전사는 간혹 나뭇잎과 꽃으로 만든 의상을 입고 머리에 화관을 쓰기도 한다. 라인 강 서부 선제후령(選帝侯領)에서는 이러한 모의전투를 사순절 넷째 일요일에 벌인다. 과거 바이에른 전역에서 같은 연희가 같은날에 벌어졌으며, 일부 지역에서는 그것이 19세기 중엽이나 그 이후까지 존속했다. 이때 여름은 온통 초록색인 옷과 펄럭이는 리본으로 장식하고 사과나 배가 달린 작은 나무와 꽃가지 따위를 들며, 겨울은 털모자와 털외투를 뒤집어쓰고 손에는 눈삽이나 도리깨를 든다. 그들은 각기 어울리는 옷을 입은 시종들을 거느리고 마을 거리를 구석구석 누비다가 집집마다 멈추어 서서 옛 노래를 몇 소절 부르고 그 대가로 빵과 달걀, 과일 따위 선물을 받았다. 마지막에 짧은 격투 끝에 겨울은 여름에게 패배하여 마을 우물에 처박히거나 고함과 비웃음을 들으며 숲 속으로 쫓겨났다.

남부 오스트리아의 괴프리츠(Geopfritz)에서는 여름과 겨울을 의인화한 두 사람이 참회 화요일에 집집마다 다니며 도처에서 아이들의 기쁨에 찬 환영을 받았다. 여름의 대리인은 흰 옷을 입고 낫을 들며, 겨울 역을 하는 그의 동료는 머리에 털모자를 쓰고 팔다리를 밀짚으로 감싼 채 도리깨를 든다. 그들은 집집마다 찾아가 번갈아 노래를 불렀다. 브룬스비크의 드뢰플링(Drömling)에서는 오늘날까지 해마다 성령강림절에 한 패의 소년들과 한 패의 소녀들이 여름과 겨울의 대결을 벌인다. 소년들은 겨울을 몰아내기 위해 집집마다 뛰어다니며 노래하고 고함치고 종을 울린다. 그 뒤에 소녀들이 오월의 신부를 앞세우고 부드럽게 노래하며 등장한다. 소녀들은 상냥한 봄이 왔음을 나타내기 위해 모두 밝은 옷을 입고 꽃과 화관으로 장식한다. 옛날에는 소년들이 들고 다니는 밀짚인형이 겨울 역할을 했으나, 지금은 진짜 사람이 분장을 하고 그 역을 한다.

북아메리카의 중앙 에스키모족 사이에는 유럽에서 오래 전에 단순한 연희 차원으로 퇴화해 버린 여름과 겨울 대리인의 대결이 날씨에 영향을 미치기 위해 벌이는 주술의식으로 지금까지 남아 있다. 가을에 폭풍우가 몰아쳐 음산한 북극의 겨울이 다가옴을 알리면, 에스키모들은 두 편으로 나뉘어 각기 뇌조(雷鳥)와 오리라는 명칭을 붙인다. 뇌조 편은 겨울에 태어난 사람들을 전부 망라하고, 오리 편은 여름에 태어난 사람들을 망라한다. 이어서 물개가죽으로 만든 기다란 밧줄을 양편이 각기 한쪽 끝을 잡고 전력을 다해 잡아당겨 상대편을 자기 쪽으로 끌어오는 시합을 벌인다. 뇌조 편이 패배하면, 즉 여름이 이기면 겨울 내내 좋은 날씨를 기대할 수 있다고 사람들은 생각한다.

5

러시아에서는 '사육제의 장례'와 '죽음의 추방' 같은 장례의식을 죽음이나 사육제 같은 명칭이 아니라 코스트루본코 · 코스트로마 · 쿠팔로 · 라다 · 야릴로 따위 신화적 인물들의 이름으로 치른다. 이러한 러시아의 의식들은 봄철과 한여름에 거행한다. 예컨대 소러시아에서는 부활절 관습으로 봄의 신인 코스트루본코(Kostrubonko)라는 존재의 장례식을 거행하는 것이 관례였다. 가수들이 둥글게 원을 이루어 땅에 죽은 듯이 누워 있는 한 소녀의 주위를 천천히 돌며 이런 노래를 불렀다.

죽었네, 죽었네, 우리의 코스트루본코!
죽었네, 죽었네, 우리가 사랑하는 사람!

그러다가 소녀가 갑자기 일어나면 합창대는 즐겁게 소리친다.

살아났네, 살아났네, 우리의 코스트루본코!
*살아났네, 살아났네, 우리가 사랑하는 사람!**

---

*독자들은 여기 묘사한 흉내의식과 스트라빈스키의 발레 '봄의 제전'(1913)에서 좀더 진지하게 연기하는 의식 사이의 유사성에 주목할 것이다. 실제로 스트라빈스키는 바로 이러한 봄철 제전을 염두에 둔 듯하다. 그의 친구이자 협력자인 니콜라스 뢰리치에 따르면, 그 시나리오는 야릴로에게 바치는 희생제와 관련이 있었다.

성요한 축일 전야(하지절 전야)에는 밀짚으로 쿠팔로(Kupalo)의 인형을 만들어 "여자 옷을 입히고 목걸이와 화관으로 장식한 다음, 나무 한 그루를 잘라 리본으로 장식하여 정해진 장소에 세운다. 그러고 나서 '마레나(Marena, 겨울 또는 죽음)'라고 부르는 이 나무 부근에 밀짚인형과 탁자를 놓고 탁자 위에 술과 음식물을 올려놓는다. 이윽고 화톳불을 놓으면 젊은 남녀가 짝을 지어 그 인형을 들고 화톳불을 뛰어넘는다. 다음날 사람들은 나무와 인형의 장식을 벗겨내고 둘 다 강물에 버린다." 성베드로 축일인 6월 29일이나 그 뒤 일요일에 러시아에서는 '코스트로마(Kostroma)의 장례'라든지 라다(Lada) 또는 야릴로(Yarilo)의 장례를 치른다. 펜자(Penza)와 심비르스크(Simbirsk) 현(縣)에서는 장례식을 다음과 같이 진행했다고 한다. 6월 28일에 화톳불이 오르면 다음날 처녀들이 자기들 중에서 코스트로마 역을 할 사람을 뽑는다. 뽑힌 여자의 동료들은 그 여자에게 깊은 존경심을 담아 경배를 올린 다음 널빤지에 싣고 강둑으로 데려간다. 거기서 그 여자를 목욕시키는데, 그 동안 나이먹은 처녀들은 보리수 껍질로 바구니를 만들어 북처럼 두들긴다. 그러고 나서 그들은 마을로 돌아와 행진과 놀이, 춤으로 하루를 마감한다. 무롬(Murom) 지방에서는 밀짚인형에 여자 옷과 꽃을 입혀 코스트로마를 나타냈다. 인형은 구유에 담아 노래와 함께 호수나 강둑으로 운반하는데, 거기서 군중들은 두 편으로 갈려 한편은 인형을 공격하고 한편은 인형을 보호한다. 마지막에 공격자들이 승리를 거두면 인형의 옷과 장식을 벗기고 갈갈이 찢은 다음, 인형을 만든 밀짚을 발로 밟고 개울물에 던진다. 한편 인형의 보호자들은 손으로 얼굴을 가리고 코스트로마의 죽음을 슬퍼하는 시늉을 한다. 코스트로마 지방에서는 6월 29일이나 30일에 야릴로의 장례를 거행했다. 사람들은 노인네 한 명을 선정해서 야릴로를 나타내는, 남근신(男根神) 프리아포스(Priapos)처럼 생긴 인형을 작은 관에 담아 건네 준다. 이것을 그가 마을 밖으로 운반하면, 여자들이 뒤를 따르며 장송곡을 부르고 몸짓으로 비탄과 절망을 표현한다. 그리고 들판에 무덤을 파고 통곡과 울부짖음 속에 인형을 하관(下棺)하고 나면 놀이와 춤이 시작된다. 이는 "옛날에 슬라브족 이교도들이 즐기던 장례놀이를 상기시키는" 것이었다. 소러시아에서는 해가 진 후에 술취한 여자들이 야릴로 인형을 관에 담아 거리로 운반했다. 여자들은 슬픔에 젖어 "그가 죽었다! 그가 죽었다!"는 말을 반복했다. 그러면 남자들은 인형을 들어올려 마치 되살아나게 하려는 듯이 흔들어대면서 여자들에게 말한다. "여인들아, 울지 마라. 꿀보다 더 달콤한 것을 내가 아노라." 그러나 여자들은 장례식에서 하듯이 계속 곡을 하며 노래한다. "그에게 무슨 죄가 있는가? 그는 정말로 훌륭했는데. 이제 그는 일어나지 않을 것이다. 아, 우리가 어찌 그대를 떠날 것인가? 그대 없는 인생이 대체 무엇인가? 일어나라, 잠시만이라도. 그러나 일어나지 않는구나, 일어나지 않는구나." 그리고는 마지막으로 야릴로를 무덤에 매장한다.

이러한 러시아의 관습은 오스트리아와 독일에서 '죽음의 추방'이라고 알려진 것과 명백히 성격이 같다. 따라서 후자에 관해 여기에서 채택한 해석이 옳다면, 러시아의 코스트루본코와 야릴로 따위도 원래는 식물정령의 화신이었을 것이며, 그들의 죽음을 그들의 부활에 필수적인 준비단계로 간주했음이 틀림없다. 죽음에 뒤이은 부활은 앞에 기술한 의식 중 첫번째, 곧 코스트루본코의 죽음과 부활에서 실연되고 있다.

그러나 이러한 봄과 한여름의 의식이 모두 식물의 죽음을 표현하고, 그 일부에서 부활을 표현하는 것만 보더라도, 그중 일부에는 이런 가설만으로는 설명하기 어려운 특징들이 있다. 이러한 의식을 특징짓는 엄숙한 장례식과 애도, 상복은 실제로 유익한 식물정령의 죽음에 걸맞다. 그러나 인형을 끌고 다닐 때의 열광, 막대기와 돌로 인형을 공격하는 행동, 인형에게 퍼붓는 비웃음과 욕설은 어떻게 설명할 것인가? 인형을 운반한 사람들이 그것을 내던지자마자 서둘러 달아나는 것이라든지, 인형이 들여다본 집 안에 있는 사람은 금방 죽는다는 믿음에서 드러나는 인형의 공포는 어떻게 설명할 것인가? 아마도 이러한 공포는 죽은 식물정령에는 어떤 전염성이 있어서 접근하는 것은 위험하다는 믿음으로 설명할 수 있을지도 모른다. 그러나 이러한 설명은 다소 억지스러울 뿐 아니라 종종 죽음의 추방에 수반되는 환호를 포괄하지 못한다. 따라서 우리는 이러한 의식 속에 존재하는 두 가지 구별되는, 외견상 대립적인 특징을 인정해야 한다. 한편으로는 죽음에 대한 애도와 함께 죽은 자에 대한 애정과 존경이 존재하며, 다른 한편으로는 죽은 자에 대한 공포와 두려움, 그리고 그의 죽음으로 인한 환호가 존재한다. 이러한 특징 가운데 전자에 대한 설명을 나는 이미 시도했다. 그리고 이제 후자가 어떻게 해서 전자와 긴밀한 연관을 맺게 되었는지 답하려고 한다.

6

인도 카나그라(Kanagra) 지방에서는 봄에 젊은 소녀들이 방금 설명한 유럽의 봄철 의식과 부분적으로 아주 비슷한 의식을 행한다. 그것은 '랄리 카 멜라(*Ralî Ka Melâ*)', 곧 랄리의 축제라고 부른다. 랄리는 채색한 흙으로 만든 시바(Siva)나 파르바티(Pârvatî)의 작은 인형을 말한다. 이 관습은 카나그라 지방 전역에서 성행하는데, 전적으로 젊은 소녀만 참여하는 그 의식은 체트(Chet, 3~4월) 달을 거쳐 바이사크(Baisâkh)의 산크란트(Sankrânt, 4월) 달에 이르기까지 계속된다. 3월 어느날 아침에 마을 소녀들이 모두 '두브(*dûb*)' 풀과 꽃을 담은 작은 바구니를 지정된 장소로 가져와서 무더기로 던져놓는다. 그리고는 이 꽃무더기를 둘러싸고 둥글게 서서 노래를 부른다. 이 일은 풀과 꽃 무더기가 상당한 높이에 도달할 때까지 열흘간 매일 계속된다. 그 다음에 그들은 밀림 속에서 한 끝이 세 가닥으로 갈라진 나뭇가지 두 개를 잘라서, 갈라진 끝이 아래로 가게 꽃무더기 위에 놓아 삼각대 또는 피라미드를 두 개 만든다. 그런 다음 인형 제작자로 하여금 이 나뭇가지들의 꼭지점 위에다 각기 시바와 파르바티를 나타내는 흙인형을 두 개 만들게 한다. 그리고 소녀들은 시바 편과 파르바티 편으로 나뉘어 의식의 한 부분도 빠뜨림 없이 관례대로 인형들을 혼인시킨다. 혼례식 후에 그들은 잔치를 벌이는데, 그 비용은 부모들을 졸라서 타낸 기부금으로 충당한다. 그리고 나서 산크란트(바이사크) 달에 모두 함께 강가로 가서 인형을 깊은 연못에 던지고, 마치 장례식을 치르듯이 그 장소에서 곡을 한다. 이때 근처에 있던 소녀들은 종종 물 속에 잠수하여 인형을 도로 건져내서는 울고 있는 소녀들을 향해 흔들어대는 장난을 친다. 이 축제의 목적은 좋은 남편을 얻기 위한 것이라고 한다.

이 의식에서 시바와 파르바티를 식물정령으로 상정한다는 사실은 인형을 풀과 꽃 무더기 위에 세워놓은 나뭇가지에 올려놓는 것으로 입증할 수 있다.

여기서도 유럽 민속에서 종종 그런 것처럼 식물의 신들을 나무와 인형으로, 즉 이중으로 표현하고 있다. 이 인도 신들의 봄철 혼례식은 유럽 의식에서 오월의 왕과 여왕, 오월 신부와 오월 신랑 등으로 봄철 식물정령들의 혼인을 표현하는 것과 부합한다. 인형을 강물에 던지고 그것을 애도하는 것은, 유럽의 관습에서 죽음이나 야릴로, 코스트로마 등으로 부르는 죽은 식물정령을 강물에 던지고 애도하는 것과 동일하다. 또, 인도에서는 유럽에서 종종 그런 것처럼 전적으로 여자들끼리만 의식을 치른다. 그 의식이 소녀들에게 남편을 얻도록 도와준다는 생각은 식물정령이 식물뿐만 아니라 사람들의 생명에까지 생장력과 번식력을 미친다는 믿음으로 설명할 수 있다.

　이러한 의식들과 수많은 유사의식에 관해 우리가 도달한 일반적인 설명은, 그것들이 봄에 자연의 소생을 보장하기 위한 주술의식이거나 그런 주술의식에서 유래했다는 것이다. 그 의식들이 이런 목적을 달성하기 위해 택한 수단은 모방과 공감이다. 원시인은 사물의 진정한 원인에 관해 무지하기 때문에 자기 생명을 좌우하는 위대한 자연현상을 불러일으키기 위해서는 그것을 모방하기만 하면 된다고 믿었다. 숲속 공터나 산골짜기, 사막의 평원이나 바람 부는 해안에서 그가 연기하는 작은 드라마가 비밀스러운 공감이나 신비적 힘을 통해 즉각 더 광대한 무대에서 더 강력한 연기자를 통해 재현되리라고 생각한 것이다. 그는 나뭇잎과 꽃으로 가장함으로써 헐벗은 대지가 푸른 옷을 입도록 도왔다고 생각하며, 겨울의 죽음과 장례를 연기함으로써 그 음울한 계절을 몰아내고 돌아오는 봄의 발길을 평탄하게 만들었다고 상상했다. 우리는 그의 헛된 수고를 웃어넘길 수도 있다. 그러나 인간이 경험을 통해 자기가 시도한 방법의 무익함과 다른 방법의 유익함을 배우는 것은 오랜 시간 일련의 실험을 거침으로써만 가능하다. 그리고 그 실험 중 일부는 불가피하게 실패로 끝나고 만다. 결국 주술의식은 실패로 끝난 실험에 불과하며, 단지 그 집행자가 실패를 깨닫지 못하기 때문에 계속 반복되는 것일 뿐이다. 지식의 발전과 더불어 이러한 의식은 실행이 완전히 중단되거나, 아니면 그것을 제정할 당시의 의도가 오래 전에 잊혀진 채 습관의 힘으로 존속하게 된다. 이와 같이 높은 지위에서 떨어져 더 이상 그것을 정확하게 실행하는 것이 공동체의 복지와 생명까지 좌우하는 엄숙한 일로 간주되지 않게 되면서, 그것은 차

츰 단순한 구경거리나 허례허식, 소일거리 수준으로 전락하다가 마지막 단계
에 이르면 나이 든 층에게도 완전히 외면당하고 한때 현인들의 가장 진지한
일거리였던 것이 마침내 한가한 아이들의 유희로 전락하고 마는 것이다. 유
럽인 선조들의 유서 깊은 주술의식은 대부분 오늘날 바로 이러한 마지막 쇠
퇴단계에 머물러 있으며, 심지어 그 마지막 후퇴에서도 더 밀려나 새로운 미
지의 목표로 인류를 끌어가는 도덕적 · 지적 · 사회적 힘들의 고조에 휩쓸려
빠르게 사라져가고 있다. 우리는 특이한 관습과 인상적인 의식들이 소멸하
는 것을 당연히 유감스럽게 느낄 것이다. 그것들은 흔히 단조롭고 산문적이
라고 여겨지는 이 시대에 옛 시절의 풍취와 신선미, 봄철의 숨결 같은 것을
보존해 주었다. 하지만 그 아름다운 구경거리들, 지금은 무해한 기분 전환에
지나지 않는 것들이 원래 무지와 미신에서 유래했다는 것, 그리고 비록 인간
적 노고의 기록이라 하더라도 그것들이 결실 없는 창조력, 낭비된 노동, 좌절
된 희망의 유물이라는 것, 또 온갖 유쾌한 장식물—꽃과 리본, 음악 따위—
에도 불구하고 그것들이 희극성보다 비극성을 더 많이 지닌다는 것을 상기하
면 크게 유감스러워할 필요는 없을 듯하다.

　이러한 의식들에 관해 내가 제시한 해석을 강하게 뒷받침하는 발견으로 중
앙 오스트레일리아 토인들이 '오스트레일리아의 봄'이라고 할 수 있는 계절
의 어귀에서 잠자는 자연의 에너지를 깨우기 위해 정기적으로 주술의식을 행
한다는 사실을 꼽을 수 있다.* 분명히 중앙 오스트레일리아의 사막지대보다
계절의 변화가 돌발적이고 계절간의 대비가 뚜렷한 곳은 달리 없을 것이다.
그곳에서는 오랜 건조기가 끝나면, 죽음의 정적과 황량함에 덮여 있는 것 같
던 모래와 돌투성이 광야가 며칠간의 폭우 끝에 갑자기 신록에 덮여 미소를
짓고, 무수한 곤충과 도마뱀, 개구리와 새들이 우글거리는 풍경으로 변모한
다. 그 시기에 자연의 얼굴을 스쳐가는 경이로운 변화는 심지어 유럽인 관찰
자들조차 마술에 비유할 정도다. 그러므로 미개인이 실제로 그것을 그렇게

---

*이 의식은 '인티치우마(intichiuma)' 의식이라고 알려졌으며 볼드윈 스펜서와 프랜시스
질렌이 발견했다. 그것들에 관한 묘사는 *The Native Tribes of Central Australia*(Macmillan,
1899)에 나오는데, 이는 『황금가지』 2판의 집필로 이어지는 프레이저의 사고에 생기를 불
어넣는 역할을 했다.

생각하더라도 놀라울 것이 없다. 그런데 중앙 오스트레일리아 토인들이 식량감으로 쓸 동식물을 증식할 목적으로 특별한 주술의식을 거행하는 시기는 바로 축복의 계절이 도래할 것으로 예상되는 때이다. 그 의식은 따라서 축제의 시기뿐만 아니라 목표에서도 유럽 농민계급의 봄철 풍습과 긴밀한 유사성을 보여준다. 왜냐하면 봄철에 식물의 소생을 돕기 위해 고안한 의식을 거행할 때, 우리 원시인 선조들은 의심할 나위 없이 어떤 감상적인 소망, 곧 일찍 핀 오랑캐꽃 향기를 맡고 싶다든지, 이른 앵초꽃을 따고 싶다든지, 산들바람에 춤추는 노란 수선화를 보고 싶다든지 하는 소망 때문이 아니라, 분명 추상적 술어로는 표현할 수 없는 아주 실제적인 고려, 곧 인간의 생명은 식물의 생명과 떼놓을 수 없이 결박되어 있으며, 식물이 사멸하면 인간도 생존할 수 없다는 고려에 따라 움직였던 것이다. 또, 주술의식의 효력에 대한 오스트레일리아 미개인의 믿음이 의식을 수행한 뒤에 어김없이 목적하던 동식물의 증식이 이루어지는 것을 목격함으로써 확증되듯이, 옛날 유럽 미개인들도 그랬으리라고 우리는 짐작할 수 있다. 풀섶과 덤불에 신록이 덮이고, 이끼 낀 둔덕에 봄꽃이 하늘거리며, 남녘에서 제비가 돌아오고, 날마다 해가 한층 더 높이 솟는 광경은 그들이 행한 주술이 실제로 효험을 발휘하는 가시적인 징표로서 기쁘게 받아들여졌을 것이며, 그처럼 자신들의 소망에 맞추어 세상을 만들어갈 수 있다는 사실은 그들에게 만사가 잘되고 있다는 유쾌한 확신을 심어주었을 것이다. 그들의 이러한 확신은 단지 여름이 서서히 물러가는 가을철에만 쇠락의 징후에 따른 의심과 불안으로 인해 좌절을 겪으며, 그럼으로써 그들은 겨울과 죽음의 접근을 영원히 막아내려는 자신들의 온갖 노력이 얼마나 헛된 것인지 깨닫게 되었을 것이다.

6장
아도니스

1

해마다 대지의 얼굴을 스쳐 지나가는 대변화의 장관은 모든 시대 사람들의 마음에 강한 인상을 심어주었고, 그들로 하여금 그처럼 웅대하고 경이로운 변화의 원인에 관해 명상하도록 부추겼다. 그들의 호기심이 순수하게 이해 관계를 벗어난 것은 아니었다. 왜냐하면 설사 미개인이라도 자신의 생명이 자연의 생명과 얼마나 긴밀하게 결박되어 있는지, 또 개울물을 얼리고 대지의 식물을 앗아가는 동일한 과정이 얼마나 자신의 생존을 위협하는지 깨닫지 못할 리가 없기 때문이다. 일정한 발전단계에 이르러 사람들은 재앙의 위협을 회피하는 수단이 자기 수중에 있으며, 주술로 계절의 경과를 빨라지게도 늦어지게도 할 수 있다고 상상하게 된 것 같다. 이에 따라 사람들은 비를 내리기 위해, 해가 빛나게 하기 위해, 동물이 번식하고 대지의 결실이 자라도록 하기 위해 의식을 행하고 주문을 외웠다. 시간이 경과하면서 지식의 더딘 진보와 더불어 사람들이 고이 간직해 온 무수한 환상이 깨지고, 그에 따라 인류 중에 최소한 좀더 사려 깊은 부류는 여름과 겨울, 봄과 가을의 변화가 단순히 주술의식의 결과가 아니라 더 깊은 어떤 원인, 더 강한 어떤 힘이 변천하는 자연의 무대 뒤에서 작용하고 있다는 확신을 품었다. 그들은 이제 식물의 성장과 쇠락, 생물체의 탄생과 죽음이 신적 존재들, 곧 인간의 생활양식과 똑같이 태어나고 죽으며 혼인하고 아이를 낳는 남신과 여신들의 증감하는 힘의 결과라고 상상하게 되었다.

이와 같이 계절에 관한 낡은 주술적 이론은 종교적 이론으로 대체되었다. 아니 오히려 보강되었다고 하는 편이 나을 것이다. 왜냐하면 사람들은 이제 비록 일 년의 변화 주기를 우선적으로 그것에 상응하는 신들의 변화 탓으로 돌리기는 하지만, 여전히 주술의식을 수행함으로써 생명원리인 신이 적대되는 죽음의 원리와 투쟁하는 것을 도울 수 있다고 생각하기에 이르른 것이다. 그들은 쇠약해진 신의 원기를 자신들이 회복시켜 줄 수 있고, 심지어는 죽음에서 되살려낼 수도 있다고 상상했다. 이 목적을 위해 그들이 거행한 의식은 실질적으로 자신들이 촉진하고자 하는 자연과정의 연극적 재현이었다. 왜냐하면 익히 알고 있는 주술의 가르침에 따르면, 단순히 모방하는 것만으로도 바라는 결과를 산출할 수 있기 때문이다. 그리고 이제 사람들은 성장과 쇠락, 번식과 소멸의 변화를 신들의 혼인과 죽음, 재생 또는 부활로 설명하기 때문에, 그들의 종교적인 연극(차라리 주술적인 연극)은 대부분 그러한 주제에 집중되었다. 그들은 결실을 가져오는 생식의 신들의 결합, 신적 배우자 중 최소한 하나의 슬픈 죽음과 그의 즐거운 부활을 표현했다. 이와 같이 종교적 이론은 주술적 실천과 혼합되었다.

계절이 초래하는 변화 가운데 온대지방에서 볼 수 있는 가장 두드러진 것은 식물에 미치는 영향이다. 동물에 미치는 계절의 영향은 크기는 해도 그다지 분명하게 드러나지 않는다. 따라서 겨울을 쫓아내고 봄을 되찾아오기 위해 고안한 주술적 연극에서 식물에 강조점을 두고, 나무와 식물이 짐승과 새보다 더 중요하게 등장하는 것은 당연한 일이다. 하지만 생명의 두 측면인 식물과 동물은 의식을 거행하는 사람들이 생각하기에 분리된 것이 아니었다. 실상 그들은 흔히 동물계와 식물계의 연관이 실제보다도 훨씬 더 긴밀한 것으로 믿었다. 그래서 이따금 그들은 소생하는 식물의 연극적 재현을 양성(兩性)의 실제적이거나 연극적인 결합과 결부시킴으로써 동일한 행위로 동시에 과일과 동물, 인간의 번식을 촉진하고자 했다. 그들에게는 생명과 번식의 원리가 동물에게든 식물에게든 하나이며 구분할 수 없는 것이었다. 사는 것과 살게 하는 것, 먹는 것과 아이 낳는 것, 이것들은 과거 인간의 선차적 욕구였으며, 세상이 존속하는 한 미래에도 인간의 선차적 욕구일 것이다. 인간의 삶을 풍요롭고 아름답게 하기 위해 다른 것들이 덧붙을 수도 있지만, 그런 욕구가 먼저 충족되지 않으면 인류 자체가 존재를 멈추어야 한다. 따라서 이 두 가지, 곧 음식과 아이는 계절을 조정하기 위한 주술의식을 통해 사람이 얻고 자 하는 주된 것이었다.

동지중해 주변 지역보다 더 광범위하고 엄숙하게 이런 의식을 거행한 곳은 분명 아무데도 없다. 이집트와 서아시아의 민족들은 해마다 일어나는 생명, 특히 식물적 생명의 쇠락과 부활을 오시리스(Osiris)·타무즈(Tammuz)·아도 니스(Adonis)·아티스(Attis) 같은, 해마다 죽었다가 다시 살아나는 신으로 인 격화하여 표현했다. 명칭과 세부사항은 장소마다 달랐지만 실제 내용은 똑 같았다.

아도니스는 바빌로니아와 시리아에 거주하는 셈계 민족의 숭배를 받았는 데, 그리스인들이 일찍이 기원전 7세기경에 그들에게서 그것을 빌려왔다. 이 신의 진짜 이름은 타무즈다. 아도니스라는 호칭은 셈어의 '아돈(Adon)', 곧 '주님'을 뜻하며, 그 숭배자들이 붙인 경칭에 지나지 않는다. 헤브라이어 구 약 원문에 '아도나이(Adonai)'라는 같은 이름이 나오는데, 아마도 이는 원래 '나의 주님'을 뜻하는 '아도니(Adoni)'였을 것이며, 여호와를 가리키는 데 종 종 쓴다. 그러나 그리스인들은 이것을 오해하여 경칭을 본명으로 바꾸어버 렸다. 타무즈 또는 그의 동격인 아도니스가 셈계 민족 사이에서 폭넓고 지속 적인 인기를 누리기는 했지만, 몇 가지 근거로 미루어 그 숭배는 다른 피와 다른 언어를 지닌 민족인 수메르인에게서 유래한 것으로 보인다. 수메르인 은 역사의 여명기에 페르시아 만 맨 위쪽에 펼쳐진 충적평야에 거주했으며, 나중에 바빌로니아 문명이라고 일컫는 문명을 창조했다. 바빌로니아의 종교 문헌에서 타무즈는 자연의 번식력을 상징하는 위대한 모신(母神) 이슈타르 (Ishtar)의 젊은 배우자 또는 연인으로 등장한다. 신화와 의식에 나오는 그들 의 상호 연관에 대한 언급은 단편적이고 모호하지만, 그것들을 모아보면 타 무즈는 해마다 죽어서 즐거운 지상을 떠나 어두운 지하세계로 가는 것으로 믿어졌고, 해마다 그의 신성한 애인이 그를 찾아 "돌아올 수 없는 땅으로, 대 문과 빗장에 먼지가 쌓인 어둠의 집으로" 여행했다는 것을 알 수 있다. 여신 이 없는 동안 사랑의 열정은 활동을 멈추었다. 사람과 짐승이 다같이 자기 종 의 번식을 망각했다. 모든 생명은 멸종의 위협에 직면했다. 그 여신은 동물세

계 전체의 성적 기능과 너무나 긴밀하게 결박되어 있었기 때문에, 그녀가 부
재중일 때에는 그 기능을 수행할 수가 없었다. 그리하여 너무나 많은 것을 좌
우하는 그 여신을 구하기 위해 위대한 신 에아(Ea)의 사자가 급파되었다. 알
라투(Allatu) 또는 에레슈키갈(Eresh-Kigal)이라고 하는, 완고한 지옥의 여왕은
이슈타르가 생명수 세례를 받고 애인 타무즈와 함께 떠나는 것을 마지못해
허락했다. 그래서 그 둘은 함께 지상으로 돌아오게 되며, 그들의 귀환과 더불
어 모든 자연이 되살아날 수 있었다.

　떠나간 타무즈를 애도하는 구절이 바빌로니아의 몇몇 찬가에 들어 있는데,
거기에서는 그를 재빨리 시들어버리는 식물에 비유한다.

> 정원에서 있으면서도 물을 마시지 못하는 버드나무라네.
> 들판에서도 그 꽃부리는 꽃을 피우지 못하네.
> 물줄기를 기뻐하지 않는 버드나무,
> 뿌리가 끊어져
> 정원에서도 물을 마시지 못하는 향초라네.

　해마다 사람들은 그의 이름을 따서 지은 타무즈 달(유대력 4월)의 하지 무
렵에 날카로운 피리 연주에 맞춰 그의 죽음을 애도했다. 죽은 신의 인형을 놓
고 장송가를 부른 것으로 보인다. 인형은 깨끗한 물로 씻어 향유를 바르고 붉
은 옷을 입혔다. 향불 냄새가 마치 독한 향내음으로 그의 잠든 감각을 자극하
여 죽음의 잠에서 깨어나게 하려는 것처럼 공중으로 피어올랐다. 장송가 중
에 '타무즈를 위한 피리의 애가'라는 곡을 보면 그 슬픈 후렴을 영창하는 가
수들의 목소리와 통곡하는 피리의 곡조가 먼 데서 나는 음악소리처럼 귓전에
들리는 듯하다.

> 그가 사라지자 여인은 통곡하네.
> "오, 나의 아이여!" 그가 사라지자 여인은 통곡하네.
> "나의 다무(Damu)여!" 그가 사라지자 여인은 통곡하네.
> "나의 마법사, 나의 사제여!" 그가 사라지자 여인은 통곡하네.

광활한 대지에 뿌리내린 반짝이는 삼나무 곁에서,

에안나(Eanna)에서, 위와 아래에서 여인은 통곡하네.

집이 그 주인을 위해 통곡하듯이 여인은 통곡하네.

도시가 그 왕을 위해 통곡하듯이 여인은 통곡하네.

여인의 통곡은 화단에서 자라지 못하는 향초를 위한 것이라네.

여인의 통곡은 이삭이 열리지 못하는 옥수수를 위한 것이라네.

여인의 내실은 소유물을 낳지 못하는 소유물이라네.

지쳐버린 맥없는 여인, 맥없는 아이라네.

여인의 통곡은 큰 강을 위한 것이라네, 버드나무가 자라지 못하는.

여인의 통곡은 전답을 위한 것이라네, 옥수수와 향초가 자라지 못하는.

여인의 통곡은 연못을 위한 것이라네, 물고기가 자라지 못하는.

여인의 통곡은 갈대숲을 위한 것이라네, 갈대가 자라지 못하는.

여인의 통곡은 숲을 위한 것이라네, 버드나무가 자라지 못하는.

여인의 통곡은 광야를 위한 것이라네, 삼나무가 자라지 못하는.

여인의 통곡은 깊숙한 수목원을 위한 것이라네, 꿀과 포도주가 나지
못하는.

여인의 통곡은 초원을 위한 것이라네, 식물이 자라지 못하는.

여인의 통곡은 왕궁을 위한 것이라네, 수명이 늘어나지 못하는.

아도니스의 비극적인 설화와 슬픈 의식은 바빌로니아 문헌에 나오는 단편적인 내용이나 예루살렘 여인들이 신전 북문에서 타무즈를 위해 곡하는 것을 본 예언자 에스겔(Ezekiel)의 짧은 언급*보다는 그리스 작가들이 묘사한 내용으로 더 잘 알려져 있다.

그리스 신화의 거울에 비친 이 동방의 신은 아프로디테의 사랑을 받는 매력적인 청년으로 등장한다. 그가 아직 어릴 때 여신은 그를 상자 속에 숨겨 저승세계의 여왕인 페르세포네(Persephone)에게 맡겼다. 그러나 상자를 열고 아기의 아름다움을 본 페르세포네는 그를 아프로디테에게 돌려주지 않으려

---

*「에스겔」 8 : 14.

고 했다. 반면에 사랑의 여신은 친히 지옥에 내려와 사랑하는 이를 무덤의 힘으로부터 구해내기 위해 몸값을 치르려고 했다. 사랑과 죽음의 두 여신 사이에서 분쟁이 일어났고, 이 분쟁을 제우스가 조정했다. 제우스는 아도니스가일 년 중 절반은 지하세계에서 페르세포네와 함께 살고, 나머지 절반은 지상세계에서 아프로디테와 함께 살도록 판정을 내렸다. 나중에 이 아름다운 청년은 사냥중에 멧돼지에게 살해당했다. 멧돼지는 질투심 많은 아레스(Ares)가 경쟁자인 아도니스를 죽이기 위해 변신한 것이었다. 아프로디테는 비통한 심정으로 사랑하는 아도니스를 애도했다. 아도니스를 차지하기 위해 경쟁하는 여신들의 싸움은 고대 에트루리아(Etruria)의 거울 유물에 그림으로 묘사되어 있다. 명문(銘文)을 보면 두 여신은 유피테르(Jupiter)의 양옆에 각기자리잡고 있다. 유피테르는 재판관석에 앉아 엄한 표정으로 페르세포네 쪽을 바라보며 훈계하듯이 한 손가락을 쳐들고 있다. 슬픔에 사로잡힌 사랑의여신은 얼굴을 망토에 파묻고 있으며, 반면에 그녀의 고집센 경쟁자는 한 손에 나뭇가지를 들고 다른 한 손으로는 아마도 어린 아도니스가 들어 있는 듯한, 닫힌 상자를 가리키고 있다. 이 신화에서 아도니스를 차지하기 위해 아프로디테와 페르세포네가 벌이는 경쟁은 죽음의 나라에서 이슈타르와 알라투가 벌이는 싸움을 반영한 것이 분명하다. 한편 아도니스가 일 년의 절반은 지하에서, 나머지 절반은 지상에서 보내도록 한 제우스의 판정은 타무즈의 연례적인 소멸과 재등장을 그리스식으로 각색한 것에 지나지 않는다.

2

아도니스 신화는 지방화되었고, 서아시아 두 곳에서 그를 추모하는 의식이엄숙하게 치러졌다. 한 곳은 시리아 해안의 비블로스(Byblos)였고, 다른 한곳은 키프로스의 파포스(Paphos)였다. 두 곳은 모두 아프로디테, 더 정확하게는 그 여신의 셈계 닮은꼴인 아스타르테(Astarte) 숭배의 중심지였으며, 전설에 따르면 아도니스의 부친인 키니라스(Cinyras)가 그 두 곳의 왕이었다고 한다. 두 도시 중 비블로스가 더 오래됐다. 실제로 그곳은 페니키아에서 가장 오래된 도시로 알려져 있으며, 그리스인과 로마인들이 각기 크로노스 또는 사투르누스(Saturnus)와 동일시하는 위대한 신 엘(El)이 태초에 그곳을 창건했다고 한다. 그 주장이야 어떻든, 역사시대에 그곳은 성지로서 그 나라의 종교적 수도, 곧 페니키아인들의 메카이자 예루살렘으로 꼽혔다. 이 도시는 바다를 낀 고원에 자리잡았으며, 웅대한 아스타르테 신전을 보유했다. 신전에는 계단을 통해 아래쪽에서 올라가는 회랑(回廊)으로 둘러싸인 널따란 마당 한가운데 여신상인 높다란 원추형 오벨리스크가 솟아 있었다. 이 신전에서 아도니스 의식을 거행했다. 실상 그 도시 전체가 그에게 바쳐졌으며, 비블로스약간 남쪽에서 바다로 흘러드는 나흐르 이브라힘(Nahr Ibrahim) 강은 고대에 아도니스 강이라고 불렀다. 이곳이 키니라스의 왕국이었다. 가장 옛날부터 가장 최근까지 이 도시는 왕이 원로원이나 장로회의의 조력을 받아 다스린 것으로 보인다. 역사적 증거가 남아 있는 최초의 왕은 제카르바알이라는 인물이었다. 그는 솔로몬보다 약 1세기 앞서 군림했다. 하지만 그의 모습은 웬암몬(Wen-Ammon)이라는 한 이집트 상인(또는 관리)이 남긴 일기를 통해, 마치 그 희미한 과거에서 다시 살아나온 듯 생생하게 부각된다. 다행히도 일기는 파피루스로 보존되었다. 이 인물은 비블로스에서 왕과 함께 많은 시간을 보냈으며, 풍성한 선물의 보답으로 레바논 숲에서 잘라낸 상당량의 목재를 얻었다. 시비티바알이라고 하는 또다른 비블로스 왕은 기원전 739년경에 아시리아 왕 티글라트필레세르 3세에게 조공을 바쳤다. 또, 기원전 5~4세기 비문에는 예하르바알의 아들이며 아돔멜렉 또는 우리멜렉의 손자인 예하우멜렉이라는 비블로스 왕이 바알라트 게발(Baalath Gebal), 곧 비블로스의 여자 바알이란 명칭으로 숭배되던 여신에게 황금세공 장식과 청동제단을 갖춘 주랑(柱廊) 건축물을 헌납했다는 기록이 나온다.

이름이 시사하는 것처럼, 이 왕들은 자기네 신인 바알(Baal) 또는 몰록(Moloch)과 긴밀한 관련이 있음을 주장한 것으로 보인다. 실상 몰록이란 명칭은 '왕'을 뜻하는 '멜렉(*melech*)'의 변형에 지나지 않는다. 그러한 주장을 다른 많은 셈족 왕도 내세웠던 것으로 나타난다. 바빌론의 초기 왕들은 생시에 신으로 숭배되었다. 그와 비슷하게, 비블로스 왕들도 아도니스라는 호칭을 사용했을 수 있다. 왜냐하면 아도니스는 바로 신성한 아돈, 곧 도시의 '군주'를 뜻하며, 바알(주인)이나 멜렉(왕)과 의미가 거의 같은 호칭이기 때문이다. 가나안족의 예루살렘 왕 몇몇이 아도니베젝이니 아도니제덱이니 하는 명칭을 사용한 것으로 미루어볼 때, 예루살렘 왕들도 생시에 아도니스 행세를 한 것으로 보인다. 그 명칭은 인간의 호칭이라기보다 신의 호칭이었다. 예루살렘의 옛 사제왕들이 정식으로 아도니스 행세를 했다면, 후대에 예루살렘 여인들이 신전 북문에서 타무즈, 곧 아도니스를 위해 곡을 했다고 해서 놀랄 필요는 없다. 그것은 단지 헤브라이인들이 침략하기 오래 전부터 가나안족이 같은 장소에서 지켜온 관습을 그들이 이어간 것에 불과하기 때문이다. 예루살렘이 옛날부터 천국의 열쇠를 손에 쥐고 왕과 신을 겸한 존재로서 폭넓은 존경을 받던 영적인 군주들 또는 대라마들의 본거지였다면, 어째서 신출내기 세력가 다윗이 무력으로 전취한 새 왕국의 도읍을 그곳에 정했는지 쉽게 이해할 수 있다. 중심에 자리잡은 입지조건과 처녀림으로 둘러싸인 천연 요새의 이점이 반드시 그 영리한 왕으로 하여금 헤브론(Hebron)에서 예루살렘으로 천도하도록 한 유일하거나 주요한 동기는 아니었을 것이다.* 그는 자신을 그 도시 옛 왕들의 상속자로 내세움으로써 그들의 넓은 영토와 함께 영적인 명성까지, 곧 그들의 왕관과 아울러 후광까지 물려받기를 바랐을 수도 있다. 그 도시의 예부스(Jebus)족 주민들이 성벽에서 포위군들을 조롱하면서 침착한 자신감으로 적의 공격을 맞이한 것도 강고한 옛 성벽의 높이와 두께보다는 그 지방신에 대한 확고한 믿음에서 비롯된 태도일 것이다. 확실히 후대에 유대인들이 아시리아군이나 로마군을 상대로 같은 장소를 방어할 때 보여준 완강함도 크게 보면 시온의 신에 대한, 그와 비슷한 믿음에서 비롯된 것이었다.

그러나 아도니스와 동일시되었든 아니든 간에 헤브라이 왕들은 분명 어느 정도 신적인 존재로, 곧 지상에서 여호와를 대변하고 여호와의 뜻을 구현하는 존재로 간주되었던 것 같다. 왜냐하면 왕의 보좌를 여호와의 보좌라고 불

---

*다윗은 헤브론에서 7년간 통치하고 뒤이어 예루살렘에서 33년간 통치했다. 여기서 프레이저가 제기하는 주장은 토착 가나안족과 똑같은 셈계 혈통인 다윗이 자기 도읍을 옮김으로써 그 성시의 원래 통치자가 누리던 신성한 후광을 가로채려 했다는 것이다.

렸으며, 그의 머리에 신성한 향유를 붓는 것을 신성한 영혼의 일부분을 직접 그에게 전해주는 행위로 믿었기 때문이다. 그래서 그는 메시아라는 호칭을 사용했다. 이 호칭은 같은 뜻의 그리스어인 '크리스트(Christ)'와 더불어 '기름 부음을 받은 자'를 의미하는 말이다. 그리하여 다윗이 몸을 숨기고 있던 동굴의 어둠 속에서 사울의 옷자락을 베었을 때, 그는 '아도니 메시아 여호와', 곧 '여호와의 기름 부음을 받은 나의 주'에게 무엄하게 손을 댄 것에 마음의 가책을 느꼈던 것이다.

다른 신적, 반신적인 통치자들과 마찬가지로 헤브라이 왕들도 분명히 기근과 질병에 책임을 지는 존재였다. 아마도 겨울비가 내리지 않아 발생한 것으로 보이는 기근이 3년간 이어지자 다윗 왕은 신탁을 물었고, 신탁은 그가 아니라 그의 선임자 사울에게 책임을 돌리는 신중한 답변을 내놓았다. 죽은 왕에게 벌을 주는 것은 사실상 불가능했지만, 그 아들들은 그렇지 않았다. 그래서 다윗은 그 아들 일곱 명을 찾아내서 봄철 보리 수확이 시작될 때 주 하느님 앞에서 목매달아 죽였다. 그리고 긴 여름 내내 죽은 아들 중 둘의 어머니가 교수대 아래 앉아 밤에 재칼을 쫓고 낮에 독수리를 쫓으며 시체를 지켰다. 그러다가 가을이 되자 마침내 축복의 비가 내려 매달린 시체를 적시고 불모의 대지를 다시 비옥하게 만들었다. 그런 다음에야 죽은 자들의 유해를 교수대에서 내려 그 선조들의 무덤에 매장했다.* 이 왕자들이 처형당한 계절이 보리 수확기 초입이라는 것과 그들이 교수대에 장기간 매달려 있었다는 것으로 미루어, 그들의 처형은 단순한 형벌이 아니라 강우주술의 성격을 지닌 것이었다고 할 수 있을 것 같다.

이스라엘에서는 비가 내리지 않는 것뿐만 아니라 지나치게 많이 내리는 것도 신의 분노 탓으로 돌린 듯하다. 유대인들이 바빌론 포로생활에서 돌아와 처음으로 무너진 신전 앞 광장에 모였을 때 마침 많은 비가 내렸다. 사람들은 피할 곳도 없이 광장에 앉아 비를 맞으며 자신들의 죄와 비 때문에 몸을 떨었다. 변화하는 자연현상 속에서 하느님의 손길을 읽는 능력은 모든 시대에 이스라엘의 장점이자 약점으로 작용해 왔다. 그와 같은 시기에, 머리 위에 낮게

---

*「사무엘」(하) 21 : 1~14.

드리운 하늘과 눈앞에 보이는 시커멓게 타버린 신전, 사방에서 질기게 퍼붓는 비가 어우러진 음울한 상황에서, 돌아온 유배자들이 자신들의 죄와 신의 분노라는 이중의 압박에 마음이 무겁게 짓눌려 있었다고 해서 놀랄 필요는 없을 것이다. 아마 그들은 깨닫지 못했겠지만, 오랫동안 자신들이 거처한 바빌론의 밝은 태양과 비옥한 들판, 버드나무가 늘어선 넓은 강에 대한 추억으로 인해, 그와 대조적으로 황량한 잿빛 구릉들이 길게 뻗어나가 지평선까지 첩첩이 이어지거나 멀리 동쪽에 자리잡은 사해의 음침하고 어두운 푸른빛 수평선으로 잠겨드는 소박한 유대의 풍경에 더 깊은 슬픔의 그늘이 가미되었을 것이다.

그런데 일반적으로 셈족 왕, 특히 비블로스의 왕들이 종종 바알이나 아도니스라는 칭호를 사용했다면, 그들이 그 도시의 여신인 바알라트(Baalath) 또는 아스타르테와 짝을 이루었을 것이라는 결론이 나온다. 실제로 우리는 아스타르테의 사제였던 티레(Tyre)와 시돈(Sidon)의 왕에 관한 이야기를 듣는다. 그런데 농경민족인 셈족에게 바알이나 토지의 신은 땅에서 나는 모든 비옥함의 창조자였다. 바로 그가 성장을 촉진하는 물을 수단으로 삼아 옥수수와 포도주, 무화과, 기름, 아마 따위를 산출해 내는 것이다. 셈족 세계의 건조지대에서는 종종 하늘의 비보다는 샘물이나 개울물, 지하수가 물의 공급원이 된다. 또, "생명을 부여하는 신의 능력은 식물 종류만이 아니라 동물의 증식, 곧 땅 위에 사는 양 떼와 소 떼, 더 나아가 인간의 번식에도 미쳤다. 왜냐하면 동물의 증식은 결국 토지의 비옥함에 달려 있는데, 다양한 종류의 생명을 정확히 구별하는 능력을 익히지 못한 원시종족들은 식물의 생명뿐만 아니라 동물의 생명도 대지에 뿌리를 두고 생겨나는 것으로 생각하기 때문이다." 따라서 셈족 사람들은 자연의 번식력을 남성과 여성, 곧 바알과 바알라트로 의인화하면서 남성적인 힘을 특히 물과 동일시하고, 여성적인 힘을 특히 대지와 동일시한 것으로 보인다. 이러한 견해에 따르면, 식물과 나무, 동물과 인간은 바알과 바알라트의 소산 또는 자손들인 것이다. 그러므로 비블로스와 그밖의 곳에서 셈족 왕이 신으로 행세하고 여신과 혼인하도록 허용했다면, 아니 차라리 요구했다면, 그 풍습의 의도는 토지의 비옥함과 그에 따른 인간과 가축의 번식을 동종주술로 보장하기 위한 것일 수밖에 없다. 고대세계의 다른 곳, 특히 네미에서도 비슷한 동기로 비슷한 풍습이 행해졌다고 보는 것은 일리가 있는 생각이다. 남성적인 힘과 여성적인 힘을 나타내는 디아누스(Dianus)와 디아나(Diana)는 그 본성의 한 측면에서 인격화된 생명수의 화신이었다.

비블로스의 마지막 왕은 키니라스라는 풍요로운 이름을 지녔으며, 지나친 폭정으로 인해 폼페이우스 대왕에게 참수당했다. 그와 이름이 같은 전설상의 인물 키니라스는 수도 비블로스에서 하루 거리에 있는 레바논 산의 한 장소에 아프로디테, 곧 아스타르테의 신전을 창건했다고 한다. 그 장소는 아마도 비블로스와 바알베크(Baalbek) 사이에 자리잡은, 아도니스 강 수원지에 있는 아파카(Aphaca)였을 것이다. 왜냐하면 아파카에는 유명한 아스타르테의 숲과 신전이 있었는데, 콘스탄티누스가 그 해악성을 이유로 그곳을 파괴한 일이 있기 때문이다. 그 신전의 유적을, 험하고 낭만적이며 숲이 울창한 아도니스 강 수원지 맞은편 골짜기 위쪽에 있는, 여전히 아프카라고 부르는 마을 부근에서 여행자들이 발견했다. 그 작은 마을은 계곡 가장자리에 있는, 잘 자란 호두나무 숲 속에 자리잡고 있다. 조금 떨어진 곳에 우뚝 솟은 절벽들로 둘러싸인 거대한 원형 분지가 있는데, 그 발치에 있는 동굴에서 강물이 쏟아져 나와 폭포수를 이루며 계곡의 깊숙한 심연으로 떨어져내린다. 골짜기가 깊을수록 식물이 더 무성하고 빽빽하게 자란다. 갈라진 바위틈을 비집고 나온 식물은 아래쪽 거대한 구렁 속에서 포효하거나 지줄거리며 흐르는 계류 위에 초록색 베일을 펼친다. 이처럼 굴러떨어지는 물살의 신선함이라든지 산속 공기의 감미로움과 순수함, 싱그러운 신록에는 달콤하면서도 사람을 취하게 하는 어떤 것이 있다. 거대하게 쪼아낸 돌덩어리 몇 개와 멋진 화강암 기둥 하나가 유적으로 아직까지 남아 있는 신전은 강의 수원지를 마주보며 훌륭한 전망을 갖춘 테라스형 언덕을 차지하고 있었다. 폭포수의 거품과 포효소리를 가로질러 위쪽에 동굴이 보이며, 멀리 더 위로는 웅장한 절벽의 꼭대기가 보인다. 벼랑이 너무나 높아서, 덤불을 찾아 암벽의 발판을 따라 기어가는 산양들이 수백 미터 아래 구경꾼에게는 개미같이 보인다. 바다 쪽으로는 황금빛 햇살이 깊숙한 계곡에 넘쳐흘러 산악 성채의 환상적인 버팀벽과 둥근 탑루를 남김없이 드러내고, 골짜기를 덮은 숲의 변화무쌍한 신록을 부드럽게 내리쪼일 때 특히 감동적인 장관이 펼쳐진다. 전설에 따르면, 바로 여기에서 아도니스가 처음 또는 마지막으로 아프로디테를 만났으며, 바로 여기에 갈갈이 찢긴 그의 시신을 매장했다고 한다. 비극적인 사랑과 죽음의 설화를 위해 그 이상 더 훌륭한 무대를 생각하기는 어려울 것이다. 하지만 계곡이 외지기는 해도 완전히 인적이 끊긴 것은 아니다. 수도원이나 마을 같은 것이 돌출한 바위 꼭대기에 하늘을 배경으로 여기저기 솟아 있거나, 강물의 거품과 소음 위로 거의 수직에 가까운 높은 절벽에 달라붙어 있는 것을 볼 수 있다. 저녁이면 어둠 속에서 반짝이는 불빛이 도저히 접근할 수 없을 것 같은 산비탈에도 사람이 산다는 것을 알려준다. 고대에는 이 멋진 계곡 전체를 아도니스에게 바쳤던 것으로 보이며, 오늘날까지도 계곡에는 그에 대한 기억이 남아 있다. 왜냐하면 계곡을 둘러싼 높은 산들 꼭대기에는 폐허가 된, 그를 숭배하던 흔적이 여기저기 흩어져 있기 때문이다. 그중 일부는 무시무시한 심연 위에 걸려 있는데, 밑으로 눈길을 돌려 까마득한 아래쪽에서 독수리들이 둥지 주위를 선회하는 것을 내려다보노라면 머리가 아찔해진다. 그런 유적 중 하나가 기네(Ghineh)에 있다. 여기에는 거칠게 쪼아낸 벽감(壁龕) 위쪽 거대한 바위면에 아도니스와 아프로디테의 형상이 조각되어 있다. 아도니스는 창을 들고 휴식하며 곰의 공격을 기다리는 모습으로 묘사되어 있고, 아프로디테는 애도하는 자세로 앉아 있다.* 슬픔에 사로잡힌 여신의 형상은 마크로비우스(Macrobius)가 묘사한, 레바논의 통곡하는 아프로디테 상일 가능성이 크고, 바위 속 벽감은 아마도 그 연인의 무덤일 것이다. 숭배자들이 믿는 바에 따르면, 해마다 아도니스는 산에서 치명상을 당해 죽었으며, 해마다 자연의 얼굴은 그의 신성한 피로 물들었다. 그래서 해마다 시리아 처녀들이 그의 때이른 운명을 애도했고, 그의 꽃인 붉은 아네모네는 레바논 삼나무 사이에 만발했으며, 강물은 붉은빛으로 바다에 흘러들어 바람이 바다에서 불

---

*바위를 쪼아 만든 기네의 유적에 대한 인상은 페니키아 유적에 대한 프레이저의 해설이 대개 그렇듯이 에르네스트 르낭의 *Mission de Phénicie*(Paris: 1864)에서 차용한 것이다. 르낭은 1860년대에 레바논을 방문했으며, 이 프랑스의 학자 겸 배교자의 종교적 향수 중 많은 부분이 프레이저의 시리아 묘사에 구석구석 배어 있다. 프레이저는 말할 필요도 없이 그 유적지에 직접 가본 적이 없다.

때마다 푸른 지중해의 구비치는 해안선에 구불구불한 진홍색 띠를 둘러놓았다.

3

키프로스 섬은 시리아 해안에서 배를 타고 하루밤에 걸리지 않는 거리에 있다. 실제로 날씨 좋은 여름날 저녁에는 그 섬의 산들이 붉은 석양빛을 배경으로 낮고 거무스레하게 드러나는 것을 볼 수 있다. 풍부한 구리 광산과 전나무, 웅장한 삼나무 숲이 있는 이 섬은 자연히 페니키아인 같은 해상교역 민족을 끌어들였다. 한편, 그들의 눈에는 곡식과 포도주, 기름이 풍부한 이 섬이 산과 바다 사이에 낀, 자연자원이 빈약한 자신들의 울통불퉁한 해안지방과 비교할 때 약속의 땅으로 보였을 것이 분명하다. 따라서 그들은 아주 이른 시기에 키프로스에 정착했으며, 그 해안에 그리스인들이 정착한 이후에도 오랫동안 그 섬에 머물러 있었다. 비문과 주화를 통해 우리는 페니키아 왕들이 알렉산더 대왕 시대까지 키티움(Citium), 곧 헤브라이인들이 말하는 키팀(Chittim)에서 군림했다는 것을 알고 있다. 셈족 정착민들은 자연스럽게 모국에서 자기네 신들을 데려왔다. 그들은 아도니스라고 볼 수 있는 레바논의 바알을 숭배했으며, 남부 해안의 아마투스(Amathus)에서 아도니스와 아프로디테, 곧 아스타르테 의식을 거행했다. 그런데 그 의식은 비블로스에서와 마찬가지로 이집트의 오시리스 숭배와 너무나 흡사해서 어떤 사람들은 아마토스의 아도니스를 오시리스와 동일시하기도 했다.

그러나 키프로스에서 아프로디테와 아도니스 숭배의 중심지는 섬의 서남쪽 방면에 있는 파포스였다. 가장 고대부터 기원전 4세기 말에 이르기까지 키프로스를 갈라놓은 소왕국 중에서 파포스는 틀림없이 최고 등급에 속했을 것이다. 이곳은 구릉과 구비치는 산맥으로 이루어진 지대로, 여기저기 밭과 포도원이 흩어져 있고 강들이 가로질러 흐른다. 오랜 세월이 지나는 동안 강들은 강바닥을 엄청나게 깊이 파놓아 내륙으로 들어가는 것을 어렵고 지겨운 일로 만들어놓았다. 게다가 연중 대부분 눈에 덮여 있는 올림포스 산(오늘날의 트로도스 산)의 높은 봉우리는 북풍과 동풍을 차단해 주고 섬의 다른 지방과 파포스를 갈라놓았다. 산비탈에는 키프로스 최후의 소나무 숲이 남아 있으며, (이탈리아의) 아펜니노 산맥에 못지않은 삼림이 경치를 자랑하는 가운데 드문드문 수도원들이 자리잡고 있다. 파포스 옛 도시는 바다에서 1.6킬로미터 가량 떨어진 언덕 꼭대기를 차지하고 있었다. 새 도시는 약 16킬로미터 가량 떨어진 항만에 형성되었다. 옛 파포스(오늘날의 쿠클리아)의 아프로디테 신전은 고대세계에서 가장 유명한 신전이었다.

헤로도토스(Herodotos)에 따르면, 이 도시는 아스칼론(Ascalon)에서 온 페니키아 개척민들이 조성했다고 한다. 그러나 페니키아인들이 당도하기 전에 생식의 여신을 숭배하는 토착신앙이 그곳에 존재했고, 새로 온 사람들이 그 여신과 아주 흡사한 자기네 바알라트 또는 아스타르테와 그 여신을 동일시했을 가능성이 있다. 만약 그와 같이 두 신을 하나로 융합했다면, 두 신은 모두 아주 먼 옛날부터 서아시아 전역에서 숭배되어 온 위대한 모성과 생식의 여신이 변한 모습일 것이다. 이러한 추측은 여신상의 고풍스러운 형상과 아울러 그 숭배의식의 방종한 성격으로 확인할 수 있다. 왜냐하면 그러한 형상과 의식은 다른 아시아 신들에게도 공통적으로 나타나는 특징이기 때문이다. 그녀의 신상은 단순한 백색 원뿔이나 피라미드 형상이었다.

엄숙한 제전 때는 신성한 원뿔에 올리브 기름을 붓는 관습이 있었으며, 리키아(Lycia)와 카리아(Caria)에서 온 사람들이 그 행사에 참가한 듯하다. 오늘날까지 파포스에는 옛 관습이 남아 있는 것으로 보인다. 왜냐하면 "쿠클리아의 농부들은 최근까지 베들레헴의 동정녀를 기리며 무너진 신전의 거대한 초석에 기름을 부었으며, 아마 지금도 해마다 붓고 있을 것이기 때문이다. 사람들이 한때 신비의식과 더불어 아프로디테에게 기원했듯이, 지금도 기독교도들과 이슬람 교도들까지 주문을 외우고 구멍난 돌을 통과하면서 마리아에게 기원한다. 기원하는 내용은 키프로스 여인들에게서 불임의 저주를 쫓아달라거나 키프로스 남자들의 남자다움을 키워달라는 것이다." 이와 같이 생식의 여신에 대한 숭배가 섬의 일부 지방에서 보존되고 있다. 하나 이상의 예배당에서 키프로스 농부들이 '파나기아 아프로디테사(Panaghia Aphroditessa)'라는 호칭으로 그리스도의 모친을 찬양하고 있는 것이다.

그 여신이 아프로디테와 아스타르테, 그밖에 어떤 이름으로 통하든 간에 키프로스에서는 결혼 전에 모든 여자가 먼저 의무적으로 여신의 신전에서 외래인에게 몸을 팔아야 하는 관습이 있었다. 비슷한 관습이 서아시아 많은 곳에서 성행했다. 동기가 무엇이든 그 풍습은 명백히 욕정의 환락이 아니라 엄숙한 종교적 의무로 간주되었다. 그것은 지방마다 이름은 다양하지만 유형이 동일한, 서아시아의 위대한 모신(母神)을 섬기기 위한 것이었다. 그래서 바빌론에서는 부자든 가난뱅이든 모든 여자가 평생에 한 번은 밀리타(Mylitta), 곧 이슈타르 또는 아스타르테 신전에서 이방인의 품에 몸을 맡기고, 그 신성한 매춘으로 번 품삯을 여신에게 헌납했다. 신전의 신성한 경내는 그 관습을 지키기 위해 대기 중인 여자들로 붐볐다. 어떤 여자는 몇 년씩이나 거기서 기다려야 했다. 신전 유적의 위압적인 웅장함으로 유명한 시리아의 헬리오폴리스 곧 바알베크에서는 국가적 관례로서 모든 처녀가 아스타르테 신전에서 이방인에게 몸을 팔 것을 요구했으며, 처녀들만이 아니라 기혼녀들도 같은 방식으로 여신에 대한 신앙심을 입증했다. 콘스탄티누스 황제는 이 관습을 폐지하고 신전을 파괴했으며 그 자리에 대신 교회를 세웠다. 페니키아의 신전에서 여자들은 종교의식으로서 삯을 받고 몸을 팔았으며, 그런 행동이 여신을 기쁘게 하여 여신의 총애를 얻게 해준다고 믿었다. "아모리인(Amorite)의 율법은 막 결혼할 여자로 하여금 성문 옆에서 7일 동안 간음을 하도록 규정했다." 비블로스에서는 사람들이 매년 아도니스를 애도하기 위해 머리를 삭발했다. 머리카락 바치기를 거부하는 여자들은 의식기간 중에 이방인에게 몸을 맡겨야 했으며, 그렇게 해서 번 돈은 여신에게 바쳐야 했다. 비블로스의 이 풍습은 다른 곳처럼 모든 여자가 예외없이 종교의식으로 정조를 바치도록 강요하는 관례가 있었다가 완화된 것일 수 있다. 여자의 머리카락을 바치는 것을 몸을 바치는 것과 동격으로 인정한 까닭은 앞서 이미 시사한 바 있다. 리디아(Lydia)에서는 모든 처녀가 지참금을 벌기 위해 의무적으로 몸을 팔아야 했다고 한다. 그러나 그 풍습의 진정한 동기는 경제보다는 신앙이었을 것이다. 이는 리디아의 트랄레스(Tralles)에서 발견한 그리스 비문으로 확증할 수 있다. 그 비문은 종교적 매음의 관습이 서기 2세기까지 그 나라에 존속했음을 입증해 준다. 거기에는 아우렐리아 아이밀리아라는 여인에 관한 기록이 나오는데, 그 여자는 명시적인 신의 명령에 따라 매춘부의 자격으로 신을 섬겼을 뿐만 아니라, 그 이전에 여자의 어머니와 다른 여자 조상들도 똑같은 일에 종사했다. 봉헌제물을 올려놓는 대리석 기둥에 새겨 누구나 볼 수 있게 한 기록의 공개성으로 미루어 그러한 생활과 가문을 전혀 오점으로 여기지 않은 듯하다. 아르메니아에서는 귀족 가문조차 딸들을 아킬리세나(Acilisena)에 있는 아나이티스(Anaitis) 여신의 신전에 바쳐 여신을 섬기게 했다. 거기서 그 처녀들은 시집가기 전에 장기간 매춘부 노릇을 했으나, 아무도 봉사기간이 끝난 그 처녀들을 아내로 맞아들이는 데 주저하지 않았다. 또, 마(Ma) 여신은 폰투스(Pontus)의 코마나(Comana)에서 다수의 신성한 매춘부들에게 섬김을 받았으며, 2년마다 열리는 제전에 참가하여 여신에게 경배를 올리기 위하여 이웃 도시들과 나라에서 많은 남녀가 신전으로 떼지어 몰려왔다.

이 주제에 관한 증거가 아직 일부 남아 있지만, 전체적으로 살펴볼 때 우리는 다음과 같이 결론지을 수 있을 것이다. 자연의 모든 번식력의 화신인 위대한 모신은 이름은 다양하지만 신화와 의식에서는 내용적 유사성을 지닌 채 서아시아 많은 민족의 숭배를 받았다. 또, 그 여신과 결부해서 신적이면서도 유한한 존재인 한 연인, 더 정확히는 일련의 연인들이 존재했다. 여신은 해마다 그와 교접했고, 그들의 교접은 동물과 식물이 각기 번식하는 데 필수적인 것으로 여겨졌다. 나아가서 그 신성한 한 쌍의 전설적인 결합은 여신의 신전에서 일시적이기는 하지만 실제적인 남녀의 결합을 통해 지상에서 모방되고 확산되었는데, 그 목적은 그렇게 함으로써 대지의 결실뿐만 아니라 사람과 짐승의 번식을 보장하기 위한 것이었다. 그리고 짐작하고 있듯이, 그러한 모신의 관념이 결혼제도가 아직 알려지지 않았거나 그것을 기껏해야 오래된 공유권의 부도덕한 침해로 여기던 시대에 생겨난 것이라면, 우리는 어째서 여신 자신을 예외없이 미혼이며 정숙하지 못한 존재로 상상하였는지, 어째서 숭배자들이 그런 점에서 다소 완벽하게 그녀를 모방해야 했는지 이해할 수 있다. 왜냐하면 그녀가 신적인 남편과 결합한 신적인 유부녀였다면, 남녀의 합법적인 결혼보다 더 그들의 결합과 닮은꼴을 찾기는 어려울 것이므로 동종주술의 원리에 따라 부부의 정당한 성교로 더 잘 성취할 수 있는 목적을 실현하기 위해 매춘이나 난혼과 같은 방식에 의존할 필요가 없었을 것이다. 아마도 옛날에는 모든 여자가 일생에 최소한 한 번은 훨씬 더 옛날에 이론상으로 부족의 모든 남자가 영구적으로 공유했던 전시적(戰時的) 권리의 행사에 복종해야 했을 것이다. 그러나 시간이 지나면서 개별혼 제도를 선호하게 되고 옛날식 공유제가 인기를 잃어감에 따라 한 여자의 일생에 단 한 번이라도 고대적 풍습을 재현하는 것이 사람들의 도덕의식에 갈수록 거부감을 주게 되었고, 그에 따라 사람들은 아직 이론상으로는 인정하고 있던 의무를 실제로는 회피하기 위해 다양한 편법을 동원했다. 그런 회피수단 중 하나가 몸 대신 머리카락을 바치는 방식이었고, 다른 하나는 외설적인 상징물로 외설적인 행위를 대체하는 방식이었다. 그러나 대다수 여자가 이런 방식으로 정조를 희생하지 않으면서도 어떻게든 종교의 관례를 지켜낸 반면에, 사람들은 여전히 전체의 이익을 위해서는 몇 명이라도 옛 방식으로 옛 의무를 이행하는 것이 필요하다고 생각했다. 이에 따라 몇몇 여자가 평생 또는 몇 년 동안 신전에서 매춘부가 되었다. 종교의식이었으므로 그들은 신성한 성격을 부여받았다. 속인들은 그들의 직업을 불명예로 간주하기는커녕 아마도 공공도덕 이상 가는 미덕의 발휘로 간주하였을 것이며, 그들은 경탄과 존경, 연민이 뒤섞인 감사의 표현으로 보상받았을 것이다. 그것은 아직까지 세계 일부 지역에서 자신들의 자연적인 성기능과 인간의 가장 정감 어린 상호관계를 포기하고 다른 방식으로 창조주를 섬기고자 하는 여자들에게 주어지는 것과는 다른 보상이었다. 이와 같이 인류의 어리석음은 똑같이 해롭고 개탄스러운 양극단으로 출로를 찾는 것이다.*

파포스에서 종교적 매춘의 관습은 키니라스 왕이 제정하고, 아도니스의 누이인 그 딸들이 실행했다고 한다. 이들은 아프로디테의 분노를 사서 이방인과 교접을 하고 이집트에서 생애를 마쳤다. 이런 형식의 전설에서 아프로디테의 분노는 아마도 후대의 권위자가 가미한 특징일 것이다. 그 권위자는 자

---

*여기에서 창녀와 수녀의 생활을 동격으로 놓은 것은 프레이저가 보여준 대담하기 이를 데 없는 일격 중 하나다. 그러나 그것은 표출을 통해서든 억제를 통해서든 대중의 행복을 위해 지출할 수 있는 하나의 힘으로 성욕을 보는 그의 초기 관점에서 지극히 논리적으로 도출되는 견해다.

신의 도덕의식에 충격을 주는 행동을, 여신이 모든 신봉자에게 관례적으로 요구하는 희생의식이라기보다는 여신이 내린 벌로 간주할 수밖에 없었을 것이다. 어쨌든 그 설화는 파포스의 왕녀들이 비천한 신분의 여자와 마찬가지로 관습을 따라야 했다는 것을 보여준다.

사제왕들의 조상이며 아도니스의 아버지인 키니라스에 관한 여러 설화 중에서 우리의 주목을 끄는 대목이 몇 가지 있다. 첫째, 그는 곡물여신을 위한 제전에서 자기 딸 미라(Myrrha)와 근친상간 관계를 맺고서 아들 아도니스를 낳았다고 한다. 그 제전 때 여자들은 흰 옷을 입고 첫 수확물로 만든 화환을 바치며 아흐레 동안 엄격하게 정절을 지키는 것이 관례였다. 딸과 근친상간 관계를 맺은, 이와 비슷한 사례를 고대 왕에게서 흔히 볼 수 있는데, 이런 사례들은 근거가 없는 것으로 보이지도 않고, 또 단순히 이치에 벗어난 성욕의 우연한 분출을 나타내는 것 같지도 않다. 짐작컨대 그것들은 어떤 특정한 상황에서 명확한 이유를 지니고 해마다 행하던 어떤 관습에 근거를 둔 것인 듯하다. 그런데 왕가의 혈통이 모계를 통해서만 전승되는 탓에 진정한 군주인 세습 왕녀와 결혼해야만 왕위를 보유할 수 있던 나라에서는 왕자가 자기 누이인 왕녀와 결혼하는 일*이 종종 벌어진 것으로 보인다. 이는 그렇게 하지 않으면 다른 사람, 아마도 이방인에게 넘어갈 왕권을 결혼을 통해 확보하려는 데 목적이 있었다. 똑같은 세습 규칙이 딸과 근친상간 한 동기가 되었던 것은 아닐까? 왜냐하면 여왕과 결혼한 덕에 왕위를 차지한 것이므로 여왕이 죽으면 왕위를 내놓는 것이 그런 규칙의 당연한 귀결이기 때문이다. 결혼이 끝나면 왕권도 더불어 소멸하고, 그 즉시 자기 딸의 남편에게 왕권이 넘어가는 것이다. 그러므로 만약 왕이 아내의 사후에도 군림하기를 바란다면, 그가 합법적으로 그렇게 할 수 있는 유일한 길은 자기 딸과 결혼함으로써 전에 아내를 통해 자기 것이었던 칭호를 딸을 통해 연장하는 방법뿐이었을 것이다.

키니라스는 아주 멋진 미남자로 유명했으며, 아프로디테에게서 친히 구애를 받았다고 전한다. 그러므로 학자들이 이미 지적했듯이, 어떤 의미에서 키

---

*이집트의 파라오가 그랬던 것처럼. 플레넌은 The Patriarchal Theory(London, 1885)에서 처음으로 그 관습을 여기에서 프레이저가 제시하는 설명과 같이 해석하였다.

니라스는 그 정열적인 여신이 역시 마음을 빼앗긴 그의 잘생긴 아들 아도니스의 복사판이었던 것으로 보인다. 나아가서 파포스 왕가의 두 사람을 향한 아프로디테의 사랑을 담은, 이러한 설화들은 페니키아 출신 키프로스 왕인 피그말리온(Pygmalion)에 관한 상응하는 전설과 떼놓을 수가 없다. 피그말리온은 아프로디테 여신상과 사랑에 빠져, 그것을 침실로 끌어들였다고 전한다.* 피그말리온이 키니라스의 장인이며 키니라스의 아들이 아도니스라는 것, 이 세 사람이 모두 대를 이어 아프로디테와 통정했다는 것을 고려할 때, 우리는 페니키아 출신 초기 파포스 왕들과 그 아들들이 단지 여신의 사제에 머물지 않고 그녀의 연인임을 관례적으로 주장했다는 결론을 내리지 않을 수 없다. 다시 말해서 그들은 공식적으로 아도니스의 역할을 한 것이다. 어쨌든 아도니스는 키프로스에서 왕위에 올랐다고 전하며, 그 섬의 모든 페니키아인 왕자들이 관례에 따라 아도니스라는 칭호를 사용한 것이 확실한 것 같다. 사실상 그 칭호는 엄밀한 의미에서 '군주'를 의미하는 것에 지나지 않지만, 그러한 키프로스 왕자들을 사랑의 여신과 연관짓는 전설은 그들이 아도니스의 인간적 권위뿐만 아니라 신적인 성격까지 자처했을 개연성을 시사해 준다. 피그말리온 설화는 왕이 아프로디테, 아니 더 정확하게는 아스타르테 신상과 혼인을 하는 신성한 결혼의식을 암시하고 있다. 만약 그렇다면, 어떤 의미에서 그 설화는 단지 한 사람만이 아니라 연관된 모든 사람에게 해당될 것이며, 피그말리온이라는 이름은 일반적으로 셈족 왕, 특수하게는 키프로스 왕을 가리키는 공통 명칭이라고 할 수도 있을 법하다. 어쨌거나 피그말리온은 티레의 유명한 왕의 이름으로 알려져 있으며, 그의 누이 디도(Dido)가 그에게서 달아났다고 전한다. 또, 알렉산더 대왕 시대에 키프로스의 키티움과 이달리움(Idalium)을 통치한 왕도 피그말리온, 더 정확하게는 푸미야톤(Pumiyathon)이라고 불렸다. 푸미야톤은 그리스인들이 피그말리온으로 와전한, 동일 인물을 가리키는 페니키아 말이다. 나아가서 주목할 만한 사실은, 피그말리온

---

*최소한 알렉산드리아의 클레멘트(Clement)가 서술한, 그 설화의 가장 오래된 판본에서는 그렇다. 자신의 창조물과 사랑에 빠지는 조각가 피그말리온에 대해서는 오비디우스가 쓴 *Metamorphoses*를 참조해야 한다.

과 아스타르테라는 이름이 카르타고의 한 무덤에서 발견한 황금메달에 새겨
진 카르타고 명각(銘刻)에 함께 나온다는 것이다. 명각의 문자는 가장 초기
유형에 속한다.

파포스의 종교적 매춘 관습을 키니라스 왕이 창시하고 그 딸들이 수행했다
는 전설로 미루어, 우리는 파포스 왕들이 신상(神像)과 결혼하는 형식보다는
덜 순결한 의식을 통해 신적인 신랑의 역할을 했으리라고 짐작할 수 있다. 실
제로 어떤 제전에서 그들은 각기 아도니스 역에 대응하여 아스타르테 역을
하는, 신전의 신성한 매춘부 중 하나 이상과 교접해야 했을 것이다. 만약 그
렇다면, 키니라스가 숭배하던 아프로디테가 비천한 매춘부에 지나지 않는다
는 기독교도의 비난은 흔히 생각하는 이상으로 진실에 가깝다. 이러한 결합
의 결실로 얻은 아이들은 신의 아들과 딸로 간주되었으며, 앞서 그 아버지와
어머니처럼 머지않아 신과 여신들의 부모가 될 것이다. 이렇게 해서 파포스
는, 아니 아마도 신성한 매춘을 행하던 위대한 여신을 모신 아시아의 모든 신
전은 인간신들, 곧 신성한 왕과 그의 부인·첩·신전의 매춘부 사이에서 태
어난 자손들로 우글거리게 되었을 법하다. 그들 중 누군가는 아마도 아버지
의 왕위를 계승하거나, 아니면 때때로 그러듯이 전쟁의 압박이나 다른 중대
한 고비를 맞아 왕가의 희생이 요구될 때 아버지 대신 제물이 되었을 것이다.
나라의 이익을 위해 왕의 무수한 자손에게 이따금 부과하는 그와 같은 세금
은 왕가의 혈통을 소멸시키지도 않았을 것이고, 수많은 자식에게 부모의 애
정을 분산시켜 놓은 아버지의 가슴을 아프게 하지도 못했을 것이다. 어쨌든
셈족 왕들을 종종 세습적인 신으로 간주했다면, 그 명칭의 소유자가 신의 아
들이나 딸, 형제나 자매, 아버지나 어머니임을 암시하는 셈족 인명의 빈번한
등장을 쉽게 이해할 수 있다. 이러한 해석은 이집트의 비슷한 용례로도 확증
할 수 있다. 왕을 신적인 존재로 숭배한 이집트에서는 여왕을 '신의 부인' 또
는 '신의 어머니'라고 불렀으며, '신의 아버지'라는 호칭을 왕의 진짜 아버지
만이 아니라 장인에게도 적용했다. 아마 셈족도 이와 비슷하게 자기 딸을 왕
실 후궁으로 들여보낸 사람이 스스로 '신의 아버지'라고 부르는 것을 허용한
듯하다.

이름으로 판단해 볼 때, 키니라스라는 이름을 지닌 셈족 왕은 다윗 왕과 같

이 하프 연주자였다. 왜냐하면 키니라스라는 이름은 '수금(竪琴)'을 뜻하는 그리스어 '키니라(cinyra)'와 명백한 관련이 있고, 이 단어는 거꾸로 같은 의미의 셈어 '키노르(kinnor)', 곧 다윗이 사울 앞에서 연주한 악기를 가리키는 단어에서 유래했기 때문이다. 예루살렘에서처럼 파포스에서도 수금이나 하프 음악은 단지 한가한 시간을 보내기 위해 고안해 낸 소일거리가 아니라 종교의식의 일부분을 이루는 것으로서, 사람들이 그 감동적인 선율의 힘을 포도주의 효능처럼 직접적인 신령의 감응을 불러오는 것으로 여겼다고 가정하더라도 아마 틀리지는 않을 것이다. 확실히 예루살렘에서 신전의 정규 성직자들은 하프, 솔터리(psaltery, 옛 현악기의 일종), 심벌즈 따위로 연주하는 음악에 맞추어 예언을 했다. 그리고 우리가 예언자라고 부르는 비정규 성직자들도 그들이 신과 직접 대화하는 것으로 간주하는 황홀경에 들기 위해 그와 같은 자극제에 의존했다. 또, 때때로 사울의 우울한 마음을 더 어둡게 만든 우수의 구름을 주께서 그를 괴롭히기 위해 보낸 악령으로 간주하듯이, 다른 한편으로 그의 괴로운 심정을 달래주고 가다듬어 준 하프의 장중한 선율은 악령에 사로잡힌 왕에게 하느님이나 선한 천사가 평화를 속삭이는 목소리로 들렸을 것이다. 심지어 우리 시대에도 뛰어난 음악적 감수성을 지닌 한 위대한 종교작가의 말에 따르면, 피를 끓게 하고 심장을 녹이는 힘을 지닌 음악의 선율은 단순히 공허한 소리에 그치는 것일 수가 없다고 한다. 아니, 그것은 어딘가 더 높은 세계에서 탈출해 온 그 무엇이며, 영원한 조화의 발로, 천사의 목소리, 성인들의 송가인 것이다. 이와 같이 뉴먼(J. H. Newman)의 음악적 산문에서 원시인의 소박한 상상은 거룩하게 변모하고, 그의 가냘프고 혀짧은 소리는 우렁찬 반향을 일으킨다. 실상 종교의 발달에 음악이 미친 영향은 감동적인 연구성과가 나올 법한 주제다. 왜냐하면 모든 예술 가운데서 가장 친밀하고 감동적인 음악은 종교적 감정의 표현과 아울러 그 창조에도 크게 기여했으며, 그럼으로써 언뜻 보기에 음악이 그것에 대해 단지 종속적인 위치에 불과할 것 같은 신앙의 구조를 일정 정도 깊이 변형시켰다는 사실은 의심할 여지가 없기 때문이다. 음악가들은 예언가나 사상가들과 더불어 종교의 형성에 한몫했다. 모든 신앙은 그것에 부합하는 음악을 지니며, 신앙의 상이함은 거의 음악적 표현의 상이함으로 나타난다. 예컨대 키벨레(Cybele)의 요

란한 향연을 가톨릭 교회의 장엄한 의식과 구분짓는 간격은, 심벌즈와 탬버
린의 불협화음을 팔레스트리나와 헨델의 장중한 화음과 갈라놓는 간격으로
측정할 수 있다. 정신의 상이함은 음악의 상이함 속에 살아 숨쉬는 것이다.

아도니스 신화의 변함없는 특징은 그의 때이르고 폭력적인 죽음이다. 그러
므로 만약 파포스 왕들이 관례에 따라 아도니스로 행세했다면, 그들이 삶에
서와 같이 죽음에서도 자신들의 신화적 원형을 모방했는지 물어보아야 한
다. 키니라스의 종말에 관한 전설은 각양각색이다. 어떤 사람은 그가 자기 딸
과 근친상간 한 사실을 알고서 자살했다고 생각했다. 다른 사람은 그가 마르
시아스(Marsyas)처럼 아폴로와 음악경연을 벌이다 패배하여 승자에게 죽음
을 당했다고 주장했다. 하지만 아나크레온(Anacreon)의 말대로 그가 160살이
라는 원숙한 나이까지 살았다면, 엄밀히 말해서 그는 꽃다운 청춘에 죽었다
고 할 수 없다. 만약 두 가지 설화 중에서 골라야 한다면, 그가 대홍수 이전의
기준에는 훨씬 못 미치더라도 토마스 파(Thomas Parr)*보다 8년이나 더 살았
을 가능성보다는 폭력적으로 살해당했을 가능성이 아마도 훨씬 클 것 같다.
아득히 먼 시대 유명 인사들의 수명은 지나치게 신축성이 크기 때문에, 역사
의 이해관계에 따라 역사가의 취향과 기호에 맞게 늘어나거나 줄어들 수 있
는 것이다.

---

*1635년 찰스 1세 재위 중에 죽었는데, 이전에 아홉 왕의 치세를 거치면서 152년이나 살
았다고 알려졌다.

7장
신성한 매춘

1

앞장에서 우리는 서아시아 전역에서 신성한 매춘제도가 관례화하여 성행했고, 페니키아와 키프로스에서는 그 풍습이 특히 아도니스 숭배와 결부되었음을 보았다. 그 풍습에 관해 내가 채택한 설명이 존중할 만한 저술가들의 반박을 받았기 때문에,* 이번 장은 그 주제를 더 깊이 고찰하는 데 바칠 것이다. 나는 더 세밀하고 더 폭넓은 현장조사를 통해 그 풍습과 아도니스 숭배를 더

---

*프레이저가 『황금가지』 3판의 뒤이은 몇 페이지를 할애하여 논박하고 있는 반대이론이란 신성한 매춘이 본질적으로 "신부를 남편에게 넘겨주기 전에 신부의 동정을 파괴함으로써 특정한 문화단계에서 남자들이 크게 두려워하는 위험으로부터 신랑을 보호해 주기 위한, 순전히 세속적이고 예방적인 행위"였다는 것이다. 만약 그렇다면, 우리는 그것이 비교적 최근 단계에 속한다고 덧붙일 수 있을 것이다. 교접 그 자체가 위험한 것일 수 있다는 생각은 학문활동 초기에 프레이저를 크게 사로잡은 공포감이었다(『황금가지의 형성』 74~79쪽을 보라). 예컨대 신부가 과부라면 죽은 남편의 유령으로 인해 위험해질 수도 있다는 사실에 그는 주목했다. 이를테면 코랴크족은 과부가 결혼하기 전에 알지 못하는 제3자에게 몸을 바치도록 하는 것이 관례였다. 그러나 캄차카의 깊은 밀림 속에는 외지인이 이례적으로 드물다. 따라서 여성은 자신의 관례적 의무를 이행할 수 있는 아주 작은 기회라도 놓치지 않아야 했다. 때때로 외지인이 극도로 가물 때는 적체된 과부들의 무리가 아무 행인한테나 자신들을 바치려고 안달을 했다. 제2차 베링 해 원정대가 1729년에 극도의 결핍상태에서 캄차카의 황무지에 도달했을 때 그들은 그 사실을 발견하고 환호했다. (프레이저 자신도 과부와 결혼했다는 사실을 짚고 넘어가야 할 것이다). 나중에 프레이저는 그 위험이 월경에 내재하는 것이었다고 느낀 듯하다(이 책 4권 2장을 보라). 그러나 뒤이어 그는 그 이론을 완전히 폐기했다. 그러므로 여기에서 생략한 부분은 개정한 이론의 성격을 지닌다. 나는 단지 프레이저의 사례들만을 옮겨놓았다.

분명하게 해명해 줄 증거의 수집을 시도할 것이다.

인도에서 타밀 사원에 종사하는 무용수들은 '데바다시스(*deva-dasis*)', 곧 '신들의 종 또는 노예'라는 이름을 지니지만, 일상어에서는 단순히 매춘부라고 부른다. 남부 인도의 주요 타밀 사원은 모두 이러한 신성한 여인들을 거느리고 있다. 이들의 공식적인 임무는 하루에 두 번, 곧 아침과 저녁에 사원에서 춤을 추는 것과 티베트산 쇠꼬리로 우상에 부채질하는 것, 행진과 함께 우상을 운반할 때 그 앞에서 춤추고 노래하는 것, '쿰바르티(*Kúmbarti*)'라고 하는 성화(聖火)를 운반하는 것 따위다. 비문에 따르면, 서기 1004년에 탄조르(Tanjore)에 있는 라자라자(Rajaraja) 왕 촐라(Chola)의 대사원은 400명이나 되는 '여사당(女寺黨)'을 거느렸는데, 그들은 사원 주변에 있는 시가지의 자유구역에서 살았으며 기여금 중 세금이 면제된 토지를 지급받았다고 한다. 그들은 어릴 때부터 춤과 노래를 배운다. 한편 임산부들은 종종 안전한 출산을 보장받기 위해, 만약 낳은 아이가 딸이면 신의 종으로 바치겠다고 서약한다. 마드라스(Madras) 관구(管區)에 있는 티루칼리쿤드람이라는 소읍의 직조공들은 모두 가족의 장녀를 사원에 바친다. 이와 같이 사원에 들어간 소녀들은 임무에 들어가기 전에 때로는 우상을 상대로, 때로는 검을 상대로 형식적인 결혼을 한다. 이로부터 그들을 정식은 아니지만 종종 신의 부인으로 간주한 것으로 보인다.

남부 인도 전역에 퍼져 있는 타밀 직조공들의 비중 있는 카스트인 카이콜란(Kaikolan)들은 가족 중 최소한 딸 하나를 사원에 바쳐야 한다. 다음은 코임바토르(Coimbatore)에서 그와 같은 여자아이의 성인식을 관찰한 기록이다. 그 의식은 "일종의 결혼식을 포함한다. 길일을 골라 친척들을 초대하고, 외삼촌이나 그 대리인이 소녀의 이마에 황금색 머리띠를 묶은 다음 그녀를 들어서 모인 하객들 앞에 놓인 널빤지 위에 올려놓는다. 그러면 브라만 승려 한 사람이 '만트람(*mantram*)'을 낭송하면서 호맘(hōmam, 신성한 불)을 준비하고, 외삼촌은 소녀의 어머니에게서 새 옷을 선물받는다. 실제로 혼례를 치르려면 되도록 부유한 브라만을 초대해야 한다. 물론 그것이 어려울 때는 더 지위가 낮아도 무방하지만 브라만은 꼭 초대해야 한다. 브라만 한 사람이 우상에 버금갈 만큼 중요한 우상의 대리인 노릇을 해야 하기 때문이다. 소녀의 첫정을 받을 남자가 소녀와 결합할 때는 최소한 몇 분이라도 검 한 자루를 소녀 옆에 놓아두어야 한다고 한다." 이러한 무용수 중 한 사람이 죽으면, 우상에서 벗겨낸 새 천으로 시신을 덮고 그녀가 속한 사원에서 꽃을 제공한다. 또, 장례의식을 모두 마칠 때까지 사원에서는 예배를 일체 중단한다. 왜냐하면 일반 상주들이 그렇듯이, 그녀의 남편으로 간주되는 우상은 의례적인 부정을 탄 상태가 되어 종교적 직무를 수행할 수 없기 때문이다. 마라타(Mahratta)에서는 그와 같은 여자 신도를 물리(Murli)라고 부르며, 일반인들은 때때로 신의 그림자가 그 여자에게 내려와 그녀의 몸을 소유한다고 믿는다. 그럴 때 신에게 사로잡힌 여자는 이리저리 몸을 흔들어댄다. 사람들은 간간이 그녀에게 점을 치고 발치에 돈을 놓아두며 그녀의 입술에서 나오는 온갖 지혜의 말씀이나 어리석은 소리를 신탁으로 받아들인다. 사원 매춘부라는 직업은 소녀들만 갖는 것이 아니다. 남부 인도의 툴라바(Tulava) 지방에서는 상층의 4대 카스트에 속하는 여자로서 남편에게 싫증이 났거나, 과부가 되어 결혼도 할 수 없고 독신생활에 지친 사람은 모두 사원에 가서 우상에게 바치는 제삿밥을 먹을 수 있다. 이때 그녀의 신분이 브라만이라면, 그녀는 자기가 바라는 대로 사원 안이든 바깥이든 살고 싶은 곳에서 살 권리가 있다. 만일 사원 안에서 살기로 결정하면, 그녀는 매일 밥을 제공받는 대신 사원을 쓸고 우상에게 부채질하며 브라만들하고만 정을 통해야 한다. 이 여자들이 낳은 남자아이들은 모일라(Moylar)라고 하는 특수계급을 이루지만, 이들은 스스로 스타니카(Stanika)라는 칭호를 즐겨 쓴다. 이들 중 대다수는 사원 주변에서 일자리를 찾을 수 있다. 이를테면 마당 쓸기, 마당에 소똥 뿌리기, 신들 앞에 횃불 가져다놓기 같은 기기묘묘한 여러 가지 일을 할 수 있다. 하지만 이러한 성직에서 제외된 일부는 정직한 노동으로 빵을 벌어야 하는 고통스러운 생활로 떨어진다. 딸들은 어머니처럼 살도록 키우거나 아니면 스타니카와 결혼시킨다. 사원에서 살지 않으려는 브라만 여자들과 그 아래 3대 카스트에 속하는 모든 여자는 혈통이 순수한 남자를 만나 동거하는데, 해마다 수입 중 일정액을 사원에 바쳐야 한다.

우리의 현재 목적에 훨씬 더 시사적인 사례는 서아프리카의 풍습이다. 노예해안의 에웨 어족들은 "사제직을 두 가지 경로로 충원한다. 어린 사람들을 입적시키거나, 아니면 성인을 곧바로 성직에 임명하는 것이다. 신에게 바쳐지거나 입적된 남녀 어린이들은 '코시오(kosio)'라고 지칭하는데, 이는 '결실이 없다'는 뜻인 '코노(kono)'와 '달아나다'를 뜻하는 '시(si)'를 합친 말이다. 왜냐하면 신에게 바친 아이는 신을 섬기는 일에 귀속되므로 그 부모에게는 사실상 잃어버린 것이나 같기 때문이다. 여자들은 신에게 바쳐지면 그 신의 '부인'이 되기 때문에, 일부 유럽인들은 '보두시(võdu-si, 신에게 바친 여자들을 가리키는 또다른 명칭)'의 '시'란 명칭을 '부인'이라고 해석했다. 그러나 그 말은 결코 일반명칭으로 쓰는 법이 없으며, 신에게 바친 사람들에게만 전적으로 국한해서 쓰는 용어다. 여자 '코시(kosi)'가 주로 하는 일은 매춘이며, 모든 마을에는 열 살에서 열두 살 사이의 잘생긴 소녀들을 받아들이는 훈련시설이 적어도 한 곳은 있다. 소녀들은 여기에서 3년간 머물며 신들을 숭배하는 데 필요한 노래와 춤을 배우고, 사제들과 남자 신학교 학생들에게 매춘을 한다. 수련기간이 끝나면 그들은 공식적인 매춘부가 된다. 그러나 이러한 신분을 비난의 대상으로 여기지는 않는다. 사람들은 그들이 신과 결혼한 것으로 간주하며, 그들의 무절제한 행실을 신의 명령에 따른 것으로 생각한다. 엄밀히 말해 그들의 방종한 행실은 신전에서 남자 숭배자들을 상대하는 데 머물러야 하지만 실제로는 무차별적이다. 그런 관계를 통해 태어난 아이들은 신에게 귀속된다." 이 여자들은 신의 부인들로 여겨지기 때문에 결혼이 허용되지 않는다.

또, 이 아프리카 지방에서는 "단그비(Dañh-gbi)에게 바친 여자 '코시오'를 뜻하는 '단시오(Dañh-sio)', 곧 비단뱀신 단그비의 부인과 여사제, 신전 매춘부들이 자체 조직을 가지고 있다. 일반적으로 그들은 울타리를 둘러친 집이나 오두막에서 무리지어 공동생활을 하며, 신참들은 그 울타리 안에서 3년 동안 수련한다. 신입 성원은 대부분 어린 소녀들의 가입으로 충당한다. 그러나 기혼녀든 독신녀든, 노예든 자유민이든 상관없이 공개적으로 신들린 흉내를 내고 신들림의 표시로 인정하는 관례적인 울부짖음 소리를 내면, 당장 조직에 가입하여 그 교파의 주거지에 들어갈 수 있다. 이런 방식으로 가입한 여자의 몸은 신성불가침이며, 수련기간 동안 그녀가 독신이면 부모 집에 들어가는 것이, 기혼이면 남편 집에 들어가는 것이 금지된다. 이러한 불가침성은 여자들에게 부정한 열정을 만족시킬 기회를 주는 것이기도 하지만, 동시에 때로는 박해받는 노예나 무시당하는 아내를 주인과 남편의 학대에서 구해주는 역할도 한다. 왜냐하면 관례적인 방식의 신들림을 거치기만 하면 피난처를 보장받기 때문이다." 비단뱀신은 자기 신전에서 이 여자들과 비밀리에 혼인을 하며, 여자들은 그 신이 자기 아이들의 아버지라고 주장한다. 그러나 실제로 육체관계를 맺는 장본인은 바로 사제들이다.

우리의 목적에 비추어 중요하게 주목해야 할 점은 토지의 비옥함과, 이 여자들과 뱀의 결혼 사이에 긴밀한 연관이 존재하는 것으로 상정할 수 있다는 사실이다. 왜냐하면 뱀신을 위해 새로운 신부를 구하는 시기가 바로 수수가 싹트기 시작하는 계절이기 때문이다. 그때가 되면 곤봉으로 무장한 늙은 여사제들이 미친 듯이 길거리를 달려가며 미치광이 같은 비명을 내지르는 한편, 집 밖에서 눈에 띄는 여덟 살에서 열두 살 사이의 어린 소녀들을 닥치는 대로 뱀의 신부감으로 납치해 간다. 그럴 때 간혹 신앙심이 깊은 사람들은 자기 딸이 신과 혼인하는 영광을 누릴 수 있도록 일부러 딸을 문가에 내놓기도 한다. 뱀신과 그 부인들의 결혼은 아마도 뱀신이 농작물을 자라게 하고 가축을 번식하게 하는 중요한 기능을 수행할 수 있도록 하는 데 꼭 필요한 것으로 간주되는 것 같다. 왜냐하면 우리가 듣기로 이들 종족은 "지나치게 습하거나 건조하거나 황량한 계절에, 가축의 관리나 보존과 관련되는 모든 경우에, 또 한마디로 한 무리의 새로운 신들에게 의뢰할 수 없는 결핍과 난관의 시기에 뱀에게 호소하는 것이다." 언젠가 몹시 기후가 안 좋은 계절에 네덜란드의 중개상인 보스만(W. Bosman)은 휘다의 왕이 크게 분노해 있는 것을 보았다. 왕은 자기가 화난 이유를 이렇게 설명했다. "그 해에 그는 풍작을 이루기 위해 평소보다 훨씬 더 많은 제물을 뱀신전에 보냈다. 그런데 부왕 중 한 사람(그가 내게 그 사람을 가리켜 보였다)이 흉년을 경고하는 사제들의 이름으로 그에게 새로 더 많은 제물을 보내달라고 요청했다. 이에 대해 그는 올해에는 제물을 더 바칠 의사가 없다고 대답했다. 만약 뱀이 그 정도로 풍작을 내려주지 않는다 해도 그냥 내버려둘 생각이었다. 왜냐하면 (그가 말하기를) 곡식이 대부분 이미 밭에서 썩어가는 중이니까, 그런다고 해서 그가 더 피해볼 일은 없기 때문이다."

영국령 동아프리카의 아키쿠유(Akikuyu)족은 "서아프리카의 비단뱀신과 그 부인들의 사례를 연상시키는 풍습을 지니고 있다. 짐작컨대 몇 년 간격으로 마법사들이 물뱀에게 예배를 올리기 위해 오두막집을 짓도록 명령을 내린다. 뱀신은 대부분 아내를 요구하기 때문에 여자들 여럿이, 특히 소녀들이 오두막집에 간다. 여기서 주술사들과 육체관계를 맺는다. 자발적으로 오두막집에 가는 여자들이 충분하지 않으면 소녀들을 붙잡아서 그리로 끌고 간다. 이렇게 해서 태어난 아이는 아버지가 신(Nagi)이라고 주장하는 것 같다. 어쨌든 키쿠유(Kikuyu)에는 신의 자식으로 간주되는 아이들이 여럿 있다."

이미 살펴보았듯이, 노예해안의 흑인들 사이에는 여자 '코시오'와 아울러 남자 '코시오'가 있다. 곧, 신에게 바친 여자(여사제)와 아울러 신에게 바친 남자(사제)가 있으며, 그들에 관한 생각과 풍습도 서로 비슷한 것 같다. 여자와 마찬가지로 남자들도 3년간 수련을 거치며, 그것이 끝나면 각 후보자는 신이 자기를 인정하고 자기가 신들림 입을 자격이 있다는 것을 증명해야 한다. 사제 후보는 사제들의 호위를 받으며 신전으로 가서 신의 소유물인 걸상에 앉는다. 그러면 사제들은 그의 머리에 신비한 탕약과 함께 기름을 붓고, 길고 거친 합창소리로 신을 부른다. 노래하는 동안 그 젊은이는 신의 마음에 들었다는 표시로 격렬하게 몸을 떨며 경련이 이는 시늉을 하고 입에 거품을 문다. 때로는 한 시간이 넘도록 미친 듯이 춤을 추기도 한다. 이것은 바로 그에게 신이 내렸다는 증거다. 그런 다음에 그는 7일 밤낮 동안 아무 말도 하지 않고 신전에 머물러야 한다. 그 기간이 끝나면 그는 밖으로 인도되며, 사제가 그의 입을 열어 그가 이제 혀를 사용할 수 있음을 보여준다. 그리고 새 이름을 부여하면 사제직 서품이 끝난다. 이때부터 그는 자기가 섬기는 신의 사제 겸 영매로 대우받으며, 그가 신들림으로 간주되는 병적 흥분상태에서 하는 말은 사람의 입을 빌려 전하는 신의 말씀으로 받아들여진다. 광란상태에서 사제가 저지른 범죄는 처벌하지 않는 것이 관례다. 그 까닭은 의심할 나위 없이 그 행동을 신의 행동으로 여기기 때문이다. 그러나 사제들이 이러한 특권을 지나치게 남용하는 바람에 게조(Gezo) 왕 치하에서 법률을 개정해야 했다. 그래서 지금은 신들려 있는 동안에는 범죄를 저질러도 안전하지만, 신령이 떠나가는 즉시 처벌을 받아야 한다.

서부의 치 어족 사이에서도 신에게 바친 남녀, 곧 사제와 여사제를 둘러싼 비슷한 풍습과 믿음이 있다. 이들은 때때로 자기가 섬기는 신이 자신에게 내린다고 믿으며, 신들린 상태에서 신탁의 대변자로 자문을 받는다. 그들은 북소리에 맞추어 춤을 춤으로써 자신을 흥분상태로 끌어올린다. 신에게는 각각 특별한 북 장단에 맞추어 부르는, 특별한 무용을 수반하는 특별한 찬가가 있다. 바로 이러한 북소리에 맞추어 춤추는 동안, 사제나 여사제는 듣는 사람들이 신의 목소리로 간주하는 쉰 목소리로 신탁의 말씀을 뱉어낸다. 따라서 무용은 사제와 여사제들의 교육에서 중요한 위치를 차지한다. 그들은 대중 앞에서 연희를 하기 전에 수개월 동안 무용 훈련을 받는다. 이 신의 대변인들은 거의 모든 인생사에 관해 자문을 받고, 수고의 대가로 상당한 보상을 받는다. "사제는 공동체의 다른 구성원들과 마찬가지로 결혼을 하며, 돈으로 부인을 사들인다. 그러나 여사제는 결혼을 하지 않으며, 어떤 '머리값'도 받을 수 없다. 그 까닭은, 여사제는 그녀가 섬기는 신의 소유물이므로 결혼해서 다른 남자의 소유물이 될 수 없기 때문인 것으로 보인다. 하지만 이러한 금제는 결혼에만 적용하고 성교를 금하지는 않았다. 사제나 여사제가 낳은 아이들은 보통 사제 수련을 받지 않으며, 통상 한 세대가 지난 뒤에 손자를 사제로 선발한다. 한편 여사제는 보통 극도로 방종한 생활을 하며, 관례에 따라 마음에 드는 남자면 아무하고든 자기 욕망을 채우는 것이 허용된다." 세습 사제는 그 직업에 자신을 스스로 바치거나 친척이나 주인이 나서서 바치는 사람들로 끊임없이 충원된다. 남자와 여자, 심지어 어린아이까지 그런 식으로 사제의 일원이 될 수 있다. 또, 이를테면 아이를 몇 명 잃은 어머니가 다음에 태어날 아이를 신에게 바치겠다고 서약하는 일도 드물지 않다. 그렇게 해서라도 아이의 생명을 구하고자 하는 것이다. 이렇게 해서 태어난 아이는 따로 격리되었다가 성년이 되면 대개 어머니가 한 서약에 따라 사제나 여사제가 된다. 사제직 서품 의식에서 수도자는 관례에 따라 경련에 빠지고, 북소리 장단에 맞춰 미친 듯이 춤을 추며, 사람의 몸에 잠시 깃들인 신의 말씀으로 간주되는 말을 거칠고 부자연스러운 목소리로 뱉어냄으로써 성직자 생활에 대한 자신의 적성을 입증해야 한다.

2

　이와 같이 아프리카에서, 정례적이지는 않지만 때때로 인도에서 신전에 소속된 신성한 매춘부들은 신의 아내로 간주되며, 그들의 방종한 행실은 자기 의사가 아니라 신내림에 따른 행동이라는 이유로 면책을 받는다. 이것이 바로 고대에 서아시아 민족들이 행한 신성한 매춘 풍습에 관해 내가 제시한 설명의 골자다. 처녀든 유부녀든, 아니면 직업적인 매춘부든 상관없이 여자들은 신전에서 벌이는 방탕한 성교를 통해 밭과 나무, 사람과 짐승의 결실을 보장할 목적으로 위대한 생식의 여신이 보여준 방종한 행동을 모방하는 것이다. 그리고 이처럼 신성하고 중요한 기능을 수행함으로써 여자들은 아마도 서아프리카의 자매들처럼 실제로 여신의 신내림을 받은 것으로 여겨진 듯하다.

　서아프리카에서 신에게 바친 여자들이 신에게 바친 남자를 닮은꼴로 갖듯이, 서아시아에서도 그랬다. 그곳에서도 신성한 남자들(kedeshim)은 명백히 신성한 여자들(kedeshoth)의 닮은꼴이었다. 다시 말해서, 신전의 신성한 남자 노예들은 신성한 여자 노예들을 보완하는 존재였다. 그리고 서아프리카에서 신에게 바친 남자들의 특징을 신들림 또는 신내림으로 상정하듯이, 서아시아의 신성한 남자 노예들도 그랬으리라고 우리는 짐작할 수 있다. 그들도 일시적이거나 영구적인 신의 화신으로 간주되고, 때때로 신령에 사로잡혀서 신의 이름으로 행동하고 그의 목소리로 말했을 수 있다. 이와 비슷하게, 사람들은 헤브라이 예언자들이 일시적으로 그들을 통해 말하는 신령에 사로잡힌 것으로 믿었다. 이는 마치 서아프리카 흑인들이 신에게 바친 남자 사제들의 입을 통해 신령이 말한다고 생각한 것과 같다. 실제로 이스라엘과 서아프리카 예언자들의 유사점은 긴밀하고도 기묘하다. 헤브라이 예언자들은 예언적 황홀경에 도달하기 위해 음악을 이용했으며, 마법의 기름을 머리에 붓는 것을 통해 신령을 받았다. 그들은 얼굴 표지로 일반인과 분명하게 구별되었다. 또, 그들은 커다란 민족적 위기상황만이 아니라 일상생활의 자질구레한 일에 대해서도 자문을 받았으며, 적은 비용으로 정보와 조언을 제공해 주는 것으로 속인들의 신망을 받았다. 그러나 예언자들이 나라 주변을 자유롭게 돌아다닌 반면에, '케데심'은 한 신전에 붙박여 있었던 것으로 보인다. 그리고 신전에서 그들이 수행한 직무 중에는 순결한 도덕성을 지닌 사람들에게는 양심에 거슬리는 일이 몇 가지 있었다. 그러한 직무가 무엇이었는지는 엘리(Eli)의 아들들이 초막에 온 여자들에게 한 행동*이라든지, 시리아 농민층 사이에 오늘날까지 남아 있는 '성자들'에 대한 믿음과 관습에서 부분적으로 짐작할 수 있다.

그러한 '성자들'에 관해 우리는 이런 이야기를 듣는다. "그들은 사기꾼이 아니라면 미치광이라고 일컬을 사람들로서 시리아인 사이에서는 '메즈눈(mejnûn)', 곧 '진(jinn)' 또는 신령에 사로잡힌 사람으로 알려져 있다. 그들은 종종 더러운 옷을 걸치거나 옷 없이 다닌다. 그들은 신에 도취한 사람들이기 때문에, 이슬람 교도 중에서 가장 지위가 높은 권위자들도 그들의 분부에 따라 고분고분하게 비천한 말을 지껄이며, 무지한 이슬람 여인들은 그들의 접근을 피하지 않는다. 사람들이 자신들의 미신적인 신앙에 따라 신에게 사로잡힌 존재인 그들에게 감히 저항할 수 없는 신적인 권위를 부여하기 때문이다. 그러한 순종의 태도는 예외적인 것일 수 있지만, 그것이 단지 소문에 그치지는 않는다. 그러한 '성자들'은 여행객들이 카이로에서 흔히 목격하는 일반적인 탁발승이나 족쇄를 채운 광인들과는 달리, 자신과 다른 사람들에게 피해를 입히지 않는다. 그러나 그들의 겉모습과 그들에 관한 표현은, '예언자는 바보이며 신령을 지닌 자는 미치광이'**라는 호세아(Hosea) 시대의 고대 선지자와 예언자들에 대한 대중적인 평가와 관련한 몇 가지 예증을 제공해 준다. 또, 예레미야(Jeremiah) 시대에도 예언자로 자처하는 사람을 미치광이와 마찬가지로 간주하였다." 비교를 마무리하자면, 이 유랑자도 "예언능력을 지니고 있어서 미래를 예언하고 주위 사람들에게 위험이 닥치는 것을 경고할 수 있는 것으로 믿었다."

여자들이 '성자들'의 포옹에 몸을 맡기는 강력한 동기는 자식을 얻으려는 희망인 듯하다. 왜냐하면 아직까지도 시리아에서는 죽은 성인들조차 마음의

---

*이제 엘리는 늙었고, 자기 아들들이 이스라엘에게 한 짓을 다 들었으며, 그들이 회당의 성전 문 앞에 모여든 여자들과 잔 것도 들었노라〔「사무엘」(상) 2 : 22〕.
**「호세아」 9 : 7.

소망을 이루기 위해 신전을 찾는 불임여성들에게 아이를 점지해 줄 수 있다고 믿기 때문이다. 예컨대 북부 팔레스타인의 솔로몬 온천지대에서는 뜨거운 공기가 땅에서 분출해 나오는데, 그중 아부 라바(Abu Rabah)라는 성인을 모신 성소는 모성적인 소망을 이루고자 하는 아이 없는 부인들의 유명한 휴양지다. 그들은 치솟아오르는 뜨거운 공기에 몸을 맡기며, 그곳을 방문한 후에 태어난 아이를 정말로 그 성소의 성인이 점지한 것이라고 믿는다. 그런데 이 점에서 최고의 평판을 누리는 성인은 성조지(St. George)다. 그는 나라 전역에 흩어져 있는 자기 성소에 헌신하며, 성소마다 무덤 또는 모조 무덤이 있다. 이러한 성소 중 가장 유명한 곳이 북부 시리아의 칼라트 엘 호슨(Kalat el Hosn)에 있는데, 이슬람 교도를 비롯한 모든 종파의 불임여성이 그곳에 드나든다. "여자들과 관련하여 이 성소를 언급할 때 어깨를 으쓱하는 토착민이 많이 있다. 그러나 그곳의 진정한 성격이 어떤 것인지, 아들을 낳게 해줄 수 있다고 믿는, 세상에서 가장 영향력이 크다고 믿는 그 성인이 사실 누구인지 모르는 사람이 많은 것은 틀림없는 사실이다." "그러나 그 장소의 진정한 성격이 드러나기 시작하면서 많은 이슬람 교도가 자기 부인의 그곳 출입을 금지했다."

3

앞에서 말한 풍습들은 그렇게 해서 태어난 남자와 여자를 단지 비유적으로만이 아니라 실제로 신의 아들딸이라고 생각하는, 시리아에만 국한할 수 없는 믿음을 해명하는 데 도움이 될 것이다. 왜냐하면 기독교도든 이슬람 교도든 시리아의 어머니들이 자기 자식의 아버지로 여기는, 그러한 근대 성인들은 얇은 가면을 쓴 낡은 신들에 지나지 않기 때문이다. 오늘날처럼 고대에도 셈족 여자들이 불임의 수치를 모면하기 위해 성소에 종종 드나들었다면 — 한나의 기도문*은 그러한 풍습의 잘 알려진 예다 — 인간의 딸에게서 태어난 신

---

*한나는 자식을 얻기 위해 기도했는데, 엘리는 그녀가 취했다고 생각했다(「사무엘」(상) 2).

의 아들에 관한 전설뿐만 아니라 헤브라이 인명에 신적 호칭이 지나치게 자주 쓰인다는 사실도 우리는 쉽게 이해할 수 있을 것이다. 자식을 얻기 위해 성소에 드나들던 어머니는 그렇게 해서 낳은 무수한 아이를 사실상 신의 자녀로 간주하고, 그에 따라 이름을 지었을 것이다. 그래서 한나는 자기 아이를 사무엘이라고 불렀는데, 그것은 '하느님의 이름' 또는 '그의 이름은 하느님'이라는 의미다. 그 여자는 아마도 실제로 신의 은총을 입어 아이를 잉태했다고 믿었을 것이다. 그러한 아이들을 하느님의 종으로 성소에 바치는 것은 단지 신적인 아들을 신적인 아버지에게 돌려주는 것일 뿐이었다. 그와 비슷하게, 서아프리카에서도 여자들에게 자식을 점지해 주는 신인 아그바시아(Agbasia)의 신전에서 여자가 아이를 얻으면, 그 여자는 아이를 신의 신성한 노예로 바친다.

이와 같이 오늘날 시리아의 신앙과 풍습에서 우리는 아마도 고대에 같은 지역에서 행해진 종교적 매춘에 대한 단서를 찾을 수 있을 것이다. 지금이나 그때나 여자들은 마음속의 자연스러운 소망을 이루기 위해 지방신, 곧 옛날에는 바알이나 아도니스에게 지금은 아부 라바나 성조지에게 의지한다. 또, 지금이나 그때나 지방신의 역할을 한 것은 신성한 성직자들이었다. 사람들은 종종 그들이 신의 역할을 하는 것을 신적 영감에 따라 행동하는 것으로, 그들이 수행하는 기능을 토지의 비옥함과 인류의 번식을 위해 꼭 필요한 것으로 믿었다. 기독교와 이슬람교의 정화력(淨化力) 덕에 그러한 풍습은 좁은 범위로 국한되었다. 심지어 오늘날 투르크족의 통치 아래에서도 단지 구석진 곳에서 행해질 뿐이다. 하지만 그 풍습이 축소되었다 하더라도 그것이 구현하는 원리는 근본적으로 동일하게 나타난다. 그것은 곧 종족 번식의 열망이며, 그처럼 자연스럽고 정당한 목적을 남자와 여자의 육체에 현신하는 신적인 능력으로 성취할 수 있다는 믿음이다.

하느님이 물리적인 아버지라는 믿음은 고대에나 오늘날에나 시리아에만 국한된 것은 아니었다. 다른 곳에서도 많은 사람을 문자 그대로 하느님의 아들로 간주하였으며, 하느님의 성령이 여자의 모태를 빌려 잉태한 자식으로 여겼다. 나는 고전시대의 몇 가지 사례를 통해 그런 믿음을 간단히 예증하고자 한다. 그와 같이 자식을 얻기 위해 여자들은 아이스쿨라피오스의 대신전에 드나들었다. 그곳은 아름다운 고지대 계곡에 자리잡고 있으며, 에피다우로스(Epidauros) 만(灣)에서 숲이 울창한 긴 골짜기를 따라 그곳으로 이어지는 오솔길이 있다. 그곳 성소에서 여자들은 잠을 잤으며, 꿈에 뱀의 방문을 받았다. 그리고 그렇게 하여 낳은 아이들은 그 뱀이 잉태시킨 것으로 여겨졌다. 그 뱀을 신의 현신으로 여긴 것은 명확한 사실인 것 같다. 아이스쿨라피오스가 반복해서 뱀의 형상으로 나타났으므로 그의 신전에서는 병자를 치료하기 위해 살아 있는 뱀을 많이 길렀는데, 그 뱀들을 그의 화신으로 간주한 것이 분명했다. 그래서 아이스쿨라피오스 신전을 방문하고 나서 낳은 아이들은 아마도 그 뱀신을 아버지로 주장했을 것이다. 고대의 많은 유명인사가 이와 비슷한 기적적인 탄생설화를 통해 신의 등급으로 격상되었다. 우리에게도 유명한, 시키온(Sicyon) 사람 아라토스(Aratos)를 그의 동포들은 분명히 아이스쿨라피오스의 아들이라고 믿었다. 그의 어머니는 뱀과 교접하여 그를 잉태했다고 한다. 아마도 그녀는 뱀 위에 올라타고 앉은 자신의 소상(小像)을 보관하고 있던 시키온의 아이스쿨라피오스 신전이나 몇 킬로미터밖에 떨어지지 않은, 더 외진 티타네(Titane)의 신전에서 잠을 잤을 것이다. 티타네의 아이스쿨라피오스 신전에서는 골짜기 깊숙이 뿌연 흰빛 물살이 들이치는, 좁고 푸른 아소포스 강 계곡이 내려다보이는 언덕 꼭대기에 자리잡은 오래된 사이프러스 숲 사이로 신성한 뱀들이 기어다녔다. 아마도 거기 사이프러스 나무 그늘에서 아소포스 강이 속삭이는 소리를 들으며 아라토스의 어머니는 장차 자기 나라를 구원할 아이를 잉태했거나 잉태했다고 상상했을 것이다. 또, 아우구스투스의 어머니는 아폴로 신전에서 뱀과 교접하여 그를 잉태했다고 한다. 그래서 사람들은 황제가 아폴로 신의 아들이라고 여겼다. 메세네(Messene)의 영웅 아리스토메네스(Aristomenes)와 알렉산더 대왕, 큰 스키피오(Scipio) 등에 대해서도 비슷한 설화가 전한다. 그들은 모두 어머니가 뱀과 교접하여 잉태한 것으로 알려졌다. 아일리아누스에 따르면, 헤롯(Herod) 시대에 어떤 뱀이 그와 비슷하게 한 유대 처녀와 교접을 했다고 한다. 그 이야기는 그리스도의 부모에 관한 왜곡된 소문일 수 있지 않을까?

8장
아도니스의 의식

1

서아시아와 그리스 내륙에서 거행한 아도니스 제전에서는 해마다 주로 여자들이 비통하게 곡을 하며 신의 죽음을 애도했다. 그리고 시신과 비슷하게 옷을 입힌 그의 신상을 장지에 갈 때처럼 운구해다가 바다나 샘물에 던졌다. 또, 어떤 곳에서는 그 다음날에 그의 부활을 기념하는 행사를 벌였다. 그러나 장소에 따라 의식을 거행하는 방식이 다소 달랐으며, 의식을 벌이는 계절도 분명히 달랐다. 알렉산드리아에서는 아프로디테와 아도니스의 신상을 두 개의 침상 위에 올려놓고, 그 옆에 온갖 무르익은 과일과 과자, 화분에 키운 식물, 아니스 풀로 엮은 푸른 정자 따위를 놓아두었다. 하루는 연인들의 결합을 기념하는 잔치를 벌였고, 그 다음날에는 상복 차림을 한 여자들이 머리카락을 풀고 가슴을 드러낸 채 죽은 아도니스의 신상을 들고 바닷가로 가서 파도에 던졌다. 하지만 그들의 슬픔에는 희망이 담겨 있었다. 그들은 죽은 이가 다시 돌아올 것이라는 노래를 불렀다. 알렉산드리아에서 이러한 의식을 거행한 시기에 관한 명시적인 기록은 남아 있지 않다. 그러나 무르익은 과일에 대한 언급으로 미루어 늦여름이었을 듯하다.

비블로스에 있는 페니키아계 아스타르테 대신전에서는 피리의 날카롭고 슬픈 곡조에 맞추어 울음과 곡성, 가슴을 치는 행동으로 아도니스의 죽음을 해마다 애도했다. 그러나 사람들은 다음날이면 그가 다시 소생하여 숭배자들이 보는 앞에서 하늘로 오른다고 믿었다. 지상에 남아 위안을 잃은 신자들은, 이집트인들이 신성한 황소 아피스(Apis)의 죽음에 임하여 그러듯이 머리를 삭발했다. 아름다운 머리타래를 도저히 희생할 수 없는 여자들은 제전기간 중 날을 정해 이방인에게 몸을 맡기고 그 수치의 대가를 아스타르테에게 바쳐야 했다.

이러한 페니키아의 제전은 봄철 행사였던 것으로 보인다. 왜냐하면 그 날짜를 아도니스 강의 변색을 기준으로 결정했는데, 오늘날의 여행객들이 관찰한 바에 따르면 그 현상은 봄에 일어나기 때문이다. 봄철이 되면 빗물과 함께 산에서 씻겨 내려온 붉은 흙이 강물과, 심지어는 아주 멀리 바다까지 핏빛 붉은 색조로 물들인다. 사람들은 그 시뻘건 얼룩이 해마다 레바논 산에서 멧돼지에게 받혀 죽는 아도니스의 피라고 믿었다. 또, 진홍색 아네모네 꽃을 아도니스의 피에서 싹텄거나, 아니면 그 피가 뿌려진 것이라고 믿었다. 그 전설은 시리아의 아네모네 꽃이 부활절 무렵에 피기 때문에 아도니스 제전, 또는 최소한 그의 여러 제전 중 하나가 봄에 열렸음을 시사하는 것으로 볼 수 있다. 아네모네라는 꽃이름도 아마 아도니스를 수식하는 통칭인 '나아만(Naaman, 사랑하는 사람)'에서 유래했을 것이다. 아랍인들은 지금도 아네모네를 '나아만의 상처'라고 부른다. 붉은 장미도 같은 이유로 붉은색이 되었다는 전설이 있다. 아프로디테가 부상당한 연인에게 서둘러 달려가다가 흰 장미 덤불을 밟았는데, 잔인한 장미가시에 그녀의 부드러운 살이 찢기면서 흘러내린 신성한 피가 흰 장미를 물들여 영원히 붉게 만들었다는 것이다. 꽃피는 시기에서 이끌어낸 증거에 큰 비중을 두는 것은 아마도 한가한 짓일 것이다. 특히 장미꽃 같은 연약한 논거를 강조하는 것은 더 말할 것도 없다. 하지만 군이 참작하자면, 붉은 장미와 아도니스의 죽음을 결부시키는 설화는 봄이 아니라 여름에 제전을 거행했음을 가리킨다. 확실히 아티카(Attica)에서는 한여름에 그 제전을 거행했다. 아테네(아티카의 수도)가 시라쿠사(Siracusa)에 대항하려 준비한 함대—궤멸당하여 국력을 영구히 손상하는 계기가 된—가 한여름에 출항할 때, 불길한 우연의 일치로 아도니스의 침통한 의식이 바로 그 시기에 열리고 있었다. 군대가 배에 오르기 위해 항구를 향해 행진할 때, 그들이 지나가는 거리는 관과 시체 같은 인형들로 즐비했으며, 죽은 아도니스를 위해 슬퍼우는 여자들의 곡소리로 분위기가 어수선했다. 그 상황은 일찍이 아테네가 바다에 내보낸 병력 중 최정예 부대의 출항에 일말의 어두운 그림자를 던져주었다.* 그 이후 오랜 세월이 지나서 율리아누스 황제가 최초로 안티오크(Antioch)에 입성했을 때에도 그 번화하고 사치스러운 동방의 수도는 아도니스의 연례적 죽음으로 인한 가장된 비탄에 잠겨 있었다. 만약 그가 닥쳐올 재앙을 육감으로 느꼈더라면, 귀를 때리는 통곡소리가 자신의 죽음을 알리는 조종(弔鐘) 소리로 들렸을 것이다.

이러한 의식들과, 내가 다른 곳에서 설명한 인도와 유럽의 의식들은 매우 유사하다.** 특히 알렉산드리아의 의식은 다소 의심스러운 시기 문제를 빼면 인도의 의식과 거의 동일하다.*** 두 의식 모두 싱싱한 식물에 둘러싸여 식물과 근친관계에 있음을 시사하는 두 신적인 존재의 결혼식을 인형을 가지고 거행하며, 그후에 장례를 치르고 인형을 물에 던진다. 이러한 풍습들이 서로, 그리고 근대 유럽의 봄과 한여름 풍습에 대해 갖는 유사성으로 인해 우리는 자연스럽게 그 모든 것을 함께 설명할 수 있기를 기대한다. 따라서 후자에 관해 채택한 설명이 옳다면, 아도니스의 죽음과 부활의 의식 또한 틀림없이 식물의 쇠락과 부활을 나타내는 연극적 재현이었을 것이다. 이와 같이 풍습의 유사성에 근거를 둔 추론은 아도니스 전설과 의식에 나타나는 다음과 같은 특징들로 확증할 수 있다. 아도니스와 식물의 근친관계는 탄생설화에서 당장 드러난다. 그는 몰약(沒藥)나무에서 태어났는데, 10개월의 임신기간 뒤에 나무껍질이 터지면서 사랑스러운 아기가 나왔다는 것이다. 어떤 설화에 따르면, 멧돼지가 어금니로 나무껍질을 찢어서 아기가 나올 통로를 열었다고도 한다. 이 전설에 희미하게나마 합리적인 색채를 부여해 주는 설명은, 그의 어머니가 몰약이라는 이름의 여자인데 아이를 임신한 직후에 몰약나무로 변했다는 것이다. 아도니스 제전에서 몰약을 향료로 쓰는 것에서 그 같은 우화가 생겨났을 수 있다. 이미 살펴보았듯이, 그 향료는 상응하는 바빌론의 의식에

*프레이저는 주석에서 이렇게 덧붙이고 있다. "항해 날짜는 투키디데스가 언급하고 있는데, 그는 자기 동포들의 풍습에 대한 습관적인 경멸감 때문에 그 일치성에 주목하기를 꺼려하고 있다."
**이 책 2권 5장을 보라.
***앞에서 언급한 시바와 파르바티의 결혼.

서도 태웠고, 마찬가지로 우상을 숭배하는 헤브라이인들도 하늘의 여왕, 곧
아스타르테를 기리며 몰약을 태웠다. 또, 아도니스가 일 년의 절반, 또는 다
른 전거에 따르면 1/3을 지하세계에서 보내고 나머지를 지상세계에서 보냈
다는 설화는, 그가 식물 중에서도 특히 일 년의 절반을 땅 속에 묻혀 있다가
나머지 기간 동안 땅 위로 솟아나는 곡식을 대표한다고 가정하면 가장 간단
하고 자연스럽게 해명된다. 확실히 연례적인 자연현상 중에 가을과 봄에 식
물이 소멸하고 다시 살아나는 것만큼 명백하게 죽음과 부활의 관념을 시사하
는 것도 없다. 아도니스는 태양으로 간주되었으나,* 온대와 열대 지방의 태양
운행에는 그가 일 년의 절반 또는 1/3 동안 죽었다가 다른 절반 또는 2/3 동안
산다는 것을 시사해 주는 요소가 전혀 없다. 실상 태양은 겨울에 약해지는 것
으로 생각되지만 결코 죽는다고는 할 수 없다. 태양이 날마다 다시 뜨는 것은
그 가정과 모순한다. 북극권 내에서는 태양이 해마다 위도에 따라 24시간에
서 6개월까지 다양한 기간 동안 사라지기 때문에 연례적인 죽음과 부활의 관
념이 뚜렷할 것이다. 그러나 불운한 천문학자 베일리(Bailly)를 빼면 아무도
아도니스 숭배가 북극지방에서 유래했다고 주장하지 않는다. 반면에 식물의
연례적인 죽음과 부활은 미개사회든 문명사회든 모든 발전단계의 사람들이
쉽게 이해할 수 있는 개념이다. 이처럼 영구히 반복하는 소멸과 재생이 광활
한 범위에서 일어나며, 인간이 생존을 위해 그것에 긴밀하게 의존한다는 사
실을 종합할 때, 그 현상은 최소한 온대지방에서는 자연이 보여주는 가장 인
상적인 연례적 사건으로 꼽힐 것이다. 그처럼 중요하고, 그처럼 현저하며, 그
처럼 보편적인 현상이 많은 지역에서 비슷한 관념을 제기하고, 비슷한 의식
을 생성시키는 것은 놀라운 일이 아니다. 따라서 우리는 자연현상과 아주 잘
부합하고, 다른 지역의 비슷한 의식을 유추하는 데도 잘 들어맞는다는 점에
서 아도니스 숭배에 관한 이런 식의 해명을 그럴듯한 것으로 인정할 수 있을

---

*이는 1870년대와 1880년대에 프리드리히 막스 뮐러를 주요 대변자로 삼은 신화학 진영
이 태양설 학파를 간접 비판한 내용이다. 태양설 주창자들은 모든 신화가 하루나 일 년에
걸친 태양의 운행을 기술한 데 불과하다고 주장했다. 그러나 애석하게도 그들의 이론은 조
지 엘리엇의 *Middlemarch*에 나오는 카소본 씨가 버림받은 '모든 신화학의 열쇠'를 가지고
그랬던 것처럼 더 이상 행운을 누리지 못했다.

것이다. 게다가 그 해명은 상당수 고대인 자신의 견해가 뒷받침한다. 그들은 누차에 걸쳐 신의 죽음과 부활을 곡물의 수확과 발아로 해석했다.

라그랑주(Lagrange) 신부가 시사한 바에 따르면, 아도니스의 장례는 본래 추수꾼의 낫 아래 죽거나 타작마당에서 황소의 발굽에 밟혀 죽은 곡물신을 달래기 위한 추수의식이었다고 한다. 남자들이 그를 살해하는 동안 여자들은 그의 죽음을 슬퍼한다는 표시로, 또 그의 당연한 분노를 달래기 위해 집에서 악어의 눈물을 흘렸다는 것이다. 이 이론은 봄이나 여름에 치르는 제전의 시기와 잘 들어맞는다. 왜냐하면 아도니스를 숭배한 지역에서는 가을이 아니라 봄과 여름에 밀과 보리를 추수했기 때문이다. 나아가서 햇곡식을 거둘 때 이시스(Isis)를 부르며 곡을 하는 이집트 추수꾼들의 풍습이 그 가설을 확증해 준다. 또, 자기들이 잡아먹는 짐승에게 커다란 존경을 나타내는 수많은 수렵부족의 유사한 풍습도 그것을 뒷받침한다.

이렇게 해석할 때, 아도니스의 죽음은 여름 더위나 겨울 추위로 인한 식물 일반의 자연적인 쇠락이 아니다. 밭에서 곡식을 베어 타작마당에서 밟아 짓이기고 방앗간에서 가루를 내는, 인간이 곡물에게 가하는 폭력적인 파괴행위다. 실제로 이것이 후대에 레반트(Levant) 지역 농경민족들에게 비친 아도니스의 주요 측면이었다는 사실은 인정할 수 있다. 그러나 처음부터 그가 곡물이었다는 데는 의문의 여지가 있다. 초기 목축민에게는 그가 무엇보다도 비온 뒤에 싹이 터서 야위고 굶주린 가축 떼에게 풍부한 목초지를 제공하는 연한 풀이었을 수 있다. 훨씬 더 초기에는 미개한 수렵꾼과 그 아내에게 가을 숲이 제공하는 견과류와 장과류 정령의 화신이었을 수 있다. 그리고 농사꾼이 자기가 소비하는 곡물의 정령을 달래주어야 하듯이, 목축민은 자기 가축이 뜯어먹는 풀과 나뭇잎의 정령을 위로하고, 수렵꾼은 자기가 파내는 뿌리와 나뭇가지에서 따내는 과일의 정령을 달래야 했을 것이다. 그 모든 경우에 상처입고 성난 정령을 달래는 의식은 자연히 정교한 구실과 변명을 포함할 것이며, 어떤 통탄스러운 우연한 사고나 필요성 때문에 그가 약탈당하고 살해당할 때마다 그의 죽음을 큰소리로 애도하는 의식이 뒤따랐을 것이다. 다만 우리는 고대의 미개인 수렵꾼과 목축민들이 아직 식물 일반이라는 추상개념에 도달하지 못했을 것이라는 점을 염두에 두어야 한다. 따라서 그들에게 아도니스가 존재했다면, 그는 틀림없이 식물 전체의 화신이라기보다는 개별적인 나무와 식물의 '아돈(Adon, 주인)'이었을 것이다. 그러므로 아도니스는 나무와 덤불의 숫자만큼 많았을 것이며, 그들은 각각 자기 몸이나 소유물이 입은 피해를 보상받으려 했을 것이다. 그리고 나무들이 낙엽수일 때는 모든 아도니스를 해마다 가을이 되면 붉은 단풍과 더불어 피흘리며 죽었다가 봄이 되면 싱그러운 신록과 더불어 되살아나는 것으로 여겼을 것이다.

고대에 아도니스를 신의 자격으로 폭력적으로 살해당하는, 살아 있는 사람으로 간혹 의인화하기도 했다는 것은 일리 있는 생각이다. 나아가서 동지중해의 농경민족들이 종종 곡물정령―그 명칭이 무엇이든―을 대표하는 사람제물을 해마다 추수밭에서 살해했음을 보여주는 증거가 있다. 만약 그렇다면 곡물정령을 달래는 의식은 일정 정도 죽은 자에 대한 숭배와 융합하는 경향을 나타낸 것 같다. 왜냐하면 그러한 희생자들의 영혼이 그 피로 살찌운 곡식이삭으로 되살아났다가 곡식을 거둘 때 두번째 죽음을 당하는 것으로 여겼을 수 있기 때문이다. 그런데 폭력적으로 죽은 사람들의 영혼이 기회만 있으면 자신을 살해한 자들에게 복수를 하려 한다고 생각했을 것이고, 따라서 살해당한 희생자들의 영혼을 위로하려는 시도가 적어도 대중의 사고 속에서는 당연히 살해당한 곡물정령을 달래는 의식과 융합하였을 것이다. 그리고 싹트는 곡식으로 죽은 자들이 되돌아오듯이, 제물로 희생한 이들의 영혼도 봄철의 부드러운 공기를 마시고 긴 잠에서 깨어난 봄꽃으로 되돌아온다고 여겼을 수 있다. 그들은 땅에 묻혀 영면에 들어갔다. 제비꽃과 히아신스, 장미와 아네모네가 그들의 시신에서 싹터서 그들의 피로 붉게 물들었고 그들의 영혼 일부분을 포함하고 있다고 상상하는 것보다 더 자연스러운 생각이 있을까?

> 나는 때때로 생각하노라.
> 땅에 묻힌 카이사르가 피흘린 곳에서 싹튼 것만큼
> 붉게 휘날리는 장미도 없고,
> 정원을 덮은 모든 히아신스도
> 한때 아름다웠던 머리에서 그녀 무릎에 떨어졌느니.

> 되살아나는 이 풀은 부드러운 신록으로
> 우리가 기댄 강둑을 덮노라.
> 아, 거기 가볍게 기대어라. 누가 알겠는가
> 한때 아름다웠던 어떤 입술에서 보이지 않게 그 풀이 솟아나는지?

17세기 유럽에서 가장 피비린내나는 전투였던 란덴(Landen) 전투가 끝나고 여름이 되자, 2만 명이나 되는 전사자가 흘린 피로 물든 대지에서 양귀비꽃 수백만 송이가 피어났다. 그 광활하게 펼쳐진 진홍색 평원을 지나는 여행자에게는 정말로 대지가 죽은 자들을 소생시켰다는 생각이 들 만했다. 아테네에서는 거창한 '사자(死者)의 추모제'가 이른 꽃이 피는 3월 중순경에 열렸다. 그때가 되면 사자들이 무덤에서 일어나 거리를 돌아다니며, 밧줄과 갈매나무, 송진으로 이 불안한 영혼들이 못 들어오게 막아놓은 신전과 주택에 들어가려고 헛되이 애쓴다고 한다. 가장 명백하고 자연스러운 해석에 따르면, 이 제전의 이름은 '꽃의 제전'을 의미한다. 만약 정말로 가련한 유령들이 피어나는 꽃과 더불어 옹색한 집에서 기어나오는 것으로 여겼다면, 그 명칭은 행사의 내용과 잘 들어맞는 셈이다.* 따라서 르낭(Renan)의 이론에는 일말의 진리가 담겨 있을 수 있다. 그는 아도니스 숭배에서 몽상적이고 관능적인 죽음의 숭배를 보았는데, 그 죽음은 '공포의 왕'이 아니라 희생물을 유혹하여 영원한 잠에 빠뜨리는 교활한 마법사와도 같은 존재였다. 그가 생각하기에 레바논의 자연이 지닌 무한한 매력은 이처럼 고통과 쾌락, 잠과 눈물 사이를 모호하게 오가는 관능적이고 환상적인 종류의 종교적 감정에 부합하는 것이다. 죽음 일반 같은 순수한 추상개념에 대한 숭배를 시리아 농민에게 기대하는 것은 물론 잘못이다. 하지만 그들의 소박한 사고 속에서 식물정령의 부활이라는 생각이 초봄에 피는 꽃들, 곡식의 연푸른 새싹, 다채로운 꽃나무들과 더불어 사자의 유령이 소생한다는 아주 구체적인 관념과 융합한 것은 사실일

---

*그 제전의 명칭은 '안테스테리아'였다. 그것이 한때 꽃과 관련된 기념제였다는 주장은 제인 앨런 해리슨이 *Prolegomena to the Study of Greek Religion* (Cambridge, 1903), 32ff.에서 제기했다.

것이다. 그렇게 해서 자연의 죽음과 부활에 대한 그들의 견해는 인간의 죽음과 부활에 대한 견해, 곧 개인적인 슬픔과 희망과 공포의 감정으로 채색될 것이다. 의심할 나위 없이 르낭의 아도니스 이론도 그와 비슷하게 자신의 열정적인 추억, 곧 레바논 산 능선에서 그의 눈을 감겨준 죽음 같은 잠의 추억, 아도니스의 땅에서 잠들어 결코 다시는 아네모네나 장미와 더불어 깨어나지 않은 누이의 추억이 깊게 배인 것이었다.*

2

아마도 아도니스가 식물, 특히 곡물의 신이었다는 가장 확실한 증거는 이른바 '아도니스 정원'에서 찾을 수 있을 것이다. 이는 흙을 채운 바구니나 항아리에 밀 · 보리 · 상추 · 회향 따위 다종다양한 꽃씨를 뿌려 8일 동안 키우는 것으로, 주로 여자들이 도맡아서 돌보았다. 태양열의 도움으로 식물은 빠르게 싹이 트지만, 뿌리가 없기 때문에 그만큼 빠르게 시든다. 8일이 지나면 그것을 죽은 아도니스의 신상과 함께 밖으로 운반해 바다나 샘물에 함께 던졌다.

아도니스 정원은 아도니스의 상징물 또는 그가 지닌 능력의 표현으로 해석하는 것이 가장 자연스럽다. 그것은 식물의 형상으로 아도니스의 고유한 속성을 표현한 것이며, 반면에 그것과 함께 물로 가져가서 버리는 아도니스 신상은 더 후기에 속하는 형태로, 인간의 형상으로 그를 표현한 것이다. 만약 내가 옳다면, 이 모든 아도니스 의식은 원래 식물의 성장이나 소생을 촉진하기 위한 주술로 고안한 것이었다. 그리고 그런 효력을 낳는 주술의 원리가 바로 동종주술 또는 모방주술이었다. 무지한 사람들은 자신이 바라는 결과를

---

*1861년에 에르네스트 르낭은 『예수전』 집필을 위해 예비조사차 성지를 방문했다. 누이 앙리에트가 그 여행에 동행했다. 레바논 산을 방문했을 때였다. 두 사람은 모두 말라리아에 걸렸는데, 9월 20일 암쉬트에서 마침내 혼수상태에서 깨어났을 때 그는 앙리에트가 죽었다는 것을 알았다. 페니키아 유적지에 대한 르낭의 눈물 젖은 회상은 그의 *Mission de Phénicie*(1864)에 나온다.

모방하면 실제로 그것을 이루는 데 도움이 된다고 상상한다. 그래서 사람들은 물을 뿌리면 비가 내리고, 불을 밝히면 햇빛이 난다는 식으로 생각하는 것이다. 이와 비슷하게, 사람들은 농작물의 성장을 모방함으로써 풍작을 이루려고 한다. 아도니스 정원에서 밀과 보리를 속성으로 키우는 것은 곡식이 싹트게 하려는 의도였다. 또, 그것을 신상과 함께 물에 버리는 것은 성장을 촉진하는 적당한 양의 비를 내리게 하기 위한 주술이었다. 근대 유럽에서 행하던, 이것과 상응하는 의식에서 죽음과 사육제 인형을 물에 버리는 목적도 똑같다고 나는 생각한다.* 유럽에는 비를 부르기 위한 목적으로 식물을 의인화한 것이 분명한, 나뭇잎 옷을 입은 사람을 물에 적시는 풍습이 아직도 남아 있다. 이와 비슷하게, 추수 때 거둔 마지막 곡식이나 그 마지막 곡식을 집에 가져오는 사람에게 물을 뿌리는 풍습(독일과 프랑스에서, 그리고 아주 최근까지 영국과 스코틀랜드에서 행하던 풍습)이 일부 지방에서 다음해 농작물에 필요한 비를 확보하기 위한 명시적인 의도로 계속되고 있다. 이를테면 왈라키아(Walachia) 지방과 트란실바니아의 루마니아인들 사이에서는 한 소녀가 추수 때 거둔 마지막 곡식이삭으로 왕관을 만들어 집에 가져오면 소녀를 만나는 모든 사람이 서둘러 그녀에게 물을 끼얹으며, 이를 위해 머슴 두 사람을 문 옆에 배치한다. 만약 그렇게 하지 않으면 다음해에 농작물이 가뭄으로 죽는다는 것이다. 프로이센에서는 밭갈이철에 쟁기꾼과 파종꾼들이 밭에서 작업하다 저녁에 돌아오면 농장주의 아내와 머슴들이 그들에게 물을 뿌리는 관습이 있었다. 그러면 쟁기꾼과 파종꾼들은 반격에 나서서 모든 사람을 붙잡아 연못에 빠뜨리고 물에 처박았다. 농장주의 아내는 벌금을 물고 사면을 요구할 수 있었지만, 나머지 사람은 모두 물에 처박혀야 했다. 이렇게 함으로써 씨앗을 자라게 할 적당량의 비를 확보하고자 한 것이다.

아도니스 정원이 본질적으로 식물, 특히 곡식의 성장을 촉진하기 위한 주술이며, 내가 다른 곳에서 설명한, 근대 유럽에서 봄철과 한여름철에 행한 민속과 같은 부류의 관습이라는 견해는 단지 사례 자체에 내재하는 개연성만을 근거로 삼은 것이 아니다. 다행히도 우리는 아도니스 정원을(일반적인 의미로

---

*이 책 2권 5장을 보라.

이 표현을 사용하자면) 파종기에 미개종족이, 한여름에 유럽 농민이 여전히 가꾸고 있다는 것을 알고 있다.

벵골의 오라온족과 문다족은 모내기철이 오면 남녀 젊은이 한 무리가 숲에 가서 어린 카르마 나무나 그 나무의 가지를 벤다. 그들은 개선장군처럼 그것을 들고 춤추고 노래하고 북을 치며 돌아와, 마을 무도장 한가운데에 그것을 심고는 제사를 올린다. 다음날 아침, 남녀 젊은이들은 팔짱을 끼고 커다란 원을 그리면서 색색의 천으로 만든 띠와, 새끼줄로 만든 가짜 팔찌와 목걸이 따위로 장식한 카르마 나무를 둘러싸고 춤을 춘다. 이 잔치를 준비하기 위해 마을 촌장의 딸들은 독특한 방식으로 보릿잎을 재배한다. 심황(深黃)을 섞은 축축한 모래흙에 씨를 뿌려 싹이 텄을 때 연노랑색이나 앵초색을 띠게 하는 것이다. 잔칫날에 소녀들은 이 보릿잎을 뽑아서 바구니에 담아 무도장으로 가져간다. 그리고 경건하게 부복한 자세로 카르마 나무 앞에 보릿잎을 조금 바친다. 마지막에 카르마 나무는 뽑아서 개울물이나 저수지에 던져넣는다. 보릿잎을 심어서 카르마 나무에 바치는 행동의 의미는 거의 의문의 여지가 없다. 나무는 농작물의 성장을 촉진하는 것으로 여겨지며, 또 문제의 부족―문다족 또는 문다리족―은 "숲의 신들이 농작물을 책임지는 것으로 생각하는 것이다." 따라서 모내기철에 문다족이 나무를 가져와서 그처럼 공경하는 목적은, 그렇게 함으로써 모판에서 옮겨 심을 벼의 성장을 촉진하기 위한 것이 분명하다. 또, 보릿잎을 빨리 싹트게 하여 나무에 바치는 관습도 같은 목적을 거들기 위한 의도가 틀림없다. 이는 아마도 나무정령에게 농작물에 대한 책임을 상기시키고, 그처럼 급속히 성장하는 보릿잎을 보여줌으로써 그의 활동을 다그치는 행동일 것이다. 카르마 나무를 물에 던지는 것은 비를 부르는 주술로 해석할 수 있다. 보릿잎도 물에 같이 던지는지는 언급하고 있지 않지만, 만약 그 관습에 대한 나의 해석이 옳다면 아마도 그렇게 할 것이다. 이러한 벵골의 관습과 그리스의 아도니스 의식 사이에는 다른 점이 있는데, 벵골에서는 나무정령이 원래 형상대로 나무로 등장하는 반면 아도니스 숭배에서는 죽은 사람으로 표현되는 인간의 형상으로 등장한다는 것이다. 그의 식물적 성격을 아도니스 정원으로 암시하기는 하지만, 그것은 말하자면 나무정령으로서 그가 지니는 원초적 능력의 부차적인 표현이다.

힌두족도 아도니스 정원을 재배하는데, 그 명시적인 의도는 대지와 인간의 다산(多産)을 보장하기 위한 것이다. 이를테면 라지푸타나(Rajputana) 주의 오데이포르(Oodeypoor)에서는 "이집트의 이시스, 그리스의 케레스에 해당하는 풍요의 여신 고우리(Gouri) 또는 이사니(Isani)를 기리는" 제전이 열린다. 이 의식은 태양이 숫양자리에 들어갈 때, 곧 힌두족의 신년에 시작한다. 사람들은 흙으로 고우리 여신상과 좀더 작은 그녀의 남편 이스와라(Iswara)의 상을 만들어 나란히 놓는다. 그리고 그 옆에 작은 도랑을 파고 보리씨를 뿌린 다음, 곡식이 싹틀 때까지 인공적으로 물을 주고 열을 가한다. 싹이 트면 여자들이 그 주위를 돌며 손에 손을 잡고 춤추면서 자기네 남편들에게 고우리의 축복이 내리기를 기원한다. 그런 다음 어린 싹을 뽑아서 남자들에게 나누어주고, 남자들은 그것을 터번에 꽂는다. 이 의식에서 부인들이 보리싹을 남편에게 나누어주며 축복을 기원하는 것은, 자식에 대한 소망이 이 풍습을 행하는 동기 중 하나임을 분명히 보여준다. 아마도 마드라스 관구에서 브라만들의 결혼식에 아도니스 정원을 사용하는 관습도 똑같은 동기로 설명할 수 있을 것이다. 이때는 다섯 가지나 아홉 가지 씨앗을 섞어서 흙단지에 뿌린다. 단지는 이 목적을 위해 특별히 만들어 흙을 채운 것인데, 신랑과 신부가 나흘 동안 아침저녁으로 씨앗에 물을 준다. 그리고 닷새째 되는 날 어린 싹을 진짜 아도니스 정원같이 저수지나 강물에 던진다.

사르디니아(Sardinia)에서는 성요한의 이름이 붙은 한여름의 대축제와 결부하여 아직도 아도니스 정원을 심는다. 3월 말일이나 4월 첫날에 마을 청년 하나가 한 소녀에게 가서 자신의 '코마레(comare, 친구 또는 애인)'가 되어달라고 청하면서 그녀의 '콤파레(compare)'가 되겠다고 제안한다. 이 제안을 소녀의 가족은 영예로 간주하여 기꺼이 수락한다. 그러면 그 소녀는 5월 말에 코르크 나무 껍질로 항아리를 만들어, 거기에 흙을 채우고 한 줌의 밀과 보리를 파종한다. 항아리를 햇빛이 드는 곳에 놓고 종종 물을 주면, 급속히 싹이 터서 하지절 전야(성요한 축일 전야, 6월 23일)에는 제법 이삭이 팬다. 같은 종류의 관습을 같은 시기에 시칠리아(Sicilia)에서도 거행한다. 소년소녀 여러 쌍이 성요한 축일에 머리카락을 서로 하나씩 뽑아 그것을 놓고 다양한 의식을 거행함으로써 성요한의 친구가 되는 것이다. 그런 다음 그들은 머리카락을 한

데 묶어 공중에 던지거나 질그릇 조각에 얹어 교환하는데, 질그릇 조각은 나중에 두 개로 깨뜨려 각기 한 조각씩 소중하게 보관한다. 후자의 방식으로 맺은 인연은 평생 지속하는 것으로 믿었기 때문이다.

이러한 사르디니아와 시칠리아의 한여름철 풍습에서 성요한은 아도니스로 대체할 수 있다. 이미 살펴보았듯이, 타무즈 또는 아도니스의 의식은 보통 한여름철에 거행한다. 제롬(Jerome)에 따르면, 그 시기는 6월이었다. 또, 풀과 곡식을 항아리에 키우는 것과 시기의 유사성 이외에도 이교도와 기독교도가 벌인 그 두 제전 사이에는 또다른 유사점이 있다. 둘 모두 물이 주요한 역할을 하는 것이다. 바빌론의 한여름 제전에서는 그 이름이 '깊은 물의 진정한 아들'을 의미한다는 타무즈의 신상을 깨끗한 물로 씻는다. 알렉산드리아의 여름 제전에서는 아도니스 신상을 애인인 아프로디테의 신상과 함께 수장하였다. 그리고 그리스의 한여름 제전에서는 아도니스 정원을 바다나 샘물에 던졌다. 그런데 예나 지금이나 성요한의 이름과 결부된 한여름 제전의 커다란 특징은 하지절 전야나 하지절 아침에 바닷물·샘물·강물·이슬물 따위로 목욕하는 관습이다. 그래서 예컨대 나폴리에는 '바다의 성요한(S Giovan a mare)'이라는 이름으로 세례자 요한에게 바친 교회가 있었으며, 성요한 축일 전야, 곧 하지절 전야에 남녀가 바다에 들어가 목욕하는 것이 오랜 풍습이었다. 그렇게 하면 모든 죄를 씻을 수 있다고 사람들은 믿었다. 아브루치(Abruzzi)에서는 아직까지 성요한 축일 밤이 되면 물이 어떤 기적적이고 은혜로운 속성을 지니게 된다고 생각한다. 그날 밤에 해와 달이 물에서 목욕한다는 것이다. 그래서 그 절기가 오면 특히 일출 시간에 맞춰 많은 사람이 바다나 강에서 목욕을 한다.

아마도 이처럼 하지절 전야나 하지절 아침에 물이나 이슬로 목욕하는, 널리 퍼진 풍습이 순수하게 기독교에서 유래한 것이며, 후대 사람들이 세례자에게 바친 축일을 기념하기 위해 채택한 것이라고 생각할 수도 있을 것이다. 그러나 사실상 그 풍습은 기독교보다 더 오래된 것이다. 아우구스티누스가 그것을 이교도 풍습이라고 비난하며 금지한 일이 있고, 오늘날까지도 북아프리카의 이슬람 민족들이 한여름에 그 풍습을 지키고 있기 때문이다. 짐작컨대 기독교회는 이러한 이단의 잔재를 없애는 것이 불가능하게 되자, 통상적인 적응책에 따라 그 의식에 기독교식 이름을 부여하고 그 행사를 묵인한 것으로 보인다. 그리고 기독교 박사들은 목욕의식의 이교도 후원자를 대체할 기독교 성인으로 세례자 요한보다 더 적절한 후계자를 떠올리기가 어려웠을 것이다.

그런데 세례자는 누구의 신발을 바꿔 신었을까? 앞에서 살펴본 증거가 시사하듯이 교체된 신이 정녕 아도니스였을까? 사르디니아와 시칠리아에서는 그랬을 것이다. 왜냐하면 이 두 섬에는 셈족의 영향이 확실히 깊게, 아마도 지속적으로 미쳤을 것이기 때문이다. 그러므로 사르디니아와 시칠리아 아이들의 한여름철 유희는 카르타고에서 거행하던 타무즈 의식의 직접적 연장일 수 있다. 하지만 한여름 축제가 중부·북부 유럽에 너무나 널리 퍼져 있고 너무나 깊이 뿌리내리고 있는데, 우리는 그 모든 곳에서 일반적인 동양적 기원과 특수한 아도니스 숭배의 흔적을 찾아낼 수는 없다. 그것은 동방에서 수입한 이국적인 풍습이라기보다 토착 풍습으로 보인다. 따라서 우리는 다음과 같이 생각하는 것이 좋을 것이다. 곧, 사람들이 먼 옛날에 비슷한 필요성에 기초를 둔 비슷한 사고방식에 따라 북해에서 유프라테스 강에 이르는, 멀리 떨어진 많은 지역에서 차이점도 있지만 긴밀한 일치점도 있는 여러 의식과 더불어 각기 독립적으로 하지절을 기념하게 되었다. 역사시대에는 동양적 영향의 물결이 아마도 바빌로니아를 출발점으로 타무즈 또는 아도니스형 (型)의 제전을 서방에 전파하여 토착형의 비슷한 제전과 만나게 했다. 그리고 로마 문명의 압박으로 이처럼 상이하면서도 유사한 제전들이 서로 융합하여 다양한 형태로 결정화(結晶化)하고 그것들이 다소 별개로 나란히 존속했는데, 기독교회는 그것들을 완전히 억압하는 것이 불가능해지자 조악한 특성들을 가능한 제거하고 교묘하게 이름을 바꾸어 기독교적인 것으로 통용시켰다.

이러한 시칠리아와 칼라브리아(Calabria)의 관습이 아도니스 의식을 닮은 유일한 부활절 의식은 아니다. "수난일(受難日, Passion day)인 성(聖)금요일 (Good Friday)에는 하루 종일 죽은 그리스도 형상의 양초인형을 그리스 교회 중앙에 전시하여 몰려드는 군중들의 열렬한 키스 세례를 받게 하는데, 이때 교회 전체에는 우울하고 단조로운 장송곡이 울려퍼진다. 늦은 저녁, 날이 깜깜해지면 이 양초인형을 레몬과 장미, 재스민 따위 꽃으로 장식한 들것에 실어 사제들이 길거리로 운반하며, 거기서부터 빽빽이 모여든 군중들이 느리고 엄숙한 걸음으로 행진을 시작하여 시가지를 누빈다. 한편 모든 사람이 촛불을 들고 슬픈 곡성을 내면, 행렬이 지나가는 모든 집에서는 여자들이 향로를 들고 앉아서 행렬의 주인공에게 향불을 피운다. 이렇게 해서 마치 그리스도가 방금 죽은 것처럼 온 도시가 엄숙하게 인형을 장사지낸다. 마지막으로 양초인형을 교회에 다시 안치하면 똑같은 애도의 노래가 새롭게 울려퍼진다. 엄격한 금식을 수반하는 이러한 애도의식은 토요일 자정까지 계속된다. 시계가 열두 번 울리면 주교가 등장해서 그리스도가 부활하셨다는 기쁜 소식을 알리고, 군중들은 이에 화답해서 '참으로 그이가 부활하셨다'고 외친다. 그러면 당장에 온 도시가 환성을 터뜨리며, 캐로네이드 함포와 머스켓 총과 갖가지 폭죽이 연이어 터지는 가운데 비명과 함성이 쏟아져나온다. 같은 시각에 사람들은 극단적인 금식을 끝내고 부활절의 어린 양고기와 맛난 포도주를 탐식한다."*

기독교회가 얼마나 자주 이단의 낡은 줄기에 새로운 신앙의 씨앗을 교묘하게 접목시켰는지 돌이켜볼 때, 우리는 그리스도의 죽음과 부활을 기리는 부활절 축제가 이미 살펴보았듯이 시리아에서 같은 계절에 행한 것으로 보이는 아도니스의 죽음과 부활을 기리는 비슷한 의식에 접목된 것으로 짐작할 수 있다. 슬픔에 잠긴 여신이 죽어가는 애인을 팔에 안고 있는, 그리스 미술가들이 창조한 형상은 동정녀 마리아가 거룩한 아들의 시신을 무릎에 안고 있는, 성베드로 성당에 있는 미켈란젤로의 작품으로 잘 알려진 기독교 미술의 '피에타(Pieta)'와 유사할 뿐만 아니라 그 모델이었을 가능성이 있다. 어머니의 생생한 슬픔이 아들의 늘어진 시신과 놀라운 대조를 이루는 그 고귀한 군상(群像)은 위대한 대리석 조각품 중 하나다. 고대 그리스 미술은 그토록 아름

*프레이저는 독일 민속학자 C. 바흐스무트의 해설을 근거로 이 그리스 제례를 설명하고 있다. 같은 제례에 대한 나중의 설명은 아래의 4권 3장을 보라. 이미 예증했듯이, 그리스의 부활절 제전이 에게 지역에 깊이 뿌리내린 아도니스 숭배를 바탕으로 형성되었다는 것이 프레이저의 주장이었다. 아울러 로마의 제례는 아티스 숭배를 반영한 것일 가능성이 크다고 그는 생각했다. 아래의 2권 10장을 보라.

답고 그토록 애절한 작품을 남기지 못했다.*

이런 맥락에서 제롬의 유명한 언급은 깊은 의미를 지닌다. 그에 따르면, 주님의 전설적 출생지인 베들레헴은 더 오래된 시리아의 주님인 아도니스의 숲에 가려 있었고, 아기 예수가 운 장소는 비너스의 연인이 통곡하던 곳이었다고 한다. 명시적으로 말하지는 않았지만, 제롬은 이교도들이 그리스도 탄생 이후에 그 신성한 장소를 더럽힐 목적으로 아도니스의 숲을 심었다고 생각한 것 같다. 이 점에서 그는 틀렸을 수 있다. 만약 내가 주장하는 대로 아도니스가 정말로 곡물의 정령이었다면, 그의 거주지를 가리키는 명칭으로 '빵의 집'을 의미하는 베들레헴보다 더 적절한 것을 찾기는 어려울 것이며, "나는 생명의 빵"이라고 말한 그리스도의 탄생 훨씬 이전에 그는 그곳 자신의 빵의 집에서 숭배를 받았을 것이다. 설사 아도니스가 그리스도보다 나중에 베들레헴에 왔다는 가설에 따르더라도, 기독교인들의 충성심을 주님에게서 돌리기 위해 그의 슬픈 형상을 선택한 것은 그 양자의 죽음과 부활을 기념하는 의식의 유사성을 상기할 때 참으로 적절한 것이었다고 할 수밖에 없다. 안티오크는 새로운 신의 초기 숭배 중심지 중 하나인데, 이곳에서는 이미 살펴보았듯이 옛 신의 죽음을 기리는 제전을 해마다 매우 엄숙하게 거행했다. 율리아누스가 아도니스 제전 중에 그 도시에 입성하던 상황을 살펴보면, 아마도 그 행사의 시기에 관해 약간의 실마리를 얻을 수 있을 것이다. 성에 접근했을 때 황제는 마치 신이라도 본 듯이 기도하는 군중의 영접을 받았으며, 구원의 별이 동방에 떠올랐다고 외치는 많은 군중의 소리에 놀랐다. 이는 분명히 아첨하는 동방의 군중이 로마 황제에게 바친 지나친 찬사에 불과했을 것이다. 그러나 밝은 별이 규칙적으로 출현하는 것이 제전을 알리는 신호였는데, 우연히 황제가 접근하는 순간에 그 별이 동방의 지평선 위에 떠올랐을 가능성도

---

*이는 서양 예술작품 중 프레이저가 유일하게 증거로 삼을 만한 작품이다. 셰익스피어의 『비너스와 아도니스』는 아마도 좀 지나치게 뻔했을 것이다. 그러나 그의 주제를 염두에 둘 때, 스펜서의 *The Faerie Queen*, III.vi.에 나오는 '아도니스의 정원' 장면에 대해 그가 아무데서도 언급하지 않았다는 것은 이상한 일이다. 그레이엄 호크가 지적하듯이, "그 주제는 우주론적인 것이다. 그 정원은 신화 속에서 비너스가 아도니스를 만나는 장소이다. 그것은 또한 모든 생명체가 해체된 이후 재형성되는 생산의 장이기도 하다". Graham Hough, *A Preface to the Faerie Queen*(London: Duckworth, 1962), 176.

있다. 만약 그런 일이 일어났다면, 이 우연의 일치는 미신에 휩싸인 군중의 상상력을 틀림없이 자극했을 것이며, 그에 따라 사람들은 하늘이 징후를 나타내 도착을 알린 그 위인을 신처럼 환영했을 것이다. 아니면 사람들이 별을 향해 외치는 소리를 황제가 자신에 대한 인사로 착각했을 수도 있다. 그런데 바빌로니아 천문학자들은 아도니스의 연인인 아스타르테를 금성과 동일시하였고, 아침부터 저녁까지 그 별의 변화를 세밀하게 관찰했다. 그들은 번갈아 발생하는 그 별의 출현과 소멸에서 징조를 이끌어냈다. 따라서 우리는 아도니스 제전이 금성이 출현하는 것에 맞추어 규칙적으로 열렸으리라고 짐작할 수 있다. 그러나 안티오크 사람들이 제전에서 맞이한 별은 동방에서 떠올랐다. 그러므로 그것이 정말로 금성이었다면 그것은 샛별일 수밖에 없다. 유명한 아스타르테 신전이 있던 시리아의 아파카에서는 어느날 레바논 산 꼭대기에서 아도니스 강으로 별처럼 떨어져내리는 유성의 섬광을 제전의 신호로 삼았다. 그곳 사람들은 그 유성을 아스타르테 자신으로 여겼으며, 그것이 공중에서 떨어지는 것을 사랑에 빠진 여신이 애인의 팔에 내려와 안기는 것으로 자연스럽게 해석하였을 것이다. 안티오크와 그밖의 곳에서도 제전이 열리는 날에 샛별이 출현하는 것을 그와 비슷하게 사랑의 여신이 죽은 정부를 대지의 침상에서 깨우러 오는 것으로 여겨 환영했을 것이다. 만약 그렇다면, 우리는 제롬의 말대로 아기 그리스도의 울음소리와 아도니스의 통곡소리가 함께 울려퍼지던 성지 베들레헴으로 동방박사를 인도한 것이 바로 그 샛별이었다고 추측할 수 있을 것이다.

9장
아티스

    그 상상적인 죽음과 부활이 서아시아의 신앙과 의식 속에 깊이 뿌리내리고 있는 또다른 신이 아티스(Attis)다. 프리지아(Phryaia)*와 그의 관계는 시리아와 아도니스의 관계와 같다. 그는 아도니스처럼 식물의 신이었던 것으로 보이며, 해마다 봄철 제전에서 그의 죽음과 부활을 애도하고 축하했다. 두 신의 전설과 의식은 너무나 흡사해서 고대인들 자신도 때때로 그들을 동일시할 정도였다. 아티스는 프리지아를 주요 본거지로 삼는, 아시아의 위대한 생식의 여신인 모신 키벨레(Cybele)에게 사랑받은 잘생긴 젊은 목동으로 알려졌다. 일설에는 아티스가 그녀의 아들이라고도 한다. 그의 탄생은 다른 많은 영웅처럼 기적적이었다. 그의 어머니 나나(Nana)는 동정녀였는데 잘 익은 편도(扁桃) 또는 석류를 가슴에 껴안고 난 뒤 임신했다고 한다. 실제로 프리지아의 우주창조 설화에서 편도는 만물의 아버지로 나오는데, 그 이유는 아마도 그 미묘한 엷은 보라색 꽃이 잎이 싹트기 전에 헐벗은 가지에서 피어나 처음으로 봄을 알리기 때문일 것이다. 아티스의 죽음에 관해서는 두 가지 다른 설명이 있다. 하나는 그가 아도니스처럼 멧돼지에게 죽었다는 것이고, 다른 하나는 그가 소나무 아래에서 스스로 거세를 하고 그 자리에서 피흘리며 죽었다는 것이다. 후자는 키벨레 숭배의 큰 중심지이던 페시누스(Pessinus) 사람들이 이야기하는 지방설화라고 하며, 이 이야기를 포함하는 전체 설화는 고대성을 역력히 드러내는 조잡성과 야만성을 특색으로 삼고 있다. 두 가지 설

---

*오늘날 터키의 아나톨리아를 대체로 포괄하는 고대 소아시아의 한 지방.

화는 모두 관습을 근거로 삼거나, 아니면 아마도 숭배자들이 지키는 특정 관습을 설명하기 위해 지어낸 것으로 보인다. 아티스의 자해 설화는, 사제들이 여신을 섬기기 위해 성직에 입문할 때 관례에 따라 거세하던 사실을 설명하기 위한 시도가 분명하다. 또, 그가 멧돼지에게 죽음을 당했다는 설화는 그 숭배자들, 특히 페시누스 사람들이 돼지고기를 먹지 않는 이유를 설명하기 위해 지어냈을 것이다. 그와 비슷하게, 아도니스 숭배자들은 멧돼지가 자기네 신을 죽였기 때문에 돼지고기를 먹지 않았다. 죽고 난 후에 아티스는 소나무로 변했다고 한다.

로마인들은 한니발과 벌인 오랜 전쟁이 끝날 무렵인 기원전 204년에 프리지아의 모신 숭배를 받아들였다. 위대한 동방의 여신을 로마로 데려오면 침략군이 이탈리아에서 쫓겨날 것이라는 예언에 맞춰 로마인들의 떨어진 사기를 북돋우려 한 것이다. 이 예언은 편의적인 잡동사니 헛소리를 모아놓은 고대 로마의 예언집 『무녀의 서(書)』에서 끌어낸 것이라 한다. 예언에 따라 여신의 성도(聖都)인 프리지아의 페시누스로 사절들이 급파되었다. 그들은 그 위대한 신의 화신인 조그만 검은 돌을 로마로 가져왔다. 로마인들은 그것을 극히 존경스런 태도로 맞이하여 팔라티움 언덕에 있는 승리의 신전에 안치했다. 여신이 도착한 것은 4월 중순이었는데, 여신은 즉시 영향을 미치기 시작했다. 그 해 수확이 오랜 기간 보지 못하던 풍작이었으며, 바로 다음해에 한니발과 그 역전의 용사들이 아프리카로 퇴각한 것이다. 멀리 사라져가는 이탈리아 해안을 마지막으로 바라볼 때까지도 한니발은 대군을 물리친 유럽이 동양의 신에게 굴복할 줄은 꿈에도 예상하지 못했을 것이다. 패배한 한니발 군대의 후위대가 침울하게 이탈리아 해안에서 철수하기도 전에 정복군의 전위대는 이미 이탈리아 중심부에 결집해 있었다.

그런 언급은 없지만, 우리는 모신이 서방의 새로운 본거지에 그 젊은 애인 또는 아들에 대한 숭배를 함께 전파했으리라고 추측할 수 있다. 확실히 로마인들은 공화정 종말 이전부터 아티스의 거세된 사제들, 즉 갈리(Galli)에 대해 잘 알고 있었다. 동양식 복장에 작은 신상을 가슴에 매단 이 성불구자들의 모습은 로마의 거리에서 흔히 볼 수 있는 광경이었다. 그들이 여신상을 들고 시가지를 행진하며 심벌즈와 탬버린, 피리와 뿔나팔의 선율에 맞춰 찬송가를 부르면, 사람들은 그 환상적인 광경과 힘찬 선율에 감동받아 신상과 그 운반자들에게 기부금을 던져주고 장미꽃 세례를 퍼부었다. 한 걸음 더 나아가서 클라우디우스 황제는 프리지아의 신목(神木) 숭배와 아티스의 요란한 의식을 로마의 기성 종교와 통합했다. 키벨레와 아티스의 봄철 대제전은 로마에서 거행하던 형식으로 우리에게 가장 잘 알려져 있다. 그러나 우리가 알기로 로마의 의식은 프리지아식이었기 때문에 아시아의 원형과 거의 다르지 않다고 볼 수 있다. 제전의 순서는 다음과 같았던 것으로 보인다.

3월 22일에 사람들이 숲에서 소나무 한 그루를 잘라 키벨레 신전에 가져온다. 사람들은 그것을 위대한 신과 똑같이 취급하였는데, 그 신성한 나무를 운반하는 임무는 나무운반인 조합이 맡았다. 나무줄기는 시체처럼 양털로 만든 띠를 감고 제비꽃 화환으로 장식했다. 장미와 아네모네가 아도니스의 피에서 솟아나듯이, 제비꽃이 아티스의 피에서 자라난다고 믿었기 때문이다. 그리고 명백히 아티스 자신을 나타내는 젊은이 형상의 인형을 나무줄기 중간에 묶었다. 제전 둘째날인 3월 23일에는 트럼펫 부는 것이 주된 의식이었던 것 같다. 셋째날인 3월 24일은 '피의 날'로, 아르키갈루스(Archigallus) 곧 대제사장이 자기 팔에서 피를 뽑아 제물로 바쳤다. 그 혼자만 헌혈을 한 것은 아니었다. 부딪치는 심벌즈와 울려대는 북, 윙윙거리는 뿔나팔, 높은 소리를 내는 피리가 어우러진 거칠고 야성적인 음악에 흥분한 하위 성직자들이 주변을 빙빙 돌며 머리를 흔들고 머리카락을 휘날리며 춤을 추다가, 열광에 사로잡혀 고통도 느끼지 못하고 사금파리나 칼로 자기 몸에 상처를 낸 뒤 흐르는 피를 제단과 신목에 뿌렸다. 이 끔찍한 의식은 아마도 아티스를 애도하는 의식의 일부분으로서, 그에게 부활의 힘을 불어넣기 위한 의도였던 것 같다. 오스트레일리아 원주민들도 그와 비슷하게 죽은 자기 친구들이 다시 태어날 수 있게 할 목적으로 친구들의 무덤에서 자해를 했다. 또, 명시적인 언급은 없지만 신입 성직자들이 자기 생식기를 희생하는 의식도 똑같은 피의 날에 똑같은 목적으로 행했으리라 짐작할 수 있다. 그들은 최고조의 종교적 열광에 휩싸인 상태에서 잘라낸 신체부위를 잔혹한 여신의 신상에다 집어던졌다. 잘라낸 생식기들은 나중에 정중하게 포장하여 땅에 파묻거나 키벨레에게 바친 지하실에 안치했다. 생식기를 잘라 신전에 바친 이들은 그것들이 거기에서 피의 제물과 마찬가지로 아티스를 다시 소생시키고, 그 무렵 온화한 햇빛 속에 잎과 꽃을 피워내고 있을 자연의 전반적인 부활을 촉진하는 데 유용하게 쓰일 것으로 여겨졌을 것이다. 아티스의 어머니가 아티스의 닮은꼴인 아그데스티스(Agdestis)라는 괴물인간에게서 잘라낸 생식기에서 자라난 석류를 품에 껴안고서 임신했다는 미개설화는 이러한 추측에 약간의 확증을 제공해 준다.

그 관습에 대한 이러한 추측성 해명이 어느 정도 옳다면, 우리는 어째서 아시아 곳곳에 존재하는 다른 생식의 여신들이 그와 같이 거세된 사제들의 섬김을 받았는지 쉽게 이해할 수 있다. 그 여성 신들은 신적인 애인 역할을 하는 남자 종들에게서 자신들이 유익한 기능을 수행하기 위한 수단을 얻어야 했다. 생명의 원기를 세상에 전해주기 전에 그들 스스로 그 원기를 수태해야 했던 것이다. 이와 같이 거세된 사제들의 섬김을 받은 여신으로는 에페소스의 아르테미스와 히에라폴리스(Hierapolis)의 위대한 시리아 여신 아스타르테 등이 있다.* 히에라폴리스의 신전은 아시리아와 바빌로니아, 아라비아와 페니키아에서 온 수많은 순례자와 풍부한 공물로 넘쳤으며, 전성기에는 아마도 동방에서 가장 인기있는 성소였을 것이다. 그런데 이 시리아 여신을 모시는 성불구자 사제들은 몇몇 사람이 똑같이 여길 정도로 키벨레의 사제와 매우 흡사했다. 또, 그들이 종교생활에 헌신하는 방식도 비슷했다. 히에라폴리스에서는 연중 가장 큰 제전을 초봄에 벌였는데, 그때가 되면 시리아와 주변 지역에서 수많은 군중이 신전으로 모여들었다. 피리를 불고 북을 두드리는 동안 거세된 사제들은 칼로 자해를 했고, 구경하는 군중 사이에도 종교적 흥분이 점점 물결처럼 번져 많은 사람이 사제들의 행동을 똑같이 따라했다. 그들은 축제를 구경하러 신전에 올 때만 해도 그런 생각을 거의 하지 않은 사람들이었으나, 음악소리에 기분이 들뜨고 피가 흐르는 광경에 사로잡혀 차례차례 옷을 벗어던지고 앞으로 뛰쳐나와, 그 목적을 위해 준비해 둔 검을 뽑아들고 그 자리에서 자기 생식기를 잘랐다. 그리고 나서 피 흐르는 살덩이를 손에 들

*고대세계의 주요 종교유적지 중 하나인 히에라폴리스는 오늘날 시리아의 알레포에서 동쪽으로 좀 떨어진 유프라테스 강둑 부근에 자리잡고 있었다.

고 미친 듯이 시가지로 달려나가 눈에 띄는 집 중 한 곳에 그것을 던져넣었
다. 이런 식으로 영광을 얻은 가정은 그에게 여자옷 한 벌과 여자용 장신구를
제공해야 했으며, 그는 남은 평생 동안 그것들을 걸치고 지냈다. 격정이 가라
앉고 남자가 다시 정신을 차렸을 때, 그 돌이킬 수 없는 희생은 종종 격렬한
슬픔과 평생에 걸친 후회를 동반했을 것이 틀림없다. 열정으로 가득 찬 종교
적 광란 이후에 오는, 그 같은 자연스러운 인간적 감정의 격변은 카툴루스
(Catullus)의 유명한 시에 생생하게 묘사되어 있다.*

　시리아 광신자들의 이러한 사례는, 그와 비슷한 키벨레 숭배에서 여신의
봄철 의식을 거행하는 피의 날에 생식기를 희생했다는 견해를 확증해 준다.
그 시기에는 부상당한 여신의 애인이 흘린 붉은 핏방울에서 솟아난다는 제비
꽃이 소나무숲 사이에 꽃을 피웠다. 실제로 아티스가 소나무 아래에서 스스
로 거세했다는 설화는 그의 사제들이 어째서 제전 때 제비꽃 화환으로 장식
한 신목 옆에서 똑같은 행동을 하는지 설명하기 위해 지어낸 것이 분명하다.
어쨌든 피의 날이 나중에 파묻게 될 아티스의 인형을 놓고 애도하는 아티스
의식을 증명해 준다는 사실은 거의 의문의 여지가 없다. 그와 같이 무덤에 안
치하는 신상은 아마도 나무에 매달린 것과 똑같은 것이었을 것이다. 애도 기
간 내내 숭배자들은 빵을 먹지 않았다. 그 이유는 명목상으로는 키벨레가 아
티스의 죽음을 슬퍼하여 그렇게 했기 때문이지만, 실제로는 하란의 여인들이
타무즈를 애도하는 기간 동안 방아에 빻은 음식을 일체 먹지 않은 것과 같은
이유 때문이었을 것이다. 그런 시기에 빵이나 밀가루를 먹는 것은 상처입고
망가진 신의 몸에 대한 무엄한 신성모독으로 여겨졌을 것이다. 아니면 금식
이 성찬식을 위한 준비였을 수도 있다.

　그러나 밤이 되면 숭배자들의 슬픔은 기쁨으로 바뀌었다. 왜냐하면 어둠
속에서 홀연히 빛이 비치고, 무덤이 열리며, 신이 죽음에서 다시 살아나기 때
문이었다. 사제들은 통곡하는 애도자들의 입술에 향유를 바르며 그들의 귀
에 구원의 소식을 부드럽게 속삭였다. 그 제자들은 신의 부활을 자신들도 무
덤 속에서 부패하지 않을 것이라는 약속으로 기쁘게 환영했다. 다음날, 곧 춘

*카툴루스가 쓴 『아티스』는 1892년에 그랜트 앨런이 인류학적 주석을 붙여 번역했다.

분점으로 생각하던 3월 25일에는 요란한 환희의 분출과 더불어 신의 부활을 축하하는 행사가 벌어졌다. 로마에서, 아마 다른 곳에서도 그 행사는 사육제의 형식을 띠었다. 그것은 '기쁨의 제전(Hilaria)'이었다. 모든 사람이 마음대로 말하고 행동할 수 있었다. 사람들은 가장을 하고 거리를 돌아다녔다. 가장 비천한 시민이 아무리 높거나 신성한 지위를 가장하더라도 벌을 받지 않았다. 코모두스 황제 치하에서 음모가들의 무리가 가장행렬을 이용하여 친위대 제복을 입고 흥겹게 노는 군중 속에 섞여서 황제를 칼로 찌를 수 있는 근거리에 접근하려는 음모를 꾸몄다. 그러나 그 음모는 실패로 돌아갔다. 엄격한 알렉산더 세베루스(Alexander Severus)조차도 이 즐거운 날에는 늘 검소하게 차리던 식탁에 꿩고기를 올려놓을 만큼 기분을 냈다. 다음날인 3월 26일은 휴식을 취하는 날이었다. 전날 다양한 흥분과 피로를 겪고 난 뒤인지라 당연히 휴식이 필요했을 것이다. 이 로마의 제전은 3월 27일에 알모 강으로 행진함으로써 끝이 났다. 검은 돌을 쪼아 얼굴을 만든 은제 여신상을 여러 마리 황소가 끄는 수레 위에 앉힌다. 맨발로 걷는 귀족들을 앞세운 채 관악기와 탬버린의 요란한 음악에 맞춰 행렬은 느린 걸음으로 포르타 카페나를 떠나 로마 성벽 바로 아래에서 티베르 강으로 흘러드는 알모 강 둑을 향해 내려갔다. 거기서 자주색 긴 옷을 입은 대사제가 수레와 신상, 그밖의 성물들을 개울물로 씻었다. 목욕을 마치고 돌아올 때, 수레와 황소에는 싱싱한 봄꽃이 뿌려졌다. 모든 것이 기쁘고 즐거웠다. 아무도 최근에 흘린 피에 대해 생각하지 않았다. 심지어 거세한 사제들도 자신들의 상처를 잊어버렸다.

봄에 아티스의 죽음과 부활을 기리는 연례의식은 이와 같았을 것으로 보인다. 그러나 이러한 대중적 의식 외에도 아티스 숭배는 일정한 밀교적·신비적 의식을 포함했는데, 그 목적은 아마도 숭배자, 특히 신입자로 하여금 그 신과 더 긴밀하게 교류하도록 하려는 데 있었던 것 같다. 이러한 신비의식의 성격과 거행시기에 관한 정보는 불행히도 매우 빈약하다. 다만 그 의식에는 성찬식과 피의 세례식이 포함되어 있었던 것 같다. 성찬식에서 신입자는 아티스 악단에서 주로 쓰는 두 가지 악기인 북과 심벌즈를 두드리며 음식을 먹고 마심으로써 신비의식의 참가자가 되었다. 죽은 신을 애도할 때 수반되는 금식은 아마도 성찬을 받는 사람의 몸에서 신성한 성분을 더럽힐 수 있는 모든 것을 제거함으로써 복된 성찬을 받아들일 준비를 갖추게 하기 위한 의도였을 것이다. 세례식에서 숭배자는 황금관을 쓰고 리본을 두른 채, 입구를 나무창살로 덮어놓은 구덩이 속으로 내려갔다. 이어서 화환으로 장식하고 앞이마에 반짝이는 황금 나뭇잎을 붙인 황소가 한 마리 창살 위로 끌려와서 신성한 창에 찔려 죽었다. 황소의 더운 피가 창살 구멍으로 폭포수처럼 흘러내리면, 아래 있던 숭배자는 열렬한 신앙심에 휩싸여 자기 몸과 옷으로 그것을 받았다. 그리고 나서 머리부터 발끝까지 시뻘겋게 젖어 피를 뚝뚝 흘리는 모습으로 구덩이에서 나오면, 동료들이 그에게 황소의 피로 죄를 씻어내고 영생을 얻어 다시 태어난 사람이라며 존경, 아니 찬사를 보냈다. 그후 그는 한동안 갓난아기처럼 우유를 먹음으로써 새로운 탄생이라는 허구를 계속 이어갔다. 숭배자의 재탄생은 그 신의 재탄생과 똑같은 시기, 곧 춘분절에 이루어졌다. 황소 피를 흘림으로써 새로운 탄생과 죄사함을 이루는 의식은 로마에서, 특히 바티칸 언덕에 있던 프리지아 여신 아스타르테의 신전에서 거행한 것으로 보인다. 그 장소는 현재 웅장한 성베드로 성당이 서 있는 지점이나 그 부근이었다. 1608년 또는 1609년에 성당을 증축할 때 그 의식과 관련한 비문이 그곳에서 무수히 발견되었다. 미신이 낳은 이 야만적인 제도는 바티칸을 중심지로 하여 로마제국의 다른 지역에도 퍼진 것 같다. 갈리아와 독일에서 발견한 비문은 지방 신전들이 바티칸의 의식을 본보기 삼아 의식을 치렀음을 보여준다. 우리는 같은 자료를 통해 황소의 피와 아울러 황소 불알도 그 의식에서 중요한 역할을 했다는 것을 안다. 아마도 그것은 생식을 촉진하고 새로운 탄생을 다그치는 강력한 주물(呪物)로 간주되었을 것이다.

10장
목매달린 신

1

비문으로 미루어볼 때, 페시누스와 로마에서는 키벨레의 대사제가 관례적으로 아티스라는 이름을 사용한 것으로 보인다. 따라서 연례 제전에서 그가 자기와 이름이 같은 전설상의 아티스 역을 했으리라는 것은 그럴듯한 추측이다. 앞에서 살펴보았듯이, 피의 날에 그는 자기 팔에서 피를 뽑았는데, 이는 아티스가 소나무 아래에서 자해하여 죽은 것을 모방한 것일 수 있다. 이 의식에서 아티스를 인형으로 표현했다는 사실이 이 가정과 모순되지는 않는다. 우리는 신적 존재를 처음에는 살아 있는 사람으로 표현하다가 나중에 인형으로 표현하여 의식이 끝난 후에 화장하거나 다른 식으로 파괴하는 사례를 보여줄 수 있다. 아마도 한걸음 더 나아가서, 우리는 실제로 유혈을 수반하는 사제의 모의살해가 다른 곳에서 그랬듯이 프리지아에서도 더 옛적에 실제로 행해지던 인간제물을 대체하는 것이었다고 추측할 수 있다. 스트라보(Strabo)의 예를 통해 우리는 페시누스의 사제들이 한때 사제와 군주를 겸했다는 것을 알고 있다. 따라서 그들은 백성과 세상을 위해 해마다 죽는 것을 임무로 삼던 저 신성한 왕이나 교황의 부류에 속했을 가능성이 있다. 사실 아티스라는 이름은 프리지아 옛 왕들의 이름에 나오지 않으며, 그들은 각 세대마다 미다스(Midas)와 고르디아스(Gordias)라는 이름을 교대로 쓴 듯하다. 그러나 미다스의 무덤으로 알려진, 프리지아 기념탑 위쪽 바위에 새긴 유명한 고대 비문은 아테스(Ates)라는 사람이 미다스 왕을 위해 그 기념탑을 만들어 바쳤다고 기록하고 있다. 아테스라는 이름은 분명히 아티스와 동일한 것이며, 그 이름의 주인공은 왕 자신이 아니라면 왕족 중 한 사람이었을 것이다. 또, 주목할 만한 사실은 리디아(Lydia)의 초기 왕 중 한 사람이 역시 아티스의 다른 형태로 보이는 아티스(Atys)라는 이름을 쓴 것으로 기록되어 있다는 사실이다. 그리고 리디아 왕 크로이소스(Kroisos)의 한 아들은 아티스(Atys)라는 이름을 지녔을 뿐 아니라, 멧돼지를 사냥하던 중에 프리지아 왕족 중 한 사람에게 살해당했다고 한다. 그 왕족은 미다스 왕의 후손으로, 본의 아니게 자기 형제를 죽여 크로이소스의 궁궐에 피신해 있던 참이었다. 학자들은 크로이소스의 아들 아티스의 죽음에 관한 이 설화가 아티스 신화와 명백히 닮았음을 인정했다. 그리고 최근 연구가 우리 앞에 제시한 사실에 비추어볼 때, 살해당한 신의 설화를 왕의 아들과 관련해서 이야기한다는 것은 주목할 만한 상황이다. 짐작컨대 아티스라는 이름을 지닌 채 같은 이름의 신을 대표한 프리지아의 사제들은 왕가의 구성원, 아마도 장남이었을 것이다. 그런데 그들의 아버지·숙부·형제·다른 친척들이 신의 자격으로 죽을 영예를 그에게 떠넘기고, 자신들은 자연이 허락하는 동안 더 비천한 왕의 자격으로 살아갈 의무를 지기로 한 것은 아닐까? 만약 그렇다면 프리지아의 미다스 왕조는 관례에 따라 장남을 제단에 바치던 그리스의 아타마스(Athamas) 왕조와 긴밀한 유사성을 지닐 것이다. 그러나 아티스라는 이름을 지닌 신성한 사제들은, 프리지아인들이 유럽에서 아시아로 침입할 때 나중에 프리지아라고 알려진 땅에서 발견하여 정복한 것으로 보이는 토착종족에 속했을 가능성도 있다. 후자의 가설에 따르면, 사제들은 야만적인 정복자들보다 더 오래되고 더 고도한 문명을 대변했을 수 있다. 그렇다 하더라도 그들이 대표한 신은 식물의 신으로서, 특히 소나무와 봄철 제비꽃으로 그 신성한 생명력을 표현하였다. 그리고 만약 그들이 그러한 신의 자격으로 죽었다면, 그들은 오늘날까지 봄에 유럽 농민들이 가짜로 살해하는 가면극 배우라든지, 오래 전에 숲이 우거진 네미 호수 기슭에서 진짜로 살해당하던 네미의 사제에 대응하는 존재들이었을 것이다.

2

　신의 대리인을 살해하던 이러한 방식은 아마도 유명한 마르시아스 (Marsyas) 설화 속에 그 자취가 남아 있는 것 같다. 그는 프리지아의 사티로스 (Satyros)나 실레노스(Silenos), 또는 다른 전거에 따르면 양치기나 소치기였는 데, 피리를 달콤하게 연주했다고 한다. 키벨레의 친구인 그는 아티스의 죽음 으로 슬픔에 잠긴 여신을 위로하기 위해 여신과 함께 온 나라를 돌아다녔으 며, 자기 재능을 뽐내기 위해 자기는 피리를 연주하고 아폴로는 수금을 연주 하는 음악시합을 제안했다. 그러나 마르시아스는 시합에서 지고, 소나무에 묶여서 승리한 아폴로 자신 또는 스키타이족 노예의 손에 가죽이 벗겨지거나 사지를 절단당했다. 그의 가죽은 역사시대 들어 켈라이나이(Celaenae)에서 일반인에게 공개되었다. 그것은 동굴 속에 있던 요새의 발치에 매달려 있었 는데, 그 동굴에서 마르시아스 강이 거세고 요란한 물결을 일으키며 흘러나 와 마이안데르 강에 합류했다. 그 강물은 아도니스 강이 레바논의 절벽에서 전속력으로 쏟아져내리듯, 이브리즈의 푸른 강물이 타우루스의 붉은 바위에 서 수정처럼 투명하게 솟구쳐나오듯, 지금 지하 깊은 곳에서 우르릉 소리를 내며 어둠에서 어둠으로 이동하면서 코리키아 동굴의 희미한 빛을 받아 일순 간 반짝이곤 했다. 풍요와 생명의 기쁜 약속을 간직한, 이 모든 풍부한 수원 지에서 옛 사람들은 신의 손길을 보았고, 밀어닥치는 강물 옆에서 요란한 물 소리를 음악으로 들으며 신을 숭배했다. 전설을 믿을 수 있다면, 켈라이나이 의 동굴 속에 매달린, 피리의 명수 마르시아스는 죽어서도 화음을 듣는 혼을 간직하고 있었다. 죽은 사티로스의 가죽은 고국 프리지아의 멜로디가 들려 오면 경련을 일으키다가, 악사들이 아폴로를 찬양하는 가락을 연주하면 아무 소리도 들리지 않는 듯이 움직임을 멈추었다고 한다.

　키벨레와 친구로 지냈고, 그녀의 의식에 특유한 음악을 연주했으며, 그녀 의 신목인 소나무에 묶여 살해당한 이 프리지아의 사티로스, 또는 양치기나 소치기에게서 우리는 아티스와 유사한 면을 찾아볼 수는 없을까? 여신에게 총애받는 양치기 또는 소치기였던 아티스는 그 자신이 피리 연주자였고, 소 나무 아래에서 죽었다고 하며, 마르시아스처럼 해마다 소나무에 매달린 인형으로 표현되었던 것이다. 짐작컨대 옛날에 키벨레의 봄 제전에서 아티스의 이름을 지니고 그의 역할을 하던 사제는 정례적으로 신목에 목매달리거나 다른 방식으로 살해당했을 것이며, 이런 야만적인 관습이 후대에 완화되어 우리가 알고 있는 형태처럼 사제가 단지 나무 아래에서 자기 몸의 피를 뽑고 자기 대신 인형을 나무줄기에 매다는 식으로 변했을 것이다. 웁살라의 신성한 숲에서는 사람과 짐승을 신성한 나무에 매달아 제물로 바쳤다. 오딘(Odin)에게 바쳐진 사람 제물은 보통 목매달기나 목매달기와 찌르기의 결합, 곧 사람을 나무나 교수대에 매달아놓고 창으로 찌르는 방식으로 살해당했다. 그래서 오딘을 '교수대의 주인' 또는 '목매달린 자들의 신'으로 일컬으며, 교수대 나무 아래 앉아 있는 모습으로 표현한다. 『하바말 Havamal』이라는 신비한 시집에 나오듯이, 실제로 그는 정해진 방식대로 자기 자신에게 제물로 바쳐졌다고 한다. 그 시집에서 신은 자기가 마법의 룬 문자를 배워 신적인 능력을 획득하게 된 경위를 설명하고 있다.

> 내가 아흐레 밤 동안
> 바람부는 나무에 매달려
> 창에 찔리고 오딘에게 바쳐진 것을 나는 아노라,
> 나 자신이 나 자신에게.

필리핀 제도 민다나오(Mindanao) 섬에 사는 바고보(Bagobo)족에게도 그와 비슷하게 풍작을 위해 해마다 사람 제물을 희생하는 관례가 있었다. 12월 초순 저녁 일곱 시에 오리온 별자리가 나타나면, 사람들은 파종을 위해 밭을 고르고 노예를 제물로 바칠 때가 왔다고 생각했다. 그리고 사람들이 누린 풍년에 대한 보상으로, 그리고 다가오는 계절에 귀신들의 은덕을 얻기 위해 유력한 귀신들에게 희생제물을 바쳤다. 희생자는 숲 속에 있는 커다란 나무로 끌려가 나무에 등을 대고 양팔을 머리 위로 높이 뻗은 자세로, 곧 고대 미술가들이 마르시아스가 운명의 나무에 매달린 모습으로 묘사한 것과 같은 자세로 나무에 매달렸다. 이렇게 양팔로 매달린 상태에서 그는 겨드랑이 높이에서 몸을 관통하는 창에 찔려 죽었다. 그런 다음에 시체는 허리를 중심으로 절단되어, 상체는 얼마 동안 나무에 매달린 채 방치되었고 하체는 피투성이가 되어 땅에 뒹굴었다. 끝으로, 사람들은 두 부분을 나무 옆에 있는 얕은 구덩이 속에 던졌다. 이렇게 하기 전에 원하는 사람은 누구나 시체의 살점이나 머리카락을 잘라서 송장귀신이 시체를 뜯어먹고 있는 친척의 무덤으로 가지고 갈 수 있다. 그렇게 하면 송장귀신이 새로운 싱싱한 고기에 이끌려서 썩어가는 시체를 편안하게 내버려두고 떠난다는 것이다. 이러한 희생제물을 바치던 사람들이 지금도 살아 있다.

그리스에서는 위대한 아르테미스 여신 자신이 아르카디아 구릉 속에 있는 자신의 성스러운 콘딜리아(Condylea) 숲에서 해마다 인형의 형태로 목매달린 것으로 보인다. 그래서 그곳에서 그녀는 '목매달린 자'라는 이름으로 통했다. 실상 비슷한 의식의 흔적을 그녀의 성소 중 가장 유명한 에페소스에 전해 내려오는 한 여자의 전설에서도 찾아볼 수 있다. 그 여자는 목을 매 자살했는데, 이를 불쌍하게 여긴 여신이 그 여자에게 신성한 자기 옷을 입혀 헤카테(Hecate)라는 이름으로 불렀다고 한다. 이와 비슷하게, 프티아(Phthia)의 멜리테에서도 목을 매고 자살한 아스팔리스(Aspalis)라는 소녀의 이야기가 전하는데, 그녀는 아르테미스의 또다른 모습이었던 것으로 보인다. 왜냐하면 그녀의 시신을 찾지는 못했으나, 아르테미스상 옆에 그녀의 상이 나란히 서 있는 것이 발견되었고, 사람들이 그것에 헤카이르게(Hecaerge), 곧 '멀리 쏘는 자'라는 호칭을 붙였기 때문이다. 이는 여신의 정식 별명 중 하나였다. 더욱이 해마다 처녀들은 어린 염소를 목매달아 그 조상(彫像)에 바쳤는데, 그 이유는 아스팔리스 자신이 목을 매 죽었다고 전하기 때문이다. 그 희생은 아르테미스의 신상이나 대리인을 목매다는 풍습의 대체물이었을 것이다. 또, 로도스 섬에서는 미녀 헬레네(Helene)를 '나무의 헬레네'라는 이름으로 숭배했는데, 그런 이름이 붙은 까닭은 그 섬의 여왕이 복수의 여신으로 분장한 자기 시녀들로 하여금 자신을 나뭇가지에 목매달게 했기 때문이다. 아시아의 그리스인들이 그런 방식으로 짐승을 제물로 바친 것은 일리움(Illium)의 주화로도 증명할 수 있다. 거기에는 황소나 암소 한 마리를 나무에 매달고 나뭇가지나 짐승의 등에 올라앉은 사람이 칼로 찌르는 그림이 나온다. 히에라폴리스에서도 희생제물을 불태우기 전에 나무에 매달았다. 이러한 그리스와 스칸디나비아의 유사한 사례들을 볼 때, 우리는 프리지아에서 인간신이 해마다 신성하지만 치명적인 나무에 목매달렸을 것이라는 추측을 전적으로 있음직하지 않은 일로 배제하기가 어렵다.

마르시아스의 살가죽을 벗기고 그 가죽을 역사시대까지 켈라이나이에서 전시했다는 전설은 죽은 신의 가죽을 벗겨 소나무에 매달아놓는 의례적 관습을 반영하는 것일 수 있다. 그것은 그의 부활을 이루고, 그와 더불어 봄에 식물의 소생을 이루는 수단이었다. 이와 비슷하게, 고대 멕시코에서는 종종 신을 대신하는 인간 제물들의 가죽을 벗겨, 다시 살아난 신을 대표하는 것으로 보이는 사람들에게 입혔다. 스키타이의 왕은 죽으면 후궁 중 한 명, 술잔 바치는 사람, 요리사, 마부, 하인, 전령과 더불어 무덤에 묻혔다. 그들은 모두 그 목적을 위해 사전에 살해당했는데, 사람들은 그들을 묻은 무덤 위에 거대한 봉분을 쌓아올렸다. 그후 일 년이 지나면 죽은 왕의 하인 중 50명과 가장 좋은 말 50마리를 교살하여 내장을 꺼내고 깨끗하게 씻어 왕겨를 채운 다음 봉합하여, 생시처럼 재갈을 물리고 굴레를 씌운 죽은 말 위에 죽은 사람이 올라탄 모습으로 봉분 주위 발판 위에 배치해 놓는다. 이 이상한 기사단은 틀림없이 왕을 호위하는 존재로 상정되었을 것이다. 그리고 가죽에 속을 채운 박제 인형은 그들의 영적 부활을 보장해 주는 것으로 여겨졌을 것이다.

만일 내 추측이 옳다면, 프리지아의 아버지신을 대표하는 사람은 그와 비슷하게 그의 영혼이 농작물의 성장과 짐승의 번식, 여성의 다산에 도움을 주도록 하기 위해 살해당한 다음, 속을 채운 가죽을 신성한 소나무에 매달았을 것이다. 마찬가지로 아테네에서는 곡물정령의 화신으로 보이는 황소를 연례 제전에서 살해하고 그 가죽에 밀짚을 채워 봉합한 다음 일으켜세워, 마치 쟁기질을 하듯이 쟁기를 매놓았다. 이는 분명히 타작을 마칠 시기에 죽은 곡물정령의 부활을 표현하거나 촉진하기 위한 것이었다. 이처럼 살해당한 신의 부활을 보장하기 위해 신성한 짐승의 가죽을 이용하는 사례는 다른 곳에서도 찾아볼 수 있다. 아마도 아티스의 의식에서 재생을 주는 피의 세례를 위해 살해된 황소의 가죽도 비슷한 용도로 쓰였을 것이다.

3

위대한 모신과 그 애인 또는 아들에 대한 숭배는 로마제국 내에 매우 널리 퍼져 있었다. 비문의 증거에 따르면, 그 둘은 로마뿐만 아니라 로마의 속주인 아프리카·스페인·포르투갈·프랑스·독일·불가리아 등지에서도 따로따로 또는 공동으로 신성하게 숭배되었다. 그 숭배는 콘스탄티누스 황제가 기독교를 공인한 후에도 존속했다. 심마쿠스(Symmachus)가 위대한 모신의 제전이 계속되었음을 기록하고 있고, 아우구스티누스 시대에도 여전히 여자 같은 모신의 사제들이 하얗게 분칠한 얼굴과 향료를 바른 머리에 점잖빼는 걸음으로 카르타고 시가지와 광장을 행진하며 중세 탁발승처럼 행인들에게 시주를 요청했다. 반면에 그리스에서는 그 아시아 여신과 배우자의 피비린내 나는 잔치가 거의 인기를 끌지 못한 것으로 보인다. 그 숭배의 야만성과 잔혹성은 광란의 무절제와 더불어 그리스인들의 고상한 취미와 인간성에 거부감을 주었을 것이 분명하다. 그들은 대신 유사하지만 더 온건한 아도니스 의식을 좋아한 것 같다. 하지만 그리스인들에게 충격과 거부감을 준 똑같은 특징이 덜 세련된 로마인들과 서방의 야만족들에게는 적극적인 매력으로 작용했을 것이다. 신내림으로 잘못 인식한 황홀경의 광란, 신체의 절단, 피흘림을 통한 새로운 탄생과 죄사함 이론은 모두 미개성에서 유래하는 것이며, 따라서 자연히 미개적 본능이 아직 강하게 남아 있는 민족에게는 호소력이 있었다. 실상 그러한 행동의 진정한 성격은 종종 비유적·철학적 해석이라는 점잖은 베일에 가려지곤 했는데, 아마도 그것이 넋을 잃은 열광적인 숭배자들에게 쉽게 먹혔을 것이며, 심지어 더 교양 있는 사람들조차 다른 때라면 공포와 혐오를 느꼈을 일들을 무리없이 받아들이게 하는 작용을 했을 것이다.

조악한 미개성과 영적 소망의 기묘한 혼합물인 위대한 모신의 종교는 이교 시대 후기에 로마제국 전역에 퍼져 있던, 동방의 수많은 유사 신앙 중 하나에 지나지 않았다. 그것들은 유럽 민족에게 이질적인 삶의 이상을 침투시킴으로써 차츰 고대문명의 전반적 구조를 붕괴시키는 역할을 했다. 그리스와 로마 사회는 개인이 공동체에, 시민이 국가에 복종해야 한다는 관념 위에 건설되었다. 또, 이승에서나 내세에서나 개인의 안녕보다 공동체의 안녕을 최고의 행동목표로 삼았다. 따라서 유아기부터 이러한 이타적인 이념으로 훈련된 시민들은 공공의 임무에 생명을 바쳤으며, 언제나 공동선을 위해 목숨을 내버릴 준비가 되어 있었다. 만일 숭고한 희생을 회피하면, 비열하게 나라의 이익보다 개인의 생존을 더 중히 여긴다는 비난을 받아야 했다. 이 모든 것이 동방종교의 전파와 더불어 변했다. 동방종교는 하느님과 영적으로 교류하고 영혼이 영원히 구원받는 것을 유일하게 가치 있는 삶의 목표로 가르쳤으며, 그 목표에 비하면 국가의 번영과 생존은 하찮은 것이라고 설교했다. 이처럼 이기적이고 부도덕한 교리는 불가피하게 그 신봉자로 하여금 갈수록 공적 임무를 회피하게 하고, 자기 자신의 영적인 감동에 골몰하게 하며, 현세의 삶을 영원한 생명이라는 더 나은 것을 위한 실습에 불과한 것으로 간주하게 하는 경멸감으로 나타나게 마련이다. 또, 천국에 대한 황홀한 명상에 넋을 빼앗긴 채 세상을 경멸하는 성인과 은둔자가 대중의 생각 속에서 인류의 최고 이상이 되어, 자기를 잊고 나라의 이익을 위해 살다 죽고자 한 과거의 애국자와 영웅의 이상을 대신했다. 천국의 구름 속에서 다가오는 하느님의 나라를 바라보는 사람들의 눈에 지상의 나라는 보잘것없고 하찮은 것일 뿐이었다. 그리하여 말하자면 무게중심이 현세에서 내세로 옮겨간 것이다. 이 변화를 통해 내세가 많은 것을 얻은 만큼 현세의 손실이 엄청나게 크다는 사실은 의심할 나위가 없다. 국가 정체(政體)의 전반적인 붕괴가 시작되었다. 국가와 가족의 유대가 이완되었고, 사회구조는 개별적인 요소들로 해체되어 야만상태로 돌아가는 경향을 보였다. 왜냐하면 문명은 시민들의 능동적인 협력과 사적인 이해관계를 자발적으로 공동선에 복종시키는 자세를 통해서만 유지하고 발전시킬 수 있기 때문이다. 사람들은 자기 나라를 지키고 심지어 자기 종을 유지하는 것까지 거부했다. 자신과 다른 사람들의 영혼을 구원하려는 열망 속에서, 그들은 악의 원리와 동일시되는 주변의 물질세계가 멸망해 가는 것을 기꺼이 방치했다. 이러한 망상이 1천 년 동안이나 존속했다. 중세 말기에 일어난 로마법과 아리스토텔레스 철학, 고대 문예의 부흥은 유럽이 자신에게 고유한 삶과 행동의 이상, 곧 더 건전하고 남성적인 세계관으로 복귀한 것을 의미했다. 문명의 전진을 가로막은 오랜 정체가 끝난 것이다. 동양 신앙의 침투가 마침내 퇴조하기 시작했으며, 그것은 지금도 퇴조하는 중이다.

고대세계의 쇠퇴기에 서양의 충성을 얻기 위해 서로 경쟁을 벌이던 동양 출신 신들 중에 고대 페르시아의 신 미트라(Mithra)가 있다. 그가 누린 엄청난 인기는 로마제국 전역에 그것을 예증하는 기념비들이 곳곳에 대량으로 산재해 있다는 사실이 말해준다. 교리와 의식의 양측면에서 미트라 숭배는 모신의 종교뿐만 아니라 기독교와도 많은 유사점이 있었던 것으로 보인다. 그 유사성은 기독교 박사들 자신에게도 충격을 주어, 그들은 그것이 사악한 가짜 모조품으로 인간의 영혼을 진정한 신앙에서 벗어나도록 유혹하고자 하는 악마의 작품이라고 설명했다. 마찬가지로 멕시코와 페루의 스페인 정복자들은 원주민들의 이교의식을 대부분 기독교 의식의 악마적인 모조품이라고 보았다. 현대의 비교종교학 연구자들은 이보다는 좀더 타당한 근거에 바탕을 두고 우주의 비밀을 파악하여 자신의 보잘것없는 생명을 외경스러운 우주의 신비에 적응시키려는, 미숙하지만 진지한 인간의 시도 속에서 일어나는 유사하면서도 독립적인 정신작용에서 그러한 유사성의 기원을 찾는다. 어쨌든 간에 미트라 종교가 기독교처럼 도덕적 순결성에 대한 열망과 영생의 소망에 엄숙한 의식을 결합시킨, 기독교의 무서운 경쟁자로 판명되었다는 사실에는 의문의 여지가 없다. 실상 이 두 종교 간의 투쟁은 한동안 균형을 유지한 것으로 보인다. 그 오랜 투쟁의 교훈적인 자취가 성탄절에 남아 있는데, 이 축제일은 기독교회가 이교 경쟁자에게서 직접 차용해 온 것인 듯하다. 율리아누스력(曆)으로는 12월 25일이 동지점인데, 이날은 '태양의 탄생일'로 간주되었다. 왜냐하면 이날을 전환점으로 하여 낮이 길어지고 태양의 힘이 커지기 때문이다. 시리아와 이집트에서 행한 것으로 보이는 탄생일 의식은 주목할 만하다. 축하객들은 어떤 신전의 내실에 들어가 있다가 자정이 되면 큰소리로 다음과 같이 외쳤다. "동정녀가 빛을 낳았도다! 빛이 퍼져나가도다!" 이집트인들은 심지어 갓 태어난 태양을 아기 형상으로 만들어, 그 생일인 동짓날에 숭배자들에게 보여주었다. 이와 같이 아들을 수태하여 12월 25일에 낳은 동정녀는 말할 것도 없이 셈족이 '하늘의 동정녀' 또는 단순히 '하늘의 여신'이라고 부르던 위대한 동양의 여신이었다. 셈족의 땅에서 그녀는 아스타르테의 한 형태였다. 그런데 그 숭배자들은 흔히 미트라를 태양과 동일시하여 '정복되지 않는 태양'이라고 일컬었다. 따라서 그의 탄생일도 12월 25일이었다. 복음서는 그리스도의 탄생 날짜에 대해 아무런 언급이 없으며, 따라서 초대 교회는 그날을 기념하지 않았다. 그러나 머지않아 이집트의 기독교인들이 1월 6일을 성탄일로 간주하게 되었고, 그 날짜에 구세주의 탄생을 기념하는 풍습이 점차 확산되다가 4세기에 이르러 동방에서 보편적인 풍습으로 자리잡게 되었다. 그러나 그때까지 1월 6일을 성탄일로 인정하지 않던 서방 교회가 3세기 말이나 4세기 초에 12월 25일을 진정한 성탄일로 채택했으며, 머지않아 그 결정을 동방 교회도 받아들였다. 안티오크에서는 서기 375년경까지 그것을 도입하지 않았다.

　교회 권위자들은 어떤 생각에서 성탄절을 제정했을까? 그 자신 기독교인인 한 시리아 작가는 그 새로운 조치의 동기를 아주 솔직하게 진술하고 있다. "교부들이 1월 6일의 기념제를 12월 25일로 옮긴 이유는 이렇다. 똑같은 12월 25일에 태양의 탄생을 기념하고, 경축의 표시로 등불을 밝히는 것이 이교도의 풍습이다. 이 행사와 잔치에는 기독교인들도 참가했다. 그래서 교회 박사들은 기독교인들이 이 축제를 좋아한다고 느끼고, 회의를 열어 진정한 성탄은 그날 기념하고 1월 6일은 주현절(主顯節)로 삼기로 결정했다. 이에 따라 이 풍습과 더불어 1월 6일까지 등불을 밝히는 관습이 성행하게 되었다." 성탄절의 이교적 유래는, 아우구스티누스가 기독교 형제들에게 그 엄숙한 날을 이교도같이 태양 때문에 섬기지 말고 태양을 만드신 그분 때문에 섬기도록 권유한 대목에서 분명하게 드러난다. 비록 그가 속으로 인정하지 않더라도 말이다. 이와 비슷하게, 위대한 교황 레오(Leo)는 그리스도의 탄생 때문이 아니라, 이른바 새로운 태양의 탄생 때문에 성탄절을 기념한다고 생각하는 해로운 믿음을 비난했다.

　이렇게 볼 때, 기독교회는 이교도의 신앙을 '태양'에게서 '의인의 태양'이라고 일컫는 분에게 옮겨오기 위해 12월 25일을 그 창시자의 탄생일로 기념하기로 한 것 같다. 만약 그렇다면, 같은 종류의 동기로 인해 교회 권위자들이 주님의 죽음과 부활을 기리는 부활절 축제를 같은 철에 거행하는 다른 아시아 신의 죽음과 부활을 기리는 축제와 동화시켰다는 추측에도 아무런 본질적 부당성이 존재하지 않는 셈이 된다. 그런데 그리스·시칠리아·남부 이탈리아 등지에서 지금까지 거행하는 부활절 의식은 몇 가지 점에서 아도니스

의식과 너무도 유사하다. 내가 시사했듯이, 기독교회는 사람들을 그리스도에게 인도하기 위해 새로운 제전을 선행하는 이교 의식에 맞추어 의식적으로 각색했을 것이다. 그런데 이러한 각색은 아마도 라틴어 사용권보다는 그리스어 사용권에서 이루어진 듯하다. 왜냐하면 아도니스 숭배는 그리스인들 사이에서 성행한 반면, 로마와 서방에는 거의 감명을 주지 못한 것으로 보이기 때문이다. 확실히 그것은 공식적인 로마 종교의 일부분으로 속한 적이 없었다. 그것이 서민들의 애정 속에 차지했을 법한 자리에는 이미 그와 비슷하면서도 더 야만적인 아티스와 위대한 모신에 대한 숭배가 자리잡고 있었다. 그런데 로마에서는 아티스의 죽음과 부활을 3월 24일과 25일에 공식적으로 기념했다. 후자는 춘분점이므로 겨울 내내 죽거나 잠을 자던 식물신이 부활하기에 가장 적절한 날로 간주되었다. 그러나 널리 알려진 고대 전설에 따르면, 그리스도는 3월 25일에 수난을 당했으며, 따라서 일부 기독교인들은 달의 상태와는 전혀 무관하게 그 날짜에 정기적으로 그리스도의 십자가 고난을 기념했다. 이 풍습은 프리지아·카파도키아(Cappadocia)·갈리아 등지에서 행해진 것이 확실하며, 한때는 로마에서도 행한 것으로 생각할 만한 근거가 있다. 그러므로 그리스도가 죽은 날을 3월 25일로 보는 전설은 오래되고 뿌리가 깊은 것이다. 천문학적 고찰에 따르면, 거기에는 아무런 역사적 근거도 없기 때문에 더욱더 주목할 만하다. 따라서 그리스도의 수난일은 더 오래된 춘분점 제전과 맞추기 위해 임의로 그 날짜로 정한 것이 틀림없다는 추리가 불가피해 보인다. 그런데 로마에서는 신의 아버지와 신의 아들이라는 성격을 한몸에 지닌 아티스의 부활을 같은 날에 공식적으로 기념하였다. 4월의 성조지 축일이 고대 파릴리아(Parilia)의 이교 축제를 대체했다는 것, 6월의 세례자 성요한 축일이 이교도들이 하지절에 거행하던 물의 제전을 계승했다는 것, 8월의 성모 승천 축일이 디아나의 제전을 몰아냈다는 것, 11월의 '위령의 날'이 죽은 자를 기리는 고대 이교 제전의 연장이라는 것, 그리스도 자신의 탄생일을 12월 동지점으로 정한 이유가 그날이 태양의 탄생일로 간주되었기 때문이라는 것 따위를 상기할 때, 우리는 기독교회의 다른 주요 축일(부활절)도 비슷한 방식으로, 비슷한 교화의 동기에서 춘분절에 거행하는 프리지아 신 아티스의 비슷한 의식을 각색한 것이라고 추측하더라도 결코 경솔하거나 부당하다는 소리는 듣지 않을 것이다.

실제로 서기 4세기에 한 익명의 기독교인이 증언한 바에 따르면, 기독교인들과 이교도들은 두 신의 죽음과 부활 사이에 뚜렷한 일치성이 있음을 보고 똑같이 충격을 받았으며, 그 일치성은 경쟁하는 두 종교의 신봉자들 사이에서 격렬한 논쟁의 주제가 되었다고 한다. 이교도들은 그리스도의 부활이 아티스의 부활을 본뜬 사이비 모조품이라고 주장했고, 기독교인들도 똑같이 격앙되어 아티스의 부활은 그리스도의 부활을 악마적으로 모조한 것이라고 주장했다. 이러한 꼴사나운 언쟁 중에, 이교도들은 피상적인 관찰자라면 강력한 근거로 여길 법한 주장을 제시했다. 그들이 주장한 내용은 자기네 신이 더 오래되었으며, 일반적으로 원본이 복사본보다 더 오래된 것이므로 자기네 신을 모조품이 아니라 원본으로 보아야 한다는 것이었다. 이 허약한 논거를 기독교인들은 쉽게 반박했다. 그들은 시기상으로 그리스도가 더 어린 신이라는 것을 사실상 인정했으나, 사탄의 음흉함을 근거로 삼아 그가 진정 더 어른이라는 것을 의기양양하게 증명했다. 사탄이 교활하게도 그처럼 중요한 시기에 자연의 일상적인 질서를 전도함으로써 더 앞질러 등장했다는 것이다.

종합해 보면, 기독교 제전과 이교 제전의 일치는 우연이라고 보기에는 너무나 긴밀하고, 일치하는 사례가 너무나 많다. 그것은 기독교회가 그 승리의 시기에, 패배했지만 아직 위험성을 지니고 있는 경쟁자들과 어쩔 수 없이 타협했다는 것을 나타낸다. 이단을 단호하게 배척하던 원시기독교 선교사들의 완강한 프로테스탄트주의를 영리한 교회 성직자들의 유연한 정책과 손쉬운 관용, 폭넓은 자비가 대체했다. 이들은 기독교가 세계를 정복하자면 그 창시자들이 제시한 지나치게 엄격한 원리를 완화하고, 구원에 이르는 좁은 문을 약간 넓혀야만 한다는 것을 분명히 깨달은 것이다. 이 점에서 기독교의 역사와 불교의 역사는 교훈이 될 만한 유사성을 지니고 있다. 두 학설 모두 원래는 그 고귀한 창시자들의 고결한 열정과 고상한 소망, 온유한 동정심에서 태어난, 본질적으로 도덕적인 개혁사상이었다. 그 창시자는 우리의 나약하고 잘못되기 쉬운 본성을 일깨우고 이끌어주기 위해 더 나은 세상에서 온 존재인 듯, 세상에 드물게 출현하는 아름다운 정신의 소유자들이었다. 두 사람은 모두 자신들이 생각하는 인생의 최고 목표, 곧 개인 영혼의 영원한 구원을 이

루기 위한 수단으로 도덕성을 설교했다. 둘이 미묘하게 다른 점은 한 사람이
그 구원을 복된 영생에서 찾은 반면, 다른 사람은 그것을 고통으로부터의 최
종적인 해탈, 곧 무(無)에서 찾았다는 것이다. 그러나 그들이 가르친 엄격하
고 고결한 이상은 인간의 연약함뿐만 아니라 자연적 본능과도 너무 깊이 대
립하였기 때문에, 적막하고 외진 수도원에서 자신의 구원을 얻기 위해 국가
와 가족의 인연을 끊고 줄기차게 정진한 소수의 제자들 외에는 실행에 옮길
수 있는 사람이 거의 없었다. 만약 그러한 신앙이 온 나라 또는 온 세상에 명
목상으로라도 받아들여질 수 있으려면, 어느 정도 범속한 사람들의 편견과
감정, 미신에 맞게 수정하거나 변형하는 것이 우선 필요했다. 이러한 적응과
정은 후대에 자기네 스승들보다 자질은 덜 영묘(靈妙)하지만 바로 그 때문에
통속적인 무리와 어울리기에 더 적합했던 추종자들이 이루어냈다. 그리하여
시간이 지남에 따라 두 종교는 늘어나는 인기에 정비례하여 자신들이 억눌러
야 할 비천한 요소를 갈수록 더 많이 흡수했다. 그러한 정신적 퇴화는 불가피
한 것이다. 세상은 그 위인들의 수준에 맞춰 살아갈 수가 없기 때문이다. 하
지만 불교와 기독교가 그 원시적 형태에서 차차 이탈해 간 것을 전적으로 사
람들의 지적·도덕적 취약성 탓으로 돌리는 것은 대다수 인류에게 불공평한
처사일 것이다. 왜냐하면 결코 잊지 말아야 할 사실은, 이들 종교가 가난과
금욕을 미화함으로써 시민사회뿐만 아니라 인간 생존의 뿌리에 정면으로 타
격을 가했다는 점이다. 대다수 인류는 자신들의 지혜나 어리석음 때문에 확
실한 종의 소멸을 대가로 자신들의 영혼을 구원할 기회를 거절함으로써 그
타격을 피한 것이다.

11장
오시리스

오시리스(Osiris)는 고대 이집트에서 슬픔과 기쁨이 교차하는 가운데 그 죽음과 부활을 해마다 기념한 신으로, 이집트 모든 신 가운데 가장 인기가 있었다. 일면 그에게는 아도니스와 아티스같이 자연, 특히 곡물의 연례적인 대변화의 화신으로 분류할 만한 충분한 근거가 있다. 그러나 여러 시대에 걸쳐 그가 누린 엄청난 인기 탓에 열성적인 숭배자들이 다른 신들의 속성과 능력을 그에게 덧붙이게 되었다. 그래서 그에게서 빌려온 장식을 벗겨내고, 그것을 진정한 주인에게 되돌려주는 것이 항상 쉬운 일만은 아니다.

오시리스의 전설을 연결된 형태로 들려주는 전거는 플루타르코스*뿐이다. 그가 전하는 설화는 근대에 이르러 기념비의 증거물을 통해 확인되고 어느 정도 보강되었다. 그 비극적인 설화는 다음과 같다.

오시리스는 대지의 신 세브(Seb, 케브나 게브로 음역하기도 한다)와 하늘의 여신 누트(Nut)가 간통하여 태어난 자식이었다. 그리스인들은 그의 부모를

---

*플루타르코스의 『이시스와 오시리스』는 그 신화의 출전이지만 해석을 담은 것은 아니다. 플루타르코스의 주장은 '오시리스'가 신의 이름이었는데 나중에 착오로 인해 곡식과 결부되었다는 것이다. 이와 대조적으로 프레이저는 그 이름이 원래 베어낸 곡식, 더 정확하게는 베어낸 곡식의 정령을 의미했는데 나중에 신의 이름이 되었다고 생각했다. 이러한 불일치는 프레이저의 방법상으로 근본적인 중요성을 갖는 것이다. 곡물정령으로서의 오시리스에 대해서는 아래의 2권 19장과 20장을 보라. 또, 플루타르코스는 오시리스에게 바치는 연례적인 돼지 제물에 관해 알려준다. 하지만 고대인들 중 아무도 그 신의 성격에 관해 분명히 알지 못한 것 같다.

자기네 신인 크로노스(Cronos) 또는 레아(Rhea)와 동일시했다. 태양신 라(Ra)
는 자기 아내 누트가 부정을 저질렀다는 것을 알아차리고 그녀가 어느 달 어
느 해에도 아이를 낳지 못할 것이라고 저주 섞인 선언을 했다. 그러나 여신에
게는 토트(Thoth), 곧 그리스인들이 헤르메스(Hermes)라고 부르는 또다른 애
인이 있었는데, 그가 달과 장기를 둬서 매일 하루의 1/72씩 따냈다. 그래서
일 년 동안 딴 것을 합해서 총 5일을 만들어 이집트력의 1년인 360일에 그것
을 덧붙였다. 이것이 바로 이집트인들이 음력과 양력의 조화를 이루기 위해
해마다 그 해 마지막에 집어넣는 5일의 보충일(補充日)이 생겨난 신화적 기원
이다. 이 5일은 일 년 열두 달에 속하지 않는 것으로 간주하기 때문에 태양신
의 저주가 미치지 않았다. 그에 따라 오시리스는 그 첫째 날에 태어났다. 그
가 탄생할 때 만물의 주님이 세상에 오셨다고 선포하는 목소리가 울려퍼졌
다. 어떤 이야기로는 파밀레스(Pamyles)라는 사람이 테베의 신전에서 자신더
러 위대한 왕, 은혜로운 오시리스가 태어났다고 큰소리로 알리도록 분부하는
소리를 들었다고 한다. 그러나 오시리스는 누트의 유일한 아들이 아니었다.
보충일의 둘째 날에 그녀는 큰 호루스(Horus)를 낳았고, 셋째 날에는 그리스
인들이 티폰(Typhon)이라고 부르는 세트(Set)를 낳았으며, 넷째 날에는 이시
스(Isis)를, 다섯째 날에는 네프티스(Nephthys)를 낳았다. 나중에 세트는 누이
네프티스와, 오시리스는 누이 이시스와 결혼했다.

오시리스는 지상의 왕으로 군림하면서 이집트인을 미개상태에서 교화하
고 율법을 제정하였으며 신을 섬기도록 가르쳤다. 그의 시대 이전에 이집트
인들은 식인종이었다. 그러나 오시리스의 누이이며 부인인 이시스가 야생에
서 자라는 밀과 보리를 발견하고, 오시리스가 그 곡식의 경작법을 백성들에
게 알려주었다. 이후로 그들은 식인풍습을 버리고 기꺼이 곡물로 만든 음식
을 먹었다. 또, 오시리스는 나무에서 과일을 채집하고, 장대를 세워 포도나무
를 재배하고, 포도를 밟아 술을 담근 최초의 인물로 알려졌다. 그는 이러한
유익한 발견을 전인류에게 전하고자 하는 열망에서 이집트의 통치를 부인 이
시스에게 맡기고 세상을 돌아다니며, 가는 곳마다 문명과 농업의 축복을 전
했다. 혹독한 기후나 빈약한 토양으로 포도 경작이 안 되는 나라에서는 보리
로 맥주를 빚어 포도주를 대신하도록 가르쳤다. 감사하는 나라들이 그에게

바친 재물을 듬뿍 싣고 그는 이집트로 돌아왔으며, 그가 인류에게 끼친 은혜에 감동한 백성들은 한결같이 그를 신으로 인정하고 숭배했다. 그러나 그의 동생 세트(그리스인들은 티폰이라고 부른다)와 다른 일흔두 사람이 공모하여 그를 해칠 음모를 꾸몄다. 사악한 티폰은 착한 형의 몸 치수를 몰래 잰 다음, 똑같은 크기의 상자를 만들어 아름답게 치장했다. 그러고 나서 사람들이 모두 주연을 베풀며 흥겹게 놀고 있을 때, 상자를 가지고 와서 장난조로 상자에 꼭 들어맞는 사람에게 그것을 주겠다고 약속했다. 그래서 사람들이 모두 시도해 보았으나 아무한테도 맞지 않았다. 마지막으로 오시리스가 상자 안에 들어가서 누웠다. 그러자 음모가들이 달려와서 상자 뚜껑을 닫고 단단하게 못을 친 다음 납땜을 하여 나일 강에 던져버렸다. 이 사건은 오시리스 재위 28년 되는 해의 아티르(Athyr) 달 17일, 곧 태양이 전갈자리에 들었을 때 일어났다. 이 소식을 들은 이시스는 머리타래를 자르고 상복을 입고서 비탄에 잠겨 강을 오르락내리락하며 시체를 찾았다.

지혜의 신의 권고에 따라 그녀는 나일 삼각주의 파피루스 소택지로 피신했다. 전갈 일곱 마리가 그녀의 피난길에 동반했다. 어느날 그녀가 피로에 지쳐서 한 여자의 집에 갔는데, 집주인 여자가 전갈을 보고 놀라 그녀의 면전에서 문을 닫아버렸다. 그러자 전갈 한 마리가 문 밑으로 기어들어가 여자의 아이를 찔러서 죽게 했다. 그러나 이시스는 어머니의 통곡소리를 듣고 마음이 움직여 아이에게 손을 얹고 강력한 주문을 외웠다. 그러자 독이 빠지고 아이가 다시 살아났다. 그후 이시스는 소택지에서 아들을 낳았다. 죽은 남편의 시체 위에서 매의 형상으로 날갯짓을 하는 도중에 아이를 임신한 것이다. 그 아이가 작은 호루스로, 그는 어릴 때 하르포크라테스(Harpocrates), 곧 아기 호루스라는 이름으로 불렸다. 북방의 여신 부토(Buto)가 그를 사악한 숙부 세트의 진노를 피해 숨겨주었으나, 그녀가 모든 불상사를 막아주지는 못했다. 어느날 이시스가 그 어린 아들의 은신처에 가보았더니 아들이 숨이 끊어진 채 뻣뻣하게 땅에 뻗어 있었다. 전갈이 그를 문 것이다. 그래서 이시스는 태양신 라에게 도와달라고 간청했다. 그녀의 호소를 들은 태양신은 자기 범선을 하늘에 멈춘 다음, 토트를 내려보내 그녀가 아들을 되살릴 수 있는 주문을 가르쳐주게 했다. 그녀가 주문을 외우자, 곧바로 아들의 몸에서 독이 흘러나가고 공기가 들어가며 아들이 살아났다. 그런 뒤에 토트는 하늘로 올라가 태양의 범선 안에 다시 자리를 잡았고, 그 빛나는 행렬은 활기차게 앞으로 나아갔다.

한편, 오시리스의 시체를 담은 상자는 강을 따라 떠내려가 바다에 떠다니다가 시리아 해안에 있는 비블로스 기슭까지 흘러갔다. 거기서 멋진 에리카 나무가 갑자기 자라나서 상자를 그 줄기 속에 가두어버렸다. 그 나라 왕은 나무가 잘 자란 것을 칭찬하며 그것을 잘라 자기 궁전의 기둥을 만들게 했다. 그러나 죽은 오시리스를 담은 상자가 그 안에 있으리라고는 전혀 생각지 못했다. 이 소문을 들은 이시스는 비블로스에 가서 허름한 옷차림을 하고 눈물투성이 얼굴로 우물가에 앉아 있었다. 그녀는 아무한테도 말을 하지 않다가 왕의 시녀들이 오자, 상냥하게 인사하고 그들의 머리를 손질해 주면서 자신의 신성한 몸에서 기이한 향기를 그들에게 뿜어냈다. 시녀들의 머리와 그들에게서 나는 달콤한 향내를 기이하게 여긴 왕비는 사람을 보내 그 낯선 여인을 찾아 자기 아이의 유모로 삼았다. 그러나 이시스는 아기에게 자기 젖 대신 손가락을 주어 빨게 했고, 밤에는 그에게서 모든 유한한 것을 불태워 없애는 작업을 시작했다. 그리고 그 동안 그녀 자신은 제비 형상을 하고 죽은 자기 오빠가 들어 있는 기둥 주위를 날면서 슬프게 울어댔다. 그런데 왕비가 그녀의 거동을 몰래 살피다가 아이가 불길 속에 있는 것을 보고 놀라서 비명을 지르는 바람에 아이가 불멸의 존재가 되는 것을 방해했다. 그러자 여신은 본모습을 드러내고 지붕의 기둥을 달라고 요청했다. 사람들이 기둥을 주자, 그녀는 기둥을 잘라 상자를 꺼내고는 상자 위에 엎어져 큰소리로 통곡했다. 통곡소리가 너무 커서 왕의 어린 아들 하나가 겁에 질려 그 자리에서 죽었다. 그녀는 나무줄기를 고급 아마포로 감싸고 그 위에 향유를 부어 왕과 왕비에게 주었다. 그들은 그 나무를 이시스 신전에 세웠고, 그 나무는 오늘날까지 비블로스 사람들의 숭배를 받고 있다. 이시스는 상자를 배에 싣고 왕의 장남을 데리고 떠났다. 그들만 남게 되자, 그녀는 상자를 열고 오빠의 얼굴에 자기 얼굴을 맞대고는 입맞춤을 하며 울었다. 그때 아이가 등뒤로 가만히 다가와서 그녀가 하는 행동을 보았다. 그러자 그녀가 고개를 돌려 성난 얼굴로 쳐다보았는데, 아이가 그만 그녀의 눈길을 견디지 못하고 죽고 말았다. 그러나 그런 것이 아니라 그가 바다에 떨어져 익사했다고 하는 사람도 있다. 이집트인들이 잔치를 벌일 때 마네로스(Maneros)라는 이름으로 노래부르는 주인공이 바로 그 소년이다. 한편 이시스는 상자를 남겨둔 채 부토의 성으로 아들 호루스를 보러 갔는데, 어느날 밤 티폰이 보름달 아래서 멧돼지 사냥을 하다가 그 상자를 발견했다. 그는 그 시체를 알아보고는 열네 토막으로 찢어서 곳곳에 뿌렸다. 그러자 이시스는 파피루스로 만든 소선(小船)을 타고 늪지대를 오르락내리락하며 시체 토막을 찾아다녔다. 그 일로 인해 사람들은 파피루스로 만든 소선을 타고 가면 악어들이 해치지 않는다고 믿게 되었는데, 그것은 악어들이 여신을 두려워하고 존경하기 때문이라고 한다. 또, 역시 그 일로 인해 이집트에는 오시리스의 무덤이 무수히 많은데, 그것은 그녀가 시체 토막을 발견할 때마다 그 자리에서 바로 매장했기 때문이다. 그러나 그녀가 모든 도시마다 그의 신상을 시체인 것처럼 가장하고 파묻었기 때문에 그렇다는 의견도 있다. 오시리스가 많은 곳에서 숭배를 받도록 함과 아울러 티폰이 진짜 무덤을 찾을 수 없도록 하기 위해서 그렇게 했다는 것이다. 그러나 오시리스의 생식기는 물고기가 먹어버려 그 형상을 본뜬 대용품을 만들 수밖에 없었고, 이집트인들은 오늘날까지 축제 때 그것을 사용하고 있다. 역사가 디오도루스 시쿨루스(Diodorus Siculus)는 이렇게 기록하고 있다. "이시스는 생식기를 제외한 모든 신체 부위를 되찾았다. 그녀는 남편의 무덤이 알려지지 않은 채 이집트 땅에 거주하는 모든 사람에게 존경받기를 바랐기 때문에 다음과 같은 방법을 썼다. 그녀는 밀랍과 향료로 오시리스의 신체 각 부위를 본떠서 같은 크기의 형상들을 만들었다. 그런 다음 그녀는 각기 다른 가문의 사제들을 따로따로 불러와서 이제 자기가 맡기려고 하는 물건에 대해 아무에게도 발설하지 않겠다는 서약을 받았다. 그리고 나서 그들에게 각각 은밀하게 그들에게만 시체의 매장을 맡긴다고 말하고, 그들이 입은 은혜를 상기시키면서 시체를 그들의 땅에 묻고 오시리스를 신으로 섬겨달라고 간곡히 부탁했다. 또, 그녀는 그들이 다스리는 지역에서 나는 짐승을 어떤 종류든 한 마리 골라서 그에게 바치고 예전에 오시리스를 섬기듯이 그 짐승을 산 채로 섬기다가 그것이 죽으면 오시리스를 장례 치르듯이 장례를 치러달라고 간청했다. 그리고 사제들이 위에 말한 의례를 행하는 것이 그들 자신에게 이익이 되도록 고무하기 위해 그들에게 영토의 1/3을 주어 신을 섬기고 숭배하는 데 쓰게 했다. 그래서 사제들은 오시리스의 은혜를 떠올리고 왕비를 기쁘게 하고 싶어서, 또 예상되는 이익에 마음이 동하여 이시스의 명령을 빠짐없이 실행했다. 그런 이유로 오늘날까지 사제들은 오시리스가 자기네 땅에 묻혀 있다고 생각하며, 최초로 성별(聖別)한 짐승들을 섬긴다. 그리고 그 짐승이 죽으면 그때마다 장례를 치르며 새롭게 오시리스를 애도한다. 그런데 아피스(Apis)라고도 하고 네비스(Mnevis)라고도 하는 신성한 황소를 오시리스에게 헌납했는데, 이 황소는 파종을 할 때나 만인이 농업의 혜택을 누리게 할 때 다른 어떤 것보다 경작자들을 많이 도왔기 때문에 모든 이집트인이 공통의 신으로 숭배하도록 규정되어 있었다."

이상이 오시리스의 신화 또는 전설이다. 이는 그리스 작가들이 말한 내용을 이집트 토착문헌의 다소 단편적인 언급과 암시로 보충한 것이다. 덴데라(Denderah)의 신전에 있는 기다란 비문은 오시리스 신의 무덤 목록을 보존하고 있으며, 다른 원문에는 성소마다 신성한 유물로 소장하고 있는 그의 신체 부위들이 언급되어 있다. 이를테면 그의 심장은 아트리비스(Athribis)에, 등뼈는 부시리스(Busiris)에, 목은 레토폴리스(Letopolis)에, 머리는 멤피스(Memphis)에 있었다. 이럴 때 흔히 있는 일이지만, 그의 거룩한 신체 일부는 기적적으로 숫자가 늘었다. 예컨대 그의 머리는 멤피스에도 있고 아비도스(Abydos)에도 있으며, 특히 수가 많은 다리는 일반인 몇 사람분에 해당할 정도였다. 그러나 이 점에서 오시리스는 모두 진짜라고 하는 일곱 개가 넘는 머리가 현존하는 성인 데니스(Denys)에 비하면 아무것도 아니다.

플루타르코스의 설명을 보충해 주는 이집트의 토착설화에 따르면, 이시스가 남편 오시리스의 시체를 발견했을 때 그녀와 누이동생 네프티스가 그 옆에 앉아 애도했는데, 그것이 후대에 죽은 자를 위한 이집트인의 보편적인 애도방식으로 정착되었다고 한다. 그들은 다음과 같이 통곡했다.

"집으로 와요, 집으로 와요. 아! 신이여, 집으로 와요. 적이 없는 이여, 아! 아름다운 젊은이여, 나를 만나러 집으로 와요. 나는 당신이 사랑하는 당신의 누이랍니다. 당신은 나를 떠날 수 없어요. 아! 아름다운 젊은이여, 집으로 와요……. 나는 당신을 보지 못하지만, 내 심장은 당신을 갈망하고 내 눈은 당신을 원합니다. 운네페르(Unnefer)여, 복받은 이여! 당신을 사랑하는, 당신을 사랑하는 여인에게 돌아와요. 누이에게 돌아와요. 아내에게, 당신의 아내에게 돌아와요. 심장이 멈춘 그대여, 당신의 아내에게 돌아와요. 나는 어머니가 같은 당신의 누이랍니다. 당신은 내게서 멀어질 수 없어요. 신도 사람도 당신을 향해 얼굴을 돌리고 당신을 위해 함께 울고 있답니다……. 나는 당신을 부르며 웁니다. 내 울음소리가 하늘까지 들리는데, 당신은 내 목소리를 듣지 못하는지요. 하지만 나는 이승에서 당신이 사랑한 당신의 누이랍니다. 당신은 나만을 사랑했지요, 오라버니! 오라버니!"

인생의 절정기에 꺾인 꽃다운 젊은이를 위한 이러한 애도는 아도니스를 위한 애도를 연상시킨다.

슬픔에 잠긴 두 누이동생의 애도는 헛되지 않았다. 그녀의 슬픔을 가엾게 여긴 태양신 라가 재칼의 머리를 한 아누비스(Anubis) 신을 내려보냈다. 그는 이시스와 네프티스, 토트와 호루스의 도움을 받아 살해당한 신의 찢겨진 몸을 조각조각 맞추고 아마포 붕대로 감싼 다음, 이집트인들이 죽은 사람의 시체에 관례적으로 행하는 그밖의 모든 의식을 거행했다. 그 다음에 이시스가 자기 날개로 차갑게 식은 시체를 부채질했다. 그러자 오시리스는 되살아나서 그때부터 저승세계에서 죽은 자들의 왕으로 군림했다. 거기서 그는 '저승의 주인', '영원의 주인', '사자들의 왕'으로 불렸다. 또, 거대한 '두 가지 진실의 전당'에서 이집트의 주요 행정구역마다 각기 한 명씩 배정된 보조 재판관 마흔두 명의 도움을 받으며 재판관으로서 죽은 자들의 영혼에 대한 심판을 주재했다. 죽은 자들은 그의 면전에서 엄숙히 고백하고 정의의 저울에 심장을 달아본 다음, 선행에 따른 영생의 보상이나 죄에 따른 적합한 형벌을 받았다.

오시리스의 부활에서 이집트인들은 무덤 너머에서 영속하는 생명의 담보를 찾았다. 신들이 오시리스의 시체에 한 일을 살아남은 친구들이 죽은 자의 시체에 해주기만 하면 모든 사람이 저승에서 영원히 살 것이라고 그들은 믿었다. 따라서 이집트인들이 사람의 시체에 행하는 의식은 아누비스와 호루스 등이 죽은 오시리스의 시체에 행한 의식의 정확한 복사판이었다. "모든 장례식에서 옛날에 오시리스에게 행한 신비한 의식이 재현되었다. 그때 그의 아들과 누이들, 친구들은 그의 토막난 유해를 둘러싼 채 주문과 손재간으로 그 부서진 시체를 최초의 미라로 만드는 데 성공했고, 그런 다음 거기에 다시 생기를 불어넣어 무덤 너머에서 새로운 삶을 시작하는 데 필요한 수단을 제공했던 것이다. 그와 같이 죽은 사람의 미라는 오시리스였고, 직업적으로 곡하는 여자들은 그의 두 누이 이시스와 네프티스였으며, 아누비스와 호루스를 비롯하여 오시리스 전설에 나오는 모든 신이 시체 주변에 모여 있었다."

이와 같이 이집트인은 죽은 사람을 모두 오시리스와 동일시하고 그의 이름을 붙였다. 중왕국 시대 이래로 죽은 사람을 마치 신 자신인 것처럼 '오시리스 아무개'라고 부르고, '진실하게 말하는'이라는 불변의 수식어를 덧붙이는 것이 정식 관례로 정착하였는데, 이는 진실한 말이 바로 오시리스의 특징이기 때문이다. 나일 강 계곡에서 발굴한, 비문과 벽화를 새긴 수천 기의 무덤은 모든 이집트인 사자를 위해 신비한 부활의식을 행했음을 증명해 준다. 오시리스가 죽었다가 다시 살아난 것처럼, 모든 사람이 그와 같이 죽음에서 다시 살아나 영원한 삶을 누리기를 바랐던 것이다.

이집트의 전설을 믿는다면, 왕가의 시련과 분쟁은 오시리스가 부활하고 저승세계를 주재하는 신으로 승격함으로써 끝난 것이 아니었다. 오시리스와 이시스의 아들인 작은 호루스가 성인이 되었을 때, 살해당한 아버지의 유령이 나타나 마치 햄릿의 재판(再版)처럼 사악한 숙부가 저지른 비열하고 부당한 살인에 대해 보복할 것을 종용했다. 이에 힘을 얻은 청년이 그 악한을 공격했다. 격렬한 전투가 여러 날 동안 계속되었다. 호루스는 그 싸움에서 눈하나를 잃었고, 숙부인 세트는 훨씬 더 심한 부상을 당했다. 마지막에 토트가 싸우는 두 사람을 갈라놓고 상처를 치료해 주었다. 호루스의 눈은 침을 뱉어 도로 회복시켰다. 일설에 따르면, 그 대전투는 토트(Thoth) 달 26일에 벌어졌다고 한다. 교활한 숙부는 정면대결에서 패배하자 덕망 높은 자기 조카를 상대로 소송을 걸었다. 그는 호루스가 서출이라고 몰아붙여 그의 상속권을 박탈하고 자기가 그것을 차지하려 했다. 헬리오폴리스에 있는 대공회당에서 신들의 최고법정이 열려 그 사건을 심사했다. 지혜의 신 토트가 오시리스를 변호했으며, 위엄 있는 재판관들은 '오시리스의 말이 진실하다'는 판결을 내렸다. 나아가서 그들은 호루스가 오시리스의 진정한 적자(嫡子)라고 선포했다. 그래서 호루스 왕자가 왕관을 차지하고 작고한 오시리스를 이어 왕좌에 올랐다.

이집트의 왕위 계승을 둘러싼 분쟁을 다룬, 이러한 전설은 아마도 왕위계승권을 모계에서 부계로 바꾸려는 시도에 따른 실제 왕권 싸움의 흔적을 내포하고 있는 것 같다. 왜냐하면 모계근친 규정에 따르면 왕위 상속자가 죽은 왕의 동생이거나 죽은 왕의 누이가 낳은 아들인 반면에, 부계근친 규정에 따르면 죽은 왕의 아들이 왕위 상속자로 되기 때문이다. 오시리스 전설에서 상속권 경쟁자는 세트와 호루스인데, 세트는 죽은 왕의 동생이고 호루스는 죽은 왕의 아들이다. 게다가 호루스는 왕의 아들인 동시에 왕의 누이, 곧 이시스의 아들이기 때문에 두 가지 권리를 겸한 셈이었다. 이와 비슷하게 로마에서도 상속권의 계통을 바꾸려는 시도 때문에 비슷한 분쟁이 일어난 듯하다.

죽은 오시리스를 페니키아의 비블로스와 결부시키는, 플루타르코스가 기록한 전설은 후대에 지어낸 것이 분명하며 신빙성이 없어 보인다. 그것은 이집트의 오시리스 숭배가 그 도시에서 행하고 있던 페니키아의 아도니스 숭배와 유사한 까닭에 언급한 것일 수 있다. 그러나 그 이야기는 단순한 언어의 착오에 기인한 것일 수도 있다. 왜냐하면 비블로스는 도시 이름일 뿐 아니라 파피루스를 나타내는 그리스 말이기도 하기 때문이다. 오시리스 사후에 이시스가 나일 삼각주의 파피루스 소택지로 피신해서 아들 호루스를 낳아 키웠다고 이야기하는 데서, 어떤 그리스 작가가 그 식물 이름을 똑같은 도시 이름과 혼동했을지도 모른다. 그것이 어쨌든 오시리스를 비블로스의 아도니스와 결부시킴으로써 기묘한 이야기가 탄생했다.

한편, 에티오피아의 강 너머에 사는 이집트인들은 해마다 비블로스 여자들에게 잃었던 아도니스를 찾았다고 편지로 알리는 관습이 있었다고 한다. 그들은 이 편지를 흙단지에 넣고 밀봉한 채 강물에 띄워 바다로 흘러가게 했다. 그러면 파도가 단지를 비블로스까지 운반하는데, 그것은 시리아 여자들이 자기네 죽은 주님을 애도할 시기에 그곳에 도착했다. 사람들이 단지를 건져서 열고 편지를 읽으면 통곡하던 여자들이 잃었던 아도니스를 찾았다는 소식을 듣고 눈물을 닦았다고 한다.

12장
위령의 날

  그런데 우리는 아직 공식 달력상의 오시리스 제전들을 그리스 문헌이나 기념비의 기록에 나오는 범위 안에서 살펴보아야 한다.

  헤로도토스에 따르면, 오시리스의 무덤이 남부 이집트의 사이스(Sais)에 있었으며, 그곳에 있는 호수 기슭에서 야간에 신의 수난을 나타내는 신비의식을 거행했다고 한다. 이처럼 신의 수난을 기념하는 제의는 일 년에 한 번씩 열렸다. 사람들은 신의 죽음을 슬퍼하고 있음을 보이기 위해 그것을 보고 통곡하며 가슴을 쳤다. 그리고 뿔 사이에 황금색 태양이 걸린, 금칠한 나무로 만든 암소의 형상을 1년간 보관하고 있던 방에서 밖으로 운반했다. 이 암소는 이시스를 나타낸 것이 분명하다. 왜냐하면 암소는 이시스에게 바친 짐승이었고, 그녀를 흔히 머리에 암소 뿔이 달리거나 암소의 머리를 한 여인의 모습으로 묘사했기 때문이다. 암소 형상을 한 그녀의 신상을 밖으로 내오는 행동은, 여신이 오시리스의 시체를 찾아다니는 것을 상징했을 가능성이 있다. 플루타르코스 시대 당시 동지 무렵에 거행하던 비슷한 의식에서 금칠한 암소를 끌고 신전 주위를 일곱 바퀴 도는 것을 이집트 토착민들이 그렇게 해석했기 때문이다. 이 제전의 특색은 야간조명이다. 사람들은 이날 집 바깥에 기름등불을 줄지어 매달고, 이 등불이 밤새도록 타오르게 했다. 이 풍습은 사이스만이 아니라 이집트 전역에서 행해졌다.

  이처럼 일 년 중 하룻밤을 기해 모든 집에 등불을 밝히는 풍습은 그 제전이 죽은 오시리스뿐만 아니라 죽은 사람 전부를 기리는 행사였을 수도 있음을 시사해 준다. 다시 말해서 그것은 '위령의 밤'이었을 수 있다. 죽은 자의 영혼이 일 년 중 어느날 밤에 옛집을 다시 방문한다는 믿음은 널리 퍼져 있었다. 그 엄숙한 시기를 맞이하여 사람들은 유령을 접대하기 위해 먹을 음식을 내놓고, 유령이 무덤에서 오고 갈 때 어두운 길을 인도하기 위해 등불을 밝히는 것이다. 다음과 같은 여러 사례는 그 풍습의 예증이 될 것이다.

알래스카 세인트 마이클(St Michael)과 유콘(Yukon) 강 하류의 에스키모족은 해마다 11월 말이나 12월 초에 사자들의 제전을 여는 한편, 몇 년 간격으로 더 큰 제전을 연다. 이 시기에는 돌아오는 유령들을 위해 기름 등불을 밝혀놓은 '카심(kashim)', 곧 마을회관에 음식과 마실 것, 의복 따위를 마련해 놓는다. 죽은 친구를 기리고 싶은 사람은 모두 이때 죽은 사람이 생전에 회관에서 차지했던 자리 정면에 놓인 받침대에 등불을 세워놓는다. 물개기름을 채운 이 등불은 제전이 끝날 때까지 밤낮으로 계속 타오른다. 혼령들이 옛집에 돌아왔다가 죽음의 땅으로 되돌아갈 때, 그 등불이 길을 밝혀준다고 믿기 때문이다. 어떤 사람이 회관에 등불을 놓아두지 않거나 꺼뜨리는 일이 생기면, 그 사람이 기리고 싶어하는 혼령은 길을 찾지 못해 제전을 놓치게 될 것이다. 제전 전야가 되면, 가장 가까운 남자 친척이 무덤에 가서 죽은 사람이 남자면 작살 창 모형을, 여자면 나무접시 모형을 놓아두고 유령을 불러낸다. 이 기구에는 죽은 사람의 상징물을 표시한다. 준비가 모두 끝나면 유령들은 회관 아래 아궁이에 모여 있다가 마루를 통해 올라와서 적절한 순간에 같은 이름을 받은 사람의 몸에 들어간다. 그러면 사자를 위한 음식물과 마실 것, 의복 따위 제물을 그 사람 앞에 차린다. 이렇게 해서 혼령은 각각 저승세계에서 필요한 물품을 공급받는다. 이윽고 사자들을 위한 초혼의 노래가 불려지고 나면, 잔치의 주관자들은 모든 접시에서 음식을 조금씩 덜어 혼령들에게 바치는 제물로 내던진다. 그리고 각기 마루에 물을 조금 부어 틈새로 흘러 들어가게 한다. 이렇게 하면 모든 음식과 물의 영적인 정기가 혼령들에게 전달된다고 믿는 것이다. 남은 음식은 참석한 사람들끼리 나누어서 실컷 먹는다. 그리고 나서 모두 함께 노래하고 춤추는 가운데 잔치가 끝나면 유령들은 자기 자리로 떠나간다.

캘리포니아 인디언들은 연례적으로 죽은 사람을 애도하는 의식을 치르며, 그중 일부에서는 산 사람이 고인의 혼령을 대표했다. 열 명 남짓한 사람이 며칠간 금식하면서, 특히 육식을 금하면서 유령 역할을 준비하는데, 물감과 검댕으로 분장하고 깃털과 풀잎으로 장식한 이 사람들이 마을에서 춤추고 노래하거나 밤에 횃불을 들고 숲 속을 뛰어다니다가 시간이 좀 지나 고인의 친지 앞에 모습을 나타내면, 친지들은 이 가장한 배우들을 죽은 자기의 친인으로 여기고 통곡을 하며 맞이했다. 노파들은 슬픔의 표시로 자기 얼굴을 할퀴고 돌로 자기 가슴을 때렸다. 이러한 가장의식은 보통 2월에 열리며, 그 기간 동안 마을에서는 엄격히 금식을 지켰다.

멕시코의 미스테크(Miztec)족은 죽은 사람의 영혼이 매년 12월에 돌아온다고 믿었다. 우리 달력으로 11월에 해당하는 시기로, 사람들은 위령의 날이 되면 혼령을 영접하기 위해 집을 새롭게 단장했다. 그리고 나서 음식과 마실 것을 담은 항아리를 큰 방 식탁 위에 올려놓고, 가족들은 유령을 만나서 불러들이기 위해 횃불을 들고 돌아다녔다. 그리고 집에 돌아와서 식탁 주위에 무릎을 꿇고 앉아 눈을 땅으로 향한 채, 혼령들더러 차려놓은 제물을 받고 신들의 축복이 가족에게 내리게 해달라고 기도했다. 이런 식으로 그들은 아침까지 계속 무릎을 꿇고 눈을 내리깐 채 앉아 있었다. 특히 혼령들이 식사하는 광경을 보면 혼령들이 성을 낼까봐 절대 식탁을 쳐다보지 않았다. 그러다 새벽빛이 밝아오면 그들은 진심으로 기뻐하며 자리에서 일어났다. 죽은 사람에게 바친 음식 항아리는 가난한 사람에게 주거나 은밀한 장소에 보관했다.

또, 동인도제도 숨바(Sumba) 섬*의 토인들은 신년제를 사자의 제전을 겸해 치른다. 마을 중앙에 무덤이 있는데, 정해진 시간에 모든 사람이 거기 가서 커다랗게 곡을 한다. 그리고 나서 잠시 전체적인 여흥을 즐긴 뒤, 각자 집으로 흩어져서 온 가족이 집안의 죽은 사람들에게 돌아오라고 청한다. 그러면 유령들이 그 소리를 듣고 초청을 받아들인다는 것이다. 이러한 믿음에 따라 사람들은 유령들을 위해 빈랑나무 열매를 차려놓는다. 또, 집 앞에서 희생제물을 잡아, 그 염통과 간을 쌀과 함께 죽은 사람에게 바친다. 어느 정도 시간이 지나면 산 사람들이 제물을 나누어 먹으면서 고기와 쌀밥으로 흥겨운 잔

---

*발리 동쪽 약 320킬로미터 지점에 있는 자바 군도의 한 섬.

치를 벌이는데, 이는 검소한 생활 속에서는 보기 드문 향연이다. 그러고 나서 그들은 마음껏 놀고 춤추고 노래한다. 그래서 처음에 아주 슬프게 시작한 잔치가 일 년 중 가장 즐거운 행사로 끝난다. 날이 밝기 직전에 보이지 않는 손님들은 각자 갈 길로 떠난다. 모든 사람이 집에서 나와 얼마간 그들을 바래다준다. 한 손에는 죽은 자를 위한 작은 식량꾸러미를 담은 야자껍질 바가지를 들고, 다른 손에는 연기 나는 나무토막을 들고서 열지어 걸어가며 징소리에 맞추어 느릿한 노래를 부르는 한편, 음악소리에 맞추어 불붙은 나무토막을 휘젓는다. 그렇게 어둠 속을 행진해 가다가 마지막 노랫말이 끝나면 야자껍질과 나무토막을 유령의 나라 쪽으로 던진 다음, 거기서부터 유령들이 제 갈 길로 가게 내버려두고 자신들은 마을로 돌아온다.

보르네오의 바다 다야크족은 부정기적으로 사자를 기리는 큰 잔치를 벌인다. 그 시기는 특정한 사람이 죽고 나서 한두 해가 지난 뒤인 것 같다. 마지막 잔치가 벌어진 뒤에 죽었거나 아직 그런 잔치를 받아보지 못한 사람을 모두 이때에 기린다. 따라서 기리는 사람의 숫자는 특히 마지막 기념잔치를 치르고 여러 해가 지난 뒤라면 아주 많을 수 있다. 잔치 전야에 여자들은 대나무를 엮어서 여러 가지 일상용품을 본뜬 작은 모형을 만들며, 이 모형을 사자들이 저승에서 쓰도록 무덤 위에 매달아놓는다. 사자들은 저승에서 배를 타고 온다. 살아 있는 다야크족이 보통 강을 따라 여행하기 때문에, 다야크족의 유령도 당연히 그렇게 할 것이라고 생각하는 것이다. 유령 손님들이 산 자들의 나라로 타고 오는 배는 그다지 볼품이 없다. 외견상 그것은 밥을 짓는 데 쓰는 대나무로 만든 작은 배에 지나지 않는다. 그것마저도 강물에 띄워놓는 것이 아니라 집 구석에 던져둔다. 하지만 직업적으로 곡을 하는 여자들이 외우는 주문을 통해, 그 배는 영혼의 세계로 둥둥 떠내려가서 커다란 전투용 카누로 변한다. 유령들은 마지막 호출을 받자마자 기쁘게 그 배를 타고 출발한다. 배는 항상 저녁에 떠난다. 그때가 되어야 곡하는 여자들이 애도하는 민요를 웅얼거리기 시작하기 때문이다. 길이 너무 먼 탓에 유령들은 날이 밝아올 때가 되어서야 집에 당도한다. 하지만 쌀로 빚은 독주를 가득 담은 대나무 술잔이 피로한 여행으로 손상된 원기를 돋우기 위해 그들을 기다린다. 이것을 그들은 대리인을 통해 마신다. 유령의 얼굴을 겁내지 않는, 용감한 노인네 한 사람이 구경꾼들의 환호 속에서 그들 대신 그 술을 꿀꺽꿀꺽 마시는 것이다. 아침에 잔치가 끝난 뒤, 살아 있는 사람들은 사자들에게 마지막으로 존경의 예식(禮式)을 바친다. 단단한 나무로 만든 기념물과 소형 대나무 물건, 갖가지 음식물 따위를 무덤 위에 진열하는 것이다. 이렇게 선물을 받은 보상으로 유령들은 이제 살아 있는 친척들에게 아무 요구도 하지 않고 앞으로 순전히 자신들의 힘으로 살아갈 것이다. 마지막 고별을 하기 전에 유령들은 마지막으로 먹고 마시기 위해 집에 들른다.

　이와 같이 다야크족이 벌이는 사자들의 잔치는 모든 조상의 영혼을 맞아들이는 연례적인 환영행사가 아니다. 그것은 최근에 죽은 사람들의 영원한 행복을 한 번에 영구히 보장하기 위해, 또는 최소한 그 유령들이 돌아와서 산자들에게 달라붙어 괴롭히지 않도록 예방하기 위해 고안한 위로의식이다. 아마도 아삼 주 마니푸르의 탕쿨 나가(Tangkul Naga)족이 해마다 1월 말경에 거행하는 '영혼의 출발(Kathi Kasham)' 제전도 같은 의도일 것이다. 이 제전에서는 죽은 사람과 닮은 것을 근거로 선발한 산 사람이 사자들을 대표한다. 그 사람들은 장신구를 걸치고 마치 진짜로 죽은 사람이 다시 살아난 것처럼 행동하며, 사람들도 그들을 그렇게 대접한다. 그렇게 죽은 사람의 역할을 하면서 그들은 마을 광장에서 함께 춤추고, 여자 친척들에게서 음식을 제공받으며, 집집마다 다니면서 옷감을 선물로 받는다. 잔치는 열흘간 계속되지만 중요한 날은 아흐렛날이다. 사람들은 그날 저녁에 어둠이 닥치면 쓰기 위해 커다란 소나무 횃불을 준비한다. 이윽고 사자들이 출발할 시각이 임박하면, 사자를 대신하는 대리인들은 집에서 마지막 식사를 대접받고 작별인사를 하러 온, 슬퍼하는 친척들에게 고별선물을 나누어준다. 해가 지면 행렬이 만들어진다. 선두에는 활활 타오르는 횃불을 높이 든 남자들이 걸어간다. 이어서 무장을 하고 전투대형을 취한 연장자들이 따르고, 그 뒤로 사자의 대리인들이 걸어가는데, 그들 주위로 사자의 친척들이 앞서거니뒤서거니 하며 무리지어 동행한다. 이들은 슬픔에 잠겨 커다랗게 곡을 하며 느릿느릿 어둠을 헤치고 마을 북단에 있는, 커다란 나무그늘이 드리운 장소로 나아간다. 횃불을 드는 것은 그 불빛으로 사자들의 영혼을 안식처로 인도하기 위해서다. 연장자들이 전투대형을 취하는 것도 사자들을 중도에 있을지도 모를 재난과 위험에서 보호하기 위한 것이다. 마을 경계에서 행렬이 멈추면 남자들이 횃불을 내던진다. 같은 순간에 사자들의 영혼이 꺼져가는 횃불 속으로 들어가, 그런 행색으로 먼 나라를 향해 떠난다고 믿기 때문이다. 따라서 살아 있는 대리인은 더 이상 필요가 없다. 그래서 그들은 그 자리에서 모든 장신구를 떼낸다. 사람들이 집에 돌아오면, 각 가정에서는 소나무 횃불에 불을 붙여 조심스럽게 정문 바로 안쪽에 있는 돌 위에 놓아둔다. 이렇게 하는 것은 자신들의 영혼이 사자들의 혼을 따라 저승세계로 가는 불상사를 막기 위한 예방조치다. 이와 같이 사자들을 멀리 있는 자기 처소로 보내는 데 드는 비용은 아주 막대하다. 가장이 죽으면 운구 비용을 지불하기 위해 빚을 지는 것도 모자라 전답과 가옥을 팔아치워야 할 수도 있다. 그리하여 산 자들은 사자들을 풍족하게 하기 위해 가난에 시달리는 것이다.

캄보디아에서는 사자들을 위한 잔치를 파트라보트(Phatrabot) 달(9~10월)의 마지막 날에 거행하는데, 그날 달이 기울기 시작하면 모든 사람이 잔치 준비로 바빠진다. 집집마다 과자와 사탕을 차려놓고 촛불을 붙이고 분향을 하며 조상의 혼령에게 기도를 드리기 때문이다. 기도는 세 차례 반복해서 외우며, 내용은 다음과 같다. "돌아가신 모든 조상님들이여, 부디 오셔서 저희가 준비한 것을 드시고 자손들에게 복을 내려주소서." 그 후 보름 동안 사람들은 나무껍질로 작은 배를 많이 만들어 쌀·과자·작은 주화·향불·촛불 따위를 담는다. 저녁에 이 배들을 강물에 띄우면, 사자들의 혼령이 그것을 타고 자기 자리로 돌아간다. 그러면 살아 있는 사람들은 작별을 고하며 이렇게 말한다. "당신네 땅으로, 당신네가 사는 들판으로 가라. 당신네 집인 산으로, 돌덩이 밑으로 가라. 가거라! 돌아오라! 때가 되면 당신네 아들과 손자가 당신네를 생각할 것이다. 그때가 되면 돌아올 것이다, 돌아올 것이다, 돌아올 것이다." 강물은 이제 점점이 반짝이는 불빛으로 뒤덮인다. 그러나 물결이 이내 불빛을 싣고 떠내려간다. 어둠 속에 불빛이 하나씩 사라져갈 때, 영혼은 그와 더불어 먼 나라로 떠나간다.

그와 비슷하게, 사자들이 해마다 돌아온다는 믿음이 오늘날까지 유럽 곳곳에 남아 있다. 그리고 비슷한 풍습으로 그 믿음을 표현하고 있다. 이른바 사자들의 날, 위령의 날(All Souls' Day)은 보통 11월 2일이다. 그래서 남부 브르타뉴(Bretagne)에서는 죽은 사람의 영혼이 그날 전야에 산 사람을 찾아온다. 저녁 예배가 끝나면, 사제들과 성가대는 '납골당의 행진'이라고 하는 행진을 하면서 브르타뉴어로 신비한 장송곡을 부른다. 그리고 나서 사람들은 집에 가서 불가에 모여앉아 죽은 사람에 관해 이야기한다. 가정주부는 부엌 식탁에 하얀 천을 깔고 사이다와 굳힌 우유, 뜨거운 팬케이크를 차려놓고서 가족과 함께 물러가서 쉰다. 벽난로의 불은 '사자의 통나무(Kef ann Anaon)'라고 알려진 거대한 통나무로 계속 뜨겁게 유지한다. 오래지 않아 어둠 저편에서 우울한 목소리가 밤의 정적을 깨뜨린다. '죽음의 가수들'인데, 이들은 거리를 돌아다니며 산 자들로 하여금 안락한 침대 속에서 고통받는 가엾은 영혼들을 위해 기도하도록 상기시키는 내용의, 거칠고 우울한 노래로 잠꾸러기들을 깨운다. 그 밤 내내 사자들은 난롯가에서 몸을 덥히며 자신들을 위해 마련한 진수성찬을 즐긴다. 때때로 두려움에 사로잡힌 사람들은 부엌에서 걸상이 삐걱거리거나, 바깥에서 죽은 잎들이 유령의 발길에 바스락거리는 소리를 듣기도 한다. 보주(Vosges) 산맥에서는 위령의 날 전야에 장엄한 교회 종소리가 선량한 기독교인들에게 죽은 자의 안식을 위해 기도할 것을 권유한다. 어떤 집에서는 종이 울리는 동안 관습적으로 침대보를 벗기고 창문을 열어놓는데, 이는 분명히 불쌍한 영혼들이 들어와 쉬도록 하기 위한 배려다. 그날 저녁, 종소리의 호소에 감히 귀를 막고 있을 사람은 아무도 없을 것이다. 기도는 밤늦은 시간까지 계속 이어진다. 끝으로 '구렁텅이의 외침'(시편 130편)이 낭송되고 나면, 집안의 가장은 침대보를 가만히 덮고 성수(聖水)를 뿌린 다음 창문을 닫는다. 어떤 마을에서는 난롯불을 계속 지핀 채, 난롯가에 유령들이 이용할 견과(堅果) 바구니를 놓아둔다.

벨기에의 브뤼헤(Brugge)와 디낭(Dinant), 그밖의 소읍들에서는 위령의 날 전야에 신성한 촛불을 집 안에 밤새 켜놓고 자정까지, 심지어는 아침까지 종을 울린다. 또, 종종 불붙인 초를 무덤 위에 놓아두기도 한다. 셰르펜호이펠(Scherpenheuvel)에서는 집집마다 불을 밝히고, 사람들이 촛불을 들고 행진한다. 벨기에에는 위령의 날이나 그 전야에 '영혼의 케이크' 또는 '영혼의 빵'을 먹는 풍습이 있다. 사람들은 그것을 먹으면 어떤 식으로든 죽은 사람에게 혜택이 간다고 믿는다. 아마도 원래는, 오늘날까지 알래스카의 에스키모들이 생각하듯이, 유령이 친지들의 몸에 들어가 산 사람이 먹는 음식을 나누어 먹는다고 여겼을 것이다. 이와 비슷하게, 인도 북부에서는 사자를 기리는 제전 때 관례적으로 브라만들에게 음식을 먹이는데, 이 성직자들이 먹는 음식은 사자들에게 전해져 기운 빠진 영혼에 활기를 불어넣어 준다고 한다. 유령이 대리인을 통해 먹고 마신다는, 그와 같은 관념은 다른 많은 장례식 잔치에 대해 부분적인 해명을 제공해 줄 것이다. 그렇더라도 벨기에의 딕스무드(Dixmude) 같은 곳에서는 케이크를 하나씩 먹을 때마다 한 사람의 영혼을 연옥에서 건져낸다고 말한다. 안트베르펜(Antwerpen)에서는 영혼의 케이크를 구울 때 사프란(saffron)을 잔뜩 넣어 지방적 특색을 살리는데, 그 진노랑색은 연옥의 불길을 암시한다. 안트베르펜 사람들은 같은 시기에 유령들이 다칠까봐 문이나 창문을 소리나게 닫지 않도록 조심한다.

위령의 날에 단순히 '영혼'이라고도 부르는 영혼의 케이크를 굽는 풍습은 남부 독일과 오스트리아에도 널리 퍼져 있다. 짐작컨대 그 케이크는 원래 굶주린 사자를 위해서 만든 것이지만, 종종 산 사람이 그것을 먹기도 한다. 북부 선제후령(選帝侯領)에서는 사람들이 위령의 날에 불쌍한 영혼을 위해 음식을 불 속에 던지고, 식탁 위에 등불을 밝히며, 그들의 안식을 위해 무릎 꿇고 기도한다. 그리고 무덤에도 등불을 켜고 성수(聖水)를 담은 그릇을 놓아두며, 영혼이 원기를 회복할 수 있도록 음식물을 놓아둔다. 또, 북부 선제후령 전역에서는 위령의 날에 질 좋은 빵으로 특별한 케이크를 굽는 것이 관례다. 이 케이크는 가난한 사람들에게 나누어주는데, 그들은 아마 사자들의 대리인으로 그것을 먹는 것 같다.

티롤에도 비슷한 믿음과 풍습이 존재한다. 거기에서도 '영혼의 등불', 곧 라드나 버터 기름을 채운 램프에 불을 붙여 위령의 날 전야에 난로 위에 놓아둔다. 연옥의 불길에서 도망나온 불쌍한 영혼들이 화상을 입은 자리에 녹은 기름을 발라 고통을 가라앉힐 수 있게 하려는 것이다. 어떤 사람들은 그들을 위해 밤새 우유와 도넛을 식탁 위에 놓아두기도 한다. 또, 무덤에 양초로 불을 밝히고 봄철을 상기시키는 풍성한 꽃들로 장식한다. 이탈리아령 티롤에서는 위령의 날에 가난한 사람들에게 빵이나 돈을 주는 것이 관례다. 발 디 레드로(Val di Ledro)에서는 아이들이 돌아다니며 관례대로 선물을 받지 못하면 현관문을 더럽히겠다고 위협한다. 몇몇 부자들은 그날 빈민들에게 강낭콩 수프를 대접한다. 다른 사람들은 위령의 날 밤에 불쌍한 영혼이 갈증을 해소할 수 있게 물이 가득 찬 주전자를 부엌에 놓아둔다. 바덴(Baden)에는 현재까지도 만성절(萬聖節, All Saints' Day)과 위령의 날에 꽃과 등불로 무덤을 장식하는 풍습이 있다. 때로는 속을 파낸 순무에 불을 켠 등불을 집어넣고 양옆에 글씨를 새겨, 어둠 속에서 글씨가 환히 빛나게 만들기도 한다. 만약 어떤 아이가 순무 등불이나 다른 것들을 무덤에서 훔쳐가면, 도둑 맞은 성난 유령이 같은 날 밤에 도둑의 집에 나타나 잃어버린 자기 물건을 되찾아간다고 한다. 죽은 사람에게 음식을 먹이는 옛 풍습은 대자(代子)에게 영혼의 케이크를 먹이는 관습 속에 아직도 남아 있다.

만성절, 곧 11월 1일에 아브루치의 상점과 시가지에는 사람들이 그날 저녁 인척의 무덤에 켜놓기 위해 사가는 양초가 그득하다. 위령의 날 전야인 그날 밤에 사자들이 자기 집을 찾아오기 때문에, 그들에게 길을 밝혀줄 불빛이 필요한 것이다. 또, 그들을 위해 집 안에도 밤새 불을 밝혀놓아야 하는 것이다. 사람들은 잠자러 가기 전에 식탁 위에 불붙인 등불이나 양초, 빵과 물로 검소하게 식사를 차려놓는다. 사자들은 무덤에서 나와 마을 시가지를 열지어 걸어간다. 교차로에서 끝이 갈라진 막대기를 뺨에 대고 있으면 그들을 볼 수 있다. 처음에는 선한 사람들의 영혼이 지나가고, 이어서 살해당한 자와 저주받은 자들의 영혼이 지나간다. 한번은 어떤 남자가 그와 같이 유령들의 행렬을 엿보고 있었다고 한다. 선한 유령들이 그에게 집에 가는 것이 좋겠다고 이야기했으나 듣지 않다가, 급기야 행렬의 꽁무니를 보고는 겁에 질려 죽어버렸다.

영국에서는 죽은 사람이 해마다 돌아온다는 믿음이 위령의 날에 '영혼의 케이크'를 구워 가난한 사람들에게 나누어주는 풍습과 더불어 오랫동안 남아 있었다. 농촌 소녀들은 그날이 되면 농장마다 찾아다니며 이런 노래를 불렀다.

영혼, 영혼, 영혼의 케이크를 줘요.
착한 주부님, 제발 영혼의 케이크를.

슈롭서(Shropshire)에서는 17세기에 이르기까지 위령의 날에 영혼의 케이크를 식탁에 잔뜩 쌓아놓는 풍습이 있었으며, 집에 오는 손님들은 그것을 한 개씩 집어먹었다. 그 풍습을 기록한 골동품 연구가 존 오브리(John Aubrey)는 그럴 때 부르는 노래구절을 언급하고 있다.

> 영혼의 케이크여, 영혼의 케이크여.
> 영혼의 케이크로 모든 세례교인의 영혼에 자비를 베푸소서.

이러한 유럽 풍습을 유사한 이교도 의식과 비교해 볼 때, 명목상 기독교인의 잔치인 위령의 날이 기독교회가 정책적인 동기에서 어쩔 수 없이 묵인하기로 한, 고대 이교도들의 사자의 제전에 불과하다는 사실은 의심할 여지가 없다. 그런데 11월 2일이라는 특정한 날에 잔치를 거행하는 관습은 어디에서 빌려온 것이었을까? 이 질문에 답하기 위해서는 먼저 다음 사실을 살펴보아야 한다. 첫째, 그런 종류의 의식을 종종 신년 초에 거행하였다. 둘째, 서북부 유럽 민족인 켈트(Celt)족과 튜토니(Teutoni)족은 한 해의 시작 날짜를 겨울의 시작으로 잡은 것으로 보인다. 다시 말해 켈트족은 11월 1일부터, 튜토니인은 10월 1일부터 한 해를 계산했다는 것이다. 기산일(起算日)이 다른 것은 기후가 다른 데서 연유하는 것 같다. 튜토니인의 본거지인 중북부 유럽은 켈트족의 본거지인 더 온난하고 습한 대서양 해안보다 겨울이 더 일찍 시작되는 지역이다. 이러한 고찰에 따르면, 11월 2일 거행하는 위령의 날 제전은 켈트족에게서 유래하여 나머지 유럽 민족에게 전파된 것으로 보인다. 나머지 민족들은 예로부터 전해 내려온 사자의 제전을 변함없이 간직하고 있다가 날짜를 11월 2일로 옮겼을 수 있다. 이러한 추측은 교회가 그 제전을 창시, 더 정확하게는 인정한 일에 관해 우리가 알고 있는 사실로 뒷받침된다. 제전은 10세기 말에 켈트족 나라인 프랑스가 처음 인정한 뒤 차츰 전 유럽으로 확산되었다. 클뤼니(Clugny)에 있는 베네딕토 대수도원 원장인 오딜로(Odilo)가 서기 998년에 그리스도 안에 잠자는 모든 사자를 위해 11월 2일에 엄숙한 미사를 올리도록 자기가 관할하고 있던 모든 수도원에 명령함으로써 처음으로 변화가 일어난 것이다. 이와 같이 정해진 본보기를 다른 종파들이 따랐고, 주교들은 차례차례 새로운 기념일을 자기 관구에 도입했다. 이렇게 해서 위령의 날 제전은 차츰 기독교권 전역에 자리잡았다. 하지만 기독교회는 일반칙령으로 그것을 공인하거나 그것의 준수에 큰 비중을 둔 적이 없었다. 실제로 종교개혁기에 그 제전을 반대하는 의견이 제기되자, 교회 당국은 그것을 폐지하려 한 듯하다. 이러한 사실은 켈트족이 예로부터 이어온 사자의 기념제가 10세기 말까지 프랑스에 남아 있다가 그 무렵에 마침내 뿌리 깊은 이교 신앙에 대한 양보라는 정책상의 조치에 따라 가톨릭 의식에 편입되었다는 이론으로 아주 간단하게 설명할 수 있다. 이 관습의 이교적 기원을 의식했기 때문에, 교회의 최고 당국자들은 자연히 그것을 지키라고 강하게 역설하지 않았을 것이다. 그들이 그것을 신앙의 성채를 위협하지 않고 합리주의의 힘에 양보할 수 있는 최전선으로 간주한 것은 옳은 판단이었던 듯하다.

아마도 우리는 한걸음 더 나아가서 11월 1일에 만성절 제전을 치르게 된 것도 같은 방식으로 설명할 수 있을 것이다. 다른 곳의 비슷한 풍습에서 유추할 때, 우리는 고대 켈트족이 사자의 제전을 자신들의 설에 따라 11월 2일이 아니라 1일에 거행했으리라는 추정에 이르게 된다. 그렇다면 만성절을 그날로 제정한 것은, 기독교회가 사자의 영혼 대신 성인들로 진정한 숭배의 대상을 바꿈으로써 고대 이교도 의식에 기독교 색채를 부여하려 한 첫 시도가 아니었을까? 역사적 사실은 이러한 가설을 지지하는 것 같다. 프랑스와 독일에서는 경건왕 루이 황제의 명령으로 서기 835년에, 곧 위령의 날을 도입하기 약 160년 전에 만성절을 제정했다. 새 제도의 도입은 교황 그레고리 4세의 권고에 따른 조치였는데, 그의 의도는 당연히 프랑스와 독일에서 여전히 악명을 떨치던 고대 이교도 풍습을 억압하려는 데 있었을 것이다. 그러나 그 발상은 새로운 것이 아니었다. 비드(Bede)의 증언에 따르면, 또다른 켈트족 나라인 영국에서는 8세기에 이미 만성절을 11월 1일에 거행했다고 한다. 추측컨대, 신자들의 신앙을 사자의 영혼에서 성인에게 돌려놓으려던 그러한 시도는 실패로 드러났으며, 그래서 기독교회는 마침내 위령의 날 제전을 달력 속에 솔직하게 받아들임으로써 그 대중적인 미신을 마지못해 승인하기로 결정했던 것 같다. 그러나 11월 1일은 이미 만성절이 차지하고 있었기 때문에 그 새로운, 아니 오히려 해묵은 제전을 옛 날짜에 할당할 수가 없었다. 따라서 사자를 위한 미사를 다음날인 11월 2일에 배정한 것이다. 이러한 이론에 따른 다면, 만성절과 위령의 날은 고대 이교도의 사자의 제전을 근절하려던 가톨릭 교회의 연속적인 두 차례 노력을 표현한다. 그 두 차례에 걸친 노력은 모두 실패였다. "모든 가톨릭 나라에서 위령의 날은 어떤 세속적인 즐거움으로도 방해할 수 없는 진지한 사자의 위령제라는 성격을 보존했다. 그날이 되면 교회 마당에 있는, 사랑하는 사람들의 무덤에 성묘하고 꽃과 등불로 장식하며 진심 어린 기도를 올리는 것이 살아남은 자들의 신성한 의무다. 파리와 비엔나 같은 도시에서는 심지어 가장 놀기 좋아하고 경박한 사람들조차 진정에서 우러난 것이 아니라 체면을 위해서일망정 그 경건한 풍습을 따르고 있다."

13장
이시스

이시스 여신의 원래 의미는 오빠이자 남편인 오시리스보다 판단하기가 더 어렵다. 그녀의 속성과 별명은 무수히 많아서 이집트 상형문자에서는 '많은 이름을 지닌 자', '천의 이름을 지닌 자'라고 부르며, 그리스 비문에서는 '만(萬)의 이름을 지닌 자'라고 부른다.

이시스는 생식의 여신이라는 성격에서는 위대한 아시아의 모신들과 일치하지만, 부부생활의 순결성과 충실성에서는 그들과 달랐다. 그들이 결혼을 안하고 방종한 생활을 한 반면에, 그녀는 남편에게 충실한 아내이자 둘 사이에서 태어난 아들에게는 애정 어린 어머니였다. 따라서 마치 마돈나를 보는 듯한 그녀의 아름다운 형상은 아스타르테, 아나이티스, 키벨레 같은 동류의 여신들에게서 볼 수 있는 거칠고 관능적이고 잔혹한 형상보다 더 세련된 사회도덕적 수준을 반영한다. 실제로 우리와 매우 다른 윤리적 기준의 흔적이 오시리스의 누이이자 부인이라는 그녀의 이중적 관계에 명백히 남아 있다. 그러나 다른 면에서 그녀는 원시적이라기보다는 후기적이며, 장구한 종교적 발달의 씨앗이라기보다는 활짝 핀 꽃이다. 그녀의 속성으로 알려진 요소들은 너무 다양해서 모두 그녀에게만 고유한 것이라고 할 수 없다. 그것들은 더 작은 수많은 신에게서 빌려온 장점들이며, 가장 화려한 꽃에 꿀을 공급하기 위해 수천 종이 넘는 하찮은 식물에서 뽑아낸 당분들이다. 하지만 그녀의 복잡한 성격 속에서 완만한 증식과정을 거쳐 덧붙은, 다른 요소들로 둘러싸인 원래의 중핵을 찾아내는 것은 아마도 여전히 가능할 것이다. 만약 우리가 믿을 만한 근거를 가지고 살펴본 대로 그녀의 오빠이자 남편인 오시리스가 한 측면에서 곡물의 신이었다면, 그녀는 틀림없이 곡물의 여신이었을 것이다. 그렇게 생각하는 데는 최소한 몇 가지 근거가 있다. 만약 우리가 이집트 역사가 마네토(Manetho)를 전거로 삼은 것으로 보이는 디오도루스 시쿨루스를 믿는다면, 밀과 보리의 발견은 이시스의 공로였으며, 그녀의 제전에서는 이 곡물들의 줄기를 줄지어 운반하면서 그녀가 인간에게 베푼 은혜를 기념했다. 더 상세한 내용은 아우구스티누스가 보충해 준다. 그에 따르면, 이시스는 모두 왕이었던 남편과 자신의 조상들에게 희생제물을 바치던 중에 보리를 발견했으며, 새로 발견한 보리이삭을 오시리스와 그의 고문관이던 토트, 곧 로마 저술가들이 말하는 머큐리(Mercury)에게 보여주었다고 한다. 그리고 그는 그 때문에 사람들이 이시스를 케레스와 동일시한다고 덧붙인다. 또, 이집트 농민들은 추수철에 첫 수확물을 베어내면 그것을 땅에 내려놓고 가슴을 치면서 이시스를 부르며 곡을 했다. 비문에서 이시스를 지칭하는 별명은 '푸른 것의 창조주', '대지의 녹색을 닮은 녹색의 여신', '빵의 여신', '맥주의 여신', '풍요의 여신' 따위다. 브루그시(Brugsh)에 따르면, 그녀는 "대지를 덮은 싱싱한 신록의 창조주일 뿐 아니라, 사실상 여신으로 인격화되는 푸른 곡식밭 그 자체다." 이 사실은 '곡식밭'을 뜻하는 '소치트(sochit)' 또는 '소체트(sochet)'라는 별명으로도 확인된다. 콥트(Copt)어에서 이 말은 여전히 그런 의미를 지니고 있다. 그리스인들은 이시스를 곡물의 여신으로 간주하여 데메테르(Demeter)와 동일시했다. 어떤 그리스 풍자시는 그녀를 '대지의 결실을 낳은 여인', '곡식 이삭의 어머니'로 묘사한다. 또, 그녀를 기리는 찬가는 그녀를 '밀밭의 여왕'이라고 지칭하며, '밀이 가득 자란 풍요로운 밭이랑을 돌보는 이'로 묘사한다. 그래서 그리스나 로마의 미술가들은 종종 곡식 이삭을 머리에 꽂거나 손에 든 모습으로 그녀를 표현한다.

짐작컨대, 초기 이시스는 그와 같이 이집트 농촌 젊은이들이 투박한 의식과 더불어 찬미하던 촌스러운 곡식의 어머니였을 것이다. 그러나 수세기에 걸친 종교적 진화를 통해 정화되어 도덕적 순결성과 태곳적의 신성함이라는 후광에 둘러싸인 채 후세의 숭배자들에게 진실한 아내, 온유한 어머니, 은혜로운 자연의 여왕으로 자리잡게 됨으로써 촌스러운 여신의 소박한 특징은 찾아보기 어렵게 되었다. 이와 같이 세련화·이상화됨으로써 그녀는 자기 고국의 경계선을 훨씬 뛰어넘어 많은 사람의 마음을 사로잡았다. 고대에 국민생활의 타락을 수반한 종교적 혼란의 와중에서, 그녀에 대한 숭배는 로마와 제국 전역에서 가장 인기있는 종교였다. 몇몇 로마 황제는 공공연히 그것에 탐닉하기도 했다. 그리고 다른 종교와 마찬가지로 이시스 신앙도 종종 방종하게 살아가는 남녀에게 자신을 위장하기 위한 수단으로 이용되기는 했지만, 전반적으로 그녀의 의식은 괴로운 마음을 달래주고 부담스러운 심정을 편안하게 해주기에 적합한 위엄과 차분함, 엄숙함과 예절 바름으로 명성을 얻은 것 같다. 따라서 그것은 다른 동양 여신들의 잔인하고 방탕한 의식에 충격과 거부감만을 느끼던 선량한 사람들, 특히 여자들에게 호소력이 컸다. 그러므로 전통적 신앙이 동요하고, 제도가 붕괴하고, 인간정신이 혼란에 빠지고, 한때 영원할 것으로 보이던 제국의 구조 자체가 불길한 분열과 와해의 징조를 보이기 시작하던 쇠퇴의 시기에 정신적인 안정감을 지닌 이시스의 고요한 형상과 은혜로운 불멸의 약속이 많은 사람에게 폭풍우가 몰아치는 하늘의 별처럼 다가오고, 중세 때 동정녀 마리아에게 바친 것과 다르지 않은 헌신적인 신앙의 환희를 그들 가슴속에 불러일으켰다고 해서 놀랄 필요는 없다. 사실 그녀의 장엄한 의식은 단정하게 면도하고 머리 깎은 사제들, 아침기도와 저녁기도, 경쾌한 음악, 세례와 성수 살포, 엄숙한 행진, 보석으로 장식한 모신의 신상을 비롯하여 수많은 면에서 가톨릭의 화려한 의식과 유사하다. 이러한 유사성이 전적으로 우연일 수는 없다. 고대 이집트는 가톨릭 교회의 허약하기 그지없는 신학적 추상개념뿐만 아니라 그 화려한 상징체계에도 일정한 기여를 했을 것이다. 미술작품에서 아기 호루스에게 젖을 빨리는 이시스의 형상은 확실히 성모와 아기 예수의 형상과 너무나 흡사해서 때때로 무지한 기독교인들의 찬양을 받기도 했다. 그리고 폭풍우에 시달리는 선원들이 동정녀 마리아를 찬양할 때 부르는 '스텔라 마리스 (*Stella Maris*)', 곧 '바다의 별'이라는 아름다운 별명은 아마도 뱃사람의 수호자라는 이시스의 후기 성격에서 빌려왔을 것이다. 바다의 신이라는 속성은 알렉산드리아의 그리스인 뱃사람들이 이시스에게 부여한 것일 수 있다. 그녀의 원래 성격이나 바다를 전혀 좋아하지 않았던 이집트인의 관습에 비추어 상당히 이질적인 특성이기 때문이다. 이러한 가설에 근거를 둘 때, 7월 아침에 동지중해의 거울 같은 물결 위로 떠올라 뱃사람들에게 화창한 날씨를 알리는 시리우스(Sirius), 곧 이시스의 밝은 별이야말로 진정한 '스텔라 마리스', 곧 '바다의 별'이었다.

14장
모계근친제와 모신들

　이제 우리는 동양의 세 신인 아도니스와 아티스, 오시리스의 본성과 숭배 의식에 대한 연구를 마쳤다. 신화 속에 나타난 그들의 성격이 본질적으로 유사하기 때문에, 우리가 그들을 함께 다루는 것은 타당성이 있다. 셋 다 일반적으로는 생식력의, 특수하게는 식물의 화신이었다. 셋 다 죽었다가 다시 부활하는 것으로 믿어졌다. 그리고 그 셋의 신성한 죽음과 부활은 그 숭배자들이 슬픔과 기쁨, 통곡과 환희가 교차하는 황홀경에 빠져서 벌이는 연례 제전에서 연극적으로 재현되었다. 이와 같이 신화적으로 이해하고 신화적으로 재현한 자연현상은 커다란 계절의 변화, 특히 그중에서도 가장 현저하고 감동적인 식물의 소멸과 재생이었다. 그리고 그 신성한 연극의 의도는 스러져가는 자연의 원기를 공감주술로 북돋우고 강화하여, 나무에 열매가 열리고 곡식이 무르익으며 사람과 짐승이 종자를 번식하게 하려는 것이었다.

　그러나 세 신은 홀로 서 있지 않았다. 최소한 셋 모두 자신의 산물인 자연의 신화적 인격화에 따라 각기 한 여신과 짝을 짓는 것이 필요했다. 그리고 그 여신은 남신보다 원래 더 강력하고 중요한 존재인 것으로 나타난다. 어쨌든 슬픈 종말을 맞이하여 해마다 그 죽음을 애도하는 존재는 여신이 아니라 항상 남신이었다. 이를테면 오시리스는 티폰에게 살해당한 반면, 그 신성한 배우자인 이시스는 살아남아서 그를 다시 소생시켰다. 이러한 신화의 특징은, 아스타르테와 키벨레가 항상 그랬듯이, 이시스도 애초에는 남편보다 더 강력한 신이었음을 시사하는 것으로 보인다. 그런데 남신에 대한 여신의 이러한 우월성은 모계를 부계보다 중시하고 혈통과 재산을 남성보다 여성을 통해 전승하는 사회제도의 결과로 볼 때 가장 자연스럽게 설명할 수 있다. 어쨌든 그렇게 가정한 원인이 우리가 정확한 정보를 지니고 있는 기존 민족들 사이에서 똑같은 결과를 초래하는 것을 보여줄 수 있다면, 그러한 설명이 본질적으로 터무니없다고 할 수는 없을 것이다. 여기에서 나는 그 작업을 할 것이다.

어머니 쪽만을 통해 혈통을 계승하고 재산을 물려주는 사회제도를 우리는 모계근친제(母系近親制, mother-kin)*라고 부른다. 반면에 아버지 쪽만을 통해 혈통을 계승하고 재산을 물려주는 정반대의 사회제도는 부계근친제라고 할 수 있을 것이다. 아삼의 카시스(Khasis)족은 모계근친제가 종교에 미치는 영향을 보여주는 좋은 사례를 제공한다. 고대 이집트인이나 시리아와 메소포타미아에 거주하던 셈족과 마찬가지로, 카시스족은 정착촌에 살면서 주로 토지를 경작하여 생계를 유지한다. 하지만 "그들의 사회조직은 현존하는 여가장제(女家長制)의 가장 완벽한 사례를 제공해 준다. 그 제도는 아버지의 지위와 권위를 사회의 기초로 간주하는 데 익숙한 사람들에게는 엄청나게 놀라운 논리와 철저한 규칙에 따라 이행된다. 어머니는 가족의 우두머리며 원천일 뿐 아니라 유일한 결속의 매개다. 산악지대인 신텡(Synteng) 지방에서도 가장 원시적인 지역에서는 어머니가 유일한 부동산 소유권자다. 오직 어머니만이 유산을 물려줄 수 있다. 아버지는 아이들과 혈연관계가 없으며, 아이들은 어머니의 씨족에 속한다. 또, 그가 버는 것은 그 자신이 속한 모계 가문 소유로 넘어가며, 죽으면 유골을 모계 친족의 지석묘에 안치한다. 심지어 조와이(Jowai)에서는 처가에서 살지도 먹지도 못하며 밤중에만 처가를 방문할 수 있다. 부족신앙의 토대를 이루는 조상 숭배에서도 시조 할머니(Ka lāwbei)와 그 형제만이 유일한 고려 대상이다. 사자를 영구히 기억하기 위해 세우는 평평한 기념석도 씨족을 대표하는 여성(māw kynthei)의 이름을 따서 부르며, 그 뒤

---

*이전 판본에서 프레이저는 바흐오펜(Bachofen)의 '모권(mother-right)'이라는 용어를 사용했는데, 이는 모계를 통한 계승이 여성들에게 실질적인 정치적 권력을 부여한다는, 널리 퍼진 오류를 내포한 용어였다. 이 장은 이런 오류를 수정하기 위한 것인 셈이다. 오늘날 우리는 '모계제도'라는 용어를 더 많이 쓴다.

에 늘어놓는 선돌도 어머니 쪽 남자 친척들의 몫이다. 이러한 조상 숭배의 기본 골격과 조화를 이루어 위로제물을 바치는 다른 유령들도 여성이 대부분이지만, 여기에는 남성도 등장한다. 질병과 죽음을 관장하는 신도 전부 여성이며, 이들이 가장 빈번한 숭배 대상이다. 가정의 두 수호자 또한 여신이지만, 그들과 더불어 씨족의 시조 할아버지(U *Thāwlang*)도 존경을 받는다. 여사제들이 모든 희생제사를 주관하며, 남자 사제들은 단지 그들의 대리역을 할 뿐이다. 대사제 겸 실질적인 국가 수반인 키림(Khyrim)이라는 중요 지위는 여성이 맡으며, 그녀 혼자서 성직자와 제왕의 역할을 겸한다."

　같은 결과를 낳는 같은 원인의 또다른 사례를 팔라우(Palau) 섬 사람들*의 제도에서 찾아볼 수 있다. 그것에 관해서는 그곳에 오래 거주한 관찰자의 정확한 기록이 있다. 미크로네시아족의 한 갈래를 이루는 이 종족은 모계 혈통을 따르는 일련의 족외혼(族外婚) 가문 내지 씨족들로 나뉘어 있다. 그래서 그런 제도하에서는 흔히 그러듯이, 한 남자의 상속자는 그의 자식이 아니라 그 누이의 자식이나 이모의 자식이다. 모든 가문이나 씨족은 전체 친족의 공동 어머니인 한 여자를 시조로 삼으며, 따라서 씨족 구성원은 남신이 아니라 여신을 숭배한다. 모계 혈통과 여신 숭배가 특징인 이러한 가문이나 씨족은 마을에 무리지어 살며, 한 마을은 각각 20여 씨족을 포함하고 자체 영토를 지닌 소독립국을 이룬다. 이러한 촌락국가들은 모두 자기들만의 특별한 신을 모시는데, 보통 남신과 여신이 한 명씩 있다. 그러나 마을 단위로 모시는 이러한 정치적인 신들은 가문의 가족신에서 직접 유래했다고 한다. 따라서 이 사람들에게는 남신이 여신보다 역사적으로 뒤늦고 여신에게서 발전해 나온 존재라는 결론이 따를 것이다. 여신에 비해 남신의 기원이 더 늦다는 사실은 그 명칭의 성격으로도 알 수 있다.

　팔라우 섬의 씨족사회에서 여신이 남신보다 우월한 것은 그 종족의 사회제도에서 여성이 차지하는 높은 비중으로도 의심할 나위 없이 타당하게 설명할 수 있다. 왜냐하면 씨족의 생존은 전적으로 여성의 생명에 달려 있으며, 남성

---

*팔라우(또는 벨라우) 제도는 필리핀 정동쪽으로 약 950킬로미터 지점에 있다.

의 생명과는 무관하기 때문이다. 만약 여성이 존속한다면, 씨족의 남성이 모두 소멸해도 문제가 되지 않는다. 왜냐하면 여성들은 평소와 같이 다른 씨족의 남성들과 결혼할 것이며, 그들의 자손이 어머니의 씨족을 물려받아 씨족을 이어갈 것이기 때문이다. 반면에 씨족의 여성이 모두 죽어 없어지면 씨족의 남성이 살아남더라도 씨족은 소멸할 수밖에 없다. 왜냐하면 평소와 같이 남성은 모두 다른 씨족 여성들과 결혼해야 하고, 그들의 자손은 아버지의 씨족이 아니라 어머니의 씨족을 물려받을 것이기 때문이다. 따라서 아버지의 씨족은 아버지의 죽음과 더불어 부족사회에서 사라지는 셈이다.

만약 이 책에서 도달한 결론이 옳다면, 현재 팔라우 제도의 사회 · 종교 상태, 적어도 최근 상태는 고대 서아시아와 이집트의 사회 · 종교 상태와 몇 가지 측면에서 흥미로운 유사점을 보여준다. 우리는 두 지역에서 모두 모계근친제에 기반을 둔 사회에서 발달한 종교는 원래 씨족의 여신들이 으뜸가는 지위를 차지하는 종교였음을 본다. 하지만 후대에 이르러 씨족들이 국가에 통합됨에 따라 옛 여신들이 확장된 만신전(萬神殿)의 새로운 남신들에게 도전을 받아 일정 정도 밀려나게 된 것이다. 그러나 팔라우 섬 사람들의 종교에서는 카시스족과 고대 이집트인처럼 힘의 균형이 여신에서 남신으로 완전히 이동한 적이 없는데, 그 까닭은 사회 자체가 모계근친제에서 부계근친제로 옮겨가지 않았기 때문이다. 또, 우리는 고대 동방에서처럼 팔라우 제도에서도 정치권력의 흐름이 강하게 신권정치(神權政治)를 지향하고 있음을 본다. 신권정치란 백성이 신의 이름으로 통치권을 주장하는 사람들에게 일처리를 맡기는 정치를 가리킨다. 만약 자연스러운 진화과정이 유럽의 간섭으로 중단되지 않았더라면, 팔라우 제도에서도 그런 사람들이 바빌론과 이집트에서 그랬던 것처럼 신성한 왕으로 발전했을 것이다.

서로 매우 멀고 매우 다른 종족인 카시스족과 팔라우 섬 사람들의 모습에서 확인한 증거에 비추어볼 때, 모계근친제가 종교에 실질적으로 깊은 영향을 미친다는 사실이 충분히 입증된다. 그러나 이 주제와 관련하여 흔히 생기는 오해를 없애기 위해 독자는 다음 사실을 상기하거나 알아두는 것이 좋을 것이다. 곧, 모계만을 통해 혈통을 잇고 재산을 물려주는 풍습이 고대에 널리 퍼져 있었다 하더라도, 그 풍습을 지키는 부족의 통치권이 여성의 손에 있지는 않았다는 것이다. 간단히 말해서, 모계근친제가 모권통치제를 수반하는 것은 아니라는 사실을 항상 명심해야 한다. 반대로 모계근친제의 관습은 가장 미개한 종족들 사이에 널리 퍼져 있는데, 그들에게 여성은 남성을 지배하기는커녕 늘 남성의 뒤치다꺼리나 하는, 흔히 노예보다 별로 나을 바 없는 존재이다. 참으로 그 제도는 여성의 어떠한 사회적 우월성과도 무관하며, 오히려 여성에게는 가장 비천한 처지라고 할 수 있는 상태, 곧 성관계가 너무나 방종하고 모호해서 특정한 남자를 아이의 아버지로 확정할 수 없는 사회적 상태로 인해 생겨난 제도로 보인다.

순수한 미개상태에서 벗어나 재산, 특히 토지재산의 축적이 사회정치적 영향력의 강력한 수단이 되는, 더 고도한 문화 수준으로 눈길을 돌려보면, 모계근친제를 선호하는 모든 곳에서 그 제도가 여성의 지위를 높이고 권위를 강화하는 경향을 보인다는 사실을 자연스럽게 발견할 수 있다. 여성의 지위 강화는 왕족들에게서 가장 두드러지는데, 그 경우 여성은 재산과 왕권을 스스로 장악하거나 최소한 배우자나 자식들에게 양도해 줄 수 있는 지위를 갖는다. 그러나 여성의 이러한 사회적 진보가 남성 전체를 정치적 종속자의 지위로 두는 데까지 진행된 적은 없었다. 혈통과 재산에 관한 한 모계근친제가 가장 완전하게 지배했던 곳에서조차 실질적인 통치권은 일반적으로, 꼭 불변적인 것은 아니더라도, 남성의 수중에 머물러 있었다. 물론 예외가 있었다. 때때로 순전히 인물 됨됨이만으로 한때 자기 민족의 운명을 지배한 여성이 등장하기도 했다. 그러나 그러한 예외는 드물뿐더러 그 영향도 일시적이다. 그것은 과거에 주로 남성이 자신들의 힘과 지혜로 인간사회를 지배하였고, 인간의 본성이 변하지 않는 한 미래에도 그럴 것이라는 일반법칙의 진리성에 영향을 미치지 못한다.

정교한 모계근친제를 시행하는 카시스족도 이 점에서 예외가 아니다. 그들은 토지재산을 여성을 통해 전승하고 여성만 그것을 보유하지만, 정치권력은 사실상 여성을 통해 전승하기는 해도 남성이 보유한다. 다시 말해서 카시스 부족들은 단 한 부족 외에는 전부 여왕이 아니라 왕이 통치한다. 그리고 명목상 여성이 통치하는 한 부족도 실권은 현직 여왕 또는 여자 대제사장이 그 아들이나 조카, 심지어 더 먼 남자 친척에게 위임한다. 다른 부족들은 모계 쪽 남자 상속자가 왕위를 계승할 수 없을 때에만 여자가 왕위를 보유한다. 그러므로 모계근친제는 모권통치제를 수반하는 것이 아니다. 카시스족의 왕은 어머니의 권한으로 왕권을 계승하지만, 자기 자신의 권한으로 그것을 행사한다. 이와 비슷하게, 팔라우 섬 사람들은 모계근친제에도 불구하고 여자 추장이 아니라 남자 추장의 지배를 받는다. 여자 추장이 존재하고 간접적으로 많은 영향력을 행사하는 것은 사실이지만, 그들의 권한은 여성의 일, 특히 남자들의 클럽이나 모임에 상응하는 여자들의 클럽이나 모임을 주관하는 일에 국한된다. 또다른 예를 들어보자. 카시스족이나 팔라우 섬 사람들과 마찬가지로 멜라네시아족은 모계근친제에 따라 모계 혈통의 족외혼 씨족들로 구분되어 있다. "그러나 결코 어머니가 가장이 아니라는 것을 알아야 한다. 가족이 사는 집은 아버지 것이고, 정원도 그의 것이며, 통치와 지배도 그가 하는 것이다."

군주제 아래에서 고대적인 모계근친제를 견지하는 민족들에게 그러한 관습은 동일했다고 보아도 무방할 것이다. 예컨대 아프리카에서는 추장이나 왕의 직책을 종종 모계를 따라 전승하지만, 그 직책을 물려받는 것은 여자가 아니라 남자다. 여인정치의 이론은 공상가와 현학자들의 몽상에 지나지 않는다. 또, 카시스족과 같은 모계근친제 사회에서 나타나는 여신의 우월적 지위가 단지 여성적인 사고의 창조물에 불과하다는 생각도 마찬가지로 터무니없는 것이다. 만약 여성이 신을 창조했다면, 그들은 신에게 여성적인 특징보다 남성적인 특징을 부여했을 가능성이 더 클 것이다. 실제로 세상에 영속적인 영향을 미쳐온 위대한 종교적 이상들은 언제나 남성적인 상상력의 산물이었던 것으로 보인다. 남자가 신들을 만들고 여자가 그들을 숭배하는 것이다. 모계근친제와 조상 숭배의 결합은 그러한 조건들이 지배적인 사회상황에서 나타나는, 남신에 대한 여신의 우월성을 간단하고도 충분하게 해명해 준다. 그런 상황에서 사람들은 당연히 자기네 혈통의 시조인 여자 조상을 으뜸가는 신앙의 대상으로 삼게 되는 것이다.

15장
디오니소스

우리는 앞의 여러 장에서 고대에 서아시아와 이집트의 문명국들이 계절의 변화, 특히 연례적인 식물의 성장과 소멸을 신들의 삶에서 일어나는 삽화적인 사건들로 이해하고, 그들의 슬픈 죽음과 기쁜 부활을 통곡과 환희가 교차하는 연극적인 의식으로 기념한 것을 살펴보았다. 그러나 그 기념의식은 형식상으로는 연극적이지만 내용상으로는 주술적이었다. 말하자면 그것은 공감주술의 원리에 의거하여 겨울의 내습으로 위협을 겪던 식물의 소생과 동물의 번식을 보장하기 위한 것이었다. 그러나 고대세계에서 그러한 생각과 의식은 결코 바빌론과 시리아, 프리지아와 이집트 같은 동양 민족들에게만 국한된 것이 아니었다. 그것은 몽상적인 동방의 종교적 신비주의의 특유한 산물이 아니며, 에게 해 해안과 섬지방에 거주하던, 더 활발한 상상력과 더 쾌활한 기질을 지닌 종족들에게도 나타난다.

디오니소스(Dionysos) 또는 바쿠스(Bacchus)는 포도나무의 화신으로, 포도주를 먹고 느끼는 환희의 화신으로 가장 잘 알려져 있다. 황홀경에서 벌어지는 그의 숭배의식은 거친 무용과 짜릿한 음악, 마음껏 마시고 취하는 것이 특색인데, 음주에 탐닉한 것으로 유명한 트라키아의 미개부족들에게서 유래한 것으로 보인다. 그의 신화와 의식이 오시리스의 그것과 유사하다는 점 때문에, 고대와 현대의 몇몇 연구자들은 디오니소스가 이집트에서 그리스로 직수입한 변장한 오시리스에 지나지 않는다고 주장하기도 했다. 그러나 트라키아(Thracia) 기원설을 뒷받침하는 증거가 훨씬 더 많으며, 두 숭배의식의 유사성은 양자의 밑바탕에 놓인 관념과 풍습의 유사성으로 충분히 해명된다.

포도송이가 달린 포도나무가 디오니소스를 가장 극적으로 특징짓는 표현물이지만, 그는 나무 전체의 신이기도 했다. 이를테면 우리는 거의 모든 그리스인이 '나무의 디오니소스'에게 희생제물을 바쳤다는 이야기를 듣는다. 보이오티아에서는 그를 '나무 속의 디오니소스'라고 부르기도 했다. 그의 신상은 종종 팔이 없는 똑바른 기둥에 망토를 걸치고, 머리를 나타내는 턱수염 달린 가면을 쓰고, 머리나 몸통에서 잎이 무성한 나뭇가지가 뻗어나온 모습을 하고 있는데, 이 모든 것이 그 신의 성격을 이야기해 주고 있다.

나아가 극히 적지만 몇 가지 중요한 시사점에 따르면, 디오니소스를 농업과 곡식의 신으로 간주하였던 것으로 보인다. 그는 스스로 농사를 지었다고 전한다. 또, 예전에 손으로 끌던 쟁기를 황소가 끌게 한 최초의 인물로 알려져 있다. 어떤 사람들은 이 전설에서, 앞으로 살펴보겠지만, 그가 종종 숭배자들에게 소의 형상으로 나타났다고 해석할 만한 실마리를 찾았다. 디오니소스는 이와 같이 보습을 끌고 씨를 뿌리고 다니면서 농사꾼들의 노고를 덜어주었다고 한다. 또, 트라키아 부족 중 하나인 비살타이(Bisaltae)족의 땅에는 거대하고 아름다운 디오니소스 신전이 있었는데, 그의 제전이 벌어질 때면 신이 내려준 풍성한 수확의 표시로 밤중에 거기에서 밝은 빛이 비쳤다고 한다. 그러나 그 해에 흉년이 들면, 그 신비로운 빛은 보이지 않고 여느 때처럼 어둠이 신전을 덮었다고 한다. 아울러 디오니소스의 상징 중에는 키, 곧 커다랗게 트인 삽 모양의 바구니가 있다. 오늘날까지 농부들은 이것으로 곡식을 까불러 겨를 가려내는 데 이용하고 있다. 이처럼 소박한 농기구가 디오니소스의 신비한 의식에 등장했다. 실제로 이 신은 태어날 때 키를 요람 삼아 그 속에 누워 있었다고 전한다. 미술작품에서 그는 그와 같이 키 속에 누운 아기로 표현된다. 이러한 전설과 표현물로부터 '키의 사내(Liknites)'라는 별명이 생겨났다.

사람들은 디오니소스가 폭력적으로 살해당했다가 다시 살아났다고 믿었다. 그리고 그의 고난과 죽음, 부활을 신성한 의식에서 재연하였다. 시인 논누스(Nonnus)가 전하는 그의 비극적인 설화는 이렇다. 제우스가 뱀의 형상으로 페르세포네를 찾아갔다. 그녀는 자그레우스(Zagreus), 곧 뿔 달린 아기인 디오니소스를 그에게 낳아주었다. 아기는 태어나자마자 아버지인 제우스의

왕좌에 올라 그 위대한 신을 흉내내어 조그만 손으로 번개를 휘둘렀다. 그러
나 그는 왕좌를 오랫동안 차지하지 못했다. 왜냐하면 얼굴에 백묵을 칠한 반
역자 티탄(Titan)들이 그가 거울을 보고 있을 때 칼을 휘두르며 습격했기 때문
이다. 한동안 그는 제우스 · 크로노스 · 젊은이 · 사자 · 말 · 뱀 따위로 연이
어 모습을 바꿈으로써 그들의 공격을 피했다. 그러다가 마지막에 황소의 형
상으로 변했을 때 적들의 흉악한 칼에 토막이 났다. 피르미쿠스 마테르누스
(Firmicus Maternus)*가 전하는, 크레타의 신화는 다음과 같다. 그는 크레타 왕
유피테르(Jupiter)의 서자였다. 유피테르는 해외에 나가면서 왕좌와 왕홀을
어린 디오니소스에게 넘겨주었다. 그러나 자기 아내 유노(Juno)가 아이에게
질투 섞인 증오심을 품고 있는 것을 알고, 충성심을 믿을 만한 호위대에게 디
오니소스를 돌보도록 맡겼다. 그러나 유노는 호위대를 매수하고 딸랑이와
교묘하게 만든 거울로 아이의 환심을 산 다음 덤불숲으로 유인했다. 거기서
그녀의 하수인인 티탄들이 그를 습격하여 사지를 토막낸 뒤, 여러 가지 향초
를 넣고 몸뚱아리를 삶아서 먹어치웠다. 그러나 그 행동에 가담한 누이 미네
르바(Minerva)가 그의 심장을 보관했다가 유피테르가 돌아왔을 때 그것을 주
면서 범죄의 경과를 낱낱이 폭로했다. 분노한 유피테르는 티탄들을 고문해
서 죽이고, 아들을 잃은 슬픔을 달래기 위해 아이의 심장을 집어넣은 조상(彫
像)을 만들고 그를 기리는 신전을 세웠다. 이 이야기는 유피테르와 유노(제우
스와 헤라)를 크레타의 왕과 왕비로 묘사함으로써 신화에 에우헤메리즘**적
인 전환을 부여하고 있다. 이야기 중에 언급된 호위대는 아기 디오니소스를
둘러싸고 전쟁춤을 추었던 신화 속의 쿠레테(Curete)인들이다. 이들은 아기
제우스를 둘러싸고서도 그렇게 했다고 전한다. 매우 주목할 만한 사실은 논
누스와 피르미쿠스의 기록에서 똑같이 디오니소스가 유년기에 짧은 기간 동
안 아버지 제우스의 왕좌를 차지했다는 이야기가 나온다는 것이다. 그래서

---

*4세기에 기독교로 개종한 피르미쿠스는 이교도의 방식에 비난을 가했는데, 그렇게 함으
로써 자기가 그토록 단죄하고자 한 풍습을 전하는 귀중한 정보원이 되었다.

**에우헤메리즘은 모든 신에 대해 그들이 원래는 이런저런 시대의 위대한 인간들이었다
가 추후에 신격화된 것이라고 믿는 견해다. 이는 서기 3세기에 메시나 사람 에우헤메로스
(Euhemeros)가 자신이 쓴 『신성한 역사 Sacred History』에서 처음으로 주장하였다.

프로클루스(Proclus)는 이렇게 말한다. "디오니소스는 제우스가 임명한 신들의 마지막 왕이었다. 그의 아버지는 그를 왕좌에 앉히고 그 손에 왕홀을 쥐여준 다음, 세상 모든 신들의 왕으로 삼았다." 이러한 전설은 아버지 대신 왕자를 희생시키기 위한 사전준비로서 왕자에게 임시로 왕의 권위를 부여하는 풍습을 암시한다.

신화에서 의식으로 시선을 돌려보자. 크레타인들은 2년마다 제전을 거행하여 디오니소스의 수난을 상세하게 재현했다. 마지막 순간에 그가 행하거나 겪은 모든 것이 숭배자들의 눈앞에서 재연되었다. 숭배자들은 살아 있는 황소를 이빨로 갈갈이 찢고 미치광이 같은 고함을 지르며 숲 속을 돌아다녔다. 그리고 그들 앞으로 디오니소스의 심장이 들어 있다는 작은 상자를 운반해 오면, 피리와 심벌즈의 요란한 음악소리에 맞추어 아기 신을 죽음으로 이끈 딸랑이 소리를 흉내냈다. 부활이 신화의 일부를 이루는 곳에서는 그것 역시 의식으로 재연하였다. 심지어는 일반적인 부활의 교리, 또는 최소한 영생의 교리를 숭배자들에게 주입하기도 했던 것 같다. 어린 딸의 죽음으로 슬픔에 잠긴 자기 부인을 달래는 글에서, 플루타르코스가 전설에서 가르치고 디오니소스의 신비의식에서 계시한 영혼불멸의 사상으로 그녀를 위로하고 있기 때문이다.

디오니소스의 신화적 성격 중에 언뜻 보아 식물의 신이라는 성격과 어울리지 않아 보이는 한 가지 특징은 그를 종종 동물의 형상, 특히 황소의 형상이나 최소한 황소뿔이 달린 모습으로 상상하고 표현한다는 것이다. 그래서 그를 '암소가 낳은 자', '황소', '황소 형상을 한 자', '황소 얼굴을 한 자', '황소 이마를 지닌 자', '황소뿔이 달린 자', '뿔 달린 자', '뿔이 두 개 난 자', '뿔이 난 자' 따위로 부르기도 한다. 그가 적어도 가끔은 황소 모양을 하고 나타난다고 믿었던 것이다. 종종 키지쿠스(Cyzicus)에서처럼 그의 신상을 황소 모양이나 황소뿔이 달린 모양으로 만들기도 했다. 그의 그림에도 뿔을 그려넣었다. 여러 종류의 뿔 달린 디오니소스를 현존하는 고대 유물에서 발견할 수 있다. 어떤 소상(小像)에서는 황소 가죽을 걸치고 머리와 뿔, 발굽을 아래로 늘어뜨린 모습으로 나오기도 한다. 또, 포도송이를 이마에 두르고 뿔 돋은 송아지 머리를 뒤통수에 붙인 아이의 모습으로도 나타난다. 어떤 붉은 무늬 꽃병에서는 여인의 무릎에 앉은, 송아지 머리를 한 어린아이 모습으로 묘사하고 있다. 서북부 아르카디아(Arcadia)의 키나이타(Cynaetha) 사람들은 겨울에 디오니소스 제전을 열었는데, 그때가 되면 일부러 몸에 기름을 바른 남자들이 소 떼 중에서 황소를 한 마리 골라 신전에 데려왔다. 디오니소스는 그들이 특정한 황소를 선택할 때 영감을 주는 것으로 알려졌는데, 그 황소는 아마도 신 자신을 상징한 듯하다. 왜냐하면 그가 자기 제전에 황소 형상으로 나타난다고 믿었기 때문이다. 엘리스(Elis)의 여자들은 그를 황소라고 부르며 그가 황소의 다리를 하고 오기를 기원했다. 그들은 이렇게 노래했다. "이리 오라, 디오니소스여. 바닷가 거룩한 그대 신전으로. 미의 여신들을 데리고 그대 신전으로 오라, 그대 황소 발로 달려서. 아, 멋진 황소, 멋진 황소여!" 트라키아의 바쿠스 신도들은 자기네 신을 모방하여 뿔을 머리에 달았다. 살아 있는 황소와 송아지를 뜯어먹는 것은 디오니소스 의식의 관례적인 특색이었던 것으로 보인다. 이 신을 황소나 황소의 몇몇 특징을 지닌 존재로 묘사하는 관습, 그가 신성한 의식에서 숭배자들에게 황소 형상으로 나타났다는 믿음, 또 그가 황소 형상으로 갈갈이 찢겨 죽었다는 전설 따위를 고려할 때, 그의 제전에서 살아 있는 황소를 뜯어먹는 숭배자들은 의심할 나위 없이 그들 자신이 신을 죽이고 그 살코기를 먹고 그 피를 마신다고 믿은 것이 분명하다.

디오니소스가 형상을 빌린 또다른 동물은 염소로, 그의 이름 가운데 하나가 바로 '새끼 염소'였다. 그는 아테네와 헤르미온(Hermion)에서 '검은 염소 가죽을 걸친 자'라는 호칭으로 숭배를 받았는데, 전설에 따르면 언젠가 그가 염소가죽을 걸치고 출현한 적이 있어 그 호칭이 생겨났다는 것이다. 플리우스(Phlius)의 포도재배 지역은 지금도 가을이면 시들어가는 포도나무의 붉은 황금색 잎사귀가 들판을 빽빽하게 뒤덮는데, 옛날에는 거기에 염소 동상이 서 있었고, 농부들이 포도나무의 병충해를 막는 수단으로 황금잎사귀를 그 동상에 덕지덕지 붙여놓았다고 한다. 그 동상은 아마도 포도나무의 신을 상징했을 것이다. 헤라의 진노로부터 어린 디오니소스를 구해내기 위해 아버지 제우스는 그를 새끼 염소로 변신시켰다. 그리고 신들이 티폰의 분노를 피해 이집트로 도망갔을 때, 디오니소스는 염소로 변신했다. 따라서 살아 있는 염소를 갈기갈기 찢어 날것으로 먹을 때, 그의 숭배자들은 자신들이 그 신의 살과 피를 먹고 있다고 믿은 것이 틀림없다.

앞으로 더 자세히 살펴보겠지만, 동물 형상의 신을 살해하는 풍습은 인류 문화의 맨 첫 단계에 속하기 때문에 후대에 이르러 잘못 이해하기가 쉽다. 사상의 진보는 과거의 동물신과 식물신에게서 그 동물적·식물적 외피를 벗겨내고 (항상 그 관념의 핵심인) 인간적 속성을 최후의 단일한 잔여물로 남기는 경향이 있다. 다시 말해서 동물신과 식물신을 순수하게 인격화하는 경향이 있다. 거의 또는 완전히 그렇게 되었을 때, 애초에 신 자신이던 동식물은 거기에서 발전해 나온 인격적인 신과 여전히 모호하고도 이해하기 어려운 연관성을 유지한다. 신과 동식물의 원래 관계가 잊혀지고, 그것을 설명하기 위해 갖가지 설화를 창안하기 때문이다. 이러한 설명은 그 근거가 신성한 동식물에 대한 관례적인 처리냐 예외적인 처리냐에 따라 두 가지 방향 중 하나를 따라간다. 신성한 동물은 보통 살려주었고 단지 예외적으로만 살해했다. 따라서 어째서 그것을 살려주는지, 아니면 어째서 살해하는지를 설명하기 위해 신화를 고안하였을 것이다. 전자의 목적으로 고안한 신화는 그 동물이 신에게 기여한 어떤 공로를 이야기할 것이다. 후자의 목적으로 고안한 신화는 그 동물이 신에게 끼친 어떤 피해를 이야기할 것이다. 디오니소스에게 염소를 희생제물로 바치는 이유는 후자와 같은 종류의 신화를 예시한다. 염소가 포도나무를 상하게 하기 때문에 그에게 제물로 바친다는 것이다. 그런데 이미 살펴보았듯이 염소는 원래 신 자신의 화신이었다. 그러나 신이 자신의 동물적 성격을 벗어던지고 본질적으로 인격적인 존재가 되면서, 그의 숭배의식에서 염소를 죽이는 행위를 더 이상 신 자신의 살해가 아니라 그에게 바치는 희생으로 간주하기에 이르렀다. 그리고 특정한 염소를 희생물로 바치는 이유가 있어야 했기 때문에, 신이 특별히 배려하던 포도나무를 염소가 상하게 했으므로 벌을 내리는 것이라고 주장하게 된 것이다. 그래서 우리는 신이 자기 자신의 적이라는 이유로 자기 자신에게 제물로 바쳐지는 희한한 광경을 보게 된다. 그런데 신은 자신에게 바쳐진 제물을 먹는다고 하므로, 제물이 과거의 신 자신이라면 결론적으로 신은 자기 자신의 살을 먹는 셈이다. 따라서 염소신 디오니소스는 염소의 생피를 먹는 것으로 이야기되며, 황소신 디오니소스는 '황소를 먹는 자'로 일컬어진다. 이러한 사례를 통해 우리는 어떤 신을 특정한 동물을 먹는 자로 묘사할 때에는 언제나 문제의 동물이 원래 신 자신이 었다고 유추할 수 있다.

어떤 곳에서는 동물 대신 인간을 디오니소스 의식 때 갈갈이 찢었다는 사실을 언급할 필요가 있다. 이는 키오스(Chios)와 테네도스(Tenedos)의 풍습이었다. 보이오티아의 포트니아이(Potniae)에서는 염소 잡는 디오니소스에게 어린아이를 제물로 바치는 것이 관습이었다가 나중에 염소로 대체했다는 전설이 있었다. 이미 살펴보았듯이, 오르코메노스에서는 옛 왕족 가문의 여자들 중에서 인간 제물을 선정했다. 살해당한 황소나 염소가 살해당한 신을 상징했듯이, 인간 제물도 그를 상징한 것이라고 볼 수 있을 것이다.

디오니소스 의식을 반대하다가 각기 바쿠스 신도와 말들에게 갈갈이 찢겨 죽었다는 펜테우스(Pentheus) 왕과 리쿠르고스(Lykurgos) 왕*의 죽음에 관한 전설은, 이미 시사한 것처럼 신성한 왕을 디오니소스의 신분으로 희생시키고 그 산산조각 난 시체토막을 밭에 뿌려 풍요를 기원하던 풍습의 흔적이 변형되어 남은 것일 수 있다. 트라키아 부족인 에도니아(Edonia)인들의 왕이던 리쿠르고스를 오랜 흉작과 기근 뒤에 땅의 비옥함을 되살릴 목적으로 신하들이 신탁의 명령에 따라 여러 마리 말에 묶어 갈갈이 찢어 죽였다는 전설이 분명하게 전한다. 그 전설에는 있을 법하지 않은 요소가 전혀 없다. 앞서 살펴보았듯이, 아프리카와 세계의 다른 지역에서는 왕과 추장들이 종종 비슷한 이유로 백성들에게 살해당했다. 또, 리쿠르고스 왕이 광기가 발작하여 자기 아들 드리아스(Dryas)를 포도나무 가지로 잘못 알고 도끼로 쳐죽였다는 설화는 중요한 의미를 지닌다. 이 전설에서 아버지 대신 왕자를 희생시키던 풍습의

---

*펜테우스는 테베의 통치자로서 디오니소스 숭배를 억압하려다가 그 종교에 빠진 자기 어머니 아가베(Agave)에게 고통스럽게도 사지가 찢겨 죽는 보복을 당했다. 리쿠르구스는 드리아스의 아들로 디오니소스를 바다로 몰아냈다가 나중에 눈이 멀었다. 테베의 신화에는 주목할 만한 대칭성이 나타나는바, 그 도시의 창건자인 카드모스(Kadmos)의 손자 세 사람이 모두 갈갈이 찢겨 죽은 것으로 되어 있다. 디오니소스(어머니는 세멜레), 악타이온(Aktaeon, 어머니는 아우토노에), 펜테우스가 그들이었다. 악타이온은 아르테미스가 목욕하는 것을 훔쳐보다가 그녀의 사냥개들에게 찢겨 죽은 바 있다. 그러한 불운은 신화나 전설에 드물지 않게 나온다. 그러한 경우를 우리는 '찢는 것'을 의미하는 그리스어 'sparagmos'를 따서 'sparagmatic'이라는 형용사로 지칭한다.

흔적이 보이지 않는가?

선사시대에 그리스와 트라키아의 왕이나 왕자들이 토지를 비옥하게 하거나 포도나무의 성장을 촉진할 목적으로 포도나무신 또는 곡물신의 신분으로 사지를 절단당했을 것이라는 이론은, 오늘날에 이르기까지 디오니소스의 원래 본거지인 트라키아에서 디오니소스 신화와 의식의 몇 가지 가장 두드러진 특색을 놀랄 만큼 충실하게 재현하는 연극을 해마다 상연하고 있다는 사실이 최근에 발견됨으로써 어느 정도 확증을 얻었다.*

아드리아노플(Adrianople)과 콘스탄티노플 중간쯤에 자리잡은 트라키아의 한 도시 비자(Viza, 고대의 Bizya)를 둘러싸고 모여 있는 모든 기독교 마을에서는 해마다 디오니소스 의식의 직접적인 계승이라고 간주할 수 있는 그 연극을 사육제 기간에 상연한다. 고대에 이 도시는 트라키아 부족인 아스티(Asti) 족의 도읍이었다. 왕실의 궁궐이 그곳에, 아마도 아크로폴리스 자리에 있었던 것 같은데, 그 아름다운 성벽의 유적이 아직까지 남아 있다. 오늘날 도시에 보존되어 있는 비문들은 옛 왕들의 이름을 일부 기록하고 있다. 연극을 상연하는 날짜는 그 지방에서 말하는 이른바 '치즈 월요일', 곧 사육제 마지막 주간의 월요일이다. 연극의 주요 부분은 염소 가죽으로 분장한 두 사람이 연기한다. 그들은 각기 염소 통가죽으로 만든 머리장식을 쓰는데, 통가죽에 속을 채워 뾰족한 모자처럼 머리 위로 30센티미터 이상 솟아오르게 걸치고 가죽을 얼굴에 내려뜨린 뒤, 눈과 입 부분에 구멍을 뚫어 가면을 만든다. 가죽을 걸친 두 연기자 중 한 사람은 활을 들고, 다른 사람은 나무로 깎아 만든 남자 생식기 형상을 든다. 이 두 사람은 모두 기혼자여야 한다. 또, 소녀 옷차림을 한, 이따금 신부로 불리는 두 미혼 소년이 연극에 가담한다. 그리고 누더기를 걸친, 노파로 분장한 한 남자가 가짜 아기를 바구니에 담아 들고 나온다. 그 아기는 아버지가 분명하지 않은 칠삭둥이 서출 자식으로 상정된다. 장

---

*그 트라키아 의식은 D. M. 호킨스(D. M. Hawkins)가 1906년에 *Journal of Hellenic Studies*에 상세히 기록하였다. 그것을 윌리엄 리지웨이(William Ridgeway)가 채택하여 그의 *The Origin of Attic Theatre*(Cambridge, 1910)에서 주술극(呪術劇) 이론의 중심내용으로 변형하였다.

래가 유망한 이 아기를 사람들 앞에 담아 보여주는 바구니는 '키'를 뜻하는
고어 명칭('*Liknon*'의 축약형인 '*Likni*')을 지니며, 아기 자신은 고대에 디오니
소스에게 사용했던 '키의 사내〔리크니테스(*Liknites*)〕라는 호칭을 부여받는
다. 누더기를 입고 검게 칠한 얼굴에 단단한 곤봉으로 무장한, 다른 두 배우
는 집시사내와 그 부인 역을 한다. 그외에도 칼과 채찍으로 무장한 순경 역을
하는 사람이 여럿 더 나온다. 거기에다 백파이프로 음악을 연주하는 남자를
하나 더하면 극단이 완전하게 갖추어진다.

　가장배우들의 면면은 이렇다. 자신들의 조촐한 연극을 상연하는 날 아침에
그들은 집집마다 다니며 빵이나 계란, 돈 따위를 걷는다. 염소 가죽을 걸친
가장배우 두 명이 집마다 문을 두드리면, 소녀로 분장한 소년들이 춤을 추는
가운데 집시사내와 부인이 집 앞에 쌓아놓은 짚더미 위에서 외설적인 무언극
을 연기한다. 이와 같이 마을의 집을 모두 방문하고 나면 극단은 마을 교회
앞 광장에 자리를 잡는다. 거기에는 벌써 온 마을사람들이 공연을 보러 몰려
와 있다. 모든 배우가 손에 손을 잡고 한바탕 춤을 추고 난 뒤, 염소 가죽을
걸친 가장배우 두 명이 물러나며 자리를 집시들에게 넘겨준다. 그러면 이들
은 대장간에서 보습을 만드는 시늉을 한다. 남자는 보습날에 망치질을 하고,
여자는 풀무질을 하는 흉내를 낸다. 이 시점에서 노파의 아기는 빠르게 성장
하여 고기와 술을 엄청나게 먹어대며 마누라를 얻어달라고 떼를 쓰는 것으로
상정된다. 그때 염소 가죽을 걸친 남자 하나가 신부로 가장한 두 배우 중 하
나를 쫓아가서 붙잡고 가짜 결혼식을 올린다. 진짜 결혼식을 희화적으로 본
뜬 혼례식이 끝나면 가짜 신랑은 동료가 쏜 활을 맞고 죽은 듯이 고꾸라진다.
그러면 그 살해자는 칼로 그의 가죽을 벗기는 시늉을 한다. 그러나 피살자의
부인이 죽은 남편을 위해 큰소리로 통곡을 하면서 쓰러진 시신 위에 가로질
러 엎어진다. 이와 함께 살해자 자신과 모든 배우가 다같이 통곡한다. 이윽고
이들은 기독교식 장례의식을 희화적으로 진행한다. 그리고 나서 가짜 시체
를 마치 무덤으로 운반하듯이 들어올린다. 그러나 이때 죽은 사람이 갑자기
소생하여 벌떡 일어남으로써 장례 준비는 엉망이 된다. 이렇게 해서 죽음과
부활의 연극이 끝난다.

　트라키아 왕들의 옛 도읍지와 그 주변에서 지금도 해마다 열리는 이러한

의식에는 고대 트라키아의 신 디오니소스의 의식과 아주 유사한 부분이 여럿 보인다. 주연 배우들이 염소 가죽으로 분장하는 것은 디오니소스와 염소를 동일시했던 것을 상기시킨다. 아기를 키 속에 눕히고 그 기구를 따서 이름지은 것은 여러 전설과 유적에서 아기 디오니소스를 그와 비슷하게 눕히고 이름지었다고 표현하는 것과 정확히 부합한다. 아기를 아버지가 분명하지 않은 칠삭둥이 서출이라고 상정하는 것은 디오니소스가 인간의 여인과 신비한 신적인 아버지가 밀통하여 태어난 조숙한 칠삭둥이였다는 전설과 정확히 일치한다. 고대 디오니소스 의식을 특징짓는 조악한 생식력의 상징이 현대의 연극에도 똑같이 등장한다. 그리고 똑같은 염소 가죽을 걸친 연기자의 모의 살해와 부활은 디오니소스 신 자신의 전설적인 살해와 부활에 비길 수 있을 것이다.

16장
데메테르와 페르세포네

디오니소스는 식물의 쇠락과 소생을 반영하는 것으로 보이는, 비극적인 설화와 의식을 지닌 유일한 그리스 신이 아니었다. 데메테르(Demeter)와 페르세포네(Persephone)의 신화는 그 오래된 설화를 또다른 형태와 상이한 응용 사례를 통해 재현하고 있다. 내용면에서 그들의 신화는 시리아의 아프로디테(아스타르테)와 아도니스, 프리지아의 키벨레와 아티스, 이집트의 이시스와 오시리스 신화와 동일하다. 아시아와 이집트의 닮은꼴 신화에서처럼, 그리스 신화에서도 여신이 사랑하는 이의 죽음을 애도하며, 그 사랑하는 이는 겨울에 죽고 봄에 되살아나는 식물, 특히 곡물의 화신이다. 다만 동양적 상상력은 사랑하는 죽은 이를 정부나 부인의 애도를 받는 연인이나 남편으로 상정한 반면에, 그리스적 상상력은 비탄에 잠긴 어머니의 애도를 받는 딸이라는, 더 부드럽고 더 순수한 형태로 똑같은 관념을 구체화했다.

데메테르와 페르세포네의 신화를 서술한 가장 오래된 문헌은 비평가들이 기원전 7세기 것으로 추정하는 호메로스의 아름다운 시편 『데메테르 찬가 *Hymn to Demeter*』다. 이 시의 목적은 엘레우시스(Eleusis) 밀교의식(密敎儀式)*의 기원을 설명하려는 것이다. 그런데 시인이 후대에 그 제례에서 두드러

---

*엘레우시스는 아테네 서쪽 약 50킬로미터 지점의 샤론 만 어귀의 그리스 마을이다. 고대에 그곳은 신성한 도로로 도시와 결합되어 그 신자들의 은밀한 종교의식의 본거지가 되었다. 이 숭배의식의 초점은 프레이저가 이 장에서 살펴보고자 하는 신비극의 연례적인 공연에 있다.

진 역할을 한 아테네와 아테네인들에 대해 전혀 언급하지 않는 것으로 미루어, 그 찬가는 엘레우시스가 아직 소독립국이던 오랜 옛적에, 곧 밀교의식의 장엄한 행렬이 9월의 찬란한 햇빛을 받으며 엘레우시스의 곡식평야와 더 넓은 아테네 평야의 올리브 재배지를 가르는 불모의 낮은 바위산맥을 넘어 행진하기 이전에 작성된 것으로 보인다. 어쨌든 찬가는 두 여신의 성격과 역할에 관해 작가가 품었던 생각을 우리에게 드러내 보여준다. 시인은 얇은 베일에 싸인 듯한 그들의 모습을 있는 그대로 시로 형상화하여 선명하게 표현하고 있다.

이야기는 이렇게 전개된다. 젊은 페르세포네가 푸른 초원에서 장미와 백합, 크로커스와 제비꽃, 히아신스와 수선화를 꺾고 있을 때 대지가 갈라지며 사자의 왕 플루토(Pluto)가 그 심연에서 나타나 그녀를 자기 신부이자 지하세계의 왕비로 삼기 위해 황금마차에 싣고 데려갔다. 슬픔에 잠긴 그녀의 어머니 데메테르는 황금색 머릿단을 검은 상복 두루마기로 감싸고 땅과 바다를 누비며 딸을 찾다가 태양에게서 그녀의 운명을 전해 듣고 크게 노해서 신들을 멀리하고 엘레우시스에 거처를 정했다. 거기에서 여신은 노파로 변장하고 '처녀의 샘물'가에 있는 올리브 나무 그늘 아래 슬픈 기색으로 앉아 있다가 청동 주전자를 들고 물 길러 나온 왕의 딸들에게 발견되었다. 딸을 여읜 데 대한 분노로 여신은 씨앗이 자라지 못하도록 땅밑에 파묻혀 있게 했으며, 잃어버린 딸을 되찾을 때까지는 올림포스에 발을 들여놓지 않는 것은 물론 다시는 곡식이 싹트게 하지 않겠다고 맹세했다. 황소들이 밭에서 쟁기를 이리저리 끌고, 파종꾼들이 갈색 밭고랑에 보리씨를 뿌렸으나 허사였다. 바싹 말라 바삭거리는 땅에서는 아무것도 솟아오르지 않았다. 황금색 수확물이 물결치던 엘레우시스 부근의 라리아 평야조차도 하릴없이 헐벗은 채 드러누워 있었다. 만약 제우스가 깜짝 놀라서 플루토에게 포획물을 도로 내놓도록, 곧 그의 신부 페르세포네를 어머니 데메테르에게 되돌려주도록 명령하지 않았더라면, 인류는 기근으로 멸망하고 신들은 자기 몫의 제물을 상실했을 것이다. 그 무서운 사자의 임금은 미소지으며 명령에 따랐으나, 자기 왕비를 황금마차에 태워 지상세계로 돌려보내기 전에 석류 씨앗을 주어 그녀더러 먹게 했다. 그 씨앗은 그녀가 그에게 돌아오도록 보장해 주는 수단이었다. 그러나 제우스는 앞으로 페르세포네가 1년의 2/3는 지상에서 어머니를 비롯한 신들과 함께 보내고, 1년의 1/3은 저승에서 남편과 함께 보내다가 해마다 대지에 봄꽃이 피어나면 다시 돌아오도록 규칙을 정했다. 그리고 나서 딸은 기쁘게 태양 아래로 돌아왔고, 어머니도 기쁘게 딸을 맞이하여 목을 얼싸안았다. 잃어버린 자식을 되찾은 기쁨에 데메테르는 쟁기질한 밭의 흙덩이에서 곡식이 싹트게 하고, 너른 대지 전체가 나뭇잎과 꽃으로 빽빽이 덮이게 했다. 그리고 곧바로 그녀는 엘레우시스의 제공(諸公)인 트리프톨레모스(Triptolemos), 에우몰포스(Eumolpos), 디오클레스(Diocles)와 켈레오스(Celeos) 왕에게 가서 그 행복한 광경을 보여주고, 나아가서 자신의 신성한 의식과 신비를 그들에게 계시했다. 시인에 따르면, 유한한 인간이 그러한 광경을 목격하는 것은 복받은 일이다. 그러나 살아서 그 광경을 겪어보지 못한 사람은 죽어서 무덤의 어둠 속에 내려갔을 때도 결코 행복하지 못할 것이다. 그리고 나서 두 여신은 그곳을 떠나 올림포스에서 신들과 함께 행복하게 살았다. 그리고 시인은 노래에 대한 보답으로 기쁘게 생명의 양식을 내려달라는 경건한 기도를 데메테르와 페르세포네에게 바치며 찬가를 끝맺는다.

시인이 찬가를 지을 때 설정한 중심 주제는 데메테르 여신이 엘레우시스 밀교의식을 창시한 전설을 서술하는 것이었음이 일반적으로, 거의 의문의 여지 없이 인정되고 있다. 시 전체는 헐벗고 풀 한 포기 나지 않던 엘레우시스의 너른 벌판이 홀연히 여신의 뜻에 따라 불그레한 곡식이 물결치는 광활한 바다로 바뀌는 변화의 장면으로 차츰 나아간다. 은혜로운 신은 엘레우시스의 제공들을 데려와 자기가 한 일을 보여주고 자신의 신비한 의식을 가르친 다음 딸과 함께 하늘로 사라진다. 신비의식의 계시야말로 이 작품의 승리적 종결부다. 이러한 결론은 그 시를 더 자세히 검토해 보면 확인할 수 있다. 시인은 단지 밀교의식의 창시에 대한 일반적 설명을 제시할 뿐 아니라, 나아가서 그 제전의 필수 구성요소라 할 수 있는 특정한 여러 의식의 기원에 대한 신화적 해설을 다소 베일에 싸인 언어로 제시하고 있음이 드러난다. 이와 같이 시인이 의미심장한 암시를 던지는 여러 의식에는 성인식 후보자들의 예비적 금식과 횃불행진, 철야 불침번, 양가죽을 씌운 걸상 위에 후보자들이 베일을 쓰고 말없이 좌정하는 의식, 비속어의 사용, 음란한 농담의 중지, 성배(聖

杯)로 보리차를 한모금 마시는 엄숙한 성찬식 따위가 있다.

　그러나 그밖에도 시인은 설화 형식을 빌려 밀교의식의 더 깊은 비밀을 드러내고 있는 것으로 보인다. 시인은 갈색 불모지대이던 엘레우시스의 너른 평야를 황금빛 곡식이 넘실대는 들판으로 변화시킨 직후, 여신이 트리프톨레모스와 다른 엘레우시스 제공들에게 자라는 곡식을 보여줌으로써 그들의 눈을 즐겁게 해주었다고 이야기하고 있다. 성인식 신입자에게 잘라낸 곡식이삭을 보여주는 것이 밀교의식의 핵심이었다는 2세기 기독교 작가 히폴리투스(Hippolytus)의 진술과 이 이야기를 비교해 볼 때, 우리는 찬가를 지은 시인이 그 장엄한 의식을 잘 알고 있었으며, 다른 여러 밀교의식을 설명한 것과 정확히 똑같은 방식으로, 곧 데메테르가 친히 그 의식을 집전하는 시범을 보인 것으로 표현함으로써 의도적으로 그 의식의 기원을 설명하고자 했다는 것을 거의 의심하기 어렵다. 이렇게 해서 신화와 의식은 서로를 설명하고 확인시켜 준다. 기원전 7세기의 시인은 우리에게 신화를 제시해 준다(그가 의식을 설명했더라면 신성모독의 죄를 면할 수 없었을 것이다). 기독교 교부가 보여주는 의식의 내용은 베일에 가린 옛 시인의 암시와 완벽하게 일치한다. 그러므로 우리는 엘레우시스의 밀교의식에서 데메테르와 페르세포네의 신화를 성극(聖劇)으로 상연하였다는, 알렉산드리아 사람으로 박학한 기독교 교부이던 클레멘트(Clement)의 진술을 많은 근대 학자와 더불어 자신있게 인정할 수 있을 것이다.

　그러나 그 신화를 고대 그리스에서 가장 유명하고 장엄한 종교의식의 일부분, 아마도 주요 부분으로 상연하였다 하더라도 여전히 다음과 같은 질문이 남는다. 후대 사람들이 보기에, 그리스 문예의 찬란한 광휘를 받아 외경과 신비의 후광으로 감싸이고 변형된 그 신화에서 후대의 첨가물을 벗겨낸 원래의 핵심은 결국 무엇이었을까? 그 주제에 관한, 우리가 지니고 있는 가장 오래된 문학적 전거인 호메로스의 『데메테르 찬가』가 시사하는 바를 따라가면 그 수수께끼는 어렵지 않게 해독할 수 있다. 두 여신, 곧 어머니와 딸이 나타내는 형상은 결국 곡물의 화신으로 귀착된다. 최소한 딸인 페르세포네는 아주 확실해 보인다. 이 여신은 1년의 석 달, 신화의 다른 판본에 따르면 여섯 달을 땅 밑에서 사자들과 함께 보내며, 그 나머지를 지상에서 산 자들과 함께 보낸다. 이 여신이 부재중일 때 보리 씨앗은 땅속에 숨어 있으며, 밭은 하릴없이 헐벗은 채 드러누워 있다. 그러나 봄에 여신이 지상세계로 돌아오면, 곡식이 밭고랑에서 싹터나오고 대지는 잎사귀와 꽃으로 빽빽하게 덮인다. 확실히 바로 이러한 여신이야말로 매년 겨울마다 몇 달 동안 흙 속에 파묻혀 있다가 봄이 되면 마치 무덤에서 나오듯이 움트는 곡식줄기라든지 피어나는 꽃과 잎사귀로 되살아나는 식물, 특히 곡물의 신화적 화신말고 다른 무엇일 수가 없다. 페르세포네에 대해서는 이것말고 다른 어떤 합리적이고 그럴듯한 설명이 있을 것 같지 않다. 그리고 만약 딸 여신이 햇곡식의 화신이라면, 어머니 여신은 햇곡식을 낳은 묵은 곡식의 화신일 수 있지 않을까?

시칠리아인들은 파종을 시작할 시기에 데메테르 제전을 열고 추수철에 페르세포네 제전을 열었다. 이는 그들이 꼭 동일시한 것은 아니더라도 어머니 여신을 종자곡식과, 딸 여신을 무르익은 곡식이삭과 연관지었음을 보여준다.

자연의 과정을 인격화된 신들의 형상으로 의인화한 사람들에게 이보다 더 손쉽고 명백한 연상이나 동일화가 달리 있을까? 씨앗이 무르익은 이삭을 낳듯이, 곡물의 어머니 데메테르가 곡물의 딸 페르세포네를 낳은 것이다. 이처럼 간단해 보이는 개념을 분석하려고 할 때 어려움이 닥치는 것은 사실이다. 예컨대 그 두 여신의 개체를 정확히 어떻게 구분할 것인가? 정확히 어느 시점에서 종자가 곡물의 어머니이기를 멈추고 곡물의 딸로 발전해 가는가? 그리고 보리와 밀의 물질적 실체를 어디까지 두 여신의 신성한 몸체와 동일시할 수 있는가? 이와 같은 여러 질문은 아마도 시칠리아의 비옥한 들판에서 쟁기질하고 씨뿌리고 거두는 억센 시골청년에게는 아무런 관심거리도 되지 못했을 것이다. 이처럼 해결되지 않는 문제에 대한 불안한 명상으로 그들이 밤의 안식을 방해받았으리라고는 생각할 수 없다. 맹목적인 신앙심으로 두 여신에게 자신이 일용할 양식을 고대하던 시칠리아 시골사람의 불명료한 정신이 데메테르와 씨앗을, 페르세포네와 무르익은 곡식다발을 전혀 구별하지 못한다 하더라도 별반 이상할 것은 없다. 또, 그가 호기심에 휩싸여 보리나 밀의 물질적인 성질과 영적인 성질을 구별하지 않고, 곡식 속에 신이 실재한다는 교리를 암암리에 받아들인다 하더라도 이상할 것은 없다. 그리고 만약 어떤 엄격한 논리학자가 연례적인 곡물의 변천과정을 함께 대표하는 두 신의 몸체

를 정확하게 구분하는 문제를 그 시골사람에게 들이댄다면, 그는 머리를 긁
적거리며 정확히 어디에서 한 여신이 끝나고 다른 여신이 시작되는지, 또 어
째서 땅속에 묻힌 씨앗이 어떤 때는 저승세계로 내려간 죽은 딸 페르세포네
로 여겨지고 다른 때는 다음해에 농작물을 탄생시킬 살아 있는 어머니 데메
테르로 여겨지는지 말하기가 골치아프다고 고백할 것이다. 이와 같은 신학
적 난제는 시골사람들이 통상 생각하는 범위를 넘어서는 것이었다.

　고대 그리스인의 사고 속에 곡물의 여신 데메테르에 대한 신앙이 얼마나
깊이 뿌리박고 있었는지는 그 신앙이 19세기 초까지 엘레우시스의 유서 깊은
신전에서 기독교인의 후손들 사이에 실질적으로 존속한 것으로 미루어 판단
할 수 있을 것이다. 영국인 여행자 도드웰(Dodwell)이 엘레우시스를 다시 방
문했을 때, 주민들은 그에게 데메테르의 거대한 신상을 잃어버린 일을 한탄
했다. 그 신상은 1802년에 클라크(Clarke)가 운반하여 케임브리지 대학에 기
증하였으며, 지금도 거기 남아 있다.* 도드웰은 이렇게 말한다. "내가 그리스
로 처음 여행했을 때, 그 수호신은 신전의 유적 사이에 있는 타작마당 한가운
데 자리잡고서 충만한 영광을 누리고 있었다. 마을사람들은 자신들의 풍작
이 그녀가 은전을 베푼 결과라는 신념을 깊이 새기고 있었다. 그런데 그들이
내게 확신시켜 준 바에 따르면, 그녀가 철거된 이래로 그들의 풍요는 사라졌
다." 이와 같이 우리는 19세기 기독교 시대에 곡물의 여신 데메테르가 엘레
우시스의 타작마당에 자리잡고 서서 숭배자들에게 곡식을 나누어주는 것을
본다. 이는 테오크리토스(Theokritos) 시대에 그녀의 신상이 코스(Kos)의 타작
마당에 자리잡고 서서 숭배자들에게 곡식을 나누어주던 것과 정확히 일치하

＊이 신상은 원래 케임브리지의 옛 대학도서관에서 보관하다가 피츠윌리엄 박물관으로 옮
겼다. 늘어뜨린 옷자락은 그녀가 머리에 이고 있는 추수제물을 담은 '항아리(cista)'와 마찬
가지로 여전히 분명하게 보이지만, 그것을 붙잡고 있던 두 팔은 없어지고 얼굴도 세월과
더불어 알아볼 수 없게 변했다. 애석하게 도드웰은 그 지방 농부들과 이야기할 때 좀 지나
친 속단을 했다. 왜냐하면 그 거상은 신전에서 나온 한 쌍의 여인상 기둥 중 하나로 오래전
에 확인되었기 때문이다. 다른 하나는 엘레우시스 박물관에서 보관하고 있다. 심지어 1914
년에 스보로노스(Svoronos)는 그 두 조상이 압피우스 클라우디우스 풀케르라는, 그 신전을
방문한 로마인의 딸들을 나타낸 것이라고 주장하기도 했다. 그러나 이러한 주장을 끌어들
이더라도 1902년에 그것을 데메테르로 '삼았던', 그 농민들의 마음에 미신이 얼마나 깊이
영향을 미쳤는지에 관한 프레이저의 논점이 타당하다는 데는 변함이 없다.

는 광경이다. 그리고 지난 세기에 엘레우시스 사람들이 수확이 감소한 것을 데메테르 신상을 잃어버린 탓으로 돌렸듯이, 고대에 두 곡물의 여신을 숭배하던 농경민족인 시칠리아인들도 사악한 로마 총독 베레스가 불경스럽게도 유명한 헨나(Henna) 신전에서 데메테르 신상을 철거했기 때문에 수많은 마을이 농작물을 망쳤다고 탄식했다. 오늘날에 이르기까지 그리스인들이 견지하는 이 같은 믿음, 곧 여신의 존재와 은전에 따라 농작물의 수확이 좌우되고, 그 신상이 철거되면 농사를 망친다는 믿음보다 더 분명하게 데메테르가 정말로 곡물의 여신이었음을 보여주는 증거가 달리 있을까?

17장
원시농업에서 여성의 역할

데메테르가 정말로 곡물의 화신이었다면, 어째서 그리스인들이 남신이 아니라 여신으로 곡물을 의인화했는지 자연스럽게 묻게 된다. 어째서 그들은 농업의 기원을 남성적인 힘보다 여성적인 힘에서 찾은 것일까? 그들은 포도나무의 정령을 남성적인 것으로 사고했다. 그런데 어째서 보리와 밀의 정령은 여성적인 것으로 사고했을까? 이에 대해 지금까지는 곡물을 여성으로 의인화하는 것, 또는 어쨌든 농업의 발견을 여신의 공으로 돌리는 것은 원시농업에서 여성이 주요한 역할을 했기 때문이라고 답변해 왔다.

남성의 노동에 의지하지 않고는 다루기 힘든 쟁기를 발명하기 전에 세계 많은 지역에서는 괭이로 땅을 일구는 것이 관례였다. 그리고 오늘날까지 적지 않은 미개민족이 땅에 괭이질을 하고 씨를 뿌리는 일을 주로 또는 전적으로 여성에게 맡기며, 남성은 숲의 나무를 베고 쓰러진 목재와 덤불을 불태워 땅을 개간하는 일 이외에는 경작일에 거의 또는 전혀 관여하지 않는다. 그래서 예컨대 줄루족은 "경작할 땅이 정해지면 그것을 개간하는 일은 남자의 몫이다. 땅에 장애물이 많으면 그 일은 수고스러운 노역이 된다. 도끼가 아주 작기 때문이다. 그래서 거대한 나무와 마주치면 단지 나뭇가지를 쳐낼 수 있을 뿐이다. 나무줄기를 제거해야 할 때는 불을 이용해서 작업을 한다. 따라서 숲지대의 땅이 훨씬 더 비옥하다는 것을 알면서도 흔히 사람들이 그것을 피하는 것은 놀라운 일이 아니다. 대체로 남자는 경작일에서 그 이상의 몫을 하지 않는다. 선정한 땅에 장애물이 별로 없고 주로 풀이 자라는 정도라면 남자들이 작업할 몫은 지극히 미미하다. 여자들이 진짜 수고를 한다. 특수한 경우를 제외하면 땅을 파고 작물을 심고 잡초를 제거하는 일이 모두 여자들 몫이다. 창과 방패가 남자의 상징이라면, 괭이는 여자를 상징하는 것으로 볼 수 있다……. 이 투박하고 무거운 기구로 여자들은 자기 경작지의 땅을 파고 작물을 심고 잡초를 제거하는 것이다.” 어떤 줄루족 남자가 부인과 가족의 도움을 받지 못해 어쩔 수 없이 자기 손으로 괭이를 다루게 되면 사람들은 그를 특별히 경멸 어린 호칭으로 부른다.

이와 비슷하게, 델라고아(Delagoa) 만(灣)의 바롱가(Baronga)족은 “때때로 9월경이나 그보다 더 늦게 비가 내리기 시작하면, 서둘러 파종을 한다. 밭의 여주인은 손에 괭이를 들고 조금씩 발걸음을 떼며 나아간다. 그때마다 그녀는 잘 부서진 흙덩이를 들어내고, 그렇게 해서 생긴 구멍에 옥수수 알갱이를 서너 알 심은 다음 흙으로 덮는다.” 소량의 기장과 옥수수, 완두콩을 초보적인 방식으로 경작하는 바로체(Barotsé)족은 여자들 혼자서 밭일에 종사하며, 그들이 사용하는 유일한 농기구는 삽이나 괭이다. 마타벨레족 역시 “힘든 일은 대부분 여자들이 한다. 경작일은 전적으로 그들 몫이다.” 탕가니카(Tanganyika) 호(湖) 서안에 사는 아웸바(Awemba)족도 거의 모든 경작일이 여자들 몫이다. 특히 남자들은 괭이질을 거부한다. 그들에게는 이런 속담이 있다. “남자 아이는 도끼를 위해 태어나고, 여자 아이는 괭이를 위해 태어난 것이지 않은가?”

탕가니카 고원의 토인들은 “바나나를 경작하는데, 그것과 연관된 기묘한 풍습을 지니고 있다. 남자는 아무도 씨를 뿌릴 수 없다. 씨뿌릴 구멍을 준비하면 어린 소녀가 남자의 어깨에 올라앉아 그 장소로 간다. 소녀는 먼저 구멍 속에 사금파리 조각을 던져넣고 그 위에 씨를 뿌린다.” 이렇게 하는 이유를 더 최근에 관찰한 사람들이 해명했다. “여기에서 주목할 만한 사실은 약품이나 치료제, 심지어 독약 같은 것을 투여하고, 첫 파종일을 종종 어린아이들이 담당한다는 점이다. 토인들에 따르면, 이 일은 오염된 손길이 닿아서 약품이나 씨앗의 효능을 손상하는 일이 없도록 정결하고 순수한 손길로 행해야 한다는 것이다. 방궤울루(Bangweulu) 호수의 여러 섬에서는 비사(Bisa)족 여자가 딸아이를 바나나밭에 데려가서 자그마한 손에 씨앗을 쥐어주고 미리 준비한 구멍에 떨어뜨리게 함으로써 자신의 도덕적 부적합성을 해결하는 광경을 흔히 볼 수 있다." 이와 비슷하게, 남부 콩고 부족의 "여자들은 호박씨와 호리병박씨를 심을 때 정결을 지켜야 한다. 그들은 돼지고기를 만져서는 안 되고, 씨앗에 손대기 전에 반드시 손을 씻어야 한다. 이러한 규칙을 지키지 않는 여자는 씨를 심지 말아야 한다. 그러지 않으면 농작물을 망친다고 한다. 구멍은 그녀가 파더라도 그 딸자식이나 금제를 지킨 다른 여자라야 씨를 뿌리고 덮어줄 수 있다."

남아프리카의 카피르(Kaffir)족에게는 일반적으로 농업이 "주로 여자의 일이다. 왜냐하면 예로부터 남자들은 수렵과 전쟁에 종사했기 때문이다. 여자들은 줄룰랜드에서처럼 자루가 긴 괭이나, 잠베지(Zambezi) 강 위쪽 지방에서처럼 자루가 짧은 호미로 그저 땅을 긁어놓는다. 이렇게 땅을 고르고 나면 여자들은 씨앗을 뿌리는데, 아무렇게나 씨앗을 던지고 그 위에 흙을 덮는다. 그들은 별자리의 위치, 주로 묘성(昴星)의 위치로 씨뿌릴 때를 판단한다. 이들은 일출 전에 이 별자리를 볼 수 있는 때부터 새해를 시작한다." 바수토랜드(Basutoland)에서도 여자들이 밭을 경작하는데, 추장의 땅은 남자들이 갈고 씨뿌린다. 여기에서는 달을 관찰하여 씨뿌리는 시기를 정하려는 시도가 있었다. 하지만 전반적으로 계산이 틀린 것을 발견한 사람들이 많은 논란 끝에 날씨와 식물의 상태에 따라 파종기를 정하는 관행을 되살리기에 이른다. 똑똑한 추장들은 '태양의 여름집'이라고 부르는 하지점에 달력을 수정한다.

영국령 동아프리카의 난디족은 "경작을 위해 숲지대를 개간하는 거친 일은 남자들이 하지만, 그후에는 농사와 결부된 거의 모든 일을 여자들이 한다. 그러나 남자들도 씨뿌리는 일과 일부 추수작업을 거든다." 중앙아프리카의 바간다족은 주로 바나나를 먹고 사는데, "농경지를 경작하는 일은 항상 여자들 몫이다. 왕녀든 촌부든 똑같이 경작일을 자신들이 해야 할 특별한 일로 여긴다. 농경지와 농작물은 본질적으로 부인네의 영역이며, 어떤 경우에도 남편이 밭을 갈거나 씨를 뿌리지 못하게 한다. 따라서 어떤 여자도 자신에게 농경지와 밭을 갈 괭이를 주지 않는 남편 곁에 머물지 않는다. 만약 그런 것을 받지 못하면, 그녀는 일찌감치 남편에게서 벗어나 친정으로 돌아간 뒤 자신이 받은 대우에 관해 탄원을 제기하고 재판을 거쳐 이혼한다. 그래서 남자는 결혼하면 자기 부인이 자리잡고 일해서 가정에 식량을 공급할 수 있도록 부

인 몫의 땅을 요구한다." 우간다 바로 남쪽에 있는 지방인 키지바(Kiziba)에서
는 땅을 경작하는 것이 전적으로 여자들의 일이다. 그들은 괭이로 땅을 갈고
막대기나 손가락으로 땅에 구멍을 파서 구멍마다 씨앗을 몇 알씩 집어넣었
다. 중앙아프리카의 니암니암(Niam-Niam)족 "남자들은 수렵에 가장 열성을
쏟으며, 토지 경작은 전적으로 여자들이 하게 맡겨둔다." 그리고 같은 지역
에 사는 몬부투(Monbuttoo)족도 "여자들이 토지 경작과 농작물 수확을 담당
하는 반면, 남자들은 전쟁이나 사냥을 하러 떠나지 않으면 하루 종일 빈둥거
리며 보낸다." 북부 콩고의 방갈라(Bangala)족은 "방대한 농경지를 마을 주변
에 조성하는데, 이때 남자들은 나무를 베어내고 덤불을 잘라 숲지대를 개간
하는 일을 했다. 여자들은 남자들과 함께 일하면서 불사르기 좋게 풀과 덤불
나무를 쌓아놓는 등 전반적으로 거드는 역할을 했다. 대체로 여자들이 괭이
질·씨뿌리기·풀매기를 하지만, 남자들도 그 일을 아예 못할 일로 천시하지
는 않았다." 이 부족에서는 "농경지를 경작하는 부인네가 식량을 소유했다.
그녀는 남편에게 식물성 음식을 공급했고, 남편은 물고기와 육류를 조달하여
부인들과 나누어 먹어야 했다." 적도선상에 있는 콩고국(國)의 한 부족인 토
포크(Tofoke)족은 숲의 개간을 제외한 모든 밭일을 여자가 한다. 여자들은 괭
이로 땅을 파고 옥수수와 카사바를 심는다. 밭은 단 한 번만 이용한다. 인지
아(Inzia) 강과 퀼루(Kwilu) 강 사이에 거주하는 반투(Bantu)족 계열의 바음발
라(Ba-Mbala) 부족도 남자들이 경작지를 개간하지만, 나머지 일은 모두 여자
들 몫으로 떨어지며, 그들이 사용하는 도구는 쇠로 만든 괭이뿐이다. 이들은
해마다 새로운 경작지를 개간한다. 서아프리카 가봉(Gaboon)의 음퐁궤
(Mpongwe)족은 카사바·옥수수·참마·바나나·고구마·땅콩을 재배하는
데, 숲 속에 새로운 개간지를 만들어야 할 때는 남자들이 나무를 베고 불태워
경작지를 조성하며, 여자들이 농작물을 심는다. 여자들은 유일한 도구인 호
미로 땅을 갈아엎어 씨를 심고 흙을 덮는다.

인도 제도의 몇몇 부족은 남자들이 경작지를 개간하고 난 뒤에 농작물을
심고 씨뿌리는 일을 남녀가 나누어 한다. 남자들이 뾰족한 막대기로 땅에
구멍을 파면, 여자들이 뒤따라가며 종자나 모종을 구멍에 심고 흙을 긁어모
아 덮는다. 미개인들은 씨를 살포하는 법이 거의 없기 때문에, 그들은 일일

이 수고스럽게 구멍을 파고 씨앗을 집어넣는다. 이러한 농업노동의 남녀 분업은 셀레베스, 세람(Ceram), 보르네오, 니아스, 뉴기니 등지의 여러 부족이 채택하고 있다.

씨뿌리기를 여자에게 맡기는 풍습은 때때로 경제적 고려뿐만 아니라 미신적 고려에서 연유하기도 하는 것으로 보인다. 이를테면 오리노코(Orinoco) 강의 인디언들은 돌도끼로 삼림을 베고, 자른 나무를 불태우고, 불길 속에서 굳어진 땅을 나무도구로 갈아엎는 등 경작지를 위해 무한한 고통을 감내하며 밀림을 개간하지만, 옥수수를 파종하고 뿌리채소를 심는 일은 여자들이 혼자서 했다. 스페인 선교사들이 부인네의 그런 노역을 남자들이 돕지 않는 것을 탓하자, 그들은 종자를 품고 아이낳는 법은 여자들이 더 잘 알기 때문에 여자들이 심은 종자와 뿌리가 남자들이 심은 것보다 더 풍성한 결실을 거둔다고 대답했다.

심지어 아직 경작법을 배우지 못한 미개인들도 야생식물에서 식용 열매를 채집하고 식용 뿌리를 캐내는 일은 주로 여자들이 하고, 남자들은 수렵과 고기잡이를 통해 공동의 식량 조달에 기여한다. 남자들의 우월한 체력과 민첩성, 용감성이 특히 그런 일에 적합한 것이다. 예컨대 캘리포니아 인디언들은 전혀 농사를 지을 줄 모르는데, 식량을 구할 때 일반적으로 남자가 짐승을 죽이고 연어를 잡으며, 여자가 뿌리를 캐고 식물성 음식을 대부분 조달하는 식으로 역할을 나눈다. 하지만 남자들이 도토리, 견과류, 장과류 따위의 채집을 거들기도 했다. 캘리포니아의 산후안카피스트라노(San Juan Capistrano)에 거주하는 인디언들은 남자들이 새사냥·고기잡이·춤추기·빈둥거리기로 시간을 보내는 반면, "여자들은 들에서 열매를 채집하고 요리를 준비하며, 온갖 사소하고 귀찮은 일을 도맡아서 해야 했다. 그들이 젖먹이를 어깨에 매달고 나물이나 열매를 찾아다니며 험악한 날씨에 고생하는 모습을 보는 것은 지극히 고통스러운 일이었다."

농업을 전혀 모르는 미개인들의 이러한 풍습에서 우리는 아마도 인류가 대지의 야생열매를 향유하는 단계에서 체계적으로 농작물을 경작하는 단계로 진화해 가는 과정을 간파할 수 있을 것이다. 뿌리를 찾아 땅을 파헤친 결과, 아마도 대부분 토양이 비옥해져서 뿌리나 나물의 수확이 증가했을 것이다.

그리고 그러한 증가는 자연히 더 많은 토인들을 끌어들여, 그들이 수확의 급격한 감소 때문에 거처를 옮기고 새로운 음식물을 찾아서 떠돌아다니는 일이 없이 그 장소에서 장기간 생존할 수 있는 바탕이 되었을 것이다. 게다가 여자들이 그와 같이 막대기로 땅 속에서 파내 골라낸 씨앗들도 같은 결과에 기여했을 것이다. 캘리포니아 인디언들과 오스트레일리아 원주민 수준의 미개인들은 씨앗을 직접적인 소비가 아닌 다른 목적으로 이용할 줄 모르기 때문에, 그것을 땅에 묻어 일시적으로 손실을 보는 대신 미래의 이익을 얻을 생각을 결코 하지 못했지만 먹기 위해 씨앗을 골라내는 과정에서 손에서 빠져나간 많은 곡식이 바람에 날리다가 파헤친 흙에 떨어져 결실을 맺었을 것이 거의 확실하다. 이와 같이 땅을 파헤치고 씨앗을 골라내는 작업을 통해 — 비록 그 작업의 목적이 당장의 허기를 채우는 것 이상이 아니었지만 — 미개인 또는 더 정확히 미개인 여성은 전체 공동체의 미래와 더 풍부한 식량저장고를 무의식적으로 준비하고 있었다. 그 덕분에 그들은 번식을 이어가며 예전의 낭비적인 떠돌이 생활방식을 버리고 더 안정되고 경제적인 생활방식을 채택할 수 있게 된 것이다. 이처럼 기묘하게도 인간은 때때로 가깝지만 사소한 표적에 창날을 겨누었다가 더 크고 더 원대한 과녁을 적중시키는 것이다.

그러므로 전반적으로 남녀 사이의 자연스러운 분업의 결과로, 여성은 경제사의 가장 위대한 진보, 곧 유목생활에서 정착생활로, 자연적 생존기반에서 인공적 생존기반으로 이행하는 데 남성보다 더 크게 공헌했을 가능성이 아주 큰 것으로 보인다.

18장
곡물의 어머니와 곡물의 아가씨

1

W. 만하르트(Mannhardt)*의 주장에 따르면, 데메테르라는 명칭의 앞부분
은 크레타어로 알려진 '*deai*', 곧 '보리'에서 유래했으며, 따라서 데메테르는
말 그대로 '보리의 어머니(Barley-mother)' 또는 '곡물의 어머니(Corn-
mother)'라는 뜻이라고 한다. 왜냐하면 그 단어의 어근은 아리안계의 상이한
종족들이 서로 다른 곡물을 가리키는 데 쓰는 것으로 보이기 때문이다. 크레
타는 데메테르 숭배의 가장 오래된 본거지이므로 그녀의 이름이 크레타어에
서 유래했다고 하더라도 놀라울 것은 없다. 그러나 그 어원에 대해서는 심각
한 여러 반론이 존재하기 때문에, 거기에 강조점을 두지 않는 것이 더 안전할
듯하다. 그것이 어떻든 우리는 데메테르를 곡물의 어머니와 동일시하는 독
자적인 이유를 발견했으며, 그리스 종교에서 그녀와 결부된 두 종의 곡물, 곧
밀과 보리 중에서 보리가 아마도 그녀의 본래 성격에 더 잘 부합한다는 것을
알고 있다. 보리는 호메로스 시대 그리스인들의 주식이었을 뿐 아니라, 아리
안 종족이 경작한 가장 오래된 곡물은 아니더라도 그중 하나라고 볼 만한 근
거가 있기 때문이다. 확실히 고대 그리스인뿐만 아니라 고대 힌두족도 종교

---

*독일 민속학자 빌헬름 만하르트는 처음부터 유럽 농민층의 농경풍습에 관한 프레이저의
주요 정보원 중 하나였다. 여기서 참고한 것은 그의 *Mythologische Forschungen*
(Strasbourg, 1884), p. 292ff.이다.

의식에서 보리를 사용했다는 사실은 석기시대 유럽의 호반 거주민들이 경작했다고 알려진 보리 재배의 오랜 역사를 입증하는 강력한 논거를 제공한다.

만하르트는 고대 그리스의 '곡물의 어머니' 또는 '보리의 어머니'와 비슷한 사례를 근대 유럽의 민속에서 매우 풍부하게 수집했다. 독일에서는 곡식을 흔히 곡물 어머니라는 이름으로 의인화한다. 그래서 곡식이 바람에 일렁이는 봄철이면 농민들은 "곡물 어머니가 온다"든지, "곡물 어머니가 들판을 달려간다"든지, "곡물 어머니가 곡식을 지나간다"고 말한다. 아이들이 밭에 들어가 푸른 수레국화나 붉은 양귀비꽃을 따고 싶어할 때, 어른들은 곡물 어머니가 곡식밭에 앉아 있다가 아이들을 잡아간다며 그들을 제지한다. 또, 농작물에 따라 호밀 어머니 또는 완두콩 어머니라는 호칭을 쓰기도 한다. 아이들은 호밀밭이나 완두콩밭에 들어가서 돌아다니면 호밀 어머니나 완두콩 어머니한테 혼난다는 경고를 듣는다. 노르웨이에서도 완두콩 어머니가 완두콩밭에 앉아 있다고 말한다. 슬라브족도 이와 비슷한 표현을 쓴다. 폴란드인과 체코인은 곡식밭에 앉아 있는 곡물 어머니를 조심하라고 아이들에게 경고한다. 또, 곡물 할머니가 곡식밭에 앉아서 곡식을 밟는 아이들의 목을 조른다고 말하기도 한다. 리투아니아인들은 "호밀 할머니가 곡식밭에 앉아 있다"고 말한다. 또, 곡물 어머니를 농작물을 자라게 하는 존재로 여긴다. 그래서 마그데부르크(Magdeburg) 주변지역에서는 때때로 "올해는 아마가 잘 될 거야. 아마 어머니가 보였거든"이라고 말한다. 바이에른의 딩켈스뷜(Dinkelsbühl)에서는 19세기 후반기까지 특정 농장의 작물이 주변에 비해 잘 자라지 못하면 농부가 죄를 지어 곡물 어머니가 벌을 주었기 때문이라고 믿었다. 스티리아(Styria)의 한 마을에서는 한밤중에 밭에 나가면 마지막 햇곡식 다발로 만든 여자 인형 모양에 하얀 옷을 입은 곡물 어머니를 볼 수 있다고 한다. 그녀가 곡식 사이로 지나가며 거름을 준다는 것이다. 그러나 그녀가 농사꾼에게 성이 나면 그의 곡식을 전부 시들게 만든다고 한다.

나아가서 곡물 어머니는 추수 풍속에서 중요한 역할을 한다. 사람들은 그녀가 밭에 남은 마지막 곡식다발 속에 자리잡고 있다고 믿었다. 이 마지막 다발을 잘라내면 그녀는 사로잡히거나 쫓겨가거나 죽음을 당한다. 이때 그녀를 사로잡은 사람은 마지막 곡식다발을 기쁘게 집으로 가져가서 신성시하며 떠받드는데, 그것을 헛간에 놓아두면 타작할 때 곡물정령이 다시 나타난다고 한다. 하노버령(領) 하델른(Hadeln)에서는 추수꾼들이 마지막 다발을 둘러싸고 둥글게 서서 막대기로 타작을 하며 곡물 어머니를 쫓아낸다. 그들은 "저기 그녀가 간다! 때려라! 그녀한테 잡히지 않도록 조심해!"라고 소리치며 곡식알이 완전히 털릴 때까지 타작을 계속한다. 그러면 곡물 어머니가 쫓겨간다고 믿었다. 단치히(Danzig) 주변지방에서는 마지막 곡식이삭을 자른 사람이 그것으로 인형을 만들어 곡물의 어머니 또는 할머니라고 부르면서 마지막 수레에 싣고 집으로 가져온다. 홀슈타인(Holstein) 일부 지방에서도 마지막 곡식다발에 여자 옷을 입히고 곡물 어머니라고 불렀는데, 마지막 수레에 그것을 싣고 집에 가져와 물에 푹 담가둔다. 물에 담그는 행위는 의심할 나위 없이 비를 부르는 주술이다. 스티리아의 브루크 지방에서는 마을에서 가장 나이 먹은, 쉰 살에서 쉰다섯 살 사이의 결혼한 부인네가 곡식 어머니라고 부르는 마지막 곡식다발로 여자 형상을 만든다. 가장 잘 자란 이삭은 따로 뽑아서 화관을 만든다. 꽃과 함께 엮은 그 화관은 마을에서 가장 예쁜 소녀가 머리에 쓰고 농장주나 영주에게 가져간다. 곡물 어머니는 쥐가 접근하지 못하게 헛간에 보관한다. 같은 지방의 다른 여러 마을에서는 추수가 끝날 때 젊은이 두 명이 장대 끝에 곡물 어머니를 매단 채, 화관을 쓴 소녀를 뒤따라 영주의 저택으로 행진한다. 그리고 영주가 화관을 받아 대청에 걸어놓는 동안 곡물 어머니를 장작더미 꼭대기에 올려놓는데, 그녀는 추수를 기념하는 만찬과 무도회의 중심이 된다. 그런 다음 그녀를 헛간에 매달아 타작이 끝날 때까지 거기 놓아둔다. 한편 타작할 때 마지막 도리깨질을 하는 사람을 곡물 어머니의 아들이라고 부르는데, 그 사람은 곡물 어머니와 함께 묶여서 얻어맞으며 온 동네에 끌려다닌다. 화관은 다음 일요일에 교회에 가져가서 헌납한다. 그러면 부활절 전야에 일곱 살짜리 소녀가 그것을 비벼 곡식알을 추려낸 뒤 곡식밭에 뿌린다. 성탄절에는 소들이 잘 자라도록 화관을 엮은 밀짚을 여물통에 놓아둔다. 여기에서 곡물 어머니의 생식능력은 그녀 몸에서 꺼낸 씨앗을 (화관은 곡물 어머니로 만든 것이므로) 새로 곡식을 심은 밭에 뿌리는 행위에서 명백히 드러나며, 동물에 대한 그녀의 영향력은 밀짚을 여물통에 놓아두는 것에서 나타난다. 작센 지방의 베스테르휘젠(Westerhüsen)에서는 잘라낸 마

지막 곡식을 리본과 옷으로 장식하여 여자 인형을 만든다. 그런 다음 그것을
장대에 묶어 마지막 수레에 싣고 집으로 운반하는데, 수레에 탄 사람 중 하나
가 장대를 계속 흔들어 인형이 마치 살아 있는 듯이 움직이게 한다. 인형은
타작마당에 가져가서 타작이 끝날 때까지 거기 놓아둔다. 슬라브족들도 마
지막 곡식다발을 종류에 따라 호밀 어머니 · 밀 어머니 · 귀리 어머니 · 보리
어머니 따위로 부른다. 갈리시아(Galicia)의 타르노프(Tarnow) 지방에서는 마
지막 곡식단으로 만든 화관을 밀 어머니 · 호밀 어머니 · 완두콩 어머니 따위
로 부른다. 그 화관은 한 소녀의 머리에 씌워 봄까지 보관하다가 봄이 되면
그 곡식알 일부를 종자곡식에 섞는다. 여기에서도 곡물 어머니의 생식능력
을 볼 수 있다. 프랑스 오세르(Auxerre) 주변지방에서도 마지막 곡식다발을
밀 어머니 · 보리 어머니 · 호밀 어머니 · 귀리 어머니 따위 이름으로 부른다.
사람들은 마지막 수레가 집으로 향할 때까지 그것을 잘라내지 않고 밭에 세
워둔다. 그런 다음 그것으로 인형을 만들어 농장주의 옷을 입히고, 왕관과 푸
른색이나 흰색 스카프로 장식한다. 이어서 인형의 가슴에 나뭇가지 하나를
꽂고, 그 인형을 케레스(Ceres)라고 부른다. 저녁에 열리는 무도회 때에는 케
레스를 마루 중앙에 놓고, 가장 빨리 곡식을 벤 추수꾼이 가장 예쁜 소녀를
파트너로 삼아 그 주위를 돌며 춤춘다. 무도회가 끝나면 장작더미를 마련한
다. 모든 소녀가 각자 화관을 머리에 쓰고 인형의 옷을 벗긴 다음, 조각조각
찢어서 장식에 쓴 꽃과 함께 장작더미 위에 올려놓는다. 그러고 나서 가장 먼
저 곡식베기를 마친 소녀가 장작에 불을 붙이면 모든 사람이 케레스에게 풍
년을 달라고 기도한다. 케레스란 명칭이 약간 교장 선생님 투의 현학적 표현
같지만, 만하르트가 관찰한 대로 이 명칭에는 옛 관습이 온전하게 남아 있다.
북부 브르타뉴에서는 마지막 곡식단으로 항상 인형을 만든다. 그런데 만약
농장주가 기혼자면 큰 인형 속에 작은 인형을 넣어 이중으로 인형을 만든다.
이것을 '어머니 곡식단(Mother-sheaf)'이라고 부른다. 농장주의 부인한테 그
것을 건네주면, 그녀는 그것을 끌러보고 술값을 사례로 준다.

때때로 마지막 곡식단을 할머니라고 부르기도 하는데, 꽃과 리본, 부인용
앞치마 따위로 장식한다. 동부 프로이센에서는 호밀이나 밀의 수확철에 추
수꾼들이 마지막 곡식단을 묶는 여자에게 "할머니를 얻었네요"라고 소리친

다. 마그데부르크 주변지방에서는 할머니라고 부르는 마지막 곡식단을 차지하기 위해 남녀 일꾼들이 경쟁을 벌인다. 그것을 얻는 사람은 누구나 다음해에 결혼을 하는데, 다만 배우자의 나이가 많다고 한다. 처녀가 그것을 얻으면 홀아비와, 남자가 그것을 얻으면 쭈그렁 할머니와 결혼한다는 것이다. 슐레지엔에서는 예전에 할머니 ─ 마지막 곡식단을 묶은 사람이 다발을 서너 개 엮어 만든 커다란 꾸러미 ─ 를 대충 사람 형상과 비슷하게 만들었다. 벨파스트(Belfast) 주변지방에서는 마지막 곡식단을 때때로 할머니라는 이름으로 부른다. 그런데 평상시에 하던 방식대로 베지 않고 모든 추수꾼이 낫을 던져서 쓰러뜨리는 시합을 한다. 그리고 그것을 밀짚으로 엮어서 (다음해?) 가을까지 보관한다. 그것을 차지하는 사람은 그 해 안에 결혼한다고 한다.

러시아에서도 마지막 곡식단으로 종종 여자 모양의 인형을 만들고 여자 옷을 입혀서, 춤추고 노래하며 농가로 운반한다. 불가리아인들은 마지막 곡식단으로 곡식 여왕 또는 곡식 어머니라고 하는 인형을 만든다. 그 인형은 여자 옷을 입혀 온 마을에 끌고 다니다가 다음해 농작물에게 필요한 비와 이슬을 얻기 위해 강물에 던져넣는다. 아니면 불에 태워 밭에다 그 재를 뿌린다. 이는 말할 것도 없이 밭을 기름지게 하기 위한 것이다. 여왕이라는 호칭을 마지막 곡식단에 붙이는 사례는 중부와 북부 유럽에서도 비슷하게 발견된다. 이를테면 오스트리아의 잘츠부르크(Salzburg) 지방에서는 추수가 끝났을 때 대행진을 벌이는데, 거기서 젊은이들은 '곡식이삭의 여왕(Ährenkönigin)'을 작은 수레에 담아 끌고 간다. '추수여왕'의 풍속은 잉글랜드에도 널리 퍼져 있었던 것으로 보인다. 브랜드(Brand)는 허친슨(Hutchinson)이 쓴 『노섬벌랜드 역사 History of Northumberland』에서 다음 구절을 인용한다. "나는 몇몇 지방에서 아주 화려하게 장식하고 화관을 머리에 쓴 인형이 곡식단을 한 팔에 끼고, 손에 낫을 든 모습으로 마지막 추숫날 아침에 음악소리와 추수꾼들의 환호성과 더불어 밭으로 운반되어, 장대에 묶여서 하루 종일 거기 서 있다가 추수가 끝나면 같은 방식으로 되돌아오는 것을 보았다. 이것을 사람들은 '추수여왕'이라고 부르는데, 로마의 케레스 여신을 상징한다." 또, 여행가 E. D. 클라크(Clarke) 박사는 이렇게 전한다. "심지어 우리 대학의 본거지인 케임브리지 시에서도 계절마다 사람들이 무심하게 지나치는 고대 풍속의 기묘한 흔적을 찾아볼 수 있다. (구력으로) 5월 첫째날에 뿔피리를 부는 관습은 디아나를 기리는 제전에서 유래했다. 나는 '호키(*Hawkie*)', 곧 추수제 때 여자 옷을 입고 얼굴에 색칠을 한 광대가 머리를 곡식이삭으로 장식하고 케레스의 다른 상징물을 지닌 채, 하얀 천을 씌운 말이 끄는 수레에 실려 무척 화려하고 요란하게 시가지를 행진하는 것을 구경했다. 그 의식의 의미를 사람들에게 물어보았더니, '모르게이(Morgay)', 곧 추수여왕을 운반하는 중이라고 대답했다." 밀턴(Milton)도 추수여왕 풍속을 잘 알고 있었던 것이 분명하다. 『실락원 *Paradise Lost*』에서 그는 이렇게 말한다.

> 아담은
> 그녀가 돌아오기를 기다리는 동안
> 가장 훌륭한 꽃들로 화관을 엮었다네.
> 그녀의 치렁한 머리타래를 장식하고 농사일의 수고를 달래주기 위해
> 추수꾼들이 흔히 추수여왕에게 하듯이.*

　이러한 여러 풍습에서 무르익은 곡물의 정령은 늙은 나이, 또는 최소한 성년의 나이로 간주된다. 그러나 다른 때에는 곡물정령을 젊은 나이로 여기기도 한다. 이를테면 볼펜부텔(Wolfenbuttel) 부근의 잘데른(Saldern)에서는 호밀을 수확하고 나서 곡식다발 세 개를 노끈으로 한데 묶어, 머리에 곡식이삭이 달린 인형을 만든다. 이 인형은 그냥 '아가씨' 또는 '곡물 아가씨(*Kornjunfer*)'라고 부른다. 때때로 곡물정령을 낮질 때문에 어머니에게서 떨어져 나온 아기로 여기기도 한다. 이런 견해는 마지막 곡식단을 베는 사람에게 "탯줄을 잘랐네"라고 외치는 폴란드의 풍습에서 나타난다. 서부 프로이센의 몇몇 지방에서는 마지막 곡식단으로 만든 인형을 '사생아'라고 부르며, 한 소년이 그 안에 들어간다. 그러면 마지막 곡식단을 묶어 곡물 어머니 역을 맡은 여자가 금방이라도 해산할 듯 울부짖는다. 할머니 역을 맡은 노파가 산파

---

*『실락원』, ix. 838~842. 아담의 추수여왕은 말할 것도 없이 이브다.

노릇을 한다. 마침내 아기가 태어났다는 외침소리가 들린다. 그러면 곡식단 속에 들어 있던 소년이 아기같이 칭얼거리며 울어댄다. 할머니는 가짜 아기를 자루로 감싸면서 강보 싸는 흉내를 내고, 아기가 바깥공기를 쐬서 감기 들지 않도록 즐거운 기색으로 아기를 헛간으로 데려간다. 북부 독일의 다른 지방에서는 마지막 곡식단이나 그것으로 만든 인형을 '아기', '추수 아기' 등으로 부르며 마지막 곡식단을 묶는 여자에게 "아기가 생겼네"라고 소리친다.

스코틀랜드 고원의 몇몇 지방에서는 추수꾼들이 베는 마지막 곡식단을 '아가씨'라고 부르거나 게일어(語)로 '메드디언부엔(*Maidhdeanbuain*)'이라고 부르는데, 그 말은 직역하면 '잘라낸 아가씨'라는 뜻이다. '아가씨'를 얻는 것에는 미신이 따라붙는다. 젊은 사람이 그것을 얻으면 다음 추수 전에 결혼할 징조라고 한다. 이런저런 이유로 추수꾼들은 누가 아가씨를 얻느냐를 놓고 치열한 경쟁을 벌이며, 그것을 위해 다양한 책략을 동원한다. 예컨대 그중 한 가지는 한 단의 곡식을 베지 않고 다른 추수꾼들이 보지 못하게 흙으로 덮어놓고는 밭의 나머지 곡식을 모두 벨 때까지 기다리는 것이다. 몇 사람이 같은 책략을 쓸 수 있는데, 그중 가장 냉정하게 오래 버티는 사람이 영예를 차지하게 된다. 잘라낸 아가씨는 리본을 입혀 인형같이 꾸며서 농가의 벽에 붙여놓는다. 스코틀랜드 북부에서는 아가씨를 성탄절 아침까지 조심스럽게 보관했다가 소들이 '일년 내내 잘 자라도록' 소에게 나누어 먹인다. 멀(Mull) 내륙지방과 아질셔(Argyleshire) 본토의 몇몇 지방에서도 잘라낸 마지막 곡식단을 '아가씨(*Maighdean-Bhuana*)'라고 부른다. 아질셔의 아드리셰이그(Ardrishaig) 부근에서는 아가씨를 색다른 세모꼴 모양으로 만들고 리본으로 장식하여 벽에 못박아 걸어둔다.

'신부', '귀리 신부', '밀 신부' 같은 호칭들은 곡물정령을 좀더 성숙하지만 여전히 젊은 나이로 상정한다. 독일에서는 마지막 곡식단과 그것을 묶는 여자를 똑같이 그렇게 부른다. 모라비아의 뮈글리츠(Müglitz) 인근지방에서는 밀을 추수할 때 밀을 조금 남겨두고 나머지를 모두 베어낸다. 그런 다음에 추수꾼들의 환호 속에 밀이삭으로 만든 관을 머리에 쓴, '밀의 신부'라고 부르는 젊은 소녀가 그것을 베어낸다. 사람들은 그녀가 같은해에 진짜 신부가 될 것으로 생각한다. 북부 티롤의 알파크(Alpach) 고원 계곡지방에서는 마지막 곡식단을 창고로 가져가는 사람에게 농작물에 따라 밀 신부 또는 호밀 신부를 얻었다고 이야기하며 대단한 존경과 환호를 보낸다. 농장 사람들이 그를 영접하러 나가고 종을 울리며 접시에 담은 음식물을 그에게 제공한다. 오스트리아령 슐레지엔에서는 한 소녀를 뽑아서 밀의 신부로 삼고, 추수제 때 그녀에게 커다란 경의를 표한다. 스코틀랜드의 로슬린(Roslin)과 스톤헤이븐(Stonehaven) 부근에서는 잘라낸 마지막 곡식단에 "'신부'라는 이름을 붙이고 벽난로 위에 놓아둔다. 그 신부는 무수한 이삭 아래쪽을 리본으로 묶고 허리께에 리본을 하나 더 묶는다."

때로는 식물의 생식력을 신랑과 신부로 표현함으로써 신부라는 이름에 내포된 관념을 더 분명하게 드러낸다. 이를테면 포르하르츠(Vorharz)에서는 짚으로 감싼 귀리 남자와 귀리 여자가 추수제에서 춤을 춘다. 남부 작센에서는 귀리 신랑과 귀리 신부가 추수기념제에 함께 등장한다. 귀리 신랑은 귀리 짚으로 완전히 감싼 남자다. 귀리 신부도 여자 옷을 입은 남자지만 짚으로 감싸지는 않는다. 그들은 수레를 타고 무도회가 열리는 선술집으로 간다. 무도회가 시작되면 춤꾼들은 귀리 신랑에게서 귀리 다발을 하나씩 뽑아내며, 신랑은 그것을 지키려고 애쓴다. 하지만 결국 짚은 완전히 벗겨지고, 벌거숭이가 된 신랑은 춤꾼들의 웃음과 농지거리 대상이 되고 만다. 오스트리아령 슐레지엔에서는 추수가 끝날 때 젊은이들이 '밀 신부' 의식을 거행한다. 마지막 곡식단을 묶은 여자가 밀 신부 역할을 하며, 밀이삭으로 만든 추수왕관을 쓰고 머리에 꽃을 장식한다. 이렇게 꾸미고 난 뒤, 신부는 들러리들의 시중을 받으며 수레에 오른다. 그리고 신랑 옆에 서서 마치 진짜 결혼행진을 하는 것처럼 황소 한 쌍에게 이끌려 아침까지 무도회가 진행되는 선술집으로 간다.

이 마지막 사례에서 곡물정령은 남성과 여성이라는 이중의 형태로 의인화된다. 그러나 때때로 곡물정령은, 그 여신들에 대한 내 해석이 옳다면, 그리스의 데메테르와 페르세포네처럼 늙은 여자와 젊은 여자라는 이중의 형태로 등장하기도 한다. 이미 살펴보았듯이 스코틀랜드에서는, 특히 게일어를 쓰는 주민들은 잘라낸 마지막 곡식단을 때로는 '할머니'로, 때로는 '아가씨'로 지칭한다. 그런데 스코틀랜드 어떤 지방에서는 추수할 때 '할머니(Cailleach)'와 '아가씨'를 모두 벨 때도 있다. 이런 풍습에 대한 설명은 그다지 분명하고 일관성 있는 것이 못 된다. 일반적으로 추수 때 베어낸 곡식으로 아가씨도 만들고 할머니도 만드는 곳에서는 항상 남은 마지막 곡식단으로 아가씨를 만들어, 그 곡식단을 베어낸 밭의 임자가 보관한다. 반면에 할머니는 다른 곡식단, 때로는 처음 베어낸 곡식단으로 만들어 보통은 부지런한 이웃이 곡식을 다 베고 난 후에도 아직 곡식을 베고 있는 굼뜬 농부에게 건네주는 것이 관례다. 그러므로 농부들은 젊고 풍요로운 곡물정령의 화신인 자기 소유의 아가씨를 챙기는 한편, 할머니는 가능한 빨리 이웃에게 넘기는 것이다. 그래서 할머니는 그 존경스러운 머리를 누일 곳을 찾기 전에 그 지방의 모든 농장을 한 바퀴 돌 수도 있다. 마지막에 그녀의 안식처를 제공하는 농부는 당연히 그 지방을 통틀어 가장 늦게 곡식을 거두는 사람이며, 따라서 그녀를 접대하는 영예는 오히려 불쾌한 것으로 된다. 할머니를 아가씨와 비교하고 대립시키는 곳에서는 모두 그럴 테지만, 만약에 할머니가 작년의 곡물정령을 상징한다면 농사꾼이 그녀의 시들어버린 매력보다는 그 딸의 통통하고 귀여운 모습에 더 이끌리는 것은 너무나 당연한 일이다. 해가 바뀌어 가을이 다가오면 그 딸이 다음 차례로 황금색 곡물의 어머니가 될 것이기 때문이다. 쇠약해진 곡물의 어머니를 다른 사람에게 넘김으로써 제거하려는 동일한 욕구는 타작이 끝날 때 행해지는 일부 풍습, 특히 아직 타작을 마치지 않은 이웃 농부에게 흉칙한 밀짚인형을 넘겨주는 풍습에서도 분명하게 나타난다.

방금 설명한 추수 풍속은 이 책 1부에서 살펴본 봄철 풍속과 매우 유사하다. ① 봄철 풍속에서 나무정령을 나무와 사람 양자로 대표하듯이, 추수 풍속에서도 곡물정령을 마지막 곡식단과 그것을 베거나 묶거나 타작하는 사람 양자로 대표한다. 사람과 곡식단의 동등성을 보여주는 풍습은 사람에게 곡식단과 똑같은 이름을 붙이는 것, 사람을 곡식단으로 감싸는 것, 일부 지역의 관례처럼 곡식단을 어머니라고 부를 때는 가장 나이 많은 기혼녀가 인형을 만들지만 곡식단을 아가씨라고 부를 때는 가장 젊은 소녀가 그것을 베는 것 따위다. 후자의 경우, 곡물정령을 대표하는 사람의 연령은 곡물정령의 추정 연령과 일치한다. ② 또, 나무정령이 식물과 가축, 여성의 번식력에 영향을 미치는 것과 똑같이 곡물정령도 그런 영향을 미치는 것으로 상정한다. 이를테면 식물에 대한 영향력은 (곡물정령이 깃들어 있다고 하는) 마지막 곡식단의 낟알을 봄철의 어린 곡식 사이에 뿌리거나 종자곡식에 섞는 관행에서 나타난다. 동물에 대한 영향력은 마지막 곡식단을 새끼 밴 암말이나 암소, 첫 쟁기질을 하는 말에게 먹이는 것에서 나타난다. 마지막으로 여성에 대한 영향력은 임산부 모양의 인형으로 만든 어머니 곡식단을 농장주의 부인에게 전해주는 풍습이라든지, 마지막 곡식단을 묶는 여자가 다음해에 아이를 낳을 것이라고 믿는다든지, 아마도 그것을 차지하는 사람이 곧 결혼할 것이라고 생각한다든지 하는 것에서 드러난다.

따라서 이러한 봄철 풍속과 추수 풍속은 명백히 동일한 고대적 사고방식에 바탕을 두고 있으며, 의심할 나위 없이 역사의 여명기부터 우리 선조들이 행해온 원시적 이교의식의 일부를 이룬다. 원시의식의 흔적 중에서 우리는 다음과 같은 점들에 주목한다.

1. 그 의식을 수행하기 위해 특정한 부류의 사람들을 별도로 정하지 않는다. 다시 말해서 사제가 존재하지 않는다. 상황의 요구에 따라 어떤 사람이든 의식을 행할 수 있다.

2. 그 의식을 수행하기 위해 특정한 장소를 별도로 정하지 않는다. 다시 말해서 신전이 따로 존재하지 않는다. 상황의 요구에 따라 어떤 장소에서든 의식을 행할 수 있다.

3. 신이 아니라 정령을 인정한다. ⊙ 신과 달리 정령은 자연의 특정한 부문에 활동을 국한한다. 그들의 명칭은 고유명사가 아니라 보통명사다. 그들의 속성은 개별적인 것이 아니라 유적(類的)인 것이다. 다시 말해서 각각의 부류에 속하는 정령의 수는 무한히 많으며, 각각의 부류에 속하는 개별 정령은 모두 똑같다. 그들에게는 다른 것과 자신을 구별짓는 뚜렷한 개성이 없다. 그들의 기원과 생애, 모험, 성격에 대해 일반적으로 통용되는 전설이 존재하지 않는다. ⓛ 반면에 신들은 정령과 달리 자연의 특정한 부문에 국한되지 않는다. 일반적으로 그들에게도 각기 특별하게 주관하는 영역이 존재한다. 그러나 그들은 그것에 엄격하게 제약받지 않는다. 그들은 선하든 악하든 자연과 생명의 다른 많은 영역에 힘을 미칠 수 있다. 또, 그들은 데메테르·페르세포네·디오니소스 같은 개별 명칭 또는 고유 명칭을 지닌다. 그들의 개별적 특성과 역사는 일반적으로 통용되는 신화와 예술작품을 통해 고정화되었다.

4. 그 의식은 유화적(宥和的)이라기보다 주술적이다. 다시 말해서 바라는 목적을 희생과 기도, 찬양을 통해 신적인 존재의 호감을 사는 것으로 달성하는 것이 아니라, 이미 설명했듯이 의식과 의식이 의도하는 결과 사이의 물리적 공감이나 유사성을 통해 자연의 경로에 직접 영향을 미친다고 믿는 주술 의식으로 목적을 이룬다.

이런 징표들로 판단할 때, 유럽 농민층의 봄철 풍속과 추수 풍속은 원시적인 것으로 꼽을 만하다. 이를테면 그것들을 수행하기 위해 특정한 부류의 사람들이나 특정한 장소를 별도로 정하지 않는다. 그것들은 주인이든 머슴이든, 안주인이든 하녀든, 소년이든 소녀든 아무나 거행할 수 있다. 그것들은 신전이나 교회가 아니라 숲 속과 풀밭, 개울가, 헛간, 추수철 들판과 시골집 대청마루에서 거행한다. 그 의식에서 상정하는 초자연적 존재는 신이 아니라 정령이다. 그들의 기능은 명확히 규정된 자연의 특정한 부문에 한한다. 그들의 명칭은 보리 어머니·할머니·아가씨 같은 보통명사이며, 데메테르·페르세포네·디오니소스 같은 고유명사가 아니다. 그들의 유적 속성은 알려져 있지만, 그들의 개별적 역사와 성격은 신화의 주제가 아니다. 그들은 개체가 아니라 부류로 존재하며, 각 부류의 구성원들은 따로 구별되지 않는다. 예컨대 모든 농장에는 각각 자체 곡물 어머니·할머니·아가씨가 있지만, 모든 곡물 어머니는 다른 모든 곡물 어머니와 아주 흡사하며, 할머니와 아가씨도 마찬가지다. 끝으로, 봄철 풍속도, 추수 풍속도 그 의식은 유화적이기보다 주술적이다. 이는 농작물에 쓸 비와 이슬을 보장하기 위해 곡물 어머니를 강물에 던지는 것이나, 다음해에 풍성한 수확을 얻기 위해 할머니를 묵직하게 만드는 것, 마지막 곡식단의 낟알을 봄철의 어린 곡식 사이에 뿌리는 것, 가축이 잘 자라게 마지막 곡식단을 먹이는 것 등에서 드러난다.

2

고대와 근대의 유럽 민족이 곡물을 모신으로 인격화한 유일한 민족은 아니었다. 먼 지역의 다른 농경민족도 이처럼 소박한 관념을 지니고 보리와 밀이 아닌 다른 토종 곡물에 그 관념을 적용했다. 유럽에 밀 어머니와 보리 어머니가 있다면, 아메리카에는 옥수수의 어머니가, 동인도제도에는 벼의 어머니가 있다.

앞에서 살펴보았듯이, 유럽 민족들은 곡식줄기를 엮은 마지막 곡식단이나 그것으로 만든 인형을 다음 추수철까지 농가에 보관하는 것이 통상적인 관습이다. 그 의도는 명백하다. 곡식의 성장과 농작물의 풍작을 돕기 위해 곡물정령의 상징물을 보존함으로써 일년 내내 정령의 생명력과 활동을 유지하려는 것이다. 적어도 원래는 그런 의도였다. 어쨌든 그 풍습에 대한 이러한 해석은 고대 페루인들의 비슷한 풍습으로 더욱 개연성이 커진다. 스페인의 옛 역사가 아코스타(Acosta)는 그 풍습에 대해 이렇게 기술하고 있다. "그들은 농장에서 가장 잘 자란 옥수수를 일부 잘라서 일정한 의식과 더불어 '피루아(Pirua)'라고 부르는 곡물창고에 넣어두고 사흘 밤 동안 지켜본다. 이 옥수수에 그들은 지닌 옷 중에 가장 화려한 옷을 입힌다. 그렇게 차려 입힌 뒤, 그들은 이 '피루아'를 숭배하며 커다란 존경으로 대한다. 그들에 따르면, 그것이야말로 그들이 물려받은 옥수수의 어머니며, 그렇게 하면 옥수수 수확이 늘고 보존이 잘 된다고 한다. 이 달(5월에 해당하는 제6월)에 그들은 특별한 희생제를 올리며, 여자 마법사들이 이 '피루아'에게 다음해까지 유지할 충분한 기력이 있는지 묻는다. 만약 그 옥수수가 아니라고 대답하면, 사람들은 그것을 가져온 농장으로 다시 가져가서 모든 사람의 의사에 따라 불태워버린다. 그러고 나서 그들은 동일한 의식을 통해 또다른 '피루아'를 만들며, 옥수수 종자가 멸종하지 않도록 하기 위해 그것을 갱신한다고 이야기한다. 그리고 그것이 더 오래 지탱할 힘이 있다고 대답하면 그것을 다음해까지 놓아둔다. 이처럼 어리석고 허황한 풍습이 오늘날까지 내려온다. 인디언들이 이러한 '피루아'를 간직하는 것은 아주 흔한 풍습이다."

위의 설명에는 몇 가지 오류가 있는 것 같다. 아마도 페루인들이 숭배하고 옥수수의 어머니로 간주한 것은 차려 입힌 옥수수 다발이지 곡물창고(피루아)가 아니었을 것이다. 이 사실은 다른 전거에 나오는, 페루의 풍습에 관한 정보로도 확인할 수 있다. 우리가 알기로 페루인들은 모든 유용 식물에는 성장을 일으키는 신적인 존재가 내재한다고 믿었다. 특정한 식물에 따라 이 신적인 존재는 '옥수수 어머니(*Zara-mama*)', '키노아 어머니(*Quinoa-mama*)', '코카 어머니(*Coca-mama*)', '감자 어머니(*Axo-mama*)' 등으로 불렸다. 이러한 신적인 어머니의 형상은 각기 옥수수 이삭과 키노아 잎, 코카 나무 등으로 만들며, 그것들은 여자 옷을 차려입고 숭배를 받았다. 이와 같이 페루인들은 옥수수 어머니를 여자 정장을 입은, 옥수수 줄기로 만든 인형으로 표현하였다. 인디언들은 "그것이 어머니기 때문에 많은 옥수수를 생산하고 출산하는 능력을 지녔다"고 여겼다. 따라서 아마도 아코스타는 정보 제공자의 말을 잘못 이해했을 것이며, 그가 기술한 옥수수 어머니는 곡물창고(피루아)가 아니라 화려한 의상을 차려입은 옥수수 다발이었을 것이다. 발큐히더(Balquhidder)의 추수 아가씨처럼 페루의 옥수수 어머니도, 그녀의 힘으로 곡식이 성장하고 증식하도록 하기 위해 1년 동안 보관했다. 그러나 그녀의 힘이 충분치 못하여 다음 추수 때까지 지탱하지 못하는 일이 없도록 하기 위해, 사람들은 그해 중간에 그녀의 기분이 어떤지 물어보았다. 만약 그녀가 기운이 없다고 대답하면, 사람들은 "옥수수 종자가 멸종하지 않도록 하기 위해" 그녀를 불태우고 새로운 옥수수 어머니를 만들었다. 여기서 우리는 정기적·부정기적으로 신을 살해하는 풍습에 관해 이미 제시한 설명을 확증하는 강력한 증거를 얻은 셈이다. 일반적으로 옥수수 어머니는 1년 동안 살아가는 것이 허용되는데, 그 1년은 그녀가 힘을 손상 없이 유지한다고 합리적으로 상정할 수 있는 기간이다. 그러나 조금이라도 기력이 쇠퇴하는 징후가 보이면 그녀는 죽음을 당하고, 싱싱하고 기운찬 옥수수 어머니가 그 자리를 대신한다. 이는 그녀가 생존을 좌우하는 옥수수가 시들어 썩는 일이 없게 하기 위해서다.

똑같은 사고의 흐름이 멕시코 사포텍족의 추수 풍속에서도 분명히 드러난다. 추수철에 사제들은 귀족과 백성들을 대동하고 옥수수밭으로 행진해 가서, 가장 크고 잘 자란 옥수수 다발을 골라낸다. 그리고 거창한 의식과 함께 이것을 가지고 마을로 돌아와 야생화로 장식한 신전 제단 위에 놓아둔다. 추수신에게 제사를 올린 뒤, 사제들은 질 좋은 아마포로 옥수수 다발을 조심스럽게 감싸서 파종기까지 보관한다. 이윽고 파종기가 돌아오면 사제들과 귀족들은 다시 신전에 모이며, 그중 한 사람이 정교하게 장식한 야생동물의 가죽을 가져와 옥수수 다발을 감싼 아마포를 포장한다. 그런 다음에 옥수수 다발을 다시 한 번 행진대열을 따라 원래 그것을 가져온 밭으로 운반한다. 거기에는 작은 구덩이나 지하실이 준비되어 있는데, 거기에다 여러 겹으로 감싼 그 귀중한 옥수수 다발을 안치한다. 그러고 나서 밭의 신들에게 풍작을 기원하는 제사를 올리며, 제사가 끝나면 지하실을 폐쇄하고 흙으로 덮는다. 그 직후 곧바로 파종을 시작한다. 끝으로, 추수철이 다가오면 사제들은 매장한 곡식다발을 엄숙하게 발굴하여 요청하는 모든 사람에게 나누어준다. 이렇게 분배받은 곡식다발을 사람들은 추수 때까지 부적 삼아 조심스럽게 보관한다. 스페인의 정복 이후에도 오랫동안 해마다 치러온 이 의식에서 가장 잘 자란 옥수수 다발을 파종기부터 추수 때까지 옥수수밭에 파묻어 보관하는 의도는 의심할 나위 없이 옥수수의 성장을 촉진하기 위한 것이었다.

유럽 농민들의 곡물 어머니는 수마트라 미낭카바우어(Minangkabauer)족의 쌀 어머니와 유사하다. 미낭카바우어족은 쌀에 영혼이 깃들어 있다고 확신한다. 그들은 때때로 관례적인 방식으로 찧은 쌀이 방앗간에서 찧은 쌀보다 더 맛있다고 주장하는데, 그 까닭은 방앗간에서는 쌀의 육신이 함부로 얻어맞고 상처입어 영혼이 도망가기 때문이라고 한다. 자바(Java)족처럼 그들은 쌀이 사닝 사리(Saning Sari)라고 하는 여자 정령의 특별한 보호를 받는다고 생각한다. 그녀는 이 농작물과 아주 긴밀하게 유착되어 있기 때문에, 로마인들이 곡식을 케레스라고 부르는 것처럼 쌀을 흔히 그녀의 이름으로 부른다. 특히 사닝 사리를 '인도에아 파디(indoea padi)', 곧 직역하면 '쌀의 어머니'라고 부르는 특정한 벼의 포기나 낟알로 표현하는데, 이 명칭은 때때로 수호정령 자체를 가리키는 데 쓴다. 이처럼 쌀의 어머니는 벼를 심을 때와 추수할 때, 그리고 아울러 헛간에 쌀을 저장해 두는 동안 행하는 수많은 의식의 계기를 이룬다. 습식 경작법에서는 정례적으로 벼를 논에 옮겨 심기 전에 먼저 못자리에서 싹을 틔우는데, 볍씨를 못자리에 뿌리기 직전에 가장 훌륭한 낟알을 골라서 쌀 어머니로 삼는다. 그런 다음 이 볍씨를 못자리 중앙에 뿌리고 보통 볍씨를 그 주위에 둥글게 심는다. 사람들은 쌀 어머니의 성장상태가 벼의 성장에 가장 큰 영향을 미친다고 믿는다. 그녀가 힘없이 늘어지거나 시들면 결과적으로 수확은 흉작이 될 것이다. 쌀 어머니를 못자리에 뿌리는 여자는 머리를 풀어서 늘어뜨리고 목욕재계를 하는데, 이는 풍년을 보장하기 위한 조처다. 벼를 못자리에서 논으로 옮겨 심을 때가 되면 논의 중앙이나 구석에 쌀 어머니를 위한 특별한 자리를 마련하며, 사람들은 다음과 같은 기도 또는 주문을 외운다. "사닝 사리여, 벼 한 포기에서 쌀 한 말이, 벼 한 뿌리에서 쌀 한 바구니가 나오게 하소서. 천둥번개나 지나가는 행인에게도 놀라지 마소서! 햇빛이 그대를 기쁘게 하고, 폭풍우가 닥쳐도 평안을 누리며, 빗물이 그대 얼굴을 씻겨주게 하소서!' 벼가 자라나면 그와 같이 쌀 어머니로 대우하던 특정한 벼포기는 시야에서 사라진다. 그러나 추수 전에 또다른 쌀 어머니를 찾아낸다. 벼가 다 자라서 거둘 때가 되면, 가족 중에서 가장 나이 많은 여자나 주술사가 그녀를 찾아나선다. 지나가는 산들바람에 맨 먼저 고개 숙이는 벼포기들이 쌀 어머니다. 그것들은 한데 묶어놓되, 논에서 거둔 첫 결실을 집으로 운반하여 가족과 친지들을 위한 잔치 음식으로 쓸 때까지 잘라내지 않는다. 심지어 집안의 가축들도 그 음식을 대접받는다. 왜냐하면 짐승들까지 자기가 내린 선물을 맛보아야 사닝 사리가 기뻐하기 때문이다. 식사를 마치고 나면 화려한 의상을 차려입은 사람들이 쌀 어머니를 집으로 데려온다. 그들은 정교하게 짠 바구니에 그녀를 담고 양산을 씌운 채 아주 조심스럽게 가져와서 헛간에 모셔둔다. 헛간 한가운데 자리가 그녀에게 할당된다. 그녀가 헛간에서 쌀을 돌보고 심지어 종종 늘려주기도 한다고 믿기 때문이다.

또, 곡물정령을 신랑과 신부라는 이중의 형태로 표현하는 유럽 풍습은 자바에서 수확기에 행하는 의식과 유사하다. 추수꾼들이 벼베기를 시작하기 전에 사제나 주술사가 벼이삭을 상당수 골라내서 한데 묶은 다음, 기름을 바르고 꽃으로 장식한다. 이와 같이 장식한 벼이삭은 '파디펭간텐(*padi-pĕgantèn*)', 곧 쌀의 신랑신부라고 부른다. 그들의 혼인잔치가 끝난 직후에 벼베기를 시작한다. 나중에 쌀이 헛간에 들어오면 헛간 안에 신부 방을 따로 마련하고 새 돗자리와 등불, 갖가지 화장도구를 비치해 놓는다. 그리고 결혼식 하객을 나타내는 볏단들을 쌀의 신랑과 쌀의 신부 옆에 놓는다. 이런 준비를 완료하기 전에는 전체 수확물을 헛간에 들이지 않는다. 그리고 쌀을 들여놓은 뒤 처음 40일 동안은 신혼부부에게 방해가 될 것을 우려하여 아무도 헛간에 들어가지 못하게 한다.

자바인의 풍습에 관한 또다른 설명은 다음과 같다. 추수한 벼를 집에 운반할 때 껍질을 벗기지 않은 일반 벼(paddy) 두 줌을 한 단으로 묶고, 특별한 종류의 벼(kleefrijst) 두 줌을 다른 단으로 묶는다. 그런 다음 두 볏단을 한 꾸러미로 묶어 '신혼부부(pěngantenan)'라고 부른다. 특별한 벼가 신랑이며, 일반벼가 신부다. 헛간에서 '신혼부부'는 마법사에게 키질을 당한다. 키질을 마친 다음, 마법사는 "쌀이 불어나도록 하기 위해" 헛간 바닥에 '클로위(kloewih)' 잎을 깔고 그 위에 신혼부부를 옮겨놓으며, 견과류인 '케미리(Kĕmiri)' 열매와 타마린드 씨, 팽이와 팽이줄 따위를 젊은 부부의 심심풀이 노리개감으로 옆에 놓아둔다. 신부는 '엠보크 스리(Emboq Sri)', 신랑은 '사다나(Sadana)'라고 부르는데, 마법사는 그들의 이름을 호명하며 이렇게 말한다. "엠보크 스리와 사다나여, 이제 그대들을 집에 데려와 신방을 꾸며놓았도다. 이 즐거운 곳에서 즐겁게 주무시기를! 엠보크 스리와 사다나여, 그대들은 아무개(집주인)의 영접을 받았으니 아무개가 아무 걱정 없이 살아가도록 해다오. 이 즐거운 곳에서 엠보크 스리의 행운이 계속 이어지기를 바라노라!"

3

지금까지 살펴본 추수 풍속을 개괄해 보면, 거기에 곡물정령에 대한 두 가지 구별되는 관념이 내포되어 있는 것을 알 수 있다. 어떤 풍속에서는 곡물정령이 곡물 속에 내재하는 것으로 취급하는 반면, 다른 풍속에서는 그 바깥에 존재하는 것으로 간주한다. 이를테면 특정한 곡식단에 곡물정령의 이름을 붙이고 옷을 입혀 존경으로 대할 때는 분명히 정령을 곡물 속에 내재하는 존재로 간주하는 것이다. 그러나 정령이 곡식을 통과함으로써 곡식을 자라게 하거나, 마음에 들지 않는 곡식 낟알을 말라죽게 한다고 말할 때는 정령이 곡물에 영향을 미치기는 해도 곡물 자체와는 명백히 별개인 존재로 간주하는 것이다. 후자의 사고방식으로 보면 곡물정령은 이미 곡물의 신이거나 장차 곡물의 신이 될 수 있다. 이 두 가지 관념 중에서 곡물정령을 곡물 속에 내재하는 존재로 보는 관념이 의심할 나위 없이 더 오래된 것이다. 왜냐하면 내재하는 정령이 자연에 생기를 부여한다고 보는 자연관이 일반적으로 외부의 신이 자연을 지배한다고 보는 자연관에 선행하는 것으로 나타나기 때문이다. 간단히 말해서 정령신앙(animism)이 이신론(deism, 理神論)에 선행하는 것이다.

유럽 농민층의 추수 풍속에서는 곡물정령을 곡물 속에 내재하는 존재로 간주하기도 하고, 곡물 바깥에 존재하는 것으로 간주하기도 한다. 전자의 사고방식에서 후자의 사고방식으로 변하게 하는 사고의 과정은 인격신 숭배, 곧 내재하는 영혼에 갈수록 더 많은 인간의 속성을 점진적으로 부여해 가는 과정이다. 인간은 미개상태를 벗어남에 따라 신들을 인간화하는 경향이 강해지며, 신들이 인간화하면 할수록 처음에 자연물에 내재하는 정령이나 영혼에 지나지 않던 신들과 자연물 사이의 간격은 더욱더 넓어진다. 그러나 미개상태에서 상승해 가는 진보과정에서, 같은 세대 사람들이라고 해서 모두 어깨를 나란히 하고 나아가는 것은 아니다. 인격화한 새로운 신들이 좀더 지능이 발달한 사람들의 종교적 요구를 충족시켜 줄지라도, 뒤떨어진 사회성원들은 낡은 정령신앙을 우선적으로 고수할 것이다. 그런데 곡물과 같은 자연물의 정령이 인간적 속성을 부여받고 자연물에서 분리해 나와 그것을 지배하는 신으로 변할 때, 그 자연물 자체는 정령이 빠져나가 생기를 잃게 된다. 말하자면 영적인 진공상태가 되는 것이다. 그러나 대중의 상상력은 그와 같은 진공상태를 참지 못하기 때문에, 다시 말해서 생기 없는 사물의 존재를 상상할 수 없기 때문에 즉각 새로운 신화적 존재를 만들어내서 진공의 사물을 채우게 한다. 그래서 똑같은 자연물을 신화 속에서 두 가지 구별적인 존재로 표현하기에 이른다. 곧, 첫째로는 이제 그것에서 떨어져나와 신의 지위로 승격한 옛 정령으로, 둘째로는 옛 정령이 더 높은 영역으로 올라감에 따라 생겨난 빈 곳을 채우기 위해 대중의 상상력이 새롭게 창조해 낸 새로운 정령으로 표현하는 것이다. 예를 들어 일본의 종교에서는 위대한 태양의 여신 아마테라스의 태양을 대변하는 성격이 흐려지자 '니치린사마', 곧 '태양의 수레를 운전하는 인물'과 '오텐토사마', 곧 '존엄한 하늘 길 인물'이라는 이름으로 태양을 새롭게 인격화했다. 오늘날 일본의 하층민들, 특히 여자와 아이들에게는 '오텐토사마'야말로 실질적인 태양이다. 성별도 신화도 없고, 어떤 공식적인 숭배의 대상도 아니지만, 선행에 보답하고 악행을 벌하며, 그 이름으로 행한 맹세를 실행에 옮기는 도덕적인 존재로 간주하는 것이다.

이러한 신화의 문제점은 동일한 사물의 두 가지 다른 인격화를 어떻게 처리할 것이냐다. 신화체계 내에서 둘의 상호관계를 어떻게 조정하고, 둘 다 어떻게 자리잡게 할 것인가? 옛 정령 또는 새로운 신이 문제의 사물을 창조하거나 생산하는 것으로 간주한다면 문제는 쉽게 해결된다. 옛 정령이 사물을 만들어내고 새로운 정령이 그것에 생기를 주는 것으로 여긴다면, 후자도 그 사물의 영혼으로서 전자에 그 존재를 의지할 수밖에 없다. 그러므로 옛 정령은 새로운 정령에 대해 생산자와 생산물의 관계, 곧 신화 속의 부모와 자식의 관계에 놓일 것이다. 두 정령을 모두 여성으로 간주한다면, 그들의 관계는 어머니와 딸의 관계일 것이다. 이와 같이 신화적 상상력은 곡물을 여성으로 보는 단일한 인격화에서 출발하여 오래지 않아 어머니와 딸이라는 이중적 인격화에 도달했을 수 있다. 데메테르와 페르세포네의 신화가 실제로 형성되는 과정이 이러했다고 단정짓는 것은 매우 경솔한 일일 것이다. 그러나 데메테르와 페르세포네가 한 예를 이루는 신들의 이중화가 때때로 그와 같은 방식으로 이루어졌으리라고 보는 것은 정당한 추측일 것이다. 예컨대, 이 책 앞부분에서 다룬 한 쌍의 신들 중에서 이시스와 그 반려자인 오시리스는 곡물의 인격화로 간주할 만한 근거가 있음을 밝힌 바 있다. 방금 제기한 가설에 입각하면 이시스는 옛 곡물정령이고 오시리스는 새로운 곡물정령인데, 그와 옛 정령의 관계는 오빠, 남편, 아들 따위로 다양하게 나타났을 것이다. 당연히 신화는 두 신의 공존에 대해 한 가지 이상의 해설을 언제나 자유롭게 제시할 수 있는 것이다. 그러나 데메테르와 페르세포네, 이시스와 오시리스 같은 한 쌍의 신들에 대해 제기한 이와 같은 설명은 순전히 추측이며, 단지 있는 그대로 제시한 것에 불과하다는 사실을 결코 잊어서는 안 된다.

19장

리티에르세스

1

지금까지 우리는 북유럽의 곡물 어머니와 추수 아가씨 속에 데메테르와 페르세포네의 원형이 존재함을 보여주려고 시도했다. 그러나 아직 유사성을 완성하기 위해 꼭 필요한 특징이 빠져 있다. 그리스 신화에 나오는 중심 사건은 페르세포네의 죽음과 부활이다. 바로 그 사건이 식물신이라는 여신의 성격과 더불어 그 신화를 아도니스·아티스·오시리스·디오니소스 등의 숭배와 결부시켜 주는 요소다. 그리고 바로 그 사건 덕택에 그 신화는 '죽어가는 신'에 관한 우리의 논의 속에서 한 자리를 차지한다. 따라서 그리스와 동방의 이러한 종교에 두드러지게 나타나는, 연례적인 신의 죽음과 부활이라는 관념을 추수꾼들과 포도 경작자들이 옥수수 노적가리와 포도나무 사이에서 벌이는 소박한 농촌의식 속에서 그 기원이나 유사한 예를 찾을 수 있는지 살펴보는 일이 남아 있다.

고대인들의 통속적인 미신과 관습에 대한 우리의 전반적인 무지는 이미 고백한 바 있다. 그러나 고대 종교의 첫 출발점을 둘러싼 그와 같은 모호성이 다행히 지금은 어느 정도 걷혔다. 오시리스와 아도니스, 아티스 숭배는 이미 살펴보았듯이 각기 이집트와 시리아, 프리지아를 본거지로 삼았다. 이 나라들에서는 각각 추수기와 포도 수확기에 일정한 관례에 따라 의식을 거행한 것으로 알려져 있는데, 그것들이 서로에 대해, 또 전국적인 의식에 대해 갖는 유사성은 고대인들 자신에게도 놀라울 정도였다. 그것을 근대 농민과 야만족의 추수 풍속과 비교해 보면 이 의식들의 기원에 관해 일말의 해명을 얻을 수 있을 것이다.

이미 언급했듯이, 디오도로스의 전거에 따르면 고대 이집트의 추수꾼들은 처음 잘라낸 곡식단을 놓고 통곡을 하며 곡물을 발견하도록 도와준 여신 이시스에게 기원을 올렸다고 한다. 이집트 추수꾼들이 부르거나 외쳐대는 구성진 노래나 소리를 그리스인들은 '마네로스(Maneros)'라는 이름으로 불렀으며, 이집트 초대 왕의 외동아들인 마네로스가 농업을 발명했으나 일찍 죽는 바람에 이와 같이 백성들의 애도를 받는다는 설화로 그 이름의 유래를 설명했다. 그러나 마네로스라는 이름은 '마아네라(mââ-ne-hra)', 곧 '집에 오라'를 의미하는 관용구를 착각한 탓에 생겨난 것으로 보인다. 이 관용구는 예컨대 『사자(死者)의 서(書)』에 나오는 이시스의 추도가를 비롯하여 이집트의 여러 문서에 나오는 것이다. 따라서 우리는 추수꾼들이 잘라낸 곡식을 놓고 곡물 정령(이시스 또는 오시리스)의 죽음을 애도하고, 그 부활을 위해 기도하는 의미로 '마아네라'라는 소리를 영창했을 것으로 짐작할 수 있다.

페니키아와 서아시아에서는 이집트 추수꾼들이 영창하는 것과 비슷한 노래를 포도 수확기에, 그리고 아마 (유추하자면) 추수기에도 부른 것 같다. 이 페니키아 노래를 그리스인들은 '리누스(Linus)' 또는 '아일리누스(Ailinus)'라고 불렀으며, 마네로스처럼 리누스라는 이름을 지닌 젊은이의 죽음을 애도하기 위한 노래라고 설명했다. 한 설화에 따르면, 리누스는 목동의 손에서 자랐으나 그가 기르는 개들에게 찢겨 죽었다. 그러나 마네로스처럼 리누스 또는 아일리누스라는 명칭도 말의 착오에서 생겨난 것으로 보인다. 그것은 아마도 페니키아인들이 아도니스를 애도할 때 외쳤을 '아이 라누(ai lanu)', 곧 '오슬프도다'를 의미하는 소리에 다름아닐 것이다. 최소한 사포(Sappho)는 아도니스와 리누스를 동일한 인물로 간주한 것 같다.

프리지아에서는 추수할 때와 탈곡할 때 추수꾼들이 부르던, 그에 상응하는 노래를 '리티에르세스(Lityerses)'라고 지칭했다. 한 설화에 따르면, 리티에르세스는 프리지아 왕 미다스(Midas)의 서자로 켈라이나이에 거주했다고 한다. 그는 곡식 베는 일을 했으며 식욕이 대단했다. 낯선 사람이 우연히 그의 밭에 들어가거나 그 옆으로 지나가면, 리티에르세스는 그에게 먹을 것과 마실 것을 넉넉히 준 다음 마이안데르 강 둑에 있는 곡식밭으로 그를 데려가서 강제로 자기와 함께 곡식을 베도록 시켰다. 그러고는 낯선 사람을 곡식단으로 감싸서 낫으로 머리를 잘라내고 몸뚱이를 짚으로 싸매서 가져가는 것이 그의 관습이었다. 그러나 결국 헤라클레스(Heracules)*가 그와 곡식베기를 하여 그의 목을 낫으로 잘라내고 시체를 강물에 던져버렸다. 헤라클레스는 (테세우스가 시니스와 스키론을 처리할 때처럼) 리티에르세스가 다른 사람들을 살해한 것과 똑같은 방식으로 리티에르세스를 죽였다고 한다. 따라서 리티에르세스가 관례적으로 희생자의 시체를 강물에 던진 것으로 추리할 수 있다. 설화의 또다른 판본에 따르면, 미다스의 아들 리티에르세스는 사람들과 곡식베기 내기를 즐겨했으며, 만약 자기가 이기면 사람들에게 매타작을 했는데, 어느날 자기보다 곡식을 더 잘 베는 사람을 만나 그에게 살해당했다고 한다.

　이러한 리티에르세스 설화 속에 프리지아의 추수 풍속에 대한 묘사가 들어 있다고 상정하는 것은 일정한 근거가 있는 일이다. 이를테면 특정한 인물들, 특히 추수밭을 지나가는 이방인들을 관례에 따라 곡물정령의 화신으로 간주하였고, 추수꾼들은 그를 그런 신분으로 붙잡아 곡식단에 감싸고 머리를 잘

---

*이 전설의 주요한 고전적 전거는 3세기 비극작가 소시테우스(Sositheus)가 쓴 희곡 『다프니스 *Daphnis*』다. 헤라클레스의 무용담은 유명한 '열두 가지 노역'에 속하는 것이 아니라, 나중에 리디아 여왕 옴팔레(Omphale) 밑에서 노예살이를 할 때 일어난 것이다. 그 속편은 로버트 그레이브스(Robert Graves)의 『그리스 신화 *The Greek Myths*』에 서술되어 있다. "켈라이나이에는 미노스(Minos) 왕의 서자인 농부 리티에르세스가 살았다. 그는 나그네를 환대했지만, 자기하고 곡식 베는 경기를 하도록 강요했다. 저녁이 되어 그들의 기력이 떨어져 경기에 이기고 나면, 그는 그들을 매질하고 목을 자른 뒤 구슬픈 노래를 부르며 시체를 곡식단 속에 숨겼다. 헤라클레스는 헤르메스(Hermes)의 아들인 목동 다프니스를 구하러 켈라이나이를 방문했다. 다프니스는 해적들에게 납치된 연인 핌플레아(Pimplea)를 찾아서 세상을 돌아다니다가 마침내 리티에르세스의 여자 노예들 중에서 그녀를 발견한 참이었다. 다프니스는 곡식베기 경기에 도전을 받았다. 그러나 헤라클레스가 대신 나서서 리티에르세스를 누르고 그의 목을 낫으로 자른 다음 몸통을 마이안데르 강에 던져버렸다. 다프니스는 핌플레아를 되찾았으며, 거기다가 헤라클레스는 핌플레아에게 리티에르세스의 궁전을 지참금으로 주었다. 프리지아의 추수꾼들은 리티에르세스를 기려 추수 만가(輓歌)를 부르는데, 역시 추수밭에서 죽은 이집트 초대 왕의 아들 마네로스를 기리는 노래와 아주 흡사하다"(ii. 164). 신화 해석에서 프레이저는 만하르트를 헌신적으로 추종하고 있다. 만하르트의 *Mythologische Forschungen*은 리티에르세스 전설을 유럽의 추수 풍속에 적용한 것이었다.

랐으며, 짚으로 싸맨 그들의 시체를 나중에 비를 부르는 주술로 강물에 던졌다고 상정할 수 있다. 이렇게 상정하는 근거는 리티에르세스 설화와 유럽 농민층의 추수 풍속이 유사하다는 사실과, 농경지의 비옥도를 높이기 위해 미개종족들이 빈번히 인간제물을 바쳤다는 사실이다. 우리는 전자부터 시작하여 이 근거들을 연이어 검토해 볼 것이다.

앞에서 살펴보았듯이, 근대 유럽에서는 마지막 곡식단을 자르거나 묶거나 타작하는 사람을 종종 동료 일꾼들이 거칠게 대접한다. 예컨대 그를 마지막 곡식단으로 꽁꽁 묶고, 그렇게 감싼 채 걸리거나 수레에 싣고 끌고 다니며 두들겨패고, 물에 담그고, 거름 더미에 던지는 따위의 수난을 가한다. 또는 이러한 야단법석을 떨지는 않더라도 최소한 조롱거리로 삼거나 그 해 안에 어떤 재난을 겪을 것으로 여긴다. 그래서 추수꾼들은 자연히 마지막 곡식단을 베거나 타작하거나 묶는 것을 꺼리게 되며, 일이 끝날 무렵이 되면 이러한 거리낌 때문에 일꾼들 사이에서 각기 꼴찌가 되는 달갑지 않은 영예를 피하기 위해 가능한 빨리 자기 일을 마치려는 경쟁이 벌어진다. 예컨대 단치히 주변 지방에서는 겨울 곡식을 거두어 단으로 묶는 작업이 대부분 끝나면 남은 곡식을 여자들끼리 몫을 나누어 묶는다. 이때 여자들에게는 각각 똑같은 길이의 묶을 단을 배정한다. 한 무리의 추수꾼과 아이, 일 없는 사람들이 시합을 구경하기 위해 주변에 모여들며, "영감을 잡아라"라는 구령이 떨어지면 여자들은 최대한 열심히 자신에게 할당된 곡식단을 묶어나간다. 구경꾼들은 바짝 다가들어 구경을 한다. 다른 사람들의 속도를 따라가지 못해서 결국 마지막 단을 묶는 여자가 영감(곧, 사람 형상을 한 마지막 곡식단)을 농가로 가져가서 농장주에게 건네주면서 "여기 영감을 대령했습니다"라고 말한다. 뒤이은 만찬에서 영감은 식탁에 자리잡고 많은 양의 음식을 대접받는데, 그 음식은 그가 먹을 수 없기 때문에 그를 운반한 여자의 몫으로 떨어진다. 이후 영감을 마당에 놓고 모든 사람이 그를 둘러싸고 춤을 춘다. 또는 마지막 곡식단을 묶은 여자가 영감과 함께 한참 동안 춤을 추고, 나머지 사람이 그들을 빙 둘러싼다. 나중에는 모두 한 사람씩 차례로 영감과 함께 한바탕 춤을 춘다. 아울러 마지막 곡식단을 묶은 여자는 다음 추수 때까지 영감이라는 이름으로 통하며, 사람들은 종종 "여기 영감이 온다"고 소리치며 놀려댄다. 프로이센의

미텔마르크(Mittelmark) 지방에서는 호밀을 수확하고 마지막 곡식단을 묶을 때가 되면, 곡식을 묶던 여자들이 서로 얼굴을 마주보고 두 줄로 서서 자기 곡식단과 새끼줄을 앞에 놓는다. 신호가 떨어지면 그들은 모두 자기 곡식단을 묶는데, 작업을 가장 늦게 마치는 사람은 나머지 사람들에게 놀림을 받는다. 거기서 그치는 것이 아니라 그녀의 곡식단을 인형 모양으로 만들어 영감이라고 부르는데, 그녀가 농장마당까지 그것을 운반해야 한다. 거기에서 추수꾼들은 그녀와 영감을 둥글게 둘러싸고 춤을 춘다. 그러고 나서 영감을 농장주에게 가져가 건네주면서 이렇게 말한다. "영감을 주인에게 대령합니다. 주인은 새 것이 생길 때까지 보관하기 바랍니다." 그런 다음 영감을 나무에 기대 세우고 오랫동안 그 상태로 무수한 농지거리를 한다. 바이에른의 아슈바흐(Aschbach)에서는 곡식베기가 거의 끝날 무렵에 추수꾼들이 "자, 이제 영감을 몰아내자"고 말한다. 그들은 각기 곡식밭 한 배미씩을 맡아 최대한 빨리 베기 시작하는데, 마지막 한줌 또는 마지막 줄기를 베는 사람은 나머지 사람들에게서 "영감은 자네 것"이라는 환호 섞인 인사를 듣는다. 때로는 추수꾼의 얼굴에 검은 가면을 씌우고 여자 옷을 입히기도 한다. 추수꾼이 여자면 남자 옷을 입는다. 한바탕 춤이 이어진다. 만찬석상에서 영감은 다른 사람들보다 배나 많은 음식을 제공받는다. 타작할 때도 절차가 비슷하다. 마지막 도리깨질을 하는 사람이 영감을 차지한다. 그는 타작꾼들에게 베푸는 만찬에서 크림을 뜨는 국자로 음식을 먹고 술을 많이 마셔야 한다. 게다가 그는 온갖 방식으로 놀림받고 골탕을 먹다가 다른 사람들에게 브랜디나 맥주를 대접하고 나서야 시달림에서 벗어난다.

리티에르세스 설화와 유럽 추수 풍속의 두번째 비교점으로 넘어가자. 이제 우리는 종종 곡물정령이 곡식을 베거나 타작할 때 살해당한다고 여기는 것에 주목해야 한다. 노르웨이의 롬스달(Romsdal)과 기타 지방에서는 건초 만들기가 끝나면 "건초 영감이 죽음을 당했다"고 말한다. 바이에른 몇몇 지방에서는 타작할 때 누가 마지막 도리깨질을 하면, 그 사람이 작물에 따라 '옥수수 사내', '귀리 사내' 또는 '밀 사내'를 죽였다고 말한다. 로렌(Lorraine, 독일어로는 로트링겐(Lothringen)이라고 한다)의 틸로트(Tillot) 주(州)에서는 마지막 곡식을 타작할 때, 사람들이 도리깨질 장단에 맞추어 "할멈을 죽인다! 할멈

을 죽인다!"고 외치며 타작한다. 만약 집안에 할머니가 있으면, 맞아죽지 않
도록 몸조심하라고 주의를 준다. 리투아니아의 라그니트(Ragnit) 부근에서는
마지막 한줌의 곡식을 베지 않고 남겨놓은 뒤 "할멈(Boba)이 저기 앉아 있
다"고 말한다. 그러면 젊은 추수꾼 하나가 낫을 잘 들게 갈아 일격에 그것을
베어 넘긴다. 그러면 사람들은 "그가 보바의 머리를 잘랐다"고 이야기한다.
그는 농장주에게서 수고비를 받으며, 농장주의 부인이 그의 머리 위에 한 항
아리 가득 담은 물을 끼얹는다. 또다른 설명에 따르면, 리투아니아 추수꾼들
은 모두 자기 몫의 일을 빨리 마치기 위해 서두른다. 왜냐하면 마지막 호밀줄
기에 호밀 할멈이 살고 있는데, 누구든 마지막 줄기를 베는 사람이 호밀 할멈
을 죽이는 것이 되어 재앙을 입는다고 믿기 때문이다. 틸지트(Tilsit) 지방의
빌키슈켄(Wilkischken)에서는 마지막 곡식을 베는 사람을 '호밀 할멈의 살해
자'라는 이름으로 부른다. 리투아니아에서는 추수할 때만이 아니라 타작할
때도 곡물정령이 죽음을 당한다고 믿는다. 타작할 곡식이 딱 한 단 남으면 모
든 타작꾼이 마치 명령이라도 받은 듯이 갑자기 몇 걸음 뒤로 물러난다. 그런
다음 작업을 개시하여 아주 빠르고 격렬하게 도리깨를 휘두르면서 마지막 곡
식다발을 향해 다가간다. 이때 그들은 거의 광적인 분노에 사로잡혀 전력을
다해 비오듯이 타작세례를 퍼붓는다. 이는 지휘자가 "정지!"라는 구령을 날
카롭게 외칠 때까지 계속된다. 정지하라는 구령이 떨어진 뒤에 마지막으로
도리깨를 휘두르는 사람은 즉각 나머지 모든 사람에게 둘러싸이며, 사람들은
"그 사람이 호밀 할멈을 때려죽였다"고 소리친다. 그는 자기 행동의 보상으
로 사람들에게 브랜디를 대접해야 하며, 마지막 곡식을 벤 사람과 마찬가지
로 '호밀 할멈의 살해자'로 불린다. 리투아니아에서는 때때로 살해당한 곡물
정령을 인형으로 표현하기도 했다. 예컨대 곡식줄기로 여자 인형을 만들어
옷을 입히고 마지막으로 타작할 곡식더미 아래 놓아두고는 누구든 마지막 타
작질을 하는 사람에게 "할멈을 때려죽였다"고 하는 것이다. 우리는 이미 곡
물정령을 나타내는 인형을 불태우는 여러 사례를 살펴본 바 있다. 요크서
(Yorkshire) 동구(東區)에서는 추수 마지막날에 '늙은 마녀의 화형식'이라고
부르는 의식을 치르는 풍습이 있었다. 밭에서 그루터기를 태우는 불에 작은
곡식단을 불태우는데, 그 불에 완두콩을 구워서 양껏 제공하는 맥주와 함께

먹는다. 그리고 젊은 남녀가 불길 주위를 뛰어다니며 얼굴에 서로 검댕을 칠하면서 논다. 또, 때때로 마지막 곡식단 아래 누운 한 남자가 곡물정령을 대표하기도 한다. 그 남자의 몸 위에서 그 곡식을 타작하며, 사람들은 이때 "영감이 맞아죽는다"고 말한다. 이미 살펴보았듯이, 때로는 농장주의 부인을 마지막 곡식단과 함께 탈곡기 아래로 밀어넣어 마치 그녀를 탈곡하는 듯한 시늉을 한 다음 그녀를 키질하는 흉내를 낸다. 티롤의 폴데르스(Volders)에서는 타작할 때 마지막 도리깨질을 하는 사람의 목 뒤에 곡식 깍지를 붙이고 밀짚 화환으로 목을 조른다. 그 사람의 키가 크면 다음해에 곡식이 크게 자랄 것이라고 사람들은 생각한다. 그런 다음 그를 곡식다발로 묶어 강물에 던진다. 카린티아에서는 마지막 도리깨질을 하는 타작꾼과 마지막 곡식단을 타작마당에 풀어놓는 사람의 손발을 밀짚 띠로 묶고 머리에 밀짚 왕관을 씌운다. 그런 다음 그들을 얼굴을 마주 보게 썰매 위에 결박하여 마을 곳곳에 끌고 다니다가 개울물에 던진다. 늘 그렇듯이, 곡물정령의 대리인을 개울에 던지는 풍습은 그를 물로 적시는 풍습과 마찬가지로 비를 부르는 주술이다.

지금까지 곡물정령의 대리인은 일반적으로 마지막 곡식을 베거나 묶거나 타작하는 남자 또는 여자였다. 이제 우리는 (리티에르세스 설화에서처럼) 추수밭을 지나는 이방인이나 처음 그곳에 온 방문객이 곡물정령을 대표하는 사례를 살펴볼 것이다. 독일 전역에서는 추수꾼이나 타작꾼들이 지나가는 이방인을 붙잡아 벌금을 낼 때까지 곡식줄기로 만든 새끼줄로 묶어놓는 것이 관례다. 그리고 농장주 자신이나 손님 중 한 사람이 밭이나 타작마당에 처음 들어갈 때도 같은 방식으로 대우한다. 때로는 새끼줄을 그의 팔이나 발이나 목에 그냥 감아놓기도 하지만, 정식으로 그를 곡식에 싸서 묶기도 한다. 그래서 노르웨이의 솔뢰르(Solör)에서는 누구든 밭에 들어오면, 그가 주인이건 이방인이건 관계없이 곡식단으로 묶어놓고 몸값을 내게 한다. 소에스트(Soest) 주변 지방에서는 농장주가 처음으로 아마 뽑는 사람들을 방문할 때, 그의 온몸을 완전히 아마로 포장한다. 지나는 행인들도 여자들에게 둘러싸여 아마로 묶인 채 브랜디를 한턱 내도록 강요받는다. 뇌르들링겐(Nördlingen)에서는 이방인들을 새끼줄로 붙잡아 벌금을 낼 때까지 곡식단으로 묶어놓는다. 서부 보헤미아 하젤베르크(Haselberg)의 게르만족들은 농장주가 마지막 곡식단을 타작마당에 타작거리로 내놓는 즉시 곡식단으로 묶어놓고 케이크를 선물로 내놓아야만 풀어주었다. 안할트(Anhalt)에서는 지주나 그 가족 중 한 사람, 또는 집사나 어떤 이방인이 곡식베기가 시작된 뒤 처음으로 추수밭에 들어오면, 우두머리 추수꾼의 부인이 곡식이삭으로 꼰 새끼줄이나 곡식이삭과 꽃으로 만든 꽃다발을 그의 팔에 묶어준다. 그러면 그는 몸값으로 벌금을 내야 한다. 노르망디의 퓌탕주(Putanges)에서는 마지막 밀단으로 지주를 결박하는 시늉을 하는 풍습이 아직까지, 적어도 약 25년 전까지 여전히 남아 있었다. 그 일은 여자들만의 몫이다. 그들은 지주에게 덤벼들어 팔과 다리, 몸통을 붙잡고 땅에 쓰러뜨린 다음, 마지막 곡식단 위에 그를 눕힌다. 그리고 나서 그를 묶는 연극을 벌이고, 추수만찬에서 지켜야 할 조건들을 그에게 제시한다. 그는 그것을 받아들여야 풀려나서 일어날 수 있다.

멕시코의 타라우마레(Tarahumare) 인디언들도 추수 때만이 아니라 괭이질과 쟁기질을 할 때 다소 비슷한 종류의 의식을 행한다. "괭이질과 잡초뽑기 작업이 끝나면, 일꾼들은 밭의 주인을 붙잡아 그의 팔을 뒤로 엇갈리게 묶고 모든 농기구, 곧 괭이들을 밧줄로 묶어 그의 등에 올려놓는다. 그리고 나서 모두 집 쪽을 바라보며 2열 종대를 만들어 지주를 그 사이에 둔다. 이런 대형으로 사람들은 집을 향해 출발한다. 그와 동시에 대열의 선두에 있는 두 사람이 빠르게 달리기 시작하여 약 30미터 정도 앞질러간 뒤, 서로 교차하고 다시 돌아와 두 열을 따라 달리다가 후미에서 다시 한 번 교차하고는 각기 자기 열 끝에 자리잡는다. 그들은 대열의 전방과 후미에서 서로 지나칠 때 손바닥의 오목한 곳으로 자기 입을 두드리며 소리를 지른다. 그들이 대열 발치의 자기 자리에 도착하는 즉시 선두에 있던 다음 쌍이 출발하여 똑같은 방식으로 한 차례 달리며, 행렬이 집을 향해 나아가는 동안 이런 식으로 모든 쌍이 연이어 한 바퀴 일주를 한다. 집 앞에 거의 이르렀을 때 사람들은 걸음을 멈추고, 붉은 손수건을 깃발처럼 묶은 지팡이를 든 두 젊은 남자의 영접을 받는다. 여전히 묶인 채 괭이를 짊어진 집안의 가장은 혼자서 앞으로 걸어나가 자기 집 현관 앞에 꿇어앉는다. 깃발을 든 사람들이 그 위로 깃발을 흔들면 집안의 여자들이 밖으로 나와 왼무릎으로 꿇어앉는데, 처음에는 동쪽을 향했다가 잠시 뒤에 나머지 기본 방위인 서쪽·남쪽·북쪽으로 각기 방향을 바꾸어 나간다. 마지막으로 집의 정면에서 깃발을 휘두른다. 그러고 나서 가장이 일어나고 사람들이 그를 풀어주면, 이어서 그가 먼저 여자들에게 '쿠이라(*Kwīra*)!' 또는 '퀴레바(*Kwirevá*)!'라는 관례적인 인사를 한다. 그러면 모두들 집 안으로 들어가며, 주인은 사람들에게 자기를 도와준 것에 감사하는 짧은 연설을 한다. 사람들이 없었으면 자기가 어떻게 그 일을 해냈겠는가? 사람들은 그에게 1년의 생명(곧, 그것을 유지할 수단)을 제공해 주었으며, 이제 그는 사람들에게 테스비노(tesvino)를 제공할 것이다. 그는 모여 있는 사람들에게 각각 술이 가득 든 호리병을 제공하고, 그중 한 사람을 지명하여 다른 사람들에게 필요한 만큼 더 많이 나누어주도록 시킨다. 쟁기질과 추수가 끝난 후에도 똑같은 의식을 행한다. 전자일 때는 묶인 남자가 황소 등에 얹는 멍에를 짊어지고, 후자일 때는 아무것도 짊어지지 않는다."

앞서 인용한 증거는 고대의 리티에르세스처럼 근대 유럽의 추수꾼들도 지나가는 낯선 사람을 붙잡아 곡식단으로 묶는 관습이 있었음을 충분히 증명해준다. 그들이 완전히 똑같은 방식으로 그 사람의 머리를 잘랐으리라고는 생각할 수 없다. 그러나 그런 강한 행동은 취하지 않았더라도, 그들의 언어와 몸짓은 최소한 그러고 싶은 열망을 드러내보이고 있다. 예를 들어 메클렌부르크에서는 추수 첫날에 주인이나 여주인이나 이방인이 밭에 들어오거나 단지 지나가기만 해도 곡식 베는 모든 일꾼이 그를 쳐다보며 마치 베어버리겠다는 듯이 일제히 숫돌에 낫을 갈아댄다. 그러면 곡식 베는 일꾼들을 지휘하는 여자가 그에게 다가가서 그의 왼팔에 띠를 묶는다. 그는 몸값으로 벌금을 치러야만 풀려날 수 있다. 라체부르크(Ratzeburg) 부근에서는 주인이나 다른 유명인사가 밭에 들어오거나 그 옆으로 지나가면, 모든 추수꾼이 일제히 일손을 멈추고 그 사람에게 다가간다. 이때 특히 남자들은 정면으로 낫을 치켜든 채 그 사람을 향해 다가간다. 이렇게 그 사람 앞에 다다르면, 사람들은 남자와 여자로 나누어 줄지어 선다. 그리고 남자들은 숫돌질할 때 하듯이 낫자루를 땅에 꽂는다. 그러고 나서 그들은 우두머리가 앞에 나서서 연설을 하는 동안 모자를 벗어 낫 위에 걸어놓는다. 연설이 끝나면, 그들은 정해진 시간 동안 아주 요란하게 낫을 갈고 나서 모자를 쓴다. 뒤이어 곡식단을 묶는 여자 일꾼 중 두 사람이 앞에 나와서 한 사람은 곡식이삭이나 비단끈으로 주인이나 (때에 따라) 이방인을 묶고, 다른 사람은 운율에 맞춰 연설을 한다. 포메라니아(Pomerania) 일부 지방에서는 새끼줄로 모든 통행인의 걸음을 가로막는다. 추수꾼들은 둥글게 원을 이루어 그 사람을 둘러싸고 낫을 갈며, 그러는 동안 우두머리가 이렇게 말한다.

> 사람들은 준비가 되었고,
> 낫은 굽어져 있다.
> 곡식이 크고도 작으니
> 신사는 목이 잘려야 한다.

이와 같이 근대 유럽의 추수 풍속에서는 마지막 곡식을 베거나 묶거나 타작하는 사람을 곡물정령의 화신으로 취급하여 곡식단으로 감싸고 농기구로 거짓 살해하며 물에 던진다. 리티에르세스 설화와의 이러한 일치성은 후자가 고대 프리지아의 추수 풍속을 실제 그대로 묘사한 것임을 증명해 주는 것으로 보인다. 그러나 근대의 유사한 풍속에서는 곡물정령의 인격적 대표자를 살해하는 의식을 필연적으로 생략하거나 기껏해야 가상으로 행할 수밖에 없기 때문에, 미개사회에서는 토지의 비옥함을 높이기 위한 농경의식으로 사람을 살해하는 일이 흔히 있었음을 증명할 필요가 있다. 다음의 여러 사례는 이 점을 명확히 해줄 것이다.

2

에콰도르의 과야킬(Guayaquil) 인디언은 밭에 씨를 뿌릴 때 사람의 피와 심장을 제물로 바쳤다. 카냐르족(Cañar, 오늘날 에콰도르의 쿠엔카족)은 매년 추수 때마다 어린아이 100명을 제물로 바쳤다. 페루의 잉카족인 키토(Quito)의 왕들과 스페인 사람들도 이 피비린내 나는 의식을 막을 수 없었다. 멕시코의 한 추수제전에서는 계절의 첫 결실을 태양에게 바칠 때, 서로 기대놓은 두 개의 커다란 돌 사이에 범죄자 한 사람을 놓아두고 돌이 쓰러질 때 깔려죽게 했

다. 그의 시체를 매장하고 나면 뒤이어 향연과 춤판이 벌어졌다. 이러한 희생
의식을 '돌들의 만남'이라고 불렀다. "틀랄록(Tlaloc)은 멕시코에서 풍요의
비에 선행하는 천둥과 폭풍의 신으로 숭배되었다. 다른 곳에서는 틀락스칼
란(Tlaxcallan)이나 마틀라쿠에예(Matlalcuéyé) 또는 '푸른 속치마의 귀부인'이
라고 부르는 그의 부인 소치케찰(Xochiquetzal)이 그러한 영예를 나누어 가졌
다. 중앙아메리카의 많은 나라에서 그녀는 특별한 신앙의 대상이었다. 해마
다 아직 녹색을 띤 우윳빛 옥수수속이 여물어갈 즈음, 사람들은 그 나라의 가
장 고귀한 가문에서 선발한 젊은 소녀 네 명을 여신에게 제물로 바쳤다. 그녀
들은 연회복 차림에 화관을 쓰고 화려한 가마에 실려 제물을 헌납하는 장소
인 신성한 물가로 운반되었다. 길고 헐렁한 예복을 걸치고 머리에 깃털관을
둘러쓴 사제들이 향불을 담은 향로를 들고 가마 앞에서 걸어갔다. 유명한 신
전의 소재지이던 엘로팡고 시(市)는 이름이 같은 호수 부근에 있었는데, 그
명칭은 연한 옥수수 다발(*elotl*)을 뜻한다. 그곳은 소치케찰 여신에게 바친 성
지로, 그곳의 바위 꼭대기에서 젊은 희생자들을 심연으로 내던져 여신에게
제물을 올렸다. 이처럼 잔인한 의식을 마무리할 순간에 사제들은 처녀들의
마음속에서 죽음의 공포를 몰아내기 위해 번갈아 가며 연설을 했다. 사제들
은 그들이 신들과 더불어 누리게 될 빛나는 환희의 상(像)을 그려주면서, 그
들더러 뒤에 남기고 떠나는 속세를 잊지 말고 신에게 가서 다음 추수 때 복을
내리도록 간청해 달라고 권고했다." 이미 살펴보았듯이, 고대 멕시코인들도
옥수수의 여러 성장단계마다 옥수수의 연령에 상응하는 여러 연령층의 사람
을 제물로 바쳤다. 파종기에는 신생아를 바치고, 옥수수가 싹이 텄을 때는 더
나이 든 아이를 바치는 식으로 하다가, 마지막에 옥수수가 완전히 익으면 노
인을 제물로 바쳤다. 희생자의 연령과 곡식의 성장상태의 대응이 제물의 효
험을 높여준다고 여겼음이 명백하다.

　라고스(Lagos)에서는 해마다 춘분 이후에 풍작을 이루기 위해 젊은 처녀를
산 채로 말뚝에 꿰어 죽이는 것이 관례였다. 그녀와 더불어 양과 염소도 잡아
서 얌과 옥수수 이삭, 바나나 등과 함께 그녀 양옆 말뚝에 걸어놓았다. 희생
자들은 그 목적을 위해 왕의 궁전에서 양육되었으며, 주술사들에게 강하게
매료되어 즐겁게 자신들의 운명을 받아들였다. 베냉에서도 해마다 비슷한

희생제물을 바쳤다. 베추아나 부족의 일원인 마리모(Marimo)족은 농작물을 위해 사람을 제물로 바치는데, 보통 키가 작고 건강한 남자를 제물로 선택한다. 그는 폭력적인 방식으로 사로잡히거나 마취당한 채 밭으로 운반되어 (그들의 표현에 따르면) '종자' 노릇을 하도록 밀밭 사이에서 살해당한다. 사람들은 그의 피가 햇빛 속에서 응고하면 살을 붙인 이마뼈와 뇌수를 더불어 화장하는데, 타고 남은 재는 땅을 비옥하게 하기 위해 여기저기 뿌린다. 나머지 신체부위는 먹어치운다. 독일령 동아프리카의 우사가라(Usagara) 구릉지대에서 사는 와메기(Wamegi)족은 1년에 한 번씩 추수할 무렵에 특이한 종류의 인간제물을 바쳤다. 그 시기는 또한 파종기이기도 했다. 와메기족은 해마다 각기 9월과 2월 두 차례에 걸쳐 작물을 거두는 것이다. 제전은 대개 9월이나 10월에 열렸다. 희생자는 결혼연령에 도달한 소녀였다. 그녀는 제전이 열릴 언덕으로 끌려가서 나뭇가지 두 개 사이에 놓인 채 나뭇가지에 짓눌려 죽음을 당했다. 이 부족은 희생제를 밭에서 행하지 않는데, 나의 제보자도 그 목적을 확인하지 못했지만 짐작컨대 다음해의 풍작을 보장하기 위해서인 듯하다.

　인도차이나 반도의 샨(Shan)족은 아직까지 풍작을 불러오는 인간제물의 효험을 믿는다. 하지만 그 믿음에 근거를 둔 그들의 행동은 이 지역 다른 부족들에 비하면 약과다. 오늘날 그들의 관행은 보통 3월에서 5월 사이에 열리는 공식 제전에서 어떤 사람을 독살하는 것이다. 브라마푸트라(Brahma-pootra)*의 풍요한 계곡지방에서 산악지대로 구비쳐 올라가는, 깊고 험한 미궁 같은 골짜기에 거주하는 수많은 미개부족 중 하나인 로타 나가(Lhota Naga)족은 풍작을 이루기 위해 우연히 마주치는 사람의 머리와 손발을 잘라서, 잘라낸 부위를 장대에 매달아 밭에 꽂아두는 것이 통상적인 관례였다. 이렇게 무례한 행동을 하기는 하지만, 그들이 제물이 되는 사람들에게 다른 악의가 있어서 그런 것은 결코 아니다. 언젠가 그들은 한 소년을 산 채로 가죽을 벗겨 토막토막 자른 뒤 모든 마을사람에게 그 고기를 나누어주었고, 마을

---

*인도 동쪽 끝 아삼 지방의 히말라야 변경.

사람들은 악운을 피하고 풍부한 수확을 얻기 위해 그것을 곡식저장소에 놓아 두었다. 같은 지역의 또다른 부족인 앙가미족도 똑같은 의도로 지나가는 아무 행인이나 붙잡아서 머리와 손발을 잘라내는 관습이 있었다. 마드라스 관구의 비자가파탐(Vizagapatam) 부근에 사는 산악부족 쿠둘루(Kudulu)족은 풍작을 이루기 위해 양카리(Jankari) 신에게 인간제물을 바쳤다. 그 의식은 보통 퐁갈(Pongal) 제전을 전후한 일요일에 거행했다. 희생자는 대부분 돈을 주고 샀으며, 희생제를 치르기 전까지 그는 자유롭게 마을을 돌아다니고 마음대로 먹고 마시며, 심지어 마주치는 아무 여자하고나 동침할 수 있었다. 정해진 날이 되면 마을사람들은 그에게 술을 먹여 우상 앞으로 운반해 왔다. 마을사람 하나가 그의 배에 구멍을 내서 흐르는 피를 우상에 바르면, 주변 여러 마을에서 온 군중들이 그에게 달려들어 난도질했다. 운좋게 그의 살조각을 차지한 사람들은 그것을 가져가서 자기네 마을의 우상들에게 바쳤다. 드라비다 종족인 인도의 곤드(Gond)족은 브라만 계급의 소년들을 납치하여 여러 경우에 쓸 제물로 보관했다. 파종기와 추수기에는 개선행진을 벌인 뒤에 소년들 중 하나를 독화살로 찔러 죽였다. 그런 다음에 피는 쟁기질한 밭이나 다 자란 농작물 위에 뿌리고, 살은 먹어치웠다. 초타 나그푸르(Chota Nagpur)의 오라온족(달리 우라온족이라고도 한다) 안나 쿠아리(Anna Kuari)라고 하는 여신을 숭배한다. 그녀는 풍년을 가져다주고 사람들을 부유하게 만드는 능력이 있지만 그녀가 그렇게 하도록 만들기 위해서는 인간제물을 바쳐야 하기 때문에, 영국 정부의 감시에도 불구하고 이러한 희생의식이 아직도 은밀하게 행해지고 있다고 한다. 희생자들은 실종돼도 주목받지 않는 비천한 부랑자들이다. 4월과 5월은 제물 사냥꾼들이 나돌아다니는 시기다. 그래서 그 시기에 이방인들은 혼자서 시골에 돌아다니지 않으려 하고, 부모들은 아이들이 밀림에 들어가거나 소떼를 돌보지 못하게 한다. 제물 사냥꾼은 제물을 발견하면 그의 목을 딴 다음 무명지 윗부분과 코를 베어간다. 여신은 누구든 자신에게 제물을 바치는 사람의 집에 기거하며, 그때부터 그의 밭은 수확이 곱절로 는다고 한다. 여신은 집 안에서 작은 어린아이의 형상을 취한다. 껍질을 벗기지 않은 벼를 들여올 때, 집안의 가장은 볏섬의 크기를 곱절로 만들기 위해 여신상을 그 위에 굴린다. 그러나 그녀는 이내 불안정해지며, 싱싱한 인간

제물의 피로써만 달랠 수 있다.

3

이제 리티에르세스 설화로 돌아가자. 앞에서 살펴보았듯이, 미개사회에서는 농작물의 성장을 촉진하기 위해 인간을 살해하는 일이 흔히 있었다. 따라서 프리지아와 유럽에서도 한때 사람들을 같은 목적으로 살해했을 것이라는 가정에는 아무런 무리가 없다. 그리고 프리지아의 전설과 유럽의 민속이 서로 긴밀한 일치성을 보이며 인간이 그와 같이 살해당했다는 결론을 시사할 때, 우리는 최소한 잠정적으로라도 그 결론을 받아들여야 할 것이다. 나아가 리티에르세스 설화와 유럽의 추수 풍속은 희생자가 곡물정령의 대리인 자격으로 살해당했음을 시사하는 점에서 일치하며, 그러한 시사는 농작물을 번성시키기 위해 살해당하는 제물에 대해 일부 미개인들이 보이는 견해와 조화를 이룬다. 그렇다면 대체로 프리지아와 유럽에서 곡물정령의 대리인이 해마다 추수밭에서 살해당했다고 상정해도 무방할 것이다. 그와 비슷하게, 유럽에서 나무정령의 대리인이 해마다 살해당했다고 믿는 여러 근거는 이미 제시한 바 있다. 긴밀한 유사성을 지닌 이 두 가지 주목할 만한 풍습의 증거는 서로 완전히 독립적이다. 그 양자의 일치성은 서로에게 유리한 새로운 추정 근거를 제공해 주는 셈이다.

곡물정령의 대리인을 어떻게 선정하느냐 하는 문제에 대한 한 가지 답변은 이미 제시했다. 리티에르세스 설화와 유럽의 민속은 둘 다 똑같이 지나가는 이방인을 베어낸 곡식이나 타작한 곡식에서 빠져나가는 곡물정령의 화신으로 간주하고 붙잡아 죽였음을 보여준다. 그러나 그 증거가 시사하는 답변은 이것만이 아니다. 프리지아의 전설에 따르면, 리티에르세스의 제물은 단지 지나가는 이방인에 국한되지 않았다. 곡식베기 시합에서 그에게 패배하여 나중에 곡식단에 싸인 채 목이 잘린 사람들도 제물이었다. 이는 곡물정령의 대리인을 추수밭에서 경쟁을 벌여 선정할 수도 있으며, 경쟁에서 패배한 경쟁자에게 그 운명적인 영예를 받아들이도록 강요했음을 보여준다. 이러한 가정은 유럽의 추수 풍속이 뒷받침한다. 그런데 마지막 곡식을 타작하는 사람이 거짓 살해당한 것은 바로 곡물정령의 대리인 자격으로라는 것, 타작일꾼만이 아니라 마지막 곡식을 베는 사람과 묶는 사람에게도 (이미 살펴보았듯이) 똑같은 대표성을 부여한다는 것, 추수꾼들이 모두 그런 일거리 중 어느 하나에서도 꼴찌가 되기를 싫어한다는 것으로 미루어볼 때, 마지막 곡식을 타작하는 사람뿐만 아니라 베는 사람과 묶는 사람에게도 거짓 살해라는 흉내를 혼히 벌였으며, 고대에는 그러한 살해를 실제로 행했을 것이라고 짐작할 수 있다. 이러한 짐작은 마지막 곡식을 베는 사람이 이내 죽는다는 공통된 미신이 확증한다. 때로는 밭에서 마지막 곡식단을 묶는 사람이 다음해 안에 죽는다고 여기기도 한다. 마지막 곡식을 베는 사람이나 묶는 사람, 타작하는 사람을 곡물정령의 대리인으로 규정하는 이유는 아마 이럴 것이다. 사람들은 곡물정령이 곡식을 베거나 묶거나 타작하는 사람들을 피해서 가능한 오랫동안 곡식 속에 숨어 있다고 여겼다. 그러나 마지막 곡식을 베거나 마지막 곡식단을 묶거나 마지막 알곡을 타작하여 강제로 은신처에서 쫓겨나게 되면, 그는 어쩔 수 없이 지금까지 자신의 의상 내지 신체 역할을 했던 곡식 줄기와는 다른 형상을 취하게 된다. 막 쫓겨난 곡식에서 가장 가까이 있는 사람의 형상보다 더 자연스럽게 곡물정령이 택할 수 있는 형상이 달리 있을까? 그런데 이 사람은 필연적으로 마지막 곡식을 베거나 묶거나 타작하는 사람이다. 그러므로 그 남자 또는 여자를 붙잡아서 곡물정령 자신으로 취급하는 것이다.

이와 같이 곡물정령의 대리인으로 추수밭에서 살해당한 사람은 지나가는 이방인일 수도 있었고, 곡식베기나 묶기, 타작하기에서 꼴찌를 한 추수꾼일 수도 있었다. 그러나 고대의 전설과 근대의 추수 풍속이 똑같이 시사하는 제3의 가능성도 존재한다. 리티에르세스는 이방인들을 죽이기만 한 것이 아니라 그 자신도 살해당했다. 그는 명백히 다른 사람에게 한 것과 똑같은 방식으로 곡식단에 묶이고 머리가 잘려 강물에 던져졌다. 이는 리티에르세스 자신의 밭에서 일어난 일로 보인다. 이와 비슷하게, 근대 추수 풍속에서는 이방인에게만큼 빈번하게 주인 자신(농장주나 지주)에게도 모의살해를 행한 것으로 나타난다. 그런데 리티에르세스가 프리지아 왕의 아들이었다는 것과 일설에

스스로 왕이라고 불렀다는 것을 상기할 때, 그리고 그가 명백히 곡물정령의 대리인 자격으로 살해당했다는 전설을 거기에 결부시킬 때, 우리는 서아시아 여러 지역과 특히 프리지아에서 영적인 영향력을 행사한 것으로 알려진 신성한 왕 또는 사제왕을 해마다 살해하는 풍습의 또다른 흔적을 발견하게 된다. 그 풍습은 이미 살펴보았듯이 여러 곳에서 왕 대신 왕자를 살해하는 방식으로 변한 것으로 나타난다. 리티에르세스 설화는 최소한 그 한 가지 판본에서는 그와 같이 변한 풍습의 흔적을 담고 있는 것 같다.

이제 프리지아의 리티에르세스와 프리지아의 아티스의 관계에 주목해 보자. 페시누스(Pessinus, 사제왕의 거주지)에서는 대사제가 식물의 신 아티스의 대역으로 해마다 살해당했으며, 고대의 전거에서 아티스를 '베어낸 곡식이 삭'으로 묘사했다는 사실이 기억날 것이다. 그러므로 곡물정령의 화신으로 해마다 그 대리인에게 살해당한 아티스는 궁극적으로 리티에르세스와 동일하며, 후자는 공식적인 아티스 종교가 발달하기 이전의 소박한 원형에 지나지 않는다고 볼 수 있다. 그것은 아마 사실일 것이다. 그러나 반면에 유럽 민속을 근거로 세심하게 유추해 보면, 동일한 민족이 숭배하는 별개의 두 식물신은 각기 별개의 인격적 대리자를 지니며, 그들은 각기 일 년 중 상이한 시기에 신의 대역으로 살해당했을 수 있다. 앞에서 살펴보았듯이, 유럽에서는 한 사람이 보통 봄철에 나무정령의 대역으로, 다른 한 사람이 가을철에 곡물정령의 대역으로 살해당하는 것으로 나타난다. 프리지아에서도 아마 그랬을 것이다. 아티스는 특히 나무의 신이었고, 그와 곡식의 연관성은 '수확의 오월제' 같은 관습이 시사하는 나무정령의 능력을 넘어서지 못한다. 또, 아티스의 대리인은 봄철에 살해당한 것으로 나타난다. 반면에 리티에르세스는 프리지아의 추수기인 여름이나 가을에 살해당한 것이 분명하다. 그렇다면 대체로 리티에르세스를 아티스의 원형으로 보기는 어려울 것이다. 그러나 그 둘은 동일한 종교적 이념의 비슷한 산물이라고 간주할 수 있으며, 유럽에서 추수기의 '노인'이 봄철의 '야생인'이나 '나뭇잎 사람' 따위에 대해 갖는 것과 같은 관계를 지녔을 것이다. 양자는 모두 식물의 정령이나 신이었고, 똑같이 그 인격적 대표자가 해마다 살해당했다. 그러나 아티스 숭배는 국교 차원으로 지위가 높아져 이탈리아까지 전파된 반면, 리티에르세스 의식은 그

탄생지인 프리지아의 범위를 넘어선 적이 없는 것으로 보이며 추수밭의 농민들이 거행하는 소박한 시골풍 의식의 성격을 항상 지니고 있었다.

이집트에는 살해당한 곡물정령－죽은 오시리스－을 인간제물이 대표하였음을 보여주는 훨씬 더 많은 증거가 있다. 추수꾼들은 추수하던 밭에서 그를 살해하고, 그리스인들이 언어 착오로 마네로스라고 이름 붙인 장송가를 부르며 그의 죽음을 애도했다. 부시리스(Busiris) 전설은 이집트인들이 한때 오시리스 숭배와 관련하여 바쳤던 인간제물의 흔적을 담고 있는 것으로 보인다. 부시리스는 모든 이방인을 제우스의 제단에 제물로 바친 이집트 왕이었다고 한다. 그 풍습은 9년 동안 이집트 땅을 괴롭힌 기근에서 비롯되었다. 한 키프로스인 예언자가 부시리스에게 해마다 제우스에게 한 사람을 제물로 바치면 기근이 멈출 것이라고 알려주자, 부시리스가 희생제사를 제정한 것이다. 그러나 이집트에 온 헤라클레스가 제물이 되어 제단에 끌려갔을 때 몸을 묶은 끈을 끊어버리고 부시리스와 그 아들을 살해했다. 이 전설은 이집트에서 해마다 흉작을 막기 위해 인간제물을 바쳤다는 것을 말해준다. 희생제사를 빼먹으면 희생제사로 막아내고자 한 흉작이 반드시 재발한다는 믿음을 내포하고 있는 것이다. 그와 마찬가지로 북아메리카의 포니(Pawnee)족은 곡식을 심을 때 인간제물을 빼먹으면 농작물을 완전히 망치게 된다고 믿었다. 부시리스라는 명칭은 실제로는 '오시리스의 집'을 뜻하는 도시의 이름이었다. 그렇게 부른 것은 그 도시에 오시리스의 무덤이 있었기 때문이다. 실제로 오늘날 몇몇 권위 있는 학자들은 부시리스가 오시리스의 원래 본거지였으며, 거기에서부터 오시리스 숭배가 이집트 다른 지역으로 전파되었다고 본다. 인간제물을 바치는 희생제사를 그의 무덤에서 올렸다고 하며, 제물은 붉은 머리를 한 남자들이었고, 재는 키질을 해서 곳곳에 흩뿌렸다. 이처럼 오시리스의 무덤에서 인간제물을 바친 전설은 유적의 증거를 통해 확인할 수 있다. "덴데레(Dendereh)의 신전에서 우리는 산토끼 머리를 하고 칼에 찔린 채 오시리스 켄티아멘티우(Osiris Khenti-Amentiu) 앞의 말뚝에 묶여 있는 인물상을 발견한다. 또, 카르나크(Karnak)에 있는 프톨레마이오스 시대 조각상은 호루스가 하르포크라테스(Harpocrates)의 형상으로 표현한 오시리스의 무덤 앞에서 밧줄에 묶인, 산토끼 머리를 한 인물을 죽이는 모습을 보여준다. 이러한 인물상들이 짐승의 머리를 매단 실제 인간이라는 사실은 덴데레에 있는 또다른 조각상이 입증한다. 그것을 보면 무릎을 꿇은 한 남자가 머리와 어깨에 매의 머리와 날개를 달고 있다. 또다른 장소에서는 한 사제가 재칼의 머리를 어깨 위에 얹고 있는데, 가면 사이로 그의 본래 머리가 보인다. 또, 디오도로스가 전하는 이야기에 따르면, 옛날 이집트 왕들은 사자나 황소나 용의 머리를 머리에 썼다고 하는데, 이는 가장이나 변장의 방식이 보편적인 풍습이었음을 보여준다."

이상의 논의에 비추어볼 때, 이집트의 부시리스 전설은 일관성 있는 아주 그럴듯한 설명이 가능하다. 곡물정령인 오시리스를 매년 추수 때마다 한 이방인이 대표하였다. 그 이방인은 머리털이 붉어 무르익은 곡식을 대표하기에 적격이었다. 이 사람은 그런 대표성을 지닌 채 추수밭에서 살해당하고 추수꾼들의 애도를 받았다. 추수꾼들은 그와 동시에 다음해에 곡물정령이 되살아나서 새로운 활력을 얻어 되돌아오기('마아네라', 곧 마네로스)를 기원했다. 마지막으로, 희생자 또는 그의 일부분을 화장한 뒤 그 재를 밭을 비옥하게 하기 위해 키질을 해서 밭에다 뿌렸다. 로마인들은 마름병을 일으킨다는 시리우스 별의 영향력을 피하기 위해 봄철에 털이 붉은 강아지들을 제물로 바쳤으며, 그렇게 하면 농작물이 불그스레하게 익는다고 믿었다. 하란(Harran)의 이교도들은 태양과 달과 행성에 인간제물을 바쳤는데, 제물을 선정하는 기준은 제물을 바치는 천체와 얼마나 닮았느냐였다. 예컨대, 붉은 옷차림에 피를 바른 사제들이 붉게 칠하고 붉은 휘장을 드리운 신전에서 붉은 머리에 볼이 붉은 남자를 '붉은 행성 화성'에게 바쳤다. 희생자를 신이나 그가 대표하는 자연현상과 동화시키는 이런 사례는 궁극적으로 동종주술 또는 모방주술의 원리에 바탕을 두고 있다. 말하자면 어떤 효과를 일으키고자 할 때 그것과 유사한 제물을 바침으로써 뜻하는 목표를 가장 신속하게 달성할 수 있다는 생각이 근저에 있는 것이다.

그러므로 만약 내가 옳다면, 우리는 오시리스의 신비의식을 해명하는 열쇠를 이집트 추수꾼들의 구슬픈 외침소리에서 찾을 수 있을 것이다. 그 소리는 로마시대에 이르기까지 해마다 오시리스의 소박한 원형인 곡물정령의 죽음을 알리며 밭을 가로질러 들려왔다. 이미 살펴보았듯이, 서아시아의 모든 추수밭에서도 비슷한 외침소리가 들렸다. 고대인들은 그것을 노래라고 일컬었다. 그러나 리누스와 마네로스라는 명칭으로 미루어 판단할 때, 그것은 아마도 먼 거리에서도 들을 수 있게 몇 마디 단어를 길게 늘인 곡조로 표현한 것에 지나지 않았을 것이다. 그와 같이 낭랑하고 길게 끄는 외침소리는 여러 사람이 큰소리로 일제히 합창할 때 뚜렷한 효과가 나타났을 것이며, 우연히 주변을 지나던 나그네들의 관심을 끌 수밖에 없었을 것이다. 거듭해서 반복되는 그 소리는 아마 원거리에서도 상당히 쉽게 구별할 수 있었을 것이다. 그러나 아시아나 이집트를 여행하는 그리스인이 듣기에 그 외래어는 보통 어떤 의미도 전달하지 못했을 것이며, 따라서 자연스럽게 추수꾼들이 어떤 사람의 이름을 부르는 것으로 받아들였을 수 있다.

최근에 이르기까지 데번셔(Devonshire) 지방의 추수꾼들도 같은 종류의 외침소리를 냈으며, 내가 오시리스 의식의 기원으로 간주하는 것과 아주 비슷한 의식을 밭에서 거행했다. 19세기 전반기에 한 관찰자는 그 소리와 의식에 관해 이렇게 기술했다. "데번 북부 지방에 있는 농장에서는 대부분 밀을 모두 벤 뒤에 추수일꾼들이 '모가지 외치기'를 한다. 이 관습은 그 지역의 큰 농장이면 빠짐없이 행하는 것으로 보인다. 그것은 이런 식으로 진행된다. 그때 (일꾼들이 마지막 밀밭에서 밀을 베고 있을 때)가 되면 의례를 잘 아는 노인이나 다른 어떤 사람이 곡식단과 낟가리를 한 바퀴 둘러보고 가장 잘 자란 곡식이 삭을 눈에 띄는 대로 뽑아 작은 다발을 만든다. 이 다발을 그는 아주 단정하고 매끈하게 묶고, 밀짚을 매우 세련되게 엮어서 가지런히 정돈한다. 이것을 밀 또는 밀이삭의 '모가지'라고 부른다. 밭을 다 베고 주전자가 한 차례 더 돌아간 다음에 곡식 베는 사람과 묶는 사람, 여자들이 원을 이루고 둥글게 서는데, '모가지'를 든 사람은 그것을 양손으로 움켜잡고 가운데 선다. 그가 먼저 허리를 굽히고 그것을 땅 가까이 가져가면, 원을 이룬 모든 사람이 모자를 벗고 허리를 굽혀 양손으로 땅을 향해 모자를 내려뜨린다. 그러고 나서 모두 아주 기다랗고 화음이 맞는 곡조로 일제히 '모가지!'라고 외치며 천천히 허리를 펴고 양팔과 모자를 머리 위로 치켜올린다. '모가지'를 든 사람도 그것을 높이 들어올린다. 이런 행동을 세 차례 반복한다. 그런 다음에 사람들은 외침소리를 '위 엔' 또는 '웨이 엔'으로 바꾸어, 앞서와 같은 길고 느린 곡조로 일치된 화음과 효과를 내며 세 차례 소리친다. 이 마지막 외침소리는 '모가지'를 외칠 때와 똑같은 신체와 팔의 동작을 수반한다……. 이와 같이 '모가지'를 세 차례, '위 엔' 또는 '웨이 엔'을 다시 세 차례 반복해서 외친 후, 그들은 모두 한바탕 즐겁게 웃고 나서 모자를 공중에 던져올리고 신나게 뛰어다니는가 하면, 아가씨들에게 입맞춤을 하기도 한다. 그리고 나서 한 사람이 '모가지'를 들고 온 힘을 다해 농가로 달려가는데, 거기에는 소젖 짜는 처녀나 젊은 하녀 중 한 사람이 물통을 들고 문간에 서서 기다리고 있다. '모가지'를 지닌 사람이 물통을 든 처녀가 서 있는 문말고 다른 곳을 통해 몰래든 드러내놓고든 집 안에 들어갈 수 있으면, 그는 합법적으로 그녀한테 입맞춤을 할 수 있다. 그러나 그러지 못하면 물통에 든 물을 흠뻑 뒤집어써야 한다. 맑고 고요한 가을날 저녁에 '모가지 외치는 소리'는 먼 데서도 인상 깊게 들리며, 바이런 경이 기독교권의 모든 종소리보다 더 듣기 좋다고 말하는 터키 회교사원의 종소리보다도 훨씬 듣기가 좋다."

  이상의 풍습에서는 특정한 이삭다발, 보통 다 베고 마지막으로 남은 다발을 곡물정령의 모가지로 간주한다. 따라서 그 다발을 자르면 곡물정령은 모가지가 잘리는 셈이다. 이와 비슷하게, 슈롭셔(Shropshire)에서는 곡식을 다 베고 밭 한가운데 남겨놓은 마지막 한줌의 곡식이삭을 보통 '모가지'나 '거위 모가지'라고 불렀다. 추수꾼들이 그것을 한 다발로 엮어놓고 열 걸음이나 스무 걸음 떨어진 곳에서 낫을 던지는데, 누구든 그것을 베는 사람에게 거위 모가지를 잘랐다고 말했다. '모가지'는 농장주의 부인에게 가져가며, 그녀는 행운을 위해 다음 추수 때까지 그것을 집 안에 보관해야 한다. 트레베스(Trèves) 주변에서는 마지막 남은 곡식을 베는 사람에게 "염소의 목을 잘랐다"고 소리쳤다. 게얼록〔Gareloch, 지금의 덤바턴셔(Dumbartonshire)〕의 파슬레인(Faslane)에서는 마지막 남은 한줌의 곡식을 때때로 '대가리'라고 불렀다. 동부 프리슬란트(Friesland)의 아우리히(Aurich)에서는 마지막 곡식을 베는 사람에게 "산토끼 꼬리를 잘랐다"고 외쳤다. 마지막 남은 밭구석을 베어나갈 때 프랑스 추수꾼들은 때때로 "고양이 꼬리를 잡았다"고 외친다. 브레스〔Bresse, 지금의 부르고뉴(Bourgogne)〕에서는 마지막 곡식단이 여우를 상징했다. 그 옆에 꼬리에 해당하는 스무 개 가량의 이삭을 남겨놓고, 추수꾼들은 각기 뒤로 몇 걸음 물러나서 거기다가 낫을 집어던졌다. 그것을 자르는 데 성공한 사람은 "여우 꼬리를 자른 것"이며, 사람들로부터 "유 쿠 쿠!"라는 칭찬의 외침소리를 들었다. 이러한 여러 사례는 데번셔와 콘월에서 마지막 곡식단에 붙이는 '모가지'란 표현의 의미에 대해 의문의 여지를 없애준다. 사람들은 곡물정령이 사람이나 동물의 형상을 하고 있다고 상상했다. 따라서 마지막 남은 곡식은 그 신체의 일부분─목이나 머리, 또는 꼬리─인 것이다. 이미 살펴보았듯이, 곡물정령을 때때로 탯줄로 간주하기도 한다. 끝으로, '모가지'를 가져오는 사람에게 물을 끼얹는 데번셔의 풍습은, 수많은 사례에서 보았듯이 비를 부르는 주술이다.

20장
동물로서의 곡물정령

1

마지막 곡식단에 붙이는 '모가지'라는 명칭의 의미를 정립하기 위해 인용한 몇 가지 사례에서 곡물정령은 거위·염소·산토끼·고양이·여우 따위 동물의 모습으로 등장한다. 이는 곡물정령의 새로운 측면을 우리에게 제기하며, 이제 우리는 그것을 검토해야 한다. 그렇게 함으로써 우리는 신을 살해하는 풍습의 새로운 사례를 얻을 수 있을 뿐 아니라, 아도니스·아티스·오시리스·디오니소스·데메테르·비르비우스 등의 신화와 숭배에서 모호하게 남아 있는 몇 가지 문제를 해명할 수도 있을 것이다.

곡물정령이 형상을 취하는 동물에는 늑대·개·산토끼·여우·수탉·거위·메추라기·고양이·염소·암소(황소)·돼지·말 따위가 있다. 사람들은 곡물정령이 종종 이런 여러 동물 중 한 형상으로 곡식 속에 존재하다가 마지막 곡식단 속에서 붙잡히거나 살해당하는 것으로 여긴다. 곡식이 베어질 때 그 동물은 추수꾼 앞에서 달아난다. 그래서 추수꾼이 밭에서 병이 들면, 그가 자기도 모르는 사이에 곡물정령과 부딪친 것으로, 곡물정령이 그 불경스러운 침입자에게 벌을 준 것으로 믿었다. 이를 두고 "호밀 늑대가 그를 덮쳤다", "추수 염소가 그를 받았다"고 말하는 것도 이 때문이다. 한편 마지막 곡식을 베거나 마지막 단을 묶는 사람은 호밀 늑대·호밀 돼지·귀리 염소 같은 동물 이름으로 불리며, 한 해의 일정 기간 동안 그 이름을 지닌다. 또, 그 동물을 흔히 마지막 곡식단이나 나무와 꽃 따위로 만든 인형으로 표현하며,

수확물을 실은 마지막 수레에 실어 환호 속에 집으로 운반한다. 마지막 곡식단을 동물 형상으로 만들지 않는 곳에서도 호칭은 종종 호밀 늑대·산토끼·염소 따위를 쓴다. 일반적으로 곡물마다 각기 고유한 동물을 지니는 것으로 믿어왔으며, 그것은 마지막 곡식단 속에서 붙잡혀 작물에 따라 호밀 늑대·보리 늑대·귀리 늑대·완두콩 늑대·감자 늑대 따위로 불린다. 그러나 때때로 동물인형을 전체 수확물 중 마지막 곡식을 거두어들일 때 단 한 번 만들기도 한다. 때때로 마지막 낫질이 그 동물을 살해하는 것으로 여기기도 하는데, 보통 타작이 끝날 때까지 살아 있다가 마지막으로 타작할 곡식 속에서 붙잡히는 것으로 여긴다. 따라서 마지막 도리깨질을 하는 사람이 '곡식 돼지'나 '타작하는 개'를 잡았다는 식으로 일컫는다. 타작이 끝나면 동물 형상의 인형을 만들어 마지막 곡식을 타작한 사람이 아직 타작을 하고 있는 이웃 농장으로 그것을 가져간다. 이는 사람들이 아직 타작이 끝나지 않은 곳에서는 곡물정령이 살아 있다고 믿었다는 것을 다시 한 번 보여준다. 때로는 마지막 곡식을 타작하는 일꾼 자신이 동물을 대표하기도 한다. 만약 아직 타작 중인 이웃 농장 사람들에게 붙들리면, 그 농장 사람들은 그를 돼지우리에 가두고 돼지에게 흔히 하는 소리로 말하는 등 그를 자신이 대표하는 동물과 똑같이 대접한다. 이제 사례를 들어 이러한 일반 서술을 예증할 것이다.

먼저 곡물정령을 늑대나 개로 상상하는 사례부터 살펴보자. 이러한 생각은 프랑스와 독일, 슬라브 계열 나라에서 흔히 나타난다. 이를테면 바람이 불어 곡식이 파도치듯이 움직이면, 농부들은 흔히 "늑대가 곡식을 지나간다", "호밀 늑대가 밭에서 달려간다", "늑대가 곡식 속에 들어가 있다", "미친 개가 곡식 속에 들어가 있다", "큰 개가 저기 있다"고 말한다. 아이들이 곡식밭에 가서 이삭을 뽑거나 곡식의 파란 꽃을 따고 싶어하면, 사람들은 "큰 개가 곡식 속에 앉아 있단다", "늑대가 곡식 속에 앉아 있다가 물어뜯는단다", "늑대가 잡아먹는단다"라고 경고하며 말린다. 이때 아이들에게 경고하기 위해 지칭한 늑대는 보통 늑대가 아니라 흔히 곡식 늑대, 호밀 늑대 따위로 부르는 특별한 늑대다. 그래서 사람들은 "호밀 늑대가 와서 잡아먹는단다, 애들아", "호밀 늑대가 데려간단다"라는 식으로 말한다. 하지만 그것은 보통 늑대와 외양이 똑같다. 파일렌호프[Feilenhof, 동부 프로이센] 주변 지방에서는 늑대가 밭을 지나 달려가는 것이 눈에 띄면, 농부들이 그 꼬리가 공중에 들리는지 땅에 끌리는지 살피는 것이 관례였다. 꼬리가 땅에 끌리면 농부들은 늑대를 쫓아가서 복을 가져다준 것에 감사하며, 심지어는 먹을 것을 그 앞에 놓아두기도 했다. 그러나 꼬리가 높이 들려 있으면 그들은 늑대를 저주하고 잡아 죽이려고 했다. 여기서 늑대는 꼬리에 생식력을 담고 있는 곡물정령인 것이다.

개와 늑대는 모두 추수 풍속에서 곡식정령의 화신으로 등장한다. 그래서 슐레지엔 몇몇 지방에서는 마지막 곡식단을 베거나 묶는 사람을 '밀 개' 또는 '완두콩 발발이'라고 부른다. 그러나 '곡식 개'의 관념은 프랑스 동북부 지방의 추수 풍속에서 가장 명확히 드러난다. 이를테면 어떤 추수꾼이 병이나 권태, 게으름 때문에 앞에 가는 추수꾼들을 따라잡지 못하면, 사람들은 "하얀 개가 옆에 지나갔다", "하얀 암캐를 데리고 있다", "하얀 암캐에게 물렸다"고 말한다. 보주에서는 '추수의 오월'을 '추수 개'라고 부르며, 마지막 한줌의 건초나 밀을 베는 사람에게 "개를 죽인다"고 이야기한다. 쥐라(Jura)의 롱르소니에(Lons-le-Saulnier) 주변에서는 마지막 곡식단을 암캐라고 부른다. 베르됭(Verdun) 인접 지방에서는 추수가 끝난 것을 "이제 개를 죽일 참"이라고 표현한다. 에피날(Epinal)에서는 농작물에 따라 "밀 개, 호밀 개 또는 감자 개를 죽일 참"이라고 말한다. 로렌에서는 마지막 곡식을 베는 사람에게 "추수 개를 죽인다"고 말한다. 티롤의 둑스(Dux)에서는 타작할 때 마지막 도리깨질을 하는 사람에게 "개를 내려친다"고 말한다. 슈타데(Stade) 부근 아네베르겐(Ahnebergen)에서는 농작물에 따라 그 사람을 '옥수수 발발이', '호밀 발발이', '밀 발발이' 등으로 부른다.

늑대도 마찬가지다. 슐레지엔에서는 추수꾼들이 마지막 남은 곡식다발을 베기 위해 모여서 그것을 둘러쌀 때 "늑대를 잡는다"고 말한다. 곡식 늑대에 대한 믿음이 특히 두드러지는 메클렌부르크 여러 지방에서는 마지막 곡식 속에 늑대가 앉아 있다는 이유로 모두 그것을 베고 싶어하지 않는다. 그래서 추수꾼들은 모두 꼴찌가 되지 않기 위해 전력을 기울인다. 여자들도 그와 비슷하게 "늑대가 들어 있다"는 이유로 마지막 곡식단 묶기를 꺼린다. 그래서 추수꾼들과 곡식단 묶는 일꾼들은 꼴찌로 일을 마치지 않기 위해 경쟁을 벌인다. 또, 독일에서는 일반적으로 "마지막 곡식단 속에 늑대가 앉아 있다"는 말을 흔히 속담으로 쓰는 것 같다. 어떤 지역에서는 사람들이 추수꾼에게 "늑대를 조심하라"고 소리친다. 또는 "저 사람은 늑대를 곡식에서 쫓아내고 있다"고 말한다. 메클렌부르크에서는 마지막 남은 곡식다발 자체를 보통 '늑대'라고 부르며, 그것을 베는 사람에게 "늑대를 잡았다"고 한다. 그리고 특정한 농작물에 따라 호밀 늑대·밀 늑대·보리 늑대 따위로 그 동물을 지칭한다. 또, 마지막 곡식을 베는 사람 자신을 늑대라고 부르기도 하는데, 곡식이 호밀이면 그 사람을 호밀 늑대라고 부른다. 메클렌부르크의 많은 지역에서 그 사람은 다른 추수꾼들을 물어뜯는 시늉을 하거나 늑대처럼 울부짖음으로써 그 역할을 뒷받침하는 연기를 해야 한다. 마지막 곡식단도 늑대 또는 (농작물에 따라) 호밀 늑대, 귀리 늑대 따위로 부르며, 그것을 묶는 여자에게 "늑대가 여자를 문다", "여자가 늑대를 잡는다", "여자가 늑대를 (곡식 속에서) 데려왔다"고 말한다. 게다가 그녀 자신을 늑대라고 부른다. 사람들은 그녀한테 "너는 늑대다"라고 소리치며, 그녀는 일년 내내 그 명칭을 지녀야 한다. 때로는 농작물에 따라 호밀 늑대나 감자 늑대로 부르기도 한다. 뤼겐(Rügen) 섬에서는 마지막 곡식단을 묶는 여자를 늑대라고 부르며, 그녀는 집에 돌아가서 집안의 마나님과 여종들을 물어뜯고 그 대가로 커다란 고기 덩어리를 받는다. 하지만 아무도 늑대가 되는 것을 좋아하지 않는다. 똑같은 여자가 호밀과 밀, 귀리의 마지막 단을 계속 묶으면 호밀 늑대, 밀 늑대, 귀리 늑대를 겸할 수 있다. 콜로뉴(Cologne) 지방의 뷔르(Buir)에서는 마지막 곡식단을 늑대 모양으로 만드는 것이 관례였다. 그리고 타작을 전부 마칠 때까지 그것을 헛간에 보관했다. 그런 뒤에 그것을 농장주에게 가져가면 농장주는 거기에 맥주나 브랜디를 뿌려야 했다. 메클렌부르크의 브룬스하우프텐(Brunshaupten)에서는 마지막 밀단을 묶는 젊은 여자가 밀 줄기를 한줌 뽑아서 '밀 늑대'를 만드는 것이 관례였다. 그것은 길이 60센티미터에 높이 15센티미터 가량 되는 늑대인형으로, 다리는 뻣뻣한 줄기로 표현했고 꼬리와 갈기는 밀이삭으로 나타냈다. 그녀가 이 밀 늑대를 가지고 추수꾼들의 선두에 서서 마을로 돌아오면, 사람들은 그것을 농장 휴게실 높은 곳에 올려놓고 오랫동안 보관했다. 많은 지역에서 늑대라고 불리는 곡식단으로 사람 모양을 만들어 옷을 입힌다. 이는 인간의 형상으로 상상한 곡물정령과 동물의 형상으로 상상한 그것

사이에 개념의 혼동이 나타나고 있음을 시사하는 것이다. 일반적으로 늑대는 마지막 마차에 실려 유쾌한 환호성과 더불어 집으로 운반된다. 그래서 마지막 마차에 실은 짐 자체가 늑대라는 이름을 얻기도 한다.

또, 사람들은 늑대가 도리깨질 때문에 마지막 다발에서 쫓겨날 때까지 곡식창고에 넣어둔 곡식 사이에 몸을 숨기는 것으로 여긴다. 그래서 마그데부르크 부근 반츨레벤(Wanzleben)에서는 타작을 마친 후 농부들이 타작이 끝난 밀짚으로 감싼, 늑대라고 부르는 한 남자를 사슬에 묶어 끌고 가며 행진을 한다. 그는 타작한 곡식에서 달아나다가 붙잡힌 곡물정령을 상징한다. 트레베스 지방에서는 곡식 늑대가 타작할 때 죽음을 당하는 것으로 여긴다. 그래서 사람들은 밀짚만 남을 때까지 마지막 곡식단을 타작한다. 이렇게 하면 마지막 곡식단에 숨어 있던 곡식 늑대가 확실하게 죽는다고 생각하기 때문이다.

프랑스에서도 추수 때 곡식 늑대가 등장한다. 그래서 마지막 곡식을 베는 추수꾼에게 사람들은 "늑대 잡겠네"라고 소리친다. 샹베리(Chambéry) 부근에서는 사람들이 마지막 남은 곡식을 둥글게 둘러싸고 "늑대가 저기 있다"고 외친다. 피니스테르(Finistère)에서는 곡식베기가 거의 끝날 무렵에 추수꾼들이 이렇게 외친다. "늑대가 있다. 우리가 잡자." 그들은 각기 자기가 벨 구역을 정한 뒤 일을 시작하는데, 가장 먼저 일을 마치는 사람이 "늑대를 잡았다"고 소리친다. 기엔(Guyenne)에서는 마지막 곡식을 베고 난 뒤, 거세한 숫양 한 마리를 밭에 끌고 다닌다. 이 숫양을 '밭 늑대'라고 부르는데, 양뿔은 꽃다발과 곡식이삭으로 장식하고, 목과 몸뚱아리는 화환과 리본으로 휘감는다. 모든 추수꾼이 그 뒤를 따라 노래를 부르며 행진한다. 그러고 나서 그 양을 밭에서 살해한다. 프랑스의 이 지방에서는 마지막 곡식단을 '콩줄라주(conjoulage)'라고 부르는데, 이는 거세한 숫양을 뜻하는 사투리다. 그러므로 숫양을 죽이는 것은 마지막 곡식단에 들어 있다고 믿는 곡물정령의 죽음을 상징한다. 그러나 거기에는 늑대와 숫양이라는 두 가지 서로 다른 곡물정령의 관념이 섞여 있다.

때때로 마지막 곡식 속에서 사로잡힌 늑대가 농가에서 겨울을 보내며 봄에 곡물정령으로 새롭게 활동할 준비를 갖추는 것으로 여기기도 한다. 그래서 점점 길어지는 낮이 봄의 접근을 알리는 동지가 되면 늑대는 다시 한 번 모습을 나타낸다. 폴란드에서는 머리에 늑대 가죽을 뒤집어쓴 남자가 성탄절에 여기저기 이끌려 다니거나, 돈을 거두는 사람들이 박제한 늑대를 메고 다닌다. 나뭇잎으로 감싼, 늑대라고 불리는 남자를 사람들이 이끌고 다니며 안내자들이 돈을 거두는 옛 풍습을 시사해 주는 사례가 여럿 있다.

곡물정령은 종종 수탉의 형태를 띠기도 한다. 오스트리아에서는 아이들이 곡식밭을 어지럽히면 곡식 수탉이 거기 앉아 있다가 아이들의 눈을 쪼아먹는다며 아이들에게 그러지 않도록 주의를 준다. 북부 독일에서는 사람들이 "수탉이 마지막 곡식단 속에 앉아 있다"고 말한다. 마지막 곡식을 벨 때 추수꾼들은 "이제 수탉을 쫓아내자"고 외친다. 그리고 그것을 베어내면 "수탉을 잡았다"고 말한다. 트란실바니아의 브랄러(Braller)에서는 추수꾼들이 마지막 곡식다발에 도달하면 "이제 수탉을 잡자"고 외친다. 퓌르슈텐발데(Fürsten-walde)에서는 마지막 곡식단을 묶기 직전에 주인이 수탉 한 마리를 광주리에 담아와서 풀어놓고 밭을 뛰어다니게 한다. 그러면 모든 추수꾼이 수탉을 쫓아가서 붙잡는다. 다른 곳에서는 추수꾼들이 모두 나서서 베어낸 마지막 곡식을 차지하려고 애쓴다. 그것을 붙잡는 데 성공한 사람은 닭울음소리를 내야 하며, 그를 수탉이라고 부른다. 벤드(Wend)족은 마지막 곡식단이 밭에 놓여 있을 때, 농장주가 그 밑에 살아 있는 수탉을 숨기는 것이 관례였다. 곡식을 한데 모을 때 그 곡식단을 우연히 발견한 추수꾼이 수탉을 잡을 수만 있으면 그것을 차지할 권리를 얻었다. 이 행사가 추수제의 마지막을 이루었으며, '수탉잡기'라고 한다. 이때 추수꾼들에게 돌리는 맥주는 '수탉 맥주'라는 이름으로 통했다. 마지막 곡식단은 수탉·수탉 다발·추수 수탉·추수 암탉·가을 암탉 따위로 부르며, 농작물에 따라 밀 수탉·콩 수탉 따위로 구분하기도 한다. 튀링겐의 뷘셴술(Wünschensuhl)에서는 마지막 곡식단으로 수탉 모양을 만들어 추수 수탉이라고 부른다. 나무와 판지(板紙), 곡식 이삭, 꽃 따위로 만든 수탉 인형을 추수 수레 정면에 싣는다. 특히 베스트팔렌(Westfalen, 영어로는 웨스트팔리아(Westphalia)라고 한다)에서는 그렇게 실은 수탉의 부리에 땅에서 나는 온갖 종류의 열매를 담는다. 때때로 수탉 인형을 마지막 추수 수레에 실은 오월제 나무 꼭대기에 매달기도 한다. 다른 곳에서는 살아 있는 수탉이나 그 인형을 추수제 왕관에 매달아 장대로 운반한다. 갈리시아와 그밖의 지방에서는 이처럼 살아 있는 수탉을 곡식 이삭이나 꽃으로 만든 화관에 매달아 여자 추수꾼들의 우두머리가 추수제 대열 정면에서 행진할 때 머리에 쓴다. 슐레지엔에서는 살아 있는 수탉을 쟁반에 담아 주인에게 증정한다. 추수제 만찬은 '추수 수탉', '그루터기 수탉' 등으로 지칭하며, 적어도 몇몇 지방에서는 그 주된 요리로 수탉이 나온다. 만약 마부가 추수 수레를 넘어뜨리면 "마부가 추수 수탉을 엎질렀다"고 이야기하며, 그는 수탉, 곧 추수제 만찬을 먹지 못한다. 수탉 인형을 실은 추수 수레는 농가를 한 바퀴 돌아 헛간으로 들어간다. 그런 다음에 수탉을 농가의 문 위나 옆, 또는 박공(牔栱)에 못질해서 매달아 다음 추수 때까지 그곳에 둔다. 동부 프리슬란트에서는 타작할 때 마지막 도리깨질을 하는 사람을 '꼬꼬 암탉'이라고 부르며, 마치 암탉에게 하듯이 그 앞에 알곡을 뿌려준다.

또다시 곡물정령은 수탉의 형태로 죽음을 당한다. 독일과 헝가리, 폴란드, 피카르디(Picardy) 여러 지방에서 추수꾼들은 살아 있는 수탉을 마지막에 벨 곡식 속에 놓아두고 밭에서 추격하거나 모가지까지 땅 속에 파묻는다. 나중에 사람들은 낫으로 수탉의 머리를 쳐낸다. 베스트팔렌의 많은 지방에서는 추수꾼들이 농장주에게 나무 수탉을 가져가면 농장주가 살아 있는 수탉을 내준다. 그 수탉을 사람들은 회초리나 막대기로 때려 죽이거나, 낡은 칼로 목을 치거나, 헛간에 있는 소녀들에게 던져주거나, 여주인에게 주어 요리하도록 한다. 추수 수탉이 엎질러지지 않으면—곧, 어떤 마차도 쓰러지지 않으면—추수꾼들은 농가 마당의 수탉에게 돌을 던지거나 머리를 잘라서 죽일 권리를 얻는다. 이런 풍습을 폐지한 곳에서도 여전히 농장주의 아내는 추수꾼들을 위해 닭고기 부추 수프를 끓이고, 수프를 만들기 위해 잡은 수탉의 머리를 일꾼들에게 보여주는 것이 통상적인 관례다. 트란실바니아의 클라우젠부르크(Klausenburg) 인근에서는 수탉을 추수밭에 머리만 나오게 파묻는다. 그런 다음에 한 젊은이가 낫을 들고 단칼에 수탉의 목을 잘라버린다. 만약 이 일에 실패하면 그는 일년 내내 '빨간 수탉'이라는 별명으로 불리며, 사람들은 다음 해 농사가 흉작이 될 것이라고 우려한다. 트란실바니아의 우드바르헬리(Udvarhely) 부근에서는 살아 있는 수탉을 마지막 곡식단에 묶어 꼬챙이로 죽인다. 그런 다음에 수탉의 껍질을 벗겨 살코기는 내다버리고 껍질과 깃털은 다음해까지 보존한다. 봄이 되면 마지막 곡식단에서 나온 알곡을 수탉의 깃털과 섞어 경작할 밭에 뿌린다. 수탉과 곡물정령의 동일시를 이보다 더 분명하게 드러내보이는 사례는 없을 것이다. 수탉은 마지막 곡식단에 묶여 죽음을 당함으로써 곡식과 동일시되고, 그 죽음은 곡식베기와 동일시된다. 더욱이 그 깃털을 봄철까지 보존했다가 수탉을 묶었던 곡식단에서 나온 종자곡식과 섞어 밭에다 뿌림으로써 수탉과 곡식의 동일성을 또 한 번 강조하며, 곡물정령의 화신으로서 그것이 지니는 촉진력과 생식력을 가장 단순명백하게 시사한다. 이와 같이 수탉 형태의 곡물정령은 추수 때 살해당하지만 봄철에 새로운 생명과 활력을 지니고 다시 살아난다. 또, 수탉과 곡식의 동일성은 수탉을 땅에 파묻고 (곡식 이삭처럼) 낫으로 목을 치는 풍습에서도 그것 못지않게 분명히 드러난다.

흔히 나타나는 곡물정령의 또다른 화신은 산토끼다. 갤러웨이(Galloway)에서는 마지막 남은 곡식을 베는 것을 '산토끼 베기'라고 부른다. 그것을 베는 방식은 다음과 같다. 곡식을 벨 때 마지막까지 남아 있는 한줌의 곡식을 산토끼라고 하는데, 그것을 세 부분으로 나누어 엮고 이삭은 하나의 매듭으로 묶는다. 그리고 나서 추수꾼들은 몇 미터 뒤로 물러나서 차례대로 산토끼를 향해 낫을 던져 그것을 자르려고 한다. 반드시 매듭 아래쪽으로 잘라야 하며, 추수꾼들은 누군가 매듭 아래 줄기를 베는 데 성공할 때까지 한 사람씩 계속해서 낫을 던진다. 그런 다음에 산토끼를 집으로 운반하여 부엌일 하는 하녀에게 주며, 하녀는 그것을 부엌문 안쪽에 걸어둔다. 때로는 산토끼를 이런 식으로 다음 추수 때까지 보존하기도 했다. 미니가프(Minnigaff) 교구(敎區)에서는 미혼의 추수꾼들이 산토끼를 베고 나서 집을 향해 전속력으로 달리기를 했으며, 일등으로 도착한 사람이 제일 먼저 장가를 들었다. 독일에서도 산토끼를 마지막 곡식단을 지칭하는 여러 이름 중 하나로 썼다. 그래서 안할트 일부 지역에서는 곡식을 다 베고 몇 줄기만 남으면 사람들이 "산토끼가 금방 온다"거나 "산토끼가 뛰쳐나오는 것을 잘 보라"고 외친다. 동부 프로이센에서는 산토끼가 마지막 남은 곡식다발 속에 앉아 있으며, 마지막 추수꾼이 그것을 쫓아내야 한다고 말한다. 추수꾼들은 '산토끼를 쫓아내는' 역할에 걸리지 않기 위해 각기 열심히 작업을 서두른다. 왜냐하면 그렇게 되는 사람, 곧 마지막 곡식을 베는 사람은 심한 조롱을 당하기 때문이다. 이미 살펴보았듯이, 아우리히에서는 마지막 곡식 베는 것을 "산토끼 꼬리를 자른다"고 표현한다. "산토끼를 죽인다"는 것은 독일·스웨덴·네덜란드·프랑스·이탈리아 등지에서 마지막 곡식을 베는 사람에게 흔히 쓰는 표현이다. 노르웨이에서는 이와 같이 "산토끼를 죽인다"는 말을 들은 사람은 브랜디 형태의 '산토끼 피'를 동료들에게 주어 마시게 해야 한다. 레스보스(Lesbos)에서는 인접한 두 군데 밭에서 추수꾼들이 작업할 때, 양측은 각기 먼저 일을 끝마쳐 산토끼를 이웃 밭으로 몰아내기 위해 애쓴다. 거기에서 이기는 쪽은 다음해 농사가 더 나아질 것이라고 믿는다. 그리고 작은 곡식단을 치장해서 다음 추수 때까지 성화(聖畫) 옆에 놓아둔다.

또, 곡물정령은 때때로 고양이 형태를 취하기도 한다. 키일(Kiel) 부근에서는 고양이가 있다며 아이들이 곡식밭에 들어가지 않도록 주의를 준다. 아이제나흐 오베르란트(Oberland)에서는 아이들한테 "곡식 괭이가 와서 데려간다", "곡식 괭이가 곡식밭을 지나간다"는 식으로 말한다. 슐레지엔 몇몇 지방에서는 마지막 곡식을 벨 때 "고양이를 잡았다"고 말한다. 그리고 타작할 때 마지막 도리깨질을 하는 사람을 고양이라고 지칭한다. 리옹(Lyon) 인근 마을에서는 마지막 곡식단과 추수만찬을 모두 고양이라고 부른다. 베술(Vesoul) 주변에서는 마지막 곡식을 벨 때 "고양이 꼬리를 잡는다"고 말한다. 도피네(Dauphiné, 프랑스의 황태자령)의 브리앙송(Briançon)에서는 곡식베기를 시작할 때 고양이 한 마리를 리본과 꽃, 곡식 이삭 따위로 치장하고, '공가죽 고양이(le chat de peau de balle)'라고 부른다. 곡식 베는 일꾼이 일하다 다치면 고양이가 그 상처를 핥게 한다. 곡식베기를 마칠 때도 고양이를 또다시 리본과 곡식 이삭으로 치장한다. 그러고 나서 춤추며 즐기는데, 춤이 끝나면 소녀들이 엄숙하게 고양이의 장식을 벗겨낸다. 슐레지엔의 그뤼네베르크(Grüneberg)에서는 마지막 곡식을 베는 추수꾼을 '수코양이'라고 부른다. 그는 호밀 줄기와 가느다란 푸른 나뭇가지로 감싸고, 기다랗게 땋은 꼬리를 붙인다. 때로는 (암)고양이라고 부르는, 비슷하게 차려입은 남자를 동행으로 거느리기도 한다. 그들의 임무는 눈에 띄는 사람들을 쫓아가서 기다란 작대기로 때리는 것이다. 아미앵(Amiens) 부근에서는 추수를 마칠 때 "이제 고양이

를 죽일 참"이라고 표현한다. 마지막 곡식을 베고 나면, 사람들은 농장에서
고양이 한 마리를 죽인다. 프랑스 일부 지방에서는 타작할 때 살아 있는 고양
이를 타작할 마지막 곡식다발 아래 놓아두고 도리깨로 때려 죽인다. 그러고
나서 일요일에 그것을 구워 공휴일 특별요리로 먹는다. 보주 산맥 지방에서
는 건초 만들기나 추수를 '고양이 잡기', '개 죽이기', 더 드물게는 '산토끼 잡
기'라고 부른다. 고양이나 개, 산토끼는 농작물이 풍작이냐 흉작이냐에 따라
살찌기도 하고 야위기도 한다고 한다. 마지막 한줌의 건초나 밀을 베는 사람
은 고양이 또는 산토끼를 잡는다거나 개를 죽인다고 일컫는다.

　나아가서 곡물정령은 종종 염소 형태로 등장한다. 프로이센 일부 지방에서
는 바람이 불어 곡식이 고개를 숙이면 "염소들이 서로 쫓는다", "바람이 염소
들을 곡식밭에서 몰고 있다", "염소들이 저기서 돌아다닌다"고 말하면서 풍
년이 들 것으로 기대한다. 또, "귀리 염소가 귀리밭에 앉아 있다", "곡식 염소
가 호밀밭에 앉아 있다"는 식으로 말한다. 아이들이 꽃을 따러 곡식밭에 들
어가거나 콩꼬투리를 따러 콩밭에 들어가면, 호밀 염소나 옥수수 염소, 귀리
염소, 콩 염소가 숨어 있다가 아이들을 잡아가거나 죽인다며 어른들이 주의
를 준다. 추수꾼이 병이 들거나 작업할 때 동료들한테 뒤처지면, 사람들은
"추수 염소가 저 사람을 받았다", "곡식 염소에 받혔다"고 말한다. 브라운스
베르크(Braunsberg, 동부 프로이센) 인근에서는 귀리를 묶을 때 모든 추수꾼이
"곡식 염소에게 떠받히지 않기 위해" 일을 서두른다. 노르웨이의 외포텐
(Oefoten)에서는 추수꾼들이 자기가 벨 밭배미를 할당받는데, 옆의 동료들이
작업을 마친 뒤에도 중간에 있는 추수꾼이 자기 몫을 다 베지 못하면 "저 사
람은 섬에 남아 있다"고 말한다. 그 뒤처진 사람이 남자면 사람들은 숫염소
를 부를 때 내는 소리를 흉내내고, 여자면 암염소 부르는 소리를 흉내낸다.
남부 바이에른의 슈트라우빙(Straubing) 부근에서는 마지막 곡식을 베는 사람
에게 농작물에 따라 옥수수 염소나 밀 염소, 귀리 염소를 잡는다고 이야기한
다. 아울러 마지막 곡식단 위에 뿔을 두 개 세워놓고 '뿔 달린 염소'라고 부른
다. 동부 프로이센의 크로이츠부르크(Kreutzburg)에서는 마지막 곡식단을 묶
는 여자에게 "염소가 곡식단에 앉아 있다"고 소리친다. 슈바벤의 가블링겐
(Gablingen)에서는 농장 주변의 마지막 귀리밭을 거둘 때, 추수꾼들이 나무를

깎아서 염소를 만든다. 콧구멍과 입에 귀리 이삭을 끼우고 화환으로 장식하
는데, 그것을 밭에 세워놓고 귀리 염소라고 부른다. 곡식 베기가 거의 끝날
즈음에는 추수꾼들이 자기 몫을 먼저 끝내기 위해 서두른다. 꼴찌로 끝마치
는 사람이 귀리 염소를 얻기 때문이다. 또, 마지막 곡식단 자체를 염소라고
부르기도 한다. 이를테면 바이에른의 비젠트(Wiesent) 계곡에서는 밭에다 묶
어놓은 마지막 곡식단을 염소라고 부르며, "밭에서는 염소가 나와야 한다"는
격언도 있다. 헤세(Hesse)의 슈파흐브뤼켄(Spachbrücken)에서는 마지막에 베
어낸 한줌의 곡식을 염소라고 부르며, 그것을 베는 사람은 심하게 조롱당한
다. 바덴(Baden)의 뒤렌뷔히(Dürrenbüchig)와 모스바흐(Mosbach) 주변에서도
마지막 곡식단을 염소라고 부른다. 때로는 마지막 곡식단을 염소 모양으로
만들어 "염소가 안에 앉아 있다"고 말하기도 한다. 또, 마지막 곡식단을 베거
나 묶는 사람을 염소라고 부르기도 한다. 이를테면 메클렌부르크 여러 지방
에서는 마지막 곡식단을 묶는 여자에게 "너는 추수 염소다"라고 소리친다.
하노버의 윌첸(Uelzen) 부근에서는 추수제의 시작행사로 '추수 염소 데려오
기'가 벌어진다. 이는 곧 마지막 곡식단을 묶은 여자를 밀짚으로 감싸고 추수
왕관을 씌워, 외바퀴수레로 마을로 데려와 마을에서 한바탕 원무를 벌이는
것을 말한다. 뤼네부르크(Luneburg) 주변 지방에서도 마지막 곡식을 묶은 여
자를 곡식 이삭 왕관으로 치장하고 곡식 염소라고 부른다. 바덴의 뮌체스하
임(Münzesheim)에서는 마지막 한줌의 옥수수나 귀리를 베는 추수일꾼을 옥
수수 염소 또는 귀리 염소라고 부른다. 스위스의 생갈(St Gall) 주(州)에서는
밭에서 마지막 곡식단을 베거나 마지막 추수 수레를 헛간으로 모는 사람을
곡식 염소나 호밀 염소 또는 그냥 염소라고 부른다. 투르가우(Thurgau) 주에
서는 그 사람을 곡식 염소라고 부른다. 그리고 염소처럼 목에 방울을 걸고 개
선행진 하듯 끌고 다니며 술을 끼얹는다. 스티리아 지방에서도 마지막 곡식
을 베는 사람을 곡식 염소나 귀리 염소 따위로 지칭한다. 대체로 이와 같이
곡식 염소라는 이름이 붙는 사람은 다음 추수 때까지 일년 내내 그 이름을 지
니고 있어야 한다.

어떤 견해에 따르면, 염소나 기타 형태로 붙잡히는 곡물정령은 농가나 헛
간에서 겨울을 보낸다. 그래서 각 농장에는 각기 고유한 곡물정령의 화신이

존재한다. 그러나 또다른 견해에 따르면, 곡물정령은 한 농장의 곡식만이 아니라 모든 곡식의 수호신이다. 따라서 한 농장의 곡식을 모두 베면 아직 베지 않은 곡식이 남아 있는 다른 농장으로 달아난다. 이런 생각은 스카이(Skye)의 추수 풍속에 구현되어 있다. 제일 먼저 곡식 베기를 마친 농장주는 한 남자나 여자에게 곡식단을 들려 아직 일을 마치지 않은 이웃 농장주에게 보낸다. 그러면 그 농장주는 자기 일을 마치자마자 다시 그 곡식단을 아직 곡식을 베고 있는 이웃에게 보낸다. 이렇게 해서 곡식단은 곡식 베기가 전부 끝날 때까지 농장들을 한 바퀴 순회한다. 그 곡식단은 '절름발이 염소(*goabbir bhacagh*)'라고 불렸다. 이 풍습은 오늘날에도 사라지지 않은 것으로 보인다. 불과 몇 년 전에 스카이에서 그런 풍습이 행해졌다는 보고가 있었다. 곡물정령을 이와 같이 절름발이로 표현한 것은 아마도 곡식을 베는 행위 때문에 불구가 되었다는 의미였을 것이다. 간혹 마지막 곡식단을 집에 가져오는 노파는 의무적으로 한 발을 절어야 한다.

그러나 때로는 염소 형태의 곡물정령이 추수밭에서 낮에 베어 살해당하는 것으로 여기기도 한다. 그래서 모젤(Moselle) 강변의 베른카스텔(Bernkastel) 인근 지역에서는 추수꾼들이 추첨으로 순서를 정해서 그 순서에 따라 서로 뒤쫓아가며 작업을 한다. 첫번째는 '선두 추수꾼', 꼴찌는 '꼬리잡이'라고 부른다. 한 추수꾼이 앞에 있는 사람을 따라잡으면 그를 지나쳐서 둥글게 구부려 나아가 뒤처진 추수꾼이 밭배미 안에 혼자 남게 만든다. 그 남겨진 배미를 '염소'라고 부른다. 이런 식으로 '염소를 베는' 처지가 된 사람은 그날 하루 종일 동료들에게 놀림감이 된다. 꼬리잡이가 마지막 곡식 이삭을 베어내면 "염소 모가지를 잘라낸다"고 말한다. 그르노블(Grenoble) 인근 지역에서는 곡식 베기가 끝날 무렵에 살아 있는 염소를 꽃과 리본으로 장식해서 밭에 돌아다니게 풀어놓는다. 추수꾼들은 그 염소를 뒤쫓아가서 잡으려고 한다. 염소가 잡히면 농장주의 부인이 꼼짝못하게 붙잡고, 농장주가 그 머리를 친다. 염소의 살코기는 추수만찬을 준비하는 데 쓰는데, 살코기 한 덩어리는 소금에 절여서 다음 추수 때 또다른 염소를 잡을 때까지 보존한다. 그 다음에 모든 추수꾼이 살코기를 나누어 먹는다. 같은날 염소 가죽으로 외투를 만드는데, 일꾼들과 함께 일하는 농장주는 비가 오거나 날씨가 좋지 않으면 추수 때 항상 그것을 걸쳐야 한다. 그러나 어떤 추수꾼이 등이 아프다고 하면, 농장주는 염소 가죽 외투를 그에게 주어 입힌다. 이렇게 하는 이유는, 등의 통증이 곡물정령 때문에 생긴 것이므로 그것으로 치료할 수 있다는 의미인 것 같다. 그와 비슷하게, 다른 곳에서도 추수꾼이 곡식을 베다가 상처를 입으면, 곡물정령의 상징인 고양이가 그 상처를 핥게 한다. 몬(Mon) 섬의 에스토니아인들은 추수 때 첫 곡식 이삭을 베는 사람은 등에 통증이 생긴다고 생각하는데, 이는 아마도 곡물정령이 첫 상처에 특히 원한을 품는다고 여기기 때문일 것이다. 그래서 트란실바니아의 색슨족 추수꾼들은 등의 통증을 피하기 위해 처음 베어낸 곡식 이삭으로 허리를 묶는다. 여기서도 곡물정령은 치료나 보호의 목적으로 활용되지만, 염소나 고양이 형태가 아니라 원래의 식물 형태를 그대로 지닌다.

나아가 때때로 염소 형태의 곡물정령이 헛간의 곡식 속에 숨어 있다가 도리깨에 맞아 쫓겨나는 것으로 여기기도 한다. 그래서 바덴에서는 마지막으로 타작할 곡식단을 '곡식 염소'라고 부르거나, 곡물 종류에 따라 '밀 염소'·'귀리 염소'라고 부른다. 또, 북부 바이에른의 마르크틀(Marktl) 부근에서는 곡식단을 '밀짚 염소' 또는 그냥 단지 '염소'라고 부른다. 그것을 들판에 커다란 노적가리로 쌓아두고, 남자들이 서로 마주 보며 두 줄로 늘어서서 타작을 한다. 그들은 도리깨질을 하면서 곡식줄기 속에 밀짚 염소가 보인다는 내용의 노래를 부른다. 마지막 염소, 곧 마지막 곡식단은 제비꽃을 비롯하여 다른 여러 꽃으로 만든 화환과 실에 꿴 과자 꾸러미로 장식한다. 그리고 그것을 노적가리 한가운데 놓아둔다. 타작꾼 가운데 몇몇이 그것에 달려들어 가장 알짜배기를 뜯어가면, 다른 사람들은 도리깨를 마구 휘둘러 때로는 머리통이 깨지기도 한다. 티롤의 오베린탈(Oberinntal)에서는 마지막 타작꾼을 염소라고 부른다. 서부 보헤미아의 하젤베르크(Haselberg)에서도 귀리를 타작할 때 마지막 도리깨질을 하는 사람을 귀리 염소라고 부른다. 뷔르템부르크(Würtemburg)의 테트낭(Tettnang)에서는 마지막 곡식다발을 뒤집기 전에 마지막 도리깨질을 하는 사람을 '숫염소'라고 지칭하며, "저 사람이 숫염소를 쫓아냈다"고 말한다. 그 다발을 뒤집은 후에 마지막으로 도리깨질을 하는 사람은 '암염소'라고 부른다. 이 풍습에는 곡식 속에 암수 한 쌍의 곡물정령이 살고 있다는 암시가 담겨 있다.

나아가 타작할 때 염소 형태로 사로잡은 곡물정령을 아직 타작을 마치지 않은 이웃에게 전달하기도 한다. 프랑슈콩테(Franche Comté)에서는 타작이 끝나자마자 젊은이들이 아직 타작을 하고 있는 이웃 농가의 마당에 밀짚으로 만든 염소 인형을 세워놓는다. 이웃 농장주는 그들에게 보답으로 포도주나 돈을 제공해야 한다. 뷔르템부르크의 엘반겐(Ellwangen)에서는 타작할 때 마지막 곡식다발로 염소 인형을 만든다. 막대기 네 개로 다리를 만들고 두 개로 뿔을 만드는데, 마지막 도리깨질을 하는 사람은 그 염소를 아직 타작 중인 이웃의 헛간에 가져가서 바닥에 던져놓아야 한다. 그러다가 붙잡히면 사람들은 그의 등에 염소를 묶는다. 북부 바이에른의 인데르스도르프(Indersdorf)에도 비슷한 풍습이 있다. 밀짚 염소를 이웃의 헛간에 던지는 사람은 염소 울음소리를 흉내낸다. 사람들이 그를 붙잡으면 그의 얼굴에 검댕을 칠하고 염소를 등에 묶는다. 알자스의 사베르느(Saverne)에서는 농장주가 이웃들보다 일주일 이상 타작이 뒤처지면, 사람들이 그의 문 앞에 실제 염소나 여우의 박제를 세워놓는다.

때로는 염소 형태의 곡물정령이 타작할 때 살해당하는 것으로 여기기도 한다. 북부 바이에른의 트라운슈타인(Traunstein) 지방에서는 귀리 염소가 마지막 귀리 다발 속에 있다고 생각한다. 그것은 한쪽 끝으로 세워놓은 헌 갈퀴로 표현하며, 머리는 헌 냄비로 표현한다. 그리고 나서 사람들은 아이들을 시켜 그 귀리 염소를 죽인다.

곡물정령이 종종 취하는 또다른 형태는 황소 또는 암소다. 바람이 곡식을 쓸고 지나갈 때 서부 프로이센의 코니츠(Conitz)에서는 "불깐 황소가 곡식밭을 달려간다"고 말한다. 동부 프로이센 일부 지방에서는 곡식이 한 곳에서 굵고 억세게 자라면 "황소가 곡식 속에 누워 있다"고 말한다. 추수꾼들이 과로해서 절뚝거리면, 서부 프로이센의 그라우덴츠(Graudenz) 지방에서는 "황소가 들이받았다"고 말하며, 로렌에서는 "황소를 가졌다"고 말한다. 그 두 가지 표현의 의미는, 그가 뜻하지 않게 신성한 곡물정령과 마주쳤는데, 곡물정령이 그 불경스러운 침입자에게 절뚝거리는 벌을 주었다는 것이다. 그래서 샹베리 부근에서는 추수꾼이 자기 낫에 다치면 "황소에게 상처를 입었다"

고 말한다. 분츨라우(Bunzlau) 지방(슐레지엔)에서는 때때로 마지막 곡식단으로 뿔 달린 황소 모양을 만들어 삼베 부스러기로 속을 채워넣고 곡식 이삭으로 감싼다. 이 인형은 '영감'이라고 부른다. 보헤미아 일부 지방에서는 마지막 곡식단으로 사람 형상을 만들어 '물소 수컷'이라고 부른다. 이런 사례들은 곡물정령의 인간 형태와 동물 형태의 혼동을 보여준다. 그 혼동은 거세한 숫양을 늑대라고 부르며 죽이는 것과 비슷하다. 슈바벤 전역에서는 밭에 남은 마지막 곡식단을 '암소'라고 부른다. 마지막 이삭을 베는 사람에게 "암소를 가진다"고 하며, 그 사람을 '암소' 또는 작물 종류에 따라 '보리 암소'나 '귀리 암소'라고 부른다. 추수만찬 때 그는 꽃과 곡식 이삭으로 만든 꽃다발을 받으며, 다른 사람들보다 더 넉넉하게 마실 것을 제공받는다. 그러나 그는 사람들한테 골탕을 먹고 조롱을 당하기 때문에, 아무도 암소가 되고 싶어하지 않는다. 암소를 때때로 곡식 이삭과 꽃으로 만든 여자 인형으로 표현하기도 했다. 그것은 마지막 곡식단을 벤 남자가 농가로 운반한다. 농장주가 그에게서 암소를 받아갈 때까지 아이들은 그를 쫓아다녔으며, 이웃들은 밖에 나와 그를 조롱했다. 여기서 또다시 곡물정령의 인간 형태와 동물 형태 사이의 혼동이 분명하게 드러난다. 스위스 여러 지방에서는 마지막 곡식 이삭을 베는 추수꾼을 밀 암소·곡식 암소·귀리 암소·곡식 황소라고 부르며, 숱한 농지거리의 표적이 된다. 반면에 북부 바이에른의 로젠하임(Rosenheim) 지방에서는 한 농장주가 이웃들보다 늦게 수확물을 거두어들이면, 사람들이 그의 땅에 이른바 '밀짚 황소'를 세워놓는다. 이는 나무 골격 위에 그루터기를 모아 붙여 거대한 황소 형상을 만들고 꽃과 나뭇잎으로 장식한 것이다. 그리고 거기에다가 밀짚 황소를 세운 땅의 주인을 조롱하는 엉터리 시를 휘갈겨 쓴 종이쪽지를 붙여놓는다.

또, 황소 형태의 곡물정령은 곡식베기가 끝날 때 추수밭에서 살해당한다. 디종(Dijon) 부근 푸일리(Pouilly)에서는 마지막 곡식 이삭을 베기 직전에 리본과 꽃, 곡식 이삭 따위로 장식한 황소 한 마리를 끌고 밭을 한 바퀴 돌며, 모든 추수꾼이 춤추며 그 뒤를 따른다. 그리고 나서 '악마'로 분장한 한 남자가 마지막 곡식 이삭을 베고, 그 자리에서 즉각 황소를 도살한다. 황소의 살코기 일부는 추수만찬 때 먹고, 일부는 소금에 절여서 봄철에 처음 씨뿌리기를 하는 날까지 보존한다. 퐁타무송(Pont à Mousson) 등지에서는 곡식베기가 끝나는 날 저녁에 꽃과 곡식 이삭으로 장식한 송아지를 끌고 와서 미끼로 유혹하거나, 사람들이 막대기로 몰거나, 농장주의 부인이 밧줄로 이끌어 농장 마당을 세 차례 돈다. 이 의식에 선발되는 송아지는 그 해 봄에 농장에서 처음 태어난 송아지다. 모든 추수꾼이 농기구를 들고 그 뒤를 따라간다. 그러고 나서 송아지를 풀어놓고 추수꾼들이 뒤쫓아간다. 송아지를 잡는 사람은 누구든 '송아지의 왕'이라고 부른다. 마지막에 그 송아지를 엄숙하게 도살한다. 뤼네빌(Lunéville)에서 백정 역할을 하는 사람은 그 마을의 유대인 상인이다.

　　때때로 곡물정령은 헛간에 보관하는, 베어낸 곡식 속에 숨어 있다가 타작할 때 황소나 암소의 형태로 다시 나타나기도 한다. 그래서 튀링겐의 부름링겐에서는 타작할 때 마지막 도리깨질을 하는 사람을 암소, 더 정확하게는 농작물에 따라 보리 암소·귀리 암소·완두콩 암소 따위로 부른다. 그는 밀짚으로 온몸을 감싸고 머리에는 뿔을 흉내내서 막대기 두 개를 꽂는다. 두 젊은이가 밧줄로 그를 끌고 물 먹이러 우물가에 데려간다. 거기에 가는 동안 그는 암소처럼 음매 하고 울어야 하며, 그 이후에도 오랫동안 암소라는 호칭으로 통한다. 슈바벤의 오베르메들링겐(Obermedlingen)에서는 타작이 거의 끝날 무렵이 되면 일꾼들이 각기 마지막 도리깨질을 하지 않기 위해 조심한다. 마지막 도리깨질을 하는 사람이 "암소를 차지한다." 그 암소는 헌 누더기 속치마와 두건, 스타킹 따위를 차려입은 밀짚인형을 가리킨다. 그것을 새끼줄로 그의 등에 묶는다. 그는 얼굴에 검정칠을 하고 새끼줄로 외바퀴수레에 묶여 마을을 한 바퀴 돈다. 여기서 또다시 우리는 다른 풍속에서 보았던 곡물정령의 인간 형태와 동물 형태의 혼동을 발견한다. 샤프하우젠(Schaffhausen) 주(州)에서는 마지막 곡식을 타작하는 사람을 '암소'라고 부른다. 투르가우 주에서는 '곡식 황소'라고 부른다. 취리히(Zürich) 주에서는 '타작꾼 암소'라고 부른다. 마지막에 언급한 곳에서는 그 사람을 밀짚으로 감싸서 과수원 나무에 묶어놓는다. 헝가리의 아라드(Arad)에서는 타작할 때 마지막 도리깨질을 하는 사람을 밀짚으로 감싸고 뿔 달린 암소 가죽을 씌운다. 드레스덴(Dresden) 지방의 페스니츠(Pessnitz)에서는 마지막 도리깨질을 하는 사람을 '황소'라고 부른다. 그는 밀짚인형을 만들어서 이웃집 창문 앞에 세워놓아야 한다. 여기서도 분명히 수많은 사례에서처럼 아직 타작을 마치지 않은 이웃에게 곡물정령을 건네고 있다. 그래서 튀링겐의 헤르브레히팅겐(Herbrechtingen)에서는 누더기를 입은 노파 인형을 제일 늦게 타작하는 농장주의 헛간에 던져넣는다. 그것을 던져넣는 사람은 "당신 몫의 암소가 여기 있다"고 외친다. 타작일꾼들이 그를 붙잡으면 하룻밤 동안 그를 연금했다가 추수만찬에서 제외하는 벌을 준다. 이 후자의 풍습에서 곡물정령의 인간 형태와 동물 형태의 혼동이 또다시 나타난다.

나아가 황소 형태의 곡물정령이 때때로 타작할 때 살해당하는 것으로 여기기도 한다. 오세르에서는 마지막 곡식다발을 타작할 때 사람들이 "황소를 잡는다"고 열두 번 외친다. 보르도 인근에서는 곡식베기가 끝난 직후 밭에서 백정이 황소를 죽이는데, 그곳에서는 타작할 때 마지막 도리깨질을 하는 사람에게 "황소를 죽였다"고 이야기한다. 샹베리에서는 마지막 곡식단을 '젊은 황소의 곡식단'이라고 부르며, 모든 추수꾼이 참가해 그것을 먼저 베려는 경주를 벌인다. 그렇게 하여 마지막 도리깨질을 하면 "황소가 죽음을 당했다"고 말한다. 그리고 그 자리에서 즉각 마지막 곡식을 벤 추수꾼이 진짜 황소를 도살한다. 황소의 살코기는 만찬 때 타작일꾼들이 먹는다.

이미 우리는 때때로 다음해 곡식의 성장을 촉진하는 임무를 맡은 젊은 곡물정령이 추수밭에서 곡식 아기로 태어나는 것을 보았다. 이와 비슷하게, 베리(Berry)에서는 젊은 곡물정령이 때때로 밭에서 송아지 형태로 태어나는 것으로 여기기도 한다. 곡식 묶는 일꾼이 새끼줄이 부족해서 곡식을 모두 단으로 묶지 못할 때, 그는 남는 밀을 따로 제쳐놓고 암소 울음소리를 흉내낸다. 그 의미는 "곡식단이 송아지를 낳았다"는 것이다. 퓌드돔(Puy-de-Dôme)에서는 곡식 묶는 (남자 또는 여자) 일꾼이 앞서가는 곡식 베는 일꾼을 따라잡지 못하면 "저 여자(또는 남자)가 송아지를 낳는다"고 말한다. 프로이센 일부 지방에서는 비슷한 상황에서 사람들이 그 여자에게 "황소가 온다"고 소리치며 황소 울음소리를 흉내낸다. 이러한 사례들에서 그 여자는 곡식 암소 또는 늙은 곡물정령으로 여겨지며, 반면에 상상 속의 송아지는 곡식 송아지 또는 젊은 곡물정령이다. 오스트리아 몇몇 지방에서는 '신화적인 송아지(Muhkälbchen)'가 봄철에 싹트는 곡식 속에서 나타나 아이들을 들이받는다고 생각한다. 바람에 곡식이 일렁이면 사람들은 "송아지가 돌아다닌다"고 말한다. 만하르트가 관찰한 바와 같이, 이러한 봄철의 송아지는 나중에 곡식을 벨때 살해당하는 짐승과 명백히 동일한 존재다.

때때로 곡물정령은 수말이나 암말의 형태로 등장하기도 한다. 칼프(Calw)와 슈투트가르트(Stuttgart) 사이의 지역에서는 바람이 불어 곡식이 고개를 숙이면 "저기 말이 달려간다"고 말한다. 바덴의 라돌프첼(Radolfzell) 부근에 있는 볼링겐(Bohlingen)에서는 귀리의 마지막 단을 '귀리 종마(種馬)'라고 부른다. 허트퍼드셔(Hertfordshire)에서는 예나 지금이나 곡식베기가 끝나면 '암말 외치기'라고 하는 의식을 행하는 것이 관례다. 밭에 남은 마지막 곡식줄기를 하나로 묶어 '암말'이라고 부른다. 곡식 베는 일꾼들이 멀리 서서 이것에다가 낫을 던지는데, 그것을 베는 사람은 "환호와 칭찬을 들으며 상을 받는다." 그것을 베고 난 뒤, 곡식 베는 일꾼들은 큰소리로 "그녀를 잡았다!"고 세 번 외친다. 그러면 다른 사람들이 세 번 대답한다. "무엇을 잡았다고?" "암말이다! 암말이다! 암말이다!" 이어서 "누구네 건데?"라는 질문을 세 번 던지면 "아무개네 것이다"라고 그 소유자의 이름을 세 번 지목한다. 또 "누구한테 보낼 건데?"라고 물으면 "아무개한테"라고 아직 곡식을 다 베지 못한 어떤 이웃의 이름을 지목한다. 이 풍습에서는 암말 형태의 곡물정령을 곡식을 모두 벤 농장에서 곡식을 아직 베지 못한, 따라서 당연히 곡물정령이 피신해 갈것으로 보이는 농장으로 건넨다. 슈롭셔의 풍습도 비슷하다. 꼴찌로 추수를 마친, 따라서 암말을 다른 데 보내지 못한 농장주는 "겨울 내내 암말을 간수하라"는 이야기를 듣는다. 또, 뒤처진 이웃에게 가짜로 암말을 보내는 시늉을 하면, 때때로 거기 화답하여 가짜로 그 암말의 도움을 받아가는 시늉을 벌이기도 한다. 그래서 한 노인은 질문자에게 이렇게 말했다. "우리가 만찬을 하는데 한 사람이 굴레를 가지고 와서 암말을 데려갔다네." 어떤 데서는 진짜 암말을 보내는 관례가 있었으나, 그 말을 타고 간 사람은 달갑지 않은 방문을 받은 농가에서 다소 거친 대접을 받았다.

릴(Lille) 인근 지역에서는 곡물정령이 말의 형태를 취한다는 관념이 분명하게 남아 있다. 추수꾼이 일하다 지치면 "말의 피로가 들었다"고 말하는 것이다. '말의 십자가'라고 부르는 첫번째 곡식단은 헛간의 회양목 십자가 위에 놓아두며, 농장에서 가장 어린 말이 그것을 밟고 지나가야 한다. 추수꾼들은 마지막 곡식줄기를 둘러싸고 춤을 추며 "말의 나머지를 보라"고 외친다. 그리고 이 마지막 줄기를 묶은 곡식단은 교구(*commune*)에서 가장 어린 말에게 주어 먹인다. 만하르트가 말하듯이, 이 교구에서 가장 어린 말은 명백히 다음 해의 곡물정령을 상징하는 곡식 망아지로서, 마지막에 베어낸 곡식을 먹어 늙은 곡식 말의 정기를 흡수하는 것이다. 늘 그렇듯이 늙은 곡물정령은 마지막 곡식단을 최후의 피신처로 삼기 때문이다. 마지막 곡식단을 타작하는 사람은 "말을 때린다"고 이야기한다.

우리가 주목해야 할 곡물정령의 마지막 동물 화신은 돼지(수퇘지 또는 암퇘지)다. 튀링겐에서는 바람이 불어 어린 곡식이 일렁이면 때때로 "수퇘지가 곡식밭에서 뛰어간다"고 말한다. 외젤(Oesel) 섬의 에스토니아인들은 마지막 곡식단을 '호밀 수퇘지'라고 부르며, 그것을 차지하는 사람에게는 "호밀 수퇘지를 등에 업었네!"라고 외치며 인사를 한다. 거기 응답하여 그 사람은 풍년을 기원하는 노래를 부른다. 아우크스부르크(Augsburg) 부근의 콜러빈켈(Kohlerwinkel)에서는 추수가 끝날 때까지 남아 있는 마지막 곡식다발을 모든 추수꾼이 돌아가며 한 줄기씩 베어낸다. 마지막 줄기를 베는 사람은 "암퇘지를 차지하며" 사람들의 조롱을 받는다. 슈바벤 지역의 다른 마을에서도 마지막 곡식을 베는 사람이 "암퇘지 또는 호밀 암퇘지를 차지한다." 바덴의 라돌프첼 부근에 있는 볼링겐에서는 마지막 곡식단을 작물에 따라 호밀 암퇘지 또는 밀 암퇘지라고 부른다. 그리고 바덴의 뢰렌바흐(Röhrenbach)에서는 마지막 곡식단을 만들 마지막 곡식을 한아름 가져오는 사람을 '곡식 암퇘지' 또는 '귀리 암퇘지'라고 부른다. 슈바벤의 프리딩겐(Friedingen)에서는 마지막 도리깨질을 하는 타작꾼을 암퇘지, 곧 작물의 종류에 따라 보리 암퇘지, 옥수수 암퇘지 따위로 부른다. 온스트메팅겐(Onstmettingen)에서는 타작할 때 마지막 도리깨질을 하는 사람이 "암퇘지를 차지한다." 그는 종종 곡식단에 묶여 새끼줄로 땅에 끌려다닌다. 그리고 일반적으로 슈바벤에서는 마지막 도리깨질을 하는 사람을 암퇘지라고 부른다. 그러나 그 사람은 '암퇘지'의 지위를 표시하는 상징물인 새끼줄을 이웃에게 넘겨줌으로써 그 불쾌한 영예를 벗어던질 수도 있다. 그래서 그는 다른 집에 가서 새끼줄을 던져넣으며

"자, 여기 암퇘지를 가져왔네"라고 외친다. 그러면 집안 사람들이 모두 나와서 뒤쫓아간다. 사람들이 그를 붙잡으면 매질을 하고 몇 시간 동안 돼지우리에 가둬놓고서 '암퇘지'를 도로 가져가도록 강요한다. 북부 바이에른의 여러 지방에서는 타작할 때 마지막 도리깨질을 하는 사람이 "돼지를 운반해야" 한다. 그 돼지는 돼지 모양을 한 밀짚인형이나 단순히 한 다발의 새끼줄을 가리킨다. 이것을 가지고 그는 아직 타작을 마치지 않은 이웃 농장에 가서 헛간에 던져넣는다. 타작꾼들이 그를 붙잡으면 매질을 하고 얼굴에 검정이나 오물을 칠하며 쓰레기 더미에 집어던지고 등에다 암퇘지를 묶는 등 거칠게 다룬다. 만약 암퇘지 운반자가 여자라면 머리를 깎아버린다. 추수만찬 때 '돼지를 운반한' 사람은 돼지 모양으로 만든 고기만두를 한 개 이상 제공받는다. 하녀들이 고기만두를 접대할 때, 식탁에 모인 사람들은 돼지를 부를 때 내는 소리를 흉내내어 "쉬즈, 쉬즈, 쉬즈!" 하고 소리친다. 때때로 그 사람이 만찬 후에 돼지를 운반해 오면, 동료들이 그 사람의 얼굴을 검게 칠하고 수레에 실어 동네를 한 바퀴 끌고 다닌다. 그러면 군중들이 뒤쫓아오면서 돼지를 부를 때 하듯이 "쉬즈, 쉬즈, 쉬즈!" 하고 외친다. 때로는 동네를 한 바퀴 돈 뒤에 거름더미에 처박히기도 한다.

돼지 형태의 곡물정령도 추수 때와 파종기에 각각 등장한다. 코울란트(Courland)의 노이아우츠(Neuautz)에서는 그 해에 처음으로 보리씨를 뿌릴 때, 농장주의 아내가 돼지 등뼈와 꼬리를 삶아서 밭에서 씨뿌리는 일꾼에게 가져온다. 그러면 일꾼들이 그것을 먹는데, 꼬리는 잘라서 밭에다 꽂아놓는다. 그렇게 하면 곡식 이삭이 그 꼬리만큼 길게 자란다고 믿는다. 이는 돼지를 곡물정령으로, 그 생식력이 때로는 꼬리에 특별히 내재한다고 여기기 때문이다. 돼지의 형상으로 그는 파종기에 땅에 묻히며, 돼지의 형상으로 추수 때 무르익은 곡식 속에서 다시 나타난다. 이미 살펴보았듯이, 인접한 에스토니아인들은 마지막 곡식단을 호밀 수퇘지라고 부른다. 다소 비슷한 풍습이 독일에도 있다. 마이닝겐(Meiningen) 부근 잘차(Salza) 지방에서는 특정한 돼지 뼈를 '키질당하는 유대인'이라고 부른다. 이 뼈에 붙은 살코기는 참회 화요일에 삶아 먹지만, 뼈는 성 베드로 축일(2월 22일)에 이웃들끼리 선물로 교환하는 재 속에 묻어뒀다가 나중에 종자곡식과 섞는다. 마이닝겐의 헤세 전

지역과 그밖의 지방에서는 사람들이 재의 수요일이나 성촉절(聖燭節, Candlemas)에 말린 돼지갈비와 함께 돼지고기 수프를 먹는다. 그리고 나서 갈비뼈는 따로 모아 파종기까지 방 안에 걸어두었다가 파종기가 되면 씨뿌린 밭에 꽂아놓거나 씨주머니에 든 아마씨 속에 넣는다. 이것이 해충과 두더지를 확실히 막아주어 아마가 크고 잘 자라게 해준다고 여기기 때문이다.

그러나 곡물정령이 돼지 형태로 화신한다는 관념은 스칸디나비아의 '성탄절 수돼지' 풍습에서 가장 분명하게 드러난다. 스웨덴과 덴마크에서는 성탄절에 빵을 수돼지 모양으로 굽는 것이 관례다. 이것을 성탄절 수돼지라고 부르며, 종종 마지막 곡식단의 곡식으로 그것을 만든다. 성탄절 수돼지는 성탄절 내내 식탁 위에 세워놓는다. 종종 그것을 봄철 파종기까지 보존하며, 그때가 되면 일부는 종자곡식에 섞고 또 일부는 쟁기꾼과 쟁기 끄는 말 또는 황소에게 먹여 풍년을 기원한다. 이 풍습에서 마지막 곡식단에 내재하는 곡물정령은 한겨울에 마지막 곡식단의 곡식으로 만든 돼지 형상으로 등장하며, 곡식에 미치는 그 생장력(生長力)은 성탄절 수돼지 일부를 종자곡식에 섞고 쟁기꾼과 그 가축에게 주어 먹게 하는 것에서 나타난다. 이와 비슷하게, 우리는 곡식 늑대가 해가 봄철로 기울어가기 시작하는 시기인 한겨울에 등장하는 것을 보았다. 옛날에는 성탄절에 진짜 수돼지를 희생시켰으며, 분명히 '성탄절 수돼지' 역할을 하는 사람도 희생제물로 삼았을 것이다. 아마도 그 사실은 최소한 스웨덴에서 지금까지 행해지는 성탄절 풍습에서 추리해 낼 수 있을 것이다. 그에 따르면, 한 남자를 가죽으로 싸고 밀짚다발을 그의 입에 집어넣어 삐져나온 밀짚들이 수돼지의 억센 털같이 보이게 한다. 그런 다음 칼을 가져오면, 한 노파가 얼굴을 검게 칠하고 그를 희생시키는 시늉을 하는 것이다.

성탄절 전야에 에스토니아의 외젤 섬 일부 지역에서는 양끝이 위로 구부러진 기다란 케이크를 굽는다. 그것을 '성탄절 수돼지'라고 부르며, 설날 아침까지 식탁 위에 세워놓았다가 소떼에게 나누어준다. 그 섬의 다른 지역에서는 케이크가 아니라 3월에 태어난 새끼 돼지를 성탄절 수돼지라고 하며, 그 집안의 주부가 종종 다른 가족들 몰래 은밀하게 살찌워 키운다. 성탄절 전야가 되면 그 새끼 돼지를 은밀하게 잡아서 오븐에 구워 식탁 위에 네 발로 세워놓는데, 그것을 이런 자세로 며칠간 놓아둔다. 섬의 또다른 지역에서는, 성탄절 케이크의 이름도 모양도 수퇘지와는 다르지만, 그것을 새해 설날까지 보관했다가 집안의 모든 가족과 네발 동물에게 그 절반을 나누어준다. 케이크의 나머지 절반은 파종기가 될 때까지 보관했다가 씨뿌리는 날 아침에 앞서와 비슷하게 사람과 짐승들에게 나누어 먹인다. 에스토니아의 또다른 지역에서는 추수 때 처음 베어낸 호밀로 이른바 성탄절 수퇘지를 굽는다. 그것은 원뿔 모양으로 생겼으며, 돼지뼈나 열쇠로 눌러 십자가 무늬를 새기거나, 버클이나 숯토막으로 눌러 세 군데 움푹 들어간 자리를 만든다. 그것을 축제 기간 내내 옆에 불을 밝힌 채 식탁 위에 세워둔다. 설날과 주현절(主顯節, Epiphany)에 해가 뜨기 전에 그 케이크의 일부를 소금과 함께 부스러뜨려 소떼에게 먹인다. 나머지는 봄에 소떼가 처음 풀 뜯으러 나가는 날까지 보관한다. 그날이 되면 그것을 소치는 일꾼의 자루 속에 넣어두었다가 소떼를 주술과 재앙으로부터 보호하기 위해 저녁에 소떼에게 나누어준다. 어떤 지역에서는 농작물의 소출을 더 늘릴 목적으로 보리 파종기에 성탄절 수퇘지를 농장 하인들과 소떼에게 나누어 먹인다.

2

북유럽 민속에서 나타나는 곡물정령의 동물 화신에 대해서는 이 정도로 그치자. 이러한 풍습들은 추수만찬의 상징적 성격을 명백히 드러낸다. 사람들은 곡물정령이 동물 형상으로 화신한다고 여겼으며, 이 신성한 동물을 죽여서 그 살코기와 피를 추수일꾼들이 나누어 먹었다. 그래서 수탉·산토끼·고양이·염소·황소는 추수꾼들이 상징적으로 먹으며, 돼지는 봄철에 쟁기꾼들이 상징적으로 먹는다. 또, 신성한 존재의 진짜 살코기 대신에 빵이나 고기만두를 그 형상으로 만들어 상징적으로 먹기도 한다. 그래서 돼지 모양의 고기만두는 추수꾼들이 먹고, 수퇘지 모양으로 만든 빵덩어리(성탄절 수퇘지)는 봄에 쟁기꾼과 그 가축이 먹는다.

독자는 아마도 곡물정령의 인간 형태와 동물 형태라는 두 가지 관념의 완전한 유사성에 주목했을 것이다. 그 유사성은 여기서 간단하게 요약할 수 있다. 곡식이 바람에 흔들릴 때 곡물 어머니 또는 곡식 늑대 등이 곡식밭을 지나간다고 이야기한다. 아이들은 곡물 어머니 또는 곡식 늑대 등이 밭에 있다는 이유로 곡식밭에 돌아다니지 않도록 주의를 듣는다. 마지막에 베어낸 곡식이나 마지막에 타작하는 곡식단에는 곡물 어머니 또는 곡식 늑대 등이 내재한다고 여겼으며, 그래서 마지막 곡식단 자체를 '곡물 어머니' 또는 '곡식 늑대' 등으로 부르고 여자 또는 늑대 등의 형상으로 만들었다. 마지막 곡식단을 베거나 묶거나 타작하는 사람을 곡식단 자체에 부여한 명칭에 따라 '할멈' 또는 '늑대' 등으로 부르기도 한다. 일부 지역에서 곡식단을 사람 형상으로 만들어 아가씨, 옥수수 어머니 등으로 부르면서 곡물정령의 축복을 지속시키기 위해 추수 때부터 다음 추수 때까지 보존하듯이, 어떤 지역에서는 추수 수탉이나 염소의 살코기를 비슷한 목적으로 추수 때부터 다음 추수 때까지 보존한다. 일부 지역에서 풍작을 이루기 위해 곡물 어머니의 낟알을 종자곡식과 섞듯이, 어떤 지역에서는 수탉의 깃털을, 그리고 스웨덴에서는 성탄절 수퇘지를 비슷한 목적으로 봄까지 보존했다가 종자곡식과 섞는다. 곡물 어머니 또는 아가씨의 일부분을 성탄절에 소떼에게 먹이거나 처음 쟁기질할 때 말들에게 먹이듯이, 성탄절 수퇘지의 일부분도 봄에 쟁기질하는 말이나 황소에게 먹인다. 마지막으로, 곡물정령의 죽음을 그 인격적 대표자 또는 그 동물 대표자를 죽이거나 죽이는 척하는 것으로 표현한다. 그리고 숭배자들은 그 신성한 존재를 대표하는 존재의 실질적인 살과 피 또는 그 형상으로 만든 빵을 상징적으로 나누어 먹는다.

곡물정령이 취하는 그밖의 동물 형태로는 여우·수사슴·노루·양·곰·노새·생쥐·메추라기·황새·고니·솔개 따위가 있다. 어째서 곡물정령이 동물 형태로, 그것도 그처럼 상이한 수많은 동물 형태로 나타난다고 여겼는지 묻는다면, 원시인은 곡식밭에 어떤 동물이나 새가 우연히 나타나는 것만 보고도 그 동물과 곡식 사이에 신비한 연관이 있는 것처럼 생각하기 쉬웠다는 것으로 대답을 삼을 수 있을 것이다. 먼 옛날 밭에 울타리를 치기 전에는 온갖 동물이 마음대로 밭을 돌아다녔으리라는 것을 상기할 때, 오늘날에는 아주 드문 경우가 아니면 도저히 영국의 곡식밭에서 돌아다니는 것을 볼 수 없을 말과 소 같은 큰 동물까지 곡물정령과 동일시한 사실에 놀랄 필요는 없다. 이런 설명은 곡물정령의 동물 화신이 베지 않은 마지막 곡식 속에 숨는다고 믿는 아주 일반적인 사례에도 유력하게 적용할 수 있다. 왜냐하면 추수 때는 산토끼 · 집토끼 · 자고새 따위 수많은 야생동물이 곡식베기의 진척에 따라 마지막 곡식배미 속으로 쫓겨들어갔다가 마지막 곡식을 벨 때 거기서 뛰쳐나오는 일이 흔히 있기 때문이다. 이런 일이 일정하게 반복되면 추수꾼과 기타 사람들이 종종 막대기나 총으로 무장하고 마지막 곡식배미를 둘러싸고서 있다가 동물이 곡식줄기 사이의 마지막 피난처에서 뛰쳐나올 때 때려잡는다. 그때 마술적인 변신술을 전적으로 믿는 원시인이라면 곡물정령이 무르익은 곡식 속의 거처에서 내쫓기다가 추수꾼의 낫이 마지막 곡식배미를 자를 때 뛰쳐나오는 동물의 형상으로 화신하여 달아나는 것을 지극히 당연한 일로 여길 것이다. 그러므로 곡물정령을 동물과 동일시하는 것은, 곡물정령을 지나가는 이방인과 동일시하는 것과 유사성이 있다. 추수밭이나 타작마당 주변에 갑자기 나타난 이방인을 베거나 타작하는 곡식에서 달아나는 곡물정령과 쉽게 동일시한 것처럼, 원시인들은 베어낸 곡식에서 갑자기 뛰쳐나오는 동물도 망가진 자기 거처에서 달아나는 곡물정령과 쉽게 동일시하는 것이다. 이 두 가지 동일화는 무척 유사하기 때문에 어떤 식으로 설명을 시도하더라도 떼놓고 다루기가 어렵다. 후자의 동일화에 대해 여기에서 제시한 것과 다른 어떤 원리를 생각하는 사람이 있다면, 그 이론을 전자의 동일화에 대해서도 마찬가지로 적용할 수 있다는 것을 증명해야 하는 것이다.

3

어떤 식으로 설명하든 엄연히 남는 사실은 농촌 민속에서 곡물정령을 동물 형태로 상상하고 표현하는 일이 아주 흔하다는 것이다. 이 사실은 특정 동물과 디오니소스 · 데메테르 · 아도니스 · 아티스 · 오시리스 같은 고대 식물신의 관계를 설명해 줄 수 있지 않을까?

디오니소스부터 시작해 보자. 이미 살펴보았듯이, 그는 때로는 염소로, 때로는 황소로 표현되었다. 염소의 모습을 한 그는 판(Pan)과 사티로스

(Satyros), 실레노스(Silenos) 같은 작은 신들과 구별하기 어렵다. 이들은 모두 디오니소스와 긴밀하게 결부되며, 어느 정도 완전하게 염소 형태로 표현된다. 이를테면 판은 조각과 회화에서 염소의 얼굴과 다리를 지닌 모습으로 등장한다. 사티로스는 뾰족한 염소 귀를 지닌 모습으로, 때로는 불쑥 솟은 뿔과 짧은 꼬리까지 달린 모습으로 나타난다. 그들은 때때로 그냥 염소라고 불렸으며, 연극 속에서는 염소 가죽을 걸친 남자가 그 역을 했다. 미술작품이 묘사한 실레노스는 염소 가죽을 걸친 모습이다. 나아가서 그리스의 판과 사티로스의 닮은꼴인 이탈리아의 파우누스(Faunus)는 염소의 발과 뿔을 지닌 반인반양(半人半羊)의 모습이다. 또, 이 모든 염소 형태의 작은 신들은 어느 정도 분명하게 숲지대의 신이라는 특성을 공유하고 있다. 이를테면 아르카디아인들은 판을 '숲의 주인'이라고 불렀다. 실레노스는 나무의 요정들과 어울려 다녔다. 파우누스는 명시적으로 숲의 신으로 통했다. 그와 같은 특성은, 이름 자체가 시사하듯이, 숲의 정령인 실바누스(Silvanus)와 그들을 연관짓거나, 심지어 동일시하기까지 하는 데서 한층 더 두드러지게 나타난다. 마지막으로 사티로스와 실레노스, 파우누스, 실바누스를 연관짓는 것을 통해 사티로스 또한 숲의 신이었다는 것을 알 수 있다. 이들 염소 형태의 숲의 정령들은 북유럽의 민속에서도 닮은꼴이 발견된다. 이를테면 '레시(Ljeschie, '숲'을 뜻하는 'ljes'에서 유래)'라고 하는 러시아의 숲의 정령은 사람의 형상을 하고 있지만 염소의 뿔과 귀, 다리를 지니고 있다. '레시'는 자기 키를 마음대로 바꿀 수 있다. 숲 속을 걸을 때는 나무만큼이나 키가 커지지만, 풀밭을 걸을 때는 키가 풀보다도 작아진다. '레시'는 숲의 정령인 동시에 곡물의 정령이다. 그들은 추수 전에는 곡식줄기만큼 키가 컸다가 추수 후에는 그루터기만한 높이로 줄어든다. 이는 ─ 앞에서 언급했듯이 ─ 나무정령과 곡물정령의 긴밀한 연관성을 드러내주며 얼마나 쉽게 전자가 후자로 용해될 수 있는지 보여준다. 이와 비슷하게, 파우누스는 나무정령이지만 농작물의 성장을 돕는다고 믿어졌다. 이미 보았듯이, 민간풍속에서는 곡물정령을 흔히 염소로 표현한다. 그렇다면 만하르트가 주장하듯이 판과 사티로스, 파우누스는 아마도 널리 퍼져 있는, 염소 형태로 상상되는 나무정령의 부류에 속할 것이다. 염소가 숲 속을 돌아다니며 나무껍질을 뜯어먹는 것을 좋아한다는 사실, 그래서 나

무에게는 사실상 가장 파괴적인 존재라는 사실은 어째서 나무정령을 흔히 염소 형태로 상상하는지 말해주는 명백하고도 충분한 이유일 것이다. 식물의 화신인 식물신이 식물을 먹고산다는 모순은 원시인이 생각하기에 충격적인 일은 아니다. 그와 같은 모순은 신이 식물 속에 내재하는 존재이기를 그치고 식물의 주인이나 소유자가 될 때 발생하는 것이다. 식물을 소유한다는 생각은 자연스럽게 그것을 먹고산다는 것으로 귀결된다. 그 때문에 곡물정령을 애초에는 곡물 속에 내재하는 것으로 상상하다가 나중에는 그 주인으로 간주하여, 곡식을 먹고살며 곡식을 빼앗기면 가난하고 궁핍한 존재가 된다고 여기게 되고, 그를 종종 '가난한 남자' 또는 '가난한 여자'라고 일컫는 것이다. 때때로 마지막 곡식단을 '가난한 할멈' 또는 '호밀 할멈'을 위해 밭에 그대로 세워두기도 한다.

이와 같이 나무정령을 염소 형태로 표현하는 것은 광범위할 뿐 아니라, 원시인의 생각에는 자연스러운 일이었다. 따라서 나무의 신인 디오니소스를 때때로 염소 형태로 표현하는 것을 볼 때, 이러한 표현이 나무신으로서 그의 고유한 특성을 일부분 나타내는 것일 뿐, 구별적·독립적인 두 가지 숭배의 혼합, 곧 원래는 나무신이었는데 염소 숭배가 거기에 결합된 것이라고 설명할 수는 없다는 결론을 피하기 어렵다.

앞에서 살펴보았듯이, 디오니소스는 황소 형태로도 나타난다. 앞서 진행한 논의를 좇아갈 때, 우리는 자연스럽게 그의 황소 형상이 식물신의 특성을 보여주는 또다른 표현에 지나지 않는다고 기대할 수 있다. 특히 황소가 북유럽에서 두루 나타나는 곡물정령의 화신이기 때문에 더욱 그렇다. 또, 엘레우시스 제전에서 디오니소스가 데메테르 및 페르세포네와 밀접한 관계를 갖는다는 사실은, 그가 최소한 농업과 강하게 연관되어 있음을 보여준다.

디오니소스 의식이 아닌 다른 의식에서 고대인들이 식물정령의 대리자로 황소를 잡았다는 것을 보여줄 수 있다면, 이러한 견해의 개연성은 좀더 커질 것이다. '황소의 살인(bouphonia)'이라고 알려진 아테네의 희생제에서 이런 일이 있었던 것으로 보인다. 이 의식은 6월 말이나 7월 초, 곧 아테네에서 타작이 거의 끝날 무렵에 거행되었다. 전설에 따르면, 이 의식은 그 나라에 닥친 가뭄과 기근을 해소하기 위한 것이었다고 한다. 의식은 다음과 같이 진행되었다. 보리와 밀을 섞은 곡식이나 그것으로 만든 케이크를 아크로폴리스에 있는 제우스 폴리에우스(Zeus Polieus)의 청동제단 위에 놓는다. 황소들을 몰고 제단 둘레를 돌다가 제단으로 가서 그 위의 공물을 먹는 황소를 제물로 삼는다. 황소를 잡는 데 쓰는 도끼와 칼은 '물 나르는 사람들'이라고 부르는 처녀들이 가져온 물로 미리 적셔놓는다. 그런 다음 그 무기들을 날카롭게 갈아서 도살꾼들에게 건넨다. 도살꾼 중 한 사람이 도끼로 황소를 쓰러뜨리면 다른 사람이 칼로 목을 딴다. 이때 황소를 쓰러뜨린 사람은 황소가 쓰러지자마자 즉시 도끼를 내던지고 도망을 간다. 황소의 목을 따는 사람도 그를 본떠서 행동한다. 한편, 황소는 가죽을 벗기고 모든 참석자가 그 고기를 나누어 먹는다. 그러고 나서 황소 가죽은 속에 밀짚을 채워 꿰맨다. 그 다음에 속을 채운 짐승을 일으켜세워 마치 쟁기질하는 모양으로 쟁기를 매놓는다. 그러고 나서 왕(사람들이 일컫는 호칭)이 주재하는, 누가 황소를 살해했는지 판정하기 위한 재판이 열린다. 물을 날라온 처녀들은 도끼와 칼을 간 사람들을 비난한다. 도끼와 칼을 간 사람들은 그 무기를 도살꾼에게 건네준 사람들을 비난한다. 무기를 도살꾼에게 건네준 사람들은 도살꾼을 비난한다. 도살꾼들은 도끼와 칼을 비난한다. 따라서 도끼와 칼이 유죄를 선고받고 바다에 던져진다.

이 의식의 명칭 — '황소의 살인' — 과 살인에 가담한 사람들이 각기 다른 누군가에게 비난을 전가하기 위해 애쓰는 것, 형식적인 재판, 도끼나 칼 또는 그 양자에게 벌을 내리는 것 따위는, 황소가 단지 신에게 바치는 제물일 뿐 아니라 그 자체가 신성한 동물로서 그것의 살해를 신성모독 내지 살인으로 간주하였다는 것을 보여준다. 이는 옛날에 아테네에서는 황소를 죽이는 것이 죽을 죄에 해당한다는 바로(Varro)의 진술이 뒷받침한다. 제물을 선택하는 이러한 방식은 황소가 곡식을 먹는 것을 곡물정령이 자기 것을 취하는 것으로 간주했음을 시사한다. 다음과 같은 풍습이 이러한 해석을 뒷받침한다. 오를레앙(Orleans) 지역의 보스(Beauce)에서는 4월 24일이나 25일에 '위대한 몽다르(mondard)'라고 부르는 밀짚인형을 만든다. 늙은 '몽다르'가 이제 죽었기 때문에 새 것을 만들어야 한다는 것이다. 사람들은 밀짚인형을 엄숙한 행렬과 더불어 마을을 오르락내리락하며 들고 다니다가 가장 오래 묵은 사과나무 위에 건다. 그리고 사과를 수확할 때까지 그것을 거기에 걸어두었다가 그때가 되면 끄집어내려 물 속에 던진다. 그러나 나무에서 첫 열매를 따는 사람이 '위대한 몽다르'라는 칭호를 계승한다. 여기에서 '위대한 몽다르'라고 부르는, 가장 오래된 사과나무 위에 걸려 있는 밀짚인형은 겨울에 죽었다가 사과꽃이 가지에 피어날 때 소생하는 나무정령을 상징한다. 그러므로 나무에서 첫 열매를 따서 '위대한 몽다르'라는 칭호를 얻는 사람은 나무정령을 대표한다고 보아야 할 것이다. 원시종족들은 보통 모종의 의식을 행하여 나무의 결실을 먹는 것이 안전하고 경건한 일로 되기 전까지는 어떤 작물이든 그 해의 첫 결실을 먹으려 하지 않는다. 이러한 거리낌은 첫 결실이 신의 것이라고 생각하거나, 아니면 그 속에 실제로 신이 들어 있다고 생각하기 때문인 듯하다. 따라서 어떤 사람이나 짐승이 대담하게 그 신성한 첫 결실을 차지하는 것이 눈에 띄면, 그 사람이나 짐승을 자연스럽게 인간이나 동물 형태를 하고 자기 것을 가져가는 신 자신으로 간주한다. 아테네 희생제를 올리는 시기가 타작이 끝날 무렵이라는 것은 제단 위에 놓인 밀과 보리가 추수제물이라는 것을 말해준다. 또, 뒤이은 식사―모든 사람이 신성한 동물의 고기를 나누어 먹는 것―의 신성한 의식성은 근대 유럽의 추수만찬에 비길 만하다. 이미 살펴보았듯이, 추수만찬에서는 곡물정령을 상징하는 짐승의 고기를 추수일꾼들이 나누어 먹는다. 또, 희생제를 가뭄과 기근을 종식하기 위해 제정했다는 전설은 그것을 추수제전으로 간주하는 유리한 근거를 제공한다. 박제한 황소를 일으켜 세워 쟁기를 매는 의식으로 실연하는 곡물정령의 부활은, 나무정령이 그 대리인인 '야생인'으로 화신하여 부활하는 것에 비길 수 있을 것이다.

황소는 세계 다른 지역에서도 곡물정령의 상징으로 등장한다. 기니의 그레이트 바상(Great Bassam)*에서는 풍작을 이루기 위해 해마다 황소를 두 마리 살해한다. 그런데 그 희생이 효력이 있으려면 반드시 황소가 울어야 한다. 그래서 마을의 모든 여자가 황소 정면에 앉아서 이렇게 노래한다. "황소가 운다. 아무렴, 황소가 운다!" 때때로 한 여자가 황소 주위를 돌면서 카사바 녹

*실제로는 지금의 수도인 아비장 동쪽 약 48킬로미터 지점에 있는 그랑바상을 옛 도읍으로 삼았던 상아해안.

말가루나 야자술을 황소에게, 특히 눈에다 던진다. 황소의 눈에서 눈물이 흘러나오면 사람들은 춤추며 이렇게 노래한다. "황소가 운다! 황소가 운다!" 그러면 두 남자가 황소의 꼬리를 붙잡고 단칼에 잘라낸다. 꼬리가 단칼에 잘라지지 않으면 그 해에 커다란 불행이 닥칠 것이라고 한다. 이후 황소를 도살하고, 그 고기는 추장들이 먹는다. 여기에서 황소의 눈물은 콘드족과 아스테크(Aztec)족이 바치는 인간제물의 눈물과 마찬가지로 아마도 비를 부르는 주술일 것이다. 이미 살펴보았듯이, 사람들은 동물 형태를 한 곡물정령의 영험이 때로 꼬리에 들어 있는 것으로 상정하며, 마지막 곡식 이삭을 곡물정령의 꼬리로 간주하기도 한다. 이런 생각은 미트라교(敎)에서 미트라(Mithra)가 황소 등에 무릎꿇고 앉아 옆구리를 칼로 찌르는 모습을 표현한 수많은 조각에 생생하게 나타나 있다. 이중 몇몇 유적에서는 황소 꼬리 끝에 곡식 줄기가 세 가닥 달려 있으며, 그중 하나에서는 칼에 찔린 상처에서 피 대신에 곡식 줄기가 솟아나는 것이 보인다. 그와 같은 표현은 미트라교 의식의 주된 특징을 이루는 제물인 황소를 적어도 일면에서는 곡물정령의 화신으로 상상했다는 것을 뚜렷이 시사한다.

중국의 모든 성과 지방에서 행하는 봄맞이 의식에서는 훨씬 더 분명하게 황소가 곡물정령의 화신으로 등장한다. 봄의 첫날에, 그러니까 보통 중국의 설날이기도 한 2월 3일 내지 4일에 성(城)의 지사나 관장이 행렬을 대동하고 성의 동문으로 가서 신농씨(神農氏)에게 제사를 올린다. 신농씨는 사람 몸에 황소 머리를 지닌 형상으로 표현된다. 이때 사람들은 황소나 암소, 물소를 나타내는 커다란 인형을 그 행사를 위해 준비하여 동문 밖에 세우고 그 옆에 농기구를 놓는다. 그 인형은 소경의 손으로, 또는 점쟁이의 지시에 따라 몸체에 가지각색의 색종이를 붙여 만든다. 종이의 색깔은 다가오는 한 해의 특징을 미리 알려준다. 빨간색이 많으면 불이 많이 날 것이며, 흰색이 많으면 홍수와 비가 닥칠 것이다. 그밖의 색에도 이러저러한 의미가 있다. 관리들은 황소 인형 주위를 느리게 걸으며, 한 걸음 디딜 때마다 여러 가지 색깔의 막대기로 세게 내려친다. 속에다 오곡을 채워놓은 인형이 막대기에 맞아 부서지면서 오곡이 쏟아져나오면 종이조각에 불을 붙이는데, 이때 불타는 종이조각을 차지하기 위해 쟁탈전이 벌어진다. 그것을 하나 차지하면 일년 내내 재수가 좋다고 믿기 때문이다. 다음에 살아 있는 물소를 잡아서 그 고기를 관리들이 나누어 먹는다. 일설에 따르면, 황소인형을 진흙으로 만들어 지사가 막대기로 때린 뒤에 사람들이 돌을 던져 박살을 내는데, "그렇게 하면 풍년이 온다"고 한다. 이 의식에서는 곡물정령을 명백히 곡식을 채운 황소로 표현하고 있다. 따라서 그 부서진 조각이 풍년을 가져온다고 여길 수 있는 것이다.

전체적으로 종합하면, 염소 형태든 황소 형태든 간에 디오니소스는 본질적으로 식물신이었다고 결론내릴 수 있을 것이다. 예로 든 중국과 유럽의 풍습은 아마도 디오니소스 의식에서 살아 있는 황소나 염소를 찢어 죽이는 풍습을 해명할 실마리를 제공해 줄 수도 있을 것이다. 짐승을 갈갈이 찢는 것은 콘드족이 희생제물을 조각내는 것과 마찬가지로 숭배자들이 각기 생명과 풍요를 주는 신의 영험을 한몫씩 차지할 수 있게 하기 위한 것이다. 그 고기는 성찬의식으로서 날것으로 먹었으며, 그중 일부는 집에 가져가 밭에다 묻거나, 어떤 다른 방식으로 식물신의 생장력을 대지의 결실에 옮겨주는 데 사용했을 것으로 짐작할 수 있다. 신화에서 이야기하는 디오니소스의 부활은, 아테네의 '황소의 살인'에서 그랬듯이 죽인 황소를 박제로 만들어 세워놓는 의식을 통해 실연되었을 것이다.

4

곡물의 여신 데메테르로 넘어가자. 유럽 민속에서 돼지가 공통적인 곡물정령의 화신이라는 것을 상기할 때, 우리는 이렇게 질문할 수 있다. 데메테르와 아주 밀접했던 돼지는 원래 동물 형태의 여신 자신이 아니었을까? 돼지는 데메테르에게 바친 동물이었고, 미술작품에서도 돼지를 나르거나 돼지와 함께 있는 여신의 모습을 묘사하고 있다. 또, 그녀에게 바치는 밀교의식에서 돼지를 정례적으로 제물로 썼다. 그 까닭은 돼지가 곡식을 해치는 여신의 적이기 때문이었다. 그러나 이미 살펴보았듯이, 어떤 동물을 신으로 상상하거나 어떤 신이 동물이라고 상상하고 난 이후에, 때때로 신이 자신의 동물 형상을 벗어버리고 순수하게 인격신의 형태를 취할 때가 있다. 그렇게 되면 처음에 신과 동일시하여 살해한 동물을 신에 대한 적대성을 근거로 신에게 바치는 제물로 간주하기에 이른다. 간단히 말해서, 신은 자기가 자기 자신의 적이라는 근거로 자기 자신에게 제물로 바쳐지는 것이다. 이런 일이 디오니소스에게 일어났으며, 데메테르에게도 일어났을 수 있다. 그리고 사실상 그녀의 제전 중 하나인 '테스모포리아(Thesmophoria)' * 의식은 돼지가 원래 곡물의 여신 자신, 곧 데메테르이거나 그 딸이자 닮은꼴인 페르세포네의 화신이었다는 견해를 입증해 준다. 아테네의 테스모포리아는 10월에 여자들만 참가하여 거행하는 가을제전이었으며, 페르세포네(또는 데메테르)가 저승세계로 하강한 것을 애도의식으로 표현하고, 그녀가 죽음으로부터 귀환한 것을 환희의 의식으로 표현하는 내용이었던 것으로 보인다. 그래서 그 첫날을 지칭하는 데 '하강' 또는 '상승'이라는 명칭을 다양하게 썼으며, 제전 셋째 날을 지칭하는 데 '칼리제네이아(Kalligeneia, '아름답게 태어난 것'이라는 뜻)'라는 명칭을 썼다. 그런데 테스모포리아 때 돼지와 밀가루 반죽을 구운 과자와 솔가지를 신성한 동굴이나 지하실이었던 것으로 보이는 '데메테르와 페르세포네의 구덩이'에 던져넣는 풍습이 있었다. 이 동굴 또는 지하실에는 그곳을 지키는 뱀들이 있어서 던져넣는 돼지고기와 과자를 대부분 먹어치웠다고 한다. 그러고 나서 ─ 명백히 다음해 제전 때 ─ 돼지와 과자, 솔가지의 썩은 잔해를 '꺼내는 사람들'이라고 부르는 여자들이 꺼내갔다. 이 여자들은 사흘간 정결의식의 규정을 준수한 뒤 동굴로 내려갔으며, 손뼉을 쳐서 뱀들을 겁주어 쫓아버리고는 잔해를 주워올려 제단 위에 놓았다. 그 썩은 고기와 과자 조각을 가져가서 종자곡식과 함께 밭에다 뿌려놓으면 틀림없이 풍작을 이룬다고 사람들은 믿었다.

테스모포리아라는 거친 고대적 의식을 설명하기 위해 다음과 같은 전설이 전한다. 플루토가 페르세포네를 데려가는 순간, 에우불레우스(Eubuleus)라고

---

* '테스모스(thesmos)'는 법이나 정해진 관습을 가리키는 고대 그리스어. 해마다 열리는 가을제전 중에는 데메테르를 '데메테르 테스모포로스', 곧 '법의 전달자 데메테르'라는 별명으로 예찬하였다. 이 모든 사실은 일면 그 제전이 안정적인 농경사회의 성립에 따른 사회적 관습의 정착과 관련이 있었음을 시사해 준다.

하는·돼지치기가 우연히 그 자리에서 돼지를 돌보고 있다가 플루토가 페르세포네를 데리고 사라진 구덩이 속으로 돼지 떼와 함께 빠졌다고 한다. 그래서 에우불레우스와 돼지 떼의 실종을 기념하기 위해 해마다 테스모포리아 때 돼지들을 구덩이에 던져넣었다는 것이다. 이로부터 나오는 결론은 테스모포리아 때 구덩이에 돼지를 던져넣는 것은 페르세포네가 저승세계로 하강한 사건을 극적으로 재현한 것의 일부분이었다는 것이다. 그런데 페르세포네의 상은 구덩이에 던져넣지 않으므로, 돼지의 하강은 그녀의 하강에 따른 것이라기보다 하강 그 자체라고 추리할 수 있을 것이다. 간단히 말해서, 돼지는 바로 페르세포네 자신이었던 것이다. 나중에 페르세포네 또는 데메테르가(그둘은 동격이기 때문에) 인간의 형상을 취하게 되자, 그녀의 제전 때 돼지를 동굴에 던져넣는 풍습을 설명할 이유를 따로 찾아야 했다. 그래서 플루토가 페르세포네를 데려갈 때, 돼지 몇 마리가 우연히 근처에 있다가 그녀와 함께 구덩이에 빠졌다는 이야기를 지어낸 것이다. 이 이야기는 명백히 돼지 형상의 곡물정령이라는 낡은 관념과 사람 형상의 여신이라는 새로운 관념 사이의 간격을 메우기 위한 억지스럽고 서툰 시도다. 전설 속에는 낡은 관념의 흔적이 남아 있다. 이를테면 슬픔에 잠긴 어머니가 사라진 페르세포네의 흔적을 찾아보았더니 그녀의 발자국이 돼지 발자국 때문에 지워져 있더라는 이야기가 그렇다. 원래 돼지 발자국은 페르세포네와 데메테르 자신의 발자국이었으리라고 짐작할 수 있다. 돼지와 곡물의 긴밀한 연관성에 대한 인식은 전설 속에서 돼지치기 에우불레우스가 트리프톨레무스(Triptolemus)의 형제였다는 대목에서 나타난다. 트리프톨레무스는 데메테르가 곡식의 비밀을 처음 전해준 인물이었다. 실제로 같은 전설을 전하는 다른 판본에 따르면, 에우불레우스 자신이 형제인 트리프톨레무스와 함께 페르세포네의 운명을 알려준 보답으로 데메테르에게서 곡식 선물을 받았다고 한다. 나아가서, 주목해야 할 점은 테스모포리아에서 여자들이 돼지고기를 먹은 것 같다는 사실이다. 만약 내가 옳다면, 그 식사는 숭배자들이 신의 몸을 나누어 먹는 성찬의식이 틀림없었을 것이다.

이렇게 볼 때, 테스모포리아는 이미 살펴본 북유럽의 민속과 유사하다. 테스모포리아─곡물의 여신을 기리는 가을제전─에서 돼지고기를 일부는 먹고, 일부는 다음해까지 동굴에 보관해 두었다가 꺼내서 풍작을 이루기 위해 종자곡식과 함께 밭에다 뿌렸듯이, 그르노블 주변 지역에서도 그와 비슷하게 추수밭에서 염소를 잡아서 일부는 추수꾼들이 먹고, 일부는 절여서 봄철 파종기 첫날까지 보관했다가 종자에 섞거나 쟁기꾼들에게 먹이거나, 아니면 두 가지를 다 하는 것이다. 그와 비슷하게, 우드바르헬리에서도 추수 때 마지막 곡식단에 넣어 죽인 수탉의 깃털을 봄까지 보관했다가 종자와 함께 밭에다 뿌린다. 또, 헤세와 마이닝겐에서는 재의 수요일이나 성촉절(聖燭節)에 돼지 고기를 먹고 그 뼈를 파종기까지 보관했다가 씨뿌린 밭에 파묻거나 자루에 담은 종자와 섞는다. 그리고 마지막 곡식단에서 거둔 곡식은 성탄절까지 보관했다가 성탄절 수퇘지를 만들어 나중에 봄에 씨뿌릴 때 부수어 종자곡식과 섞는다. 그래서 일반적으로 말하자면, 곡물정령은 가을에 동물 형태로 죽음을 당하고, 그 육신의 일부를 숭배자들이 성찬으로 먹어치우며, 다른 일부를 곡물정령의 정기의 연속성 또는 쇄신을 보장하는 담보로 다음 파종기나 추수 때까지 보관하는 것이다.

만약 까다로운 취향을 지닌 사람들이 반론을 들고 나와 그리스인들이 데메테르와 페르세포네가 돼지 형태로 현신한다고 상상했을 리가 없다고 주장한다면, 아르카디아의 피갈리아(Phigalia) 동굴 속에 그려져 있는 '검은 데메테르'가 여자의 몸에 말의 머리와 갈기가 달린 형상을 하고 있다는 대답으로 대응할 수 있을 것이다. 돼지 모양을 한 여신의 초상과 말머리를 지닌 여자 모양의 여신의 초상은 야만성이라는 견지에서 볼 때 거의 차이가 없다. 피갈리아의 데메테르에 관한 전설은, 말이 근대 유럽에서처럼 고대 그리스에서도 곡물정령을 나타내는 동물 형상의 하나였음을 시사한다. 전설에 따르면, 데메테르는 딸을 찾아다니는 동안 포세이돈(Poseidon)의 구애를 피하기 위해 암말로 변신했으며, 포세이돈의 끈덕진 요구에 분개해서 피갈리아에서 멀지 않은 서부 아르카디아 고원지대의 한 동굴에 몸을 숨겼다고 한다. 거기서 그녀가 검은 옷을 입고 오랫동안 머물러 있는 바람에 대지의 열매가 말라죽어, 만약 판(Pan)이 성난 여신을 달래서 동굴을 떠나도록 설득하지 않았더라면 인류는 기근으로 사멸했을 것이다. 이 사건을 기념하여 피갈리아인들은 그 동굴 속에 검은 데메테르의 상을 세웠는데, 그것은 말의 머리와 갈기를 지니고 긴 옷을 걸친 여인의 형상을 표현한 것이었다. 그가 없을 때 대지의 열매가 말라죽었다는 검은 데메테르는 여름의 푸른 옷을 벗어던진 헐벗은 겨울의 대지를 상징하는 신화적 표현이 분명하다.

5

이제 아티스와 아도니스로 넘어가 보자. 이 식물신들 또한 같은 부류의 다른 신들과 마찬가지로 동물 형상의 화신을 지녔음을 보여주는 몇 가지 사실에 주목할 필요가 있다. 아티스 숭배자들은 돼지고기 먹는 것을 금했다. 이 사실은 돼지가 아티스의 화신이었음을 시사하는 것으로 보인다. 아티스가 멧돼지에게 죽었다는 전설도 같은 맥락이다. 염소 디오니소스와 돼지 데메테르에 비추어볼 때, 신에게 상처를 입힌 동물이 원래 신 자신이었다는 것은 거의 법칙화하다시피 한 듯하다. 아마도 아티스 숭배자들이 내지르는 "히에스 아티스! 히에스 아티스!(Hyes Attes! Hyes Attes!)"라는 외침소리는 다름 아닌 '돼지 아티스! 돼지 아티스!'라는 의미였을 것이다. '히에스'는 '돼지'를 뜻하는 그리스어 '히스(hys)'의 프리지아식 표현일 수 있는 것이다.

아도니스에 관해서 살펴보면, 그와 멧돼지의 연관성은 그가 멧돼지에게 살해당했다는 설화에만 그치지 않는다. 다른 설화에서는 멧돼지가 어금니로 나무껍질을 찢었더니 거기에서 아기 아도니스가 태어났다고 하며, 또다른 설화에서는 그가 레바논 산에서 멧돼지를 사냥하던 중에 헤파이스토스(Hephaestos)의 손에 죽었다고 한다. 이러한 다양한 전설이 말해주는 것은 아도니스와 멧돼지의 연관성이 확실한 반면, 사람들이 그 연관성의 이유를 알지 못했기 때문에, 결국 그것을 설명하기 위해 여러 가지 상이한 이야기를 고안했다는 것이다. 확실히 돼지는 시리아인들 사이에서 신성한 동물로 꼽혔다. 유프라테스 강변의 위대한 종교 중심지인 히에라폴리스(Hierapolis)에서는 돼지를 제물로 쓰지도 먹지도 않았으며, 만약 어떤 사람이 돼지를 만지면 그날 하루 동안 부정을 탄다고 여겼다. 어떤 사람들은 돼지가 부정하기 때문에 그렇다고 한 반면, 다른 사람들은 돼지가 신성하기 때문에 그렇다고 했다.

이렇듯 견해가 서로 다른 것은 신성함과 부정함이라는 관념이 아직 뚜렷하게 구별되지 않은 채 우리가 터부라고 부르는 일종의 휘발성 용액 속에 뒤섞여 있는 종교사상의 혼돈상태를 시사한다. 돼지를 신성한 아도니스의 화신으로 주장한 것은 이런 상태에 아주 부합하는 일이다. 또, 디오니소스와 데메테르 로부터 유추할 때 그 동물이 신에 적대적이었다는 설화는 신이 돼지로 현신 했다는 옛 견해를 후대에 곡해한 것에 지나지 않는다고 보는 것이 타당하다. 아티스의 신자들, 그리고 짐작컨대 아도니스의 신자들도 돼지를 제물로 삼거 나 먹지 않는 것이 관례였다고 해서, 그들의 의식에서 돼지를 신의 대리자로 서 엄숙하게 살해하고 신자들이 성찬으로 먹었을 가능성이 사라지는 것은 아 니다. 실상 성찬의식을 위해 어떤 동물을 살해하고 먹는다는 것은 그 동물이 신성한 존재이며, 일반적으로 몹시 아끼는 존재라는 것을 의미한다.

돼지에 대한 유대인들의 태도는 같은 동물에 대한 이교도 시리아인들의 태 도만큼이나 애매했다. 그리스인들은 유대인들이 돼지를 숭배하는지 혐오하 는지 판단을 내릴 수가 없었다. 돼지를 먹어서도 안 되고 죽여서도 안 되기 때문이다. 전자의 규칙이 돼지의 부정함을 말해준다면, 후자는 훨씬 더 강력 하게 돼지의 신성함을 말해준다. 양자의 규칙 모두 돼지가 신성하다는 가정 에 입각하여 해석할 수 있으며 그중 하나는 반드시 그렇게 해석해야 하는 데 반해, 어느쪽 규칙도 반드시 돼지가 부정하다는 가정에 입각하여 해석할 필 요는 없으며 그중 하나는 그렇게 해석하기가 불가능하다. 따라서 만약 전자 의 가정을 선호한다면, 적어도 원래 이스라엘인들이 돼지를 혐오하기보다는 숭배했다고 결론짓지 않을 수 없다. 이사야 시대에 이르기까지 일부 유대인 들이 종교적 성찬의식으로 돼지와 쥐의 고기를 먹기 위해 동산에서 비밀리 에 회합했다는 사실은 그러한 견해를 확증해 준다. 이는 의심할 나위 없이 돼지와 쥐를 신성한 존재로 숭배하고 그 고기를 신의 피와 살로 삼아 드문 기회에 엄숙하게 성찬으로 먹던 시대에서 유래한 아주 고대적인 의식이었 다. 그래서 아마도 일반적으로 이른바 모든 부정한 동물은 원래 신성했다고 말할 수 있을 것이다. 그것을 먹지 않는 이유는 곧 그것이 신성하기 때문인 것이다.

6

역사시대 들어서도 그랬던 것처럼, 고대 이집트에서 돼지는 일견해서 부정함이 신성함보다 두드러지기는 했지만, 시리아나 팔레스타인에서와 마찬가지로 애매한 이중적인 지위를 차지했다. 그리스 문필가들은 이집트인들이 보통 돼지를 더럽고 기분나쁜 동물로 혐오했다고 말한다. 길을 지나가다가 돼지를 건드리기만 해도 옷을 모두 입은 채 강물에 뛰어들어 더러워진 곳을 씻어낼 정도였다. 또, 돼지젖을 마시면 문둥병에 걸린다고 믿었다. 돼지치기는 비록 이집트 출생이라 하더라도 신전에 출입할 수 없었으며, 그들 외에는 아무도 이런 식으로 배척당하지 않았다. 그뿐만 아니라 아무도 돼지치기에게 딸을 시집보내거나 돼지치기의 딸에게 장가들려고 하지 않았다. 그래서 돼지치기는 자기들끼리 결혼했다. 하지만 1년에 한 번씩 이집트인들은 달과 오시리스에게 돼지를 제물로 바쳤으며, 단지 제물로 바칠 뿐 아니라 그 고기를 먹기까지 했다. 1년 중 다른 날에는 결코 돼지를 제물로 바치거나 그 고기를 먹는 일이 없었다. 너무 가난해서 그날 돼지를 바치지 못하는 사람은 밀가루 반죽으로 과자를 구워 대신 그것을 바쳤다. 이러한 사실은 돼지가 1년에 한 번씩 신자들이 성찬으로 먹는 신성한 동물이었다는 가정을 떠나서는 설명이 거의 불가능하다.

이집트에서 돼지가 신성한 동물이었다는 견해는 요즘 사람들에게는 반대 증거로 보일 수도 있는 여러 사실이 뒷받침한다. 이를테면, 앞에서 언급했듯이 이집트인들은 돼지의 젖을 마시면 문둥병에 걸린다고 생각했다. 그런데 미개인들은 가장 신성하다고 여기는 동식물에 대해 그것과 매우 비슷한 견해를 지니고 있다. 예컨대 웨타르 섬(Wetar, 뉴기니와 셀레베스 사이에 있는 섬)에서는 사람들이 각기 자기가 멧돼지·뱀·악어·거북이·개·뱀장어 따위 다양한 동물 중 어느 하나의 후손이라고 믿는다. 그래서 자기의 조상이 되는 동물 종류는 먹어서는 안 된다. 만약 먹으면 그는 문둥이가 되고 미쳐버린다. 북아메리카의 오마하(Omaha) 인디언 중에서 고라니를 토템으로 숭배하는 사람들은 수컷 고라니 고기를 먹으면 신체 여러 부분에 부스럼과 하얀 반점이 생긴다고 믿는다. 같은 부족 중에서 빨간 옥수수를 토템으로 삼는 사람들은, 만약 빨간 옥수수를 먹으면 입 언저리에 온통 염증이 생긴다고 생각한다. 토템을 숭배하는 수리남(Surinam)의 오지 흑인들은 '카피아이(capiaï, 돼지 비슷한 동물)'를 먹으면 문둥병에 걸린다고 믿는다. 아마도 '카피아이'는 그들의 토템 중 하나일 것이다. 물고기를 신성하게 여긴 고대 시리아인들은 물고기를 먹으면 몸이 헐고 발과 위에 종기가 난다고 생각했다. 오리사의 차사(Chasa)족은 자신들의 토템 동물에게 상처를 입히면 문둥병에 걸리고 혈통이 끊어진다고 믿는다. 이러한 사례는, 사람들이 흔히 신성한 동물을 먹으면 문둥병이나 기타 피부병이 생긴다고 믿었다는 것을 증명해 준다. 따라서 지금까지 열거한 것들은, 이집트에서 돼지의 젖을 마시면 문둥병에 걸린다고 믿었던 것으로 보아 돼지가 신성한 동물이 틀림없다는 견해를 뒷받침해 준다.

또, 돼지를 건드리면 자기 몸과 옷까지 씻어야 하는 관례도 돼지의 신성함을 주장하는 견해를 지지해 준다. 왜냐하면 어떤 사람이 신성한 물건과 접촉했다면, 그 접촉의 효과를 물로 씻는 것을 비롯하여 여러 방법으로 제거하고 나서야 친구들과 마음대로 어울릴 수 있다고 믿는 것이 일반적인 생각이기 때문이다. 이를테면 유대인은 성서를 읽고 나서 손을 씻으며, 대사제는 속죄 제물을 바친 후 성소에서 나오기 전에 목욕재계하고 성소에서 입은 의복을 벗어놓아야 했다. 그리스 의식에서는 속죄의 제물을 바칠 때 제주가 제물을 만져서는 안 되며, 제물을 올린 후에 몸과 의복을 강물이나 샘물로 씻고 나서야 성시(城市)나 자기 집에 들어갈 수 있었다. 폴리네시아인들은 신성한 물건과 접촉함으로써 생기는, 이른바 신성한 감염력이라고 부를 수 있는 것을 자기 몸에서 제거하기 위해 다양한 의식을 행했다. 예컨대, 앞에서 살펴보았듯이 통가에서는 신성한 추장이나 그의 개인 소유물을 우연히 건드린 사람은 일정한 의식을 치르고 나서야 자기 손으로 음식을 먹을 수 있었다. 그렇게 하지 않으면 종기가 나서 죽거나, 아니면 적어도 연주창이나 다른 병에 걸린다고 믿었다. 뉴질랜드에서도 신성한 물건과 접촉하면 어떤 치명적인 결과가 따른다고 여겼으며, 실제로 그런 결과가 발생하는 것을 우리는 살펴보았다. 간단히 말해서, 원시인은 신성한 것은 위험한 것이라고 믿는다. 그것은 모종의 전기적인 신성함을 띠고 있어서 그것과 접촉하는 사람은 모두 죽지는 않더라도 충격을 받는다는 것이다. 따라서 미개인은 특히 신성하다고 여기는 것은 건드리지 않고, 심지어 보지도 않으려고 한다. 그래서 악어 씨족에 속하는 베추아나족은 악어를 만나거나 보는 것을 '혐오스럽고 재수없는' 일로 여긴다. 보는 것만으로도 눈에 염증이 생긴다는 것이다. 그런데 악어는 그들이 가장 신성시하는 대상이다. 그들은 악어를 아버지라고 부르고, 악어에 대고 맹세하며, 자신들의 축제에서 악어를 기린다. 염소는 마데나사나 부시먼 (Madenassana Bushman)에게 신성한 동물이다. 하지만 그들은 "염소를 쳐다보면 한동안 부정을 탈 뿐 아니라 알 수 없는 불안에 사로잡히게 된다"고 한다. 오마하 인디언 중 고라니 씨족은 수컷 고라니를 만지기만 해도 몸에 종기와 하얀 반점이 생긴다고 믿는다. 같은 부족의 뱀 씨족 사람들은 뱀을 만지거나 냄새 맡으면 머리카락이 하얗게 센다고 생각한다. 사모아에서 나비를 신으로 숭배하는 부족은 나비를 잡으면 죽음을 당한다고 믿었다. 그리고 사모아에서는 보통 불그스레하게 시든 바나나 나뭇잎을 음식 담는 접시로 이용하는데, 야생 비둘기 가문에서는 그런 용도로 바나나 잎을 사용하면 류머티즘성 종기나 수두 같은 발진이 온몸에 나서 고생한다고 여겼다. 인도 중부의 브힐(Bhil)족 중 모리(Mori) 씨족은 공작을 토템으로 숭배하며 곡식을 제물로 바친다. 하지만 그 씨족의 구성원들은 만약 공작이 지나간 자국에 발이 닿기만 해도 나중에 어떤 병에 걸린다고 믿으며, 여자가 공작을 보면 얼굴을 가리고 눈길을 돌려야 한다고 생각한다. 이와 같이 미개인들의 원시적인 사고는 신성함을 일종의 위험한 바이러스처럼 여긴 듯하다. 그래서 신중한 사람은 될 수 있는 한 그것을 멀리하려 하고, 만약 우연히 그것에 감염되면 일종의 정결 의식을 통해 조심스럽게 소독하는 것이다.

이 같은 여러 유사 사례에 비추어볼 때, 돼지와 접촉하는 것에 관한 이집트인들의 믿음과 관습은 아마도 그 동물의 극단적인 부정함보다는 극단적인 신성함에 바탕을 둔 것이라고 설명할 수 있을 것이다. 더 정확히 말해서, 거기에 내포된 의미는 그 동물을 단순히 더럽고 혐오스러운 존재가 아니라 고도의 초자연적 능력을 지닌 존재로 간주하였다는 것이며, 숭배와 혐오의 감정이 거의 동등하게 뒤섞인 원초적인 종교적 외경심과 두려움의 대상으로 바라보았다는 것이다. 고대인들 자신도 돼지가 이집트인에게 불러일으키는 공포심에 다른 측면이 존재한다는 사실을 깨달은 것 같다. 왜냐하면 그리스의 천문학자이며 수학자인 에우독소스(Eudoxos)가 이집트에 14개월 동안 체류하면서 사제들과 대화를 나눈 끝에, 이집트인이 혐오감 때문에 돼지를 멀리한 것이 아니라 돼지가 농사일에 유용하기 때문에 돼지를 아낀 것이라는 의견을 제시한 것이다. 그에 따르면, 범람한 나일 강물이 빠지면 돼지 떼를 밭에 풀어놓아 돼지 떼가 씨앗을 밟아서 축축한 땅 속에 파묻히게 하도록 했다고 한다. 그러나 만약 어떤 존재가 이와 같이 복합적이고 암암리에 모순되는 감정의 대상물이라면, 그것은 불안정한 균형상태에 놓여 있다고 할 수 있을 것이다. 시간이 흐르면 모순된 감정 중 한쪽이 다른 쪽보다 우세해지게 되는데, 이때 다른 쪽을 압도하는 감정이 숭배감이냐 혐오감이냐에 따라 그 감정의 대상물은 신으로 승격하거나 악마로 전락할 것이다. 이집트에서 돼지의 운명은 대체로 후자였다. 역사시대에 들어와서 돼지에 대한 두려움과 공포는 한때 그 짐승이 누렸던, 그리고 전락한 상태에서도 그 흔적이 결코 사라지지 않은 존경과 숭배의 감정을 확실하게 압도한 것으로 보인다. 그리하여 돼지를 악마로, 오시리스의 적인 '세트' 또는 '티폰'의 화신으로 간주하기에 이르렀다. 왜냐하면 티폰이 검은 돼지의 형상으로 호루스 신의 눈을 다치게 하자, 호루스 신이 그 돼지를 불태워 제물로 삼았고, 태양신 라가 돼지를 혐오스러운 짐승으로 선포했기 때문이다. 또, 설화에서 티폰이 멧돼지를 사냥하다가 오시리스의 몸뚱아리를 발견하고 토막을 냈으며, 그런 이유로 1년에 한 번씩 돼지를 제물로 바쳤다는 이야기는, 더 오래된 설화에 나오는, 오시리스가 아도니스와 아티스처럼 멧돼지에게, 또는 멧돼지 형상을 한 티폰에게 살해당했거나 토막이 났다는 이야기를 현대식으로 각색한 것이 분명하다. 그러므로 해마다 오시리스에게 돼지를 제물로 바치는 풍습은 신을 살해하거나 토막낸 적대적인 동물에게 복수하는 것이라고 해석하는 것이 자연스러울지도 모른다. 그러나 우선 어떤 동물이 그와 같이 엄숙한 제물로서 1년에 오직 한 번만 죽음을 당한다고 할 때, 그것은 그 동물이 신성한 존재라는 것과 1년 중 나머지 기간에는 신으로서 아낌과 존경을 받으며 살해당할 때도 신의 자격으로 살해당한다는 것을 일반적으로 또는 항상 의미한다. 둘째, 아티스와 아도니스는 제외하더라도 디오니소스와 데메테르의 사례에서 우리는 신의 적이라는 이유로 신에게 제물로 바치는 동물은 원래 신 자신이었을지도 모른다는 것, 아니 아마도 신 자신이었으리라는 것을 배웠다. 따라서 오시리스에 대한 그 동물의 적대성과 결부하여 생각해 볼 때, 해마다 오시리스에게 돼지를 제물로 바치는 풍습은 돼지가 원래 신이었으며, 그 신이 곧 오시리스였다는 것을 드러내 보여준다. 후대에 오시리스가 인격신이 되면서 돼지와 그의 원래 관계가 잊혀지게 되자, 신화 작자들은 먼저 그 동물을 신에게서 분리하고 뒤이어 신의 적으로 대립시켰다. 신화 작자들로서는 그 짐승이 신의 적이라는 것말고는, 아니면 플루타르코스가 말했듯이 신들에게 귀중한 것보다는 그 반대인 것이 제물로 바치기에 적합하다는 것말고는 신의 숭배와 관련하여 돼지를 죽이는 이유를 달리 생각할 수가 없었던 것이다. 이러한 후기 단계에서 멧돼지가 곡식밭을 망치는 악명 높은 소행은 그것을 곡물정령의 적으로 간주하는 그럴싸한 이유를 제공해 줄 것이다. 하지만 원래—만약 내가 옳다면—는 멧돼지가 곡식밭을 마음대로 휘젓고 다니는 바로 그 자유가 사람들로 하여금 그것을 나중에 적으로 대립하게 된 곡물정령과 동일시하게 만든 것이다.

돼지를 오시리스와 동일시하는 견해는 오시리스가 살해당했다고 전하는 바로 그날 돼지를 제물로 바쳤다는 사실이 강하게 뒷받침한다. 왜냐하면 돼지의 죽음은 오시리스의 죽음을 연례적으로 재현한 것이기 때문이다. 이는 바로 테스모포리아에서 돼지를 동굴에 던짐으로써 페르세포네가 저승세계로 하강한 일을 연례적으로 재현한 것과 같다. 더욱이 이 양자의 풍습은 염소나 수탉 따위를 추수 때 곡물정령의 상징으로 죽이는 유럽의 풍습과 유사하다.

또, 원래 오시리스 자신이던 돼지를 나중에 그의 적인 티폰의 화신으로 간주하게 되었다는 이론은 빨강머리 남자와 붉은 황소가 티폰에 대해 갖는 비슷한 관계가 뒷받침한다. 왜냐하면 불태워 죽인 뒤 유해를 키질해서 공중에 흩뿌린 빨강머리 남자와 관련해서, 그들이 원래 로마에서 봄에 죽이던 붉은 털 강아지와 마찬가지로 곡물정령 자신, 곧 오시리스의 대리인이었으며, 그들을 죽이는 목적이 명백히 곡식이 붉게 또는 황금색으로 익게 하기 위한 것이었다고 믿을 만한 충분한 근거를 이미 살펴보았기 때문이다. 하지만 후대에 오면서 이 사람들을 오시리스가 아니라 그의 적인 티폰의 대리인으로, 그들을 죽이는 것을 신의 적에게 복수하는 행위로 간주하게 되었다. 이와 비슷하게, 이집트인들이 희생물로 삼던 붉은 황소들은 그것들과 티폰의 유사성 때문에 제물로 바친 것이라고 했다. 하지만 원래 그것들은 곡물정령 오시리스와 유사했기 때문에 죽음을 당했을 가능성이 더 크다. 황소가 곡물정령의 공통적인 대리자이며, 그런 자격으로 추수밭에서 살해당하는 것을 우리는 살펴보았다.

오시리스는 정례적으로 멤피스(Memphis)의 황소 아피스(Apis)나 헬리오폴리스의 황소 네비스(Mnevis)와 동일시되었다. 그러나 붉은 황소가 그랬던 것처럼 이 황소들이 곡물정령인 그의 화신이었는지, 아니면 원래 전혀 별개의 신이었다가 후대에 오시리스와 융합된 것인지는 단언하기 어렵다. 이 두 황소에 대한 숭배의 보편성을 고려하면, 그들은 순전히 국지적인 숭배의 대상이던 일반적인 신성한 동물들과는 다른 기반에 서 있는 것 같다. 그러나 아피스와 오시리스의 원래 관계가 어쨌든 간에 전자에는 신을 살해하는 풍습에 관한 연구에서 지나쳐서는 안 될 한 가지 사실이 있다. 황소 아피스는 대단히 화려한 의식, 깊은 존경심과 더불어 신으로 숭배되었지만, 신성한 책이 규정한 일정 기간을 넘어서 살 수 없었다. 기간이 끝나면 사람들은 아피스를 성스러운 샘에 빠뜨려 죽였다. 플루타르코스에 따르면 그 한도는 25년이었다. 그러나 그것이 강제 규정은 아니었던 듯하다. 근대에 아피스 황소들의 무덤이 발견되었는데, 그 무덤의 비문을 보면 제22왕조에 신성한 수소 두 마리가 26년 이상 살았다고 기록되어 있는 것이다.

7

이제 우리는 아리키아의 신성한 숲의 왕 중 첫번째였던 비르비우스가 히폴리투스의 자격으로 말들에게 살해당했다는 전설의 의미에 대해 한 가지 추단(推斷)을 내릴 지점에 와 있다. 우리는 곡물정령을 드물지 않게 말의 형태로 상징한다는 것과 후대의 전설에서 신을 해쳤다고 이야기하는 동물이 원래 신 자신이었다는 것을 살펴보았기 때문에, 비르비우스나 히폴리투스를 살해했다고 전하는 말들이 사실상 식물신인 그의 화신이었으리라고 추측할 수 있다. 그가 말에게 살해당했다는 전설은 아마도 그의 숭배에서 나타나는 어떤 특징, 그중에서 특히 그의 신성한 숲에 말을 들이지 않는 풍습을 설명하기 위해 고안되었을 것이다. 풍습은 불변으로 남아도 신화는 변하는 것이다. 사람들은 자기보다 앞서 선조들이 행하던 것을 계속 이어서 하지만, 선조들의 행동 밑바탕에 깔린 이유는 오래 전에 잊어버렸다. 종교의 역사는 낡은 관습에 새로운 이유를 갖다붙이고, 부조리한 실천에 건전한 이론을 부여하는 장구한 시도에 다름 아니다. 당면한 사례에서는 신화가 관습보다 더 근대의 것이며, 결코 성스러운 숲에서 말을 배척하는 원래의 이유를 나타내지 않는다는 것이 확실하다. 말을 배척하는 것으로부터 우리는 말이 결코 숲의 신을 상징하는 신성한 동물이나 화신일 수 없다고 추리할지도 모른다. 그러나 그것은 경솔한 추리다. 염소 가죽(aegis)을 걸친 모습으로 아테네 여신을 표현하는 관습에서 추리할 수 있듯이, 염소는 한때 아테네 여신의 신성한 동물 또는 화신이었다. 그러나 일반적으로 그녀에게 바치는 제물로 염소를 쓰지 않았고, 염소가 아테네에 있는 그녀의 대성소인 아크로폴리스에 출입하는 것도 허용하지 않았다. 사람들은 그 이유로 염소가 아테네 여신의 신목인 올리브 나무를 상하게 한 일을 들었다. 따라서 여기까지 염소와 아테네의 관계는 말과 비르비우스의 관계와 유사하다. 두 동물 모두 신에게 해를 끼쳤다는 이유로 성소에서 배척당한 것이다. 그러나 바로(Varro)를 통해 알고 있듯이 아크로폴리스에서 염소를 배척하는 규칙에는 예외가 있었다. 그의 말에 따르면, 1년에 한 번 염소를 아크로폴리스로 몰고 가서 필요한 제사를 치렀다고 한다. 그런데 앞서 언급했듯이 어떤 동물을 1년에 딱 한 번 제물로 바친다면, 그것은 아마도 신에게 바치는 희생물이 아니라 신 자신의 대리자로서 살해당하는 것이라고 보아야 할 것이다. 따라서 만약 염소가 1년에 한 번 아크로폴리스에서 제물이 되었다면, 그것은 아테네 본인의 자격으로 희생된 것이라고 추리할 수 있을 것이다. 그리고 추측컨대 제물이 된 동물의 가죽은 여신상에 부착되어 '방패(aegis)'가 되고, 이렇게 그것을 해마다 갱신했을 것이다. 이와 비슷하게, 이집트 테베에서는 숫양을 신성시하여 제물로 쓰지 않았다. 그러나 1년

에 하루는 숫양을 죽여서 그 가죽을 암몬 신의 상에 부착했다. 그렇다면 우리
가 아리키아 숲의 의식을 더 상세히 알고 있다면, 그 숲에서 말을 배척하는
관례에는 아테네의 아크로폴리스에서 염소를 배척하는 관례와 마찬가지로
매년 예외가 있었음을 발견할지도 모른다. 곧 1년에 한 번씩 숲 속에 말을 끌
고 가서 비르비우스 신의 화신으로서 희생시켰을 수도 있는 것이다. 그리고
이렇게 살해한 말을 데메테르와 오시리스에게 바친 돼지, 또는 디오니소스나
아테네에게 바친 염소처럼 통상적인 오해 때문에 오래지 않아 신에게 제물로
바친, 신의 적으로 간주하기에 이르렀을 것이다. 기록자는 예외를 간과하고
관례를 기록하기 쉽기 때문에, 아리키아 숲의 관례에서 내가 추정하는 바와
같은 예외에 대해 전혀 언급이 없다고 해서 이상하게 생각할 필요는 없다. 만
약 아테나이우스(Athenaeus)와 플리니우스의 진술밖에 없었더라면, 우리는
아테네에서 염소 제물을 금지하고 아크로폴리스에 염소가 들어오지 못하게
하는 관례밖에 알지 못했을 것이며, 다행히 바로의 저술로 살아남아 우리에
게 알려진 중요한 예외를 모르고 지나쳤을 것이다.

　1년에 한 번씩 아리키아 숲에서 숲의 신의 대리자로 말을 희생시켰으리라
는 추측은, 그와 비슷하게 로마에서 1년에 한 번씩 거행하던 말의 희생제에
서 약간의 뒷받침을 얻는다. 매년 10월 15일에 '마르스의 벌판'에서 전차경
주가 벌어졌다. 경주가 끝나면 풍작을 기원하는 뜻으로 승리한 팀의 우측 말
을 창으로 찔러 마르스(Mars)에게 제물로 바쳤으며, 그 머리를 잘라서 줄에
꿴 빵덩어리로 장식했다. 그런 직후에 두 구역 ─ '거룩한 길'과 '수부라' ─ 의
주민들이 그 머리를 차지하기 위해 서로 다툼을 벌였다. 거룩한 길 사람들이
그것을 차지하면 왕궁의 벽에 걸어놓고, 수부라 사람들이 차지하면 마밀리아
탑에 걸어놓았다. 말꼬리는 잘라서 아주 신속하게 왕궁으로 운반했다. 속도
가 얼마나 빨랐는지 그 피가 왕실의 벽난로 바닥에 떨어질 정도였다. 또, 말
의 피는 따로 받아서 4월 21일까지 보존했다가 그날이 되면 베스타 처녀들이
6일 전에 잡은 배냇송아지의 피와 섞었다. 이 혼합물은 목동들에게 나누어주
어 가축떼를 훈증(熏蒸)하는 데 사용하게 했다.

　이 의식에서 말머리를 줄에 꿴 빵덩어리로 장식하는 것이라든지 풍작을 이
루는 것이 제사의 목적이라는 사실은, 우리가 무수한 사례를 들어가며 살펴

보았듯이 그 말을 곡물정령의 동물적 상징으로 살해하였음을 시사하는 것으로 보인다. 말꼬리를 자르는 풍습은 풍작을 이루기 위해 황소 꼬리를 잘라서 제물로 삼는 아프리카의 풍습과 흡사하다. 로마와 아프리카 두 곳의 풍습에서 모두 그 동물은 명백히 곡물정령을 대표하며, 그 생산력이 특히 꼬리에 들어 있는 것으로 상정된다. 이미 살펴보았듯이 후자의 관념은 유럽 민속에서도 나타난다. 또, 봄철에 말의 피로 가축떼를 훈증하는 풍습은 '할멈'이나 '아가씨' 또는 '클리아크(clyack)' 곡식단을 봄이나 성탄절에 마소의 여물로 주거나, 성탄절 수퇘지를 봄에 쟁기 끄는 마소에게 주어 먹이는 풍습에 비길 수 있다. 이 모든 관례는 농가와 거기 사는 사람들에게 곡물정령의 축복을 보장해 주고 다음해까지 보존하는 것을 목적으로 삼고 있다.

로마의 이른바 '10월 말' 희생제는 나중에 그 대도시의 천하고 누추한 일개 구역으로 편입된 수부라가 아직 독립된 마을로 있던 옛 시절로 우리를 데려간다. 그 주민들은 당시 시골의 작은 소읍이던 로마의 이웃들과 추수밭에서 우호적인 경쟁을 벌였다. 그 의식이 벌어진 마르스 벌판은 티베르 강가에 있었으며, 왕정이 폐지될 때까지 왕실 영유지의 일부분이었다. 전설에 따르면, 마지막 왕이 로마에서 쫓겨날 때 강변의 왕실 토지에는 무르익은 곡식이 낫을 기다리고 있었다. 그러나 아무도 그 저주받은 곡식을 먹으려 하지 않았기 때문에 그것을 더미째 강물에 던졌는데, 여름 햇볕에 강물이 줄어 곡식이 섬을 이룰 정도였다고 한다. 말의 희생제는 이와 같이 왕의 곡식밭에서 추수를 마칠 때 행하던 옛 가을풍속이었다. 곡물정령의 상징인 말 꼬리와 피는 왕실로 가져가서 보존했다. 이는 마치 독일에서 추수 수탉을 농가의 박공(牔栱)이나 문 위에 못으로 박아놓는 것이라든지, 스코틀랜드 고원지방에서 '아가씨' 형태의 마지막 곡식단을 집에 가져가서 벽난로 위에 보관하는 것과 흡사하다. 그렇게 함으로써 곡물정령의 축복이 왕의 집과 벽난롯가로 옮겨가고, 그곳을 통해 전체 공동체에 미친다는 것이다. 이와 비슷하게, 북유럽의 봄가을 풍속에서는 때때로 시장의 집 앞에 오월제 기둥을 세우며 추수 때 마지막 곡식단을 마을의 우두머리인 그에게 가져간다. 그러나 로마의 희생제에서는 왕이 꼬리와 피를 차지한 반면에, 그와 비슷한 의식을 한때는 자체적으로 거행했을 것이 분명한 이웃 마을 수부라는 말머리 상품을 놓고 경쟁하는 것에

만족했다. 수부라 사람들이 말머리를 가져오는 데 성공했을 때 그것을 걸어
놓던 마밀리아 탑은 그 마을의 호족이던 옛 마밀리아 가문의 성탑 또는 아성
(牙城)이었던 것으로 보인다. 이와 같이 도시 전체와 이웃마을을 대표하여 왕
의 밭과 집에서 행하던 그 의식은 마을마다 각기 자기네 밭에서 비슷한 의식
을 거행하던 시기를 전제하고 있다. 로마의 작은 마을들이 각각 지내던 추수
제를 왕의 토지에서 거행하는 공통의 제전으로 합친 이후에도 라티움
(Latium)의 농촌지방 마을에서는 오랫동안 각자의 땅에서 그 의식을 계속 유
지해 나갔을 것이다. 아리키아의 신성한 숲이 로마의 마르스 벌판처럼 공통
의 제전이 벌어진 장소였으며, 그와 똑같이 거기에서 여러 이웃마을을 대표
하여 소박한 의식과 더불어 말을 희생시켰으리라고 가정하는 데는 본질상 아
무런 무리가 없다. 그 말은 풍요를 가져오는 나무정령과 곡물정령을 모두 상
징했을 것이다. 추수오월제 풍습에서 보듯이 양자의 관념은 서로 융합되기
때문이다.

21장

신을 먹는 풍습

1

　지금까지 우리는 곡물정령을 때로는 사람 형상으로, 때로는 동물 형상으로 상징하며, 두 경우 모두 그 대표자의 신분으로 살해하고 성찬으로 먹는다는 것을 살펴보았다. 곡물정령의 대리인을 실제로 죽이는 사례를 찾아보기 위해 우리는 자연히 미개민족에게 다가가야 했다. 그러나 한편으로 우리 유럽 농민들의 추수만찬은 곡물정령을 상징하는 동물을 성찬으로 먹는 풍습의 틀림없는 실례를 제공해 주었다. 그런데 이미 예상할 수 있듯이, 새로 거둔 햇곡식 자체도 성찬으로, 곧 곡물정령의 육신으로서 먹는다. 스웨덴의 베름란드(Wermland)에서는 농장주의 아내가 마지막 곡식단의 알곡으로 작은 소녀 모양의 빵을 구어 집안의 모든 사람이 나누어 먹게 한다. 여기서 빵은 아가씨 형태의 곡물정령을 상징한다. 이는 마치 스코틀랜드에서 마지막 곡식단을 여자 모양으로 만들어 '아가씨'라고 부르며 곡물정령의 상징으로 삼는 것과 흡사하다. 사람들은 곡물정령이 통상적으로 마지막 곡식단 속에 거주한다고 여겼다. 따라서 마지막 곡식단으로 만든 빵을 먹는 것은 곡물정령 자체를 먹는 것이다. 이와 비슷하게, 프랑스의 라팔리스(La Palisse)에서는 밀가루 반죽으로 남자 인형을 만들어 마지막 추수마차로 실어온 전나무에 걸어 놓는다. 그리고 그 나무와 밀가루 인형을 시장의 저택으로 운반하여 포도 수확이 끝날 때까지 보관한다. 그리고 나서 추수의 마감을 기념하는 잔치 때 시장이 그 자리에서 밀가루 인형을 잘게 부수어 부서진 조각을 사람들한테 나누어 먹인다.

　이 사례들에서는 곡물정령을 사람의 형상으로 상징할 뿐 아니라 먹는다. 다른 경우에는 햇곡식을 사람 형상의 빵덩어리로 굽지는 않지만, 그것을 먹는 엄숙한 의식을 치른다. 이는 그것이 성찬으로서, 곧 곡물정령의 몸으로서 공유됨을 충분히 시사해 준다. 예컨대 리투아니아 농민들은 햇곡식을 먹을 때 다음과 같은 의식을 행했다. 가을 파종기 무렵, 모든 곡식을 거두어들이고 나서 타작을 막 시작하면 각 농장주는 '사바리오스(Sabarios)', 곧 '뒤섞기 또는 던지기'라고 부르는 축제를 연다. 그는 밀·보리·귀리·아마·콩·렌즈콩 따위 농작물을 각각 한줌 가득 아홉 번씩 취하고, 각 한줌을 세 부분으로 나눈다. 그리고 나서 27개 부분으로 나눈 곡식을 던져서 한 무더기로 만들고 전부 한데 뒤섞는다. 여기에 쓰는 곡식은 다른 것보다 먼저 타작하고 키질해서 그 목적을 위해 따로 보관해 놓은 것이어야 한다. 이와 같이 뒤섞은 곡식의 일부는 온 집안 식구에게 하나씩 돌아가도록 작은 빵덩어리를 굽는 데 사용하고, 나머지는 보리나 귀리를 더 섞어서 맥주를 빚는다. 이 혼합물로 빚어낸 첫번째 맥주는 농장주와 그 부인, 자식들이 마시고, 두번째 맥주는 하인들이 마신다. 맥주가 준비되면, 농장주는 손님이 없는 날 밤을 택해서 맥주통 앞에 꿇어앉아 조끼에 한잔 가득 따라 맥주통 주둥이에 부어넣으면서 이렇게 말한다. "오 결실의 대지여, 호밀과 보리와 온갖 곡식이 풍족하게 자라도록 하소서." 다음에 그는 부인과 자식들이 기다리고 있는 응접실로 조끼를 가지고 간다. 응접실 마루 위에는 검거나 희거나 얼룩덜룩한(붉은 것은 안 된다), 그 해에 부화한 같은 색 같은 종류의 수탉과 암탉을 각기 한 마리씩 묶어서 놓아둔다. 이어서 농장주가 맥주 조끼를 손에 든 채 무릎을 꿇고 앉아 수확에 대해 신에게 감사드리고 다음해의 풍작을 바라는 기도를 올린다. 다음에 모든 사람이 양손을 치켜들고 이렇게 말한다. "오 신이여, 그리고 그대, 오 대지여. 이 수탉과 암탉을 마음의 선물로 당신께 바치나이다." 그와 더불어 농장주는 닭을 죽이는데, 닭의 머리가 떨어져나가는 일이 없도록 나무숟가락으로 때려서 잡는다. 첫번째 기도 후에, 닭을 각각 죽인 후에 그는 맥주를 1/3씩 쏟아붓는다. 그런 다음에 그의 부인이 한 번도 쓰지 않은 새 냄비에 닭을 삶는다. 그후에 부셸통을 마루에 엎어놓고, 앞서 말한 빵덩어리와 삶은 닭을 그 위에 얹어놓는다. 다음에 새로운 맥주를 날라오고, 그와 아울러 이때밖에 쓰지 않는 국자와 둥근 조끼를 세 개 가져온다. 농장주가 국자로 맥주를 떠서 조끼에 따라놓으면 가족들은 부셸통 주위에 무릎을 꿇고 앉는다. 그러면 가장이 기도를 하고 세 조끼의 맥주를 남김없이 마신다. 나머지 사람들도 그를 따라한다. 그리고 나서 빵과 닭고기를 먹고 다시 맥주를 한 순배 돌리는데, 모든 사람이 세 조끼를 각각 아홉 번씩 비울 때까지 반복한다. 음식은 조금도 남기면 안 된다. 그러나 어쩌다가 남는 것이 있으면 다음날 아침에 똑같은 의식과 더불어 먹어치운다. 닭뼈다귀는 개한테 주어 먹인다. 개가 그것을 다 먹어치우지 않으면 나머지는 외양간의 소똥 속에 파묻는다. 이 의식은 10월 초에 행한다. 의식을 행하는 날은 나쁜 말을 입에 올려서는 안 된다.

이러한 풍습은 약 200여 년 전에 행하던 것이다. 오늘날 리투아니아에서는 햇감자나 햇곡식으로 만든 빵을 먹을 때, 식탁에 앉은 모든 사람이 서로 머리카락을 잡아당긴다. 이 마지막 풍습의 의미는 분명하지 않지만, 리투아니아 이교도들이 엄숙한 희생제를 거행할 때도 분명히 비슷한 풍습을 행했다. 외젤(Oesel) 섬의 에스토니아인들은 먼저 쇳조각을 한입 깨물기 전에는 햇곡식으로 구운 빵을 먹지 않는다. 이때의 쇳조각은 곡식 속에 있는 정령의 해악성을 제거하기 위한 주물(呪物)이다. 오늘날 서덜랜드셔(Sutherlandshire)에서는 햇감자를 캘 때 모든 가족이 반드시 그것을 맛보아야 한다. 그렇지 않으면 "감자 속에 있는 정령이 화를 내서 감자가 오래가지 않는다"고 한다. 요크셔(Yorkshire)의 다른 지방에서는 아직까지도 성직자들이 햇곡식을 베는 것이 관례다. 나의 정보 제공자는 그렇게 벤 곡식을 영성체 의식의 빵을 만드는 데 쓴다고 믿는다. 후자의 보고가 정확하다면(유추하기로는 그럴 것 같다), 그것은 기독교의 영성체 의식이 분명 기독교보다 훨씬 더 역사가 오랜 성찬의식을 흡수한 것임을 보여준다.

볼가 강 좌안(左岸)에 사는 이교도 케레미스(Cheremis)족은 햇곡식으로 구운 첫번째 빵을 먹을 때, 가장 나이 많은 주민의 집에 마을사람들이 모여 동쪽 문을 열어놓고 모두 그쪽을 바라보며 기도를 드린다. 그리고 나서 마법사나 사제가 사람들에게 각각 맥주 한 조끼씩을 나누어주고 비우게 한다. 다음에 그가 빵조각을 작게 잘라 모든 사람에게 건네주면 사람들이 그것을 먹는다. 끝으로, 젊은이들이 웃어른들에게 가서 땅에 머리를 대고 절하며 이렇게 말한다. "오래 사시고, 내년에도 우리가 햇곡식을 놓고 기도하게 해주기를 신께 기원합니다." 그날의 나머지 시간은 환락과 춤으로 보낸다. 기록자의 보고에 따르면, 그 의식은 대부분 기독교의 성찬식을 본뜬 것처럼 보인다. 또 다른 보고에 따르면, 케레미스족 집안의 가장은 이날 목욕재계하고 온갖 종류의 곡식을 엿기름, 케이크, 음료와 함께 약간씩 그릇에 담은 다음, 태양을 향해 치켜들고 신들이 좋은 것들을 내려준 데 대해 감사를 올린다. 그러나 이 부분은 햇곡식의 성찬식이라기보다 제사의식에 가깝다.

일본의 아이누족*은 여러 종류의 기장을 각기 암수로 갈라 그것을 서로 합쳐놓고 '신성한 부부곡식'이라고 부른다고 한다. "따라서 기장을 찧어 모든 사람이 먹을 떡을 만들기 전에 노인들이 자기들 몫으로 먼저 예배용 몇 개를 만들게 한다. 떡이 준비되면 그들은 그것에 대고 아주 진지하게 기도를 올리며 이렇게 말한다. '오 그대 곡물의 신이시여, 우리는 그대를 섬깁니다. 올해 그대는 아주 잘 자라주었고, 맛도 감미로울 것입니다. 그대는 훌륭합니다. 불의 여신이 기뻐할 것이며, 우리들 역시 크게 즐거울 것입니다. 오 그대 신이시여, 오 그대 거룩한 곡물이시여, 그대는 백성들에게 양분을 줍니다. 이제 내가 그대를 먹습니다. 그대를 섬기며 그대에게 감사를 드립니다.' 이렇게 기도를 드린 후 예배자들은 떡을 집어서 먹는다. 그러면 이때부터 사람들이 모두 햇기장을 먹어볼 수 있다. 이와 같이 무수한 경배의 표현, 기도의 말씀과 더불어 그 음식을 아이누족의 안녕을 위해 공양한다. 이러한 곡식 공양은 신에게 바치는 공물로 간주하는 것이 분명하지만, 그 신은 다름 아닌 종자 자체다. 그것은 단지 인간의 몸에 유익한 작용을 할 때만 신인 것이다."

인도 남부 네일게리 구릉지대에 사는 부족인 부르거(Burgher)족 또는 바다가(Badaga)족은 처음 한줌의 종자를 뿌리고 첫 곡식단 베는 일을 쿠룸바(Curumbar)족 남자에게 맡긴다. 쿠룸바족은 부르거족이 마법사로 간주하는 사람들로 이루어진 다른 부족이다. 첫 곡식단에 들어 있는 알곡은 "그날 중

---

*일본 북부 홋카이도 섬에 거주하던 몽골계 부족.

에 가루로 빻아 과자를 만든다. 그것을 첫 결실의 제물로 봉납한 다음, 제사를 올리고 남은 짐승의 고기와 함께 공양 겸 제사 음식물로서 부르거족 남자와 그 가족이 나누어 먹는다." 인도 남부의 쿠르그(Coorg)족은 추수 때 첫 볏단 벨 사람을 점쟁이가 선발한다. 해질녘에 온 가족이 더운물에 목욕을 하고 논에 가면, 선발된 추수꾼이 새 낫으로 벼를 한아름 베어 모든 참석자에게 두어 줄기씩 나누어준다. 그리고 나서 모두 타작마당으로 돌아온다. 벼줄기 하나는 나뭇잎 다발로 장식하여 타작마당 중앙에 있는 기둥에 매놓는다. 그리고 햅쌀을 넉넉하게 타작하여 깨끗이 씻은 다음, 찧어서 가루를 내어 온 가족이 먹을 떡을 빚는다. 그리고 나서 집 문간으로 간다. 그러면 거기서 여주인이 추수꾼의 발을 씻어주고 그에게, 이어서 나머지 모든 사람에게 우유와 꿀, 설탕을 가득 담은 청동그릇을 건네준다. 사람들은 각기 그것을 한입씩 먹는다. 다음에 곡식단을 벤 남자는 쌀가루와 바나나, 우유, 꿀, 햅쌀 일곱 알, 야자 일곱 조각 등으로 케이크를 굽는다. 모든 사람이 애시바타 나뭇잎에 이 케이크를 조금씩 받아서 먹는다. 그것으로 의식이 모두 끝나면 추수꾼은 일행과 뒤섞여 어울린다. 그가 벼를 베고 있을 때는 아무도 건드려서는 안 된다. 인도 남부의 힌두(Hindoo)족에게는 햅쌀을 먹는 것이 '퐁골(Pongol)'이라고 하는 가족잔치를 벌이는 기회. 햅쌀은 새 냄비에 담아 힌두족 점성술사들이 말하는, 태양이 남회귀선에 들어가는 날 정오에 붙인 불로 삶는다. 그러면 온 가족이 냄비가 끓는 것을 조바심을 내며 지켜본다. 왜냐하면 우유가 끓는 양상에 따라 다가오는 해의 양상이 결정될 것이기 때문이다. 우유가 급속하게 끓으면 그 해는 번창할 것이다. 그러나 우유가 천천히 끓으면 그 반대가 될 것이다. 햅쌀밥 일부는 '가네사(Ganesa)' 신상에 공양하고, 나머지는 모두 나누어 먹는다. 인도 북부의 일부 지방에서는 새 농작물의 제전을 '나반(Navan)', 곧 '햇곡식'이라고 부른다. 농작물이 익으면 주인은 길일을 택해서 밭에 나가 봄 작물 중에서는 보리 대여섯 이삭을, 가을 수확물 중에서는 기장 한 이삭을 뽑는다. 그것을 집으로 가져와 불에 구워서 거친 설탕, 버터, 굳은 우유와 섞는다. 그중 일부는 마을 신들과 죽은 조상들의 이름으로 불에 던져 넣고 나머지를 가족이 먹는다. 힌두쿠시(Hindoo Koosh)의 길기트(Gilgit)에서는 밀을 수확하기 전에 집집마다 한 사람이 나가서 어스름을 틈타 몰래 곡식

이삭을 한줌 따온다. 이삭 몇 개는 문간에 걸어두고, 나머지는 다음날 아침에 구워서 우유에 적셔 먹는다. 그날은 종일 흥겹게 보내고 다음날 아침에 추수를 시작한다.

인도차이나 빈투안(Binh-Thuan)의 참(Cham)족은 농업의 여신인 '포나가르(Po-Nagar)'에게 첫 결실을 바치기 전에는 벼를 수확하지 못하며, 성찬의식과 더불어 첫 결실을 먹었다. 그 첫 결실은 '하모우클렉라오아(*Hamou-Klêk-Laoa*)', 곧 '비밀 경작지'라고 부르는 신성한 밭에서 거둔다. 그 밭에서는 씨를 뿌리고 곡식을 벨 때 독특한 의식을 거행한다. 땅을 경작하는 행동을 명백히 은밀하게 저지르고 나중에 속죄받아야 하는 범죄로 간주하기 때문이다. 6월의 길일이 되면, 첫닭이 울 때 두 남자가 물소와 쟁기를 끌고 신성한 밭에 가서 깊은 침묵 속에 밭 주위에 고랑을 세 개 파놓고 온다. 그러면 동이 틀 때 땅주인이 아주 우연히 들르는 듯이 어슬렁거리며 밭에 가서 고랑을 보고는, 발길을 멈춘 채 무척 놀란 시늉을 하며 이렇게 외친다. "누가 간밤에 우리 밭을 몰래 갈았는가?" 그러고는 서둘러 집에 돌아와 새끼염소나 가금을 잡고 음식을 요리하는 한편, 구장 5파운드와 양초 몇 개, 기름 한 병, 세 가지 다른 종류의 정화수를 준비한다. 이렇게 제물을 갖추고 물소에 쟁기를 맨 다음, 그는 밭으로 돌아가서 촛불을 켜고 음식을 펼쳐놓는다. 그러고서 포나가르와 다른 신들에게 제사를 드리며 이렇게 말한다. "누가 간밤에 우리 밭을 몰래 갈아놓았는지 모르겠습니다. 신들이시여, 이런 잘못을 저지른 자를 용서하소서. 이 제물을 받으시고 우리를 축복하소서. 우리가 밭일을 계속하도록 허락하소서." 그리고 나서 신들을 대신하여 "좋다. 밭을 갈아라!" 하고 고무적인 대답을 하고는 정화수로 물소와 멍에, 쟁기를 씻거나 거기에 물을 뿌린다. 기름은 쟁기에 바르고 땅에 제주(祭酒)를 붓는 데 사용한다. 구장 5파운드는 밭에 묻는다. 그런 직후에 땅주인은 한줌의 볍씨를 앞서 갈아놓은 세 고랑에 뿌리고 사람들과 함께 음식을 먹는다. 이 모든 의식을 정해진 대로 치르고 나면 마음대로 밭을 갈고 씨를 뿌릴 수 있다. 이러한 '비밀 경작지'에서 벼가 충분히 자라나면 비둘기떼를 막기 위해 오리와 달걀, 가금류를 제물로 신들에게 바친다. 그리고 벼가 꽃필 때 보통 쌀 다섯 접시, 삶은 가금류 두 마리, 술 한 병, 구장 5파운드 등을 준비하여 포나가르와 기타 신들에게 새로운 제물을 바친다. 마지막으로, '비밀 경작지'의 벼가 다 익으면 다른 밭의 벼보다 앞서 베어내야 한다. 이때도 벼를 베기 전에 의식을 치르는데, 먼저 삶은 가금류, 접시에 담은 쌀, 떡 등의 제물을 밭에 차려놓고 촛불을 켠다. 그러면 사제, 사제가 없으면 밭주인이 수호신들에게 와서 차려놓은 음식을 먹도록 기도한다. 그 다음에 밭주인이 밭 가운데 들어가 낫으로 벼를 세 줄기 자르고, 다시 밭 가장자리에서 벼를 세 줌 벤 다음 전부 천으로 싼다. 이것이 농업의 여신 포나가르에게 바치는 첫 결실이다. 세 줌의 벼에서 나온 쌀은 집에 가져가 껍질을 까고 절구에 찧어 여신에게 바치며 이렇게 말한다. "오 여신이여, 방금 거둔 이 첫 열매를 드소서." 나중에 이 쌀은 먹어치우고 볏짚과 벼껍지는 불태워버린다. 첫 결실을 먹고 난 뒤 밭주인은 밭 가운데에서 벤 세 줄기 벼를 귀한 독수리나무의 연기에 그을린 다음 집 안에 걸어놓고 다음 파종기가 올 때까지 그대로 둔다. 세 줄기 벼에서 나온 알곡은 '비밀 경작지'의 세 고랑에 뿌릴 종자씨로 쓴다. 이러한 의식을 치르기 전에는 소유주 마음대로 그 밭과 다른 밭의 나머지 곡식을 벨 수 없다.

니제르 강변의 오니차(Onitsha)에서 새로 캔 얌을 먹는 의식*은 다음과 같다. "먼저 각 추장이 얌을 여섯 개 가져온다. 그리고는 종려나무의 어린 가지를 잘라 그것들을 대문 앞에 놓고 얌 세 개를 구우며 콜라 열매와 물고기를 약간 준비한다. 얌이 구워지면 '리비아(Libia)', 곧 마을의 주술사가 얌을 집어들고 문질러 가루를 내고 절반으로 쪼갠다. 그리고 나서 한 조각을 집어 새 얌을 먹을 사람의 입술 위에 얹는다. 그 사람은 뜨거운 얌의 김을 불어내고 통째로 입 안에 쑤셔넣으며 이렇게 말한다. '새 얌을 먹도록 허락해 주신 것을 신께 감사드리나이다.' 그리고 물고기를 곁들여 그것을 정성껏 씹어먹기 시작한다."

우리가 살펴본 몇몇 제전 — 케레미스족과 참족의 예처럼 — 에서는 첫 열매의 성찬의식이 그것을 신이나 정령에게 공양하는 의식이나 그것으로 제사지

---

*이 풍습에 대해서는 치누아 아체베(Chinua Achebe)의 소설 『신의 분노 *Arrow of God*』(Heinemann, 1964)를 보라. 여기서 사제는 새로 수확한 얌을 먹지 않음으로써 한 해 농사의 전과정을 중단시킨다.

내는 의식과 결합되어 있다가 시간이 지나면서 첫 열매의 제사의식이 성찬의
식을 완전히 없애지는 않더라도 압도하는 경향을 보인다. 첫 열매를 신이나
정령에게 바친다는 단순한 사실만으로도 햇곡식을 먹기 위한 충분한 준비가
된 것으로 간주하기에 이른 것이다. 높은 신들이 자기 몫을 받고 나면 그 나
머지는 인간이 마음대로 향유할 수 있는 것이다. 새 결실을 이렇게 바라보는
사고방식은 그것을 더 이상 신성한 생명력을 자체에 간직한 어떤 것이 아니
라, 신들이 사람에게 준 선물에 불과한 것으로 간주함을 의미한다. 인간은 신
성한 은인에게 그 은사품의 일부를 되돌려줌으로써 감사와 존경을 표현할 의
무를 갖는 것이다. 첫 결실의 성찬과 구별되는, 첫 결실로 제사지내는 사례*
를 좀더 살펴보기로 하자.

2

빵을 신의 몸으로 간주하여 성찬으로 먹는 풍습은 스페인 사람들이 멕시코
를 발견하고 정복하기 전에 아스테크족이 행하던 풍습이다. 1년에 두 번, 5월
과 12월에 멕시코의 위대한 신인 '위칠로포츠틀리(Huitzilopochtli)' 또는 '비
칠리푸스틀리(Vitzilipuztli)'의 신상을 그 숭배자들이 밀가루 반죽으로 만든 다
음 잘게 부수어 엄숙하게 먹었다. 역사가 아코스타는 이 5월의 의식을 다음
과 같이 기록하고 있다. "5월에 멕시코인들은 비칠리푸스틀리 신에게 바치
는 잔치를 연다. 잔칫날 이틀 전에 내가 말한 처녀들(같은 신전에 갇혀 있던, 이
를테면 종교적인 여자들)이 다량의 사탕무 씨앗을 구운 옥수수와 섞은 다음,
벌꿀로 버무려 그 반죽으로 목상과 같은 크기의 신상을 만든다. 눈 대신에 녹
색과 청색 또는 백색 유리알을 박아넣고, 이빨은 앞서 말한 온갖 장식과 부속

---

*이 구별은 기독교의 성체(聖體) 신학에서 유래한다. 성만찬 또는 미사에서 빵과 포도주는
성별(聖別) 이전에 제단에 올려 신에게 봉헌한다. 성별 이후에 그것들은 이어서 (최소한 가
톨릭의 관점에 따르면) 임석한 그리스도의 존재에 물들어 성스럽게 그리스도와 동화된다.
봉헌은 제사이며, 영성체 자체는 성찬이다. 프레이저는 '첫 결실로 제사지내는' 사례를 뒷장
에서 제시했는데, 여기서는 1922년판에서와 마찬가지로 생략했다.

을 붙인 옥수수 알갱이로 대신한다. 이 작업이 끝나면 모든 귀족이 진짜 신상에게 하듯이 정교하고 화려한 의상을 가져와서 입힌다. 그리고 이와 같이 단장한 신상을 하늘색 의자에 앉혀 어깨에 짊어질 수 있게 가마에 태운다. 잔칫날 아침이 되면, 해가 뜨기 한 시간 전에 모든 처녀가 새로운 장신구에 하얀옷을 차려입고 나온다. 이들은 그날 하루 동안 비칠리푸스틀리 신의 자매로불리며, 불에 굽고 그슬려 오렌지색 꽃 모양으로 만든 옥수수 화관을 머리에쓴다. 그리고 목 둘레에는 똑같은 것으로 만든 커다란 화환을 걸어, 어깨에차는 칼주머니처럼 왼팔 밑으로 늘어뜨린다. 뺨에는 주사(朱砂)를 바르고, 팔은 팔꿈치부터 손목까지 붉은앵무새의 깃털로 덮는다." 그 다음에 붉은 옷을입고 처녀들처럼 옥수수 화관을 쓴 청년들이 신상을 가마에 싣고 피리·트럼펫·코넷·북 따위의 음악에 맞춰 가파르고 좁은 계단을 올라가, 거대한 피라미드 모양의 신전 발치로 운반한다. "그들이 신상을 끌어올리는 동안, 사람들은 모두 커다란 외경심과 두려움에 사로잡혀 신전 안마당에 서 있다. 그리고 나서 그들이 꼭대기까지 올라가서 미리 준비한 작은 장미의 집에 신상을 안치하면, 젊은이들이 나타나서 갖가지 꽃을 뿌려 신전 안팎을 꽃으로채운다. 이 일이 끝나면, 모든 처녀가 사탕무와 구운 옥수수를 섞은 반죽 덩어리를 들고 처소에서 나온다. 그것은 신상을 만든 반죽과 동일한 것으로, 커다란 뼈 모양으로 만든 것이다. 처녀들이 그것을 젊은이들에게 주면, 젊은이들은 그것을 가지고 올라가서 신상 발치에 놓는다. 그렇게 해서 더 이상 놓을데가 없을 때까지 그것들을 그 자리에 채운다. 이러한 반죽 덩어리를 사람들은 비칠리푸스틀리의 뼈와 살이라고 불렀다. 이러한 뼈들을 널리 펼쳐놓은다음 신전의 장로와 사제, 보좌역, 그밖에 나머지 성직자들이 모두 위계와 관례에 따라 차례대로(그들 사이에는 엄격한 질서가 있다), 각기 지위와 직책에상응하는 여러 가지 색깔과 무늬의 베일을 쓰고 머리에는 화관, 목에는 화환을 두른 모습으로 등장한다. 그들을 뒤따라 그들이 숭배하는 신과 여신들이다양한 형상에 똑같은 차림새로 나타난다. 그리고 나서 반죽 덩어리 주변에질서 있게 자리잡고서 노래와 춤으로 어떤 의식을 집행한다. 그렇게 함으로써 그것들을 이 신상의 뼈와 살로서 축복하고 성별(聖別)하는 것이다. 이러한의식과 축복(그에 따라 그것들을 신상의 뼈와 살로 간주하는 과정)이 끝나면, 사람들은 그 덩어리들을 자신들의 신과 똑같이 경배했다.

그러고 나서 희생제를 올리는 사람들이 등장하여 앞서 말한 것 같은 방식으로 인간제물을 바치는 제사를 시작한다. 그날은 다른 어느때보다도 훨씬 많은 제물을 올리는데, 그 잔치가 그들이 치르는 잔치 중 가장 엄숙한 것이기 때문이다. 희생제가 끝나면, 모든 청년과 처녀가 앞서와 같은 옷차림으로 신전에서 나와 서로 정면에서 마주 보는 대형으로 정렬하여 북소리에 맞춰 춤을 춘다. 북소리는 그날의 잔치를 찬미하고, 그들이 기리는 신상을 찬미하기 위한 것이다. 그 노래에 화답하여 나이 많은 원로들과 지위 높은 귀족들도 모두 관례대로 청년과 처녀들을 가운데 두고 그 주변에 큰 원을 이룬 채 춤을 추며, 이때 온 도시 사람들이 이 멋진 광경을 구경하러 온다. 이날은 온 나라에서 한 가지 계율을 엄격하게 지키는데, 그것은 곧 비칠리푸스틀리 신상의 잔칫날에는 신상을 만든 반죽 덩어리와 꿀 이외에는 다른 음식을 전혀 먹지 않는다는 것이다. 그리고 그것도 그날이 막 시작할 무렵에 먹어야 하며, 오후까지는 물을 비롯하여 다른 어떤 것도 마시지 말아야 한다. 그 계율을 어기는 것은 불길한 징조, 아니 신성모독죄로 간주했다. 그러나 의식이 끝난 후에는 어떤 것을 먹어도 무방하다. 이 의식을 치르는 동안, 사람들은 물을 숨겨놓고 어린아이들에게 물을 마셔서는 안 되는 까닭을 일러준다. 만약 물을 마시면 신의 분노를 사서 죽는다며 아주 조심스럽고 엄격하게 그것을 지키도록 하는 것이다. 의식·춤판·희생제가 끝나면 사람들은 가서 옷을 벗고, 신전의 사제들과 고위층들은 반죽 덩어리로 만든 신상에서 장식을 모두 벗겨낸 뒤 우상 자체뿐만 아니라 성별한 덩어리들까지 모두 부수어버린다. 그리고 잘게 부서진 조각들을 영성체와 같은 방식으로 나이 든 사람들부터 시작하여 남자, 여자, 어린아이 순서로 모든 사람에게 나누어 준다. 사람들은 그것을 고귀하게 여겨 눈물과 두려움, 외경심으로 받았고, 자신들이 신의 뼈와 살을 먹는다고 말했으며, 그로 인해 몹시 가슴 아파 했다. 병든 식구가 있는 사람들은 그 몫을 따로 요구하여 매우 공경하고 숭배하는 태도로 그것을 집에 가져갔다."

이 흥미로운 구절에서 우리는 고대 멕시코인들이 기독교 선교사들이 도착하기도 전에 '성체화(transubstantiation)'*의 교리를 충분히 알고 있었으며, 자기네 종교의 엄숙한 의식에서 그 교리에 입각하여 행동했음을 알게 된다. 그들은 사제들이 빵을 성별함으로써 신의 몸으로 변화시킬 수 있고, 그래서 성별된 빵을 나누어 먹은 모든 사람이 그 신성한 신체의 일부를 자신 속에 받아들임으로써 신과 신비한 교제를 맺는다고 믿었다. 고대 인도의 아리안족들도 성체화, 곧 빵이 살로 변하는 마술적 전환의 교리를 기독교 전파 훨씬 전부터, 심지어는 기독교가 생기기 전부터 잘 알고 있었다. 브라만들은 제사 때 공양하는 쌀과자가 인간을 대신하는 것이며, 사제의 조종에 따라 사람의 진짜 육신으로 변한다고 가르쳤다. 기록에 따르면, "그것이(쌀과자가) 아직 쌀가루일 때는 머리카락이다. 그가 거기에 물을 부으면 그것은 피부가 된다. 그가 그것을 반죽하면 살이 된다. 왜냐하면 그 상태에서 그것은 한결같아지며, 살 또한 한결같기 때문이다. 그것을 구우면 뼈가 된다. 왜냐하면 그 상태에서 그것은 어느 정도 단단해지며, 뼈는 단단하기 때문이다. 그것을 (불에서) 들어내서 버터를 바르면 골수로 변한다. 이렇게 해서 이른바 5단계의 동물 제물이 완성된다." 그러나 쌀과자에 대해 사제들이 일상적으로 행하는 이러한 놀라운 변형은 신들 자신이 최초로 그 의식을 제정했을 때 수행한 것에 대면 아무것도 아니다. 신들이 제물로 삼은 말과 황소는 각기 '보스 가우루스(bos gaurus)'와 '가얄(gayal)'이 되었다. 양은 낙타로 변했다. 그리고 염소는 다리가 여덟 개 달린 특이한 사슴 종류로 변하여 사자와 코끼리를 죽였다. 전반적으로 고대 힌두인이나 고대 멕시코인은 가톨릭 신학의 가장 세련된 신비적 교리에서 배울 것이 많지 않았던 것으로 보인다.

또, 우리는 그 신과 친교를 맺는 엄숙한 날에 멕시코인들이 어째서 신의 살과 뼈로 여겨 공경하는 성별된 빵 이외의 다른 음식을 먹으려 하지 않았는지, 어째서 오후까지 아무것도, 심지어 물조차도 마시지 않았는지 이제 완전하게 이해할 수 있다. 그들은 분명히 자기 뱃속에 들어 있는 신의 몸이 범속한 물건과 접촉하여 오염될까봐 두려워했던 것이다. 이와 비슷한 외경심으로 인해 크리크(Creek) 인디언과 세미놀(Seminole) 인디언은 첫 열매의 성찬

---

*미사가 절정에 달했을 때 빵과 포도주가 물질적으로 그리스도의 몸과 피로 변한다는 교리는 가톨릭 신학의 중심 내용이다. 여기서 프레이저의 논지는 그 교리의 바탕을 이루는 개념과 과정이 기독교 이전의 주술적인 것이라는 데 있다.

을 먹기 전에 강력한 하제(下劑)로 속을 깨끗이 비우는 훨씬 더 철저한 수단을 택했다. 이제 우리는 줄루족 소년들이 첫 결실의 제전에서 검은 황소 고기를 먹은 뒤 다음날까지 아무것도 마시지 못하도록 금지당한 이유를 짐작할 수 있다.

아스테크족은 12월의 동지절 축제 때 먼저 자신들의 신 위칠로포츠틀리의 인형을 죽이고 나중에 그를 먹었다. 그들은 이 엄숙한 의식을 준비하기 위해 갖가지 씨앗을 어린아이의 피와 함께 반죽하여 사람 모양의 신상을 만들었다. 신의 뼈는 아카시아 나무 토막으로 상징한다. 이 신상을 신전의 주 제단에 놓아두고 축제일에 왕이 거기다가 분향했다. 다음날 일찍, 사람들이 그것을 끌어내려 두 발로 선 자세로 큰 홀에 세워놓으면, 케찰코아틀(Quetzalcoatl) 신과 이름이 같은, 그 역할을 하는 사제가 부싯돌을 끝에 매단 다트(던지는 화살)를 반죽 신상의 가슴에 던져 수차례 관통시켰다. 이를 '위칠로포츠틀리 신을 죽여서 그의 몸을 먹을 수 있게 하는 의식'이라고 불렀다. 그런 다음 사제 중 한 사람이 신상의 심장을 도려내서 왕에게 바치고, 신상의 나머지 부분은 작은 조각으로 쪼개서 요람 속의 남자아기에 이르기까지 크고 작은 모든 사람이 하나씩 받아먹었다. 그러나 여자는 그 조각을 먹지 못했다. 이 의식을 '테오콸로(teoqualo)', 곧 '신을 먹는 것'이라고 불렀다.

신상을 먹음으로써 신과 교제를 맺는 풍습이 최근까지도 멕시코의 위촐(Huichol) 인디언에게 남아 있었다. 그들은 거칠고 험한, 붉은 바위산 기슭에 있는 좁은 계곡에 불의 신을 모신 작은 초가 신전을 지어놓았는데, 최근 몇 년 전까지도 거기에는 굳은 화산재로 거칠게 조각한 사람 형상의 작은 신상이 서 있었다. 그 신상은 매우 지저분했고, 피가 칠해져 있었으며, 오른쪽 옆구리에는 숭배자들의 경건한 신앙심 때문에 생긴 구멍이 나 있었다. 신의 거룩한 몸뚱아리를 조금만 먹어도 치료능력과 비술에 대한 지식을 얻을 수 있다고 믿었기 때문에, 자신들의 직업활동에 아주 유용한 그 같은 성취를 이루고 싶어하는 무당이나 주술사들이 종종 신전에 가서 음식이나 봉헌제물을 바치고 손톱으로 신의 몸을 긁어내서 그 가루를 삼킨 탓이다. 이런 식으로 신과 교제를 맺고 나면, 그들은 소금을 먹지 않고 5개월 동안 부인과 육체관계를 금해야 했다. 또, 인도 남부의 최하층 계급인 말라(Mala)족은 결혼식 때 순칼람마(Sunkalamma) 여신의 인형을 먹음으로써 그녀와 친교를 맺는다. 여신의 인형은 쌀과 녹두를 함께 익힌 재료로 끝을 잘라낸 원뿔 모양의 여신상을 만들고, 그것을 코걸이 보석과 화관, 기타 종교적 상징물로 장식하여 만든다. 이어서 쌀·유향(乳香)·장뇌·코코야자 열매 따위 제물을 여신상에 공양하고 숫양이나 숫염소를 희생제물로 바친다. 제물이 차려지면 모든 참석자가 말없이 엎드려 신상에 절을 올린 다음, 신상을 조각내어 나누어 삼킨다. 이렇게 하면 조각난 채 뱃속에 들어온 여신의 신성한 정기를 흡수할 수 있다고 믿는 것이다. 유럽의 가톨릭 교회도 비슷한 수단에 의존하여 신자들이 아기 하느님과 성모의 몸을 먹는 신성한 특권을 누릴 수 있게 했다. 이 목적을 위해 어떤 무해하고 녹일 수 있는 물질에 성모상을 찍어서 우표처럼 여러 장씩 팔았다. 신자는 이 신성한 딱지를 기회가 닿는 대로 많이 사두었다가 한 장 또는 여러 장씩 음식에 붙여서 환약처럼 삼켰다. 이 풍습은 빈민과 무지렁이에게만 국한된 것이 아니었다. 젊은 시절의 폰 횐스브뢰흐(von Hoensbroech) 백작과 그의 신앙심 깊은 어머니는 이와 같이 하느님과 성모의 몸을 음식에 섞어 먹곤 했다.*

3

이제 우리는 "아리키아에는 마니가 많다"는 속담을 해명할 수 있다. 사람 형상으로 만든 특정한 빵덩어리를 로마인들은 '마니아에(maniæ)'라고 불렀는데, 이런 종류의 빵을 특별히 아리키아에서 만든 것으로 보인다. 그런데 이 빵의 단수 명칭인 '마니아'는 콤피탈리아(Compitalia) 제전 때 남녀 털실인형을 바치는 '영혼의 어머니 또는 할머니'를 가리키는 명칭이기도 했다. 당시 로마에서는 집집마다 그 인형들을 문에 매달아놓았다. 그 집안의 모든 자유민을 위해 인형 하나를 매달고, 모든 노예를 위해 종류가 다른 인형을 하나

---

*이 풍습은 1903년 7월 29일자 종교재판소 포고령에 따라 공식적으로 금지되었다.

더 매달았다. 그렇게 하는 까닭은 이날 사자의 유령이 돌아다니다가 선의에 서든 아니면 단순한 착오로든 집안의 산 사람 대신에 문에 매단 인형을 데려 가기를 바랐기 때문이다. 전설에 따르면, 이 털실인형은 사람을 제물로 바치던 옛 풍습의 대용품이었다고 한다. 그처럼 단편적이고 불확실한 자료만으로는 확실한 단정을 내리기가 어렵다. 그러나 아리키아에서 구운 것으로 보이는, 사람 형상의 빵덩어리가 성찬의 빵이었으며, 옛날에 신성한 숲의 왕이 해마다 살해당하던 때에는 멕시코, 인도, 유럽의 반죽 신상처럼 그의 형상으로 빵덩어리를 만들어 신자들이 성찬의식과 더불어 먹었으리라는 사실은 짚어볼 만한 가치가 있을 것이다. 위칠로포츠틀리를 기리는 멕시코의 성찬도 사람 제물의 희생을 동반한 것이었다. 아리키아의 신성한 숲의 창시자가 마니우스(Manius)라는 사람이었고, 그를 조상으로 하여 수많은 마니가 전래되었다는 전설은, 그러므로 그 성찬의 빵에 붙인 '마니아에'라는 명칭을 설명하기 위해 고안해 낸 어원상의 신화일 것이다. 빵덩어리와 사람 제물의 연관성은 콤피탈리아 제전에서 마니아에게 바친 인형이 사람 제물의 대용품이었다는 이야기에서 아마도 희미한 흔적을 찾아볼 수 있을 것이다.

22장
육식

　지금까지 농경사회에 도달한 여러 민족을 중심으로 신을 죽이는 풍습에 관해 살펴보았다. 우리는 곡물정령이나 다른 경작 식물의 정령을 보통 사람이나 동물 형상으로 상징하며, 어떤 지방에서는 사람이나 동물로 형상한 신을 해마다 죽이는 풍습이 성행한 것을 보았다. 이와 같이 그 상징물을 통해 곡물정령을 죽이는 한 가지 이유는 이 책 앞부분에서 암시한 바 있다. 짐작컨대 그 의도는, 그 또는 그녀 ― 곡물정령은 종종 여성으로 상정되므로 ― 가 노령으로 인해 쇠약해지는 것을 막기 위해 아직 건강하고 원기왕성할 때 젊고 기운찬 후계자의 몸에 정령을 이전하려는 것인 듯하다. 그의 신성한 기운을 갱신하는 것이 바람직하다는 사실은 차치하더라도, 곡물정령이 추수꾼들의 낫이나 칼에 죽는 것을 불가피한 일로 여겼을 것이므로 그의 숭배자들은 그 슬픈 필연성을 묵묵히 따를 수밖에 없다고 느꼈을 것이다. 그런데 나아가서 우리는 신을 상징하는 사람이나 동물 모양의, 아니면 사람이나 동물 형상으로 만든 빵 모양의 신을 성찬으로 먹는 풍습이 광범위하게 퍼져 있는 것을 발견했다. 이와 같이 신의 몸을 먹는 까닭은 원시인의 눈으로 볼 때 지극히 단순한 것이다. 미개인은 보통 동물이나 사람의 고기를 먹으면 그 동물이나 사람에 특유한 신체적 성질뿐만 아니라 도덕적 · 지적 성질까지 획득한다고 믿는다. 그래서 그 대상물이 신성한 것일 때 우리의 단순한 미개인은 자연스럽게 그 물질적 실체와 더불어 그 신성함의 일부분까지 흡수할 것으로 기대하는 것이다. 심지어 그 동물 음식이 신의 살이나 피로 이루어져 있다는 특별한 구실이 없을 때도 그 매개를 통해 여러 가지 선이나 악을 획득할 수 있다고 생각하는, 이러한 일반적인 믿음은 여러 사례를 들어 예증해 보는 것이 좋을 것이다. 그 원리는 광범위하게 가지쳐 나간 공감주술 또는 동종주술 체계의 일부를 이룬다.

그래서 예컨대 북아메리카 인디언 중 크리크와 체로키, 기타 유사 부족들은 "자연에는 사람과 동물에게 그들이 섭취하는 음식물이 지니고 있거나 그들의 감각기관이 접하는 사물의 성질을 주입시켜 주는 속성이 있다고 믿는다. 즉, 사슴고기를 먹는 사람은 그 신체조직의 특성에 따라 우둔한 곰이나, 무기력한 거름더미의 닭이나, 느림보 소나, 구덩이에서 뒹구는 살찐 돼지를 먹는 사람보다 민첩하고 총명하다는 것이다. 그렇기 때문에 옛날 위대한 추장들은 식사할 때 일정한 규칙을 지켰으며, 성질이 둔하거나 동작이 느린 동물의 고기는 그의 신체조직 전반을 둔하게 만들고 군사적·행정적·종교적 직무를 수행하는 데 필요한 활력을 발휘하지 못하게 만든다고 생각하여 먹지 않았다고 몇몇 장로들은 충고하고 있다." 에콰도르의 사파로(Zaparo) 인디언은 "궁핍할 때가 아니면 맥(貘)이나 멧돼지 같은 무거운 짐승의 고기를 먹지 않고 새·원숭이·사슴·물고기 따위만 먹는다. 이는 주로 무거운 짐승을 먹으면 그 짐승과 같이 움직임이 둔해지고 민첩성을 잃게 되어 사냥하는 데 적합하지 않게 된다고 생각하기 때문이다." 이와 비슷하게, 일부 브라질 인디언들은 느리게 움직이는 짐승이나 새나 물고기의 살을 먹으면 민첩성을 잃고 적을 피할 수 없게 된다며 그것들을 먹지 않았다. 카리브(Carib)족은 돼지고기를 먹으면 돼지처럼 눈이 작아진다고 하여 돼지고기를 금했다. 또, 거북이 고기도 그 짐승처럼 둔하고 멍청해질 것을 우려하여 먹지 않았다. 서아프리카의 판(Fan)족도 비슷한 이유로 한창 때의 남자들이 거북이를 먹지 않는다. 만약 거북이를 먹으면 그들의 기력과 민첩함이 사라진다고 생각한다. 그러나 노인들은 거북이 고기를 마음대로 먹을 수 있다. 이미 달리는 능력을 잃어버렸기 때문에 발이 느린 동물의 고기를 먹어도 해로울 일이 없는 것이다. 동부 볼리비아의 치리과노족 일부는 비쿠냐(vicuña, 남미산 라마의 일종) 고기에 손을 대지 않았다. 그 고기를 먹으면 비쿠냐처럼 털투성이가 된다고 생각한 것이다. 반면에 파라과이의 아비폰족은 재규어의 용맹을 얻기 위해 그 고기를 먹었다. 이런 목적으로 그들이 먹어치운 재규어의 숫자는 실로 엄청났다고 한다. 비슷한 의도로 그들은 황소·수사슴·수돼지·큰개미핥기 따위의 고기를 열심히 먹었다. 그런 음식을 자주 먹으면 체력과 활동성, 용맹성이 늘어난다고 확신했기 때문이다. 반면에 그들은 모두 암탉·달걀·양고기·물고기·거북이 따위를 먹는 것은 생각하는 것조차 혐오스러워했다. 그런 연약한 음식물은 몸에는 나태와 무기력을, 정신에는 비겁함을 싹트게 한다고 믿은 것이다. 영국령 콜롬비아의 톰프슨 인디언은 뇌조(雷鳥)처럼 우둔해질 것을 우려하여 그 새의 염통을 먹지 않았고, 자신들의 개가 그 새를 삼키지도 못하게 했다.

독일령 동아프리카의 와고고(Wagogo)족 남자는 사자를 잡으면 사자처럼 용맹해지기 위해 그 염통을 먹는다. 그러나 암탉의 염통을 먹으면 소심해진다고 생각한다. 나일 강변의 흑인부족인 얄루오(Ja-luo)족 젊은이들은 전쟁할 때 맹렬하게 싸우기 위해 표범 고기를 먹는다. 사자 고기와 표범 고기는 동남아프리카의 토인 전사들이 때때로 사자처럼 용감해지기를 바라며 조리해 먹는다. 줄루족의 군대가 출전을 위해 집결할 때, 전사들은 표범·사자·코끼리·뱀 따위 다양한 동물의 말린 살코기로 만든 가루를 고기 조각에 발라 먹는다. 이렇게 하면 전사들이 그 동물들의 용감성과 호전성을 획득한다고 여기는 것이다. 때때로 줄루족은 예컨대 표범 같은 들짐승을 잡으면 자기 아이들에게 그 피를 마시게 하고, 염통을 구워 먹게 하여 아이들이 용감하고 모험적인 사나이로 자라기를 바란다. 그러나 다른 사람들은 그것이 위험한 일이라고 말한다. 분별심 없는 만용만 길러 경솔하게 죽음을 향해 돌진하게 하는 결과를 초래하기 쉽다는 것이다. 동아프리카의 와본데이(Wabondei)족은 더 강하고 용감해지기 위해 사자나 표범의 염통을 먹는다. 영국령 중앙아프리카에서는 용기를 원하는 사람들이 사자의 살코기, 특히 염통을 먹으며, 호색하는 사람들은 염소의 고환을 먹는다. 영국령 동아프리카의 수크(Suk)족은 아이들을 튼튼하게 키우기 위해 때때로 사자의 지방과 염통을 아이들에게 먹게 한다. 북아프리카의 아랍족 여자들은 남자아이들의 겁을 없애기 위해 사자의 염통을 한 조각 주어 먹게 한다. 서아프리카의 에웨 어족들은 코끼리 살코기가 그것을 먹는 사람을 강하게 한다고 생각한다. 와자가(Wajagga)족 전사들은 싸움하러 가기 전에 코뿔소의 뿔과 가죽을 깎아낸 부스러기에 맥주를 섞은 마법의 약을 마신다. 이렇게 하면 그 동물의 힘과 기세를 마시는 사람이 얻을 수 있다고 한다. 또, 심각한 질병이 한 줄루족 촌락을 덮치자, 주술사가 아주 늙은 개와 늙은 암소, 기타 늙은 동물의 뼈다귀를 가져와서 병자만이 아니라 건강한 사람에게도 복용시켰다. 이는 뼈다귀를 먹은 사람이 그 동물만큼 오래 살도록 하기 위한 것이었다. 그래서 늙은 아에손(Aeson)에게 젊음을 되찾아주기 위해 마녀 메데아(Medea)가 장수한 사슴의 간과 사람의 아홉 세대보다 더 오래 산 까마귀의 머리를 달여서 만든 탕약을 그의 핏줄에 주입시킨 것이다. 고대에는 수명을 연장하는 것과는 다른 목적으로 사슴과 까마귀의 고기를 먹었다. 사슴은 열병에 걸리지 않는다고 알려졌기 때문에, 어떤 여자들은 매일 아침마다 사슴 고기를 먹었다. 그 결과, 그들은 한 번도 열병에 걸리지 않고 오래도록 살았다고 한다. 다만 사슴을 잡을 때 한 번 이상 타격을 가하면 사슴 고기가 효험을 전부 상실한다고 한다. 또, 고대의 점술가들은 길흉을 나타내는 새와 짐승의 생명기관을 삼킴으로써 자신에게 예언의 정령을 불어넣으려 했다. 예컨대 까마귀나 두더지, 매의 염통을 먹으면 짐승의 살코기와 더불어 예언능력을 지닌 그 짐승의 혼이 자기 몸 속에 들어온다고 그들은 생각했다.

서북부 보르네오의 다야크족은 사슴 고기를 먹으면 겁쟁이가 된다고 하여 청년과 전사들이 그것을 먹지 못하게 한다. 그러나 여자와 아주 나이 든 노인들은 사슴 고기를 마음대로 먹어도 무방하다. 그런데 같은 지역의 카얀족은 사슴 고기의 악영향에 대해서는 견해가 같지만, 야외에서 조리할 때에는 남자들도 그 위험한 음식을 먹는다. 그때에는 그 짐승의 겁 많은 정령이 곧바로 밀림 속으로 달아나기 때문에 먹는 사람에게 들어오지 않는다는 것이다. 일본의 아이누족은 수달을 건망증이 매우 심한 동물로 생각하여 기억력이 나쁜 사람을 흔히 '수달 대가리'라고 부른다. 반면에 물까마귀의 심장은 뛰어나게 지혜로울 뿐 아니라 언변이 아주 유창하다고 생각한다. 그래서 그 새를 잡으면 즉시 배를 가르고 심장을 꺼내, 식거나 손상될 틈을 주지 않고 삼켜버린다. 이렇게 그 심장을 삼키는 사람은 언변이 아주 유창해지고 현명해져 논쟁에서 어떤 상대라도 압도할 수 있다고 한다. 인도 북부 사람들은 올빼미의 눈알을 먹으면 올빼미같이 밤에도 잘 볼 수 있다고 생각한다.

또, 용기나 지혜를 북돋기 위해, 또는 죽은 사람이 지니고 있었거나 신체 특정 부위에 특별하게 존재한다고 여기는 그밖의 자질을 북돋기 위해 죽은 사람의 살과 피를 먹거나 마시는 일도 흔히 있다. 이를테면 동남아프리카 산악부족 사이에는 젊은이들을 조합이나 비밀결사로 결속하는 여러 의식이 존재하는데, 그 입회식 중에는 신입자들에게 용기와 총명 같은 자질을 주입하기 위한 의식이 있다. 용맹이 뛰어난 적을 죽일 때마다 용기의 근원으로 간주하는 그의 간과 총명의 근원으로 여기는 귀, 지구력의 근원으로 간주하는 이마의 가죽, 힘의 근원으로 생각하는 고환, 그밖의 덕목의 근원으로 여기는 다른 기관들을 몸에서 잘라내어 불에 구워 시커먼 재로 만든다. 그 재는 황소 뿔 속에 조심스럽게 보관했다가 할례의식을 행할 때 다른 성분과 섞어서 반죽처럼 만들어 부족의 사제가 젊은이들에게 복용시킨다. 이러한 방법으로 죽은 적이 지닌 용기와 총명 같은 덕목을 먹는 사람에게 전할 수 있다고 믿는 것이다. 산악 바수토족은 매우 용감한 적을 죽이면 즉시 그의 심장을 잘라내서 먹어치우는데, 이는 그것이 적의 용기와 힘을 자신에게 준다고 생각하기 때문이다. 전쟁이 끝났을 때, 그런 적을 죽인 사람은 추장 앞에 불려가 주술사에게서 어떤 약을 받아 음식과 함께 씹어먹는다. 그러고 나면 사흘 후에 흐르는 물에 자기 몸을 씻어야 하고, 열흘이 지나야 부인과 자식들에게 돌아갈 수 있다. 그와 마찬가지로 전투에 나간 오밤보(Ovambo)족의 전사는 자기가 죽인 적의 심장을 먹으면 그 죽은 자의 용기를 획득할 수 있다는 믿음에서 그 심장을 잘라낸다. 이와 비슷한 믿음과 풍습이 영국령 중앙아프리카의 몇몇 부족, 특히 앙고니(Angoni)족 사이에 성행하고 있다. 이 부족은 또한 죽은 자의 사지를 절단하여 잘라낸 부위를 재로 만든다. 나중에 그 재는 묽은 죽이나 즙에 넣어 휘젓는데, "그것은 반드시 손으로 '핥아서' 입 속에 던져넣어야 하며 일반 음식처럼 먹어서는 안 된다. 그래야만 그것이 병사들에게 용기와 지구력, 완강성, 계책, 인내심, 지혜를 주는 것이다." 옛날에 난디족 전사는 적을 죽일 때마다 용감해지기 위해 죽은 적의 심장을 한 조각 잘라서 먹곤 했다. 독일령 동아프리카의 와고고족도 같은 목적으로 같은 행동을 한다. 1824년에 찰스 매카시(Charles M'Carthy) 경이 아샨티족에게 살해당했을 때, 아샨티 군대의 추장들이 그의 용기를 섭취하고자 그의 심장을 먹어치웠다고 한다. 그리고 그의 살코기는 말려서 똑같은 목적으로 하급 장교들에게 분배했고, 그의 뼈는 부족의 부적으로 삼아 쿠마시(Coomassie)에 오랫동안 보관했다고 한다. 요루바족에는 전쟁의 신 오군(Ogun)의 사제들이 인간제물의 심장을 꺼내어 말려서 가루로 만든 다음 럼주에 섞어서 용기를 얻기 원하는 사람들에게 파는 관례가 있다. 그것을 산 사람들은 그 심장에 내재해 있는 남자다운 덕목을 흡수할 수 있다는 믿음으로 그 혼합물을 삼키는 것이다.

그러나 이와 같이 원래 주인이 지닌 자질을 먹는 사람에게 불어넣을 목적으로 흔히 인간의 심장을 먹기는 하지만, 이미 살펴보았듯이 그 목적으로 먹어치우는 신체부위는 그것만이 아니다. 이를테면 뉴칼레도니아에서도 전투의 승리자들이 죽인 자의 몸뚱아리를 먹었는데, 그것은 "흔히 짐작하듯이 사람의 살코기를 좋아해서가 아니라 죽은 자가 지니고 있던 용맹을 자기 것으로 흡수하기 위해서였다." 퀸즐랜드의 메리버러(Maryborough) 주변 지방에 사는 부족들은 의례적인 전투에서 한 사람이 죽으면 그의 호전적인 덕목이 먹는 사람에게 전해지도록 친구들이 그의 가죽을 벗겨 먹어치우는 것이 관례였다. 동남부 오스트레일리아의 테도라(Theddora)와 은가리고(Ngarigo) 부족들은 자신들이 죽인 적의 손발을 먹는 것이 관례였으며, 그렇게 하면 죽은 자의 몇몇 자질과 용감성을 획득할 수 있다고 믿었다. 중앙 오스트레일리아의 디에리(Dieri) 부족은 어떤 사람이 유죄판결을 받고 적절하게 구성한 처형조에게 죽음을 당하면, 사형 집행에 사용한 무기를 작은 나무그릇에 씻어서 그 핏물을 모든 처형인에게 정해진 방식에 따라, 곧 그들이 바닥에 누우면 장로들이 그것을 입 속에 쏟아부어 복용시켰다. 이렇게 하면 그들에게 두 배의 용기와 힘, 미래의 어떤 큰 일도 감당할 수 있는 커다란 담력을 준다고 믿은 것이다. 뉴사우스웨일스의 카밀라로이(Kamilaroi)족은 용감한 사람의 용기를 얻기 위해 그의 심장과 아울러 간까지 먹었다. 통킨(Tonquin)에도 용감한 사람의 간은 그것을 먹는 사람을 용감하게 만든다는 미신이 널리 퍼져 있다. 그래서 1837년에 한 가톨릭 선교사가 참수를 당했을 때, 처형인이 희생자의 간을 잘라내어 일부를 먹고, 한 병사가 나머지를 날로 먹어치우려고 했다. 비슷한 의도로 중국인은 처형당한 악명 높은 비적들의 쓸개를 삼킨다. 사라와크의 다야크족은 자신들의 손과 발을 튼튼하게 하기 위해 죽인 자의 손바닥과 무릎살을 먹곤 했다. 중부 셀레베스의 악명 높은 머리사냥 부족인 톨랄라키 (Tolalaki)족은 용감해지려고 희생자들의 피를 마시고 뇌수를 먹는다. 필리핀 제도의 이탈론(Italone)족은 죽인 적의 용기를 얻기 위해 그 피를 마시며, 뒷머리 부위와 창자를 날것으로 먹는다. 같은 이유로 필리핀의 또다른 부족인 에 푸가오(Efugao)족은 적의 뇌수를 빨아먹는다. 악명 높은 줄루족 추장 마투아 나(Matuana)는 자신을 더 강하게 해줄 것이라는 믿음에서 자기가 멸망시킨 부족의 추장 30명의 담즙을 마셨다. 또, 적의 이마 가운데 부분과 눈썹을 먹 으면 동요 없이 적을 바라보는 능력을 얻는다고 생각한다. 토러스(Torres) 해 협에 있는 투드(Tud) 섬, 곧 전사의 섬에 사는 사람들은 유명한 전사들의 땀 을 마시고 피에 절은 사람의 손톱 부스러기를 먹었다. 이는 "돌처럼 강하게 되어 아무 두려움도 갖지 않도록" 하기 위한 일이었다. 토러스 해협의 또다 른 섬인 나지르(Nagir)에서는 소년들에게 용기를 불어넣기 위해 전사가 자기 가 죽인 사람의 눈과 혓바닥을 다져서 자기 오줌과 섞어 소년에게 먹이는 관 례가 있었다. 그러면 소년은 전사의 다리 사이에 앉아 눈을 질끈 감고 입을 벌린 채 그것을 받아먹었다. 셀레베스의 미나하사 사람들은 매번 출정하기 전에 죽인 적의 머리카락을 끓는 물에 데쳐서 용맹을 추출해 냈다. 그러고는 용맹이 주입된 그 물을 전사들에게 주어 마시게 했다. 뉴질랜드에서 "추장은 '아투아(atua, 신)'였다. 그런데 신 중에는 힘있는 신도 있고, 힘없는 신도 있 었다. 각 추장은 당연히 힘있는 신이 되고자 했다. 그래서 채택한 방법이 다 른 사람의 정기를 자기 것과 합치는 것이었다. 그래서 어떤 전사가 적의 추장 을 죽이면 즉시 그의 눈을 도려내어 삼켰다. 눈 속에 '아투아 통가(atua tonga)', 곧 신성(神性)이 깃들어 있다고 여긴 것이다. 이렇게 해서 그는 적의 육신뿐 아니라 영혼까지 차지했다. 결과적으로 추장을 더 많이 죽일수록 그 의 신성은 더욱 커져갔다."

이상하게 들릴지 몰라도, 미개인 전사로 하여금 자기가 죽인 적의 살을 먹 거나 피를 마시게 만드는 한 가지 동기는 그 희생자와 깰 수 없는 우정과 형 제애의 맹약을 맺고자 하는 바람인 것으로 보인다. 왜냐하면 자신들의 피를 상대의 몸에 약간씩 주입하면 두 사람은 친족이자 동맹자가 된다는 것이 미 개인 사이에 광범위하게 퍼져 있는 믿음이기 때문이다. 이제 두 사람의 핏줄에 같은 피가 흐르기 때문에, 어느쪽이든 상대방을 해하려고 하면 동시에 자신을 해치게 된다. 따라서 두 사람은 우호적인 행동을 보장하는 가장 강력한 보증, 가능한 최선의 담보를 주고받은 셈이다. 이러한 이론에 따라 미개인 전사는 죽은 사람의 피를 흡수하거나 살코기를 먹음으로써 자기가 죽인 적을 가장 확실한 친구로 변화시키고자 하는 것이다. 다음과 같은 풍습의 근저에 놓인 관념도 어쨌거나 그런 것인 것 같다.

영국령 기아나의 아라와크(Arawak) 인디언은 다른 사람을 살해하면 셋째 날 밤에 희생자의 무덤에 가서 뾰족한 꼬챙이를 시체에 찔러 꼬챙이에 묻어 나오는 피를 핥아먹는다. 그는 희생자의 피를 먹지 않으면 자기가 미쳐서 죽을 것이라고 믿는다. 반면에 그 피를 먹으면 살인이 초래하는 해로운 결과를 피할 수 있다고 한다. 난디족의 믿음과 풍습도 이와 비슷하다. "오늘날까지 난디족은 다른 부족 사람을 죽이면 창이나 칼을 풀로 만든 컵에 담가 조심스럽게 피를 씻어내고 그 핏물을 마신다. 그러지 않으면 그 사람은 미치광이가 된다고 한다." 마찬가지로 남부 니제르(Niger)의 부족들도 "사형집행인이 칼날에 묻은 피를 핥아먹는 것이 필수적인 관례다." 게다가 "전쟁 중에 살인을 한 사람이 칼날에 묻은 피를 핥아먹는 풍습은 이 부족들에게 공통된 것이다. 이보(Ibo)족이 내게 제시한, 일반적으로 통용되는 설명에 따르면, 만약 그렇게 하지 않는다면 살인행위의 영향 때문에 가해자가 자기 부족들 속에서 난폭하게 날뛰게 된다고 한다. 왜냐하면 피를 보고 냄새를 맡으면 가해자는 완전히 인사불성이 되어 어떤 결과가 닥치든 돌아보지 않고 행동하기 때문이다. 그러므로 피를 핥는 것이야말로 유일하고도 확실한 처방이며, 스스로 정신을 차릴 수 있는 유일한 길인 것이다." 샨(Shan)족은 사형집행인이 희생자의 피를 먹지 않으면 이내 병에 걸려 죽는다고 믿는다.

죽은 자의 유해를 매개로 죽은 자와 친교를 맺는 또다른 방식은 그 뼈를 갈아서 가루로 만들거나 태워서 재로 만들어 그 가루나 재를 음식물이나 음료수에 섞어 먹는 것이다. 이런 방법으로 죽은 친척의 능력을 흡수하거나 영혼을 차지하는 풍습을 남아메리카의 수많은 인디언 부족이 행하고 있다. 이를테면 아마존 계곡에 사는 타리아나(Tariana)족과 투카노(Tucano)족, 그리고 기타 부족들은 장례 후 한 달 가량 지나 상당히 부패한 시체를 무덤에서 파내어, 커다란 냄비나 오븐에 넣고 휘발성 성분이 아주 고약한 냄새와 더불어 모두 날아가고 시커먼 탄소질의 반죽 덩어리만 남을 때까지 조린다. 그리고 나서 이 반죽 덩어리를 미세한 분말로 찧어서 큰 통 여러 개에 담긴 토산 맥주에 섞은 다음 모인 사람들이 남김없이 나누어 마신다. 이렇게 하면 그 술을 마시는 사람에게 죽은 자의 능력이 전해진다고 믿는 것이다. 이와 비슷하게, 브라질의 리우네그루(Rio Negro) 강과 자푸라(Japurá) 강가에 사는 소마나(Xomana)족과 파스(Pass)족은 죽은 자의 뼈를 태워서 그 재를 마실 것에 섞는 것이 관례였다. "그런 방법을 통해 그들은 죽은 친구의 정기를 자기 몸 속에 받아들인다고 상상했던 것이다." 그밖의 모든 남아메리카 인디언들의 풍습에도, 비록 당사자들이 그 같은 특수한 동기를 명시적으로 주장하지는 않더라도, 비슷한 동기가 깔려 있는 것으로 짐작할 수 있다. 예컨대 동부 볼리비아의 레토로뇨(Retoroño)족과 페추요(Pechuyo)족, 과라요(Guarayo)족은 "특이한 풍습으로 사자에 대한 감정을 표현했다. 시체가 부패하면 그들은 뼈를 파내서 가루로 만든 뒤 옥수수와 섞어서 일종의 케이크를 만들었다. 그 케이크를 대접하고 나누어 먹는 것은 가장 강력한 우정의 표시로 간주되었다. 최초의 선교사들 일부는 자신들이 먹는 것이 무엇인지도 모른 채 이 빵을 대접받았다." 또, 서북부 베네수엘라의 코로(Coro) 주(州)에서는 추장이 죽으면 밤에 곡을 하며 그의 행적을 기린다. 그리고 나서 사람들은 그의 시체를 불에 구워 가루로 만들어 술에 섞어 마시며, 이런 행위를 그에게 바칠 수 있는 최고의 영예라고 간주한다. 리오에니브라(Rio Enivra)의 타우아레(Tauaré) 인디언은 죽은 자를 불태워 그 재를 속이 빈 갈대에 담아 식사 때마다 조금씩 곁들여 먹었다. 그와 마찬가지로 고대에 아르테미시아(Artemisia)는 죽은 남편 마우솔루스(Mausolus)의 유해를 가루로 만들어 물에 타서 마심으로써 남편에 대한 애정과 슬픔을 표현했다.

어째서 미개인이 신성시하는 동물이나 사람의 고기를 먹으려 하는지 이제 쉽게 이해할 수 있다. 신의 몸을 먹음으로써 그는 신의 속성과 능력을 나누어 갖는 것이다. 그 신이 곡물신이라면 곡물은 그의 본신(本身)이다. 그 신이 포도나무 신이라면 포도즙은 그의 피다. 그러므로 빵을 먹고 포도주를 마실 때, 신자는 그 신의 진짜 몸과 피를 먹는 셈이다. 이렇게 볼 때, 디오니소스 같은 포도나무 신의 제전에서 포도주를 마시는 것은 환락의 소행이 아니라 엄숙한 성찬인 것이다. 그러나 이성적인 사람은 제 정신을 가진 사람이 어떻게 빵을 먹고 포도주 마시는 것을 신의 몸과 피를 먹는 것이라고 상상하는지 이해하기 어렵다고 느낄 때가 있을 것이다. 키케로는 이렇게 말한다. "곡식을 케레스라고 부르고 포도주를 바쿠스라고 부를 때, 우리는 통상적인 수사적 표현을 사용하는 것이다. 자기가 먹는 음식을 신이라고 믿을 만큼 정신나간 사람이 있겠는가?" 이렇게 말할 때 그 로마 철학자는 바로 로마 본토에서 유래한 신앙이 로마와 여러 나라에서, 곧 그가 정신나간 것으로 낙인찍은 믿음이 수천년에 걸쳐 종교의 기본 원리로서 고대 이교도들의 맹목적인 미신보다 우월한 종교적 각성을 자부하는 민족들 사이에 존속하리라는 것을 거의 알지 못했다. 한 세대를 풍미한 가장 위대한 정신의 소유자조차도 인류의 종교적 신앙이 후대에 어떤 구부러진 길을 밟아나갈지 예견할 수 없었던 것이다.

23장
신성한 동물의 살해

1

앞의 여러 장에서 우리는 주로 농업으로 살아갈 수 있을 정도로 발달한 많은 공동체에서 자신들의 곡물신을 옥수수, 쌀 따위의 본래 형상이나 동물과 인간의 형상으로 살해하고 먹어치우는 관습이 있었음을 보았다. 이제 농경 민족뿐 아니라 수렵민족이나 목축민족도 자신들이 숭배하는 존재를 살해하는 관습이 있었음을 보여줄 차례다. 첫번째 사례는 캘리포니아 인디언에게서 찾아볼 수 있다. 그들은 비옥한 땅과 맑고 온화한 하늘 아래 살면서도 가장 미개한 수준에서 생활하고 있다. 쭉 뻗은 바위해안이 태평양의 파도가 밀려오는 기다란 백사장과 맞닿은, 높은 절벽 가장자리 부근에 산 후안 카피스트라노 선교원이 서 있었다. 여기서 한줌 정도 되는 무지렁이 인디언들을 상대로 가톨릭 스페인의 엄격한 규율을 가르치던 수도승들 중에 헤로니모 보스카나(Geronimo Boscana) 신부라는 사람이 있었는데, 그는 이 미개한 신자들의 풍습과 미신에 관해 귀중한 기록을 남겼다. 그의 이야기에 따르면, 아카그케멤(Acagchemem) 부족은 큰 독수리를 숭배했으며, 1년에 한 번 그 새를 기려 '파네스(Panes)', 곧 '새의 축제'라고 하는 큰 잔치를 벌였다. 잔칫날은 행사 전날 밤에 대중들에게 통보하며, 그 즉시 특별한 신전(vanquech)의 건립을 위한 준비를 시작한다. 이 신전은 원형이나 타원형의 말뚝 울타리를 치고 울바자 위에 치니그치니치(Chinigchinich) 신을 상징하는 박제한 코요테, 곧 초원늑대를 세워놓은 것인 듯하다. 신전을 준비하고 나면 엄숙한 행렬을 따라

새를 신전으로 운반하여, 그 목적을 위해 특별히 세운 제단 위에 놓는다. 그런 다음 기혼이든 독신이든 상관없이 모든 젊은 여자가 마치 미친 것처럼 이리저리 아무렇게나 뛰어다니기 시작한다. 나이 든 남녀들은 말없이 그 광경을 구경하고, 물감과 깃털로 분장한 추장들은 자신들이 숭배하는 새의 주변을 돌며 춤을 추었다. 이 의식을 마무리하고 나면 사람들은 새를 붙잡아서 주신전으로 운반하는데, 이때 군중들은 한데 모여 성대한 행렬을 이룬 채 따라가고, 추장들은 행렬 선두에서 춤추며 노래를 불렀다. 신전에 도착하면 사람들은 피 한 방울 흘리지 않고 새를 죽였다. 껍질은 통째로 벗겨서 깃털과 함께 신성한 유품으로, 또는 '파엘트(*paelt*)'라는 축제의상을 만들 목적으로 보존했다. 시체는 신전 안의 구덩이에 파묻는다. 그러면 노파들이 그 무덤을 둘러싸고 비통하게 곡을 하며 온갖 씨앗과 음식물을 무덤에 집어던지면서 이렇게 소리쳤다. "당신은 왜 떠나가 버렸나요? 우리와 함께 있는 것이 더 좋지 않았나요? 그랬으면 당신도 우리처럼 '피놀레(*pinole*, 죽의 일종)'를 만들었을 텐데 말이에요. 만약 떠나가지 않았으면 당신은 '파네스'가 되지 않았을 거예요." 이 의식이 끝나면 다시 사흘 동안 밤낮없이 춤을 추었다. 사람들의 이야기에 따르면 '파네스'는 한 여자의 이름인데, 그 여자는 산으로 달아나서 치니그치니치 신의 힘으로 새로 변신했다고 한다. 그리고 해마다 그 새를 희생제물로 바쳐도 그녀는 매번 다시 살아나서 산속의 집으로 돌아간다고 한다. 나아가서 그들은 이렇게 생각했다. "그 새는 자주 죽이는 만큼 숫자가 늘어난다. 왜냐하면 해마다 모든 마을에서 똑같은 '파네스' 제전을 거행하는데도 희생된 새는 늘 하나이고, 그것도 같은 암컷이라고 확고히 믿기 때문이다."

캘리포니아인들이 가정하는 그와 같은 다양성 속의 단일함은 매우 주목을 끌 뿐 아니라, 신성한 새를 죽이는 동기를 설명하는 데 도움이 된다. 개체의 생명과 구별되는 종의 생명이라는 개념은 우리한테는 쉽고 명백해 보이지만, 캘리포니아의 미개인한테는 이해가 안 가는 일이었던 것 같다. 그들은 종의 생명을 개체의 생명으로밖에 생각할 수가 없고, 따라서 그것이 개체의 생명을 위협하고 마침내 파괴하는 것들과 똑같은 여러 위험과 재난에 노출되어 있다고 본다. 분명히 그들은 종을 그대로 내버려두면 개체와 똑같이 늙어서 죽는다고 상상한 탓에 자기가 신성시하는 특정한 종이 소멸하는 것을 막기 위해 어떤 조치를 취해야 한다고 생각한다. 파국을 벗어나기 위해 그들이 생각할 수 있는 유일한 수단은, 아직 혈관 속에 생명의 기운이 힘차게 흐르고, 아직 노령의 늪에 빠져들지 않은 그 종의 한 개체를 죽이는 것이다. 그렇게 하면 생명의 물줄기가 방향을 돌려 더 신선하고 자유롭게 새로운 수로로 흘러 들어갈 것으로 그들은 생각한다. 다시 말해서 살해된 동물이 청춘의 모든 원기와 활력을 지닌 채 부활하여 새로운 삶을 시작하리라는 것이다.

테베의 신 암몬을 숭상하는 테베인과 다른 모든 이집트인은 숫양을 신성시하여 희생물로 삼지 않으려고 했다. 그러나 그들은 1년에 한 번, 곧 암몬의 제전 때는 숫양을 죽이고 가죽을 벗겨 그 가죽을 신상에 입혔다. 그리고 나서 그들은 숫양을 애도하며 신성한 무덤에 매장했다. 이 풍습은 제우스가 언젠가 양털가죽을 걸치고 숫양의 머리를 쓴 모습으로 헤라클레스에게 현신했다는 설화로 설명 가능하다.* 물론 이때의 숫양은 리코폴리스(Lycopolis)의 늑대라든지 멘데스(Mendes)의 염소와 마찬가지로 테베의 동물신에 다름 아니었다. 다시 말해서 숫양은 암몬 자신이었던 것이다. 실제로 유적을 보면 암몬은 사람 몸에 숫양의 머리를 지닌 반인(半人)의 형상으로 나온다. 그러나 이 사실은 단지 동물신이 원숙한 인격신으로 등장하기 이전에 예외없이 거치는 통상적인 과도기 상태를 보여줄 따름이다. 따라서 숫양은 암몬에게 바치는 희생제물이 아니라 신 자신으로서 살해당한 것이다. 이 짐승과 신의 동일성은 그 신상에 살해당한 숫양의 가죽을 입히는 풍습에서 명백히 드러난다. 이와 같이 해마다 숫양을 죽이는 이유는, 신을 죽이는 일반적인 풍습과 신성한 독수리를 죽이는 캘리포니아의 특수한 풍습에 대해 내가 제시한 이유와 동일할 것이다. 이집트에 적용할 때, 그 해석은 일정 연수(年數) 이상 사는 것이 허용되지 않았던 황소신 아피스를 유추해 보면 더 확실해진다.** 그와 같이 인간

---

*그리스인들은 이집트 신들을 자신들의 신전에 동화시키는 일이 흔히 있었다. 그래서 헤로도토스의 이야기 속에서 암몬(또는 암문)은 제우스가 된다. 그리스 조각에는 암몬이 빈번히 숫양의 뿔을 덧붙인 제우스의 형상으로 나온다.
**아피스는 희생제에 관해 윌리엄 로버트슨 스미스(William Robertson Smith)가 가한 해석의 중심 내용이었는데, 프레이저는 거기에 이견을 제기했다. 헤로도토스에 따르면, 멤피

신의 수명에 제한을 두는 의도는, 내가 논증했듯이, 노령으로 인한 쇠약화를 막으려는 것이었다. 똑같은 추론은 테베의 숫양처럼 해마다 동물신을 죽이는—아마도 더 오래되었을—풍습에 대한 설명을 제공해 줄 것이다.

테베의 의식 중 한 가지 지점—신상에 가죽을 씌우는 것—은 특별한 주목을 요한다. 만약 신이 처음에 살아 있는 숫양이었다면, 신상으로 그를 표현하는 관행은 마땅히 더 후대에 생겨났을 것이다. 그런데 그것이 어떻게 생겨났을까? 이 질문에 대한 한 가지 대답은 아마도 신성한 존재로서 살해한 동물의 가죽을 보존하는 관습에서 찾을 수 있을 것이다. 앞에서 살펴보았듯이, 캘리포니아인들은 독수리 가죽을 보존했다. 또, 곡물정령의 상징으로 추수밭에서 살해한 염소의 가죽을 다양한 미신적 목적을 위해 보존한다. 가죽은 사실상 신의 상징 또는 유물로서, 아니 더 정확히는 그 속에 신적 생명의 일부를 간직한 성물(聖物)로서 보존되었다. 따라서 그것은 박제를 만들거나 형틀에 씌우기만 하면 정식 신상이 된다. 처음에는 이런 종류의 신상을 해마다 갱신하고, 매년 살해한 동물의 가죽을 새 신상 만드는 데 썼을 것이다. 그러나 해마다 바뀌는 신상에서 영구적인 신상으로 전환하기는 쉬운 일이다. 이미 살펴보았듯이, 해마다 새로운 오월제 나무를 베던 옛 풍습은 영구적인 오월제 기둥을 보존하는 풍습으로 대체되었다. 그러나 그 기둥은 해마다 새로운 잎과 꽃으로 장식했고, 심지어는 매년 새로 자라난 어린 나무를 꼭대기에 씌우기도 했다.* 이와 비슷하게, 신의 상징물인 박제한 가죽을 나무나 돌, 금속으로 만든 영구적인 신상으로 대체하면서 그 영구적인 신상에 해마다 살해한 동물의 새로운 가죽을 씌운 것이다. 이 단계에 도달하자 숫양을 죽이는 풍습

스(카이로 남쪽 약16킬로미터 지점)에서는 '프타(Ptah)의 환생'이란 칭호를 들으며 숭배되는 아피스 황소를 커다란 애도의 물결 속에 희생제물로 바친 다음 그 몸뚱아리를 음복했다고 한다. 스미스는 자신의 *Religion of the Semites*(London, 1890) 283쪽에서 그 의미를 숭배자들이 그 황소를 토템, 곧 혈족집단의 일원으로 간주한 것으로 보고, 그들이 자기 동료 중 하나를 애도한 것이라고 해석했다. 그러나 프레이저는 스미스의 토템 제물 이론을 불신하고 플루타르코스에게서 가져온 또다른 정보를 제시했다. 즉, 각각의 황소는 단지 25년 동안만 생존이 허락되었다는 것인데, 프레이저는 이를 활동수명의 한도로 간주했다. 따라서 그는 그 희생이 황소 안에 갇혀 있는 정령을 낡아빠진 육신에서 해방시켜 새로운 육신으로 흘러 들어가게 하는 수단이라고 주장했다.

*이 책 제1권 제6장을 보라.

을 자연스럽게 신상에 희생제물을 바치는 것으로 해석하기에 이르렀고, 이를 암몬과 헤라클레스의 설화 같은, 후대에 지어낸 이야기로 설명한 것이다.

2

일본의 에조 섬(엣소 섬이라고도 한다)과 사할린 제도, 쿠릴 열도 남부 등지에 사는 민족인 아이누족의 곰제사의 의미도 첫눈에 의문이 든다. 곰에 대한 아이누족의 태도는 정의 내리기가 썩 쉽지 않다. 그들은 곰을 '카무이(kamui)', 곧 '신'이라고 부른다. 그러나 이방인에게도 똑같은 말을 쓰는 것으로 보아 그 뜻은 초인간적이거나 비범한 능력을 지닌 것으로 여겨지는 존재를 가리키는 표현에 지나지 않을 수도 있다. 또, "곰은 그들의 주신이다", "아이누족의 종교에서 곰은 으뜸가는 역할을 한다", "동물 중에서 특히 곰이 우상숭배의 대상이다", "그들은 자기들 방식대로 곰을 숭배한다", "이 들짐승이 생명 없는 자연력보다 숭배심을 부추기는 감정을 더 많이 불러일으키는 것이 분명하며, 따라서 아이누족은 곰을 숭배하는 민족으로 분류할 수 있다"는 이야기가 있지만 그들은 가능하기만 하면 언제든지 곰을 죽인다. "지난날 아이누족은 곰사냥이야말로 사람이 시간을 보낼 수 있는 가장 사내답고 유익한 일이라고 생각했다." "남자들은 가을과 겨울, 봄을 사슴과 곰을 사냥하며 보낸다. 그들은 공물이나 세금의 일부를 곰가죽으로 지불하며, 말린 고기를 먹고 살아간다." 곰고기는 사실상 그들의 주식 중 하나다. 그들은 곰고기를 날것으로 먹거나 소금에 절여서 먹는다. 가죽은 옷을 만드는 데 쓴다. 실제로 이 주제와 관련해서 기록자들이 말하는 숭배는 주로 죽은 짐승에 대한 것으로 보인다. 그래서 비록 가능하면 언제든지 곰을 죽이기는 하지만, "그들은 죽은 짐승의 각을 뜨는 과정에서 정성스럽게 절을 하고 사죄의 인사를 올림으로써 자기들이 죽인 짐승이 상징하는 신을 달래기 위해 애쓴다." "곰을 죽이고 나서 아이누족은 자리에 앉아 곰을 찬양하고 경례를 올리며, 예배를 드리고 '이나오(inao)'라는 공물을 바친다." "곰이 덫에 걸리거나 화살에 맞아 상처를 입으면, 사냥꾼들은 사죄나 위로의 뜻을 담은 의식을 치른다." 죽인 곰의 두개골은 그들이 사는 오두막집의 성소(聖所)에 안치하거나 오두막 바깥에 있는 신성한 말뚝에 매달아놓으며, 커다란 존경의 대상으로 취급한다. 기장으로 빚은 맥주와 '사케'라는 독한 술을 거기에다 제주(祭酒)로 바친다. 그리고 그것들을 '신성한 보호자' 또는 '존귀한 신'이라고 지칭한다. 여우의 두개골도 오두막 바깥에 있는 신성한 말뚝에 매달아놓는다. 그것들은 악령을 막아주는 부적으로 간주되며, 길흉을 알아보기 위한 자문의 대상이 된다. 하지만 사람들이 명시적으로 이야기하듯이, "살아 있는 여우는 곰처럼 존경을 받지 못한다. 오히려 사람들은 여우가 교활한 동물이라고 여겨 가능한 한 피하려고 한다." 따라서 곰은 아이누족의 신성한 동물이라거나 토템이라고 하기가 어렵다. 왜냐하면 그들은 스스로 곰의 족속이라고 부르지도 않으며, 그 짐승을 마음대로 죽이고 먹어치우기 때문이다. 그러나 그들에게는 곰에게서 아들을 낳았다는 한 여자의 전설이 있다. 또, 산악지방에 사는 그들 중 다수는 곰의 후손이라는 것을 자랑으로 삼는다. 그런 사람들을 '곰의 후예'라고 부르는데, 그들은 가슴에서 우러나는 자부심으로 기꺼이 이렇게 말할 것이다. "나는 산신의 자식이며, 산을 지배하는 거룩한 분의 후손이다." '산신'은 바로 곰을 의미한다. 따라서 우리의 주요한 전거인 배첼러(J. Batchelor) 목사가 믿고 있듯이, 곰은 특정한 아이누 씨족의 토템이었을 가능성이 있다.* 그러나 설령 그렇다 하더라도, 그것으로는 전체 아이누족이 그 짐승에게 존경을 표하는 사실을 설명하기 어렵다.

그러나 여기서 우리의 관심을 끄는 것이 아이누족의 곰축제다. 겨울이 끝날 무렵, 그들은 곰새끼 한 마리를 잡아서 마을로 끌고 온다. 새끼가 아주 작으면 아이누족 여자가 젖을 먹여 기르는데, 젖을 먹일 수 있는 여자가 없을 때는 손이나 입으로 먹이를 준다. 새끼가 큰소리로 울며 어미를 찾으면, 그 주인이 가슴에 품고 며칠 밤 동안 같이 자면서 두려움과 고독감을 없애준다. 낮 동안에 곰새끼는 오두막 안에서 아이들과 함께 놀며 많은 사랑을 받는다.

*Revd. J. Batchelor, *The Ainu and Their Folklore* (London, 1901). 그러나 프레이저는 아이누족에 관해 더 오래된 정보를 가지고 있었다. 그들의 곰제사는 『황금가지』 1권 이래로 두 가지 동물성찬 중 한 줄기가 되었다. 다른 한 줄기는 위에서 언급한 이집트의 암몬과 아피스 제사로 유형화된다.

그러나 새끼가 자라서 사람들을 껴안거나 할퀴어 상처를 입힐 정도가 되면 튼튼한 나무 우리에 가두어놓고 잡아먹을 시기가 될 때까지 보통 이삼 년간 물고기와 기장죽을 먹여 기른다. 그러나 "특히 놀라운 것은 이 어린 곰새끼를 단지 좋은 먹거리로 사육하는 것이 아니라, 오히려 일종의 물신(物神) 내지는 어떤 고귀한 존재로 간주하며 공경한다는 사실이다." 에조에서는 보통 9월 내지 10월에 축제가 열린다. 잔치가 벌어지기 전에 아이누족은 신들에게 사죄하는 의식을 올리며, 자기들이 최대한 친절하게 곰을 대접했으나, 이제 더 이상 먹여살릴 수가 없기 때문에 어쩔 수 없이 죽여야 한다고 변명한다. 곰잔치를 주최하는 사람은 친척과 친구들을 초대한다. 작은 마을에서는 거의 온 동네 사람들이 잔치에 참가한다. 실제로 먼 마을 사람도 초대하며 공짜로 취할 수 있다는 기대감에 모두들 참석한다. 초대문의 양식은 대체로 다음과 같다. "본인 아무개는 산속에 사는 귀하고 작은 신성한 것을 제물로 잡을 예정입니다. 친구들과 어르신들께서는 잔치에 오시기 바랍니다. 그러면 신을 떠나보내는 큰 기쁨을 함께하게 될 것입니다. 오십시오." 모든 사람이 우리 앞에 모이면, 특별히 선발한 연사가 곰에게 말을 걸어 이제 그를 그 조상들에게로 보낼 예정이라고 이야기한다. 그는 자신들이 하려는 일에 대해 용서를 구하고 화내지 말아달라는 소망을 전한 다음, 긴 여행길에 먹을 신성한 깎은 막대(이나오)와 과자와 술을 넉넉히 마련하여 함께 보낼 것이라는 언질로 짐승을 위로한다. 배첼러 씨가 들은 이런 종류의 연설은 다음과 같았다. "오, 그대 신성한 분이시여, 그대는 우리의 사냥감으로 세상에 보내졌나이다. 오, 그대 귀하고 작은 신이시여, 우리는 그대를 숭배하나이다. 부디 우리의 기도를 들어주소서. 우리가 많은 수고와 애로를 겪으며 그대를 먹이고 키운 것은, 우리가 모두 그처럼 그대를 사랑하기 때문입니다. 이제 그대가 크게 자랐으므로 그대 부모에게 그대를 보내려고 하나이다. 그분들께 가거든 부디 우리에 대해 잘 말씀해 주시고, 우리가 얼마나 친절했는지 이야기해 주시기 바라나이다. 부디 우리에게 다시 오시기를 바라며, 이제 그대를 제물로 바치려 하나이다." 그리고 나서 곰을 밧줄로 안전하게 묶은 다음 우리 바깥에 풀어놓고 무딘 화살을 비오듯이 퍼부어 곰을 격분시킨다. 곰이 헛되이 몸부림치다가 지치면, 말뚝에 묶고서 재갈을 물리고 목을 졸라 모가지가 두 장대

사이에 끼이게 한 다음 장대를 있는 힘껏 압박한다. 모든 사람이 열심히 달려들어 짐승을 눌러 죽이는 것을 돕는다. 또, 활을 잘 쏘는 명사수 한 사람이 곰의 심장에 화살 하나를 쏘아 적중시키는데, 피가 흐르지 않게 해야 한다. 피가 조금이라도 땅에 떨어지는 것을 불길한 징조로 여기기 때문이다. 그러나 남자들은 때때로 곰의 더운 피를 마심으로써 "그것이 지닌 용감성과 다른 덕목이 자기들한테 전해지기를 바란다." 또, 때때로 그들은 사냥의 성공을 보장하기 위해 곰의 피를 자기 몸과 옷에 바르기도 한다. 그 짐승이 질식해서 죽으면, 가죽을 벗기고 머리를 잘라서 집의 동쪽 창문에 놓아둔다. 그리고 그 주둥이 아래 곰고기를 한 점 놓고 곰고깃국 한 사발과 기장떡, 말린 생선을 함께 차려놓는다. 그러고 나서 죽은 짐승을 향해 기원을 올린다. 때로는 부모에게 갔다가 세상에 다시 돌아와서 또다시 제물로 바칠 수 있게 되기를 기원하는 내용도 있다. 곰이 자기 고기를 다 먹었다고 생각되면, 잔치를 주재하는 사람이 곰고깃국 담은 사발을 들어 경배한 다음 그 내용물을 모든 참석자에게 나누어준다. 노소를 불문하고 모든 사람에게 조금씩 돌아가도록 나누어야 한다. 그 사발은 방금 죽은 곰에게 바친 것이므로 '제물사발'이라고 부른다. 나머지 살코기가 요리되면 같은 방식으로 모든 사람에게 나누어 최소한 고기 한 조각씩은 돌아가게 한다. 잔치음식을 나누어주지 않는다는 것은, 이를테면 파문과 동일한 것으로서 변절자를 아이누족 공동체의 울타리 밖으로 쫓아내는 것과 같았다.

사할린의 아이누족도 곰새끼를 길러서 비슷한 의식과 더불어 죽인다. 그들은 곰을 신으로 여기지 않고, 자신들이 다양한 임무를 주어 숲의 신에게 파견하는 사자(使者)로 여긴다고 한다. 그들은 그 짐승을 우리 안에서 약 2년간 기른 다음 잔치 때 죽인다. 잔치는 항상 겨울에, 그리고 밤에 열린다. 희생잔치 전날은 곡을 하며 보낸다. 노파들이 돌아가면서 곰우리 앞에서 통곡하고 흐느끼는 임무를 떠맡는다. 그런 다음에 한밤중이나 아주 이른 새벽에 한 연사가 나서서 긴 연설을 통해 자신들이 어떻게 돌보고 얼마나 잘 먹였는지, 어떻게 강물에 목욕시키고 얼마나 따뜻하고 편안하게 해주었는지 그 짐승에게 상기시켜 준다. 이어서 그는 말한다. "이제 우리가 그대를 위해 큰 잔치를 베풀려고 합니다. 두려워하지 마시기 바랍니다. 그대를 해치지 않을 테니까. 우리는 단지 그대를 죽여서 사랑하는 숲의 신에게 보낼 뿐이랍니다. 이제 그대에게 훌륭한 만찬을, 일찍이 우리한테서 먹은 것 중 최상의 식사를 제공할 것입니다. 또, 우리는 모두 함께 그대를 위해 애도할 것입니다. 그대를 죽일 아이누인은 우리 중 최고의 명사수랍니다. 저기 저 사람입니다. 저 사람이 울면서 그대의 용서를 구합니다. 그대가 고통을 느낄 새도 없이 아주 신속하게 끝날 겁니다. 이해하시겠지만, 우리가 늘 그대를 먹여살릴 수는 없답니다. 우리는 그대를 위해 할 만큼 했습니다. 이제는 그대가 우리를 위해 자신을 희생할 차례입니다. 신께 가서 우리한테 겨울에는 수달과 담비를, 여름에는 물개와 물고기를 많이 보내달라고 부탁해 주십시오. 우리의 전갈을 잊지 마시기를. 그대를 무척 사랑합니다. 우리 아이들도 그대를 결코 잊지 못할 겁니다." 곰이 구경꾼들의 전반적인 감격 속에서 마지막 음식을 다 먹고 나면, 노파들이 새롭게 곡을 하고 남자들은 숨죽인 울음을 내뱉는다. 그리고 어려움과 위험을 무릅쓰고 곰을 가죽끈으로 묶은 다음 우리에서 끌고 나와 곰의 기분에 따라 끈을 잡고 인도하거나 잡아끌며 우리를 세 바퀴 돌고, 이어서 곰 주인의 집과 마지막으로 연사의 집을 차례로 세 바퀴 돈다. 그런 다음에 통상적인 종류의 신성한 깎은 막대(이나오)로 장식한 나무에 곰을 묶는다. 그리고 또다시 연사가 곰에게 긴 장광설을 늘어놓는데, 이는 때때로 동이 틀 때까지 계속되기도 한다. 연사는 이렇게 소리친다. "기억하십시오, 기억하십시오! 그대의 일생과 우리가 그대를 위해 시중든 것을 상기하십시오. 이제는 그대가 임무를 다할 차례랍니다. 내가 부탁한 것을 잊지 마시기를. 신들에게 가서 우리한테 풍요를 베풀어달라고 이야기해 주십시오. 우리 사냥꾼들이 귀한 모피와 맛있는 짐승들을 잔뜩 싣고 숲에서 돌아오도록, 우리 어부들이 해안과 바다에서 물개떼를 발견하고 그들의 그물이 물고기 무게 때문에 찢어지도록 이야기해 주십시오. 우리는 그대밖에 희망이 없습니다. 악령들은 우리를 비웃으며 틈만 나면 해코지하지만, 그들도 그대 앞에 머리 숙일 것입니다. 우리는 그대한테 음식과 즐거움과 건강을 주었습니다. 그 보답으로 그대가 우리들과 우리 자식들한테 풍요를 내려주도록 하기 위해 이제 우리는 그대를 죽일 것입니다." 곰은 이러한 연설을 건성으로 들으며 갈수록 뚱해지고 동요하다가 급기야 나무 주위를 빙빙 돌며 처량하게 울부짖는다. 이윽고 동이 트고 아침햇살이 처음 그 자리에 비쳐오면, 사수가 신속하게 곰의 심장에 화살을 적중시킨다. 활을 쏘자마자 사수는 활을 집어던지고 땅에 엎드린다. 노인과 노파들도 같은 행동을 하며 곡을 하고 흐느낀다. 그리고 나서 그들은 죽은 짐승에게 쌀과 야생 감자로 장만한 식사를 올린 다음, 동정 어린 말로 곰의 행적과 노고에 대해 감사하며 머리와 발을 잘라 성물(聖物)로 보관한다. 이후 곰의 살코기와 피를 먹는 잔치가 뒤따른다. 옛날에는 여자들을 잔치에서 제외했으나, 지금은 남자들과 함께 나누어 먹는다. 피는 식기 전에 참석자들이 모두 나누어 마신다. 살코기는 삶는데, 관례상 굽는 것은 금지되어 있다. 그리고 곰의 유물은 문으로 들여가지 못하게 되어 있는 데다가 사할린의 아이누족 가옥에는 창문이 없기 때문에, 한 사람이 지붕에 올라가서 굴뚝을 통해 곰의 살코기와 머리, 가죽을 집 안에 떨어뜨린다. 그리고 나서 쌀과 야생 감자를 곰의 머리에 바치고, 담뱃대와 담배, 성냥을 세심하게 그 옆에 놓아둔다. 관례에 따르면, 손님들은 짐승의 고기를 다 먹고 나서야 떠나갈 수 있다. 식사 때 소금과 후추를 사용해서는 안 된다. 그리고 고깃점을 개한테 주어서도 안 된다. 잔치가 끝나면, 곰의 머리는 숲 속 깊숙한 곳에 가져가 곰의 두개골 더미에 안치한다. 그 두개골 더미는 과거에 치른 비슷한 축제의 유품들이 하얗게 변색되고 썩어서 생긴 것이다.

동부 시베리아에 사는 퉁구스족의 한 갈래인 길랴크(Gilyak)족은 매년 한 번씩 정월에 그와 비슷한 곰축제를 연다. "곰은 온 마을 사람들의 가장 고상한 관심사이며, 그들의 종교의식에서 가장 중요한 역할을 한다." 늙은 암곰을 쏘아 죽이고 새끼를 마을에서 기르는데, 젖을 먹이지는 않는다. 곰이 충분히 크게 자라면 우리에서 꺼내 마을 이곳 저곳으로 끌고 다닌다. 이때 가장 먼저 강둑으로 끌고 간다. 이렇게 하면 모든 가정이 풍어를 누릴 수 있다고 여기기 때문이다. 그리고 나서 곰을 데리고 동네 집집마다 다니며 물고기와 브랜디 같은, 곰에게 바치는 선물을 거둔다. 어떤 사람들은 곰 앞에 엎드려 절을 하기도 한다. 곰이 집 안에 들어가면 복이 내린다고 한다. 곰이 자기에게 바치는 음식물의 냄새를 맡는 것도 복으로 여긴다. 그런데도 사람들은 끊임없이 그 짐승을 괴롭히고 성가시게 하며, 찌르고 간지럽혀서 사납고 성나게 만든다. 이렇게 모든 집을 돌고 난 뒤에 곰을 말뚝에 매놓고 화살을 쏘아 죽인다. 이어서 곰의 머리를 자르고 대팻밥으로 장식해서 잔칫상 위에 올려 놓는다. 여기서 사람들은 곰에게 용서를 구하고 예배를 올린다. 다음에 그의 살코기를 구워서 아름답게 조각한 특별한 나무그릇에 담아 먹는다. 그들은 아이누족처럼 고기를 날것으로 먹거나 피를 마시지는 않는다. 골수와 내장 은 마지막에 먹는다. 그리고 아직 대팻밥 장식이 붙어 있는 두개골은 집 근처 나무 위에 올려놓는다. 그러고 나서 남녀가 어울려 나란히 서서 곰처럼 춤을 추며 노래한다.

또, 아이누족은 독수리를 우리에 넣어 키우면서 신으로 숭배한다. 그리고 백성들을 재앙에서 지켜달라고 부탁한다. 하지만 그들은 그 새를 죽여서 제 물로 삼으며, 그렇게 하려고 할 때는 이렇게 말하며 새에게 기원한다. "오, 귀 한 신이시여. 오, 그대 신성한 새여. 부디 내 말을 들어주소서. 그대는 이 세 상에 속하지 않고, 그대 집은 창조주와 그분의 황금독수리와 함께 있습니다. 그렇기 때문에 나는 그대에게 이 '이나오'와 과자와 다른 귀한 것들을 바칩니 다. 그대는 부디 '이나오'를 타고 영광의 하늘에 있는 그대 집으로 올라가소 서. 집에 당도하거든 그대와 같은 족속의 신들을 한 자리에 모아놓고, 세상을 다스려온 것에 대해 우리를 대신하여 감사를 전해주시기 바랍니다. 청컨대 그대는 부디 다시 와서 우리를 다스려주소서. 오, 나의 귀중한 분이시여, 조 용히 가시옵소서." 아이누족은 또한 매를 숭배하고 우리에 넣어 기르며 제물 로 바친다. 매를 죽일 때는 다음과 같은 기도를 올린다. "오, 신성한 매여, 그 대는 뛰어난 사냥꾼이니 부디 그대의 영민한 지혜를 내게 내려주소서." 매를 사육하는 동안 잘 대접하고 죽이기 전에 이런 식으로 기도하면, 틀림없이 사 냥꾼에게 도움을 준다고 한다.

그럼에도 불구하고 아이누족은 이와 같이 자기가 신성시하는 짐승들을 죽 임으로써 여러 방면으로 이익을 얻으려 한다. 그들은 그 짐승들이 천상에 있 는 동족이나 신들에게 가서 자기를 위해 전갈을 해주기를 바란다. 그들은 그 짐승들의 신체 일부를 섭취함으로써든 어떤 다른 방식으로든 그 짐승들의 능 력을 나누어 갖기를 바란다. 또, 명백히 그들은 그 짐승들이 이 세상에 육체 적으로 부활하기를 기대한다. 그렇게 되면 그들은 다시 그 짐승들을 잡아서 죽임으로써 이미 그 짐승을 죽여 얻어낸 이익을 다시 얻을 수 있을 것이다.

숭배하는 곰과 독수리의 머리를 때려 죽이기 전에 올리는 기도에서 그들은 그 짐승들더러 다시 오라고 권유하는데, 이는 분명히 그 짐승들이 장차 부활할 것이라는 믿음을 나타낸다. 이 점에 대한 의문은 배첼러 씨가 제공하는 증거를 보면 해소할 수 있다. 그에 따르면, 아이누족은 "사냥할 때 죽이거나 희생제물로 바친 새와 짐승의 영혼이 지상에 다시 돌아와서 육신을 갖추고 살아간다고 굳게 믿는다. 나아가서 그것들이히 인간을 위해, 특히 아이누족 사냥꾼을 위해 나타난다고 믿는다"고 한다. 배첼러 씨에 따르면, 아이누족은 "스스로 인정하듯이 짐승을 죽여서 먹을 때 다른 짐승이 그 대신 나타나서 같은 방식으로 취급할 수 있게 되기를 바라는 것이다." 또, 짐승들을 제물로 바칠 때 "마치 그처럼 죽여서 먹히는 것이 영예이고 기쁨이기라도 한 듯이 다시 와서 다른 잔치의 음식물이 되어달라고 부탁하는 기도를 올린다. 실상 그 종족의 생각은 그런 것이다." 이 마지막 관찰은 문맥상으로 나타나듯이 특히 곰제사와 연관된 것이다.

이와 같이 아이누족이 숭배하는 동물을 살해하여 얻고자 하는 이익 가운데 가장 실질적인 것은 현재 그리고 향후에 있을 수많은 비슷한 기회에 살코기와 피를 배불리 먹는 것이다. 그 같은 즐거운 전망은 죽은 동물의 영적 불멸성과 육체적 부활에 대한 확고한 믿음에서 생겨나는 것이다. 비슷한 믿음을 세계 각지의 수많은 미개인 사냥꾼이 공유하고 있는데, 그것이 여기서 설명할 갖가지 기묘한 관습을 낳았다. 한편, 아이누족과 길랴크족, 기타 다른 부족이 우리에 가두어 키운 곰을 존경과 애도의 표현과 더불어 살해하는 엄숙한 의식이 아마도 사냥꾼이 숲에서 우연히 죽인 야생 곰에 대해 행하는 비슷한 의식의 연장 내지 미화에 지나지 않는다는 사실을 살펴보는 것도 중요하다. 길랴크족에게서 그것이 명백한 사실임을 확인할 수 있다. 슈테른베르크 (Sternberg) 씨의 말에 따르면, 길랴크족이 행하는 의식의 의미를 이해하려면 "흔히 잘못 가정하듯이 사육한 곰을 죽일 때만 곰축제를 거행하는 것이 아니라, 길랴크족이 곰사냥에 성공하면 항상 열린다는 사실을 먼저 기억해야 한다. 그럴 때에는 축제의 규모가 덜 웅장한 것이 사실이지만 본질은 똑같다. 숲에서 죽인 곰의 머리와 가죽을 마을로 가져올 때도 음악과 엄숙한 의례로써 개선을 영접한다……. 따라서 겨울의 대제전은 곰을 죽일 때마다 행하는 의식의 연장일 뿐이다."

그러므로 이러한 부족들의 관습에서 나타나는 명백한 모순, 곧 자신들이 숭배하고 거의 신격화하는 동물을 관례적으로 사냥하고 죽이고 먹는 것이 우리가 언뜻 보고 생각하듯이 그렇게 지나친 것은 아니다. 그렇게 하는 데는 매우 실제적인 어떤 이유가 있다. 피상적인 관찰자들이 쉽게 오해하듯이, 미개인은 그렇게 비논리적이거나 비실제적이지 않다. 그는 자기와 직접 관련된 문제에 대해 깊이 생각하고 추리한다. 그의 결론이 종종 우리와는 크게 다를지라도 그가 인간 생존의 몇몇 근본문제에 대해 참을성 있게 오랫동안 성찰해 왔다는 사실을 부인해서는 안 된다. 당면한 사례에서 그가 곰 일반을 인간의 필요에 전적으로 봉사하는 생물로 취급하면서도 그 종의 특정한 개체를 골라서 거의 신격화에 가까운 존경을 표한다고 하더라도, 우리는 그가 비이성적이고 일관성이 없다고 조급하게 깎아내릴 것이 아니라 우리 자신이 그의 관점에 서서 그가 보는 눈으로 사물을 보고 우리 자신의 세계관에 깊이 배여 있는 선입관에서 벗어나기 위해 애써야 마땅할 것이다. 그렇게 한다면 우리는, 비록 그 행동이 우리한테 아무리 어리석게 보일지라도, 미개인이 일반적으로 자기가 제한적으로 경험한 사실과 조화를 이루는 일련의 추리과정에 근거를 두고 행동한다는 사실을 발견할 것이다. 이제 나는 아이누족과 동북아시아의 다른 부족이 행하는 엄숙한 곰축제가 미개인이 자신의 소박한 철학원리에 따라 자기가 잡아먹는 동물에게 관례적으로 존경을 바치는, 특별히 두드러진 사례에 지나지 않는다는 것을 보여주고자 한다.

3

영혼은 내재하며 사실상 불멸한다는 이론에 근거를 둔 생명관을 미개인은 사람에게만 국한하지 않고 생물체 일반으로 확대했다. 그 점에서 미개인은 흔히 동물에게는 불멸성의 특권을 인정하지 않고 자신에게만 인정하는 문명인보다 훨씬 더 관대하고 아마도 더 논리적일 것이다. 미개인은 문명인처럼 오만하지 않다. 보통 그는 동물도 사람과 같은 감정과 지력을 지니며, 사람처

럼 영혼이 있어서 그 영혼이 육체의 죽음 뒤에도 살아남아 실체가 없는 유령
으로 떠돌아다니거나 동물 형태로 다시 태어난다고 믿는다. 그래서 예컨대
기아나의 인디언은 "사람과 다른 동물 간에, 종류가 다른 동물들 간에, 또
는—사람을 포함한—동물과 무생물 간에 우리가 긋는 것 같은 명확한 경계
선을 가지고 있지 않다. 반대로 인디언은 생물과 무생물을 막론하고 모든 물
체가 육체적 형태만 다를 뿐, 정확히 똑같은 본성을 지니는 것으로 여긴다.
온 세상의 모든 물체는 육체와 정신으로 이루어진 존재이며, 육체적 형태가
다른 것을 제외하고는, 그리고 육체적 형태와 육체적 습성이 다른 데서 나타
나는 야성적인 힘과 야성적인 재간의 정도 차이를 제외하고는 다른 모든 물
체와 전혀 다르지 않다." 이와 비슷하게 "체로키족 신화에서는, 인디언 부족
의 신화가 일반적으로 그렇듯이, 사람과 동물 간에 본질적인 차이가 없다. 태
초에는 그것들이 전혀 분화되지 않은 것으로 보이며, 모든 생물이 똑같이 조
화와 공생관계 속에 함께 살아가며 활동했다. 그러나 인간이 나타나서 그 공
격성과 다른 생물의 권리를 무시하는 태도로 적개심을 불러일으키자 곤충과
새, 물고기, 파충류, 네발짐승이 모두 힘을 모아 인간에 대적하게 된다. 이때
부터 그들의 삶은 각기 분화하지만, 그 차이는 항상 정도의 문제에 지나지 않
는 것이다."

이와 같이 모든 생물을 실질적으로 인간과 동등한 입장에서 생각하는 미개
인은 동물을 죽이고 먹는 행위를, 동물의 지력은 인간보다 훨씬 열등하며 동
물에게는 불멸의 영혼이 존재하지 않는다고 생각하는 우리와는 매우 다르게
보고 있음이 분명하다. 따라서 동물을 죽인 원시인 사냥꾼은 자신의 소박한
철학원리에 따라 육체에서 분리된 동물의 정령이나 그 전체가 자신에게 복수
할 위험이 있다고 믿는다. 다른 동물들도 인간과 마찬가지로 핏줄의 유대와
동족의 원한에 대한 의무로 함께 결속되어 있으며, 따라서 그 식구 중 하나에
게 가해진 위해에 대해 보복하게 되어 있다고 간주하기 때문이다. 따라서 미
개인은 절박하게 죽여야 할 이유가 없는 동물이나 최소한 동족의 살해에 대
해 피의 보복을 행할 우려가 있는 사납고 위험한 동물의 생명은 빼앗지 않는
것이 관례다.

마다가스카르 토인들은 "악어에게 살해당한 동료의 보복을 할 때가 아니

면" 결코 악어를 죽이지 않는다. "이유 없이 악어를 죽이면 '탈리오 법칙(The principle of *lex talionis*)'에 따라 인간의 생명도 잃게 된다고 그들은 믿는다." 마다가스카르의 이타시(Itasy) 호수 부근에 사는 종족은 해마다 악어들에게 선포식을 행한다. 곧 자신들의 동료가 죽으면 그 숫자만큼 악어를 죽여 보복할 것이라고 선언하고, 자신들은 인간을 죽이는 사악한 악어하고만 싸울 뿐이니까 모든 선량한 악어는 비켜 있으라고 경고한다. 마다가스카르의 다양한 부족들은 자신을 악어의 후손으로 생각하며, 따라서 그 비늘 덮인 파충류를 어디까지나 인간이요 형제로 본다. 그 동물 중 한 마리가 자신을 망각하고 자기 친족인 인간을 잡아먹으면 부족의 추장이나, 그가 없을 때는 부족의 관습을 잘 아는 노인이 사람들을 이끌고 물가로 가서 범죄자의 가족에게 범죄자를 정의의 품안에 넘겨달라고 요구한다. 그리고 나서 낚시바늘에 미끼를 달아 강이나 호수에 던진다. 다음날 죄 지은 형제나 그 가족 중 하나가 뭍으로 끌려 나오면 엄격하게 심문하여 범죄사실을 명백히 깨닫게 한 다음 사형선고를 내리고 처형한다. 이렇게 해서 정의의 요구를 충족하고 율법의 존엄성을 지키고 나면, 죽은 악어를 마치 친척같이 애도하며 매장해 준다. 그의 유해 위에 봉분을 쌓고 돌로 머리의 위치를 표시해 둔다. 말라가시(Malagasy)에서는 실제로 악어를 물의 왕이자 자기 영역의 지존으로 간주하며 미신적인 외경심으로 대한다. 강을 건너려고 할 때, 그들은 물에 대한 악어의 주권을 인정하는 엄숙한 맹세를 하거나 언약을 맺는다. 전하는 이야기로 한 늙은 토인이 강물에 뛰어들기 전에 거의 반시간 동안이나 악어와 언약을 맺었다고 한다. 그런 다음에 그는 목청을 높여 악어한테 말을 걸어, 자기는 그를 해친 일이 없으므로 자기를 해치지 말 것을 촉구하고, 자기는 그의 동료들하고도 싸운 일이 없을 뿐 아니라 도리어 항상 그를 가장 존경해 왔음을 납득시켰다. 그리고 덧붙여서 만약 악어가 제멋대로 자기를 공격하면 조만간 복수가 따를 것이며, 만약 악어가 자기를 삼키기라도 하면 자기 친척과 종족이 전부 나서서 악어한테 선전포고를 할 것이라고 경고했다. 이런 일장연설이 또 15분 가량 걸렸는데, 그런 다음에야 연설자는 두려움 없이 강물 속에 뛰어들었다.

수마트라 원주민들은 자기를 방어해야 할 때나 호랑이가 친구나 친척을 해친 직후가 아니면 호랑이를 잡거나 해칠 생각을 전혀 하지 않는다. 한 유럽인이 호랑이를 잡으려고 덫을 놓자, 인근 부족 사람들이 밤에 그 장소에 가서 덫은 자신들이 놓은 것이 아니고 자신들의 동의를 받은 것도 아니라는 것을 그 동물들한테 해명했다고 한다. 마을에 많은 해를 끼친 호랑이를 꼭 죽여야 할 때, 수마트라의 미낭카바우어(Minangkabauer)족은 되도록 호랑이를 산 채로 잡아서 처형하기 전에 그의 용서를 구하고자 애쓰며, 일상생활에서도 호랑이를 불쾌하게 할 만한 악담이나 행동을 삼간다. 예를 들어 그들은 1년 이상 사람이 다니지 않은 길로는 가지 않는데, 왜냐하면 그 길은 호랑이가 자기 몫으로 정해놓은 것이기 때문에 다른 누가 그 길을 사용하면 호랑이가 자기를 무시하는 징표로 여기게 된다는 것이다. 또, 야간에 여행하는 사람들은 앞뒤로 나란히 줄지어 걷거나 주변을 계속 살펴보거나 하지 않는데, 만약 그렇게 하면 호랑이가 자신에 대한 두려움의 표시로 여기고 그런 의심하는 태도에 마음이 상한다는 것이다. 그들이 맨머리로 다니지 않는 것은 호랑이에게 실례가 되기 때문이며, 그들이 횃불의 불붙은 끄트머리를 두드려 끄지 않는 것은 날리는 불꽃이 호랑이의 이글거리는 눈을 연상시켜 호랑이가 자기를 흉내내는 행동으로 취급할까봐 우려하기 때문이다. 수마트라 서해안에 있는 만델링(Mandeling) 지방의 주민들은 씨족으로 나뉘어 있는데, 그중 한 씨족은 자신들이 호랑이의 후손이라고 주장한다. 이 씨족 사람들은 호랑이의 친척이기 때문에 호랑이가 공격하거나 해치지 않는다고 한다. 이 씨족 사람들은 호랑이 발자국을 발견하면 존경의 표시로 작은 막대기 세 개로 그 주위를 둘러싼다. 또, 호랑이가 총에 맞아 죽으면, 이 씨족의 여자들은 죽은 짐승에게 구장잎을 제물로 바쳐야 한다. 수마트라의 바타족은 복수할 목적이 아니면 호랑이를 죽이지 않을 뿐 아니라 눈에는 눈, 이에는 이, 그러니까 그들의 표현에 따르면 "황금을 빚진 자는 황금으로 갚아야 하고, 목숨을 빚진 자는 목숨으로 갚아야 한다"는 규칙을 지킨다. 또, 호랑이를 공격할 때는 반드시 어떤 의식을 치러야 하며, 살해능력이 입증된 무기만 쓸 수 있다. 호랑이가 살해되면 사람들은 시체를 마을로 가져와 그 앞에 제물을 차려놓고 향을 피우며, 호랑이의 혼령이 물질적 외피를 떠나서 향로 속으로 들어가도록 기원한다. 영혼이 이 부탁에 응했다고 생각되면, 그 즉시 연사가 나서서 전체 혼령들에게 호랑이를 죽인 이유를 설명하고, 죽은 짐승의 혼령한테 그 이유를 잘 들려주어서 그의 분노 때문에 사람들이 고통을 겪는 일이 없게 해달라고 간청한다. 그리고 나서 사람들은 호랑이의 시체를 둘러싸고 지쳐서 더 이상 춤출 수 없을 때까지 춤을 춘 다음, 시체의 가죽을 벗기고 매장한다. 벵골의 라자마할(Rajamahall) 부근 산악지대 주민들은 누가 신의 명령을 받지 않고 호랑이를 죽이면 자신이나 그 친척 중 한 사람이 호랑이밥이 된다고 믿는다. 그래서 그들은 일가친척이 호랑이에게 물려간 경우가 아니면 호랑이를 죽이는 것을 지극히 꺼린다. 단지 그런 때에만 사냥을 나가서 호랑이를 죽인다. 사냥에 성공하면, 그들은 활과 화살을 호랑이 시체 위에 내려놓고 신에게 친척의 죽음에 대한 복수로 호랑이를 죽였노라고 해명한다. 이와 같이 복수를 하고 나면 그들은 비슷한 도발적 상황이 일어나지 않는 한 다른 호랑이를 공격하지 않겠다고 맹세한다. 코친차이나(Cochin China) 원주민들은 호랑이를 대단히 존경하며 두려운 신으로 간주한다. 하지만 그들은 호랑이를 잡기 위해 덫을 놓는 등 온갖 수단을 강구한다. 일단 호랑이가 덫에 걸리면, 그들은 호랑이가 처한 고통스러운 처지에 대해 변명과 애도의 뜻을 표현한다.

빅토리아 니안자 호수 서쪽에 있는 중앙아프리카의 키지바(Kiziba) 지방에서는 여자가 밭에서 일할 때 괭이질을 하다가 우연히 뱀을 죽이는 일이 생기면, 몹시 당황해서 서둘러 뱀사제에게 가서 문제의 괭이와 자패(紫貝)껍질(대용화폐) 두 묶음과 소가죽을 건네주며 죽은 뱀의 성난 영혼을 달래달라고 부탁한다. 이런 부탁을 할 때는 그녀의 공포와 불안을 같이 느끼는 온 마을 사람들이 함께 가서 지원을 한다. 그러면 사제는 자기 북을 두드리며 마을 여자들에게 별다른 통지가 있을 때까지 밭에서 일하지 말라고 한다. 그런 다음 죽은 뱀을 소가죽에 싸서 엄숙하게 매장하고 이튿날 뱀의 죽음을 정화하는 의식을 거행한다. 이날 사제는 표범이나 하이에나의 내장을 물에 갠 흙 또는 진흙과 섞어서 약을 조제한 다음, 이 혼합액으로 뱀을 죽인 여자의 집에서 시작하여 마을의 모든 집을 소독한다. 그리고 밭으로 가는데, 거기에는 미리 온 마을 여자들이 괭이를 모아놓은 채 사제를 기다리고 있다. 사제는 이 괭이들을 혼합액에 담근 다음 공중에 휘둘러 물방울이 날아가게 함으로써 정화한다. 그 순간부터 뱀의 죽음으로 야기된 위험이 가시게 된다. 뱀의 혼령은 위무(慰撫)가 되었고, 여자들은 일상적인 밭일을 다시 할 수 있다.

영국령 컬럼비아의 콰키우틀(Kwakiutl) 인디언은 늑대를 죽이면 시체를 모포 위에 놓고 염통을 꺼내 그 짐승을 죽이는 데 힘을 보탠 모든 사람이 의무적으로 네 입씩 먹는다. 그리고 나서 시체를 놓고 통곡하며 "슬프도다! 우리의 위대한 친구여!"라고 말한 뒤 시체를 모포로 덮어 매장한다. 늑대를 죽인 활이나 총은 불길한 것으로 간주하여 그 소유자가 내다버린다. 이 인디언들은 늑대를 죽이면 사냥감이 귀해진다고 믿는다. 중앙 알래스카의 틴네 (Tinneh) 인디언은 늑대나 울버린(wolverine, 북미산 족제비과 동물)을 죽이면 요란한 행진을 벌이며 시체를 천막이나 마을로 가져온다. 사람들이 나가서 그들을 영접하며 "추장님이 오신다"고 말한다. 그리고 나서 시체를 오두막에 들여놓고 앉은 자세로 기대 세운 다음, 주술사가 그 앞에 풍성한 잔칫상을 벌여놓는다. 그 잔칫상은 마을의 모든 집에서 가장 좋은 것들을 기부받아 차린 것이다. 죽은 동물이 허기를 채웠다고 여기면 남자들이 남은 잔칫상을 먹는데, 여자는 이와 같이 늑대나 울버린에게 공양한 음식을 나누어 먹을 수 없다. 체로키 인디언은 가능한 한 늑대를 죽이지 않으려고 한다. 왜냐하면 죽은 짐승의 동족이 분명히 앙갚음하려 들 것이고, 또 그 일에 사용한 무기는 주술사에게 가서 정화하고 액땜을 하지 않는 한 장차 쓸모없게 된다고 믿기 때문이다. 그러나 그와 같은 범죄에 적합한 속죄의식을 알고 있는 사람들은 무난하게 늑대를 죽일 수 있다. 그런 사람들은 때때로 늑대의 습격으로 가축이나 어망에 피해를 입은 사람들이 늑대를 잡아달라고 고용하기도 한다. 전문적인 늑대사냥꾼은 자기가 생명을 빼앗은 짐승에게 기도를 올려 살해의 책임을 다른 정착촌 부족에게 돌림으로써 다른 늑대들의 복수를 피하고자 한다. 살해를 저지른 총을 정화하기 위해 그는 총신을 빼내어 불에 달군 작은 쓴나무 막대 일곱 개를 거기에 끼운 다음, 총신과 그 내용물을 아침까지 흐르는 개울물에 담가둔다. 동북부 시베리아의 축치족은 늑대를 죽이면 잔치를 벌이고 이렇게 소리친다. "늑대여, 우리한테 화내지 말라. 그대를 죽인 것은 우리가 아니었도다. 그대를 파멸시킨 것은 바로 러시아인이었노라." 고대 아테네에서는 늑대를 죽인 사람은 기부금을 내고 그것을 매장해야 했다.

그러나 미개인에게는 분명히 모든 동물을 살려줄 여유가 없다. 동물을 잡아먹지 않으면 굶어죽어야 하기 때문에, 자기가 죽느냐 동물이 죽느냐 하는 문제에 부딪히면 그는 어쩔 수 없이 미신적인 우려를 떨치고 짐승의 생명을 빼앗아야 한다. 그와 동시에 그는 희생물과 그 일족을 달래기 위해 가능한 한 모든 일을 한다. 심지어 죽이는 행동을 하는 중에도 그는 상대방에 대한 존경심을 표현하고, 그 죽음을 초래하는 과정에서의 자기 책임을 변명하거나 심지어 은폐하려고 애쓰며, 그 유해를 영예롭게 취급할 것을 약속한다. 이와 같이 죽음의 공포를 가시게 함으로써 그는 희생물이 자기 운명에 순응하게 하고, 그 동료들도 마찬가지로 와서 사냥감이 되어주기를 기대하는 것이다. 예를 들어 캄차카인들은 뭍이나 바다 짐승을 죽일 때 반드시 먼저 그 일에 대해 변명하고 그 짐승이 나쁘게 생각하지 않도록 간청하는 절차를 밟는 것을 원칙으로 삼았다. 또, 그 짐승이 마치 희생물이 아니라 잔치에 온 손님같이 여기도록 만들기 위해 삼나무 열매 따위를 선물로 바쳤다. 이렇게 하면 같은 종에 속하는 다른 동물들도 겁먹지 않게 된다고 그들은 믿었다. 예컨대 잔치의 주인은 곰을 죽이고 그 고기로 잔치를 베푼 뒤에 곰의 머리를 일행 앞에 가져다놓고 풀잎으로 감싼 다음, 여러 가지 소소한 물건들을 선물로 바쳤다. 그러고 나서 그는 곰의 죽음을 러시아인 탓으로 돌리고 그 짐승이 러시아인에게 분노를 터뜨리도록 당부했다. 또, 그 곰 자신이 얼마나 대접을 잘 받았는지 다른 곰에게 알려주어 그들도 두려움 없이 올 수 있게 해달라고 요구했다. 물개와 강치 같은 동물도 캄차카인들에게서 똑같이 의례적인 존경을 받았다. 아울러 그들은 죽인 짐승의 입 속에 곰풀과 비슷한 식물의 잔가지를 쑤셔넣었다. 그런 다음 이빨을 드러내고 웃는 그 두개골을 향해 두려워하지 말고 자기 동료들한테 가서 그들도 자기처럼 붙잡혀서 훌륭한 환대를 받도록 이야기해 달라고 권유했다. 오스탸크(Ostiak)족은 곰을 사냥해서 죽이면 머리를 잘라 나무에 걸고 둥그렇게 모여 거기에다 신성한 경배를 올린다. 그런 다음에 시체를 향해 달려가서 애도를 하며 이렇게 말한다. "누가 그대를 죽였습니까? 바로 러시아놈들입니다. 누가 그대의 머리를 잘랐습니까? 바로 러시아놈들의 도끼입니다. 누가 그대의 가죽을 벗겼습니까? 바로 러시아놈들이 만든 칼입니다." 또, 그들은 날아가는 화살의 속도를 빠르게 만든 깃털은 어떤 이상한 새의 날개에서 나온 것이며, 자신들이 한 일이라고는 화살이 날아가게 그냥 내버려둔 것뿐이라고 설명한다. 그들이 이렇게 하는 이유는 그런 식으로 죽은 곰의 떠도는 유령을 달래지 않으면 언제 유령의 공격을 받을지 모른다고 생각하기 때문이다. 또, 그들은 죽은 곰의 가죽에 건초를 채워 박제를 만들기도 한다. 그리고 조롱과 모욕을 담은 노래로 승리를 기념하면서 그것에 침을 뱉고 발로 찬 뒤 뒷발로 세워놓는다. "그 다음에 꽤 오랜 시간 동안 그들은 수호신을 대할 때 같은 온갖 숭배의 의식을 올린다." 코랴크족 사냥단은 곰이나 늑대를 잡으면 가죽을 벗겨 한 사람에게 그 가죽을 씌운다. 그러고 나서 가죽을 뒤집어쓴 사람 주위를 춤추며 돌면서 그 짐승을 죽인 것은 자신들이 아니라 다른 어떤 사람—보통 러시아인—이라고 말한다. 여우를 죽이면 그들은 가죽을 벗기고 몸통을 풀잎으로 감싼 다음 동료들한테 가서 자기가 얼마나 환대를 받았는지, 어떻게 낡은 옷 대신 새 옷을 얻었는지 이야기하도록 당부한다.

바간다족은 자기들이 죽인 물소의 유령을 크게 두려워하여 그 위험한 영혼을 항상 달래준다. 그들은 어떤 일이 있어도 죽인 물소의 머리를 마을이나 바나나밭에 들여놓지 않으려고 한다. 머릿고기는 반드시 야외에서 먹는다. 나중에 그들은 그 목적을 위해 일부러 지은 작은 초가집에 두개골을 안치하고, 맥주를 제물로 쏟아부으며 유령더러 거기 머물러 지내면서 자신들을 해치지 말아달라고 기도한다. 기이하게도 바간다족은 양의 유령을 두려워한다. 도살자가 양을 죽이는 것이 양의 눈에 띄면 그 유령이 도살자를 쫓아가서 죽인다고 믿는 것이다. 그래서 양을 도살하려는 사람은 다른 사람을 시켜 양의 눈길을 딴 데로 돌리게 한 뒤, 마음을 놓고 있는 짐승 뒤로 다가가 도끼자루로 쳐서 기절시킨다. 그러고 나서 양이 의식을 회복하기 전에 곧바로 목을 딴다. 이렇게 하면 양의 유령은 정신이 어리둥절해서 도살자를 쫓아가지 않는다고 한다. 또, 집 안에서 양이 죽으면 그 집 주부는 남편한테 양이 죽었다고 함부로 말하는 것을 삼가야 한다. 그러지 않으면 아픈 곳을 찔린 양의 유령이 틀림없이 그녀를 병들게 할 것이며 심지어 죽게 만들지도 모른다. 그녀는 대신 고통스러운 진실을 더 완곡하게 표현하여 "이러이러한 양을 풀어놓을 수가 없어요"라고 말해야 한다. 남편은 그 말을 알아듣지만, 양의 유령은 무슨 말인지 알지 못한다. 설령 그렇지 않더라도, 어쨌든 그 슬픈 죽음을 가리키는 그처럼 미묘한 암시에 성별 일은 없는 것이다. 만약 무간다(Muganda)족 여자가 괭이질을 하다가 우연히 가금류를 죽였을 때 그 시체를 남편한테 가지고 가서 잘못을 고백하지 않고 길게 자란 풀숲에 버린다면, 심지어 그 가금류의 유령까지도 여자를 괴롭혀 병들게 할 수 있다.

마다가스카르 북쪽에 있는 세인트마리(St Mary) 섬의 주민들은 고래잡이를 나갈 때, 새끼고래를 목표로 삼고서 "어미고래에게 자신들이 그 자식을 죽일 수밖에 없는 필요성을 말하며 공손하게 용서를 구하고, 어미에게 당연히 엄청난 불안감을 일으킬 그 일을 행할 때 어미가 목격함으로써 모성적 감정이 격분되는 일이 없도록 물밑에 내려가 있으라고 부탁한다." 한 아줌바(Ajumba)족 사냥꾼은 서아프리카의 아징고(Azyingo) 호수에서 암컷 하마를 죽인 다음 그 머리를 자르고 사지와 내장을 제거했다. 그리고 나서 사냥꾼은 발가벗고서 갈비뼈 사이의 빈 구멍으로 들어가 피웅덩이 속에 무릎을 꿇고 짐승의 피와 배설물로 온몸을 씻는 한편, 자기가 하마를 죽임으로써 장차 어미가 될 희망을 꺾어버린 것에 대해 원망을 품지 말라고 하마의 혼령에게 기도했다. 나아가서 그는 혼령이 다른 하마들을 부추겨서 자기 카누를 들이받거나 뒤집어엎는 식으로 보복하게 하지 않도록 간청했다. 표범 비슷한 동물인 스라소니는 그 약탈행위 때문에 브라질 인디언들이 두려워하는 대상이다. 이 동물이 덫에 걸리면 사람들은 그것을 죽여서 시체를 마을로 가져온다. 거기에서 여자들은 여러 색깔의 깃털로 시체를 장식하고 네 다리에 팔찌를 끼운 다음, 곡을 하며 이렇게 말한다. "그대 자신의 무지로 인해 붙잡혀 죽었다고 해서 우리 어린 것들에게 복수하는 일이 없기를 기원하나이다. 우리가 그대를 속인 것이 아니라 그대 탓이니까요. 우리 남편들은 먹음직한 동물을 잡기 위해 덫을 놓았을 뿐이랍니다. 그대를 잡을 생각이 추호도 없었던 거죠. 그러니까 그대 혼령이 그대 동료들을 부추겨 우리 어린 것들에게 보복하는 일이 생기지 않게 하소서!" 볼리비아의 유라카레스(Yuracares) 인디언들은 열대림에서 큰 원숭이들을 잡으면 시체를 집으로 가져와 야자수 잎 위에 일렬로, 머리가 모두 한 방향을 바라보게 늘어놓고, 치차(chicha, 음료의 일종)를 뿌리며 "그대를 사랑하기에 우리가 집에 데려온 것이로다" 하고 말한다. 이런 의식을 거행하면 숲 속의 다른 원숭이들이 매우 만족스러워할 것이라고 그들은 상상한다. 기아나 인디언들은 맥(貘)을 죽여서 바비큐 틀(babracot)* 위에 놓고 요리하는데, 고기를 말리기 위해 사용하던 임시 캠프를 떠나기 전에 반드시 바비큐 틀을 부수어 흔적을 없앤다. 만약 맥이 그 길로 지나가다가 자기 동족을 살해한 흔적을 발견하면, 다음에 인디언들이 그 장소에서 잠을 잘 때 밤중에 습격하여 한 사람을 붙잡아 똑같이 바비큐를 만들 것이라고 생각하기 때문이다.

블랙풋 인디언은 독수리를 덫으로 잡으면 독수리 오두막이라고 부르는, 특별한 오두막집에 그것을 가져간다. 이 오두막집은 그 목적을 위해 캠프 바깥에 별도로 마련해 놓은 것이다. 여기서 그는 새들을 땅 위에 일렬로 늘어놓고 머리를 막대기로 떠받친 다음, 말린 고기를 한 점씩 주둥이에 넣어준다. 이렇게 하는 목적은 죽은 독수리의 정령들이 다른 독수리한테 가서 인디언들한테 대접을 참 잘 받았다고 이야기하게 하기 위한 것이다. 그래서 오리노코 강의 인디언 사냥꾼들은 짐승을 죽이면 그 입을 벌리고 그들이 보통 가지고 다니는 술을 몇 방울 떨구어준다. 그렇게 하면 죽은 짐승의 혼령이 동료들한테 가서 자기가 받은 환대에 관해 이야기할 것이고, 그러면 그들 또한 똑같이 친절한 대접을 받을 것이라는 기대에 부풀어 선선히 죽으러 올 것이라는 생각에서다. 독수리를 죽인 체로키족 사냥꾼은 서서 죽은 새를 내려다보며, 그 잔인한 짓을 저지른 것은 자기가 아니라 스페인 사람이니까 자기 부족에게 앙갚음하지 말아달라고 기원한다. 테턴(Teton) 인디언은 길을 가다가 회색거미나 노란색 다리가 달린 거미를 만나면 죽이는데, 그렇게 하지 않으면 자신에게 어떤 재앙이 닥칠 것으로 믿기 때문이다. 그러나 그는 자기가 죽인다는 사실을 거미가 알아채지 못하게 하려고 매우 조심한다. 만약 거미가 알아채면 그 혼령이 가서 다른 거미들한테 이야기할 것이고, 그중 한 마리가 친족의 죽음에 대해 틀림없이 복수할 것이기 때문이다. 그래서 그 벌레를 압사시키면서 인디언은 이렇게 말한다. "오, 거미 할아버지시여, 천둥님이 당신을 죽이는군요." 그러면 거미는 순간적으로 압사당하면서 그가 한 말을 믿게 된다는

---

*초보적인 바비큐.

것이다. 그 혼령은 아마도 다른 거미들에게 달려가서 천둥님이 자기를 죽였노라고 말할 것이다. 그러나 그것은 아무 해도 없는 일이다. 회색거미나 노란색 다리 거미가 천둥님에게 무슨 해코지를 할 수 있겠는가?

그러나 미개인이 단지 위험한 동물하고만 좋은 사이로 지내고 싶어하는 것은 아니다. 그가 야생동물을 존경하는 것은 어느 정도 그 힘과 사나움에 비례하는 것이 사실이다. 그래서 캄보디아의 미개부족인 스티엔(Stien)족은 모든 동물이 사후에 떠돌아다니는 영혼을 지니고 있다고 믿고서, 동물을 죽일 때 그 영혼이 자기들한테 와서 괴롭히지 않도록 용서를 애걸한다. 또, 그들은 제사를 올리는데, 이 제사의 규모는 동물의 크기와 힘에 비례한다. 코끼리의 죽음을 놓고 거행하는 의식은 매우 성대하며 일주일간 계속된다. 북아메리카 인디언들도 비슷하게 구별한다. "곰과 들소, 비버는 먹을 것을 공급해 주는 마니도(manido, 신)다. 곰은 무섭지만 맛이 좋다. 그들은 곰에게 제사를 올리며, 곰이 전혀 그런 생각이 없다는 것을 알면서도 자신들에게 먹혀달라고 애원한다. 우리가 당신들을 죽여도 당신들은 멸종되지 않는다. 곰의 머리와 앞발은 경배의 대상이다…… 다른 동물들도 비슷한 이유로 비슷한 대우를 받는다……. 동물 마니도 중 위험하지 않은 대다수는 종종 경멸적인 대접을 받는다. 자라·족제비·스컹크 따위가 그렇다." 이 구별은 시사적이다. 두려움의 대상이 되거나, 먹기에 좋거나, 두 가지 다 해당하는 동물은 의례적인 존경을 받는다. 무섭지도 않고 먹기에 좋지도 않은 동물은 경멸을 받는다. 지금까지 우리는 두려우면서 동시에 식용이 되는 동물을 숭배하는 사례를 살펴보았다. 이제 두렵지는 않아도 식용이 되거나 가죽이 값나가는 동물에 대해서도 비슷한 존경이 나타난다는 것을 증명할 일이 남아 있다.

시베리아의 검은담비 사냥꾼들은 검은담비를 잡으면 아무한테도 보여주지 않는다. 붙잡은 검은담비에 대해 좋으니 나쁘니 이야기하면 더 이상 검은담비가 잡히지 않는다고 생각하는 것이다. 한 사냥꾼은 검은담비가 멀리 모스크바에 떨어져 있어도 자신에 대해 말하는 것을 들을 수 있다는 믿음을 표현한 것으로 알려졌다. 그의 말에 따르면, 오늘날 검은담비 사냥의 성과가 신통치 않은 가장 큰 이유는 살아 있는 검은담비 몇 마리를 모스크바에 보냈기 때문이라고 한다. 그곳에서 검은담비는 경악과 더불어 괴상한 동물로 취급받았는데, 검은담비가 그런 대접을 견디지 못했던 것이다. 그는 검은담비의 포획이 줄어든 또다른 부차적인 이유로, 오늘날 세상이 옛날보다 훨씬 나빠져서 사냥꾼이 자기가 잡은 검은담비를 공동 사냥물에 포함시키지 않고 따로 숨기기 때문이라고 주장했다. 그의 말에 따르면, 검은담비는 이런 행동도 견딜 수 없다고 한다. 언젠가 주인이 없을 때 우연히 길랴크족의 오두막에 들어간 한 러시아인 여행객은 새로 잡은 검은담비 한 마리가 벽에 걸려 있는 것을 목격했다. 그의 시선을 의식한 그 집 주부는 대경실색하여 황급히 그 짐승을 털모자로 싼 다음, 벽에서 끌어내려 자작나무 껍질로 둘둘 말아 눈에 안 보이게 치워놓았다. 여행객은 그 짐승을 사려고 비싼 가격을 제안했으나 그의 노력은 소용이 없었다. 사람들의 이야기에 따르면, 이방인인 그가 가죽을 벗기지 않은 죽은 담비를 목격한 것만도 나쁜 일인데, 만약 그것을 통째로 팔면 장차 검은담비 사냥에 훨씬 더 나쁜 결과를 초래한다는 것이었다. 알래스카의 사냥꾼들은 검은담비와 비버의 뼈를 개들이 먹지 못하게 1년 동안 보존한 다음 조심스럽게 묻어주는데, 이는 "비버와 검은담비를 돌보는 정령들이 자신이 멸시당한다고 여겨 더 이상 잡히거나 덫에 걸리지 않게 해야 한다고 생각하는 일이 없도록" 하기 위한 것이다. 영국령 컬럼비아의 슈스와프(Shuswap) 인디언은 만약 비버의 뼈다귀를 강물에 버리지 않으면 비버가 더 이상 덫에 걸리려 하지 않을 것이며, 우연히 개가 비버의 고기를 먹거나 뼈다귀를 씹어도 같은 일이 일어날 것이라고 생각한다. 덫을 놓아 담비나 비버를 잡은 캐리어(Carrier) 인디언은 이들로부터 개를 멀리하려고 애쓴다. 만약 개가 이 짐승들을 건드리면, 다른 담비나 비버가 더 이상 자신들이 잡히는 것을 허용하지 않을 것이라고 믿는 것이다. 캐리어 인디언족 노인을 만난 한 선교사가 사냥에서 얼마나 행운을 잡았는지 물어보았다. 그러자 인디언은 나한테 그런 말 하지 말라고 대꾸했다. "비버는 많이 있어. 여기 오자마자 곧장 내 손으로 한 마리를 잡았다네. 그런데 재수없게도 개가 그놈을 물어버렸지 뭔가. 알다시피 그러고 나면 다른 놈을 잡는다는 건 불가능한 일이야." "말도 안 돼요. 아무 일 없다고 생각하고 덫을 놓아봐요. 그러면 알 겁니다." "그래 봤자 소용없다네." 풀죽은 목소리로 인디언이 말을 이었다. "전혀 소용없어. 자네는 비버의 습관을 몰라서 그래. 개가 단지 건드리기만 해도 다른 모든 비버가 개주인한테 화가 나서 항상 그의 덫을 멀리하는 법이라네."

영양과 사슴, 고라니도 아메리카 인디언들이 똑같은 이유에서, 똑같이 존경 어린 태도로 대하는 동물이다. 그들의 뼈다귀는 개한테 주거나 불 속에 던지지 말아야 했고, 그들의 기름도 불에 떨어뜨리지 않아야 했다. 왜냐하면 죽은 짐승의 영혼이 자기 몸에 가해지는 행위를 보고서 그것을 살아 있거나 죽은 다른 짐승들에게 알린다고 여기기 때문이다. 그래서 그들의 몸이 학대를 받으면 종이 같은 동물들은 현세에서나 내세에서나 더 이상 잡혀주지 않는다는 것이다. 온두라스 인디언들의 집에는 사슴뼈가 거추장스럽게 잔뜩 널려 있는데, 그 뼈를 내다버리면 다른 사슴을 잡지 못한다고 인디언들은 믿는다. 파라과이의 치키토(Chiquito)족은 주술사가 환자에게 사슴이나 거북이의 고기를 버린 일이 없는지 물어보고, 환자가 있다고 대답하면 이렇게 말한다. '바로 그게 너를 죽이고 있다. 사슴이나 거북이의 영혼이 네가 저지른 잘못에 복수하기 위해 네 몸 속에 들어온 것이다." 남부 멕시코의 첸탈레(Tzentale)족과 과테말라의 켁치(Kekchi)족은 잡은 사슴의 가죽을 벗기기 전에 사슴의 머리를 들어올리고 그 앞에 코펄(copal, 니스의 원료로 쓰는 천연수지)을 태워 공양을 올린다. 그렇게 하지 않으면 출타카(Tzultacca)라고 부르는 존재가 화를 내서 더 이상 사냥감을 보내주지 않는다는 것이다. 체로키족 사냥꾼들은 자기들이 죽이는 사슴에게 용서를 빈다. 그렇게 하지 않으면 사슴부족의 추장인, 죽지도 않고 다치지도 않는 '작은 사슴'이 땅 위의 핏자국을 보고 사냥꾼을 집으로 쫓아와 류머티즘의 정령을 그의 몸 속에 집어넣는다고 한다. 그래서 사냥꾼은 때때로 집으로 돌아갈 때, 자기 뒤의 오솔길에 불을 놓아 작은 사슴이 쫓아오지 못하게 한다. 아파치족은 사슴·영양·고라니 따위를 사냥하러 떠나기 전에 신성한 동굴에 들러, 거기에서 주술사가 기도와 제물로 자신들이 잡으려는 동물들의 조상인 동물신을 달래는 의식을 거행했다.

프레이저(Fraser) 강 하류에 사는 인디언들은 고슴도치를 자기네 형으로 간주한다. 그래서 사냥꾼이 그 짐승을 죽이면, 그는 형의 용서를 빌고 다음날까지 그 고기를 먹지 않는다. 수우(Sioux)족 인디언은 거북이를 송곳이나 바늘로 찌르지 않는데, 만약 그렇게 하면 장차 거북이가 벌을 내린다고 확신하기 때문이다. 북아메리카 인디언 중 일부는 각종 동물에게는 수호신이 있어서 돌보고 지켜준다고 믿는다. 언젠가 한 인디언 소녀가 죽은 생쥐를 주워오자, 아버지가 그 작은 짐승을 빼앗아서 부드럽게 주무르고 어루만져 주었다. 왜 그렇게 하느냐고 묻자, 그는 생쥐의 수호신을 달래서 자기 딸이 생쥐를 먹었다고 괴롭히는 일이 없도록 하기 위해서라고 말했다. 그렇게 말하며 생쥐를 딸에게 건네주자 딸은 그것을 먹어치웠다.

코랴크족은 여우를 죽이면 시체를 집에 가져와 불 가까이 내려놓고 이렇게 말한다. "손님이 몸을 녹이게 해라. 몸이 따뜻해지면 외투를 벗겨드릴 것이다." 그래서 언 시체가 녹으면, 가죽을 벗기고 풀을 엮은 기다란 끈으로 둘둘 감는다. 그런 다음 짐승의 입 속에 물고기알을 채워넣고 짐승의 살에 여주인이 칼집을 내서 물고기알이나 말린 고기를 그 틈새에 더 집어넣어 마치 그 칼집이 여우의 주머니인데 거기에다 먹을 것을 넣어주는 것 같은 시늉을 한다. 그리고 나서 시체를 집 밖으로 내가며 이렇게 말한다. "가서 친구들한테 저 집을 방문하는 것은 좋은 일이라고 말해주게. '사람들이 내 낡은 외투 대신 훨씬 더 따뜻하고 털이 긴 새 외투를 주었다네. 나는 배불리 먹고 주머니에도 음식을 잔뜩 넣었다네. 자네들도 한번 가보게나'라고 말일세." 토인들은 만약 이런 의식을 빼먹으면 여우사냥에 운이 따르지 않는다고 생각한다. 토골란드(Togoland)의 에웨족 사냥꾼은 특별한 종류의 영양(*Antilope leucoryx*)을 잡으면 나뭇가지 울타리를 세우고, 그 안에 자기가 쏘아 죽인 모든 짐승의 아래턱뼈를 놓아둔다. 그런 다음에 뼈 위에 야자술을 붓고 밀가루를 뿌리며 이렇게 말한다. "그대 짐승의 아래턱뼈여, 이제 그대는 집에 왔노라. 여기에 음식이 있고, 여기에 마실 것이 있도다. 그러니까 동료들(곧, 숲 속의 살아 있는 짐승들)도 이리 데려오도록 하라."

그란차코 강의 렝과 인디언은 타조사냥을 좋아하지만, 이 새를 한 마리 잡아서 마을로 가져갈 때는 원한을 품은 희생물의 유령을 속이기 위한 조치를 취한다. 죽음의 충격이 지나가면 타조의 유령이 정신을 차리고 그 몸뚱아리를 찾는다고 생각하기 때문이다. 이런 지혜로운 타산에 따라 인디언들은 새의 가슴에서 깃털을 뽑아 길 중간중간에 뿌려둔다. 그러면 깃털다발을 발견할 때마다 유령은 걸음을 멈추고 생각한다. "이게 내 몸 전체일까, 아니면 일부분일까?" 이런 의문 때문에 그는 지체하게 된다. 그래서 마침내 모든 다발에 대해 충분하게 판단을 내리고, 게다가 지그재그형의 길을 어김없이 이리 저리 쫓아가느라고 귀중한 시간을 더 많이 낭비하고 났을 때는 사냥꾼들이 안전하게 집에 당도하고 난 뒤다. 그러면 속아넘어간 유령은 겁이 많아서 마을에는 들어오지 못하고 헛되이 그 주변만 맴돌 것이다.

미개인들이 사냥해서 죽인 동물을 달래고 증식하기 위해 행하는 관습을 앞에서 살펴보았는데, 이는 원시인이 동물의 불멸성에 대해 지니는, 의심 없는 신념을 생생하게 느끼게 해준다. 그들은 짐승과 새, 물고기가 자신처럼 육체의 죽음을 넘어서 생존하며, 다른 육체 속에서 부활하여 또다시 사냥꾼에게 잡아 먹힐 수 있는 영혼을 지닌다는 것을 논란의 여지가 없이 명백한 공리로 가정하고 있는 것으로 보인다. 앞의 여러 쪽에서 설명한 일련의 풍습—문명사회에서 살고 있는 독자에게는 괴상하고 어리석어 보이기 쉬운 풍습—전반은 이러한 기초적인 가정에 근거를 두고 있다. 그 풍습에 대해 고찰해 보면 인간의 불멸성에 대한 미개인의 신념을 지금과 같이 설명하는 것으로 모든 사실을 충분히 해명할 수 있을지 의문스러워진다. 그 신념은 보통 꿈에 관한 원시적인 이론에서 연역된다. 미개인은 수면 속의 환각과 깨어 있을 때의 현실을 구별하지 못하며, 따라서 죽은 친구들에 대한 꿈을 꾸면, 그들이 완전히 사라진 것이 아니라 모종의 장소에서 모종의 형상으로 계속 존재하지만 일상생활 속에서 감각기관의 지각을 피해갈 뿐이라고 결론짓게 마련이다. 이러한 이론에 입각할 때, 미개인과 아마도 문명인까지도 죽은 사람의 상태에 관해 형성해 온 관념은 조잡하든 세련되었든, 또는 혐오스러운 것이든 아름다운 것이든 간에 꿈 속의 환영을 설명하기 위해 세워놓은 정교한 가설에 지나지 않는 것으로 보인다. 이 우뚝 솟은 구조물은 그 모든 눈부시거나 음울한 웅장함에도 불구하고, 수많은 사람의 상상 속에 다가오는 그 모든 육중한 힘과 견고함에도 불구하고, 자세히 검토해 보면 한 오리 이성의 숨결에도 공기 중에 녹아 없어질, 구름과 수증기로 지은 환상의 성에 불과한 것으로 드러난다.

그러나 논증의 편의를 위해 그 이론이 인간의 불멸성에 대한 광범위한 믿음을 손쉽게 해명해 준다고 인정하더라도, 하급 동물의 불멸성에 대해 수많은 종족들이 지니는 그에 상응하는 믿음을 그것이 해명해 준다고 보기는 쉽지 않다. 미개인은 꿈 속에서 용모라든지, 목소리, 몸짓 따위 생시에 알고 있던 익숙한 특징으로 죽은 친구의 모습을 알아본다. 그러나 죽은 짐승이나 물고기, 새를 그런 방식으로 알아본다고 할 수 있을까? 그들의 모습이 생시에 그 동류들로부터 구별해 주던 모든 세세한 특징과 소소한 개별적 차이를 지니고 잠잘 때 그의 앞에 나타난다고 할 수 있을까? 그래서 그들을 보면, 예컨대 "이 호랑이는 바로 내가 어저께 창으로 찌른 그 호랑이다. 그의 몸뚱이는 죽었지만 혼령은 아직 살아 있는 것이 틀림없다"라든지, "이 연어는 오늘 아침에 내가 잡아먹은 그 연어다. 내가 확실히 그의 몸뚱이를 죽였는데, 혼령은 죽이지 못한 것이 분명하다"라고 말할 수 있을까? 미개인이 바로 그와 같은 모종의 추리과정을 통해 동물의 불멸성 이론에 도달할 수 있다는 데는 의문의 여지가 없지만, 그 가정은 최소한 인간의 불멸성보다 훨씬 더 무리하고 개연성이 적은 것이 사실이다. 그리고 만약 우리가 후자에 대한 설명이 충분하지 않다고 인정한다면, 비록 정도는 덜할지라도 전자의 경우에도 그것을 인정해야 할 것이다. 간단히 말해서, 꿈 이론은 그 자체로는 인간과 동물의 불멸성에 대한 광범위한 믿음을 설명하는 데, 충분하지 않은 것으로 나타난다. 꿈은 아마도 그 믿음을 확인시켜 주는 데는 많은 기여를 했겠지만, 그 믿음의 기원이 되기에는 충분하지 않은 듯하다. 우리가 의심하는 데는 합당한 이유가 있다.

따라서 우리는 그처럼 널리 통용되고 깊이 뿌리내린 신념에 대해 좀더 합당한 설명을 찾아나서야 한다. 그러한 설명을 찾기 위해 아마도 우리는 멀리 갈 것 없이 모든 사람이 가슴속에 느끼는 생명감에서 출발할 수 있을 것이다. 이미 살펴보았듯이, 미개인은 죽음을 자연의 필연이 아니라, 그것이 아니었으면 영원히 지속될 수도 있었을, 생존을 중단시키는 애석한 사고 내지는 범죄로 여긴다. 그러므로 명백히 자신의 감각을 근거로 삼아 그는 생명을 일종의 불멸하는 에너지로 상상한다. 그 에너지는 한 가지 형태가 소멸하면 반드시 다른 형태로 재현되어야 하지만, 그 새로운 형태가 꼭 우리에게 직접 지각되는 것일 필요는 없다. 다시 말해서 죽음은 생명력, 심지어는 의식을 지닌 인격적 실체조차도 파괴하지 않으며, 그 양자를 다른 형태로 변화시킬 뿐이다. 그리고 그는 그 변한 형상을 우리 감각기관이 확인하지 못하더라도 결코 덜 현실적인 것은 아니라고 추리한다. 원시인의 사고에 대한 이 같은 해석이 옳다면, 생명의 본성에 대한 미개인의 견해는 근대과학의 에너지 보존법칙과 아주 흡사하다. 그 법칙에 따르면, 어떠한 물질적 에너지도 사라지거나 감소하지 않는다. 감소하거나 소멸하는 것으로 보일 때에도 실제 일어나는 일은 그 일부 또는 전부가 다른 형태로 변하는 것일 뿐이다. 그 변한 형태는 원래 형태의 에너지와 질적으로는 다르지만 양적으로는 동등하다. 간단히 말해서, 과학에 귀를 기울인다면 물질세계의 모든 것은 결코 사라지지 않으며 다만 영구적으로 변할 뿐이다. 우주 속의 에너지 총합은 끊임없는 변형을 겪기는 하지만 항상 불변이다. 이와 비슷한 에너지 불멸의 이론을 미개인은 암암리에 삶과 죽음의 현상을 설명하는 데 적용한다. 또, 충분히 논리적으로 인간에게만 국한하지 않고 하등동물에게까지 그 적용을 확대한다. 이 점에서 그는 문명사회의 형제보다 훨씬 더 훌륭한 추론가로 드러난다. 문명인은 흔히 인간의 불멸성이라는 교리를 강한 욕망으로 끌어안지만, 동물이 불멸의 영혼을 지닌다는 생각은 인간의 존엄을 손상하는 것으로 보아 냉소적으로 부정하는 것이다. 그런데 만약 그가 내세에 대한 자신의 소중한 믿음을 확증하기 위해 미개인이 지닌 비슷한 믿음에 호소하고 그로부터 불멸성에 대한 자연적 직관을 추리해 내고자 한다면, 다음과 같이 깨우쳐주는 것도 좋을 것이다. 곧, 만약에 그런 호소를 옹호하고자 한다면, 그는 마땅히 미개인처럼 일관성 있게 멸시받는 하등동물에게까지 불멸성의 특권을 확대해야 한다. 왜냐하면 미개인에게는 자기와 부합하는 부분은 받아들이고 부합하지 않는 부분은 거부하는 식으로 자기 선입견에 맞추어 증거를 취사선택하는 것은 확실히 부당한 일이기 때문이다. 논리적이고 과학적인 근거에 입각할 때, 그는 더 많이 믿거나 더 적게 믿을 수밖에 없을 것 같다. 다시 말해서 그는 인간과 동물이 똑같이 불멸하거나, 아니면 어느 쪽도 불멸하지 않는다고 주장해야 하는 것이다.

4

이제 우리는 아마도 곰에 대한 아이누족의 양면적인 행동을 이해할 지점에 온 것 같다. 이미 살펴보았듯이, 우리가 인류와 하등동물 사이에 설정한 첨예한 경계선이 미개인에게는 존재하지 않는다. 그에게는 다른 동물 중 다수가 야성적인 힘뿐만 아니라 지력에서도 자기와 동격이거나 심지어 상위자로 보인다. 그래서 비록 선택이나 필연에 따라 어쩔 수 없이 동물의 생명을 빼앗아야 할 때에도 그는 자신의 안전을 고려하여 단지 살아 있는 동물에게만이 아니라 죽은 동물의 영혼에게도, 같은 종의 다른 모든 동물에게도 되도록 불쾌감을 주지 않는 방식으로 행동해야 한다고 느낀다. 마치 미개인 부족이 부족원에게 가해진 상해나 모욕에 대해 보복하듯이 동물들도 같은 종의 다른 개체에게 가해진 무례에 격분한다고 믿기 때문이다. 이미 살펴보았듯이, 미개인이 희생된 동물에게 끼친 잘못을 속죄하는 수많은 방책 가운데 하나는 동류 중에서 소수의 선택된 개체에게 유별난 공경을 바치는 것이다. 그런 행동이 손이 닿는 나머지 모든 동류를 마음대로 죽일 수 있는 면책권을 부여해 준다고 간주하는 것이다. 이런 원리는 아마도 언뜻 보기에 당혹스럽고 모순된 아이누족의 곰에 대한 태도를 설명해 주는 단서가 될 것이다. 곰의 살코기와 가죽은 정례적으로 그들의 식량과 의복이 된다. 그러나 곰은 영리하고 힘센 동물이므로 곰 족속에게 수많은 동류의 죽음으로 겪게 된 손실에 대해 어떤 만족이나 보상을 줄 필요가 있는 것이다. 이러한 만족이나 보상은 새끼곰을 길러서 살아 있는 동안 공경하고 특별한 슬픔과 애정을 표시하며 죽이는 것으로 해결한다. 그렇게 함으로써 다른 곰들이 위안을 얻어 동류의 죽음을 이유로 살해자를 공격하거나, 그 지역을 떠남으로써 아이누족의 생계수단 중 하나를 박탈하는 식으로 보복하지 않는 것이다.

이와 같이 원시인의 동물 숭배는 어떤 면에서 서로 반대되는 두 가지 형태를 지닌다. 한편으로 동물은 숭배의 대상이므로 죽이거나 먹지 않는다. 다른 한편으로 동물은 관례적으로 죽여서 먹기 때문에 숭배의 대상이 된다. 이 양자의 숭배 형태에서 동물이 공경받는 것은 미개인이 얻어내고자 하는 모종의 적극적 이익과 소극적 이익에 대한 고려 때문이다. 전자의 숭배에서는 동물이 인간에게 제공하는 보호와 충고, 조력 따위의 적극적인 형태와 동물이 인간에게 가할 수 있는 피해를 모면하는 소극적인 형태로 이익이 생긴다. 후자의 숭배에서는 동물의 살코기와 가죽이라는 물질적 형태로 이익이 생긴다. 두 가지 숭배 형태는 어느 정도 대조적이다. 전자에서는 동물을 숭배하기 때문에 먹지 않는다. 후자에서는 동물을 먹기 때문에 숭배한다.

동물 숭배의 두 가지 유형에 상응하여, 동물신을 죽이는 관습에도 두 가지 유형이 존재한다. 먼저 관례적으로 숭배하는 동물을 살려두는 경우인데, 이때조차도 드물고 엄숙한 계기에 그것을 죽이며, 때로는 먹기도 한다. 이런 관습의 사례는 이미 살펴보았고 설명도 제시했다. 숭배하는 동물을 죽이는 것이 두번째 유형인데, 이때는 그 종의 어느 한 개체를 살해하는 행위가 신의 살해를 내포하며, 특히 그 동물이 힘세고 위험한 종류일 때는 그 자리에서 사과하고 제사를 올려 속죄한다. 또, 이 같은 일상적인 속죄와 아울러 특별한 연례적인 속죄의식이 있으며, 이때는 그 종의 선택된 개체를 특별한 존경과 애정을 표시하며 살해한다. 이러한 두 가지 유형 — 구별의 편의상 명명하자면 이집트형과 아이누형 — 의 성찬살해 의식은 관찰자 입장에서는 분명 혼동하기 쉽다. 어떤 특정 사례가 어느 유형에 속하는지 가리자면, 그 전에 먼저 그 부족이 성찬용으로 살해한 동물이 관례적으로 살려두는 종류에 속하는지, 아니면 관례적으로 죽이는 종류에 속하는지 확인할 필요가 있다. 전자는 이집트형 성찬에 속하며, 후자는 아이누형에 속한다.

5

신성한 동물을 집집마다 데리고 다니며 그 신성한 영험을 모두 나누어갖게 하는 성찬식의 실례는 곰을 죽이기 전에 마을 곳곳으로 끌고 다니는 길랴크족의 풍습에서 찾아볼 수 있다. 이와 매우 유사한 여러 의식이 최근 시대까지 유럽에 존속했는데, 그 연원은 분명 아주 태곳적의 이교 풍습에서 비롯된 것이다. 가장 유명한 사례는 '굴뚝새 사냥'이다.

많은 유럽 민족들 — 고대 그리스인과 로마인, 근대 이탈리아인, 스페인인,

프랑스인, 독일인, 네덜란드인, 덴마크인, 스웨덴인, 잉글랜드인, 웨일스인—
은 굴뚝새를 가리켜 임금, 작은 임금, 새들의 임금, 울타리의 임금 따위로 불
렀으며, 죽이면 지극히 재수가 없는 새들 중 하나로 꼽았다. 잉글랜드에서는
누가 굴뚝새를 죽이거나 그 둥지를 침범하면 그 해 안에 어김없이 뼈가 부러
지거나 어떤 끔찍한 재앙을 만난다고 생각한다. 때로는 암소에게서 피 섞인
젖이 나온다고 생각하기도 한다. 스코틀랜드에서는 굴뚝새를 '하늘 마님의
암탉'이라고 부르며 소년들이 이렇게 말한다.

> *저주받으리, 저주받으리, 열 번 이상 저주받으리,*
> *하늘 마님의 암탉을 괴롭히는 자여.*

브르타뉴의 생도낭(Saint Donan)에서는 아이들이 둥지에 있는 굴뚝새 새끼
를 만지면 '성 로렌스의 불', 곧 얼굴과 다리 등에 나는 여드름으로 고생한다
고 믿는다. 프랑스의 다른 지방에서는 어떤 사람이 굴뚝새를 죽이거나 그 둥
지를 침범하면 그의 집에 벼락이 떨어지거나, 그런 짓을 한 손가락이 오그라
들어 떨어져 나가거나, 아니면 최소한 손병신이 되거나, 그의 소가 다리에 병
이 든다고 생각한다.

그런 믿음에도 불구하고 이 지방과 프랑스에서는 해마다 굴뚝새를 죽이는
풍습이 널리 성행해 왔다. 만(Man) 섬에서는 18세기에 이르기까지 성탄절 전
야, 아니 더 정확하게는 성탄절 아침에 그런 풍습을 행했다. 12월 24일 저녁
무렵이 되면 모든 하인이 휴가를 얻었다. 그들은 밤새도록 잠자리에 들지 않
고 모든 교회종이 자정을 알릴 때까지 어슬렁거리며 쏘다녔다. 기도가 끝나
면 그들은 굴뚝새를 사냥하러 갔다. 굴뚝새를 발견하면 죽어서 기다란 장대
꼭대기에 날개를 편 채 매달았다. 그러고 나서 그들은 장대를 들고 행렬을 지
어 집마다 다니며 다음과 같은 노래를 불렀다.

> *우리는 울새를 위해 굴뚝새를 사냥했네.*
> *우리는 캔의 적을 위해 굴뚝새를 사냥했네.*
> *우리는 울새를 위해 굴뚝새를 사냥했네.*

우리는 모든 이를 위해 굴뚝새를 사냥했네.

집집마다 다니며 걷을 수 있는 돈을 모두 걷고 나면 그들은 굴뚝새를 상여에 싣고 행렬을 지어 교구 교회마당에 있는 묘지까지 운반해서, 거기에 무덤을 만들고 "맹크족 언어로 그 새의 죽음을 알리는 장송가를 부르며, 지극히 엄숙하게 매장했다. 그 이후에 성탄절이 시작된다." 장례가 끝나면 교회마당 바깥에 있던 한 무리의 사람들은 원을 이룬 채 음악에 맞추어 춤을 추었다. 19세기 중엽 무렵 만 섬에서는 성 스티븐 축일(12월 26일)에 굴뚝새의 장례를 치렀다. 직각으로 교차시켜 상록수와 리본으로 장식한 두 굴렁쇠 가운데 굴뚝새 다리를 매달고 소년들이 집집마다 다니며 그 새를 삶아서 먹는 것과 관련된 노래를 불렀다. 그리고 노래 끝에 작은 동전을 받으면 보답으로 굴뚝새 깃털을 하나 주었다. 그래서 하루가 채 지나기 전에 새는 흔히 깃털이 거의 다 빠진 신세가 되기 십상이었다. 그런 다음에 굴뚝새를 매장하는데, 장소는 더 이상 교회마당이 아니라 해변이나 황량한 벌판이었다. 나누어준 깃털은 사람들이 종교적 열성을 가지고 보관했다. 모든 깃털은 한 해의 난파사고를 막아주는 효과적인 부적으로 간주하였으며, 깃털을 하나도 갖지 못한 어부는 소갈머리없는 사람으로 여겼다. 20세기에 이르기까지 만 섬 전역에서는 성 스티븐 축일에 최소한 명목상으로라도 그 풍습을 전반적으로 지킨다.

'굴뚝새 사냥'에서는 문제의 풍습이 농업과 관련된 흔적이 전혀 없다. 외견상으로 볼 때 그것은 농업의 발명 이전에, 그러니까 동물들이 곡물정령의 화신이라서가 아니라 그 자체로 신성시되던 시대에서 유래한 것 같다. 또, 길랴크족의 곰 행진 같은 것도 그것에 상응하는 유럽 풍습을 아주 오랜 태곳적 것으로 추정하는 근거가 된다. 반면에, 유럽의 어떤 동물행진, 또는 동물로 분장한 사람들의 행진 중에는 순수하게 농업적인 기원을 지닌 것으로 보이는 것들도 있다. 다시 말해서 그 행진에 등장하는 동물들은 애초부터 동물 형태로 상상한 곡물정령의 상징에 불과한 것일 수 있다. 예컨대 보헤미아 시골지방에서는 사육제의 마지막 며칠간 젊은 남자들이 행렬을 지어 집집마다 다니며 선물을 걷는 것이 예나 지금이나 관례로 되어 있다. 보통 한 어른 남자나 소년이 머리부터 발끝까지 완두콩짚을 둘러쓰고 새끼줄을 칭칭 감는다. 이렇게 차려입고서 그는 '참회일 곰' 또는 '사육제 곰(Fastnachtsbär)'이라는 명칭으로 불리며 노래와 반주에 맞추어 집집마다 이끌려 다닌다. 모든 집에서 그는 소녀들과 처녀들, 그리고 안주인 자신과 춤을 추며, 마음씨 좋은 주인과 마음씨 좋은 부인, 딸들의 건강을 위해 건배를 한다. 보헤미아 몇몇 지방에서는 이러한 참회일 행진에서 밀짚옷을 입은 사람을 곰이 아니라 귀리 염소라고 부르며, 그 이름에 맞게 머리에 뿔을 단다. 이처럼 상이한 명칭과 분장은 곡물정령이 어떤 지방에서는 곰으로, 어떤 지방에서는 염소로 상정된다는 것을 시사한다. 곡물정령을 염소로 상상하는 수많은 사례는 이미 살펴보았다. 곰으로 상상하는 예는 비교적 흔치 않은 것 같다. 프로이센령 리투아니아의 그뉴코보(Gniewkowo) 주변에서는 두 가지 관념이 결합되어, 12일제(주현절)에 완두콩짚을 둘러쓴 곰을 상징하는 사람과 귀리짚을 둘러쓴 염소를 상징하는 사람이 함께 마을을 돌아다닌다. 그들은 두 동물의 행동을 흉내내고 춤을 추며, 그 대가로 모든 집에서 선물을 받는다. 슈타이에르마르크(Steiermark)의 마르부르크(Marburg)에서는 곡물정령이 때로는 늑대로, 때로는 곰으로 등장한다. 타작할 때 마지막 도리깨질을 하는 사람을 늑대라고 부르는데, 다른 사람들은 모두 헛간으로 달아나 늑대가 나타나기를 기다리다가 늑대가 나타나면 한꺼번에 달려들어 밀짚으로 감싸 늑대를 닮은 모양으로 만들어 끌고 다닌다. 그는 성탄절까지 늑대라는 명칭을 계속 지니다가 성탄절이 되면 염소가죽을 뒤집어쓰고 '완두콩 곰'이 되어 밧줄에 묶여 집집마다 끌려다닌다. 이 풍습에서 배우에게 염소가죽을 씌우는 것은 그를 염소의 상징으로 표현하는 것인 듯하다. 그러므로 여기에서 사람들의 신화적 상상은 명백히 곡물정령의 적절한 화신을 찾아 염소와 곰, 늑대 사이를 왔다갔다하는 것이다. 스칸디나비아에서는 성탄절(Julbuck)에 등장하는 염소 형상의 곡물정령이 일반적인 것으로 보인다. 그래서 예컨대 스웨덴의 베리슬라그헤라드(Bergslaghärad)에서는 성탄절에 밀짚으로 온몸을 감싸고 머리에 염소뿔을 단 사람을 끌고 다니는 관례가 있었다. 그는 바로 성탄절 염소의 화신이었다. 스웨덴 일부 지방에서 하는 성탄절 소연극(小演劇)의 정례적인 특색은 성탄절 염소를 죽인 다음 그가 다시 살아나는 흉내를 내는 것이다. 가죽으로 만든 덮개에 몸을 숨기고 한 쌍의 무서운 뿔을 머리에 쓴 배우를 두 남자가 방안에 끌고 들어와 죽이는 시늉을 하면, 사람들은 빨강 · 파랑 · 하양 · 노랑 등 다양한 색깔의 망토를 가리키는 노래를 부르며 한 사람씩 그 위에 망토를 덮어준다. 노래가 끝나면 성탄절 염소는 죽은 체하고 있다가 벌떡 일어나 구경꾼들의 환호에 맞추어 깡충깡충 뛰어다닌다.

잉글랜드에서는 앞에서 언급한 것과 비슷한 풍습이 아직도 쟁기월요일 (Plough Monday) 다음 화요일에 케임브리지서의 휘틀시(Whittlesey)에서 성행하고 있다. 셰필드 대학 무어 스미스(Moore Smith) 교수의 친절한 통신 덕분에 나는 그 사실을 알게 되었다. 그는 이렇게 적고 있다. "어제 휘틀시에 있을 때, 나는 길거리에서 두 사람이 하는 것은 아니지만 '밀짚곰'을 만나는 기쁨을 맛보았다. 나는 거의 40년 동안 그날을 휘틀시에서 지낸 적이 없었기 때문에 그 풍습이 사라졌을까봐 우려했다. 내 소년시절에 밀짚곰은 밀짚으로 온몸을 감싼 사람을 다른 사람이 노끈에 묶어 끌고 다니며 사람들의 집 앞에서 춤추게 하고 그 대가로 돈을 기대하는 것이었다. 이 일은 항상 쟁기월요일 다음 화요일에 벌어졌다. 어저께는 밀짚곰이 한 소년이었고, 춤추는 것은 보지 못했다. 그것말고는 전혀 달라진 것이 없었다."

이러한 잉글랜드의 풍습을 위에서 설명한 대륙의 비슷한 풍습과 비교해 보면, 그와 같이 집집마다 끌려다니는 밀짚곰은 마을의 모든 가정에 축복을 내려주는 곡물정령을 상징한 것이라고 추측할 수 있다. 이러한 해석은 그 의식이 벌어지는 날짜가 강하게 확증한다. 그 날짜는 쟁기월요일 다음날인데, 고대의 쟁기월요일 민속의식은 의심할 나위 없이 농업과 직접 관련이 있다. 쟁기월요일은 12일제 이후 1월의 첫째 월요일이다. 그날은 잉글랜드 여러 지방에서 한 무리의 건장한 시골 청년들이 멋지게 장식한 쟁기를 끌고 집집마다, 마을마다 다니며 기부금을 걷어 나중에 주막에서 조촐한 주연을 벌이는 것이 관례였다. 쟁기를 끄는 사람들은 '쟁기황소'라고 불렀다. 그들은 상의 위에 셔츠를 입고, 리본 여러 다발을 모자와 몸에 휘날리게 했다. 그들 중에서 한 사람은 항상 몹시도 야하게 치장한 베시(Bessy)라고 하는 노파 역을 맡았다. 옛날에는 그의 가운 아래 엉덩이에 황소꼬리를 매달았는데, 이 장식물은 나중에 폐지되었다. 그는 깡총거리고 춤추며 신나게 뛰어다니면서 돈통을 들고 구경꾼들한테 기부금을 간청했다.

이런 의식은 분명 농업의 역사상 아주 오랜 옛 시대에 생겨난 것이 틀림없
다. 그것들은 아마도 기독교보다 더 오래되었을 것이며, 심지어는 고대 작가
들과 미술가들을 통해 우리한테 익히 알려졌으나 수많은 세기 동안 과거의
유물로 머물러온, 고도로 발달한 형식을 지닌 그리스 종교보다도 더 오래되
었을 것이다. 그러므로 이와 같이 신화와 의식, 예술 속에 담겨 있는 종교적
의식(意識)의 아름다운 꽃은 일순간에 덧없이 사라지지만 좀더 단순한 그 형
식은 비교적 안정적이고 영속적으로 남아, 화려하지만 무상한 천재의 모든
창조물보다 더 오래 살아남는 일반적 정신의 원리 속에 깊이 뿌리내리는 것
이다. 오늘날 인류의 존경과 경탄을 끄는 정교한 신학, 엄숙한 의식, 웅장한
신전은 '올림포스의 사라진 모든 위계질서'처럼 사라져갈 운명이겠지만, 성
소피아 성당의 첨탑에서 신자들에게 기도시간을 알리는 종소리가 더 이상 들
리지 않고, 더 이상 길게 드리운 노트르담 성당의 복도와 성 베드로 성당의
돔 지붕 아래에 신자들이 모이지 않을 때에도, 단순한 민중들은 여전히 이름
없는 까마득한 선조에 대한 소박한 믿음을 간직하고, 여전히 마녀와 요정, 유
령과 도깨비를 믿으며, 여전히 오래된 주문을 외우고 오래된 주술을 행할 것
이다.

● 제 3 권 ●

속죄양

1장

재앙 옮기기

1

이 저작의 앞장에서 우리는 수렵 · 유목 · 농경 단계에 이른 민족들 사이에 나타나는, 신을 살해하는 풍습을 추적해 보았다. 그리고 나는 사람들이 그처럼 기묘한 풍습을 행하게 된 동기를 설명하고자 시도했다. 그 풍습의 한 측면은 아직도 더 고찰을 요한다. 죽어가는 신은 때때로 민족 전체의 누적된 불행과 죄악을 떠맡아서 영원히 짊어지고 감으로써, 민족을 결백하고 행복하게 만들어준다고 한다. 우리 죄와 고통을 다른 어떤 존재에게 떠넘겨 우리 대신 감당하게 할 수 있다는 생각은 미개인에게는 익숙한 사고방식이다. 그것은 육체적인 것과 정신적인 것, 물질적인 것과 비물질적인 것의 아주 명백한 혼동에서 생긴다. 나무나 돌 따위의 짐을 우리 등에서 다른 사람의 등으로 옮기는 것이 가능하기 때문에, 자신의 고통과 슬픔의 짐을 다른 사람에게 옮겨 그가 대신 감당하게 하는 것도 마찬가지로 가능하다고 상상하는 것이다. 그는 이런 생각을 근거로 행동하며, 그 결과로 자신이 감당하고 싶지 않은 고난을 다른 누군가에게 떠넘기기 위해 수많은 불유쾌한 수단을 만들어낸다. 간단히 말해서, 기독교의 대속(代贖) 원리는 사회적 · 지적으로 문화수준이 낮은 종족들이 일반적으로 이해하고 실행하고 있다. 다음 장들에서 나는 세련된 형이상학과 복잡미묘한 신학의 가식에 물들지 않은, 미개인들에게서 나타나는 적나라하고 단순한 이론과 실천을 원형 그대로 예증할 것이다.

영악하고 이기적인 미개인이 자기 이웃의 희생으로 평안을 얻기 위해 의지하는 수단은 가지각색이다. 우리는 수많은 사례 중에서 단지 전형적인 몇 가지만 살펴볼 수 있을 뿐이다. 먼저 어떤 사람이 재앙을 몰아내고자 할 때 반드시 사람에게 그것을 넘겨줄 필요는 없다는 사실에 주목해야 한다. 동물이나 사물에 넘겨줄 수도 있다. 하지만 후자에서는 사물이 단지 맨 처음 그것을 만지는 사람에게 고통거리를 전달해 주는 매개체 역할을 할 뿐이다. 동인도 제도 일부 지방에서는 특정한 나무의 잎사귀로 환자의 얼굴을 때린 다음에 그것을 내다버리면 간질병을 치료할 수 있다고 생각한다. 그렇게 하면 병을 나뭇잎으로 옮겨 그것과 함께 버릴 수 있다는 것이다. 중앙 오스트레일리아의 와라뭉가족과 친길리(Tjingilli)족은 두통을 앓는 남자가 종종 여자의 머리테를 쓰곤 한다. "이는 머리의 통증을 머리테로 옮겨가게 해서 덤불에다 머리테와 함께 내버리면 효과적으로 통증을 제거할 수 있다는 믿음과 관련이 있었다. 토인들은 이러한 처방의 효험을 아주 확고하게 믿는다. 같은 방식으로 보통 과식하여 복통을 앓게 되면 그 부인의 머리테를 배에 올려놓는다. 그러면 온갖 말썽의 원인인 사악한 주술이 머리테로 옮겨가며, 그것을 풀숲에 버리면 주술도 떠나간다고 한다. 한동안 시간이 지나면, 여자는 머리테를 찾아서 도로 가져와 일상적으로 다시 사용한다." 마다가스카르의 시하나카(Sihanaka)족은 남자가 심한 병에 걸리면, 때때로 점쟁이가 친척들을 시켜서 각양각색의 물건들, 이를테면 특별한 종류의 나무막대기라든지 넝마, 개미집에서 집어온 한줌의 흙, 소액의 돈 따위를 가지고 오게 하여 그것들로 재앙을 쫓아낸다. 그런 물건을 한 사람이 환자의 집에 가져와 문 가까이에서 들고 있으면, 그 동안 무당은 집 안에 서서 질병을 쫓아내는 데 필요한 주문을 외운다. 이렇게 하고 나서 그 물건을 남쪽 방향으로 던져버리는데, 이때 집 안의 사람들은, 그럴 기력이 있으면 병자까지 포함해서, 모두 자신의 헐거운 겉옷을 털어내며 문 쪽을 향해 침을 뱉어 병이 떠나가도록 재촉한다. 알류샨 열도의 아트칸(Atkhan)족은 중한 죄를 저질러 그 죄의 짐을 벗고 싶을 때 다음과 같이 했다. 먼저 해가 환하고 구름이 없는 때를 골라 특정한 잡초를 뽑아서 몸에 지니고 다닌다. 그런 다음 잡초를 내려놓고 태양을 증인 삼아 자기 죄를 거기다 버리고는 모든 마음의 짐을 벗고 개운한 심정으로 잡초를 불사르는데, 그렇게 함으로써 자기 죄를 씻어냈다고 생각하는 것이다. 베다(Veda) 시대에는 동생이 형보다 먼저 결혼하는 것은 죄를 짓는 것이라고 생각했다. 그러나 그 죄를 씻을 수 있는 의식이 있었다. 죄인이라는 표시로 갈대잎으로 만든 족쇄를 동생에게 채우고는 그 족쇄를 물에 씻어 적신 뒤 거품이 이는 급류에 던져 쓸려 내려가게 하면서, 흐르는 물살의 거품과 함께 죄악도 사라질 것을 명하는 것이었다. 토골란드의 마체(Matse)족 흑인은 아우 강에 인간의 슬픔을 멀리 실어가는 힘이 있다고 생각한다. 그래서 친구 중 한 사람이 죽어서 가슴이 무거울 때, 그들은 라피아 야자수 잎사귀를 목에 감고 북을 손에 들고 강으로 간다. 강둑에 서서 그들은 북을 두드리며 잎사귀를 강물에 던진다. 나뭇잎이 잔잔한 물살소리와, 연이어 울리는 북소리에 맞추어 시야 밖으로 떠내려가면 그들의 슬픔 또한 사라진다고 그들은 상상한다. 이와 비슷하게, 고대 그리스인들은 셀렘누스(Selemnus) 강*에서 멱을 감으면 사랑의 아픔을 치료할 수 있다고 상상했다. 페루 인디언들은 강물에 머리를 담금으로써 자신들의 죄를 정화하고자 했다. 그들은 강물이 죄를 씻어준다고 말한다.

사랑 때문에 생긴 우울증이나 광증을 치료하기 위한 아랍인의 처방은 환자의 머리 위에 물을 한 접시 올려놓고 녹인 납을 떨어뜨린 다음 그 납을 야외에 파묻는 것이다. 이렇게 하면 그 사람 속에 있던 악령이 떠나가 버린다는 것이다. 중국의 묘족은 집안의 장남이 일곱 살이 되면 '귀신 쫓아내기'라고 부르는 의식을 벌인다. 아버지가 짚으로 연을 만들어 사막에서 날려 보냄으로써 모든 재앙을 함께 실어 보내는 것이다. 산티아고 테페와칸의 인디언은 병이 들면 때때로 과자를 일곱 개씩 세 차례 구워냄으로써 질환에서 벗어나고자 시도한다. 그중 일곱 개는 숲속의 가장 키 큰 소나무 꼭대기에 놓아두고, 다른 일곱 개는 나무 발치에 두며, 마지막 일곱 개는 우물에 던진 다음 그 물로 몸을 씻는다. 그는 이런 방법을 통해 병을 우물물에 옮겨주고 자신은 온전해지는 것이다. 바간다족은 신전의 깊은 구멍 속에 살고 있는 카웅풀리

---

*파트라스 만과 코린트 만 사이의 해협으로 흘러드는 아카이아의 작은 하천. 파우사니아스가 자신의 저서에서 언급하고 있는데, 그 번역본에 대한 주석에서 프레이저는 이렇게 적었다. "셀렘누스 강은 아마도 카스트리차 마을에서 흘러내려 케이프 리움 곳에서 약간 동쪽에 있는 바다로 합류하는 개천일 것이다"(*Pausanias's Description of Greece*, vol. iv. p.158).

(Kaumpuli) 신이 역병을 일으킨다고 믿었다. 그래서 그들은 그가 빠져나가 나라에 재앙을 일으키는 것을 막기 위해 바나나 줄기로 꼭대기를 덮고 그 위에 들고양이 가죽을 겹쳐 쌓아 그를 구멍 속에 밀폐시켜 놓았다. 그를 제압하는 데는 들고양이 가죽만한 것이 없었다. 그래서 해마다 필요한 가죽을 조달하기 위해 수백 마리의 들고양이를 사냥했다. 그러나 때로는 이러한 예방조치에도 불구하고 그 신이 빠져나와 사람들이 죽는 일이 생겼다. 어떤 과수원이나 집에 역병이 들면 사제들이 바나나 나무에 그 병을 옮긴 다음, 나무를 황무지 벌판에 갖다놓음으로써 정화시켰다. 그들이 병을 옮겨놓는 방식은 이랬다. 먼저 바나나 섬유와 갈대로 작은 방패와 창을 많이 만들어 과수원에서 큰길로 이어지는 오솔길에 띄엄띄엄 놓아둔다. 그러고 나서 막 열매가 열리려는 어린 바나나 나무를 잘라서 그 줄기를 역병이 생긴 오두막집으로 이어지는 오솔길에 놓고 스무 개가 넘는 갈대창을 거기에 찔러서 꽂아두는 한편, 바나나 섬유 방패도 몇 개 매달아놓는다. 그런 다음에 이 나무를 오솔길을 따라 벌판으로 가져가서 놓아둔다. 그 나무는 '속죄양(kyonzire)'이라는 이름으로 불렸다. 이와 같이 황야에 갖다버린 역병이 갔던 길로 다시 돌아오는 일이 없도록 하기 위해, 사제들은 오솔길이 큰 길에서 갈라지는 지점에 나무껍질 천을 덮은 아치를 세웠다. 이 아치가 역병이 돌아올 때 넘을 수 없는 장벽 역할을 한다고 한다.

　다야크족 여사제들은 집안 네 귀퉁이에서 나무칼로 허공을 베고 내려치면서 재앙을 쫓아낸 다음, 나중에 그 칼을 강물에 씻어 재앙을 물에 떠내려 보낸다. 때때로 그들은 특정한 나뭇잎으로 빗자루를 만들어 쌀뜨물과 피를 적신 뒤에 그것으로 재앙을 집 밖으로 쓸어낸다. 모든 방에서 재앙을 깨끗이 쓸어내서 대나무로 만든 장난감집에 몰아넣은 다음, 그들은 불행을 실은 그 작은 집을 강물에 띄워 보낸다. 물살에 실려 바다까지 가면 그 해로운 짐은 솥처럼 생긴 배에 옮겨지고, 그 배는 망망대해로 흘러가 그 널찍한 그릇 안에 육신이 물려받은 모든 재앙을 받아들인다. 그 해악들이 파도에 일렁이며 영원히 먼 바다에 머물러 있다면 인류로서는 참 다행일 것이다. 그러나 애석하게도 그것들은 배에서 흩어져 네 갈래 바람에 실려 거듭거듭 고단한 다야크족의 세상에 내려앉는 것이다. 다야크족의 강에서 여러분은 갖가지 불행을 실은 수많은 모형 가옥들이 강물에 흔들리며 떠내려가거나 강둑에 늘어선 덤불에 단단히 걸려 있는 것을 볼 수 있을 것이다.

이러한 사례는 재앙을 옮기는 풍습의 순수하게 이로운 측면을 보여주는 것이다. 그것들은 인간의 고통을 물질적 대상으로 돌린 다음, 그것을 내버리거나 무해하도록 처리함으로써 고통을 완화하고자 하는 인간의 노력을 보여준다. 그러나 종종 물질적 대상에 재앙을 옮기는 것은 산 사람에게 그것을 떠넘기기 위한 출발점에 지나지 않는다. 이는 그러한 재앙 옮기기의 해로운 측면이다. 그것은 다음과 같은 사례에서 드러난다. 일부 오스트레일리아 흑인들은 치통을 치료하기 위해 불에 달군 투창을 뺨에 갖다댄다. 그런 다음 투창을 멀리 던지면, 치통은 '카리이치(karriitch)'라고 하는 검은 돌로 변해 투창과 함께 날아간다. 그런 종류의 돌은 오래된 흙더미와 모래언덕에서 쉽게 구할 수 있다. 그것들을 조심스럽게 주워모아서 적들이 있는 쪽으로 던지면 치통이 적들에게로 옮겨간다고 한다. 미르자푸르(Mirzapur)에서 질병을 옮기는 한 가지 방식은 꽃과 쌀을 가득 담은 항아리를 길목에 파묻고, 그 위에 편평한 돌을 덮어놓는 것이다. 누구든 이것을 건드리는 사람은 병에 걸린다고 한다. 이 풍습은 '찰라우와(chalauwa)', 곧 질병 '떠넘기기'라고 부른다. 이런 종류의 일은 인도 북부에서 일상적으로 일어난다. 아침에 시장거리를 걷다보면 길 한가운데 꽃을 장식한 작은 흙더미가 종종 눈에 띈다. 이런 흙더미에는 보통 천연두 환자의 몸에서 나온 부스럼이나 딱지가 들어 있는데, 누군가 그것을 건드려 질병을 가져감으로써 환자가 낫기를 바라고 묻어놓은 것이다. 우간다 보호령의 목축민족인 바히마(Bahima)족은 종종 고질적인 종기에 시달린다. "그들이 이것을 치료하는 법은 다른 어떤 사람에게 그 병을 옮겨주는 것이다. 그러기 위해 주술사에게 약초를 얻어서 종기가 난 자리를 문지른 다음 사람들이 늘 다니는 길에 파묻어놓는다. 파묻은 약초를 제일 먼저 넘어가는 사람이 병에 걸리고 원래의 환자는 낫는 것이다." 독일령 동아프리카의 와고고족의 풍습도 이와 비슷하다. 어떤 사람이 병에 걸리면 토인 의사가 그를 갈림길에 데리고 가서 약을 조제하며, 그와 동시에 약효를 부여하기 위해 꼭 필요한 주문을 외운다. 약의 일부는 환자에게 투여하고, 나머지 일부는 거꾸로 세운 항아리를 덮어 갈림길에 파묻는다. 누군가 항아리를 넘어가다가 항아리 안에 숨어 있는 질병에 걸리면 원래의 환자는 낫게 된다는 것이다. 이러한 치료법의 변형은 약의 일부나 환자의 피를 나무말뚝에 조금 발라 나무에 박아놓는 것이다. 나무 옆으로 지나가던 사람이 조심성 없이 말뚝을 뽑아내면, 그와 함께 질병을 가져가게 된다는 것이다.

또, 사람들은 때때로 다른 사람을 위협하는 재앙을 자기 자신에게 돌림으로써 속죄양의 역할을 하기도 한다. 고대 힌두족의 의식은 갈증의 고통을 환자에게서 다른 사람에게로 넘겨주는 방법을 기술하고 있다. 시술자는 그 한 쌍을 나뭇가지 위에 등을 맞댄 자세로 앉히는데, 환자의 얼굴이 동쪽을 향하고 건강한 사람의 얼굴은 서쪽을 향하게 한다. 그러고 나서 그는 환자 머리 위에 놓인 죽그릇을 휘저은 다음, 다른 사람에게 건네주어 마시게 한다. 이런 방법으로 그는 갈증의 고통을 목마른 사람에게서 다른 사람에게 넘겨주며, 다른 사람은 환자 대신 그것을 선선히 받아 갖는 것이다. 텔루구(Telugu)족은 열병을 치료하기 위해 어려운 처방을 쓴다. 그것은 막 동이 틀 때 머리가 벗겨진 브라만의 과부를 껴안는 것이다. 그렇게 하면 열병이 가시면서 영락없이(명시적으로 확인된 바는 없지만) 대머리 과부에게로 병이 옮겨간다는 것이다. 신할리(Sinhala)족은 병이 위중하여 의사들이 속수무책일 때, 귀신춤을 추는 무당을 불러온다. 그는 귀신들에게 제사를 올린 다음, 각각의 귀신들에게 걸맞은 가면을 쓰고 춤을 추면서 질병귀신들을 하나씩 차례로 환자의 몸에서 불러내어 자기 몸 속으로 끌어들인다. 이렇게 해서 병의 원인을 성공적으로 끄집어내고 나면, 그 솜씨 좋은 무당은 널빤지 위에 누워 죽은 체하며 마을 밖 공터로 운반된다. 거기다 혼자 내버려두면 그는 이내 되살아나서 서둘러 돌아와 사례금을 챙긴다. 1590년에 아그네스 샘프슨(Agnes Sampson)이라고 하는 스코틀랜드의 한 마녀는 로버트 커스라는 사람의 병을 치료했다는 죄목으로 유죄판결을 받았다. "그 병은 그가 덤프리스에 있을 때 서방의 마법사가 전한 것이었다. 그녀는 그 병을 자기가 떠맡아서 아침까지 고통스러운 신음을 내며 똑같이 병을 앓았다. 아침이 되자 집 안에서 요란한 소리가 들려왔다." 그 소음은 마녀가 자기 옷을 매개로 고양이나 개 같은 짐승에게 병을 옮겨주려고 시도하는 과정에서 일어난 것이었다. 불행하게도 그 시도는 부분적으로 잘못되었다. 그 병은 짐승을 비껴가 달케이스에 사는 알렉산더 더글

러스라는 사람을 적중시켰다. 그로 인해 그 사람은 시름시름 앓다가 죽고, 반면에 원래 환자인 로버트 커스는 건강을 회복했다. 다야크족은 특정한 사람들에게 흉한 징조를 무효화하는 능력이 있다고 믿는다. 그래서 재앙의 징조가 보여 농작물의 안전이 염려될 때, 농부는 그러한 현인 중 한 사람에게 자기 농작물을 조금 가지고 간다. 그 현인은 사례금을 조금 받고 그것을 생으로 먹는데, "그렇게 하면 재앙의 징조가 그의 몸 속에 들어가 해독성을 잃게 되며, 의뢰인은 '페말리(pemali)', 곧 터부의 금제에서 벗어나게 된다."

"뉴질랜드 몇몇 지방에서는 대속의식을 필수적인 것으로 생각했다. 한 사람에게 어떤 의식을 행하면 그것을 통해 부족의 모든 죄가 그에게 옮겨간다고 여기는 것이다. 이때 그의 몸에 고사리 줄기를 미리 묶어놓는데, 그가 강물에 뛰어들어 그것을 풀고 바다로 떠내려 보내면 그들의 죄도 함께 실려가는 것으로 여겼다." 위급한 사태가 닥치면 마니푸르(Manipur)의 라자는 다른 사람에게 죄를 떠넘기는 것이 관례였다. 그 사람은 보통 범죄자인데, 그는 대리속죄의 대가로 라자에게서 사면을 받았다. 죄를 넘겨주는 의식을 집행하기 위해 라자와 그의 부인은 화려한 옷을 차려입고 광장에 세워놓은 구조물 위에서 목욕재계했으며, 범죄자는 그 밑에 웅크리고 있었다. 물이 흘러서 범죄자에게 떨어지면 그와 더불어 그들의 죄도 씻겨져 인간 속죄양에게 떨어져 내리는 것이다. 죄를 넘겨주는 의식을 마무리하기 위해 라자와 그의 부인은 화려한 옷을 대리인에게 건네주고 나서 자신들은 새옷을 갈아입고 저녁 때까지 백성들과 어울려 지냈다. 그러나 낮이 끝나면 그들은 은신처로 들어가 일주일 가량 격리상태로 있는데, 그 동안은 그들을 신성시 또는 터부시하였다. 나아가 마니푸르에서는 "햇수를 세는 방법이 주목할 만하다. 해는 각각 어떤 사람의 이름을 따서 명명하며, 그 사람은 ─보수를 받고─ 그 해의 길흉을 떠맡는 역할을 한다. 그 해가 길해서 무병하고 풍년이 들면, 그는 모든 부류의 사람들한테서 선물을 받는다. 내가 들은 이야기에 따르면, 1898년에 콜레라가 기승을 부렸을 때 한 대표단이 정부 당국자를 찾아가서 그 전염병의 책임은 명명자(命名者)에게 있는 것이 분명한 만큼 그 사람을 처벌하라고 요구했다고 한다." 이름의 주인, 곧 그 해에 자기 이름을 부여하는 사람은 4월 중순경에 벌어지는 '치루바(Chirouba)'라고 하는 축제에서 지명한다. 사제들이 이름의 주인을 지명하는데, 그의 천궁도를 라자 및 국가 전반의 천궁도와 비교해 본 다음에 결정한다. 작년에 자기 이름을 부여한, 퇴직하는 담당관은 후임자에게 이렇게 말한다. "나의 친구여, 나는 지난 한 해 동안 모든 악령과 죄악을 스스로 짊어져 라자와 그 백성들에게서 멀리 떼어놓았소. 내일부터 다음 '치루바'까지 그대도 이와 같이 하기를 바라오." 이어서 새해에 자기 이름을 부여하는 신임 담당관은 라자에게 가서 이렇게 말한다. "오, 하늘의 아들, 열왕의 임금, 위대하고 오랜 주인, 신의 화신, 파캉바의 위대한 영주, 빛나는 태양의 지배자, 평야의 군주, 산악의 전제자, 동쪽 구릉에서 서쪽 산맥까지 왕국을 다스리는 분이시여. 묵은 해가 사라지고 새해가 왔나이다. 새해의 태양은 새롭고, 그대는 새로운 태양처럼 빛나며, 또한 달처럼 온화합니다. 그대의 아름다움과 힘이 새해의 성장과 더불어 성장하기를 기원하나이다. 오늘부터 소인은 그대의 모든 죄와 질병, 불운과 수치와 재앙, 전장에서 그대를 노리는 모든 것, 그대를 위협하는 모든 것, 그대와 그대 왕국에 해를 끼치는 모든 것을 소인의 머리 위에 짊어질 것입니다." 이처럼 중요한 임무를 수행하는 대가로 이름의 주인, 또는 라자의 대리인은 라자에게서 소금 한 바구니를 비롯하여 많은 선물을 받으며, 온 나라가 그에게 고마움을 느끼고 많은 특권을 그에게 부여함으로써 그의 자기 희생적 헌신에 보답한다. 우리에게 좀더 많은 정보가 있다면, 아마 다른 곳에서도 자기 이름을 따서 한 해를 명명하는 집정관들이 그와 비슷하게 온 백성의 불행과 죄악과 슬픔을 헌신적으로 대신 떠맡는 공적인 속죄양으로 간주되었다는 사실을 발견할 수 있었을 것이다.

『자타카 *Jataka*』, 곧 부처의 수많은 윤회설화를 담은 인도 설화집을 보면 침을 이용하여 죄악과 불행을 성스러운 수도자에게 떠넘기는 시사적인 이야기가 나온다. 그에 따르면, 행실이 방종한 한 귀부인이 단다키 왕의 총애를 잃고 그것을 되찾기 위해 고민에 빠졌다. 이런저런 생각을 굴리며 공원을 거닐던 그녀는 우연히 키사바차라고 하는 독실한 수도자를 엿보게 되었다. 한 생각이 그녀에게 떠올랐다. "이 자는 분명 악운(惡運)이 틀림없어." 그녀는 혼자서 말했다. "그의 몸을 빌려 내 죄를 없애고 나는 가서 목욕재계해야지." 말하자마자 그녀는 행동에 옮겼다. 이쑤시개를 씹으며 그녀는 입 안에 침을 잔뜩 모아 그 존경스러운 인물의 헝클어진 머리카락에 뱉고 덤으로 이쑤시개까지 그의 머리에 던진 다음 평온한 마음으로 그 자리를 떠나 목욕을 했다. 이 방법은 완전히 성공을 거두어 왕이 다시 그녀를 총애하게 되었다. 그후 오래지 않아 왕이 왕실의 법사를 직위에서 쫓아내는 일이 벌어졌다. 그처럼 왕의 총애를 잃은 것을 억울하게 느낀 그 성직자는 왕의 정부를 찾아가서 그녀가 어떻게 임금의 총애를 다시 얻었는지 물어보았다. 그녀는 왕실의 공원에서 악운의 머리에 침을 뱉음으로써 자기 죄를 씻어내고 흠 한 점 없이 깨끗한 몸이 된 이야기를 솔직하게 해주었다. 법사는 그 이야기에 힌트를 얻어 서둘러 공원에 가서 비슷한 방식으로 성인의 신성한 머리카락을 침으로 더럽혀놓았다. 그 결과 그는 이내 복직이 되었다. 일이 여기서 끝났으면 괜찮았겠지만, 불행하게도 그렇지 못했다. 시간이 지나서 왕국의 변경지방에 소요가 일어났다. 왕은 친히 군대를 진두지휘하며 나아가 싸울 채비를 했다. 이때 불행한 묘안이 왕실 법사의 머리에 떠올랐다. 왕의 총애를 되찾아준 묘책의 성과에 고무받아 그는 왕에게 이렇게 물었다. "폐하, 당신께서는 승리를 원하십니까, 패배를 원하십니까?" "그야 당연히 승리를 원하지." "그러면 제 충고대로 하십시오." 법사가 말했다. "가서 악운의 머리에 침을 뱉으십시오. 그자는 왕실 공원에 살고 있습니다. 그렇게 하면 당신의 모든 죄가 그의 몸에 옮겨갈 것입니다." 왕이 생각하기에 그것은 최고의 묘안이었다. 한술 더 떠서 그는 전체 군대가 자기를 따라가서 같은 방식으로 죄를 씻어내도록 지시했다. 왕을 필두로 모두 그렇게 했다. 이 모든 일이 끝나고 난 뒤 성인의 머리는 차마 생각하기에도 끔찍한 지경이었을 것이다. 그러나 그것도 아직 최악은 아니었다. 왕이 가고 난 뒤 총사령관이 와서 그 독실한 수도자의 비참한 처지를 목격하고 동정심을 느껴 엉망으로 더럽혀진 그의 머리를 깨끗이 씻겨주었다. 친절한 의도이기는 하지만 지극히 분별없는 이러한 세발(洗髮) 행위의 치명적인 결과는 쉽게 상상이 갈 것이다. 침과 더불어 그 수도자의 몸에 옮겨왔던 죄악들이 이제 각각 주인에게 되돌아갔다. 그 죄악을 벌하기 위해 하늘에서 불이 떨어져 주변 60리에 걸쳐 왕국 전체를 폐허로 만들었다.

옛날 바간다족은 군대의 죄나 불운을 제거하기 위한, 더욱 해로운 풍습을 실제로 행했다. 군대가 전쟁에서 돌아올 때, 신들이 병사들에게 재앙이 붙어 있다고 신탁으로 왕에게 경고하면, 포로 중에서 여자 노예 한 사람과 전리품 중에서 암소·염소·닭·개를 각기 한 마리씩 골라서 삼엄한 경비 아래 그들이 왔던 변경지방으로 되돌려보내는 것이 관례였다. 그곳에 가면 그들의 사지를 부러뜨리고 죽어가게 내버려두는데, 그들은 심한 불구가 되어 우간다까지 기어서 돌아가지도 못할 정도였다. 이러한 대리자들에게 재앙이 확실하게 옮겨가도록 하기 위해 풀잎다발을 사람들과 소떼에게 문지른 다음 희생자들에게 묶었다. 그리고 나서야 군대는 정결하게 되었다는 판정을 받고 도읍으로 돌아가는 것이 허용되었다. 대대로 왕을 적대시하는 반요로(Banyoro)족이 왕과 그 백성들에게 주술을 부린다는 신들의 경고가 있을 때마다 바간다족은 그와 비슷하게 인간과 동물 희생자에게 재앙을 전가하는 의식을 행했다.

트래방코르(Travancore)에서는 라자의 임종이 다가왔을 때 사람들이 거룩한 브라만 한 사람을 구하는데, 그는 1만 루피의 사례금을 받고 죽어가는 사람의 죄를 대신 떠맡는 데 동의하는 사람이라야 한다. 그와 같이 대속의 제물로 의무의 제단에 자신을 희생할 각오가 된 성인이 있으면, 그는 임종의 방에 안내되어 죽어가는 라자를 꽉 끌어안고 이렇게 말한다. "오, 왕이시여, 소인은 당신의 모든 죄와 질병을 떠맡을 작정입니다. 전하께서는 부디 만수무강하시고 이 나라를 행복하게 다스리옵소서." 이와 같이 고상한 헌신성으로 환자의 죄와 사례금까지 자기 것으로 챙긴 다음, 그는 나라 밖으로 멀리 추방당하며 다시는 돌아올 수 없다고 한다.

타히티에서는 추장과 고관대작의 시체를 미라로 만든 뒤 특별히 지은 오두막이나 가옥에 안치하여 땅 위에 보관하는데, 장례식을 치를 때 '시체에 기도하는 사제'라는 직함을 지닌 사제를 한 사람 고용했다. 사자의 집을 준비하고 시체를 단이나 널빤지 위에 놓으면, 사제는 단의 발치 가까운 마루에 구멍을 뚫도록 지시했다. 이 구멍 위에서 그는 사자의 영혼을 불러간다는 신에게 기도를 올렸다. 기도의 내용은 사자의 모든 죄, 특히 그의 영혼을 데려가는 원인이 된 죄가 조금이라도 생존자에게 남는 일 없이 거기에 안치되고, 그리하여 신의 분노가 가라앉게 되기를 바란다는 것이었다. 다음에 그는 시체를 향해 보통 이렇게 말했다. "이제 죄가 그대와 함께 머물기를 기원하노라." 이어서 이른바 시체의 기둥 또는 말뚝이라고 부르는 것을 구멍에 박아 구멍을 메웠다. 죄를 구멍에 가두어놓는 의식이 끝나자마자, 사자의 몸이나 옷을 만진 모든 사람은 황급히 바다로 달아나 시체를 건드림으로써 옮은 부정(不淨)을 씻어냈다. 또, 그들은 사자에게 마지막 의례를 행할 때 입은 옷도 벗어서 바다에 던졌다. 목욕재계를 마친 다음, 그들은 바다 밑바닥에서 산호 몇 조각을 주워서 집에 가지고 돌아와 시체를 향해 이렇게 말했다. "부정이 그대와 함께하기를 기원하노라." 이런 말과 함께 그들은 사자의 죄와 부정을 가둬두기 위해 파놓은 구멍 꼭대기에 산호를 떨어뜨렸다. 이 사례에서는 사자의 죄와 아울러 원시인이 흔히 죽음과 결부지어 생각하는 부정을 산 사람이 가져가는 것이 아니라 구멍에 파묻는다. 하지만 죄를 전가한다는 근본관념은 동일하며, 재앙을 가져가는 매개체가 사람이냐 동물이냐 사물이냐는 당면 목적에 비추어 그다지 중요한 문제가 아니다.

2

전체 공동체의 누적된 재앙을 추방하는 공적인 시도는 추방한 재앙이 비물질적이고 눈에 보이지 않는 것이냐, 아니면 물질적인 매개체나 속죄양으로 구현한 것이냐에 따라 두 부류로 나눌 수 있다. 전자는 재앙의 직접적·무매개적 추방이라고 부를 수 있고, 후자는 간접적·매개적 추방 또는 속죄양을 통한 추방이라고 부를 수 있다. 전자의 사례부터 살펴보기로 하자.

부겐빌(Bougainville) 해협의 솔로몬 제도 사람들은 전염병이 항상 또는 거의 악령 때문에 생긴다고 믿는다. 따라서 마을사람들이 전체적으로 감기에 걸리면 그들은 소라껍질을 불고 양철을 두드리고 고함을 치고 집집마다 문을 두드려 악령을 쫓아냄으로써 감기를 치료하려고 한다. 미얀마의 시골마을에서는 콜레라가 발생하면 건장한 남자들이 지붕에 기어올라가 대나무와 장작토막을 사방에 휘두르며, 나머지 사람들은 노소를 막론하고 모두 밑에 서서 북을 울리고 나팔을 불고 소리치고 비명을 지르고 마루와 벽, 양철냄비 따위 소리나는 것이면 뭐든지 두드려댄다. 사흘밤을 연이어 계속되는 이런 소란은 콜레라 귀신을 쫓아내는 데 아주 효험이 있다고 한다. 북부 미얀마의 한 주(州)인 켕퉁(Kengtung)에 사는 샨족은 도둑이나 살인자 같은 악인들의 유령이 배회하며 전염병을 일으킨다고 상상한다. 그들은 안식을 얻지 못하고 산 사람에게 할 수 있는 온갖 악행을 저지르며 다닐 수밖에 없는 처지라는 것이다. 따라서 사람들은 병이 유행하면 그 같은 위험한 유령들을 쫓아내기 위한 조치를 취한다. 불교 승려들이 이러한 이로운 행사에서 적극적인 역할을 한다. 그들은 성시의 관아에 무리지어 모여서 독경을 한다. 대포가 쏘아지고, 귀신들이 떠나가는 장소로 여기는 성문까지 행진이 벌어진다. 거기에 귀신들을 위해 작은 음식 접시를 놓아두고, 큰 제물은 성시 한가운데에 차려놓는다. 동남부 인도의 쿠미(Kumi)족에 천연두가 처음 발병했을 때, 사람들은 그것이 아라칸(Aracan)에서 온 악귀라고 생각했다. 마을은 계엄상태에 놓였고 출입이 금지되었다. 그러자 사람들은 원숭이 한 마리를 땅에 패대기쳐서 죽이고 그 시체를 마을 입구에 걸어놓았다. 그리고 그 피를 작은 자갈돌과 섞어서 집집마다 뿌리고, 모든 집의 문지방을 원숭이 꼬리로 쓸어내며 귀신더러 떠나라고 명령했다. 중국 화남지방에는 더운 여름철이면 콜레라가 유행하는데, 때때로 사망률이 높을 때는 온갖 재앙을 일으키는 귀신들을 추방하기 위해 활발한 시도를 한다. 야간에 벌이는 거리행진도 이러한 목적에 따른 것이다. 사람들은 신상을 떠메고 가며 횃불을 흔들고, 징을 울리고, 총을 발사하고, 폭죽을 터뜨리고, 검을 휘두르고, 귀신 쫓는 나팔을 불어댄다. 또, 정식으로 승복을 갖추어 입은 승려들이 방울을 울리고, 물소뿔 나팔을 불고, 귀신 쫓는 주문을 외우면서 행렬의 앞뒤로 뛰어다닌다. 때로는 신령이 씌웠다고 여겨지는 산 사람들이 행렬에서 신들을 대표하는 역할을 하기도 한다. 그러한 인간신은 웃통을 벗고 산발한 머리를 등뒤에 늘어뜨린 모습으로 나타나서 긴 단검을 두 뺨과 팔뚝에 꽂아 피를 낸다. 또 손에 든, 양쪽에 날이 있는 검으로 보이지 않는 적을 향해 거침없이 칼질을 한다. 그러나 때로는 그 검이나 길고 뾰족한 못을 박은 쇠뭉치로 자기 등에 상처를 내기도 한다. 어떤 신들린 사람들은 좌석·등받이·팔걸이·발판에 못을 박거나 칼날을 나란히 박아놓은 팔걸이 의자에 실려가는데, 그것들은 의자에 앉은 불쌍한 사람의 살 속에 여지없이 파고든다. 또, 어떤 사람들은 전체에 못을 박은 침상에 드러누워 운반되기도 한다. 수도자들은 이처럼 피를 흘리며 몇 시간 동안이나 시가지를 돌아다닌다. 행렬 중에서 영매나 인간신이 굵은 바늘로 자기 혀를 꿰뚫는 광경도 드물지 않게 눈에 띈다. 그의 피문은 침이 얇은 종잇장에 흘러내리면 군중들이 서로 그것을 차지하기 위해 열광적으로 다툼을 벌인다. 그 피를 갖는 사람은 인간신에게 내재하는 귀신 쫓는 능력을 흡수하게 된다는 것이다. 또, 집의 상인방(上引枋)이나 벽, 침대는 물론이고 가족의 몸에 그 피문은 종이를 붙여놓으면 콜레라를 완벽하게 막아준다고 한다. 화남지방에서는 이러한 방식으로 질병 귀신을 성시에서 쫓아내는 것이다.

　일본에서 전염병을 멈추게 하는 구식 방법은 역병 귀신이 들어간 모든 집에서 그 귀신을 추방하는 것이다. 이 처방은 역병이 가장 미약하게 발생한 집에서 시작한다. 우선 신도(神道)의 승려 한 사람이 사전에 병자의 방을 방문하여 귀신한테서 자신이 다음에 방문할 때 병자를 떠나겠다는 약속을 이끌어낸다. 다음날 그는 다시 가서 환자 가까이 좌정한 다음 귀신더러 병자를 떠나라고 간청한다. 그러는 동안 특별한 때에만 사용하는 붉은 쌀을 환자 머리맡에 놓아두고, 솔가지로 만든 닫힌 가마를 들여오며, 깃발이나 무기를 소지한 네 남자가 방 네 구석에 자리를 잡고서 귀신이 거기로 달아나지 못하게 막는다. 승려를 제외한 모든 사람은 침묵을 지킨다. 기도가 끝나면 승려는 병자의 베개를 서둘러 가마에 던져넣고 이렇게 외친다. "이제 됐다!" 그 소리와 더불어 가마꾼들이 길거리로 뛰쳐나가고, 집 안팎에 있던 사람들이 검이든 지팡이든 무엇이든 손에 잡히는 것으로 허공을 때리며, 다른 사람들은 북과 징을 두드려 치료를 돕는다. 이제 남자들만 참가하는 행렬이 형성된다. 일부는 깃발을 들고, 다른 사람들은 북·방울·피리·각적(角笛) 따위를 소지하며, 모든 사람이 귀신을 막기 위해 볏짚을 꼬아 만든 머리띠와 뿔을 머리에 쓴다. 행렬이 출발하면 한 노인이 창을 먹인다. "어떤 신을 메고 가느냐?" 다른 사람들이 합창으로 화답한다. "역신(疫神)을 메고 간다네." 이어서 북·방울·피리·각적의 음악에 맞추어 가마를 거리로 운반한다. 가마가 지나가는 동안 의식에 참가하지 않는 마을사람은 모두 집 안에 머물고, 행렬이 지나가는 집은 모두 문을 꼭꼭 닫아걸며, 갈림길에서는 검사(劍士)들이 진을 치고 서서 검날로 허공을 좌우로 가르며 귀신이 그 길로 달아나지 못하게 지킨다. 이렇게 해서 가마를 두 마을 사이의 외딴 곳에 운반하여 버리며, 가마를 호송하던 사람들은 모두 저만치 달아난다. 승려만 혼자 남아서 약 반시간 동안 귀신 쫓는 주문과 처방을 마무리한다. 가마꾼들은 절에서 기도하며 그날 밤을 보낸다. 그들은 다음날 집에 돌아가는데, 쫓아오는 귀신을 막기 위해 야외에서 냉수욕을 하고 나서야 집으로 돌아간다. 이때 사용한 가마는 이후 마을에서 귀신을 실어나르는 데 쓴다.

때로는 질병 귀신을 집에서 쫓아내는 대신 편안한 장소에 그대로 버려두고 미개인들 자신이 도망을 가면서 도망길에 따라오는 귀신을 막는 조치를 취하기도 한다. 그래서 파타고니아(Patagonia) 사람들은 천연두가 발생하면 병자를 버려두고 달아나면서 무서운 추적자를 막기 위해 무기를 공중에 휘두르고 사방에 물을 뿌렸다. 며칠간 행군한 끝에 귀신의 손길이 닿지 않을 것으로 보이는 장소에 도달하면, 그들은 예방조치로 마치 기병대의 공격을 막을 때처럼 모든 예리한 무기를 자신들이 왔던 방향으로 날이 향하게 땅에 꽂아놓는다. 이와 비슷하게, 그란차코 평원의 룰(Lule)족과 토노코트(Tonocote)족 인디언은 전염병이 닥치면 보통 도망을 가서 병을 피하는데, 도망갈 때는 항상 곧은 길이 아니라 꾸불꾸불한 길로 간다. 그렇게 하면 질병이 뒤쫓아올 때 굽어지고 휘어지는 길을 따라오느라고 지쳐서 자신들을 따라잡지 못한다는 것이다. 뉴멕시코 인디언들은 천연두나 다른 전염병으로 많은 사람이 죽으면 날마다 거처를 옮기며, 산속의 가장 외진 장소로 들어가 가장 가시가 많은 덤불을 골라 숨었다. 그렇게 하면 천연두가 가시에 긁히는 것이 두려워 쫓아오지 못할 것이라고 기대하는 것이다. 어떤 중국인들은 랑군(Rangoon)을 방문하던 중에 콜레라에 걸리자 칼을 빼들고 다니며 귀신을 겁주어 쫓아내는 한편, 낮 동안은 귀신의 눈에 띄지 않게 덤불에 숨어서 지냈다.

재앙의 추방은 일시적인 행사에서 정기적인 행사로 바뀌는 경향이 있다. 보통 1년에 한 번씩 정해진 시기에 악령을 추방하는 의식을 벌여, 사람들이 오랫동안 누적되어 온 모든 악영향에서 벗어나 새롭게 인생을 출발할 수 있게 하는 것이 바람직하다고 여기게 되는 것이다. 일부 오스트레일리아 흑인들은 해마다 사자의 유령을 자기들 영토에서 쫓아냈다. 이 의식을 바르완(Barwan) 강둑에서 리들리 목사가 목격했다. "노소를 망라하여 스무 명으로 구성한 합창단이 부메랑을 두드려 박자를 맞추며 노래를 부르고 있었다……. 갑자기 얇은 나무껍질 천 아래에서 파이프 점토로 몸을 하얗게 칠한 남자가 뛰쳐나왔다. 그는 머리와 얼굴에 빨강색과 노랑색으로 알록달록한 줄을 그려넣고, 머리에 쓴 관 위에 깃털로 만든 술이 달린, 약 60센티미터쯤 되는 막대기를 매달았다. 그는 20분 동안 위쪽을 응시하며 꼼짝도 않고 서 있었다. 옆에 서 있던 한 원주민은 그가 죽은 사람들의 유령을 보고 있는 것이라고 했다. 마침내 그는 아주 천천히 움직이기 시작하다가 이내 전속력으로 이리저리 질주하며 눈에 보이지 않는 적을 쫓아내려는 듯이 나뭇가지를 휘둘러댔다. 이 무언극이 거의 끝났다고 생각될 즈음에 비슷하게 치장한 열 명의 사람이 갑자기 나무 뒤에서 나타나 신비스러운 침입자와 격렬한 싸움을 벌였다……. 끝으로 전력을 쏟아부은 급속한 동작을 몇 차례 전개한 뒤, 그들은 밤을 꼬박 새고도 모자라 해가 뜨고도 몇 시간 더 이어진 흥분된 노역을 멈추고 휴식을 취했다. 그들은 열두 달 동안 유령을 쫓아낸 것에 만족을 느끼는 것 같았다. 강을 따라 자리잡은 모든 주둔지에서 똑같은 의식을 벌였는데, 이는 연례적인 풍습이라고 한다."

　해마다 특정한 계절이 악마를 모조리 추방할 수 있는 적기로 자연스럽게 부각되기도 한다. 그러한 시기는 북극의 겨울이 끝날 무렵, 곧 몇 주 내지 몇 달 간의 공백 뒤에 태양이 지평선에 다시 등장하는 때에 해당한다. 그래서 알래스카의, 아니 아메리카 대륙의 최북단인 포인트 배로(Point Barrow)에서는 에스키모들이 태양이 다시 뜨는 시기를 골라서 투냐(Tuña)라는 악령을 모든 집에서 사냥하는 행사를 벌인다. 이 의식을 포인트 배로에서 겨울을 보낸 미국 극지탐험대 대원들이 목격했다. 공회당 앞에 불을 피워놓고, 모든 집 현관에 할머니를 한 사람씩 배치한다. 남자들은 공회당을 둘러싸고 모여 있고, 그 동안 젊은 여자들과 소녀들은 칼로 침대와 사슴가죽 밑을 지독스럽게 쑤셔대며 투냐더러 떠나가라고 소리친다. 투냐가 집 안의 모든 구멍과 귀퉁이에서 쫓겨나왔다고 여겨질 즈음, 그들은 마루 구멍으로 투냐를 밀어낸 다음 바깥에 나가 고함을 지르고 열광적으로 몸을 흔들며 추격전을 벌인다. 한편 집 현관을 지키는 할머니는 긴 칼을 공중에 휘두르며 투냐가 돌아오는 것을 막는다. 그들은 각기 불이 있는 쪽으로 악령을 몰아가며 불 속에 들어가도록 유인한다. 이때쯤 모든 사람이 불 주위에 반원형으로 모여든다. 그중에서 지도자급 인물 몇 사람이 나와 악령에 대해 세세하게 비난을 제기한다. 그리고 각기 연설을 마친 뒤에 자기 옷을 세게 털어내며 악령더러 자기한테서 떠나 불 속에 들어가라고 촉구한다. 이때 두 남자가 빈 탄창을 채운 소총을 들고 앞으로 걸어나오면, 제삼의 인물이 오줌통을 가져와 불길 위에 던진다. 그와 동시에 한 남자가 불속을 향해 총을 한 방 쏜다. 그리고 연기가 구름처럼 솟구쳐오를 때 한 방 더 사격을 가한다. 이로써 투냐는 당분간 끝장이 난 것으로 여긴다.

늦가을 폭풍우가 육지에 몰아치며 얼어붙은 바다를 아직 가볍게 묶어놓고 있는 얼음 족쇄를 깨뜨려 느슨해진 부빙(浮氷)들이 서로 부딪쳐 요란한 소리를 내며 부서지고 얼음덩어리가 무질서하게 겹쳐 쌓일 때, 배핀란드(Baffin Land)의 에스키모들은 재앙이 실린, 공기 중에 떠다니는 정령들의 소리가 들린다고 상상한다. 그때가 되면 사자의 유령이 오두막집 문을 거칠게 두드린다. 사자의 유령들은 오두막집으로 들어갈 수 없는데, 만약 운 나쁘게 붙잡히는 사람이 있으면 이내 화가 미쳐 병들어 죽게 만든다. 그때가 되면 커다란, 털 없는 개의 유령이 진짜 개를 쫓아다니는데, 개가 그 유령을 보면 발작과 경련을 일으키며 죽어간다. 온갖 악령들이 바깥에 돌아다니며 에스키모에게 질병과 죽음, 악천후와 사냥의 실패를 초래하는 것이다. 그 모든 영계의 손님들 가운데 가장 두려운 존재는 저승세계의 여왕인 세드나(Sedna)와 죽은 에스키모를 자기 몫으로 차지하는 그녀의 아버지다. 다른 정령들이 공중과 물속에 있을 때, 그녀는 땅속에서 솟아오른다. 그때는 마법사들이 바쁜 계절이다. 이때 각 가정에서는 흐릿하게 등불을 밝힌 오두막 뒤편 신비한 어둠 속에 마법사들이 자리잡고 앉아 정령을 부르며 노래하고 기도하는 것을 볼 수 있다. 가장 어려운 일거리는 세드나를 쫓아내는 것인데, 이는 가장 능력 있는 마법사의 몫이다. 오두막집의 커다란 마루 위에서 꼭대기에 작은 구멍이 남게끔 밧줄을 똘똘 감는데, 그 구멍은 물개의 숨구멍을 나타낸다. 마법사 두 명이 그 옆에 서는데, 한 사람은 마치 겨울에 물개구멍을 지키듯이 창을 움켜쥐고, 다른 사람은 작살줄을 든다. 세번째 마법사가 오두막 뒤편에 앉아 세드나를 그 자리로 유인하기 위해 마법의 노래를 부른다. 그러면 그녀가 숨을 헐떡거리며 오두막집 마루 밑으로 다가오는 소리가 들린다. 이윽고 그녀가 구멍에 나타난다. 이때 작살을 꽂으면 그녀는 작살에 맞고 성을 내며 황급히 가라앉아 작살줄을 끌고 간다. 그때 두 사람이 전력을 다해 줄을 잡아당긴다. 격렬한 싸움이 벌어지지만, 결국 그녀는 필사적으로 몸을 비틀어 줄을 떼어내고 아들리분(Adlivun)의 자기 거처로 되돌아간다. 작살을 구멍에서 끌어올릴 때 피가 뿌려지는 것이 보이는데, 마법사들은 그것을 자신들의 능력을 증거하는 것으로 자랑스럽게 과시한다. 이렇게 해서 세드나와 다른 악령들이 마침내 쫓겨나고, 다음날 노소가 한데 어울려 그 일을 기념하는 큰 축제를 벌인다. 그러나 아직은 조심해야 하는 것이, 부상당한 세드나가 격분해서 집 밖에 나와 있는 사람이 눈에 띄면 모두 잡아가기 때문이다. 그래서 사람들은 모두 두건 위에 그녀를 막는 부적을 붙인다. 이 부적은 그들이 태어난 후 처음 입었던 옷에서 갈라낸 천조각으로 만든 것이다.

동북아시아 타이고노스(Taigonos) 반도의 코랴크족은 해마다 동지 후에 축제를 벌인다. 부자들은 이웃을 빠짐없이 축제에 초대하고 '유일상제(唯一上帝)'에게 제사를 올리며, 손님들을 위해 많은 순록을 잡는다. 무당이 그 자리에 있으면 그는 집 안을 한 바퀴 돌며 북을 두드려 귀신(kalau)을 쫓아낸다. 그는 집 안의 모든 사람을 탐색하여 귀신의 화살이 어떤 사람의 몸에 박혀 있는지 보고 그것을 뽑아내지만, 그 화살은 당연히 보통 사람의 눈에는 보이지 않는다. 이렇게 해서 그는 사람들을 질병과 죽음으로부터 보호해 준다. 무당이 그 자리에 없으면 집주인이나 주문에 능숙한 여자가 귀신을 쫓아낼 수 있다.

기니 흑인들은 해마다 그 목적을 위해 따로 정해놓은 시기에 성대한 의식을 벌여 모든 마을에서 악마를 쫓아낸다. 황금해안의 액심(Axim)에서는 이러한 연례적인 추방의식에 앞서서 8일간 축제를 여는데, 그 기간에는 주연과 환락, 무용과 노래가 주를 이루는 데다가 "완전한 풍자의 자유를 허용하고 스캔들을 크게 장려하기 때문에 사람들은 아랫사람은 물론 윗사람의 모든 과실과 악행, 부정을 벌을 받거나 간섭받는 일 없이 자유롭게 공개하고 비난할 수 있다." 8일째 되는 날 사람들은 무시무시한 고함소리를 내며 악마를 사냥하러 나간다. 그들은 악마를 뒤쫓으며 막대기와 돌, 그리고 손에 잡히는 것이면 무엇이든 집어던진다. 악마를 마을 밖으로 충분히 멀리 쫓아내고 나면 모두들 돌아온다. 이렇게 해서 악마는 100곳이 넘는 마을에서 동시에 쫓겨난다. 한편 여자들은 악마가 집으로 돌아오지 않도록 확실히 하기 위해 나무나 흙으로 만든 그릇을 모두 깨끗이 씻어서 "모든 부정과 악귀를 제거한다." 한 후대의 기록자에 따르면, "황금해안에는 정기적인 공식행사가 있어서 그때가 되면 사람들이 곤봉과 횃불을 들고 악마를 마을에서 쫓아내기 위해 (보통 야간에) 떼지어 나온다. 그리고 정해진 신호에 따라 마을사람들이 모두 가장 소름끼치는 울부짖음 소리를 내면서 자기들 거처를 구석구석 두드린다. 이어서 횃불과 곤봉을 들고 길거리로 뛰어나가 수많은 열광적인 광신자들처럼 허공을 때리고 목청껏 비명을 지르다가, 이윽고 누군가 유령들이 마을의 어떤 성문으로 빠져나갔다는 것을 알리면 숲 속으로 몇 킬로미터쯤 추적해 가서 다시는 돌아오지 말라고 경고를 한다. 이런 행사를 치르고 난 뒤 사람들은 더 편안하게 숨쉬고, 더 조용하게 잠자며, 더 건강해진다. 온 마을이 음식을 잔뜩 차리고 다시 한 번 잔치를 벌인다."

황금해안의 케이프 코스트 캐슬(Cape Coast Castle)에서 1844년 10월 9일에 거행한 의식을 한 영국인이 목격하고 이렇게 묘사했다. "오늘밤에 아본삼(Abonsam)이라는 악령을 마을에서 추방하는 연례행사가 벌어졌다. 8시를 알리는 대포소리가 요새에서 울리자마자 사람들은 집 안에서 머스켓총을 쏘며 가구를 모두 문 밖에 내놓고 막대기 따위로 방 안을 구석구석 두드리면서 악마에게 겁을 주기 위해 한껏 큰 목소리로 비명을 질렀다. 악마를 집에서 쫓아냈다고 생각되면, 사람들은 거리로 돌진하여 횃불을 사방에 던지고 소리치고 비명을 지르고 막대기를 서로 부딪치고 낡은 냄비를 두드리는 등 가장 무서운 소음을 내면서 악마를 마을 밖 바다로 몰고갔다. 이 행사에 앞서서 4주간의 침묵기간이 있는데, 이 기간에는 총을 쏘거나 북을 치거나 사람들끼리 수다떠는 것이 허용되지 않는다. 만약 이 기간에 어떤 토인 두 사람이 의견이 안 맞아 마을에서 소란을 피우면, 즉각 왕 앞에 잡혀가서 무거운 벌금형을 받는다. 개나 돼지, 양이나 염소가 길거리에 돌아다니는 것이 발견되면 누구든 그 짐승을 죽이거나 붙잡아갈 수 있으며, 원래 주인은 보상을 청구할 수 없다. 이러한 침묵기간은 아본삼을 속여서 경계심을 늦추게 한 다음 기습을 가해 겁먹고 달아나게 하기 위해 고안한 것이다. 이 기간에는 누가 죽어도 그 친척은 곡을 할 수 없다."

중부 유럽에서는 다른 어떤 때보다도 오월절 전야인 '발푸르기스의 밤 (Walpurgis Night)'을 마녀들의 해로운 능력이 최고로 발휘되는 때로 여겼다. 따라서 이 시기에 사람들이 마녀를 막기 위해 경계를 서고, 단지 방어하는 차원을 넘어 과감하게 적의 진지로 돌진하여 그 섬뜩한 무리들을 공격하고 강제로 몰아내고자 하는 것은 지극히 자연스러운 일이었다. 이 무서운 교전에서 눈에 보이지 않는 적들과 싸우는 무기는 성수(聖水), 향이나 다른 연소물의 연기, 온갖 종류의 커다란 소음, 특히 금속기구를 부딪치는 소리 따위였다. 소음 중에서는 교회 종소리가 아마도 가장 효과적이었던 것 같다. 이 같은 유력한 수단 중 일부는 지금까지, 또는 최근 몇 년 전까지도 농민층에서 사용하고 있었으므로 시간이 지났다고 해서 그 주술적 효능이 쇠퇴했다고 볼 이유는 없는 것 같다. 다른 지방과 마찬가지로 티롤에서도 악의 세력을 추방하기 위해 이 시기에 의식을 행했는데, 이를 '마녀 화형식'이라고 부른다. 의식은 오월절 당일에 거행하지만, 사람들은 며칠 전부터 준비에 바쁘다. 목요일 자정에 관솔 토막과 검붉은 반점이 있는 독미나리풀·백화채나무·로즈메리·자두나무 잔지 따위로 장작다발을 만든다. 이것을 교회에서 처음으로 정식 사면을 받은 남자들이 보관했다가 오월절에 태운다. 4월의 마지막 사흘간은 모든 집을 깨끗이 청소하고 노간주나무 열매와 루타 나무 잎으로 향을 피운다. 오월절이 되어 저녁종이 울리고 땅거미가 질 때 '마녀 화형식'이 시작된다. 남자 어른들과 소년들은 채찍과 종, 항아리, 냄비 따위를 두드려 요란한 소리를 내며, 여자들은 향로를 운반한다. 개들도 사슬에서 풀려나 마구 짖으며 뛰어다닌다. 그러다가 교회종이 울리자마자 장대에 묶은 나뭇가지 다발에 불을 지르고 향을 피운다. 이어서 집 안에 남아 있는 모든 종과 저녁식사 종이 울리면, 모든 사람이 항아리와 냄비를 맞부딪치며 시끄러운 소리를 내야 한다. 이러한 대소동의 와중에 모든 사람이 한껏 목청을 높여 이렇게 소리지른다.

마녀야 도망가라. 여기서 도망가라.
도망가지 않으면 네게 화가 미치리.

이어서 사람들은 집과 마당과 마을을 일곱 번씩 달린다. 이렇게 해서 연기를 쏘여 마녀를 은신처에서 쫓아낸다.

발푸르기스의 밤에 마녀를 쫓아내는 풍습은 바이에른의 많은 지방과 보헤미아의 게르만족 사이에서 지금까지, 또는 30~40년 전까지 행해져 왔다. 그래서 바이에른과 보헤미아를 구분하는 뵈머발트(Böhmerwald) 산맥에서는 해진 뒤에 마을의 모든 젊은이가 어떤 언덕이나 특히 교차로 같은 곳에 모여서 한동안 전력을 다해 채찍을 휘두른다. 이렇게 하면 마녀가 쫓겨간다. 채찍 소리가 들리는 한 그 사악한 존재는 아무 해도 끼칠 수 없는 것이다. 농민들은 이러한 처방의 효험을 확고하게 믿는다. 촌사람은 자기 아들더러 채찍을 큰소리 나게 휘둘러 마녀를 세게 맞추라고 이야기한다. 그래서 매질을 더 아프게 하기 위해 채찍끈에 매듭을 묶는다. 마을로 돌아오면 젊은이들은 흔히 노래를 부르며 계란·라드·빵·버터 따위를 걷는다. 어떤 장소에서는 젊은이들이 채찍을 휘두르는 동안 목동들이 뿔피리를 부는데, 밤의 정적 속에 멀리까지 들리는, 길게 끄는 피리소리는 마녀를 추방하는 데 매우 효과적이라고 한다. 또, 다른 곳에서는 젊은이들이 껍질을 벗긴 버드나무로 만든 퉁소를 모든 집 앞에서, 특히 마녀가 숨어 있음직한 집 앞에서 불어댄다. 프랑켄발트(Frankenwald) 산맥에 접해 있는 중부 독일의 황량한 산악지방인 포이그트란트(Voigtland)에서는 마녀의 요술에 대한 믿음이 아직 광범위하게 퍼져 있다. 특히 마녀들이 두려움의 대상이 되는 시기는 발푸르기스의 밤이지만, 하지절 전야와 성 토마스 축일 전야, 성탄절 전야에도 마녀들이 장난을 부린다. 이런 절기에 그들은 이웃에 있는 집을 열고 들어가 무언가를 빌리거나 훔쳐가려고 한다. 어떤 집에서 그들이 그런 악의적인 용건을 성공적으로 마치고 나면 그 집에 있는 사람에게 화가 미치는 것이다! 발푸르기스의 밤과 하지절 전야에 그들은 쇠갈퀴와 우유 젓는 기구를 타고 공중에 날아다닌다. 그들은 또한 소떼에게 마법을 건다. 그래서 사람들은 그날이 되면 불쌍한 짐승들을 그들의 몹쓸 짓으로부터 보호하기 위해 백묵으로 외양간 문 위에 십자가를 세 개 그려놓거나, 성 요한의 풀이나 마조람(marjoram) 따위를 걸어놓는다. 또, 역시 아주 흔하게 마을 젊은이들이 무리지어 다니며 고함과 갖은 소음은 물론 채찍질, 총쏘기, 공중에 불붙은 빗자루 흔들기 등 온갖 방식으로 마녀를 몰아낸다. 이러한 풍습은 포이그트란트를 포함하여 튀링겐 지방에서 일반적으로 행하는 것으로 나타난다. 사람들은 채찍질이 실제로 공중에 떠다니는 보이지 않는 마녀를 때린다고 믿는다. 따라서 채찍소리가 들리는 한 풍년이 들 것이며, 벼락을 맞는 일도 없을 것이다. 채찍소리가 마녀를 쫓아내기 때문이다.

3

그러나 쫓겨난 악마들을 보통 구체적인 형상으로 표현하는 일은 드문데, 이는 그들을 운반해 가는 물질적 · 가시적인 매개체 속에 눈에 보이지 않게 내재하는 것으로 이해하기 때문이다. 악마를 운반해 가는 매개체는 다양하며, 한 가지 흔한 것으로 작은 배, 곧 보트를 들 수 있다. 이를테면 세람 섬 남부 지방에서는 온 마을이 병에 걸리면 작은 배를 만들어 모든 사람한테서 거둔 쌀과 담배, 계란 따위를 채운다. 배 위에는 작은 돛을 올린다. 모든 준비가 끝나면 한 남자가 아주 큰소리로 외친다. "오, 그대 모든 질병이여. 그대 천연두, 학질, 홍역 따위여. 그대들은 너무나 오랫동안 우리를 방문해서, 너무나 지독하게 우리를 쇠약하게 만들었도다. 그러나 이제 그대들은 우리를 그만 괴롭혀야겠다. 우리는 그대들을 위해 이 배를 마련하고 항해에 필요한 먹이도 충분히 준비했노라. 그대들은 음식물이든 구장잎이든 빈랑나무 열매든 담배든 부족함이 없을 것이다. 곧바로 배를 타고 우리를 떠나라. 다시는 우리 근처에 얼씬도 하지 말고, 여기서 멀리 있는 땅으로 가라. 모든 조류와 바람이 그대들을 신속하게 저 멀리 실어나를 것이다. 그리하여 앞으로 우리는 건강하게 잘 살 것이며, 그대들 위에 태양이 뜨는 것을 다시는 보지 못할 것이다." 이어서 열 명 내지 열두 명쯤 되는 남자들이 배를 해안으로 운반하여 부드러운 뭍바람에 떠내려 보낸다. 그러고 나면 그들은 영원히, 또는 적어도 다음 번까지는 병에서 해방되었다는 확신을 느끼는 것이다. 병이 다시 닥치면 그것은 같은 병이 아니라 다른 병이라고 믿으며, 적절한 시기에 같은 방식으로 그 병을 떠나보낸다. 악마를 실은 돛단배가 시야에서 사라지면 배를 운반한 사람들은 마을로 돌아오는데, 돌아오자마자 한 사람이 이렇게 소리친다.

"이제 병마는 가버렸고, 사라졌고, 추방되었고, 배에 실려 멀리 떠나갔다."
이 소리에 모든 사람이 집에서 달려나와 커다란 기쁨에 넘쳐 서로 그 말을 전
하며 징을 두드리고 악기를 울려댄다.

　인도의 수클라티르타(Sucla-Tirtha)에서는 사람들의 누적된 죄를 담은 오지
항아리를 (해마다?) 강물에 띄워 보낸다. 전설에 따르면, 이 풍습은 한 사악한
승려에게서 유래했다고 한다. 그는 금욕과 속죄의식을 거쳐 자신의 죄를 속
죄한 후, 흰 돛을 단 배를 타고 강을 따라 내려가라는 명령을 받았다. 만약 흰
돛이 검게 변하면, 그것은 그가 용서받았음을 뜻하는 신호였다. 돛은 검게 변
했고, 승려는 기쁨에 넘쳐 자기 죄를 실은 배를 바다로 떠내려 보냈다는 것이
다. 중국의 많은 토착 부족은 매년 3월을 기념하는 커다란 축제를 연다. 그것
은 지난 열두 달 동안의 재액(災厄)을 총박멸하는 의식으로, 전체적으로 축하
하는 방식으로 열린다. 재액은 다음과 같이 박멸한다고 한다. 커다란 질그릇
항아리에 화약과 돌과 쇳조각을 가득 채워 땅에 묻고 항아리와 연결된 도화
선을 설치한다. 그리고 성냥불을 붙이면 항아리와 그 내용물이 폭발한다. 돌
과 쇳조각은 지난해의 불운과 재난을 상징하며, 폭발로 그것이 흩어지는 것
은 불운과 재난 자체의 제거를 상징한다. 축제는 성대한 주연과 취흥을 동반
한다. 조선인들은 설날에 모든 우환을 쫓아내기 위해 종이에 우상을 그리고
그 위에 몸이나 마음의 고통거리를 적은 다음, 한 소동(小童)에게 그 종이들
을 주어 불태우게 한다. 같은 절기에 같은 목적을 이루는 또다른 방법은 조잡
한 짚인형을 만들고 거기에 동전 몇 개를 집어넣어 길거리에 버리는 것이다.
누구든 그 인형을 집어드는 사람이 모든 액을 가져가게 되며, 그럼으로써 원
래의 당사자를 구제해 주게 되는 것이다. 또, 정월 대보름 전날에 조선인들
은 그 해의 모든 액을 함께 날려 보내달라는 소망을 적은 종이연을 날린다.
워렌 헤이스팅스(Warren Hastings)가 영국인 사절로 티베트에 파견한 조지 보
글(George Bogle) 씨*는 테수 라마(Teshu Lama)의 수도인 테수 룸보(Teshu

---

*프레이저의 외가 쪽 고조부. 그의 모험담은 제임스 프레이저가 아직 케임브리지 학부생
일 때 프레이저 가문에 의해 *Narratives of the Mission of George Bogle to Tibet and of the
Journey of Thomas Manning to Lhasa*,(London, 1876)라는 제목으로 출판되었다.

Lumbo)에서 티베트인의 설날 행사를 목격했다. 수도승들이 바라·소고·나팔·피리·북의 음악에 맞추어 궁정을 돌며 행진을 했다. 이어서 가장복 차림에 동물, 주로 야생동물의 머리 모양 가면을 쓴 다른 사람들이 괴상야릇한 동작으로 춤을 추었다. "그 다음에 종이에 먹으로 그린 인형 그림을 땅에 펼쳐놓았다. 그들을 이해하지 못하는 내 눈에는 별나 보이는 기묘한 의식이 벌어졌다. 그리고 궁정 한쪽 모퉁이에 커다란 불을 피워놓고 마침내 그림을 그 위에 올려놓았다. 가연성을 지닌 그림은 많은 연기와 폭발음을 내며 사라졌다. 사람들은 그것이 마귀의 인형이라고 했다."

기니 해안의 구(舊)칼라바르에서는 2년에 한 번씩 공식적으로 악마와 귀신을 추방한다. 이렇게 해서 소굴에서 쫓겨나는 유령들 중에는 마을의 마지막 정화의식 이후 죽은 모든 사람의 영혼이 포함된다. 일설에 따르면, 11월에 행하는 추방의식이 있기 약 3주 내지 한 달 전에 사람과 동물, 이를테면 악어·표범·코끼리·황소·새 따위를 상징하는 조잡한 인형을 고리버들이나 나무로 만들어, 야하게 치장하고 천조각 띠로 매달아 모든 집 문 앞에 놓는다. 그리고 의식을 행하는 날 새벽 세 시경이 되면 모든 주민이 거리로 뛰쳐나와 귀가 멍멍하게 고함을 지르고 극도로 흥분한 상태에서 행진을 벌이며, 떠도는 악마와 귀신을 모두 인형 속에 몰아넣어 인형과 함께 사람의 주거지에서 쫓아낼 수 있게 한다. 이 목적을 위해 사람들은 무리지어 거리를 돌아다니며 문을 두드리고 총을 쏘고 북을 두드리고 뿔피리를 불고 종을 울리고 항아리와 냄비를 부딪치고 있는 힘껏 고함을 질러댄다. 간단히 말해서 낼 수 있는 모든 소음을 낸다. 이 소동은 동이 틀 무렵까지 계속되다가 차츰 잦아져 해가 뜨면 완전히 그친다. 이때쯤이면 집청소가 완전히 끝나고, 겁먹은 귀신들이 모두 인형이나 펄럭이는 휘장 속으로 쫓겨 들어간 것으로 여긴다. 이러한 고리버들 인형 속에는 또 집 안에서 쓸어낸 쓰레기와 어제께 불피우고 남은 재를 집어넣는다. 그러고 나서 악마가 깃든 인형들을 서둘러 떼어내서 요란한 행렬과 함께 강가로 운반하여 북소리에 맞추어 강물에 집어던진다. 썰물이 인형들을 멀리 바다로 싣고 가면, 마을은 다음 2년간 유령과 악마를 깨끗이 청소한 상태가 된다. 격년으로 벌어지는 이러한 유령추방 행사는 '은독(Ndok)'이라는 명칭으로 부르며, 그 수단으로 쓰는 인형들은 '나비켐

(*Nabikem*)' 또는 '나비킴(*Nabikim*)'이라고 부른다.*

일년 내내 누적된 재액을 공식적으로 추방하는 수단으로 쓰는 속죄양은 때로 동물이 그 역할을 하기도 한다. 서부 히말라야 산맥에 있는 주하르(Juhar)의 보티야(Bhotiya)족은 1년 중 한 날에 개 한 마리를 택하여 술과 대마로 취하게 만들고 사탕과자를 먹인 다음, 마을을 한 바퀴 돌고 나서 풀어준다. 그리고 나서 그들은 개를 쫓아가서 막대기와 돌로 죽이는데, 그렇게 하면 그 해에는 질병이나 재앙이 마을에 찾아오지 않는다고 믿는다. 옛날 브리덜베인(Breadalbane) 일부 지방에서는 설이 되면 관례적으로 개를 문가로 데려가 빵 조각을 먹이고 바깥으로 쫓아내며 이렇게 말했다. "꺼져라, 개야! 올해 마지막까지 이 집에서 사람이 죽거나 소를 잃는 일이 일어날 것 같으면 그 모든 화가 네 머리에 미칠 것이다!" 이로쿼이(Iroquoi)족이 해마다 신년제에서 제물로 삼는 흰 개들도 속죄양인 것으로 보인다. 1841년 1월에 그 의식을 목격한 클라크(J. V. H. Clark) 씨에 따르면, 제전 첫날에는 마을의 불을 모두 끄고 재를 바람에 뿌린 다음, 부싯돌과 쇠숫돌로 새 불을 붙였다. 다음날에는 환상적인 옷차림을 한 남자들이 마을을 돌며 사람들의 죄를 주워모았다. 제전 마지막 날 아침이 되자 흰 개 두 마리를 붉은 물감과 조가비구슬, 깃털, 리본 등으로 장식하여 끌고 나왔다. 그 개들은 이내 목졸라 죽인 다음 사다리에 매달았다. 사격과 고함소리가 이어졌으며, 반 시간 뒤에 개들은 한 집으로 운반되어 "거기에서 사람들의 죄를 그들에게 옮겼다." 개들의 시체는 나중에 장작더미 위에서 불태웠다. 18세기에 기록을 남긴 커클랜드(Kirkland) 목사에 따르면, 흰 개 한 마리를 태우는 데 쓴 장작의 재를 마을로 가져가서 모든 집 문간에 뿌렸다고 한다. 일곱 번째 달의 열 번째 날인 속죄일에 유대인 대사제는 산 염소의 머리 위에 양손을 얹고 이스라엘 어린 백성들의 모든 부정을 고백했다. 그리고 그렇게 함으로써 백성들의 죄를 짐승에게 전가한 다음에 그 짐승을 멀리 광야로 보냈다.**

---

*이 의식은 메리 킹슬리(Mary Kingsley)가 *Travels in West Africa*(London, 1897) 495쪽에서 설명하고 있다. 칼라바르는 나이지리아와 카메룬 접경지대에 가로놓인 한 무리의 시내에 면해 있는 에픽족의 옛 정착지다.
**공인본 번역판의 「레위기」 16장. 이는 속죄양을 가리키는 'scapegoat'라는 영어 단어의

백성들의 죄를 정기적으로 떠맡는 속죄양은 인간일 수도 있다.

서아프리카의 요루바족 흑인들을 보자. "(이들이) 희생감으로 선택한 인간 제물은 자유민일 수도 있고, 노예일 수도 있다. 귀족이나 부유한 가문 출신일 수도 있고, 비천한 가문 출신일 수도 있다. 일단 그 목적을 위해 선발되어 격리된 후에는 '올루워(Oluwo)'라는 호칭으로 그를 부른다. 그는 격리기간 동안 항상 잘 먹으며 바라는 모든 것을 제공받는다. 그러다 그를 제물로 바칠 때가 오면 보통 그를 이끌고 왕이 사는 성읍이나 성시의 시가지를 행진한다. 왕은 자신의 통치, 그리고 모든 가문과 개인들의 안녕을 위해 그를 제물로 바침으로써 그가 모든 백성의 죄와 과오, 불행과 죽음을 빠짐없이 가져가게 하려 한다. 보통 잿가루와 백묵을 이용하여 인간제물의 신원을 숨기는데, 그의 머리 위에 재를 마구 뿌리고 얼굴에는 백묵을 칠한다. 한편 사람들은 종종 집에서 뛰쳐나와 그에게 손을 댐으로써 자신들의 죄와 잘못, 고민거리, 죽음 따위를 그에게 전가하려고 한다. 이러한 행진이 끝나면, 그를 야자수 따위 나뭇가지로 지은, 신성한 가건물 오두막인 '이그보두(Igbodu)'로 인도한다. 그 오두막의 첫째 칸까지는 많은 사람이 따라갈 수 있다. 그러나 둘째 칸은 추장들과 그밖의 주요 인사들만 그를 호위하며 따라갈 수 있고, 셋째 칸은 '바발라워(Babalawo, 사제)'와 그 공식 조수인 '아지그보나(Ajigbona)'만이 그와 함께 들어갈 수 있다. 셋째 칸에 이르러 그가 마지막 노래를 시작하면, 그의 마지막 말이나 마지막 신음을 듣기 위해 기다리는 수많은 회중이 이를 따라한다. 그런 다음에 그의 머리를 자르고 그의 피를 신들에게 바친다. 그의 마지막 말이나 마지막 신음을 사람들이 듣고 따라하는 것은 사람들로 하여금 환희와 기꺼움, 감사의 말과 더불어 북을 울리고 춤을 추게 하는 신호다. 그것은 자신들의 제물이 수용되어 신의 분노가 진정되고 번영을 누릴 전망이 확보된 데 따른 만족의 표현인 것이다."*

출전이다. 그러나 영역자들은 불가타(Vulgate)판 성경을 가지고 작업했는데, 거기서 성 제롬이 caper emissarius라고 옮긴 것은 사실상 악마 아자젤(Azazel)의 오역이다. 원래의 헤브라이어는 이 악마에게 염소를 쫓아보낸다는 의미다. 그런데 이 오역이 프랑스어의 bouc émissaire를 비롯한 다양한 유럽어로 편입되기에 이른 것이다.

*이 부분의 최종적 출전은 프레이저의 몇 안 되는 아프리카 정보원 중 한 사람인 비숍

때때로 속죄양이 신성한 동물일 때도 있다. 말라바르(Malabar)족은 힌두족과 똑같이 암소를 숭배하며 그것을 잡아서 먹는 것을 "고의적인 살인행위와 마찬가지로 가증스러운 범죄로 간주한다." 그런데도 "브라만들은 종족의 죄를 한 마리나 여러 마리 암소에게 전가하며, 그런 다음 암소와 그것이 짊어진 죄를 지정한 장소로 한꺼번에 보내버린다." 고대 이집트인들은 황소를 제물로 바칠 때 자신들과 이집트 땅에 닥칠 모든 재앙을 그 황소의 머리로 옮긴 다음에 그것을 그리스인들에게 팔거나 강물에 던져버렸다. 그런데 우리가 알고 있는 시대에 이집트인들이 황소 일반을 숭배했다고는 할 수 없다. 당시 흔히 황소를 잡아먹은 것으로 보이기 때문이다. 그러나 상당수의 정황증거가 가리키는 결론은, 원래부터 이집트인들이 암소와 황소를 막론하고 모든 소를 신성시했다는 것이다. 그들은 모든 암소를 신성한 존재로 여겨 제물로 쓰지 않았을 뿐 아니라, 황소들도 어떤 자연적인 표식이 없으면 제물로 쓰지 못하게 했다. 사제는 모든 황소를 제물로 쓰기 전에 일일이 검사했다. 그래서 적절한 표식을 찾아내면 제물로 써도 좋다는 표시로 그 짐승에게 인장을 찍었다. 인장이 찍히지 않은 황소를 제물로 삼는 사람은 사형에 처했다. 아울러 검은 황소 아피스와 네비스에 대한 숭배가 성행했고, 특히 전자는 이집트 종교에서 중요한 역할을 했다. 더욱이 자연사한 모든 황소는 도시 교외에 조심스럽게 파묻었고, 나중에 그 유골을 이집트 전역에서 수집하여 한 곳에 매장했다. 또, 이시스의 대제전에서 황소를 제물로 바칠 때 모든 숭배자들은 가슴을 치며 애도했다. 그러므로 전체적으로 볼 때, 우리는 암소가 늘 그랬던 것처럼 황소도 원래 이집트인들이 신성시한 동물이었고, 또 이집트 민족의 재앙을 그 머리에 짊어지고 살해당한 황소는 한때 신성한 속죄양이었다고 추리할 수 있을 것이다.

마지막으로, 속죄양은 신성한 인간일 수도 있다. 이를테면 인도의 곤드족은 11월에 농작물의 수호신인 '간시암 데오(Ghansyam Deo)'에게 예배를 드

제임스 존슨 주교이다. 요루바족은 아주 일찍 복음화되었다. 이런 종류의 의식은 1960년대 서부 나이지리아를 무대로 한 올레 소잉카(Wole Soyinka)의 희곡 The Strong Breed의 배경을 이루는 것으로 보인다. 거기서 '에만'이라는 한 이방인은 강제로 속죄양의 역을 맡아 나무 위에서 목숨을 잃는다.

리는데, 그 제전에서는 신 자신이 직접 숭배자 중 한 사람의 머리에 내려온다고 한다. 그러면 그 사람은 갑자기 발작을 일으켜 비틀거리다가 밀림 속으로 뛰어들어가며, 거기에 혼자 내버려두면 미쳐서 죽게 된다는 것이다. 그래서 사람들이 가서 도로 데려오지만, 그는 하루나 이틀 동안은 의식을 회복하지 못한다. 그런 방식으로 한 사람이 나머지 마을사람들의 죄를 대신하는 속죄양으로 뽑히는 것이다. 동부 카프카스 산맥의 알바니아인들은 달의 신전에 수많은 신성한 노예를 두었는데, 그 가운데 많은 사람이 신내림을 받고 예언을 했다. 그중 한 사람이 신내림이나 광기의 징후를 보통 이상으로 나타내며 밀림 속의 곤드족같이 혼자서 숲 속을 방황하게 되면, 대사제는 신성한 사슬로 그를 묶게 하고 1년 동안 호사스런 생활을 보장한다. 1년이 지나면 그에게 연고를 바른 다음 끌고 가서 제물로 희생시켰다. 이러한 인간제물 죽이는 것을 업으로 삼는, 실전을 통해 능숙한 솜씨를 익힌 한 남자가 군중 속에서 나와 신성한 창을 희생자의 옆구리에 찔러 심장을 관통시켰다. 살해당하는 사람이 어떤 방식으로 쓰러지느냐에 따라 공동체의 안녕에 관한 길흉의 징조가 도출된다. 그런 다음 시체를 특정 장소로 운반한 뒤, 하나의 정화의식으로서 모든 사람이 시체를 밟고 선다. 이 마지막 행동은 명백히, 마치 유대인 사제가 동물의 머리에 양손을 얹어 부족의 죄를 속죄양에게 옮기듯이 부족의 죄를 희생자에게 전가하였음을 나타낸다. 또, 그 희생자를 신령에 사로잡힌 존재로 여겼으므로, 여기서 우리는 부족의 죄와 불행을 제거하기 위해 살해당하는 명백한 인간신의 사례를 보는 셈이다.

티베트의 속죄양 의식은 몇 가지 주목할 만한 특징을 보여준다. 티베트의 새해는 2월 15일경에 뜨는 초승달과 더불어 시작된다. 그후 23일 동안 수도인 라사의 통치권은 평상시의 통치자들 손을 떠나, 그 특권을 위해 최고의 금액을 제시하는 데방(Debang) 수도원의 승려에게 위임된다. 입찰에서 성공한 승려를 '잘노(Jalno)'라고 부르는데, 그는 은지팡이를 손에 들고 라사의 시가지를 돌아다니며 자신의 권력 승계를 친히 사람들에게 선포한다. 이웃한 모든 수도원과 사원에서 그에게 경의를 표하기 위해 승려들이 모여든다. 잘노는 자기가 부과하는 벌금이 모두 자기 수입이 되기 때문에, 자기 이익을 위해 제멋대로 권력을 행사한다. 그가 거두는 이익은 권력을 살 때 들인 금액의 약

10배에 달한다. 그의 부하들은 주민들의 행동 중에 흠잡을 만한 것을 적발하기 위해 온 시가지를 돌아다닌다. 이 시기에 라사에서는 모든 집에 세금을 부과하고, 아주 사소한 위법행위도 가차없이 엄격한 벌금형에 처한다. 이러한 잘노의 가혹한 통치에 쫓겨 모든 노동계급이 23일의 기간이 끝날 때까지 도시를 떠나서 생활한다. 그러나 평신도들이 나가는 대신 승려들이 들어온다. 이때에 맞춰 주변 몇 킬로미터에 걸쳐 나라의 모든 불교사원이 문을 활짝 열고 자기 식구들을 쏟아낸다. 인접한 산악지대에서 라사로 내려가는 모든 길은 서둘러 수도를 찾아가는 승려들로 가득하다. 일부는 도보로, 일부는 말을 타고, 또 일부는 나귀나 음매 우는 황소를 타고 가는데, 하나같이 불경과 취사도구를 지니고 간다. 엄청난 숫자가 몰려오기 때문에 도시의 거리와 광장은 그들 무리로 빽빽이 들어차고, 그들이 입은 홍색 가사로 붉게 물든다. 그로 인한 무질서와 혼란은 형언할 수 없을 정도다. 성직자들이 삼삼오오 떼지어 길거리를 종횡하며 불경을 외우거나 사나운 고함을 지른다. 게다가 그들끼리 마주치면 서로 밀치며 난투극을 벌인다. 코피가 터지고, 눈에 멍이 들고, 머리가 깨지는 사태를 서로 주거니 받거니 하며 마음껏 길거리를 종횡하는 것이다. 또, 동이 트기 전부터 어둠이 내린 후까지 하루 종일 이 홍색 가사를 입은 승려들은 라사의 대가람인 마친드라나트 사원의 희미한 향내 감도는 공기 속에서 불공을 드린다. 거기에서 그들은 차와 국과 돈을 시주받기 위해 하루에 세 번씩 떼지어 모인다. 대가람은 도시 중앙에 자리잡은 웅대한 건축물로, 시장과 상점으로 둘러싸여 있다. 그 속의 불상들은 황금과 보석이 잔뜩 박혀 있다.

　잘노는 집권기간이 끝난 지 24일째 되는 날 다시 권력을 잡고 열흘 동안 전과 똑같이 제멋대로 행동한다. 열흘의 첫날에 승려들은 또다시 대가람에 모여서 백성들의 질병과 재앙을 예방하기 위해 불공을 드리고, "속죄제물로 한 남자를 희생시킨다. 이 남자가 그 일 때문에 죽음을 당하는 일은 없지만, 그가 겪는 의식은 종종 치명적인 결과를 수반한다. 그의 머리에 곡식을 던지는데, 얼굴은 반은 희게, 반은 검게 칠한다." 이같이 괴상하게 분장하고 가죽 외투를 팔에 걸친 그 인물을 '연년(年年)의 왕'이라고 부른다. 이 인물은 날마다 시장거리에 앉아서 먹고 싶은 것은 무엇이든 마음대로 집어먹고 검은 야크의 꼬리를 사람들 위로 흔들며 돌아다니는데, 그렇게 함으로써 사람들의 악운을 자신에게로 옮기는 것이다. 열흘째 되는 날에 라사의 모든 군대는 대가람으로 행진하여 그 앞에 정렬한다. 연년의 왕은 사원에서 이끌려 나와 모인 군중들로부터 작은 기증품을 받는다. 그런 다음에 그는 잘노를 조롱하며 그에게 이렇게 말한다. "우리가 오감을 통해 느끼는 것은 환상이 아니다. 당신의 가르침은 모두 거짓이다." 당분간 대라마를 대변하는 잘노는 이러한 이단적 견해를 논박한다. 논쟁은 뜨겁게 달아오르고, 마침내 양측은 주사위를 던져서 이 문제를 결정짓기로 합의한다. 잘노는 주사위 던지기에서 지면 속죄양과 자리를 바꾸겠다고 제안한다. 연년의 왕이 이기면 많은 재앙이 일어날 것으로 여긴다. 그러나 잘노가 이기면 커다란 환호성이 터진다. 왜냐하면 그것은 그의 적수가 라사 백성들의 죄를 짊어질 제물로 받아들였음을 의미하기 때문이다. 그런데 행운은 항상 잘노의 편이다. 그는 매번 던질 때마다 어김없이 6이 나오는데, 상대방은 매번 1만 나오는 것이다. 이는 언뜻 보기와는 다르게 별로 이상한 일이 아니다. 잘노의 주사위는 6자만 표시되어 있고, 상대방의 주사위는 1자만 표시되어 있는 것이다. 섭리의 손가락이 이처럼 명백히 자기를 겨냥하고 있음을 깨닫게 되면, 연년의 왕은 겁에 질려 백마를 타고 흰 개와 흰 새, 소금 따위를 가지고 달아난다. 이것들은 모두 정부에서 그에게 제공해 준 것이다. 그의 얼굴은 여전히 반은 희게, 반은 검게 칠해져 있으며, 가죽 외투도 그대로 걸친 상태다. 그러면 모든 대중이 그를 뒤쫓으며 야유를 보내고 고함을 지르고 연달아 공포사격을 해댄다. 이렇게 도시에서 쫓겨나면, 그는 사미아스 수도원에 있는 커다란 공포의 방에 7일 동안 감금된다. 이 방은 기괴하고 무서운 악마상과 거대한 뱀, 들짐승의 가죽으로 둘러싸여 있다. 여기를 나와서 그는 멀리 체탕 산맥 속으로 들어가며, 그곳의 좁은 동굴 속에서 수개월 내지 1년 동안 추방자로 머물러야 한다. 기간이 다하기 전에 그가 죽으면 사람들은 그것을 길조라고 말한다. 그러나 만약 살아남으면 그는 라사로 돌아와 다음해에 또다시 속죄양 역할을 한다.

세상과 격리된 이 불교의 수도―아시아의 로마―에서 지금도 해마다 거행하는 이 기묘한 의식은 뚜렷한 종교적 계층분화 속에서 스스로 구원받는 신성한 구원자들, 대리로 속죄를 받는 대속제물, 화석화(化石化) 과정을 겪는 신들을 연이어 등장시킨다는 점에서 흥미를 끈다. 이들은 특권을 보유하는 한편, 신성에 따르는 고통과 형벌에서 스스로 벗어난다. 잘노에게서 우리는 자신의 생명을 대가로 짧은 기간의 권력과 영광을 사들이는 저 임시왕들, 저 유한한 신들의 후계자를 그리 힘들이지 않고 식별해 낼 수 있다. 그가 대라마의 임시 대리인이라는 사실은 확실하다. 그가 백성들의 속죄양 역할을 하고 있고, 또 한때 했으리라는 사실도 주사위의 판정이 자신한테 불리하게 나오면 실제의 속죄양—연년의 왕—과 자리를 바꾸겠다고 제안하는 것에 비추어 볼 때 거의 확실하다. 그 문제를 주사위놀이에 맡긴다는 조건 설정이 그 제안을 한갓 무의미한 형식으로 축소시키는 것은 사실이다. 그러나 그와 같은 형식은 하룻밤 사이에 쑥쑥 솟아오르는 버섯같이 저절로 자라나는 것이 아니다. 지금은 비록 생명 없는 형식이고 의미 잃은 빈 껍질에 지나지 않을지라도 한때는 그것들이 생명과 의미를 지녔다는 것을 우리는 확신할 수 있다. 현재는 비록 어디로도 통하지 않는 막다른 골목일지라도 옛날에는 그것들이 반드시 어딘가로 통하는 길이었다는 것도 확신할 수 있다. 그 어딘가가 오로지 죽음뿐이었다 하더라도 말이다. 옛날 티베트의 속죄양이 시장거리에서 짧은 면책특권 기간을 거친 이후에 도달하는 종착점이 죽음이었다는 것은 상당히 그럴듯한 추측이다. 유추가 그 점을 시사해 준다. 그를 뒤쫓아 공포사격을 가하는 것, 의식이 종종 치명적인 결과를 수반한다는 진술, 그의 죽음이 길조라는 믿음을 비롯한 모든 사실이 그 점을 확인해 준다. 그러므로 몇 주 동안 대리신 노릇을 하기 위해 비싼 값을 치른 잘노가 임기가 끝나고서 자기가 직접 죽기보다는 당연히 대리인을 통해 죽기를 선호했으리라는 것을 우리는 의심할 필요가 없다. 따라서 고통스럽지만 필수적인 그 임무가 어떤 불쌍한 작자, 어떤 사회적 추방자, 세상이 천대하는 어떤 버림받은 자에게 넘어간 것이다. 그 사람은 며칠 동안 자기가 하고 싶은 대로 할 수만 있다면, 그리고 난 뒤 목숨을 버리는 것에 기꺼이 동의했을 것이다. 왜냐하면 원래의 대리인(잘노)에게 허용된 기간이 몇 주 단위인 반면에 대리인의 대리인에게 허용된 기간은 며칠 단위로, 어떤 전거에 따르면 열흘, 또다른 전거에 따르면 7일로 축소되었다는 사실을 주목하라. 그처럼 짧은 노끈도 아주 암담하거나 심하게 병든 양에게는 틀림없이 충분히 긴 밧줄로 여겨졌을 것이다. 모래시계에서 아주 빠르게 빠져나가는 그처럼 적은 모래도 귀중한 세월을 수년간 허송해 온 사람에게는 충분히 많아 보였을 것이다. 그러므로 지금 라사의 시장거리에서 얼룩덜룩한 용모로 분장하고 검은 야크의 꼬리로 재앙을 쓸어내는 광대에게서 우리는 대리인의 대리인, 더 고귀한 사람들의 어깨에 놓인 무거운 짐을 대신 짊어지는 대리인의 모습을 분명히 볼 수 있다. 그러나 우리의 추적이 올바르다면, 그 실마리는 잘노에게서 그치지 않고 라사의 교황 자신, 곧 잘노가 그 직책을 임시로 대행할 뿐인 대라마에게까지 곧바로 소급된다. 여러 지역의 여러 풍습에서 유추할 때 결론은 이렇다. 곧, 그러한 인간신이 어떤 대리인의 수중에 자신의 정신적인 권력을 당분간 양도한다면, 그 까닭은 다름이 아니라 그 대리인이 자기 대신 죽을 것이기 때문이라는 것이다. 그리하여 역사의 등불로 밝혀지지 않은 옛시대의 안개 속에서 불교 교황─아시아의 신의 지상 대리인─의 비극적인 형상은 백성들의 고통을 짊어지는 슬픈 인간신으로서, 양떼를 위해 자기 목숨을 버리는 '선한 목자'로서 어렴풋하게 떠오른다.

4

한 마을이나 도시나 나라의 누적된 재앙을 공식적으로 추방하는 풍습에 관한 이상의 고찰은 몇 가지 일반적인 관찰을 제시해 준다.

첫째, 내가 재앙의 직접적 또는 매개적 추방으로 구별하는 것들이 의도면에서 동일하다는 사실은 논란의 여지가 없을 것이다. 다시 말해서 재앙을 눈에 보이지 않는 것으로 간주하느냐 아니면 구체적인 물질적 형태를 지닌 것으로 간주하느냐는 종족을 해치는 모든 재앙의 전면적 소탕을 이루고자 하는 의식의 주된 목적에 비추어볼 때 부차적인 문제다. 두 종류의 추방을 연결해 주는 고리가 필요하다면, 재앙을 가마나 배에 실어 떠나 보내는 풍습이 그 고리를 제공해 줄 것이다. 왜냐하면 한편으로 재앙은 눈에 보이지 않고 감촉할 수도 없지만, 다른 한편으로 그것을 실어 보내는 가시적이고 감촉할 수 있는 매개체가 존재하기 때문이다. 속죄양도 그와 같은 매개체에 다름 아니다.

둘째, 재앙의 전반적인 추방을 정기적으로 행할 때에 그 의식을 행하는 간격은 보통 일 년이다. 또, 그 의식을 행하는 시기는 보통 뚜렷한 계절의 전환점, 이를테면 북극 및 온대지방에서는 겨울의 시초나 말기, 열대지방에서는 우기의 시초나 말기 같은 시점과 일치한다. 특히 의식주 환경이 열악한 미개인에게 그러한 기후 변화가 초래하기 쉬운 사망률의 증가를 원시인은 악마의 소행으로 여기며, 따라서 마땅히 악마를 추방해야 한다고 생각한다. 뉴브리튼과 페루의 열대지방에서는 우기의 시초에 악마를 추방하고 있거나 추방했다. 그리고 배핀란드의 황량한 해안지방에서는 혹독한 북극의 겨울이 다가올 무렵에 악마를 추방한다. 또, 농경부족은 악마의 전반적인 추방을 행하는 시기가 자연히 파종기나 추수기 같은 농업상의 큰 절기와 일치하게 된다. 그러나 이러한 절기는 당연히 계절의 변화와 일치하기 때문에, 수렵 또는 목축 생활에서 농경생활로 이행하더라도 그러한 연례 대제전을 거행하는 시기에는 전혀 변화가 없다. 그러나 한 해의 어떤 계절에 행하든 간에 악마의 전반적인 추방은 보통 새해의 출발을 나타낸다. 왜냐하면 사람들은 새해로 들어가기 전에 과거에 자신들을 괴롭힌 고민거리를 제거하려고 애쓰기 때문이다. 그리하여 수많은 공동체 사회에서 엄숙하고 공식적인 악령의 추방의식과 더불어 새해를 시작하는 것이다.

셋째, 이러한 공식적·정기적인 악마의 추방의식이 보통 일반적인 사면의 시기에 선행하거나 뒤따른다는 사실을 주목해야 한다. 그 시기에는 사회의 일상적인 제약을 도외시하며, 가장 심각한 범죄를 제외한 모든 위법행위는 처벌하지 않고 묵인한다. 그런 시기에 모든 일상적인 행동규범이 특별히 이완되는 현상은 명백히 그것에 선행하거나 뒤따르는 재앙의 전반적인 추방으로 설명할 수 있다. 한편으로, 재앙의 전반적인 제거와 모든 죄의 사면이 가깝게 예견될 때, 사람들은 다가오는 의식이 그들이 신속하게 늘려놓은 죄를 말끔히 해소해 줄 것으로 믿고 들뜬 기분에 자신들의 열정을 마음껏 발산하게 되는 것이다. 다른 한편으로, 의식을 행하고 나면 사람들의 마음은 악마들이 설쳐대던 분위기에서 일반적으로 경험하던 억압적인 느낌에서 해방된다. 그래서 최초의 환희가 솟구쳐나올 때, 그들은 관습과 도덕이 일반적으로 강요하는 한계를 뛰어넘게 되는 것이다. 의식을 추수기에 행하면 풍부한 식량 공급에 따른 물질적 만족감으로 인해 그 의식이 야기하는 감정의 약동은 한층 더 고조된다.

넷째, 신성한 사람이나 동물을 속죄양으로 사용하는 관행은 특히 주목을 요한다. 실상 여기서 우리는 나중에 살해될 신에게 재앙이 옮겨간 것으로 여기는 경우에 한해서 재앙을 추방하는 관습에 직접적인 관심을 갖는 것이다. 이미 지적했듯이, 신을 살해하는 관습은 인류 역사의 초기에 생겨난 것이므로 후대에는 그 관습을 계속 행할 때조차 잘못 해석하기가 쉽다. 곧, 동물이나 사람의 신적 특성을 망각하고 단순히 일반적인 희생제물로 간주하기에 이르는 것이다. 특히 살해당하는 존재가 신성한 인간일 때 그렇게 되기가 쉽다. 한 민족이 문명화되면 인간제물을 완전히 없애지는 않더라도 최소한 어쨌든 죽음을 당할 처지에 있는 버림받은 자들을 제물로 선택하게 된다. 그러므로 신의 살해를 때때로 범죄자의 처형과 혼동할 수도 있다.

어째서 죽어가는 신을 선택하여 백성의 죄와 고통을 떠맡아 가져가게 하느냐고 묻는다면, 신을 속죄양으로 사용하는 관행 속에는 서로 독립된 두 가지 풍습이 결합해 있다는 점을 지적할 수 있다. 앞에서 우리는 인간신이나 동물신의 신성한 생명이 세월의 침습으로 약화되지 않도록 하기 위해 그를 살해하는 관례가 있음을 살펴보았다. 또, 1년에 한 번씩 재앙과 죄악의 전반적인 추방을 행하는 관례가 있음도 살펴보았다. 그런데 백성들이 이 두 가지 풍습을 결합할 생각을 했다면, 그 결과는 죽어가는 신을 속죄양으로 사용하는 것이 될 것이다. 그를 살해하는 것은 원래 죄를 제거하기 위해서가 아니라 신성한 생명이 노령으로 퇴화하는 것을 막기 위해서였다. 그러나 어쨌든 그는 살해되어야 했으므로, 사람들은 그 기회를 틈타서 자신들의 고통과 죄의 부담을 그에게 떠넘겨 무덤 너머 미지의 세계로 보내는 것이 더 좋겠다고 생각했을 법하다.

신을 속죄양으로 사용하는 풍습은 앞서 본 '죽음의 추방'이라는 유럽 민속에 수반하는 것으로 보이는 애매성을 말끔히 씻어준다. 이 의식에서 이른바 '죽음'은 원래 식물정령이었으며, 그가 청춘의 모든 활력을 지니고 다시 소생하기 위해 해마다 봄에 살해된 것이라는 믿음을 뒷받침하는 여러 근거가 있다. 그러나 내가 지적했듯이, 그 의식에는 이러한 가설만으로 설명할 수 없는 몇 가지 특징이 존재한다. 이를테면 '죽음'의 인형을 매장하거나 불태우기 위해 운반할 때 수반되는 환희의 표시라든지 운반꾼들이 나타내는 두려움과 혐오감 같은 것이 그렇다. 그러나 이러한 특징들은 '죽음'이 단지 죽어가는 식물신에 그치는 것이 아니라, 지난해에 사람들에게 가해진 모든 재앙을 떠맡는 공적인 속죄양이기도 하다고 가정할 때 일순간에 해명된다. 그럴 때 환희의 표현은 자연스럽고도 적절하다. 또, 죽어가는 신이 그 자신 때문이 아니라 자기가 짐지고 가는 죄악과 불행 때문에 그러한 두려움과 혐오감의 대상이 되는 것이라면, 그것은 단지 짐꾼과 그 짐 자체를 구별하거나 적어도 차별화하기가 어렵기 때문에 생기는 현상일 뿐이다. 짐이 해로운 것이라면, 그 짐꾼은 단지 운반수단에 지나지 않는데도 마치 그 위험한 성질이 그 자신에게 배어 있는 것처럼 두려움과 기피의 대상이 될 것이다. 이와 비슷하게, 동인도 제도 사람들이 질병과 죄를 실은 배를 두려워하고 피하는 것을 우리는 살펴보았다. 또, 그 민속에서 '죽음'이 신성한 식물정령의 대리자일 뿐 아니라 속죄양이기도 하다는 견해는, 그 추방의식을 항상 봄철에, 주로 슬라브계 민족들이 행한다는 정황에서 약간의 뒷받침을 얻는다. 왜냐하면 슬라브 민족의 한 해는 봄에 시작되었고, '죽음의 추방' 의식은 새해에 들어가기 전에 묵은해 동안 쌓인 재앙을 추방하는 널리 퍼진 풍습의 한 사례일 것이기 때문이다.

2장
고대의 속죄양

1

이제 우리는 고대의 인간 속죄양 관습을 고찰할 준비가 되었다. 해마다 3월 14일에 가죽을 뒤집어쓴 한 남자가 행렬을 대동하고 로마 시가지에 끌려다니며 기다란 흰 막대기로 얻어맞고 성 밖으로 쫓겨났다. 그는 마무리우스 베투리우스(Mamurius Veturius), 곧 '늙은 마르스'라고 불렸다. 그 의식은 옛로마력(3월 1일에 시작)의 첫번째 보름 전날에 치렀으므로, 가죽을 뒤집어쓴 남자는 새해가 시작되면서 쫓겨나는 작년의 마르스(Mars, 3월의 신)를 상징하는 것이 틀림없다. 그런데 마르스는 원래 전쟁의 신이 아니라 식물의 신이었다. 로마의 농사꾼은 자기 곡식과 포도나무, 과일나무와 잡목숲의 번창을 위해 마르스에게 기도했다. 농작물의 성장을 위해 제사 올리는 것을 업으로 삼는 아르발 형제회의 사제단은 거의 배타적으로 마르스에게만 기원을 올렸다. 그리고 이미 살펴보았듯이, 풍성한 수확을 보장하기 위해 10월에 말을 제물로 바친 상대도 마르스였다. 게다가 농민들은 '숲의 마르스(마르스 실바누스)'라는 호칭으로 마르스에게 소떼의 번성을 위한 제물을 바쳤다. 또, 봄의 계절인 3월을 마르스에게 헌정한 사실도 그가 싹트는 식물의 신임을 가리키는 것으로 보인다. 그러므로 새해를 시작하는 봄에 늙은 마르스를 추방하는 로마의 풍습은 슬라브족의 '죽음의 추방' 풍습과 동일한 것이다. 후자의 풍습에 관한 이 책의 견해가 옳다면 말이다. 로마와 슬라브의 풍습이 유사하다는 사실은 이미 학자들이 지적한 바 있지만, 그들은 마무리우스 베투리우스와 슬라브 의식의 상응하는 등장인물들을 늙은 식물신의 상징이 아니라 묵은 해의 상징이라고 보았다. 그러므로 후대에 이 의식을 관습으로 행하는 사람들조차 그와 같이 해석하기에 이른 것은 있을 수 있는 일이다. 그러나 어떤 시간적 기간을 의인화한다는 것은 너무나 추상적인 관념이어서 원시인의 것이라고 볼 수가 없다. 하지만 슬라브의 의식에서처럼 로마의 의식에서도 신의 대리인은 식물신일 뿐만 아니라 속죄양이기도 했던 것으로 보인다. 그의 추방은 이런 의미를 내포한다. 아니면 그와 같은 식물의 신이 성시에서 쫓겨나야 할 이유가 없는 것이다. 하지만 그가 속죄양이기도 하다면 사정은 다르다. 그때에는 그를 경계선 너머로 쫓아내서 그가 자신의 고통스러운 짐을 다른 땅으로 가져가도록 하는 것이 필요하게 된다. 그리고 실제로 마무리우스 베투리우스는 로마의 적인 오스칸(Oscan)족의 땅으로 쫓겨난 것으로 보인다.

'늙은 마르스'를 성시에서 쫓아낼 때 가하는 매질은 마르스의 춤추는 사제들인 '살리(Salii)'가 담당한 것 같다. 우리는 최소한 이 사제들이 노래를 통해 마무리우스 베투리우스에 관해 언급했음을 알고 있으며, 그에게 바친 축일에 그들이 막대기로 짐승 가죽을 두드렸다는 이야기를 전해 듣는다. 따라서 그날 그들이 두드린 짐승 가죽은 그들이 그 이름을 동시에 영창하는 신의 대리인이 걸쳤던 것일 가능성이 크다. 그리하여 매년 3월 14일에 로마는 신의 인간 화신이 신 자신의 사제들에게 매를 맞으며 성시에서 쫓겨나는 기묘한 광경을 목격했던 것이다. 그와 같이 얻어맞고 쫓겨나는 인물이 낡은 식물신을 상징한다는 이론에 입각할 때, 그 의식은 최소한 이해 가능한 것이 된다. 그 낡은 신은 새해의 시초에, 곧 주변의 모든 들판과 초원, 숲과 덤불에서 봄꽃과 싹트는 풀, 움트는 꽃봉오리와 꽃들이 겨울의 오랜 휴면과 정체 뒤에 자연 속의 새로운 생명의 약동을 보여주는 때에 싱싱하고 기운찬 젊은 신으로 교체되어야 했던 것이다. 그 신의 춤추는 사제들을 지칭하는 '살리'라는 이름은 로마 정치생활의 중심인 민회(Comitium)에서 해마다 엄숙한 종교의식으로 행하도록 되어 있는 도약 내지 무용에서 유래했다. 1년에 두 번, 봄철인 3월과 가을철인 10월에 그들은 그 신성한 직무를 수행했고, 그렇게 하면서 로마의 씨뿌리기 신인 사투르누스(Saturnus)에게 기원을 올렸다. 로마인들은 봄 가을에 모두 씨뿌리기를 했으며, 오늘날에 이르기까지 미신을 믿는 유럽의 농사꾼들은 봄에 곡식이 높이 자라게 할 목적으로 춤추며 높이 도약하는 관습이 있었다. 따라서 우리는 이탈리아 식물신의 사제들인 살리가 수행한 도약과 무용도 그와 비슷하게 동종주술 내지 모방주술을 통해 곡식의 성장을 촉진하는 행위였을 것으로 추측할 수 있다. 살리는 로마에만 존재한 것이 아니었다. 그와 비슷한 춤추는 사제들의 무리가 고대 이탈리아의 많은 도시에 있었던 것으로 알려져 있다. 짐작컨대 모든 곳에서 그들은 도약과 무용을 통해 대지의 생식력에 기여했을 것이다. 살리의 군대식 장비도 오늘날의 독자들이 자연스레 상상하듯이 그러한 평화적 기능과 그다지 괴리된 것은 아니었다. 그들은 각기 머리에 뾰족한 청동투구를 쓰고 옆구리에 검을 찼으며, 왼팔에 특이한 모양의 방패를 끼고 오른손으로는 지팡이를 휘둘러 메아리가 울릴 때까지 방패를 때렸다. 사제가 손에 든 그와 같은 무기는 정신적인 적들을 겨냥한 것일 수 있다. 앞에서 우리는 원시인의 상상력을 짓누르는 악령의 무리를 몰아내기 위해 무기를 사용하는 많은 사례와 마주쳤으며, 금속을 부딪치는 쨍그랑거리는 소리가 종종 그 같은 해로운 존재를 쫓아내는 데 특별히 효험이 있다고 여기는 것을 보았다. 마르스의 군대식 사제들도 그랬던 것이 아닐까? 알다시피 그들은 질서정연한 대오를 갖추고 며칠 동안 시가지를 행진했으며, 야간에는 날마다 다른 장소에 숙소를 정했다. 행진을 하면서 그들은 3박자로 춤을 추고 노래를 부르며 방패를 두드리고 선두에서 종종걸음으로 자세를 취하는 향도에 맞추어 속도를 조절했다. 짐작컨대 그들은 그렇게 함으로써 지난 한 해 또는 6개월 동안 누적된, 그리고 성시의 집과 신전, 그밖의 건물에 숨어 있는 악령의 모습으로 사람들이 상상하던 악의 세력을 추방하고 있는 것으로 여겼을 것이다. 미개사회에서도 종종 비슷한 목적으로 그와 같이 요란하고 시끄러운 행렬이 마을을 돌아다닌다. 그와 비슷하게, 이로쿼이족도 환상적인 의상을 차려입은 남자들이 속죄양 개들에게 죄를 떠넘기기 위한 예비단계로서 사람들의 죄를 모으고 다녔음을 우리는 보았다. 또, 무장한 남자들이 길거리와 집들을 누비고 다니며 온갖 종류의 악령과 재앙을 몰아내는 수많은 사례를 보았다. 고대 로마에서도 그랬으리라고 생각지 못할 이유가 무엇인가? 고대 로마인의 종교는 미개사회의 잔재로 가득 차 있는 것이다.

이러한 추측이 조금이라도 옳다면, 살리가 봄의 식물로 자기 능력을 표현하는 신의 사제로서 무엇보다도 병충해와 불모성(不毛性)을 초래하는 악령들에게 관심을 쏟았을 것으로 상정할 수 있다. 그것들은 그 해로운 작용으로 풍요를 가져오는 은혜로운 신의 영향력을 가로막아 다가오는 여름이나 겨울의 농사 전망을 위태롭게 하는 존재라고 할 수 있다. 그래서 이를테면 콘드족은 파종기에 마을의 모든 집에서 '악령, 곧 씨앗을 망치는 자'를 추방한다. 이 추방은 젊은이들이 긴 막대기로 서로 때리고 사납게 허공에 휘두름으로써 이루어진다. 살리의 봄 가을 행진을 봄 가을의 파종과 결부시키는 것이 옳다면, 콘드족의 풍습과 로마의 풍습 사이에는 아주 가까운 유사성이 존재한다. 옛날 한 프랑스인 여행자는 서아프리카 휘다의 왕이 소유한 밭을 백성들이 대신 경작하는 모습을 다음과 같이 기록했다. "그의 신하들이 자기 밭을 갈고 씨뿌리는 것을 허락받기 전에 먼저 갈고 씨뿌린다. 이러한 노역은 1년에 세 차례 행한다. 추장들이 새벽에 동이 틀 때 자기 백성을 왕궁 앞에 데려가며, 거기서 그들은 족히 15분 동안 노래하고 춤을 춘다. 그들 중 절반은 전투할 때처럼 무장하고, 다른 절반은 농기구만 들고 있다. 그들은 모두 함께 노래하고 춤추며, 일터로 가서 악기소리에 보조를 맞추어 구경하기에도 즐거울 정도로 아주 신속하고 깔끔하게 일을 해치운다. 하루가 끝나면 그들은 돌아와 왕궁 앞에서 춤을 춘다. 이런 운동은 그들의 원기를 회복해 주며, 그들이 취할 수 있는 어떤 휴식보다도 더 많은 즐거움을 준다." 이러한 설명을 바탕으로 우리는 그 무용이 단순히 밭일꾼들의 여흥에 불과하며, 악대의 연주는 자극하는 선율에 박자를 맞추어 사람들이 부지런히 곡괭이를 놀릴 수 있게 해줌으로써 작업에 활력을 불어넣는 것말고 다른 목적이 없다고 추리할지도 모른다. 그러나 그 추리는 설명을 제공한 여행자가 도출한 것 같기는 하지만 아마도 오류일 것이다. 왜냐하면 절반의 사람들이 전쟁에 나갈 때처럼 무장했다면, 다른 사람들이 땅을 파는 동안 그들은 밭에서 줄곧 무엇을 했겠는가? 그 수수께끼를 푸는 실마리는, 후대의 한 프랑스인 여행자가 프랑스령 기니의 팀보(Timbo) 부근에서 비슷한 광경을 목격하고 이를 묘사한 글에 있다. 그는 몇몇 토인들이 씨를 뿌리기 위해 땅 고르는 작업을 하는 것을 목격했다. "그것은 매우 기묘한 광경이다. 50명에서 60명쯤 되는 흑인들이 한 줄로 나란히 서서 등을 구부린 채 햇빛에 번쩍이는 작은 쇠도구로 동시에 흙을 두드리는 것이다. 뒤쪽으로 나아가는 그들 앞의 열 걸음 거리에서는 여자들이 춤출 때같이 손뼉을 두드리며 또렷한 곡조로 노래부르고, 괭이는 노래에 박자를 맞춘다. 그리고 한 남자가 일꾼과 노래꾼 사이에서 광대처럼 쪼그리고 앉은 자세로 뛰어가며 춤을 춘다. 그와 동시에 그는 머스켓총을 휘두르며 그것으로 다른 재간을 부린다. 다른 두 사람도 발끝으로 회전하고 작은 괭이로 땅바닥을 여기저기 두드리며 춤을 춘다. 이 모든 것은 정령을 쫓아내고 곡식이 싹트도록 하기 위해 필요한 일이다." 여기서 여자들의 노래는 괭이질에 박자를 넣는 것인 반면, 무장한 남자와 그 동료들의 무용과 기타 몸짓은 땅파는 사람들을 훼방놓아 곡식이 싹트는 것을 막는 정령을 쫓아내거나 물리치기 위한 것이다.

또, 남부 인도의 옛 여행자 한 사람은 이런 이야기를 한다. "캘리컷 사람들은 볍씨를 뿌리고자 할 때 이런 풍습을 행한다. 먼저, 그들은 우리가 하듯이 황소로 쟁기질을 하고 나서 밭에 볍씨를 뿌릴 때, 성시의 악기를 모두 동원하여 끊임없이 소리를 내며 흥겨운 분위기를 만든다. 그들은 또한 10명에서 12명쯤 되는 남자들에게 악마 의상을 입혀 이들이 악기 연주자들과 한데 어울려 기뻐 날뛰게 하는데, 그렇게 함으로써 악마가 벼를 아주 잘 열리게 만들도록 하려는 것이다." 시끄러운 음악을 연주하고 광대들이 뛰어다니는 것은 악마가 벼의 성장을 돕도록 유도하려는 것이라기보다 악마를 쫓아내려는 목적이 아닐까 싶다. 그러나 우리의 정보가 너무 빈약하기 때문에 단정짓는 것은 경솔한 일일 것이다. 아마도 광대들이 악마로 분장했다는 그 여행자의 생각은 옳을 것이다. 중부 보르네오의 카얀족은 나무가면과 다량의 푸른 나뭇잎으로 분장한 남자들이 볍씨를 땅에 뿌리기 직전에 벼의 성장을 촉진하기 위한 목적으로 악마 역할을 한다. 그리고 그때 그들이 행하는 연희가 전쟁무용이라는 사실은 주목할 만하다. 또, 서북부 브라질의 카우아(Kaua) 및 코베우아(Kobeua) 인디언은 생식력의 정령 내지 악마를 상징하는 가면 쓴 남자들이 식물의 성장을 부추기고 여성의 자궁을 자극하며 동물의 번식을 촉진할 목적으로 춤을, 더 정확하게는 무언극을 상연한다.

오스트리아령 잘츠부르크와 티롤에서는 기괴한 가면을 쓴 한 무리의 광대들이 몸에 딸랑거리는 방울을 달고 긴 장대를 들고 1년 중 특정한 몇 날에 풍작을 이루기 위한 목적으로 뛰어다니며 도약을 하는 관습이 옛적에 있었다. 그들은 '페르히텐(Perchten)'*이라고 불렀는데, 이 명칭은 남부 독일 전역에서 여신 내지 요정으로 잘 알려져 있는 신화적 노파인 페르히타 또는 베르히타 또는 페르히트에게서 유래한 것이다. 이른바 페르히타 부인(Frau Perchta)은 엘자스·슈바벤·바이에른·오스트리아·스위스 등지에서 만날 수 있지만, 잘츠부르크와 티롤만큼 흔하게 마주치는 곳은 아마도 없을 것이다. 티롤에서 그녀는 심하게 주름진 얼굴에 밝고 생기 있는 눈, 기다란 매부리코를 지닌 작은 노파의 모습으로 등장한다. 그녀의 머리카락은 헝클어지고 옷은 누더기에다 찢어져 있다. 그녀는 특히 성탄절에서 12일제(주현절)까지 열이틀 동안, 그리고 무엇보다도 종종 '페르히타의 날'로 불리는 12일제 전야에 활발하게 돌아다닌다. 그녀는 사람과 짐승에 대해 악의적이기 때문에, 이 신비한 날들에는 그녀의 불쾌감을 촉발하지 않기 위해 수많은 예방조치를 행해야 한다. 12일제 전야에 모든 사람은 곡식가루와 우유, 물을 넣어 구운 팬케이크를 먹어야 한다. 그렇게 하지 않는 사람이 있으면 페르히타 부인이 와서 그의 배를 가르고 다른 음식을 꺼낸 다음 그 빈 공간에 뒤엉킨 실타래와 벽돌을 채워넣는데, 특이하게도 보습을 바늘로, 쇠사슬을 실로 사용하여 상처자리를 말끔하게 꿰매놓는다. 다른 지역이나 같은 지역에서 그녀는 12일제에 청어와 과일 푸딩을 먹지 않는 사람에게 똑같은 짓을 한다. 어떤 사람들은 그녀가 '야생 사냥꾼'처럼 폭풍에 올라앉아 요란하고 시끄러운 패거리를 끌고 다니며 사람들을 먼 나라로 유괴해 간다고 말한다. 하지만 페르히타 노파는 장점도 지니고 있다. 그녀는 열심히 일하고 배우는 착한 아이들에게 호두와 사탕으로 상을 준다. 그녀가 쟁기질한 땅에서 열매가 맺히게 하고 소떼가 번창하게 해준다고 단언하는 사람들도 있다.

---

*페르히텐 무용에 관해 여기서 취하는 견해는 어느 정도 프레이저 부인의 무용 연구에서 빌려온 것이다. 릴리 그로브(Lilly Grove, 프레이저 부인)가 쓴 *Dancing*(London, 1889)을 보라. 분명히 할 것은 저자가 영국의 모리스 무용수들과의 유사성을 염두에 두고 있다는 것이다. 예컨대, 『황금가지』 1판, ii. 210~211쪽에 대한 그의 주석을 보라. "살리는 베이(Veii)의 왕 모리우스가 창시했다고 한다(Servius on Virgil, *Aen*, viii, 285). 모리우스는 어원학적으로 마무리우스 또는 마르스와 동일한 것 같다. 영어의 모리스(모리스 무용수들이라고 할 때의)도 같은 것일 수 있을까?"

이처럼 기묘한 민속적 상상력의 창조물에서 '페르히텐'이라는 명칭을 따온 가면극 배우들의 행진은, 이 배우들이 시가지와 밭을 누비며 곤두박질치듯이 뜀박질하고 도약한다고 하여 '페르히텐 뜀박질' 또는 '페르히텐 도약'이라고 부른다. 이 행사는 독일의 알프스 지방 전역에서 벌어졌던 것으로 보이지만, 티롤과 잘츠부르크의 사례로 가장 잘 알려져 있다.

또, 잘츠부르크에서는 페르히텐 광대들을 아름다운 페르히텐과 추한 페르히텐이라는 두 부류로 나눈다. 추한 페르히텐은 정확하게 말하자면 검은 양가죽 옷을 입고 오소리가죽 두건과 기괴한 나무가면을 쓴 열두 명의 청년들이다. 이들이 쓴 가면은 긴 이빨과 뿔이 달린 못생긴 인간의 형상이나 부리와 억센 털 또는 움직이는 턱을 지닌 전설상의 동물 형상을 나타낸다. 그들은 모두 크고 작은 방울을 널따란 가죽 허리띠에 매달고 있다. 이들의 행렬은 큰북을 지닌 사람이 선두에 서고, 그 뒤로 커다란 햇불과 등불을 매단 긴 장대를 든 젊은이들이 따랐다. 잘츠부르크 전역과 몇몇 지역에서 광대들이 야간에 행사를 벌였다. 햇불을 든 사람들 뒤로 남녀 한 쌍의 두 '바보'가 따랐는데, 여자옷을 입은 젊은이가 여자 역을 했다. 남자 바보는 소시지처럼 생긴 두루마리를 들고 가며, 자기가 아는 모든 여자나 소녀가 열린 문이나 창가에 모습을 보이면 그것으로 때렸다. '페르히텐'과 더불어 한 무리의 젊은이들이 채찍을 휘두르고 뿔피리를 불거나 방울을 울리며 나란히 열지어 행진했다. 길은 진흙탕이고 밤은 캄캄할지라도 이글거리는 불빛과 더불어 행렬은 신속하게 쓸고 지나갔다. 남자들은 기다란 장대를 이용하여 도약을 하며, 커다란 고함소리로 잠자는 계곡의 메아리를 일깨웠다. 때때로 그들은 농가에서 걸음을 멈추고 집 앞에서 춤추고 뛰어놀았으며, 그 보상으로 음식과 독한 음료를 선물받았다. 그들은 돈을 받는 것을 모욕으로 간주하였다. 한밤중에 이르러서야 행사가 끝나는데, 그때서야 지친 가면배우들은 각자 집으로 흩어졌다.

오늘날에는 사라진 것으로 보이는 추한 페르히텐과 달리, 아름다운 페르히텐은 아직도 이따금 잘츠부르크 고원지대의 농민들 사이에서 행진을 벌인다. 그러나 그들이 등장하는 간격은 불규칙해서 4년에서 7년 또는 그 이상까지 다양하다. 추한 페르히텐과 달리, 그들은 가면을 쓰지 않고 한낮에 나타난다. 그것도 항상 '페르히타의 날(12일제 전야, 곧 1월 6일)'과 뒤이은 두 번의 일요일에 나타난다. 그들은 방울·채찍·파이프·뿔피리·딸랑이·사슬 따위로 요란한 소리를 내는 한 무리의 추종자들을 대동한다. 그들 중에서도 흰 옷을 입고, 딸랑거리는 방울을 무수하게 매단, 길고 뾰족한 하얀 펠트천 챙모자를 쓴 한두 사람의 광대가 두드러진 역할을 한다. 그들은 각기 삼 부스러기를 채운 소시지 모양의 두루마리를 들고 가며, 그것으로 구경꾼 중에서 특별히 마음에 드는 여자와 소녀를 가볍게 때린다. 또다른 참가자는 아마천 누더기로 만들어 끈에 매단 강보로 아기 인형을 감싸안고 간다. 이 인형을 그는 여자들과 소녀들에게 던졌다가 다시 잡아당기곤 하는데, 그가 이렇게 하는 상대방은 그가 존경하고 잘되기를 비는 사람들에 한한다. 성 요한 축일에 페르히텐은 검을 뽑아들고 각기 여자옷을 입은 젊은이를 대동한다. 그리고 검은 양가죽 옷에 악마의 가면을 쓰고 손에 사슬을 든 남자들이 그 뒤를 따른다.

근대 유럽에서 행했거나 아직 행하고 있는 이러한 가장행렬을 개괄해 볼 때, 전반적으로 그것들은 원래 봄에 식물의 성장을 촉진하고, 그와 동시에 지난 겨울이나 한 해 동안 누적된 악마나 다른 재앙의 영향력을 추방하기 위한 의도였던 것으로 보인다. 촉진과 추방이라는 이러한 두 가지 동기가 뒤섞이고 아마도 서로 혼동되면서 광대들의 기묘한 의상이라든지 그들이 내는 잡다한 소음, 보이지 않는 적이나 눈에 보이고 감촉할 수 있는 동료들을 향해 매질을 하는 행동 따위가 생겨난 것으로 보인다. 특히 매질을 하는 것은 상대방에게 보이지 않게 달라붙어 있는 악령이나 해로운 것들을 강제로 쫓아내는 수단으로 상정할 수 있을 것이다.

해마다 봄에 마무리우스 베투리우스 또는 '늙은 마르스'를 쫓아내는 로마의 풍습에 이러한 결론을 적용할 때, 그것은 '늙은 마르스'에게서 낡은 식물신을 보는 이론에 일정한 뒷받침을 제공해 준다고 할 수 있다. 이 낡은 신은 더 젊고 더 왕성한 봄의 생명의 화신에게 자리를 내주기 위해서, 아니면 아마도 같은 신이 자기가 받은 대우로 인해, 특히 자신의 신성한 몸에 가해진 강한 매질로 인해 새롭게 갱신되어 돌아오도록 하기 위해 쫓겨나는 것이다. 곧이어 보게 되겠지만, 건전한 채찍질이 갱신 작용을 한다는 견해는 솔로몬 왕에게만 독특한 것이 결코 아니었다. '늙은 마르스'가 작년의 누적된 잘못과 재앙을 데려가는 것으로 여기는 한, 슬라브족의 '죽음의 추방' 의식에 등장하는 인형이 작년의 식물정령을 상징할 뿐 아니라 고통과 불행, 죽음의 무거운 짐을 지고 가는 속죄양 역할까지 하는 것과 비슷하게, 그는 공적인 속죄양 역할을 하는 것이다.

2

고대 그리스인도 인간 속죄양의 관습에 익숙했다. 플루타르코스의 고향인 카이로니아(Chaeronea)에서는 이런 종류의 의식을 시청에서는 최고 집정관이, 각 가정에서는 세대주가 집행하였다. 그 의식은 '기아(飢餓)의 추방'이라고 일컬어졌다. 한 노예가 '아그누스 카스투스(agnus castus)'의 지팡이로 매를 맞고 이런 말과 함께 문 밖으로 쫓겨났다. "기아를 데리고 나가고 부와 건강을 데리고 들어오거라." 플루타르코스는 자기 고향의 최고집정관 직책을 맡았을 때 시청에서 이 의식을 거행했으며, 나중에 이 풍습이 불러일으킨 논란에 대해 기록했다.

그러나 문명화한 그리스의 속죄양 관습은 인자하고 덕망 있는 플루타르코스가 주재했던 무해한 의식보다 훨씬 더 어두운 양상을 띠었다. 그리스의 식민지 중 가장 번화하고 찬란한 곳이던 마르세이유에서는 전염병이 돌아 그 지역 전체를 유린할 때마다 빈민계급 사람이 자신을 속죄양으로 제공하는 관례가 있었다. 그리고 일년 내내 그를 공공비용으로 부양하였고, 그는 마음대로 정결한 음식을 먹었다. 한 해가 끝나면 그를 신성한 의상을 입히고 신성한 나뭇가지로 장식한 채 시가지에 끌고 다녔으며, 동시에 그의 머리에 민족의 모든 재앙이 떨어지기를 기원하는 기도를 올렸다. 그런 다음에 그를 도시 밖으로 추방하거나 성벽 바깥의 주민들이 돌팔매질을 하여 죽였다.* 아테네인

---

* 여기서 우리의 정보는 베르길리우스가 쓴 『아이네이드』, iii. 57에 나오는 '사크라(sacra)'라는 단어의 기묘한 용법(그 용법에 따르면 그 단어는 '터부'라는 의미에 근접하게 된다)에 관해 논평하고 있는 세르비우스에게서 얻어낸 것이다. 그런데 세르비우스 자신은 자기가 페트로니우스에 의거하고 있음을 인정하면서 실전된 그의 저작 Satyricon에 실린 단편들에서 제반 사실을 제공받았다고 이야기한다.

들도 타락하고 쓸모 없는 많은 사람을 공공비용을 들여 정식으로 부양했다. 그리고 역병이나 가뭄, 기근 같은 재난이 도시에 닥치면, 이러한 버림받은 존재 중 두 사람을 속죄양으로 희생시켰다. 희생자 중 한 사람은 남자를 위해, 다른 한 사람은 여자를 위해 제물이 되었다. 전자는 검은 무화과 띠를 목에 두르고, 후자는 하얀 무화과 띠를 둘렀다. 여자를 위해 살해당하는 희생자는 때때로 여성이었던 것 같다. 그들은 시가지에 끌려다닌 다음 희생당했는데, 분명히 성 밖에서 돌에 맞아 죽은 것 같다.* 그러나 그와 같은 희생을 공적인 재난 같은 특별한 경우에만 행한 것이 아니었다. 해마다 5월에 열리는 타르겔리아(Thargelia) 제전에서 각기 남자와 여자를 위한 두 사람의 희생자가 아테네 밖으로 끌려나가 돌에 맞아 죽은 것으로 보인다. 트라키아의 압데라(Abdera) 시는 1년에 한 번씩 공적인 정화의식을 벌였으며, 그 목적을 위해 따로 정해둔 시민 중 한 사람이 다른 모든 사람의 생명을 위한 속죄양 내지 대속제물로서 돌에 맞아 죽었다. 그는 처형당하기 6일 전에 '모든 백성의 죄를 혼자 짊어지도록 하기 위해' 사회적으로 추방당했다.

레우카디아(Leucadia) 사람들은 그들이 사는 섬 남단에 있는 '연인의 도약대'라는 깎아지른 하얀 절벽에서 해마다 범죄자 한 사람을 속죄양으로 바다 속에 집어던졌다. 그러나 그들은 그의 추락을 가볍게 만들기 위해 살아 있는 새들과 깃털을 그에게 매주고, 아래에다 작은 배들로 선단을 꾸려 대기시켰다. 그러고는 그를 붙잡아서 국경선 밖으로 실어가도록 했다. 아마도 이러한 온정적인 보호조치는 속죄양을 바다에 빠뜨려 죽이던 옛 관습의 완화된 형태였을 것이다. 레우카디아의 의식은 그 자리에 신전이 있었던 아폴로 신에게 제사를 올릴 때 행했다. 다른 곳에서는 해마다 한 젊은 남자를 "그대는 우리의 제물이 되라"는 기도와 함께 바다에 던지는 것이 관례였다. 이 의식은 사람들을 따라다니는 재앙을 제거해 주는 것이거나, 약간 다른 해석에 따르면 바다신에게 진 빚을 갚음으로써 그들을 구속(救贖)해 주는 것이었다. 기원전

---

*그들은 파르마코이(pharmakoi, 약사를 뜻하는 영어 pharmacist와 비교해 보라)라고 불렀다. 실상 아테네의 연례적 추방행사에 대한 우리의 지식은 헤이스키우스(Heyschius)의 사전에 나오는 그 말의 정의에서 이끌어낸 것이다.

6세기에 소아시아의 그리스인들이 행했던 속죄양 관습은 다음과 같았다. 도시에 역병이나 기근, 또는 다른 공적인 재난이 닥치면 못생기거나 불구자인 사람 하나를 뽑아서 공동체를 괴롭히는 모든 재앙을 떠맡게 했다. 그는 적당한 장소로 끌려가서 말린 무화과와 보리빵 한 개, 치즈를 제공받고 그것을 먹었다. 그리고 나서 그는 해총(海蔥)과 야생 무화과와 다른 야생나무의 가지로 생식기를 일곱 차례 얻어맞았는데, 그 동안 피리가 특별한 곡조를 연주했다. 나중에 그는 숲의 나무로 쌓은 장작더미 위에서 화형당했으며, 그의 유해는 바다에 던져졌다. 이와 비슷한 풍습을 아시아의 그리스인들이 타르겔리아의 추수제전에서 해마다 행했던 것으로 보인다.

　방금 설명한 의식에서 희생자를 해총과 야생무화과 가지 등으로 때리는 것은 그에게 고통을 주기 위한 것이 결코 아니었다. 그랬다면 아무 막대기든 때릴 수 있는 것이면 족했을 것이다. 이 부분의 진정한 의미는 만하르트가 해명하였다. 그의 지적에 따르면, 고대인들은 해총에 재앙을 피하는 마력이 있다고 여겼으며, 그래서 집의 문에다 해총을 걸어놓고 정화의식에도 사용했다고 한다. 따라서 제전에서나 사냥꾼들이 빈손으로 돌아올 때 판 신의 신상을 해총으로 때리는 아르카디아의 풍습은 신을 벌하려는 것이 아니라 사냥꾼에게 사냥감을 공급해 주는 신성한 역할을 수행하지 못하게 방해하는 해로운 영향력을 신에게서 씻어내려는 의도가 틀림없다. 이와 비슷하게, 인간 속죄양의 생식기를 해총 따위로 때리는 목적은 그의 생식력을 어떤 악마적이거나 악의적인 힘이 걸어놓았을지 모르는 제약이나 주문에서 해방시키려는 것이 틀림없다. 또, 해마다 그를 제물로 희생한 타르겔리아 제전은 5월에 거행하는 이른 추수제이므로, 우리는 그에게서 창조적이고 다산적(多産的)인 식물신의 상징을 인지해야 한다. 그 신의 상징은 내가 시사한 목적을 위해, 곧 신의 생명을 노령의 쇠약함이 손상하지 못하게 하고 영원히 활기차게 유지하기 위해 해마다 살해당했다. 그러므로 그가 죽음을 당하기 전에 그의 생식력을 자극하여 그것이 그의 후계자, 곧 당연히 살해된 신의 자리를 즉각 대신할 것으로 상정되는 새로운 신 또는 낡은 신의 새로운 화신에게 온전하게 전승되도록 하는 것은 부자연스러운 일이 아니었다. 이와 비슷한 추론은 가뭄이나 기근 같은 특별한 경우의 속죄양을 다룰 때도 비슷하게 통할 것이다. 농작물이 농부의 기대에 미치지 못하면, 농부들은 이를 대지의 열매를 생산하는 것을 역할로 삼는 신의 생식력에 어떤 부족함이 생긴 탓으로 돌릴 것이다. 그가 주문에 걸려 있거나 늙어서 쇠약해졌다고 생각할 수 있다. 따라서 그가 다시 젊게 태어나 자신의 젊은 기운을 자연의 정체된 에너지에 불어넣도록 하기 위해 그를 이미 설명한 온갖 의식과 더불어 그 대리자를 통해 살해하였던 것이다. 우리는 같은 원리에 입각하여 어째서 마무리우스 베투리우스가 막대기로 얻어맞았는지, 어째서 카이로니아 의식에서 노예가 '아그누스 카스투스(마법적 속성을 지닌 것으로 여기던 나무)'로 얻어맞았는지, 어째서 유럽 일부 지방에서 '죽음'의 인형이 막대기와 돌로 공격을 받았는지, 또 어째서 신의 역할을 했던 바빌론의 범죄자가 십자가형을 당하기 전에 매를 맞았는지 이해할 수 있다. 매질을 하는 목적은 신성한 수난자의 고통을 가중시키기 위한 것이 아니라, 반대로 마지막 고비에 그에게 따라붙을지 모르는 해로운 영향력을 추방하기 위한 것이었다.

지금까지 나는 타르겔리아의 인간제물이 식물정령 일반을 상징한다고 가정했는데, 패튼(W. R. Paton) 씨가 잘 지적했듯이, 이 불쌍한 존재는 특수하게 무화과나무의 정령으로 분장했던 것 같다. 그의 지적에 따르면, 이른바 가루받이 촉진법, 곧 야생 무화과를 줄에 꿰어 가지 사이에 걸어놓는 재배 무화과의 인공수정법을 그리스와 소아시아에서는 타르겔리아 제전 약 한 달 뒤인 6월에 행한다고 한다. 각기 남자와 여자를 대표하는 두 인간제물의 목에 검은 무화과와 흰 무화과를 걸어놓는 것은 모방주술의 원리에 따라 무화과나무의 수정을 돕기 위해 고안한 가루받이 촉진법의 직접적인 모방이었을 것이라고 그는 시사하고 있다. 그리고 가루받이는 실상 수컷 무화과나무와 암컷 무화과나무의 결혼이기 때문에, 패튼 씨는 나아가서 똑같은 모방주술 원리에 따라 때로 한쪽이 여자였던 것으로 보이는 두 인간제물의 모의결혼 심지어는 진짜 결혼으로 나무들의 사랑을 촉진하였을 것이라고 상정한다. 이런 견해에 근거를 둘 때, 인간제물의 생식기를 야생 무화과나무 가지와 해총으로 때리는 관습은 각기 당분간 무화과나무의 암수 역할을 연기하면서 가짜든 진짜든 결혼을 통한 합일로 나무가 열매 맺는 것을 돕는다고 믿던 남녀의 생식력을 촉진하기 위한 주술이었던 것이다.

이 이론은 독창적이고 매력적이다. 그리고 로마의 '노나이 카프로티나이 (*Nonae Caprotinae*)' 제전이 어느 정도 그것을 확증한다. 왜냐하면 7월 7일에 벌어지는 '노나이 카프로티나이' 제전에서는 자유민 복장을 한 여자 노예들이 야생 무화과나무 아래에서 향연을 벌이며, 나뭇가지를 잘라 아마도 그 가지로 서로 때리고 그 나무의 유백색 즙을 유노 카프로티나(Juno Caprotina) 여신에게 바쳤을 것이기 때문이다. 이 여신의 별명은 그녀를 야생 무화과나무 (*caprificus*)의 여신으로 여겼음을 의미한다. 따라서 7월에 여자들이 야생 무화과나무 아래에서 거행하는 의식은, 콜루멜라(Columella)에 따르면, 7월이 최적기라는 무화과나무의 가루받이 또는 인공수정과 떼어놓고 생각하기 어렵다. 고대인들은 정확하게 야생 무화과나무를 수컷으로 간주하고 암컷인 재배 무화과의 수정에 이용했던 것이다. 또, 이때 여자들이 야생 무화과나무에서 잘라낸 가지로 서로 매질을 가한 것 ─ 그럴 가능성이 크다 ─ 을 통해 우리는 로마와 그리스 의식의 유사성을 한층 더 분명하게 확인할 수 있다. 앞에서 살펴보았듯이 그리스인들은 야생 무화과나무의 가지로 인간제물의 생식기를 때렸다. 그리스의 타르겔리아 제전에서 중요한 역할을 하는 인간제물이 역사시대 로마의 '노나이 카프로티나이' 제전에는 등장하지 않는 것이 사실이다. 하지만 아마도 그 제물의 흔적은 로물루스 자신이 바로 그날 엄청난 뇌우가 쏟아지는 와중에 신비하게 실종되었다는 전설에서 찾아볼 수 있을 것이다. 당시 로물루스는 로마의 성 밖에 있는 '염소의 늪에서(*ad Caprae paludem*)' 군대를 사열하던 중이었는데, 이 지명은 그 장소가 로마인들이 염소무화과(*caprificus*)라고 부르는 야생 무화과나무가 무성하던 곳, 곧 여자 노예들이 기묘한 의식을 거행하던 곳에서 멀리 떨어지지 않았음을 시사해 준다. 귀족들이 로물루스를 토막내고 시체토막을 자신들의 겉옷에 싸서 멀리 운반하여 땅 속에 파묻었다는 전설은, 콘드족이 밭을 비옥하게 할 목적으로 인간제물의 시체를 처리했던 방식을 정확히 표현해 준다. 패튼 씨가 옳다면, 그리스에서 무화과나무의 번식을 위해 남성 제물이 수행했던 것과 똑같은 치명적인 역할을 로마 왕이 할 수도 있지 않을까? 전설에 나오는 시간과 장소, 죽음의 방식은 모두 그것을 시사하고 있다. 그리스와 로마의 의식 및 전설상의 수많은 일치는 결코 우연일 수가 없다. 따라서 나는 패튼 씨의 이론에 진리의 요소가 내포되어 있다고 생각하고 싶다. 하지만 인정해야 할 사실은 그리스의 관습을 설명해 주는 고대 작가들이 그것을 단순히 도시의 정화의식으로 볼 뿐, 무화과의 번식방법으로는 전혀 보지 않는다는 것이다. 정화와 번식이라는 두 요소가 결합한 비슷한 의식들을 보면, 정화의 개념이 의식을 행하는 사람들의 마음속에서 차츰 번식의 개념을 압도하는 경향을 보인다. 고대 로마의 마무리우스 베투리우스의 연례적 추방의식이라든지, 거기 대응하는 근대 유럽의 '페르히텐' 행진이 그랬던 것 같다. 또, 타르겔리아의 인간제물도 그랬을 수 있다.

특정한 식물로 인간 속죄양을 때리는 관습에 대해 내가 채택한 해석은 수많은 유사 사례가 뒷받침한다. 우리는 이미 특정한 식물의 나뭇잎이나 나뭇가지로 병자를 때려서 해로운 영향력을 제거하는 관습의 여러 사례를 살펴보았다. 북부 인도의 드라비다 부족 중 일부는 간질병과 히스테리 같은 질병을 악령에 사로잡혀 생기는 것으로 보고, 악령을 즉각 추방하는 효능이 있다는 신령한 쇠사슬로 환자를 심하게 때림으로써 병을 치료하고자 한다. 때때로 아랍인들은 낙타떼가 물 마시기를 거부할 때, 수컷 위에 올라앉아 암컷들에게 겁을 주는 정령(jinn)을 쫓아내기 위해 수컷 낙타의 등을 때린다.

때때로 매질의 효능은, 그것에 의존하는 사람들의 견해에 따르면, 악령이나 다른 해로운 영향력을 추방하는 소극적인 것에만 그치지 않는다. 매질을 행하는 도구 속에 내재하는 것으로 여기는 어떤 유용한 성질이 적극적인 이로움을 주기도 한다는 것이다. 그래서 이를테면 독일령 뉴기니의 카이(Kai)족은 바나나의 새로 난 가지가 빨리 열매를 맺게 하고 싶을 때, 이미 열매가 달린 바나나 나무에서 잘라낸 가지로 그것을 때린다. 이때 사람들은 열매가 달린 나무에서 잘라낸 가지에 내재하는 생산력이 접촉을 통해 어린 바나나무에 전달된다고 믿는 것이 분명하다. 이와 비슷하게, 뉴칼레도니아 사람들은 타로 토란을 나뭇가지로 가볍게 때리며 "타로가 잘 자라라고 때린다"고 말하고, 그런 다음에 그 가지를 밭 끄트머리 땅속에 심는다. 아마존 강 어귀의 브라질 인디언들은 자기 생식기를 크게 만들고 싶을 때, 강둑에 지천으로 자라는 '아닝가(aninga)'라고 하는 하얀 수초의 열매로 그것을 때린다. 먹을 수 없는 그 열매는 바나나 모양으로 생겼는데, 그 생김새 때문에 그런 목적으로 쓰게 된 것이 분명하다. 이 의식은 초승달이 뜨기 사흘 전이나 사흘 후에 행해야 한다. 헝가리의 베케스(Bekes)주에서는 교미 중인 개들을 떼놓는 데 사용한 막대기로 임신 못하는 여자를 때리면 잉태가 된다고 한다. 이때 사람들은 그 막대기에 생식력이 내재하며, 그것이 접촉을 통해 여자에게 전달된다고 믿는 것이 분명하다. 중부 셀레베스의 토라자족은 '드라카에나 테르미날리스(*Dracaena terminalis*)'라는 식물이 잘려도 금방 다시 자라나기 때문에 강한 영혼을 지니고 있다고 생각한다. 그래서 어떤 사람이 병에 걸리면 그의 친구들은 때때로 그 식물의 강한 영혼으로 환자의 약한 영혼을 강화하기 위해 '드라카에나' 나뭇잎으로 환자의 정수리를 때린다. 영국령 뉴기니의 모와트(Mowat)에서는 12월에 작은 소년들을 막대기로 가볍게 때리는데, 그 목적은 "그들이 강하고 튼튼하게 자라도록 하기 위해서"다.

따라서 이러한 유추들은 만하르트와 패튼 씨의 선례에 따라 그리스의 타르겔리아 추수제전에서 인간제물을 때리는 행위에 관해 내가 제시한 해석을 뒷받침해 준다. 싱싱한 푸른 나무와 가지로 제물의 생식기에 가하는 그 매질은 상대방 남자나 여자에게 나무와 가지의 결실력을 전달해 줌으로써, 또는 해로운 영향력을 제거해 줌으로써 그들의 생식력을 증가시키는 주술이라고 설명하는 것이 가장 자연스럽다. 그리고 두 제물이 양성(兩性)의 상징으로서 한 사람은 남성 일반을, 다른 한 사람은 여성 일반을 대표한다는 사실이 이러한 해석을 확증한다. 게다가 의식을 행하는 시기가 추수기라는 사실은 그 의식이 농업적 의미를 지닌 것이라는 이론과 잘 부합한다. 나아가서, 그 의식이 무엇보다도 무화과의 번식을 위한 것이라는 사실은 제물의 목에 검고 흰 무화과 줄을 걸었다는 점과 아울러 제물의 생식기를 야생무화과 가지로 때렸다는 점이 강하게 시사한다. 왜냐하면 이러한 방식은 실제로 무화과의 번식을 위해 그리스 지역의 농민들이 예나 지금이나 정례적으로 의존하는 방식과 긴밀한 유사성을 지니기 때문이다. 옛날에 메소포타미아의 농업뿐만 아니라 종교 영역에서도 대추야자나무의 인공수정이 얼마나 중요한 비중을 차지했는지를 상기할 때, 그와 비슷하게 무화과나무의 인공수정이 그리스 종교의 엄숙한 의식 속에서 정당하게 한 자리를 차지했을 수 있다는 사실은 의심할 이유가 없을 것 같다.

이러한 고찰이 타당하다면, 우리는 명백히 이렇게 결론지어야 한다. 곧, 타르겔리아의 인간제물은 후기 고전시대에는 주로 전체 백성의 죄와 불행과 슬픔을 가져가는 공적인 속죄양 역할을 한 것이 확실해 보이지만, 더 이른 시기에는 식물의 화신, 아마도 농작물, 특히 무화과나무의 화신으로 간주되었을 것이다. 또, 그들에게 가한 매질과 그들이 당한 죽음은 본래 그리스 여름의 지독한 더위 아래 늘어지고 시들기 시작하는 식물의 생장력을 북돋우고 되살리기 위한 의도였던 것이다.

그리스의 속죄양에 관한 이런 견해가 옳다면, 그것은 이 책의 주요 논거에 대해 제기될 수도 있는 반론을 미리 막아준다. 아리키아의 사제가 숲의 정령의 대리인으로 살해당했다는 이론에 대해, 그러한 풍습은 고전적 고대에 전혀 유례가 없다는 반론을 제기할 수도 있을 것이다. 그러나 이제는 아시아의 그리스인들이 정기적으로나 임시로 인간을 식물신의 화신으로 취급하는 관례가 있었다고 믿을 수 있는 근거가 제시된 셈이다. 아마도 아테네인들이 희생제물로 삼기 위해 부양한 사람들도 그와 비슷하게 신성한 존재로 취급되었을 것이다. 그들이 사회적 추방자였다는 사실은 중요하지 않다. 원시인이 보기에 인간은 높은 도덕적 자질이나 사회적 지위 때문에 신의 대변인이나 화신으로 선택되는 것이 아니다. 신령(神靈)은 선인과 악인, 고귀한 자와 비천한 자를 막론하고 모든 사람에게 동등하게 내리는 것이다. 그러므로 만약 아시아와 아테네의 문명화한 그리스인들이 자기네가 신의 화신으로 여기는 사람들을 관례적으로 희생시켰다면, 역사의 여명기에 아리키아 숲에서 반(半)야만적인 라틴족이 비슷한 풍습을 행했으리라고 상정하지 못할 본질적인 이유는 전혀 없는 것이다.

3장
멕시코의 신의 살해

　　고대 멕시코의 아스테크(Aztec)족만큼 흔하고도 엄숙하게 신의 대리인을 희생시키는 풍습을 행한 민족은 없는 것으로 보인다. 그들의 주목할 만한 희생제례를 우리는 익히 잘 알고 있는데, 이는 16세기에 멕시코를 정복한 스페인 사람들이 그것을 상세히 기술했기 때문이다. 그들의 호기심은 자기네 교회의 교리 및 제례와 기이하게도 많이 닮아 보이는 야만적이고 잔인한 종교를 그 먼 땅에서 발견함으로써 자연스럽게 고무되었다. 예수회 선교사 아코스타(J. de Acosta)는 말하고 있다. "그들이 잘생겨 보이는 포로를 끌고 왔다. 그리고는 그를 우상에게 제물로 바치기에 앞서 우상의 이름을 그에게 붙이는 한편, 우상과 똑같은 장식으로 치장하고서 그가 바로 그 우상을 대표한다고 말했다. 이러한 대표성이 지속하는 기간, 곧 어떤 제전에서는 일 년, 다른 제전에서는 반년, 또다른 제전에서는 그보다 적은 기간 동안 그들은 본래의 우상을 대할 때와 똑같은 방식으로 그를 존경하고 숭배했다. 그 동안 그는 먹고 마시고 즐겼다. 그가 거리를 지나가면 사람들이 와서 그에게 경배를 올렸고, 모든 사람이 그에게 시주를 바쳤으며, 아이들과 병자들을 데려와서 치료하고 축복해 달라고 기원했다. 그는 모든 것을 자기 마음대로 할 수 있었으나, 다만 달아나지 못하도록 열 내지 열두 명쯤 되는 남자들이 늘 따라다녔다. 또, 그는 때때로 (지나갈 때 경배를 받을 목적으로) 작은 피리를 불어 사람들이 경배를 올릴 준비를 갖추게 했다. 이렇게 생활하다 잔칫날이 오면 그는 살이 찌게 되고, 사람들은 살이 찐 그를 죽여 각을 떠서 먹어치움으로써 그를 엄숙한 제물로 삼았다."*

그 풍습에 대한 이러한 일반적 설명을 이제 여러 특수한 사례를 들어 예증할 것이다. 이를테면 멕시코력(曆)의 가장 큰 제전인 톡스카틀(Toxcatl) 제전에서는 해마다 젊은 남자 한 사람을 꼬박 1년 동안 '신 중의 신'인 테스카틀리포카(Tezcatlipoca)의 화신으로서 부양하고 섬긴 뒤에 그 신의 대역으로 희생시켰다. 아스테크 종교에 관한 우리의 최고 권위자인 옛 프란치스코회 수도사 사하군(Sahagun)에 따르면, 이 인간신의 희생제를 부활절 또는 그 며칠 뒤에 치렀다고 한다. 만약 그가 옳다면, 그것은 시기상으로나 성격상으로나 기독교 구세주의 죽음과 부활의 축제와 일치할 것이다. 더 정확하게 말하면 그 희생제는 아스테크력 제5월의 첫날에 벌어졌는데, 그에 따르면 그 달은 4월 23일 또는 27일에 시작하는 것이었다.

이 제전에서 위대한 신은 한 대리인의 몸으로 죽었다가 다른 대리인의 몸으로 되살아났다. 그 대리인은 1년 동안 목숨을 걸고 신의 영광을 누리다가 다른 전임자들처럼 죽어가도록 예정되어 있었다. 이 고귀한 지위에 발탁되는 젊은이는 포로 중에서 신체적 아름다움을 기준으로 신중하게 뽑았다. 그는 몸에 흠집이 없어야 했고, 갈대처럼 날씬하고 기둥처럼 꼿꼿하며, 키가 너무 크거나 너무 작지 않아야 했다. 호화로운 생활 때문에 너무 살이 찌면 소금물을 마셔서 살을 빼야 했다. 또, 고상한 신분에 어울리는 우아함과 위엄을 지니고 행동할 수 있도록 하기 위해 일류 신사처럼 처신하고 정확하고 세련되게 말하며, 피리를 불고, 담배를 피우고, 멋들어진 투로 꽃향기를 맡는 법 따위를 세심하게 훈련받았다. 그는 신전에 영예롭게 거처하며, 귀족들이 시중 들고 경배를 올리고 고기를 바치며 왕같이 섬겼다. 왕 자신은 "이미 그를 신으로 간주하기 때문에" 그가 화려한 의상을 갖추어 입도록 배려했다. 그의 머리에는 독수리 솜털을 붙였고, 머리카락에는 흰 수탉의 깃털을 매달아 허리띠까지 늘어뜨렸다. 이마에는 구운 옥수수 같은, 꽃으로 만든 화관을 씌웠

---

*J. de Acosta, *The Natural and Moral History of the Indies* (London : The Hakluyt Society, 1880), ii. 323. 이 번역본은 1604년에 처음 발행한 것으로, 흠정판(King James's version) 성경과 거의 시기를 같이한다. 이 글의 문투는 그 성경에 나오는 예수의 십자가형 장면과 짝을 이루는 것처럼 보인다. 그러나 그러한 유사성은 그 시대의 문체론의 결과에 불과할 수 있다. 하지만 아코스타의 서술 자체는 성경의 유사 내용과 민감하게 대응하는 것이 사실이다.

고, 같은 꽃으로 만든 화환을 두 어깨와 겨드랑이 밑으로 걸쳤다. 코에는 황금장식을 걸고 황금팔찌로 팔을 장식했으며, 두 다리에는 황금종을 매달아 걸을 때마다 딸랑딸랑 소리를 냈다. 터키석으로 만든 귀걸이를 두 귀에 매달고, 터키석 팔찌로 손목을 장식했으며, 조개껍질 목걸이를 목에 둘러 가슴 위로 늘어뜨렸다. 그는 망사로 된 외투를 입었고, 허리에는 화려한 천을 둘렀다. 이렇게 보석으로 장식한 멋쟁이가 유유히 거리를 걸으며 피리를 불고 담배를 피우고 꽃다발 향기를 맡을 때, 마주치는 사람들은 그 앞에 몸을 엎드려 한숨과 눈물로 기도를 올리며 지극한 겸양과 복종의 표시로 흙을 집어서 자기들 입 속에 집어넣었다. 여자들은 아이를 팔에 안고 와서 그에게 바치며 신처럼 그에게 경배했다. 왜냐하면 "그는 그들의 주님이었으며, 사람들이 모두 그를 주님으로 인정했기 때문이다." 그가 지나갈 때 이와 같이 경배를 올리는 모든 사람에게 그는 위엄 있고 정중하게 인사를 했다. 한편 그가 달아나지 못하도록 모든 곳에서 왕궁의 제복을 차려입은 시동(侍童) 여덟 명이 그를 둘러싸고 호위했다. 그중 네 명은 왕궁노예처럼 정수리를 박박 밀었고, 나머지 네 명은 전사와 같이 머리타래를 늘어뜨렸다. 만약 그가 달아나면 호위대장이 그를 대신해서 신의 대리인 노릇을 하다가 대신 죽어야 했다. 죽음을 당하기 20일 전에 그는 의상을 갈아입었으며 네 처녀를 신부로 맞이하여 교제했다. 우아하게 자란 이 처녀들은 각기 네 여신―꽃의 여신, 어린 옥수수의 여신, '물 속의 어머니' 여신, 소금의 여신―의 이름을 지녔다. 마지막 5일 동안 예정된 희생자에게 신의 영광이 소나기처럼 쏟아졌다. 왕궁의 모든 신하가 인간신을 쫓아다니는 동안 왕은 궁전에 머물러 있었다. 엄숙한 연회와 무용이 지정된 장소에서 정기적으로 연달아 벌어졌다. 마지막 날에 이 젊은 남자는 부인들과 시동들을 데리고 화려한 차양을 덮은 카누를 타고 호수를 건너 물가에 작은 언덕이 솟아 있는 곳으로 갔다. 그곳은 '이별의 산'이라고 불렸는데, 이곳에서 그의 부인들이 그에게 마지막 작별을 고했기 때문이다. 그러고 나서 그는 시동들만 데리고 길가에 있는 작고 외딴 신전으로 갔다. 일반적인 멕시코 신전들처럼 그 신전은 피라미드 양식으로 건축된 것이었다. 층계를 올라가면서 젊은 남자는 매 계단마다 자기가 영광의 시절에 불던 피리를 하나씩 부러뜨렸다. 그렇게 꼭대기에 도달하면 사제들이 그를 붙잡아서 돌덩어리 위에 눕혔다. 그리고 사제 중 한 사람이 그의 가슴을 가르고 상처 속에 손을 집어넣어 심장을 끄집어낸 뒤 태양을 향해 치켜들고 제물로 바쳤다. 죽은 신의 시체는 일반 희생자처럼 신전의 층계 아래로 굴리지 않고 신전 발치까지 운반한 다음 그곳에서 머리를 잘라 창에 꿰었다. 이것이 바로 멕시코 만신전(萬神殿)의 최고 신 역할을 했던 인물의 정식 최후였다.

그러나 5월에 신의 역할을 하며 그와 같이 희생당한 인물은 그만이 아니었다. 위대한 신 비칠로포츠틀리(Vitzilopochtli) 또는 위칠로포츠틀리(Huitzilo-pochtli)도 같은 계절에 숭배했다. 사람들은 가루반죽으로 사람 모양의 신상을 만들어 그 신의 온갖 장식으로 치장한 다음 그의 신전에 세워놓았다. 그러나 그 신에게도 살아 있는 대리인 역할을 하는 젊은 남자가 있었다. 그도 테스카틀리포카의 대리인처럼 1년 동안 신의 대역을 하다가 마지막에 죽음을 당했다. 5월에 죽기로 예정된 그 신성한 남자의 임무는 제전의 주요 특색을 이루는 무용을 선도하는 것이었다. 제전이 시작되면 왕궁의 신하들과 전사들은 노소를 막론하고 서로 손을 잡고 구불구불 돌아가며 춤을 추었다. 그들과 더불어, 구운 옥수수와 춤을 추기로 서약한 젊은 여자들도 춤을 추었다. 이 처녀들은 머리 위에 구운 옥수수로 만든 관을 썼다. 옥수수 꽃줄이 그들의 어깨에서 내려와 가슴을 가로질렀으며, 얼굴에는 색칠을 하고, 팔다리에는 붉은 깃털을 덮었다. 이런 차림으로 춤을 출 때, 처녀들은 비칠로포츠틀리 신을 양팔로 껴안았다고 한다. 그러나 그들은 지극히 정중하고 예의 바르게 행동했다. 그와 같이 그들은 밤이 올 때까지 춤을 추었다. 다음날 아침 그들은 다시 춤을 추었고, 그날 중에 비칠로포츠틀리 신을 대표하는 남자는 죽음을 당했다. 그는 자기가 죽을 시간을 선택할 권한이 있었다. 운명의 순간이 다가오면, 사람들은 그에게 검은 원이 잔뜩 그려진 기묘한 종이옷을 입히고, 머리에 독수리 깃털과 나부끼는 깃장식을 단 뒤, 그 사이에 피 묻은 흑요석 칼을 매달아놓은 종이관을 덮어씌웠다. 이런 차림에다 두 발목에 딸랑거리는 황금종을 매단 채 그는 제전의 모든 무도회에서 무용을 선도했으며, 이런 차림으로 죽으러 갔다. 그러면 사제들이 그를 잡아서 꽉 붙들고 사지를 펼친 다음, 심장을 잘라내어 태양을 향해 치켜들었다. 그의 머리는 몸통에서 절단되어, 희생된 지 오래지 않은 다른 인간신의 머리 옆에 못박혔다.

　멕시코의 부유한 무역도시 촐룰라(Cholula)에서는 상인들이 케찰코아틀(Quetzal-coatl)이라는 신을 숭배했다. 널찍한 신전 안에 마련한, 화려하게 장식한 제단 또는 받침대 위에 놓인 그의 신상은 사람의 몸에 새의 머리를 지녔는데, 벼슬 아래 빨간 부리가 달려 있고 얼굴은 노랗게 물들이고 눈에서 부리 아래로 까만 줄을 그렸으며 혓바닥을 늘어뜨린 형상이었다. 그리고 그 머리에는 검정색·하양색·빨강색을 칠한 종이관을 씌우고, 목에는 나비날개 모양의 커다란 황금장식을 달고, 몸 둘레에는 검정색·빨강색·하양색 깃털 외투를 걸치고, 황금 양말과 황금 샌들을 다리와 발에 신고, 오른손으로는 낫같이 생긴 목제 기구를 휘두르고, 왼손으로는 바다새의 흑백 깃털을 씌운 둥근 방패를 들었다. 이 신의 제전은 2월 3일에 거행하였다. 제전이 열리기 40일 전에 "상인들은 병이나 부상으로 인한 결함이 전혀 없는, 신체가 잘 균형 잡힌 노예를 사서 그 우상의 장신구로 치장해 40일 동안 우상을 대표하게 했다. 옷을 입히기 전에 그들은 신들의 호수라고 부르는 호수에서 그를 두 차례 씻겨 정결하게 했다. 그런 뒤에 그를 우상처럼 치장했다. 이 40일 동안 그는 자기가 대표하는 우상 때문에 많은 공경을 받았다. 밤에는 사람들이 그가 달아나지 못하게 (앞서 말했듯이) 가두어놓았지만, 아침이 되면 감옥에서 꺼내 높은 자리에 올려놓고 시중 들며 맛난 음식을 바쳤으며, 그가 식사를 마치면 목에 화환을 걸어주고 손에는 무수한 꽃다발을 쥐어주었다. 그는 완전무장을 한 호위병을 대동했으며, 많은 사람이 그를 따라다녔다. 도시를 지나갈 때, 그는 모든 길거리에서 춤추며 노래를 불러 자신이 신의 형상임을 알렸다. 그가 노래를 시작하면 여자들과 어린아이들이 집에서 나와 그에게 경배를 올리고, 신에게 하듯이 제물을 바쳤다. 이윽고 제전이 9일 앞으로 다가오면 신전의 장로들 중 두 노인이 그에게 와서 허리를 굽히며 나직하고 유순한 목소리로 이렇게 말했다. '각하, 앞으로 9일이 지나고 춤과 노래의 행사가 끝나면 당신은 죽는다는 것을 아셔야 합니다.' 그러면 그는 이렇게 대답해야 한다. '다행한 일이로다.' 이런 의식을 사람들은 '네욜로 막실트 일레츨리(Neyòlo Maxilt Ileztli)', 곧 '광고'라고 부른다. 이와 같이 그에게 광고할 때 그들은 그가 슬퍼하는지, 아니면 늘 하던 대로 즐겁게 춤을 추는지 주의 깊게 살폈다. 만약 그가 그들이 바라는 만큼 즐겁게 춤추지 않으면, 그들은 미신에 사로잡혀 다음과 같이 어리석은 행동을 했다. 그들은 즉시 희생용 면도칼을 가져와서 지난번 희생제물을 바칠 때 묻은 사람의 피를 깨끗이 씻어냈다. 그리고 이 물을 카카오로 만든 또다른 음료와 섞어서 그에게 마시게 했다. 이렇게 하면 그가 자기가 들은 말을 잊어버리고 무감각한 상태가 되어 전과 같이 춤추며 즐기게 될 뿐 아니라, 이 음료에 도취해서 즐겁게 죽음을 신청한다고 한다. 그들이 그처럼 낙담한 기색을 없애려고 하는 이유는, 그것이 불길한 징조이며 어떤 커다란 재앙을 예고하는 것이라고 생각하기 때문이다. 제전의 날이 오면 그에게 찬가와 향불을 올리며 크게 공경한 후, 자정 무렵에 제관들이 그를 붙잡아 앞에서 말한 방식으로 희생시키고 그의 심장을 달을 향해 바쳤다. 그런 다음에 우상을 향해 그 심장을 집어던지고, 그의 시체를 신전의 층계 밑바닥으로 떨어뜨렸다. 그러면 그를 바친 사람들이 거기서 시체를 가져가는데, 그들은 바로 제전의 주인인 상인들이었다. 그들은 그것을 우두머리의 집으로 운반해서 갖은양념으로 조리한 뒤 (날이 밝을 때) 연회와 만찬을 거행했다. 그 전에 그들은 날이 밝을 때까지 작은 무도회를 벌이며, 우상에게 아침 인사를 올리고 제물을 요리했다. 그러고 나서 모든 상인이 그 연회에 모이는데, 특히 노예매매를 업으로 삼는 사람들, 해마다 자기네 신의 대역으로 노예를 한 명씩 바쳐야 하는 사람들이 그 자리에 참석했다. 그 우상은 전국에서 가장 공경받는 신에 들었으며, 따라서 그가 머무는 신전은 커다란 권위를 지녔다."

멕시코에서 짧은 기간 신의 대역으로 살다가 같은 신분으로 폭력적인 죽음을 당하는 영예를 누리는 것은 남자들에게만 국한된 일이 아니었다. 여자들도 여신의 대리인으로서 그 영광을 누리고 그 운명을 공유하도록 허용되었다. 아니 오히려 그러도록 강요당했다는 것이 정확할 것이다. 이를테면 대략 6월에 해당하는 아스테크력 일곱번째 달에 아스테크족은 소금의 여신인 웍스토시와틀(Huixtochihuatl)을 기리는 제전을 거행했다. 그녀는 비의 신들의 누이였는데, 그들과 다투는 바람에 쫓겨나 소금물 속에 거처하게 되었다고 한다. 독창적인 정신능력의 소유자인 그녀는 냄비를 이용하여 소금을 추출하는 방법을 발명해 냈다. 그래서 그녀는 모든 소금일꾼의 수호신으로 숭배되었다. 그녀의 옷은 노랑색이었고, 나부끼는 초록색 깃털이 여러 다발 달린

관을 머리에 썼는데, 그 깃털은 햇빛 속에서 초록빛을 띤 무지개 색깔로 반짝였다. 그리고 파도 무늬를 수놓은 겉옷과 속치마를 입고, 꽃 모양의 황금귀걸이를 귀에 달았는데, 황금종이 그녀의 발목에서 딸랑거렸다. 또, 한손에는 어떤 식물의 나뭇잎을 그려넣은, 늘어뜨린 앵무새 깃털 술로 장식한 둥근 방패를 들었고, 다른 손에는 끝에 마디가 지고 종이와 조화(造花), 깃털로 장식한 단단한 방망이를 들었다. 그녀의 제전이 열리기 열흘 전부터 한 여자가 여신의 대역을 하며 그녀의 화려한 의상을 갖추어 입었다. 이 기간 동안 그녀의 임무는 소금일꾼들의 부인들과 딸들이 그 절기에 추는 춤을 선도하는 것이었다. 그들은 젊은이·노인·아이 할 것 없이 모두 다같이 손에 노끈을 잡고, 머리에는 향기로운 꽃(Artemisia laciniata)으로 만든 화관을 쓰고, 높은 소프라노 곡조로 노래부르며 둥글게 원을 이루어 춤을 추었다. 원 한가운데에서는 여신을 대표하는 여자가 발걸음마다 황금종을 딸랑거리면서 방패를 휘두르고, 방망이로는 춤과 노래의 박자를 맞추며 춤을 추었다. 제전 전야인 마지막 날에 그녀는 밤새 쉬지 않고 죽기로 예정해 놓은 새벽까지 춤을 추어야 했다. 노파들이 그 지루한 임무의 수행을 도와 다같이 팔짱을 끼고 함께 춤을 추었다. 아침에 그녀와 함께 죽어야 하는 노예들도 같이 춤을 추었다. 때가 되면 사람들은 아직 여신 역할을 하고 있는 그녀를 이끌고 틀락록 신전의 층계를 올라갔으며, 죽기로 예정된 포로들이 그 뒤를 따랐다. 피라미드형 신전의 꼭대기에 도달하면 포로들부터 학살하기 시작하는데, 이때 여자는 서서 구경했다. 그녀 차례가 오면 사람들은 그녀를 돌덩어리 위에 눕히고, 다섯 남자가 그녀를 꼼짝 못하게 붙잡고 다른 두 남자가 굵은 나무막대나 황새치의 칼뼈로 비명을 못 지르게 목을 누르고 있는 동안, 사제가 칼로 그녀의 가슴을 갈라 상처 속에 손을 집어넣어 심장을 떼내서 우묵한 그릇에 던져넣었다. 모든 것이 끝나면 희생을 목격한 소금일꾼들은 집에 가서 술을 마시며 즐겼다.

또, 6월 말과 7월 초에 해당하는 멕시코력의 여덟번째 달에 아스테크족은 어린 옥수수속(xilotl)의 여신인 실로넨(Xilonen) 역할을 하는 한 여자를 희생했다. 그 희생이 벌어지는 제전은 옥수수가 거의 익어서 푸른 이삭에 수염이 돋아나 알갱이가 충분히 영글었음을 보여주는 시기인 그 달의 열번째 날에 열렸다. 제전이 열리기 전 8일 동안 화려한 의상을 입고 보석으로 치장한 남녀들이 그 목적을 위해 찬란하게 불을 밝힌 신전 안마당에서 함께 춤추고 노래불렀다. 열지어 놓인 높다란 화로들이 깜박이는 불꽃을 피워올렸고, 횃불꾼들이 커다란 소나무 횃불을 높이 치켜들었다. 무용수 중 몇몇은 몸소 무거운 횃불을 들고 춤을 추었다. 그래서 춤추는 동안 불꽃이 이글거리며 사방에 튀었다. 무용은 해질 때 시작해서 아홉 시경까지 계속되었다. 단련받은 뛰어난 전사가 아니면 거기에 참가할 수 없었다. 여자들은 긴 머리를 등과 어깨에 늘어뜨렸는데, 그 목적은 옥수수 수염이 그와 같이 길게 늘어질 만큼 자라게 하기 위함이었다. 수염이 많을수록 이삭 속의 알갱이도 많은 것이다. 사람들은 서로 손을 잡거나 상대 허리에 팔을 감고 북소리에 따라 발로 정확하게 박자를 맞춰가며 춤을 추면서 불타는 화로와 횃불 사이를 드나들었다. 무용은 엄격하게 예의를 차린 것이었다. 어떤 남자가 여자 무용수에게 연애를 걸다가 발각되면, 공개적으로 망신을 당하고 엄한 벌을 받았을 뿐만 아니라 다시는 공적인 자리에서 춤추고 노래할 수 없었다. 어린 옥수수 여신의 신분으로 죽을 여자는 제전 전야에 자기가 대역을 하는 신의 화려한 의상과 찬란한 보석으로 치장했다. 이때 얼굴 윗부분은 빨갛게 칠하고 아랫부분은 노랗게 칠하는데, 이는 아마도 익은 옥수수의 불그레하고 노란 색조를 닮아보이게 하려는 의도였을 것이다. 그리고 팔다리를 빨간 깃털로 덮은 채 한 다발의 깃털로 장식한 종이관을 머리에 쓰고, 보석과 황금으로 만든 목걸이를 목에 두른다. 또, 옷에는 기묘한 형상의 수를 놓고 신발에는 빨간 줄무늬를 그려넣으며, 왼손에는 둥근 방패를 들고 오른손에는 진홍색 방망이를 든다. 이렇게 치장하고 그녀는 다른 여자들에게 이끌려 각기 다른 네 장소에 향불을 올리러 갔다. 밤의 나머지 시간 내내 그녀와 사람들은 그녀가 살아 있는 여신상으로서 대표하는 실로넨 여신의 신전 앞에서 춤추며 노래불렀다. 아침이 되면 귀족들이 옥수수 줄기에 기대어, 또는 기대는 시늉을 하며 자기들끼리 엄숙하게 춤을 추었다. 화관과 노란 꽃줄로 장식한 여자들도 희생자를 따라 자기들끼리 춤을 추었다. 사제들 중에서 사형집행인 역할을 할 사람은 등에 멋있는 깃털 다발을 걸쳤다. 다른 사제는 죽기로 예정된 여자가 옥수수의 여신 신테오틀(Cinteotl)의 신전 층계를 올라갈 때 그녀 앞에서 딸랑이를 흔들었다. 꼭대기에 도달하는 즉시 한 사제가 그녀를 붙잡아 등에 걸치면, 희생을 바치는 사람이 그 머리를 몸에서 잘라내고 심장을 꺼내서 받침접시에 던져넣었다. 어린 옥수수의 여신 실로넨을 기리는 이러한 희생이 끝나면, 사람들은 푸른 옥수수 이삭과 그것으로 구운 빵을 마음껏 먹었다. 희생 이전에는 아무도 감히 그것을 먹는 사람이 없었다.

또, 12월 하순과 1월 초순에 해당하는 멕시코력 열일곱번째 달에 아스테크 족은 '우리 어머니'를 뜻하는 토난(Tonan) 또는 일라마테쿠틀리(Ilamatecutli) 여신의 대역을 하는 여자를 희생했다. 이 여신의 제전은 12월 25일 성탄절에 치렀다. 이 여신상은 커다란 입에 튀어나온 눈을 지닌 두 얼굴의 가면을 쓰는데, 이 여신을 대표하는 여자는 하얀 장의(長衣)에 하얀 샌들을 신었다. 그리고 하얀 겉옷 위로 가죽조끼를 걸치는데, 조끼 아랫단은 띠 모양의 술 장식을 하고, 각각의 띠 끄트머리에는 작은 조개껍질을 매달았다. 이 때문에 그녀가 걸어갈 때는 조개껍질이 서로 부딪쳐 멀리 떨어진 곳까지 소리가 들렸다. 그녀는 얼굴 위쪽 절반은 노랗게 칠하고 아래쪽 절반은 검게 칠했으며, 머리에는 가발을 썼다. 또, 손에는 하얗게 표백한 둥근 방패를 드는데, 방패 가운데는 독수리 깃털로 만든 원으로 장식하고 끝에 독수리 깃털을 붙인 하얀 해오라기 깃털들을 거기다 늘어뜨렸다. 이렇게 치장하고서 그 여자는 여신 역할을 하며, 노인들이 연주하는 음악에 맞추어 혼자서 춤을 추었고, 춤을 추면서 임박한 죽음을 생각하고 한숨 지으며 눈물을 흘렸다. 춤은 정오나 그보다 조금 더 늦게 끝났다. 이윽고 해가 서녘으로 기울어갈 때, 사람들은 그녀를 이끌고 긴 계단을 따라 위칠로포츠틀리 신전 꼭대기로 올라갔다. 그녀 뒤로는 모든 신들의 장신구를 차려입고 얼굴에 가면을 쓴 사제들이 따랐다. 그들 중에는 희생자가 대표하는 일라마테쿠틀리 여신의 의상과 가면을 걸친 자도 있었다. 피라미드형 신전 꼭대기에 있는 높은 제단에 도달해서 그들은 관례적인 방식대로 여자를 살해하고 심장을 꺼내고 머리를 잘랐다. 그리고 피가 뚝뚝 떨어지는 머리를 여신의 의상과 가면을 걸친 사제에게 주었다. 그가 그것을 아래위로 흔들면서 제단을 돌며 춤을 추면, 여러 신의 의상과 가면을 걸친 다른 사제가 모두 그 뒤를 따랐다. 일정 시간 춤이 계속되었을 때 선도자가 신호를 하면, 그들은 모두 기다란 층계 아래 모여서 옷을 벗은 다음 가면과 의상을 보통 보관해 두는 예배장소에 보관했다. 다음날 사람들은 어떤 심심

풀이 장난질에 몰두했다. 남자 어른들과 소년들은 자루나 망사주머니를 준비하여 종이나 방동사니 꽃, 푸른 옥수수 잎사귀를 가득 담고 끈으로 묶어 길거리에서 마주치는 소녀나 처녀를 때리는 도구로 사용했다. 때로는 개구쟁이 서너 명이 한 소녀를 둘러싸고 울 때까지 때리기도 했다. 그러나 몇몇 영리한 처녀들은 그날 지팡이로 무장하고 다니면서 공격자들에게 날쌔게 반격을 가했다. 자루 속에 상처를 입힐 수 있는 돌이나 다른 어떤 물건을 넣는 것은 형벌에 처할 범죄행위였다.

　앞의 풍습에서 여신의 대역을 하는 여자를 그 역시 여신의 의상과 가면을 걸친 남자가 희생시키고, 희생 직후에 희생자의 피 흐르는 머리를 들고 춤추는 것에 대해 우리는 어떻게 생각해야 할까? 아마도 그 기묘한 의식은 살해당한 여신이 그녀의 의상과 가면을 쓰고 살해당한 그녀 대리인의 머리를 들고 다니는 사제의 몸으로 부활하는 것을 상징하려는 의도일 것 같다. 만약 그렇다면, 그것은 멕시코인들이 그 속에서 신의 부활이라는 교리를 표명하고 있는 것으로 보이는, 훨씬 더 끔찍한 또다른 의식을 해명해 줄 것이다. 그 의식은 여신의 대역을 하는, 살해당한 여자의 가죽을 벗긴 다음, 한 남자에게 그 피 묻은 가죽을 씌워 그 남자가 마치 죽은 여자, 아니 더 정확하게는 죽은 여신이 되살아난 것인 양 그 가죽을 쓰고 활보하며 다니도록 하는 것이었다. 그래서 8월 말과 9월 초에 해당하는 멕시코력 열한번째 달에 사람들은 '신들의 어머니(Teteo innan)', '우리의 여자 조상(Toci)', '대지의 심장'이라고 부르는 여신을 기리는 제전을 벌이고, 그 여신의 의상과 장신구를 걸친 여자를 희생시켰다. 그녀는 이 여신을 특별히 숭배하는 치료사·외과의사·피 뽑는 사람·산파·점쟁이 들의 조합에서 그 목적을 위해 사들인 노예였다. 그 불쌍한 여자가 여신의 온갖 장신구를 걸치고 나타나면, 사람들은 그녀를 '신들의 어머니'와 동격으로 간주하여 마치 그녀가 실제로 그 위대한 신인 양 많은 공경과 경배를 바쳤다고 한다. 8일 동안 그들은 네 줄로 서서 말없이 춤을 추었다. 다리와 몸통을 거의 움직이지 않고 북소리에 맞추어 꽃나무 가지를 든 손만 위아래로 움직이는 것도 춤이라고 할 수 있다면 말이다. 이러한 무용은 오후에 시작해 해가 질 때까지 계속했다. 춤추는 동안에는 아무도 말을 할 수 없었다. 단지 몇몇 활기찬 젊은이들이 입술을 울려 둥둥거리는 북소리를 흥

내내었을 뿐이다. 춤이 끝나면 여자 주술사들이 모두 두 편으로 나뉘어 '신들의 어머니' 역할을 하는 여자 앞에서 모의전투를 벌였다. 이렇게 하는 것은 그녀의 기분을 돌려서 그녀가 슬픔에 잠겨 눈물을 흘리지 않게 하려는 데 목적이 있었다. 그녀가 우는 것은 전쟁에 나간 남자와 출산을 하는 여자가 많이 죽게 될 징조이기 때문이다. 여자들의 전투는 이끼와 나뭇잎, 꽃 따위로 만든 뭉치를 서로 던지는 식이었다. 여신의 대역을 하는 여자도 한쪽 편에 가담하여 공격을 선도했다. 이러한 모의전투를 나흘간 계속했다.

그런 뒤에 사람들은 희생제를 치르기에 앞서 그 여자를 장터로 데려가 거기에 작별을 고하게 했다. 그녀는 그 일환으로 가는 곳마다 옥수수 가루를 뿌렸다. 그러고 나서 사제들은 희생제를 치를 신전 부근 건물로 그녀를 데려갔다. 하지만 그녀의 운명은 가능한 한 그녀에게 비밀로 했다. 여자 주술사와 산파들은 이렇게 말하며 그녀를 위로했다. "낙심하지 말아요, 사랑하는 이여. 오늘 밤 그대는 왕과 함께 잠잘 테니까 기분을 즐겁게 가져요." 그러고서 그들은 여신의 장신구를 그녀에게 차려 입히고, 자정에 그녀가 죽음을 당할 신전으로 그녀를 데려갔다. 신전까지 가는 동안 그들은 말은 고사하고 기침 소리조차 내지 않았다. 그녀가 지나가는 것을 보기 위해 군중들이 모여들지만, 그들도 모두 침묵을 지켰다. 이윽고 그녀가 신전에 도착하면 한 사제가 그녀를 등에 걸치는데, 그러면 다른 사제가 곧바로 그녀의 머리를 잘랐다. 그런 다음 아직 따뜻한 그녀의 시체에서 가죽을 벗겨내면, 키가 크고 건장한 청년이 그 피 흐르는 가죽을 뒤집어쓰고서 자기가 살아 있는 여신인 양 행세했다. 이때 여자의 넓적다리 하나는 가죽을 따로 벗겨서 다른 신전에 가져가는데, 거기서도 한 청년이 그 가죽을 가면처럼 얼굴에 쓰고 '신들의 어머니'의 딸인 옥수수의 여신 신테오틀로 행세했다. 한편 여자의 나머지 가죽을 걸친 다른 청년이 신전 층계를 서둘러 내려오면, 귀족들과 전사들이 그 앞에서 피묻은 개밀 빗자루를 들고 달아났다. 그러나 그들은 가끔씩 고개를 돌려 그를 돌아보며 어서 오라고 재촉하는 듯이 자기 방패를 두드렸다. 그러면 청년이 맹렬히 그들을 추적하고, 그 도주와 추적을 구경하는 모든 사람이 두려움에 떨었다. 죽은 여자의 가죽을 걸치고 '신들의 어머니' 행세를 하는 남자는 그렇게 위칠로포츠틀리 신전 발치에 도착해서는 양팔을 들어올리고 신상 앞에 십자가처럼 서며, 이 행동을 네 차례 반복한다. 그리고 옥수수 여신 신테오틀로 행세하는 남자와 합류하여, 여자를 희생시킨 '신들의 어머니'의 신전으로 함께 천천히 간다. 이 모든 일이 밤에 이루어진다. 다음날 아침, 날이 밝으면 '신들의 어머니' 역할을 하는 남자는 신전 가장 높은 곳에 자리를 잡는다. 거기서 사람들은 여신의 온갖 화려한 장신구로 그 남자를 치장하고 머리에 찬란한 관을 씌웠다. 그런 다음 포로들을 그 앞에 일렬로 세웠다. 그러면 온갖 장식으로 치장한 그 남자가 그중 네 명을 직접 죽이는데, 나머지는 사제들이 죽이게 내버려둔다. 이후 갖가지 의식과 무용이 뒤따랐다. 무엇보다도 특기할 것은 인간제물들의 피를 사발에 담아 '신들의 어머니' 역할을 하는 남자 앞에 놓아두는 것이다. 그러면 그 남자는 피 속에 손가락을 담근 뒤, 그 피 묻은 손가락을 빨았다. 손가락을 빨 때 그 남자는 머리를 숙인 채 고통스러운 신음을 내뱉는데, 그러면 그 소리를 듣는 모든 사람이 떤다. 이는 대지도 그 소리에 흔들리고 떤다고 믿기 때문이다. 마지막으로 살해한 여자의 가죽과 그녀의 넓적다리 가죽은 멀리 가져가서 두 군데 탑에 따로따로 보관하는데, 그중 한 곳은 적국의 경계선에 있었다.

'신들의 어머니'를 기리는, 이처럼 특이한 제전이 있기 바로 전에는 옥수수의 여신 치코메코와틀(Chicomecohuatl)을 기리는 비슷한 제전을 벌였다고 한다. 이때 사용하는, 나무로 만든 여신상은 화사하게 색칠한 여성용 장신구를 걸친, 열두 살쯤 된 소녀 형상으로 표현하는데, 머리에 두꺼운 종이로 만든 관을 쓰고 긴 머리를 어깨까지 늘어뜨린 형상이었다. 또, 귀에는 황금귀걸이를 달고, 목에는 파란 리본을 매단 황금색 옥수수속 목걸이를 걸었으며, 양손에는 깃털로 만들어 황금으로 장식한 옥수수속 형상을 들었다. 한편 9월 15일에 깊은 신심 속에 국가적 행사로 거행하는 이 여신의 제전에 앞서서 7일 동안 엄격한 금식을 행한다. 그 기간 중에는 노인과 젊은이, 병자와 건강한 사람을 막론하고 모든 사람이 조잡한 음식과 마른 빵 이외에는 먹지 않았고, 물 이외에는 마시지 않았으며, 귀에서 피를 뽑는 고행을 했다. 그렇게 뽑아낸 피는 씻지 않아서 마른 피딱지가 눌러붙어 있는 그릇에 담는다. 그리고 나서 사람들은 금식을 시작하기 전날 마음껏 먹고 마셨으며, 한 여자를 성별(聖別)한 뒤에 적절한 의상을 입혀 문둥이의 여신인 아틀라타토난(Atlatatonan)을 대표하게 했다. 금식이 끝나면 틀랄록 신전의 대사제가 관례에 따라 그녀를 희생시킨 뒤에 심장을 꺼내 태양에게 제물로 바쳤다. 그녀의 시체는 온갖 의상과 장신구를 그대로 걸친 채 신전의 우물이나 지하동굴에 던졌으며, 사가(史家)들에 따르면 금식기간 동안 사람들이 음식을 담아 먹은 접시와 그릇, 잠자리로 사용한 돗자리도 모두 마치 문둥병에 감염된 듯이 여겨 함께 버렸다고한다. 그런 후에 사람들은 빵과 소금과 토마토를 마음껏 먹었다. 그리고 열두 살 내지 열세 살 가량 된, 가장 아름다운 어린 소녀 노예를 성별하여 옥수수의 여신 치코메코와틀을 대표하게 했다. 그들은 여신의 장신구를 소녀에게 입히고 머리에 관을 씌우고 옥수수속을 목에 두르고 양손에 쥐게 했으며, 옥수수 이삭을 모방해서 초록색 깃털 하나를 그녀의 정수리에 똑바로 고정했다. 이렇게 하는 목적은 제전을 거행하는 시기에 옥수수가 거의 다 익었음을 나타내기 위한 것인데, 아직 옥수수가 여물지 않았기 때문에 아직 여물지 않은 나이 어린 소녀를 골라 옥수수 여신 역을 하도록 했다고 한다. 사람들은, 아름답게 차려 입고 초록색 깃털을 머리에 나부끼는 이 불쌍한 소녀를 이끌고 온종일 집집마다 다니면서 금식에 따른 갑갑증과 허기를 씻어내고 원기를 불어넣기 위해 흥겹게 춤을 추었다.

저녁이 되면 모든 사람이 무수히 많은 등불과 촛불이 어둠을 밝히고 있는 신전으로 모여들어 밤을 새웠다. 한편 자정이 되면 나팔과 피리, 뿔피리가 엄숙한 음악을 연주하는 가운데 옥수수속과 후추로 만든 꽃줄을 장식한, 온갖 씨앗을 채운 가마가 들어오는데, 가마꾼들은 그것을 옥수수속·후추·호박·장미·온갖 종류의 씨앗으로 안팎을 멋지게 장식한, 여신의 목상이 있는 방 앞에 내려놓는다. 마루 전체가 신자들이 바친 이러한 초록색 제물로 빽빽이 들어찬다. 음악이 그치면 사제와 고관들이 이글거리는 불과 연기 나는 향로를 들고 여신 역할을 하는 소녀를 인도하며 엄숙하게 행진을 한다. 그러고 나서 소녀를 가마에 태우는데, 소녀는 가마에 뿌려놓은 옥수수와 후추와 호박을 밟고 똑바로 서서, 떨어지지 않게 손으로 양쪽 난간을 꼭 잡는다. 그러면 사제들이 연기 나는 향로를 흔들며 소녀 주위를 돈다. 그러다가 음악을 다시 연주하기 시작하면, 신전의 고위 성직자 한 사람이 손에 면도칼을 들고 갑자기 소녀에게 다가가서 머리에 붙은 초록색 깃털과 깃털을 매놓은 머리카락

맨 밑부분을 싹둑 잘라낸다. 그런 다음 그 깃털과 머리카락을 매우 엄숙하고 정교한 의식에 따라 여신의 목상에 바치고, 그 해에 여신이 사람들에게 내려 준 대지의 결실과 풍성한 수확에 대해 울면서 감사를 드린다. 그가 울면서 기도할 때, 신전 마당에 서 있는 사람도 모두 그와 함께 울며 기도했다. 그 의식이 끝나면, 소녀를 가마에서 내리게 해 그 밤의 나머지 시간을 보낼 장소로 호송한다. 그러나 다른 사람들은 신전 마당에서 횃불에 의지하여 날이 밝을 때까지 불침번을 선다.

아침이 되어도 신전 마당은 여전히 사람들로 만원이었다. 그 장소를 떠나는 것을 신성모독으로 여기기 때문이다. 사제들이 다시 여신의 의상을 차려입고 머리에 관을 쓰고 옥수수속을 목에 두른 소녀를 데려오면, 그녀는 또다시 가마에 올라타서 난간을 잡은 손에 의지하여 똑바로 선다. 그러면 신전의 장로들이 가마를 어깨에 메고, 몇몇 사람이 불타는 향로를 흔들고 다른 사람들이 악기를 연주하거나 노래를 부르는 동안 널따란 마당을 행진하여 위칠로포츠틀리 신의 전당으로 갔다가 소녀가 대역을 하는 옥수수 여신의 목상이 서 있는 방으로 다시 돌아온다. 거기서 그들은 소녀를 가마에서 내리게 한 다음, 성스러운 방의 마루에 잔뜩 펼쳐놓은 옥수수와 채소 더미 위에 서게 한다. 소녀가 거기 서 있는 동안, 모든 장로와 귀족이 7일 금식 중에 고행의 수단으로 귀에서 뽑아낸 말라붙고 엉긴 피를 담은 받침접시를 들고 한 사람씩 뒤따르며 줄지어 들어온다. 그들은 한 사람씩 소녀 앞에 쪼그리고 앉는데, 우리가 무릎을 꿇는 것과 똑같은 모습이다. 그런 자세로 그들은 접시에서 피딱지를 긁어내서 소녀 앞에 던지는데, 이는 옥수수 여신의 화신으로서 소녀가 자신들에게 베푼 은혜에 보답하는 제물이다. 남자들이 이와 같이 공손하게 여신의 대리인에게 자신들의 피를 바치고 나면, 이번에는 여자들이 길게 줄지어 들어와서 각기 소녀 앞에 쪼그리고 앉아 자기 피를 접시에서 긁어서 똑같은 행동을 한다. 이 의식은 오랫동안 계속되었다. 어른과 아이, 노인과 젊은이를 막론하고 모든 사람이 예외없이 신의 화신 앞을 지나가며 제물을 바쳐야 하기 때문이다. 그것이 끝나면 사람들은 기쁜 마음으로 집에 돌아가서 고기와 온갖 진수성찬으로 즐겁게 잔치를 벌였다. 그 즐거움은 이를테면 선량한 기독교인들이 사순절의 오랜 금욕 뒤에 부활절을 맞아 고기와 그밖의 육체적인 은총을 맛보는 것과 마찬가지였다고 한다. 마음껏 먹고 마시고 충분히 휴식을 취하여 불침번의 피로를 말끔히 씻어낸 뒤, 사람들은 새로운 활기로 가득 차서 제전의 결말을 보러 신전에 돌아온다.

제전의 결말은 다음과 같았다. 군중이 모인 가운데, 사제들이 여신의 대역을 하는 소녀에게 엄숙하게 향불을 올린다. 이어서 옥수수와 씨앗 더미 위에 소녀를 쓰러뜨려 눕히고 머리를 자른 뒤에 솟구치는 피를 물통에 담아 그 피를 여신의 목상과 실내의 벽, 마루에 잔뜩 널린 옥수수·후추·호박·씨앗·채소 따위 제물 위에 뿌리는데, 이때 머리 없는 몸통에서 가죽을 벗겨 사제 중 한 사람이 그 피투성이 가죽을 억지로 뒤집어쓴다. 그러면 사제들은 소녀가 입고 있던 옷을 모두 그에게 입히고, 머리에 관을 씌우고, 목에 황금색 옥수수속 목걸이를 걸고, 깃털과 황금으로 만든 옥수수속 형상을 손에 쥐어준다. 이렇게 치장한 다음 그가 대중 앞에 이끌려 나오면 모든 사람이 북소리에 맞추어 춤을 추었다. 춤추는 동안 그는 향도 역할을 하면서 행렬 맨 앞에서 뛰어다니며 이런저런 몸짓을 한다. 꼭 끼고 들러붙는 소녀의 가죽을 뒤집어쓴 데다 어른이 입기에 지나치게 작은 소녀의 옷을 걸쳤기 때문에 불편했지만, 그는 사람들의 기대에 어긋나지 않게 활발하게 움직였다.

앞의 관습에서 어린 소녀와 옥수수 여신의 동일성은 완벽해 보인다. 그녀가 목에 두르는 황금색 옥수수속과 양손에 들고 있는 모조 옥수수속, 그리고 (우리가 듣기에) 초록색 옥수수 이삭을 모방하여 머리에 붙인 초록색 깃털 따위가 모두 그 소녀가 곡물정령의 화신임을 보여준다. 또, 우리는 제전을 치르는 시기에 아직 완전히 익지 않은 어린 옥수수를 표현하기 위해 특별히 어린 소녀를 골랐다는 이야기를 명시적으로 들었다. 게다가 소녀를 옥수수 및 옥수수 여신과 동일시하는 것은 소녀를 옥수수 더미 위에 세워놓고 거기에서 모든 사람의 경배와 피의 제물을 받게 하며, 그렇게 함으로써 사람들이 여신의 신분으로 그녀가 베풀어주는 은혜에 감사의 보답을 하게 하는 것에서 분명하게 나타난다. 또, 옥수수와 씨앗 더미 위에서 소녀의 목을 자르고 그 피를 여신상만이 아니라 널려 있는 옥수수·후추·호박·씨앗·채소 따위에까지 뿌리는 것은, 옥수수 여신 자신의 피를 그 대표적인 농작물에 주입함으로써 옥수수의 수확과 대지의 결실을 전반적으로 촉진하고 강화하는 것말고 다른 목적이 있을 수가 없을 것 같다.

　마지막으로, 죽은 옥수수 여신의 시체에서 가죽을 벗겨 다른 신성한 장식물과 함께 한 남자에게 입히고 사람들 앞에서 그 끔찍한 차림으로 춤추게 하는 이 신성한 드라마의 종결부는, 신의 죽음에 뒤이어 곧바로 신의 부활을 이루기 위한 의도라는 가설에 입각할 때 가장 잘 설명할 수 있을 것이다. 만약 그렇다면, 우리는 어느 정도 개연성을 가지고 다음과 같이 추리할 수 있다. 곧, 그들이 흔히(어쩌면 항상) 신의 대리인을 살해하는 풍습을 신이 자연사하도록 내버려둘 때 겪을 수도 있는, 노령으로 인한 쇠퇴와 허약함에 신이 오염되지 않도록 신의 에너지를 충만한 청춘의 활력 속에 영속적으로 보존하기 위한 수단으로 간주했다는 것이다.

　사람의 가죽을 벗겨 다른 사람이 그 가죽을 쓰고 공개적으로 행진을 벌이도록 허용하거나 강제하는 멕시코의 풍습에 대한 이러한 해석은, 아마 그처럼 기묘한 의식을 가장 큰 규모로 행하여 '사람가죽 벗기기 축제(*Tlacaxipeualiztli*)'라는 명칭으로 통했던 제전을 고찰해 봄으로써 확인할 수 있을 것이다. 그 제전은 2월 말과 3월 초에 해당하는 아스테크력의 두번째 달에 거행하였다. 한 독실한 연대기 저자는 정확한 제전일이 3월 20일이었다고 지적하면서, 그 피비린내 나는 의식이 기독교회에서 성 요셉을 기념하는 축일 하루 뒤에 벌어졌다는 사실을 과장된 흥분을 보이며 지적하고 있다. 이처럼 기묘한 방식으로 아스테크족이 숭배한 신의 이름은 '가죽 벗긴 신'을 뜻하는 '시페(Xipe)', 또는 '우리 주님'을 뜻하는 '토텍(Totec)'인데, '유알라완(Youallauan)', 곧 '밤에 마시는 이'라는 엄숙한 이름으로 부르기도 했다. 그의 신상은 돌로 만들며, 말을 하려는 것처럼 입을 벌린 사람 형상으로 표현하였다. 몸통은 한쪽은 노랑색, 다른 한쪽은 황갈색으로 칠하는데, 한 남자에게서 벗겨낸 가죽을 덮어쓰고 있어서 희생자의 손이 팔목에서 달랑거렸다. 머리에는 다양한 색깔의 두건을 썼으며, 허리에는 작은 조개껍질 술이 달린, 무릎까지 내려오는 속치마를 둘렀다. 또, 양손에는 양귀비꽃같이 생긴, 씨앗이 속에 든 딸랑이를 움켜쥐었으며, 왼팔로는 빨강색 테두리가 붙은 노랑색 방패를 떠받들었다. 그의 제전에서 멕시코인들은 전쟁에서 사로잡은 포로를 남녀, 어린아이 가릴 것 없이 전부 살해했다. 희생자 숫자는 엄청나게 많았다. 16세기의 한 스페인 역사가의 평가에 따르면, 멕시코에서는 자연사하는 사람보다 제단 위에서 희생당하는 사람이 더 많았다고 한다. '가죽 벗긴 신' 시페에게 바치는 제물은 모두 가죽을 벗겼다. 그뿐만 아니라 그 신에게 특별한 맹세를 바친 남자들이 사람제물의 가죽을 뒤집어쓰고 20일 동안 시가지를 돌아다니며, 가는 곳마다 살아 있는 신상으로 영접받고 경배받았다. 역사가 두란(Duran)에 따르면, 제전이 열리기 40일 전에 사람들은 신의 대역으로 한 남자를 선정해서 그 신의 장신구를 모두 차려 입히고 대중 앞에 이끌고 다니며 마치 그가 진짜로 그 신인 양 그 기간 내내 커다란 존경을 바쳤다고 한다. 게다가 수도에 있는 교구에서 모두 똑같은 의식을 치렀다. 교구마다 각각 자체 신전이 있었고, 신의 대리인도 각자 지정해서 40일 동안 교구민들의 존경과 경배를 받게 했다.

제전 당일에 이 유한한 신들과 다른 포로들은 다른 죽음을 위해 따로 예비해 놓은 몇 명을 빼고는 모두 관례적인 방식대로 살해당했다. 학살 현장은 위칠로포츠틀리 신전 꼭대기에 있는 제단이었다. 이 불쌍한 자들 중 몇몇은 층계 발치에서 이미 졸도하여 머리카락을 붙잡고 기다란 층계 위로 끌어올려야 했다. 그들이 꼭대기에 도달하면 대사제가 신성한 돌 위에서 한 사람씩 살해했다. 대사제는 그들의 가슴을 가르고 심장을 끄집어낸 뒤에 태양을 향해 치켜올려 그 거대한 발광체가 피가 흐르는 유해를 먹게 했다. 그러고 나서 시체들을 층계 아래로 굴렸다. 시체들은 층계 바닥에 닿을 때까지 계단마다 부딪혀 조롱박같이 뒤집히며 덜그럭거리는 소리를 냈다. 바닥에서는 다른 사제들, 아니 정확하게는 인간 백정들이 시체를 맞이했다. 그들은 실습을 통해 익힌 정교한 솜씨로 시체를 목덜미에서 발꿈치까지 가른 뒤, 마치 양가죽을 벗기듯이 깔끔하게 가죽을 통째로 벗겨냈다. 가죽을 벗긴 시체는 그 소유자, 곧 전쟁에서 포로를 잡아온 사람이 가져갔다. 그는 시체를 집에 가져가서 각을 뜬 다음, 넓적다리 하나는 왕에게 보내고 다른 고기덩어리는 친구들한테 보내거나 친구들을 집에 불러 시체의 향연을 베풀었다. 인간제물의 가죽도 포로를 잡은 사람의 부수입이었다. 그들은 가죽을 걸치고 20일 동안 돌아다니겠다고 서약한 남자들에게 그 가죽을 대여하거나 세를 주었다. 그와 같이 살해당한 포로들의 피비린내 나는 가죽을 걸치고 다니는 사람들을 시페 또는 토텍 신의 이름을 따서 '시시페메(Xixipeme)' 또는 '토토텍틴(Tototectin)'이라고 불렀는데, 사람들은 그들을 그 신의 살아 있는 신상으로 여겨 그 신과 같은 의상을 입혔다. 이러한 경건한 의식을 자청해서 떠맡는 열성자들 중에는 천연두라든지 종기, 가려움증 같은 기분나쁜 피부질환을 앓는 사람들도 있었다. 또, 아주 드물게 난봉꾼도 있었는데, 그들은 거의 눈이 멀 정도로 술을 마셔서 이번 기회에 한 달 동안 그 이상한 겉옷을 입고 다님으로써 귀중한 시력을 되찾기를 바라는 것이었다. 이렇게 차려 입고서 그들은 성시 전역을 집집마다 돌아다니며 어디든지 들어가서 신의 이름으로 시주를 요구했다. 어떤 집에서는 이 거룩한 순례자들을 나뭇잎 더미 위에 앉히고, 옥수수 꽃줄과 화환을 몸에 걸어주며 술과 과자를 대접했다. 그리고 더럽지만 신성한 이 무법자 중 한 사람이 지나가는 것을 발견하면, 아기 어머니는 아기를 데리고 달려가서 그의 팔에 안겨주며 축복을 부탁했다. 그러면 그는 열심히 아기를 축복해 주고 행복해하는 어머니에게서 그 보답으로 시주를 받았다. 부자들이 후하게 답례했기 때문에, 순례 중의 이러한 탁발행각으로 얻는 수입은 때때로 상당한 액수에 달했다. 그것이 얼마든 시주를 걷은 사람은 그것을 가죽의 주인에게 갖다 바쳤다. 이와 같이 가죽 주인들은 그 귀중한 재산목록을 대여해 주고 돈을 벌었다. 가죽을 입은 사람들은 밤마다 그 가죽을 신전에 맡겨놓았다가 다음날 아침 순례를 떠날 때 다시 가져갔다. 20일이 다 끝날 때쯤이면 가죽은 말라붙고 딱딱해지고 쪼그라들고 지독한 악취가 나서 사람들은 그 냄새나는 겉옷을 걸친 신성한 거지를 만날 때 코를 싸쥐었다. 이 거추장스러운 짐을 벗을 때가 오면, 그 열성자들은 썩은 가죽을 걸치고 죽은 개 같은 악취를 풍기며 엄숙하게 행진하여 '요피코(Yopico)'라는 신전으로 가서 가죽을 벗고 욕조나 물통 속에 뛰어들어 몸을 구석구석 씻고 문질렀으며, 그 친구들은 그들의 벗은 몸을 젖은 손으로 찰싹찰싹 때려 그들의 몸에 배인 사람의 기름을 짜냈다. 그러고 나서 가죽은 신성한 유물로서 신전의 지하동굴에 정중하게 매장했다. 그 매장의식에는 노래가 따랐으며, 모든 사람이 참석했다. 그것이 끝나면 고위 성직자 중 한 사람이 모여 있는 군중에게 한 차례 설교를 했다. 그 설교에서 그는 감동적이고 유창한 언변으로 인간 생존의 비천함과 고통을 설파하고, 청중들더러 건실하고 조용하게 살며, 공경·중용·겸양·순종의 미덕을 함양하고, 가난한 자와 이방인에게 자비를 베풀 것을 권유했다. 아울러 그는 도둑질·사통·간음·탐욕의 죄를 짓지 말라고 경고했다. 나아가서 고조되는 자기 연설에 고무받아 청중에게 선을 택하고 악을 피하라고 열정적으로 훈계하고 간청하고 꾸짖으며, 이승과 내세에서 악인에게 닥칠 무서운 재앙을 묘사하는 한편, 의인을 위해 예비된 행복과 내세에서 그들이 신으로부터 받을 보상을 매혹적인 빛깔로 그려냈다.

인간제물의 가죽을 걸치고 다니는 사람들이 대부분 '가죽 벗긴 신' 시페의 대역을 하고 그의 이름을 따서 '시시페메'라고 불린 것으로 보이는 반면, 일부 다른 사람들은 위칠로포츠틀리라든지 케찰코아틀 같은 다른 멕시코 신들의 장신구와 이름을 사용했다. 그들에게 신의 가죽과 장신구를 입히는 의식은 '스스로 신으로 생각한다'는 뜻을 지닌 '넷코토킬리스틀리(netcotoquiliztli)'라는 명칭으로 불렸다. 이와 같이 사람이 대역을 맡은 신 중에 토텍이 있었다. 그의 대리인은 사람 가죽 위에 그 신의 온갖 찬란한 장신구를 걸쳤다. 머리에는 화려한 깃털로 장식한 기묘한 왕관을 쓰고, 코에는 황금초승달, 귀에는 황금귀걸이를 걸고, 망치로 두드린 황금으로 만든 목걸이를 목에 둘렀다. 그리고 발에는 메추라기 깃털로 장식한 빨간 구두를 신고, 허리에는 화려한 깃털로 장식한 속치마를 걸쳤다. 또, 등에는 작은 종이깃발을 세 개 달고, 왼손에는 황금방패를, 오른손에는 딸랑이를 들었다. 그는 이렇게 차려 입고는 춤추는 듯한 발걸음으로 위엄 있게 걸어가면서 딸랑이를 흔들어 소리를 냈다. 이 인간신에게는 항상 좌석이 마련되어 있었다. 그가 자리에 앉으면 사람들은 익히지 않은 옥수수 가루로 만든 반죽을 바쳤다. 또, 종자 옥수수에서 골라낸 옥수수속을 몇 다발 선물했다. 아울러 그는 계절의 첫 열매와 처음 피는 꽃을 제물로 받았다.

1월에 닥치는 멕시코력 열여덟번째이자 마지막 달에 멕시코인들은 불의 신을 기리는 제전을 벌였다. 멕시코인들은 이 제전을 불의 신의 장신구로 치장한, 살아 있는 신상으로 간주되는 수많은 청춘 남녀와 부부의 희생과 더불어 4년마다 큰 규모로 치렀다. 멕시코인들은 그들을 손발을 묶은 채 큰 화로에 산 채로 던져서 잠시 구운 후 죽기 전에 꺼냈는데, 이는 그슬리고 물집이 생기고 여전히 고통에 몸부림치는 그들의 몸뚱아리에서 사제가 관례적인 방식대로 심장을 꺼낼 수 있도록 하기 위한 것이었다. 희생의 의도는 아마도 불의 신이 노령으로 인해 쇠약해지거나 심지어 죽게 됨으로써 인류가 그의 귀중한 혜택을 잃어버리는 일이 없도록 그를 원기왕성한 상태로 유지하려는 데 있었을 것이다. 이처럼 중요한 목적은 살아 있는 남녀를 불에게 공급함으로써 달성되었다. 그렇게 함으로써 말하자면 그 남녀가 새롭게 축적한 생명력을 불의 신과 아마도 그 부인의 혈관 속에 불어넣었던 것이다. 그러나 그들이 죽기 전에 불길 속에서 그들을 꺼내야 했다. 왜냐하면 그들이 불 속에서 죽게 내버려두어서는 안 되기 때문이다. 그렇게 되면 그들이 대역을 하는 불의 신도 죽게 될 것이다. 같은 이유로, 그들의 심장은 아직 맥박이 뛰는 동안에 몸에서 꺼내야 했다. 불에 새까맣게 탄 인간의 심장이 불의 신에게 무슨 소용이 있겠는가?

이것이 4년마다 불의 신의 대리인을 희생하는 일반적인 방식이었다. 그러나 멕시코시티에서 19킬로미터 가량 떨어진 카우티틀란(Quauhtitlan)이라는 도시에서는 풍습이 달랐다. 그곳에서는 제전 전야에 신전 제단 위에서 두 여자의 머리를 자른 뒤, 얼굴과 몸 전체의 가죽을 벗기고 넓적다리 뼈를 뽑았다. 다음날 아침 고위층 남자 두 명이 그 여자들의 가죽을 걸쳐 입고 얼굴 가죽도 자신들의 얼굴 위에 씌웠다. 이렇게 차려 입은 뒤, 그들은 손에 희생자들의 넓적다리 뼈를 들고 들짐승같이 포효하며 신전 층계를 내려왔다. 수많은 군중이 그 광경을 구경하러 모여들었다. 두 남자가 피가 흐르는 가죽을 걸쳐 입고 뼈를 휘두르며 짐승같이 포효하면서 층계를 내려오는 것을 본 사람들은 두려움에 가득 차서 "저기 우리의 신들이 온다!"고 외쳤다. 층계 발치에 도달해서 이 인간신들은 그날의 나머지 시간 동안 계속해서 춤을 추었으며, 제전이 끝날 때까지 피 묻은 가죽을 벗지 않았다.

남자와 여자의 가죽을 벗겨 몸에 걸치고 신의 대역을 하는 풍습의 의도가 신의 부활을 상징하는 것이라고 보는 이론은, 가죽을 입고 다닐 것을 서약하는 사람들의 부류를 살펴볼 때 일정한 근거를 얻는다. 앞서 보았듯이, 그들은 특히 피부와 눈의 질환으로 고생하는 사람들이었다. 그들은 가죽을 걸침으로써 병을 치료하려 했다고 하며, 그 믿음을 기록한 옛 스페인의 수도승은 일부는 치료되고 일부는 그렇게 되지 않았다고 간단하게 부연하고 있다. 짐작컨대 신의 역할을 한 사람의 가죽을 걸침으로써 그들은 병들고 낡은 피부를 벗고 신의 것과 같은 새롭고 건강한 피부를 얻고 싶어했던 것이다. 이러한 생각은 뱀이나 도마뱀 같은 특정한 동물을 관찰함으로써 떠오른 것일 수도 있다. 그 동물들은 허물을 벗어던지고 새로운 외피를 갈아입음으로써 젊음을 새롭게 유지하는 것같이 보이는 것이다. 많은 미개인이 동물계의 그 같은 변신에 주목했다는 사실은, 그들 중 몇몇이 죽음의 기원을 설명하기 위해 이야기하는 설화가 입증한다. 예컨대 영국령 기아나(Guiana)의 아라와크족(Arawak)은 '쿠루루마니(Kururumany)'라고 하는 선한 존재가 인간을 창조했다고 말한다. 언젠가 이 자비로운 창조주는 자기 피조물인 인간이 어떻게 지내는지 보러 지상에 내려왔다. 그러나 인간은 배은망덕하게도 자신의 창조주를 죽이려고 들었다. 그래서 그는 인간에게서 불멸의 능력을 빼앗아 뱀이나 도마뱀, 딱정벌레같이 껍질을 바꾸는 동물에게 주어버렸다고 한다. 또, 오리노코(Orinoco) 강의 인디언 부족인 타마나키에르(Tamanachier)족의 설화에 따르면, 창조주는 친절하게도 인간에게 껍질을 바꾸라고 이야기하여 인간을 불멸의 존재로 만들려고 했다. 그렇게 하면 뱀과 딱정벌레같이 늘 젊음을 유지할 수 있다고 그는 말할 생각이었다. 그러나 그 기쁜 소식을 한 노파가 의심스럽게 받아들이자, 창조주는 발끈 화가 나서 어조를 바꾸어 아주 퉁명스럽게 말했다. "너희는 죽을 것이다."

안남(Annam)의 설화에서는 '은곡 호앙(Ngoc hoang)'이 하늘에서 사자를 보내어 인간이 노령에 이르면 껍질을 바꾸어 영원히 살고, 뱀은 나이가 들면 죽어야 한다고 기별하려고 했다. 그러나 인류에게는 불행하게도 전달과정에서 기별이 뒤바뀌어 인간은 껍질을 바꾸지 않아서 죽어야 할 처지가 되고, 뱀은 낡은 껍질을 벗고서 영원히 살게 되었다고 한다. 니아스(Nias)의 토인들에 따르면, 창조주한테서 인간에게 마지막 손질을 할 임무를 맡은 인물이 마땅히 먹었어야 할 민물게가 아니라 바나나로 아침식사를 하는 실수를 저질렀다고 한다. 그가 민물게를 먹기만 했어도 인간은 게처럼 껍질을 바꾸어 게처럼 결코 죽지 않는 존재가 되었을 것이다. 그러나 그 당시 인간보다 더 지혜로웠던 뱀은 게를 먹고서 불멸하는 존재가 되었다. 같은 종류의 설화가 멜라네시아인들 사이에도 전한다. 이를테면 뉴브리튼에 있는 가젤 반도의 토인들은 죽음의 기원을 안남의 설화와 흡사하게 설명한다. 그에 따르면, '선한 정령'

은 인간을 사랑해서 불멸의 존재로 만들고자 했고, 뱀을 미워해서 죽이고자 했다. 그래서 그는 다음과 같이 기분좋은 전갈과 함께 자기 동생을 인간에게 보냈다. "인간에게 가서 불멸의 비밀을 알려주어라. 그들더러 해마다 껍질을 벗으라고 말하라. 그러면 그들의 생명이 끊임없이 새로워져 죽음으로부터 보호받을 것이다. 그러나 뱀에게는 앞으로 반드시 죽어야 한다고 전하라." 하지만 전달자의 부주의 또는 반역으로 인해 이 전갈이 뒤바뀌었다. 그래서 지금 알다시피 인간은 죽어야 하고, 뱀은 해마다 껍질을 벗고 영원히 사는 것이다. 또, 뱅크스 섬 사람들과 뉴헤브리디스 사람들의 구전에 따르면, 인간이 실제로 허물을 벗고 젊음을 새롭게 유지한 때가 있었다고 한다. 그러나 한 노파 때문에 죽어야 하는 존재로 바뀌는 비극적인 일이 일어났다. 그녀는 몹시 불행하게도, 자기가 새로운 외피를 걸친 것을 보고 울어대는 아기를 달래기 위해 자기가 벗어던진 낡은 허물을 다시 걸친 것이다. 동아프리카의 갈라족에 따르면, 하느님은 어떤 새(holawaka, 곧 '하느님의 양')를 인간에게 보내서 인간은 죽지 않을 것이나, 나이가 들면 껍질을 벗고 젊음을 갱신해야 한다고 전하게 했다. 그러나 그 새는 어리석어서인지 악의에 차서인지 그 이야기를 인간 대신 뱀에게 전했다. 그래서 인간은 죽어야 하고 뱀은 불멸하는 것이다. 그처럼 나쁜 행동 때문에 하느님은 그 새에게 벌을 주어 오늘날까지도 고통스러운 병을 앓게 만들었다. 그래서 그 새는 나무 꼭대기에 앉아 신음하며 영원히 울어대는 것이다.

이와 같이 몇몇 종족은 특정한 동물이 겪는 기이한 변신을 관찰하고서, 그러한 변신에 힘입어 그 동물이 주기적으로 젊음을 갱신하며 영원히 산다고 상상했다. 그런 관찰과 상상으로부터 인간도 그 동물들처럼 새로운 껍질을 얻기만 한다면 새로운 수명을 얻을 수 있고 그 수명을 무한히 갱신할 수 있다는 결론에 도달하기는 쉬운 일이다. 사람의 가죽을 벗겨 그 피 흐르는 가죽을 옷처럼 몸에 걸침으로써 멕시코인들은 명백히 그 같은 바람직한 목적을 달성하고자 했던 것이다. 그렇게 함으로써 피부병을 고치고, 새롭고 건강한 피부를 얻으려 한 것이다. 또, 그렇게 함으로써 사제들은 방금 대리인의 몸을 통해 살해한 신들을 부활시킬 뿐 아니라, 그 신들의 쇠퇴하는 신체에 젊음의 충만한 활력과 에너지를 되찾아주려고 한 것이다.

앞에서 설명한 의식들은 다음과 같은 사실을 충분히 입증한다. 곧, 내가 아리키아에서 성행했다고 가정하는 인간제물은, 실제로 아리키아 사제직이 생겨난 이른 고대에 이탈리아 민족이 도달한 수준보다 문화수준이 특별히 높지는 않더라도 아마도 열등하지는 않은 여러 민족이 체계적이고도 광범위하게 행하던 것이다. 그러한 제물이 세계의 한 지역에서 성행했다고 하는 실증적이고 의심할 여지가 없는 증거가 있다면, 그것은 당연히 증거가 덜 충분하고 신빙성이 떨어지는 지역에서도 그것이 성행했을 개연성을 강화할 것이다. 종합해 보면, 우리가 개괄적으로 살펴본 사실들에 비추어볼 때 신적인 존재로 간주하는 인간을 그 숭배자들이 살해하는 풍습이 전세계 많은 지역에서 성행한 것으로 나타난다. 그러나 논증을 결말짓기 위해서는 신의 대리인을 살해하는 풍습이 고대 이탈리아에서 아리키아 숲말고 다른 곳에도 있었다는 사실을 증명하는 것이 반드시 필요하다. 이제 나는 이것을 증명할 것이다.

4장
농신제

1

이 책 앞부분에서 우리는 많은 민족에게 해마다 제한 없는 자유의 기간을 지키는 관례가 있음을 살펴보았다. 그 기간에는 관습적인 법과 도덕의 굴레에서 벗어나 모든 사람이 과도한 환락과 향연에 빠져들며, 좀더 건실하고 정상적인 일상생활 속에서는 결코 허용할 수 없는 어두운 열정들을 분출한다. 종종 욕정과 범죄의 거친 수라장으로 전락하는, 인간 본성에 내재하는 그 같은 억눌린 힘의 분출은 흔히 연말에 일어나며, 내가 앞서 지적한 바와 같이 농사일의 절기, 특히 파종기나 수확기와 빈번하게 연관된다. 그런데 이러한 자유의 기간 중에서 가장 잘 알려지고, 근대어에서 자기 명칭을 다른 것에 대해서까지 쓰게 된 것이 바로 농신제(農神祭, Saturnalia)다. 이 유명한 제전은 로마력 마지막 달인 12월에 벌어졌으며, 씨뿌리기와 경작의 신인 사투르누스의 행복한 치세를 기념하기 위한 행사로 일반에 알려졌다. 사투르누스는 오랜 옛적에 이탈리아를 다스린, 의롭고 자비로운 왕이었으며, 산악지방에 흩어져 살던 미개한 주민들을 한데 모아 땅을 경작하는 법을 가르치고 법을 제정하여 평화롭게 통치했다고 한다. 그의 치세는 전설적인 황금시대였다. 대지에는 소산이 풍부했고, 전쟁이나 불화의 소리가 행복한 세상을 어지럽히는 일이 없었다. 재물에 대한 사악한 탐욕이 근면하고 만족한 농민들의 피 속에 독약 같은 작용을 미치는 일도 없었다. 노예제와 사유재산은 전혀 존재하지 않았다. 모든 사람이 모든 것을 공유했다. 그런데 그 선한 신, 그 자비로운 왕이 갑자기 사라졌다. 그러나 그의 기억은 먼 후세까지 남아 그를 기리는 사당이 여러 곳에 세워졌고, 이탈리아의 많은 산과 언덕에 그의 이름이 붙었다. 하지만 사투르누스 치세의 빛나는 전통은 검은 그림자에 가로막혔다. 그의 제단은 인간제물의 피로 얼룩졌다고 하는데, 나중에 좀더 자비로운 시대에 이르러 그것을 인형으로 대체하였다. 농신제를 언급한 고대 작가들의 기록에는 이 신을 받드는 종교가 지니는, 이처럼 어두운 측면에 관한 기록이 거의 또는 전혀 보이지 않는다. 잔치와 환락과 온갖 광적인 쾌락 추구가 이 고대 사육제의 특히 두드러져 보이는 특색이다. 이 행사는 12월 17일부터 23일까지 고대 로마의 시가지와 광장과 주택가에서 일주일 동안 계속되었다.*

그러나 그 제전의 특색 중 가장 두드러진 것, 고대인들 자신에게 가장 인상적이었을 것은 이 시기에 노예들에게 허용한 제한 없는 자유일 것이다. 자유민과 노예계급의 구별을 잠정적으로 폐지하는 것이다. 노예는 주인을 비난할 수 있고, 자기 윗사람들처럼 술에 취하고, 그들과 함께 식탁에 앉을 수도 있었다. 그리고 다른 시기 같으면 매질이나 감금, 죽음의 형벌을 받았을 행동을 해도 꾸지람 한마디 듣지 않았다. 아니, 더 나아가서 주인들은 실제로 노예와 자리를 바꾸어 그들의 식사 시중을 들었다. 노예가 먹고 마시기를 마칠 때까지는 식탁을 치우거나 자신이 먹을 음식을 준비할 수 없었다. 이러한 지위의 역전이 어느 정도까지 진행되었느냐 하면, 각 가정은 한동안 국가의 고위 공직자들이 노예에게 쫓겨나고 노예들이 마치 실제로 행정·치안·사법상의 모든 권력을 장악한 듯이 명령을 내리고 법을 제정하는 가상 공화국과 같은 상태가 되는 것이다. 이와 같이 농신제 때 노예에게 부여한 권력의 희미한 반영처럼, 같은 시기에 자유민들이 제비를 뽑아 가상적인 왕권을 차지하는 풍습도 있었다. 제비를 뽑은 사람은 왕호(王號)를 사용하며, 자신의 임시

*그 7일간의 제전에 관한 가장 상세한 기록은 마크로비우스의 *Saturnalia*에 나온다. 이 책은 플라톤을 흉내낸 후기 로마시대의 대화편, 더 정확하게는 축전 중에 벌어지는 향연을 기록한 것이다. 옛 인간제물에 관한 어두운 암시는 마크로비우스에게서 따온 것이다. 그러나 프레이저는 루키아누스의 *Saturnalia*에도 의거하고 있다.

신하들에게 장난스럽고 우스꽝스러운 명령을 내렸다. 그는 신하들에게 각각 술을 섞어라, 술을 마셔라, 노래를 불러라, 춤을 추어라, 자기 욕을 해라, 피리 부는 소녀를 업고 집을 돌아라 같은 명령을 내릴 수 있었다.

　그런데 이 제전의 시기에 노예들에게 허용한 자유를 사투르누스 시대 사회상의 모방으로 여겼고, 일반적으로 농신제를 그 행복한 치세의 일시적인 부활 내지 복원에 다름 아닌 것으로 간주하였음을 상기할 때, 우리는 향연을 주재하는 가짜 왕이 원래 사투르누스 본인을 상징했으리라고 추측하고 싶은 유혹을 느낀다. 이 추측은 막시미아누스(Maximianus)와 디오클레티아누스(Diocletianus) 치세 때 다뉴브 지방에 주둔하던 로마 병사들이 행하던 농신제 풍습에 관한, 아주 기묘하고 흥미로운 이야기가 강하게 확증한다. 그 이야기는 파리 도서관이 소장하고 있던 한 그리스어 원고에서 발굴하여 겐트(Ghent)의 프란츠 쿠몽(Franz Cumont) 교수가 출간한 성 다시우스(St Dasius)의 순교 설화 속에 들어 있다. 그 사건과 풍습에 관한 더 짤막한 두 가지 서술은 밀라노와 베를린 소재 원고들 속에 들어 있다. 그중 하나는 1727년에 우르비노(Urbino)에서 출간한, 유명하지 않은 책에서 이미 빛을 보았지만, 고대와 근대의 로마 종교사와 관련한 중요성은 쿠몽 교수가 몇 년 전 이 세 이야기를 함께 묶어 출판함으로써 학자들의 관심을 끌기 전까지 간과되고 있었던 것으로 보인다. 이 이야기들은 모두 외견상 진본으로 보이며, 그중 가장 긴 것은 아마도 공식 문서에 근거를 두고 작성한 것 같다. 그것들에 따르면, 남부 모에시아(Moesia)의 두로스토룸(Durostorum)*에서 로마 병사들은 해마다 다음과 같은 방식으로 농신제를 거행했다. 먼저 제전 30일 전에 제비를 뽑아 젊고 잘생긴 남자를 선발한 뒤, 사투르누스와 닮아보이게 왕복을 입혔다. 그러면 그 잘생긴 남자는 수많은 병사를 대동하고 공개적으로 돌아다니며 자기 열정에 탐닉하고, 아무리 비열하고 수치스러운 짓일지라도 마음대로 저지르며 모든 쾌락을 맛볼 수 있는 완전한 특권을 누렸다. 그러나 그의 치세는 행복하기는 해도 짧았으며 비극적으로 끝났다. 30일이 지나고 농신제가 닥치면, 그는

---

*지금의 불가리아에 있는 실리스트라 근처 다뉴브에 자리잡고 있었다.

자기가 대역을 맡은 신의 제단에서 자기 목을 찔러 죽었다. 서기 303년에 그 제비가 기독교인 병사 다시우스에게 떨어졌다. 그러나 그는 자기 말년을 방탕으로 더럽힐 이교 신의 역할을 거부했다. 그의 지휘관인 바수스(Bassus)의 협박과 강요도 그의 절개를 흔들지 못했다. 그래서 그는 기독교 순교사가(殉教史家)들이 세밀하고 정확하게 기록하고 있듯이, 음력 24일에 해당하는 11월 20일 금요일 네 시에 두로스토룸에서 요한이라는 병사에게 목이 잘려 죽었다.

쿠몽 교수가 이 설화를 발표한 이래로 의문시되거나 부인되어 온 그 역사적 성격은 한 흥미로운 발견을 통해 확증을 얻기에 이르렀다. 안코나(Ancona) 곶* 꼭대기에 자리잡은 대성당의 지하 납골당에는 다른 주목할 만한 유물과 더불어 그리스어 비문을 새긴 흰 대리석 관이 보존되어 있다. 그 비문에는 유스티니아누스 시대 문자로 다음과 같은 내용이 기록되어 있다. "두로스토룸에서 옮겨온 거룩한 순교자 다시우스, 여기 잠들다." 그 관은 1848년에 산 펠레그리노 교회에서 옮겨온 것인데, 그 석조 건축물에 새긴 라틴어 비문을 통해 우리가 알고 있듯이, 그 교회의 주 제단 밑에는 그 순교자의 유골이 다른 두 성인의 유골과 함께 아직까지 영면하고 있다. 그 관이 산 펠레그리노 교회에 얼마나 오랫동안 안치되어 있었는지는 모른다. 그러나 1650년에도 그것이 거기 있었다는 기록이 있다. 짐작컨대, 그 성인의 유골은 그의 순교에 뒤이어 야만족 침략자들이 연이은 습격으로 모에시아를 점령하고 약탈하던 소란한 몇 세기 중 어느 시기에 안전을 위해 안코나로 옮긴 것으로 보인다. 어쨌든 독립적이면서도 서로 확증해 주는 순교사학과 비문의 증거에 비추어볼 때, 다시우스는 전설적인 성인이 아니라 기독교시대 초기에 두로스토룸에서 자기 신앙 때문에 살해당한 실제 인물이었음이 분명해 보인다. 이름없는 순교사가가 기록한 설화의 주요 내용이, 곧 성 다시우스의 순교가 이와 같이 사실로 입증됨을 볼 때, 우리는 순교의 방식과 원인에 대한 그의 증언을 무리없이 받아들일 수 있다. 특히 그의 설화는 정밀하고 구체적인 정황

---

*이탈리아 아드리아 해안에 있다.

을 갖추었으며 기적이라는 요소가 전혀 없다는 점에서 더욱 그렇다. 따라서 나의 결론은 로마 병사들의 농신제 풍습에 관한 그의 기록이 믿을 만하다는 것이다.

이 기록은 호라티우스(Horatius)와 타키투스(Tacitus) 시대에 로마에서 겨울 잔치를 주관하던 고대의 제전 주재자인 농신제 왕의 직책을 새롭고도 으스스 하게 조명해 준다. 그 증거에 따르면, 그의 임무는 단지 화로에서 불길이 딱 딱 소리를 내며 이글거리고 타오르는 동안, 시가지가 축제 군중으로 붐비고 멀리 북쪽으로 맑고 차가운 공기 속에 소락테(Soracte) 산이 눈덮인 봉우리를 드러내고 있는 동안 주흥을 돋우고 재미를 배가하는 데만 관심을 쏟는 어릿 광대 행세에 그치는 것이 아닌 듯하다. 쾌활하고 문명화한 대도시 로마의 이 희극적인 왕과 그 닮은꼴인 다뉴브 강의 거친 병사들의 으스스한 왕을 비교 해 볼 때, 그리고 다른 시대 다른 지역에서 가짜 왕관을 쓰고 왕의 휘장을 걸 친 채 짧은 몇 시간 또는 며칠 동안 환락을 즐기다가 임기가 끝나기 전에 폭 력적으로 살해당하는, 우스꽝스러우면서도 비극적인 일련의 닮은꼴들을 상 기할 때, 우리는 의심할 나위 없이 고대 작가들이 묘사한 로마 농신제의 왕 속에서, 다행히도 『성 다시우스의 순교 Martyrdom of St Dasius』의 알려지지 않은 기록자를 통해 보존되어 온 원형―강렬한 특색이 약화되고 거세된― 의 복사판을 발견하게 된다. 다시 말해서 농신제에 관한 그 순교사가의 기록 은 그가 알지 못했을 다른 지역에서 벌인 비슷한 의식에 대한 기록과 아주 긴 밀하게 일치하기 때문에, 그 기록의 실질적인 정확성은 기정사실로 볼 수 있 다. 나아가서 가짜 왕을 신의 대리인으로 죽이는 풍습은 그를 축연의 주재자 로 임명하는 관습에서 생겨났을 리가 없다. 반면에 그 반대는 충분히 있을 법 하기 때문에, 우리는 한 남자를 선정하여 한 시기 동안 사투르누스 역을 맡기 고 그의 모든 전통적인 특권을 누리게 하다가 세상을 위해 자기 생명을 바친 선한 신의 대역으로서 자기 손이나 타인의 손으로, 칼로든 불로든 교수대에 서든 죽게 하는 것이 더 야만적인 시대에 고대 이탈리아와 사투르누스 숭배 가 성행하던 모든 곳의 보편적 관습이었으리라고 가정할 수 있다. 로마와 다 른 대도시에서는 문명의 발달로 인해 아우구스투스 시대 오래 전에 그 잔혹 한 관습이 아마도 완화되어 농신제의 왕에 관해 잠시 언급한 몇몇 고전작가의 저술에 나오는 것같이 무해한 형태로 변했을 것이다. 그러나 더 외딴 지방에서는 옛날의 가혹한 관행이 오랫동안 존속했을 수 있다. 또, 비록 이탈리아 통일 이후에 로마 정부가 그 야만적 관습을 억눌렀을지라도 그 기억은 농민들에게 전승되어, 마치 가장 저급한 형태의 미신이 아직까지 우리들 사이에서 그러듯이, 때때로 그 관습을 재연하는 작용을 했을 것이다. 특히 한때 강력했던 로마의 철권통치가 차츰 완화하기 시작하던 시기에 제국의 변경지방에 주둔하던 거친 군인들 사이에서는 더욱 그랬을 것이다.

2

고대 이탈리아의 농신제와 근대 이탈리아의 사육제(Carnival) 사이에 나타나는 유사성은 종종 언급한 바 있다. 그러나 우리 앞에 드러난 모든 사실에 비추어볼 때, 우리는 그 유사성이 동일성에 해당하는 것이 아닌지 물어볼 만하다. 이미 살펴보았듯이, 이탈리아와 스페인과 프랑스에서, 곧 로마의 영향이 가장 깊이, 가장 오래 존속한 나라들에서 볼 수 있는 사육제의 두드러진 특징은 그 축제기간을 의인화한 광대 인형이다. 그 인형은 영광과 방탕으로 점철된 짧은 생애를 마친 뒤, 군중들이 거짓으로 슬퍼하고 진짜로는 기뻐하는 가운데 공개적으로 사살 혹은 화형당하거나 다른 방식으로 파괴당했다. 사육제에 관해 여기서 제시한 견해가 옳다면, 그 괴상한 인물이야말로 다름 아닌 옛 농신제의 왕, 축연의 주재자, 사투르누스 역을 하다가 잔치가 끝나면 그의 대역으로 진짜 죽음을 당한 진짜 사람의 직접적 후계자일 것이다.

사육제는 항상 사순절 시작 전 마지막 사흘간 열리기 때문에, 그 시기는 해마다 다소 변동은 있지만 어김없이 2월이나 3월에 닥친다. 따라서 그것은 농신제 시기와는 일치하지 않는다. 역사시대 이래로 농신제는 심지어 카이사르의 역법 개정 이전, 곧 로마력이 12월이 아니라 2월로 끝나던 옛날에조차 항상 12월에 거행한 것으로 보인다. 하지만 다른 제한 없는 자유의 기간처럼 농신제가 원래 묵은해의 마지막이나 새해의 시초에 일종의 공적인 정화의식

으로 행한 것이라면, 로마력이 3월에서 시작하던 훨씬 더 먼 시대*에는 그것
이 2월이나 3월에 정기적으로 열렸을 것이며, 따라서 근대 사육제와 대략 시
기가 동일했을 것이다. 옛 풍습과 관련한 농민층의 보수적 본능은 너무나 강
하고 끈질기기 때문에, 도시에서 농신제의 공식적인 시기가 2월에서 12월로
바뀐 뒤에도 이탈리아 농촌지방에서 오랫동안 그 고대의 제전을 같은 시기에
계속 거행했다 하더라도 결코 놀랄 일은 아닐 것이다. 공식적 · 도시적 이교
신앙을 근절하고자 했던 라틴 기독교는 그 시골 인척인 민속 제전과 의식에
대해서는 항상 관대했는데, 그것들은 정치적 · 종교적 혁명이라든지 황제들
과 신들의 소멸에 영향받지 않고 아득한 옛날부터 거의 변화 없이 계속 수행
되었으며, 고전적 고대의 국교(國敎)를 비교적 최근의 곁가지로 파생시킨 본
줄기를 사실상 대표한다. 그리하여 도시에서는 새로운 신앙이 농신제를 말
살한 반면에, 농촌에서는 원래의 제전이 날짜의 차이로 위장한 채 어려움 없
이 남게 되었을 것이다. 그래서 옛 사투르누스 제전은 사육제라는 근대적 명
칭 아래 도시를 재정복하여, 가톨릭 교회의 감시와 제재 아래에서도 흥겹게
진행되고 있다.

　농신제를 원래 2월이나 3월 초에 치렀다는 견해는, 그 제전에서 주인이 노
예를 접대하듯이 여주인이 노예를 접대하는 날이던 '마트로날리아
(Matronalia)' 제전이 항상 3월 1일에 열렸다는 사실에서 약간의 뒷받침을 얻
는다. 그것은 로마력이 1월부터 시작할 때도 마찬가지였다. 나아가서 그 날
짜가 옛 이탈리아의 씨뿌리기 및 경작의 신이던 사투르누스의 제전에 더없이
적합한 때였을 것이라는 사실을 고려할 때, 그 견해는 더 큰 뒷받침을 얻는
다. 그러한 제전이 어째서 한겨울에 열렸는지 해명하는 문제는 늘상 수수께

---

*우리는 10개월짜리 일년의 희미한 흔적을 우리 달력의 마지막 넉 달의 이름에서 찾을 수
있다. 영어의 9월, 10월, 11월, 12월은 그 명칭으로 보아 우리한테는 아니지만 한때 로마 사
람들에게는 틀림없이 일곱번째, 여덟번째, 아홉번째, 열번째 달이었을 것이다. 이 사실에
대한 통상적인 설명방식은 고대 이탈리아 사회에서 우리가 1월과 2월이라고 부르는 기간
을 공백기, 즉 일종의 농업적 동면기로 간주하였다는 것이다. 왜냐하면 땅이 너무 굳어서
경작할 수가 없고, 따라서 농사일이 불가능하다고 여겼기 때문이다. 그것이 사실이라면,
구력(舊曆)의 한 해는 당연히 3월에서 시작했을 법하다.

끼였다. 그러나 당면한 가설에 입각할 때 수수께끼는 사라진다. 이탈리아 농부에게 2월과 3월은 봄철 씨뿌리기와 경작의 호기였다. 그 시기를 농사꾼이 씨앗의 성장을 촉진한다고 알려진 신에 대한 숭배의식과 더불어 시작하는 것은 더할 나위 없이 자연스러운 일이었다. 사육제의 마지막 날인 참회화요일이 지금까지 또는 최근까지 중부 유럽에서 도약과 무용으로 농작물의 성장을 촉진하는 관례적인 절기라는 사실은 그러한 이론을 확증하는 결코 작지 않은 증거다. 그런 풍습은 아마도 농신제의 원래 모습이었을 고대의 씨뿌리기 제전에서 사육제의 기원을 끌어내는 견해와 아주 잘 부합한다. 나아가 농신제의 먹고 마시며 법석대는 특성은 앞부분의 고찰에서 우리가 마주친 사실들로도 쉽게 설명할 수 있다. 앞서 살펴보았듯이, 사람들은 씨뿌리는 사람과 씨앗 사이에는 보통 공감적인 관계가 존재하는 것으로 여긴다. 그 관계의 성격은 그 사람의 행동이 농작물의 성장에 직접적으로 영향을 미쳐서 성장을 촉진하거나 지체시킬 수 있는 그런 것이다. 그렇다면 단순한 농사꾼이 밭에 씨뿌리러 나가기 직전에 자기 배를 채움으로써, 곧 게걸스럽게 먹고 마심으로써 씨앗에 활력을 보탠다고 상상한들 놀랄 일이 무엇인가?

그러나 그의 소박한 철학이 이와 같이 폭음폭식하는 행동을 자기 자신과 가족과 공동체에 대한 의무라는 그럴듯한 색채로 미화하더라도, 그가 자기 의무를 이행하고자 하는 열의는 그보다 덜 편안한 반성을 거칠 때 더 높아질 수 있을 것이다. 근대 사육제의 도락(道樂)은 사순절의 금욕으로 곧바로 이어진다. 만약 사육제가 농신제의 직계 후예라면, 그와 비슷하게 사순절도 기독교시대 오래 전에 이탈리아 농민들이 미신적인 동기에서 해마다 지키던 절제기간의, 구실이 빈약한 단순한 연장에 지나지 않는 것이 아닐까? 내가 아는 한 그렇다는 직접적인 증거는 준비되어 있지 않다. 그러나 이미 살펴보았듯이, 다양한 민족이 씨앗의 성장을 촉진하는 공감주술로서 육체적 욕망을 금하는 관행을 행했다. 만약 내가 추측하듯이 농신제가 실제로 씨뿌리기와 경작을 위한 종교적·주술적 준비로서 원래 봄에 열렸다고 한다면, 그 같은 관행은 농신제의 적절한 후속편이라고 할 수 있을 듯하다. 인간의 행동, 특히 성교가 대지의 결실에 미치는 공감적 영향에 대한 믿음이 얼마나 광범위하게 퍼져 있는지 고려할 때, 사순절 금식과 더불어 가톨릭 교회와 콥트(Copt) 교회가 그 기간 동안 (엄격하게 강요하지는 않더라도) 권장하는 금욕의 규칙은 원래 죽어가는 신의 고난을 기념하기 위한 것이라기보다 아직 쌀쌀한 이른 봄날에 농사꾼이 초조한 근심걱정과 함께 벌거숭이 대지의 품에 파묻는 씨앗의 성장을 촉진하기 위한 의도였으리라고 추측해도 무방할 것이다. 교회사가들은 어째서 기독교회가 지역마다 다양한 관례를 고려하는 등 많은 망설임 끝에 사순절의 적절한 추도기간을 40일로 최종 결정했는지 설명하는 데 곤란을 겪었다. 아마도 이러한 결정에 도달할 때 교회 당국은, 흔히 그랬듯이 성격과 기간이 비슷한 기존의 이교의식을 고려하여 이름을 바꿈으로써 그것을 기독교 의식으로 전환하고자 했을 것이다. 그와 같이 이단적인 사순절을 그들은 그리스 곡물의 여신인 페르세포네의 제례에서 손쉽게 발견했을 수도 있다. 나무로 깎은 그 여신의 신상을 해마다 여러 도시에서 반입하여 40일 동안 애도한 뒤 불태웠던 것이다. 그것을 기록한 옛 기독교 작가들은 이러한 추도의 식이 벌어진 시기를 언급하지 않았다. 그러나 추도의식을 치르기에 가장 적절한 시기는 씨를 뿌린 뒤, 곧 신화적인 언어로는 곡물의 여신을 매장한 뒤일 것이다. 이미 살펴보았듯이, 고대 이탈리아에서는 그 일을 바로 2월과 3월에 치렀다. 잘 알고 있는 바와 같이 가을 파종기에 그리스 여인들은 슬프고도 심각한 제전을 벌였는데, 그 까닭은 곡물의 여신 페르세포네 또는 그녀를 상징하는 '아가씨'가 그때 뿌린 곡식과 함께 땅속으로 내려갔으며, 데메테르가 딸의 부재를 몹시도 슬퍼했기 때문이다. 그래서 슬퍼하는 어머니에게 공감하여 여인네들은 그와 비슷하게 애도하며 엄격한 금식을 행하고 부부관계를 삼갔다. 그러므로 그들이 봄철 파종기에도 비슷한 이유로 비슷한 애도와 금욕의 규칙을 지켰으며, 그 고대의 제례가 비록 '죽은 딸'을 '죽은 아들'로 대체하기는 했지만 '슬퍼하는 어머니(*Mater Dolorosa*)'의 추억을 그대로 간직하고 있는 근대 사순절 속에 살아남았다고 가정하는 것은 이치에 맞는 일이다.

그것이 어떻든 미얀마에서 영국인 기록자들이 불교 사순절이라고 부르는 비슷한 금식을 해마다 3개월 동안 밭갈이와 씨뿌리기를 진행하는 동안에 행하고 있다는 사실은 주목할 가치가 있다. 이 풍습은 불교보다 훨씬 오래된 것이며, 불교는 단지 그것에 피상적인 흔적을 가미했을 뿐이라고 한다. 내 견해가 옳다면, 이는 마치 오래된 이교적인 사순절 관행에 기독교의 외피를 덧씌운 것과 같다. 이 미얀마의 사순절은 7월 보름부터 10월 보름까지 이어지는 우기를 포괄한다. "이때는 밭갈이 시기며, 씨뿌리기 시기다. 이 몇 달 동안 마을사람들이 행한 노고에 따라 그 해 나머지 기간의 모든 생계가 좌우된다. 모든 남녀, 모든 아이가 이런저런 종류의 근로를 한다. 그래서 여행이 곤란하다, 할 일이 있다, 사순절 관습이다 하여 모든 사람이 집에 머문다. 이때는 기도와 금식과 영혼 도야의 시기다. 많은 남자가 이 몇 달 동안 심지어 수도승 같은 생활을 하며, 오전 한 끼만 먹고 담배를 삼간다. 사순절 중에는 오락도 없고 혼인도 없다. 이때는 수확을 위해 토지를 준비하는 시기며, 영생을 위해 영혼을 준비하는 시기다. 이 시기에는 일요일에 모이는 회중이 다른 때보다 훨씬 더 많다. 진지한 인생 문제에 대한 사색도 더 많다."

3

이탈리아 바깥, 곧 고대세계의 상당한 범위에서도 농신제 같은 일반적인 성격의 제전들을 행한 것으로 나타난다. 앞서 살펴보았듯이, 농신제의 두드러진 특색은 사회적 지위의 역전이었다. 주인이 노예와 자리를 바꾸어 그들의 시중을 들고, 노예는 외형상의 자유와 아울러 권력과 직위까지 누리는 것이다. 그리스 여러 지방에서도 몇몇 제전에서 이와 똑같이 노예에게 외형상의 자유를 허용하는 행사를 벌였다. 이를테면 크레타의 헤르메스(Hermes) 제전에서는 종들이 잔치를 벌이고 주인들이 시중을 들었다. 게라이스티우스(Geraestius) 달에 트로이제니아(Troezenia) 사람들은 여러 날에 걸쳐 어떤 의식을 행했는데, 그중 하루는 노예들이 시민들과 주사위 놀이를 하고 주인들에게서 잔치 접대를 받았다. 또, 테살리아인들은 '펠로리아(Peloria)'라는 대제전을 열었다. 시노페(Sinope) 사람 바톤(Baton)은 이를 농신제와 동일시했는데, 이 제전이 펠라스기(Pelasgi)족에게서 유래했다는 전설은 그 고대성을 입증해 준다. 이 제전에서는 펠로리아의 제우스에게 제물을 바쳤으며, 화려하게 장식한 식탁을 차려놓고 이방인을 모두 잔치에 초대하고 모든 죄수를 풀어주었다. 노예들도 잔치에 참석하여 완전한 언론의 자유를 누리며 주인들의 시중을 받았다.

그러나 이탈리아의 농신제와 가장 가깝게 대응하는 것으로 보이는 그리스 제전은 '크로니아(Cronia)', 곧 크로노스 신의 제전이었다. 이 신의 야만적인 신화와 잔인한 제례는 명백히 그리스 종교의 아주 초기 단계에 속하며, 고대인들은 한결같은 목소리로 그를 사투르누스와 동일시했다. 그의 제전은 그리스 대부분 지역에서 거행했지만, 특히 아테네에서 비중 있게 행했다고 한다. 아테네에는 이 오랜 신과 그의 부인 레아(Rhea)의 신전이 웅장하면서도 훨씬 더 현대적인 올림포스의 제우스 신전 부근에 있었다. 주인과 노예가 함께 참석하는 즐거운 향연이 그 제전의 두드러진 특색이었다. 아테네에서는 그 제전을 한여름인 헤카톰바이온(Hecatombaeon) 달 12일에 열었는데, 이 달은 예전에 크로노스의 달이라고 불렸으며 대략 7월에 해당한다. 전설에 따르면, 아티카(Attica)의 초대 왕이던 케크롭스(Cecrops)가 크로노스와 레아를 기리는 제단을 세우고, 수확을 거둘 때 주인과 하인이 한자리에서 식사를 하도록 정했다고 한다. 하지만 아테네에서는 크로니아가 한때 봄철 제전이었을 가능성이 있다. 왜냐하면 아테네인들이 엘라페볼리온(Elaphebolion) 달 15일에 일 년의 열두 달을 가리키는 듯한 매듭이 열두 개 있는 케이크를 크로노스에게 바쳤는데, 엘라페볼리온 달이 대략 지금의 3월에 해당하기 때문이다. 또, 포도주통의 개봉을 기념하는 디오니소스풍의 제전이 전달인 안테스테리온(Anthesterion) 달 11일에 열렸는데, 이 제전에서도 노예들에게 제한 없는 자유를 허용했음을 보여주는 흔적이 있다. 올림피아에서는 분명히 봄철에 크로노스 제전을 열었다. 이곳에서는 오늘날 짙은 호랑가시나무와 전나무가 빽빽하게 엉켜 있는, 낮고 가파른 언덕을 그에게 바쳤고, 그 꼭대기에서 왕호(王號)를 지닌 몇몇 집정관이 엘레아력(Elean month)의 엘라피오스(Elaphios) 달에 있는 춘분절에 그 오랜 신에게 제사를 올렸다.

이 마지막 의식은 아마도 신출내기 신 제우스가 그 언덕 발치에 자신을 위한 신전을 짓게 하기 오래 전부터 해마다 거행한 것으로 보이는데, 두 가지 점, 곧 의식을 행한 날짜와 의식 집전자들의 호칭이 특별히 흥미를 끈다. 먼저 날짜를 살펴보면 춘분절, 곧 3월 21일은 아테네력의 엘라페볼리온 달 15일에 매우 가까운 날이 틀림없다. 따라서 우리는 그날 크로노스에게 케이크를 바치는 아테네의 풍습도 춘분절 의식이 아니었는지 물어볼 만하다. 둘째, 크로노스에게 제사를 올린 집정관들이 왕호를 지녔다는 사실은, 공화정 그리스의 다른 곳에서 비슷한 고위 직함을 지녔던 집정관들처럼 그들도 신하들의 미신적 생각에 따라 신의 속성을 부여받은 신성한 왕의 직계 후예였을 가능성을 제기한다. 만약 그렇다면, 이러한 명목상의 왕 중 한 사람은 아주 자연스럽게 크로노스 신의 화신으로 행세했을 법하다. 왜냐하면 이탈리아의 닮은꼴인 사투르누스처럼 그리스 사람들은 크로노스를 복받은 황금시대, 곧 인간이 신들처럼 노동이나 슬픔을 모르고 지내던 시대, 인생은 긴 축제의 연속이었고 죽음조차 노령의 질병과 쇠약 따위 고통스러운 전조를 동반하는 일 없이 잠처럼 한순간에 조용히 찾아오던 시대에 천상이나 지상에서 군림하던 왕으로 여겼기 때문이다. 그러므로 아마도 가장 오래된 그리스 제전이라 할 수 있는 올림피아의 크로니아와 이탈리아 농신제의 유사성은 아주 긴밀할 것이다. 만약 내가 추측하듯이 농신제가 (충분히 믿음이 가는 바대로) 원래 봄에 열렸고, 왕의 옷차림을 한 남자가 사투르누스 역을 했다면 말이다. 한 걸음 더 나아가서, 옛날 농신제에서 사투르누스 왕 역할을 하는 남자가 그의 대역으로 살해당한 것과 마찬가지로 올림피아에서도 크로니아를 집전한 왕들 중 한 사람이 크로노스 역을 하는 데 그치지 않고 신인 동시에 제물로서 언덕 꼭대기에서 희생당했을 수 있지 않을까? 크로노스는 확실히 고대에 좋지 않은 평판을 들었다. 그리스인들은 그를 자기 자식을 잡아먹은 천륜을 어긴 부모로 여겨 인간제물, 특히 아이들의 희생을 좋아했던 잔인한 셈족의 신 바알과 동일시하였다. 올림피아에 있는 크로노스 언덕 기슭에 자리잡은 신전에 얽힌 한 전설에서는 유아 희생의 기미가 강하게 느껴진다. 또, 아르카디아의 리카이오스 산 위에서 리카이오스의 제우스에게 아기 희생을 바친 이야기가 아주 분명하게 전하는데, 그곳의 제우스 숭배는 아마도 이름만 새로 바꾼 옛 크로노스 숭배의 연장이었을 것이다. 게다가 거기서는 기독교 시대에 이르기까지 정례적으로 인간제물을 바친 것으로 나타난다. 로도스인들은 해마다 메타게이트니온(Metageitnion) 달에 크로노스에게 한 남자를 제물로 바쳤다. 후대에 그들은 사형당할 범죄자를 크로니아 제전이 올 때까지 감옥에 가두었다가, 때가 되면 성문 밖으로 끌고 나가서 술을 먹여 취하게 한 다음 목을 베었다. 농신제의 유사한 사례에 비추어볼 때, 크로니아 제전에서 그와 같이 술취한 상태에서 생을 마친 희생자는 아마도 인간이 먹고 마시고 즐기는 것말고 달리 할 일이 없던 행복한 옛시절에 군림한 크로노스 왕 자신의 대역이었을 것으로 추측할 수 있다. 로도스의 풍습은 최소한, 옛날에 올림피아 언덕에서 이른바 왕들이 크로노스에게 올린 제사 때 인간제물이 등장했을 것이라는 추측을 일정하게 뒷받침해 준다. 이런 맥락에서 우리는 이미 고대 그리스에서 왕가의 자손들을 희생제물로 바치는 풍습의 확실한 사례를 살펴보았음을 상기할 필요가 있다. 왕자들을 자신에게, 아니 더 정확하게는 자신의 대역으로 바치게 한 신이 크로노스였다면, 후대 그리스인들이 그와 비슷하게 셈족 왕들이 자기 자식을 바친 바알 또는 몰록과 그를 동일시한 것은 당연한 일일 것이다. 이러한 인간제물과 연관이 있다고 전하는 테살리아와 보이오티아의 라피스티오스의 제우스는 아마도 아르카디아의 리카이오스의 제우스처럼 흔히 크로노스라고 알려진 토착신에 다름 아니었던 것 같다. 그리스 침략자들은 정복한 민족의 사제들에게 그 신의 음산한 제례를 옛날 방식대로 계속하도록 허용하는 한편, 양심의 가책을 달래거나 정복자로서의 자존심을 만족시키기 위해 그 피에 굶주린 옛 야만신에게 자기네의 더 부드러운 신인 자비롭고 은혜로운 제우스의 이름을 부여—성격은 그대로 둔 채—했을 것이다.

4

유럽에서 서아시아로, 고대 그리스에서 고대 바빌론과 바빌론의 영향권 아래 있던 지역으로 눈길을 돌릴 때, 여전히 우리는 이탈리아 농신제의 가장 오래된 형태와 아주 밀접하게 닮은 제전들과 마주치게 된다. 독자는 이 책 앞부분에서 다룬 바 있는 사카에아(Sacaea) 제전을 기억할 것이다. 그 제전은 로우스(Lous) 달 16일에 시작해서 5일 동안 바빌론에서 열렸다. 그 기간 중에는 농신제와 흡사하게 주인과 하인이 자리를 바꾸어 하인이 명령을 내리고 주인이 복종했다. 또, 집집마다 하인 중 한 사람이 왕으로 분장하고 '조가네스

(Zoganes)'라는 칭호를 쓰며 집안을 다스렸다. 나아가 원래 형태의 농신제에서 한 남자가 사투르누스 왕으로 차려 입고 열정과 변덕에 마음껏 빠져들었다가 죽음을 당했듯이, 사카에아 제전에서도 한 사형수가 아마도 한동안 왕의 의상을 차려 입고 조가네스라는 칭호를 쓰며 전제군주 노릇을 하면서 왕의 첩들을 이용하는 등 제한 없이 주연과 환락을 누리다가 마지막에는 빌려온 장신구를 모두 벗고 매를 맞으며 교수형이나 십자가형을 당했다.* 스트라보(Strabo)의 저술을 통해 우리는 소아시아에서 페르시아 여신 아나이티스 숭배가 자리잡고 있는 곳이면 어디서나 이러한 아시아판 농신제를 행했음을 알고 있다. 스트라보는 그것을 주신제(酒神祭)로 묘사했는데, 그 향연을 즐기는 사람들은 스키티아(Scythia)인으로 분장하고 남녀가 함께 어울려 밤낮으로 마시고 놀았다.

　아나이티스 숭배가 페르시아에서 유래한 것이기는 하지만 바빌론 종교에서 파생한 조악한 요소들이 깊이 스며 있는 것으로 보아, 우리는 아마도 메소포타미아가 사카에아 제전의 본거지였으며, 거기서부터 소아시아 다른 지역으로 확산되었다고 생각할 수 있을 것이다. 그런데 바빌론 사제 베로수스(Berosus)는 자신의 바빌론사(史) 첫 권에서 사카에아 제전을 묘사하면서 그것을 최근 비문 유적을 통해 우리에게 알려진 '자크무크(Zakmuk)', '자그무크(Zagmuk)', '자크무쿠(Zakmuku)', '자그무쿠(Zagmuku)' 따위로 부르는 바빌로니아의 신년 대제전과 그럴듯하게 동일시하였다. 바빌론력은 봄철의 니산(Nisan) 달에서 시작하는데, 그것은 3월 후반기와 4월 전반기를 포괄한 것 같다. 그러므로 최소한 니산 달의 처음 11일 간을 차지하는 신년제는 아마도

*여기서 프레이저의 과거분사 표현에 나타나는 불확실성은 사카에아에 대해 조금이라도 상세하게 묘사하고 있는, 현존하는 몇 안 되는 문서 중 하나와 관련이 있다. 디오 크리소스토무스의 네번째 대화편에는 디오게네스와 알렉산더 대왕의 논쟁이 나온다. 디오게네스는 알렉산더에게 겸양이 없다고 힐난한다. 하인의 옷을 걸치는 것이 그에게는 더 어울리지 않을까? 그렇고 말고, 심지어 바빌로니아인들도 그러지 않는가? 사형선고를 받은 범죄자─조가네스가 분명하다─에게 경의를 표하고 며칠 동안 마음대로 세도를 부리게 허용했다가 그런 연후에 옷을 벗기고 '목졸라 죽이는' 것이다. 여기서 마지막 동사 ─ '에크레마산(ekremäsan)' ─ 는 지극히 애매하여 '십자가에 매다는' 것을 의미할 수도 있다. 만약 그렇다면 프레이저의 전반적 논증에는 아주 편리할 것이다. 그러나 애매함이 남는 것이 있는 그대로의 현실이기 때문에 프레이저는 그것을 인정할 수밖에 없다.

춘분절을 포함했을 것이다. 그것은 바빌론의 주신인 마르두크(Marduk) 또는 메로닥(Merodach)을 기리는 뜻에서 열렸다. 바빌론 성에 있는 에사길라(Esagila)의 마르두크 대신전은 그 제례의 종교적 중심지였다. 왜냐하면 모든 신이 이 시기에 마르두크의 주재 아래 웅장한 건물의 화려한 내실에 모여서 신년 운세, 특히 왕의 수명운을 결정한다고 여겼기 때문이다. 이 시기에 바빌론 왕은 마치 자기가 마르두크 신에게서 왕국을 직접 받았으며 그 신의 지원과 권위 없이는 1년 이상 왕국을 유지할 수 없다는 것을 표시하듯이, 마르두크 신전에서 그 신상의 양손을 붙잡음으로써 해마다 자신의 왕권을 갱신해야 했다. 1년에 한 번씩 이와 같이 공식적으로 왕위를 복원하지 않으면 왕은 합법적으로 군림할 수 없었다. 바빌로니아가 아시리아에 정복당했을 때 아시리아 왕들은 몸소 바빌론에 와서 신의 양손을 잡는 의식을 수행했는데, 그 목적은 이런 엄숙한 행위를 통해 자신들이 무력으로 차지한 왕국에 대한 권리를 확립하려는 것이었다. 그렇게 하기 전까지 그들은 바빌로니아 신민들에게 왕으로 인정받지 못했다. 실제로 몇몇 왕은 그러한 의식을 부담스럽게 느낀 데다가 정복자로서 자존심 상하는 일이라 여기고, 바빌론 왕이라는 칭호를 포기하고 섭정이라는 좀더 소박한 칭호에 만족하기도 했다. 바빌로니아 신년제의 또다른 주목할 만한 특색은 마르두크 신의 혼인의식이다. 왜냐하면 그 제전 때 부르던 찬가에서 그 신에 관해 "그는 서둘러 혼례식에 갔다"고 말하고 있기 때문이다. 그 제전은 아주 오랜 고대에 생겨난 것이었는바, 기원전 2000년 내지 3000년 사이에 활동하던 남부 바빌로니아의 왕 구데아(Gudea)에게도 알려져 있었고, 대홍수에 관한 고대의 해설에서도 언급하고 있는 것이다. 훨씬 후대에는 그것을 네부카드네사르(Nebuchadnezzar) 왕과 그 후계자들이 반복하여 언급한다. 네부카드네사르는 자기가 벽돌과 역청으로 신들의 왕인 마르두크의 대제전을 위해 예배소 또는 제단, 곧 '기쁨과 환희의 장소'를 지었다고 기록하고 있다. 이때 대사제가 호화롭고 풍요로운 제물을 바쳤다는 기록도 있다.

불행하게도 우리에게 전해 내려오는 이러한 바빌로니아 신년제에 관한 언급은 주로 그 신화적 측면을 다루고 있으며, 그것의 집전방식은 거의 밝히지 않고 있다. 따라서 그것과 사카에아의 동일성은 당분간 다소 개연적인 가설에 머물 수밖에 없다. 그 가설을 뒷받침하는 근거로는 무엇보다도 사카에아 와 조가네스라는 명칭과 자크무크 또는 자그무쿠라는 명칭의 유사성을 들 수 있다. 단, 후자의 명칭이 실제 발음이라고 할 때 그렇다. 둘째로는 왕의 수명 운을 자그무크, 곧 신년제에서 마르두크의 주재 아래 신들이 결정하는 것으 로 여겼다는 의미심장한 진술을 들 수 있다. 사카에아의 주된 특색이 십자가 나 교수대에서 범죄자를 대리 희생함으로써 왕의 생명을 1년 더 보장하는 의 식이었음을 상기할 때, 그것을 왕에게 결정적으로 중요할 뿐 아니라 다음 열 두 달 동안 그의 운세를 좌우하는 것으로 간주하는 것이 당연함을 우리는 이 해할 수 있다. 신상과 접촉하여 왕권을 갱신하는, 자그무크 제전의 주요 특색 을 이루는 연례 의식은 진짜 왕을 대신하여 죽는 임시 왕의 처형 또는 희생 직후에 아주 적절하게 거행하였을 것이다.

두 제전의 동일성을 지지하는 새롭고 강력한 논거는 그 양자와 유대인의 부림절(Purim) 사이에 존재하는 연관성을 추적함으로써 확보할 수 있다. 믿 을 만한 근거에 따르면, 부림절은 바빌론 포로생활 이전에는 유대인에게 알 려지지 않았으며, 그들은 포로생활 중에 동방에서 그것을 배웠다고 한다. 이 제전은 『에스더서(書)』에서 처음 언급하고 있는데, 대다수 비평가들은 그것 을 기원전 4세기나 3세기 문서로 보고 있다. 그것이 페르시아 시대보다 더 오 래된 것일 수는 없다. 왜냐하면 그 책이 서술하고 있는 장면이 수사(Susa)에 있는 페르시아 왕 아하수에로스(Ahasueros)의 왕궁을 배경으로 하고 있기 때 문이다. 아하수에로스라는 이름은 크세르크세스(Xerxes)의 헤브라이어식 표 현인 듯하다. 부림절에 관한 그 다음 언급은 『마카베오 2서』에 나온다. 이 저 작은 아마도 기원후 초기에 쓰여졌을 것이다. 이와 같이 성경보다 더 오래된 문서에 부림절에 관한 언급이 전혀 없기 때문에, 우리는 비교적 늦은 시기에 유대인들이 그 제전을 제정하였거나 수입했을 것이라고 온당하게 결론내릴 수 있다. 『에스더서』 자체가 같은 결론을 뒷받침한다. 이 책은 명백히 그 제 전의 기원을 설명하고, 그것을 행한 동기를 제시하기 위해 쓴 것이다. 이 책 의 저자에 따르면, 크세르크세스 왕 치하의 페르시아에서 유대인들을 위협하 던 커다란 환란의 모면을 기념하기 위해 이 제전을 제정했다고 하기 때문이 다. 따라서 유대인들이 거행하는 부림절이 늦은 시기에 동방에서 유래한 것이라는 현대 학자들의 견해를 유대인 자신의 구전설화가 증명하는 셈이다. 그 구전설화와 제전의 집전방식을 검토해 볼 때, 부림절은 다름 아닌 바빌로니아의 사카에아 또는 자그무크 제전이 다소 변형된 것에 지나지 않는 것으로 보인다.

첫째로, 부림절은 대략 3월에 해당하는 유대력의 마지막 달인 아다르(Adar) 달 14일과 15일에 열렸다. 그러므로 그 시기는 2주일 뒤에, 곧 다음달인 니산 달 초순에 열리던 바빌로니아 자그무크 제전의 시기와 꼭 맞지는 않더라도 거의 일치한다. 부림절과 자그무크 제전을 연결해 주는 고리도 꽤 강하지만, 그 유대 제전과 사카에아를 연결해 주는 증거의 고리는 훨씬 더 강력하다. 자그무크를 거행하는 방식이 민간에 알려지지 않은 반면에 사카에아를 치르는 방식은 중요하고 신빙성 있는 세부사항까지 우리가 알고 있음을 상기할 때, 이는 놀라운 일이 아니다. 앞서 살펴보았듯이, 사카에아는 남녀가 변장을 하고 술을 마시며 도가 지나치게 어울려 놀던 거친 환락의 잔치였다. 그런데 지금도 그렇지만 옛날에도 부림절의 성격이 바로 이런 것이었다. 『에스더서』의 저자에 따르면, 제전이 벌어지는 이틀은 영원히 "잔치와 기쁨의 날, 서로 음식을 돌리고 빈자에게 선물하는 날"이어야 했다. 이러한 흥겨운 특성을 제전은 항상 견지한 것 같다. 『탈무드』의 한 소책자 저자는 부림절에 모든 유대인이 "하만(Haman)에게 저주 있으라"는 말과 "모르드개(Mordecai)에게 축복 있으라"는 말을 구별할 수 없을 때까지 술을 마셔야 한다는 것을 규칙으로 제시하고 있다. 또, 그는 언젠가 랍바라는 사람이 부림절에 술을 너무 많이 마셔서 자기가 무엇을 하는지도 모르고 랍비를 살해했다는 이야기를 하고 있다. 실상 부림절은 유대인의 주신제였으며, 이 절기에는 제전의 환락과 흥겨움을 더해주는 것이면 무엇이든 합법적으로 용인된다고 한다. 17세기 문필가들의 주장에 따르면, 그 이틀 동안, 특히 둘쨋날 저녁에 유대인들은 마음껏 먹고 마시고 놀고 춤추고 노래하고 즐기는 것말고는 아무것도 하지 않았다. 특히 그들은 남녀가 서로 옷을 바꾸어 변장을 하고, 그런 차림으로 미친 듯이 뛰어다녔다. 이는 남자가 여자옷을 입고 여자가 남자옷을 입는 것을 명시적으로 금하던 모세의 율법을 정면으로 거스르는 행동이었다. 많은 사람이 아직까지 기억하는, 누추하면서도 기묘하게 아름다운 구시가지—유덴가세(Judengasse)라고 하는 ― 에 살던 프랑크포르트(Frankfort)의 유대인들 사이에서 부림절 향연은 18세기에도 변함없이 계속되었다. 폭음과 폭식은 첫날 오후 3시부터 유대인 사회 전체가 정신나간 것처럼 보일 때까지 계속되었다. 그들은 먹고 마시고 까불고 뛰놀고 갈짓자로 비틀거리며 다니고 비명을 지르고 고함치고 발을 구르고 두드리고 나무망치로 피가 흐를 때까지 서로 머리를 때렸다. 첫날 저녁에 여자들은 자기네 격자창을 열고 남자들의 회당(會堂)을 들여다볼 수 있는 특전을 누렸는데, 이는 아하수에로스 왕 시절에 유대인을 적으로부터 구해낸 것이 한 여자의 공이라고 알려졌기 때문이다. 그 제전의 빼놓을 수 없는 한 가지 특색은 에스더 설화를 희극으로 공연하는 것이었다. 그 공연에서는 에스더, 아하수에로스, 하만, 모르드개 역을 하는 연기자들이 때때로 소극을 넘어 저질스러운 익살로 떨어지는 방식으로 연기를 했다. 이와 같이 전반적으로 부림절은 항상 농신제같이 흥겹게 노는 잔치였으며, 따라서 스트라보가 묘사한 사카에아 제전과 성격이 일치한다고 볼 수 있다.

그런데 나아가서 부림절의 제정을 설명하고자 하는 설화를 검토해 볼 때, 우리는 거기에서 강한 바빌로니아계 흔적뿐만 아니라 우리가 더 직접적으로 관심을 기울이고 있는 사카에아 제전의 특징들과 유사한 점을 발견하게 된다. 『에스더서』는 페르시아 왕실에서 두 사람, 곧 고관(高官)인 하만과 경멸받는 유대인 모르드개가 겪는 운명에 초점을 맞추고 있다. 모르드개가 고관에게 치명적인 모욕을 가하자, 그 고관은 자기 적을 매달기 위해 높다란 교수대를 준비하는 한편, 자기 자신은 왕의 지극한 총애를 받아 왕관과 어의를 걸치고 어마(御馬)에 올라 왕자들 중 한 사람의 시중을 받으며 시가지를 행진하고, 그 왕자가 자신의 임시적인 등극과 영광을 군중들에게 선포하는 광경을 기대에 부풀어 상상한다. 그러나 그 사악한 고관의 교활한 음모는 실패로 돌아가고, 그가 바라고 기대한 것과는 정반대 결과가 나타난다. 그가 기대한 왕의 영예가 경쟁자인 모르드개에게 돌아가고, 적을 위해 준비한 교수대에 자신이 매달리고 만 것이다. 이 설화에서 우리는 다소 혼란스럽기는 하지만 사카에아의 '조가네스', 곧 다시 말해서 한 민간인에게 며칠 동안 왕권의 영예를 부여한 다음 교수대나 십자가에서 죽이는 풍습의 흔적을 간파할 수 있을 것이다. 설화에서는 조가네스의 역할이 두 연기자에 양분되어 있는 것이 사실이다. 한 사람은 왕의 역할을 바라지만 오히려 교수형을 당하고, 다른 한 사람은 왕의 역할을 하면서 적이 자기를 매달기 위해 마련한 교수대를 모면한다. 그러나 조가네스의 이러한 양분은 말하자면 『에스더서』의 유대인 저자가 자기 민족에게 영광을 돌리는 방향으로 부림절의 기원을 설명하기 위해 고의로 지어낸 것일 수 있다. 아니면 아마도 더 가능성이 클 텐데, 그것은 사카에아에서 가짜 왕을 둘 임명해서 하나는 제전 마지막에 죽이고, 다른 하나는 적어도 얼마간 자유롭게 풀어주는 풍습이 있었음을 가리키는 것일 수도 있다. 다음과 같은 사실을 관찰할 때, 우리는 후자의 가설을 채택하는 쪽으로 더 기울게 된다. 곧, 임시 왕권을 지망하는 두 경쟁자에 상응하는 것으로, 그 유대 설화에는 경쟁하는 두 왕비 바슈티(Vashti)와 에스더(Esther)가 등장하여 전자가 잃은 높은 지위를 후자가 계승하는 것이다. 나아가서 성공한 가짜 왕위 후보 모르드개와 성공한 왕비 후보 에스더는 사촌관계로 전하는바, 그들이 이해관계와 핏줄이라는 긴밀한 끈으로 함께 연결되어 있음을 주목해야 한다. 이는 원래의 설화나 원래의 풍습에서 왕과 왕비가 두 쌍 등장했을 수 있다는 것을 시사한다. 그 유대 설화에서 한 쌍은 모르드개와 에스더로 대표되고, 다른 한 쌍은 하만과 바슈티로 대표되고 있는 것이다.

부림절의 기원을 바빌로니아의 사카에아 제전에서 찾고 하만과 모르드개에게서 조가네스의 복사판을 발견하는 것이 옳다면, 5일 동안 왕위를 맡은 조가네스는 단순히 왕의 대역일 뿐 아니라 신의 대역이기도 했을 것으로 보인다. 그 신이 바빌로니아의 마르두크인지 다른 어떤 신인지는 아직 분명하지 않더라도 말이다. 한 인물이 신과 왕의 역할을 겸하는 일은 아주 흔하기 때문에, 고대 바빌론에서 그런 사례와 마주치더라도 놀랄 것은 없다. 그리고 사카에아의 가짜 왕이 신의 자격으로 십자가나 교수대에서 죽었다는 견해는 결코 새로운 것이 아니다. 예리하고 박식한 모베르스(Movers)는 일찍이 이렇게 말했다. "만약 우리가 노예를 왕으로 가장하는 풍습을 단순한 장난으로 취급한다면, 그것은 동방에서 치르던 제전의 종교적 의의와 아울러 사카에아와 아나이티스 숭배의 연관성을 간과하는 것이 될 것이다. 사카에아의 왕은 왕의 권위와 더불어 신의 대리인이라는 동방 군주의 특성을 함께 지닌 것이 확실하다고 볼 수 있다. 왕의(하렘의) 여자들과 쾌락을 누릴 때, 그는 산단(Sandan) 또는 사르다나팔로스(Sardanapalos)의 역할을 했다. 고대 동방의 사고방식에 따르면, 왕의 첩을 이용하는 것은 왕권의 일부분이며, 디오(Dio)를 통해 알고 있다시피 5일왕은 하렘에 대해 전적인 권한을 부여받았기 때문이다. 어쩌면 그는 왕의 첩들과 공개적으로 동거함으로써 자신의 치세를 시작했을지도 모른다. 마치 압살롬(Absalom)이 자신의 왕권 자격을 알리고 강화할 목적으로 이스라엘 사람들이 모두 보도록 왕궁 지붕 위에 쳐놓은 천막 속에서 자기 아버지의 첩들을 취했듯이 말이다."*

이 마지막 추측을 어떻게 생각하든 가짜 왕이 진짜 왕의 하렘에 들어가도록 허락받았다는 사실과, 사카아이와 아나이티스 숭배의 긴밀한 연관성을 크게 강조하는 점에서 모베르스가 옳다는 데는 의문의 여지가 있을 수 없다. 스트라보는 그러한 연관성을 사실로 입증한다. 또, 스트라보가 살던 시대에 옛 페르시아 여신 아나이티스에 대한 숭배가 철저하게 바빌로니아적 요소로 가득 차 있었고, 사실상 바빌로니아의 이슈타르 또는 아스타르테의 관능적인 숭배의식과 융합되었다는 사실을 고려할 때, 우리는 모베르스의 그 다음 추측을 지지하고 싶은 생각이 든다. 곧 조가네스로 뒷받침되는 신성한 왕의 역할에 대응하는 신성한 왕비 역에 한 여자 노예를 임명하였다는 것, 그리고 세미라미스(Semiramis) 신화와 전설에 그러한 왕비의 흔적이 남아 있다는 것 말이다. 전설에 따르면, 세미라미스는 아시리아 왕의 총애를 받은 아름다운 고급 창녀로서 왕의 부인이 되었다. 그녀는 왕의 마음을 홀딱 사로잡아 5일간 자신에게 왕국을 양도해 주도록 설득했다. 그래서 왕홀과 어의를 손에 넣은 첫날 그녀는 커다란 잔치를 베풀었다. 그러나 둘쨋날에 그녀는 남편을 감옥에 가두고(혹은 사형에 처하고) 그 이후 혼자서 군림했다고 한다. 사카에아와 아나이티스 숭배의 연관성에 대한 스트라보의 증거를 받아들일 때, 이 전설은 명백히 조가네스에게 5일간의 치세 동안 왕비를 제공하는 관습이 있었음을 가리키는 것 같다. 그 왕비는 아나이티스나 세미라미스나 아스타르테 여

---

*F. C. Movers, *Die Phoenizier*(Bonn, 1841), I. 490ff. 디오는 교부 성 디오 크리소스토무스를 말한다.

신, 곧 그 명칭이 무엇이든 아시아의 위대한 사랑과 생식의 여신을 대표했다. 왜냐하면 동방의 전설에서 세미라미스가 아시리아의 실제 왕비로서 아스타르테 여신의 속성을 많이 흡수했다는 사실은 근대 학자들의 연구가 이미 입증한 것으로 보이기 때문이다. 아나이티스와 전설상의 세미라미스의 동일성은 폰투스(Pontus)의 젤라(Zela)에 있는 아나이티스 대신전을 실제로 세미라미스의 고분 위에 지었다는 사실이 분명하게 입증한다. 아마도 그 셈족 여신의 유서 깊은 숭배의식은 세미라미스 또는 아스타르테라는 셈어 명칭이 아나이티스라는 페르시아어 명칭으로 변경된 뒤에도 항상 그곳에서 계속되었을 것이다. 명칭 변경은 아마도 서아시아에 아나이티스 숭배를 처음 전파한 페르시아 왕 아르타크세르크세스(Artaxerxes) 2세의 포고령에 따른 조치였던 것 같다. 아주 의미심장한 사실은, 사카에아 제전이 이 고대의 세미라미스 또는 아스타르테 숭배의 본거지에서 해마다 열렸을 뿐 아니라, 나아가서 젤라라는 도시 전체가 신성한 노예와 매춘부의 거주지로서 한 지고한 대사제의 통치를 받으며 도시라기보다는 성전(聖殿)으로 운영되었다는 것이다. 짐작컨대 예전에는 이러한 사제왕 자신이 사카에아에서 세미라미스의 신성한 연인 역할을 맡아 폭력적으로 살해당했을 것이며, 한편으로 여신의 역할은 신성한 매춘부 중 한 사람이 맡았을 것이다. 그 가능성은 신전 아래에 있는, 이른바 세미라미스 고분의 존재로 인해 한층 더 강화된다. 왜냐하면 서아시아 전역에서 발견되는 세미라미스 고분이 그녀가 산 채로 매장한 애인들의 무덤으로 알려지고 있기 때문이다. 전설에 따르면, 위대하고 호색적인 왕비 세미라미스는 자기 남편이 권력을 빼앗을까봐 합법적인 결혼은 하지 않고 부하 병사들 중 가장 잘생긴 남자를 침대에 끌어들인 다음 처치해 버렸다고 한다. 그런데 이러한 전설은 전설적인 세미라미스와 바빌로니아의 이슈타르 또는 아스타르테 여신의 동일성을 가장 뚜렷하게 암시한다. 왜냐하면 영웅 길가메시(Gilgamesh)의 행적을 서술하고 있는 유명한 바빌로니아 서사시를 보면, 길가메시가 어의를 입고 머리에 왕관을 썼을 때 이슈타르 여신이 그에게 홀딱 반하여 자기 짝이 되어달라고 구애했다는 이야기가 나온다. 그러나 길가메시는 여신의 모든 애인에게 닥친 비참한 운명을 알았기 때문에, 그녀의 음흉한 제안을 거절하고 그 잔인한 여신을 꾸짖으며 이렇게 말했다.

그대 젊은 시절의 애인인 타무즈를
그대는 해마다 애도하게 만들었다.
그대가 사랑한 화려한 '알랄루' 새를
그대는 짓누르고 날개를 꺾어버렸다.
새는 숲 속에 서서 탄식한다, '오 나의 날개여!'
완벽한 힘을 지닌 사자를 그대는 사랑했다.
그대는 그를 위해 일곱 번 더하기 일곱 번 함정을 팠다.
싸움을 즐겨하는 말을 그대는 사랑했다.
채찍과 박차와 고삐로 그대는 그를 몰아쳤다.
일곱의 갑절이나 되는 시간 동안 그대는 그를 몰아쳤다.
지치고 목말랐을 때 그대는 그를 몰아쳤다.
그의 어머니 실릴리(Silili) 여신을 그대는 애도하게 만들었다.
또, 그대는 양떼를 치는 목동을 사랑했다.
그는 그대를 위해 끊임없이 제주(祭酒)를 붓고,
날마다 그대를 위해 새끼 염소를 죽였다.
그러나 그대는 그를 매혹시켜 늑대로 변신시켰다.
그래서 그가 데리고 있던 양치기 소년들이 그를 사냥하고,
그가 키운 사냥개들이 그를 갈기갈기 찢어죽였다.

　영웅은 또 여신의 아버지를 섬기던 정원사의 비참한 종말을 이야기하고 있다. 그 불운한 시골청년은 한때 여신의 사랑을 받는 영광을 누렸다. 그러나 여신은 그에게 싫증이 나자 그를 불구로 만들어 침대에서 일어나지 못하게 했다. 따라서 길가메시는 그녀의 옛 애인들이 밟은 길을 되풀이할까 두려워 그녀의 구애를 일축한 것이다. 그러나 이슈타르 신화가 단지 이 점에서만 세미라미스 전설과 부합하는 것은 아니다. 이슈타르 숭배는 전설에서 이야기하는 왕비의 방종한 성격과 일맥상통하는 방탕성이 두드러진 특징이었다. 헤로도토스의 증거를 확인하고 보충해 주는 비문들에 따르면, 이슈타르는 자신의 숭배의식에 헌신하는 세 부류의 매춘부들에게 섬김을 받았다. 실제로 이 여자들은 여신의 대역을 한 것으로 보이는데, 그들에게 붙인 이름 중 하나

를 여신 역시 사용하고 있는 것이다.

그러므로 전설상의 세미라미스가 사실상 셈족의 위대한 사랑과 생식의 여신인 이슈타르 또는 아스타르테의 한 형태라는 사실은 거의 의심할 여지가 없다. 만약 그렇다면, 우리는 최소한 상당한 개연성을 토대로 세미라미스의 성전에서 사카에아의 왕 역할을 한 젤라의 대사제 또는 그의 대리인은 아마도 여신이 "해마다 애도하게 만들었다"는 타무즈처럼 여신의 불운한 애인 중한 사람으로서 살해당했을 것이라고 가정할 수 있을 것이다. 유성처럼 짧은 쾌락과 영광의 생애를 겪고 나서 그의 유골은 수많은 유한한 신들, 곧 여신에게 목숨이 걸린 사랑을 받았던 그의 선배들의 썩은 유해를 덮고 있는 거대한 고분 속에 안치되었을 것이다.

그러므로 여기 젤라에 있는 여신의 대신전에서 여신의 신화를 정례적으로 행동으로 옮긴 것으로 보인다. 여신의 사랑과 그 신성한 애인의 죽음 이야기는 한 시기 동안 살다가 때때로 자신들이 의인화하는 가상적인 존재의 대역으로 살해당한 남녀가 해마다 일종의 기적극(奇蹟劇)처럼 상연한 것이다. 이러한 신성한 연극*의 의도는 한가한 관객을 즐겁게 하거나 가르치려는 것이

---

*뒤이은 구절은 대충 1900년(『황금가지』 2판가 출판된 해)부터 1920년대까지 학계를 풍미하던 제식주의적(ritualistic) 연극관의 효시다. 그 파문은 연극계만이 아니라 학계에서도 오늘날까지 느낄 수 있다. 그 견해는 오늘날 우리가 케임브리지 제식주의자들이라고 알고 있는 사상가들의 유파, 곧 제인 앨런 해리슨, 프랭크 콘퍼드, 윌리엄 리지웨이, A. B. 쿡 등이 신속하게 받아들였다. 잠깐 동안이지만, 길버트 머레이도 그 영향을 받았다. 이들은 모두 이런저런 시점에서 고대 그리스의 연극이 본질적으로 자연계의 운행을 조정하거나 모방하기 위한 주술의식의 여러 형태라고 보아야 한다는 견해에 영향을 받았다. 그것의 한 가지 유명한, 아니 어쩌면 악명 높은─그만큼 영향력 있는─사례는 1910년에 길버트 머레이가 제인 해리슨의 『테미스 Themis』에 붙인 아테네 비극에 관한 '여록(餘錄)'이다. 여기서 그는 아무리 다양해 보이더라도 모든 그리스 비극은 '에니아우토스-다이몬(Eniautos-daimon)', 곧 해(年)의 정령에 관한 설화의 재현이라고 해석하고 있다. 1913년에 머레이는 이것을 '비극의 기원에 관한 정통적 견해'라고 자신있게 주장할 수 있었다. "해의 화신인 다이몬은 오만이 지나쳐 자기 적에게 살해당한다. 그 적은 따라서 살인자가 되며, 거꾸로 대망의 복수자의 손에 죽어야 할 운명이다. 그 복수자는 동시에 되살아난 피해자이기도 하다"(*Euripides and His Age*, Home University library, 1911, 61~67쪽). 이러한 사건 전개에 관한 더 극단적인 해석도 있다. 『백의의 여신』에서 로버트 그레이브스는 그와 같은 경쟁 대립의 플롯은 드라마뿐 아니라 모든 시에도 내재한다는 견해로 기울었다. 이 모든 견해는 최근에야, 특히 올리버 태플린(Oliver Taplin)의 *Greek Tragedy in Action*(Oxford, 1985)에서 논파되었다. 그러나 프레이저가 그 견해의 더 극단적인 형태의 원조라고 보는 것은 부

아니었으며, 더구나 한동안 천박한 열정에 탐닉하게 방치해 두던 연기자들을 만족시키기 위한 것도 아니었다. 그것은 신성한 존재의 행적을 모방한 엄숙한 제례였다. 인간은 그런 모방을 통해 신의 권능을 사칭하고, 자기 동료들의 이익을 위해 그것을 행사할 수 있다고 상상했던 것이다. 그가 생각하기에 자연의 운행은 자신과 흡사한 신화적 인물들이 이루는 것이었다. 만약 그들을 완벽하게 모방할 수만 있다면, 자기 자신도 그들의 모든 권능을 휘두를 수 있을 것이다. 이것이 아마도 미개인들이 행하던, 거의 모든 종교적 연극이나 신비의식의 원래 동기일 것이다. 연극을 상연하고 신비의식을 수행하는 목적은 구경꾼들에게 자기네 신앙의 교리를 가르치거나 즐거움을 주기 위한 것이 아니라, 신화적 가장 속에서 자신들이 대표하는 자연적 효력을 일으키기 위한 것이다. 한마디로 그것들은 주술의식이며, 그 실행방식은 모방 또는 공감이다. 아마도 오늘날 우리가 신화로만 알고 있는 수많은 신화가 한때는 주술에 속했다고 가정하더라도 잘못은 아닐 것이다. 다시 말해서, 그것들은 거기에서 비유적 언어로 묘사하고 있는 사건들을 실제로 일으키기 위한 수단으로 기능했던 것이다. 종종 의식은 사라지지만 신화는 남는다. 그래서 살아 있는 신화에서 죽은 의식을 추리해 내게 되는 것이다. 만약 신화가 어떤 의미에서 구름 위에 드리운 인간들의 반영이나 그림자라고 한다면, 그 인간들 자신이 우리 시야를 벗어나 지평선 아래로 가라앉은 지 오래 지난 뒤에도 그러한 반

당한 일이다. 지금의 구절에서 명확히 드러나듯이 그의 견해는 이런 것이다. 제식은 계절의 경로에 영향을 미치기 위해 행해진다. 그러한 제식의 연행자(演行者)들은 상정된 신들에 궁극적으로 대응하는 명칭이 붙은 고대적 역할을 재연한다. 그래서 아나이티스는 신성한 의식에서 그녀 역할을 한 모든 사람에게 부여되는 명칭이다. 아도니스, 디오니소스 등등에 대해서도 똑같이 말할 수 있다. 따라서 원래의 사건순서(철학-제식-신화)에 또 하나의 명칭을 덧붙여 철학-제식-연극-신화로 이어지는 것이 완전한 전개과정이다. 이렇게 볼 때 신화는 연극의 플롯이라기보다 그것을 설명하기 위해 구경꾼들이 전하는 이야기이다. 그리고 배역들의 명칭은 이런저런 시기에 그것을 연기한 일련의 연기자들 전체를 가리키는 것이다. 내가 말했듯이, "그것은 마치 '코리올레이너스(Coriolanus)'의 기다란 행렬 끝에서 비평가들이 로렌스 올리비에를 가리키는 뜻으로 코리올레이너스를 지칭하기 시작하는 것과 같았다"(The Making of the Golden Bough, 165). 그러나 프레이저는 어디에서도 모든 연극이(모든 제식은 몰라도) 이와 같다고 말하지 않으며, 자기 주장에 신빙성을 주기 위해 대본극을 끌어들이지도 않는다. 그의 추종자들이 그만큼 세심했으면 좋았을 터이다.

영은 우리 눈에 보이는 것으로 하늘에 계속 남아 그것을 드리운 인간들의 행적을 우리에게 알려준다고 할 수 있을 것이다.

모방의 원리는 인간 본성 깊숙이 자리잡고서 예술과 종교의 발달에 아주 광범위한 영향을 미쳤기 때문에, 잠시 본론을 벗어나는 것을 감수하더라도 원시인이 그것을 응용하여 종교적·주술적 연극을 통해 자신의 필요를 충족하고자 했음을 예증해 보는 것이 좋을 것이다. 왜냐하면 세계 많은 지역에서 미개인의 사회생활에 중요한 역할을 했던 가면무나 가면의식은 애초에 단순히 구경꾼의 감정을 자극하거나 권태롭고 단조로운 한가한 시간을 보내기 위한 것이라기보다는 실제적 목적에 이바지하기 위해 고안한 것으로 보이기 때문이다. 연기자들은 어떤 강력한 초자연적 존재를 모방하여, 그 가상적 역할 속에서 단순한 인간의 역량으로는 도저히 일으킬 수 없다고 여겼을 이로운 기적을 이루어냄으로써 공동체에 복을 내리고자 했다. 사실상 문명민족들의 비극과 희극의 맹아를 내포하고 있는 이러한 초보적 연극의 목표는 공공선(公共善)을 위해 초인간적 능력을 획득하는 것이었다. 최소한 대다수 그러한 극적 연희의 목표가 그렇다는 사실은 다음 서술에서 드러날 것이다.

서북부 아메리카 인디언 부족들의 사회생활에서 볼 수 있는 두드러진 특색은 연기자들이 정령이나 전설적 동물의 역할을 하는 정교한 가면무나 무언극이다. 그것들은 대부분 씨족의 수호령(守護靈)을 사람들의 눈앞에 불러오기 위해 고안된 것으로 보인다. "이러한 정령들은 대대로 전해온 것이기 때문에, 그들의 선물은 항상 씨족의 조상이 정령들을 획득하는 과정을 상세히 설명하는 전설 속에 포함되어 있다. 그러한 설화 속에 나오는 주요한 선물로는 해달 사냥의 성공을 보장하는 마법의 작살, 겨냥만 하면 적을 죽이는 필살 무기, 죽은 자를 소생시키는 생명수, 어떤 물체를 겨냥만 하면 태워버리는 강력한 불, 그리고 정령에게 특유한 춤과 노래, 외침소리 따위가 있다. 이러한 춤의 선물은 정령의 보호를 받는 사람이 자기가 본 것과 똑같이 춤을 추어야 한다는 것을 의미한다. 이 춤 속에서 그는 정령의 대역을 하는 것이다. 그는 가면과 장신구를 걸친다. 따라서 그 춤은 정령의 획득과정을 서술해 주는 신화의 극적 연희로 간주해야 마땅하며, 연희자가 정령을 방문함으로써 그의 능력과 욕망을 획득했음을 사람들에게 보여주는 것이다. 오늘날 정령이 한 인디언 청년에게 나타날 때, 그는 똑같은 춤을 그에게 보여주며, 젊은이 또한 정령의 능력과 욕망으로 충만하여 성인식에서 돌아온다. 그는 자신의 전설적인 조상이 했던 것과 똑같은 방식으로 자신의 춤을 통해 성인이 되었음을 입증한다. 이러한 정령들로부터 마술적 능력을 획득하는 것을 '로코알라(lokoala)'라고 부르며, 그것을 획득한 사람을 '나우알라쿠(naualaku)', 곧 '초자연적인 존재'라고 일컫는다. '나우알라쿠'는 정령 자신의 특성이기도 하다. 이러한 모든 정령의 장신구는 삼나무 껍질로 만들어 오리나무 껍질 즙으로 붉게 염색한 것이라고 한다. 정령들은 겨울에만 신봉자에게 모습을 보이며, 따라서 그 춤도 오직 겨울에만 공연한다." 춤 가운데 일부는 동물을 모방하는 것이다. 이러한 춤에 대해 인디언들은 이렇게 설명한다. "그 의식은 인간이 아직 동물의 형상이었을 때, 즉 변형자(變形者)가 만물을 현재 모양으로 변화시키기 전에 제정한 것이다. 현재의 의식은 그 동물인간이 수행한 의식의 반복이거나, 신화를 극화한 것이라고 할 수 있다. 따라서 정령을 상징하지 않는 사람들은 그러한 동물을 상징하는 것이다."

독일령 뉴기니의 모눔보(Monumbo)족도 가면무를 추는데, 거기에서 무용수들은 초자연적인 존재나 캥거루·개·화식조 같은 동물 역할을 한다. 그들은 가면을 신성화하느라고 어떤 덩굴식물의 연기를 쏘이며, 그렇게 하면 거기에 생명이 부여된다고 믿는다. 그래서 그 이후에 그들은 가면을 정중하게 대하고 마치 살아 있는 존재인 양 말을 건네며, 유럽인들에게 그것을 넘겨주려 하지 않는다. 몇몇 가면은 심지어 수호령으로 간주되며, 사람들은 거기에 대고 좋은 날씨를 달라든지 전쟁이나 사냥에 나갔을 때 도와달라고 간청한다. 모든 씨족이 몇 가지 가면을 소유하며, 씨족장은 가면무를 위한 모든 안배를 도맡는다. 무용은 노래를 수반하는데, 심지어 토인들 자신도 가사의 뜻을 잘 모른다고 한다. 또, 중부 보르네오의 카얀족은 풍부한 벼 수확을 보장할 목적으로 가면무를 춘다. 연희자들은 얼굴에 기괴한 가면을 쓰고, 몸에 푸른 나뭇잎을 잔뜩 걸치고는 귀신 역할을 한다. "카얀족은 정령들이 인간보다 강력하다는 믿음에 따라 정령의 형상을 모방하여 연기하면 초인간적인 능력을 획득할 수 있다고 생각한다. 그래서 정령이 인간의 영혼을 불러갈 수 있는 것과 마찬가지로, 자신들도 벼의 영혼을 불러올 수 있다고 상상하는 것이다."

　보르네오의 바다 다야크족은 인간의 머리를 얻으면, 멀리 하늘 위에 사는 전쟁의 신이자 새들의 추장인 '싱알랑 부롱(Singalang Burong)'을 기리는 '머리잔치(Gawè Pala)'를 연다. 이 제전에서는 '멩갑(mengap)'이라고 하는 기다란 축문을 낭송하며 신을 불러온다. 신은 한 연희자의 몸 속에 왕림하는 것으로 여겨지는데, 그 연희자는 신으로 행세하며 신의 이름으로 사람들에게 축복을 내린다. "그러나 이렇게 신을 불러오는 의식은 인간 연희자가 그 위대한 존재에게 직접 기도하는 방식이 아니다. 그것은 신화적인 영웅인 '클링(Kling)' 또는 '클리엥(Klieng)'이 머리잔치를 열고 싱알랑 부롱을 데려왔던 일을 설명하는 이야기의 형식을 띤다. 수많은 전설의 주인공인 이 '클링'이란 존재는 정령으로서, 인간에게서 멀지 않은 어딘가에 살며 인간에게 복을 주는 능력을 지닌 것으로 여겨진다. 그래서 다야크족의 연희자들은 '멩갑'을 낭송하며 집의 기다란 베란다를 오르락내리락하면서, 실은 클링의 머리잔치와 그 잔치에 싱알랑 부롱이 초청받아서 왔던 일을 이야기하는 것이다. 생각 속에서 다야크족은 자신을 클링과 동일시하는데, 결과적으로 그것은 그 이야기의 낭송이 싱알랑 부롱을 불러오는 의식이며, 그가 클링의 집만이 아니라 실제로 잔치가 열리는 다야크족의 집에도 오는 것으로 여긴다는 것을 의미한다. 그리하여 사람들은 싱알랑 부롱을 특별한 의식으로 영접하며 음식과 제물을 제공한다." 의식 말미에 "연희자는 집을 따라가며 추장을 필두로 그 안에 있는 사람들을 하나하나 만지면서 그들에게 기원을 말한다. 사람들은 이 때 그 연희자가 싱알랑 부롱과 (실제 연희자로 믿고 있는) 그의 양아들들의 역을 하는 것으로 여긴다. 싱알랑 부롱 자신은 추장들에게 '넨장(nenjang)'을 하며, 그의 양아들인 새들이 나머지 사람에게 축복을 내린다. 인간 연희자의 손길과 거기 따르는 기원은 하늘에서 내려온 이러한 새들의 정령과 개별 존재 사이의 교류를 이루어주는 것으로 여겨진다. 위대한 새들의 추장과 그 수하들은 위에서 내려와 인간에게 주술과 축복을 베푼다. 남자들을 위해 연희자는 전장에 나갔을 때 필요한 신체적 힘과 용맹을 기원하며, 여자들을 위해서는 벼농사의 행운, 다야크족다운 여성적 소양의 뛰어남, 몸매와 용모의 아름다움을 기원한다."

이와 같이 원시민족들의 이러한 극적 연희는 사실상 종교적이거나, 아마도 더 흔하게는 주술적인 의식이며, 거기 수반하는 노래나 낭송은 주문에 해당한다. 하지만 그 연극에서 즐거운 여흥이나 기껏해야 도덕적 교훈의 전달매체 이상을 보지 못하게 길이 든 문명인들은 양자의 진정한 성격을 간과하기 쉽다. 그러나 문명민족의 연극을 그 기원까지 거슬러 올라가서 볼 수 있다면, 지금도 수많은 미개부족의 가면무를 만들어내고 이끌어가는 그런 관념들과 비슷한 주술적이거나 종교적인 관념이 그 근저에 놓여 있음을 발견할 수 있을 것이다. 확실히 아테네인들은 그 찬란한 문명의 전성기에 극적 연희의 종교적 의의를 생생하게 느끼고 있었다. 왜냐하면 그들은 그것을 곧바로 디오니소스 숭배와 결부지어 그 신의 제전 때만 상연하도록 했기 때문이다. 인도에서도 연극은 연희자들이 민족적인 신과 영웅들의 행적을 낭송하고 그 역할을 연기하는 종교적 무용이나 무언극에서 발전해 나온 것으로 보인다. 따라서 최소한 하나의 타당한 가설로 보자면, 주신제 성격의 사카에아 제전에서 왕으로 분장하고 그 대역으로 죽음을 당한 범죄자는 『에스더서』에 그 내용이 보존되어 전하는, 그 제전 중의 신성한 연극에 등장했던 연희자들의 무리 중 하나에 불과했을 것이다.

신화 속의 신과 여신, 남주인공과 여주인공의 명칭을 지니고 그 역할을 수행하는 것으로 여기는 살아 있는 남녀들의, 말하자면 장구하게 이어져온 행렬이 그 전설적인 존재들을 공식적으로 대표했다는 사실을 일단 깨닫고 나면, 우리는 오랜 기간에 걸쳐 격렬한 논쟁을 벌여온 신화학자들의 두 학파 사이에 평화협정을 제안할 수도 있을 법한 유리한 입장에 서게 된다. 한편의 주장은 신화적 존재들이 자연적 대상과 자연적 과정의 인격화에 불과하다는 것이다. 다른 한편의 주장은 그들이 다름 아니라 생애 중에 이런저런 이유로 동료들에게 큰 감명을 준 유명한 남녀인데, 거짓되고 그럴듯해 보이는 구전으로 인해 그들의 행적이 왜곡 과장되었다는 것이다. 지금은 쉽게 알 수 있듯이, 이러한 두 견해는 그 지지자들이 상상하는 것만큼 상호배타적인 것은 아니다. 신화에서 이야기하는 모든 이적(異蹟)의 주인공들은 에우헤메리즘(Euhemerism)의 옹호자들이 주장하듯이 실존했던 인간이었을 것이다. 하지만 동시에 그들은 에우헤메리즘의 적대자들이 주장하듯이 자연적 대상이나 과정의 인격화였을 것이다. 성육신(成肉身)의 교리는 겉으로 어긋나 보이는 두 이론을 통일하는 데 필요한 고리를 제공한다. 만약 자연이나 그 한 부문의 힘이 어떤 신 속에 구현되고, 그 신이 남자나 여자로 화신할 수 있다고 한다면, 그 신의 화신은 실제 인간인 동시에 자연의 인격화인 것이 분명하다. 여기서 우리가 관심을 기울이고 있는 사례를 예로 들면, 세미라미스는 셈족의 위대한 사랑의 여신인 이슈타르 또는 아스타르테였겠지만, 한편으로는 왕비든 매춘부든 고대사 속에 그 기억이 남아 있는 실존한 여성 또는 일련의 여자들로 화신했다고 볼 수 있다. 또, 사투르누스는 씨뿌리기와 경작의 신이었겠지만, 지상에서는 일련의, 또는 한 왕조의 신성한 왕들을 대표하였을 것이며, 그들의 찬란하고 짧은 생애가 황금시대의 전설을 구축하는 데 기여했을 것이다. 그러한 인간신들의 연속성이 길면 길수록 그들의 신화나 전설이 존속할 가능성도 명백히 더 큰 것이다. 게다가 동일한 유형의 신이 같은 이름이든 아니든 광범위한 지역에서 수많은 지방왕조의 신성한 남녀들을 대표할 때, 그에 관한 전설은 한층 더 끈질기게 존속하면서 정형화하는 경향을 보일 것이 분명하다.

　세미라미스와 그녀의 애인들과 관련해서 우리가 도달한 결론은 아마도 고대에 동방세계 전역에서 통용되던 모든 비슷한 설화에 대해서도 타당성을 지닐 것이다. 특히 그것은 시리아의 아프로디테와 아도니스, 프리지아의 키벨레와 아티스, 이집트의 이시스와 오시리스에게도 적용할 수 있을 것이다. 이러한 설화의 기원을 거슬러 추적할 수 있다면, 우리는 모든 경우에 한 쌍의 인간이 해마다 사랑하는 여신과 죽어가는 신의 역할을 연기했음을 발견할 수 있을 것이다. 이미 알고 있다시피 로마시대까지 아티스는 같은 이름을 지닌 사제들이 그 역을 맡아서 했다. 또, 우리가 죽은 아티스와 죽은 아도니스를 단지 인형으로만 대표한 것으로 알고 있는 시대라 하더라도 항상 그렇지는 않았으며, 양자 모두 한때는 죽은 인간이 죽은 신을 대표했으리라고 짐작할 수 있다. 나아가서 사카에아에서 죽어가는 신의 역할을 맡은 남자에게 제한 없는 자유를 부여했다는 사실은, 신의 화신이 공개적으로 살해당하기 전에 사랑의 여신 역할을 하는 여자의 포옹을 누리는 것을 모든 경우에 허용했다는, 아니 정확하게는 요구했다는 가설을 강력하게 지지한다. 인간신과 여신이 그처럼 강제적으로 결합한 이유를 알아맞히는 일은 그리 어렵지 않다. 원시인이 평범한 일반 남녀의 교합도 농작물의 성장을 촉진할 수 있다고 믿는 판에, 하물며 그의 상상 속에서 생식의 신의 모든 위엄과 권능을 부여받은 한 쌍의 통정(通情)으로부터 축복의 소나기를 기대하지 못하겠는가?

그러므로 사카에아에서 조가네스가 신을 대표했으며 여신 역할을 하는 여자와 짝을 이루었다는 모베르스의 이론은, 그 유능한 학자 자신이 알고 있던 것보다 더 깊고 광범위한 근거를 지닌 것으로 판명된다. 그는 그 의식에서 대역의 몸을 빌려 등장하는 신성한 한 쌍이 세미라미스와 산단 또는 사르다나팔로스였다고 생각했다. 이제 여신에 대해서는 그가 실제로 옳았던 것으로 나타난다. 그러나 아직 우리는 남신에 대해 살펴보아야 한다. 사르다나팔로스라는 이름이 아시리아의 가장 위대한, 거의 최후의 왕인 아수르바니팔(Ashurbanipal)을 나타내는 그리스식 표현일 뿐이라는 사실은 의심의 여지가 없을 것 같다. 그러나 최근 수년간 발굴한 그 실제 왕에 관한 기록은 고전시대 전설에서 그의 이름에 따라붙는 우화를 뒷받침해 주는 바가 거의 없다. 그 기록들에 따르면, 그는 후대의 그리스인들이 생각한 것처럼 나약한 약골이기는커녕, 아시리아의 무력을 먼 땅에까지 미치게 하고 국내에서는 과학과 문예의 발전을 장려한 호전적이고 계몽된 군주였기 때문이다. 하지만 아수르바니팔 왕의 역사적 실체가 알렉산더나 샤를마뉴만큼 분명할지라도, 폭풍 이는 아시리아의 영광이 황혼기에 접어든 때에 크게 떠오른 그 위대한 인물 주위에 신화가 구름같이 모여들었더라도 이상할 것은 없다. 그런데 사르다나팔로스의 전설에서 가장 두드러지는 두 가지 특색은 그의 지나친 방탕함과 거대한 장작더미 불길 속에서 맞은 폭력적인 죽음이다. 그는 자기 첩들이 승리한 적의 수중에 떨어지는 것을 막기 위해 그들도 자신과 함께 불태워 죽였다.* 전설에 따르면, 얼굴에 분칠을 하고 여자옷을 차려 입은 그 여자 같은 왕은 하렘의 규방에 틀어박혀 소일하면서 자주색 양모를 잣고 관능적 쾌락에 탐닉했다고 한다. 또, 자기 무덤에 새기게 한 묘비명에다 자기가 생애의 모든 날을 먹고 마시고 즐겼노라고 기록하는 한편, 인생이란 짧고 번뇌에 찬 것이

---

*이 인물에 관한 견해는 바이런의 시극 『사르다나팔로스』를 보라.

며 운세는 불확실하고 자기가 뒤에 남기고 가야 할 좋은 것들을 다른 이들이 곧 즐기게 될 것이라고 회고했다. 이러한 특징은 생전이든 사후든 아수르바니팔의 상(像)과는 거의 닮은 점이 없다. 왜냐하면 그 아시리아 왕은 찬란한 정복의 업적을 이룬 후에 노년에 이르러 인간이 품을 수 있는 야망의 최고봉에 서서 국내의 평화와 해외의 승전, 신하들의 찬양과 적들의 두려움을 한몸에 누리면서 죽었기 때문이다. 그러나 사르다나팔로스의 전설상의 특징은 그 이름의 실제 군주에 관해 알려진 것과는 잘 들어맞지 않지만, 아시아판 농신제라고 할 수 있는 사카에아 제전에서 짧은 삶을 살며 즐긴 가짜 왕에 관해 우리가 알거나 추측하는 모든 것과 아주 잘 부합한다. 의심할 나위 없이 그런 인물들은 대부분 며칠이라는 정해진 기간 뒤에 죽음이 정면에서 노려보고 있는 상황에서 불안을 가라앉히고 두려움을 억누르기 위해 아직 햇빛 아래서 제공되는 온갖 일시적인 쾌락에 미친 듯이 탐닉했을 것이다. 짧은 쾌락과 분명한 고통이 끝나고 그들의 유골이나 재가 흙먼지와 뒤섞였을 때, 그들의 무덤—사람들이 세미라미스의 애인들이 묻힌 무덤이라고 틀리지 않게 보았던 저 고분들—에 새길 비문으로 전설에서 위대한 아시리아 왕의 입을 빌려 말하고 있는, 무심한 행인에게 인생의 덧없음과 공허함을 상기시켜 주는 그 몇 구절만큼 더 자연스러운 글귀가 있을까?

5

유대인의 부림절이 내가 증명하고자 했듯이 신의 대역으로 한 남자를 희생하는 것이 주된 특색인 사카에아나 다른 어떤 셈족 제전에서 직접 전승된 것이라면, 내가 방금 언급한 완화된 형태의 이런저런 제전에도 인간제물의 흔적이 남아 있을 것으로 기대할 만하다. 그 기대는 사실이 충분히 입증한다. 왜냐하면 초기 시절부터 유대인은 부림절에 하만의 인형을 불태우거나 다른 식으로 파괴하는 관례가 있었기 때문이다. 그 관습은 로마 제국 치하에서 유명해졌다. 서기 408년에 호노리우스(Honorius)와 테오도시우스(Theodosius) 황제는 속주의 총독들에게 유대인이 자기네 제전에서 하만의 인형을 십자가에 매달아 불태우지 못하도록 하라는 칙령을 내렸다. 칙령으로 미루어볼 때, 그 관습은 기독교인들을 크게 분노하게 만든 것으로 보인다. 그들은 그것이 그리스도 탄생 이전에, 아마도 오랜 시대에 걸쳐 동방에서 행했을 제례의 연장이며 그 완화된 형태에 다름 아니라는 사실을 깨닫지 못하고 자기네 종교의 중심적인 비의(秘儀)를 희화화하는 신성모독으로 여겼던 것이다. 아랍 역사가 알비루니(Albiruni)가 서기 1000년에 기록한 글에 따르면, 부림절에 당대의 유대인들은 하만의 죽음을 크게 기뻐했으며, "하만의 화형식을 본떠서" 인형을 만들어 때리고 불태웠다고 한다. 그래서 그 제전의 다른 이름은 '하만수르(Hâmân-Sûr)'였다. 서기 1442년에 죽은 또다른 아랍인 저술가 마크리지(Makrîzî)는 아다르 달 15일에 열리는 부림절에 일부 유대인들이 하만의 인형을 만들어 가지고 놀다가 나중에 불 속에 던졌다고 이야기하고 있다. 중세에 이탈리아의 유대인들은 자기네 사가들이 사육제에 비견할 만큼 활기찬 방식으로 부림절을 기념했다. 아이들은 마주보고 나란히 열지어 서서 서로 견과류 열매를 던졌으며, 어른들은 손에 솔가지를 들고 말등에 올라 거리를 누비거나 하만을 상징하는 인형 주위를 돌며 나팔을 불고 흥겹게 놀았다. 인형은 단이나 발판을 만들어 그 위에 올려놓았다가 나중에 장작불로 엄숙하게 화형시켰다. 18세기에 프랑크포르트의 유대인들은 부림절에 가느다란 양초로 피라미드를 만들어 불을 붙였다. 또, 그들은 양초로 하만과 그 부인의 인형을 만들어 교회당의 성경대(聖經臺) 위에서 불태웠다.

그런데 유대인의 부림절과 기독교 사육제가 시기와 특성 면에서 긴밀하게 일치한다는 점을 고려할 때, 나아가 오늘날 사육제의 흥겨운 잔치 때 파괴하는 인형이 아마도 원래는 농신제에서 사투르누스의 대역으로 폭력적으로 살해당한, 살아 있는 남자에게서 유래했으리라는 점을 상기할 때, 자연스럽게 유추할 수 있는 결론은 유대인들도 그들에게 부림절을 전래해 준 것으로 보이는 바빌로니아인들처럼 한때는 진짜 사람을 하만의 대역으로 화형이나 교수형, 십자가형에 처했을 수 있다는 것이다. 이 혼란스러운 추리의 장에 나는 뛰어들고 싶지 않다. 나는 다만 여러 사례를 검토하는 범위에서 그것을 관찰하기만 할 것이다. 그러한 사례들은 충분히 상세하게 알려져 있으며, 대다수 희생자는 봄에, 보통 부활절 전주에 죽음을 맞이했다고 한다. 그러나 인간제물의 살해를 환한 대낮에 태연하게 자행하는 단계와 그것을 사람들의 눈을 피해 어두운 구멍과 구석진 곳에 감추는 단계 사이에는 점점 밝아지는 지식과 인류애의 빛 아래 그 관습이 서서히 소멸해 가는 시기가 개재한다. 이 중간기에는 낡은 제례를 새로운 도덕률에 거슬리지 않을 형태로 보존하기 위해 수많은 편법이 등장한다. 흔하고도 성공적인 한 가지 책략은 악인을 내세워 희생물로 삼는 것이다. 그런 인물이라면 제단이나 다른 곳에서 죽음을 당하더라도 그것이 처벌의 성격을 띠기 때문에 동정심이나 분노를 불러일으키지 않을 것이다. 또, 그런 악한은 사제가 처리하지 않더라도 공공의 이익을 위해 사형집행인에게 넘길 필요가 있음을 누구나 인정할 것이다. 따라서 유대인들이 부림절이라는 새로운 이름으로 바빌론에서 사카에아를 차용해 올 때, 그것과 더불어 악한을 죽음에 처하는 관습까지 차용하는 것은 결코 불가능한 일이 아닐 것 같다. 그 악한은 왕관과 어의를 입은 모르드개로 분장했다가 나중에 하만의 대역으로 교수형이나 십자가형을 당했던 것이다.

만약 내가 옳다면, 사카에아 제전에서 타무즈나 아도니스 같은 유형의 신이나 영웅 역할을 한 남자는 셈족의 위대한 여신 이슈타르 또는 아스타르테를 대표하는 한 여자, 아마도 신성한 매춘부의 총애를 누렸다. 이와 같이 공감주술을 통해 봄에 식물의 소생을 보장하기 위한 역할을 마친 뒤에 그는 살해당했다. 이 신성한 남자의 죽음은 그 숭배자들, 특히 여자들의 애도를 받았을 것으로 보인다. 마치 예루살렘의 여인들이 성전 문 앞에서 타무즈를 애도하고, 시리아 처녀들이 죽은 아도니스의 피로 강물이 붉게 흐를 때 그를 애도했듯이 말이다. 사실상 서아시아 전역에서 그러한 제례를 거행한 것으로 보인다. 죽어가는 신의 특정한 이름은 장소에 따라 달랐지만, 제례의 내용은 동일했던 것이다. 근본적으로 그 관습은 봄에 생명의 부활과 재생을 보장하고자 하는 의도를 지닌 종교적인, 아니 차라리 주술적인 의식인 것이다.

그런데 사카에아에 관한 이러한 해석이 옳다면, 우리에게 전해 내려오는 그 제전의 간략한 설명 중에 그 의식의 중요한 특징 한 가지가 빠져 있는 것이 분명하다. 인간신의 죽음은 기록하고 있지만, 그의 부활에 관해서는 전혀 언급이 없는 것이다. 하지만 그가 정말로 아도니스나 아티스형의 존재를 대표했다면, 마치 아티스와 아도니스의 제전에서 죽은 신의 부활이 그의 가상적 죽음 뒤에 곧바로 이어졌듯이, 그의 극적인 죽음은 다소간의 간격을 두더라도 극적인 부활로 이어졌을 것이라고 분명히 확신할 수 있을 것이다. 그러나 여기서 한 가지 곤란한 문제가 생긴다. 사카에아에서는 인간신이 단지 죽는 시늉만 하는 것이 아니라 실제로 죽었다. 그런데 일상생활에서는 부활이란 것이 적어도 일상적으로 일어나는 일은 아니다(설사 인간신이라 하더라도). 어떤 일이 일어났을까? 인간은, 아니 정확하게 신은 틀림없이 죽었다. 어떻게 그가 다시 소생했을까? 유일한 길은 아니더라도 분명히 최선의 길은 다른 살아 있는 사람이 부활하는 신의 역할을 떠맡게 하는 것이며, 바로 그렇게 했으리라고 우리는 추측할 수 있다. 짐작컨대 죽은 남자를 장식했던 왕권의 상징은 그 후계자에게 전달되었을 것이며, 그것을 차려 입은 후계자는 다시 소생한 신으로서 기뻐하는 숭배자들 앞에 현신했을 것이다. 그리고 그 옆에는 아마도 그의 신성한 배우자인 이슈타르 또는 아스타르테 여신의 자격으로 한 여자가 모습을 보였을 것이다. 이러한 가설을 지지하는 방향에서, 내가 느끼기에 『에스더서』에서 아직 적절하게 해명하지 않은 것으로 보이는 두드러진 특징에 대한, 분명하고 이해 가능한 설명을 그것이 즉각 제공해 준다는 사실을 주목할 수 있다. 내가 말하려는 것은, 그것에 대해 이미 독자의 관심을 환기한 바 있는, 주요 등장인물의 명백한 중복성이다. 내가 옳다면, 하만은 사카에아에서 살해당한 임시 왕이나 유한한 신을 대표한다. 그리고 그의 경쟁자인 모르드개는 선임자의 죽음에 임하여 그가 지니고 있던 왕권의 상징을 부여받고 사람들 앞에 다시 소생한 신으로서 현신하는 다른 임시 왕을 대표한다. 이와 비슷하게, 쫓겨난 왕비 바슈티는 첫번째 가짜 왕인 하만의 상대역으로서 왕비 겸 여신 역할을 하는 여자에 해당한다. 그리고 그녀의 승리한 경쟁자 에스더 또는 이슈타르는 두번째 가짜 왕인 모르드개 또는 마르두크의 신성한 배우자로 등장하는 여자에 해당한다.

『에스더서』의 헤브라이인 저자가 강한 색조의 자기 그림을 페르시아적 배경에 짜맞추고 있다는 사실은 유대인들이 부림절 잔치를 직접 옛 바빌로니아인들에게서가 아니라 그 페르시아인 정복자들에게서 가져왔음을 자연스럽게 시사한다. 설사 이런 사실을 증명할 수 있다 하더라도, 그것이 바빌로니아의 사카에아 제전에서 부림절이 유래했다는 이론을 무효화하는 것은 결코 아니다. 왜냐하면 페르시아인들이 사카에아 제전을 기념했다는 것을 우리는 알기 때문이다. 따라서 페르시아 종교에서 사카에아나 부림과 유사한 제전의 어떤 흔적을 찾아낼 수 있는지 살펴보는 것은 가치 있는 일이다. 여기에서 라가드(Lagarde)는 '수염 없는 자의 기마행진(Ride of the Beardless One)'*이라고 알려진 옛 페르시아 의식에 관심을 기울임으로써 그 길을 열어주었다. 이 의식은 봄이 시작되는 첫달의 첫날에 페르시아와 바빌로니아에서 모두 거행하였다. 이 시기는 고대 페르시아력으로는 3월에 해당하며, 따라서 바빌로니아에서 자그무크 신년제를 연 시기와 일치한다.

한편 이때가 되면 수염이 없고 (가능하면) 외눈박이인 광대가 나귀나 말, 노새 위에 벌거벗은 채 올라앉아 시가지를 누비며 일종의 모의 개선행진을 벌이는데, 그가 한손에 까마귀를 들고 다른 손에 부채를 든 채 더위를 불평하며 연신 부채질을 해대면, 사람들은 얼음과 눈을 그에게 던지고 찬물을 끼얹었다. 그는 부잣집 문 앞에서 발길을 멈추곤 했으며, 만약 자기가 요구한 것을 부자들이 주지 않으면 질그릇 속에 가지고 다니는 진흙이나 붉은 황토와 물의 혼합물로 부자들의 옷을 더럽혔다. 또, 만약 어떤 가게주인이 한순간 그의 요구에 응하기를 망설이면, 그 성가신 구걸꾼은 가게에 있는 물건을 모두 몰수할 수 있었다. 그래서 그가 쳐들어오는 것이 눈에 띄면 장사꾼들은 자연스럽게 그에게 필요한 것을 예상하고, 그가 덮치기 전에 서둘러 자신들의 물건을 기부했다. 새벽부터 아침기도 시간까지 그렇게 수집한 것은 모두 왕이나 성주의 소유물이 되었다. 그러나 기도의 첫 시간과 둘째 시간 사이에 그가 손을 댄 것은 모두 그가 차지했다. 두번째 기도 이후 그는 사라진다. 만약 그날 나중에 그를 붙잡으면, 사람들은 성이 찰 때까지 마음껏 그를 때릴 수 있었다.

그런데 우리는 왕의 신하들을 모두 대동하고 거리를 누비면서 왕실의 금고나 자기 주머니 속에 들어가는 기부품을 걷는 이 광대에게서, 이미 설명한 이유로 짧은 기간 동안 왕의 호사와 특권을 부여받는 가짜 왕 또는 임시 왕의 익숙한 특징을 식별하게 된다. 페르시아 광대가 하루 중 특정 시간에 갑자기

*라가드는 '부림'이라는 항목을 1887년 괴팅겐에서 발행한 정기간행물에서 제시한다.

사라지는 것이라든지, 이후에 사람들이 그를 발견하면 마음대로 때릴 권한을 갖는다는 사실은 아마도 옛날, 그가 짧은 왕권 보유의 대가로 자기 목숨을 바치던 시절에 그에게 닥쳤을 더 가혹한 운명을 아주 분명하게 시사해 준다. 수사의 시가지를 누비는 그의 해학적인 행진과 모르드개의 그것 사이에 존재하는 유사성은 명백하다. 비록 『에스더서』의 유대인 저자는 그 주인공의 행렬을 더 밝은 색채로 묘사하고 있지만 말이다. 말하자면 그는 "청색과 백색이 섞인 어의에 커다란 황금왕관을 쓰고, 질 좋은 아마천으로 지은 자주색 겉옷을 두르고", 왕의 군마(軍馬)를 타고, 왕의 고귀한 왕자들 중 한 사람의 인도를 받으며 성시를 돌아다녔다는 것이다. 당면한 사례에서, 봄의 시초에 행하는 '수염 없는 자의 기마행진'이 의도한 목적은 아주 분명하다. 그것은 겨울을 빨리 떠나보내고 여름이 오는 것을 재촉하기 위한 것이었다. 정교한 위장방식에 다름 아닌 동종주술 또는 모방주술의 원리에 따르면, 사람은 날씨가 덥다는 시늉을 함으로써 실제로 그렇게 만들 수 있다. 나는 그렇게 못하더라도 적어도 나보다 현명한 사람은 그렇게 할 수 있다고 확신한다. 페르시아인들이 판단하기에 앞에 묘사한 의식을 수행하는 수염 없는 외눈박이 인물이 바로 그러한 마법사였다. 그의 신체적 결함을 어떤 신비한 방식으로 의식의 성공에 기여하는 것으로 여겼음이 틀림없다. 그러므로 그 의식은 승리한 여름이 겨울을 물리치는 것을 연극 형식으로 표현함으로써 봄의 도래를 기리는 유럽 민속과 동격을 이루는 동양적 의식이었다. 그러나 유럽에서는 경쟁하는 두 계절을 종종(늘 그런 것은 아니더라도) 두 연희자나 두 인형으로 표현한 반면, 페르시아에서는 연희자 한 명으로 충분했다. 그가 대표하는 것이 명확히 겨울이냐 여름이냐는 그다지 분명하지 않다. 그러나 그가 더위에 고통스러워하는 시늉을 하고 마지막에 사라지는 것을 보면, 그가 두 계절 중 어느 쪽을 의인화했다고 할 때, 다가오는 여름보다는 떠나가는 겨울이었을 것으로 보인다.

부림절과 '수염 없는 자의 기마행진'을 추적하여 얻은 이 같은 연관성에 어떤 타당성이 있다면, 이제 우리는 마지막으로 『에스더서』에 등장하는 주요 인물의 가면을 벗겨낼 지점에 와 있다. 나는 하만과 바슈티가 모르드개와 에스더의 복사판에 지나지 않으며, 후자는 또한 바빌론의 위대한 남신과 여신

인 마르두크와 이슈타르의 모습을 얇은 가면 아래 감추고 있음을 보여주고자
했다. 그러나 독자는 물을 것이다. 어째서 그 신성한 한 쌍을 그와 같이 복제
해야 하고, 또 각 쌍이 서로 대립하는 관계에 놓여야 하는가? 그 대답은 방금
언급한 유럽 민속의 봄철 제전에서 찾을 수 있다. 그러한 풍속에 대한 나의
해석이 옳다면, 유럽 농민의 봄철 의식에서 인형이나 살아 있는 사람을 통해
비유하는 여름과 겨울 또는 삶과 죽음의 대비는 근본적으로 죽었거나 죽어가
는 묵은해의 식물과 새해 들어 새롭게 싹트는 식물을 대비하는 것이다. 그러
한 대비는 고대 로마와 바빌론과 페르시아에서처럼 봄의 시작이 곧 새해의
시작인 경우에도 전혀 다르지 않게 적용될 것이다. 이러한 의식과 우리가 검
토하는 모든 의식에서 그 대립은 다른 영역의 힘들 간에 벌어지는 것이 아니
라, 노년과 젊음 같은 상이한 측면에서 바라본 동일한 힘 사이에서 나타난다.
간단히 말해서, 그것은 청춘과 노년의 슬프고도 영원한 대비에 지나지 않는
다. 그런데 식물의 힘 또는 식물정령은 종교적 제례와 민간풍속에서 이슈타
르와 타무즈, 비너스와 아도니스, 또 5월의 여왕과 왕 따위 어떤 명칭으로 불
리든 간에 한 쌍의 사람이 상징하는 것이므로, 우리는 가는 해의 노쇠한 낡은
정령을 한 쌍으로 상징하고, 새해의 젊고 새로운 정령을 다른 쌍으로 상징할
것으로 예상할 수 있다. 나의 가설이 옳다면, 이런 해석이야말로 하만과 바슈
티를 한편으로 하고, 그 복사판인 모르드개와 에스더를 다른 편으로 하는 대
립투쟁을 궁극적으로 해명해 준다. 결국 그 두 쌍은 식물의 생식과, 아마도
동물의 생식에까지 이바지하는 힘을 대표하는데, 전자는 가는 해의 쇠퇴해
가는 힘의 화신이었으며, 후자는 오는 해의 왕성하고 성장해 가는 힘의 화신
이었다. 내 가설에 입각할 때, 그 두 가지 힘은 신화 속에서만이 아니라 관습
속에서도 인격화되었다. 왜냐하면 해마다 한 쌍의 남녀가 합일을 통해 자연
의 생명력을 촉진하는 역할을 떠맡았으며, 그 합일 속에서 마치 하나의 소우
주처럼 나무와 식물, 풀과 꽃, 새와 짐승들의 사랑이 어떤 신비스러운 방식으
로 집약된다고 여겼기 때문이다. 짐작컨대 원래 그 한 쌍은 1년 동안 그 역할
을 수행하다가 한 해가 끝나면 남자 배우자, 곧 신성한 왕이 살해당했을 것이
다. 그러나 역사시대에는 관례적으로 인간신—사투르누스, 조가네스, 타무
즈, 또는 다른 어떤 명칭으로 불리든—이 신성한 특권을 누리며 단지 1년 중

짧은 기간 동안만 신성한 의무를 수행한 것 같다. 이처럼 지상의 치세기간을 단축한 것은 아마도 옛날의 세습적인 신 또는 신격화된 왕이 자기 의무 중 가장 고통스러운 부분을 아들이든 노예든 악한이든 어떤 대리인에게 떠넘겼을 때부터였을 것이다. 그 대리인은 왕의 자격으로 죽어야 하기 때문에 한 시기 동안 왕으로 살아가는 것이 필요했다. 그러나 실제 왕은 오래 지속되면 필연적으로 자기 지위를 잠식하고 대체하게 될 그런 대리통치의 시기와 권한을 당연히 최소한의 범위로 제한하려고 했을 것이다. 그 신성한 왕의 여자 배우자, 곧 그와 동침하며 그의 유익한 에너지를 자연의 나머지 부분에 전해주는 인간 여신에 대해서는 어떻게 했는지 알 수 없다. 내가 아는 한, 그녀의 일차적인 역할이 끝났을 때 그녀도 남자처럼 살해당했다는 증거는 거의, 아니 전혀 없다. 모성의 본성은, 여성의 생명을 밤하늘이 변화하는 양상과 결부시켜주는 신비스러운 법칙이 아기 신의 탄생으로 끝날 때까지 그녀의 목숨을 더 오래 연장해야 할 명백한 근거를 제공한다. 그리하여 이번에는 그 아기 신이 아마도 그녀의 상냥한 보살핌을 받으며 자라나서 세상을 위해 살다가 죽어야 했을 것이다.

5장
그리스도의 십자가형

최근에 한 저명한 학자는 예루살렘에서 로마 병사들이 그리스도를 대하던 방식과 두로스토룸에서 로마 병사들이 농신제의 가짜 왕을 대하던 방식 사이의 주목할 만한 유사성을 지적했다. 그는 병사들이 농신제의 겨울 향연에서 기묘한 대역을 통해 주요하게 등장하는 옛 사투르누스 왕의 익숙한 의상을 그리스도에게 차려 입힘으로써 하느님의 왕국에 대한 그리스도의 주장을 조롱했다는 추정에 따라 그 유사성을 설명하고자 했다. 이 이론이 옳다고 입증되더라도, 그리스도가 정식으로 그 해의 사투르누스 역할을 했다고 보기는 어렵다. 왜냐하면 우리 시대 초기에 농신제는 한겨울에 열린 반면, 그리스도는 봄철인 유월절(逾越節)에 십자가형을 당했기 때문이다. 그러나 내가 지적했듯이 실제로 로마력이 3월에 시작했을 때에는 농신제가 봄에 열렸으며, 먼 지방에서는 제전이 항상 고대부터 이어져 내려온 날짜에 열렸다는 것은 일정한 근거가 있는 생각이다. 만약 예루살렘의 로마 수비대가 이 점에서 옛 방식을 따랐다면, 농신제 행사가 유월절과 일치하는 것도 전혀 불가능한 일은 아닐 것이다. 또, 그러므로 사형선고를 받은 범죄자인 그리스도가 그 해의 사투르누스로서 병사들의 놀림감이 되도록 넘겨졌을 수도 있는 것이다. 그러나 국가의 대변인인 장교들이 자기 부하들더러 공식적으로 정해진 날 이외에 아무때나 제전을 벌이게 허락했을 것 같지는 않다. 우리가 보았듯이, 심지어 멀리 떨어진 두로스토룸 성읍에서도 로마 병사들은 12월에 농신제를 거행했다. 그러므로 예루살렘의 로마 군단이 정말로 그리스도를 조롱하기 위해 농신제의 우스꽝스러운 왕처럼 다루었다면, 아마도 그것은 시기에 맞지 않는 제전이라기보다는 단순한 장난으로 그랬으리라고 보는 것이 더 이치에 맞을 것이다.

그런데 그리스도의 수난은 농신제의 가짜 왕이 받는 대접과 비슷하기도 하지만, 오히려 사카에아의 가짜 왕이 받는 대접과 훨씬 더 긴밀한 유사성을 지닌다. 거기 관해서는 성 마태오(St Matthew)의 기록이 가장 충실하다. 그것은 이렇다. "그래서 빌라도는 바라바를 놓아주고, 예수는 채찍질한 다음 십자가형에 처하라고 내어주었다. 총독의 병사들이 예수를 총독 관저로 끌고 들어가서 전 부대원을 불러모아 예수를 둘러쌌다. 그리고 예수의 옷을 벗기고 대신 주홍색 옷을 입힌 뒤, 가시로 왕관을 엮어 머리에 씌우고 오른손에 갈대를 들게 하고는 그 앞에 무릎을 꿇고 '유대인의 왕 만세!' 하고 떠들며 조롱하였다. 그러고는 그에게 침을 뱉으며 갈대를 빼앗아 머리를 때렸다. 이렇게 희롱하고 나서 그 겉옷을 벗기고 예수의 옷을 도로 입혀 십자가에 못박으러 끌고 나갔다."*

이와 비교할 때 사카에아의 가짜 왕이 받은 대접은, 디오 크리소스토무스(Dio Chrysostomus)의 기록에 따르면 이렇다. "사람들은 사형선고를 받은 죄수 한 명을 데려와서 왕좌에 앉히고 왕의 의복을 입힌 다음, 그 기간 동안 왕으로 군림하면서 마시고 소란을 벌이고 왕의 첩들을 차지하게 하며, 어떤 사람도 그가 제멋대로 행동하는 것을 가로막지 않는다. 그러나 나중에는 그의 옷을 벗기고 매질을 하고 십자가형에 처한다." 그런데 이러한 놀라운 유사성은 결국 우연의 일치에 지나지 않을 수 있으며, 그리스도는 일반 범죄자들처럼 일상적인 방식으로 처형당한 것일 수 있다. 그러나 무언가 상례를 벗어난 것 같은 단편적인 암시와 시사점, 갈보리(Calvary)와 십자가를 향해 수렴되는 듯이 보이는 단속적인 문장이 무수히 많기 때문에, 그것들을 따라갈 때 우리가 어떤 결론에 도달하는지 살펴보는 것도 가치 있는 일이다. 이러한 단편적인 자료를 끌어모으고 빈틈을 메워서 부서진 전체상을 복원하고자 할 때, 우리는 가설을 그 가설이 확실한 것으로 주장하는 데 그치는 사실들로 오인하는 것을 경계해야 한다. 하지만 우리 가설이 사실에 비해 다소 부적절한 균형

---

* 「마태복음」 27 : 26~31.

관계에 있다고 생각되더라도, 문제의 모호성과 중요성을 고려할 때 그 정도의 지나침은 아마 간과해도 무방할 것이다.

우리는 유대인의 부림절이 이름은 달라졌지만 바빌로니아의 사카에아 제전의 연장이며, 그 행사에서 하만의 인형을 파괴하는 것을 통해 오늘날 유대인들이 제전에서 신의 대역으로 한 남자를 십자가형이나 교수형에 처한 고대 풍습의 흔적을 보존하고 있다고 생각하는 근거를 살펴보았다. 더 이른 시기에 그들이 바빌로니아인 자신들처럼 정례적으로 사형당할 범죄자를 시켜 그 비극적인 역할을 맡게 했고, 그래서 그리스도를 하만의 대역으로 살해했을 수도 있지 않을까? 목매달린 하만과 십자가에 못박힌 그리스도의 유사성은 초기 기독교인들 자신에게도 충격을 주었다. 그리고 유대인들은 하만의 인형을 파괴할 때마다 이웃 기독교인들로부터 자기네 새로운 신앙의 가장 신성한 비의를 모독한다는 비난을 들었다. 이러한 고통스러운 주제에 관해 기독교인들이 지나치게 민감했을 개연성도 있다. 신앙의 창시자가 죽은 방식을 상기할 때, 그들이 십자가나 교수대나 공개 처형에 대해 노골적으로 언급하기를 꺼리는 것은 자연스러운 일이다. 설사 그 창날이 자신들을 겨냥한 것이 아니더라도 말이다. 그리스도가 그 해의 하만으로서 죽었다는 가정에 대한 반론은, 복음서의 이야기에 따르면, 십자가형이 유월절인 니산 달 14일에 행한 반면, 하만을 교수형에 처하는 부림절은 정확히 한 달 일찍, 곧 아다르 달 14일에 열렸다는 것이다. 이러한 시기 격차에서 생기는 난점의 심각성을 무시하거나 가볍게 넘길 생각은 없지만, 나는 그 격차가 치명적이라는 판정을 망설이게 하는 몇 가지 고려를 제기할 것이다. 첫째, 아마도 개연성까지는 아니더라도 가능성으로 볼 때, 기독교의 구전은 십자가형의 날짜를 한 달 정도 바꿔 하느님의 어린 양을 희생하는 것과 연례적인 유월절 어린 양의 희생을 일치시키고자 했을 수 있다. 독실한 신자들이 믿기에 후자는 오랫동안 전자를 예고한 것이었으므로 그 이후로는 마땅히 중지해야 했기 때문이다. 교화를 목적으로 엄연한 사실에 영향을 미치기 위해 가벼운 압력을 가한 사례는 아마도 종교사의 기록에 전혀 유례가 없는 일은 아닐 것이다. 그러나 명백한 역사의 증언은 결코 가볍게 도외시할 수 없다. 그리고 그 문제를 검토할 때, 개연성의 정도가 같다면 진실성과 정확성을 전제로 삼는 역사가의 해답을 그 양자를 논박하는 해답보다 선호하는 것은 당연하다. 그런데 당면한 사례에서 우리는 부림절의 원형인 바빌로니아의 신년제를 니산 달의 유월절이나 그 무렵에 행했으며, 유대인들이 그 제전을 빌려올 때 새로운 제전이 오래된 유월절과 겹치는 것을 막기 위해 날짜를 니산 달에서 아다르 달로 바꿨다고 생각할 수 있는 근거를 살펴보았다. 원래 부림절을 치르던 날짜의 흔적은 어쩌면 하만이 니산 달 이래로 자기 앞에 '푸르(pur)', 곧 주사위를 던지게 했다는 『에스더서』의 진술에 남아 있는지도 모른다. 그러므로 때때로 유대인들이 특별한 이유로 부림절을, 또는 최소한 하만의 교수형을 유월절이나 그 무렵에 치렀을 가능성도 없지 않을 것 같다. 그러나 동떨어지고 허황된 것으로 보일지는 몰라도 최소한 언급해야 마땅한 또다른 가능성이 존재한다. 농신제의 가짜 왕은 죽음을 당하기 전에 30일간 제한 없는 자유를 허락받았다. 그와 비슷하게, 유대인들이 하만의 대리인에게 부림절부터 한 달이라는 기간을 허용했다면, 그의 처형날짜는 정확히 유월절과 맞아떨어질 것이다. 시기상의 난점에 대한 이러한 추정 섞인 해답 중 어떤 것이 옳은지 나로서는 단언하기 어렵다. 나는 전체 주제를 둘러싼 의문과 불확실성을 충분히 의식하고 있다. 만약 이 장과 뒤이은 장들에서 내가 몇 가지 암시와 시사점을 제시한다면, 그것은 명확한 결론에 도달할 것으로 기대해서라기보다 한층 진전된 탐구를 자극하고 안내하고자 하는 희망에서일 것이다.

　그리스도를 조롱한 것이 유대인들이 아니라 하만에 대해 아무것도 모르고 관심도 없는 로마 병사들이었다는 반론이 있을 수 있다. 그렇다면 어떻게 그들이 그리스도에게 걸치게 한 자주색 또는 주홍색 옷과 갈대 왕홀(王笏), 면류관 따위가 그 해 하만의 정례적인 상징이었다고 추정할 수 있는가? 이에 대한 우리의 답변은 무엇보다도 시리아에 주둔한 로마 군단이 그 나라에서 징집한 병력이 아니라 할지라도 토착 미신을 어느 정도 받아들이고 그 지방의 풍습을 겪어보았을 수 있다는 것이다. 이는 근거 없는 추측이 아니다. 우리는 로마의 제3군단이 시리아에 주둔하는 동안 떠오르는 해에 경배하는 시리아의 풍습을 배운 것을 알고 있다. 베드리아쿰(Bedriacum) 대전투의 중요한 고비에 전체 부대가 한 사람처럼 행한 이러한 공식적인 경배는 실제로 제국의 운명이 불안정한 상황에 처했을 때 국면을 전환하는 데 도움을 주었다. 그러나 예루살렘 수비대가 자신들이 억눌렀던 군중들의 믿음과 편견에 정말로 공감했다고 상정할 필요는 없다. 어디서나 병사들은 오락을 벌이는 군중들과 쉽게 어울릴 것이며, 굳이 그 오락의 역사나 특성에 대해 호기심 어린 질문을 하지도 않을 것이다. 만약 로마 병사들이 어떤 양심의 가책 때문에 한 유대인을 골려주다가 죽이는, 지금도 널리 횡행하는 심심풀이 오락에 가담하지 않았을 것으로 상상한다면, 우리는 아마도 그들의 인격을 지나치게 높이 평가하는 셈이 될 것이다.

둘째로, 한 복음서 저자에 따르면 예수를 조롱한 것은 빌라도(Pilate)의 병사들이 아니라 헤롯(Herod)의 병사들이었다는 것에 주목해야 한다.* 당연히 헤롯의 근위병들은 유대인이었을 것으로 추정할 수 있다.

온갖 잔인한 모욕을 동반하는 십자가형이 특별히 그리스도를 위해 고안한 형벌이 아니라 해마다 하만 역을 하는 범죄자에게 닥치는 운명에 지나지 않았다는 가설은 복음서 설화에 수반하는 몇 가지 난점을 해결해 줄 것으로 보인다. 만약 복음서에 나오는 대로 빌라도가 정말로 그 죄없는 사람의 훌륭한 거동에 감명을 받고 그를 구해주고자 애썼다면, 그가 그렇게 하지 못한 이유는 무엇인가? 그는 생사여탈권을 쥐고 있었다. 만약 자신의 판단이 자비의 방향으로 쏠렸다면, 어째서 그는 그런 방향으로 권한을 행사하지 못했는가? 군중들의 끈질긴 요구에 그가 마지못해 순응한 행동은, 해마다 그 시기에 군중들의 잔인한 장난질 대상으로 죄수 한 사람을 넘겨주는 것이 그의 관례적인 의무였다고 가정할 때 더욱 쉽게 이해할 수 있다. 이런 가정에 근거를 둘때 빌라도는 희생을 막을 권한이 없었고, 기껏해야 희생자를 선택할 수 있었을 뿐이다.

또, 빌라도가 십자가 위에 매달린 사람이 유대인의 왕이라는 표찰을 써붙였다는 복음서의 주목할 만한 진술을 생각해 보자. 티베리우스(Tiberius) 치하에서 일개 로마 총독이 시기심 많고 의심 많은 늙은 황제가 무엇을 두려워하는지 뻔히 알면서, 설사 장난으로라도 그런 식의 선동적인 주장을 공표하는

---

* 「누가복음」 23 : 2.

모험을 감행할 수 있겠는가? 만일 그것이 그런 상황에서 행하는, 관습으로 인정된 관례였으며, 따라서 밀고자의 악의와 폭군의 두려움 때문에 반역죄로 오인될 가능성이 없었던 것이 아니라면 말이다.

그러나 왕위의 영광을 갈망한 불운한 인물의 비극을 해마다 예루살렘에서 십자가형을 당하는 죄수를 통해 재연하였다면, 성공한 그의 경쟁자 역할 또한 똑같이 왕의 치장을 걸치고 행진을 벌이지만 같은 운명을 겪지는 않는 다른 배우를 통해 재연하였을 법하다. 만약 예수가 그 해의 하만이라면, 모르드개는 어디 있을까? 어쩌면 우리는 바라바(Barabbas)에게서 그를 찾아볼 수 있을 것이다.

복음서 저자들의 이야기에 따르면, 그리스도의 십자가형을 행한 잔칫날에는 로마 총독이 누구든 백성들이 원하는 죄수를 한 명 풀어주는 관습이 있었다고 한다. 그래서 빌라도는 예수의 무죄를 확신하고 군중들이 그를 풀어줄 인물로 선택하도록 설득하려고 했다. 그러나 예수를 죽이기로 작정한 사제들과 장로들의 사주를 받은 군중들은 그 말을 들으려 하지 않고 예수의 피를 요구하는 한편 살인과 선동죄로 감옥에 간힌 바라바라는 죄수의 석방을 요구했다. 그래서 빌라도는 양보해야 했다. 결국 그리스도는 십자가형을 당했고 바라바는 석방되었다. 그런데 이 제전에서 죄수를 풀어준 이유는 무엇이었을까? 분명한 정보가 없는 처지에서 추측하자면, 이 시기에 감옥에서 풀려난 죄수는 보통 사람이 꺼려할 만한 어떤 봉사를 하는 대가로 자유를 얻었을 것이다. 그러한 봉사는 머리에 번쩍이는 왕관을 쓰고, 손에는 가짜 왕홀을 들고, 번지르르하게 차려 입고서 시가지를 돌아다니는 일이었을 법하다. 그러면 성읍의 온갖 어중이떠중이와 잡인들이 앞뒤로 따라다니면서 그를 놀림감으로 삼아 야유하고 조롱하고 거친 농담을 퍼붓는 한편, 어떤 사람들은 그의 거짓 위엄에 경의를 표하는 시늉을 하고, 또다른 사람들은 그가 타고 가는 당나귀를 때렸을 것이다. 아마도 페르시아의 수염 없는 외눈박이 남자도 바로 그런 방식으로 시가지에서 품위 없는 행진을 벌이며, 가게주인들이 서둘러 사은품을 그의 발치에 내놓지 않으면 마구잡이로 물건을 몰수하여 그들에게 두려움을, 부랑자들에게 기쁨을 안겨주었을 것이다. 그래서 아마도 악한 바라바는 족쇄가 풀리고 감옥문이 열려 밖으로 나왔을 때, 그처럼 공개적인 방식으로 최초의 달콤한 해방감을 맛보았을 것이다. 비록 그는 자신의 외눈박이 형제처럼 상인들의 물품대와 환전상들의 책상을 마음대로 습격하도록 허락받지는 못했지만 말이다. 이러한 추측에 대한 기묘한 확증을 그리스도 시대에 알렉산드리아에 살았던 유대인 필론(Philon)의 글 중 한 구절이 제공한다. 그가 전하는 이야기에 따르면, 헤롯의 손자 아그리파(Agrippa)가 로마 황제 칼리굴라에게서 유대 왕의 지위를 받고 자기 나라로 가는 길에 알렉산드리아를 지나갔다고 한다. 그 대도시의 무질서한 군중들은 유대민족에 대한 지독한 혐오감이 발동하여 그 기회를 틈타 공공연하게 그 유대인 군주를 모욕하고 조롱함으로써 자신들의 반감을 표출했다. 특히 그들은 카라바(Carabas)라고 하는 순진한 미치광이를 붙잡아서 데려왔다. 그는 홀딱 벗은 채로 거리를 배회하여 개구쟁이와 건달들의 표적이자 웃음거리가 되곤 하던 인물이었다. 이 불쌍한 부랑자를 데려다가 공공장소에 세워놓고는 머리에 종이왕관을 씌우고, 손에는 왕홀 삼아 부러진 갈대를 들리고, 벌거벗은 몸에는 어의 대신 거적을 감싸고, 몽둥이를 든 호위대로 둘러싼 뒤, 사람들은 왕에게 하듯이 그에게 경배를 올리며 법률과 정치 문제에 관해 그의 견해를 듣는 시늉을 했다. 그리고 둘러선 구경꾼들은 이 장난질이 어김없이 시리아 왕 아그리파를 겨냥하도록 하기 위해 "마린! 마린!" 하고 고함을 질렀다. 이 말은 '왕'을 뜻하는 시리아 말로 보인다. 유대인 왕에 대한 이러한 조롱은 그리스도에 대한 조롱과 아주 비슷하다. 그리고 그런 식의 장난은 알렉산드리아의 하층민들이 특정 시기에 가짜 왕을 세우는 유대인의 풍습을 잘 알고서, 진짜 왕 아그리파를 축제일의 가짜 왕에 비유함으로써 조롱하고자 의도했다고 상정할 때 더 한층 흥미를 돋운다. 한걸음 더 나아가서, 적어도 유대인의 가짜 왕을 정례적으로 바라바라고 부른 것은 아닐까? 알렉산드리아에서 종이왕관으로 분장한 불쌍한 바보는 아마도 유대인이었을 것이다. 그렇지 않으면 그 장난은 별 의미가 없을 것이다. 그런데 필론의 그리스어 원고는 그의 이름을 카라바라고 했다. 그러나 카라바는 헤브라이어로 아무런 뜻이 없다. 반면에 바라바는 '아버지의 아들'을 뜻하는 정식 헤브라이어 단어다. 그 두 어형 사이의 고문헌학적 차이는 아주 작은 것이다. 아마도 우리는 문제의 구절에서 필론 자신이 '바라바'라고 쓴 것을 헤브라이어를 모르는 그리스어 사본 필경사(筆耕士)가 나중에 '카라바'라고 오기했으리라고 추측하더라도 지나치게 경솔하다는 소리는 듣지 않을 것이다. 이런 추측을 인정한다면, 한술 더 떠서 우리는 필론과 복음서 저자가 모두 실제로는 직책명인 것을 개인의 이름으로 취급하는 착오를 저질렀다고 보아야 할 것이다.

그러므로 내가 아주 조심스럽게 고려의 대상으로 제기하는 가설은 이렇다. 짐작컨대 유대인은 부림절 또는 때때로 유월절에 그 제전의 중심적 특색을 이루는 수난극에서 죄수를 두 명 고용하여 각기 하만과 모르드개 역을 맡기는 것이 관례였다. 두 남자는 모두 짧은 기간 동안 왕의 상징물을 걸치고 행진을 벌이지만, 운명은 각기 달랐다. 행사가 끝나면 하만 역을 한 인물은 교수형이나 십자가형을 당하고, 대중들이 바라바라고 부르는 모르드개 역을 맡은 인물은 자유롭게 풀려났다. 빌라도는 예수를 고발한 내용이 하찮은 것을 깨닫고 유대인들더러 그에게 바라바 역을 맡기도록 설득해서 그의 목숨을 구해주려고 했다. 그러나 그 선의의 시도는 실패하고, 예수는 하만의 대역으로 십자가에서 죽었다. 예루살렘에 입성하는 예수의 마지막 개선행진에 대한 묘사는 거의 하만이 소망했고 모르드개가 성취했던, 수사 시가지의 화려한 거리행진의 반영처럼 느껴진다. 그리고 곧바로 그가 성전에 차려놓은 행상인과 환전상들의 진열대를 습격한 이야기는 그러한 제전의 시기에 임시 왕에게 관례적으로 부여하던 자의적인 소유권의 흔적을 보여주는 것일지도 모른다는 의문을 불러일으킨다.

이러한 임시 왕 중 한 사람이 어째서 바라바, 곧 '아버지의 아들'이라는 주목할 만한 칭호를 사용했는지 묻는다면, 단지 짐작할 수 있는 것은 그 칭호가 어쩌면 진짜 왕, 곧 신격화한 인간이 자기 목숨을 구하기 위해 자기 아들을 짧은 기간 동안 대리 통치자로 내세워 자기 대신 죽게 하던 시대의 유물일지도 모른다는 것이다. 앞에서 살펴보았듯이, 아들을 아버지 대신 희생하는 풍습은 통상적으로 널리 퍼져 있었다(셈족에게는 보편적이지 않더라도). 그리고 유월절에 대한 우리의 해석이 옳다면, 그 축제일―예수가 십자가형을 당한 것으로 알려진 날―은 바로 그 끔찍한 장자(長子)의 희생이 행해진 날이었다. 그러므로 바라바, 곧 '아버지의 아들'은 부왕의 대리인으로서 통치하다가 죽는 남자나 자식에게 아주 자연스러운 호칭일 것이다. 심지어 후대에 이르러 아버지가 자기 자식보다 덜 아까운 대리인을 내세웠을 때에도 더 이상 부합하지 않는 옛 칭호를 그대로 유지하는 것은 종교의 형식적 보수주의에 걸맞은 일이다. 실상 희생의 효력을 보장하기 위해서는 그 대리인이 바로 자기 백성의 이익을 위해 죽어야 하지만 살기를 원하는, 그 신성한 부왕의 아들이라는 충실한 허구가 필요하고 정당하다고 여겼을 수도 있다. 내가 추정하듯이, 그리스도 시대에 바라바, 곧 '아버지의 아들'이라는 칭호를 제전에서 살해당하는 가짜 왕 하만보다는 살아남는 가짜 왕 모르드개에게 부여했다 하더라도, 이러한 구별이 원래부터 있었다고 보기는 어렵다. 왜냐하면 처음에는 같은 인물이 시기를 달리하여 한 해는 모르드개, 다음해는 하만으로서 두 가지 역할을 다 한 것으로 보이기 때문이다. 내가 밝히고자 했듯이, 그 두 배역은 아마도 한때는 죽은 것으로, 또 한때는 부활한 것으로 여겨지는 같은 신의 다른 두 측면에 다름 아닐 것이다. 따라서 부활한 신의 역할을 맡은 사람은 한 시기 동안 신의 영광을 누린 후에 때가 되면 정말로 친히 죽음으로써 죽은 신의 역할을 했을 것이다. 인간신이 정반대 순서로 먼저 죽었다가 나중에 소생하는 식으로 두 가지 배역을 했으리라고 기대하는 것은 이치에 맞지 않기 때문이다. 그리고 두 배역 모두 대리인은 여전히 (엄연한 사실이든 충실한 허구이든 간에) '바라바', 곧 참으로 관대하게 자기 아들을 세상을 위해 죽도록 내놓은 저 신성한 아버지의 아들일 것이다.

이러한 성찰을 결론짓기 위해 그것을 지지하는 주장을 과감하게 제시해 보자. 그것은 소아시아에서 놀라울 정도로 급속하게 기독교를 확산시킨 몇 가지 원인에 관해 새로운 해명을 던져주는 것으로 보인다. 작은 플리니우스 (younger Plinius)가 서기 112년에 트라야누스 황제에게 보낸 유명한 편지에 나오듯이, 우리 시대 초기에(그 창시자의 죽음 이후 채 백년도 지나지 않아서) 기독교는 비티니아(Bithynia)와 폰투스(Pontus)에서 놀라운 약진을 이루어 도시만이 아니라 농촌과 시골 지방까지 그 영향을 받았으며, 남녀노소와 계층을 불문하고 수많은 사람이 그 교리를 신봉하게 되었다. 실로 사태가 어느 정도였냐 하면, 신전이 거의 버려지고, 공식 종교의 신성한 의식이 중단되고, 희생제물을 사들일 사람도 찾기 어려운 실정이었다. 따라서 새로운 신앙이 아시아인의 마음에 강력하게 호소하는 요소를 지녔던 것이 분명하다. 그러한 요소가 무엇이었는지는 당면한 고찰이 어느 정도 밝혀주는 것 같다. 이미 살펴보았듯이, 죽었다가 부활하는 신의 개념은 이 지역에서 결코 새로운 것이 아니었다. 서아시아 전역에서는 아득한 옛날부터 신성한 존재의 애통한 죽음과 행복한 부활을 해마다 쓰라린 통곡과 솟구치는 환희가 번갈아 교차하는 의식과 더불어 기념했던 것으로 보인다. 그러한 비극적인 존재를 감싸고 있는 신화적 공상의 베일을 통해 우리는 지금도 해마다 땅과 하늘에서 일어나는 거대한 변화의 특징을 식별해 낼 수 있다. 그것들은 생명과 죽음의 신비스러운 투쟁을 가장 폭넓게 우리 눈앞에 펼쳐보이기 때문에, 당연히 인종과 종교의 모든 차이를 넘어서 언제나 자연인의 마음에 기쁨과 후회가 교차하는 감동을 불러일으켰다. 그러나 인간은 이러한 중대한 투쟁을 항상 수동적으로 바라보기만 하려고 하지 않았다. 그 투쟁이 벌어지는 동안 팔짱 끼고 방관만 하기에는 자신에게 걸린 이해관계가 너무나 크다는 사실을 인간은 깨달았다. 그는 죽음과 쇠퇴의 세력에 반대하는 쪽에 서서 자기의 작은 몸뚱아리를 떨고 있는 저울에 실었으며, 그 거대한 천칭(天秤)이 서서히 생명 쪽으로 기울어갈 때 자신의 가공적인 힘에 커다란 기쁨을 느꼈다. 자신이 아무리 끈질긴 노력을 쏟아도 봄에 이끼 낀 강둑에 피는 앵초꽃이나 쌀쌀한 가을바람에 날리는 낙엽처럼 그 저울을 머리카락 굵기만큼도 움직일 수 없다는 사실을 깨닫지 못하고 말이다. 이처럼 허망하고 가련하면서도 애달픈 노력을 서아시아에서만큼 끈질기고도 체계적으로 지속한 곳은 어디에도 없을 것이다. 명칭은 장소마다 달랐지만 내용은 모두 똑같았다. 숭배자들의 애정 어린 상상력을 통해 신의 속성을 부여받은 한 남자가 세상의 생명을 위해 자기 생명을 바쳤다. 자기 몸에 싱싱하게 흐르는 생명력을 자연의 정체된 혈관에 주입한 후, 그는 체력 감소로 인해 온 세상이 쇠퇴를 겪기 전에 생명을 지닌 것들로부터 격리되었다. 그리고 그 자리는 곧 다른 남자가 차지했으며, 그 남자 또한 자신의 선임자들처럼 영원히 반복되는 신성한 부활과 죽음의 드라마를 연기했던 것이다. 우리 해석이 옳다면, 그러한 드라마는 에스더와 모르드개, 또는 그들의 옛 이름인 이슈타르와 마르두크의 원설화(原說話)였다. 그것은 바빌로니아에서 상연되었고, 바빌로니아에서 귀향하는 포로들이 유대로 전파했다. 그런데 유대에서는 그것을 신화물이라기보다는 역사물로서, 곧 십자가나 교수대에서 실제로 사람을 살해했기 때문에 자연히 일반 배우가 아니라 감옥에서 데려온 죄수들을 연기자로 삼아 상연하였다. 우리가 알아낼 수 없기 때문에 막연한 일상언어로 우연이라고 부를 수 있는 일련의 원인들로 인해 그 연례적인 공연에서 죽어가는 신의 역할은, 거침없는 비판으로 고위층의 미움을 사서 적들이 제거대상으로 정한 나사렛 사람 예수에게 돌아갔다. 그 적들은 대중에게 인기 있는 골칫거리 설교자를 제거하는 데 성공했다. 그러나 그들이 생각하기에 그의 혁명적인 가르침을 일거에 제압한 것으로 보였던 바로 그 조치가, 그들이 할 수 있었던 다른 어떤 행동보다도 유대뿐만 아니라 아시아 전역에 그 교리를 널리 전파하는 데 더 크게 기여했다. 왜냐하면 이제까지 주로 도덕적 설교에 그쳤던 내용이 그것으로 인해 하느님 아버지의 성육신한 아들이 수난과 죽음을 당함으로써 신의 계시를 완성하는 성격을 띠게 되었기 때문이다. 이런 형식을 빌려 예수의 삶과 죽음의 설화는, 흔히 상상하듯이 그 위대한 교사가 통속적인 범죄자로 죽었다면 결코 지닐 수 없었을 영향력을 얻었다. 그것은 수많은 사람이 멀리 서서 바라보며 숭배하는 신성(神性)의 후광을 갈보리 십자가 주위에 둘러씌웠다. 골고다에 내려친 강풍은 죽었다가 부활하는 신의 오래고 오랜 설화를 알고 있는 곳이면 어디서나 수천 사람의 심금을 한 소리로 울리게 했다. 매년 대지를 가로질러 또다른 봄이 꽃피고 또다른 가을이 사라져갈 때, 밭은 해마다 쟁기질하고 씨뿌려 한 종류의 열매만 맺다가 마침내 싹터 올라 세상을 덮을 운명을 지닌 씨앗을 받아들였다. 아시아만이 아니라 수많은 땅에서 수많은 시대에 신의 대역으로 잔인한 죽음을 당한 위대한 순교자들의 대오 속에서 독실한 기독교인이라면 틀림없이, 다가오는 구세주의 원형과 전조(前兆)—새벽 하늘에서 의로운 태양의 도래를 예고하는 뭇별들—그리고 거룩한 지혜에 따라 굶주린 영혼 앞에 내놓을 하늘의 양식을 담은 질그릇을 발견할 것이다. 반면에 회의론자들은 똑같은 확신에 따라 나사렛 사람 예수를 야만적인 미신의 다른 무수한 희생자들과 같은 수준으로 격하할 것이며, 우연히 운좋게도 처형이라는 계기를 통해 순교자의 왕관만이 아니라 신의 왕관까지 쓰게 된 도덕적 교사 이상을 그에게서 발견하지 못할 것이다. 이러한 견해 차이는 폭넓고도 깊다. 어느 쪽이 더 진실이며, 어느쪽이 이길 것인가? 하지만 우리는 이 문제만이 아니라 모든 문제에서 옛 격언의 타당성을 믿고 싶다. "진리는 위대하며 이긴다 (*Magna est veritas et praevalebit*)."*

---

*토머스 브룩스(Thomas Brooks, 1608~1680)가 *The Crown and Glory of Christianity* (1662), 407쪽에 인용한 구절. 브룩스는 불가타판 성서 외경의 에스드라 제3서, 4:41에 나오는 구절을 떠올린 것인데, 사실 원래 구절은 "Magna est veritas et paevalet(진리는 위대하며 이긴다)"이다.

● 제 *4* 권 ●

황금가지

1장
하늘과 땅 사이

1

우리는 네미를 등지고 황금가지의 비밀을 찾아 떠난 이래로 먼 곳을 여행했다. 이제 우리는 여정의 마지막 단계에 들어섰다. 이 책 첫머리에서 제기한 두 가지 질문을 독자는 기억할 것이다. 어째서 아리키아의 사제는 그 선임자를 살해해야 했는가? 그리고 어째서 그러기 전에 그는 황금가지를 꺾어야 했는가? 이 두 가지 질문 중 첫번째 질문은 이제 답변이 나왔다. 만약 내가 옳다면, 아리키아의 사제는 공동체의 안녕과 심지어는 자연 일반의 운행까지 그의 한 목숨에 달려 있다고 여기던 저 신성한 왕 또는 인간신 중 하나였다. 그러한 영적인 군주의 신하나 숭배자들이 자신들과 그 군주의 정확한 관계에 대해 어떤 분명한 관념을 스스로 지니고 있다고는 보이지 않는다. 아마도 그 점에 대한 그들의 생각은 모호하고 가변적일 것이며, 논리적 정확성에 따라 그 관계를 규정하려고 하면 잘못일 것이다. 사람들이 알고 있는, 아니 상상하는 모든 것은 자기 자신과 자신의 가축, 자신의 농작물이 자기네 신성한 왕과 어쩐지 신비스럽게 결속되어 있다는 것이다. 그래서 그가 건강하냐 아프냐에 따라 공동체가 건강하기도 하고 병이 들기도 하며, 가금과 가축이 번창하기도 하고 병들어 수척해지기도 하고, 풍년이 들기도 하고 흉년이 들기도 하는 것이다. 그들이 상상할 수 있는 최악의 사태는 자신들의 군주가 병이 들거나 늙어서 자연사하는 것이다. 왜냐하면 그의 추종자들이 생각하기에 그러한 죽음은 자기들 자신과 자신들의 소유물에 가장 처참한 결과를 미치기 때문이다. 치명적인 전염병이 사람과 가축을 휩쓸고, 대지는 증식을 거부할 것이다. 아니, 자연 자체의 질서가 붕괴할 것이다. 이러한 파국을 막기 위해서는 왕이 아직 그 신성한 인격의 전성기에 있을 때 죽게 하는 것이 필요하다. 그 목적은 그의 신성한 생명이 힘의 손상 없이 후계자에게 전달되어 새롭게 청춘을 맞이하고, 그처럼 원기왕성한 육신의 영구적 계승을 통한 끊임없는 전달에 힘입어 영원히 싱싱한 젊음을 간직함으로써, 인간과 동물도 그와 비슷하게 끊이지 않는 세대의 연속성을 통해 청춘을 갱신할 수 있다고, 또 파종기와 추수기, 여름과 겨울, 강우와 햇빛에도 결코 차질이 생기지 않을 것이라고 보장해 주는 담보이자 보증으로 남도록 하려는 것이다. 내 추측이 옳다면, 그런 이유로 아리키아의 사제, 곧 네미 숲의 왕은 정례적으로 그 후계자의 칼에 죽어가야 했던 것이다. 그러나 아직 질문이 남아 있다. 황금가지는 무엇인가? 어째서 아리키아 사제직의 지망자는 사제를 죽이기 전에 그것을 꺾어야 했는가?

앞서 살펴본 대로 신성한 왕이나 사제의 생명을 조절하는 규칙과 터부 중 두 가지를 주목하는 데서 출발하는 것이 좋을 것이다. 첫번째 규칙은 신성한 인물이 자기 발로 땅을 밟으면 안 된다는 것이다. 멕시코 사포텍족의 대사제도 이 규칙을 지켰다. 발로 땅을 건드리기만 해도 자신의 신성함이 더럽혀진다고 여겼기 때문이다. 멕시코 황제 몬테수마는 결코 발을 땅에 대지 않았다. 그는 항상 귀족들의 어깨에 올라앉아 움직였으며, 어딘가에 내릴 때는 화려한 융단을 깔고 그 위로 걸었다. 일본의 미카도는 발이 땅에 닿는 것을 부끄러운 타락으로 여겼다. 실제로 16세기에 그것은 족히 그의 직위를 박탈할 만한 잘못이었다. 그는 궁궐 밖에서는 사람들의 어깨에 실려 이동하였으며, 궁궐 안에서는 정교하게 짠 돗자리를 밟고 걸었다. 타히티의 왕과 왕비는 세습영지를 제외하고는 어디서든 땅을 밟지 않아야 했다. 왜냐하면 그들이 밟는 땅은 신성한 것이 되기 때문이다. 그래서 이곳 저곳 옮겨다닐 때는 항상 신성한 하인들의 어깨에 실려 이동했다. 그들은 항상 이같이 신성화된 시종들을 여러 쌍 데리고 다녔다. 운반인을 바꿀 필요가 생기면, 왕과 왕비는 땅이 발에 닿지 않게 새로운 운반인의 어깨로 뛰어 올라탔다. 도수마(Dosuma)의 왕이 땅을 밟는 것은 불길한 징조였다. 그러면 그는 속죄의식을 행해야 했다.

페르시아 왕은 궁궐 내에서 양탄자를 밟고 걸었으며, 다른 사람은 아무도 그것을 밟지 못했다. 궁궐 밖에서 그는 결코 걷는 모습을 보이지 않고 오로지 마차나 말을 타고 다녔다. 옛날에 시암 왕은 땅에 발을 디디지 않고 황금의자에 올라앉아 이곳 저곳으로 다녔다. 옛날 우간다 왕과 그 어머니나 왕비들은 자신들이 사는 광활한 영유지 바깥에서는 발로 걸어다니지 못했다. 밖에 나갈 때는 물소 씨족 남자들이 그들을 어깨에 싣고 운반했다. 그중 몇 명은 그왕족 인물 중 누군가가 여행할 때 따라다니면서 교대로 짐을 졌다. 왕은 운반인의 양어깨에 두 다리를 걸치고 걸터앉아, 두 발을 운반인의 팔 아래로 밀어넣었다. 이러한 왕실 운반인 중 한 사람이 지치면, 그는 왕의 발이 땅에 닿지않게 두번째 사람의 어깨 위로 왕을 던졌다. 이런 방식으로 그들은 왕이 여행중일 때 하루 만에 상당히 먼 길을 빠른 걸음으로 다니곤 했다. 운반인들은 필요할 때 항상 곁에 있도록 왕의 영유지 안에 특별한 초막을 짓고 살았다. 나이지리아 남부 아콰(Awka) 주변에 사는 이보(Ibo)족에게는 지신(地神)의 사제가 있는데, 그는 많은 터부를 지켜야 한다. 예컨대 그는 시체를 보지 못하며, 길을 가다가 시체와 마주치면 팔찌로 눈을 가려야 한다. 그는 달걀이나 새고기, 양고기, 개, 영양을 비롯하여 많은 음식을 먹지 못한다. 그는 가면을 쓰거나 만지지 못하며, 가면 쓴 사람은 그의 집에 들어가지 못한다. 개가 그의 집에 들어가면 죽여서 내다버린다. 지신의 사제인 까닭에 그는 맨 땅에 앉지 못하며, 땅에 떨어진 것도 먹지 못하고, 그에게 흙을 던지지도 못한다. 고대의 브라만 제례에 따르면, 취임식 때 왕은 호피와 황금판을 밟았다. 발에는 수퇘지 가죽으로 만든 구두를 신는데, 그 이후로는 살아 있는 한 맨발로 땅위에 서지 못했다.

그러나 영구적으로 신성시·터부시되어 영구적으로 땅을 밟는 것이 금지된 사람말고, 특정 시기에만 신성이나 터부성을 지니는 사람들이 있다. 따라서 이들에게는 문제의 금지 규정을 그들이 신성을 발휘하는 일정한 시기에만 적용한다. 예컨대 중부 보르네오의 카얀족이나 바하우(Bahau)족은 여사제들이 특정한 의식을 수행하는 동안 땅을 밟지 못하게 하며, 널빤지를 깔아 밟고 다니게 한다. 아삼의 북부 변경지방 부근에 사는 티베트 부족인 미체미(Michemi)족은 야간에 치르는 장례식 때 호랑이 이빨과 알록달록한 깃털, 방울, 조개껍질 따위로 환상적인 장식을 한 사제가 악령을 몰아내기 위해 거친 춤을 추었다. 그러고 나서 불이 모두 꺼지면 두 발로 천장의 대들보에 매달린 한 남자가 새로 불을 켰다. 그 사람은 땅을 밟지 않았다고 한다. "그 목적은 그 불빛이 하늘에서 내려온 것임을 나타내기 위해서였다." 또, 신생아들도 강하게 터부시한다. 그래서 로앙고에서는 그들이 땅에 닿지 않게 한다. 말라바르의 일루반(Iluvan)족은 혼례식날 신랑이 젊은이 일곱 명의 손을 빌려 몸을 씻고 욕실에서 혼례방까지 널빤지에 실려 가거나 그것을 밟고서 간다. 그는 발로 땅을 밟으면 안 된다. 네덜란드령 보르네오의 두 지방인 란다크(Landak)와 타얀(Tajan)의 다야크족은 결혼 후 일정 기간 동안 신랑이든 신부든 땅을 밟지 않는 것이 관례다. 전쟁터에 나가는 전사들도 터부에 둘러싸이게 된다. 그래서 북아메리카 일부 인디언족은 출정기간 내내 맨땅에 앉지 못했다. 라오스에서는 코끼리 사냥에 많은 터부가 따른다. 그중 하나가 우두머리 사냥꾼은 발로 땅을 밟지 못한다는 것이다. 따라서 그가 자기 코끼리에서 내릴 때에는 다른 사람들이 나뭇잎 양탄자를 깔아놓고 밟게 한다. 독일의 사이비 현자(賢者)들은 마녀를 단두대의 발판이나 화형장의 말뚝으로 끌고 갈 때 몸이 맨땅에 닿지 않게 해야 한다고 충고했다. 만약 그들의 몸이 땅에 닿으면 자신을 보이지 않게 만들어 달아나기 때문이라는 것이다. 18세기에 『줄무늬 속치마의 철학 The Striped-petticoat Philosophy』*을 쓴 현명한 저자는 그 생각이 바보 같은 소리에 지나지 않는다고 비웃고 있다. 그는 실제로 여자들을 수레로 처형장까지 운반했다는 사실은 시인한다. 그러나 수레에 어떤 깊은 의미가 있다는 것은 부인하면서, 수레를 만든 목재를 화학적으로 분석하여 이를 입증할 용의가 있다고 말한다. 또, 그는 자신의 주장을 보강하기 위해 명백한 사실과 자신의 개인적 경험에 호소한다. 그가 매우 만족스럽게 단언하는 바로는, 그런 방식으로 작두나 불을 피한 마녀의 사례는 단 하나도 찾아볼 수 없다. 그는 이렇게 말한다. "나 자신 젊은 시절에 아른슈타트, 일메나우, 그리고 아른슈타트와 일메나우 사이에 있는 고상한 마을 슈벤다 등지

---

* *Die gestriegelte Rockenphilosophie*, 곧 『줄무늬 속치마의 철학』은 1759년에 켐니츠에서 발간된, 익명의 반(反)여성주의 소책자였다.

에서 마녀의 화형장면을 여러 차례 보았는데, 그중 일부는 화형당하기 전에 사면을 받고 참수당했다. 그들은 처형장의 땅 위에 눕혀진 뒤 여느 불쌍한 죄인들과 마찬가지로 참수당했다. 그런데 만약 땅에 닿음으로써 달아날 수 있다면 그들 중 단 하나도 그렇게 못할 리가 없었을 것이다."

명백히 신성함이나 주력(呪力), 터부, 또는 무엇이라고 부르든 신성시・터부시되는 사람에게 배어 있다고 여기는 그 신비한 특성은 원시철학자가 생각하기에 어떤 물체 또는 유체(流體)로서, 그것은 마치 라이덴 병(Leyden jar)*이 전기로 충전되어 있듯이 신성한 사람에게 충전되어 있다고 상상된다. 또, 그 병 속의 전기가 양질의 전도체와 접촉하면 방전하듯이, 사람 속의 신성함이나 주력도 대지와 접촉하면 방출되어 빠져나갈 수 있다. 이런 이론에 근거를 둘 때 대지는 주술적 유체의 우수한 전도체 역할을 하는 셈이다. 따라서 그 전하(電荷)가 유실되는 것을 막기 위해 신성시・터부시되는 인물은 땅에 닿지 않도록 조심해야 한다. 전기적 용어로 그는 반드시 땅으로부터 절연되어야 한다. 그래야만 유리병처럼 언저리까지 그를 가득 채우고 있는 귀중한 물질 또는 유체가 고갈되지 않을 수 있다. 그리고 많은 경우에 명백히 터부시되는 사람의 절연은 그 자신만이 아니라 다른 사람들을 위한 예방조치로서 권장된다. 왜냐하면 신성함이나 터부의 능력은 말하자면 살짝 건드리기만 해도 터질 수 있는 강력한 폭발물 같은 것이므로 전체의 안전을 위해서는 그것을 좁은 범위에 가두어놓고 그것이 터져나와 접촉하는 모든 것을 강타하고 황폐화하고 파괴하는 일이 없도록 할 필요가 있기 때문이다.

2

여기서 주목해야 할 두번째 규칙은 태양이 신성한 사람 위에 비치지 않도록 하는 것이다. 이 규칙은 일본의 미카도와 사포텍족의 대사제가 모두 지켰다. 후자는 "대지도 붙잡을 자격이 없고, 태양도 비출 자격이 없는 신으로 간

*1745~1746년에 라이덴이 발명한 밀폐식 축전지.

주되었다." 일본인들은 미카도가 신성한 몸을 야외에 드러내지 않게 했으며, 태양도 그의 머리를 비출 자격이 없다고 여겼다. 남아메리카 그라나다 (Granada)의 인디언들은 "남녀 불문하고 통치자나 지휘관이 될 사람들을 어린아이 때부터 몇 년간, 어떤 때에는 7년씩 가두어놓았다. 그것도 아주 밀폐시켜 놓아 그들이 해를 볼 수 없게 했다. 만약 어쩌다가 해를 보게 되면, 그들은 지도적 지위를 박탈당하고 특정한 종류의 지정된 음식을 먹었다. 그리고 그들을 감독하는 사람들이 특정한 시기에 그들의 거처 또는 감옥으로 찾아와서 그들을 심하게 때렸다." 그래서 예컨대 보고타(Bogota)의 왕위 상속자는 왕의 아들이 아니라 왕의 누이의 아들이었는데, 그는 유아기부터 엄격한 훈련을 받아야 했다. 그는 신전에서 완전한 은둔상태로 살면서 해를 보지 못하고 소금을 먹지 못하고 여자와 교제하지 못했다. 그는 자기 거동을 관찰하면서 행동을 일일이 기록하는 감시인들로 둘러싸여 있었다. 만약 그가 자신에게 부과된 단 한 가지 규칙이라도 어기면, 그는 불명예스럽게 평가받고 왕위에 대한 모든 권리를 박탈당했다. 그와 같이 소가모소(Sogamoso) 왕국의 상속자도 왕위를 계승하기 전에 신전에서 7년간 금식하면서 어둠 속에 갇혀 지냈으며, 태양이나 빛을 보는 것이 허용되지 않았다. 페루의 잉카(Inca)족 왕이 될 왕자는 빛을 보지 않고 한 달간 금식해야 했다. 브라만의 베다 학승(學僧)은 수학과정이 끝났음을 알리는 표시로 목욕재계하는 날, 해뜨기 전에 외양간에 들어가 안에 털이 붙은 가죽을 문 위에 걸어놓고 거기 앉아 있었다. 그날은 햇빛이 그에게 비치지 않게 해야 했다.

또, 출산 후의 여자들과 신생아도 세계 도처에서 어느 정도 터부시하는 대상이다. 그래서 조선에서는 출산 이후 산모와 아기가 그 신분에 따라 21일(삼칠일) 내지 백일 동안 햇빛을 쬐는 것을 엄하게 금지한다. 뉴기니 서북부 해안의 몇몇 부족은 산모가 출산 이후 몇 달간 집 밖으로 나가지 못하게 한다. 만약 나갈 일이 있으면, 머리에 두건이나 거적을 덮어써야 한다. 왜냐하면 햇빛이 그 여자에게 비치면 그녀의 남자 친척 중 한 사람이 죽는다고 여기기 때문이다. 또, 상을 당한 사람도 어디서나 터부시한다. 그래서 상을 치를 때 일본의 아이누족은 햇빛이 머리 위에 비치지 않도록 특이하게 생긴 모자를 쓴다. 코스타리카의 인디언족은 사흘간 엄숙하게 금식할 때는 소금을 먹지 않으며, 가능한 한 말을 적게 하고, 불을 켜지 않고, 철저하게 집 안에 머문다. 부득이 낮에 밖에 나갈 때에는 조심스럽게 햇빛을 가릴 수 있도록 조치한다. 햇빛을 쪼이면 살갗이 검게 변한다고 생각하기 때문이다. 스웨덴 일부 지방에서는 아득한 옛날부터 성탄절 밤에 순례를 떠나는 관례가 있다. 순례를 통해 사람들은 많은 비밀스러운 일들을 배우고 다가오는 해에 어떤 일이 일어날지 알게 되는 것이다. 이러한 순례를 준비하기 위해 "어떤 사람들은 미리 사흘 동안 어두운 골방에 자기 몸을 숨겨 하늘의 빛을 완전히 차단한다. 다른 사람들은 전날 아침 이른 시간에 건초창고 같은 외진 장소에 들어가 어떤 생물체든 보지도 듣지도 못하게 건초 속에 몸을 파묻는다. 여기서 그들은 침묵과 금식 속에서 해가 질 때까지 머문다. 반면에 순례를 시작하기 전날 음식을 엄격하게 금하는 것으로 충분하다고 생각하는 사람들도 있다. 이러한 금지 기간 중에는 불을 보아서는 안 된다. 그러나 만약 그런 일이 일어나면, 부시와 숫돌로 불을 붙여야 한다. 그렇게 함으로써 다가올 재앙을 미연에 방지하는 것이다." 피마(Pima) 인디언은 아파치족을 죽이고 나서 정화의식을 거치는 16일 동안 타오르는 불길을 보아서는 안 된다.

아카르나니아(Acarnania)의 농민들*은 '해 없는 자'라고 부르는 잘생긴 왕자 이야기를 전하는데, 그는 해를 보면 죽게 된다고 했다. 그래서 그는 고대의 오이니아다이(Oeniadae) 유적지에 있는 지하궁전에서 살았다. 그러나 밤이 되면 그는 밖으로 나와 강을 건너서 건너편 강둑의 한 성에서 사는 유명한 여자 마법사를 찾아갔다. 그 여자는 매일 밤마다 해가 뜨기도 전에 그와 헤어지는 것이 싫었으나, 더 머물러 달라는 그녀의 간청을 그가 전혀 듣지 않자 꾀를 내어 인근에 있는 수탉의 목청을 전부 잘라버렸다. 그래서 수탉의 높다란 울음소리를 해뜨는 신호로 듣는 데 익숙해 있던 왕자는 지나치게 늑장을 부리게 되었고, 그가 여울에 채 닿기도 전에 아이톨리아(Aetolia) 산맥 위로 해가 떠올라, 그 치명적인 햇빛에 쪼인 그는 다시는 자신의 어두운 궁궐로 돌아가지 못했다고 한다.

---

*암브라키아(Amvrakia) 만 정남쪽 중서부 그리스 지방의 고대 주민.

2장

소녀들의 격리

1

그런데 주목할 만한 사실은 사춘기 소녀들이 앞에서 말한 두 가지 규칙 — 땅을 밟지 않는 것과 해를 보지 않는 것 — 을 세계 많은 지역에서 개별적으로 혹은 집단적으로 지키고 있다는 것이다. 이를테면 로앙고의 흑인족은 사춘기 소녀들의 맨몸이 땅에 닿지 않도록 격리된 오두막에서 지내게 한다. 남아프리카의 줄루족과 그 근친 부족의 소녀들은 사춘기의 첫 징조가 나타나면 "길을 걷거나 나무를 줍거나 밭에서 일하다가도 즉시 강으로 달려가 남자들 눈에 띄지 않도록 하루 종일 갈대숲에서 숨어 지낸다. 그리고 햇빛에 노출되면 말라버린 해골처럼 쪼그라든다고 여겨 햇빛이 닿지 않도록 머리를 조심스럽게 모포로 가린다. 해가 지면 그녀는 집에 돌아와 당분간 오두막에서 격리생활을 한다." 약 2주간 계속되는 격리생활 동안 그녀와 그녀를 시중 드는 소녀들은 누구든 우유를 마시지 못하는데, 그러지 않으면 소들이 죽는다고 믿기 때문이다. 그리고 밭에서 일할 때 초경이 닥치면 숲 속에 숨어 있다가 조심스럽게 오솔길을 피해 집에 돌아와야 한다. 이와 비슷하게, 바간다족은 소녀가 초경을 하면 그녀를 격리하고 음식을 만지지 못하게 했다. 격리생활이 끝날 때 그녀를 데리고 있는 친척(바간다족의 젊은이들은 부모와 함께 살지 않았다)은 자기 부인을 뛰어넘어야 하는데, 이는 바간다족에게는 성교를 하는 것과 똑같은 의미다. 그 소녀가 초경을 할 때 자기 부모 가까이에서 살고 있으면, 그녀는 회복하는 즉시 부모에게 그 사실을 알리도록 되어 있으며, 그러면 아버지가 어머니를 뛰어넘는다. 이런 관례를 빼먹으면 그 소녀는 아이를 갖지 못하거나 아이를 낳아도 어릴 때 죽는다고 바간다족은 생각한다. 그러므로 소녀의 부모나 다른 친척이 성교 흉내를 내는 것은 소녀의 생식력을 보장하기 위한 주술의식이다. 바간다족이 종종 초경을 혼례라고 부르고, 소녀를 신부라고 지칭하는 것은 의미심장한 일이다. 시암족이 믿는 것과 마찬가지로, 이렇게 부르는 것은 소녀의 초경이 공기 중의 정령에게 능욕당한 결과이며, 그렇게 해서 생긴 상처가 이후 똑같은 정령 때문에 달마다 도지는 것이라는 생각의 표현이다. 아마도 비슷한 이유로 바간다족은 월경을 하지 않는 여자가 밭에서 일하면 밭에 악영향을 미쳐 밭이 불모지로 화한다고 상상한다. 자기 자신이 정령 때문에 생산을 하지 못하는데 어떻게 밭이 생산을 하게 할 수 있겠는가?

탕가니카 호(湖) 서부 대고원지방*의 아맘브웨(Amambwe), 위남왕가(Winamwanga), 알룽구(Alungu) 같은 부족은 "어린 소녀가 자신이 사춘기에 도달한 것을 알게 되면, 즉시 어머니의 오두막집을 떠나 마을 부근의 긴 풀숲에 몸을 숨기고 얼굴을 천으로 가린 채 슬피 운다. 해가 질 무렵에 나이 든 여자 한 사람―그 의식을 주재하는 여사제로서 '나침부사(nachimbusa)'라고 부른다―이 그녀를 따라와서 갈림길에 냄비를 놓고 갖가지 약초로 탕약을 끓여 초경을 한 소녀에게 발라준다. 밤이 되면 소녀는 그 노파의 등에 업혀 어머니의 집으로 돌아온다. 관례적인 며칠의 기간이 지난 뒤에 먼저 오두막집 마루에 하얗게 회칠을 하고 나면 소녀는 다시 음식을 만들 수 있다. 그러나 다음달이 되어야 그녀의 성인식 준비가 끝난다. 신참자는 성인식 기간 내내 자기 오두막에 머물러야 하며, 노파들의 세심한 보호를 받는다. 노파들은 그녀가 거처를 떠날 때마다 그녀의 머리를 토산품 천으로 가리고 따라다닌다. 이 의식은 최소한 한 달간 계속된다." 이러한 격리기간 중에 그 어머니의 오두막 안에서는 마을 여자들이 모여 북을 연주하고 노래를 계속 하는데, 쌍둥이 아버지를 제외하고는 어떤 남자도 거기 들어가지 못한다. 여사제와 노파들은 그 어린 소녀에게 인생의 기초적인 문제와 혼례의 의무, 혼인한 여자가

*곧 오늘날의 자이레.

지켜야 할 행동규범과 예절, 접대법 따위를 가르친다. 특히 그 소녀는 울타리 뛰어넘기, 가시로 만든 목걸이에 머리 집어넣기 같은 일련의 시험을 거쳐야 한다. 그녀는 진흙으로 만든 동물 인형과 그밖의 가정 일상용품의 모형을 통해 교육을 받는다. 또, 수업을 감독하는 여자는 오두막 벽에 각기 특별한 의미와 노래를 지닌 투박한 그림을 걸어놓고, 소녀가 그것을 이해하고 익히게 한다. 이 이야기에서는 사춘기 소녀가 해를 보거나 땅을 밟으면 안 된다는 규칙이, 그녀가 처음 월경을 경험했을 때 긴 풀숲에 숨어 있다가 해가 진 후에 노파의 등에 업혀 집에 돌아온다는 설명 속에 함축되어 있는 것으로 보인다.

뉴아일랜드(New Ireland)*에서는 소녀들이 4년 내지 5년 동안 작은 우리 안에 갇혀 어둠 속에서 지내며, 땅에 발을 대지 못한다. 한 목격자가 그 관습을 다음과 같이 묘사했다. "나는 한 교사에게서 이곳의 몇몇 소녀들과 관련된 기이한 관습에 관해 듣고서 추장에게 소녀들이 있는 집으로 데려다 달라고 부탁했다. 그 집은 길이가 약 7미터 60센티미터로, 갈대와 대나무 울타리 속에 자리잡고 있었다. 입구를 가로질러 건초가 한 다발 매달려 있었는데, 이는 그 집이 엄격한 '터부'의 금역임을 나타내는 것이다. 집 안에는 2미터 10센티미터에서 2미터 40센티미터쯤 되는 높이에 바닥과 땅에서 1미터 20센티미터 정도까지는 둘레가 약 3미터에서 3미터 60센티미터 가량 되고, 그 위로는 꼭대기의 정점을 향해 둘레가 점점 좁아지는 원뿔형 구조물이 세 채 있었다. 이러한 우리는 판다너스 나무의 널따란 잎을 아주 빽빽하게 엮어서 빛은 물론 공기조차 거의 통하지 않게 만든 것이었다. 각 우리 한쪽 옆에는 구멍이 나 있는데, 이 구멍은 야자잎과 판다너스잎을 엮어 만든 이중문으로 닫아놓았다. 바닥에서 90센티미터 정도 높이에는 마루를 이루는 대나무 발판이 있었다. 이 우리는 각기 어린 처녀를 한 명씩 가두어놓는 곳이라고 했다. 그들은 한 번도 집 밖에 나가지 못하고 최소한 4년 내지 5년간 거기 머물러 있어야 했다. 그 이야기를 들었을 때 참으로 믿기가 어려웠다. 그 모든 일은 사실이라기에는 너무나 끔찍해 보였던 것이다. 나는 추장에게 말을 걸어 우리 내부를 보고, 또 소녀들을 만나 구슬을 몇 개 선물로 주고 싶다고 이야기했다. 그

---

*뉴기니 열도 동쪽의 비스마르크 군도 동북쪽 구석에 있다.

는 그것이 '터부'며, 그들의 인척을 제외한 어떤 남자도 그들을 보는 것이 금지되어 있다고 말했다. 그러나 구슬을 주겠다는 약속이 효력이 있었는지, 그는 사람을 보내 감독을 맡은 노파를 불러오게 했다. 오직 그녀만이 문을 열수 있었다. 기다리는 동안, 우리는 소녀들이 불평하는 투로 추장에게 마치 무언가를 반대하거나 두려움을 표현하는 듯이 이야기하는 것을 들을 수 있었다. 이윽고 노파가 왔는데, 그녀는 확실히 그다지 호감이 가는 간수나 보호자로 보이지는 않았다. 우리한테 전혀 즐겁지 않은 표정을 짓는 것으로 봐서 그녀가 우리에게 소녀를 보여주라는 추장의 요청에 찬성하는 것 같지도 않았다. 그러나 추장이 그렇게 하라고 말했으므로 그녀는 문을 열어야 했다. 그러자 소녀들이 우리를 내다보았다. 구슬을 줄 테니 손을 내밀라고 말했더니, 그들은 구슬을 받기 위해 손을 내밀었다. 그러나 나는 일부러 약간 떨어져 앉아서 구슬을 그저 내밀고만 있었다. 소녀들을 아주 밖으로 나오게 유도해서 우리 내부를 살펴볼 심산이었던 것이다. 그러나 이러한 바람은 또다른 곤란에 마주쳤다. 그 장소에 갇혀 있는 동안, 그 소녀들은 발을 땅에 댈 수 없었던 것이다. 그러나 소녀들이 구슬을 갖고 싶어했기 때문에, 노파는 밖에 나가서 장작과 대나무 토막을 여러 개 모아 와야 했다. 노파는 그것들을 바닥에 깔고 한 소녀에게 가서 내려오는 것을 도와주고는 소녀의 손을 잡고 나무토막을 하나씩 밟아 내가 내밀고 있는 구슬을 붙잡을 수 있을 만큼 가까이 다가오게 했다. 그때 나는 그녀가 나온 우리의 내부를 살펴보러 갔다. 그러나 그 안의 공기가 너무나 뜨겁고 숨막혀서 간신히 머리만 집어넣을 수 있었다. 내부는 깨끗했고, 물을 담는 짤막한 대나무통 몇 개말고는 아무것도 없었다. 대나무 발판 위에는 소녀가 앉거나 웅크리고 누울 수 있는 정도의 공간밖에 없었다. 문을 닫으면 내부는 거의 완전한 암흑천지일 것이 분명했다. 소녀들은 하루에 한 번씩 각각 우리 가까이 놓아둔 접시나 나무그릇에 담긴 물로 몸을 씻을 때말고는 결코 밖에 나올 수 없기 때문에 땀을 엄청나게 많이 흘린다고 한다. 소녀들은 아주 어릴 때 이 숨막히는 우리 속에 들어왔으며, 젊은 처녀로 성장할 때까지 그 속에 머물러야 한다. 그리고 때가 되면 밖으로 나와 그들을 위해 준비한 성대한 혼례잔치를 치른다. 그들 중 하나는 14살이나 15살 가량 되어 보였는데, 추장은 그녀가 5년간 거기 있었으나 이제 곧 나오게 될 것이라고 말했다. 다른 둘은 각기 8살과 10살 가량 되어 보였는데, 그들은 몇 년 더 그곳에 머물러야 했다."

보르네오의 오트 다눔족은 8살에서 10살 가량 된 소녀들을 집 안의 작은 방이나 다락에 가두어놓고 오랫동안 세상과의 접촉을 차단한다. 그 다락방은 집의 나머지 부분과 마찬가지로 땅 위에 기둥을 떠받쳐 세운 것인데, 외딴 지점에 작은 창구멍이 단 하나 나 있을 뿐이어서 소녀는 거의 완전한 암흑 속에서 지내게 된다. 그녀는 어떤 구실로도, 심지어 가장 절박한 생리적 요구가 있어도 그 방을 떠나지 못한다. 소녀의 가족은 그녀가 갇혀 있는 동안 항상 그녀를 볼 수 있지만, 여자 노예 단 한 명만이 그녀를 시중 들도록 정해져 있다. 보통 7년간 계속되는 외로운 감금생활 중에 소녀는 돗자리를 짜거나 다른 수공예 작업에 종사한다. 그녀의 신체적 성장은 장기간의 운동 부족으로 지체되며, 성인 여자가 되어 밖에 나올 때면 안색이 밀랍같이 창백하다. 그제서야 그녀는 마치 새로 태어난 듯이 해와 땅, 물, 나무, 꽃을 구경하게 되는 것이다.

남부 브라질과 파라과이 접경지역에 사는 과라니(Guarani)족은 한 소녀에게 최초로 사춘기의 징후가 나타나면, 그녀를 해먹에 둘둘 말아 봉합해 놓고 작은 숨쉴 구멍만 남겨놓는 것이 관례였다. 이와 같이 시체처럼 감싸인 상태로 그녀는 이틀이나 사흘 또는 초경이 계속되는 동안 그대로 있어야 했으며, 그 기간 중에는 아주 엄격한 금식을 지켜야 했다. 그런 다음에 그녀를 보모에게 넘긴다. 보모는 그녀의 머리를 잘라내고, 그 머리가 자라서 귀를 덮을 때까지 그녀에게 육식을 엄격하게 금하도록 지시했다. 그 동안 점쟁이들은 그녀가 다니는 길을 지나거나 가로지르는 다양한 새나 짐승들로부터 그녀의 장래 성격에 대한 징조를 끌어냈다. 만약 앵무새를 보면 그녀는 수다쟁이가 될 것이라고 말하고, 올빼미를 보면 그녀가 게을러서 가사일에 쓸모가 없을 것이라고 말하는 식이었다. 비슷한 상황에서 동남부 볼리비아의 치리과노족은 소녀를 해먹에 감싸서 지붕에 끌어 올려놓고 한 달 동안 거기 머물게 했다. 둘째 달에는 해먹을 지붕에서 절반 정도 높이로 내려뜨린다. 셋째 달에는 막대기를 든 노파들이 오두막에 들어가 소녀에게 상처를 입힌 뱀을 잡는다며 무엇이든 마주치는 것을 두드리며 다녔다. 파라과이령 차코(Chaco)의 렝과 인디언들도 비슷한 상황에서 소녀를 해먹에 감싸서 집 지붕에 매달지만, 단지 사흘 밤낮만 그렇게 한다. 그 동안 소녀에게는 소량의 파라과이 차나 삶은 옥수수말고는 전혀 먹을 것을 주지 않는다. 소녀의 어머니나 할머니만 그녀에게 접근할 수 있고, 다른 사람은 아무도 다가가거나 말을 붙이지 않는다. 소녀가 피치 못하게 잠깐 동안 해먹을 떠나야 할 때에는 그녀의 친구들이 소녀를 돌보며 '보이루수(Boyrusu)'를 건드리지 않게 주의한다. 그것은 소녀를 잡아먹는 상상 속의 뱀이다. 그녀는 또 새나 짐승의 배설물을 밟지 않도록 몹시 주의해야 한다. 그러지 않으면 목구멍과 가슴에 종기가 나서 고생할 것이다. 사흘째 되는 날에 사람들은 소녀를 해먹에서 내리고 머리를 자른 다음, 얼굴을 벽 쪽으로 향하고 방구석에 앉아 있게 한다. 그녀는 아무한테도 말을 하지 못하고, 고기와 생선을 먹지 말아야 한다. 이처럼 엄격한 규칙을 그녀는 거의 일 년 동안 지켜야 한다. 많은 소녀가 이 시기에 겪는 고생의 결과로 죽거나 평생 불구가 된다. 격리생활 중에 그들이 하는 유일한 일은 실을 잣고 옷감을 짜는 것뿐이다.

안데스 산맥 동쪽 기슭에 사는 볼리비아의 인디언 부족인 유라카레족은 소녀가 사춘기의 징조를 깨달으면 먼저 부모에게 그 사실을 알린다. 어머니는 통곡을 하고, 아버지는 종려나무 잎으로 집 부근에 작은 오두막을 짓는다. 이 오두막에다 그는 자기 딸을 가두어놓고 햇빛을 보지 못하게 하며, 그녀는 나흘 동안 엄격하게 금식을 하면서 그곳에 머문다. 그 동안 어머니는 이웃 여자들의 도움을 받아 '치차(chicha)'라고 하는 토속주를 대량으로 빚어 나무그릇과 종려나무 잎에 부어 담는다. 나흘째 되는 날 아침 해뜨기 세 시간 전에 소녀의 아버지는 미개인의 장신구를 차려 입고 커다랗게 고함을 질러 이웃을 모두 불러모은다. 그리고 나서 소녀를 돌 위에 앉히면 손님이 모두 돌아가면서 그녀의 머리카락을 자른 뒤 달아나서 깊은 숲 속의 빈 나무둥치에 숨겨놓는다. 모두 그렇게 한 다음 다시 점잖게 둥근 원 모양으로 자리에 앉으면, 소녀는 그들에게 각각 독한 '치차'를 가득 담은 호리병박을 건네준다. 주연을 시작하기 전에 여러 아버지가 자기 옆에 앉은 아들들의 팔 위에 기묘한 시술을 한다. 시술자는 독한 향신료를 바른, 매우 날카로운 원숭이 뼈로 자기 아들의 팔뚝 살갗을 찝어올려 마치 외과의사가 천선을 끼우듯이 뼈를 수차례 관통한다. 그는 이러한 시술을 반복하여 젊은 아들의 팔에 어깨부터 손목까지 일정한 간격으로 구멍을 낸다. 잔치에 참가하는 거의 모든 사람이, 인디언들이 '쿨루쿠테(culucute)'라고 부르는 이러한 상처로 덮인다. 이와 같이 행복한 하루를 보낼 준비를 갖추고서 그들은 저녁까지 마시고 피리를 불고 노래하며 춤춘다. 비와 천둥과 번개도 전반적인 향연이 해질 때까지 계속되는 것을 막지 못한다. 젊은 남자들의 팔에 구멍을 내는 것은 그들이 능숙한 사냥꾼이 되도록 하려는 것이다. 각각의 구멍마다 피시술자는 그 외과적 시술이 틀림없이 가져다줄 또다른 종류의 짐승이나 물고기에 대한 기대로 힘을 얻는다. 똑같은 시술을 소녀들의 팔과 다리에도 행하는데, 그 목적은 그들을 용감하고 튼튼하게 만들려는 것이다. 심지어는 개들한테도 사냥감을 더 잘 몰도록 하기 위해 시술을 한다. 이후 대여섯 달 동안 소녀는 나무껍질로 머리를 가리고 남자에게 말 거는 것을 삼간다. 유라카레족은 어린 소녀에게 이런 심한 시련을 겪게 하지 않으면 나중에 그녀의 아이들이 뱀에게 물리거나, 재규어에게 먹히거나, 나무에서 떨어지거나, 화살에 맞는 따위 갖가지 사고로 죽는다고 생각한다.

그란차코의 인디언 부족인 마타코(Mataco)족 또는 마타과요(Mataguayo)족은 사춘기 소녀에게 한동안 격리생활을 시킨다. 그녀는 오두막 한 구석에 나뭇가지나 다른 것으로 몸을 가린 채 누워 아무도 보지 않고 아무에게도 말하지 않는데, 이 기간 중에는 고기도 생선도 먹지 못한다. 그 동안 한 남자가 집 앞에서 북을 두드린다. 이와 비슷하게, 같은 지방에 거주하는 다른 인디언 부족인 토바(Toba)족은 추장의 딸이 막 성년이 되면 2~3일 동안 집 안에 가두어놓고, 부족의 모든 남자가 잔치에 쓸 짐승과 물고기를 잡아오기 위해 온 지역을 돌아다닌다. 그리고 마타코 인디언 한 사람을 고용하여 잔치가 끝날 때까지 밤낮으로 쉬지 않고 집 앞에서 북을 치고 노래하고 춤추게 한다. 향연이 2~3주 동안 계속되기 때문에, 마지막에 그 악사가 지쳐 떨어지리라는 것은 쉽게 상상할 수 있는 일이다. 뮤즈의 여신에게 노고를 바치는 그 자리에서 그 악사는 고기와 마실 것을 제공받는다. 그 과정은 농신제같이 흥청망청 마시고 놀며 술취해 난봉을 부리는 난장판 잔치로 끝난다. 아마존 강 상류의 인디언 부족인 야과(Yagua)족은 사춘기 소녀를 석 달 동안 숲 속 외딴 오두막에 가두어놓고 그 어머니가 매일 음식을 날라다준다. 페구엔체스(Peguenches) 부족의 소녀가 성년의 첫 징조를 느낄 때, 그녀의 어머니는 그녀를 담요로 가 린 집 한 구석에 격리하며, 어떤 남자에게도 눈을 치켜뜨지 말라고 주의를 준 다. 다음날 아주 이른 아침에, 그리고 해진 후에 또다시 두 여자가 그녀를 데 리고 밖에 나가서 지칠 때까지 달리기를 하게 한다. 그 중간에 그녀는 집 구 석에서 다시 격리되어 지낸다. 다음날 그녀는 자기가 이제 성년이라는 표시 로 집 부근 길가에 털실을 세 다발 놓아둔다. 브라질의 파세(Passe)족과 마우 에(Mauhe)족, 그리고 다른 부족들은 비슷한 상황에서 그 젊은 여자를 해먹에 싸서 지붕에 매달고 한 달간, 또는 그녀가 견딜 수 있을 때까지 금식을 하게 한다. 브라질의 초기 정착민 중 한 사람은 16세기 중엽에 오늘날의 리우데자 네이루 부근인 그 나라 동남부 해안지방에 거주하던 인디언족 사이에서 사춘 기 소녀가 겪어야 했던 가혹한 시련에 대해 기술했다. 한 소녀가 그러한 인생 의 중요 시기에 도달하면 머리카락을 불태우거나 밀어서 바싹 짧게 만들었 다. 그런 다음 그녀를 평평한 돌 위에 올려놓고 짐승 이빨로 어깨에서 등 맨 아래까지 베어서 피가 나게 했다. 다음에 야생 조롱박을 태운 재를 그 상처에 문질러 넣고 소녀의 손발을 묶은 다음 해먹으로 달아매는데, 해먹을 단단히 밀봉해서 아무도 그녀를 볼 수 없게 했다. 그 안에서 소녀는 먹지도 마시지도 않고 사흘간 머물러야 했다. 사흘이 지나면 그녀는 발이 땅에 닿지 않게 평평 한 돌을 딛고 해먹에서 걸어나왔다. 생리적 요구가 있을 때에는 여자 친척이 소녀를 등에 업고 밖으로 데려가는데, 그때 악령의 힘이 소녀의 몸에 들어가 는 것을 막기 위해 불붙은 숯을 지니게 했다. 다시 해먹에 돌아오면 소녀는 곡식가루와 삶은 뿌리와 물을 조금 먹을 수 있지만, 소금이나 살코기는 먹지 못했다. 첫 월경기간이 끝날 때까지 소녀는 그와 같이 지내다가, 그것이 끝나 면 가슴과 배, 그리고 등 전체를 따라 깊은 상처자국을 냈다. 둘째 달에도 그 녀는 여전히 해먹에서 지내지만 금식 규칙이 한층 완화되고 실을 잣는 일이 허용되었다. 셋째 달이 되면 그녀는 특정한 물감으로 몸에 검정칠을 하고 평 소와 같이 돌아다니기 시작한다.

영국령 기아나의 마쿠시(Macusi)족은 소녀가 초경의 징후를 보이면 그녀를 해먹에 싸서 오두막집 꼭대기에 매단다. 처음 며칠 동안, 소녀는 낮에는 해먹에 매달린 채 지내고 밤에는 해먹에서 내려와서 불을 지피고 그 옆에서 밤을 보내야 한다. 그렇게 하지 않으면 목과 목구멍, 그리고 신체 다른 부분에 종기가 난다고 한다. 징후가 고조되면 그녀는 엄격하게 금식을 해야 한다. 그러나 징후가 약해지면 해먹에서 내려와서 오두막집 가장 어두운 구석에 그녀를 위해 만들어놓은 작은 칸막이방에서 지낼 수 있다. 아침이 되면 음식을 만들 수도 있는데, 불과 그릇은 따로 자기 것만 써야 한다. 그렇게 열흘쯤 지내면 주술사가 와서 주문을 외우고 그녀의 몸과 그녀가 접촉한 귀중품들에 입김을 불어 마법을 풀어준다. 그녀가 사용한 냄비와 물그릇은 깨뜨린 다음 땅에 파묻는다. 첫 목욕 후에 소녀는 가는 회초리로 어머니에게 매맞는 것을 감수해야 하는데, 이때 울음소리를 내서는 안 된다. 두번째 월경기가 끝날 때도 매를 맞지만 그 이후로는 맞지 않는다. 그녀는 이제 '정결'하며 사람들과 어울릴 수 있다. 기아나의 다른 인디언족은 소녀를 해먹에 싸서 한 달간 오두막 꼭대기에 놓아두었다가, 물리면 몹시 아픈 큰 개미떼에게 노출시킨다. 때로는 개미에게 물리게 하는 것과 더불어 해먹에 싸 높이 매다는 동안 밤낮으로 금식하게 해, 해먹에서 내려올 때쯤이면 소녀는 피골이 상접하게 된다. 소녀를 개미에게 물리게 하는 의도는 그녀가 모성의 의무를 감당할 수 있도록 튼튼하게 만들려는 데 있다고 한다. 브라질의 우아우페(Uaupe)족은 사춘기 소녀를 한 달간 집 안에 격리시켜 놓고 빵과 물만 아주 조금 먹게 한다. 그런 다음에 그녀를 친척과 친구들에게 데려가면, 그들이 각기 돌아가면서 '시포(sipo, 탄력 있는 덩굴식물)' 막대기로 그녀를 너덧 차례씩 때려 그녀가 의식을 잃고 쓰러지게 만든다. 그녀가 정신을 차리면, 그 일을 6시간 간격으로 네 차례 반복한다. 이때 세게 때리지 않으면 그 부모에게 무례를 범하는 것으로 간주한다. 한편으로는 고기와 생선을 담은 냄비를 준비해서 거기에 '시포'를 담근 다음 소녀에게 주어 핥아먹게 한다. 그러고 나면 이제 소녀는 혼인할 수 있는 성년으로 간주된다.

그런 시기에 소녀를 개미에게 물리게 하거나 막대기로 때리는 풍습의 의도는 무슨 벌을 주거나 인내심을 시험하는 것이 아니라 정화의식인 것이 분명하다. 그 목적은 그런 상태에 처한 소녀에게 붙어다니는 것으로 여기는 악한 영향력을 몰아내는 데 있다. 그와 비슷하게, 종교적이거나 제례적인 의식으로서 매질이나 채찍질을 하는 것은 원래 정화의식의 한 방법이었을 것이다. 그 의도는 악마적인 존재로 의인화되든 아니든 간에 눈에 보이지 않게 환자의 몸에 물리적으로 붙어 있다고 믿는 어떤 위험한 감염력을 씻어내고 몰아내는 데 있었다. 얻어맞는 사람에게 가해지는 고통은 매질의 목적이 아니라, 우리가 외과수술을 받을 때 겪는 고통과 마찬가지로 부수적이며 불가피한 사태일 뿐이었다. 후대에는 그러한 풍습을 다르게 해석하여 고통이 부수적인 것이 아니라 의식의 첫째가는 목적이 되었으며, 그리하여 이런 행위를 인생의 중요한 고비 때 발휘해야 할 인내심의 시험이자 신을 기쁘게 하는 육신의 고행으로 간주하였다. 그러나 어떤 형태이든 금욕주의는 결코 원시적인 것이 아니다. 미개인도 어떤 상황에서는 우리가 보기에 전혀 불필요해 보이는 고통과 궁핍을 자발적으로 감수하는 것이 사실이다. 그러나 그렇게 함으로써 어떤 확실한 일시적 이득을 얻을 수 있다고 믿지 않으면 그는 결코 그와 같이 행동하지 않는다. 고통을 위한 고통은 이승에서의 도덕적 훈련이든 내세에 영광스러운 영생을 얻기 위한 수단이든 간에 그가 의도적으로 추구하고자 하는 목적은 아닌 것이다.

캄보디아에서는 사춘기 소녀에게 모기장을 씌워 침대에 눕혀놓고 백일 동안 머물게 한다. 그러나 보통은 나흘이나 닷새, 또는 스무날이면 족하다고 여긴다. 더운 날씨에 촘촘한 모기장 그물에 덮인 상태에서는 그 정도라도 충분한 시련인 것이다. 일설에 따르면, 사춘기를 맞이한 캄보디아 처녀를 두고 "그늘 속에 들어간다"고 일컫는다고 한다. 가문의 계급과 지위에 따라 며칠에서 몇 년까지 계속되는 격리기간 동안 그녀는 낯선 남자의 눈에 띄지 않는 것, 고기나 생선을 먹지 않는 것 같은 많은 규칙을 지켜야 한다. 그녀는 아무데도 가지 못하며, 심지어 절에도 못 간다. 그러나 이러한 격리상태는 일식 중에는 중단된다. 그때 그녀는 밖에 나가서, 천체를 이빨로 깨물어 일식을 일으킨다고 여기는 괴물에게 치성을 드린다. 일식 중에 격리규칙을 깨고 밖에 나다니게 허용하는 것은, 성년을 맞이한 처녀들이 해를 쳐다보지 못하게 하는 금지규정을 얼마나 곧이곧대로 해석하는지 보여주는 실례일 것이다.

2

이와 같이 널리 퍼져 있는 미신은 전설과 민담 속에 흔적이 남아 있을 것으로 보인다. 실제로 그랬다. 한 덴마크 설화에서 우리는 서른 살을 넘기기 전에 햇빛을 쪼이면 마법사에게 잡혀갈 운명에 놓인 공주의 이야기를 듣는다. 그래서 그녀의 아버지인 왕은 그녀를 궁궐 안에 가두어놓고 동쪽·남쪽·서쪽의 모든 창문을 폐쇄해 햇빛이 사랑하는 자식에게 비침으로써 자식을 영원히 잃는 일이 생기지 않도록 했다. 오직 해가 지고 난 저녁에만 그녀는 잠시 궁궐의 아름다운 정원을 산책할 수 있었다. 이윽고 어떤 왕자가 금과 은으로 화려하게 장식한 한 무리의 말 탄 기사와 시종들을 이끌고 구혼하러 왔다. 왕은 왕자가 자기 딸을 아내로 맞이하도록 허락하는 조건으로, 공주가 서른 살이 될 때까지 왕자의 고국에 데려가지 않고 북쪽으로만 창이 나 있는 성에서 함께 살아야 한다고 말했다. 왕자는 동의했고, 둘은 결혼했다. 신부는 겨우 열다섯 살이었기 때문에 어두운 내성(內城)을 벗어나서 신선한 공기를 마시고 해를 보기까지는 15년이라는 지루한 세월이 더 지나가야 했다. 이따금 그들은 손을 잡고 창가에 앉아 북쪽을 내다보며 자유의 몸이 될 때 무슨 일을 할 것인지 이야기를 나누었다. 하지만 항상 똑같은 창문으로 밖을 내다보며 성을 둘러싼 숲과 먼 언덕, 그 위로 소리 없이 떠가는 구름만 쳐다보는 것은 무척이나 지루한 일이었다. 그런데 어느날 성 안의 사람들이 모두 이웃 성으로 마상경기와 다른 구경거리를 보러 가는 일이 생겼다. 두 젊은이는 평소와 같이 창가에 외롭게 남아 북쪽을 내다보았다. 한동안 그들은 멀리 언덕을 응시하며 말없이 앉아 있었다. 그날은 날씨가 음울했고 하늘에 구름이 덮여 비가 내릴 것 같았다. 마침내 왕자가 말했다. "오늘은 햇빛이 없겠는걸. 우리도 마차를 타고 경기장에 가서 다른 사람들과 어울리면 어떻겠소?" 그의 젊은 아내는 흔쾌히 동의했다. 사실 그녀는 창문으로 내다보던, 늘 변함없는 푸른 숲과 변함없는 푸른 언덕말고 더 많은 세상을 구경하고 싶었던 것이다. 그래서 말에 마차를 묶어 문 앞에 끌고 와서 안에 올라타고 목적지로 향했다. 처음에는 모든 것이 괜찮았다. 구름이 숲 위에 낮게 드리우고 바람이 나무 사이에 살랑거리는, 더할 나위 없이 음울한 날씨였다. 그래서 그들은 다른 성에 가서 나머지 사람들과 어울려 마상 창시합을 보기 위해 경기장에 자리를 잡고 앉았다. 그러나 그들은 껑충거리는 말과 나부끼는 창기(槍旗), 기사들의 번쩍이는 갑옷이 어우러진 멋진 광경을 구경하는 데 너무 열중하여 날씨의 변화, 치명적인 변화를 깨닫지 못했다. 바람이 일어 구름을 흩어놓으면서 갑자기 해가 나타나 그 빛살이 후광처럼 젊은 공주를 내리비치자 그녀는 순식간에 사라져버렸다. 옆에 있던 남편 또한 그녀가 없어지자마자 신비스럽게 사라졌다. 마상경기는 혼란 속에 중단되고, 딸을 잃은 아버지는 서둘러 집에 돌아와 생명의 빛이 떠나버린 어두운 성 안에 틀어박혔다. 북쪽으로 난 창으로 푸른 숲과 푸른 언덕은 여전히 볼 수 있었지만, 그곳에서 동경에 잠겨 그 경치를 응시하던 젊은이들의 모습은 영원히 사라져버린 듯했다.

티롤의 한 설화에는 햇빛을 쪼이면 고래 뱃속으로 이동할 운명을 지닌 사랑스러운 금발처녀 이야기가 나온다. 그녀의 미모에 대한 평판을 듣고 그 나라 왕이 사람을 보내 그녀를 신부로 데려가려고 했다. 그래서 그녀의 오빠가 햇빛이 들어오지 못하도록 조심스럽게 밀폐한 마차에 그 아름다운 처녀를 싣고 직접 마부석에 앉아 고삐를 잡고 호송길에 올랐다. 도중에 그들은 흉칙한 두 마녀를 지나쳤는데, 그들은 몹시 지친 시늉을 하며 마차에 좀 태워달라고 애원했다. 처음에 오빠는 그들의 청을 거절했다. 그러나 상냥한 마음씨를 지닌 그의 누이가 발이 부르튼 불쌍한 두 여인에게 동정을 베풀 것을 그에게 간청했다. 그녀가 그들의 정체를 알지 못했으리라는 것은 쉽게 상상이 가는 일이다. 그래서 오빠는 내키지 않는 기색으로 마부석에서 내려 마차문을 열어주었고, 두 마녀는 속으로 웃으며 마차에 올라탔다. 그런데 오빠가 다시 마부석에 올라 말에 채찍질을 하는 순간, 두 사악한 마녀 중 하나가 밀폐된 마차 안에 구멍을 뚫었다. 즉각 햇빛이 구멍으로 쏟아져 들어와 아름다운 처녀를 비추었다. 그러자 그녀는 마차에서 사라져 인접한 바다를 유영하던 한 고래 뱃속으로 빨려들어갔다. 마차문을 열었을 때 꽃 같은 신부 대신에 흉칙한 두 노파가 튀어나오는 것을 보고 왕이 얼마나 놀랐을지 상상이 갈 것이다!

근대 그리스 민담에 나오는 한 공주는 운명의 여신에게서 그녀가 열다섯 살이 되었을 때 햇빛을 쪼이지 않도록 주의해야 한다는 예언을 듣는다. 만약 그런 일이 생기면 도마뱀으로 변한다는 것이었다. 또다른 근대 그리스 설화에서는 태양신이 어떤 자식 없는 여자에게 딸을 내려주면서 그녀가 열두 살이 되면 자신에게 되돌려달라는 조건을 붙인다. 그래서 아이가 열두 살이 되자, 그 어머니는 태양신이 와서 자기 딸을 데려가는 것을 막기 위해 문과 창문을 꼭꼭 잠그고 모든 갈라진 틈과 구멍을 막아버렸다. 그러나 그녀는 열쇠구멍 막는 것을 잊어버렸다. 그래서 그 구멍을 통해 들어온 햇빛이 딸아이를 데리고 가버렸다. 시칠리아 설화에서는 한 예언자가 왕에게 딸이 생길 것이며, 그녀는 열네 살에 태양신의 아이를 임신하게 될 것이라고 예언한다. 그래서 아이가 태어나자 임금은 그녀가 햇빛을 쪼이지 못하게 창문이 없는 외진 성탑에 가두어놓았다. 그녀가 거의 열네 살이 되었을 때 부모가 보내준 구운 새끼염소 고기에서 뾰족한 뼈를 찾아냈다. 이 뼈로 그녀는 벽을 긁어 구멍을 냈고, 햇빛이 구멍으로 쏟아져 들어와 그녀에게 아이를 잉태시켰다.

옛 그리스의 다나에(Danaë) 설화*도 아마 같은 부류에 속할 것이다. 다나에는 아버지가 지하방 또는 놋쇠로 만든 탑에 감금했는데, 황금빛 소나기로 변신하여 접근한 제우스의 아이를 임신했다고 한다. 이 설화는 시베리아의 키르기스족 시조설화와 닮은꼴이다. 어떤 칸(汗)에게 아름다운 딸이 있었는데, 그는 남자들이 보지 못하게 그녀를 검은 쇠집 속에 가두어놓았다. 한 노파가 그녀를 돌보았는데, 성년이 되자 그녀가 노파에게 물었다. "할머니는 어디를 그렇게 자주 가는 거죠?" 노파가 말했다. "아가씨, 밖에는 밝은 세상이 있답니다. 그 밝은 세상에 아버지와 어머니가 살고 온갖 사람들이 살지요. 내가

---

*Pausanias, ii. 43. 7. Apollodorus, *Bibliotheca*, ii. 4. 1(아울러 프레이저 편집본에 실린 그의 각권 주석). 다나에는 아르고스 왕 안크리시오스의 딸이었는데, 왕은 그녀의 아들이 자기를 죽일 것이라는 신탁을 들었다. 그래서 그는 다나에를 밀폐된 탑 속에 가두었다. 그러나 그녀의 애인인 제우스는 황금빛 소나기로 변신하여 그녀를 만나는 데 성공했다. 그들 사이에서 태어난 아들 페르세우스는 나중에 원반던지기 경기를 하던 중에 우연하게 안크리시오스를 죽였다. 파우사니아스 시대에는 아르고스 방문객들에게 그 탑을 보여주었다. 그러나 그녀를 가두었던 감옥의 정확한 성격에 대해서는 약간의 혼동이 있었다. 프레이저는 파우사니아스에 대한 주석에서 이렇게 말한다. "파우사니아스는 다나에를 가둔 감옥이 지하건물 위에 지은 청동 방이라고 설명한다. 아폴로도루스와 소포클레스는 놋쇠로 된 커다란 지하실이라고 이야기한다. 호라티우스는 놋쇠로 지은 탑이라고 말한다"(*Pausanias's Description of Greece*, vol. iii. p. 205). 소포클레스는 다나에를 크레온에게 감금당하는 안티고네에 비견하고 있다.

가는 곳은 바로 거기랍니다." 처녀가 말했다. "착한 할머니, 아무한테도 말하지 않을 테니 그 밝은 세상을 보여주세요." 그래서 노파는 소녀를 데리고 쇠집 바깥으로 나갔다. 그러나 밝은 세상을 보자 소녀는 비틀거리다가 정신을 잃었다. 그리고 신의 눈길이 소녀에게 닿아 소녀는 임신을 했다. 성난 아버지는 소녀를 황금 궤짝에 넣어 넓은 바다로 떠내려 보냈다(동화의 나라에서는 황금도 물에 뜰 수 있다). 그리스 설화의 황금 소나기와 키르기스 전설의 신의 눈길은 아마도 햇빛과 해를 상징할 것이다.

3

이와 같이 사춘기 소녀에게 공통적으로 가하던 제약의 동기는 원시인이 월경혈에 대해 보편적으로 품고 있는 뿌리 깊은 두려움이다. 그들은 항상 그것을 두려워하지만, 초경 때 특히 심하다. 따라서 초경을 하는 여자에게 가하는 제약은 그 신비스러운 출혈이 뒤이어 반복될 때 지켜야 하는 어떤 규칙보다도 보통 더 엄격하다.

그래서 예컨대 남부 오스트레일리아의 엔카운터 만(灣)에 거주하는 부족은 "여자가 월경을 할 때 야영지에서 떨어져 지내도록 하는 미신이 있다. 그때 젊은 남자나 소년이 다가오면 그녀는 소리를 지른다. 그러면 그 남자는 즉시 그녀를 피해 돌아서 간다. 그녀가 이 일을 소홀히 하면 비난의 대상이 되며, 때로는 남편이나 가까운 친척에게 심한 매를 맞기도 한다. 왜냐하면 소년들은 어릴 때부터 월경피를 보면 일찍부터 머리가 세고 체력이 쇠약해진다는 말을 듣고 자라기 때문이다." 일반적으로 남부 오스트레일리아 원주민에게는 "모든 소년과 성인식을 하지 않은 젊은 남자들을 어른들의 오두막에서 조금 떨어진 곳에서 재우고, 동이 트고 토인들이 돌아다니기 시작하자마자 모조리 멀리 쫓아내는 관습이 있다. 이는 그들이 여자들을 보지 못하게 하기 위한 것이다. 여자들 중 몇몇은 월경 중일 수도 있는데, 젊은 남자가 그런 여자를 쳐다보면 무서운 결과가 올 것으로 여기기 때문이다." 이와 비슷하게, 머리(Murray) 강의 토인들은 "물고기에게 겁을 줄 우려가 있다 하여 (월경 중인 여자가) 물 가까이 가는 것을 허용하지 않았다. 그들은 또 같은 이유로 물고기를 먹는 것도 허용하지 않았다. 그런 기간 중에 있는 여자에게는 카누를 타고 강을 건너거나 야영지에 물을 길어오는 일도 못하게 했다. 그녀가 '타마(Thama)'라고 말하기만 하면 남편이 몸소 가서 물을 길어왔다." 중부 오스트레일리아의 디에리(Dieri)족은 그런 시기에 여자가 물고기를 먹거나 강에서 목욕을 하면 물고기가 전부 죽고 물이 말라버린다고 믿는다. 이 부족은 여자의 입 주위에 붉은 황토를 칠해서 월경 중이라는 것을 표시한다. 그런 여자에게는 아무도 물고기를 주지 않는다. 중부 오스트레일리아의 아룬타족은 월경 중인 여자가 남녀 공동의 주식인 '이리아쿠라(irriakura)' 구근(球根)을 채집하는 것을 금한다. 이 규칙을 어기면 구근이 씨가 마른다고 그들은 믿는다.

북아메리카 인디언 부족은 대부분 월경 중인 여자를 야영지나 마을에서 격리하여 그들이 사용하기 알맞게 특별히 지은 오두막이나 거처에서 부정한 기간을 보내게 하는 것이 관례였다. 거기에서 그들은 따로 떨어져 거주하며, 자기들끼리 먹고 자고, 자기들끼리 불을 피웠다. 특히 남자들과 어떤 식으로든 교제하는 것을 엄하게 금했다. 남자들은 마치 전염병에 걸린 사람을 대하듯이 그들을 피했다. 뿐만 아니라 이 월경기 오두막에서 사용하는 어떤 가구도 다른 곳에서 쓰지 못하는데, 불피우는 도구인 부시와 숫돌조차 그러했다. 아무도 격리생활을 하는 여자에게서 불을 빌리지 않았다. 만약 어떤 백인이 모르고서 그녀에게 파이프에 불을 붙여달라고 청하면, 그녀는 그 청을 거절하면서 그렇게 하면 코피가 나고 두통이 생겨 결국 병들게 될 것이라고 말할 것이다.

캐리어(Carrier) 부족*에서는 한 소녀가 여성의 자연스러운 신체현상인 첫 월경을 경험하면, 그녀의 아버지는 즉석에서 조그만 옷 선물을 토인들에게 돌려 그녀의 죄스러운 상태를 속죄할 의무가 있다고 스스로 믿었다. 여자들의 이러한 주기적 상태는 간접적으로라도 그런 여자와 어떠한 교류를 맺는 남자는 물론, 그런 상태의 여자들을 위해 오랜 관례로 정해놓은 모든 의식을

---

*드네(Dené) 열도 출신의 콜럼버스 이전 시대 부족으로서 미망인들이 남편을 매장하지 않고 화장한 유골을 몸에 지니고 다니는 것이 특색이었다.

조심성 있게 지키지 못한 여자 자신에게도 치명적인 결과를 초래하는, 하나의 법적인 부정행위로 간주되었다.

"인생의 그 같은 단계에 접어든 처녀는 즉각 무리에서, 심지어 부모에게서 격리되어 사람이 다니는 길과 행인들의 눈길에서 멀리 떨어진 작은 초막집에서 혼자 머물도록 강요당했다. 어떤 남자든 그 여자가 우연히 쳐다보기만 해도 해로운 영향을 받는다고 여겼기 때문에, 그 여자는 베일과 보닛, 짧은 망토를 겸한 일종의 머리씌우개를 걸쳐야 했다. 그것은 무두질한 가죽으로 만들었으며, 앞면은 얼굴과 가슴을 완전히 가리는 기다란 술같이 생겼다. 그리고 머리 쪽은 꼭 맞는 모자나 보닛같이 생겼으며, 뒷면은 넓은 띠처럼 생겼는데 거의 발꿈치까지 드리웠다. 이러한 머리씌우개는 소녀의 고모가 만들어서 공개리에 머리에 씌워주었으며, 고모는 그와 동시에 소녀의 아버지에게서 일정한 선물을 받았다. 서너 해가 지나 격리기간이 끝나면 머리씌우개를 벗게 되는데, 조카에게 머리씌우개를 만들어준 바로 그 고모만이 그것을 벗겨줄 수 있었다. 나아가서 소녀를 사로잡고 있다고 여기던 악한 영향력을 막기 위해 손가락과 손목, 발목과 무릎 바로 아래 종아리에 힘줄로 만든 장식용 고리와 팔찌를 끼웠으며, 허리띠에는 각기 '초엔쿠스(Tsoenkuz, 뼈통)'와 '칠초엣(Tsiltsoet, 머리긁개)'이라고 부르는 뼈로 만든 도구를 두 개 매달았다. 전자는 음료를 마실 때 쓰는 속이 빈 백조 뼈다귀로, 이것이 아닌 다른 어떤 것으로 마시든 불법이었다. 후자는 포크처럼 생겼으며 언제든 머리를 긁고 싶을 때 사용했다. 손가락을 직접 머리에 대는 것을 소녀의 건강을 해치는 행동으로 여긴 것이다. 이와 같이 격리되어 있는 동안 그녀는 캐리어족 말로 '아스타(asta)', 곧 '산 채로 매장된 자'로 불렸으며, 엄격한 금식과 금욕 생활을 해야 했다. 그녀가 먹을 수 있는 유일한 음식은 아무도 만질 수 없는, 말린 생선을 삶아 작은 나무껍질 그릇에 담은 요리였다. 그녀는 특히 싱싱한 생선은 물론 어떤 종류든 육식을 금해야 했다. 그러나 그녀가 감수해야 할 일은 그것이 전부가 아니었다. 그녀가 그 두 가지 음식을 멀리서라도 접촉하는 것은 무척 두려운 일이었기 때문에, 그녀는 공공 도로나 오솔길, 짐승이 다니는 길을 가로질러 갈 수 없었다. 그런 장소를 반드시 건너가야 할 필요가 있을 때에는 길에 닿지 않게 그녀를 보따리에 싸거나 들어올려 길 위로 운반함으로써, 그 길을 지나갔거나 그 길로 운반한 사냥감이나 고기를 그녀가 오염하지 않게 해야 하는 것이다. 그것은 또한 그녀에게 해롭기 때문에 금지된 음식으로부터 그녀 자신을 보호하기 위한 것이기도 했다. 마찬가지로 그녀는 결코 개울이나 연못을 건널 수 없는데, 이는 그러면 물고기가 죽게 된다는 우려 때문이었다."

"또, 오랜 제례적 규범에서 정한 처방에 따르면, 이러한 초기적 상태의 여자들은 가능한 한 적게 먹고, 특히 매달 월경이 진행될 때는 누워서 지내야 했다. 이는 장기간에 걸친 금식과 그로 인한 쇠약에 따른 자연스러운 결과일 뿐 아니라, 주요하게는 걸맞은 참회정신을 보여주는 것이었다. 이렇게 하면 그 보상으로 후년에는 지속적으로 무병장수를 누리게 된다고 여겼다. 이러한 고행 또는 격리생활은 서너 해 이상 계속되었다."

인간 본성을 연구하는 철학도는 미개인의 정신 속에 이처럼 깊이 박혀 있는 관념이 더 발전한 사회단계에서 백성을 인도하기 위해 입법자들이 제정한, 직접적인 신의 영감에서 이끌어냈다고 주장하는 정교한 법전 속에 다시 나타나는 것을 보거나 깨닫더라도 놀라지 않을 것이다. 그것을 어떻게 설명하든 가장 초기의 공식적인 신의 말씀과 미개인의 관념 사이에 존재하는 유사성은 의심할 나위 없이 긴밀하고 놀라울 정도다. 어떤 이들이 생각하듯이 태곳적에 신이 인간과 직접 얼굴을 맞대고 대화를 했든, 아니면 다른 이들이 주장하듯이 인간이 미개하고 허황한 자기 생각을 신의 계시로 착각했든지 간에 그렇다. 어쨌든 월경기 여자의 본성적인 부정함은 몇몇 고대 입법자들에게 일률적으로 나타나는 관념인 것이 분명하다. 창조주 브라만에게서 자신의 법전을 받았다고 공언하는 힌두족의 입법자 마누(Manu)는, 남자가 월경 중인 여자에게 접근하면 그의 지혜·원기·체력·시력·생명력을 완전히 잃을 것이며, 반대로 그녀를 피하면 그의 지혜·원기·체력·시력·생명력이 모두 늘어날 것이라고 알려준다. 페르시아의 입법자 조로아스터(Zoroaster)는 그의 말대로라면 지고한 존재인 '아후라 마즈다(Ahura Mazda)'의 입에서 자기 법전을 꺼내왔다고 하는데, 그는 이 주제에 특별히 관심을 기울였다. 그에 따르면, 월경에 따른 출혈은 비정상적으로 표현할 때 '아흐리만(Ahriman)', 곧 악마의 소행이다. 따라서 그것이 계속되는 한 여자는 "부정하고 귀신이

들려 있다. 그녀의 손길이 닿으면 더럽혀질 충실한 신도들로부터, 그리고 그녀가 쳐다보기만 해도 손상을 입을 불로부터 그녀는 격리되어 감금생활을 해야 한다. 그녀는 음식을 먹고 싶은 대로 먹어서는 안 된다. 그녀가 얻는 힘은 악마에게 보태주는 것이기 때문이다. 그녀의 음식은 손으로 건네주어서는 안 되며, 먼 거리에서 기다란 납숟가락에 담아 전해주어야 한다." 마누와 조로아스터처럼 그 신성한 사명을 전혀 의심받지 않은 헤브라이 입법자 모세(Moses)는 이 주제를 훨씬 더 길게 다루고 있다.* 그러나 이 주제에 관해 신이 내린 법령을 그것과 아주 흡사한 캐리어 인디언의 순전히 인간적인 규칙과 비교하는 과제는 독자의 몫으로 남겨두어야 할 것 같다.

현존하는 가장 오래된 백과사전 ─ 플리니우스의 『박물지 *Natural History*』 ─ 에 나오는, 월경이 초래하는 위험에 대한 목록은 단순한 미개인들이 제기하는 어떤 것보다도 길다. 플리니우스에 따르면, 월경 중인 여자의 손길은 포도주를 식초로 만들고, 농작물을 시들게 하고, 묘목을 죽이고, 정원을 황폐하게 하고, 나무에서 열매를 떨어뜨리고, 거울을 흐리게 하고, 면도칼을 무디게 하고, 쇠와 놋쇠를 (특히 달이 기울 때) 녹슬게 하고, 꿀벌을 죽이거나 최소한 벌집에서 쫓아내고, 암말을 유산시킨다. 그밖에도 많다. 이와 비슷하게, 유럽 여러 지방에서는 지금도 월경 중인 여자가 양조장에 들어가면 맥주가 시어진다고 믿는다. 또, 그녀가 맥주나 포도주, 식초, 우유를 건드리면 맛을 버리고, 그녀가 잼을 만들면 쉽게 부패하고, 그녀가 암말에 올라타면 암말이 유산을 하고, 그녀가 꽃봉오리를 건드리면 시들어버리고, 그녀가 체리나무에 올라가면 나무가 죽는다고 믿는다. 브룬스비크 사람들은 월경 중인 여자가 돼지 잡는 것을 도우면 돼지고기가 썩는다고 생각한다. 그리스의 칼림노스(Calymnos) 섬에서는 그런 시기의 여자가 우물에 가서 물을 긷거나 흐르는 개울물을 건너거나 바다에 들어가지 못하게 한다. 그녀가 배에 타고 있으면 폭풍우가 인다고 한다.

이와 같이 월경 중인 여자들을 격리하는 목적은 그런 시기에 그들이 발산한다고 하는 위험한 영향을 중화하려는 것이다. 초경 때 특히 위험이 크다고

*「레위기」 15 : 19~33.

여기는데, 이는 이러한 고비에 소녀들을 격려하기 위해 취하는 이례적인 예 방조치에서 나타난다. 그러한 예방조치 가운데 두 가지는 앞에서 살펴보았 다. 곧, 소녀들이 땅을 밟지 못하게 하거나 해를 보지 못하게 하는 규칙이 그 것이다. 이러한 규칙의 일반적인 효과는 그녀를 말하자면 하늘과 땅 사이에 머물러 있게 하는 것이다. 남아메리카에서처럼 해먹에 싸여 지붕에 매달리 든, 뉴아일랜드에서처럼 어둡고 좁은 울 안에서 땅 위로 떠받쳐져 있든 간에, 그렇게 함으로써 그녀는 재앙을 미치는 데서 벗어나는 것으로 간주된다. 왜 냐하면 땅과 해를 차단하는 탓에 그녀가 자신의 치명적인 감염력으로 그 위 대한 생명의 원천들에 해를 끼칠 수 없기 때문이다. 간단히 말해서 그녀는 전 기적 용어로 절연상태에 놓임으로써 무해하게 되는 것이다. 그러나 이와 같 이 소녀를 격리 내지 절연시키기 위해 취하는 예방조치는 다른 사람들의 안 전뿐만 아니라 그녀 자신의 안전에 대한 고려도 포함한다. 지정된 섭생법을 소홀히 하면 그녀 자신이 고통을 당하는 것으로 여기기 때문이다. 그래서 줄 루족 소녀들은 사춘기에 이르렀을 때 햇빛이 자신들에게 비치면 해골같이 쪼 그라든다고 믿으며, 브라질 몇몇 부족의 젊은 여자들은 금지규칙을 어기면 목과 목구멍에 종기가 생긴다고 생각한다. 간단히 말해서, 사람들은 소녀를 어떤 경계선 안에 가두어놓지 않으면 그녀와 그녀가 접촉하는 모든 사람을 파멸시키는 결과를 초래할 수도 있는 강력한 힘을 얻게 된다고 여긴다. 모든 관련자의 안전을 위해 필요한 경계선 안에 그러한 힘을 억제해 놓는 것이 지 금 다루고 있는 터부의 목적인 셈이다.

신성한 왕과 사제가 동일한 규칙을 준수하는 관습에도 같은 설명을 적용할 수 있다. 이른바 사춘기 소녀들의 부정함과 성스러운 인간들의 신성함은 원 시인이 보기에 실질적으로 다르지 않다. 그것은 에너지 일반과 같이 좋지도 나쁘지도 않은 어떤 신비한 에너지의 서로 다른 표현일 뿐이며, 어떻게 적용 하느냐에 따라 유익하게도 되고 해롭게도 되는 것이다. 따라서 만약 사춘기 소녀같이 신성한 인물들이 땅도 밟지 않고 해도 보지 않는다면, 그 이유는 한 편으로 그들의 신성이 땅이나 하늘과 접촉할 때 그 어느 쪽에든 치명적인 파 괴력을 미칠까봐 두렵기 때문이며, 다른 한편으로는 신적인 존재가 그와 같 이 자신의 영험한 능력을 방출하고 나면 그것의 적절한 수행에 백성들과 심지어 세상의 안전까지 달려 있다고 여기는 주술적 역할을 장차 수행할 수 없게 될까봐 우려하기 때문이다. 그러므로 이 규칙들의 의도는 신적인 인간의 생명을 보호하고, 그와 더불어 그의 신민과 숭배자들의 생명까지 보호하려는 데 있다. 귀중하면서도 위태로운 그의 생명은 하늘도 땅도 아닌, 그 둘 사이에 머물러 있을 때가 다른 어디에 있을 때보다 더 안전하고 무해할 수 있기 때문이다.

우리는 오랜 옛적의 관념을 반영하는 전설과 민담에 등장하는, 부러우면서도 부담스러운 영생의 능력을 타고난 존재들에게서 그와 같이 하늘과 땅 사이에 머물러 있는 속성을 발견한다. 쿠마이의 아폴로 신전에 걸려 있는 한 항아리에는 죽지 않는 무녀의 시들어빠진 잔해가 남아 있다고 한다. 한떼의 흥에 겨운 아이들이 아마도 햇볕이 쨍쨍한 거리에서 노는 데 싫증이 나자, 신전의 그늘을 찾아와서 그 친숙한 항아리 아래 모여 놀면서 이렇게 소리쳤다. "무녀야, 너는 무얼 하고 싶니?" 그러면 항아리 안에서 메아리같이 공허한 목소리가 이렇게 대답하곤 했다. "나는 죽고 싶다."* 톰스도르프(Thomsdorf)에서 어떤 독일 농부의 입을 통해 채록한 설화에 따르면, 옛날 옛적에 영원히 살기를 바라는 한 소녀가 런던에 있었다. 그래서 사람들은 이렇게 말한다.

> 런던, 런던은 좋은 도시라네.
> 한 처녀가 영원히 살고 싶다고 기도했다네.

그런데 그 소녀는 아직까지 살아서 한 교회의 바구니 안에 걸려 있으며, 성요한 축일 때마다 대략 정오 무렵에 롤빵 한 조각을 먹는다고 한다. 또다른 독일 설화에 따르면, 단치히에 살던 한 귀부인은 너무나 부유한 데다 인생이

---

*Petronius, *Satyricon*, 48. 이 일화는 트리말키오(Trimalchio)의 만찬석상에서 벌어진 일이다. 벼락부자인 주인은 자신의 여행과 세상견문을 자랑하며 떠벌인다. 그러나 그 이야기는 그에게 되돌아와 단지 그의 무지를 입증하는 데 이바지하게 될 뿐이다. 왜냐하면 쿠마이의 무녀는 그가 말하듯이 '항아리 속(*in ampulla*)'이 아니라 바구니 속에 매달려 있는 것으로 알려져 있기 때문이다. 이 구절은 T. S. 엘리엇의 『황무지』(1922)의 제사(題辭)와 유사한 풍자적 의도를 담고 있다.

줄 수 있는 모든 축복을 누렸기 때문에 죽지 않고 항상 살기를 바랐다고 한
다. 그래서 말년에 이르러 그녀는 정말로 죽지 않고 죽은 것같이 보이기만 했
다. 그리고 오래지 않아 사람들은 교회 기둥의 빈 구멍에서 그녀가 반은 앉고
반은 선 자세로 꼼짝 않고 있는 것을 발견했다. 그녀는 손 하나 까딱하지 않
았으나, 사람들은 그녀가 살아 있는 것을 분명히 보았으며, 축복받은 오늘날
까지 그녀는 거기에 앉아 있다. 해마다 설날이면 교회지기가 와서 성체의 빵
한 조각을 그녀 입에 넣어주며, 그것이 그녀가 먹고 살아야 하는 전부다. 오
래고 오래도록 그녀는 이승의 덧없는 삶을 천국의 영원한 기쁨보다 위에 놓
았던 자신의 치명적인 소망을 후회했다고 한다. 세번째 독일 설화는 똑같이
어리석은 영생의 소망을 지녔던 한 귀족 처녀 이야기를 전한다. 그래서 사람
들은 그녀를 바구니에 담아 교회에 매달아 놓았는데, 그녀를 거기 놓아둔 이
래로 수많은 해가 지났지만 그녀는 거기 그대로 매달려서 죽지 않고 살아 있
다. 그러나 해마다 어떤 날이 되어 사람들이 그녀에게 롤빵을 주면, 그녀는
먹으면서 이렇게 외친다. "영원히! 영원히! 영원히!" 그리고 그렇게 한 번 외
치고 나면 다음해 같은 시간까지 다시 침묵에 잠긴다. 그래서 이와 같이 영원
히, 영원히 이어갈 것이다. 홀슈타인의 올덴부르크(Oldenburg) 부근에서 채
록한 네번째 설화는 이런 이야기를 전한다. 한 명랑한 귀부인이 늘 먹고 마시
며 즐겁게 살았다. 그녀는 마음속으로 바랄 수 있는 모든 것을 얻었으며, 죽
지 않고 항상 살아 있기를 소망했다. 처음 백년은 모든 일이 잘 돌아갔다. 그
러나 그 이후 그녀는 쪼그라들고 시들기 시작해서 마침내는 걷지도 서지도
못하고, 먹지도 마시지도 못했다. 그러나 죽을 수가 없었다. 처음에 사람들은
마치 어린아이에게 하듯이 그녀에게 음식을 먹여주었다. 그러나 그녀가 갈
수록 작아지자 사람들은 그녀를 유리병에 담아 교회에 걸어두었다. 그래서
그녀는 아직도 뤼벡의 성모 마리아 교회에 걸려 있다. 그녀는 생쥐만큼이나
작으며 1년에 한 번씩 몸을 꿈틀거린다고 한다.

3장
발데르의 불

1

그 삶이 어떤 의미에서 하늘도 땅도 아닌 그 둘 사이에 있다고 할 수 있는 신이 노르웨이의 발데르(Balder)다. 그는 선하고 아름다운 신으로서 주신(主神) 오딘(Odin)의 아들이며, 모든 불멸의 존재 중에서 가장 지혜롭고 가장 온화하고 가장 사랑받는 신이었다. 『신판(또는 산문편) 에다 prose *Edda*』*에 나오는 그의 사망설화는 다음과 같다. 옛날 옛적에 발데르는 자기 죽음을 예고하는 듯한 불길한 꿈을 꾸었다. 그 때문에 신들은 회의를 열어 그를 모든 위험으로부터 안전하게 보호하기로 결의했다. 그래서 오딘의 처 프리그(Frigg) 여신은 불과 물, 쇠와 모든 금속, 돌과 흙과 나무, 질병과 독, 모든 네발 짐승과 새, 기어다니는 것들로부터 결코 발데르를 해치지 않겠다는 맹세를 받았다. 이렇게 하고 나자 발데르는 불사신이 된 듯 보였다. 그래서 신들은 그를

---

*『에다』는 현존하는 가장 오래된 북구 전설이라 할 수 있는데, 프레이저는 짐로크(K. Simrock)가 쓴 1882년도 독일어판으로 그것을 읽었다. 삭소 그라마티쿠스도 후기 빅토리아 시대 사람들을 위해 존 라이스가 *Celtic Heathendom* (London and Edinburgh, 1888)에 수록한 바와 같은 발데르의 이야기를 전한다. 그러나 발데르는 1855년 이래로 영국인들에게 커다란 상징적 의미를 지녔다. 바로 그 해에 매튜 아놀드가 자기 시 〈발데르의 죽음〉에서 그의 시체를 실은 배가 피요르드를 떠내려가면서 모든 신들의 꺼져가는 잿불에 단속적으로 불붙어 타오르는 장면을 환기시켰던 것이다. 이 구절은 바그너의 *Götterdämmerung*에서 신들의 왕국이 불길 속에 타오를 때의 가라앉는 선율과 대비하여 낭독할 만하다. 그 의도가 전적으로 다른 것은 아니다.

가운데 놓고 어떤 이는 활을 쏘고, 어떤 이는 도끼질을 하고, 어떤 이는 돌을 던지며 장난을 했다. 그러나 그들이 어떤 짓을 해도 그를 해칠 수 없었다. 그래서 그들은 모두 기뻐했다. 단지 재앙을 일으키는 신인 로키(Loki)만이 기분이 나빠서 노파로 변장하고 프리그에게 갔다. 프리그는 자기가 모든 것에게 발데르를 해치지 않겠다는 맹세를 받았기 때문에 신들의 무기가 발데르를 해치지 못한다고 그에게 이야기했다. 그러자 로키가 물었다. "모든 것이 발데르를 해치지 않기로 맹세했나요?" 그녀가 대답했다. "발할라(Walhalla) 동쪽에 겨우살이(mistletoe)라는 식물이 있는데 너무 어려 보여서 맹세를 받지 못했다네." 그래서 로키는 가서 겨우살이를 뽑아서 신들이 모여 있는 곳에 가져갔다. 거기서 그는 눈먼 신 호테르(Hother)가 둥글게 둘러선 신들 바깥에 서 있는 것을 보았다. 로키가 그에게 물었다. "왜 발데르한테 던지지 않소?" 호테르가 대답했다. "나는 그가 서 있는 곳이 보이지 않네. 게다가 무기도 없거든." 그러자 로키가 말했다. "다른 신들이 하듯이 발데르에게 경의를 표하시오. 그가 서 있는 곳을 내가 알려주리다. 그리고 이 나뭇가지를 그에게 던지시오." 호테르는 겨우살이를 들고 로키가 가리키는 대로 발데르에게 던졌다. 겨우살이는 발데르에게 적중하여 그를 관통했다. 그래서 그는 쓰러져 죽었다. 그것은 일찍이 신들과 인간들에게 닥친 가장 큰 재앙이었다. 한동안 아무 말도 못하고 서 있던 신들은 뒤이어 큰소리로 슬프게 통곡했다. 그들은 발데르의 시체를 바닷가로 가져갔다. 거기에는 발데르의 배가 정박해 있었다. 그것은 '링고른(Ringhorn)'이라고 불렸으며, 모든 배 중에서 가장 컸다. 신들은 배를 띄워 그 위에서 발데르를 화장하고자 했으나 배는 꿈쩍도 하지 않았다. 그래서 그들은 히로킨(Hyrrockin)이라고 하는 여자 거인을 불러왔다. 그녀가 늑대를 타고 와서 배를 어찌나 세게 밀었는지 굴림대에서 불꽃이 일고 온 땅이 흔들렸다. 그러고 나서 발데르의 시체를 배 위로 운반하여 화장용 장작더미 위에 놓았다. 그의 부인 난나(Nanna)는 그 광경을 보고 슬픔에 가슴이 터져 죽었다. 그래서 그녀도 남편과 함께 장작더미 위에 놓고 불을 붙였다. 발데르의 말도 모든 마구(馬具)를 그대로 갖춘 채 장작더미 위에서 불태웠다.

『구판(또는 시편) 에다 poetic *Edda*』에서는 발데르의 비극적인 설화를 길게 이야기하기보다 암시적으로 언급하고 있다. 『볼루스파 *Voluspa*』라고 하는 신비한 예언서에 노르웨이의 무녀가 보고 묘사한 환상 중에 치명적인 겨우살이에 관한 것이 나온다. "나는 보인다." 무녀는 말한다. "보덴(Woden)의 아들, 피의 제물인 발데르에게 다가오는 운명이. 땅 위에 높이 피어오른 가늘고 여린 겨우살이가 저기 서 있다. 아주 가냘퍼 보이는 이 어린 싹에서 해롭고 치명적인 화살대가 자라날 것이다. 호드(Hod)가 그것을 던질 것이며, 펜할(Fen-hall)의 프리가(Frigga)는 발할(Wal-hall)의 재앙 때문에 통곡할 것이다." 하지만 더 멀리 미래를 들여다보며 무녀는 새 하늘과 새 땅의 더 희망찬 환상을 본다. 거기서는 씨뿌리지 않은 밭에 소출이 나고 모든 고통이 아물 것이다. 그때가 되면 발데르는 돌아와서 태양보다 더 환한, 황금지붕을 얹은 오딘의 축복의 저택에서 거주할 것이며, 거기서 그 의로운 신은 영원히 기쁨을 누릴 것이다.

12세기 말경에 글을 쓴, 옛 덴마크의 역사가 삭소 그라마티쿠스(Saxo Grammaticus)는 발데르의 설화를 역사적인 사실처럼 기술하고 있다. 그에 따르면, 발데르와 호테르는 노르웨이 왕 게바르(Gewar)의 딸인 난나에게 구혼한 경쟁자들이었다. 그런데 발데르는 반신(半神)이었기 때문에 보통 강철로는 그의 신성한 몸을 상하게 할 수 없었다. 두 경쟁자는 서로 치열한 결투를 벌였다. 오딘과 토르(Thor)와 나머지 신들이 발데르 편에서 싸웠지만 발데르는 패배해서 달아났고, 호테르가 공주와 결혼했다. 그렇지만 발데르는 용기를 내서 패배당했던 벌판에서 다시 호테르와 맞섰다. 그러나 그는 전보다 더 심하게 패했다. 왜냐하면 호테르가 숲의 사티로스 신 미밍(Miming)에게서 얻은 마법의 검으로 그를 상대했기 때문이다. 그래서 발데르는 부상을 입고 사흘간 고통에 시달리다가 죽었으며, 왕족의 예우를 갖추어 무덤에 매장되었다.

실제 인물이든 단지 전설상의 인물이든 간에, 발데르는 노르웨이에서 숭배의 대상이었다. 아름다운 송네 협만(Sogne-Fjord)의 한 만, 울창한 소나무 숲으로 덮이고 높다란 폭포수가 멀리 아래쪽 협만의 검푸른 물에 미처 닿기도 전에 물보라가 되어 흩어지는 장소에 발데르의 큰 성소(聖所)가 있었다. 그곳은 '발데르의 숲'이라고 불렸다. 말뚝 울타리로 성지를 에워싼, 그 안에 수많은 신상을 비치한 널찍한 신전이 있었는데, 그 신들 중 아무도 발데르만큼 지성으로 숭배받지 못했다. 이교도들이 그곳을 너무나 외경했기 때문에, 어떤 남자도 거기서 다른 사람을 해치거나, 가축을 훔치거나, 여자를 범하지 못했다. 그러나 여자들은 신전에 놓인 신상들을 돌보았다. 그들은 신상에 불을 쪼여 따뜻하게 해주고, 기름을 발라주고, 헝겊으로 닦아주었다.

발데르라는 낭만적인 인물이 신화적 상상의 산물에 지나지 않는다거나, 노르웨이의 단조로운 풍경을 음울한 배경으로 삼아 마법사의 지팡이로 불러낸, 한순간의 반짝이는 환영 같은 것이라고 단정하는 것은 경솔할 수 있다. 아마 그럴 것이다. 그러나 그 신화는 생애 중에 인기를 끌고 사랑받아 사람들의 기억 속에 오랫동안 남아서 몇 세대에 걸쳐 이야기꾼들의 입을 거치는 동안 점점 더 많은 기적적인 요소가 덧붙은 한 영웅의 전설에 바탕을 둔 것일 가능성도 있다. 어쨌든 실제 인물로 보이는 또다른 민족적 영웅에 관해 다소 비슷한 설화가 전한다는 사실은 고찰해 볼 만한 가치가 있다. 페르시아 전설에 기초를 둔 위대한 시편인 『왕들의 서사시 *The Epic of Kings*』에서 시인 피르두시(Firdusi)가 하는 이야기에 따르면, 루스템(Rustem)과 이스펜디야르(Isfendiyar)가 전투를 벌여 루스템이 화살로 이스펜디야르를 맞혔으나, "제르두스트(Zerdusht)가 이스펜디야르의 몸에 모든 위험을 막아내도록 마법을 걸어놓았기 때문에 마치 놋쇠를 맞히는 것과 같았다". 그러나 신의 새인 시무리(Simurgh)가 루스템에게 그 가공스러운 적을 무찌르기 위해 그가 따라가야 할 길을 알려주었다. 그는 말을 타고 그 새를 쫓아가다가 바닷가에 이르러 멈추었다. 거기서 그 새는 그를 어떤 정원으로 데려갔는데, 거기에는 키가 크고 억센 버드나무가 자라고 있었다. 그 나무의 뿌리는 땅속에 있었으나 가지는 하늘을 찌를 듯했다. 신의 새는 루스템에게 그 나무에서 길고 가느다란 가지를 하나 꺾어서 화살을 만들라고 시켰다. 그리고 이렇게 덧붙였다. "이스펜디야르는 오직 눈에만 상처를 입힐 수 있답니다. 따라서 그를 죽이려면 화살을 그의 이마에 겨냥하세요. 그러면 틀림없이 적중할 거예요." 루스템은 일러준 대로 했다. 그리고 다음 번에 이스펜디야르와 싸울 때 화살로 쏘아 눈을 맞혀서 그를 죽였다. 이스펜디야르의 장례는 크게 치러졌다. 일 년 동안 남자들은 그를 위해 계속 곡을 했고, 수년 동안 그 화살을 놓고 비통한 눈물을 흘리며 이렇게 말했다. "이란의 영광이 땅에 떨어졌도다."

발데르 전설의 신화적 외피에 싸인 역사적 알맹이에 관해 어떻게 생각하든, 설화의 자세한 내용을 보면 그것은 제례 때 연극으로 상연하는, 또는 다르게 표현하면 설화에서 비유적으로 묘사하는 자연적 효과를 일으키기 위해 주술의식으로 행하는 그런 부류의 신화에 속하는 것으로 보인다. 신화는 신성한 제례의 연희자들이 하는 말과 행동을 기록한 대본이 아니라면 그처럼 생생하고 세밀할 수가 없다. 노르웨이의 발데르 설화가 이런 종류의 신화였을 개연성은, 만약 노르웨이인과 다른 유럽인들이 설화 속의 사건과 비슷한 의식을 거행한다는 것을 입증할 수 있다면 분명해질 것이다. 그런데 설화 속의 주요 사건은 두 가지다. 첫째는 겨우살이를 뽑는 것이고, 둘째는 신의 죽음과 화장이다. 그 양자는 아마도 유럽 여러 지방 사람들이 각기 따로 또는 공동으로 행하는 연례의식 속에서 닮은꼴을 찾을 수 있을 것이다. 우리는 연례적인 불의 제전을 먼저 다루고 겨우살이를 뽑는 의식을 나중에 고찰할 것이다.

2

유럽 전역의 농민들은 아득한 옛날부터 한 해의 특정한 날에 화톳불을 피우고 그 주위를 돌며 춤추거나 뛰어넘는 행사를 벌이는 데 익숙하다. 이런 종류의 풍습은 역사적 증거로는 중세 때까지 소급할 수 있고, 고대의 유사의식들에서 유추해 보면 기독교 전파 훨씬 이전의 옛 시대에 기원을 둔 것이 틀림없다는 강력한 내적 증거를 지니고 있다. 실제로 북유럽에 그러한 관행이 있었다는 가장 오래된 증거를 8세기에 기독교 종교회의에서 그것을 이교의식으로 배격하고자 했던 데서 찾을 수 있다. 드물지 않게 그 불 속에서 인형을 태우거나 살아 있는 사람을 태우는 시늉이 벌어졌다. 더욱이 고대에는 이런 기회에 실제로 사람을 불태웠으리라고 믿을 만한 근거가 있다. 문제의 풍습을 전반적으로 개괄해 보면 인간제물의 흔적이 나타날 것이며, 동시에 그 의미를 해명하는 데도 도움이 될 것이다.

사순절 첫째 일요일에 화톳불을 피우는 풍습은 벨기에, 프랑스 북부, 독일 여러 지방에서 성행했다. 예컨대 벨기에령 아르덴 지방에서는 이른바 '위대한 불의 날'을 앞두고 일주일이나 이주일 동안 아이들이 농장마다 다니며 땔감을 모은다. 그랑달뢰(Grand Halleux)에서는 아이들의 요구를 거절하는 사람이 있으면 그 사람이 누구든 다음날 아이들이 쫓아다니며 꺼진 불의 재로 그의 얼굴에 검정칠을 하려고 든다. 그날이 오면, 사람들은 관목, 특히 노간주나무와 대싸리나무를 베서 저녁에 언덕마다 커다란 화톳불을 피운다. 통설에 따르면, 마을이 큰 화재를 면하려면 일곱 군데에 화톳불이 보여야 한다. 만약 그 시기에 뫼즈(Meuse) 강이 단단하게 얼어붙으면, 얼음 위에도 화톳불을 피운다. 그랑달뢰에서는 장작더미 한가운데에 '마크랄(makral)', 곧 '마녀'라고 부르는 장대를 세워놓고 마을에서 가장 최근에 결혼한 남자가 불을 붙인다. 몰란벨츠(Morlanwelz) 주변에서는 허수아비 인형을 불에 태운다. 젊은 사람들과 아이들은 화톳불 주위에서 춤추며 노래하고, 그 해의 풍작이나 행복한 결혼을 보장하기 위해, 또는 배앓이를 예방하기 위해 타다 남은 불 위를 뛰어넘는다.

독일과 오스트리아, 스위스에서도 같은 시기에 비슷한 풍습이 성행했다. 예컨대 프로이센령 라인 지방의 아이펠(Eifel) 산에서는 사순절 첫째 일요일에 젊은이들이 집집마다 다니며 밀짚과 땔나무를 모았다. 그들은 이것을 높은 곳에 들고 올라가 길고 가는 너도밤나무 주위에 쌓아놓고 나무에 직각으로 나무토막을 매달아 십자가 모양을 만들었다. 이 조형물을 '오두막' 또는 '성'이라고 불렀다. 거기에 불을 붙이고 젊은이들은 불타는 '성' 주위를 맨발로 돌며, 각기 불붙은 횃불을 들고 큰소리로 기원을 올렸다. 때로는 허수아비를 '오두막'과 함께 불태우기도 했다. 사람들은 연기가 나는 방향을 관찰했다. 연기가 곡식밭 쪽으로 나면 풍년이 들 징조다. 같은날 아이펠 산의 몇몇 지방에서는 밀짚으로 커다란 바퀴를 만들어 세 마리 말로 언덕 꼭대기까지 끌어올렸다. 마을 소년들이 해진 뒤에 거기로 가서 바퀴에 불을 붙여 비탈 아래로 굴려 내리는데, 두 소년이 지레를 들고 따라가다가 바퀴가 어디엔가 걸려서 멈추면 다시 움직이게 했다. 오베르슈타트펠트(Oberstattfeld)에서는 가장 최근에 결혼한 젊은이가 바퀴를 마련해야 했다. 룩셈부르크의 에히테르나하(Echternach) 주변에서는 똑같은 의식을 '마녀 화형식'이라고 부른다. 그 의식이 벌어지는 동안 나이 든 남자들은 언덕에 올라가서 어떤 바람이 부는

지 관찰한다. 그 바람이 일년 내내 주로 많이 부는 바람이 되는 것이다. 티롤의 포랄베르크(Voralberg)에서는 사순절 첫째 일요일에 가느다란 어린 전나무를 밀짚과 땔나무 더미로 둘러싸고, 나무 꼭대기에는 '마녀'라고 부르는 인형을 매단다. 그 인형은 낡은 헝겊으로 만들어 안에 화약을 채운 것이다. 밤이 되면 그 나무 더미에 불을 붙이고, 소년소녀들이 햇불을 흔들고 노래를 부르며 그 둘레에서 춤을 춘다. 노랫말 중에서 "키바구니에는 곡식, 땅에는 쟁기"라는 가사가 특색이 있다. 슈바벤에서는 사순절 첫째 일요일에 '마녀', '할멈' 또는 '겨울할머니'라고 부르는 인형을 헝겊으로 만들어 장대에 매단다. 이 장대를 장작더미 한가운데 꽂아놓고 불을 붙인다. '마녀'가 타는 동안 젊은이들은 불타는 원반을 공중에 던진다. 원반은 직경 몇 센티미터 정도 되는 얇고 둥근 나무판자에 햇빛이나 별빛을 모방한 홈을 테두리에 새긴 것이다. 가운데 구멍이 있으며, 그 구멍에 지팡이 끄트머리를 끼운다. 원반을 던지기 전에 먼저 불을 붙이고 지팡이를 이리저리 흔드는데, 그렇게 하면 경사진 널빤지에 지팡이를 세게 때림으로써 원반에 전해지는 운동력이 커지기 때문이다. 이런 식으로 불타는 원반을 날리며, 불타는 원반은 공중 높이 솟구쳐 올랐다가 기다란 불의 곡선을 그리며 땅에 떨어진다.

사순절 첫째 일요일에 피우는 이러한 화톳불은 같은 시기에 '죽음의 추방' 의식의 일환으로 '죽음'이라고 부르는 인형을 태울 때 쓰는 불과 거의 구별이 불가능한 것으로 보인다. 오스트리아령 슐레지엔의 스파헨도르프(Spachendorf)에서는 '루페르트의 날(Rupert's Day, 참회화요일?)' 아침에 털옷과 털모자를 걸친 허수아비 인형을 마을 바깥에 파놓은 구덩이 속에 집어넣고 불태운다. 그것을 태우는 동안 사람들은 모두 그 인형의 부스러기를 뜯어내서 정원의 가장 큰 나뭇가지에 매달거나 밭에 파묻는다. 그렇게 하면 농작물이 더 잘 자란다고 그들은 믿는다. 이 의식이 '죽음의 매장(burying of Death)'이다. 허수아비 인형을 '죽음'이라고 지칭하지 않는 때에도 그 관행의 의미는 아마 동일한 것 같다. 왜냐하면 앞서 내가 밝히고자 했듯이 '죽음'이라는 명칭은 그 의식의 원래 의도를 표현하는 것이 아니기 때문이다. 아이펠 산악지방의 코베른(Cobern)에서는 젊은이들이 참회화요일에 허수아비 인형을 만든다. 이 인형은 정식으로 재판을 받고 그 해 일 년 동안 인근에서 일어난 모든 도둑질의 주범으로 고발당한다. 그러면 사형선고를 받은 허수아비를 마을에 끌고 다니며 돌팔매질을 한 뒤 장작더미 위에서 화형한다. 그때 사람들은 불타는 장작더미 둘레에서 춤을 추며, 가장 최근에 결혼한 신부가 그 불더미를 뛰어 넘어야 한다. 올덴부르크에서는 사람들이 참회화요일 저녁에 기다란 밀짚 다발을 만들어 불을 붙여 흔들며, 기성을 지르고 시끄러운 노래를 부르면서 밭 주위를 뛰어다녔다. 마지막에는 허수아비 인형을 밭에서 불태웠다. 뒤셀 도르프(Düsseldorf) 지방에서는 참회화요일에 불태우는 허수아비 인형을 타 작하지 않은 곡식단으로 만들었다. 춘분 이후 첫 월요일에 취리히의 개구쟁 이들은 허수아비 인형을 작은 수레에 싣고 시가지에 끌고 다니며, 소녀들은 오월제 나무를 들고 다닌다. 저녁기도의 만종(晚鐘)이 울리면 허수아비 인형 을 불에 태운다. 아헨 지방에서는 재의 수요일에 한 남자에게 완두콩 깍지를 둘러씌워 지정된 장소로 데려갔다. 여기서 그가 콩깍지 포장에서 살그머니 빠져나오면 그것을 불태우는데, 아이들은 그 남자가 불에 타는 것으로 생각 했다. 발 디 레드로(Val di Ledro, 티롤)에서는 사육제 마지막 날에 밀짚과 땔나 무로 인형을 만들어 불태운다. 그 인형은 '할멈'이라고 부르며, 그 의식을 '할멈의 화장(burning the Old Woman)'이라고 일컫는다.

　이러한 불의 제전이 열리는 또다른 기회가 부활절 전야, 곧 부활절 주일 전 날의 토요일이다. 그날 가톨릭 나라에서는 교회의 불을 모두 끄고, 때로는 부 시와 숫돌로, 때로는 발화경(發火鏡)으로 새로 불을 붙이는 것이 관례였다. 이 불을, 부활절 대형 촛불을 밝히고, 이어서 교회 내의 모든 꺼진 불을 다시 붙이는 데 사용한다. 독일 여러 지방에서는 교회 부근 공터에서 새 불로 화톳 불도 피운다. 그것은 성별(聖別)되며, 사람들은 참나무·호두나무·너도밤나 무 막대기를 가져와 그 불에 까맣게 태워 집에 가져간다. 이렇게 까맣게 태운 막대기 몇 개는 새로 붙인 불로 집에서 곧바로 태우며, 하느님에게 집안을 화 재·벼락·우박으로부터 지켜달라고 기도한다. 이렇게 해서 모든 집이 '새 불'을 받는다. 한편 막대기 몇 개는 일 년 내내 보관하며, 심한 폭풍우가 칠 때 벼락을 막아주도록 난롯불 위에 놓아두거나 비슷한 의도로 지붕에 끼워놓는 다. 다른 것들은 밭과 정원, 목초지에 놓아두고 하느님에게 마름병과 우박으 로부터 그것들을 지켜달라고 기도한다. 그렇게 해놓은 밭과 정원은 다른 데

보다 번창할 것으로 여기기 때문이다. 곧, 거기서 자라는 곡식과 식물은 우박에 쓰러지지 않고, 쥐와 해충, 딱정벌레에게 먹히지 않으며, 어떤 마녀도 해를 끼치지 못하고, 곡식이삭이 빽빽하니 실하게 열린다고 믿는 것이다. 까맣게 태운 막대기를 밭갈이할 때 사용하기도 한다. 또, 부활절 화톳불의 재를 성별된 종려가지의 재와 함께 파종할 때 씨앗에 섞는다. 때로는 '유다'라고 부르는 나무인형을 성별된 화톳불에 태우기도 한다. 이런 풍습이 이미 사라졌더라도 일부 지방에서는 화톳불 자체가 '유다의 화형(the burning of Judas)'이란 명칭으로 통한다.

피렌체에서는 부활절 전야에 새 불을 붙이는 의식이 독특하다. 그 신성한 불은 파치(Pazzi) 가문의 한 사람이 성지(聖地)에서 가져왔다고 전하는 부싯돌로 일으킨다. 그 부싯돌은 피아차 델 림보 광장의 성 사도 성당에서 보관하고 있는데, 부활절 주일 아침에 수도원장이 그것으로 새 불을 일으켜 촛불을 켠다. 그 다음에 불붙은 촛불을 성직자들과 시 당국자들이 엄숙한 행렬을 앞세워 성당의 주제단으로 운반한다. 한편 성당과 주변 광장에는 그 의식을 구경하기 위해 엄청난 군중이 모여든다. 구경꾼 중에는 주변 농촌에서 몰려온 농민들도 많이 있다. 왜냐하면 통상적으로 그 의식의 성패에 따라 그 해 농작물의 작황이 좌우된다고 여기기 때문이다. 성당 문 밖에는 뿔에 금박을 입힌 멋있는 흰 소 두 마리가 끄는 축제용 수레가 서 있다. 수레의 몸체는 피라미드 모양의 폭죽을 실은 채 철사로 주제단 앞에 세워놓은 기둥에 연결되어 있다. 철사는 본당 회중석 중앙에 지상에서 약 1미터 80센티미터 높이로 드리워 있다. 그 아래에 빈 통로를 남기고 구경꾼들이 양옆에 늘어서서 벽에서 벽까지 넓은 실내를 가득 채우고 있다. 모든 준비가 끝나면 '장엄미사'를 집전한다. 그리고 정확히 정오에 '영광의 찬가' 첫 구절을 영창할 때 수레와 마찬가지로 폭죽을 걸어놓은 기둥에 성화를 점화한다. 잠시 지나면 쉭쉭거리는 소리와 함께 불타는 비둘기가 불꽃을 튀기며 회중석 양옆으로 늘어선 구경꾼들 사이로 날아 내려온다. 모든 것이 제대로 진행되면, 비둘기는 철사를 따라서 문 밖으로 나가며, 잠시 뒤에 푸시식 소리와 빵, 뺑 하는 폭발음이 길게 연달아 나면서 성당에 있는 흥분한 군중들에게 수레 위의 폭죽이 터지기 시작했음을 알린다. 그에 따라 커다란 환호성이 터진다. 특히 이제 풍작을 확신하게 된 시골 농부들의 기쁨은 더할 나위 없이 크다. 그러나 이따금 일어나는 일이지만, 비둘기가 중간에 동작을 멈추고 불이 꺼지면서 꼬리에 폭죽 꾸러미를 매단 박제 새의 형상을 드러내면 군중들은 대경실색한다. 특히 농사를 망친 것으로 생각하는 시골사람들의 꽉 다문 이빨 사이로 통렬한 저주의 소리가 새어나온다. 옛날에는 그 실패에 책임이 있는 미숙한 기계기사를 감옥에 처넣기도 했다. 그러나 지금은 분노한 군중들의 질책과 보수를 못 받는 것으로 벌을 대신한다. 그 사고는 저녁에 길거리에 부착하는 벽보로 공고하며, 다음 날 아침이면 신문들은 우울한 예견기사로 가득 찬다.

그러나 이런 관습은 라틴계 교회에만 국한된 것이 아니다. 그리스계 교회에서도 흔히 행한다. 해마다 부활절 주일 바로 전 토요일에 예루살렘의 성묘(聖墓)에서는 기적적인 방식으로 새 불을 붙인다. 천사의 예배당에서 장로가 양손에 초를 들고 두 눈을 감고 홀로 기도에 몰입해 있는 동안 하늘에서 불이 내려와 초에 불을 붙인다. 그 동안 신자들은 교회 본당 안에서 초조하게 기다리다가, 조금 전만 해도 깜깜하던 예배당 창문 중 하나에서 홀연히 천사의, 아니 장로의 손이 촛불을 들고 나타나면 커다란 환호를 터뜨린다. 그것이 바로 신성한 새 불이다. 그 불은 기대에 찬 신자들에게 건네지며, 그 축복받은 영험을 한몫 나누어 갖기 위해 신자들이 벌이는 필사적인 싸움은 투르크군의 개입이 있고서야 끝이 난다. 투르크군은 모든 군중을 무차별하게 교회 밖으로 몰아냄으로써 안정과 질서를 회복한다. 지난 시절에는 이 성스러운 드잡이질 속에서 종종 많은 사람이 죽기도 했다. 예컨대 1834년에 유명한 이브라힘 파샤는 회랑에서 그 열광적인 난투극을 구경하다가 안됐다는 생각이 들어 호위병을 몇 명 대동하고, 다투는 기독교인들 사이에 안정과 질서를 회복하려는 허황한 기대를 품고 난투장으로 내려왔다. 그는 밀집한 군중들 사이로 간신히 비집고 들어갔으나, 너무나 강한 압박과 열기 때문에 그만 기절하고 말았다. 한떼의 병사들이 그의 위험을 목격하고 곧바로 군중 속으로 돌진하여 통로에서 죽어가거나 이미 죽은 사람들을 짓밟으며 그를 안고 나왔다. 그 날 교회에서 죽은 사람은 무려 200명에 가까웠다. 이날 그 탐나는 불을 한몫 차지하는 데 성공한 운좋은 생존자들은 그 불을 자기 얼굴과 턱수염과 옷에 갖다 댔다. 기적을 일으키는 그 불은 축복을 줄 뿐, 태우지는 않는다고 전하기 때문이다. 그러나 그 실험의 결과는 종종 실망스러운 것이었다. 축복은 받았는지 안 받았는지 다소 애매한 반면에, 화상은 의심할 나위 없이 명백했다. 한 예수회 교부(敎父)가 그 기적의 역사를 주의 깊게 고찰했다. 그가 도달한 결론은 그 기적이 가톨릭 신자들의 수중에 있을 때에만 기적일 뿐, 이단자의 손에 들어가면 뻔뻔스러운 속임수와 협잡에 불과하다는 것이다. 많은 사람이 전자의 결론을 받아들이기보다는 후자의 결론에 동의하고 싶은 생각이 들 것이다.

아테네에서는 성(聖)토요일(Holy Saturday) 자정에 성당에서 새 불을 붙인다. 불붙이지 않은 초를 든 군중들이 성당 앞 광장을 가득 채우면, 왕과 대주교, 교회의 고위 성직자들이 화려한 의상을 차려 입고 단 위에 자리잡는다. 그리고 정확히 부활의 시각에 종이 울리면 광장 전체는 마치 마술같이 번쩍이는 불빛을 일시에 쏟아낸다. 이론상으로는 모든 초가 성당 안의 신성한 새 불을 붙인다고 하지만, 실제로는 루시퍼(Lucifer)라는 이름을 지닌 성냥이 그 갑작스러운 점화에 일조하는 것이 아닌지 의심스럽다.* 아테네에서는 부활절 토요일에 유다의 인형을 불태우는 관습이 있었으나, 정부 당국이 금지하였다. 그러나 부활절 토요일과 일요일에 도시 전역에서 거의 연속적으로 사격이 진행되며, 그때 항상 빈 탄창만 쓰지는 않는다. 그 사격은 유다를 겨냥한 것이지만, 때로는 빗나가서 다른 사람을 맞히기도 한다. 아테네 바깥에서는 유다의 인형을 불태우는 관행이 몇 군데에 아직 남아 있다. 예컨대 코스에서는 부활절날 그 배신자의 짚인형을 만들어 목매달고 총질한 뒤에 불에 태운다. 비슷한 풍습이 테베(Thebe)에서도 성행하는 것으로 나타난다. 마케도니아 농민들도 그 관습을 행했으며, 콘스탄티노플의 멋진 여름 휴양지인 테라피아(Therapia)에서도 아직껏 그 풍습이 보존되어 있다.

---

*프레이저는 1890년 봄 첫번째 그리스 여행 도중에 이 의식을 목격했다. 그것은 그의 4월 13일자 필기장에 묘사되어 있으며, 뒤이어 『민족 Forklore』, I(1890), 275쪽에서 상술하고 있다. 『황금가지』 3판, x. 130쪽에서 그는 이렇게 주석을 달았다. "다른 외지인들처럼 단상에 자리잡는 영광을 누린 탓에, 나는 아래쪽 군중들 속에 루시퍼가 동석해서 일을 꾸미는 것을 직접 간파하지는 못했다. 나는 단지 그가 흉계를 품고 그 자리에 숨어 있다는 것만 의심했을 뿐이다."

새 불을 그리스도의 상징으로, 그 불에 태우는 인형을 유다의 인형으로 표현함으로써 덧씌워놓은 기독교의 얇은 외피에도 불구하고 양자의 관행이 이교에서 기원한 것임은 거의 의심할 나위가 없다. 양자 중 어느쪽도 그리스도나 그의 제자들과 관련해서 알려진 전거가 없다. 그러나 양자 모두 민속과 미신 속에 유사한 사례를 풍부하게 지니고 있는 것이다.

3

스코틀랜드 중부 고원지방에서는 예로부터 '벨테인의 불(The Beltane fires)'로 알려진 화톳불을 5월 1일에 오월제 행사와 더불어 점화하였다. 그 의식에서는 인간제물의 흔적이 특히 명백하고 뚜렷하게 나타난다. 화톳불을 피우는 풍습은 18세기에 한참 접어들어서까지 여러 장소에서 존속했다. 그 의식에 대한 그 시대 작가들의 묘사는 오늘날 우리 나라에 존속하는 고대 이교에 관해 참으로 기이하고 흥미로운 상을 제시해 주기 때문에, 나는 그 작가들의 말을 빌려 그것을 재현하고자 한다. 내가 아는 한 가장 상세한 묘사는 존 램지(John Ramsay)가 남긴 것이다. 그는 크리프(Crieff) 부근 오크터타이어(Ochtertyre)의 영주로서 시인 번즈의 후원자이자 월터 스콧 경의 친구였다. 18세기의 마지막 4분기에 쓴 그의 방대한 원고에서 발췌한 선집이 19세기 후반기에 출간되었다. 벨테인에 관한 다음 설명은 고원지방의 미신을 다룬 장에서 뽑은 것이다. 램지는 이렇게 말한다. "그러나 드루이드(Druid)교의 제전 중에서 가장 주목할 만한 것은 벨테인제, 곧 오월제다. 그것은 최근에 몇몇 고원지방에서 기이한 의식과 더불어 행해졌다. 최근 몇 년간 주로 젊은이들이 거행한 탓에 사람들은 해가 갈수록 그것을 지원하는 것이 자신들의 품위에 어울리지 않는다고 생각하게 되었다. 하지만 그것과 관련한 무수한 사실을 구전이나 아주 나이 많은 사람들의 대화에서 수집할 수 있다. 그들은 이 고대의 제례를 더 훌륭하게 치르던 자신들의 젊은 시절에 이 제전을 구경했다.

이 제전은 게일어(語)로 '베알텐(Beal-tene)', 곧 '벨(Bel)의 불'이라고 부른다……. 드루이드교 사제들의 다른 공식예배와 마찬가지로, 벨테인 제전도 언덕이나 높은 곳에서 거행한 것 같다. 그들은 우주를 곧 벨의 신전이라고 보기 때문에, 그가 사람의 손으로 만든 건물에 거주한다고 상상하는 것은 그에 대한 모독이라고 생각했다. 따라서 그들은 제사를 야외에서, 흔히 산꼭대기에서 올렸다. 그곳에서 그들은 가장 장엄한 자연의 경관을 마주하며, 온기와 질서의 근원에 가장 가까이 다가갔던 것이다. 구전에 따르면, 고원지방에서는 이 제전을 지난 백 년간 그런 방식으로 치렀다고 한다. 그러나 미신이 쇠퇴하면서 각 마을 사람들이 그것을 목초지 주변 언덕이나 솟아오른 땅에서 거행하였다. 젊은 사람들이 아침에 그 장소로 가서 도랑을 파고 꼭대기에는 회중(會衆)을 위해 잔디 좌석을 깔았다. 그리고 도랑 가운데에 장작더미나 다른 땔감을 놓아두는데, 옛날에는 '테인에이진(tein-eigin)', 곧 '억지로 피운 불' 또는 나무를 마찰해 일으킨 '정화(淨火)'로 불을 붙였다. 많은 해가 지난 지금은 보통 불로도 만족하지만, 우리는 그 과정을 기술할 것이다. 왜냐하면 아직도 비상한 위급상황에서는 '테인에이진'에 의존한다는 사실이 이후 드러날 것이기 때문이다.

전날 밤에 그 지방의 불을 모두 세심하게 끄고, 다음날 아침에 이 신성한 불을 일으키기 위한 재료를 준비한다. 가장 원시적인 방법은 스카이(Skye) · 멀(Mull) · 티레(Tiree) 같은 섬지방에서 이용하던 방법인 것 같다. 먼저 잘 말린 참나무 널빤지를 구해서 가운데 구멍을 뚫는다. 이어서 같은 나무로 만든 송곳을 그 구멍에 끄트머리가 꼭 들어맞게 끼운다. 그러나 일부 내륙지방에서는 방식이 달랐다. 그들은 가운데에 나무 굴대를 꽂은 사각형 생나무 토막을 사용했다. 어떤 곳에서는 세 사람이 세 번씩, 다른 곳에서는 아홉 사람이 세 번씩 굴대나 송곳을 교대로 회전시키는 작업을 했다. 만약 그들 중 누구든 살인 · 간음 · 절도 또는 다른 심한 범죄를 저질렀다면, 불이 붙지 않거나 붙더라도 관례적인 영험을 잃는다고 믿었다. 강력한 마찰에 힘입어 불꽃이 이는 즉시 사람들은 오래된 자작나무에서 자라는, 불에 아주 잘 타는 들버섯 종류를 갖다댔다. 이 불은 하늘에서 직접 끌어온 것으로 간주했으며, 다양한 영험을 인정받았다. 사람들은 그 불이 사람과 가축 모두에게 마녀의 사술을 막아주는 예방약이며 해로운 질병을 퇴치하는 최고의 치료제라고 여겼다. 또,

그 불을 가까이 대면 가장 강한 독약도 성질이 변한다고 생각했다.

'테인에이진'으로 화톳불을 붙이고 나면 모두 음식을 준비한다. 그리고 식사를 마치자마자 한동안 불 주위에서 노래하고 춤추며 놀았다. 여흥이 끝날 무렵, 제전의 주재자 역할을 하는 사람이 계란으로 구운 커다란 케이크를 내오는데, 이 케이크는 가장자리를 둥근 부채 모양으로 만들었으며, '암 보낙 베알틴(*am bonnach beal-tine*)', 곧 '벨테인 케이크'라고 불렸다. 이 케이크를 여러 조각으로 잘라서, 장중한 형식을 갖추어 참석자에게 나누어주었다. 그 중 특별한 조각을 차지하는 사람을 '카일레악 베알틴(*cailleach beal-tine*)', 곧 '벨테인 카를린(*carline*)'이라고 불렀는데, 이는 심한 비난의 뜻을 담은 명칭이었다. 그가 누구인지 알려지자마자 일행 중 몇 사람이 그를 붙잡아서 불 속에 처넣는 시늉을 했다. 그러면 다른 사람들이 끼어들어 그를 구조했다. 그리고 일부 지방에서는 그를 땅 위에 눕혀놓고 사지를 절단하는 시늉을 했다. 나중에 그는 달걀껍질 세례를 받고 일 년 내내 그 불쾌한 호칭을 달고 다녔다. 제전의 기억이 아직 생생하게 살아 있는 동안 사람들은 짐짓 '벨테인 카를린'이 죽은 것처럼 이야기했다.

이 제전은 고원지방 내륙에서 가장 오랫동안 행해졌으며, 서해안 일대에서는 그 흔적이 지극히 희미하다. 글레노르치(Glenorchy)와 로른(Lorne)에서는 그날 커다란 케이크를 만들어 집 안에서 먹는다. 멀에서는 케이크 가운데 커다란 구멍을 내고, 그 구멍을 통해 외양간의 암소들에게서 젖을 짠다. 티레에서는 케이크가 세모꼴이다. 두 섬지방에서는 나이 든 사람들이 이 제전을 일정한 격식을 갖추어 야외에서 행하던 때를 기억하고 있다. 스카이나 롱아일랜드에는 오늘날 그 흔적이 남아 있지 않다. 그곳 주민들은 대신 '코낙 미케일(*connach Micheil*)', 곧 '성 미카엘의 케이크'를 만든다. 그 케이크는 미카엘 축일에 우유와 오트밀로 만들며, 계란을 몇 개 표면에 뿌린다. 케이크 일부는 이웃집에 보낸다.

원래 벨테인 제전에서는 서로 가까운 거리에 불을 두 개 피웠을 가능성이 있다. 고원지방 사람들의 속담에 어떤 사람이 양쪽으로 해결할 수 없는 난관에 끼어 위급한 딜레마에 빠졌을 때 "두 벨테인 불 사이에 있다"고 하는 것이다. 몇몇 지방에 있는 작고 둥근 언덕바지는 그와 같은 제례적 용도에서 지금

명칭이 유래한 것 같다. 이콜름킬(Icolmkil)에서 가장 높은 중심부에 자리잡은 한 언덕은 '크녹난아이네알(Cnoch-nan-ainneal)', 곧 '불의 언덕'이라고 부른다. 발퀴더 교회 부근에도 그와 같은 지명이 있다. 킬린(Killin)에는 인공으로 세운 것 같은 푸르스름한 둥근 고지가 있다. 그것은 '톰난아이네알(Tom-nan-ainneal)', 곧 '불의 고지'라고 부른다. 그 둘레에는 약 60센티미터 높이의 둥근 성벽의 잔해가 있다. 꼭대기에는 돌이 하나 거꾸로 세워져 있다. 주민들의 전설에 따르면, 드루이드교의 예배장소였다고 한다. 그리고 나중에 그곳을 브레덜베인(Breadalbane) 지방의 법정이 열리는 가장 존귀한 장소로 정했다고 한다. 사람들은 지금도 이 고지의 흙이 어떤 치유력을 지니고 있다고 여긴다. 소가 병에 걸리면 그 흙을 가져다가 환부에 문지르는 것이다."*

1769년에 퍼스셔 지방을 여행한 토머스 페넌트(Thomas Pennant)는 이런 이야기를 전한다. "5월 1일이 되면 모든 마을에서 목동들이 '벨티엔(Bel-tien)', 곧 시골 제사를 거행한다. 그들은 땅에 네모꼴로 도랑을 파고 가운데에 잔디를 남겨놓는다. 그리고 그 잔디 위에 모닥불을 피우고, 그 불에 달걀·버터·오트밀·우유를 섞은 영양죽을 넉넉히 끓인다. 영양죽에 넣을 재료 외에도 맥주와 위스키를 충분히 준비한다. 그것을 위해 참석자들은 각기 자기 몫을 기부해야 한다. 영양죽을 제주(祭酒) 삼아 땅 위에 약간 쏟는 의식과 더불어 제례를 시작한다. 그 직후에 모든 사람이 네모난 꼭지가 아홉 개 달린 오트밀 케이크를 하나씩 손에 쥔다. 꼭지 아홉 개는 각기 양떼와 소떼의 보호자로 알려진 어떤 특정한 존재라든지 가축떼의 실질적 가해자인 특정한 동물에게 바치는 것이다. 사람들은 각기 불 쪽으로 얼굴을 향하고 꼭지를 잘라서 어깨 너머로 던지며 이렇게 말한다. '이것을 그대에게 드리노니 내 말을 보호해 주사이다. 이것을 드리노니 내 양을 보호해 주사이다.' 그런 다음에 사람들은 해로운 짐승들에게도 똑같은 의식을 행한다. '이것을 그대에게 주노라, 여우여! 내 양들을 해치지 말라. 이것을 주노라, 갓을 쓴 까마귀여! 이것을 주노라, 독수리여!' 이 의식이 끝나면 사람들은 영양죽을 먹는데, 잔치가 끝나면

---

*프레이저는 이렇게 논평한다. "벨테인이라는 단어의 어원은 모호하다. 첫 음절이 페니키아 말 바알(Baal)에서 유래했다는 통설은 이치에 맞지 않는다."

남은 음식물은 그 목적을 위해 선임한 두 사람이 숨겨놓는다. 그러나 다음 일요일에 다시 모여 첫번째 향연 때 남은 음식을 마저 먹어치운다."

헤브리디스에서는 "성 미카엘 축일에 만드는 것보다 더 작기는 하지만 똑같은 방식으로 벨테인 빵을 만든다. 위스트(Uist)에서는 그것을 더는 만들지 않지만, 앨런 신부가 약 25년 전에 할머니가 만드는 것을 본 기억이 있다. 또, 보통 5월 1일에 치즈도 만들었는데, 그것은 우유 생산에 사술을 걸지 못하게 막아주는 일종의 부적으로 다음 벨테인제까지 보관했다. 벨테인 풍속은 다른 곳에서도 마찬가지였던 것 같다. 불을 모두 끄고 언덕 꼭대기에 큰불을 피웠으며, 일 년 내내 전염병을 면하도록 소떼를 해 있는 쪽으로 몰아 주위를 돌게 했다. 사람들은 각기 그 불을 집에 가져가서 집 안의 불을 붙였다."

웨일스(Wales)에서도 5월 초에 벨테인의 불을 붙이는 풍속이 있었으나, 불 붙이는 날짜는 오월제 전야에서 5월 3일까지 다양했다. 때때로 참나무 토막 두 개를 마찰하는 방식으로 불을 피웠다. 이는 다음과 같은 묘사에서 나타난다. "불은 이렇게 피웠다. 아홉 명의 남자가 호주머니를 까뒤집어 동전이나 금속이 자기 몸에 없다는 것을 확인한다. 그런 다음 인근 숲으로 가서 각기 다른 나무 막대기를 아홉 개 모아 그것을 불 피울 장소로 가져온다. 거기서 잔디밭에 원 모양을 파고 막대기를 가로질러 걸쳐놓는데, 사람들은 원 주위에 둘러서서 그 과정을 구경했다. 이어서 남자들 중 한 사람이 참나무 토막 두 개를 서로 문질러 불을 붙이는데, 이 불을 막대기에 옮겨 붙이면 이내 커다란 불길이 일어났다. 때로는 불을 두 개 나란히 피우기도 했다. 하나든 둘이든 이 불은 '코엘서스(coelcerth)', 곧 '화톳불'이라고 불렀다. 그리고 각각 오트밀과 갈색 가루로 만든 둥근 케이크를 네 덩어리로 나누어 작은 밀가루 자루에 담고, 참석한 사람에게 의무적으로 한 조각씩 집어가게 했다. 자루에 남은 마지막 조각은 자루를 든 사람에게 돌아갔다. 갈색 가루 케이크를 집은 사람은 각기 불길 위를 세 차례 뛰어넘거나 두 불 사이로 세 차례 달려야 했다. 그렇게 하면 풍작이 확실히 보장된다고 사람들은 생각했다. 그 시련에 직면한 사람들이 외치는 고함과 비명소리는 아주 멀리까지 들릴 정도였다. 오트밀 케이크를 집은 사람들은 갈색 케이크를 집은 사람들이 불 위로 세 차례 뛰어넘거나 두 불 사이로 세 차례 달릴 때 노래하고 춤추며 환영의 박수를 쳤다. 대체로 이 기묘한 의식에 별다른 위험은 따르지 않았지만, 때때로 어떤 사람의 옷에 불이 붙어 잽싸게 끄는 일은 있었다. 그 해의 가장 큰 불잔치는 5월제 전야나 5월 1일, 2일, 3일에 치렀다. 하지절 전야의 불잔치는 추수를 위한 성격이 더 강했다. 종종 11월 전야에도 불잔치를 벌였다. 글래모건(Glamorgan) 계곡의 란트위트 메이저(Llantwit Major)에 있는 캐슬 디치 성(城) 부근 고지대는 벨테인제의 명소로, 5월 3일과 하지절 전야에 의식을 치렀다……. 때때로 벨테인제의 불을 나무를 비비는 대신 돌로 불꽃을 일으켜 붙이기도 했다. 5월 벨테인제 때 사용한 까맣게 탄 통나무와 장작은 조심스럽게 보관했다가 그것으로 다음번 불을 피웠다. 5월의 불은 원래 항상 작년에 마련한 묵은 장작으로 피웠으며, 하지절에는 지난 여름에 마련한 것을 썼다. 하지절의 불을 오월제 장작으로 피우는 것은 불길한 일이었다. 사람들은 불잔치 뒤에 남은 재를 자기 집으로 가져갔다. 불에 탄 나무토막이 질병을 막는 데 효험이 있을 뿐 아니라, 그것을 주술적인 용도로도 쓰기 때문이다. 이를테면 그 재를 어떤 사람의 신발 속에 조금 넣어놓으면, 신발 주인이 어떤 커다란 슬픔이나 우환을 겪는 것을 막아준다고 한다."

5월 1일은 스웨덴 내륙 쪽 중부와 남부 지방의 커다란 민속축제일이다. 축제 전야에 반드시 부시 두 개를 함께 부딪쳐서 불을 붙이는 거대한 화톳불이 모든 언덕과 작은 산봉오리에서 타오른다. 큰 마을에서는 모두 자신들만의 불을 피우며, 젊은이들이 둥근 원을 이루어 그 불을 둘러싸고 춤을 춘다. 노인네들은 불길이 남쪽이나 북쪽 어느쪽을 향하는지 관찰한다. 전자라면 봄이 춥고 늦을 것이다. 후자라면 봄이 따뜻하고 온화할 것이다. 이와 비슷하게, 보헤미아에서는 오월절 전야에 젊은 사람들이 언덕과 고지, 교차로, 목초지 등에 불을 피우고 그 둘레에서 춤을 춘다. 그들은 이글거리는 잿불 위를, 심지어 불길 속을 뛰어 넘어간다. 이 의식은 '마녀화형식'이라고 부른다. 어떤 곳에서는 마녀를 상징하는 인형을 화톳불에 태우기도 했다. 우리는 오월절 전야가 악명 높은 '발푸르기스의 밤(Walpurgis Night)'이라는 사실을 상기해야 한다. 이 밤은 마녀들이 눈에 보이지 않게 공중에 떠다니며 도처에서 악행을 저지르는 때다. 이 무서운 밤에 포이그틀란트의 아이들도 고지대에 화톳불을 피워놓고 그 위를 뛰어넘으며, 불붙은 빗자루를 휘두르거나 공중에 던져올렸다. 화톳불이 비치는 밭에는 축복이 내릴 것이다. 발푸르기스의 밤에 불을 피우는 것을 '마녀추방식'이라고 일컫는다. 오월절 전야(발푸르기스의 밤)에 마녀를 불태울 목적으로 불을 피우는 풍속은 티롤 · 모라비아 · 작센 · 슐레지엔 등지에 널리 퍼져 있었다.

4

그러나 이러한 불의 제전이 유럽 전역에서 가장 일반적으로 열리는 계절은 하지절 전야(6월 23일)나 하지절(6월 24일)이다. 하지절을 세례자 요한의 이름을 따서 명명함으로써 희미한 기독교 색채를 가미했지만, 그 제전이 우리 시대의 기원보다 훨씬 오래 전에 유래했다는 것은 의심할 나위가 없다. 하지절 또는 한여름 축제일은 태양의 운행상 큰 전환점으로, 날마다 하늘 높이 올라가던 태양이 상승을 멈추고 하늘의 궤도를 따라 다시 내려오기 시작하는 때다. 원시인은 창공을 가로지르는 그 거대한 빛의 행로를 관찰하고 숙고하기 시작하자마자 이내 그러한 순간에 불안을 느낄 수밖에 없었을 것이다. 그리고 아직 자연의 광대한 주기적 변화 앞에서 자신이 얼마나 무력한지 깨닫지 못했기 때문에, 그는 기울어가는 듯이 보이는 태양을 도와서 그 힘없는 발걸음을 떠밀어주고, 그 붉은 램프의 꺼져가는 불길을 연약한 자기 손으로 다시 일으켜줄 수 있을 것으로 상상했을 수도 있다. 이런 생각 속에서 아마도 우리 유럽 농민들의 하지절 축제가 생겨났을 것이다. 유래야 어떻든 그것은 서로는 아일랜드에서 동으로 러시아까지, 북으로 노르웨이와 스웨덴에서 남으로 스페인과 그리스에 이르는 지역에서 전반적으로 성행했다. 한 중세 작가에 따르면, 하지절 제전의 세 가지 큰 특징은 화톳불과 들판의 횃불행진, 그리고 수레바퀴 굴리기 풍습이었다. 그의 이야기에 따르면, 소년들은 독한 연기를 내기 위해 뼈와 갖가지 오물을 태웠으며, 그 연기는 이 시기에 여름 열기에 고무받아 공중에 떠다니며 정액을 떨어뜨려 우물과 강물을 독으로 감염시키는 해로운 용을 퇴치했다고 한다. 또, 바퀴를 굴리는 풍습은 황도(黃道)의 정점에 도달한 태양이 그 이후 내려가기 시작하는 것을 의미했다고 한다.

하지절 풍속과 그것을 행하는 이유로 널리 알려진 몇 가지 주장에 관한, 홀
륭하면서도 개괄적인 설명을 16세기 문필가인 토머스 커치마이어(Thomas
Kirchmeyer)의 시편 『천주교 왕국 *The Popish Kingdome*』에서 찾아볼 수 있다.

> 그리하여 세례자 요한의 즐거운 잔치가 돌아온다.
> 커다란 화톳불이 높다란 불길을 일으키며 성읍마다 불타오르고
> 젊은 사내들이 처녀들과 어울려 다니며 거리마다 춤을 춘다.
> 익모초나 달콤한 마편초, 수많은 아름다운 꽃들로 엮은
> 화환을 쓰고, 제비꽃을 손에 들고
> 어리석게도 그들 모두 생각하나니, 누구든 그 자리에 서서
> 꽃들을 통해 불길을 보면 눈병에 걸리지 않는다고 한다.
> 그들은 이렇게 밤까지 춤을 추다가 불길 속으로 쏜살같이
> 경쟁하듯이 달리기를 하며 모든 화초를 불 속에 던진다.
> 그리고 나서 경건한 말과 기도를 엄숙하게 시작하며
> 모든 병이 사라지기를 하느님께 소망한다.
> 이로써 그들은 일 년 내내 학질에서 벗어난다고 생각한다.
> 다른 이들은 낡아빠져서 내다버린 썩은 바퀴를 구해서
> 짚으로 싼 다음 끌고 가서 가까이 숨겨두었다가
> 산꼭대기로 가져가서 온통 환하게 불을 붙이고
> 밤이 어둡게 드리울 때 바퀴를 힘껏 굴려 내린다.
> 흡사 해가 하늘에서 떨어져 내리듯이
> 그 광경은 기이하고도 무시무시하며, 모든 이에게 두려움을 준다.
> 그러나 그들은 생각하나니 모든 불행이 그와 같이 지옥에 떨어져 내려
> 자신들은 이제 재앙과 위험을 벗어나 이승에서 안전하게 거할 것이라고
> 한다.

지금까지 또는 최근까지도 일정하게 타당성을 지녔던 이러한 개괄적인 묘
사에서 우리는 하지절 불잔치의 주된 특색이 봄철 불놀이의 특색과 비슷하다
는 것을 알 수 있다. 두 의식의 유사성은 다음과 같은 사례들에서 분명하게

나타난다.

적어도 19세기 중엽에 이르기까지 하지절 불놀이는 북부 바이에른 전역에서 행해졌다. 특히 산 위에서 불을 피웠으며, 저지대에서도 멀리까지 폭넓게 불을 피웠다. 밤의 어둠과 정적 속에서 깜박이는 불빛을 받으며 한 무리의 사람들이 움직이는 광경은 무척 인상적이었다고 한다. 몇몇 지역 사람들은 성체축일에 깃발을 나부끼며 즐거운 행진을 벌일 때 지나갔던 나무를 땔감으로 사용하여 불의 신성함에 대한 의식을 표현했다. 다른 지역에서는 아이들이 축제일 전야에 집집마다 다니면서 우스꽝스러운 노랫말로 땔감을 요구하는 노래를 부르며 장작을 모았다. 또, 병든 짐승을 치료하고 건강한 짐승을 일 년 내내 온갖 질병과 재해에서 보호하기 위해 소떼를 불 사이로 몰고 갔다. 그날 많은 세대주가 집 안의 불을 끄고 하지절 화톳불에서 꺼내온 불붙은 나무조각으로 다시 불을 붙였다. 사람들은 그 해에 아마가 자라는 높이를 화톳불의 불길이 솟아오르는 높이에 견주어 판단했다. 불더미를 뛰어넘는 사람은 추수철에 곡식을 벨 때 허리통증을 겪지 않는 것으로 확신했다. 그러나 손을 잡고 불을 뛰어넘는 것은 특히 연인들의 관습이었다. 각각의 쌍들이 어떤 모양으로 뛰어넘었느냐 하는 것은 숱한 농담과 미신의 주제였다.* 한 지방에서는 화톳불을 피우는 관습과 더불어 몇몇 봄축제에서 유행하는 방식에 따라 나무원반에 불을 붙이고 공중에 던져올리는 관습이 있었다. 바이에른 여러 지방에서는 젊은이들이 불 위를 뛰어넘으면 아마가 높이 자란다고 믿었다. 다른 지방에서는 노인네들이 화톳불에 태운 막대기 세 개를 밭에다 심었다. 그렇게 하면 아마가 높이 자란다고 믿었다. 다른 곳에서는 화재를 예방하기 위해 불꺼진 나무토막을 집의 지붕에 놓아두었다. 뷔르츠부르크 부근 성읍에서는 장터 광장에 화톳불을 피웠으며, 그 불을 뛰어넘는 젊은이들은 화환, 특히 쑥과 마편초 꽃으로 만든 화환을 걸치고 참제비고깔나무의 잔가지를 들

---

* 마이클 티펫(Michael Tippet)의 오페라 〈한여름밤의 결혼 The Midsummer Marriage〉(1946~1952)에 나오는 연인들의 야외 모닥불 뛰어넘기와 비교해 보라. 티펫은 1925년 이래로 『황금가지』 3판 전질을 입수하여 읽고서 "연극의 제식적 기원에 눈을 떴으며, 이후 오페라를 생각하는 방식에 결정적인 영향을 받았다." *The Twentieth Century Blues*(London : Hutchinson, 1991), 19.

고 다녔다. 참제비고깔나무 가지를 얼굴 앞에 대고 불을 쳐다본 사람은 일 년 내내 눈병에 걸리지 않는다고 여겼다. 나아가서 뷔르츠부르크에서는 16세기에 주교의 추종자들이 마을이 내려다보이는 산 위에서 불타는 나무원반을 공중에 던지는 관례가 있었다. 원반은 탄력성 있는 막대기를 이용해서 던졌으며, 어둠을 뚫고 날아가는 원반의 모습은 마치 화룡(火龍)의 출현을 방불케 했다.

스웨덴에서는 성 요한(성 한스) 축일 전야가 일 년 중 가장 즐거운 밤이다. 시골 일부 지방, 특히 보후스(Bohus)와 스카니아(Scania) 주를 비롯한 노르웨이 접경지역에서는 거대한 화톳불을 피우고 화기(火器)를 쏘아대며 잔치를 벌인다. 그 화톳불은 옛날에 '발데르의 화장불(Balder's Bålar)'이라고 불렸으며, 저물녘에 언덕과 고지 위에서 피어올라 주변의 경관을 환하게 비춘다. 사람들은 이 불을 둘러싸고 춤을 추면서 불을 뛰어넘거나 통과한다. 노를란드(Norrland) 지방에서는 성 요한 축일 전야에 교차로에서 화톳불을 피운다. 땔감은 각기 다른 아홉 가지 나무로 준비하며, 구경꾼들은 그날 밤에 돌아다닌다는 트롤(Troll)과 다른 악령들의 힘을 막아내기 위해 일종의 독버섯(Bäran)을 불 속에 던져넣는다. 왜냐하면 그 신비한 시절이 되면 산이 열리면서 동굴 속 같은 심연에서 그 무시무시한 무리가 쏟아져 나와 한동안 춤추며 즐기기 때문이다. 농부들은 트롤의 무리 중 하나가 인근에 있으면 반드시 모습을 보인다고 믿는다. 그래서 딱딱 소리내며 타오르는 장작더미 부근에서 염소 같은 어떤 동물이 우연히 눈에 띄면, 농부들은 그것이 다름 아닌 악령의 화신이라고 확신한다. 또, 스웨덴에서는 성 요한 축일 전야가 불의 축제일일 뿐 아니라 물의 축제일이기도 하다는 것을 마땅히 주목해야 한다. 그날이 되면 몇 군데 신성한 샘물이 놀라운 치유력을 지니게 된다고 하며, 많은 병자가 병을 치료하기 위해 그리로 간다.

브르타뉴에서는 명백히 하지절 화톳불 풍속이 오늘날까지 남아 있다. 그래서 남부 브르타뉴에서는 지금도 모든 도시와 마을에서 성 요한 축일 전야에 '탕타드(tantad)', 곧 화톳불을 피운다. 불길이 사그라들면 모든 회중이 화톳불 주위에 무릎을 꿇고 둥글게 앉으며, 한 노인이 큰소리로 기도를 올린다. 그리고 나서 모두 일어나 불 주위를 세 바퀴 돌며 행진한다. 세번째 차례에서 발을 멈추고 모든 사람이 조약돌을 하나씩 집어 불타는 장작더미 위에 던진다. 그러고 나서 모두 흩어진다. 피니스테르(Finistere)에서는 성 요한 축일의 화톳불을 성 요한의 예배당 부근 공터에 피우는 것을 선호한다. 그러나 그런 예배당이 없으면 교구 교회 앞 광장과 교차로의 몇몇 구역에 불을 피운다. 모든 사람이 불 피울 땔감을 가져오는데, 장작이나 통나무, 나뭇가지, 한아름의 금작화 따위다. 저녁기도 종소리가 끝나면 교구 사제가 땔나무 더미에 불을 붙인다. 그러면 모두 모자를 벗고 기도를 낭송하며 찬송가를 부른다. 이어서 무도회가 시작되면 젊은이들은 불 주위를 뛰어다니다가 불길이 가라앉을 때 뛰어넘는다. 이때 누군가 발을 헛디뎌 뜨거운 잿불 속에 떨어지거나 굴러 넘어지면 야유를 받고 춤추는 사람들의 무리에서 겸연쩍게 떨어져 나온다. 한편 화톳불에서 꺼낸 불 붙은 나무조각은 집에 가져가 번개 · 화재 · 질병 · 마술 따위를 막는 데 쓴다. 이 귀중한 부적은 다음해 성 요한 축일까지 찬장에 조심스럽게 보관한다. 킴페르(Quimper)와 레옹(Leon) 지방에서는 하지절 화톳불 주위에 의자를 놓아두고 죽은 사람들의 영혼이 거기 앉아 불을 쬘 수 있게 했다. 브레스트(Brest)에서는 이날 수천 명이 저녁 무렵에 횃불을 번쩍이며 성벽에 모여 횃불을 둥글게 흔들거나 수백 개씩 공중에 던졌다. 성문이 닫히면서 이 장관도 끝이 나고, 떠도는 도깨비불처럼 불빛이 사방으로 흩어져 갔다. 북부 브르타뉴에서는 하지절 화톳불 땔감으로 보통 가시금작화와 히스나무 다발을 쓰는데, 자발적인 기부로 모아서 언덕 꼭대기에 장대를 여러 개 꽂고 그 둘레에 쌓는다. 장대 꼭대기에는 각기 화환이나 화관을 거는데, 이 화환이나 화관은 보통 '요한'이란 이름을 지닌 남자나 '장'이란 이름을 지닌 여자가 제공한다. 또, 화톳불에 불을 붙이는 역할도 항상 그런 이름을 지닌 사람이 한다. 불이 타오르면 사람들은 불을 둘러싸고 춤추며 노래하고, 불길이 가라앉으면 이글거리는 잿불 위를 뛰어넘는다. 화톳불에서 꺼낸 까맣게 탄 나무막대는 물맛을 좋게 하기 위해 우물에 던져넣으며, 벼락을 막아주는 부적 삼아 집에도 가져간다. 그러나 벼락과 번개를 막아주는 효험을 완전하게 살리자면 침대 부근에, 12일제 전야의 케이크 한 조각과 종려주일에 축복을 받은 회양목 가지 사이에 놓아두어야 한다. 불 위에 걸려 있는 화환이나 화관에서 뽑아낸 꽃은 육체적 · 정신적 질병과 고통을 막아주는 부적으로 간주된다. 그래서 소녀들은 주홍색 털실로 가슴에 그 꽃을 단다. 브르타뉴의 여러 교구에서 사제들은 십자가 행진을 벌이며 자기 손으로 화톳불을 피웠다. 농부들은 양떼와 소떼를 불 속으로 몰아 통과시키려고 하는데, 그 목적은 다음해 하지절까지 가축의 질병을 막기 위한 것이었다. 또, 화톳불 아홉 개를 돌며 춤을 춘 소녀들은 모두 그 해 안에 시집을 간다고 믿었다.

노르망디에서는 하지절 불놀이 — 최소한 보카주(Bocage)라고 하는 지방에서는 지금 거의 사라졌지만 — 를 한때는 모든 언덕에서 행했다. 화톳불은 보통 관목과 빗자루, 양치류 따위를 이끼나 꽃으로 만든 관으로 장식한 키 큰 나무 주위에 쌓아올려 만들었다. 화톳불이 타오르면 사람들은 그 주위에서 춤추고 노래했으며, 젊은이들은 불길이나 잿불 위를 뛰어넘었다. 오르느(Orne) 계곡에서는 해가 막 지평선 아래로 가라앉으려고 하는 순간에 화톳불을 피우는 것이 관례였다. 농부들은 소떼를 몰아 불을 지나가게 했는데, 그것은 마술, 특히 우유와 버터를 훔쳐가려는 마녀와 남자 마법사들의 주술을 막기 위한 것이었다. 노르망디의 쥐미에주(Jumieges)에서는 하지절 제전이 19세기 전반까지 아주 오랜 고대성의 흔적을 지닌 몇 가지 독특한 특색을 띠었다. 해마다 성 요한 축일 전야인 6월 23일에 '초록늑대 형제회'에서 새로운 우두머리 또는 회장을 뽑는데, 그 사람은 반드시 코니우 마을 출신이어야 했다. 새로운 우두머리는 선출 직후부터 '초록늑대'라는 칭호를 지니며, 기다란 초록색 망토와 원뿔 모양의, 테 없는 높다란 초록색 모자 차림의 독특한 의상을 걸친다. 이렇게 차려 입고서 그는 형제들의 선두에 서서 성 요한 찬가를 부르며 십자가와 신성한 깃발의 인도를 따라 엄숙하게 행진하여 슈케(Chouquet)라고 부르는 장소로 갔다. 여기서 형제회 행렬은 사제와 선창자, 성가대를 만나 교구 교회로 인도되었다. 미사를 마친 뒤에 일행은 초록늑대의 집으로 옮겨가서 금식일에 교회에서 요구하는 것과 같은 수준의 간단한 요깃거리를 대접받았다. 그리고 나서 그들은 화톳불을 피울 때까지 문 앞에서 춤을 추었다. 그러다가 밤이 오면 꽃으로 장식한 젊은 남녀가 흔드는 방울소리에 맞추어 화톳불을 붙였다. 불길이 일어나면 '테 데움(Te Deum)' 찬가를 부르고, 한 마을사람이 어떤 찬송가를 노르만 방언으로 모방하여 큰소리로 읊었다. 그 동안 초록늑대와 그 형제들은 두건을 어깨까지 내려뜨린 채 서로 손을 잡고 다음해 초록늑대로 정한 남자를 뒤따라 불 주위를 돌며 달렸다. 그 인간사슬의 첫 남자와 마지막 남자는 손이 자유로운데, 그들의 임무는 내년의 초록늑대를 세 차례 둘러싸서 붙잡는 것이었다. 그러면 내년의 초록늑대는 달아나려고 애쓰면서 들고 있는 기다란 지팡이로 형제들을 때렸다. 마침내 그를 붙잡는 데 성공하면 사람들은 그를 불타는 장작더미로 끌고 가서 그 위에 집어던지는 시늉을 했다. 이 의식이 끝나면 사람들은 초록늑대의 집으로 돌아가서 지극히 간소한 저녁식사를 대접받았다. 자정까지는 일종의 종교적 엄숙함이 지배적인 분위기였다. 일행 중 누구의 입에서도 품위에 어울리지 않는 말이 나와서는 안 되었으며, 방울을 든 검열자를 임명하여 그 규칙을 어기는 사람을 즉석에서 지적하고 벌주었다. 그러나 12시를 알리는 종소리와 더불어 모든 것이 변한다. 절제가 방종에 자리를 내주고, 경건한 찬송가가 흥청거리는 민요로 대체되었다. 시골 바이올린의 떨리는 높은 가락도 흥겨운 초록늑대 형제회 사람들이 질러대는 고함소리에 묻혀버렸다. 다음날인 6월 24일, 곧 하지절에도 똑같은 사람들이 똑같이 시끄러운 향연을 벌였다. 의식 중 하나는 머스켓 총 소리에 맞추어 거대한 성스러운 빵 덩어리를 들고 행진하는 것인데, 그 빵은 여러 층으로 솟아 있고 꼭대기에는 리본으로 장식한 초록색 피라미드가 얹혀 있었다. 그 다음에 제단의 층계 위에 놓아두었던 신성한 방울을 다음해에 초록늑대가 될 사람에게 직책의 상징으로 맡겼다.

아일랜드의 하지절 제전에 관한 와일드(Wild) 부인*의 묘사는 그림같이 생생하며, 비록 전거는 밝히지 않고 있지만 아마도 정확한 내용일 것이다. 그것은 내가 자문을 구한 다른 아일랜드 관련 작가들이 간과하고 있는 몇 가지 흥미로운 특색을 내포하기 때문에, 나는 그 글을 대부분 온전하게 인용하고자 한다. 그녀는 이렇게 말한다. "고대에는 하지절 전야에 거창한 의식과 더불어 신성한 불을 점화하였다. 그날 밤에 인근 지방에 사는 사람들이 모두 서쪽

---

*오스카 와일드의 어머니인 '무서운 스페란차'. *Ancient Legends, Myths, Charms and Superstitions of Ireland*(London, 1887)라는 책은 특히 그레고리 부인과 W. B. 예이츠에게 도움을 주었을 뿐 아니라, 아일랜드 문예부흥 운동 전반에 도움을 주었다. 이 구절은 그 책 1권, 214쪽에 나온다.

의 하우스(Howth) 곶을 향해 줄곧 시선을 고정시켰다. 그 장소에서 첫 불빛이 번쩍이는 순간 요란한 고함과 환호 소리가 점화 사실을 알렸으며, 이는 마을에서 마을로 모든 지역마다 불길이 타오르기 시작할 때 반복되었다. 그리하여 아일랜드는 모든 언덕에서 솟아오르는 불길의 띠로 둘러싸였다. 이어서 모든 불을 둘러싸고 춤과 노래가 시작되었으며, 미친 듯한 향연과 더불어 요란한 환성이 허공에 가득 찼다. 이러한 고대 풍습이 대부분 지금도 이어지며, 지금도 성 요한 축일 전야에 아일랜드의 모든 언덕에서 불을 피운다. 불이 다 타올라 시뻘겋게 이글거리는 불덩이로 변하면, 젊은이들은 웃통을 벗고 불길을 뛰어넘거나 통과한다. 이를 앞뒤로 오가며 수차례에 걸쳐 행하는데, 용감하게 가장 커다란 불길에 맞서는 사람이 악의 세력에 대한 승리자로 간주되어 엄청난 환호를 받는다. 불길이 더 작아지면 젊은 소녀들이 뛰어넘는다. 앞뒤로 오가며 세 차례 깨끗이 뛰어넘는 소녀는 나중에 빨리 시집가서 행복하게 살며 많은 자식을 둘 것으로 믿었다. 그런 다음에 기혼녀들이 타오르는 잿불더미를 걸어서 넘어간다. 불이 거의 다 타고 밟혀서 꺼질 즈음에 한 살배기 소떼를 몰아 뜨거운 재를 통과시키며, 그 등을 불 붙은 개암나무 가지로 그을린다. 이 가지들은 나중에 안전하게 보관하는데, 이는 물가에서 소를 이리저리 몰고 갈 때 큰 효력이 있는 것으로 여겼기 때문이다. 불길이 가라앉으면서 고함소리가 희미해지고 노래와 춤이 시작된다. 한편 직업적인 이야기꾼들은 동화의 나라나 옛날 옛적 호시절 이야기를 한다. 그 시절에는 아일랜드의 왕과 왕자들이 백성들 속에서 살았고, 왕궁의 잔치에 오는 모든 사람에게 먹을 음식과 마실 술을 주었다고 한다. 마침내 군중들이 뿔뿔이 흩어질 때가 되면 모든 사람이 불에서 꺼낸 나무토막을 집에 가져간다. 그 불 붙은 '브론(brone)'은 부서뜨리거나 땅에 떨어뜨리지 않고 안전하게 집까지 가져가면 커다란 영험이 생긴다. 또, 젊은이들 사이에서 치열한 경쟁이 벌어지는데, 이는 신성한 불을 가지고 맨 처음에 자기 집에 들어가는 사람이 그 해의 행운을 차지하기 때문이다."

하지절이나 하지절 전야에 화톳불을 피우는 풍속은 북아프리카, 특히 모로코와 알제리의 이슬람 민족들 사이에도 널리 퍼져 있다. 그것은 베르베르족과 아랍족, 또는 아랍어를 사용하는 부족에게서 모두 나타난다. 이들 나라에서는 하지절(구력 6월 24일)을 '란사라(l'ánsãra)'라고 부른다. 불을 피우는 장소는 안뜰·교차로·들판, 때로는 타작마당 등인데, 땔감으로는 불에 타면 짙은 연기와 향내가 나는 식물을 선호한다. 그 목적으로 쓰는 식물로는 대회향(大茴香)·백리향(百里香)·운향(蕓香)·파슬리·개꽃·제라늄·박하 따위가 있다. 사람들은 자기 자신과 특히 아이들에게 그 연기를 쏘이며, 과수원과 농작물 쪽으로 연기를 보낸다. 또, 그 불을 뛰어넘는데, 어떤 지방에서는 모든 사람이 일곱 번씩 뛰어넘기를 반복해야 한다. 아울러 그들은 불 붙은 나무토막을 집에 가져가서 집 안 곳곳에 연기를 쏘인다. 그런가 하면 물건을 불속으로 통과시키고, 병자의 회복을 기원하는 말을 하면서 병자를 불에 접촉시킨다. 화톳불의 재도 유익한 성질을 지니는 것으로 여긴다. 그래서 어떤 지방에서는 그것을 머리카락이나 몸에 문지르기도 한다. 예컨대 모로코의 안디라(Andjra) 산악부족은 하지절에 마을 공터에 커다란 불을 피우고, 남녀와 아이들이 타오르는 불길이나 이글거리는 잿불을 뛰어넘는다. 그렇게 하면 자신들에게 붙어다니는 모든 재앙이 사라진다고 믿는다. 또, 그들은 그러한 뛰어넘기가 병자를 치료해 주고 자식 없는 부부에게 후손을 내려준다고 상상한다.

이슬람 민족의 하지절 제전은 특히 주목할 만한다. 왜냐하면 이슬람력은 순수한 음력이며 윤달을 써서 수정하지 않으므로 필연적으로 태양력상으로 고정된 시기를 점하는 축제일을 표시할 수 없기 때문이다. 달의 운행에 맞추어 정한, 모든 엄밀한 이슬람 제전은 지구가 태양 주위를 공전하는 전기간을 통해 점차 태양의 주기와 편차가 생긴다. 이 사실 자체는 유럽의 기독교 민족들처럼 북아프리카의 이슬람 민족들에도 하지절 제전이 그 민족의 공인된 종교와 전혀 다른, 먼 옛날 이교의 유물이라는 것을 증명해 주는 것으로 보인다.

5

앞의 개괄을 통해 우리는 유럽 민족의 이교도 조상들 사이에서 가장 유명하고 널리 퍼진 연례적인 불의 제전은 하지절 전야나 하지절 대제전이었다고 추리할 수 있다. 이 제전과 하지점의 일치는 우연이기 어렵다. 오히려 우리는 우리의 이교도 조상들이 의도적으로 지상에서의 불의 제전을 천상에서 태양이 그 행로의 최고점에 도달하는 시기와 일치하도록 맞춘 것이라고 보아야 한다. 만약 그렇다면, 하지절 제례의 옛 창시자들은 태양의 뚜렷한 행정(行程)과 그 지점(至點) 또는 전환점을 관측했으며, 따라서 자신들의 제사 일정을 어느 정도 천문학적인 고려에 따라 조정했다는 이야기가 된다.

그러나 이는 유럽 대륙 대부분 지역에 살던, 이른바 원주민이라고 할 수 있는 사람들에게는 확실한 것으로 보이지만, 유럽 대륙의 땅 끝, 곧 서북쪽을 향해 대서양으로 뻗어나와 있는 섬지방과 곶지방에 거주했던 켈트(Celt)족에는 맞지 않는 것으로 나타난다. 범위도 제한적이고 화려함도 줄어들기는 했지만, 켈트족의 주요한 불의 제전은 근대에 이르기까지, 심지어 우리 시대에 이르기까지 태양의 위치를 전혀 고려하지 않고 시기를 정했던 것으로 보인다. 그 제전은 두 가지가 있었고 6개월 간격으로 벌어졌다. 하나는 오월절 전야에, 다른 하나는 '올핼로우 이븐(Allhallow Even)' 또는 오늘날 흔히 말하는 '핼러윈(Hallowe'en)' 축제일, 곧 '만성절(All Saints' Day)' 전날인 10월 31일에 치렀다. 이러한 시기는 태양력의 전환점인 4대 극점, 곧 두 지점(至點)과 두 분점(分點) 어느쪽에도 일치하지 않는다. 또, 그것은 봄 파종기와 가을 수확기 같은 농경상의 주요 절기와도 일치하지 않는다. 오월절이면 이미 오래 전에 씨앗을 뿌린 때며, 11월이면 이미 오래 전에 수확물을 거두어 곳간 속에 저장한 때로, 밭도 과일나무도 헐벗고 심지어 누런 낙엽이 바쁘게 땅에 떨어져내릴 때다. 하지만 5월 1일과 11월 1일은 유럽에서 한 해의 전환점을 나타낸다. 전자는 여름의 온난한 더위와 풍성한 신록을 인도하며, 후자는 겨울의 추위와 황량함을 예고한다. 그런데 한 해의 이러한 특정 시점은, 박식하고 독창적인 어떤 작가가 잘 지적했듯이, 유럽 농민에게는 그다지 중요하지 않은 반면, 유럽의 목축민에게는 중요한 관심사다. 왜냐하면 여름이 다가올 때 그는 소떼를 야외에 몰고 가서 싱싱한 풀을 먹이고, 겨울이 다가올 때 외양간의 안전한 피신처로 다시 데려오기 때문이다. 따라서 켈트족이 한 해를 5월의 시작과 11월의 시작으로 양분하는 관습은, 켈트족이 목축민으로서 가축떼에 생계를 주로 의존하던 시대에 유래했다고 보아도 결코 터무니없는 주장은 아닐 것이다. 따라서 그 시대에는 한 해를 초여름에 소들이 외양간에서 나오는 시기와 초겨울에 외양간으로 다시 들어가는 시기로 크게 나누었을 법하다.

아마도 옛날에는 두 제전 중에서 핼러윈이 더 중요했을 것이다. 켈트족은 한 해의 시작을 벨테인제보다는 핼러윈제로 잡은 것 같다. 켈트족의 언어와 관습이 색슨족 침략자들의 포위에도 불구하고 가장 오래 보존되었던 요새지인 만(Man) 섬에서는 최근에 이르기까지 구력 11월 1일을 신년절로 간주하였다. 그래서 만 섬의 어릿광대들은 핼러윈절(구력)에 "오늘은 새해의 전야라네, 호군나(Hogunnaa)!"로 시작하는 섣달 그믐날 노래를 만 섬 언어로 부르며 돌아다녔다. 존 라이스 경(Sir John Rhys)의 제보자로 일하던 만 섬 사람 중한 사람은 67살 먹은 노인인데, "16살 때부터 26살 때까지 안드레아스 교구의 레거비 부근에서 농장머슴으로 일했다. 그는 자기 주인과 가까운 한 이웃사람이 신년절이란 명칭을 11월 1일에 쓰는 것에 대해 거론하면서 젊은 사람들에게 옛날부터 늘 그래 왔다고 설명하던 일을 기억하고 있다. 사실 그에게는 그것이 지극히 당연한 일 같았다. 모든 토지보유권이 그 시점에 끝나며, 모든 하인 남자가 그때부터 일을 시작하기 때문이다." 고대 아일랜드에서는이미 살펴보았듯이 해마다 핼러윈절이나 삼하인(Samhain) 전야에 새로운 불을 피우고, 이 신성한 불로 아일랜드의 모든 불을 다시 붙였다. 그러한 풍습은 삼하인 또는 '만성절(11월 1일)'이 신년절이라는 것을 강력히 시사한다. 해마다 새로운 불을 붙이는 풍습은 한 해가 시작할 때 새로운 불의 복력(福力)이 열두 달 내내 지속하도록 하기 위해 행하는 것이 가장 자연스러운 것이다. 켈트족이 한 해를 11월 1일부터 기산했다는 견해를 확인해 주는 또다른 증거는, 이제 살펴보겠지만, 켈트족이 핼러윈절에 자신들의 운세, 특히 다음해의 운수를 알아보기 위해 흔히 다양한 방식의 점술에 의존했다는 사실에서 찾을수 있다. 미래를 엿보는 그와 같은 방책을 실행하기에 가장 합리적인 시기가연초말고 달리 있겠는가? 예언과 점괘의 시기로 핼러윈이 벨테인을 훨씬 능가한다고 켈트족은 상상한 것 같다. 그 사실로부터 우리는 일정한 개연성을가지고 그들이 벨테인이 아니라 핼러윈부터 한 해를 기산했다고 추리할 수있다. 같은 결론을 시사하는, 아주 중요한 또다른 사실은 사자(死者)와 핼러원의 연관성이다. 켈트족뿐만 아니라 유럽 전역에서 핼러윈, 곧 가을에서 겨울로 전환하는 지점을 나타내는 그 밤을 사자들의 영혼이 자기 옛 집을 다시 찾아가는 시기로 여겼던 것 같다. 그 목적은 영혼들이 불을 쪼여 몸을 데우고 애정 어린 친족들이 부엌이나 응접실에서 그들을 위해 베푸는 환대에서 위안을 얻기 위함이었다. 겨울이 다가오면서 추위에 떨고 굶주린 불쌍한 유령들이 황량한 들판과 헐벗은 숲에서 쫓겨나 친숙한 난롯가 오막살이의 피신처를 찾아온다는 것은 아마도 자연스러운 생각이었을 것이다. 그때가 되면 음메 우는 암소들도 숲 속과 언덕바지의 여름 목장에서 돌아와, 흔들리는 가지 사이로 매서운 바람이 몰아치고 눈보라가 골짜기에 깊이 쌓여 있는 동안 외양간에서 여물을 먹고 보살핌을 받지 않겠는가? 그리고 선량한 주인과 아내라면 죽은 식구들의 영혼한테 암소에게 하듯이 환대를 베풀기를 어찌 마다하겠는가?

그러나 '가을이 겨울한테 그 창백한 해를 넘겨주는' 날에 보이지 않게 떠돌아다닌 것은 죽은 사람들의 영혼만이 아니다. 마녀들도 그때 빗자루를 타고 공중을 휩쓸거나, 그날 밤에 새까만 준마로 변하는 암코양이를 타고 길 위를 달려가며 악행을 저지르느라 분주하다. 요정들도 모두 자유롭게 날아다니며, 온갖 요괴들이 마음대로 횡행한다. 남부 위스트와 에리스케이(Eriskay)에는 이런 속요(俗謠)가 있다.

> 핼러윈이 온다, 온다.
> 요술(또는 점술)이 시작된다.
> 요정들이 전속력으로
> 모든 길에 달려간다.
> 아이들아 아이들아, 길을 피해 가거라.

그러나 켈트족 농민의 마음속에서 핼러윈이 항상 신비와 외경의 마력을 지닌 반면, 적어도 근대에 이르러 대중화한 그 제전의 양상은 결코 음울한 경향이 주가 아니었다. 반대로 그것은 회화적인 특색과 즐거운 여흥을 가미한, 일년 중 가장 즐거운 밤이 되었다. 스코틀랜드 고원지방에서 그 제전에 낭만적인 아름다움을 부여하는 데 공헌한 요소로는 무엇보다도 화톳불을 들 수 있다. 그것은 고원마다 잦은 간격을 두고 활활 타올랐다. "가을철 마지막 날에 아이들은 고사리와 타르 통, '가이니스(gàinisg)'라는 길고 가는 줄기, 그리고 화톳불에 적합한 모든 것을 수집했다. 이것들을 집 부근 둔덕에 쌓아놓고 저녁에 불을 붙였다. '샘내건(Samhnagan)'이라고 부르는 그 불을 집마다 하나씩 피우는데, 누가 가장 큰 불을 피우느냐가 관심의 표적이었다. 전지역이 화톳불로 환하게 밝아오는, 고원의 호수를 가로질러 수많은 고지대에서 불빛이 비치는 광경은 참으로 그림 같았다." 5월 1일의 벨테인 불처럼 핼러윈 화톳불도 퍼스셔 고원지방에서 가장 흔하게 피운 것 같다. 아름다운 록 카트린 호수의 꾸불꾸불하고 숲이 우거진 호안으로 이어지는, 오늘날 유명한 트로삭스 고개를 포함하는 칼란더(Callander) 교구에서는 핼러윈 화톳불이 거의 18세기 말까지 여전히 피어올랐다. 불길이 가라앉으면, 재를 조심스럽게 원형으로 모아 원 둘레 부근에 돌을 하나씩 집어넣었다. 돌은 화톳불에 관심이 있는 여러 가족의 모든 식구를 각기 대표하는 것이었다. 다음날 아침에 그 돌들 중 어느 하나가 위치가 바뀌거나 깨지면, 사람들은 그 돌이 대표하는 사람이 '죽을 운명이거나(fey)' * 저주받은 존재로서 그날로부터 열두 달 안에 죽을 것이라고 확신했다.

아일랜드의 퀸즈(Queen's) 주에서는 19세기 후반까지 아이들이 핼러윈절에 다양한 방식으로 점을 쳤다. 이날 소녀들은 장래 남편이 어떤 사람인지 알아보기 위해 눈을 가리고 채소밭에 나가서 양배추를 뽑았다. 그 양배추가 잘 자라 있으면 소녀는 잘생긴 남편을 얻지만, 그 줄기가 휘어 있으면 냄새나는 노인네와 결혼하게 된다고 한다. 또, 호두를 두 개씩 짝지어 벽난로의 가로대 위에 올려놓은 뒤 그 움직임을 보고 그것이 나타내는 한 쌍의 연애와 결혼 운세에 관한 예언을 이끌어냈다. 납을 녹여서 찬물을 담은 통에 떨어뜨려 물 속에서 그것이 취하는 형태에 따라 아이들의 장래 운명을 예언하기도 했다. 또, 사과를 물통에 띄운 다음 이빨로 물어서 건져올리거나, 한쪽에 사과를 얹고 다른 쪽에 초를 얹은 막대기를 고리에 매달아 막대기를 빙빙 돌게 만든 다음

---

*스코틀랜드어로서 죽을 운명이나 죽음의 기운이 떠도는 것을 가리킨다.

사과를 한입 깨물거나 초를 한입 깨물기도 했다. 라이트림(Leitrim) 주에서도 거의 19세기 말까지 핼러윈절에 다양한 형태의 점술을 행했다. 소녀들은 퀸즈 주에서 하는 것과 흡사하게 양배추를 이용해서 장래 남편의 특징을 확인했다. 또, 찔레나무 가지가 땅 위에 늘어지도록 자라 고리 모양을 이룬 것을 한 소녀가 발견하면, 그녀는 저녁 늦게 악마에게 빌면서 세 차례 그 고리를 기어서 통과한 다음 가지를 잘라서 베개 밑에 넣어둔다. 그 동안 말은 한마디도 하지 않는다. 그리고 나서 그 베개를 베고 자면 자기가 결혼할 남자의 꿈을 꾼다고 한다. 소년들도 그와 비슷하게 아무 말도 하지 않고 담쟁이 잎 열 개를 모아 하나는 던져버리고 다른 아홉 개를 베개 밑에 넣어두면 핼러윈절에 연애와 결혼에 관한 꿈을 꾼다고 한다. 또, 호두와 반지를 넣어서 구운 '밤 브릭(barm-breac)'이라고 하는 케이크로도 점을 쳤다. 반지를 얻는 사람이 가장 먼저 결혼하며, 호두를 얻는 사람은 과부나 홀아비하고 결혼할 팔자라고 한다. 그러나 호두가 빈 껍데기뿐이면 그 사람은 결혼하지 않고 살아갈 팔자다. 또, 다음과 같은 방법으로 장래 남편의 이름을 알아내기도 한다. 한 소녀가 소모사(梳毛絲) 실꾸리를 가지고 해질녘에 석회가마로 가서 악마에게 빌며 실의 다른 쪽 끝을 단단히 쥐고 실꾸리를 가마 속에 던진다. 그리고 나서 실을 다시 감으며 이렇게 묻는다. "누가 내 실을 잡고 있니?" 그러면 가마 속 깊숙한 곳에서 장래의 남편 이름이 들려온다고 한다. 또다른 방법은 갈퀴를 가지고 건초더미로 가서 "나는 악마의 이름으로 이 건초를 긁어모은다"고 말하며 그 주위를 아홉 번 돈다. 그러면 아홉 번째에 장차 일생의 반려자가 될 사람의 생령(生靈)이 나타나 갈퀴를 빼앗아간다고 한다. 그뿐만 아니라 밤에 일행이 헤어질 때 사람들에게 벽난로의 재를 갈퀴로 고르게 해놓고 다음날 아침에 갈퀴자국을 살펴보며 누가 집에 오고 떠날지, 한 해가 가기 전에 누가 죽을지 판단하기도 했다. 라이트림 주에 접해 있는 로스코몬(Roscommon) 주에서는 핼러윈절에 거의 모든 집에서 케이크를 하나씩 만들어 반지와 동전, 자두, 나무조각을 그 안에 집어넣는다. 동전을 얻는 사람은 부자가 될 것이고, 반지를 얻는 사람은 제일 먼저 결혼할 것이며, 관을 나타내는 나무조각을 얻는 사람은 제일 먼저 죽을 것이다. 또, 자두를 얻는 사람은 가장 오래 살 것이다. 왜냐하면 요정들이 핼러윈절에 울타리의 자두나무를 시들게 하는 탓에 케이크 속의 자두가 그 해에 가장 마지막 남은 것이 되기 때문이다. 또, 신비스러운 핼러윈절 저녁에 소녀들은 귀리알 아홉 개를 입 속에 넣고 외출하여 한 남자의 이름을 부르는 소리가 들릴 때까지 아무 말 하지 않고 걸어다닌다. 그 이름이 곧 장래 남편의 이름이라고 한다. 로스코몬 주에도 핼러윈절에 사과나 6펜스짜리 은화를 물에 담그거나, 빙빙 도는 사과와 기름양초를 깨무는 관습이 있다.

또다른 켈트족 거주지인 만 섬에서도 근대에 이르기까지 핼러윈절을 기념하기 위해 불을 피우고, 아울러 요정과 마녀의 사악한 영향을 막아내기 위해 온갖 관례적인 의식을 행했다.

6

우리가 충분한 근거에 따라 믿는 바와 같이, 고대 유럽의 이교도들이 하지절을 기념하여 우리 시대에 이르기까지 많은 지방에 흔적이 남아 있는 커다란 불의 제전을 벌였다면, 당연히 그에 상응하는 동지절에도 비슷한 제례를 행했을 것으로 상상할 수 있다. 원시인의 관점으로 볼 때, 하늘에 나타나는 태양의 운행로 중 2대 전환점인 하지와 동지, 전문용어로 하지점과 동지점 — 천상에 떠 있는 거대한 발광체의 불빛과 열기가 줄어들거나 늘어나기 시작하는 그 두 순간 — 만큼 지상에 불을 피우기에 적절한 때는 없었을 것이기 때문이다. 그렇게 함으로써 미개인 철학자 — 우리는 사물의 본성에 관한 그의 성찰에 의거하여 수많은 고대의 풍속과 의식을 설명한 바 있다 — 는 자기가 수고하는 태양을 도와 꺼져가는 불을 다시 피우거나 불길을 더 환하게 타오르도록 할 수 있다고 쉽사리 상상했을 수도 있다. 동지점은 고대인들이 12월 25일로 잘못 배정하기는 했으나, 고대에 '태양의 탄생일'로 기념하였다. 그리고 이 즐거운 날을 맞이하여 축제의 등불이나 불을 피운 것이 확실하다. 우리의 성탄절 축제는 이러한 옛 태양제전을 기독교식 명칭으로 연장한 것에 지나지 않는다. 교회 권위자들은 3세기 말이나 4세기 초 무렵에 자의적으로 그리스도의 탄생일을 1월 6일에서 12월 25일로 옮기기로 결정했는데, 그 의도는 당시까지 이교도들이 그 날짜에 태양을 향해 바쳤던 숭배의식을 자신들의 주님에게로 돌리려는 것이었다.

오늘날 기독교국에서 고대의 동지절 불놀이는 잉글랜드 사람들이 다양한 명칭으로 부르는 유서 깊은 '성탄절 장작불' — 율 로그(Yule log), 클로그(clog) 또는 블록(block)이라고 부르는 — 이라는 풍습 속에 최근까지 남아 있었다. 그 풍습은 유럽에 널리 퍼져 있었으나, 특히 잉글랜드와 프랑스, 남부 슬라브족 사이에서 성행한 것으로 보인다. 최소한 그 풍습에 관한 가장 상세한 설명은 이들 지역에서 발견된다. 성탄절 장작불이 하지절 화톳불의 겨울철 복사판이며, 그 계절의 혹독한 추위 때문에 야외 대신 실내에서 피운 것일 뿐이라는 사실은 영국의 골동품 연구가 존 브랜드(John Brand)가 오래 전에 지적한 바 있었다.* 그 견해는 성탄절 장작불에 수반하는 수많은 기묘한 미신이 뒷받침한다. 그 미신들은 기독교하고는 아무런 연관성이 없을 뿐 아니라 이교적 기원을 뚜렷하게 드러내고 있다. 그러나 두 지점(至點)의 행사가 모두 불의 제전이기는 하지만, 겨울철 행사를 실내에 국한해야 할 필요성 때문에 그것은 사적이고 가정적인 잔치의 성격을 띠게 되었다. 이는 사람들이 야외나 눈에 잘 띄는 고지대에 모여 공동으로 커다란 화톳불을 피워놓고 춤추며 함께 즐기는 여름철 행사의 공식성과 뚜렷이 대비된다.

독일에서는 성탄절 장작불 풍습을 12세기에 행한 것으로 알려져 있다. 1184년에 뮌스터란트(Münsterland)에 있는 알렌(Ahlen)의 교구사제가 "주님의 탄생일에 축제의 불을 피우기 위해 나무를 가져올 것"을 이야기했던 것이다. 19세기 중엽 무렵까지 그 오랜 의식은 중부 독일의 몇몇 지방에 남아 있었다. 한 동시대 작가의 기록에서 우리는 그 사실을 알 수 있다. 그는 결실을 재촉하기 위해 성탄절 밤에 소떼에게 여물을 먹이고 과일나무를 흔드는 풍습에 대해 언급한 뒤, 다음과 같이 계속한다. "머나먼 이교시대까지 거슬러 올

---

*브랜드 박사라는 걸맞은 호칭으로 불리는 이 사람은 *Popular Antiquities from Great Britain*(London, 1882~1883)의 저자다. 이 책 1권 471쪽에서 그는 이렇게 말하고 있다. "나는 성탄절 통나무가 그 일차적인 용도에서 하지절 모닥불과 동격이라고 확신한다. 단지 더운 계절에 야외에서 불을 붙이는 것처럼 동지절의 추운 날씨 때문에 실내에서 불을 붙이는 데 불과한 것이다."

라가는 다른 풍습들은 산악지방의 구식 농민들 사이에서 아직까지 찾아볼 수 있다. 예컨대 지크(Sieg)와 란(Lahn)의 계곡들에서 벽난로 바닥에 새 통나무를 놓는 관습이 그렇다. 보통 땅에서 그루터기를 통째로 파낸 무거운 참나무 토막은 벽난로 바닥이나 그 목적을 위해 만든, 솥을 거는 고리 아래 있는 벽감(壁龕)에 꼭 들어맞게 설치한다. 벽난로가 타오르면 이 나무토막도 타지만, 일 년이 지나도 다 타버리지 않게 배치한다. 그리고 새로운 바닥을 놓을 때 묵은 나무토막의 잔해를 조심스럽게 끄집어내서 가루로 빻아 12일제 전야에 밭에다 뿌렸다. 이렇게 하면 그 해 농작물의 결실을 촉진한다고 사람들은 상상했다." 코블렌츠(Coblentz) 서쪽의 아이펠 산 일부 지역에서는 '그리스도 장작(Christbrand)'이라고 부르는 통나무를 성탄절 전야에 벽난로에 얹었다. 그리고 쥐가 곡식을 못 먹게 하기 위해 까맣게 탄 통나무 잔재를 12일제 전야에 곡식창고에 놓아두었다. 베스트팔렌의 바이덴하우젠(Weidenhausen)과 기르크샤우젠(Girkshausen)에서는 성탄절 장작(Christbrand)이 불에 약간 그슬리자마자 꺼내는 것이 관례였다. 그런 다음 그것을 조심스럽게 보관했다가 천둥과 폭우가 닥칠 때 다시 불 위에 얹었다. 왜냐하면 성탄절 장작이 연기를 내고 있는 집에는 벼락이 떨어지지 않는다고 믿었기 때문이다. 베스트팔렌의 베를레부르크(Berleburg) 부근에 있는 몇몇 마을에서는 성탄절 장작을 추수 때 벤 마지막 곡식단으로 매놓는 것이 오랜 관습이었다. 또, 성탄절 전야에 중부 독일 마이닝겐 주에 있는 오베르란트(Oberland)의 농민들은 '그리스도 통나무(Christklotz)'라고 부르는 커다란 나무토막을 잠자러 가기 전에 불 위에 얹는 것이 관례였다. 밤새 까맣게 탄 잔해가 일 년 내내 화재와 도둑, 기타 재앙을 막아준다고 여겼기 때문이다. 성탄절 통나무는 스위스에서는 프랑스어 사용권에만 알려진 것 같으며, 보통 '뷔쉬 드 노엘(Bûche de Noël)'이라는 관례적인 프랑스어 명칭으로 통한다. 베른 주의 쥐라 산맥에서는 벽난로에서 통나무가 타고 있는 동안 사람들이 다음과 같은 축가를 부른다.

통나무야, 불타거라!
모든 행운이여, 오너라!
여자는 아이를 낳고

양은 새끼양을 낳기를!
모든 이에게 흰 빵과
통에 가득한 포도주가 돌아가기를!

성탄절 통나무가 타고 남은 재는 벼락을 막아준다고 여겨 조심스럽게 보관했다.

성탄절 통나무의 잔해를 일 년 내내 보관하면 집에 화재와 특히 벼락을 막아주는 효능이 있다는 믿음이 공통적으로 나타난다는 사실은 주목할 만하다. 성탄절 통나무는 흔히 참나무를 쓰기 때문에, 이러한 믿음은 참나무와 우레의 신을 결부시킨 고대 아리안족 신앙의 유물일 가능성이 있는 것 같다. 성탄절 통나무의 재에 부여된 치유력과 생식력, 곧 사람과 가축을 치료하고 소가 새끼를 낳게 하며 대지의 결실을 촉진하는 것으로 알려진 능력도 똑같은 고대적 연원에서 유래한 것인지는 고찰할 가치가 있는 문제다.

지금까지 우리는 동지절 불놀이의 사적이고 가정적인 행사만 살펴보았다. 겨울철에 그러한 의식을 공식 행사로 여는 것은 중부 및 북부 유럽에서는 극히 드물고 예외적인 일이었던 것 같다. 그러나 몇 가지 사례가 있다. 예컨대 튀링겐의 슈바이나(Schweina)에서는 19세기 후반기까지 젊은이들이 해마다 성탄절 전야에 안토니우스 산에서 커다란 화톳불을 피웠다. 민간 당국도 교회 당국도 그 행사를 저지하지 못했으며, 한겨울의 추위와 눈, 비도 행사 주최자들의 열기를 누이거나 식힐 수 없었다. 성탄절 전에 청년들과 소년들은 마을에서 가장 오래된 교회가 자리잡고 있던 산꼭대기에 화톳불의 기틀을 쌓느라고 한동안 분주했다. 그 기틀은 돌과 잔디, 이끼로 지은 피라미드형 구조물인데, 성탄절 전야가 돌아오면 그 피라미드 위에 땔나무 다발을 매단 튼튼한 장대를 세웠다. 젊은이들은 낡은 빗자루나 삭정이단을 매단 장대도 여러 개 따로 준비했다. 횃불로 쓸 것들이었다. 날이 어두워지고 교회종이 울려 예배시각을 알리면, 젊은이들은 무리 지어 산으로 올라갔다. 그러면 이내 꼭대기에서 화톳불 불길이 피어올라 어둠을 밝히고, 찬송가 소리가 밤의 정적을 깨뜨렸다. 이윽고 거대한 불을 원형으로 둘러싼 채 작은 불이 여러 개 피어오르면, 마지막으로 젊은이들이 횃불을 흔들며 이리저리 뛰어다녔으며, 곧이어

깜박이는 화점(火點)들이 산허리를 따라 내려와 어둠 속으로 하나씩 사라져 갔다. 자정에 노랫소리와 뒤섞여 교회탑에서 종소리가 울려퍼졌다. 밤새 술과 환락의 잔치가 계속되었으며, 아침이 되면 노인과 아이들은 불멸의 빛을 경청함으로써 자신을 교화하기 위해 아침미사에 참례한다.

세틀랜드(Shetland) 제도의 수도인 러윅(Lerwick)에서는 "성탄절 전야인 1월 4일 — 이곳은 아직 구력을 사용한다 — 에 아이들이 가장행렬을 벌인다. 그들은 가장 환상적이고 화려한 의상으로 분장하고 거리를 행진하며, 주택과 상점을 돌아다니면서 성탄절 잔치를 벌이는 데 필요한 자금을 구걸한다. 시계가 성탄절 아침 1시를 알리면, 젊은 남자들이 야한 옷차림으로 떼지어 쏟아져 나와 잰걸음으로 커다란 타르 통을 끌고 거리를 지나가며 고함과 환호성을 지르거나, '더 요란한 뿔피리'로 요란한 소리를 낸다. 타르 통은 단순히 타르와 나무 부스러기를 가득 담은 통을 몇 개(4~8개 정도) 나무발판 위에 올려놓은 것이다. 쇠사슬 하나를 수십 명쯤 되는 활기찬 청년들이 기꺼이 자기 몸에 걸고 그 통을 끌고 간다. 최근에 러윅 시의 존경할 만한 시 관리는 그것을 일컬어 '참으로 대단하고 무시무시한 위력을 지닌 불의 전차'라고 묘사했다. 성탄절 아침에 러윅의 어두운 시가지는 환한 불빛으로 밝혀지고, 6~8개쯤 되는 타르통이 연이어 피워대는 짙은 연기로 공기가 시커매진다. 새벽이 다가오는 오전 6시에 그 아침의 난봉꾼 — 이때쯤이면 이미 더럽혀진 — 들은 야한 옷을 벗어던지고, 이번에는 자기들이 가장행렬단이 된다. 그들은 상상할 수 있는 모든 형태 — 병사·선원·고원 주민·스페인 기사 따위 — 의 의상을 차려 입고서 부부로 짝을 짓거나 큰 무리를 이루어 행진하면서 친구들을 방문하여 새해 인사를 한다. 옛날에는 이러한 가장행렬단이 나무상자에 들어앉아 깡깡이 연주자들을 대동하고 온 시가지를 휩쓸고 다녔다."

페르시아인들은 동지절에 '사다(Sada)' 또는 '사자(Saza)'라고 부르는 불의 제전을 거행했다. 한 해의 가장 긴 밤에 그들은 도처에 화톳불을 피웠으며, 왕과 제후들은 새와 짐승의 발에 건초를 묶고 건초에 불을 붙인 다음, 새와 짐승을 놓아주어 불붙은 채 공중에 날아가거나 산과 들판에 뛰어다니게 함으로써 마치 하늘과 땅 전체가 불이 난 듯이 보이게 했다.

7

　지금까지 설명한 불의 제전은 모두 한 해의 일정한 시기에 주기적으로 열렸다. 그러나 이처럼 정기적으로 반복하는 행사 외에도 유럽 많은 지역의 농민들은 아득한 옛날부터 고통과 재해의 시기에, 특히 소들이 전염병에 걸렸을 때 불의 제례에 의존하곤 했다. 유럽의 불놀이 민속에 대한 설명은 이러한 주목할 만한 의식에 대한 언급을 빼놓고는 완전하다고 할 수 없을 것이다. 그것들은 어쩌면 다른 모든 불의 제전의 원조이자 근원이라고 볼 수 있기 때문에 한층 더 우리의 주목을 요한다. 그것들은 확실히 아주 먼 고대에 비롯된 것이 틀림없다. 튜토니인은 그것들을 일반적으로 '정화(淨火, need-fire)'라고 불렀다.

　기록에 나오는 정화의 역사는 중세 초기까지 소급할 수 있다. 프랑크족의 왕 피핀(Pippin)의 치세 중에 마인츠(Mainz) 대주교 보니파키우스(Bonifacius)의 주재 아래 열린 고위 성직자와 귀족들의 회의에서 정화 피우는 관습을 이교도의 미신으로 배격하였다. 정화를 피우는 방식은 17세기 말경의 한 작가가 다음과 같이 설명하고 있다. "크고 작은 소떼들 사이에 해로운 역병이 발생하여 가축이 대량으로 죽어갈 때, 농민들은 정화를 피우기로 결정한다. 불을 피우기로 한 날에는 모든 집과 벽난로에 단 한 점의 불씨도 남아 있지 않아야 한다. 그리고 모든 집에서 다량의 짚과 물과 덤불을 내놓아야 한다. 그런 뒤에 튼튼한 참나무 막대를 땅에 단단하게 고정하고 거기에 구멍을 뚫어서 송진과 타르를 충분히 바른 (ㄴ자 모양의) 나무 손잡이를 구멍에 끼운 다음, 뜨거운 열이 나서 불이 붙을 때까지 강한 힘으로 돌린다. 이렇게 해서 발생한 불에 연료를 갖다대고 밀짚 · 히스 나무 · 덤불 따위를 공급하여 본격적으로 정화를 피워올린다. 그런 다음에 그 불을 담벼락이나 울타리 사이에 어느 정도 펼쳐놓고 막대기와 채찍으로 소와 말을 몰아 두세 차례 그것을 통과하게 한다. 어떤 사람들은 각기 구멍이 하나씩 나 있는 말뚝을 두 개 세워놓고 기름 묻힌 낡은 헝겊과 함께 손잡이를 두 구멍에 끼운다. 또다른 사람들은 굵은 밧줄을 이용하여 아홉 가지 나무를 모아 불길이 솟구칠 때까지 격렬하게 마찰한다. 아마도 이 불을 피우는 데는 다른 여러 방법이 있을 테지만, 모두 공통으로 지향하는 것은 소떼의 병을 치료하는 것이다. 정화를 두세 차례 통과한 다음 소떼가 외양간이나 목초지로 돌아가면, 쌓아놓은 나무더미를 해체한다. 그러나 어떤 지방에서는 모든 세대주가 반드시 불붙은 나무토막을 하나씩 가져가서 목욕통이나 물통에 넣어 불을 끈 뒤 소떼가 여물을 먹는 구유에 담아 한동안 놓아두어야 한다. 정화를 피우는 데 이용한 막대는 손잡이로 사용한 나무와 함께 나머지 연료로 태워버리기도 하고, 때로는 소떼가 불길 속을 세 차례 통과한 이후에 조심스럽게 보관하기도 한다.”

  1828년 여름에 하노버 남부 마이네르젠(Meinersen) 부근에 있는 에데세(Eddesse)라는 마을에서 돼지와 소들 사이에 큰 병이 돌았다. 병을 잡기 위한 일상적인 조치가 모두 실패로 돌아가자, 농부들은 마을 풀밭에서 비밀회의를 열어 다음날 아침에 정화를 피우기로 결정했다. 그에 따라 마을 촌장이 집집마다 통지를 보내 다음날 해뜨기 전에 불을 모두 끄고 소떼를 몰고 나올 준비를 하라고 일렀다. 같은날 오후, 중지를 모아 결정한 사항을 이행하기 위해 필요한 준비를 끝내려는 사람들로 마을이 바빠진다. 좁은 길거리에 널빤지 울타리를 치고 마을 목수가 불피울 기구를 만드는 작업을 했다. 그는 참나무 말뚝 두 개를 가져다가 각기 약 7~8센티미터의 폭과 깊이로 구멍을 하나씩 뚫고 말뚝 두 개를 약 60센티미터 간격으로 서로 마주보게 세워놓았다. 그러고 나서 참나무 굴대(roller)를 말뚝의 두 구멍에 끼워서 가로대 모양이 되게 했다. 다음날 아침 2시경에 모든 세대주가 짚단과 덤불을 가져와서 지정된 순서대로 길거리를 가로질러 내려놓았다. 이때 주변에서 눈에 띄는 힘센 젊은이들을 정화 피우는 사람으로 선정하였다. 그러고 나서 불을 피우기 위해 참나무 말뚝에 끼운 참나무 굴대에 기다란 삼 밧줄을 두 차례 감고, 양쪽 회전축에 송진과 타르를 충분히 바르고, 한 다발의 삼 부스러기와 부싯깃을 옆에 갖다놓자 모든 준비가 끝났다. 건장한 시골청년들은 이제 밧줄의 양끝을 붙잡고 열성껏 작업을 시작했다. 이내 양쪽 구멍에서 연기가 확 피어올랐으나 불꽃이 일지 않아 구경꾼들은 가슴이 철렁한 모양이었다. 어떤 사람들은 웬 죽일놈이 집 안의 불을 끄지 않은 모양이라고 공공연하게 의심 섞인 말을 뱉어냈다. 그때 홀연히 부싯깃에서 불길이 솟구쳤다. 모든 얼굴에서 구름이 걷혔다. 불을 연료더미에 옮겨붙이고 불길이 다소 가라앉았을 때 가축떼를 몰아 강제로 불을 통과시켰다. 처음에는 돼지, 다음에 암소, 마지막에 말의 순서였다. 그리고 나서 목동들은 짐승들을 목초지로 몰고 갔다. 정화의 효험을 굳게 믿는 사람들은 불붙은 나무토막을 집으로 가져갔다.

이와 같이 유럽 많은 지방에서는 특히 가축들의 질병을 치료하거나 전염을 막기 위해 나무를 마찰해 불을 붙이는 것이 관례였다. 마른 막대 두 개를 서로 문질러 불을 피우는 방식은 전세계의 미개인들이 불을 피우기 위해 가장 흔히 의존하는 방식이다. 이러한 원시적인 방법으로 정화를 피우는 관습이 우리들의 미개인 선조가 그런 방식으로 모든 불을 피웠던 시대의 유물일 뿐이라는 것은 거의 의심할 나위가 없다. 이러한 과거의 유물에 신비한 효능과 신성한 분위기를 부여해 주는 종교적 · 주술적 제례만큼 옛날 관습에 보수적인 것은 없다. 교육받은 사람이 보기에는 사람이 이마에 땀을 흘리며 수고스럽게 막대기를 서로 문질러 피우는 불이나 성냥으로 한순간에 피우는 불이나 효력의 차이가 있을 리가 없다. 그러나 무지몽매하고 미신에 사로잡힌 사람에게는 그런 진리가 결코 분명하지 않다. 그래서 그들은 직접적으로 하면 아주 쉽게 할 일을, 그리고 한다 하더라도 당면한 목적에는 아무 소용도 없는 일을 우회적인 방식으로 무한한 수고를 들여 하는 것이다. 오랜 시대에 걸쳐 인류가 지출해 온 노동의 막대한 부분이 기껏 이런 식으로 허비되었다. 그것은 언덕 위로 굴려 올리면 다시 떨어지기를 영원히 반복하는 시시포스(Sisyphos)의 돌이나, 결코 채울 수 없는 깨진 물병에 다나이드(Danaid)들이 영원히 부어담는 물과도 같은 것이었다.

인근에 다른 불이 있으면 정화를 피울 수 없다는 기묘한 관념은 불을 하나의 단일체로서, 정확히 그것이 타고 있는 장소의 숫자만큼 쪼개지고 그만큼 약화된다고 여겼음을 시사해 주는 것 같다. 따라서 기운이 온전한 불을 얻으려면 단 한 군데에서만 피워야 한다. 왜냐하면 그럴 때에만 그 지역에 있는 모든 난로에서 타던 곁가지 불의 에너지가 한 곳으로 집중하여 타오를 것이기 때문이다. 이를테면 현대 도시에서 버너의 가스불을 모두 동시에 끄고 하나만 남긴다면, 그 버너에서 타오르는 불길은 틀림없이 모든 버너가 동시에 탈 때 어느 한 버너에서 도저히 도달할 수 없을 정도의 강렬함을 지닐 것이다. 이러한 유추는 농민들로 하여금 정화를 피울 때 모든 일상적인 불을 끄도록 고집하게 만드는 추리과정을 이해하는 데 도움을 줄 것이다. 또, 어쩌면 그것은 종종 신성한 불을 새로 붙이기 위한 예비조치로서 모든 묵은 불을 끄도록 요구하는 의례적인 관습에 대한 부분적인 설명이 될 수도 있다. 앞에서 살펴보았듯이, 스코틀랜드 고원지방에서는 오월절 전야에 나무를 마찰하여 벨테인 화톳불을 피우기 위한 준비로서 모든 일상적인 불을 껐다. 의심할 나위 없이 그 이유는 정화와 똑같다. 실상 우리는 상당한 개연성에 따라 정화가 불의 제전의 모태였다고 가정할 수 있다. 그 불은 처음에는 어떤 재앙의 발생을 치유하기 위해 일정하지 않은 간격으로 피우는 데 그쳤으나, 차차 실제로 발생한 재앙을 치유하고 같은 재앙의 발생을 예방하기 위한 목적으로 그 불의 강력한 효험을 정기적으로 활용하기에 이르렀던 것이다.

8

유럽의 불의 제전과 관련한 민속에는 과거 인간제물의 관행을 시사하는 듯한 특징이 몇 가지 있다. 이미 살펴본 몇 가지 근거를 통해 우리가 믿는 바처럼, 유럽에는 살아 있는 사람이 종종 나무정령과 곡물정령의 대역을 하고, 또 그 자격으로 죽음을 당하는 관습이 있었다. 따라서 그들을 불에 태워 죽이는 것도 그렇게 하는 데 어떤 특별한 이점이 따르기만 한다면 없었다고 볼 이유가 없다. 원시인의 계산 속에는 인간의 고통에 대한 고려가 들어 있지 않다. 그런데 우리가 논하는 불의 제전에서는 사람을 불태우는 시늉이 때때로 실제로 사람을 불태우던 옛 관습의 완화된 흔적이라고 간주하는 것이 합당해 보일 정도까지 진행된다. 이를테면 아헨에서는 완두콩 줄기를 뒤집어쓴 남자가 아주 영리하게 행동하여, 아이들은 정말로 그 사람이 불에 타는 것으로 믿는다. 그와 비슷하게, 스코틀랜드의 벨테인 불놀이에서는 가짜로 희생자 노릇을 하는 사람을 붙잡아서 불 속에 던지는 시늉을 하고, 그 뒤로 한동안 그 사람을 죽은 사람처럼 이야기한다. 오스트리아의 볼펙(Wolfeck)에서는 하지절에 한 소년이 푸른 전나무 가지를 온몸에 덮어쓰고 소란스러운 일당과 함

게 집집마다 다니며 화톳불에 쓸 나무를 모은다. 나무를 얻을 때 그는 이렇게
노래한다.

> 나는 숲 속의 나무를 바랍니다.
> 신 우유는 사절이에요.
> 그러나 맥주와 포도주를 주시면
> 나무꾼은 즐거울 거예요.

또, 바이에른 일부 지방에서는 하지절 화톳불을 위해 집집마다 다니며 땔
감을 모으는 소년들이 자기들 중 한 아이를 머리부터 발끝까지 푸른 전나무
가지를 덮어씌우고 밧줄로 묶은 채 온 동네에 끌고 다닌다. 뷔르템부르크의
모스하임(Moosheim)에서는 성 요한 축일의 불놀이 제전을 보통 14일 동안 지
속하며, 하지절 이후 두번째 일요일에 끝낸다. 그 마지막 날에 어른들은 화톳
불을 아이들한테 맡겨두고 숲으로 들어간다. 숲에서 그들은 한 젊은이에게
나뭇잎과 나뭇가지를 씌워 분장을 시켰다. 그러면 그 젊은이는 그런 차림으
로 불 있는 데로 가서 불을 헤쳐놓고 밟아서 껐다. 그 자리에 참석한 모든 사
람은 그의 눈에 띄지 않게 달아났다.

그러나 이보다 더 나아가는 일도 있었을 것 같다. 이런 때 바치는 인간제물
의 가장 명백한 흔적은, 이미 살펴보았듯이 약 100년 전에 스코틀랜드 고원
지방에서 행하던 벨테인 불놀이에 여전히 남아 있던 그런 흔적들이다. 그 지
방 주민들이 바로 켈트족인데, 이들은 유럽의 외딴 귀퉁이에 자리잡고 살아
서 외래의 영향으로부터 거의 완전히 격리되어 있었으므로 아마도 서유럽의
다른 어떤 민족보다도 그 당시까지 자기네의 옛 이교풍습을 잘 보존해 왔다.
그러한 희생에 대한 가장 오래된 기록은 율리우스 카이사르가 남긴 것이다.
이전까지 독립해 있던 갈리아의 켈트족을 정복한 카이사르는 켈트족의 민족
적 종교와 풍속이 아직 로마 문명의 용광로 속에 녹아들지 않고 토속적 환경
속에서 싱싱하게 살아 있을 때 그것을 관찰할 수 있었다. 카이사르는 자기가
로마 군대를 잉글랜드 해협으로 이끌고 가기 약 50년 전에 갈리아를 여행한
포시도니오스(Posidonius)라고 하는 그리스 탐험가의 관찰을 자신의 기록 속

에 통합한 것으로 보인다. 그리스의 지리학자 스트라보와 역사가 디오도로스 또한 켈트족의 희생제사에 관한 서술을 포시도니오스의 저작에서 이끌어낸 것 같다. 그러나 그들은 각기 독립적이었으며, 카이사르와도 독립적이었다. 이 세 가지 파생적인 서술은 다른 이가 빠뜨린 몇 가지 세부사항을 각기 지니고 있다. 따라서 그것을 결합해 보면 우리는 포시도니오스의 원래 설명을 어느 정도 개연성에 따라 복원할 수 있을 것이며, 그렇게 함으로써 갈리아의 켈트족이 기원전 2세기 말에 행한 희생제사의 상을 그려낼 수 있을 것이다. 그 풍습의 주요한 윤곽은 다음과 같았던 것으로 보인다.

켈트족은 사형선고를 받은 범죄자들을 따로 보호했는데, 그 목적은 5년마다 한 번씩 열리는 대제전에서 신들에게 바치는 제물로 쓰기 위해서였다. 켈트족은 그런 제물이 많을수록 토지의 생산성이 더 높아진다고 여겼다. 그래서 제물로 쓸 범죄자가 충분하지 않으면 전쟁에서 붙잡은 포로들을 부족한 만큼 희생시켰다. 때가 되면 드루이드교 사제들이 희생자들을 제물로 바쳤으며, 일부는 화살로 쏘아 죽이고, 일부는 말뚝에 찔러 죽이고, 또 일부는 다음과 같이 불에 태워 죽였다. 먼저 고리버들이나 나무와 풀로 거대한 우상을 만든다. 그리고 그 우상 속에 산 사람들과 소떼, 다른 종류의 짐승들을 채워넣는다. 그런 다음 우상에 불을 붙이고, 그것들을 살아 있는 내용물과 함께 소각했다.

5년마다 열리는 대제전은 그런 식이었다. 그러나 아주 웅장한 규모로, 명백히 엄청난 인명의 희생과 더불어 열린 이러한 5년 단위 제전 이외에도 더 규모가 작은, 같은 종류의 제전이 해마다 열렸으리라고 보는 것이 합당할 것 같다. 그리고 아마도 이러한 연례 제전에서 오늘날 인간제물의 흔적을 지닌 채 유럽 많은 지역에서 해마다 거행하는 불의 제전의 일부가 전래하였을 것이다. 드루이드 교도들이 자기네 제물을 감싸는 데 사용한, 풀을 씌우거나 고리버들로 만든 거대한 우상은 지금도 흔히 나무정령의 대리인을 감쌀 때 쓰는 나뭇잎 구조물을 연상시킨다. 그래서 만하르트는 토지의 생식력이 명백히 그러한 희생제사의 적절한 수행에 따라 좌우된다고 여겼음을 주목하면서, 고리버들과 풀로 감싼 켈트족의 희생자들을 나무정령이나 식물정령의 대리인이라고 해석했다.

드루이드 교도들의 이러한 고리버들 거인은 최근까지 근대 유럽의 봄과 하지절 제전에 유사한 사례가 존재했던 것으로 보인다. 브라반트(Brabant)와 플랑드르의 도시 대부분과 심지어 시골마을까지 해마다 그와 비슷한 고리버들 거인을 끌고 다니며 사람들에게 즐거움을 주는 풍습이 있었으며, 지금도 그러한 풍습이 남아 있다. 사람들은 고리버들 거인의 기괴한 형상을 사랑했으며, 애국적 열정을 담아 거인에 관해 이야기했고, 거인을 구경하는 일에 싫증 내는 법이 결코 없었다. 그 거인들은 '로이즈(Reuze)'라는 이름으로 통했으며, 거인들이 시가지를 당당하게 행진하는 동안 '로이즈' 노래라고 하는 특별한 노래가 플랑드르 방언으로 울려퍼졌다. 이러한 괴물 인형 중에는 안트베르펜과 웨터렌(Wetteren)의 것이 가장 유명했다. 이프레스(Ypres)에서는 거인들의 전 가족이 등장하여 사육제에서 대중의 흥을 돋우는 데 기여했으며, 프랑스의 노르(Nord) 현에 있는 카셀(Cassel)과 아즈브루쉬(Hazebrouch)에서는 해마다 참회화요일에 거인들이 등장했다. 안트베르펜에서는 거인이 너무 커서 도시의 어떤 성문으로도 지나갈 수 없었다. 그래서 그는 다른 벨기에산(産) 거인들이 제전 시기에 으레 하듯이 이웃 도시의 형제 거인들을 방문할 수 없었다. 그는 1534년에 샤를 5세 황제의 전속 화가였던 페터 반 엘스트(Peter van Aelst)가 설계했는데, 아직까지 안트베르펜의 대공회당에 다른 거상들과 함께 보존되어 있다. 벨기에 하이노트(Hainaut) 주에 있는 애트(Ath)에서는 적어도 1869년까지 해마다 8월에 거인들의 민속행진이 벌어졌다. 사흘 동안 골리앗과 그 부인, 삼손과 궁수(弓手, Tirant)의 거대한 인형들이 쌍두(雙頭) 독수리와 함께, 흘러내린 거인들의 옷자락 아래 숨은 운반인 20명의 어깨에 실려 시가지를 돌아다니면서 시민들과 그 행렬을 구경하러 외지에서 모여든 군중들에게 커다란 기쁨을 안겨주었다. 이 풍습은 문서상의 증거에 따르면 15세기 중엽까지 소급할 수 있다. 그러나 골리앗에게 부인을 짝지어주는 관행은 겨우 1715년부터 시작된 것으로 보인다. 그들의 혼례식은 해마다 제전 전야에 성 줄리앙 교회에서 거행하였다. 시 관리들이 행렬을 이뤄 그들을 그곳까지 호송했다.

이와 같이 고대 갈리아에 거주하던 켈트족의 희생제례는 근대 유럽의 민속 축제에서 그 흔적을 찾을 수 있다. 따라서 프랑스나 고대 갈리아에 속했던 더

넓은 지역에서 그러한 제례가 고리버들 거인 또는 고리버들이나 바구니로 감
싼 동물을 불태우는 관습 속에 가장 명백한 흔적을 남기고 있는 것은 자연스
러운 일이다. 이러한 관습은 대체로 하지절이나 그 무렵에 행했다. 이 사실로
부터 우리는 그 퇴화한 후계자들에게로 이어져 내려온 원래의 제례를 하지절
에 거행하였음을 추리할 수 있다. 이러한 추리는 유럽 민속에 대한 전반적인
개괄을 통해 제시한 결론, 곧 하지절 제전이 유럽의 원시 아리안족이 거행한
모든 연례제전 중에서 가장 널리 확산되었을 뿐 아니라 가장 엄숙한 의식이
었다는 결론과 조화를 이룬다. 그와 동시에 우리는 영국 켈트족에게는 연중
가장 주요한 불의 제전이 분명 벨테인(오월절)과 핼러윈(10월 말일)이었던 것
같다는 사실을 염두에 두어야 한다. 그 사실이 제기하는 의문은, 갈리아의 켈
트족도 사람과 짐승의 번제(燔祭)를 포함한 자기네 불의 제전을 하지절이 아
니라 5월 초나 11월 초에 거행하지 않았을까 하는 것이다.

　우리는 아직 물어볼 것이 남아 있다. 그러한 희생제사의 의미는 무엇일까?
왜 그러한 제전에서 사람과 짐승을 불태워 죽였을까? 근대 유럽의 불의 제전
이 마녀와 마법사들을 불태우거나 차단함으로써 마법의 힘을 분쇄하려는 시
도라고 보는 우리의 해석*이 옳다면, 우리는 켈트족의 인간제물도 같은 방식
으로 설명해야 할 것 같다. 곧, 드루이드교 사제들이 고리버들 우상 속에 가
두어 불태운 사람들은 마녀나 마법사라는 이유로 사형선고를 받았으며, 불을
이용한 처형방법을 선택한 까닭은 앞서 살펴보았듯이 생화장이야말로 그 해
롭고 위험한 존재들을 제거하는 가장 확실한 방법으로 여겼기 때문이라고 우
리는 추정해야 한다. 켈트족이 사람과 함께 불태운 가축과 많은 종류의 야생
동물에게도 같은 설명을 적용할 수 있을 것이다. 추측컨대 그들도 마법에 걸
려 있거나, 아니면 사실상 마녀나 마법사가 자기 동족의 행복을 파괴하려는
악독한 음모를 실행하기 위해 동물로 변신한 것으로 여겼을 것이다. 이러한
추측은 근대의 화톳불 제전에서 가장 흔하게 불태우는 희생물이 고양이라는
사실로도 확인할 수 있다. 고양이는 산토끼를 제하면 아마도 마녀들이 가장

---

*이는 『황금가지』 3판에서 취하고 있는 견해다. 그 이전에 프레이저는 불의 제전을 태양
주술로 보는 쪽으로 기울어 있었다.

흔히 변신한다고 여기던 동물이었다. 뱀과 여우도 때때로 하지절 불놀이에서 불태웠다. 웨일스와 독일의 마녀들은 여우와 뱀으로 변신한다고 알려져 있다. 간단히 말해서, 마녀들이 변신할 수 있는 동물 형태의 다양성을 상기할 때, 고대 갈리아와 근대 유럽에서 제전 때 불태우는 생물의 다양성을 쉽게 설명할 수 있을 것이다. 짐작컨대 그 모든 희생물은 동물이어서가 아니라, 사악한 목적을 위해 동물로 변신한 마녀로 여겨졌기 때문에 화형을 당한 것이다. 고대 켈트족의 희생제사에 대한 이러한 해석의 한 가지 장점은 유럽인들이 아주 오랜 옛적부터 약 2세기 전까지, 곧 합리주의의 영향이 커지면서 마법에 대한 미신을 배척하고 마녀를 화형하는 관습을 중단하기 전까지 마녀를 처리하던 방식에 대해, 말하자면 조화와 일관성을 부여해 준다는 것이다. 이러한 견해에 비추어볼 때, 기독교회는 마법을 처리할 때 전통적인 드루이드교의 방침을 그대로 수행한 것이다. 그러한 방침을 수행하는 과정에서 둘 중 어느쪽이 무고한 남녀를 더 많이 학살했는지 판정하기란 어려운 문제일 것 같다. 그것이 어떻든, 이제 우리는 어째서 드루이드교 사제들이 사형에 처하는 사람이 많을수록 토지의 생산력이 높아진다고 믿었는지 아마도 이해할 수 있을 것이다. 오늘날의 독자에게는 사형집행인의 행동과 대지의 생산력 사이의 연관성이 첫눈에 분명하지 않을 수 있다. 그러나 조금만 생각해 보면 만족스러운 답이 나올 것이다. 말뚝이나 교수대에서 죽어가는 범죄자들이 농부의 농작물을 말려 죽이거나 우박으로 망치는 것에서 기쁨을 느끼는 마녀들이라고 한다면, 그러한 쓰레기 같은 존재들을 처형하는 것이야말로 농사꾼들의 노고를 수포로 만들고 희망을 꺾어버리는 첫째가는 원인 중 하나를 제거함으로써 진정 풍작을 보장하는 수단이 아니겠는가.

4장

외재적 영혼

1

독자는 겨우살이 가지로 살해하여 큰 불에 화장했다고 전하는 노르웨이 신 발데르 신화가 앞에 설명한 불의 제전을 시사하고 있다는 것을 기억할 것이 다. 이제 우리는 개괄적으로 살펴본 그 관습이 신화의 해명에 어느만큼 도움 을 주는지 검토해 볼 차례다. 이 검토는 편의상 발데르를 죽음로 몰아넣은 도 구인 겨우살이에서 시작하는 것이 좋을 듯하다.

겨우살이는 아득한 옛날부터 유럽에서 미신적 숭배의 대상이었다. 플리니 우스의 유명한 구절에서 알 수 있듯이, 드루이드 교도들도 그것을 숭배하였 다. 플리니우스는 겨우살이를 다양하게 열거한 다음 이렇게 계속한다. "이 주제를 다룰 때 겨우살이가 갈리아 전역에서 찬양을 받고 있다는 사실을 간 과해서는 안 된다. 그들의 마법사들을 지칭하는 이른바 드루이드교 사제들 은 겨우살이와 그것이 자라는 나무—단 그것이 참나무인 경우에—보다 더 신성한 것은 없다고 여긴다. 그런데 이와 별도로 그들은 참나무숲을 자신들 의 성림(聖林)으로 정하고, 참나무잎 없이는 신성한 제례를 거행하지 않는다. '드루이드'라는 이름도 그들의 참나무 숭배에서 유래한 그리스식 호칭이라 고 볼 수 있다. 그러므로 그들이 믿기에 이 나무에서 자라는 모든 것은 하늘 에서 보낸 것이며, 신 자신이 친히 그 나무를 선택했다는 표시다. 겨우살이는 아주 드물게 눈에 띄는 식물이다. 그러나 그것이 눈에 띄면 그들은 엄숙한 의 식과 더불어 채집해 둔다. 이 일은 특히 달의 제6일째에 행하는데, 그들은 그

날짜부터 달의 시작, 해의 시작, 30년 주기의 시작을 꼽는다. 왜냐하면 제6일에 달은 그 운행로의 절반도 경과하지 않아 아직 원기왕성하기 때문이다. 그 나무 아래에서 제사와 잔치를 벌일 준비가 갖추어지면, 그들은 겨우살이를 만병통치약으로 찬양하고 그때까지 한 번도 뿔을 묶은 적이 없는 흰 황소를 두 마리 그 자리에 끌고 온다. 그러면 흰 옷을 입은 사제가 나무에 올라가 황금 낫으로 겨우살이를 잘라 하얀 보자기에 받는다. 그리고 나서 그들은 제물을 바치며, 자신들에게 그것을 내려준 신이 은혜를 베풀어 자신들을 번영하게 해달라고 기원한다. 그들은 겨우살이로 만든 묘약이 새끼를 못 낳는 짐승이 출산하게 해준다고 믿을 뿐 아니라, 겨우살이를 만독(萬毒)의 해독제라고 믿는다. 이처럼 인간의 종교는 흔히 사소한 것과 연관되어 있다."*

또다른 구절에서 플리니우스가 하는 이야기에 따르면, 의술상으로 참나무에서 자라는 겨우살이가 가장 약효가 뛰어난 것으로 알려져 있었다고 한다. 또, 미신을 신봉하는 사람들은 약효를 더욱 높이려면 달의 첫째 날에 쇠를 사용하지 않고 그것을 채집해야 하며, 채집할 때 땅에 닿지 않도록 해야 한다고 여겼다고 한다. 그리고 이렇게 채집한 참나무 겨우살이를 간질의 특효약으로 여겼다. 그뿐만 아니라 플리니우스는 그들이 여자가 그것을 몸에 지니면 수태를 도와주고, 궤양 환자가 그것을 한 조각 씹어먹고 다른 한 조각을 환부에 올려놓으면 가장 효과적으로 그 병이 나으며, 또 겨우살이를 식초와 달걀처럼 불을 끄는 훌륭한 수단으로 여겼다고 말하고 있다.

---

*Pliny, *Naturalis Historia*, xvi. 249ff. 이 구절은 프레이저가 학문적으로 '실족'한 가장 유명한 사례다. 저작의 이 마지막 단계에서 하지절 제전를 부각한 것은 원래 그가 플리니우스의 'omnia sexta luna'라는 문구를 '제6월'로 잘못 번역한 결과였다. 이 오역은 『황금가지』 1판 ii. 285쪽에 나오며, 그것이 출판되자마자 옥스퍼드의 고전학자 워드 파울러가 그에게 편지를 보내 그 문구는 '매달 제6일'에를 의미할 뿐이라고 알려주었다. 이와 더불어 프레이저의 이론과 그의 자기 확신은 무너졌다. 자기 논증의 받침판 전체가 직무 태만에 기초해 있음을 깨달았을 때, 그는 공황상태에 빠져서 『더 아테나이움』지에 자기 오류를 고백하는 글을 쓰고, 심지어는 트리니티 칼리지에서도 사직하려고 했다. 그러나 당시 학장이던 H. 몬테규 버틀러는 피곤한 미소와 함께 그의 사직서를 되돌려주면서 루터의 말을 인용하여 "pecca fortiter(더 강하게 죄지으라)"라고 말했다. 그래서 하지절 불놀이 이론은 기조는 좀 다르더라도 계속 살아남아서 자기 길을 열어가게 되었다. 그렇더라도 저작 마지막 단계의 받침대인 발데르의 역할은 결코 원상회복되지 않는다는 논란의 소지가 있다.

이 마지막 구절에서 플리니우스가 말하는 것이 (외견상 명백하지만) 자기와 동시대 이탈리아인들 사이에 통용되던 믿음을 가리키는 것이라면, 드루이드 교도와 이탈리아인은 참나무에서 자라는 겨우살이의 귀중한 효능에 대해 어느 정도 견해가 일치했다는 결론이 나온다. 그들은 모두 그것이 수많은 질병의 특효약이라고 여겼으며, 또 그것이 생식을 촉진하는 힘을 지니고 있다고 보았다. 드루이드 교도는 겨우살이로 만든 묘약이 새끼를 못 낳는 가축을 수태시킨다고 믿었고, 이탈리아인은 여자가 겨우살이 한 조각을 몸에 지니고 다니면 아이를 임신하는 데 도움이 된다고 생각했다. 나아가서, 두 종족 모두 그 식물의 약효를 살리려면 특정 시기에 특정한 방식으로 채집해야 한다고 생각했다. 쇠로 그것을 잘라서는 안 되었으므로 드루이드 교도는 황금으로 그것을 잘랐다. 그것이 땅에 닿으면 안 되었으므로 드루이드 교도는 하얀 보자기로 그것을 받았다. 식물의 채집시기를 정할 때, 두 종족은 모두 달의 상태를 기준으로 정했다. 단지 선호하는 달의 특정한 날짜가 서로 달랐다. 이탈리아인은 제1일을, 드루이드 교도는 제6일을 선호했다.

그러나 좋은 시기는 하지절 전야나 하지절이었을 것 같다. 우리는 프랑스와 스웨덴에서는 하지절에 채집하는 겨우살이의 특별한 효능을 인정한다는 것을 살펴보았다. 스웨덴의 관례는 "겨우살이는 해와 달이 자기 힘을 과시하는 하지절 전야에 잘라야 한다"는 것이다. 또, 웨일스에서는 성 요한 축일 전야(하지절 전야)나 딸기가 열리기 전에 채집한 겨우살이 가지를 잠자는 사람의 베개 밑에 놓아두면 길흉의 징조가 꿈에 나타난다고 믿었다. 이와 같이 겨우살이는 한 해 중 낮이 가장 긴 날 해가 절정에 달하는 것과 더불어 그 주술적·약리적 효능이 절정에 달한다고 여기던 많은 식물 중 하나다. 따라서 그 식물을 매우 숭배한 드루이드 교도들은 6월의 지점(至點)에 그 신성한 겨우살이의 신비한 효력이 갑절로 커진다고 여겼을 것이며, 따라서 그들이 하지절 전야에 엄숙한 제례를 행할 때 그것을 정기적으로 채집했을 것이라고 짐작해도 무방할 것 같다.

그것이 어떻든, 발데르의 고향인 스칸디나비아에서는 발데르를 죽음으로 몰아넣은 겨우살이의 신비한 효능을 살리기 위해 정기적으로 하지절 전야에 그것을 채집했음이 확실하다. 이 식물은 보통 스웨덴의 좀더 따뜻한 지방에

있는, 울창하고 습한 숲속에서 자라는 배나무와 참나무 등에서 발견된다. 이
와 같이 발데르 신화의 두 가지 주요 사건 중 하나는 스칸디나비아의 하지절
대제전에서 재현된다. 그런데 그 신화의 다른 주요 사건, 곧 발데르의 화장
또한 하지절 전야에 덴마크·노르웨이·스웨덴 등지에서 지금까지 (또는 최
근까지) 피워올리는 화톳불에서 닮은꼴을 볼 수 있다. 사실상 그 화톳불에 어
떤 인형을 태운 것으로 보이지는 않는다. 그러나 인형을 불태우는 의식은 그
의미가 잊혀진 뒤라면 쉽게 생략할 수 있는 절차다. 또, 옛날에 스웨덴에서
이 하지절 불놀이를 지칭하던 '발데르의 화장불(Balder's bälar)'이라는 명칭은
그것과 발데르의 연관성을 의심할 나위 없이 확인해 주며, 동시에 옛날에 발
데르의 살아 있는 대리인이나 인형을 해마다 불태웠을 가능성을 제기한다.
하지절은 발데르에게 바친 절기였다. 스웨덴 시인 테너(Tegner)가 발데르의
화장시기를 하지절로 설정한 것은 그 선신(善神)이 바로 하지점에 이르러 때
이른 종말을 맞이했다는 옛 전설을 따른 것으로 보인다.

　그러므로 이제까지 살펴보았듯이 발데르 신화의 주요 사건들은 기독교가
전래하기 오래 전에 생겨난 것이 분명한 유럽 농민들의 불의 제전에서 닮은
꼴을 찾을 수 있다. 제비뽑기로 정한 희생자를 벨테인 불 속에 던지는 시늉을
하는 것이나, 노르망디의 하지절 불놀이에서 미래의 초록늑대를 비슷하게 취
급하는 것은 그 시기에 실제로 인간제물을 불태우던 옛 관습의 흔적이라고
자연스럽게 해석할 수 있다. 초록늑대의 녹색 의상과 아울러 모스하임에서
하지절 불을 밟아 껐던 젊은이의 나뭇잎 외투는 그 제전에서 죽음을 당한 사
람들이 나무정령이나 식물신의 대역으로 그랬음을 암시하는 사실로 보인다.
이 모든 사실로부터 우리는 한편으로 발데르 신화에서, 다른 한편으로 불의
제전과 겨우살이 채집 풍습에서 원래 하나였던 온전한 단일체의, 쪼개지고
갈라진 반쪽 두 개를 발견한다고 추론해도 무방할 것이다. 다시 말해서 우리
는 발데르의 죽음을 둘러싼 신화가 인간생활에서 빌려온 비유적 이미지를 이
용하여 자연현상을 설명하는 데 그치는 단순한 신화가 아니라, 해마다 신의
대리인을 불태우고 또 엄숙한 의식과 더불어 겨우살이를 채집하는 이유를 밝
히기 위해 사람들이 이야기한 설화이기도 했다고 추정할 수 있다. 만약 내가
옳다면, 발데르의 비극적인 종말에 관한 설화는 말하자면 해마다 해가 빛나

게 하고, 나무가 자라게 하고, 곡식이 번창하게 하고, 사람과 짐승이 요정과 트롤, 마녀와 마법사의 사악한 술법에 걸리지 않게 하기 위해 해마다 주술의 식으로 상연하던 신성한 드라마의 원본이었던 것이다. 그 설화는 간단히 말해서 제례에 의한 보충을 염두에 둔 자연신화의 부류에 속했다. 종종 그렇듯이 여기서도 신화와 주술의 관계는 이론과 실천의 관계에 서 있었다.

그러나 만약 봄에든 하지절에든 불에 타죽은 희생자—인간 발데르—가 나무정령이나 식물신의 살아 있는 화신으로서 살해당한 것이라면, 발데르 자신도 당연히 나무정령이나 식물신이라야 했을 것으로 보인다. 따라서 가능하다면 불의 제전에서 화형당한 대리인이 어떤 특정한 종류의 나무를 대표하는지 판정하는 것이 바람직하다. 왜냐하면 그 희생자가 죽음을 당한 것은 식물 일반의 대표로서가 아님을 우리는 확신할 수 있기 때문이다. 식물 일반이라는 관념은 너무 추상적이어서 원시인의 것일 수가 없다. 그 희생자는 처음에는 특정한 종류의 신목(神木)을 대표했을 가능성이 가장 크다. 그런데 유럽에서 자생하는 나무 중에서 아리안족의 신목으로 간주될 만한 것은 참나무밖에 없다. 참나무 숭배는 유럽 아리안계 민족의 큰 분파에서는 모두 나타난다. 그림(Grimm)에 따르면, 참나무는 게르만족의 신목 중에서 으뜸으로 꼽았다. 이교시대의 참나무 숭배는 확실하게 알려져 있으며, 거의 오늘날까지 그 숭배의 흔적이 독일 여러 지방에 남아 있다. 고대 이탈리아인들도 참나무를 다른 어떤 나무보다 신성시했다. 민족대이동 이전에 아리안족은 공통적으로 이 나무를 숭배했으며, 그들의 원시시대 본거지는 참나무 숲으로 덮인 땅에 있었음이 틀림없다고 우리는 확실하게 결론내릴 수 있을 것이다.

그런데 유럽 아리안족의 모든 분파에서 거행하는 불 제전들이 보여주는 원시성과 놀랄 만한 유사성을 고려할 때, 이러한 제전들은 여러 민족이 자기네 옛 고향을 떠나 방랑할 때 지니고 다닌 종교적 관례라는 공통 줄기의 일부분을 이룬다고 추리할 수 있을 것이다. 그런데 만약 내가 옳다면, 이 원시적인 불 제전의 본질적 특징은 나무정령을 대표하는 남자를 불에 태우는 것이었다. 그리고 아리안족의 종교에서 참나무가 차지하는 지위에 비추어볼 때, 그와 같이 불 제전에서 불태운 남자가 대표하는 나무는 원래부터 참나무가 틀림없었을 것이다. 그런데 정화(淨火)라든지 다른 신성한 불은 때때로 특정한 나무의 마찰을 통해 점화하도록 규정되어 있다. 켈트족이든 게르만족이든 슬라브족이든 나무 종류가 미리 정해져 있다면, 그것은 일반적으로 참나무일 것이다. 그런데 만약 관례적으로 반드시 참나무의 마찰열을 이용하여 신성한 불을 점화했다면, 원래부터 그 불의 땔감도 같은 재료를 썼을 것이라고 추리할 수 있다. 실제로 로마 베스타 신전의 꺼지지 않는 불은 참나무를 땔감으로 쓴 것으로 보인다. 보이오티아의 다이달라(Daedala) 제전—그것과 근대 유럽의 봄·여름 제전의 유사성은 이미 지적한 바 있다—에서 나타나는 커다란 특색은 참나무를 잘라서 불태우는 것이었다. 전반적인 결론은, 그러한 주기적이거나 일시적인 제례를 행할 때 고대 아리안족은 신성한 참나무로 점화도 하고 그것을 땔감으로도 썼다는 것이다.

그런데 만약 그 엄숙한 제례에서 정례적으로 참나무를 사용해서 불을 피웠다면, 나무정령의 화신으로 불태워진 사람은 참나무말고 다른 나무를 대표했을 리가 없다는 결론이 나온다. 그러므로 신성한 참나무는 이중으로 불태워졌다. 참나무 목재를 불 속에서 소각하고, 그와 나란히 참나무 정령의 화신인 산 사람을 소각하였다. 이와 같이 유럽의 아리안족 일반에 대해 내린 결론은, 그것을 특수하게 적용할 때 스칸디나비아인에게서 볼 수 있는 겨우살이와 하지절 불놀이 제물의 화형의식의 관계가 확증한다. 이미 살펴보았듯이, 스칸디나비아인들은 하지절에 겨우살이를 채집하는 것이 관례였다. 그러나 이 풍습의 표면에 나타나는 바로는, 인간제물이나 인형을 불태우는 하지절 불놀이와 그것을 연관지을 지점이 전혀 없다. 비록 그 불이 원래부터 항상 참나무로 피운 것이라 하더라도, 겨우살이를 뽑는 것이 왜 필요했을까? 하지절에 겨우살이를 채집하는 풍습과 화톳불 피우는 풍습 사이에 존재하는 최후의 고리는 발데르 신화가 제공한다. 그 신화는 문제의 풍습들과 분리할 수 없다. 그 신화는 사람들이 겨우살이와 불에 타죽는 참나무의 대리인 사이에 한때 긴밀한 연관성이 존속한다고 여겼음을 시사한다. 신화에 따르면, 발데르는 겨우살이를 제외하고는 하늘이나 땅의 어떤 것으로도 죽일 수 없었다. 그러므로 겨우살이가 참나무에 머물러 있는 한 그는 불사신일 뿐 아니라 불가침의 존재였다. 그런데 발데르가 참나무였다고 가정한다면, 그 신화의 기원을 이해할 수 있게 된다. 겨우살이는 참나무의 생명의 근원으로 여겨졌으며, 그것이 손상되지 않는 한 어떤 것도 참나무를 죽이거나 해칠 수 없었다. 겨우살이가 참나무의 생명의 근원이라는 생각은, 참나무가 낙엽수인 반면 그 위에서 자라는 겨우살이는 상록수라는 사실을 관찰함으로써 원시인에게도 자연스럽게 다가왔을 것이다. 겨울에 헐벗은 가지 사이로 그 싱싱한 푸른 잎이 자라는 광경은 참나무 숭배자들에게 신성한 생명의 표현으로 환영받았을 것이 틀림없다. 잠자는 사람의 몸이 꼼짝 않는 동안에도 심장은 계속 뛰듯이, 그 신성한 생명은 나뭇가지에 생기가 멈추었을 때도 겨우살이 속에 계속 살아남았던 것이다. 따라서 신을 죽여야 할 때─신목을 불태워야 할 때─는 먼저 겨우살이를 꺾는 것이 필요했다. 겨우살이를 건드리지 않는 한 참나무는 불가침이었기 때문이다(사람들은 그렇다고 생각했을 것이다). 칼과 도끼로 아무리 내리쳐도 그 표면에 아무런 상처도 나지 않는 것이다. 그러나 일단 참나무에서 그 신성한 심장, 즉 겨우살이를 떼어내면 나무는 곧 쓰러질 듯이 기우뚱거렸다. 그래서 후대에 참나무정령을 산 사람이 대표하게 되었을 때, 그가 대리하는 나무처럼 그 사람 자신도 겨우살이가 다치지 않고 남아 있는 한 죽일 수도 해칠 수도 없다고 여기는 것은 논리적인 필연이었다. 그러므로 겨우살이를 꺾는 것은 그의 죽음을 나타내는 신호인 동시에 원인이었던 것이다.

　그러나 이와 같이 어떤 존재의 생명이 그 몸 바깥에 있다는 관념은 많은 독자에게 낯설 것이며, 실제로 아직까지 그것을 원시적 미신과의 전면적인 관련성 속에서 인식하지 못하고 있으므로 설화와 풍속에서 끌어낸 사례로 그것을 예증해 보이는 것은 가치 있는 작업일 것이다. 그 작업의 결과는, 발데르와 겨우살이의 관계에 대한 해명으로서, 그런 관념을 제기할 때 나는 원시인의 마음속에 깊이 각인된 하나의 원리를 제기하는 것임을 보여줄 것이다.

2

　이 책 앞부분에서 살펴보았듯이, 원시인들의 견해에 따르면 영혼은 죽음을 초래하지 않고도 잠시 몸을 떠나 있을 수 있다. 그러한 영혼의 일시적 부재상태는 종종 상당한 위험을 내포하는 것으로 여겨진다. 왜냐하면 몸을 떠난 영혼은 적대자 탓에 다양한 재난을 겪기 쉽기 때문이다. 그러나 이와 같이 영혼을 육체와 분리하는 능력에는 또다른 측면이 존재한다. 그 부재중에 영혼의 안전만 확실하게 보장할 수 있다면, 영혼이 무기한 부재상태로 있지 말아야 할 이유가 없는 것이다. 실제로 인간은 순전히 개인적 안전에 대한 고려에서 영혼이 자기 몸에 돌아오지 않기를 바랄 수도 있다. 생명을 사고할 때 추상적으로 '감각작용의 지속적 가능성'이라든지 '외면적 관계에 대한 내면적 안배의 연속적 조정'이라는 식으로 이해할 능력이 없기 때문에, 미개인은 그것을 일정한 크기를 지닌 구체적인 물체로 사고한다. 그것은 보고 만지고 상자나 항아리 속에 집어넣을 수 있을 뿐 아니라 상처입거나 부러지거나 박살나기 쉬운 어떤 것이다. 그렇게 생각할 때, 생명이 반드시 사람 속에 있어야 할 필요는 없다. 그것은 사람의 몸을 떠나서 존재하면서도 원거리에서 모종의 공감이나 작용을 통해 여전히 그 사람에게 지속적으로 생기를 불어넣어 줄 수 있는 것이다. 사람이 자기 생명 또는 영혼이라고 부르는 그 물체가 다치지 않는 한, 그 사람은 무사하다. 그것이 다치면 사람은 고통받으며, 그것이 파괴되면 죽는다. 또, 말을 바꾸어서 어떤 사람이 병들거나 죽는 것은 그의 생명 또는 영혼이라고 부르는 물체가 몸 안에 있든 바깥에 있든 손상을 입거나 파괴되는 현상으로 설명한다. 그런데 생명이나 영혼이 사람 속에 머물러 있으면 어떤 안전하고 은밀한 장소에 감추어져 있을 때보다 손상당할 가능성이 더 커지는 상황이 있을 수 있다. 따라서 그런 상황에서 원시인은 자기 영혼을 몸에서 꺼내 어떤 은밀한 장소에 안전하게 보관해 놓고 위험이 지나가면 다시 몸 속에 가져올 생각을 한다. 더 나아가 절대적으로 안전한 장소를 발견했다면 자기 영혼을 영원히 거기다 두려고 할 수도 있다. 그 장점은 저장해 둔 장소에서 영혼이 손상당하지 않고 머무는 한, 그 사람 자신은 불사의 존재가 된다는 점이다. 그의 몸 안에 생명이 없기 때문에 어떤 것도 그의 몸을 죽일 수 없는 것이다.

이러한 원시적 믿음의 증거는 특정한 부류의 민담에서 발견할 수 있다. 그중에서도 '몸 속에 심장이 없는 거인'에 관한 노르웨이 설화가 아마도 가장 유명한 사례일 것이다. 이런 종류의 설화는 전세계에 널리 퍼져 있다. 그 많

은 수로부터, 그리고 중심사상을 구체화하는 세부내용과 사건의 다양성으로
부터 우리는 외재적 영혼의 관념이 역사의 초기 단계에 인간의 정신을 강하
게 지배했음을 추측할 수 있다.

무엇보다도 외재적 영혼에 관한 설화는 힌두스탄에서 헤브리디스에 이르
기까지 모든 아리안계 민족에게 다양한 형태로 나타난다. 아주 흔한 형태는
이렇다. 어떤 마법사나 거인, 요정은 자기 영혼을 멀리 떨어진 어떤 비밀장소
에 감추어놓았기 때문에 해칠 수가 없는 불사의 존재다. 그러나 자신의 마법
의 성으로 유괴해 온 아름다운 공주가 그에게서 그 비밀을 알아내서 어떤 영
웅에게 알려준다. 그 영웅은 마법사의 영혼이나 심장, 생명 또는 죽음(그것은
다양한 명칭으로 불린다)을 찾아내서 그것을 파괴함으로써 마법사를 죽인다.
예컨대 어떤 힌두 설화에 따르면, 푼치킨(Punchkin)이라는 마법사가 한 여왕
을 12년 동안 감금해 놓고 결혼을 졸랐으나 여왕은 들으려 하지 않았다. 마침
내 여왕의 아들이 그녀를 구하러 갔다. 두 사람은 함께 푼치킨을 죽일 계략을
꾸몄다. 그래서 여왕은 마법사에게 정중하게 말을 걸어 마침내 자기가 결혼
을 결심한 것처럼 꾸몄다. "그러니 말해주세요." 여왕이 말했다. "정말 당신
은 불사신인가요? 죽음이 당신을 해칠 수 없나요? 당신은 인간의 고통도 느
끼지 않을 만큼 그토록 위대한 마법사인가요?" "사실이오." 그가 말했다.
"나는 다른 인간과 같지 않소. 멀리, 저 멀리에, 여기서 수십만 킬로미터 거리
에 울창한 밀림으로 덮인 황량한 나라가 있다오. 그 밀림 가운데 원 모양의
종려나무들이 자라고, 그 원 중앙에 물이 가득한 항아리 여섯 개가 위로 나란
히 쌓여 있소. 여섯번 째 항아리 아래에 작은 새장이 있는데, 그 안에 작은 초
록색 앵무새가 들어 있소. 내 생명은 그 앵무새의 생명에 달려 있다오. 만약
앵무새가 죽으면 나도 죽을 수밖에 없소. 그러나 그것은 불가능한 일이오."
그는 이렇게 덧붙였다. "앵무새에게는 결코 상처를 입힐 수가 없소. 왜냐하
면 그 나라에 가까이 갈 수도 없거니와, 내 지시에 따라 수천 마리 요괴들이
종려나무를 둘러싸고 다가오는 사람은 누구든 죽여버리기 때문이라오." 그
러나 여왕의 어린 아들은 모든 난관을 이겨내고 앵무새를 붙잡았다. 그는 마
법사의 궁전 성문까지 그 새를 가져와서 새를 가지고 놀았다. 마법사 푼치킨
이 그를 발견하고 밖에 나와 자기한테 앵무새를 달라고 설득하려고 했다.

"내 앵무새를 내놔라!" 푼치킨이 외쳤다. 그러자 소년은 앵무새를 붙잡고 날개 하나를 뜯어냈다. 그랬더니 마법사의 오른팔이 떨어져나갔다. 그러자 푼치킨은 자기 왼팔을 내밀며 소리쳤다. "내 앵무새를 내놔라!" 왕자는 앵무새의 두번째 날개를 잡아뜯었다. 그러자 마법사의 왼팔이 떨어져 뒹굴었다. "내 앵무새를 내놔라!" 마법사는 소리치며 무릎을 꿇었다. 왕자는 앵무새의 오른쪽 다리를 잡아뜯었다. 마법사의 오른쪽 다리가 떨어져 나갔다. 왕자는 앵무새의 왼쪽 다리를 잡아뜯었다. 마법사의 왼쪽 다리가 떨어져 나갔다. 마법사는 몸통과 머리만 남았다. 그러나 그는 여전히 눈동자를 굴리며 외쳤다. "내 앵무새를 내놔라!" "그렇다면 너의 앵무새를 가져가라." 소년이 소리쳤다. 그 말과 함께 그는 앵무새의 목을 비틀어서 마법사에게 던졌다. 그러자 푼치킨의 머리가 비틀리더니 무서운 신음소리와 함께 그는 죽었다!

아마도 인도에서 유래한 것으로 보이는 시암 또는 캄보디아의 한 설화에 따르면 실론 왕 토사칸(Thossakan) 또는 라바나(Ravana)는 전쟁하러 나갈 때 마법의 힘으로 자기 영혼을 몸 밖으로 꺼내서 집 안의 상자 속에 넣어놓는 능력이 있었다. 그래서 전투에서 아무도 그를 다치게 할 수 없었다. 라마(Rama)와 전투를 벌이려고 할 때였다. 그는 자기 영혼을 '불눈'이라고 하는 은자(隱者)에게 맡겨놓고 자기를 위해 안전하게 보관해 달라고 했다. 그래서 전투 중에 라마는 자기 화살이 왕을 맞혀도 전혀 상처를 입히지 못하는 것을 보고 경악했다. 그런데 라마의 동맹군 중 한 사람이 왕의 불가침성의 비밀을 알고, 마법을 써서 왕의 모습으로 변신한 뒤 은자를 찾아가서 자기 영혼을 돌려달라고 요구했다. 그것을 받아든 그는 공중으로 솟구쳐올라 라마에게로 날아갔다. 그가 상자를 휘두르며 세게 짓누르자 실론 왕은 몸에서 숨이 전부 빠져나가 죽고 말았다. 벵골 설화에서는 먼 나라로 떠나가는 한 왕자가 자기 손으로 부왕의 궁전 마당에 나무 한 그루를 심어놓고 부모에게 이렇게 말했다. "이 나무는 제 생명입니다. 나무가 푸르고 싱싱하면 제가 무사하다는 것입니다. 나무가 몇 군데 시들면 제가 병에 걸렸다는 것입니다. 나무 전체가 시들면 제가 죽어버렸다는 것입니다." 또다른 인도 설화에서는 한 왕자가 여행을 떠나면서 보리 한 포기를 남겨두고 그것을 잘 돌보아 달라고 부탁했다. 그것이 잘 자라면 자기가 무사하게 살아 있는 것이고, 그것이 시들면 어떤 재앙이 자기한테 닥친 것이라고 했다. 과연 그렇게 되었다. 왕자가 목이 잘려서 머리가 떨어져 내리자, 보리는 두 조각으로 쪼개지며 보리이삭이 땅에 떨어졌다. 길기트(Gilgit)의 유래에 관한 전설에는 영혼이 눈(雪) 속에 들어 있기 때문에 불로만 죽일 수 있는 요정의 왕이 등장한다.

고대와 근대의 그리스 설화에서도 외재적 영혼의 관념이 드물지 않게 나타난다. 멜레아그로스(Meleagros)*가 일곱 살이었을 때 운명의 여신들이 그 어머니에게 나타나 난로에서 타고 있는 장작이 다 타버리면 멜레아그로스는 죽을 것이라고 이야기했다. 그래서 어머니는 장작을 불에서 꺼내 상자 속에 담아놓았다. 그러나 후년에 이르러 자기 아들이 형제들을 죽인 데 분노하여 그녀는 장작을 불에 태워버렸다. 멜레아그로스는 마치 불길이 자기 생명기관을 삼키는 것 같은 고통을 겪으며 죽었다. 또, 메가라(Megara) 왕 니소스(Nisos)는 머리 중앙에 자주색(또는 황금색) 머리카락이 하나 있었는데, 그 머리가 빠지면 그는 죽을 운명이었다. 메가라 왕이 크레타인들에게 포위당했을 때, 왕의 딸 스킬라(Scylla)는 크레타 왕 미노스(Minos)와 사랑에 빠져 자기 아버지 머리에서 치명적인 머리카락을 뽑아버렸다. 그래서 그는 죽었다. 이와 비슷하게 포세이돈은 프테렐라오스(Pterelaos)의 머리에 황금색 머리카락 하나를 주어 그를 불사신으로 만들었다. 그러나 프테렐라오스의 고향인 타포스(Taphos)가 암피트리오(Amphitryo)에게 포위당했을 때 프테렐라오스의 딸이 암피트리오와 사랑에 빠져 아버지의 생명이 달려 있는 황금색 머리카락을 뽑아버림으로써 아버지를 살해했다. 근대 그리스 민담에는 한 남자의 힘이 그의 머리에 나 있는 세 가닥 황금색 머리카락에 들어 있다는 이야기가 나온다. 그의 어머니가 그것을 뽑아버리자 그는 나약한 겁쟁이가 되어 적들에게 살해당했다.

고대 이탈리아 전설에는 그리스의 멜레아그로스 설화와 아주 비슷한 이야기가 나온다. 셉티미우스 마르켈루스(Septimius Marcellus)의 젊은 아내 실비

---

*멜레아그로스의 설화는 아래에 나오는 니소스와 프테렐라오스의 설화와 마찬가지로 프레이저가 1921년에 번역·편집한 아폴로도루스의 *Bibliotheca*에서 뽑아낸 것이다. 멜레아그로스의 전설은 1. 8, 니소스 전설은 iii. 15. 8, 프테렐라오스 전설은 ii. 4. 5 및 7에 나온다.

아(Silvia)는 마르스 신과 관계하여 아이를 가졌다. 신은 창 하나를 그녀에게 주며, 아이의 운명이 그 창에 달려 있다고 말했다. 아이는 장성해서 외삼촌들과 다투다가 그들을 살해했다. 그러자 그의 어머니는 앙갚음으로 그의 목숨이 달려 있는 창을 불태워버렸다. 『펜타메론 Pentamerone』에 나오는 한 설화에서는 어떤 여왕에게 쌍둥이 동생인 용이 한 마리 있었다. 점성술사들은 그녀가 태어날 때 그녀의 수명이 용과 똑같고, 하나가 죽으면 다른 하나도 죽을 것이라고 단언했다. 만약 용이 살해되면 여왕의 목숨을 되살리는 유일한 길은 그녀의 관자놀이와 가슴, 동맥, 콧구멍에 용의 피를 바르는 것이었다.

한 이탈리아 설화는 어떤 요정이 변신한 커다란 구름이 해마다 어떤 도시에서 젊은 소녀 한 명을 공물로 받았다는 이야기를 한다. 주민들은 소녀들을 바쳐야 했으며, 그러지 않으면 구름이 그들한테 물건을 던져 모두 죽음을 당할 형편이었다. 한 해는 공주를 구름에게 넘겨야 할 처지가 되었다. 사람들은 나직한 북소리에 맞추어 행진하면서 슬피 우는 왕과 왕비를 대동하고 공주를 산꼭대기로 데려가서 의자에 혼자 앉아 있게 했다. 그러자 구름 요정이 산꼭대기에 내려와 공주를 자기 무릎에 앉히고 그녀의 작은 손가락에서 피를 빨기 시작했다. 이 사악한 요정은 소녀의 피를 먹고 살았던 것이다. 불쌍한 공주가 피를 빼앗기고 기절해서 통나무처럼 쓰러지자, 구름은 그녀를 하늘에 있는 자신의 궁전으로 데려갔다. 그런데 한 용감한 청년이 덤불 뒤에 숨어서 그 모든 일을 지켜보았다. 요정이 공주를 자기 궁전으로 유괴해 가자 그는 이내 독수리로 변신하여 그 뒤를 쫓아갔다. 그가 궁전 밖에 있는 나무에 내려앉아 창 안을 들여다보니 침대에 누운 젊은 소녀들로 가득 찬 방이 보였다. 이들은 바로 구름 요정이 피를 빨아 반죽음시켜 놓은, 지난 여러 해 동안 구름 요정에게 바친 제물이었다. 그런데 그들은 요정을 엄마라고 불렀다. 요정이 소녀들을 남겨놓고 떠나자, 용감한 청년은 그들을 위해 밧줄로 음식을 끌어올려 주었다. 그리고 그들더러 요정한테 그녀가 어떻게 하면 죽는지, 그녀가 죽으면 자기들은 어떻게 되는지 물어보도록 일렀다. 그것은 미묘한 질문이었으나 요정은 이렇게 대답했다. "나는 죽지 않는다." 그러나 소녀들이 졸라대자 요정은 테라스로 소녀들을 데리고 나와서 말했다. "저기 멀리 있는 산이 보이느냐? 저 산 위에 머리 일곱 개 달린 암호랑이가 있지. 만약 내가 죽기를 바란다면, 사자가 그 암호랑이하고 싸워서 머리 일곱 개를 모두 잘라내야 한단다. 암호랑이 몸 속에 알이 하나 있는데, 누구든 그 알로 내 이마 한가운데를 맞추면 나는 죽게 되지. 그러나 그 알이 내 손에 떨어지면 암호랑이는 다시 살아나서 머리 일곱 개를 다시 붙일 것이고, 그러면 나는 사는 거란다." 젊은 소녀들은 이 말을 듣자 기뻐하는 척하며 말했다. "대단해요! 우리 엄마는 절대로 죽을 수가 없겠어요." 하지만 당연히 소녀들은 실망했다. 요정이 다시 가버리자 소녀들은 젊은 청년에게 모든 이야기를 했다. 그는 소녀들에게 두려워하지 말라고 당부했다. 그는 그 산으로 가서 사자로 변신하여 암호랑이와 싸웠다. 그 동안 요정은 집에 돌아와 이렇게 말했다. "아, 슬퍼라! 몸이 아프구나!" 엿새 동안 싸움이 계속되었다. 청년은 날마다 암호랑이의 머리 하나씩을 잘라냈으며, 날마다 요정의 기력은 쇠퇴해 갔다. 이어서 이틀 동안 휴식을 취한 후에 청년은 일곱 번째 머리를 잘라내고 알을 꺼냈다. 그러나 알이 바다로 굴러떨어지는 바람에 친절한 돔발상어가 알을 되찾아주고서야 그것을 손에 넣을 수 있었다. 청년이 알을 손에 들고 요정에게 돌아오자, 요정은 애원을 하며 그것을 자기한테 달라고 빌었다. 그러나 청년은 먼저 소녀들의 건강을 회복시켜 주고, 그들을 멋진 마차에 실어 되돌려보내도록 시켰다. 요정이 시키는 대로 하자 청년은 알을 요정의 이마에 던졌고, 요정은 쓰러져 죽었다.

같은 종류의 설화가 슬라브족 사이에도 퍼져 있다. 그중 몇몇 설화에서는 성경에 나오는 삼손과 데릴라 이야기처럼 마법사가 배신할 마음을 품은 여자에게서 그의 힘이 있는 장소나 그의 생명 또는 죽음을 놓아둔 장소에 대해 질문을 받는다. 그녀의 호기심에 의심이 일어 그는 처음에는 거짓 대답으로 그녀를 속이지만, 끝내는 그녀에게 넘어가서 진실을 털어놓고 그녀의 배신으로 종말을 맞이한다. 예컨대 한 러시아 설화에 따르면, '불사신 카시체이(Kashtshei)' 또는 '코시체이(Koshchei)'라고 하는 마법사가 공주를 유괴하여 자신의 황금성에 가두어놓았다. 그런데 어느날 그녀가 혼자서 우울하게 성의 정원을 거닐고 있을 때 한 왕자가 그녀 앞에 나타났다. 공주는 왕자와 함께 도망칠 수 있다는 기대로 마법사에게 가서 거짓과 아양으로 구슬리며 이렇게 말했다. "사랑하는 친구여, 부디 말해주세요. 당신은 죽지 않습니까?"

"물론이지." 마법사가 대답했다. "그러면 당신의 죽음은 어디에 있나요? 집 안에 있나요?" 공주가 물었다. "물론 그렇다." 그가 말했다. "그것은 문지방 아래 빗자루 속에 있지." 그러자 공주는 빗자루를 가져다가 불에 던져버렸다. 그러나 빗자루가 다 타버려도 불사신 코시체이는 여전히 살아 있었다. 그는 머리카락 한 올 그을리지 않았다. 첫 시도가 실패하자 영리한 공주는 새침하게 토라져서 말했다. "당신은 나를 진정으로 사랑하지 않는군요. 당신의 죽음이 어디 있는지도 말해주지 않으니까요. 하지만 나는 화나지 않아요. 다만 진심으로 당신을 사랑할 뿐이에요." 공주는 이런 듣기 좋은 말로 마법사에게 죽음이 어디 있는지 말해달라고 졸랐다. 그러자 마법사는 웃으며 말했다. "왜 그런 걸 알고 싶어하지? 좋아, 그러면 사랑하니까 말해주지, 그게 어디 있는지. 어떤 들판에 가면 푸른 참나무가 세 그루 있는데, 가장 큰 참나무의 뿌리 아래 벌레가 한 마리 있지. 그 벌레를 찾아서 눌러 죽이면, 그 순간에 나는 죽는다네." 공주는 이 말을 듣자 곧장 자기 애인한테 가서 모두 이야기했다. 그는 사방을 찾아다니다가 참나무를 발견하고 벌레를 파내서 눌러 죽였다. 그리고 서둘러 마법사의 성으로 돌아왔으나 공주의 말은 마법사가 여전히 살아 있다는 것이었다. 그래서 공주는 다시 한 번 감언이설로 코시체이를 구슬렸다. 그러자 코시체이도 이번에는 공주의 계략에 넘어가서 마음을 열고 진실을 털어놓았다. "나의 죽음은 여기서 먼 곳에 있고 찾기 힘들다. 넓은 바다 위에 있으니까. 그 바다에 섬이 있는데, 섬에는 푸른 참나무가 한 그루 자라고 있다. 참나무 밑에 쇠궤짝이 있고, 궤짝 속에 작은 바구니가 있고, 바구니 속에 산토끼가 있고, 산토끼 속에 오리가 있고, 오리 속에 알이 있다. 그 알을 찾아서 깨뜨리면 나도 동시에 죽는다." 당연히 왕자는 그 치명적인 알을 입수해서 그것을 손에 들고 죽지 않는 마법사와 맞섰다. 그 괴물은 왕자를 죽이려 들었으나, 왕자는 서서히 알을 압박하기 시작했다. 그러자 마법사는 고통에 못 이겨 비명을 질렀다. 그러고는 옆에 서서 히죽히죽 웃고 있는 거짓말쟁이 공주에게 고개를 돌리고 말했다. "내 죽음이 어디 있는지 가르쳐준 것은 당신을 사랑하기 때문이 아니었는가? 그런데 겨우 이것이 당신의 보답인가?" 이 말과 함께 그는 손을 뻗어 벽에 걸러 있던 칼을 움켜쥐려고 했다. 그러나 그의 손이 미치 닿기 전에 왕자가 알을 부숴버렸다. 그러자 그 불사신 마법사도 동시에 죽고 말았다.

같은 설화의 또다른 판본에서는 교활한 마법사가 자기 죽음이 빗자루 속에 있다고 말하며 공주를 속이자 공주는 빗자루에 금칠을 한다. 저녁식사 때 마법사는 문지방 아래 번쩍이는 빗자루를 보고 날카롭게 추궁한다. "저게 뭐지?" "오, 저런." 공주가 말한다. "내가 당신을 얼마나 존경하는지 보세요." "이런 멍청이!" 그가 말한다. "농담으로 말한건데. 내 죽음은 저기 참나무 울타리에 매놓았어." 그러자 다음날 마법사가 외출했을 때, 공주는 울타리 전체에 금칠을 했다. 저녁에 마법사가 식사를 할 때 창 밖을 내다보다가 울타리가 황금처럼 번쩍이는 것을 보았다. 마법사가 공주에게 말했다. "제발, 저건 또 뭐야?" 공주가 말했다. "보세요, 내가 얼마나 당신을 존경하는지. 당신이 내게 귀중하듯이 당신의 죽음도 귀중하답니다. 그래서 당신의 죽음이 머물러 있는 울타리에 금칠을 한 거예요." 이 말이 마법사를 기쁘게 했다. 그래서 흡족한 마음으로 마법사는 치명적인 알의 비밀을 털어놓았다. 몇몇 친절한 동물의 도움을 받아 알을 찾아낸 왕자는 가슴에 알을 품고 마법사의 저택으로 갔다. 마법사는 몹시 우울한 기분으로 창가에 앉아 있었다. 그런데 왕자가 나타나서 알을 보여주자 마법사는 눈빛이 흐려지더니 갑자기 아주 온순하고 상냥해졌다. 그러나 왕자가 알을 가지고 장난하며 이 손에서 저 손으로 던지자, 불사신 코시체이는 방의 한 구석에서 다른쪽 구석으로 왔다갔다하며 비틀거렸다. 왕자가 알을 깨버리자 불사신 코시체이는 쓰러져 죽었다. "코시체이의 죽음에 관한 여러 설명 중에 그가 이마에 그 신비스러운 알을 맞고 죽었다고 이야기하는 것이 있다. 그 알은 곧 그의 생명을 비밀리에 숨겨놓은 마법의 사슬 중 마지막 고리였다. 같은 설화의 또다른 판본—뱀이 등장하는—에서는 알의 노른자위 속에서 발견한 작은 돌멩이가 치명적인 일격을 가한다. 그 알은 오리 속에 있고, 오리는 산토끼 속에, 산토끼는 돌 속에, 돌은 어떤 섬에 있다." 또다른 러시아 설화에서는 여마법사의 죽음이 푸른 숲의 푸른 장미나무 안에 있다. 이반 왕자가 장미나무의 뿌리를 뽑아내자 여마법사는 곧바로 병에 걸린다. 그는 장미나무를 가지고 그녀의 집에 가서 그녀가 사경을 헤매는 것을 발견한다. 그러자 그는 나무를 지하실에 던져넣으며 외친다. "그녀의 죽음을 보라!" 그러자 금방 온 건물이 흔들리더니 "섬으로 변한다.

그 섬에 지옥에 갇혔던 사람들이 있다가 이반 왕자에게 감사를 드린다." 또 다른 러시아 설화에서는 한 왕자가 마녀에게 혹독한 고통을 겪는데, 마녀는 그의 심장을 수중에 넣어 마법의 가마솥에 집어넣고 계속 삶는다.

한 보헤미아 설화에서는 마법사의 힘이 알 속에 있고, 알은 오리 속에, 오리는 수사슴 속에, 수사슴은 나무 아래 있다. 한 예언자가 그 알을 발견해서 빨아먹는다. 그러자 마법사는 어린아이같이 연약해진다. "왜냐하면 그의 모든 힘이 예언자에게 넘어갔기 때문이다." 한 세르비아 설화에 따르면, '진검(眞劍)'이라고 부르는 마법사가 왕자의 아내를 납치해서 자기 동굴 속에 가두어놓는다. 그러나 왕자는 용케 아내와 이야기를 나누어, 아내더러 진검을 설득해서 그의 힘이 어디 있는지 털어놓도록 해야 한다고 일렀다. 그래서 진검이 집에 돌아왔을 때 왕자의 아내가 말했다. "자, 말해줘요. 당신의 위대한 힘은 어디에 있지요?" 진검이 대답했다. "마누라, 내 힘은 내 칼 속에 있다네." 그러자 왕자의 아내는 기도를 올리며 진검의 칼이 있는 쪽을 향했다. 그것을 보고 진검이 웃으며 말했다. "이런 어리석은 여자야! 내 힘은 칼이 아니라 내 활과 화살 속에 있네." 그러자 왕자의 아내는 활과 화살 쪽으로 돌아서서 기도를 올렸다. 그러나 진검이 다시 말했다. "알겠소, 마누라. 어떤 영리한 선생이 당신한테 내 힘이 어디 있는지 찾아보라고 가르쳐준 모양인데, 아마 당신 남편이 살아서 당신한테 가르쳐준 게 아닌가 싶군." 그러나 왕자의 아내는 아무도 가르쳐준 사람이 없다고 진검을 안심시켰다. 진검이 또다시 자기를 속인 것을 알고 왕자의 아내는 며칠 동안 기다렸다가 다시 힘의 비밀을 물어보았다. 진검이 대답했다. "당신이 그렇게 알고 싶어하니까, 진짜로 그게 어디 있는지 말해주겠네. 여기서 멀리 떨어진 곳에 아주 높은 산이 있지. 그 산에 여우가 있고, 여우 속에 심장이 있네. 심장 속에 새가 있고, 그 새 속에 내 힘이 있다네. 그러나 여우를 잡는 건 쉬운 일이 아니야. 여우는 셀 수도 없이 많이 동물로 변신하는 재주가 있거든." 그리고 다음날 진검이 동굴 밖에 나갔을 때, 왕자가 와서 아내한테 마법사가 지니고 있는 힘의 진정한 비밀을 들었다. 그 길로 그는 서둘러 산으로 갔다. 거기서 여우, 정확하게는 암여우가 다양한 모양으로 변신하는 재주를 부렸지만 그는 친절한 독수리와 매, 용 등의 도움을 얻어 간신히 여우를 잡아서 죽였다. 그리고 나서 여우의 심장을 꺼내고 심장 속에서 새를 꺼낸 다음 큰 불에 태워버렸다. 바로 그 순간에 진 검은 쓰러져 죽었다.

『아라비안 나이트』에는 '세이프 엘물룩(Seyf el-Mulook)'의 이야기가 나온다. 세이프 엘물룩은 산과 언덕과 사막을 넘어 넉 달 동안 방랑한 끝에 높다란 궁궐에 이르러 인도 왕의 사랑스러운 딸이 비단 양탄자를 깔아놓은 대청 안에서 황금의자에 혼자 앉아 있는 것을 발견했다. 그러자 공주는 자기가 어떤 정령에게 붙잡혀왔다고 이야기했다. 부왕의 커다란 정원에 있는 연못에서 여자 노예들과 함께 놀고 있을 때 정령이 자기를 덮쳐 유괴해 왔다는 것이다. 그 말을 듣고 세이프 엘물룩이 정령을 칼로 내리쳐 죽이자고 제안했다. 공주는 이렇게 대답했다. "그러나 그의 영혼을 죽이지 않으면 그를 죽일 수가 없어요." 세이프 엘물룩이 말했다. "그럼, 그의 영혼은 어디에 있습니까?" 공주가 대답했다. "그에게 여러 번 물어보았지만 장소를 털어놓지 않으려고 했어요. 그런데 어느 날은 내가 하도 졸라대니까 그가 화를 내며 말했어요. '도대체 몇 번씩이나 내 영혼에 관해 묻는 거야? 내 영혼에 관해 묻는 이유가 뭐야?' 그래서 나는 대답했죠. '오, 하팀이여, 내게는 그대말고 아무도 남아 있지 않아요. 하느님만 빼고요. 내가 살아 있는 한, 나는 그대 영혼을 내 품에 안고 살아갈 거예요. 내가 그대 영혼을 보살피지 않고, 내 눈 한가운데 넣어두지 않는다면, 내가 어떻게 그대를 따라 살 수 있겠어요? 그대의 영혼을 알게 되면, 나는 내 오른쪽 눈동자같이 그것을 보살필 거예요.' 그러자 그가 말하더군요. '내가 태어났을 때 점성술사들은 사람의 왕이 낳은 아들 중 하나가 내 영혼을 파괴할 것이라고 선언했지. 그래서 나는 내 영혼을 꺼내서 참새의 모이주머니 속에 넣고, 참새를 작은 상자 속에 넣고, 상자를 또다른 작은 상자 속에 넣고, 그것을 다른 일곱 개의 작은 상자 속에 넣고, 그것들을 일곱 개의 궤짝 속에 넣고, 궤짝들을 대리석 상자에 담아 이 주변 바다 가장자리에 놓아두었다. 왜냐하면 이곳은 인간의 나라에서 멀리 떨어져 어떤 인간도 접근할 수 없기 때문이지.'" 그러나 세이프 엘물룩은 참새를 붙잡아서 목을 졸라 죽였다. 그러자 정령은 땅에 떨어져 한 무더기의 검은 재로 변했다.

몽고 설화에서는 영웅 조로(Joro)가 다음과 같은 방식으로 자신의 적인 라마승 초리동을 제압한다. 마법사인 라마승은 자기 영혼을 말벌로 변신시켜

조로에게 보내 그의 눈을 쏘게 한다. 그러나 조로는 말벌을 손으로 붙잡아 자기 손을 번갈아 쥐었다 폈다 함으로써 라마승이 정신을 잃었다 찾았다 하게 만든다. 타타르족의 한 시(詩)를 보면 두 젊은이가 늙은 마녀의 배를 갈라 창자를 끄집어내는데, 그래도 그녀는 여전히 살아 있다. 그녀의 영혼이 어디 있느냐고 묻자, 그것이 자기 신발창 복판에 머리 일곱 개 달린 얼룩뱀의 형상으로 있다고 마녀는 대답한다. 그러자 젊은이 중 하나가 그녀의 신발창을 칼로 찢어서 얼룩뱀을 끄집어낸 다음 머리 일곱 개를 잘라버린다. 그러자 마녀는 죽는다. 또다른 타타르족의 시는 영웅 카르타가(Kartaga)가 백조 여인과 격투를 벌인 일을 묘사하고 있다. 그들은 오랫동안 씨름을 벌였다. 해가 바뀌어도 그 싸움은 끝나지 않았다. 그러나 얼룩말과 검정말이 백조 여인의 영혼이 그녀에게 있지 않다는 것을 알아냈다. 검은 땅 아래로 아홉 바다가 흐르고, 그 바다가 만나서 하나가 되는 곳에서 바다는 대지의 표면에 떠오른다. 아홉 바다의 입구에 구리바위가 솟아 있다. 이 구리바위는 땅 표면으로 솟아올라, 하늘과 땅 사이에 솟아 있다. 구리바위의 발치에 검은 궤짝이 있고, 검은 궤짝속에 황금상자가 있고, 황금상자 속에 백조 여인의 영혼이 있다. 일곱 마리작은 새가 백조 여인의 영혼이다. 그 새들을 죽이면 백조 여인은 곧바로 죽을 것이다. 그래서 말들은 구리바위 발치로 달려가 검은 궤짝을 열고 황금상자를 가져왔다. 그런 다음 얼룩말은 대머리 남자로 변신하여 황금상자를 열고 일곱 마리 새의 머리를 잘라냈다. 그러자 백조 여인은 죽었다.

근대 중국의 설화에는 한 상습적인 범죄자가 정의의 심판을 피할 목적으로 자기 혼을 몸에서 꺼내놓는 이야기가 나온다. 이 악인은 귀주(貴州)에 살았는데, 그에게 선고한 형량을 합치면 산만큼 높이 쌓일 정도였다. 관리들은 곤장을 때려 그를 죽이고, 엉망으로 망가진 시체를 강물에 버렸다. 그러나 사흘 후에 그 악당은 자기 혼을 되찾고, 닷새째 되는 날에는 마치 아무 일도 없었다는 듯이 다시 악행을 하기 시작했다. 이런 일이 계속 반복되어 마침내는 귀주성 도독(都督)의 귀에까지 그 소문이 들어갔다. 도독은 몹시 화가 나서 대도독(大都督)한테 그 악한을 참수형에 처할 것을 제안했다. 그래서 이번에는 악한의 목을 잘랐다. 그러나 악한은 목 주위에 가느다란 붉은 금이 나 있는 것을 빼고는 목을 잘린 흔적조차 없이 사흘 만에 멀쩡하게 다시 살아났다. 그러고는 마치 다시 기운을 차린 거인처럼 줄기차게 새로운 악행을 연이어 저지르기 시작했다. 심지어 그 악한은 자기 어머니를 때리기까지 했다. 아들의 폭행을 견디다 못한 어머니가 관청에 호소하기에 이르렀다. 악한의 어머니는 관청 마당에 물병 하나를 꺼내놓고 이렇게 말했다. "이 물병 속에 망나니 같은 내 자식이 자기 혼을 숨겨놓았답니다. 자기가 심각한 범죄나 가증스러운 악행을 저질렀다고 생각될 때마다 자식은 집에 머물며 몸에서 혼을 꺼내 깨끗이 씻은 뒤 이 물병 속에 넣어놓습니다. 관청에서는 피와 살로 된 자식 놈의 몸을 벌주거나 처형할 뿐이어서 혼은 다치지 못했습니다. 그래서 오랜 과정을 통해 정련한 혼으로 자식은 절단된 자기 몸을 치료하여 사흘 안에 살아나 옛날처럼 다시 악행을 저지를 수 있었습니다. 그러나 이제는 그의 죄상이 극에 달해서 이 늙은 어미를 때리기까지 했습니다. 소인은 도저히 견딜 수가 없습니다. 바라건대 부디 이 물병을 박살내고 풍차로 그의 혼을 산산히 날려버리시기 바랍니다. 그러고 나서 다시 그의 몸에 벌을 내리면 내 못된 자식은 정말로 죽을 것입니다." 관리는 그 귀띔을 받아들여 그대로 행한 뒤 악당을 곤장으로 때려죽였다. 그러고 나서 시체를 검사해 보니 열흘이 지나기 전에 시체가 썩기 시작하는 것이 확인되었다.

북부 나이지리아 하우사(Hausa)족 설화에는 다음과 같은 이야기가 있다. 어떤 부부가 연이어 네 딸을 낳았다. 그런데 아기들이 젖을 떼는 그 날로 모두 수수께끼같이 사라져버렸다. 그래서 부모가 아이들을 먹어치웠다는 의심을 받았다. 마지막으로 그들에게 아들이 태어났다. 그 아이는 사고를 피하기 위해 스스로 젖을 떼게 했다. 그 아들이 장성했을 때, 부부는 어느날 한 노파에게서 마법의 물약을 얻었다. 노파는 그 물약으로 아들의 두 눈을 문지르라고 이야기했다. 그렇게 했더니 아들의 눈에 금방 커다란 집이 보였다. 거기 들어가서 보니까 자기 큰누나가 황소한테 시집가서 살고 있었다. 큰누나는 동생을 환대했고, 매부인 황소도 그랬다. 그가 떠날 때 황소는 친절하게도 자기 머리카락을 기념으로 선물했다. 이런 식으로 그 젊은이는 각기 숫양·개·매에게 시집가서 살고 있는 다른 세 누이도 찾아냈다. 그들은 모두 동생을 환대했으며, 그 젊은이는 수양·개·매에게서 호의의 표시로 머리카락이나 깃털 따위를 받았다. 그러고 나서 젊은이는 집에 돌아와 부모에게 자기가 겪은 일과, 살아서 결혼해 있는 누이들을 찾아낸 일을 이야기했다. 다음날 젊은이는 멀리 떨어진 성으로 갔다. 거기서 젊은이는 왕비와 정을 통하고 왕비를 설득해서 왕비의 남편인 왕의 생명을 빼앗을 음모를 꾸몄다. 그래서 왕비는 왕을 구슬려 자신에 대한 애정의 표시로 "그 자신의 생명을 취해서 자기 것에 덧붙여달라"고 졸랐다. 남편은 부정한 아내가 놓은 덫에 걸려들었다. 왕은 자기 생명에 얽힌 비밀을 아내에게 털어놓았다. 왕은 이렇게 말했다. "내 생명은 성 뒤에, 성 뒤에 있는 덤불 속에 있소. 덤불 속에 호수가 있고, 호수 속에 바위가 있고, 바위 속에 영양이 있고, 영양 속에 비둘기가 있고, 비둘기 속에 작은 상자가 있소." 왕비는 그 비밀을 애인한테 누설했다. 그러자 젊은이는 성 뒤에 불을 피우고, 자기 매부들인 친절한 동물들에게서 얻은 머리카락과 깃털을 불 속에 던져넣었다. 그러자 금방 그 동물들이 나타나서 재빨리 젊은이를 도왔다. 황소는 호수의 물을 마셔버렸고, 숫양은 바위를 깨뜨렸으며, 개는 영양을 붙잡고, 매는 비둘기를 붙잡았다. 젊은이가 비둘기 속에서 귀중한 상자를 꺼낸 다음 궁궐로 가보니까 왕은 이미 죽어 있었다. 왕은 젊은이가 성을 떠나는 순간부터 병에 걸려 자신의 자리를 대신할 그 젊은 모험가가 매번 새로운 성공을 거둘 때마다 병세가 점점 악화되어 갔던 것이다. 그래서 젊은이는 왕이 되어 부정한 왕비와 결혼했다. 그리고 그의 매부들도 동물에서 사람으로 변신하여 처남의 왕국에서 벼슬자리를 얻었다. 젊은이의 부모도 아들이 다스리는 성에 와서 살게 되었다.

　영국령 컬럼비아의 콰키우틀 인디언은 한 여자 도깨비 이야기를 한다. 그 도깨비는 독당근 줄기에 목숨이 들어 있기 때문에 죽일 수가 없었다. 한 용감한 소년이 숲에서 그 여자 도깨비를 만나 돌로 머리를 박살내어 뇌수를 사방에 흩어놓고 뼈를 분질러 물 속에 버렸다. 그러고 나서 도깨비를 처치했다고 생각하며 도깨비의 집으로 갔다. 거기서 소년은 마루바닥에 꼼짝 못하게 뿌리가 박혀 있는 한 여자를 발견했다. 그 여자는 소년에게 경고하며 이렇게 말했다. "오래 머물러 있지 말아라. 나는 네가 그 여자 도깨비를 죽이려고 한 것을 안단다. 누군가 그 여자 도깨비를 죽이려고 시도한 것이 벌써 네번째지. 도깨비는 결코 죽지 않아. 지금쯤 거의 되살아났을 거야. 저기 감추어놓은 독당근 줄기에 도깨비의 목숨이 들어 있단다. 저기 가 있다가 도깨비가 들어오면 곧장 도깨비의 목숨을 쏘거라. 그러면 도깨비는 죽을 것이다." 그 여자가 말을 마치기도 전에 아니나 다를까 여자 도깨비가 노래를 부르며 들어왔다.

> 나에겐 마법의 보물이 있다네.
> 나에겐 초자연의 능력이 있다네.
> 나는 목숨을 되찾을 수 있다네.

그러나 소년이 목숨을 쏘자 도깨비는 마루에 쓰러져 죽었다.

3

이와 같이 영혼을 몸 밖의 안전한 장소에, 어쨌든 머리카락 속에까지 길거나 짧은 기간 동안 저장해 둘 수 있다는 생각이 수많은 종족의 민담 속에서 등장한다. 남은 문제는 그 생각이 이야기를 꾸미기 위해 고안해 낸 단순한 허구가 아니라 원시인의 진정한 신조이며, 그것에서 일련의 상응하는 관습이 생겨났음을 보여주는 것이다.

앞서 살펴보았듯이, 설화 속의 영웅은 전투를 벌이기 전에 때때로 자기 영혼을 몸에서 분리하는데, 그 목적은 전투할 때 자기 몸이 상하지도 죽지도 않게 하려는 것이다. 비슷한 의도로 미개인은 현실적이거나 가공적인 재앙이 닥칠 때 자기 영혼을 몸에서 분리한다. 그래서 예컨대 셀레베스의 미나하사 부족은 가족이 새 집으로 이사할 때 한 사제가 온 가족의 영혼을 자루에 모아 놓았다가 나중에 돌려준다. 왜냐하면 새 집에 입주하는 순간에는 초자연적인 위험이 따른다고 여기기 때문이다. 남부 셀레베스에서는 여자가 아이를 낳을 때 의사나 산파를 불러오는 심부름꾼은 항상 부엌칼 같은, 쇠로 만든 물건을 가져가서 의사에게 건네준다. 의사는 해산이 끝날 때까지 그것을 자기 집에 보관해야 하며, 그것을 다시 돌려줄 때 일정한 금액을 보관비로 받는다. 이때 부엌칼과 같은 쇠붙이는 여자의 영혼을 나타내는데, 이것을 의사에게 건네주는 것은 위급한 순간에는 그녀의 영혼이 그녀 몸 안에 있는 것보다 몸

밖에 있는 것이 더 안전하다고 여기기 때문이다. 따라서 의사는 그 물건을 신중하게 돌보아야 한다. 만약 그것을 잃어버리면 여자의 영혼도 사라지기 때문이다.

암보이나 섬의 토인들은 자신들의 힘이 머리카락 속에 있으며, 머리를 깎으면 힘을 잃는다고 생각했다. 그 섬에 있는 네덜란드인 법정에서 한 범죄자는 모진 고문에도 끈질기게 죄를 부인하다가 머리를 깎아버리자 금방 자백했다. 살인죄로 재판을 받은 한 남자는 고문자들의 온갖 독창적인 수단에도 꿈쩍 않고 버티던 중에 외과의사가 가위를 들고 서 있는 것을 보았다. 무얼 하려는 거냐는 질문에 머리를 깎으려는 거라고 대답하자, 그 남자는 제발 그러지 말라고 애걸하며 솔직하게 자백했다. 그 뒤로 네덜란드 당국은 죄수를 고문해도 자백을 받아내지 못할 때 죄수의 머리를 깎는 것을 관례로 삼았다. 세람에서는 젊은이들이 아직까지도 머리를 깎으면 허약해지고 무력해진다고 믿는다.

유럽에서는 마녀와 마법사의 사악한 능력이 털 속에 있으며, 이 악인들의 털이 몸에 붙어 있는 한 어떤 것도 그들에게 영향을 미칠 수 없다고 생각했다. 따라서 프랑스에서는 마법행각으로 고발당한 사람을 고문자에게 넘기기 전에 온몸의 털을 밀어버리는 것이 관례였다. 밀라이우스(Millaeus)는 툴루즈에서 몇 사람이 고문당하는 것을 목격했는데, 그들은 전혀 자백을 하지 않다가 옷을 벗기고 온몸의 털을 완전히 밀어버리자 이내 고발의 진실성을 인정했다. 겉보기에 경건한 생활을 영위하던 한 여자도 마술을 부린 혐의로 고문을 받게 되었는데, 믿기 어려울 만큼 완강하게 고통을 참다가 몸의 털을 완전히 뽑아버리자 죄를 인정했다. 유명한 종교재판관 스프렝거(Sprenger)는 마녀나 마법사로 지목받은 용의자의 머리털을 깎는 데 만족했으나, 더 철저한 그의 동료 쿠마누스(Cumanus)는 41명이나 되는 여자를 화형에 처하기 전에 온몸의 털을 완전히 깎아냈다. 쿠마누스는 이처럼 가혹하게 검사를 하는 이유로, 사탄 자신이 북부 버위크 교회의 교단에서 설교할 때 수많은 종들에게 "그들의 털이 붙어 있는 한, 눈에 눈물을 흘리지 않는 한" 어떤 해도 입지 않는다고 말하며 그들을 안심시켰다는 것을 근거로 내세웠다. 이와 비슷하게, 인도의 바스타르(Bastar) 주에서는 "어떤 사람이 마술을 부렸다고 판정이 나면 군중이 몰매를 때리고 머리털을 깎는다. 왜냐하면 머리털이 사악한 능력의 근본이라고 여기기 때문이다. 그리고 앞니를 부러뜨리는데, 그 목적은 주문을 외우지 못하게 하기 위해서라고 한다……. 마녀 혐의를 받은 여자들도 똑같은 시련을 당해야 한다. 유죄로 판정이 나면 같은 벌을 내리며, 머리를 깎은 다음 머리털을 어떤 공공장소의 나무에 매달아놓는다." 또, 인도의 브힐족은 어떤 여자가 마법행각으로 유죄선고를 받고 다양한 형태의 벌을 받을 때, 이를테면 나무에 매달아 머리를 아래로 내려뜨리고 눈에 후춧가루를 뿌리거나 할 때, 그 여자의 머리카락을 한 타래 잘라 땅에 파묻었다. "그것은 그 여자가 지니고 있던 사악한 능력과 그 여자 사이의 마지막 고리를 끊기 위해서였다." 이와 비슷하게, 멕시코의 아스테크족은 마법사와 마녀가 "악행을 저질러 그들의 혐오스러운 삶을 종식시킬 때가 되면 그들을 붙잡아 정수리의 머리카락을 깎아냈다. 그렇게 하면 그들은 마법과 요술을 부리는 능력을 모두 빼앗기며, 그것은 곧 죽음으로써 자신들의 가증스러운 삶을 끝마치는 격이었다."

나아가서 때때로 한 사람의 목숨이 식물의 생명과 밀접하게 결부되어, 식물이 시들면 곧바로 그 사람의 죽음이 따른다는 민담을 앞에서 살펴본 바 있다. 이와 비슷하게, 퀸즐랜드에 있는 펜파더 강의 토인들은 어떤 방문객이 유쾌하게 지내다 떠나갈 때 '카나리움 아우스트랄라시쿰(*Cananrium australasicum*)' 같은 어떤 연한 나무에, 얼굴이 가는 방향을 향하도록 90~120 센티미터쯤 되는 길이로 그 평판 좋은 손님의 초상을 새긴다. 나중에 나무의 상태를 관찰하여 떠나간 친구의 상태를 추측하는데, 친구가 병들거나 죽거나 하면 나뭇잎이 떨어지거나 나무가 쓰러져 이를 예고한다고 한다. 우간다에서는 새로 즉위한 왕을 위해 거대한 저택이 있는 새로운 왕실 영유지를 조성할 때, 주요한 신의 사제들이 관례적으로 대문 입구에 기나나무를 심고, 각 나무 아래에서 그 특정한 신에게 제사를 올렸다. 그 이후로 "나무들은 세심하게 보호와 보살핌을 받는데, 그 까닭은 나무들이 자라고 번성하면 왕의 생명과 힘도 함께 늘어난다고 믿기 때문이다." 서아프리카 가봉 주변에 거주하는 음벵가(M'benga)족은 같은날 두 아이가 태어나면, 같은 종류의 나무를 두 그루 심고 그 둘레에서 춤을 춘다. 아이들의 수명이 나무의 수명과 결부되어 있다고 여기기 때문이다. 나무가 죽거나 쓰러지면 아이들도 곧 죽는다고 그들은 확신한다. 시에라리온(Sierra Leone)에서도 아이가 태어나면 말렙 나무 묘목을 심는 관습이 있다. 그 나무는 아이와 함께 자라 아이의 신이 된다고 사람들은 생각한다. 이렇게 심은 나무가 시들면 사람들은 그 문제를 마법사와 상의한다. 독일령 동아프리카의 와자가(Wajagga)족은 아이가 태어나면 집 뒤에 모종의 재배식물을 심는 것이 관례다. 그 식물이 시들면 아이가 죽는다고 믿기 때문에, 부모는 이후 그것을 세심하게 보살피며 아기의 탯줄이 떨어지면 그 식물 아래 파묻는다. 이러한 탄생식물의 종류는 씨족에 따라 다양하다. 예컨대 어떤 씨족 사람들은 바나나를 심고, 다른 씨족 사람들은 사탕수수를 심는 식이다. 동아프리카의 스와힐리(Swahili)족은 아이가 태어나면 태와 탯줄을 마당에 파묻고 그 자리에 표시를 해둔 다음, 7일 후에는 아이의 머리털을 깎아서 손발톱 깎은 것과 함께 같은 장소에 묻는다. 그러고 나서 아이 몸에서 나온 유물 위에 코코야자 열매를 심는다. 열매에서 나무가 자라나면 아이는 즐겨 자기 동무들한테 그 나무를 가리키며 "이 코코야자는 내 배꼽"이라고 말한다. 코코야자를 심을 때 부모들은 이렇게 말한다. "신이 보우하사 우리 아이가 잘 자라서 나중에 이 나무의 야자유를 맛볼 수 있게 하소서." 명시적으로 언급하지는 않았지만, 우리는 사람들이 이러한 탄생목을 그 사람의 생명과 공감관계를 지니는 것으로 여긴다고 추정할 수 있을 것이다. 카메룬에서도 사람의 생명이 나무의 생명과 공감적으로 결합되어 있다고 믿는다. 칼라바르 올드타운의 추장은 자기 영혼을 어떤 샘물 근처에 있는 신성한 숲에 보관했다. 몇몇 유럽인이 장난으로 (또는 무지하여) 숲의 일부를 베어내자, 추장은 영혼이 노발대발하여 그 범인들을 온갖 재앙으로 위협했다고 말했다. 프랑스령 콩고의 판(Fan)족은 추장의 아들이 태어나면 탯줄을 신성한 무화과나무 아래 묻는다. "그 뒤로 사람들은 그 나무의 성장에 매우 중요하게 생각하여 나무 건드리는 것을 엄격히 금지하며, 나무에 올라가려는 모든 행위를 그 사람 자신에 대한 공격으로 간주한다." 북부 콩고의 볼로키(Boloki)족은 붉은 잎 달린 나무(*nkungu*)를 토템으로 삼는다. 가족 중 여자가 첫 아이를 배면 토템 나무 한 그루를 집 바깥 난로 근처에 심어놓고 결코 베지 않는다. 안 그러면 아이가 마르고 연약하게 태어나 허약하고 골골거리는 상태가 된다고 한다. "아이들과 가족의 건강한 생명은 그 가족이 숭배하고 돌보는 토템 나무의 건강성과 생명에 달려 있는 것이다." 중앙아프리카의 바간다족은 아이의 태를 '제2의 자식'이라고 불렀으며, 그 안에 영혼이 살아 있다가 금방 유령이 된다고 믿었다. 태는 보통 바나나 나무의 뿌리에 묻는데, 나중에 그 나무는 나이 든 여자들이 조심스럽게 보호하며 누구든 가까이 가는 것을 막았다. 그들은 그 나무를 격리하기 위해 나무와 나무를 새끼줄로 엮어놓고, 아이의 배설물을 모두 그 울 안에 버리고, 열매가 익으면 나무를 돌보는 할머니가 그것을 잘라냈다. 이와 같이 세심하게 나무를 보호하는 이유는, 외지인이 그 나무열매를 먹거나 그것으로 빚은 술을 마시면 바나나 나무 뿌리에 묻어 있는 아이의 태의 유령을 데려가게 되고, 그러면 살아 있던 아이가 그 쌍둥이 유령을 쫓아가기 위해 죽는다는 믿음 때문이었다. 반면에 아이의 조부모는 그 열매를 먹거나 그 술을 마심으로써 그런 재앙을 면하게 할 뿐 아니라 아이의 건강을 보장해 주었다. 앨버트 니안자 호수 서북쪽 구석에 거주하는 와콘디오(Wakondyo)족은 어린 바나나 나무 뿌리에 태를 묻는 것이 관례다. 이 특별한 나무의 열매는 출산을 도왔던 여자말고는 아무도 먹어서는 안 된다. 그렇게 하는 이유는 언급된 바 없지만, 아마도 바간다족처럼 아이의 영적인 복제품으로 간주하는 태를 나무뿌리에 묻었기 때문에 아이의 생명이 나무의 생명과 결부되어 있다고 여기기 때문일 것이다.

북경 자금성 한가운데에는 작고 은밀한 정원이 하나 있는데, 이곳에서 지금은 몰락한 청조(淸朝)의 황제들이 국사를 돌본 후에 신선한 공기를 마시며 원기를 회복하곤 했다. 중국식 취향에 따른 정원은 인공 바위와 폭포, 동굴, 정자가 미궁처럼 어우러져 있으며, 모든 것이 자연과 다르게 최대한 인공의 손길을 가미하고 있다. 정원의 주요 장식물인 특정한 나무(측백나무)들은 온갖 기이한 형태로 잘리고 변형되어 있어, 최고에 이른 정원사의 세련된 솜씨를 보여준다. 그런데 그 나무들 가운데 오직 한 그루만 수세기 동안 온전하게 남아 그런 변형을 겪지 않았다. 도끼나 전지가위로 발육을 저지당하는 일이 없이 나무는 최대한 높이 뻗어나가도록 세심한 보살핌을 받았다. "그것은 '왕조의 생명수(生命樹)'였다. 전설에 따르면, 현 왕조의 번영이나 몰락은 그 나무의 번성이나 죽음과 나란히 진행되었다고 한다. 전설을 받아들인다면,

확실히 현 왕가의 수명은 얼마 남지 않은 것이 틀림없다. 왜냐하면 나무에 기울이는 배려와 관심이 몇 년간 아무 소용이 없었기 때문이다. 얼핏보더라도 그 문제의 나무는 높이와 크기에서 여전히 다른 나무들을 능가하지만, 단지 그것을 떠받치는 수많은 인공적인 받침대에 의지하여 버티고 있을 뿐이다. 사실상 '왕조의 생명수'는 죽어가고 있으며, 그 인공적인 받침대 중 하나가 갑자기 부러지기라도 한다면 순식간에 무너지고 말 것이다. 미신적인 중국인—그들은 확실히 미신적이다—에게 그것은 아주, 아주 불길한 징조다."이 구절이 쓰여진 지 약 12년이 지났다. 그 사이에 그 징조는 실현되었고, 청조는 몰락했다. 그 기묘하고도 고풍스러운 정원에 있던 늙은 나무도 역시 쓰러졌을 것으로 짐작된다. 자연으로부터 사형선고를 받은 나무를 아래에서 떠받쳐 왕가의 몰락을 막아보려던 인간의 모든 노력은 참으로 허망하게 수포로 돌아간 것이다.

로마에 있는 퀴리누스(Quirinus)의 고대 성소에는 은매화 두 그루가 자라고 있었는데, 하나는 '귀족(Patrician)' 다른 하나는 '평민(Plebeian)'이라고 불렀다. 여러 해에 걸쳐 귀족이 상승세를 타는 동안 그들의 은매화는 번성하고 가지를 넓게 펼친 반면, 평민들의 은매화는 시들고 오그라들었다. 그러나 귀족들의 권력이 몰락한 마르시아누스(Marsianus) 전쟁 이래로 그들의 은매화는 축 늘어지고 시들어간 반면, 평민 쪽의 은매화는 곧게 서서 튼튼하게 자랐다. 베스파시아(Vespasia)가 세 차례 아이를 가졌을 때, 그때마다 로마 부근 플라비아누스(Flavianus) 가문의 정원에 있는 늙은 참나무가 갑자기 가지를 내밀었다. 첫번째 가지는 허약해서 이내 시들어버렸다. 그때 태어난 딸아이는 한 해를 못 넘기고 죽었다. 두번째 가지는 길고 튼튼했다. 그리고 세번째 가지는 마치 나무 같았다. 그래서 세번째 일이 있을 때, 기쁨에 넘친 아이 아버지는 자기 어머니한테 미래의 황제가 그녀의 손자로 태어났다고 알렸다. 노부인은 웃기만 하며, 아들이 제 정신이 아닌 것 같은데 자기 나이에 자기라도 정신을 차려야겠다고 생각했다. 하지만 참나무의 징조는 현실로 나타났다. 그 손자가 나중에 베스파시아누스 황제가 된 것이다.

그러나 민담처럼 풍속에서도 때때로 어떤 사람과 신체적 공감의 굴레로 결합되어 있다고 여기는 대상을 비단 무생물과 식물로만 한정하고 있지는 않다. 같은 공감의 굴레가 아마 사람과 동물 사이에도 존재할 수 있을 것이다. 그래서 동물의 번영이 사람의 번영을 좌우하고, 동물이 죽으면 사람도 죽게 될 수 있을 것이다. 여기서 풍속과 설화의 유사성은 훨씬 더 긴밀해진다. 왜냐하면 양자에서 모두 그와 같이 영혼을 몸에서 분리해 어떤 동물 속에 넣어 두는 능력은 흔히 마녀와 마법사의 특권이기 때문이다. 그래서 예컨대 시베리아 야쿠트(Yakut)족의 무당, 곧 마법사들은 모두 자기 영혼을 동물로 변신시켜 세상으로부터 꼭꼭 감추어둔다고 믿는다. 한 유명한 마법사가 말했다. "내 외재적 영혼은 아무도 찾아낼 수 없다. 그것은 저 멀리 에지간스크의 돌산 속에 감추어져 있기 때문이다." 마법사들의 이러한 외재적 영혼은 오직 일 년에 한 번씩, 마지막 눈이 녹고 땅이 검은색으로 돌아오면 동물의 형상으로 사람 사는 곳에 출현한다. 그들은 도처를 돌아다니지만 마법사말고는 아무도 그들을 볼 수 없다. 힘센 것들은 으르렁거리며 요란하게 휩쓸고 다니지만, 약한 것들은 조용히 남모르게 숨어다닌다. 그들은 종종 싸움을 벌이며, 패배한 외재적 영혼의 주인인 마법사는 병이 들거나 죽는다. 가장 연약하고 겁 많은 마법사는 그 영혼이 개의 모습을 한 사람들인데, 왜냐하면 그 개는 자기 분신인 인간에게 안식을 주는 법이 없이 그의 심장을 갉아먹고 그의 몸을 물어뜯기 때문이다. 가장 강력한 마법사는 그 외재적 영혼이 종마·큰 사슴·흑곰·독수리·멧돼지 따위 형상을 지니는 사람들이다. 또, 투루킨스크(Turukhinsk) 지방의 사모예드(Samoyed)족에 따르면, 모든 무당은 멧돼지 모양의 친숙한 정령을 마법의 띠로 끌고 다닌다고 한다. 그 멧돼지가 죽으면 무당도 죽는다. 또, 마법사들 간의 격투에 관한 설화에 따르면, 마법사들은 서로 직접 맞붙기 전에 자신들의 정령을 보내 싸우게 한다. 요크셔에서는 마녀들이 산토끼하고 특이하게 밀접한 관계이기 때문에, 특정한 산토끼가 죽거나 다치면 그 순간에 어떤 마녀가 죽거나 산토끼의 부상과 정확히 일치하는 상처를 입는다고 생각한다. 그런데 이러한 상상은 아마도 유럽인에게 나타나는 보편적인 믿음의 한 사례에 지나지 않을 것이다. 그 믿음에 따르면, 마녀는 임시로 어떤 동물, 특히 산토끼와 고양이로 변신하는 능력이 있으며, 그처럼 변신한 동물에게 상처가 생기면 동물 속에 숨어 있는 마녀도 고통을 느낀다고 한다. 그러나 사람이 임시로 동물로 변신할 수 있다는 관념은, 그가 인간의 형상을 유지하면서 자기 영혼을 긴 시간이든 짧은 시간이든 동물 속에 넣어놓을 수 있다는 관념과 다르다. 비록 농사꾼과 미개인의 흐릿한 정신 속에서 그 두 관념이 항상 분명하게 구분되는 것은 아니더라도 말이다. 말레이인들이 믿는 바로는 "사람의 영혼은 다른 사람이나 동물 속에 들어갈 수 있다. 아니 정확하게 말하면, 후자가 전자의 운명을 전적으로 좌우하는 그런 불가사의한 관계가 그 둘 사이에 생겨날 수 있다."

뉴헤브리디스 제도의 모타(Mota) 섬에 사는 멜라네시아인들은 외재적 영혼의 관념을 일상생활의 관행 속에서 실천에 옮기고 있다. 모타 말로 영혼은 '아타이(*atai*)'라고 한다. "모타에서 '아타이'라는 말은 원래 특정한 사람과 특이하고 긴밀하게 연관되고 그에게 불가결한 어떤 것, 자기가 그것을 보았을 때 또는 누가 보여주었을 때 불가사의하게 여겨지는 어떤 방식으로 자기 마음을 사로잡는 것을 가리킬 때 사용한다. 그것이 무엇이든, 그 사람은 그것을 자기 자신의 반영물로 믿었다. 그와 그의 '아타이'는 함께 번창하고, 함께 고생하고, 함께 살고, 함께 죽었다. 그러나 이 단어를 이런 용법에서 차용하여 부차적으로 영혼을 가리키는 데 쓰게 되었다고 생각해서는 안 된다. 그 양자, 곧 그 사람과 불가사의하게 연관된 가시적 대상인 '제2의 자기'와 우리가 영혼이라고 부르는 불가시적인 '제2의 자기'에게 똑같이 적용할 수 있는 의미를 그 단어는 자체적으로 지니고 있다. 또다른 모타 말에 '타마니우(*tamaniu*)'라는 것이 있다. 이 말은 자기 자신과 긴밀하게 연관된 실체를 지닌다고 어떤 사람이 믿게 된 생물이나 무생물을 가리킬 때 '아타이'와 아주 똑같지는 않지만 거의 동일한 의미로 쓴다. '타마니우'라는 말은 정확하게 영어 likeness로 옮길 수 있으며, 영어 as와 like에 해당하는 형용사 'tama'의 명사형이다. 모타 사람이 모두 '타마니우'를 지니고 있는 것은 아니다. 단지 몇몇 사람만 자기가 표범이나 뱀, 심지어 돌멩이 따위와 그런 관계를 지닌다고 상상한다. 때로는 특정한 나뭇잎을 우린 물을 마시고 그 찌꺼기를 쌓아놓는 방법으로 그것을 찾아서 알아내기도 한다. 그 찌꺼기 더미 속이나 위에서 무엇이든 제일 먼저 눈에 띄는 생물이 바로 '타마니우'인 것이다. 그것은 바라보기만 하지 음식을 바치거나 숭배하는 대상이 아니다. 토인들은 그것이 부르면 온다고 믿었다. 또, 사람의 생명은 자기 '타마니우' ―그것이 생물체일 때―의 생명이 안전하냐 그렇지 않으냐에 달려 있다고 믿었다. 그것이 죽거나 (생물체가 아닐 때) 깨지거나 없어지면 그 사람도 죽었다. 따라서 병에 걸리면, 사람들은 '타마니우'가 무사하게 잘 있는지 가서 살펴보게 했다. 이 말을 모타에서는 명백하게 영혼을 가리키는 뜻으로는 쓰지 않았다. 그러나 오로라와 뉴헤브리디스에서는 통상적으로 같은 말로 인정한다. '아타이'와 '타마니우', 덧붙여서 모틀라브(Motlav)의 '탈레기(talegi)'는 모두 뱀이나 돌을 어떤 사람의 '아타이' 또는 '타마니우'라고 부를 때처럼 독자적인 실체를 지닌다는 사실을 주목할 필요가 있다. 그러므로 이런 이름들로 지칭하는 영혼은 어느 정도 실체를 지닌 사물로 간주되는 셈이다."

코드링턴(Codrington) 목사의 세밀하고 정확한 조사에서 빌려온 이런 설명으로 추측해 볼 때, 모타 사람은 모두 '아타이'라고 부르는 가시적 대상 속에 '제2의 자기' 또는 외재적 영혼을 지니는 반면, 단지 일부 사람만이 '타마니우'라고 부르는 또다른 가시적 대상 속에 제2의 외재적 영혼을 지니는 것일 수 있다. 짐작컨대 '아타이'와 아울러 '타마니우'까지 지니는 사람들은 자기 영혼의 상태에 대해 보통 이상으로 염려한 끝에, 일종의 이중보험이라고 할 수 있는 장치를 통해 영혼의 완벽한 안전을 도모하고자 하는 것 같다. 외재적 영혼 가운데 하나가 죽거나 깨지더라도 다른 하나가 남아 있기 때문에 살아남을 수 있다는 계산인 것이다. 그것이 어떻든 '타마니우'는 두 가지 기능, 곧 방어적인 기능과 공격적인 기능을 수행한다. 다시 말해서 그것은 살아 있거나 안 깨지고 남아 있는 한 자기 주인의 생명을 보전해 주는 한편, 자기 적을 해치는 데 도움을 준다. 공격적인 측면에서 볼 때 만약 '타마니우'가 뱀장어라면 그 주인의 적을 깨물 것이며, 만약 상어라면 적을 삼켜버릴 것이다. 또, 방어적인 측면에서 볼 때 '타마니우'의 상태는 사람의 상태를 나타내는 징후 또는 생명지표다. 그러므로 병에 걸리면 그는 그것을 찾아가서 검사할 것이다. 자기가 직접 갈 수 없으면 다른 사람을 보내 그것을 조사해 보고 알려주게 할 것이다. 어느 쪽이든 그 사람은 (만약 그것이 동물이라면) 그 동물을 세밀하게 조사해서 무슨 문제가 있는지 살펴볼 것이다. 그 동물의 살갗에 무언가 붙어 있는 것을 발견하면 그것을 제거하여 그 동물을 구제해 줌으로써 환자는 회복한다. 그러나 그 동물이 죽어가는 것을 발견하면 그것은 그 사람이 죽을 징조이다. 언제든 그것이 죽으면 그 사람도 죽기 때문이다.

어떤 동물에게 외재적 영혼을 맡기고 있다는 이론은 서아프리카에서, 특히 나이지리아와 카메룬, 가봉에서 매우 널리 퍼져 있는 것으로 보인다. 19세기 후반기에 콩고 왕의 수도인 산살바도르에서 두 영국인 선교사가 토인들한테 1877년에 스탠리 연못에서 스탠리가 한 추장에게 기증했던 기묘하고 커다란 동아프리카산 염소를 본 적이 없느냐고 거듭해서 물어보았다. 그러나 그들의 탐문은 허사였다. 어떤 토인도 자기가 염소를 보았음을 시인하려 하지 않았다. 몇 년 후에 선교사들은 자신들이 왜 답변을 들을 수 없었는지 깨달았다. 모든 사람이, 선교사들이 그 염소 속에 살바도르 왕의 영혼이 들어 있다고 믿고서 왕에게 해를 끼칠 목적으로 그 짐승을 입수하려고 한다고 여긴 것으로 드러났다. 콩고 미개인에게는 그런 믿음이 아주 자연스러운 것이었다. 실제로 그 지역의 몇몇 추장은 공식적으로 자신의 운명을 동물의 운명과 결부시킨다. 이를테면 모에코(Moeko) 강변에 있는 은돌로(Ndolo)의 방크와 추장은 인근에 사는 어떤 하마에게 이러한 영예를 부여하고, 아무도 그 하마를 쏘지 못하게 했다. 가봉의 온제크(Ongek) 마을에서 한 프랑스인 선교사가 늙은 판족 추장의 오두막에서 잠을 잤다. 아침 두 시경에 낙엽이 부스럭거리는 소리에 잠을 깨서 불을 켜보니 끔찍하게도 극히 위험해 보이는 커다란 검은 뱀이 한쪽 구석에 똬리를 틀고서 머리를 꼿꼿이 세운 채 눈을 반짝이고 아가리로 쉭쉭 소리를 내며 금방이라도 달려들 태세로 있는 것이 아닌가! 본능적으로 그는 총을 움켜잡고 뱀을 겨누었다. 그때 갑자기 누가 그의 팔을 때리며 불이 꺼지더니 늙은 추장의 목소리가 들렸다. "쏘지 마라! 쏘지 마! 제발 부탁하네. 저 뱀을 죽이면 나를 죽이는 거야. 두려워할 것 없네. 저 뱀은 나의 '엘란젤라(elangela)'라네." 그렇게 말하며 추장은 뱀 옆에 털썩 무릎을 꿇고 두 팔로 감싸며 가슴에 뱀을 꼭 끌어안았다. 뱀은 노여워하지도 두려워하지도 않았다. 그저 추장의 애무를 가만히 받아들였다. 추장은 뱀을 안고 밖으로 나가 다른 오두막에 내려놓고는 선교사더러 두려워하지 말고 그 일에 대해 아무 이야기도 하지 말라고 부탁했다. 이 일로 호기심이 발동한 선교사 트리유(Trilles) 신부는 조사를 진행하여 판족의 마법사들이 모두 성인식 때 어떤 혈맹(血盟)의식을 통해 특정한 야생동물의 목숨과 자기 목숨을 하나로 합쳤다고 여긴다는 사실을 확인했다. 동물의 귀와 자기 팔에서 피를 뽑아 동물한테 자기 피를, 자기한테 동물 피를 주입하는 것이다. 그러고 나면 이후 둘 사이에는 아주 긴밀한 합일이 일어나 한쪽의 죽음이 다른 한쪽의 죽음을 수반하게 된다. 마법사들은 그 혈맹관계가 자신들의 힘을 엄청나게 세게 해 여러 방면으로 유리하게 활용할 수 있게 해준다고 여긴다. 우선 무엇보다도, 자기 목숨을 몸 밖의 어떤 안전한 장소에 숨겨놓은 설화 속의 마법사처럼 판족의 마법사는 이제 자신이 불가침의 존재라고 여긴다. 나아가서 자신과 피를 교환한 동물은 친구가 되어 자신이 내리는 명령은 어떤 것이든 따를 것이다. 그래서 마법사는 그것을 이용하여 적을 해치거나 죽일 수 있다. 그런 까닭에 마법사가 혈맹관계를 맺는 동물은 길들인 동물이나 가축이 아니라 항상 표범이나 검정뱀, 악어, 하마, 멧돼지, 독수리 같은 위험한 야생동물이다. 이 짐승들 가운데 표범이 지금까지 판족 마법사들이 가장 흔하게 친구로 선택한 동물이며, 그 다음이 검정뱀이다. 독수리가 가장 드물다. 마법사와 아울러 마녀들도 친구를 지니지만, 여자들이 자신의 목숨을 합치는 동물은 일반적으로 남자들이 자기 외재적 영혼을 맡기는 동물과 다르다. 마녀는 표범을 친구로 삼지 않으며, 뿔독사라든지 검정뱀, 바나나 나무에 사는 초록뱀 같은 독사 종류를 택한다. 독수리나 올빼미, 다른 야행성 조류를 택하기도 한다. 그러나 마녀나 마법사가 이와 같이 신비스러운 동맹을 맺는 짐승이나 새는 한 개체이지 결코 종 전체가 아니다. 그 동물의 죽음은 그 사람의 죽음을 초래하는 것으로 여겨지기 때문에, 그 개별적인 동물이 죽으면 동맹은 자연히 끝이 난다.

산 사람의 외재적인 영혼에 대한 비슷한 믿음을 이보족도 지니고 있다. 이보족 사람들은 어떤 사람이 살아 있는 동안 영혼이 그의 몸을 떠나서 특정한 동물 속에 거주할 수 있다고 생각한다. 이것은 '이시 아누(ishi anu)', 곧 '동물 변신'이라고 부른다. 이런 능력을 획득하고자 하는 사람은 현자에게서 약을 구해서 자기 음식에 섞어 먹는다. 그러고 나면 그 사람의 영혼은 외출하여 동물 속에 들어간다. 사람의 영혼이 머무는 동안에 그 동물이 죽기라도 한다면 그 사람은 죽는다. 그 동물이 부상당하면 그 사람의 몸은 당장 종기로 덮인다. 이런 믿음은 많은 범죄행위를 부추긴다. 교활한 악당이 때때로 은밀하게 그 마법의 약을 자기 적이 먹을 음식에 집어넣어 그의 영혼을 어떤 동물 속에

은닉한 다음, 그 동물을 죽임으로써 그 안에 들어 있는 영혼의 주인까지 죽이려고 할 수도 있는 것이다. 비슷한 믿음이 남부 나이지리아의 크로스(Cross) 강변에 있는 오부부라(Obubura) 산악지방 부족들 사이에서도 성행하는 것으로 알려져 있다. 패트리지(Partridge) 씨의 카누 뱃사공들이 언젠가 아시가(Assiga) 부족의 마을 부근에서 물고기를 잡으려고 하니까 부족 사람들이 반대하며 이렇게 말했다. "우리 영혼이 저 물고기 속에 살고 있다. 너희가 물고기를 죽이면 우리도 죽는다."

니제르 강 어귀의 칼라바르 흑인들은 모든 사람이 영혼을 네 개 지니고 있는데, 그 중 하나는 항상 몸 밖에서 숲 속에 사는 야생동물의 모습으로 살아간다고 믿는다. 이러한 외재적 영혼, 또는 킹슬리(Kingsley) 양이 말하는 수풀 영혼은 예컨대 표범이나 물고기, 거북을 비롯하여 거의 어떤 동물이든 될 수 있다. 그러나 가축이나 식물이 되는 법은 없다. 투시력을 타고난 사람이 아니면 자신의 수풀 영혼을 볼 수 없지만, 점쟁이가 종종 그 사람 수풀 영혼이 어떤 종류의 동물인지 알려준다. 그 뒤로 그 사람은 그런 종류의 동물을 죽이지 않으려고 조심하며, 다른 사람이 그러는 것도 강하게 반대한다. 아버지와 아들은 보통 같은 종류의 동물을 수풀 영혼으로 지니며, 어머니와 딸도 그렇다. 그러나 때로는 집안의 모든 자식이 아버지의 수풀 영혼을 따라간다. 예컨대, 아버지의 외재적 영혼이 표범이라면 모든 아들딸이 표범을 외재적 영혼으로 삼는다. 그리고 때로는 거꾸로 모두 어머니를 따라가기도 한다. 예를 들어, 어머니의 외재적 영혼이 거북이라면 모든 아들딸의 외재적 영혼도 거북이가 되는 것이다. 사람의 생명은 그가 자기 외재적 영혼 또는 수풀 영혼으로 간주하는 동물의 생명과 긴밀하게 결합되어 있기 때문에, 그 동물의 죽음이나 부상은 필연적으로 그 사람의 죽음이나 부상을 초래한다. 그리고 역으로 그 사람이 죽으면 그의 수풀 영혼은 더 이상 안식처를 찾지 못하고 미쳐서 불 속에 뛰어들거나 사람들을 공격하다가 머리를 얻어맞고 끝장이 난다. 어떤 사람이 병에 걸리면 점쟁이는 때때로 그의 수풀 영혼이 무시당해서 화가 나 있다고 이야기한다. 그러면 환자는 성난 영혼에게 바칠 제물을 준비하여 그의 외재적 영혼인 동물을 마지막으로 발견한 장소에 있는 숲 속 작은 오두막 안에 놓아둔다. 수풀 영혼이 화가 풀리면 환자는 회복된다. 그러나 그렇지 않으면 환자는 죽는다. 하지만 어리석은 수풀 영혼은 그 사람을 해치면 자기도 해를 입고, 그가 죽으면 자기도 더 이상 오래 살 수 없다는 사실을 이해하지 못한다.

중앙아메리카의 사포텍족은 여자가 막 해산을 하려고 할 때, 친척들이 오두막에 모여 마루바닥에 여러 가지 상이한 동물 형상을 그리다가 동물 그림이 완성되면 곧장 지워버린다. 이것을 아기가 태어날 때까지 계속하는데, 그 순간 바닥에 그려진 채 남아 있는 동물 형상이 태어난 아이의 '토나(tona)', 곧 '제2의 자기'가 된다. "아이가 충분히 성장하면 자신을 대표하는 동물을 구해서 돌본다. 아이의 건강과 생존이 그 동물의 상태에 달려 있으며, 실제로 양자의 죽음이 동시에 발생한다고 믿기 때문이다." 아니 정확하게는, 그 동물이 죽으면 사람도 죽는다고 믿기 때문이다. 과테말라와 온두라스의 인디언족들 사이에서 '나구알(nagual)' 또는 '나우알(naual)'이라는 말은 "특정한 사람과 대응관계에 있는 생물체나 무생물체, 일반적으로는 동물을 가리킨다. 그러니까 사람의 행불행은 '나구알'의 운명에 달려 있는 것이다." 어떤 옛날 작가에 따르면, 과테말라의 수많은 인디언은 "악마에게 속아서 자신들의 목숨이 이런저런 짐승(인디언들은 그것을 자신들과 친근한 영혼으로 간주한다)에게 달려 있다고 믿으며, 그 짐승이 죽으면 자신들도 죽고, 그 짐승이 쫓기면 자신들의 심장이 헐떡거리고, 짐승이 기절하면 자신들도 기절한다고 생각한다. 아니, 악마에게 속아 그들은 그 짐승의 형상으로 나타나(그들의 선택에 따라 보통 수사슴·암사슴·사자·호랑이·개·독수리 따위가 된다), 그 형상으로 총에 맞고 부상을 당하게 된다고 믿는 것이다." 온두라스 인디언들이 '나구알'을 획득하는 방법에 대한 에레라(Herrera)의 설명은 다음과 같이 이어진다. "악마가 그들을 기만하여 육식동물이 풍부한 그 지방에 사자나 호랑이, 늑대 비슷한 짐승인 코요테의 형상으로, 또는 악어나 뱀, 새의 형상으로 나타나면, 그들은 그것을 '나구알'이라고 부른다. 그 말은 보호자 또는 후견인을 의미한다. 그 새가 죽으면 그것과 맹약을 맺은 인디언도 죽는다. 그들은 이런 일을 종종 일어나며 어김없는 것으로 간주한다. 이러한 맹약을 맺는 방법은 다음과 같다. 인디언은 강이나 숲, 언덕, 또는 가장 외딴 장소로 가서 자기가 적당하다고 생각하는 이름으로 악마를 소리쳐 부르고는 강이나 바위, 숲에 말을 걸어 자기는 수탉이나 개를 제물로 들고 와서 자기 선배들이 가진 것과 똑같은 것을 갖기 위해 울고 있노라고 이야기한다. 그러고는 그와 같이 우울한 발작상태에서 잠이 든다. 그리고 꿈인지 생시인지 애매한 상태에서 앞에서 말한 새나 짐승 중 하나를 발견하고, 소금이나 카카오나 다른 일용품을 얻게 해달라고 간청하면서 자기 혀와 귀, 그 밖의 신체 부위에서 피를 뽑는다. 그와 동시에 앞에서 말한 동물과 계약을 맺는다. 그러면 그 동물은 꿈인지 생시인지 애매한 상태에서 이렇게 말한다. '이런저런 날 그대가 사냥하러 돌아다닐 때, 나는 그대가 처음 마주치는 새나 다른 동물이 될 것이다. 나는 그대의 '나구알'이며, 항상 그대의 동반자가 될 것이다.' 그러면 그들 사이에는 하나가 죽으면 다른 하나도 살아남지 못하는 친교관계가 맺어진다. 그들은 '나구알'이 없는 사람은 부자가 될 수 없다고 생각했다." 인디언들은 '나구알'의 죽음이 반드시 자신의 죽음을 초래한다고 확신했다. 전설에 따르면, 케찰테낭고(Quetzaltenango) 고원에서 스페인 사람들과 벌인 첫 전투에서 인디언 추장들의 '나구알'이 뱀의 형상으로 싸웠다. 대추장의 '나구알'이 특히 두드러지게 눈에 띄었는데, 그것은 찬란한 초록색 깃털을 지닌 커다란 새의 모습을 하고 있었기 때문이다. 스페인 장군 페드로 데 알바라도(Pedro de Alvarado)가 자기 창으로 그 새를 죽이자, 그와 동시에 인디언 대추장도 땅에 쓰러져 죽었다고 한다.

동남부 오스트레일리아에 거주하는 많은 부족은 중앙아메리카 인디언이 자기 '나구알'을 존중하는 것과 같은 방식으로 남녀가 각기 특정한 종의 동물을 존중하지만, 이런 점이 다르다. 중앙아메리카 인디언들은 자기 목숨이 결부된 개별 동물을 분명하게 알고 있었지만, 오스트레일리아인들은 자신의 목숨이 특정한 종 가운데 어느 하나와 결부된다는 사실만 알 뿐, 정확히 어느 개체인지는 알지 못했다. 그 결과, 모든 남자는 남자들의 목숨과 결부된 종류의 동물을 모두 놓아주고 보호했으며, 모든 여자는 여자들의 목숨과 결부된 종류의 동물을 모두 놓아주고 보호했다. 왜냐하면 누구나 특정한 종의 어떤 동물이 죽으면 어떤 사람이 죽게 된다는 사실은 알고 있었기 때문이다. 마치 초록새를 죽이면 곧바로 인디언 추장이 죽고, 앵무새를 죽이면 설화 속의 푼치킨이 죽듯이 말이다. 그래서 예컨대 동남부 오스트레일리아의 워초발루크

(Wotjobaluk) 부족은 "박쥐(Ngŭnŭngŭnŭt)의 목숨은 남자의 목숨이고, 쏙독새 (Yártatgŭrk)의 목숨은 여자의 목숨이라고 주장했다. 그래서 이 짐승들 중 어느 한쪽을 죽이면 어떤 남자나 여자의 수명이 단축된다는 것이었다. 그럴 때 야영지에 있는 남자와 여자는 모두 자기가 희생자가 될까봐 두려워했으며, 그것을 피하기 위해서 부족 내에서 대판 싸움이 벌어진다. 남녀간의 이 싸움에서 어느 쪽이 이길지는 전혀 장담할 수 없었다. 때로는 여자들이 얌방망이로 남자들을 심하게 때려 초주검을 만드는가 하면, 남자들이 여자들을 창으로 찔러 부상을 입히거나 죽이기도 하기 때문이다." 워초발루크족은 박쥐가 남자의 '형제'이고 쏙독새는 자신의 '마누라'라고 말한다. 남녀 양성의 목숨이 각기 결부된 것으로 여기는 특정한 동물 종류는 부족마다 조금씩 다르다. 이를테면 워초발루크족에게는 박쥐가 남자의 동물이었던 반면, 남부 머리 (Murray) 주의 건바워 크리크(Gunbower Creek)에서는 박쥐가 여자의 동물이었던 것 같다. 왜냐하면 그곳 토인들은 박쥐를 죽이지 않으려고 했는데, 그 이유는 "만약 그것을 죽이면 그들의 여자(lubra) 중 하나가 반드시 죽게 되기 때문이었다." 집슬랜드의 쿠르나이(Kurnai) 부족에게는 에뮤굴뚝새(*Stipiturus malachurus*)가 '남자의 형제'였고, 절묘한 휘파람새(*Malurus cyaneus*)는 '여자의 자매'였다. 젊은 남자들이 부족의 신비의식에 입문하는 성인식에서는 신참들에게 남자다운 기상을 심어주기 위해 에뮤굴뚝새의 이름으로 그들에 대한 기원을 올렸다. 오스트레일리아 동남부 해안의 유인족 사이에서 '여자의 자매'는 나무발바리새(*Climacteris scandens*)였고, 남자는 박쥐와 에뮤굴뚝새를 모두 '형제'로 삼았다. 쿨린(Kulin)족은 남녀 각자에게 한 쌍의 '형제'와 '자매'가 있었다. 남자는 박쥐와 에뮤굴뚝새를 '형제'로 삼았고, 여자는 절묘한 휘파람새와 작은 쏙독새를 '자매'로 삼았다. 동남부 오스트레일리아에서 이와 같이 남녀의 목숨과 결부된 동물들이 일반적으로 새거나 박쥐거나 날짐승이었다는 사실은 주목할 만하다. 그런데 남부 오스트레일리아의 포트 링컨(Port Lincoln) 부족에서는 남자의 '형제'와 여자의 '자매'가 각기 어떤 표범 종류의 암수와 일치했던 것으로 보인다. 기록에 따르면, "수놈은 '이비리 (*ibirri*)'라고 하고 암놈은 '와카(*waka*)'라고 하는 작은 종류의 표범이 사람을 남녀로 분열시켰다고 한다. 이런 사태를 토인들은 별반 인정하지 않는 것으

로 보이지만, 남녀가 각기 이 작은 짐승의 반대 성(性)에 대단한 적개심을 지니고 있어서 남자는 항상 '와카'를 죽이고 여자는 항상 '이비리'를 죽이는 것이다." 그러나 남자와 여자의 목숨과 결부된 것으로 여기는 특정한 종류의 동물이 무엇이든 간에, 그 믿음 자체와 그로 인한 분규는 동남부 오스트레일리아 거의 전역에 걸쳐 널리 퍼진 것으로 알려져 있는데, 아마도 더 넓은 범위까지 영향을 미쳤을 것이다. 그 믿음은 아주 진지한 것이었고, 따라서 그로 인해 싸움이 벌어졌다. 이를테면 빅토리아 주의 몇몇 부족 사이에서 "보통의 박쥐는 남자들의 새이다. 남자들은 그것이 해를 입지 않게 보호한다. 심지어 박쥐를 위해서라면 아내를 반죽음시키는 것도 불사할 정도다. 쏙독새는 여자들의 새이다. 이 새는 밤에 그 울음소리로 공포를 자아내는 흉조지만, 여자들은 시샘이 날 정도로 세심하게 그 새를 보호한다. 만약 어떤 남자가 쏙독새를 죽이면, 여자들은 마치 아이가 죽은 것만큼이나 노해서 기다란 장대로 사정없이 남자를 두들겨팬다."

이처럼 오스트레일리아 남녀가 각기 박쥐와 쏙독새를(박쥐와 쏙독새가 관례적으로 남녀 양성에게 할당되는 동물인 것 같으므로) 세심하게 보호하는 것은 순전히 이기적인 고려에 근거를 둔 것은 아니다. 왜냐하면 남자들은 자기 목숨뿐만 아니라 자기 아버지와 형제, 아들의 목숨까지 특정한 박쥐들의 목숨과 결부되어 있다고 믿으며, 따라서 박쥐 종류를 보호할 때 그는 자신과 아울러 모든 남자 친족의 목숨을 보호한다고 생각하기 때문이다. 이와 비슷하게, 여자들도 자기 어머니와 자매, 딸의 목숨이 자기 목숨과 마찬가지로 특정한 쏙독새의 목숨과 결부되어 있다고 믿으며, 따라서 쏙독새 종류를 보호할 때 그녀는 자신뿐만 아니라 모든 여자 친족의 목숨을 보호한다고 생각한다. 그런데 이와 같이 남자의 목숨이 어떤 동물 속에 들어 있다고 할 때, 그 동물은 그 남자와, 그 남자는 그 동물과 구분하기가 어려울 것이 분명하다. 만약 내 형제 존의 목숨이 어떤 박쥐 속에 있다면, 한편으로 그 박쥐는 내 형제이자 존이며, 다른 한편으로 존은 어떤 의미에서 그 박쥐일 것이다. 왜냐하면 존의 목숨이 그 박쥐 속에 있으므로. 이와 비슷하게, 만약 내 자매 메리의 목숨이 어떤 쏙독새 속에 있다면, 쏙독새는 내 자매이고 메리는 쏙독새다. 이는 아주 자연스러운 결론이며, 오스트레일리아인들은 이 결론을 놓치지 않았다. 박쥐가 남자의 동물일 때 그것을 그의 형제라고 부른다. 쏙독새가 여자의 동물일 때 그것을 그녀의 자매라고 부른다. 그리고 거꾸로 남자는 여자를 쏙독새라고 칭하고, 여자는 남자를 박쥐라고 칭한다. 다른 부족이 남녀 각자에게 할당하는 다른 동물의 경우에도 마찬가지이다. 예컨대 쿠르나이족 사이에서 모든 에뮤굴뚝새는 남자들의 '형제'였고, 모든 남자는 에뮤굴뚝새였다. 모든 절묘한 휘파람새는 여자들의 '자매'였고, 모든 여자는 절묘한 휘파람새였던 것이다.

5장
죽음과 부활

1

그런데 미개인이 어떤 동물의 이름을 자기 이름으로 삼고 그 동물을 형제라고 부르며 죽이지 않으려고 할 때 그 동물을 토템이라고 부른다. 따라서 우리가 고찰하는 동남부 오스트레일리아 부족이 박쥐와 쏙독새, 에뮤굴뚝새와 절묘한 휘파람새를 남녀 양성의 토템으로 간주하고 있다고 보는 것이 타당할 것이다. 그러나 토템을 성별로 배정하는 사례는 매우 희귀하며, 지금까지 오스트레일리아말고는 어디에서도 발견된 적이 없다. 훨씬 더 보편적인 사례는 토템을 성별이 아니라 씨족에 따라 지정하고, 모계나 부계를 따라 세습하는 것이다. 개인과 씨족 토템의 관계는 개인과 성별 토템의 관계와 본질적으로 다르지 않다. 그 개인은 그 토템을 죽이지 않으며, 자기 형제라고 말하고, 그 이름으로 자신을 부른다. 그 관계가 비슷하다면, 한쪽에 타당한 설명은 다른 쪽에도 똑같이 타당해야 한다. 따라서 어떤 씨족이 특정 종류의 동식물을 (씨족 토템은 식물일 수도 있으므로) 숭배하고 그 이름을 좇아 자신을 부르는 이유는, 씨족 각 성원의 생명이 그 종류의 동물이나 식물 중 어느 하나와 결부되어 있으며, 그 개인의 죽음을 그 특정한 동물이나 식물을 죽인 결과라고 믿기 때문이다. 토템신앙에 대한 이러한 설명은 서오스트레일리아의 토템 또는 '코봉(kobong)'에 대한 조지 그레이 경(Sir George Grey)의 정의와 아주 잘 부합한다. 그는 이렇게 말한다. "한 가족과 그 '코봉' 사이에는 어떤 신비스러운 연관성이 존재한다. 그래서 그 가족의 구성원은 자신의 '코봉'과 같은 종의 동물이 잠들어 있는 것을 발견하더라도 결코 죽이려고 하지 않는다. 실제로 그는 항상 마지못해서 그것을 죽이며, 언제나 달아날 기회를 준다. 이는 그 종의 어떤 한 개체가 자신들의 가장 가까운 친구이며 그것을 죽이는 행위는 큰 범죄이기 때문에 조심해서 피해야 한다는 가족신앙에서 비롯된다. 이와 비슷하게, 채소를 '코봉'으로 삼는 토인은 어떤 일정한 상황이나 연중 특정한 시기에는 그것을 거두지 않는다." 여기서 주목할 만한 사실은 각 사람이 같은 종의 동식물을 모두 아낄지라도 그것이 모두 똑같이 그에게 귀중한 것은 아니라는 것이다. 그렇기는커녕 그 종 가운데 그에게 특별히 귀중한 것은 오직 하나뿐이다. 그러나 그 귀중한 것이 꼭 집어서 어떤 것인지 모르기 때문에 그 하나를 다칠까봐 다른 것들까지 모두 아껴야 하는 것이다. 또, 씨족 토템에 대한 이러한 설명은 토템 종 중 한 개체를 죽이는 행위의 추정적인 결과와도 부합한다. "어느날 흑인들 중 한 사람이 까마귀를 죽였다. 사나흘 후에 래리라고 하는 한 부르트와(Boortwa, 까마귀, 곧 까마귀 씨족의 한 남자)가 죽었다. 그 남자는 며칠 동안 병을 앓고 있었는데, 그의 '윈공(wingong, 토템)'을 살해한 것이 그의 죽음을 재촉했던 것이다." 여기서 까마귀의 살해는 까마귀 씨족 남자의 죽음을 초래했는데, 이는 성별 토템의 경우에 박쥐의 살해가 박쥐 남자의 죽음을 초래하거나, 쏙독새의 살해가 쏙독새 여자의 죽음을 초래하는 것과 정확히 똑같다. 이와 비슷하게, '나구알'의 살해는 중앙아메리카 인디언의 죽음을 초래하고, 수풀 영혼의 살해는 칼라바르 흑인종의 죽음을 초래하며, '타마니우'의 살해는 뱅크스 섬 사람의 죽음을 초래하고, 민담에서 거인이나 마법사의 목숨을 저장해 놓은 동물의 살해는 그 거인이나 마법사의 죽음을 초래하는 것이다.

그러므로 '몸에 심장이 없는 거인'의 설화는 아마도 인간과 토템 사이에 존속하는 것으로 여겨지는 관계를 해명하는 열쇠를 제공해 주는 것으로 보인다. 이런 이론에 입각하면 그 토템은 마치 푼치킨이 앵무새 속에 자기 목숨을 보관하듯이 인간이 자기 목숨을 보관해 두는 저장용기에 다름아닌 것이다.*

＊이는 토테미즘에 관한 프레이저의 세 가지 연속된 이론 중 첫번째, 곧 『황금가지』 1판 ii. 338~339쪽에서 처음 요약한 이른바 창고설(Depository Theory)을 표현한 것이다. 그 이론

2

토템신앙에 대한 이런 견해는 내가 아는 한 아직까지 적절한 설명이 제시
된 바 없는 종교적 제례를 해명할 수 있는 실마리를 제공해 준다. 많은 미개
부족, 특히 토템신앙을 지니는 것으로 알려진 부족 사이에는 사춘기 젊은이
들이 성인식을 거치는 관례가 있는데, 그 중에서도 가장 흔한 의식이 그 젊은
이를 죽였다가 다시 살려내는 시늉을 하는 것이다. 그 의식의 요체가 젊은이
의 영혼을 추출해서 토템에 옮겨놓는 데 있다고 추정할 때 우리는 그 의식을
이해할 수 있다. 왜냐하면 젊은이의 영혼을 추출해 내는 행위를 젊은이를 죽
게 만들거나 미개인이 보기에 죽음과 거의 구별되지 않는, 죽음 같은 혼수상
태에 빠뜨릴 것으로 여기기 때문이다. 그렇다면 젊은이의 소생은 애초의 격
한 충격에서 신체기관이 차츰 회복한 탓이거나, 아니면 더 큰 가능성으로서
토템에게서 이끌어낸 싱싱한 생명을 주입한 탓일 것이다. 그러므로 그러한
성인식의 본질은 그 의식이 죽음과 부활을 흉내내는 것인 한, 인간과 그의 토
템 사이에 생명이나 영혼을 교환하는 것이다. 그러한 영혼 교환의 가능성에
대한 원시인의 믿음은 바스크(Basque)족 사냥꾼의 설화에 명백히 나타난다.
그 설화에서 사냥꾼은 자기는 곰에게 죽었으나, 곰이 자기를 죽인 후 영혼을
자기에게 불어넣었기 때문에 이제 곰의 육신은 죽고 곰의 영혼으로 생기를
얻은 자기 자신이 바로 곰이라고 주장했다. 이처럼 죽은 사냥꾼이 곰으로 부
활하는 것은, 이 글에서 제시한 이론에 입각할 때 사춘기 젊은이를 살해하고
소생시키는 의식 속에서 일어난다고 여겨지는 일과 아주 흡사하다. 그 젊은

을 발표한 이래로 프레이저는 오스트레일리아 원주민에 관한 볼드윈 스펜서의 작업에 영
향받아 일시적으로 수용했던 성찬설(Sacramental Theory)을 거쳐왔다. 이 이론에 따르면,
토템 씨족의 구성원들은 때때로 자신들의 토템을 성찬의식으로 먹어치움으로써 그것과의
유대를 재천명했다고 한다. 따라서 토템은 바로 일 년에 한 번씩 그들이 먹는 음식이었다.
이 이론은 『황금가지』 2판에 가장 두드러지게 표현되어 있다. 그러나 『황금가지』 3판에 이
르러 프레이저는 또다른 이론, 이른바 토테미즘의 수태설(Conceptional Theory)로 넘어갔
다. 이 이론에 따르면, 토템은 어머니가 자궁 속 아기의 태동을 처음 느낄 때 지나가던 장소
에 가장 가까이 있는 전통적 유적지에 따라 배정되었다고 한다. 여기서 첫번째 이론(솔직
히 프레이저는 이미 그것을 믿지 않았다)을 견지하는 이유는 다음 단계의 논증을 뒷받침하
기 위해 필요하기 때문이다.

이는 인간으로 죽어서 동물로 부활한다. 이제 동물의 영혼은 그의 속에 있고, 그의 사람 영혼은 동물 속에 있다. 따라서 충분한 권리를 가지고 그는 자기 토템에 따라 자신을 곰이나 늑대 따위로 부를 수 있다. 또, 충분한 권리를 가지고 그는 곰이나 늑대 따위를 자기 형제로 대할 수 있다. 왜냐하면 그 동물들 속에는 자신과 자기 친족의 영혼이 머물러 있기 때문이다.

뉴사우스웨일스 남해안에 정착한 부족―그중에서도 머링(Murring) 해안 부족이 전형적이라고 할 수 있는데―들은 죽음과 부활을 담은 연극을 성인식에 참가한 신참들 앞에서 생생한 형태로 상연하였다. 그들은 이 교훈적인 구경거리를 감상할 수 있는 권리를 부여받기 전에 한 노인을 통해 어른의 지위로 올라가야 했다. 그 노인은 나무끌과 망치로 그들의 입에서 이빨을 하나씩 뽑아내는 간단한 절차를 거쳐 그들을 새로운 지위로 승격시켰다. 부활의식은 오스트레일리아 원주민의 풍습에 관한 최고 권위자 중 한 사람인 고(故) 호위트(A. W. Howitt) 박사가 상세한 목격담을 기록해 놓았다. 그 성극(聖劇)을 위해 마련한 무대는, 개울물이 높다랗고 뾰족한 사초(莎草)밭을 감돌아 느릿하게 흐르는 깊숙한 계곡 밑바닥이었다. 시간은 아침 10시에서 11시 사이였지만, 계곡 동쪽을 성벽처럼 둘러싼 산맥 위로 해가 이제 막 고개를 내밀고 있었다. 키 큰 마가목나무 숲으로 덮인 위쪽 산비탈은 회색 나무줄기 틈새와 가벼운 깃털 같은 나뭇잎 아래로 쏘듯이 비치는 햇빛을 받아 따뜻하고 환해 보이는 반면, 골짜기 밑바닥은 아직도 온통 짙은 그늘 속에 묻혀 밤새 내린 비로 축축하게 젖은 상태였다. 신참들이 타닥타닥 타오르는 불가에서 휴식하며 몸을 녹이는 동안, 성인식을 거친 남자들이 머리를 맞댄 채 실처럼 생긴 나무껍질로 만든 장신구들을 준비해 놓고 무덤을 팠다. 무덤의 형태에 대해 약간 논란이 있었으나, 안에 묻힐 남자가 자기는 등을 완전히 편 자세로 눕고 싶다고 선언함으로써 논란을 마무리지었다. 그는 수리매 토템 사람이며, '이바이(Yibai)'라고 하는 소부족에 속해 있었다. 그리하여 두 남자가 그의 지시에 따라 푸슬푸슬한 화강암질 토양에 나무막대기로 무덤을 파는 동안, 그는 연극에 출연할 다른 배우들의 의상을 감독했다. 얇은 나무껍질을 여러 장 두드려 실처럼 된 나무껍질로 의상을 만들고, 이 의상을 연희자 여섯 명이 머리부터 발끝까지 뒤집어써서 얼굴이 전혀 보이지 않게 했다. 그들 중 넷은 머리 뒤에 매단 노끈으로 한데 묶었고, 각기 나무껍질을 두 조각씩 손에 들었다. 다른 둘은 자유롭게 걸어다녔으나, 세월의 무게를 표시하기 위해 허리를 구부리고 불안한 발걸음을 지팡이에 의지한 채 비틀걸음을 했다. 왜냐하면 그들은 오랜 연륜과 커다란 주술적 능력을 지닌 두 명의 주술사 역을 맡았기 때문이다. 이때쯤 무덤이 준비되었다. 수리매 남자는 마치 시체처럼 무덤 속에 들어가 나뭇잎 침상 위에 몸을 쭉 펴고 누웠으며, 머리에는 둘둘 만 담요를 고였다. 그리고 가슴에 십자로 교차한 양손에는 어린 나무(*Persoonia linearis*) 줄기를 쥐었다. 그 나무는 뿌리째 뽑은 것인데, 이제 수리매 남자의 가슴 위에 똑바로 심어 우듬지가 지표면 위로 십여 센티미터 가량 솟아나와 보이게 했다. 그러고는 말린 나뭇가지로 만든 가벼운 덮개로 무덤을 채우고, 낙엽과 풀무더기와 작은 관목들을 그 위에 인위적으로 배치하여 진짜 무덤같이 착각하게 만들었다. 이제 모든 준비가 끝났다. 신참들은 매부(妹夫)들의 인도 아래 무덤으로 이끌려가서 그 옆에 일렬로 자리잡았다. 그 동안 무덤 머리에서 쓰러진 나무줄기에 걸터앉은 가수가 '이바이의 노래'라고 하는 구슬픈 민요를 흥얼거렸다. 노래가사는 단지 '부린부린 이바이', 곧 '실나무껍질 이바이'라는 말을 단조롭게 반복하는 것이었으나, 매장당한 남자가 속한 소부족과 수리매 토템을 가리키는 뜻으로 보였다. 이어서 느리고 구슬프며 또렷한 노랫가락에 맞추어 나무와 통나무, 바위 사이를 돌며 배우들이 등장했다. 변장한 남자가 넷 앞으로 나왔다. 그들은 음악에 보조를 맞추어 좌우로 몸을 흔들면 걸었는데, 발걸음을 옮길 때마다 일제히 나무껍질 딱딱이를 두드렸다. 그들 옆으로는 노인 두 명이 높은 신분을 나타내기 위해 그들과 약간 거리를 두고 비틀거리며 걸었다. 이들은 존경받는 두 원로가 인도하는 주술사 일행인데, 한 동료 주술사의 무덤에 참배하러 오는 길이었다. 그 동료는 바로 수리매 토템 사람으로, 여기 외로운 골짜기에 누워 이제 따뜻한 햇빛을 받고 있었다. 이미 아침이 지나가고 정오가 가까워오는 시간이기 때문이다. 그 작은 행렬은 다라물룬(Daramulun)에게 바치는 기도를 영창하며 줄지어 바위와 나무 사이를 거쳐 공터로 나와 신참들 맞은편에 있는 무덤 옆으로 다가갔으며, 두 노인은 무용수들의 후미에 자리를 잡았다. 한동안 춤과 노래가 이어졌다. 그러다가 무덤에서 자라난 것처럼 보이는 나무가 떨기 시작했다. "저기를 보라!" 떨리는 나뭇잎을 손가락질하며 매부들이 신참들에게 소리쳤다. 신참들이 쳐다보자 나무는 점점 더 떨다가 맹렬하게 흔들리며 땅에 쓰러졌다. 흥분한 무용수들의 춤과 고운 음조를 내는 합창대의 영창이 어우러지는 와중에, 죽은 것으로만 알았던 남자가 위에 덮인 나뭇가지와 나뭇잎 더미를 밀어내고 벌떡 일어나 무덤 안에서 마법의 춤을 추며, 자신이 다라물룬에게서 직접 받은 것으로 되어 있는, 자기 입 속에 들어 있던 마법의 물질을 보여주었다.

피지 제도에서 가장 큰 섬인 비티 레부(Viti Levu)의 몇몇 지방에서는 성인식을 치르는 청년들이 보는 앞에서 장엄한 격식을 갖추어 죽음과 부활의 드라마를 상연하곤 했다. 그 의식은 어떤 신성한 타원형 경내(境內)에서 행해졌다. 그곳은 낮은 담벼락 또는 줄지어 쌓은 돌로 둘러쌌으며, 지붕이 없어 하늘을 향해 열려 있었다. 이러한 사자(死者)들의 야외 신전에서 해마다 피지력(曆)으로 새해가 시작되는 10월 말이나 11월 초에 청년들의 성인식을 거행하였다. 그래서 그 시기에 성인식을 거친 신참들은 '빌라보우(Vilavou)', 곧 '새해의 남자들'이라는 이름으로 통했다. 의식을 거행하는 정확한 시기는 '은드랄라(ndrala)' 나무(Erythrina)에서 꽃이 피는 시기로, 대체로 묘성(昴星)을 관측하여 일 년의 시작을 정하는 타히티인들과 하와이인들의 설날과 일치한다. 하지만 이러한 의식을 유일하게 거행하는 피지 고지대 주민들은 별에는 신경을 쓰지 않았다. 의식에 앞서 신참들의 우두머리들은 면도를 하고, 턱수염이 있으면 세심하게 뽑아냈다. 그들은 나흘간 계속해서 신전으로 행진을 벌이며, 그곳의 지성소(至聖所)에 조상의 정령들에게 바치는 옷과 무기 따위 제물을 가져다놓았다. 그러나 닷새째 되는 대축제일에 다시 그 성지에 들어갔을 때, 그들은 두려움에 영혼이 얼어붙게 만드는 광경을 목격했다. 땅 위에는 죽은 사람들, 곧 살해당해 죽은 것으로 보이는 사람들이 일렬로 누워 있었는데, 시체는 절개되고 온통 피칠을 했으며 내장이 삐져나와 있었다. 멀리 끝에는 대사제가 자리에 앉아 냉담한 눈길로 그들을 쏘아보았다. 대사제에게 다가가기 위해 신참들은 사이에 놓인, 피칠갑을 한 끔찍한 시체들을 벌벌 떨며 손과 무릎으로 기어서 넘어가야 했다. 그런 다음 대사제 앞에 한 줄로 정렬하자 갑자기 대사제가 날카롭게 고함을 질렀다. 그 소리에 가짜 시체들이 두 발로 일어나 강으로 달려가서는 잔뜩 처발랐던 피와 돼지창자를 깨끗이 씻어냈다. 이제 대사제는 뻣뻣한 위엄을 풀고 이리저리 뛰면서 새된 소리로 외쳤다. "내 울 안의 백성들은 어디 있는가? 통가 레부에 갔는가? 깊은 바다로 사라졌는가?" 그러면 곧 낮고 굵직한 영창으로 화답하는 소리가 들려온다. 강에서 죽은 사람들이 돌아온 것이다. 그들은 깨끗하고 생생하게 되살아나 화환으로 장식하고 자신들이 부르는 장엄한 찬가에 맞추어 몸을 흔들며 행진해 왔다. 그들이 신참들 앞에 자리를 잡으면 종교적 묵상이 뒤따른다. 죽음과 부활의 드라마는 그와 같았다.

동아프리카의 아키쿠유족은 "모든 소년에게 하례를 받기 직전에 다시 태어날 것을 요구하는 기묘한 풍습이 있다. 어머니가 소년을 자기 발치에 쪼그리게 하고 일어서며 해산에 따른 온갖 고통을 겪는 시늉을 한다. 그러면 다시 태어난 소년은 아기처럼 울고, 어머니와 산파가 소년의 몸을 씻어준다. 소년은 이후 며칠 동안 젖을 먹고 살아간다." 키쿠유 부족 사람 하나가 이 의식에 대해 좀더 자세하게 설명했다. "아버지와 어머니가 일 년 중 어느 때든 날짜를 정한다. 아버지가 죽었으면 다른 어른을 불러와서 대리인 역할을 하게 하고, 어머니가 살아 있지 않으면 다른 여자가 대역을 한다. 이와 같이 대역을 하는 여자는 장차 소년에게 친어머니와 같은 대접을 받는다. 의식은 저녁에 시작하는데, 대개 아버지가 아닌 어떤 사람이 오후에 염소나 양을 잡고 밥통과 창자를 따로 보관해 둔다. 의식이 시작되면, 먼저 가죽 한 점을 원형으로 잘라 후보자의 한쪽 어깨 위와 다른 쪽 팔 아래로 통과시킨다. 염소 밥통도 비슷하게 처리해서 다른 쪽 어깨 위와 다른 쪽 팔 아래로 통과시킨다. 그런 다음 소년이 차고 있는 장신구를 모두 벗겨내는데, 옷은 그대로 둔다. 오두막 안에는 여자들만 배석한다. 어머니가 소년을 무릎 사이에 끼고 마루에 깔아놓은 짐승가죽 위에 앉으면, 양의 창자를 어머니 주위로 한 바퀴 감은 다음 소년 앞으로 가져간다. 어머니는 출산 때처럼 신음을 내고 다른 여자가 창자를 자르는데, 이때 소년은 갓난아기의 울음소리를 흉내낸다. 그러면 배석한 여자가 모두 환호성을 지른다. 나중에 산파와 어머니가 소년을 씻어준다. 그날 밤 소년은 어머니하고 같은 오두막에서 잠을 잔다." 여기서 어머니와 소년을 연결해 주는 양의 창자를 자르는 행위는 명백히 탯줄 자르는 것을 모방한 행동이다. 아키쿠유족 사이에서 다시 태어나는 것은 소년들만이 아니다.

"소녀들도 소년들처럼 재탄생의식을 거친다. 때로는 갓난아기에게 그 의식을 행하기도 한다. 한때는 새로운 탄생을 할례와 결합하여 그 의식이 부족의 특권과 종교적 제례에 입문하는 수단이 되기도 했다. 그러나 나중에 아직 어린아이에 불과한 소년들이 청년들과 나란히 자리를 차지하려 하고, 또 그러는 것이 정당하다고 주장함에 따라 말썽이 생겼다. 그러자 원로들은 그 두 의식을 분리함으로써 그 문제를 해결했다. 재탄생의식을 거치지 않은 개인은 부족원으로 인정받는 외적 표지인 할례를 받지 못한다. 재산을 상속받을 수도 없을 뿐 아니라, 나라의 종교적 제례에 참여하지도 못한다." 예컨대 다시 태어나지 않은 남자는 죽어가는 아버지를 광야로 운반해서 사후에 시신을 처리할 자격이 없다. 새로운 탄생은 보통 10살 무렵에 행하는 것으로 보이지만, 아버지에게 염소를 제공할 능력이 있느냐에 따라 다소 편차가 있다. 소년이나 소녀가 적절한 형식에 따라 다시 태어날 수 있기 위해서는 염소의 창자가 꼭 필요하기 때문이다.

버지니아 인디언들은 '후스카나우(Huskanaw)'라고 부르는 성인식을 16년이나 20년마다 벌이는데, 젊은이들이 성장하는 데 따라 더 자주 벌이기도 한다. 젊은이들은 숲 속 외딴 수용소에서 몇 달 동안 격리생활을 하면서, 취하게 만드는 어떤 식물의 뿌리즙말고는 음식을 먹지 못했다. 그래서 그들은 완전히 미친 사람이 되며, 그 상태를 18~20일 동안 유지한다. "이때 이 불쌍한 인간들은 레테의 강물을 너무 많이 마셔서 옛날 일에 대한 기억, 심지어 자기 부모와 자기 보물과 자기 언어에 대한 기억까지 완전히 잃어버리는 것으로 되어 있다. 의사가 젊은이들이 '위소칸(Wysoccan, 사람을 미치게 하는 이 약을 그들은 그렇게 부른다)'을 충분히 마셨다고 판단하면, 젊은이들은 중독성 식사를 줄여 서서히 의식을 되찾는다. 그러나 젊은이들은 완전히 회복하기 전에, 강렬한 약효 때문에 아직 거칠고 흥분상태에 있을 때 마을로 돌아온다. 그 뒤로 젊은이들은 어떤 것에서 옛날 기억을 되찾을까봐 몹시 두려워하는데, 만약 그런 일이 생기면 즉시 '후스카나우'를 다시 받아야 하기 때문이다. 두번째 과정은 너무나 혹독해서 살아서 돌아오는 사람이 거의 없다고 한다. 그래서 젊은이들은 말을 다시 배울 때까지 말하는 법을 잊어버려서 말을 못하고 남의 말을 알아듣지도 못하는 것처럼 행세해야 한다. 그런데 그것이 진짜인지 꾸미는 것인지는 몰라도, 확실한 것은 젊은이들이 한동안 예전에 알던 사람이나 사물에 관심을 보이지 않고 여전히 보호자의 감독을 받으며 지낸다는 것이다. 보호자들은 젊은이들이 모든 것을 다시 익힐 때까지 늘 그들을 돌본다. 이렇게 해서 젊은이들은 옛 삶을 청산하고, 한때 자신들이 소년이었음을 망각함으로써 남자의 삶을 시작하는 것이다."

그러므로 여기서 제시한 이론에 입각할 때, 토템 신앙이 나타나는 모든 곳에서, 성인식 때 신참을 죽였다가 다시 살리는 모의행사가 벌어지는 모든 곳에서 영혼을 어떤 외재적 대상(동물이나 식물 또는 어떤 것이든) 속에 영구히 보관할 수 있다는 믿음뿐 아니라 실제로 그렇게 하려는 의지가 존재하거나 과거에 존재했을 수 있다. 왜 사람들이 자기 몸 바깥에 자기 생명을 보관하기를 바라느냐고 묻는다면, 그 대답은 이렇다. 곧, 전설에 나오는 거인처럼 사람들은 그렇게 하는 것이 생명을 몸에 지니고 다니는 것보다 더 안전하다고 생각하기 때문이다. 마치 돈을 몸에 지니지 않고 은행에 맡겨두듯이 말이다. 앞에서 살펴보았듯이, 사람들은 때때로 위급한 시기가 닥치면 그 위험이 지나갈 때까지 생명이나 영혼을 안전한 장소에 임시로 보관하기도 한다. 그러나 토템 신앙 같은 관례는 단지 특별한 위험이 있을 때에만 행하는 것이 아니다. 그것은 모든 사람, 적어도 모든 남자가 인생의 어떤 시기에 반드시 입문해야 하는 제도적 장치다. 그런데 그 입문을 행하는 인생의 시기는 정례적으로 사춘기 때다. 이 사실은 사람들이 토템 신앙과 그와 같은 제도적 장치가 예방하고자 하는 위험이 성적으로 성숙하기 전에는 발생하지 않는 것으로 알고 있었음을 시사한다. 실제로 사람들은 우려할 만한 위험은 남녀간의 상호 관계에 수반하는 것으로 믿는다. 원시인의 생각 속에서 성적 관계가 많은 심각한 재앙과 결부된다는 사실을 길게 나열하면, 이를 쉽게 증명할 수 있을 것이다. 그러나 위험의 정확한 성격은 여전히 모호하다. 우리는 미개인의 사고방식에 대한 한층 더 정확한 지식을 바탕으로 머지 않아 원시사회의 이 중심적인 수수께끼를 해명하고, 그에 따라 토템 신앙만이 아니라 혼인제도의 기원을 밝히는 실마리를 찾게 되기를 바란다.

6장
황금가지

1

그러므로 발데르의 생명이 겨우살이 속에 있었다는 견해는 원시인의 사고 방식과 전적으로 부합한다. 발데르의 생명이 겨우살이 속에 있다면, 그가 그 식물에 일격을 맞고 죽었다는 것은 모순처럼 들릴 것이다. 그러나 한 사람의 생명이 특정한 대상 속에 구현되어, 그것의 생존이 자신의 생존과 뗄 수 없이 결합되고 그것의 파멸이 자신의 파멸을 동반한다고 상상할 때, 문제의 대 상은 전설에 나오듯이 그 자신과 무관하게 그의 생명 또는 그의 죽음으로 간 주하고 이야기할 수 있을 것이다. 따라서 어떤 사람의 죽음이 어떤 대상 속 에 있다면, 그 당사자가 그 대상에게 타격을 받아 죽는 것은 지극히 자연스 러운 일이다. 민담에 나오는 불사신 코시체이는 자기 생명 또는 죽음을 숨겨 놓은 새알 또는 돌을 맞고 살해된다. 도깨비들은 어떤 모래알─분명 그 생 명 또는 죽음이 들어 있는─이 머리 위로 지나가면 폭발한다. 마법사는 그 의 생명 또는 죽음이 들어 있는 돌을 베개 밑에 놓아두면 죽는다. 타타르족 의 영웅은 그의 영혼이 담겨 있는 황금화살이나 황금칼에 살해당할 것이라 고 경고를 받는다.

참나무의 생명이 겨우살이 속에 있다는 관념은, 이미 말했듯이 아마 겨울 에 참나무가 헐벗을 때 참나무 위의 겨우살이는 푸르게 남아 있는 데서 암시 받았을 것이다. 그러나 그 관념을 확인시켜 준 것은 그 식물의 위치, 곧 그 식 물이 땅이 아니라 나무의 가지나 줄기에서 자란다는 사실이었을 것이다. 원시인은 자기 자신처럼 참나무 정령도 자기 생명을 어떤 안전한 장소에 두고 자 하여 그런 목적으로 겨우살이를 택했다고 생각했을 수 있다. 겨우살이는 어떤 의미에서 땅에도 하늘에도 있지 않기 때문에, 재앙에서 확실히 벗어나 있다고 여길 법하다. 첫번째 장에서 우리는 원시인이 인간신의 생명을 보호 하기 위해 지상의 인간생명을 에워싼 위험들로부터 공격받을 가능성이 가장 적은 장소인 하늘과 땅 사이에 인간신을 머물게 한 것을 보았다. 따라서 우리 는 어째서 고대와 현대의 민간요법에서 겨우살이가 땅에 닿으면 약효가 사라 지므로 땅에 닿지 않게 하라고 처방을 내렸는지 이해할 수 있다.

또, 겨우살이가 땅 위에서 자라지 않는다는 사실에서 그 신비성이 비롯하 였다는 견해는 마가목에 관한 비슷한 미신이 확증한다. 유틀란드(Jutland)에 서는 다른 나무 꼭대기에서 자라는 마가목이 "마법을 막는 데 뛰어난 효력이 있다"고 평가한다. "왜냐하면 그것은 땅 위에서 자라지 않으므로 마녀들이 그것에 어떤 힘도 미치지 못하기 때문이다. 효력을 최대한 높이려면 성모승 천축일에 그것을 잘라야 한다." 그래서 마녀의 침입을 막기 위해 문 위에 그 것을 놓아둔다. 스웨덴과 노르웨이에서도 '나는 마가목(flögrönn)', 곧 일반적 인 방식으로 땅 위에서 자라지 않고 새들이 다른 나무 위나 지붕 위, 바위틈 새에 옮겨놓은 씨앗에서 싹이 터서 자라는 마가목에 주술적 성질이 있다고 생각한다. 그래서 어두울 때 외출하는 사람은 '나는 마가목'을 조금 가지고 가서 씹어야 한다고 한다. 그렇게 하지 않으면 마법에 걸려 그 자리에서 꼼짝 달싹 못 하게 될 수 있다는 것이다. 한 노르웨이 설화에 따르면, 옛날에 트롤 이 쟁기질하는 농부들에게 마법을 걸어 밭고랑을 똑바로 팔 수 없게 만들었 는데, 오직 한 쟁기꾼만은 다행히 쟁기를 '나는 마가목'으로 만들었기 때문에 마법을 이길 수 있었다고 한다. 스웨덴에서도 '나는 마가목'을 숨겨놓은 보 물을 찾아내는 점막대기를 만드는 데 쓴다. 이 유용한 기술은 불행히도 오늘 날에는 거의 잊혀졌지만 300년 전에는 한창 성행한 것으로 보인다. 다음과 같은 당대의 기록이 그것을 말해준다. "숲 속이나 다른 곳에서 새가 낡은 성 벽이나 높은 산, 높은 바위 위에 떨어뜨린 씨앗에서 자라난 마가목(runn)을 발견하면, 성모영보축일(Ladyday) 이후 셋째 날 낮과 밤 사이의 황혼녘에 그 가지나 나무를 두드려 꺾거나 부러뜨려야 한다. 그러나 쇠나 강철이 닿지 않게 조심해야 하며, 집에 가져올 때는 땅에 떨어뜨리지 않아야 한다. 그런 다음 그것을 지붕 아래 있는, 여러 가지 금속을 놓아둔 장소 위에 두면 머지 않아 그 가지가 차츰 금속이 있는 방향으로 굽는 것을 보고 놀랄 것이다. 그 가지가 같은 장소에 놓여 14일이나 그 이상의 기간이 지났을 때, 자석으로 문지른 칼이나 송곳으로 사방에서 나무껍질을 세로로 가늘게 찢은 다음 그 틈새에 수탉의 피를 붓거나 떨어뜨린다(전체적으로 색이 단일한 수탉의 벼슬에서 뽑아낸 피가 가장 좋다). 피가 마르면 가지는 준비가 다 된 것이며, 그 경이로운 효력을 만천하에 입증해 보일 것이다." 기생 마가목을 스칸디나비아에서 마법을 막아주는 부적으로 여기듯이, 독일에서는 기생 겨우살이를 아직도 흔히 마법에 대한 방비책으로 간주한다. 스웨덴에서는 이미 살펴보았듯이 하지절에 채집한 겨우살이를 집 천장이나 마구간, 암소 구유에 달아놓는데, 그렇게 하면 트롤이 사람이나 짐승을 해칠 힘을 잃게 된다고 믿는 것이다.

황금가지가 겨우살이였다는 견해는 새로운 것이 아니다. 사실 베르길리우스는 겨우살이와 그것을 동일시하지는 않고 다만 비교할 뿐이다.* 그러나 이는 그 보잘것없는 식물에 신비한 매력을 부여하기 위한 시적인 장치에 지나지 않는다. 아니면 더 그럴듯하게, 그의 묘사는 특정 시기에 겨우살이가 초자연적인 황금빛 광채를 뿜어냈다는 통속적인 미신에 바탕을 둔 것이라고 볼수 있을 것이다. 이 시인은 황금가지가 자라는 어두운 계곡의 심연으로 아이네이아스를 인도한 두 마리 비둘기가 한 나무에 내려앉은 장면을 이야기한다. "거기에서 어슴푸레하게 깜박이는 황금빛 광채가 비쳤다. 마치 추운 겨울 숲에서 겨우살이―그 나무에 원래 없던 식물인―가 싱싱하고 푸른 잎새로 노란 열매를 나무줄기에 감듯이. 그늘진 털가시참나무(holm-oak) 위에 잎이 무성한 황금빛 식물은 그렇게 보였다. 부드러운 미풍 속에 황금빛 잎새가 그렇게 살랑거렸다." 여기서 베르길리우스는 황금가지가 털가시참나무 위에 자라는 것으로 분명히 묘사하고, 그것을 겨우살이와 비교한다. 그러므로 황금가지가 시나 통속적 미신의 흐릿한 안개를 통해 본 겨우살이에 다름 아니

---

*이 대목에서 프레이저가 게임을 포기하고 있다는 생각이 들기도 한다. 시인들은 관례적으로 사물을 그 자체에 비유하지는 않는 법이다.

었다는 것은 거의 불가피한 추론이다.

그런데 이미 살펴본 여러 근거에 비추어볼 때 아리키아 숲의 사제―숲의 왕―는 황금가지가 자라는 나무의 화신이었던 것으로 보인다. 따라서 그 나무가 참나무라면 숲의 왕은 틀림없이 참나무 정령의 화신이었을 것이다. 그러므로 숲의 왕을 살해하기 전에 황금가지를 꺾는 것이 왜 필요했는지 쉽게 이해할 수 있다. 참나무 정령인 숲의 왕의 삶 또는 죽음은 참나무 위에서 자라는 겨우살이 속에 있으므로, 겨우살이가 온전하게 남아 있는 한 숲의 왕은 발데르처럼 죽을 수가 없었다. 따라서 숲의 왕을 죽이기 위해서는 겨우살이를 꺾어, 아마도 발데르처럼 그를 향해 던질 필요가 있었을 것이다. 그리고 이 두 가지 유사한 예의 비교에 결말을 짓기 위해서는 단지 숲의 왕이 앞서 살펴보았듯이 아리키아 숲에서 해마다 거행하던 하지절 불놀이에서 산 채로나 죽은 채로 화장당했다고 가정하기만 하면 된다.* 숲에서 피운 꺼지지 않는 성화는 로마의 베스타 신전에서 피운 영원한 성화처럼 아마도 참나무를 땔감으로 사용했을 것이다. 그러므로 먼 옛날 숲의 왕은 거대한 참나무 불길 속에서 최후를 맞이했을 것이다. 내가 제기했듯이, 후대에 이르러서는 숲의 왕이 강한 완력으로 자신의 신성한 권리를 증명할 수 있는 한 삶을 허용하는 규칙에 따라 1년의 재임기간이 늘거나 줄었을 수 있다. 그러나 숲의 왕은 불을 피하려다 칼에 맞아 죽게 되었을 뿐이다.

그러므로 태곳적에 이탈리아 심장부에 자리잡은 아름다운 네미 호숫가에서는 해마다 똑같은 불의 비극이 연출되었던 것으로 보인다. 나중에 이탈리아 상인과 병사들은 그들의 먼 친척뻘 되는 갈리아의 켈트족 축제에서 그것을 목격했다. 만약 독수리 문장을 단 로마 군대가 노르웨이까지 덮쳤더라면, 야만적인 북방 아리안족 사이에서도 그것과 별로 다를 것이 없는 비극이 되풀이되고 있는 것을 발견했을 것이다. 그 의식은 아마도 고대 아리안족의 참나무 숭배에 없어서는 안 될 특징이었던 것 같다.

이제 유일하게 남은 문제는 왜 겨우살이를 황금가지로 불렀느냐 하는 것이다. 겨우살이 열매가 연노랑색이라는 것만으로는 그렇게 부르는 이유를 설

---

* 실제로는 8월의 제전. 이것과 신전의 꺼지지 않는 불에 대해서는 1권 1장을 보라.

명하기 어렵다. 베르길리우스는 나무 전체—잎새와 아울러 줄기까지—가 황금색이라고 말하고 있는 것이다. 아마도 그 명칭은 겨우살이 가지를 잘라서 몇 달간 보관하면 선명한 황금색을 띠는 데서 유래한 것 같다. 그 밝은 색조는 잎새에 그치지 않고 줄기에까지 퍼져서 나뭇가지 전체가 말 그대로 황금가지같이 보이는 것이다. 브르통(Breton) 농민들은 커다란 겨우살이 다발을 초가집 앞에 걸어놓는데, 6월이면 이 다발은 잎사귀의 밝은 황금색이 눈에 띄게 두드러진다. 브르타뉴 몇몇 지방, 특히 모르비앙(Morbihan)에서는 외양간 문 위에 겨우살이 가지를 걸어놓는데, 그것은 아마도 말과 소가 마법에 걸리는 것을 막기 위해서인 것 같다.

　이처럼 가지가 시들며 노랗게 변하는 것은, 사람들이 어째서 겨우살이가 땅 속의 보물을 찾아내는 특성을 지닌다고 여겼는지 부분적으로 해명해 줄 것이다. 동종주술의 원리에 따르면, 노랑색 가지와 노랑색 황금 사이에는 자연적인 친화력이 존재하기 때문이다. 전설적인 양치식물의 포자나 꽃에 놀라운 특성을 부여하는 속설은 이러한 가설을 좀더 확실하게 뒷받침한다. 누구든 이 전설적인 양치식물의 포자를 지니고 있거나 하지절 전야에 손에 들고 산에 오르는 사람은 금맥을 발견하거나 푸르스름한 불꽃 같은 광채를 내는 땅 속의 보물을 본다고 한다. 러시아에서는 하지절 전야에 양치식물의 멋진 꽃을 따는 데 성공하면 그것을 공중에 던지기만 해도 보물이 숨겨진 장소에 별같이 떨어진다고 한다. 브르타뉴에서는 보물 탐색꾼들이 하지절 전야에 양치식물 포자를 채집해서 다음해 종려주일까지 보관한다. 그런 다음 그 포자를 보물이 묻혀 있다고 생각되는 장소에 뿌린다. 때로는 양치식물 포자가 성탄절 밤에 꽃을 피운다고도 하는데, 누구든 그것을 손에 넣는 사람은 큰 부자가 된다고 한다. 스티리아(Styria)에서는 성탄절 밤에 양치식물 포자를 채집하면 악마를 시켜 돈가방을 가져오게 할 수도 있다고 이야기한다.

　이와 같이 유유상종의 원리에 따라 양치식물 포자는 그것이 황금색이기 때문에 황금을 찾는 것으로 되어 있다. 또, 같은 이유로 그것을 지니는 사람은 영락없이 황금을 얻어 부자가 된다. 그런데 양치식물 포자는 황금 같다고 묘사하기도 하지만, 타오르는 불같다고도 한다. 따라서 전설적인 포자를 채집하는 적기가 하지절 전야와 성탄절—곧, 두 지점(성탄절은 고대의 동지절 제전에 다름 아니다) — 이라는 사실을 고려할 때, 우리는 양치식물 포자의 불 같다는 측면을 일차적인 것으로 보고, 황금 같다는 측면을 이차적이고 파생적인 것으로 간주하게 된다. 실제로 당시 사람들 눈에는 양치식물 포자가 태양이 운행의 전환점인 하지점과 동지점에서 불길을 방사하는 모습과 닮아 보였을 것이다. 이러한 견해는 독일 설화 중에서 한 사냥꾼이 하지절 정오에 해를 쏘아 양치식물 포자를 얻었다는 이야기가 확증한다. 핏방울 석 점이 떨어지길래 하얀 보자기에 받아보니 그 핏방울이 양치식물 포자였다는 것이다. 여기서 피는 분명 태양의 피이며, 태양에서 곧바로 양치식물 포자가 나온 것이다. 그러므로 양치식물 포자를 태양의 황금색 불길에서 떨어져나온 방사물로 믿는만큼 그것이 황금색이라는 것은 당연한 사실로 받아들여질 수 있다.

그런데 양치식물 포자처럼 겨우살이도 하지절이나 성탄절 — 곧, 하지점과 동지점 — 에 채집하며, 땅 속의 보물을 찾아내는 능력을 지니는 것으로 되어 있다. 하지절 전야에 스웨덴 사람들은 겨우살이로, 또는 겨우살이를 꼭 넣어서 점막대기를 네 개 만든다. 해가 지면 보물 탐색꾼들이 점막대기로 땅을 더듬으며 걷는데, 점막대기가 보물이 있는 자리에 놓이면 마치 살아 있는 것처럼 움직인다고 한다. 이처럼 겨우살이가 황금이 있는 곳을 가리키는 이유는 틀림없이 그 황금가지라는 특성의 표현일 것이다. 그러므로 그것을 지점에서 채집했다면, 그것은 마땅히 황금색 양치식물 포자처럼 태양 불길의 방사물이어야 하지 않을까? 이 질문은 간단하게 긍정할 수 있는 성질이 아니다. 이미 살펴보았듯이, 고대 아리안족들은 아마도 일면으로는 태양주술로서, 곧 태양에 싱싱한 불을 공급해 주려는 의도에서 지점과 그밖의 시기에 의례적인 불을 피웠던 것 같다. 이러한 불은 보통 참나무를 마찰하거나 연소시켜 피웠으므로, 고대 아리안족에게는 태양이 주기적으로 신성한 참나무 속에 들어 있는 불을 보충받는 것으로 보였을 것이다. 다시 말해서, 그들이 보기에 참나무는 불의 창고 또는 저장소인데, 이따금 거기서 불을 꺼내서 태양에 공급해 주는 것으로 여겼을 것이다. 그런데 참나무의 생명이 겨우살이 속에 있다면, 겨우살이는 마땅히 마찰을 통해 참나무에서 이끌어낼 불의 씨앗 내지 싹이라도 지니고 있어야 한다. 그러므로 겨우살이를 태양 불길의 방사물로 간주하였다기보다는 태양의 불길을 겨우살이의 방사물로 간주하였다고 하는 편이 더 정확할 것이다.

이러한 고찰은 어째서 베르길리우스가 주인공 아이네이아스로 하여금 어두운 지하세계로 내려갈 때 빛나는 겨우살이 가지를 지니고 가게 했는지 부분적으로 해명해 준다. 시인의 묘사에 따르면, 지옥문 바로 앞에는 거대하고 어두운 숲이 펼쳐져 있었는데, 주인공은 자신을 유인이라도 하는 듯이 비상하는 비둘기 두 마리를 쫓아가며 그 태곳적 밀림의 심연 속을 헤매다가 머리 위를 빽빽하게 덮은 나뭇가지 저편에서 황금가지의 깜빡이는 빛이 나무그늘 사이로 비쳐드는 것을 보았다고 한다. 만약 쓸쓸한 가을 숲 속에서 노랗게 시든 겨우살이의 가지가 불의 씨앗을 지니고 있다고 한다면, 지하 명계의 고독한 방랑자에게 발길을 비추는 등불도 되고 손에 쥐면 막대기 겸 지팡이도 되는 그 나뭇가지만큼 더 훌륭한 동반자가 어디 있겠는가? 그것으로 무장하고서 아이네이아스는 모험으로 가득 찬 자신의 여정을 가로막는 무서운 유령들과 대담하게 맞섰을 것이다. 그리하여 아이네이아스가 숲을 빠져나와 지옥의 늪지대를 느리게 굽이쳐 흐르는 스틱스 강 언덕에 이르러 심술궂은 뱃사공이 황천으로 가는 배를 태워주려 하지 않을 때 황금가지를 품에서 꺼내 치켜든다. 그러자 뱃사공은 금세 풀이 죽어 자신의 불안한 나룻배에 주인공을 고분고분 받아들였으며, 그 배는 산 사람의 특별한 무게에 눌려 물 속 깊이 잠겨들었다. 그와 비슷하게, 오르페우스(Orpheus)가 죽은 아내 에우리디케(Eurydice)의 영혼을 저승에서 구해내기 위해 살아서 지옥에 내려갔을 때에도 사자의 땅을 출입하는 여행증명서 삼아 버드나무 가지를 지녔던 것으로 추정된다. 또, 아도니스와 아프로디테의 이별을 부조(浮彫)로 보여주는 한 고대 석관(石棺)에서도 그 불운한 젊은이는 자기 애인의 무릎에 누워 나뭇가지 하나를 들고 있는데, 이는 그도 그 신비한 나뭇가지의 도움으로 죽음의 문턱에서 되살아나 애인에게 돌아와 있음을 나타낸다.

또, 이제 우리는 어째서 네미의 비르비우스를 태양과 혼동하였는지 짐작할 수 있다. 내가 증명하고자 했듯이, 비르비우스가 만약 나무정령이었다면 그는 틀림없이 황금가지가 자라는 참나무의 정령이었을 것이다. 왜냐하면 전설에서 그를 최초의 숲의 왕으로 표현하고 있기 때문이다. 사람들은 비르비우스가 참나무의 정령으로서 주기적으로 태양의 불을 다시 붙이는 것으로 여겼을 것이며, 따라서 태양 자체와 쉽게 혼동할 수 있었다. 이와 비슷하게, 우리는 어째서 참나무 정령인 발데르를 "너무나 용모가 아름답고 눈이 부셔 몸에서 빛이 흘러나왔다"고 묘사하였는지, 어째서 종종 태양으로 간주하였는지 해명할 수 있다. 또, 일반적으로 나무를 마찰하는 것이 불을 피우는 유일한 방법이던 원시사회에서 미개인은 불도 수액이나 즙처럼 나무 속에 따로 저장되어 있는 성질이며, 자신이 애써서 추출해 내야 하는 것으로 생각했을 것이 틀림없다. 캘리포니아의 세날(Senal) 인디언들은 "옛날에는 온 세상이 하나의 불덩어리였는데, 그 뒤 불의 원소가 나무 속으로 옮겨가 이제는 나무토막 두 개를 함께 문지르면 불이 나온다"고 믿는다. 그와 비슷하게, 캘리포니아의 마이두(Maidu) 인디언들은 이렇게 주장한다. "대지는 원래 공 모양의 용암 덩어리였는데, 거기에서 불의 원소가 나무뿌리를 통해 줄기와 가지로 올라갔기 때문에 인디언들은 자신들의 비법에 따라 불을 추출해 낼 수 있다." 캐럴라인 제도의 나몰룩(Namoluk) 섬에서는 신이 불을 만드는 기술을 사람에게 가르쳐주었다고 말한다. 불을 능숙하게 다루던 장인(匠人) 올로파에트(Olofaet)가 '뮈(mwi)'라는 새에게 불을 주며 그 부리로 땅에 불을 가져다주도록 분부했다. 그래서 새가 나무에서 나무로 날아다니며 불의 잠재력을 나무 속에 저장해 놓아, 인간은 그 나무를 마찰하여 불을 끌어낼 수 있게 되었다고 한다. 인도의 고대 베다 찬가에서는 불의 신 아그니(Agni)가 "나무 속에서 식물의 맹아로, 또는 식물 속에 분포해 있는 자로 태어났다고 이야기한다. 그는 또 모든 식물 속으로 들어갔다거나 모든 식물을 획득하려고 애쓴다고도 한다. 아그니를 나무의 맹아로, 식물과 나무의 맹아로 일컫는 것은 숲속에서 나뭇가지의 마찰 때문에 일어나는 불에 대한 간접적 언급일 수 있다." 어떤 오스트레일리아 언어에서는 나무와 불을 가리키는 단어가 같다고 한다.

미개인들은 벼락 맞은 나무에는 보통 나무보다 두 갑절이나 세 갑절 많은 불이 내장되어 있다고 여긴다. 왜냐하면 그 강력한 섬광이 줄기 속에 들어가는 것을 자기 눈으로 보지 않았는가? 그러므로 우리는 아마도 벼락에 맞은 나무에 관한 무수한 미신 중 일부를 해명할 수 있을 것이다. 영령 컬럼비아의 톰프슨 인디언은 자기 적의 집에 불을 지르고 싶을 때 벼락에 맞은 나무로 만들거나 그런 나무의 파편을 붙인 화살을 쏘았다. 아마도 그러한 나무를 열의 저장소로 여기기 때문에 그것을 사용하면 열의 공급이 끊겨 주변 기온을 떨어뜨린다고 상상한 것 같다. 작센의 벤트족 농민들은 그와 비슷하게 벼락에 맞은 나무를 자기네 화로에서 태우지 않는다. 그러나 그렇게 하지 않는 이유가 다르다. 그런 땔감을 쓰면 집이 불타버린다고 그들은 말한다. 그와 비슷하게, 남아프리카의 통가족도 그런 나무를 땔감으로 쓰지 않으며, 그런 나무로 붙인 불을 쪼이지도 않는다. 그러나 어떤 위험을 우려해서 그러는지는 알려진 바 없다. 거꾸로 나무가 번개에 맞아 불이 붙으면, 북부 로디지아(Rhodesia)의 위남왕가족은 마을의 불을 모두 끄고 아궁이에 새로 회칠을 하는 한편 장로들이 번개로 붙인 불을 추장에게 운반해 오면 추장이 거기에다 기도를 드린다. 그러고 나서 추장은 새 불을 마을 전체에 보내며, 마을사람들은 추장의 사자들에게 은혜에 대한 답례를 한다. 이는 위남왕가족 사람들이 번개로 붙인 불을 숭배한다는 것을 보여주는데, 천둥번개를 지상에 강림하는 신의 현신이라고 이야기하므로 그러한 숭배는 이해가 가는 일이다. 이와 비슷하게 캘리포니아의 마이두 인디언들은 '위대한 인간'이 세상과 그 속에 거주하는 만물을 창조했는데, 번개는 위대한 인간 자신이 쏜살같이 하늘에서 내려와 그 불타는 팔로 나무를 꺾는 것에 다름 아니라고 믿는다.

한 그럴듯한 이론에 따르면, 유럽의 고대 민족들이 참나무를 숭배하고 그 나무와 자신들이 숭배하던 천신(天神) 사이에서 연관성을 찾은 연유는 유럽의 삼림에서 참나무가 다른 어떤 나무보다도 훨씬 더 자주 벼락을 맞았기 때문이었다고 한다. 그 현상을 어떻게 설명하든 간에, 곧 다른 목재에 비해 참나무의 전기 전도성이 뛰어나기 때문이라고 하든 어떻든 간에, 그 사실 자체는 당연히 당시 유럽 거의 전역을 덮었던 광대한 삼림 속에 거주하던 우리 미개한 조상들의 주목을 끌기에 충분했을 것이다. 그리고 그들은 자연스럽게 자신들의 가장 소박한 종교적 관례에 따라 다음과 같이 상상함으로써 그 사실을 설명하고자 했을 것이다. 곧, 우레를 통해 그 외경스러운 목소리를 들을 수 있는, 그들이 숭배하는 위대한 천신은 참나무를 숲의 다른 어떤 나무보다도 사랑하기 때문에, 먹구름 속에서 번개의 섬광을 타고 이따금 그 나무에 내려오며, 쪼개지고 시꺼멓게 탄 나무줄기와 말라 죽은 나뭇잎 속에 자기가 왔다 갔다는 표시를 남겨놓는다는 것이다. 일부 미개인들처럼 그리스인과 로마인들은 자신들의 위대한 하늘과 참나무의 신을 땅에 내리치는 번개의 섬광과 동일시한 것이 확실하다. 그들은 번개가 친 자리에 정식으로 울타리를 치고 신성한 곳으로 취급했다. 켈트족과 게르만족의 조상들도 중부 유럽의 삼림 속에서 벼락 맞은 참나무에 비슷한 이유로 비슷한 경배를 올렸다고 상상하더라도 경솔한 일은 아닐 것이다.

이런 추측에 어느 정도 타당성이 있다면, 드루이드교 사제들이 숲 속의 다른 나무를 모두 제쳐놓고 겨우살이가 붙은 참나무를 숭배한 진정한 이유는, 그러한 참나무가 모두 벼락을 맞은 적이 있을 뿐 아니라, 아울러 그 가지 사이에 천상의 불에서 나온 가시적인 방사물을 내재하고 있다고 믿었기 때문일 것이다. 그러므로 신비한 의식과 더불어 겨우살이를 잘라낼 때, 그들은 번개가 지닌 모든 주술적 성질을 자기 것으로 확보하는 셈이다. 만약 그렇다면, 지금까지 내가 주장했듯이 겨우살이를 하지절 태양의 방사물이 아니라 번개의 방사물로 여겼다고 분명하게 결론지어야 한다. 실제로 어쩌면 우리는 고대 아리안족의 신앙 속에서 겨우살이를 하지절 태양으로부터 번개의 섬광을 타고 내려온 것이었다고 상정함으로써 외견상 달라보이는 그 두 가지 견해를 결합할 수도 있을 것이다. 신화적 원리에 비추어볼 때, 그 두 가지 해석을 실제로 융화할 수 있는지 어떤지는 감히 단언하기 어렵다. 그러나 그것들이 일치하지 않는 것으로 판명되더라도, 그것 때문에 미개한 조상들이 확신에 가득 차서 열정적으로 그 두 가지를 동시에 끌어안지 못했을 이유는 없다. 왜냐하면 미개인은 현학적인 논리의 속박에 편협하게 얽매이지 않기 때문이다. 암둔한 무지와 맹목적인 공포의 밀림을 헤치고 미개인의 복잡한 사고의 길을 더듬어 가고자 할 때, 우리는 마법의 땅을 밟고 간다는 것을 항상 명심해야 하며, 우리 앞길을 가로지르거나 어둠 속에 떠다니며 끽끽 소리를 내는 흐릿한 구름 같은 형상들을 명백한 현실로 착각하지 않도록 주의해야 한다. 우리는 결코 미개인의 입장에 서서 미개인의 눈으로 사물을 보고, 미개인의 심장을 움직였던 감정의 고동을 우리 심장에 느낄 수는 없다. 따라서 미개인과 미개인의 풍습에 관한 우리의 이론은 모두 확실성과는 거리가 먼 것이다. 그런 문제에서 우리가 바라는 최선은 상당한 정도의 개연성을 획득하는 것이다.

이러한 탐구를 결론짓기 위해 이야기하자면, 만약 발데르가 진정 내가 짐작하는 대로 겨우살이가 붙은 참나무의 화신이었다면, 발데르가 겨우살이의 일격을 받고 죽은 것은 새로운 이론에 근거를 둘 때 번개의 일격을 받고 죽은 것으로 설명할 수 있을 것이다. 번개의 불길이 서려 있는 겨우살이가 나뭇가지 사이에 남아 있는 한 그 선량하고 온화한 참나무의 신에게 어떤 해악도 미칠 수 없었다. 발데르는 안전을 위해 자신의 생명을 하늘과 땅 사이에 존재하는 신비스러운 기생식물 속에 따로 저장해 놓았다. 그러나 일단 그러한 생명 또는 죽음의 근원을 나뭇가지에서 떼어 줄기에 던지면, 번개에 맞아 나무가 쓰러지는 것―신이 죽는 것―이다.

우리가 스칸디나비아의 참나무 숲에 있는 발데르에 관해 논한 것은, 아마도 그처럼 모호하고 불확실한 문제에 당연히 따르는 온갖 조심스러움과 더불어 이탈리아의 참나무 숲에 있는, 아리키아의 숲의 왕인 디아나의 사제에게도 적용할 수 있을 것이다. 그는 이탈리아의 위대한 천신 유피테르의 피와 살을 지닌 화신이었을 것이다. 유피테르는 친절하게도 번개의 섬광으로 하늘에서 내려와 고요한 네미 호숫가에 자리잡은 신성한 참나무 위에서 자라는 겨우살이-천둥빗자루-황금가지 속에 들어앉아 인간들 속에 머물렀던 것이다. 만약 그렇다면, 그 사제가 신의 생명과 자신의 생명을 간직한 그 신비한 나뭇가지를 칼을 빼들고 지켰다고 해도 놀라울 것이 없다. 만약 내가 옳다면 그 사제가 섬기고 혼인했던 여신은 바로 하늘의 여왕이자 천신의 진정한 아내에 다름 아니었다. 왜냐하면 그녀도 고적한 숲과 외딴 언덕을 사랑해 맑은 밤이면 은빛 달의 형상으로 인간의 머리 위를 운행하며 '디아나의 거울'이라고 부르는, 고요히 반짝이는 호수면에 비친 자신의 아름다운 모습을 기쁘게 내려다보았기 때문이다.

2

우리는 이제 탐구의 종착점에 이르렀다. 그러나 진리 탐구가 늘상 그렇듯이 문제를 하나 해결하면, 더 많은 다른 문제들이 나타나곤 했다. 우리는 한 길만을 일관되게 좇아 목적지까지 왔지만, 그 길에서 벗어나 네미의 신성한 숲과는 다른 목적지로 이어지는, 또는 이어질 것 같은 길을 여럿 지나야 했다. 그 길 중 몇몇은 조금씩 따라가 보기도 했다. 그밖의 길들은 운이 닿는다면 필자와 독자가 어느날 함께 따라가 볼 수 있을 것이다. 우리는 충분히 먼 길을 함께 여행했으며, 이제 헤어질 때가 되었다. 하지만 그러기 전에 우리는 우리가 관심을 쏟았던 인간의 과오와 어리석음에 대한 우울한 기록에서 이끌어낼 수 있는 좀더 일반적인 결론은 없는지, 가능하다면 희망과 격려를 주는 교훈 같은 것은 없는지 자문해 보는 것이 좋을 것이다.

그리하여 모든 곳 모든 시기에 존재하는 인간 욕망의 본질적인 유사성과, 서로 다른 시대에 그것을 충족시키기 위해 채택하는 수단의 폭넓은 차이성을 고려하더라도, 우리가 추적할 수 있는 한도 내에서 살펴볼 때 아마도 더 고급스러운 사유의 운동경로는 대체로 주술에서 종교를 거쳐 과학에 이르는 과정이었다고 결론지을 수 있을 것이다. 주술 속에서 인간은 자기 힘에 의지하여 사방에서 자기를 에워싸고 있는 난관과 위험에 맞서며, 자신이 확실하게 의존할 수 있고 자기 목적에 맞게 조작할 수 있는, 일정하게 정립된 자연질서를 믿는다. 인간이 자신의 과오를 발견하거나 슬프게도 자신이 상정한 자연질서와 자신이 그것에 대해 행사한다고 믿었던 통제력이 모두 공상적인 것임을 인식하게 될 때, 인간은 더 이상 자신의 지성과 독자적인 노력에 의존하지 않고 자연의 장막 뒤에 숨어 있는, 눈에 보이지 않는 어떤 위대한 존재의 처분에 겸허하게 자신을 맡기며, 한때 오만하게 자기 것으로 사칭하고 그 모든 광범위한 능력을 이제는 그 존재에게 귀속시킨다. 그리하여 좀더 예민한 정신을 지닌 사람들 속에서 주술은 차츰 종교로 바뀌게 되고, 종교는 자연현상의 계기적 과정을 인간과 본성은 비슷하지만 능력이 엄청나게 우월한 영적인 존재들의 의지나 감정, 변덕에 따라 조절되는 것으로 설명한다.

그러나 시간이 갈수록 이번에는 이러한 설명도 만족스럽지 못한 것으로 드러난다. 왜냐하면 종교는 자연현상의 계기적 과정을 불변의 법칙에 따라 결정되는 것이 아니라 어느 정도 가변적이고 불규칙한 것이라고 가정하는데, 이러한 가정을 좀더 면밀한 관찰로 뒷받침하지 못하기 때문이다. 이와는 달리 그 계기적 과정을 자세히 검토하면 할수록 우리는 어디에서 따라가더라도 자연의 운행이 엄격한 일치성과 정확성에 따라 진행된다는 사실에 감명을 받는다. 지식의 모든 위대한 발전은 세계 속에서 지식의 영역을 확대하는 한편, 그에 상응하여 명백한 무질서의 영역을 축소해 왔다. 그래서 이제 우리는 심지어 우연과 혼란이 여전히 지배적으로 보이는 영역에서조차 좀더 충분한 지식이 갖추어지면 모든 곳에서 외견상의 혼돈이 질서로 환원될 것이라고 기꺼이 예상하기에 이르렀다. 그리하여 좀더 예리한 정신을 지닌 사람들은 우주의 수수께끼에 대한 더 심오한 해답을 향해 한층 더 전진하여 종교적 자연관을 타당하지 않은 것으로 배격하고, 이전 시기 주술 속에서 암묵적으로 가정하였던 것, 다시 말해서 세밀하게 관찰하면 우리로 하여금 자연의 운행을 확실하게 예견하고 그에 따라 행동할 수 있게 해주는 자연질서의 규칙성을 명시적으로 정식화함으로써 어느 정도 예전의 주술적 입장으로 되돌아가기에 이른다. 간단히 말해서, 자연에 대한 해석과 관련하여 종교를 과학으로 교체하는 것이다.

그러나 과학과 주술은 만물에 내재하는 원리, 즉 질서에 대한 믿음에 근거를 두고 있다는 점에서는 공통되는 반면, 이 책의 독자들에게 굳이 상기시킬 필요는 없겠지만, 주술이 전제하는 질서는 과학의 바탕을 이루는 질서와 크게 다르다. 각기 질서에 도달하는 방법이 다르기 때문에 자연스럽게 생긴 차이라고 할 수 있다. 주술이 의존하는 질서는 우리 정신에 떠오르는 관념의 질서를 잘못된 유추를 통해 확대한 것에 불과하지만, 과학이 규정하는 질서는 자연현상 자체에 대한 끈질기고 정확한 관찰로 도출한 것이다. 과학이 이미 성취한 결과물에서 볼 수 있는 풍부성·견실성·탁월성은 그 방법의 건전함에 기인한 것으로, 우리에게 즐거운 확신을 불러일으킬 자격이 충분하다. 인간은 여기서 마침내 헤아릴 수 없이 장구한 시대에 걸쳐 어둠 속을 헤매다닌 끝에 미궁에서 빠져나갈 실마리, 자연의 보물고를 잠그고 있는 수많은 자물쇠를 열어줄 황금의 열쇠를 발견한 것이다. 아마도 장차 (물질적인 것과 아울러 도덕적·지적인 것까지 망라하여) 진보의 희망은 과학의 운명에 달려 있으며, 과학적 발견을 가로막는 장애물은 모두 인류에 대한 과오라고 해도 과언은 아닐 것이다.

하지만 사상사의 흐름은 과학적인 세계관이 이제까지 정식화된 것 중 최고이므로 틀림없이 완전하고 최종적인 것이라고 결론짓기는 어렵다는 것을 보여준다. 과학의 일반법칙, 곧 흔히 말하는 자연법칙이란 것은 근본적으로 우리가 세계와 우주라는 거창한 이름으로 부르는, 주마등같이 늘 변화하는 사유의 환영을 설명하기 위해 고안해 낸 가설에 지나지 않음을 명심해야 한다. 결국 주술과 종교, 과학은 사유의 이론에 다름 아니다. 과학이 그 선배들을 대체했듯이 그것 자체도 좀더 완벽한 어떤 가설, 아마도 우리 세대에서는 전혀 생각조차 할 수 없는, 전혀 다르게 현상을 관찰하는 어떤 방식 – 영상을 화면에 표시하는 방식 – 이 대체하게 될 수도 있다. 지식의 발전은 끊임없이 멀어져가는 목표를 향한 무한한 전진이다. 우리는 그 끊임없는 추구에 불평할 필요가 없다.

> 당신들은 짐승같이 살도록 만들어진 것이 아니라
> 덕성과 오성(悟性)을 추구하도록 만들어진 것이다. *

우리가 직접 누리지는 못할지라도, 그러한 추구에서 위대한 결과가 나올 것이다. 미래의 어떤 항해자 – 사상계에 출현한 위대한 율리시스 같은 사람 – 의 머리 위에는 지금 우리를 비추는 것보다 더 밝은 별들이 솟아오를 것이다. 주술의 꿈은 어느날 과학의 눈앞에 현실로 나타날 수 있다. 그러나 어두운 그림자 하나가 이 멋진 전망의 먼 끝에 엇갈려 놓여 있다. 왜냐하면 미래가 인간을 위해 비축할 수 있는 지식과 능력의 증가분이 아무리 엄청나더라도, 지구가 한갓 작은 알맹이나 티끌에 불과해 보이는 별빛 찬란한 이 우주 전체를 소리 없이 그러나 냉혹하게 파멸로 몰고 가는 저 거대한 힘의 진전을 인간이 멈출 수 있다고는 기대할 수 없기 때문이다. 다가올 시대에 인간은 바

---

* Dante, *Inferno*, xxvi. ll. 119~120. 율리시스가 자기 선원들더러 지식을 찾아 지브롤터 해협 너머로 항해할 것을 촉구하면서 하는 연설. 이 인용구는 학문적 모험에 대한 프레이저의 애매한 감정을 압축하고 있다. 내 친구인 코르푸스 크리스티 칼리지의 랠프 파이트 박사는 (1993년 7월 16일자 편지에서) 이렇게 쓰고 있다. "연설은 설득력 있고, 소망은 칭찬할 만하나, 결과는 치명적이다."

람과 구름의 방향을 예견하거나 심지어 조종할 수도 있겠지만, 그 조그만 손으로 속도를 잃어가는 우리 혹성을 새롭게 가속시키거나, 꺼져가는 태양의 불길을 다시 붙일 힘은 갖지 못할 것이다.* 하지만 그러한 먼 미래의 파국을 생각하고 전율하는 철학자는 다음과 같은 성찰에서 위안을 얻을 수 있을 것이다. 곧, 이러한 우울한 걱정은 지구와 태양 그 자체나 마찬가지로 인간의 사유가 무(無)에서 그려낸 실체 없는 세계의 일부분일 뿐이며, 그 신비한 여마법사는 오늘 불러낸 허깨비를 내일 쫓아낼지도 모른다. 그 허깨비들 또한 보통 사람의 눈에 견고해 보이는 수많은 것들이 그러하듯이 공기 속에, 엷은 공기 속에 녹아서 사라질 수 있는 것이다.**

　미래에 대해 골몰하는 것은 이 정도로 그치고, 우리는 사유가 지금까지 지나온 경로를 세 가지 다른 실―곧, 주술의 검은 실과 종교의 붉은 실, 과학의 흰 실―로 짠 옷감에 비유해서 설명할 수 있을 것이다. 단, 마지막 과학의 실

---

*1870년대 초 글래스고 대학에서 프레이저가 그 밑에서 물리학을 배웠던 켈빈 경 윌리엄 톰슨에 따르면 태양의 수명과 따라서 태양계의 수명은 그것이 생성할 수 있는 열량에 의해 한정되어 있었다. 우주는 점점 식어가는 거대한 불덩어리와 같았다. 이러한 열역학 제2법칙에 의해 유발된 비관주의는 프레이저의 본질적 진보주의에 검은 장막을 던졌다. 그것은 그에게만 그런 것이 아니었다. 주석에서 그는 찰스 다윈의 편지를 인용하고 있다. "수백만 년의 진보에 대해 생각해 보게. 모든 대륙에 선하고 개명된 사람들이 넘치고, 모두가 그런 사람이 되며, 우리 혹성계가 다시 붉고 뜨거운 개스로 변하기 전까지 아마도 더 이상 새출발이 없을 그런 것 말일세. 지상의 영광이 그렇게 끝까지 이어지기를." 〔Francis Darwin(ed.), *More Letters of Charles Darwin*(London: 1903), i. 260f.〕

**프레이저는 *The Tempest* IV. iv. 149~159쪽을 일부 인용하고 있다.

　우리의 잔치는 이제 끝났다. 여기 우리 배우들은
　내가 예언했듯이 모두 정령들로서
　공기 속으로, 엷은 공기 속으로 모두 녹아 없어졌다.
　그리고 이 환상 속의 토대 없는 건물처럼
　구름모자를 쓴 탑, 화려한 궁전
　장엄한 신전, 위대한 지구 그 자체처럼
　그렇다, 그것이 물려받은 모든 것은 사라질 것이며
　이 실재하지 않는 야외극 무대가 사라져가듯이
　부스러기 한 점 남기지 않을 것이다. 우리라는 재료는
　꿈을 만드는 데 쓰이며, 우리의 작은 생은
　잠 속에 갇혀 있다.

이러한 인유(引喩)의 당연한 결론은 프레이저 자신이 바로 수심을 재는 측연추(測鉛錘)보다도 더 깊이 자기 책을 물 속에 던져넣으려는 프로스페로(Prospero)라는 것이다.

에는 모든 시대에 인류가 비축해 온, 자연의 관찰에서 얻은 소박한 진리가 담겨 있어야 한다. 그리하여 우리가 그 사유의 옷감을 맨 처음부터 조망해 볼 수 있다면, 아마도 그것은 처음에는 흑백의 체크 무늬 천, 거짓 관념과 참된 관념을 얼룩덜룩하게 짜깁기한 조각으로 느껴질 것이며, 종교의 붉은 실은 아직 거의 눈에 띄지 않을 것이다. 그러나 옷감을 따라 눈길을 앞으로 옮겨가다 보면, 여전히 흑백의 체크 무늬가 이어지는 가운데 종교가 가장 깊숙이 파고들어 있는 천의 중앙부에 짙은 진홍색 얼룩이 자리잡고 있는 것을 발견할 것이다. 그것은 과학의 하얀 실이 직물 속에 더 많이 짜여듦에 따라 느끼지 못하는 사이에 색조가 차츰 엷어지기 때문이다. 이와 같이 무늬가 교차하는 얼룩진 옷감, 이와 같이 다양한 색실로 짰으나 더 멀리 펼칠수록 색조가 차츰 변화해 가는 옷감은 온갖 다양한 목표와 갈등하는 경향으로 얼룩진 근대사상의 현 상태에 비견할 수 있다. 수세기 동안 서서히 사상의 색조를 바꾸어온 그 거대한 흐름이 가까운 미래에도 계속 이어질 것인가? 우리의 비유에 맞추어 이야기하자면, 운명의 여신이 지금 기운차게 돌아가는 시간의 베틀로 짜고 있는 옷감의 색깔은 어떤 것일까? 우리는 알 수 없다. 희미하게 깜박이는 불빛이 옷감의 지나온 부분을 비추어준다. 그 반대편은 구름과 짙은 어둠에 가려 있다.

3

마침내 우리 배는 긴 발견의 항해를 끝내고 피로에 지친 돛을 항구에 내렸다. 다시 한 번 우리는 네미로 가는 길을 밟는다. 때는 저녁이며, 우리가 아피아 가도의 긴 비탈길을 따라 알바니 언덕에 올라 뒤를 돌아보면, 하늘은 저녁 노을로 불타오르고, 죽어가는 성인의 후광과도 같은 황금빛 광채가 로마 위에 드리워 성 베드로 성당의 돔 지붕에 불의 벼슬을 씌운다. 그 광경은 한번 보면 결코 잊을 수 없다. 그러나 우리는 몸을 돌려 어스름 속에 산비탈을 따라 길을 재촉하여 마침내 네미에 도착한다. 그리고 이제 밤의 어둠 속으로 빠르게 사라져가는 깊은 호수 속을 내려다본다. 그 장소는 신성한 숲에서 디아나가 숭배자들의 경배를 받던 때 이래로 조금밖에 변하지 않았다. 실상 숲의 여신의 신전은 사라졌고, 숲의 왕은 더 이상 황금가지를 지키기 위해 경계를 서지 않는다. 그러나 네미의 숲은 여전히 푸르다. 서녘에서 숲 위로 저녁노을이 사라져갈 때 밀려오는 바람에 실려 안젤루스(Angelus)를 울리는 로마의 교회 종소리가 들려온다.* 아베 마리아! 감미롭고도 장엄하게 종소리가 먼 도시에서 울려와 광활한 캄파냐의 늪지대를 가로질러 머뭇거리며 스러져간다. "왕은 죽었다. 왕이여, 만세! 아베 마리아!(*Le roi est mort, vive le roi! Ave Maria!*)"

---

* 『황금가지』 1판이 발행된 직후 네미에서는 성 베드로 성당의 종소리를 들을 수 없다는 사실이 지적되었다. 그는 그 구절을 수정하기를 거부하면서 상상 속에서 자기는 여전히 그 소리를 듣는다고 답변했다. 진정한 이유는 그 마지막 단락이 또다시 르낭에 대한 감추어진 연관성을 내포하기 때문이다. 으뜸가는 이성주의자이던 르낭은 독일 신학자 루트비히 포이어바흐의 지나치게 척박한 지성주의를 비판하는 것을 자기 과제로 떠맡았다. 프레이저는 그 비판을 자기 자신의 사색에 대한 경고로 삼아 *Foklore in The Old Testament*(iii. 453 ~454)에 인용하고 있다. 우리는 그것을 마무리 구절로 삼아도 무방할 것이다. "아, 만약 그가 팔라틴(또는 코엘리안) 산의 폐허에 앉아서 한때 로마가 자리잡았던 황량한 언덕 너머로 영원의 종소리가 머물다 사라져가는 소리를 들었더라면…… (그가) 이처럼 인간의 시절반을 훼손하고, 마치 자신에게서 이스가리오트의 망령을 쫓아내려는 듯이 고함을 지르는 일도 없었을 것이다!"

찾아보기

[ㄱ]

가나안족 336, 377
가네사(Ganesa) 582
가스코뉴(Gascogne) 111
가죽 벗긴 신 707, 709
가크테이(Gaktei)족 270
간시암 데오(Ghansyam Deo) 666
갈라(Galla)족 81, 128, 282, 149, 712
갈리(Galli) 421
갤러웨이(Galloway) 540
게라(Ghera) 282
게르만족 144, 260, 844, 845, 895
게바르(Gewar) 797
게타이(Getae) 부족 127, 214
겨우살이 840~843, 845, 846, 886~892, 895, 896
고르디아스(Gordias) 427
고리버들 거인 836~838
고아히로(Goajirro)족 275
고우리(Gouri) 414
곤드(Gond)족 524, 666
골(Gaul)족 252
과라니(Guarani)족 778
과라요(Guarayo)족 600

과야나(Guayana)족 299
과야킬(Guayaquil) 인디언 521
그라나다(Granada) 인디언 772
그란차코(Gran Chaco) 297, 627, 780
그레보(Grebo)족 208
그레이트 바샹(Great Bassam) 560
그리스 79, 80, 103, 415, 416, 431, 433, 436, 462, 478
그리스도(Christ) 416~419, 436~438, 752 ~758, 760
그린란드 292
그림(J. Grimm) 144, 351
기네(Ghineh) 381
기아(飢餓)의 추방 683
길가메시(Gilgamesh) 734, 735
길기트(Gilgit) 582, 850
길랴크(Gilyak)족 611, 613, 625, 632, 634
깅기로(Gingiro) 왕국 211

[ㄴ]

나가(Naga) 부족 298
나누메아(Nanumea) 섬 234
나린예리(Narrinyeri)족 239
나모시(Namosi)족 256
나몰룩(Namoluk) 섬 893

나지르(Nagir) 섬 598
나체즈(Natchez) 인디언 246
난디(Nandi)족 164, 269, 275, 490, 596, 599
남불루 부무(Nambulu Vumu) 139
네미(Nemi) 63, 64, 66~72, 77~79, 138, 144, 169, 177, 178, 196, 349, 350, 380, 889, 892, 896
네비스(Mnevis) 445, 573, 666
네펠레(Nephele) 331
네프티스(Nephthys) 441, 445~447
노나이 카프로티나이(Nonae Caprotinae) 제전 687
노르망디(Normandy) 354, 519, 817
노르웨이 495, 516, 518, 541, 542
논누스(Nonnus) 472, 473
농신제(農神祭, Saturnalia) 714~751, 753, 755
누마(Numa) 70, 178, 184, 187, 188
누바(Nuba) 139
누트(Nut) 440, 441
누푸르(Nufoor)족 269
뉴브리튼(New Britain) 228
뉴사우스웨일스(New South Wales) 96, 228, 597, 880
뉴아일랜드(New Ireland) 776
뉴질랜드 242, 253, 256, 284, 569, 598, 647
뉴칼라바르(New Calabar) 215
뉴칼레도니아(New Caledonia) 229, 688, 597
뉴헤브리디스(New Hebrides) 239, 298, 712, 867, 868
니소스(Nisos) 850
니아스(Nias) 섬 147, 219, 267, 711
니아캉(Nyakang) 303, 305, 306
니암니암(Niam-Niam)족 491
니엘 딩카(Niel Dinka)족 307
니치린사마 510
니카라과 인디언 162

니코바르(Nicobare) 제도 277, 279

[ㄷ]

다나에(Danaë) 설화 786
다르메(Dharmē) 176
다르푸르(Darfur) 310
다야크(Dyak)족 87, 88, 222, 453, 595, 597, 644, 647, 770
다윗(David) 377, 378, 389
다이달라(Daedala) 제전 845
다이달로스(Daedalos) 173
다이리(內裏) 199, 200
다이쿤(大君) 212, 213
다호메이(Dahomey) 205, 238, 282, 311
단치히(Danzig) 496, 515
달라이 라마 133, 134
데메테르(Demeter) 172, 462, 481~488, 494, 501, 511, 512, 562~567, 571, 575
데번셔(Devonshire) 530, 532
데인저(Danger) 섬 225
덴데레(Dendereh) 528, 529
덴마크 553
델로스(Delos) 74, 75
뎅디트(Dengdit) 307
도도나(Dodona) 178, 182
도수마(Dosuma) 768
도스 산토스(Dos Santos) 127
독일 495, 500, 518, 535, 540, 552
동인도 제도 92
동정녀 마리아 463
두로스토룸(Durostorum) 716, 717, 752
두순(Dusun)족 249
드라비다 부족 688
드루이드(Druid)교 144, 806, 807, 836, 838, 839, 840, 842, 895
드완드웨스(Dwandwes) 부족 282
디도(Dido) 388

디아나(Diana) 63, 68~71, 73, 75, 77~79, 165, 166, 169, 170, 177, 178, 183, 380, 499, 896
디아나의 거울 896
디아누스(Dianus) 183, 380
디에리(Dieri) 부족 597, 788
디오 크리소스토무스(Dio Chrysostomus) 753
디오네(Dione) 182
디오니소스(Dionysos) 171, 172, 183, 292, 471~481, 512, 556~558, 562, 563, 566, 567, 571, 575, 741
디오도로스(Diodoros) 181, 207, 513, 529, 835
디오도루스 시쿨루스(Diodorus Siculus) 444, 462
딩카(Dinka)족 306~308

[ㄹ]

라(Ra) 136, 441, 442, 446, 571
라고스(Lagos) 522
라그랑주(Lagrange) 신부 408
라다(Lada) 363, 364
라라통가(Raratonga) 98
라체부르크(Ratzeburg) 520
라팔리스(La Palisse) 578
라프(Lapp)족 170, 259, 265, 281
란키네로(Lanquinero)족 163
랄리의 축제 366~367
람퐁(Lampong)족 205
러시아 154, 155, 170, 174, 363, 498, 890
레 몰레(Le Mole) 70
레시(Leschiy) 170, 557
레아(Rhea) 441, 724
레우카디아(Leucadia) 684
레우키페(Leucippe) 334
레토로뇨(Retoroño)족 600

렝과(Lengua) 인디언 277, 297, 627, 778
로건(W. Rogan) 316
로도스(Rodos) 섬 342, 431
로마 79, 177~188, 421, 422, 425~427, 433, 437, 462, 463, 576, 577
로물루스(Romulus) 180, 185, 195, 687
로앙고(Loango)족 128, 164, 196, 205, 238, 770, 774
로어노크(Roanoke) 섬 277
로키(Loki) 796
로타 나가(Lhota Naga)족 523
루자티아(Lusatia) 357, 359, 360
루페르트의 날(Rupert's Day) 801
룰(Lule)족 654
르낭(E. Renan) 410, 411
리누스(Linus) 513, 530
리디아(Lydia) 384, 428
리쿠르고스(Lykurgos) 왕 477
리투아니아(Lithuania) 154, 250, 495, 517, 579, 580, 635
리티에르세스(Lityerses) 513~516, 520, 521, 525~527
릴(Lille) 550

[ㅁ]

마(Ma) 385
마그네시아(Magnesia) 125
마네로스(Maneros) 444, 513, 528~530
마네토(Manetho) 462
마누(Manu) 790, 791
마누법전 128, 341
마니도(manido) 624
마니우스 에게리우스(Manius Egerius) 72, 591
마니푸르(Manipur) 162, 298, 453, 647
마다가스카르 80, 283, 284, 615, 616
마두라(Madura) 섬 124

마르두크(Marduk) 118, 321, 728, 729, 732, 747, 750, 761
마르스(Mars) 575, 675~677, 851
마르시아스(Marsyas) 429, 430, 432
마리모(Marimo)족 523
마무리우스 베투리우스(Mamurius Veturius) 675, 676, 682, 686
마부이아그(Mabuiag) 247
마쇼나(Mashona)족 127
마쇼날랜드(Mashonaland) 205
마오리(Maori)족 146, 149, 236, 242, 244, 254, 256, 257
마우솔루스(Mausolus) 600
마우에(Mauhe)족 781
마이두(Maidu) 인디언 893, 894
마체(Matse)족 643
마쿠시(Macusi)족 781
마크로비우스(Macrobius) 381
마키저스(Marquesas) 제도 125
마타 코두(Mata Kodou) 139
마타과요(Mataguayo)족 780
마타벨레(Matabele)족 81, 127, 489
마타코(Mataco)족 780
마트로날리아(Matronalia) 제전 720
마하팔리(Mahafaly)족 205
마호메트 262
만(Man) 섬 633, 634, 822, 826
만델링(Mandeling)족 260, 617
만딩고(Mandingo)족 211
만성절(萬聖節, All Saints' Day) 457, 459, 460, 821, 822
만하르트(W. Mannhardt) 494, 495, 497, 550, 551, 557, 685
말라(Mala)족 589
말라가시(Malagasy) 247, 616
말라바르(Malabar) 315, 318, 666
말레이족 254, 271
망가이아(Mangaia)족 213, 297
매닝(Manning) 추기경 130

머링(Murring) 해안 부족 880
머큐리(Mercury) 462
메가라(Megara) 850
메네데무스(Menedemus) 249
메로닥(Merodach) 728
메케오(Mekeo) 217
메클렌부르크(Mecklenburg) 102, 520, 535, 536
멕시코 432, 506, 519, 521, 522, 585
멜라네시아(Melanesia) 100, 108, 109, 269, 470, 867
멜레아그로스(Meleagros) 850
멜렉(melech) 376, 377
멤피스(Memphis) 573
모눔보(Monumbo)족 739
모라비아(Moravia) 151, 351, 500
모로코의 임시 술탄 326
모르드개(Mordecai) 730~732, 746, 747, 749, 750, 757, 759~761
모베르스(Movers) 732, 733, 743
모세(Moses) 791
모스카(Mozca)족 → 무이스카족
모와트(Mowat) 247
모타(Mota) 섬 867
모투(Motu)족 269
모투모투(Motumotu)족 229, 269
몬부투(Monbuttoo)족 491
몰렉(Molech) 336
몰록(Moloch) 336, 339, 376, 726
몰루카 제도(Molucca Is.) 225
몸바사(Mombasa) 128
몽골족 275
묘족 643
무간다(Muganda)족 622
무링(Murring)족 96, 97
무이스카(Muysca)족 135
무짐바(Muzimba)족 → 짐바족
무킬친(Mukylcin) 174
문다(Munda)족 149, 413

문다리(Mundari)족 → 문다족
뭄바이(Mumbai) 131, 222
미가(Micah) 337
미나하사(Minahassa) 124, 273, 598, 860
미낭카바우어(Minangkabauer)족 507, 617
미네르바(Minerva) 473
미니아스(Minyas) 333, 334
미다스(Midas) 427, 428, 513, 514
미르자푸르(Mirzapur) 247
미밍(Miming) 797
미스테크(Miztec)족 451
미얀마 129, 163, 250, 282
미체미(Michemi)족 769
미카도(御門) 199, 200, 202, 212, 213, 240,
    241, 768, 771, 772
미클루초 매클레이(Miklucho-Maclay) 남작
    236
미트라(Mithra) 435, 561
민다나오(Mindanao) 섬 430
밀턴(Milton) 167

[ㅂ]

바간다(Baganda)족 127, 162, 298, 621,
    643, 649, 774, 775, 864
바고보(Bagobo)족 430
바그바(Bagba) 201
바나(Banna)족 340
바다 다야크족 259, 272, 452, 740
바다가(Badaga)족 → 부르거족
바두위(Baduwi)족 250
바라바(barabbas) 757~759, 760
바레아(Barea)족 139
바로(Varro) 559, 574
바로체(Barotsé)족 489
바롱가(Baronga)족 489
바롱고(Barongo)족 297
바리(Bari)족 139

바빌로니아 135, 171, 320~322, 372~374,
    384, 406, 415, 416, 419
바빌로니아의 신년제 755
바빌리(Bavili)족 164
바샤다(Bashada)족 340
바수토(Basuto)족 97, 164, 205, 229
바수토랜드(Basutoland) 490
바슈티(Vashti) 732, 749
바스크(Basque)족 879
바실랑지(Bashilange)족 237
바알(Baal) 182, 336, 339, 342, 376, 377,
    379, 725, 726
바알라트(Baalath) 379, 383
바음발라(Ba-Mbala)족 491
바이에른(Bayern) 99, 101, 102, 149, 344,
    355, 362, 495, 516, 542, 543, 545~547,
    552
바이츠간토스(Waizganthos) 329
바이킹족 300
바쿠스(Bacchus) 169, 471, 475, 601
바타(Batta)족 163, 617
바타크(Batak)족 87, 99, 237
바하우(Bahau)족 769
바히마(Bahima)족 282, 645
반요로(Banyoro)족 197, 650
반투(Batu)족 491
발데르(Balder) 795~798, 840, 842~846,
    886, 889, 893, 896
발데르의 화장불(Balder's Bǎlar) 815, 843
발푸르기스의 밤(Walpurgis Night) 659,
    660, 811
발할라(Valhalla) 300
방갈라(Bangala)족 270, 491
배첼러(J. Batchelor) 607, 608, 613
뱅크스 제도(Banks Is.) 227, 274, 712
버지니아 인디언 884
베나레스(Benares) 130
베냉(Benin) 128, 522
베들레헴 418, 419

베로수스(Berosus) 321, 727
베르길리우스(Vergilius) 79, 180, 263, 888, 890, 892
베르베르족 819
베름란드(Wermland) 578
베스타(Vesta) 69, 79, 186, 889
베스트팔렌(Westfalen) 538, 539
베이컨(Bacon) 100
베추아나(Bechuana)족 236, 523, 570
벤드(Wend)족 300, 538
벨(Bel) 171
벨기에 455, 456, 799, 837
벨테인 822, 838
벨테인 제전 806, 807, 808, 822
벨테인 케이크 808
벨테인의 불(The Beltane fires) 806
벵골 413, 618, 849
보고타(Bogota) 135, 772
보니(Boni) 310
보디아(Bodia) 208, 215
보란(Boran)족 339
보르네오 87, 92, 452, 595
보스(Beauce) 99, 559
보이오티아(Boeotia) 173, 333, 334, 477, 726
보주(Vosges) 151, 455, 535
보티야(Bhotiya)족 664
보헤미아(Bohemia) 156, 346, 350, 351, 357, 358, 518, 545, 547, 634, 635
볼로키(Boloki)족 863
부루(Buru) 섬 273
부르거(Burgher)족 581
부림절(Purim) 729~732, 744, 745, 747, 749, 754, 755, 759
부비(Boobie)족 204
부시리스(Busiris) 528, 529
부이야(Bhuiya)족 319
부토(Buto) 442, 444
부활절 416, 417, 436, 437

불의 제전 802
뷔르템부르크(Würtemburg) 545, 546
브라마(Brahma) 108
브라스파티(Brhaspati) 118
브로켄(Brocken) 산의 요괴 292
브루크테리(Bructeri) 부족 126
브룬스비크(Brunswick) 159, 362, 791
브르타뉴(Bretagne) 455, 497, 633, 890
브리브리(Bribri) 인디언 243
브힐(Bhil)족 570, 862
블랙풋(Blackfoot) 인디언 93, 175, 623
블루우카얀(Blu-u-Kayan)족 234
비나혼(beena marriage) 185
비드(Bede) 459
비르비우스(Virbius) 70, 71, 73, 77, 78, 171, 350, 573~575, 892
비블로스(Byblos) 75, 375, 376, 379, 380, 384, 404, 443, 448
비사(Bisa)족 489
비살타이(Bisaltae)족 472
비슈누(Vishnu) 108
비자(Viza) 478
비칠리푸스틀리(Vitzilipuztli) 585~587
빌라도(Pilate) 756, 757, 759

[ㅅ]

사라와크(Sarawak) 94, 597
사람가죽 벗기기 축제(Tlacaxipeualiztli) 706
사르다나팔로스(Sardanapalos) 733~744
사르디니아(Sardinia) 414~416
사마르칸드(Samarcand) 325
사모리(Samory) → 사모린
사모린(Samorin) 315, 316
사모에드(Samoyed)족 275, 866
사바리오스(Sabarios) 579
사육제(Carnival) 719

사육제의 장례 351~355, 363
사자(死者)의 추모제 410
사카에아(Sacaea) 321, 726~728, 730~
 735, 741~744, 746, 747, 753, 754
사칼라바(Sakalava)족 205, 206, 284
사투르누스(Saturnus) 376, 676, 714~716,
 718, 724, 725, 742, 745, 750, 752
사티로스(Satyros) 429, 556, 557
사파로(Zaparo) 인디언 593
사포텍(Zapotec)족 202, 506, 768, 771, 872
삭소 그라마티쿠스(Saxo Grammaticus)
 190, 797
산단(Sandan) 733, 743
산악 바수토족 596
산탈(Santal)족 222
살리(Salii) 676, 677, 678
살모네우스(Salmoneus) 335
상기에(Sangihe) 군도 147
새들(Saddle) 섬 229
샌드위치(Sandwich) 제도 122
샨(Shan)족 523, 599, 652
서픽(Suffolk) 100, 101, 103
성 다시우스(St Dasius) 716, 717
성 세케르의 미사(Mass of Saint Sécaire)
 111
성 스티븐 축일 634
성 요한 축일 437
성 조지 축일 437
성모 승천 축일 437
성촉절(聖燭節, Candlemas) 553, 565
성탄절 435, 436
성탄절 수퇘지 553~576
성탄절 장작불 827
세날(Senal) 인디언 893
세드나(Sedna) 656
세람(Ceram) 492, 661, 861
세르비우스 툴리우스(Servius Tullius) 165,
 185, 187, 188, 196
세미놀(Seminole) 인디언 588

세미라미스(Semiramis) 733~736, 742~
 744
세브(Seb) 440
세이프 엘물룩(Seyf el-Mulook) 856
세트(Set) 441, 442, 447, 448, 571
셀레베스(Celebes) 92, 124, 164, 220, 259,
 266, 271, 273, 310, 598, 689, 860
셀리그먼(C. G. Seligmann) 박사 303, 304
셈족 335, 337, 342, 376, 379, 435, 725,
 726, 734, 742, 746, 759
소가모소(Sogamoso) 왕국 772
소마나(Xomana)족 600
소치케찰(Xochiquetzal) 522
소티(Sotih)족 250
소팔라(Sofala) 309, 322
소포클레스(Sophocles) 165
솔로몬 제도 651
수난일(Passion day) 437
수리남(Surinam) 569
수마트라 87, 163, 507, 616, 617
수염 없는 외눈박이 남자 757
수염 없는 자의 기마행진(Ride of the
 Beardless One) 748, 749
수우(Soux)족 인디언 626
수지(Suze)족 211
수크(Suk)족 594
순다(Sunda) 해협 273
순칼람마(Sunkalamma) 589
술카(Sulka)족 270
숨바(Sumba) 섬 451
슈롭셔(Shropshire) 458, 530, 550
슈바벤(Schwaben) 257, 345, 542, 547,
 548, 551
슈스와프(Shuswap) 인디언 227, 625
슈테른베르크(Sternberg) 613
슐레지엔(Schlesien) 356, 357, 358, 359,
 498, 501, 535, 539, 541, 547
스와힐리(Swahili)족 863
스웨덴 553, 578, 635

스위스 543, 547
스코트(Scot)족 191
스코틀랜드 500, 501, 633
스텔라 마리스(Stella Maris) 463, 464
스트라보(Strabo) 427, 727, 731, 733, 835
스티리아(Styria) 495, 496
스티엔(Stien)족 624
슬라보니아(Slavonia)인 149
슬라브족 351, 495, 496
시돈(Sidon) 379
시리아 372, 375, 405, 417~419, 423, 424,
   435, 566
시리우스(Sirius) 464
시마나스(Ximanas)족 340
시바(Siva) 108, 366
시베리아 275, 611, 619, 624, 786, 866
시아우(Siaoo) 섬 147
시암(Siam) 92, 129, 231, 248, 251, 253,
   282, 324, 328, 769, 775, 849
시에라리온(Sierra Leone) 863
시칠리아(Sicilia) 414~416, 436, 485, 487
시페(Xipe) 706, 707, 709
시하나카(Sihanaka)족 642
신농씨(神農氏) 561
신들의 어머니(Teteo innan) 700~702
신테오틀(Cinteotl) 698, 701
실레노스(Silenos) 429, 557
실로넨(Xilonen) 697~699
실루크(Shilluk)족 303~306, 322, 344
실바누스(Silvanus) 169, 170, 557
실비우스(Silvius) 181

[ㅇ]

아가르 딩카(Agar Dinka) 308
아구(Agu) 산 201
아그니(Agni) 893
아그리오니아(Agrionia) 제전 333

아그리파(Agrippa) 758
아나이티스(Anaitis) 385, 727, 732, 733,
   733
아네모네 381, 405, 411, 422
아누비스(Anubis) 446, 447
아도니스(Adonis) 73, 75, 78, 295, 372, 374
   ~377, 379, 381, 382, 386~389, 391, 392,
   404~409, 411, 413, 415~421, 436, 437,
   440, 446, 448, 465, 512, 513, 566, 567,
   571, 742, 746, 892
아도니스 강 376, 380, 405, 419, 429
아도니스 정원 411, 412, 413, 414
아도니스 제전 404~406, 418, 419
아돈(Adon) 372, 376, 409
아라와크(Arawak) 인디언 599, 711
아라우칸(Araucan)족 267, 268
아라토스(Aratos) 403
아레스(Ares) 293, 375
아루(Aru) 제도 221, 230
아룬타(Arunta)족 89, 788
아르고스(Argos) 74
아르덴(Ardennes) 156, 353, 354, 799
아르메니아(Armenia) 258, 295, 385
아르카디아(Arcadia) 265, 685, 725, 726
아르테미스(Artemis) 70, 73, 75~77, 170,
   178, 423, 431
아르테미시아(Artemisia) 600
아리안족 829, 838, 844, 845, 889, 891, 895
아리키아(Ariccia) 64, 65, 68, 71~74, 138,
   166, 171, 179, 350, 575, 590, 591, 713,
   889, 896
아마테라스 510
아마투스(Amathus) 382
아맘브웨(Amambwe)족 775
아보메이(Abomey) 311
아브라함 339
아브루치(Abruzzi) 415
아비시니아(Abyssinia) 139
아비폰(Abipone)족 278, 593

아삼(Assam) 148, 453, 466

아샨티(Ashantee)족 95, 189, 596

아스타르테(Astarte) 75, 375, 379, 380, 383, 384, 388, 389, 404, 405, 407, 419, 423, 435, 465, 733, 734, 736, 742, 746, 747

아스테크(Aztec)족 561, 585, 589, 691, 696, 697, 699, 706, 862

아스티(Asti)족 478

아시가(Assiga) 부족 871

아에손(Aeson) 595

아우구스티누스 415, 433, 436, 462

아웸바(Awemba)족 489

아이기라(Aegira) 123

아이네이아스(Aeneias) 68, 71, 180, 888, 892

아이누(Ainu)족 275, 581, 595, 606~609, 611~614, 631, 772

아이스쿨라피오스(Aesculapios) 71, 74, 144, 350, 402, 403

아이오(Eyeo)족 205

아일리누스(Ailinus) 513

아줌바(Ajumba)족 622

아카그케멤(Acagchemem) 부족 602

아카르나니아(Acarnania) 농민들 773

아카이아(Achaia) 123

아캄바(Akamba)족 275

아코스타(J. de Acosta) 505, 506, 585, 691

아키쿠유(Akikuyu)족 397, 883

아타마스(Athamas) 331~335, 428

아테네 171, 172, 189, 410, 432, 558, 575

아투아(Atua) 598

아트칸(Atkhan)족 642

아틀라타토난(Atlatatonan) 702

아티스(Attis) 78, 372, 420~425, 427~430, 437, 438, 440, 465, 512, 527, 566, 567, 571, 742

아티카(Attica) 405, 724

아파치족 626

아파카(Aphaca) 380, 419

아팔라이(Apalai) 인디언 235

아폴로 292, 429

아프로디테(Aphrodite) 71, 74, 293, 374, 375, 380~384, 386~389, 404, 405, 415, 742, 892

아피스(Apis) 405, 445, 573, 604, 666

아헨(Aachen) 802, 834

안가미(Angami)족 299

안나 쿠아리(Anna Kuari) 524

안다만 제도(Andaman Is.) 229

안디라(Andjra) 산악부족 820

안티오크(Antioch) 406, 418, 419

안호우리(Anhouri) 293

알게드(Alged)족 139

알공킨(Algonquin)족 176

알라투(Allatu) 373, 375

알래스카 243, 450, 455, 619, 625, 655

알렉산드리아 404, 406, 415

알룽구(Alungu)족 775

알바 롱가(Alba Longa) 180

알비파(Albigenses) 131

알자스 546

알푸르(Alfoor)족 124, 220, 271, 273

암몬(Ammon) 171, 575, 604, 606

암보이나(Amboina) 섬 235, 861

압살롬(Absalom) 733

앙고니(Angoni)족 596

액심(Axim) 657

야과(Yagua)족 780

야누스(Janus) 183

야릴로(Yarilo) 363~365, 367

야빔(Yabim)족 245

야쿠트(Yakut)족 866

얄루오(Ja-luo)족 594

에게리아(Egeria) 70, 71, 78, 177, 178, 183, 187

에그바(Egba)족 311

에도니아(Edonia)인 477

에레라(Herrera) 872
에레슈키갈(Eresh-Kigal) 373
에스겔(Ezekiel) 374
에스더(Esther) 732, 747, 749, 750, 761
에스키모 91, 219, 230, 266, 362, 363, 450, 455, 655, 656
에스토니아 545, 551~554, 580
에식스(Essex) 101
에아(Ea) 118, 373
에우리디케(Eurydice) 892
에우리피데스(Euripides) 74
에우불레우스(Eubuleus) 563, 564
에웨(Ewe) 어족 204, 394, 594, 627
에이에오(Eyeo) 왕국 311, 322
에페소스(Ephesos) 76, 80, 423, 431
에푸가오(Efugao)족 598
엔디미온(Endymion) 192
엔카운터(Encounter) 만 276, 278, 787
엘(El) 376
엘레우시스(Eleusis) 80, 172, 173, 481~484, 486, 487, 558
연년(年年)의 왕 668~ 670
영혼의 케이크 456~458
예루살렘 377, 390
예부스(Jebus)족 377
예수 753, 756, 757, 759, 762
오군(Ogun) 597
오니차(Onitsha) 584
오딘(Odin) 118, 300, 330, 331, 430, 795, 797
오라온(Oraon)족 176, 413, 524
오레스테스(Orestes) 68, 72, 73, 350
오르코메노스(Orchomenos) 333, 334, 477
오르페우스(Orpheus) 892
오리사(Orissa) 130
오마하(Omaha) 인디언 568, 570
오밤보(Ovambo)족 148, 596
오부부라(Obubura) 산악지방 부족 871
오비디우스(Ovidius) 65, 70, 180

오스칸(Oscan)족 676
오스탸크(Ostiak)족 620
오스트리아 498, 538, 549
오시리스(Osiris) 107, 293, 372, 440~445, 447~449, 461, 462, 465, 471, 511, 512, 528, 529, 568, 571~573, 575, 742
오요(Oyo) 312
오이디푸스 165
오지브와(Ojibwa) 인디언 86, 103, 268
오타와(Ottawa)족 245, 246
오텐토사마 510
오트다놈(Ot Danom)족 234
올핼로우 이븐(Allhallow Even) 821
와고고(Wagogo)족 594, 596, 645
와라뭉가(Warramunga)족 89, 642
와루아(Warua)족 238
와메기(Wamegi)족 523
와본데이(Wabondëi)족 148, 594
와자가(Wajagga)족 594, 863
와캄바(Wakamba)족 148
와콘디오(Wakondyo)족 864
와타(Wata)족 339
왈라키아(Walachia) 412
왕의 도주(regifugium) 194, 350
왕조의 생명수(生命樹) 864
외젤(Oesel) 섬 551, 553, 580
요루바(Yoruba)족 253, 311, 597, 665
요르바(Yorba)족 281
우룬제리(Wurunjeri) 부족 223
우아우페(Uaupe)족 782
울리아제(Uliase) 섬 235
워초발루크(Wotjobaluk) 부족 873, 874
워탸크(Wotyak)족 174
웨타르(Wetar) 섬 226, 568
위남왕가(Winamwanga)족 775, 894
위라주리(Wirajuri)족 257
위령의 날(All Souls' Day) 454, 456~458, 460
위촐(Huichol) 인디언 589

위칠로포츠틀리(Huitzilopochtli) 585, 589,
  591, 694, 699, 701, 709
윅스토시와틀(Huixtochihuatl) 696
윈데시(Windessi) 245
유노(Juno) 182, 183, 473
유대인 249, 567, 569
유라카레스(Yuracares) 인디언 622, 779,
  780
유월절(逾越節) 338, 752, 754, 755, 759
유인(Yuin) 부족 228, 874
유틀란드(Jutland) 887
유피테르(Jupiter) 179, 180~184, 194, 208,
  375, 473, 896
육지 다야크족 271
율 로그(Yule log) 827
율루스(Julus) 181
은가리고(Ngarigo) 부족 597
은독(Ndok) 663
음벵가(M'benga)족 862
음퐁궤(Mpongwe)족 491
이노(Ino) 331, 332
이다(Iddah) 129
이로쿼이(Iroquoi)족 146, 664, 677
이보(Ibo)족 599, 769, 870
이븐 바투타(Ibn Batuta) 318
이사니(Isani) → 고우리
이슈타르(Ishtar) 372, 373, 375, 384, 733~
  735, 742, 746, 747, 750, 761
이스라엘 378
이스와라(Iswara) 414
이시스(Isis) 118, 293, 408, 414, 441~449,
  461~465, 511, 513, 666, 742
이집트 135, 136, 171, 435, 440~442, 444,
  446~449, 462, 463, 513, 528, 529, 568~
  571
이탈론(Italone)족 598
이탈리아 436, 896
이토나마(Itonama)족 220
인도 92, 108, 130, 131, 149, 456, 524, 570,

581, 582, 588, 589, 849, 893
일라마테쿠틀리(Ilamatecutli)족 699
일루반(Iluvan)족 770
일본 510, 581, 606
잉글랜드 633, 636
잉카(Inca)족 134, 135, 258, 521, 772

[ㅈ]

자그레우스(Zagreus) 472
자그무크(Zagmuk) 제전 320, 729, 730,
  748
자바(Java)족 507, 508
자크무크(Zakmuk) 727, 729
자피마넬로(Zafimanelo)족 238
작센(Sachsen) 345, 496, 501
잘노(Jalno) 667~670
잘츠부르크(Salzburg) 498
잠비(Jambi) 왕국 327
재의 수요일(Ash Wednesday) 553, 565,
  802
쟁기월요일(Plough Monday) 636
정화(淨火, need-fire) 807, 831~833
제롬(Jerome) 148, 415, 418
제미(Zemi)족 271
제비꽃 422, 424
제우스(Zeus) 172~174, 183, 292, 375, 472
  ~475, 482, 483, 604
젤라(Zela) 80, 734, 735
조가네스(Zoganes) 727, 729, 731~733,
  743, 750
조로(Joro) 856
조로아스터(Zoroaster) 790, 791
조선(Corea) 248, 249, 662, 772
조지 그레이 경(Sir George Grey) 876
존 램지(John Ramsay) 806
주현절(主顯節) 436
죽음의 매장(burying of Death) 801

죽음의 추방 351, 355~358, 363, 365, 673
　~675, 682
줄루(Zulu)족 229, 282, 283, 308, 489, 589,
　594, 595, 598, 774, 792
줄룰란드 282, 283, 309
중국 80, 134, 224, 227, 250, 310, 561, 562,
　597, 643, 652, 654, 662, 857, 864
진(Jinn)족 295
짐바(Zimba)족 127
집슬랜드(Gippsland) 271

[ㅊ]

차사(Chasa)족 569
찰스 매카시 경(Sir Charles M' Carthy) 596
참(Cham)족 583, 584
참나무 844~846, 886, 887, 889, 892~896
참회화요일 837
체로키 인디언 593, 615, 619, 623, 626
첸탈레(Tzentale)족 626
초록늑대 형제회 817, 818
촉토(Choctaw) 인디언 246
축치(Chukchee)족 299, 619
치(Tshi) 어족 94, 189, 398
치누크(Chinook) 인디언 280
치니그치니치(Chinigchinich) 602
치루바(Chirouba) 647, 648
치리과노(Chiriguano)족 299, 593, 778
치브차(Chibcha)족 135
치코메코와틀(Chicomecohuatl) 702, 703
치키토(Chiquito)족 626
치타공(Chittagong) 260
치토메(Chitomé) 201, 202, 300, 344
치톰베(Chitombé) → 치토메
친길라(Tjingilli)족 642
칠로에(Chiloe) 섬 267

[ㅋ]

카나그라(Kanagra) 366
카냐르(Cañar)족 521
카디아크(Kadiak) 섬 243
카라망트란(Caramantran) 353
카라바(Carabas) 758
카라키르기스(Kara-Kirghiz)족 149
카렌(Karen)족 163, 207, 223, 224, 253
카로바타크(Karo-Batak)족 224
카르나(Carna) 183
카르타가(Kartaga) 857
카르타고 336, 416
카르파토스(Karpathos) 섬 232, 265
카리브(Carib)족 593
카만트(Kamant)족 299
카밀라로이(Kamilaroi)족 597
카상주(Cassange) 319
카시스(Khasis)족 466, 468, 469, 470
카얀(Kayan)족 595, 679, 739, 769
카우사나스(Cauxanas)족 340
카우아(Kaua) 인디언 679
카움풀리(Kaumpuli) 643
카이(Kai)족 688
카이오와(Kiowa) 인디언 277
카차나가(Kacha Naga)족 271
카툴루스(Catullus) 424
카피르(Kaffir)족 193, 309, 490
카하보네로(Cajabonero)족 163
칼라바르(Calabar) 215, 871
칼라브리아(Calabria) 416
칼리(Kali) 123
칼무크(Calmuck)족 192, 193
캄보디아 140, 248, 300, 323, 328, 454,
　624, 783, 849
캐리어(Carrier) 인디언 625, 788
캘리컷(Calicut) 315, 316, 322, 344, 349
캘리포니아 인디언 450, 492, 493

케레(Kerre)족 340
케레메트(Keremet) 174
케레미스(Cheremis)족 580, 581, 584
케레스(Ceres) 169, 414, 498, 499, 507, 601
케이(Kei) 군도 94, 99
케이프 코스트 캐슬(Cape Coast Castle)
  658
케찰코아틀(Quetzalcoatl) 589, 695, 709
케크롭스(Cecrops) 724
켁치(Kekchi) 인디언 163, 626
켈트(Celt)족 144, 458, 459, 821~823, 826,
  835~838, 845, 889, 895
코드로스(Codros) 80
코드링턴(R. H. Codrington) 박사 108, 868
코랴크(Koryak)족 193, 299, 621, 627, 657
코베우아(Kobeua) 인디언 679
코스(Cos) 섬 79, 144
코스트로마(Kostroma) 363, 364, 367
코스트루본코(Kostrubonko) 363, 365
코시체이(Koshchei) 852, 854, 886
코친차이나(Cochin China) 618
콘드(Khond)족 281, 561, 562, 678, 687
콘월(Cornwall) 150, 327
콤피탈리아(Compitalia) 제전 590, 591
콰키우틀(Kwakiutl) 인디언 619, 859
쿠나마(Kunama)족 139
쿠둘루(Kudulu)족 524
쿠루나이(Kurunai)족 228
쿠루비카란(Kuruvikkaran)족 123
쿠룸바(Curumbar)족 581
쿠르그(Coorg)족 582
쿠르나이(Kurnai) 부족 874, 876
쿠미(Kumi)족 652
쿠키(Kuki)족 271
쿠팔로(Kupalo) 363, 364
쿨룰루(Kululu) 201
쿨린(Kulin)족 874
퀴테베(Quiteve) 309
퀼라케어(Quilacare) 주 314

크누마요(Xnumayo) 부족 282
크레타 473, 474, 494
크로노스(Cronos) 292, 376, 441, 725, 726
크로노스 제전 724
크로니아(Cronia) 724, 725
크로이소스(Kroisos) 428
크리크(Creek) 인디언 588, 593
크세르크세스(Xerxes) 331, 333, 729
클라마스(Klamath) 부족 280
키니라스(Cinyras) 375, 376, 380, 386~391
키레네(Cyrene) 80
키르기스(Kirghiz)족 192, 272, 786
키벨레(Cybele) 78, 390, 420, 422~424,
  427, 429, 430, 465, 742
키오스(Chios) 섬 79, 477
키지바(Kiziba) 618
키카푸(Kickapoo)족 246
키쿠유 부족 883
키토(Quito) 521
키티소로스(Cytisoros) 332
키프로스 375, 382~384, 388, 392

[ㅌ]

타라우마레(Tarahumare) 인디언 519
타르겔리아(Thargelia) 제전 684~687
타르퀴니우스(Tarquinius) 185, 196
타리아나(Tariana)족 599
타마나키에르(Tamanachier)족 711
타무즈(Tammuz) 295, 372~374, 377, 415,
  416, 424, 735, 746, 750
타밀 사원 393
타우리스(Tauris) 68, 73
타우아레(Tauaré) 인디언 600
타타르족 133, 237, 252, 857, 886
타퉁올룽(Tatungolung)족 102
타티우스(Tatius) 185, 196
타피오(Tapio) 170

타히티(Tahiti) 213, 248, 254, 285, 768
탕쿨 나가(Tangkul Naga)족 453
탕쿨(Tangkhul)족 162
태양의 탄생일 435
테네도스(Tenedos) 477
테도라(Theddora) 부족 597
테베 604, 605
테살리아(Thessalia) 190, 331, 334, 726
테스모포리아(Thesmophoria) 의식 563, 564, 572
테스카틀리포카(Tezcatlipoca) 692
테턴(Teton) 인디언 623
테페와네(Tepehuane)족 231
텔루구(Telugu)족 646
토고(Togo) 201
토노코트(Tonocote)족 654
토다(Toda)족 130, 209, 210, 275
토라자(Toradja)족 92, 164, 689
토러스(Torres) 해협 273, 598
토르(Thor) 797
토머스 커치마이어(Thomas Kirchmeyer) 813
토머스 페넌트(Thomas Pennant) 809
토모(Toumou) 293
토바(Toba)족 780
토사칸(Thossakan) 849
토트(Thoth) 441~443, 446, 447, 462
토포크(Tofoke)족 491
톡스카틀(Toxcatl) 제전 692
톨랄라키(Tolalaki)족 598
톨람푸(Tolampoo)족 266
톰프슨(Thompson) 인디언 103, 594, 893
통가(Tonga) 214, 254, 569, 894
통킨(Tonquin) 212, 597
투드(Tud) 섬 598
투르코만(Turcoman)족 263
투아레그(Tuareg)족 275
투카노(Tucano)족 599
툰하(Tunja) 135

툴루스 호스틸리우스 196
툼불루(Toumbuluh)족 259, 260
튜토니(Teutoni)족 458, 831
트라키아(Thracia) 471, 472, 475, 477, 478, 480
트란실바니아(Transylvania) 155, 412, 538, 539, 545
트로이젠(Troezen) 73, 74, 76
트리유(Trilles) 신부 869
트리프톨레무스(Triptolemus) 564
틀랄록(Tlaloc) 522
티레(Tyre) 379
티롤(Tyrol) 265, 456, 500, 518, 535, 545, 679, 680, 785,
티메(Timme)족 211
티모르(Timor) 216
티베트 133, 134, 667
티탄(Titan) 473
티폰(Typhon) 205, 293, 441, 442, 444, 465, 571~573
틴네(Tinneh) 인디언 619
팅귀안(Tinguian)족 275

[ㅍ]

파네스(Panes) 제전 602, 603
파드론 곶(Cape Padron) 201
파르바티(Pârvatî) 366
파르티아(Parthia) 135
파릴리아(Parilia) 437
파릴리아(Parilia) 축제 187
파세(Passe)족 781
파야 폴라텝(Phaya Phollathep) 324
파야과(Payagua)족 299
파우누스(Faunus) 265, 557
파이드라(Phaedra) 71, 73, 74
파조클(Fazoql) 302
파졸글루(Fazolglou) 302

파타고니아(Patagonia) 654
파포스(Paphos) 375, 382, 386, 387, 389~
 391
파푸아(Papua)족 269
판(Fan)족 593, 863
판(Pan) 294, 295, 556, 557, 565, 685
팔라우(Palau) 군도 250, 467, 468, 470
패튼(W. R. Paton) 686, 687, 689
페구엔체스(Peguenches) 부족 781
페니키아 336, 375, 376, 382~384, 388,
 392, 405, 448, 513
페르난도포(Fernando Po) 섬 204
페르세포네(Persephone) 374, 375, 472,
 481~486, 501, 511, 512, 563~565, 572
페르슈(Perche) 88, 99
페르히타의 날 680, 681
페르히텐(Perchten) 680, 681
페시누스(Pessinus) 80, 420, 421, 427, 527
페추요(Pechuyo)족 600
펜테우스(Pentheus) 왕 477
펠라스기(Pelasgi)족 723
펠로리아(Peloria) 723
펠롭스(Pelops) 192
포나가르(Po-Nagar) 583
포나페(Ponape) 섬 99, 217, 255
포니(Pawnee)족 528
포르토노보(Porto Novo) 216
포르투나(Fortuna) 187
포르피리오스(Porphyrios) 126, 145
포세이돈(Poseidon) 565, 850
포소(Poso) 271
포시도니오스(Posidonius) 835, 836
포트 링컨(Port Lincoln) 부족 874
퐁골(Pongol) 582
푸얄룹(Puyallup) 인디언 280
푼치킨(Punchkin) 848
프란츠 쿠몽(Franz Cumont) 716, 717
프랑스 497, 535, 537, 542, 578, 633
프랑크족 255, 831

프로방스(Provence) 156, 353
프로세르피나(Proserpina) 74
프로이센 412, 497, 499, 515, 542, 546, 549
프로클루스(Proclus) 474
프리그(Frigg) 795, 796
프리지아(Phrysia) 420~422, 427~429,
 432, 513, 514, 521, 525~528
프릭소스(Phrixos) 331~334
프테렐라오스(Pterelaos) 850
프티아(Phthia) 431
플라멘 디알리스(Flamen Dialis) 181, 183,
 184, 208, 250, 258, 265
플라미니카(Flaminica) 183, 208
플라타이아(Plataea) 174
플라타이아이(Plataiai) 173, 175
플루타르코스(Plutarchos) 178, 196, 294,
 333, 440, 445, 448, 474, 572, 573, 683
플루토(Pluto) 482, 563, 564
플리니우스(Plinius) 77, 261, 575, 791, 840
 ~842
피그말리온(Pygmalion) 388
피르두시(Firdusi) 798
피르미쿠스 마테르누스(Firmicus
 Maternus) 473, 474
피마(Pima) 인디언 773
피에타(Pieta) 417
피지(Fiji) 213, 240, 241, 245, 298, 882
피필(Pipile)족 161
픽트(Pict)족 191
핀란드 170
필론(Philon) 335, 758
필리핀 430, 598
필립 스터브스(Phillip Stubbes) 152

[ㅎ]

하란(Harran) 424, 529
하르포크라테스(Harpocrates) 442, 528

하만(Haman) 730~732, 745~747, 749, 754~757, 759, 760
하우사(Hausa)족 858
하이다(Haida)족 220
핼러윈(hallowe'en) 821~823, 838
허트퍼드셔(Hertfordshire) 550
헤라(Hera) 174, 183
헤라클레스(Heracules) 514, 528, 604, 606
헤로도토스(Herodotos) 383, 449, 735
헤롯(Herod) 756, 758
헤룰리(Heruli)족 300
헤르메스(Hermes) 293, 441
헤르메스 제전 723
헤르무트루트(Hermutrude) 190, 191
헤브라이 왕 377, 378
헤브라이인 336~339, 377, 407
헤세(Hesse) 102
헤스티아(Hestia) 79
헤이치에이빕(Heitsi-eibib) 292
헤파이스토스(Hepahaestos) 566
헬레(Helle) 331, 332, 334
호(Ho)족 259, 262
호루스(Horus) 136, 293, 442, 444, 446~448, 528, 571
호메로스 481, 484
호위트(A. W. Howitt) 박사 96, 97, 257, 880
호테르(Hother) 796, 797
호텐토트(Hottentot)족 103, 249, 292
황금가지 68, 79, 888~892, 896
황소의 살인(bouphonia) 558, 562
후스카나우(Huskanaw) 884
후줄(Huzul)족 91
훔베(Humbe) 202
휘다(Whydah) 341, 396, 678
휴런(Huron)족 176, 219
히다차(Hidatsa) 인디언 145
히에라폴리스(Hierapolis) 423, 431, 566
히파소스(Hippasos) 334

히포다메이아(Hippodameia) 192
히폴리투스(Hippolytus) 70~77, 350, 573, 574
힌두(Hindoo)족 87, 146, 236, 341, 414, 582, 646, 666
힌두쿠시(Hindoo Koosh) 124, 582

[기 타]

12일제 → 주현절
5월절 기둥(May-pole) 150~153
'죽음의 추방' 의식 801
『데메테르 찬가 Hymn to Demeter』 481, 484
『박물지 Natural History』 791
『사자(死者)의 서(書)』 513
『신판(또는 산문편) 에다 prose Edda』 795
『구판(또는 시편) 에다 poetic Edda』 796
『아카일의 서 Book of Acaill』 310
『에스더서(書)』 729~732, 741, 747, 749, 755
『왕들의 서사시 The Epic of Kings』 798
『자타카 Jataka』 648
『천주교 왕국 The Popish Kingdome』 813

황금가지

ⓒ 제임스 조지 프레이저, 2003

초판 1쇄 발행 2003년 1월 15일
초판 18쇄 발행 2025년 3월 10일

지은이 제임스 조지 프레이저
엮은이 로버트 프레이저
옮긴이 이용대
펴낸이 이상훈
인문사회팀 최진우 김효진
마케팅 김한성 조재성 박신영 김애린 오민정

펴낸곳 (주)한겨레엔 www.hanibook.co.kr
등록 2006년 1월 4일 제313-2006-00003호
주소 서울시 마포구 창전로 70 (신수동) 화수목빌딩 5층
전화 02-6383-1602~3 **팩스** 02-6383-1610
대표메일 book@hanien.co.kr

ISBN 978-89-8431-487-0 03380